Handbuch zur ökonomischen Bildung

Herausgegeben von
Dr. Hermann May
Professor für Wirtschaftswissenschaften
und ihre Didaktik

Mit Kapiteln von

Prof. Dr. Hans-Jürgen Albers
Pädagogische Hochschule Schwäbisch-Gmünd, Universität Stuttgart

Prof. Dr. Horst Friedrich
Universität Köln

Prof. Dr. Renate Harter-Meyer
Universität Hamburg

Prof. Dr. Hans Kaminski
Universität Oldenburg

Prof. Dr. Gerd-Jan Krol
Universität Münster

Prof. Dr. Klaus-Peter Kruber
Universität Kiel

Prof. Dr. Hermann May
Pädagogische Hochschule Heidelberg

Prof. Dr. Bernhard Nibbrig
Universität – Gesamthochschule Essen

Prof. Dr. Ulrich Pleiß
Universität Koblenz-Landau

Prof. Dr. Raimund Schirmeister
Universität Düsseldorf

Prof. Dr. Hans Jürgen Schlösser
Universität Koblenz-Landau

Prof. Dr. Alfons Schmid
Universität Frankfurt

5., unwesentlich veränderte Auflage

Redaktion
Dipl.-Hdl. Ulla May

R. Oldenbourg Verlag München Wien

Die Deutsche Bibliothek - CIP-Einheitsaufnahme

Handbuch zur ökonomischen Bildung / hrsg. von Hermann
May. Mit Kapiteln von Hans-Jürgen Albers ... – 5., unwes. veränd.
Aufl. – München ; Wien : Oldenbourg, 2001
  ISBN 3-486-25539-8
NE: May, Hermann [Hrsg.]; Albers, Hans-Jürgen

© 2001 Oldenbourg Wissenschaftsverlag GmbH
Rosenheimer Straße 145, D-81671 München
Telefon: (089) 45051-0
www.oldenbourg-verlag.de

Das Werk einschließlich aller Abbildungen ist urheberrechtlich geschützt. Jede Verwertung außerhalb der Grenzen des Urheberrechtsgesetzes ist ohne Zustimmung des Verlages unzulässig und strafbar. Das gilt insbesondere für Vervielfältigungen, Übersetzungen, Mikroverfilmungen und die Einspeicherung und Bearbeitung in elektronischen Systemen.

Gedruckt auf säure- und chlorfreiem Papier
Druck: R. Oldenbourg Graphische Betriebe Druckerei GmbH

ISBN 3-486-25539-8

Vorwort des Herausgebers zur fünften Auflage

Da die dritte und vierte Auflage bereits nach erfreulich kurzer Zeit vergriffen waren, haben sich Verlag und Herausgeber entschlossen, die fünfte Auflage unverändert zu veranstalten.

Hermann May

Vorwort des Herausgebers zur dritten Auflage

Vier Jahre nach Erscheinen der ersten Auflage schien es Verlag und Herausgeber angezeigt, dieses Handbuch nicht nur in seinen Einzelbeiträgen zu aktualisieren, sondern auch durch neue Beiträge zu ergänzen. Um damit aber den Umfang des Werkes nicht zu sprengen, mußten einige Kürzungen erfolgen sowie einzelne Themen ganz entfallen, so: Arbeit – Existenzsicherung und Lebenswert, Frauenerwerbsarbeit, Umweltschutzorientierte Unternehmenspolitik. Neu aufgenommen wurden die Abhandlungen: Die Zukunft der Arbeit, Ökonomie und Evolution, die Zukunft des Sozialstaates, Globalisierung der Wirtschaft.

Allen, die zum Gelingen dieser Neuauflage beitrugen, danke ich verbindlichst.

Hermann May

Vorwort des Herausgebers zur ersten Auflage

Das vorliegende Handbuch ist eine Ergänzung zu meinem ebenfalls im Oldenbourg Verlag, München, erschienenen Lehrbuch „Ökonomie für Pädagogen". Es greift jene Themen auf, die in diesem Lehrbuch nur peripher oder gar nicht berührt werden konnten, die aber den Wirtschaftsbürger in seiner Daseinsbewältigung tangieren und damit eine unterrichtliche Explikation sinnvoll erscheinen lassen. Daß mit diesem Anspruch keine geschlossene Darstellung der allgemeinbildungsrelevanten Ökonomie schlechthin angestrebt wird, erscheint einsichtig.

Wie das Lehrbuch, so bezieht auch das Handbuch seine Struktur aus den Stoff- und Problembezügen dreier, den jungen Menschen in seiner gegenwärtigen und zukünftigen Betroffenheit direkt angehenden Handlungsbereiche: dem Konsum, der Arbeit und der gesellschaftlichen Wirtschaft. Folgerichtig sind die Kapitel, nach einer **Einführung in den Problembereich Wirtschaft**, der **Konsumökonomie**, der **Arbeitsökonomie** und der **Gesellschaftsökonomie** gewidmet.

Die Sach- und Problemdarstellungen in den einzelnen Kapiteln sind durchaus nicht immer „aus einem Guß". Die Heterogenität der Aussagen spiegelt hier die Pluralität der fachwissenschaftlichen und fachdidaktischen Meinungen wider. Sie soll bewußt auch in diesem Werk zum Ausdruck gelangen. Das verbindende Element aller hier vertretenen Meinungen ist jedoch das Bekenntnis zur Marktwirtschaft und die kompromißlose Absage an den Sozialismus, der als „intellektueller Hochmut ... nie halb richtig, sondern immer nur ganz falsch ist" (F. A. v. Hayek). In dieser Ausrichtung mag dieses Buch Lehramtsstudenten wie auch bereits in der Praxis stehenden Pädagogen eine Hilfe zur fachwissenschaftlichen Erarbeitung und fachdidaktischen Umsetzung wirtschaftskundlicher Stoffe sein; gleichzeitig soll es aber auch eine freiheitlich-marktwirtschaftliche Orientierung geben in einer von Unwahrheiten, Halbwahrheiten und Desinformation strotzenden ideologischen Medienwelt. Die zu den einzelnen Aufsätzen gegebenen Literaturhinweise mögen ein weiterführendes Studium der behandelten Problematik erleichtern.

Das Handbuch zur ökonomischen Bildung ist in Zusammenarbeit mit einschlägig ausgewiesenen Fachwissenschaftlern und Fachdidaktikern zustande gekommen. Sie gaben mir wertvolle Anregungen in konzeptioneller wie auch in thematischer Hinsicht. Ihnen weiß ich mich zu großem Dank verpflichtet. Mein Dank gilt aber auch dem Oldenbourg Verlag, der meinem Projekt von Anfang an wohlwollende Aufgeschlossenheit entgegenbrachte.

Hermann May

Hinweis:

Alle Daten zur Bundesrepublik Deutschland betreffen deren (altes) Hoheitsgebiet vor dem 3. Oktober 1990.

Inhaltsübersicht

Vorwort V
Inhaltsverzeichnis IX

1	**Einführung in den Problembereich Wirtschaft**	1
1.1	Die menschlichen Bedürfnisse	
	Hermann May	3
1.2	Ökonomische Verhaltenstheorie	
	Gerd-Jan Krol	15
1.3	Die Theorie der Wahlakte	
	Raimund Schirmeister	31
2	**Konsumökonomie**	47
2.1	Die privaten Haushalte als Wirtschaftssektor	
	Hans-Jürgen Albers	49
2.2	Einkommensverwendung der privaten Haushalte	
	Hans-Jürgen Albers	65
2.3	Leitbilder der Verbraucherpolitik	
	Gerd-Jan Krol	81
2.4	Konsumentenerziehung	
	Ursprünge, Strömungen, Probleme, Gestaltungsversuche	
	Ulrich Pleiß	97
3	**Arbeitsökonomie**	125
3.1	Die Zukunft der Arbeit	
	Hans Jürgen Schlösser	127
3.2	Arbeitszufriedenheit	
	Hans-Jürgen Albers	143
3.3.	Gewerkschaften und Arbeitgeberverbände – Interessengruppen am Arbeitsmarkt und in der Wirtschaftspolitik	
	Klaus-Peter Kruber	157
	Staatliche Beschäftigungspolitik	
	Alfons Schmid	175
3.5	Betriebliche Beschäftigungspolitik	
	Alfons Schmid	195
3.6	Arbeitsmarktpolitik	
	Alfons Schmid	211
3.7	Bildung und Weiterbildung – technischer Fortschritt und Qualifikation	
	Hans-Jürgen Albers	229
3.8	Technischer Wandel und Beschäftigung	
	Alfons Schmid	245
4	**Gesellschaftsökonomie**	263
4.1	Ökonomie und Evolution	
	Hans Jürgen Schlösser	265

4.2	**Wirtschaft und Politik –**	
	Zur Interdependenz von wirtschaftlicher und politischer Ordnung	
	Hermann May	273
4.3	**Marktversagen – Staatsversagen**	
	Hermann May	287
4.4	**Funktionen des Wettbewerbs und Leitbilder der Wettbewerbspolitik in der freiheitlichen Wirtschaftsgesellschaft**	
	Klaus-Peter Kruber	301
4.5	**Arbeitslosigkeit**	
	Horst Friedrich	319
4.6	**Schattenwirtschaft**	
	Renate Harter-Meyer	337
4.7	**Einkommensverteilung in der Bundesrepublik**	
	Gerd-Jan Krol	353
4.8	**Die Geldvermögensbildung der privaten Haushalte**	
	Bernhard Nibbrig	383
4.9	**Geldpolitik**	
	Bernhard Nibbrig	409
4.10	**Finanzpolitik**	
	Hans Kaminski	431
4.11	**Sozialpolitik**	
	Hans Kaminski	453
4.12	**Die Zukunft des Sozialstaates**	
	Hans Jürgen Schlösser	477
4.13	**Die Ethik der Marktwirtschaft**	
	Hermann May	499
4.14	**Umweltprobleme aus ökonomischer Sicht –**	
	Zur Relevanz der Umweltökonomie für die Umweltbildung	
	Gerd-Jan Krol	513
4.15	**Europäische Wirtschaftsintegration**	
	Klaus-Peter Kruber	535
4.16	**Globalisierung der Wirtschaft –**	
	Von der Volkswirtschaft zur Weltwirtschaft	
	Klaus-Peter Kruber	553

Sachverzeichnis 571

Inhaltsverzeichnis

Vorwort des Herausgebers		V
Inhaltsübersicht		VII
1	**Einführung in den Problembereich Wirtschaft**	1
1.1	**Die menschlichen Bedürfnisse**	
	Hermann May	3
1.1.1	Begriffliches	5
1.1.2	Zur Systematisierung der Bedürfnisse	5
1.1.3	Soziale Determinanten des Konsumentenverhaltens	8
1.1.3.1	Soziale Rollen und Konsumentenverhalten	9
1.1.3.2	Soziale Gruppen/sonstige Bezugsgruppen und Konsumentenverhalten	11
1.1.4	Bedürfnisbefriedigung	12
1.1.5	Bedürfnis und Wirtschaftsordnung	13
Literaturhinweise		14
1.2	**Ökonomische Verhaltenstheorie**	
	Gerd-Jan Krol	15
1.2.1	Einleitung	19
1.2.2	Der ökonomische Ansatz zur Erklärung menschlichen Verhaltens	20
1.2.2.1	Das Grundmodell	20
1.2.2.2	Rationalität und Gewohnheitsverhalten	24
1.2.2.3	Rationalität und normorientiertes Verhalten	26
1.2.2.4	Staatliches Handeln und ökonomischer Ansatz	28
1.2.3	Zusammenfassung	30
Literaturhinweise		31
1.3	**Die Theorie der Wahlakte**	
	Raimund Schirmeister	31
1.3.1	Wirtschaften, Wählen, Entscheiden	33
1.3.2	Bewältigung von Zielkonflikten	35
1.3.2.1	Nutzwertanalyse	35
1.3.2.2	Optimierung	37
1.3.3	Sicherheitspräferenzen	41
1.3.3.1	Entscheidung unter Ungewißheit	42
1.3.3.2	Entscheidung bei Risiko	44
1.3.4	Leitbild rationalen Wählens	45
Literaturhinweise		46
2	**Konsumökonomie**	47
2.1	**Die privaten Haushalte als Wirtschaftssektor**	
	Hans-Jürgen Albers	49
2.1.1	Zum gegenwärtigen Stand der Haushaltswirtschaftslehre	51
2.1.2	Zum ökonomischen Begriff des privaten Haushalts	53
2.1.3	Statistische Daten zu den privaten Haushalten	55
2.1.4	Die ökonomischen Aktivitäten der privaten Haushalte	57
2.1.5	Verknüpfungen der privaten Haushalte mit anderen Wirtschaftssektoren	61

Literaturhinweise		63
2.2	**Einkommensverwendung der privaten Haushalte**	
	Hans-Jürgen Albers	65
2.2.1	Das Brutto-Einkommen der privaten Haushalte	67
2.2.2	Die Verwendung der Einkommen	70
2.2.2.1	Übersicht	70
2.2.2.2	Übertragungen an den Staat	70
2.2.2.2.1	Steuern	71
2.2.2.2.2	Pflichtbeiträge zur Sozialversicherung	71
2.2.2.3	Einkommenssituation nach Abzug der Übertragungen	73
2.2.2.4	Privater Verbrauch	73
2.2.2.4.1	Theoretische Aspekte der privaten Güternachfrage	73
2.2.2.4.2	Reale Güternachfrage der privaten Haushalte	75
2.2.2.5	Ersparnis	77
Literaturhinweise		79
2.3	**Leitbilder der Verbraucherpolitik**	
	Gerd-Jan Krol	81
2.3.1	Einleitung	83
2.3.2	Konsumentensouveränität	84
2.3.3	Konsumfreiheit	87
2.3.4	Verbraucherschutz	90
2.3.5	Konsumentenpartizipation	93
Literaturhinweise		95
2.4	**Konsumentenerziehung**	
	Ursprünge, Strömungen, Probleme, Gestaltungsversuche	
	Ulrich Pleiß	97
2.4.1	Leben, Konsum und Wirtschaft im Alltagsverstand	99
2.4.2	Ursprünge und Strömungen konsumerzieherischen Denkens	99
2.4.2.1	Anstöße durch Sozial-, Kultur- und Konsumkritik	99
2.4.2.2	Verbraucherpolitik, Konsumerismus und Marketing	100
2.4.2.3	Aufbruch zur verbrauchererzieherischen Problematik in der Pädagogik	102
2.4.2.4	Wirtschaftswissenschaft und Didaktik der Wirtschaftlehre als Promoter von Verbrauchererziehung	102
2.4.2.5	Wirtschaftspädagogik und Konsumentenerziehung	103
2.4.2.6	Stiftung Verbraucherinstitut Berlin	104
2.4.3	Überlegungen zur Zweckmäßigkeit der Begriffsbildung	105
2.4.3.1	Impulse aus der Volkswirtschaftslehre	105
2.4.3.2	Personale Subjekte in Marketingtheorie und Soziologie	106
2.4.3.3	Verbraucherpolitische Begriffsvorstellungen	106
2.4.3.4	Personenbezogene Begriffsbildung – wirtschaftspädagogische Begriffsortung	107
2.4.4	Weisen des Konsumierens und Güterarten	108
2.4.5	Konsumhaltung als Zerrbild	108
2.4.6	Zwischen Konsumzwang und Konsumfreiheit	109
2.4.7	Erziehung zu sinnvollem Konsumieren	111
2.4.7.1	Sinnvoll als Maßhalten	111
2.4.7.2	Zum Sinn von Leben und Welt	112
2.4.7.3	Wertordnungszusammenhänge und konsumtive Wertentscheidung	113

2.4.7.4	Sinnvolles Konsumieren als qualifiziertes Optimierungsmodell	113
2.4.8	Didaktisch entwickelte Lernzielgefüge	115
2.4.9	Adressaten und Institutionen von Konsumentenerziehung	117
2.4.9.1	Massenmedien	117
2.4.9.2	Familie	118
2.4.9.3	Erwachsenenbildung	118
2.4.9.4	Schulen	118
2.4.10	Konsumentenerziehung im Fächerspektrum der Schule	119
2.4.10.1	Verbraucherkunde als selbständiges Fach	119
2.4.10.2	Unterrichtsprinzip	120
2.4.10.3	Gastfächer als Minimallösung	120
2.4.10.4	Lernbereich als Maximallösung	121
Literaturauswahl		123
3	**Arbeitsökonomie**	**125**
3.1	**Die Zukunft der Arbeit**	
	Hans Jürgen Schlösser	127
3.1.1	Einleitung: Arbeitsmarkte in der Krise?	129
3.1.2	Konzeptionen der Arbeitsmarktpolitik	130
3.1.3	Der Wandel des weltwirtschaftlichen Umfeldes	131
3.1.3.1	Globalisierung	131
3.1.3.2	Wandel der Arbeitsorganisation	132
3.1.3.3	Neue Leitbilder	133
3.1.4	Die neuen Berufskategorien	134
3.1.5	Die Informatisierung der Arbeitswelt	135
3.1.6	Arbeitsmarktrisiko und Arbeitsmarktfähigkeit	137
3.1.7	Neue Selbständigkeit	139
3.1.8	Ein kommunitaristisches Konzept: Der „Dritte Sektor"	140
3.1.9	Ausblick: Wertewandel und neuer Stellenwert der Arbeit	140
Literaturhinweise		142
3.2	**Arbeitszufriedenheit**	
	Hans-Jürgen Albers	143
3.2.1	Zum Begriff Arbeitszufriedenheit	145
3.2.2	Zur individuellen und betrieblichen Bedeutung von Arbeitszufriedenheit	148
3.2.3	Messung von Arbeitszufriedenheit	151
3.2.4	Ergebnisse der Zufriedenheitsforschung	152
Literaturhinweise		154
3.3	**Gewerkschaften und Arbeitgeberverbände –**	
	Interessengruppen am Arbeitsmarkt und in der Wirtschaftspolitik	
	Klaus-Peter Kruber	157
3.3.1	Gewerkschaften und Arbeitgeberverbände in der Marktwirtschaft und in der Zentralen Planwirtschaft	159
3.3.2	Die Organisation der Areitsmarktverbände	161
3.3.2.1	Prinzipien gewerkschaftlicher Organisation	161
3.3.2.2	Aufbau und Willensbildung der Gewerkschaften	163
3.3.2.3	Aufbau und Willensbildung der Arbeitgeberverbände	165
3.3.3	Der Einfluß von Gewerkschaften und Arbeitgeberverbänden auf die Wirtschaftspolitik	166
3.3.4	Gesamtwirtschaftliche Wirkungen der Lohnpolitik	168
3.3.4.1	Der Einfluß der Gewerkschaften auf Reallohn und Beschäftigung	168

3.3.4.2	Der Beitrag der Lohnpolitik zum wirtschaftlichen Aufschwung . . .	170
3.3.5	Der europäische Binnenmarkt und die Internationalisierung der Wirtschaft als Herausforderung an die Gewerkschaften	172
Literaturverzeichnis		173
3.4	**Staatliche Beschäftigungspolitik** **Alfons Schmid**	175
3.4.1	Einleitung	177
3.4.2	Beschäftigungsentwicklung in der Bundesrepublik	177
3.4.3	Erklärungsansätze	180
3.4.4	Ziele und Instrumente	182
3.4.5	Beschäftigungspolitische Konzeptionen	183
3.4.5.1	Traditionelle Globalsteuerung	183
3.4.5.2	Neoklassisch orientierte Strategien	185
3.4.5.2.1	Das monetaristische Konzept	185
3.4.5.2.2	Angebotsorientierte Wirtschaftspolitik	187
3.4.5.3	Alternative Wirtschaftspolitik	189
3.4.6	Praktizierte Beschäftigungspolitik	191
3.4.7	Zusammenfassung	193
Literaturhinweise		193
3.5	**Betriebliche Beschäftigungspolitik** **Alfons Schmid**	195
3.5.1	Einleitung	197
3.5.2	Betriebliche Einstellungspolitik	197
3.5.3	Betriebliche Kündigungspolitik	205
3.5.4	Schlußbemerkung	208
Literaturhinweise		209
3.6	**Arbeitsmarktpoltik** **Alfons Schmid**	211
3.6.1	Einleitung	213
3.6.2	Besonderheiten des Arbeitsmarktes	213
3.6.3	Strukturelle Entwicklung des Arbeitsmarktes	217
3.6.4	Arbeitsmarktpolitische Instrumente	220
3.6.4.1	Arbeitsvermittlung und Beratung	222
3.6.4.2	Förderung der beruflichen Bildung	223
3.6.4.3	Maßnahmen zur Beschaffung und Erhaltung von Arbeitsplätzen . .	224
3.6.4.4	Lohnersatzleistungen	225
3.6.4.5	Finanzierung	226
3.6.5	Beschäftigungswirkungen der Arbeitsmarktpolitik	226
3.6.6	Schlußbemerkung	227
Literaturhinweise		228
3.7	**Bildung und Weiterbildung – technischer Fortschritt und Qualifikation** **Hans-Jürgen Albers**	229
3.7.1	Begriff, Ziele, Bereiche und Systeme von Bildung	231
3.7.2	Das allgemeine Bildungssystem	236
3.7.3	Das berufliche Bildungssystem	237
3.7.3.1	Zielsetzung und Grundlagen	237
3.7.3.2	Berufliche Erstausbildung im Dualen System	238
3.7.3.3	Berufliche Weiterbildung	240

3.7.4	Ökonomisch-technische Entwicklung und Qualifikationsanforderungen	241
Literaturhinweise		243
3.8	**Technischer Wandel und Beschäftigung** **Alfons Schmid**	245
3.8.1	Einleitung	247
3.8.2	Technik und technologische Arbeitslosigkeit	247
3.8.3	Beschäftigungseffekte technischen Wandels	249
3.8.3.1	Ein systematischer Überblick	249
3.8.3.2	Theoretische Erklärungsansätze	252
3.8.4	Empirischer Befund	255
3.8.4.1	Gesamtwirtschaftliche Entwicklung	255
3.8.4.2	Strukturelle Entwicklung	257
3.8.4.3	Einzelwirtschaftliche Ebene	259
3.8.5	Qualifikationseffekte neuer Technologien	260
3.8.6	Ergebnis	261
Literaturhinweise		262
4	**Gesellschaftsökonomie**	263
4.1	**Ökonomie und Evolution** **Hans Jürgen Schlösser**	265
4.1.1	Einleitung: Gegenstand evolutorischer Theorien in der Ökonomie	267
4.1.2	Schumpter: Evolution und Innovation	268
4.1.3	Hayek: Evolution und Ordnung	269
4.1.4	Nelson und Winter: Evolution und ökonomische natürliche Auslese	270
4.1.5	Ausblick	272
Literaturhinweise		272
4.2	**Wirtschaft und Politik –** **Zur Interdependenz von wirtschaftlicher und politischer Ordnung** **Hermann May**	273
4.2.1	Allgemeine Feststellungen	275
4.2.2	Modelltheoretische Darstellung der politisch-ökonomischen Interdependenz	276
4.2.3	Grundgesetz und Wirtschaftsordnung in der Bundesrepublik Deutschland	279
4.2.4	Gefährdungen und Herausforderungen unserer marktwirtschaftlichen Ordnung	281
Literaturhinweise		286
4.3	**Marktversagen – Staatsversagen** **Hermann May**	287
4.3.1	Der Staat im liberalen Wirtschaftsverständnis	289
4.3.2	Marktideal und Marktwirklichkeit	289
4.3.2.1	Die Bedürfniserfassung	290
4.3.2.2	Öffentliche Güter	292
4.3.2.3	Externe Effekte	293
4.3.2.4	Gefährdung des Wettbewerbs	295
4.3.2.5	Gesamtwirtschaftliche Instabilität	298
4.3.2.6	Verzögerungen im wirtschaftlichen Strukturwandel	299

4.3.3	Abschließende Bemerkungen	299
Literaturhinweise		300
4.4	**Funktionen des Wettbewerbs und Leitbilder der Wettbewerbspolitik in der freiheitlichen Wirtschaftsgesellschaft** **Klaus-Peter Kruber**	**301**
4.4.1	Wettbewerb als Entdeckungsverfahren für Wissen in einer spontanen Ordnung	303
4.4.2	Funktionen des Wettbewerbs	304
4.4.3	Wettbewerb als dynamischer Prozeß	305
4.4.4	Wettbewerbspolitische Konzeptionen	306
4.4.4.1	Das wettbewerbspolitische Konzept der workable competition	306
4.4.4.2	Das wettbewerbspolitische Konzept der Wettbewerbsfreiheit	309
4.4.4.3	Das wettbewerbspolitische Konzept des Gesetzes gegen Wettbewerbsbeschränkungen (GWB)	312
4.4.5	Herausforderungen an die Wettbewerbspoltik	313
4.4.5.1	Die Macht der Banken	313
4.4.5.2	Multinationale Konzentration	314
4.4.5.3	Privatisierung, Entflechtung und Entwicklung wettbewerblicher Marktstrukturen in den ostdeutschen Ländern	316
Literaturverzeichnis		317
4.5	**Arbeitslosigkeit** **Horst Friedrich**	**319**
4.5.1	Dimensionen der Arbeitslosigkeit	321
4.5.1.1	Die statische Dimension	321
4.5.1.2	Die individuelle Betroffenheit	322
4.5.1.3	Gesamtwirtschaftliche Kosten und politisches Gewicht	323
4.5.1.4	Die verfassungsrechtliche Dimension: Recht auf Arbeit und staatliche Beschäftigungspolitik	324
4.5.2	Ursachen der Arbeitslosigkeit und Bewältigungsstrategien	326
4.5.2.1	Kurzfristige Such- und Saisonarbeitslosigkeit und Maßnahmen zum Arbeitsmarktausgleich	326
4.5.2.2	Konjunkturelle Arbeitslosigkeit und nachfrageorientierte Globalsteuerung	326
4.5.2.3	Wachstumsdefizitäre Arbeitslosigkeit und angebotsorientierte Wirtschaftspolitik	327
4.5.2.4	Strukturelle Arbeitslosigkeit und strukturorientierte Arbeitsmarktpolitik	332
4.5.2.4.1	Strukturelle Arbeitslosigkeit im Strukturwandel	332
4.5.2.4.2	Die demographische Komponente	333
4.5.2.4.3	Die technologische und sektorale Komponente	333
4.5.2.4.4	Die qualifikatorische Komponente	334
4.5.2.4.5	Die regionale Komponente	335
Literaturhinweise		336
4.6	**Schattenwirtschaft** **Renate Harter-Meyer**	**337**
4.6.1	Zentrale Formen der Schattenwirtschaft	340
4.6.1.1	Hausarbeit	341
4.6.1.2	Eigenarbeit	342
4.6.1.3	Gemeinschaftliche Selbsthilfe	342

4.6.1.4	Organisierte Selbsthilfe	342
4.6.1.5	Schwarzarbeit	343
4.6.1.6	Leiharbeit	344
4.6.1.7	Heimarbeit	345
4.6.1.8	Alternative Betriebe	345
4.6.2	Erklärungsansätze zur Entstehung und Entwicklung der Schattenwirtschaft	346
4.6.3	Aspekte einer Bewertung schattenwirtschaftlicher Tätigkeiten	348
Literatur		351
Literaturhinweise zum Selbststudium		352
4.7	**Einkommensverteilung in der Bundesrepublik** **Gerd-Jan Krol**	353
4.7.1	Einleitung	355
4.7.2	Die Zielproblematik – Das Problem der Verteilungsnorm	355
4.7.2.1	Das Leistungsprinzip	357
4.7.2.2	Das Bedarfsprinzip	359
4.7.2.3	Das Gleichheitsprinzip	359
4.7.3	Die Einkommensverteilung im Spiegel der Statistik	360
4.7.3.1	Daten zur funktionalen Einkommensverteilung und Querverteilung	361
4.7.3.2	Personelle Einkommensverteilung	365
4.7.4	Ansatzpunkte zur Veränderung der Einkommensverteilung	370
4.7.4.1	Lohnpolitik im Spannungsfeld von Umverteilung und Stabilität	371
4.7.4.2	Beeinflussung der personellen Einkommensverteilung durch den Staat	375
4.7.4.3	Grenzen der Umverteilungspolitik	379
Literaturhinweise		380
4.8	**Die Geldvermögensbildung der privaten Haushalte** **Bernhard Nibbrig**	383
4.8.1	Struktur und Wandel der privaten Geldvermögensbildung	385
4.8.1.1	Statistische Quellen und Definitionen	385
4.8.1.2	Entwicklung und Perspektiven des privaten Geldanlageverhaltens	386
4.8.2	Persönliche Vermögensplanung und Geldanlagestrategie	390
4.8.3	Aktien als Geldanlagemöglichkeit	395
4.8.3.1	Merkmale und Bedeutung der Aktie als Anlageobjekt	395
4.8.3.2	Methoden und Problematik der Aktienanalyse	396
4.8.4	Zusammenfassung und Ausblick	399
Literaturhinweise		407
4.9	**Geldpolitik** **Bernhard Nibbrig**	409
4.9.1	Definition, Ziele und Institutionen der Geldpolitik	411
4.9.1.1	Begriffsabgrenzung	411
4.9.1.2	Ziele	411
4.9.1.3	Institutionen	412
4.9.2	Theoretische Grundlagen	415
4.9.2.1	Geldmengenbegriffe und Bestimmungsfaktoren des Geldangebotes	415
4.9.2.2	Transmissionsprozeß	417
4.9.3	Instrumentarium und Durchführungsprobleme der Geldpolitik	421

4.9.3.1	Geldpolitische Instrumente der Bundesbank	421
4.9.3.2	Probleme des Instrumenteneinsatzes und der Wirkungsanalyse	421
4.9.4	Zur monetären Integration in Europa	425
4.9.4.1	Konstruktionsmerkmale und Effizienz des Europäischen Währungssystems (EWS)	425
4.9.4.2	Europäische Zentralbank	426
Literaturhinweise		428

4.10 Finanzpolitik
Hans Kaminski 431

4.10.1	Zur begrifflichen Abgrenzung	433
4.10.2	Zur Notwendigkeit und Rechtfertigung staatlicher Finanzpolitik	433
4.10.3	Ziele der Finanzpolitik	435
4.10.4	Finanzpolitische Instrumente	437
4.10.4.1	Einnahmenpolitik	437
4.10.4.2	Ausgabenpolitik	443
4.10.5	Träger der Finanzpolitik	446
4.10.6	Grenzen der Finanzpolitik	447
Literaturhinweise		451

4.11 Sozialpolitik
Hans Kaminski 453

4.11.1	Begriffliche Abgrenzung	455
4.11.2	Zur Begründung der Notwendigkeit der Sozialpolitik	456
4.11.3	Geschichte, Leitbilder und Ziele der Sozialpolitik	457
4.11.3.1	Historische Aspekte der Entwicklung von sozialen Systemen	457
4.11.3.2	Leitbilder und Ziele	461
4.11.4	Ansatzpunkte und Bereiche der Sozialpolitik	462
4.11.4.1	Soziale Sicherung	462
4.11.4.2	Arbeitnehmerschutz im Betrieb	466
4.11.4.3	Arbeitsmarktpolitik	466
4.11.4.4	Betriebs- und Unternehmensverfassung	468
4.11.4.5	Ausgleichs- und Gesellschaftspolitik	469
4.11.5	Träger und Organe der staatlichen Sozialpolitik	470
4.11.6	Europäische Sozialpolitik	472
4.11.7	Probleme des Sozialstaates	473
Literaturhinweise		475

4.12 Die Zukunft des Sozialstaates
Hans Jürgen Schlösser 477

4.12.1	Einleitung: Begriff des Sozialstaates	479
4.12.2	Grundelemente des Sozialstaates in der Bundesrepublik Deutschland	480
4.12.2.1	Rentenversicherung	480
4.12.2.2	Krankenversicherung	482
4.12.2.3	Unfallversicherung	484
4.12.2.4	Regulierung des Arbeitsmarktes und der Arbeitsmarktpolitik	485
4.12.2.4.1	Schutzgesetze	485
4.12.2.4.2	Tarifverträge	486
4.12.2.4.3	Mitbestimmung	486
4.12.2.4.4	Bundesanstalt für Arbeit	487
4.12.2.5	Sozialstaatliche Bildungs- und Familienpolitik	488

4.12.2.6	Sozialstaatliche Steuerpolitik und soziale Sicherung	489
4.12.2.7	Wohnungspolitik	490
4.12.3	Die Krise des Sozialstaates	490
4.12.3.1	Finanzengpässe und ordnungspolitische Unklarheiten	490
4.12.3.2	Pluralisierung der Lebensstile und unvollständige Versicherungsbiographien	492
4.12.3.3	Überlastung der Sicherungssysteme durch kurzfristiges Krisenmanagement und Ordnungsverlust	492
4.12.3.4	Grenzen der volkswirtschaftlichen Belastbarkeit	493
4.12.4	Neuorientierung sozialstaatlicher Politik	494
4.12.4.1	Reformvorschläge	494
4.12.4.1.1	Erhöhung der Erwerbsbeteiligung	494
4.12.4.1.2	Wiederbelebung der Selbstverwaltung	494
4.12.4.1.3	Absenkungen der Leistungen des Sozialstaates	494
4.12.4.2	Grundsätzliche Neuorientierungen	495
Literaturhinweise		496
4.13	**Die Ethik der Marktwirtschaft** **Hermann May**	499
4.13.1	Vorbemerkung	501
4.13.2	Die Ethik im Modell der Marktwirtschaft	501
4.13.3	Die Ethik der Sozialen Marktwirtschaft	504
4.13.4	Leistungsgrenzen der Sozialen Marktwirtschaft	508
4.13.5	Schlußbemerkung	510
Literaturhinweise		511
4.14	**Umweltprobleme aus ökonomischer Sicht –** **Zur Relevanz der Umweltökonomie für die Umweltbildung** **Gerd-Jan Krol**	513
4.14.1	Einleitung	515
4.14.2	Ursachen des Umweltproblems	515
4.14.2.1	Wirtschaftliches Wachstum	516
4.14.2.2	Fehlverhalten – Umwelt als öffentliches Gut	519
4.14.2.3	Marktwirtschaft, Marktmechanismus und externe Effekte	522
4.14.3	Umweltpolitik	525
4.14.3.1	Prinzipien der Umweltpolitik	525
4.14.3.2	Umweltpolitische Ansatzpunkte	528
4.14.3.2.1	Umweltpolitik mittels Auflagen	529
4.14.3.2.2	Umweltabgaben	530
4.14.3.2.3	Märkte für Verschmutzungsrechte (Emissionslizenzen)	531
4.14.3.2.4	Veränderungen des Haftungsrechts	532
4.14.4	Zusammenfassung	532
Literaturhinweise		534
4.15	**Europäische Wirtschaftsintegration** **Klaus-Peter Kruber**	535
4.15.1	Dimensionen und Stand des Integrationsprozesses	537
4.15.2	Die Vollendung des Binnenmarktes	540
4.15.3	Strategien und Techniken der Integrationspolitik	542
4.15.4	Auf dem Weg zur Europäischen Wirtschafts- und Währungsunion	543
4.15.4.1	Zunehmende konjunkturelle Interdependenz in der Gemeinschaft	543
4.15.4.2	Das EWS – Funktionsweise und Bilanz der Entwicklung	544
4.15.4.3	Perspektiven der europäischen Wirtschafts- und Währungspolitik	546

4.15.5	EU-Integration im Rahmen der europäischen Einigung	551
Literaturverzeichnis		552
4.16	**Globalisierung der Wirtschaft –** **Von der Volkswirtschaft zur Weltwirtschaft** **Klaus-Peter Kruber**	553
4.16.1	Entwicklungstendenzen der Weltwirtschaft	555
4.16.2	Deutschland in der internationalen Arbeitsteilung	557
4.16.2.1	Außenhandelsverflechtung	557
4.16.2.2	Internationalisierung von Unternehmen	560
4.16.3	Freihandel oder Protektionismus?	563
4.16.4	Instrumente der Außenwirtschaftspolitik	565
4.16.5	Internationale Organisationen der Weltwirtschaft	567
4.16.5.1	Das Allgemeine Zoll- und Handelsabkommen (GATT) beziehungsweise die Welthandelsorganisation (WTO)	567
4.16.5.2	Der Internationale Währungsfonds (IWF)	568
Literaturverzeichnis		570
Sachverzeichnis		571

1 EINFÜHRUNG IN DEN PROBLEMBEREICH WIRTSCHAFT

1.1 Die menschlichen Bedürfnisse
Hermann May

1.1.1 Begriffliches 5
1.1.2 Zur Systematisierung der Bedürfnisse 5
1.1.3 Soziale Determinanten des Konsumentenverhaltens 8
1.1.3.1 Soziale Rollen und Konsumentenverhalten 9
1.1.3.2 Soziale Gruppen/sonstige Bezugsgruppen und Konsumentenverhalten .. 11
1.1.4 Bedürfnisbefriedigung 12
1.1.5 Bedürfnis und Wirtschaftsordnung 13
Literaturhinweise 14

1.1.1 Begriffliches

Mit dem Begriff **Bedürfnis** wird in der Wirtschaftswissenschaft der Mangel belegt, den der Mensch bestimmten Gütern (einschließlich Dienstleistungen) gegenüber empfindet und den er bestrebt ist, zu beheben. In seiner Verschiedenartigkeit und Vielfältigkeit reflektiert dieses Mangelempfinden „das Produkt eines evolutionären Prozesses, in dem sich nicht nur individuelle und kollektive Bezüge, sondern auch unterschiedliche Bewußtseinsstufen von Verhaltensregelungen ausdifferenziert haben"[1] „Was wir als Bedürfnis aktuell erleben, sind nur selten einfache, unkomplizierte Phänomene; kulturelle Entwicklung und individuelle Reifung haben aus ursprünglichen Bedürfnissen, aus Erlebnissen, Erfahrungen, Erkenntnissen und Normen komplexe Gebilde entstehen lassen, die in aller Regel mit den Kategorien des Bedürfens nur grob und unzulänglich beschrieben werden können."[2] So gesehen, präsentiert sich ein Bedürfnis „als leibseelische Zuständlichkeit, die sich in Spannungs- und Antriebsmomenten äußert ..."[3].

Unter **Bedarf** verstehen wir die gegebenenfalls dem Bedürfnis entwachsende Absicht, den empfundenen Mangel durch Erwerb des begehrten Gutes zu beheben und somit das Bedürfnis zu befriedigen. Diese Bedürfnisbefriedigung setzt in der Regel die für den Erwerb des begehrten Gutes erforderliche Kaufkraft voraus. Der Bedarf repräsentiert damit das mit Kaufkraft ausgestattete Bedürfnis. Er wird damit zum Ausgangspunkt der **Nachfrage,** sei diese nun durch eine Person, einen Haushalt oder eine andere größere Personengruppe ausgeübt.

Abweichend von den hier aufgezeigten Begriffsbestimmungen werden die Termini Bedürfnis und Bedarf nicht selten synonym verwendet oder Bedarf wird als die Gesamtheit aller Bedürfnisse auf einem Markt oder in einer Volkswirtschaft verstanden.

Welche Begriffsfassung nun auch im konkreten Fall bevorzugt werden mag, fest steht, daß die Bedürfnisse des Menschen den Beweggrund seines wirtschaftlichen Handelns bilden. Sie lassen ihn nach Mangelbehebung und damit nach ihrer Befriedigung streben, was die Beschaffung der dafür geeigneten Mittel – finanzieller wie auch materieller Art – voraussetzt. Die Tatsache, daß diese Mittel jedoch nur in beschränktem Umfang verfügbar, also knapp sind, veranlaßt ihn, in seinem (Mangelbehebungs-) Streben dem **ökonomischen Prinzip** zu folgen, das heißt, den angestrebten Erfolg (das ist die Bedürfnisbefriedigung) mit einem Minimum an Mitteln oder mit den gegebenen Mitteln ein Maximum an Erfolg zu realisieren.

1.1.2 Zur Systematisierung der Bedürfnisse

Sicherlich drängen nicht alle Bedürfnisse mit der gleichen Dringlichkeit nach Befriedigung. Dafür sind sie – wie bereits angedeutet – zu verschiedenartig. Versuche, die Bedürfnisse hinsichtlich ihrer Dringlichkeit respektive ihrer nach Absättigung drängenden Reihenfolge zu ordnen, sind deshalb naheliegend. So wird zwischen **primären** (angeborenen) und **sekundären** (gelernten, aus sozialen Kontakten erworbenen) Bedürfnissen unterschieden, zwischen **vitalen** (existentiellen, physiologischen), **sozialen** (soziopsychischen) und **geistigen** oder auch zwischen **Existenz-, Kultur- und Luxusbe-**

---

[1] Hondrich, K.O.: Bedürfnisse, Ansprüche und Werte im sozialen Wandel, in: Hondrich, K.O., Vollmer, R. (Hrsg.): Bedürfnisse, Stabilität und Wandel, Opladen 1983, S. 27.
[2] Scherhorn, G.: Bedürfnis und Bedarf, Sozialökonomische Grundbegriffe im Lichte der neueren Anthropologie, Berlin 1959, S. 100.
[3] Ebenda.

dürfnissen. Diese Strukturierungsversuche sind durchweg sehr grob. So dürfte im Zuge allgemeiner Wohlstandsmehrung insbesondere die Abgrenzung zwischen Kultur- und Luxusbedürfnissen zunehmend Schwierigkeiten bereiten. Vieles, was heute als unverzichtbar gilt, wurde noch vor nicht allzu langer Zeit als Luxus angesehen. Auch die auf Eugen von Böhm-Bawerk (1851–1914) zurückreichende Unterscheidung zwischen **Gegenwarts-** und **Zukunftsbedürfnissen,** die die Feststellung impliziert, daß der Mensch in der Regel die gegenwärtigen Bedürfnisse intensiver empfindet als die zukünftigen, bringt – so insbesondere hinsichtlich einer besseren Bedürfnisbefriedigung – nur wenig Erkenntnisgewinn.

Konsumökonomisch verwertbare Aufschlüsse über die Beweggründe menschlichen Konsumverhaltens ergeben sich wohl am ehesten aus dem bedürfnistheoretischen Ansatz des amerikanischen Psychologen Abraham H. Maslow (1908–1970), der sich bemühte, soziale Determinanten der Persönlichkeitsentwicklung aufzudecken und mit einer Hierarchisierung der (Grund-)Bedürfnisse zu verbinden. Maslow unterscheidet verschiedene Bedürfnisebenen, die er pyramidenartig anordnet.[4] (Siehe hierzu Abb. 1) Man spricht deshalb auch von der Maslowschen Bedürfnis-Pyramide.

Abb. 1

Die Basis dieser Pyramide bilden die physiologischen Bedürfnisse, deren Befriedigung mit der höchsten Dringlichkeit begehrt wird. Ihnen nachgeordnet sind mit abnehmender relativer Bedeutsamkeit: Sicherheitsbedürfnisse, soziale Bedürfnisse, das Bedürfnis nach Selbstachtung und gesellschaftlicher Wertschätzung und schließlich das Bedürfnis nach Selbstverwirklichung. Der Wert dieses Klassifizierungsversuchs liegt weniger in der Abgrenzung einzelner Bedürfnisebenen als vielmehr „in der Ausdifferenzierung der Persönlichkeit in verschiedene, grob umrissene Entwicklungsstadien, von denen die höheren nur erreicht werden können, wenn die vorigen mindestens einigermaßen verwirklicht wurden"[5].

Graphisch kann dieser Zusammenhang wie folgt veranschaulicht werden[6] (siehe Abb. 2):

Die den physiologischen Bedürfnissen in ihrer Manifestation nachgelagerten höheren Bedürfnisse werden als Ausdruck einer evolutorischen Entwicklung gedeutet,

---
[4] Vgl. Maslow, A. H.: Motivation und Persönlichkeit, Reinbek bei Hamburg 1989, S. 127 ff.
[5] Scherhorn, G.: Verbraucherinteresse und Verbraucherpolitik, Göttingen 1975, S. 9.
[6] Ebenda.

1.1 Die menschlichen Bedürfnisse

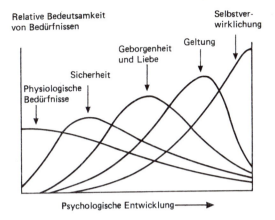

Abb. 2 Entnommen aus: Scherhorn, G., Verbraucherinteresse und Verbraucherpolitik, a.a.O., S. 9.

die an die Lernfähigkeit des Menschen gebunden ist und infolgedessen von jedem einzelnen in seiner Ontogenese erworben werden muß[7].

Die **physiologischen Bedürfnisse** sind Ausdruck der Bedingungen menschgemäßen Überlebens. Sie richten sich im wesentlichen auf Essen, Trinken, Schlaf, Kleidung, Wohnung, Sexualität, Sinneswahrnehmung, Bewegung. Ihre Befriedigung ist Voraussetzung für die Entwicklung höherer Bedürfnisse. Überall dort, wo eine Befriedigung dieser Bedürfnisse nicht ausreichend gewährleistet ist, lassen sich – Maslows Erkenntnis zufolge – neben Aggressivität, Mißmut und Mißtrauen deutliche Defizite im Sozialverhalten feststellen. Auch das Moralverhalten zeigt sich häufig eingeschränkt („Erst kommt das Fressen, dann die Moral." B. Brecht).

Sicherheitsbedürfnisse reichen über das bloße Überlebenwollen hinaus. Sie treten erst dann in Erscheinung, wenn die physiologischen Bedürfnisse hinreichend befriedigt sind. Sie setzen das Haben (Besitzen) voraus und knüpfen daran das Sichernwollen. Dieses Verlangen ist in die Zukunft gerichtet. Es erstreckt sich auf physischen Schutz und Geborgenheit, auf ökonomische und ökologische Sicherung (Einkommen, Vermögen, Arbeitsplatz, Umwelt) wie auch auf politische Stabilität. Menschen, deren Sicherheitsbedürfnisse nicht entsprechend abgesättigt werden, wird die Neigung zuerkannt, sich auf das (unbefriedigte) Sicherheitsstreben zu fixieren – sei dies in Familie, Gemeinde oder Staat – und darüber andere Strebungen zu vernachlässigen. Die weitere Persönlichkeitsentwicklung läuft damit Gefahr, blockiert zu werden.

Soziale Bedürfnisse treten im Zuge der Persönlichkeitsentwicklung erst dann auf, wenn dem Überlebenwollen und dem Verlangen nach Sicherheit einigermaßen entsprochen wurde. Sie umfassen den Wunsch nach sozialer Zugehörigkeit und Liebe, nach Gemeinschaftserleben (Gruppenzugehörigkeit, Geborgenheit) und daraus erwachsender Inanspruchnahme durch andere, nach Zuneigung und „Gebrauchtwerden". Wird dieses Bedürfnis, „zu empfangen und geliebt zu werden"[8], nicht ausreichend befriedigt, so droht die Persönlichkeitsentwicklung auf dieser Stufe unterbrochen zu werden, wobei der Frustrierte durch Anpassung und Konformitätsstreben

---
[7] Vgl. ebenda S. 10.
[8] Ebenda.

(krampfhaft) versucht, die Zuneigung der anderen zu erheischen. Ansprüche und Verhalten werden dabei auf „das kleinste gemeinsame Vielfache"[9] reduziert.

Die **Bedürfnisse nach gesellschaftlicher Wertschätzung** (gesellschaftlichem Ansehen) und **Selbstachtung** streben über ihre Befriedigung zu innerer Unabhängigkeit und Freiheit. Sie bilden die Basis für die höchste Ebene der Persönlichkeitsentwicklung, die **Selbstverwirklichung.** Mit diesem Begriff wird im Maslowschen Verständnis ein Zustand umschrieben, der durch die Ausbildung der körperlichen und geistigen Möglichkeiten eines Menschen gekennzeichnet ist: „Was ein Mensch sein **kann, muß** er sein ... . Selbstverwirklichung ... bezieht sich auf das menschliche Verlangen nach Selbsterfüllung, also auf die Tendenz, das zu aktualisieren, was man an Möglichkeiten besitzt."[10]

Wenn auch Maslows Bedürfnisklassifikation ein wertvoller Beitrag zur theoretischen Durchdringung des Konsumverhaltens darstellt, so kann sie immer nur als ein (vorläufiges) Ergebnis einer einschlägigen Befassung verstanden werden, das einer entsprechenden Kommentierung bedarf und dem auch Bedenken und Einwendungen entgegenstehen.[11] So gilt es zunächst festzustellen, daß das Klassifikationsschema selbst keinesfalls eine vollständige Aufzählung aller (Grund-)Bedürfnisse beinhaltet, sondern immer nur eine Gruppierung derselben anstrebt und somit ein hochdifferenziertes Spektrum von Einzelbedürfnissen unter Oberbegriffen zusammenfaßt. Inwieweit es allerdings gelingt, den vollständigen Differenzierungsgrad von Grundbedürfnissen sichtbar zu machen, sei dahingestellt.

Gewichtiger als die Frage nach der Aussagefähigkeit der für die hochdifferenzierten Bedürfniskomplexe gewählten Sammelbezeichnungen (Oberbegriffe) scheint uns in Anlehnung an Hondrich das Problem, das sich durch die Koppelung der Maslowschen Klassifikation mit einem hierarchischen Stufenmodell ergibt. Die daraus sich ergebende Unterscheidung zwischen „niederen" (physiologischen) und „höheren", der Persönlichkeitsentfaltung dienenden Grundbedürfnissen, die ihrerseits in ihrem Auftreten einander nachgeordnet sind, läßt sich von der Beobachtung leiten, daß Kinder zuerst nach Nahrung, dann nach Sicherheit und Liebe und später erst nach sozialer Achtung und Selbstverwirklichung verlangen. Es bleibt zu fragen, ob eine solche Stufung auch dann noch angenommen werden darf, wenn sich im ontogenetischen und phylogenetischen Prozeß die Grundstrukturen der Bedürfnisse herauskristallisiert haben. Für Hondrich scheint die Antwort hierauf eindeutig: „... solange ... die Grundbedürfnisse ausgebildet und im Grunde befriedigt sind, solange verschiebt sich ihre relative Wichtigkeit nicht mehr nach der Logik von Entwicklungsstufen, sondern nach Grenznutzenprozessen ..."[12].

1.1.3 Soziale Determinanten des Konsumentenverhaltens[13]

Bedürfnisse und Bedarf finden ihren marktmäßigen Niederschlag im sogenannten Konsumentenverhalten. Dieses als Wählen und Werten von Marktangeboten zu verstehende Verhalten von Einzelpersonen ist mehr als ein rein wirtschaftliches Sich-

---

[9] Ebenda S. 11.
[10] Maslow, A. H.: Motivation und Persönlichkeit, a.a.O., S. 74.
[11] Vgl. hierzu Hondrich, K.O.: Bedürfnisse, Ansprüche und Werte im sozialen Wandel, a.a.O., S. 61 ff.
[12] Ebenda S. 63.
[13] Vgl. hierzu die ausführlichen Darlegungen bei Hillmann, K. H.: Soziale Bestimmungsgründe des Konsumentenverhaltens, Stuttgart 1971.

Geben[14] und verlangt deshalb neben der wirtschaftswissenschaftlichen Erfassung nach einer soziologischen und psychologischen. Die Erforschung des Konsumentenverhaltens wird somit zum Problem feldtheoretischer Überlegungen, in dessen Mittelpunkt der Wirkungszusammenhang aller Feldkräfte steht.[15] Kurt Lewin (1890–1947) kleidete diese Erkenntnis in folgende Formel:

$$V = f(P, U).$$

Sie besagt, daß das Verhalten (V) einer Person eine Funktion ihres Lebensraumes sei, der selbst als Zusammenwirken der psychischen Beschaffenheit der Person (P) und der sozialen Kräfte der Umwelt (U) aufgefaßt werden kann. Die vordergründig häufig als Ausdruck der eigenen individuellen Persönlichkeit erlebten Bedürfnisse und Konsumwünsche sind demnach als außerindividuelle Kräfte des soziokulturellen Umfeldes zu sehen[16]; das Konsumentenverhalten erweist sich in den ihm zugrundeliegenden Motivationen als über den Sozialisations- und Entkulturationsprozeß weitgehend wert- und normbestimmt. Im Mittelpunkt einer dieser Feststellung Rechnung tragenden Analyse des Konsumentenverhaltens kann deshalb konsequenterweise weniger das Suchen nach einer festen Bedarfsstruktur eines gesellschaftlich eingebundenen Individuums stehen, als vielmehr die Befassung mit den von soziokulturellen Standards abhängigen Bedürfnisausprägungen, Konsumantrieben und Verbrauchsgewohnheiten eines Menschen, der erst durch das Hineinwachsen in eine bestimmte Kultur und Gesellschaft zu einer Sozialpersönlichkeit heranreift.[17] Dabei gilt es zu beachten, daß auch die Bedürfnisstrukturen der Sozialpersönlichkeiten durch den Sozialisations- und Entkulturationsprozeß nicht endgültig festgelegt werden. In den modernen, dynamischen Gesellschaften wird nämlich die Motivationsstruktur des Einzelmenschen nicht nur bis zum Erreichen des Erwachsenenstatus tiefgreifend geprägt, sondern darüber hinaus von den exogenen Einflußkräften der sich wandelnden soziokulturellen Umgebung weitergeformt (Prinzip der Außenlenkung!). Der Zusammenhang zwischen dem Verhalten des Konsumenten und bestimmten Einflüssen der gesellschaftlich-kulturellen Umgebung soll im folgenden über die Begriffe soziale Rolle, soziale Gruppe und Bezugsgruppe erschlossen werden.

1.1.3.1 Soziale Rollen und Konsumentenverhalten

Mit der Einbettung in eine bestimmte soziokulturelle Umgebung internalisiert der Mensch deren kulturelle Werte und soziale Normen und wird gleichzeitig zum Inhaber sozialer Positionen. Mit der Einnahme dieser Positionen tritt er in ein mitmenschliches Beziehungsgeflecht und übernimmt darin soziale Rollen, „die gemeinhin als Bündel von Erwartungen, als Komplexe von Rechten und Pflichten aufgefaßt"[18], zu bedeutsamen Determinanten seines Antriebslebens und somit seines Verhaltens werden. Für den Bereich des privaten Verbrauchs bedeutet dies, daß sich das Konsumverhalten des einzelnen nicht aus einer bestimmten Konsumenten-„rolle" ableitet, sondern – da jeder Konsument gleichzeitig mehreren Gruppen angehört – zu einem beträchtlichen Teil aus Elementen jener Erwartungssysteme, die

---

[14] Vgl. Zahn, E.: Soziologie der Prosperität, Wirtschaft und Gesellschaft im Zeichen des Wohlstandes, München 1964, S. 23f.
[15] Vgl. Kroeber-Riel, W.: Konsumentenverhalten, 2. Aufl., München 1980, S. 407.
[16] Vgl. Hillmann, K.H.: Soziale Bestimmungsgründe des Konsumentenverhaltens, a.a.O., S. 41.
[17] Vgl. hierzu und zum folgenden ebenda S. 45.
[18] Ebenda S. 47.

für die übrigen Rollen, die er als soziokulturelle Persönlichkeit innehat (zum Beispiel als Junggeselle, Student, Sportler, Katholik etc.), konstitutiv sind.[19]

Die vielfältigen Zusammenhänge zwischen bestimmten Rollenerwartungen und dem Konsumentenverhalten lassen sich in Anlehnung an Ralf Dahrendorf (geb. 1929) auf drei Grundmuster reduzieren: Mußerwartungen, Sollerwartungen und Kannerwartungen.[20]

Als **Mußerwartungen** gelten – im allgemeinen weniger selbstverständliche – Erwartungen, die als gesetzlich fixierte Normen bestimmte Verhaltensweisen bei gerichtlicher Strafe (negative Sanktionen) verbieten und dadurch das Verbraucherverhalten eingrenzen (zum Beispiel Rauschgiftgenuß). Es sind häufig negativ formulierte Erwartungen.

Soll- und Kannerwartungen hingegen erwachsen aus Traditionen, Sitten, Bräuchen, gruppenspezifischen Gewohnheiten und Normen. Sollerwartungen sind mit sozialem Ausschluß (negative Sanktionen) oder gegebenenfalls mit Sympathie (positive Sanktionen) respektive mit Antipathie (negative Sanktionen) verbunden. Soll- und Kannerwartungen gelten mehr als selbstverständlich. Sie sind nicht mit gesetzlichen Sanktionen verknüpft. Ihnen unterliegen meist internalisierte, mit der Persönlichkeitsstruktur verwobene Normen (besonders deutlich in den geschlechtsspezifischen Rollenmustern von Mann und Frau!).

Besondere Bedeutung im aufgezeigten Zusammenhang erlangen die konsumbezogenen Soll- und Kannerwartungen der Berufsrolle und die daraus erwachsenden Konsummuster.[21]

Abgesehen von der Berufsrolle involvieren die meisten sozialen Rollen als soziokulturell standardisierte Verhaltensmuster einen Konsumaspekt. Das Konsumverhalten des einzelnen erweist sich deshalb in der Regel „um so differenzierter und mannigfaltiger, je mehr soziale Positionen er innehat und je mehr soziale Rollen er als Sozialpersönlichkeit »spielt«"[22].

Diese sozialen Rollen, die von dem Einzelmenschen als Sozialpersönlichkeit übernommen werden, bilden nun aber „keine konstanten und universalen Verhaltensmuster"[23]. Die heute stark außengelenkte Sozialpersönlichkeit zeigt sich offen und aufgeschlossen gegenüber soziokulturellen Wandlungen und Innovationen und ist deshalb in ihrem Rollenverhalten weniger starr und fixiert[24].

Die konsumsoziologisch relevanten Rollenerwartungen werden vom einzelnen in der Regel weniger als von außen an ihn herangetragene Forderungen empfunden, denn vielmehr als eigene Wünsche und Vorstellungen wie auch als Selbstverständlichkeiten. Sie werden in entsprechenden Situationen spontan und ohne rationale Entscheidungsbemühungen verhaltenswirksam und müssen als „entlastende Stabilisatoren des Konsumentenverhaltens"[25] gesehen werden (Entlastungsfunktion sozialer Rollen!).

---

[19] Vgl. ebenda S. 50.
[20] Vgl. Dahrendorf, R.: Homo sociologicus, Ein Versuch zur Geschichte, Bedeutung und Kritik der sozialen Rolle, 4. Aufl., Köln und Opladen 1964, S. 28 ff.
[21] Vgl. Hillmann, K. H.: Soziale Bestimmungsgründe des Konsumentenverhaltens, a. a. O., S. 57.
[22] Ebenda, S. 61.
[23] Ebenda S. 62.
[24] Vgl. ebenda S. 65 f.
[25] Ebenda S. 68.

Die vorausgegangenen Ausführungen zum prägenden Einfluß der sozialen Rollen auf das Konsumverhalten des privaten Nachfragers sollen nun keinesfalls die Schlußfolgerung provozieren, der Konsument sei unfrei und vollständig determiniert. Tatsächlich geben die breitgefächerten Konsumaspekte vieler Rollen dem einzelnen ein grosses Maß an Möglichkeiten der individuellen Ausgestaltung seines konsumtiven Verhaltens.[26] Es darf allerdings nicht übersehen werden, daß dieses Verbraucherverhalten nicht selten durch Rollenkonflikte gekennzeichnet ist; seien dies nun Konflikte zwischen antagonistischen Verhaltenserwartungen **innerhalb** von Rollen anderer (zum Beispiel Eltern und Freunde eines Jugendlichen), sogenannte **Intra-Rollenkonflikte,** oder aber Erwartungskonflikte **zwischen** verschiedenen Rollen des Konsumenten selbst (zum Beispiel zwischen der Rolle des Ehemannes und der des Liebhabers), sogenannte **Inter-Rollenkonflikte.** Diesem letzgenannten Zwiespalt wird durch die heute weitverbreitete Rollenüberlastung der Konsumenten Vorschub geleistet. So sind dem modernen „Durchschnittsbürger" aus seinen vielfältigen Zugehörigkeiten (zum Beispiel Familie, Beruf, Religionsgemeinschaft, Gewerkschaft, Vereine etc.) häufig so viele Rollen zugewiesen, daß er gar nicht mehr weiß, welcher beziehungsweise welchen Rollen er in welchem Umfang Rechnung tragen soll.[27]

1.1.3.2 Soziale Gruppen/sonstige Bezugsgruppen und Konsumentenverhalten

Als Inhaber von Positionen und Rollen ist die Sozialpersönlichkeit in ein Geflecht mehrerer Gruppen verwoben. Mehr noch: „Die Gruppe zwingt den realen Konsum aller Gruppenangehörigen unerbittlich, sich der von ihr diktierten Lebenshaltungsvorstellung anzupassen, da der Verbraucher sich sonst der Lächerlichkeit, dem Spott, einem Mangel an Hilfsbereitschaft, dem Fehlen seelisch-geistigen Kontakts ... dem Boykott, ja, sogar dem Ausgestoßensein aus jener Gruppe aussetzt."[28]

Über diesen von der Gruppe respektive den Gruppen ausgehenden **Zwang** hinaus ist der Konsument zusätzlich noch durch **Gewohnheit** und **Nachahmung** an die Lebenshaltungsvorstellung der ihn aufnehmenden Gruppen gebunden.

Es läßt sich somit zusammenfassend feststellen, daß die Bedürfnisse und das aus ihnen erwachsende wirtschaftliche Handeln in starkem Maße durch Gruppenzugehörigkeit beeinflußt wird.

In unserer heutigen Gesellschaft lassen sich hinsichtlich ihrer Einflußnahme auf das Konsumentenverhalten insbesondere zwei Gruppenarten hervorheben: die Großgruppen und die Primärgruppen.[29]

Der individuelle Konsum der Angehörigen von (meist historisch gegliederten, statusstrukturierten) **Großgruppen** wird in der Regel von Normen beziehungsweise Rollenerwartungen geprägt. Insbesondere der „augenfällige", das heißt der im äußeren

---

[26] Vgl. ebenda S. 71.
[27] Vgl. hierzu auch Mayntz, R.: Soziologie der Organisation, Reinbek 1963, S. 84.
[28] Reichenau, Ch. v.: Der „homo extraordinatus" in: Festgabe für Leopold von Wiese aus Anlaß der Vollendung seines 70. Lebensjahres, hrsgg. v. Geck, L. A. H., Kempski, J. v., Meuter, H.: 1. Bd., Mainz 1948, S. 121 f.
[29] Als **Großgruppen** (oder auch Sekundärgruppen) werden größere soziale Gebilde bezeichnet (z. B. Betriebe, Gewerkschaften, Kirchen, Parteien, Vereine), die rational organisiert, das heißt ziel- und zweckorientiert sind und weitgehend formalisierte und unpersönliche Beziehungen (z. B. bürokratisierte) aufweisen. **Primärgruppen** sind relativ stabile, enge persönliche Beziehungen ermöglichende Gruppen (z. B. Familie, Nachbarn, Gemeinde-Mitbürger, Arbeitskollegen).

Erscheinungsbild des Konsumenten sich manifestierende Konsum, trägt diesen Vorgaben Rechnung. So läßt sich mit gewissen Einschränkungen vom Konsumverhalten eines leitenden Angestellten, eines mittleren Beamten, eines Akademikers et cetera sprechen. Hier kommen zum Teil verbrauchsorientierte Normen in Statussymbolen zum Ausdruck.

Vielfältiger als die in Großgruppen in Erscheinung tretenden Konsumdeterminanten sind die in **Primärgruppen** wirksam werdenden Prägungen. Hier ist die gruppenmäßige Verflochtenheit des einzelnen meist stark gefühlsbetont und schafft – bei vorwiegend selbstverständlicher Identifikation mit den Rollenmustern der Gruppe – spezifische Geschmacksnormen und Konsumansprüche.

Neben den Gruppen, in die der einzelne infolge seiner gesellschaftlichen Stellung als Mitglied integriert ist (Mitgliedsgruppen), erlangen in unserer modernen Gesellschaft auch **fremdartige (Bezugs-)Gruppen** (Nicht-Mitgliedsgruppen) Einfluß auf den Verbraucher. So orientieren sich mit wachsendem Wohlstand immer mehr Menschen an den Konsumstandards fremder, insbesondere höherer Schichten. Dies läßt sich vor allem mit dem Abbau von Standesgrenzen, Klassenschranken und Schichtungslinien sowie dem Streben nach sozialem Ansehen erklären.[30]

Außer diesem Orientierungsblick nach „oben" läßt sich, wie Ernest Zahn (geb. 1922) nachweist[31], bei Angehörigen der einstigen Oberklasse auch ein solcher nach „unten" feststellen, wo konsumfreudige Angehörige der aufstrebenden Mittelschicht sich zu „Geschmacksführern" und „Konsumpionieren" entwickeln und nachfrageprägenden Einfluß ausüben.

Ob nun der Orientierungsblick des Konsumenten nach „oben" oder nach „unten" schweift oder auf der gleichen sozialen Ebene verharrt, festzustehen scheint, daß die Flexibilität und Variabilität seines konsumtiven Verhaltens um so mehr zunimmt, je zahlreicher die fremden Bezugsgruppen sind, deren Wertvorstellungen, Konsumnormen und Verbrauchsgewohnheiten für ihn Leitfunktion erlangen.[32] Je größer aber die Flexibilität und Variabilität des Verbraucherverhaltens, desto geringer ist die Möglichkeit, Prognosen darüber abzugeben. Bedürfnisse sind eben keine unveränderlichen, feststehenden Größen.

1.1.4 Bedürfnisbefriedigung

Weitverbreitete Ängste über den ungehemmten Umgang mit knappen Ressourcen und die mit der Produktion und Konsumtion von Gütern in bedrohlichem Maße zunehmende Gesundheitsgefährdung und Umweltbelastung rufen in jüngster Zeit verstärkt Kritiker auf den Plan, die ihren Eifer an der vorherrschenden Bedürfnisausprägung und deren durch die Nachfrage in Erscheinung tretende Befriedigung entzünden. Ihr Bestreben ist es, die „bedrohliche" Nachfrage zu verändern und damit Schlimmeres zu bannen. Sie wenden sich deshalb in aufklärender Absicht an die ihrer Meinung nach durch verantwortungslose Werbung manipulierten Nachfrager und versuchen, diese eines Besseren zu belehren. Dieser Versuch muß unseres Erachtens fehlschlagen. Denn – von wenigen Ausnahmen abgesehen – wissen die Nachfrager

---

[30] Vgl. Hillmann, K. H.: Soziale Bestimmungsgründe des Konsumentenverhaltens, a.a.O., S. 99.
[31] Vgl. Zahn, E.: Soziologie der Prosperität, a.a.O., S. 126.
[32] Vgl. Hillmann, K. H.: Soziale Bestimmungsgründe des Konsumentenverhaltens, a.a.O., S. 108.

heute über die Konsequenzen ihres Handelns hinreichend Bescheid. Nicht das mangelnde Wissen um die Folgen ihres Nachfrage-/Konsumverhaltens (Gesundheitsschäden, Umweltschäden, Umweltbelastung etc.) ist der entscheidende Grund für ihr beklagtes Handeln, sondern die Tatsache, daß sie sich von ihrem Tun einen größeren subjektiven Nutzen versprechen als dessen Unterlassen oder eine entsprechende Alternativ- oder Ersatzhandlung erwarten läßt.[33] Dieses Grundprinzip der Bedürfnisbefriedigung gilt es zu sehen. Damit sind dann auch die Möglichkeiten der Einflußnahme auf das Nachfrageverhalten klar umrissen: Entweder man zwingt dem Bedürfnisträger bestimmte, hoheitlich als erstrebenswert festgelegte Verhaltensweisen auf und unterdrückt so das eigennützige, am Kosten-Nutzen-Kalkül ausgerichtete Handeln, oder man respektiert das Kosten-Nutzen-Denken als ein dem Menschen eigenes Verhalten und versucht in diesem Rahmen, durch das Setzen von staatlichen Anreizen (wie beispielsweise steuerliche Belastung umweltbelastender Güter respektive steuerliche Entlastung/Subventionierung umweltfreundlicher Alternativgüter) die Nachfrage in die gewünschte Richtung zu lenken.

Gehen wir davon aus, daß in einer freiheitlichen Gesellschaft zwangsweise staatliche Vorgaben immer nur als Ultima ratio gelten können, so verbleibt als genereller Lösungsweg allein die Nutzbarmachung des menschlichen Nutzenstrebens, das heißt die Erwirkung alternativer Handlungen beziehungsweise der Bedürfnisbefriedigung über entsprechende Anreize. So wäre beispielsweise daran zu denken, mittels einer höheren steuerlichen Belastung von Vergaserkraftstoffen die Ingebrauchnahme von Kraftfahrzeugen zu drosseln oder durch eine Absenkung der (staatlichen) Beförderungstarife in bestimmten Problemzonen das Überwechseln von der Straße auf die Schiene attraktiver zu machen. Die bislang unter dem Aspekt der Unabhängigkeit und des Zeitgewinns verlockender eingestufte Fahrt mit dem eigenen Fahrzeug könnte so einem neuerlichen Kosten-Nutzen-Vergleich mit der Bahn nicht mehr standhalten. Die Schienenbeförderung würde den Vorzug erlangen und damit die Umwelt weniger (als durch den Straßenverkehr) belastet. Das gegenwartsbezogene persönliche Nutzenstreben könnte auf diese Weise dem zukunftsorientierten Gemeinwohl dienstbar gemacht werden.[34] Oder anders ausgedrückt: Die Bedürfnisse würden mittels staatlicher Sanktionen auf attraktiver gemachte alte oder aber auch verlockende neu konzipierte (Alternativ-)Angebote umorientiert und damit zugleich die Kosten für die Allgemeinheit und die Zukunft geringer gehalten.

1.1.5 Bedürfnis und Wirtschaftsordnung[35]

Der Einfluß der individuellen Bedürfnisse auf die Produktion ist je nach Wirtschaftsordnung unterschiedlich. In (zentralgelenkten) **Staatswirtschaften** wird Art, Umfang und Beschaffenheit (Qualität) der zu produzierenden Güter von der (obersten) Planungsinstanz festgelegt. Hierbei werden die Bedürfnisse der Konsumenten lediglich in dem Maße berücksichtigt, wie dies der Gesamtplan respektive die diesem zugrundeliegende Prioritätenliste zuläßt. Dies führt in der Regel dazu, daß die Investitionsgüterproduktion den Vorzug gegenüber der Herstellung von Konsumgütern erhält und eine mehr die individuelle Bedürfnisausprägungen berücksichtigende, dafür aber -

---

[33] Vgl. hierzu und zum folgenden Hondrich, K. O.: Bedürfnisänderung durch Aufklärung?, in: Meyer-Abich, K. M. u. Birnbacher, D. (Hrsg.): Was braucht der Mensch, um glücklich zu sein, Bedürfnisforschung und Konsumkritik, München 1979, S. 125 ff.
[34] Siehe ebenda, insbesondere S. 127.
[35] Vgl. hierzu Müller, J. H.: Artikel „Bedürfnis", II, in: Staatslexikon, 7. Aufl., Freiburg-Basel-Wien 1985, Sp. 609 ff.

kostenträchtigere (Klein-)Serienproduktion gegenüber einer uniformen, dafür aber kostengünstigeren Massenproduktion zurückstehen muß. Die individuellen Bedürfnisse haben sich den staatlichen Zweckmäßigkeitserwägungen zu fügen; Gemeinnutz rangiert hier vor Eigennutz beziehungsweise das zentral formulierte Gemeinwohl vor der individuellen Bedürfnisbefriedigung. Zunehmender Einfluß der Konsumentenwünsche auf die staatliche Güterproduktion, das heißt eine stärkere Berücksichtigung der Individualbedürfnisse durch die Planungsinstanz, kann – in beschränktem Umfang – nur über eine Ausweitung und Verbesserung des Produktionsapparates erwartet werden.

In **marktwirtschaftlichen Ordnungen** ist die Produktion in sehr viel stärkerem Maße als in Zentralverwaltungswirtschaften an den mit Kaufkraft ausgestatteten Bedürfnissen, dem Bedarf, ausgerichtet. Er bestimmt über die am Markt in der Nachfrage zum Ausdruck gebrachte Begehrensintensität und die damit bekundete Bereitschaft, entsprechende Preise zu bezahlen, Art, Umfang und Qualität der Produktion. Es setzen sich so die höheren Dringlichkeiten und damit die höheren Bedürfnisse von selbst durch. Daß in diesem (Markt-)Durchsetzungsprozeß der Konsumentenwünsche immer nur die „kaufkräftigen" Bedürfnisse Beachtung finden, ist in der Natur der Märkte begründet. Um hier soziale Härten zu vermeiden, muß bedürftigen Personen durch den Staat ein Minimum an Kaufkraft (Mindesteinkommen) zur Verfügung gestellt werden, so daß sie zumindest ihre existentiellen Bedürfnisse menschenwürdig befriedigen können. Über die Notwendigkeit dieses staatlichen Eingriffs besteht in modernen Marktwirtschaften durchweg Einigkeit. Es wäre deshalb abwegig, diese Notwendigkeit des Staatseingriffes zum Anlaß einer Anklage der Marktwirtschaft hochzustilisieren. Marktwirtschaften im modernen Verständnis schließen die soziale Verantwortung ausdrücklich ein.

Literaturhinweise

Galtung, J.: Menschliche Bedürfnisse – Brennpunkt für die Sozialwissenschaften, in: Sozialwissenschaften – wozu?, Frankfurt a. M. 1977, S. 89 ff.
Heffner, S.: A. H. Maslows Lehre von der Bedürfnishierarchie und Bedürfnisentwicklung, in: Zeitschrift für Wirtschafts- und Sozialwissenschaften, Heft 101, Jg. 1981, S. 479 ff.
Hillmann, K. H.: Soziale Bestimmungsgründe des Konsumentenverhaltens, Stuttgart 1971.
Hondrich, K. O.: Bedürfnisänderung durch Aufklärung?, in: Was braucht der Mensch, um glücklich zu sein?, Bedürfnisforschung und Konsumkritik, hrsgg. v. Meyer-Abich, K. M. u. Birnbacher, D., München 1979, S. 123–134.
Ders.: Bedürfnisse, Ansprüche und Werte im sozialen Wandel, in: Hondrich, K. O., Vollmer, R. (Hrsg.), Bedürfnisse, Stabilität und Wandel, Opladen 1983, S. 15–74.
Kroeber-Riel, W.: Konsumentenverhalten, 2. Aufl., München 1980/5. Aufl. 1992.
Maslow, A. H.: Motivation und Persönlichkeit, Reinbek 1989.
Müller, J. H.: Artikel „Bedürfnis", II, in: Staatslexikon, 7. Aufl., Freiburg-Basel-Wien 1985, Sp. 605–612.
Scherhorn, G.: Bedürfnis und Bedarf, Sozioökonomische Grundbegriffe im Lichte der neueren Anthropologie, Berlin 1959.
Ders.: Verbraucherinteresse und Verbraucherpolitik, Göttingen 1975.

1.2 Ökonomische Verhaltenstheorie
Gerd-Jan Krol

1.2.1 Einleitung 19
1.2.2 Der ökonomische Ansatz zur Erklärung menschlichen Verhaltens 20
1.2.2.1 Das Grundmodell 20
1.2.2.2 Rationalität und Gewohnheitsverhalten 24
1.2.2.3 Rationalität und normorientiertes Verhalten 26
1.2.2.4 Staatliches Handeln und ökonomischer Ansatz 28
1.2.3 Zusammenfassung 30
Literaturhinweise 31

1.2.1 Einleitung

Während das allgemeinbildende Schulwesen in den letzten zwanzig Jahren zunehmend Aspekte des Gegenstandsbereichs Wirtschaft in einschlägige Curricula aufgenommen hat, ist das Problem ihrer angemessenen didaktisch-inhaltlichen Behandlung nach wie vor unbefriedigend geregelt. Für wirtschafts- und sozialkundliche Unterrichte gilt, anders als für andere Unterrichtsfächer des allgemeinbildenden Schulwesens, daß hier ein wissenschaftsfernes, theoriearmes Konzept von Handlungsorientierung dominiert. Hierzu tragen sicherlich der geringe Anteil wirtschaftswissenschaftlicher Studien in der Lehrerausbildung, der hohe Anteil fachfremd erteilter Unterrichte, das geringe Renommee der einschlägigen Unterrichtsfächer in den Schulen, die Schwierigkeiten, unter den schulorganisatorischen Zwängen des Alltags angemessene Lernorganisationsformen für den Gegenstandsbereich Wirtschaft und Gesellschaft zu schaffen etc., bei. Aber auch wenn all diese Probleme gelöst wären, bleibt das Problem eines tragfähigen theoretischen Bezugsrahmens für die Auswahl und die unterrichtliche Bearbeitung zukunftsbedeutsamer Probleme.

Zentraler Bestandteil eines solchen Bezugsrahmens muß eine empirisch gehaltvolle Theorie sein, die nicht nur tragfähige Erklärungen für sozial, wirtschaftlich, ökologisch etc. problematische Verhaltensmuster, sondern auch empirisch gehaltvolle Aussagen über gangbare oder erfolgversprechende Wege zur Veränderung der Verhaltensmuster zu liefern vermag. Hieran mangelt es gegenwärtig in den einschlägigen Bildungs- und Unterrichtskonzepten, in denen die Förderung der Einsicht in „gesollte Zustände" mit der größtmöglichen Förderung ihrer Realisierung gleichgesetzt wird.

Nun wird in den Sozialwissenschaften in den letzten 20 Jahren mit zunehmendem Erfolg die sogenannte „Neue Politische Ökonomie" bzw. die „ökonomische Theorie der Politik" auf zukunftsbedeutsame Probleme angewendet, ohne daß die einschlägigen Fachdidaktiken davon Notiz genommen hätten. Kernstück ist eine **spezifische Verhaltenstheorie,** deren größtes Handicap im hier zur Debatte stehenden Konzept ihre Bezeichnung zu sein scheint, nämlich „ökonomische Verhaltenstheorie". Dieser Name ist insofern mißverständlich, als sich die Anwendung des Ansatzes weder auf wirtschaftliche Sachverhalte, noch auf wirtschaftswissenschaftliche Analysen beschränkt. Es handelt sich hierbei um einen allgemeinen sozialwissenschaftlichen Ansatz zur Erklärung und Vorhersage von Verhalten unterschiedlicher gesellschaftlicher Akteure mit hohem Integrationspotential hinsichtlich der Einbringung von Erkenntnissen verschiedener sozialwissenschaftlicher Disziplinen, der allerdings der Methodologie der Wirtschaftswissenschaft entstammt.

Im folgenden soll dieser Ansatz in seinen Grundzügen dargestellt und in Bezug auf seine didaktische Fruchtbarkeit kritisch gewürdigt werden. Hinsichtlich der vielfältigen Konkretisierungen dieses Ansatzes für die Analyse unterschiedlicher (ökonomischer und außerökonomischer) Problem- und Entscheidungssituationen muß hier auf die Literatur verwiesen werden.[1]

---

[1] G.S. Becker, Der ökonomische Ansatz zur Erklärung menschlichen Verhaltens, Tübingen 1982. Derselbe u. G.J. Stigler, De Gustibus Non Est Disputandum. In: American Economic Review, Vol. 67, 1977. R.B. McKenzie, B. Tullock, Homo Oeconomicus. Ökonomische Dimensionen des Alltags, Frankfurt a.M., New York 1984. G. Fleischmann, Ökonomische Theorie der Bedürfnisbefriedigung und Wertwandel. In: Wertwandel und gesellschaftlicher Wandel, hrsg. v. H. Klages u. P. Kmieciak, Frankfurt a.M., New York 1981. B.S. Frey, Ökonomie ist Sozialwissenschaft, München 1990, insbesondere Teil B. G. Kirchgässner, Homo oeconomicus – Das ökonomische Modell individuellen Verhaltens und seine Anwendung

1.2.2 Der ökonomische Ansatz zur Erklärung menschlichen Verhaltens
1.2.2.1 Das Grundmodell

Das ökonomische Verhaltensmodell bezieht sich auf das **Verhalten von Individuen.** Keineswegs beschränkt sich jedoch der Erklärungsanspruch auf beobachtbares individuelles Verhalten. Ausdrücklich will der Ansatz auch das Verhalten von Gruppen und Handeln auf gesellschaftlicher Ebene erklären und prognostizieren. Aber – und das ist grundlegend – dieser Ansatz führt das Handeln von Kollektiven auf das Handeln von Individuen zurück. Handeln auf der gesellschaftlichen Ebene wird aus der Zielverfolgung relevanter, individueller Entscheidungsträger erklärt. Gruppen und Kollektive stellen keine eigenständigen Entscheidungseinheiten dar, sondern ihr Verhalten wird dadurch erklärt, daß man auf der Ebene der (zu Kollektiven zusammengeschlossenen) Individuen ansetzt **(methodologischer Individualismus).** Hierin liegt zunächst einmal eine große Affinität zum „pädagogischen Ansatz", der ja bei der Realisierung verhaltensbezogener Bildungsziele das Individuum in den Mittelpunkt stellt.

Der Verhaltensbegriff ist weit zu fassen und deckt ein breites Spektrum von Aktivitäten: von Handeln/Unterlassen bis hin zu Urteilsleistungen, von Verhalten in wirtschaftlichen Entscheidungssituationen bis hin zu Verhalten in außerwirtschaftlichen Entscheidungssituationen, von bewußten und reflektierten Einzelentscheidungen in speziellen Entscheidungssituationen bis hin zu regelgebundenem Entscheidungsverhalten in gleichartigen Entscheidungssituationen (Gewohnheitsverhalten).

Allerdings steht nicht jedes beobachtbare Verhalten von Individuen und nicht beobachtbare Verhalten jedes einzelnen Individuums im Mittelpunkt des Interesses. Vielmehr geht es um die Erklärung und Vorhersage von Regelmäßigkeiten im Verhalten aller Individuen oder der Mehrzahl der Individuen einer Gruppe.

Entscheidungssituationen von Individuen werden mittels der ökonomischen Verhaltenstheorie durch zwei Elemente beschrieben:
- durch die Wünsche und Ziele des Entscheidungsträgers (in Kurzform: **Präferenzen**)
- durch Beschränkungen des Handlungsspielraumes, denen sich das Individuum bei der Verfolgung der Ziele gegenübersieht (in Kurzform: **Restriktionen** bzw. **Handlungsbeschränkungen**).

Der Handlungsspielraum begrenzt die Handlungsmöglichkeiten, die dem einzelnen Entscheidungsträger zur Verfügung stehen. Die Struktur des „ökonomischen Verhaltensmodells" kann dann in formaler Schreibweise wie folgt dargestellt werden:

$$\text{Verhalten} = f(\text{Präferenzen, Restriktionen}).$$

Der ökonomische Ansatz unterscheidet strikt zwischen Präferenzen und Restriktionen, wobei in den Wirtschaftswissenschaften das Verhalten vor allem aus den Restriktionen erklärt und prognostiziert wird. Dies ist aber nicht zwingend und hat – forschungsstrategisch – seine Ursache darin, daß sich die Präferenzen schwer operationalisieren und überprüfen lassen.

Präferenzen beinhalten Wissen und Wertbesetzung des Wissens. Sie beziehen sich auf

---

in den Wirtschafts- und Sozialwissenschaften, Tübingen 1991. B.T. Ramb, M. Tietzel (Hrsg.), Ökonomische Verhaltenstheorie, München 1993. Kriterien zur Beurteilung der (situationsabhängigen) analytischen Fruchtbarkeit des Ansatzes liefert R. Zintl, Ökonomisches Rationalitätskonzept und normorientiertes Verhalten. In: Jahrbuch für Neue Politische Ökonomie, hrsg. v. E. Boettcher et al., Band 5, Tübingen 1986.

die im Sozialisationsprozeß erworbenen Kenntnisse, Einstellungen und Wertmuster. Die Erforschung ihrer Ausprägungen und der Bedingungen ihrer Beeinflussung sind originärer Forschungsgegenstand der Pädagogik. Die Umsetzung der Bedingungen ihrer Beeinflussung in spezifische (inhaltlich und methodisch begründete) Unterrichtskonzepte sind Forschungsgegenstand der jeweiligen Fachdidaktiken.

Aber beide, Pädagogik und einschlägige (meist von Pädagogen betriebene) Fachdidaktiken, konzentrieren sich hinsichtlich der Anbahnung von Verhaltenszielen auf Präferenzbeeinflussung. Die Restriktionen werden marginalisiert. Sie gelangen allenfalls als Erklärungsvariable in den Fällen, wo angestrebte Verhaltensziele systematisch verfehlt werden, ins Blickfeld, nicht jedoch als Instrumentvariable für anzustrebende pädagogisch legitimierte Verhaltensziele. So reagiert beispielsweise die Umwelterziehung auch in den wirtschafts- und sozialkundlichen Unterrichtsfächern auf die Kluft zwischen gestiegenem und mittlerweile hohem Umweltbewußtsein und nach wie vor wenig umweltverträglichem Verhalten mit verstärktem Bemühen um den Auf- und Ausbau ökologischen Wissens und Bewußtseins, deren Verhaltenswirksamkeit vor allem durch verbesserte methodische Arrangements gefördert werden soll. Die sozialökonomischen Faktoren, die der Umsetzung der Verhaltensdispositionen in konkretes Verhalten entgegenstehen (Restriktionen), und deren zieladäquate Ausgestaltung deshalb für einen schonenderen Umgang mit der Umwelt von größter Bedeutung sind, bleiben außen vor oder werden zur beliebigen Gestaltung an andere Akteure des Systems, beispielsweise Unternehmen oder Politiker, weitergereicht.[2]

Restriktionen sind Beschränkungen des Handlungsspielraumes im Rahmen einer Entscheidungssituation bzw. einer Klasse von gleichartigen Entscheidungssituationen. Zu solchen Beschränkungen des Handlungsspielraumes gehören ökonomische und außerökonomische Faktoren. Zu den ökonomischen Faktoren gehören beispielsweise die Höhe des Einkommens (und des Vermögens), die Preise, aber auch die Zeit, die für die Vorbereitung und Durchführung von Entscheidungsalternativen zur Verfügung steht. Zu den außerökonomischen Faktoren sind physische und psychische Belastungen, denen sich das Individuum in der Situation gegenübersieht, ebenso zu zählen wie Gesetze und Verordnungen sowie nichtkodifizierte Normen und Werte, die an das Individuum herangetragen werden bzw. denen es sich verpflichtet fühlt.[3]

Eigennutzaxiom

In diesem durch „Präferenzen" **und** „Restriktionen" definierten Rahmen analysiert die ökonomische Verhaltenstheorie menschliches Verhalten. Sie unterstellt, daß Individuen die Handlungsmöglichkeiten entsprechend ihrer Präferenzen bewerten. Sie wägen Vor- und Nachteile gegeneinander ab, vergleichen „Nutzen" und „Kosten" der Alternativen und entscheiden sich für diejenige Variante, die ihren Präferenzen am besten entspricht.[4] Den Individuen wird jeweils **absichtsvolles, zielgerichtetes** Handeln unterstellt. Das allen unterstellte Ziel besteht **in der Verbesserung der eigenen**

---

[2] Vgl. hierzu den Beitrag „Umweltprobleme aus ökonomischer Sicht" in diesem Bande. Ausführlicher zur Bedeutung der Restriktionen für die Umwelterziehung: G.-J. Krol, Der sozialökonomische Beitrag der Arbeitslehre zur Umweltbildung. In: arbeiten und lernen, 10. Jg., Heft 65, Okt. 1989.
[3] Ausführlicher: B. S. Frey, K. Foppa, Human Behavior: Possibilities Explain Actions. In: Journal of Economic Psychology 7 (1986), insbesondere S. 140 ff.
[4] Vgl. dazu: G. J. Kirchgässner, Ökonomie als imperial(istisch)e Wissenschaft. In: Jahrbuch für Neue Politische Ökonomie, hrsg. v. E. Boettcher et al., Band 7, Tübingen 1988, S. 129 ff.

Situation. Für die Analyse menschlichen Verhaltens wird also das **Eigennutzaxiom** zugrundegelegt, und es besteht keinerlei Anlaß, dieses Streben nach Verbesserung der eigenen Situation auf materialistische Werte wie Geld, Güter, Einkommen zu beschränken. Der Ansatz ist offen für immaterielle Werte wie z. B. soziales Ansehen bzw. Status oder Macht. Konstitutiv ist allein die Hypothese, daß menschliches Verhalten (nicht jedes menschliche Verhalten) dadurch motiviert ist, einen individuellen Vorteil zu erlangen. Dieses Streben kann durchaus auch soziale Orientierungen **mit** umfassen. Auch muß eigennütziges Verhalten keineswegs mit einer Verschlechterung der Position anderer Individuen einhergehen, wie dem ökonomischen Ansatz häufig vorgeworfen wird. Es kommt auf die konkreten Ausprägungen an. Dies gilt selbst für das mit zunehmender Deckung der Überlebensbedürfnisse an Bedeutung gewinnende Streben nach sozialem Status, welches allerdings in den vorherrschenden Formen des Statuserwerbs i. d. R. mit einer relativen Verschlechterung der Position anderer verbunden ist.[5]

(Opportunitäts)kosten

Das Streben nach individuellen Vorteilen setzt nun zwingend voraus, daß zwischen Handlungsalternativen gewählt werden muß. Dieser Zwang zur Wahl zwischen Alternativen besteht unabhängig davon, ob man sich dessen bewußt ist oder nicht, ob man über alle zur Verfügung stehenden Alternativen informiert ist oder nicht. Wohl aber kann der Grad der Informiertheit über die zur Verfügung stehenden Alternativen das Handlungsergebnis beeinflussen. Angesichts der Faktizität der Auswahl verursacht jede Handlung damit Kosten, genauer: **Alternativkosten** bzw. **Opportunitätskosten**. Die Kosten bestehen in der besten Alternative, auf die man hat verzichten müssen, wenn man sich für eine Alternative entschieden hat. Wer Teile seines Einkommens für Kinobesuche verwendet, muß in dieser Höhe auf andere Marktgüter verzichten; wer als Schüler seine Wahl hinsichtlich der Zeitverwendung zwischen Schularbeiten und Kinobesuch zugunsten des Kinobesuchs trifft, trägt kurzfristig Kosten in Form unzureichender Unterrichtsvorbereitung und auf längere Sicht in Form geringeren Schulwissens; wer sich nach der Pflichtschulzeit für schnellen Verdienst und gegen Investitionen in die weitere Ausbildung entscheidet, „bezahlt" sein gegenwärtig höheres Einkommen mit höheren Arbeitsplatzrisiken und vermutlich insgesamt geringerem Lebenseinkommen.

Rationalität

Die „ökonomische Verhaltenstheorie" unterstellt den Individuen nicht nur Eigennutz als zentrales Handlungsmotiv, sondern auch **Rationalität.** Rationalität meint, daß Individuen prinzipiell in der Lage sind, entsprechend ihrem relativen Vorteil zu handeln. Dies impliziert die Fähigkeit der Individuen, ihren Handlungsspielraum abzuschätzen, im Lichte ihrer jeweiligen Ziele zu bewerten und dann diejenige Variante auszuwählen, die eine möglichst „kostengünstige" Zielerreichung ermöglicht.[6] Rationalität ist kein Ziel, sondern sie ist ein Mittel zur „kostengünstigen" Erreichung eines

---

[5] Vgl. dazu: G.–J. Krol, Das Konzept rationalen Verhaltens als Bezugsrahmen für eine integrative Theorie des Konsumentenverhaltens. In: Ökonomische Bildung – Aufgabe für die Zukunft, Bergisch Gladbach 1988, insbesondere S. 163 ff. Grundlegend dazu: F. Hirsch, Die sozialen Grenzen des Wachstums, Reinbek bei Hamburg 1980.

[6] M. Tietzel, Zur Theorie der Präferenzen. In: Jahrbuch für Neue Politische Ökonomie, hrsg. v. E. Boettcher et al., Band 7, Tübingen 1988, S. 39. G. Kirchgässner, a. a. O., S. 129 ff.; vgl. auch R. B. McKenzie, G. Tullock, a. a. O., S. 28 ff.

1.2 Ökonomische Verhaltenstheorie

Zieles, wobei der Kostenbegriff keineswegs auf pekuniäre Dimensionen zu beschränken ist und gleichermaßen zeitliche, physische, psychische und soziale Dimensionen umfassen kann. Welche Kostendimensionen relevant sind, bestimmt sich nach den Merkmalen der anstehenden Entscheidungssituationen, die mittels empirisch gehaltvoller Theorie zu analysieren sind.

Rationalverhalten bedeutet keineswegs, daß Individuen jede einzelne Entscheidung unter vollständiger Information über alle verfügbaren Handlungsalternativen[7] einschließlich ihrer bewußten, am materiellen Vorteil orientierten Bewertung treffen, wie moralsensible Wissenschaften wie Pädagogik, Philosophie, Theologie u. a. der ökonomischen Verhaltentheorie häufig unterstellen. Dieses Zerrbild eines (egoistischen, materialistischen) Permanentkalkulators mit einer irrationalen „Leidenschaft für Leidenschaftslosigkeit" dient häufig (vorschnell) für die Legitimation der Nichtbeschäftigung bzw. die Ablehnung des ökonomischen Ansatzes, statt ernsthafte Versuche zur Widerlegung seiner empirisch gehaltvollen Varianten zu unternehmen.[8] Allerdings hat die mikroökonomische Lehrbuchtheorie mit dem häufig präferierten „Nirwana-Approach", der Maximierungsverhalten bei vollständiger Information und unbegrenzter Informationsverarbeitungskapazität unter Vernachlässigung von Institutionen unterstellt, die Neigung gefördert, diese realitätsferne Variante als pars pro toto zu nehmen und damit den „ökonomischen Ansatz" insgesamt abzulehnen.

Es ist für die Erklärung und Prognose von Verhalten zweckmäßig, zwischen der **Existenz** und dem **Wissen** um die Existenz und Bedeutung von Restriktionen zu unterscheiden.[9] Handlungsbeschränkungen können erst durch das Wissen um ihre Existenz verhaltenswirksam werden. Aber während dort, wo harter Wettbewerbsdruck herrscht, „Erfahrungslernen" objektiv bestehende Restriktionen schnell bekannt und verhaltenswirksam werden läßt, ist dies in nicht durch Wettbewerbsdruck gekennzeichneten Situationen nicht so eindeutig. So wird die Nichtbeachtung ökonomischer Handlungsrestriktionen (z. B. der in Geldeinheiten zu bemessenden Kosten) im ökonomischen Wettbewerb die Marktposition des Anbieters gleichermaßen gefährden wie im politischen Wettbewerb die Nichtbeachtung der Wählerabwanderung die Position des Politikers. Kosten bzw. Wählerreaktionen sind hier dominante Restriktionen, ohne deren explizite Berücksichtigung keine erklärende oder prognostizierende Aussage über Handeln von Unternehmen bzw. Politik erfolgen sollte. Anders stellt sich dies in nicht von Wettbewerbs- und Überlebensdruck gekennzeichneten Situationen dar. Hier muß das Wissen um die Bedeutung wichtiger Handlungsrestriktionen für die gesellschaftlichen Akteure auf andere Weise gefördert und gesichert werden, beispielsweise durch das Bildungssystem.

Auch steht die Annahme rationalen Verhaltens keineswegs in Widerspruch zu **regelgebundenem** oder an **Normen orientiertem Verhalten,** wie häufig unterstellt wird. Rationalität als konstitutives Element der ökonomischen Verhaltenstheorie erklärt das Verhalten von Individuen keineswegs nur als Sequenz von (bewußten und autonomen) Einzelentscheidungen. Sie schließt regelgebundenes Routine- bzw. Gewohnheitsverhalten ebensowenig aus wie an sozialen Normen orientiertes Verhalten.

---

[7] Dies entspräche maximierendem (statt optimierendem oder gar satisfizierendem) Verhalten. Vgl. hierzu: H. A. Simon, Entscheidungsverhalten in Organisationen, Landsberg 1981. W. Dörenbach, Bounded Rationality, Frankfurt a. M., Bern 1982.
[8] Vgl. hierzu im einzelnen K. Homann, Philosophie und Ökonomik. In: Jahrbuch für Neue Politische Ökonomie, Band 27, Tübingen 1988, S. 111 ff.
[9] B. S. Frey, K. Foppa, a. a. O., S. 146 ff.

1.2.2.2 Rationalität und Gewohnheitsverhalten

Der ökonomische Ansatz wird in der Wirtschaftsdidaktik auch mit dem Hinweis auf die Beobachtung gewohnheitsmäßigen Verhaltens und nur begrenzter Entscheidungskapazität der Menschen in ihren unterschiedlichen Rollen abgelehnt. Dabei wird wieder auf die realitätsfernste Variante Bezug genommen. Man sieht nicht, daß gerade der ökonomische Ansatz Gewohnheitsverhalten, aber auch an sozialen Normen orientiertes Verhalten gut erklären und prognostizieren kann.

Der ökonomische Ansatz erklärt menschliches Verhalten mit der Auswahl der den individuellen Präferenzen am besten entsprechenden Handlungsmöglichkeit, wobei die Handlungsmöglichkeiten durch die (situationsabhängig zu spezifizierenden) Restriktionen und deren Kenntnis begrenzt sind. Eine Abschätzung und Bewertung der Handlungsmöglichkeiten muß nur dann (aufs neue) vorgenommen werden, wenn sich entweder die Präferenzen oder die die Handlungsmöglichkeiten beschränkenden Restriktionen oder beide geändert haben. Nach der ökonomischen Verhaltenstheorie reagieren Menschen auf Veränderungen von Präferenzen und/oder Restriktionen in systematischer Weise. Verhaltensänderungen lassen sich grundsätzlich – wenn nicht im Ausmaß, so doch in der Richtung – vorhersagen, wenn die Veränderungen bekannt sind. Bleiben Präferenzen und Restriktionen unverändert, können Regeln als rationale „Standardlösungen für wiederkehrende Auswahlprobleme ..."[10] zur Anwendung kommen. Regelgebundenes Verhalten in Form von Gewohnheiten und Alltagsroutinen erspart Individuen Informations- und Entscheidungskosten. Deshalb kann es rational sein, sich in Situationen, die als gleichartig empfunden werden, an bewährte Regeln zu halten. Die empirische Beobachtung gewohnheitsmäßigen Verhaltens und deren verhaltenstheoretische Untermauerung durch nur beschränkte Entscheidungskapazität kann jedenfalls die Ablehnung des ökonomischen Verhaltensmodells in der Wirtschaftsdidaktik nicht überzeugend begründen. Dies kann besonders gut am Beispiel der Verbrauchererziehung gezeigt werden.

Exkurs

Unverzichtbares Element der Verbrauchererziehung ist die Anbahnung preisbewußten Beschaffungsverhaltens. Wenn beispielsweise Verbraucher, wie empirisch zu beobachten, auf umfassende Preisvergleiche und preisbewußtes Beschaffungsverhalten bei Gütern des alltäglichen Bedarfs verzichten, dann werden in der Verbrauchererziehung als Ursachen in der Regel fehlende Information bzw. falsches Verbraucherbewußtsein diagnostiziert. Der ökonomische Ansatz würde auf die Handlungsrestriktionen abstellen. Eine umfassende Nutzung der auf den Märkten bestehenden Preisunterschiede kann nämlich nur um den Preis steigender Kosten an Zeit und Geld realisiert werden. Ein auf umfassende Preisvergleiche und preisbewußte Beschaffung verzichtendes Konsumverhalten kann durchaus rational sein, wenn Konsumenten die mit Preisvergleichen verbundenen Kosten an Geld, Zeit, physischer und psychischer Belastung höher gewichten als das Einsparungspotential jederzeitigen und einzelproduktbezogenen preisbewußten Einkaufsverhaltens.

Entscheidend sind die verbraucherpolitischen und didaktischen[11] Konsequenzen. Nach dem ökonomischen Ansatz sind es die Veränderungen der Kosten-Nutzen-

---

[10] V. Vanberg, Rules and Choice in Economics and Sociology. In: Jahrbuch für Neue Politische Ökonomie, hrsg. v. E. Boettcher et al., Band 7, Tübingen 1988, S. 158.
[11] Zu den verbraucherdidaktischen Konsequenzen der Analyse des Kaufs von Gütern des alltäglichen Bedarfs mittels des ökonomischen Ansatzes vgl. G.–J. Krol u. H. Diermann, Mar-

Relationen bzw. die Veränderung des Wissens um die Kosten-Nutzen-Relationen, durch die Verhaltensänderungen erklärt werden können.

Kaufentscheidungen sind immer mit Kosten verbunden. Verzichten Verbraucher darauf, sich vor dem Kauf zu informieren, steigt das Risiko eines Fehlkaufs. Informationen vor dem Kauf verringern das Risiko von Fehlkäufen. Hierauf weist der bisher vorherrschende verbraucherdidaktische Ansatz zu Recht hin. Er ignoriert aber, daß gleichzeitig die „Transaktionskosten" steigen, weil Kosten der Informationsgewinnung, des Abwägens der Alternativen und vor allem steigende Kosten der Durchführung der Kaufentscheidung anfallen. Gerade bei Gütern des alltäglichen Bedarfs gilt, daß der tägliche Erwerb des jeweils preiswertesten Angebotes vor Ort einen zeitaufwendigen Slalom durch die Geschäfte voraussetzt. Anders als bei hochwertigen Gütern, stehen hier in situativer Betrachtung einem relativ geringen Einsparungspotential bei der Vielzahl der Produkte und der Häufigkeit der Käufe hohe Kosten preisbewußten Kaufverhaltens gegenüber. Darüber hinaus bedeuten häufige Preisänderungen bei den Produkten in den jeweiligen Geschäften nicht nur hohe Informationskosten, sondern auch schnelles Veralten einer mit hohen Kosten erworbenen Markttransparenz. Selbst wenn die jeweils aktuellen Preisinformationen kostenlos zur Verfügung gestellt würden, bliebe das Problem, daß die gesunkenen Informationskosten der Durchführung der Kaufentscheidung in Form von Zeit und Geld schnell aufgewogen würden. Angesichts der hohen Informationskosten und der hohen Kosten der Durchführung der Kaufentscheidung kann bei Gütern des alltäglichen Bedarfs die Herausbildung von Gewohnheiten, beispielsweise bezugsquellentreues oder (unter Berücksichtigung weiterer Argumente) markentreues Beschaffungsverhalten, für Konsumenten der kostengünstigere Weg sein, um mit den Unsicherheiten einer mäßig dynamischen Umwelt fertigzuwerden. Kostengünstiger jedenfalls als ein umfassender jederzeitiger Preis-/Qualitätsvergleich. Deshalb ist das in der Verbrauchererziehung implizit oder explizit angestrebte Ziel jederzeitigen und umfassenden preisbewußten Beschaffungsverhaltens in der alltäglichen Praxis nicht einlösbar. Als Konsequenz des ökonomischen Ansatzes ergibt sich, bei der Entwicklung informationspolitischer und verbraucherdidaktischer Konzepte den damit verbundenen Kosten-Nutzen-Relationen ausdrücklich Rechnung zu tragen, beispielsweise indem Situationen des Kaufes hochwertiger Güter anders behandelt werden als Kaufsituationen von Gütern des alltäglichen Bedarfs. Daß das vorherrschende verbraucherdidaktische Konzept bei der Thematisierung von preis-(qualitäts-)bewußtem Beschaffungsverhalten einem engen Rationalitätskonzept folgt, welches die einschlägige Fachdidaktik im übrigen zur Ablehnung des ökonomischen Ansatzes heranzieht, sei hier nur am Rande vermerkt.

1.2.2.3 Rationalität und normorientiertes Verhalten

In sich wiederholenden Situationen mit gleichartigen Handlungsbeschränkungen ist regelgebundenes Verhalten in Form von Alltagsroutinen und Gewohnheiten für das Individuum selbst vorteilhaft, weil es so notwendige Informations- und Entscheidungskosten vermeidet. Dies gilt unabhängig davon, ob das Individuum das gewohnheitsmäßige Verhalten in gleichartigen Situationen im Sozialisationsprozeß erlernt oder durch freie und bewußte Entscheidung gewählt und dann beibehalten

---

kentreue bei Alltagskäufen? In: Verbrauchererziehung und wirtschaftliche Bildung 1, 1985 sowie C. Kramer u. G.-J. Krol, Preisvergleiche bei Alltagskäufen, ebenda, Heft 4, 1989.

hat. Die Vorteile für den gewohnheitsmäßig Handelnden liegen in Kosteneinsparungen, und sie ergeben sich unabhängig vom Verhalten anderer Individuen.

Hiervon ist die Orientierung des Verhaltens an sozialen Normen zu unterscheiden.[12] Die Befolgung sozialer Normen durch ein Individuum bringt direkte Vorteile für **andere,** während die Vorteile für das regelbefolgende Individuum nur indirekt, durch das Verhalten der anderen, vermittelt sind. Und weil das so ist, muß nach dem ökonomischen Ansatz streng zwischen dem Interesse eines Individuums, eine bestimmte soziale Norm in der Gesellschaft eingesetzt zu sehen, und dem Interesse dieses Individuums, diese Norm dem eigenen Verhalten zugrundezulegen, unterschieden werden. Diese Unterscheidung hilft, einen gerade in der Pädagogik und einschlägiger Fachdidaktik verbreiteten Trugschluß zu vermeiden, der darin liegt, daß an die Identifizierung der Notwendigkeit bzw. Vorteilhaftigkeit einer **sozialen** Norm gleichzeitig die Erwartung geknüpft wird, daß diese dann auch ohne weiteres freiwillig von den Individuen befolgt werden, wenn sie nur in geeigneter Weise darüber „informiert" und „belehrt" worden sind. Das Interesse an der Gültigkeit sozialer Regeln für die Gemeinschaft impliziert aber nicht auch gleichzeitig das Interesse, diese Regeln selbst zu befolgen. Dies hängt von weiteren Bedingungen, insbesondere den durch die Entscheidungssituation definierten Handlungsrestriktionen und Anreizstrukturen, ab. Nirgendwo ist die Notwendigkeit der Unterscheidung zwischen beiden gegenwärtig wichtiger als in der Umwelterziehung, wo verhängnisvollerweise die hohe und noch zunehmende Akzeptanz der sozialen Norm, die natürliche Umwelt zu schützen, mit der Erwartung umweltverträglichen Verhaltens im Alltag gleichgesetzt wird.[13]

Erst die klare **Unterscheidung** zwischen dem Interesse eines Individuums an der Gültigkeit einer sozialen Norm für die Gemeinschaft und dem Interesse an der eigenen Befolgung dieser Norm macht den Blick frei für Problemlösungen, die den durch die Restriktionen definierten Handlungsspielräumen angemessen Rechnung tragen. So weist Vanberg darauf hin, daß keinerlei logische Inkonsistenz besteht, wenn ein Dieb in einer Gemeinschaft ehrenwerter Menschen leben möchte. Das heißt, daß auch das Interesse eines jeden Individuums an der Gültigkeit der sozialen Norm „Schutz des Eigentums" die Einhaltung dieser Norm **nicht** gewährleistet, und jeder wird vermutlich intuitiv zustimmen, wenn die Befolgung dieser Norm auch durch Bestimmungen des Strafgesetzbuches und Informationen über Aufklärungsquoten und Höhe der Strafen, durch Gestaltung von und Aufklärung über **Handlungsrestriktionen** also, gesichert werden muß.

Aber während es nach dem ökonomischen Ansatz für das Individuum unter angebbaren Bedingungen rational sein kann, sich im eigenen Verhalten der Befolgung einer für die Gemeinschaft für wünschenswert erachteten sozialen Norm zu verweigern, verbindet der vom Aufklärungsethos geprägte pädagogische Ansatz die Weckung des individuellen Interesses an der Gültigkeit einer sozialen Norm immer auch mit der Erwartung ihrer Befolgung durch das Individuum. Eben dies ist immer dann zweifelhaft, wenn individuell vorteilhaftere Handlungsmöglichkeiten gegeben sind, wenn die **Befolgung** einer akzeptierten sozialen Norm regelmäßig die Wahl einer mit (vermeidbaren) höheren „Kosten" verbundenen Handlungsalternative impliziert. Und dies ist immer dann der Fall, wenn die **Entscheidungssituation** des Individuums durch Merk-

---

[12] Vgl. dazu im einzelnen: V. Vanberg, a.a.O., S. 158ff.
[13] Vgl. hierzu im einzelnen den Beitrag G.-J. Krol, Umweltprobleme aus ökonomischer Sicht – zur Relevanz der Umweltökonomie für die Umweltbildung in diesem Bande.

male geprägt ist, wie sie mit dem **Theorem der öffentlichen Güter** (bzw. Kollektivgüter) beschrieben werden. Dieses Theorem bezieht sich auf Entscheidungssituationen, in denen Individuen eine gewünschte Leistung in Anspruch nehmen können, ohne sich an den Kosten ihrer Erstellung/Erhaltung beteiligen zu müssen. Andererseits kommt die Leistung aber nur zustande, wenn eine hinreichende Zahl von Individuen den Kostenbeitrag leistet. Je größer nun die Zahl der an der Leistung Interessierten, um so geringer ist das Gewicht eines einzelnen Kostenbeitrages zum Zustandekommen der Leistung, um so stärker der **Anreiz** zum Einnehmen der „Trittbrettfahrerposition". Denn aus der Sicht des Individuums liegt die vorteilhafteste Variante unter diesen Konstellationen darin, seinen Kostenbeitrag in der Erwartung zu verweigern, daß der Kostenbeitrag der anderen ihm eine kostenlose Partizipation an der Leistung ermöglichen wird. Und wenn, wie nach dem ökonomischen Ansatz unterstellt, Individuen sich für die individuell vorteilhafteste Variante entscheiden werden, wird Trittbrettfahrerverhalten die Leistungserstellung verhindern. Wohlgemerkt, die Ursachen hierfür, daß individuell rationales Verhalten nicht auch zu gesellschaftlich rationalen Ergebnissen führt, liegen nach diesem Ansatz in Merkmalen der Entscheidungssituation, in dessen Kollektivgutcharakter, **nicht** jedoch in Merkmalen der Person. Folglich sind (auch und vor allem) Merkmale der Entscheidungssituation und deren Veränderung, hier Maßnahmen zur Beschränkung der Trittbrettfahrerposition, von Bedeutung. Die Konsequenzen für eine sich den Bezugswissenschaften verpflichtend fühlende Wirtschaftsdidaktik liegen auf der Hand: Werden für wichtig erachtete soziale Normen in individuellem Verhalten verfehlt, so mag Information und Aufklärung über die Bedeutung einer sozialen Norm notwendig sein. Solche bewußtseinsbildenden Prozesse reichen jedoch nicht hin, wenn sie sich auf Verhaltensziele beziehen, die den Charakter eines öffentlichen Gutes haben, beispielsweise umweltverträglicheres Verhalten oder aktive Wahrnehmung von Verbraucher- und Arbeitnehmerinteressen.

Hier muß insbesondere auf die Notwendigkeit der Veränderungen der Rahmenbedingungen der Entscheidungssituation, auf die Veränderung der Handlungsrestriktionen, auf die Beschränkung (möglichst Verhinderung) der Anreize zum Einnehmen der Trittbrettfahrerposition durch geeignete politische Maßnahmen und ihre Implikationen hingewiesen werden. Damit wird freilich eine tragfähige Theorie politischen Entscheidungsverhaltens benötigt, die nicht von vornherein allgemeinwohlorientiertes Entscheidungsverhalten der Politik und damit des Staates unterstellt. Auch bezüglich dieses Problems ist der „ökonomische Ansatz" zur besseren Fundierung fachdidaktischer Entscheidungen bestens geeignet.

1.2.2.4 Staatliches Handeln und ökonomischer Ansatz

Der ökonomische Ansatz wird in den letzten Jahren verstärkt und mit zunehmendem Erfolg für die Analyse des politischen Entscheidungsprozesses (auch des Entscheidungsprozesses in Organisationen und Bürokratien) herangezogen. Wirtschaftsdidaktisch ist dabei nicht nur von Bedeutung, daß mit einem einheitlichen Referenzmodell unterschiedliche Handlungsebenen in Wirtschaft und Gesellschaft analysiert werden können, sondern auch, daß der ökonomische Ansatz politisches Handeln untrennbar mit dem Individuum, seinem Wissen und seinen Einstellungen verknüpft.

Der ökonomische Ansatz analysiert staatliches Handeln aus den Entscheidungen von Individuen in unterschiedlichen Rollen heraus, als Wähler, Bürokraten, Politiker, Mitglieder oder Leiter von Organisationen. Analytisches Mittel bei der Erklärung und Prognose ist auch hier die Annahme, daß alle Akteure sich eigennützig verhalten, daß sie ihr Verhalten im Zweifel an der Sicherung bzw. Verbesserung der eigenen Position orientieren. So, wie das ökonomische Modell Verbraucherverhalten mit der Annahme der Mehrung des individuellen Nutzens und das Verhalten von Unternehmen aus Gewinnzielen erklärt (im Modell: Nutzenmaximierung bzw. Gewinnmaximierung), unterstellt das Modell für das Entscheidungsverhalten der Politiker auf der Zielebene Erlangung (Opposition) bzw. Sicherung und Ausbau (Regierung) der politischen Macht. Das heißt unter den Handlungsrestriktionen einer parlamentarischen Demokratie Wählerstimmenmehrung bzw. -maximierung. Entsprechend wird den Wählern unterstellt, daß sie denjenigen Politikern (Parteien) ihre Stimme geben, von denen sie sich den größten Nutzen erwarten. Die entsprechende Ausprägung der Eigennutzorientierung für Verbandsfunktionäre manifestiert sich in ihrem Streben nach Wiederwahl und Stabilisierung bzw. Erhöhung der Mitgliederzahlen, für die staatlichen Bürokraten (Verwaltungen) in ihrem Streben nach Ausdehnung ihrer Aufgaben und wachsenden Budgets, weil nicht zuletzt angesichts von Laufbahnvorschriften diese Ausprägungen den pekuniären und Karriereinteressen der Mitglieder der Verwaltungen am besten entsprechen.

Anders als in klassischen Demokratietheorien handelt hier der Staat nicht automatisch allgemeinwohlorientiert. Staatliches Handeln wird als Verhalten der entsprechenden Akteure (Politiker, Verwaltungen) zur Förderung ihrer eigenen Interessen begriffen. Die soziale Funktion von Politik ist nach diesem Ansatz nicht Hauptziel, sondern Nebenprodukt. Entsprechend schrieb schon **J.A. Schumpeter,** auf den die ökonomische Analyse wirtschaftlicher und gesellschaftlicher Entscheidungsprozesse zurückgeführt werden kann: „... um zu verstehen, wie die demokratische Politik diesem sozialen Ziele dient, müssen wir vom Konkurrenzkampf um Macht und Amt ausgehen und uns klar werden, daß die soziale Funktion, so wie die Dinge nun einmal liegen, nur nebenher erfüllt wird – im gleichen Sinn wie die Produktion eine Nebenerscheinung beim Erzielen von Profiten ist."[14]

Dieser Ansatz enthält wichtige wirtschaftsdidaktische Implikationen, denn er macht im Gegensatz zur klassischen, auf Interessenausgleich abstellenden Demokratietheorie politische Entscheidungen wieder zu einer Angelegenheit der betroffenen Individuen. Wenn nämlich politische Entscheidungen nicht an sachliche Notwendigkeiten oder abstrakte Allgemeinwohlformulierungen angebunden, sondern aus den erwarteten bzw. tatsächlichen Wählerreaktionen abzuleiten sind, dann ergeben sich unter der Annahme ungleichen Informationsstandes der Wähler untereinander und unterschiedlichen Organisationsgrades von Wählergruppen gravierende Konsequenzen.

Wenn zur Beurteilung politischer Programme und des Handelns von Politikern eine Vielzahl von Informationen notwendig ist, die nicht allen Wählern gleichermaßen zur Verfügung stehen, sondern mit unterschiedlichen Kosten (Geld, Zeit, Mühen etc.) erhoben werden müssen, dann brauchen Politiker gleiche Stimmen nicht gleich zu behandeln. Dann werden Politiker geneigt sein, eher den Interessen der Informierten als den Interessen der weniger Informierten Rechnung zu tragen. Wenn beispielsweise der Informationsstand der Bürger im Bereich des Einkommenserwerbs allgemein höher ist als im Bereich der Einkommensverwendung, weil Wähler ihr Einkommen in einem relativ eng umgrenzten Bereich, den sie relativ gut überschauen, verdienen, es aber in vielen, kaum zu überschauenden Bereichen ausge-

---

[14] J.A. Schumpeter, Kapitalismus, Sozialismus, Demokratie, 2., erw. Aufl., München 1950, S. 448.

ben, dann folgt nach dem ökonomischen Ansatz, daß Politiker Problemen des Produktionsbereichs größere Aufmerksamkeit beimessen werden als Problemen im Bereich des Konsums.

Diese Ergebnisse verstärken sich noch, wenn man Bürokratien und den Einfluß von Verbänden und Interessengruppen in die Analyse einbezieht. Mit Hilfe des ökonomischen Ansatzes läßt sich gut erklären, warum breitgestreute Interessen in einer Demokratie schwer organisierbar sind und deshalb den i. d. R. gut organisierten, ausgrenzbaren Partikularinteressen unterliegen.[15] Denn je verbreiteter ein konkretes Interesse, um so eher haben Leistungen zur Bedienung dieses Interesses den Charakter eines „öffentlichen Gutes", dessen Nutzung ja bekanntlich nicht auf den Kreis derjenigen beschränkt werden kann, die einen Beitrag zur Leistungserstellung geleistet haben. Wenn aber die Nutzung einer Leistung für das Individuum auch ohne Beteiligung an den „Kosten" der Leistungserstellung möglich ist, bestehen systematische Anreize, die „Kosten" zu meiden.

1.2.3 Zusammenfassung

Das ökonomische Verhaltensmodell kann einen wertvollen Beitrag zu einer angemesseneren inhaltlichen Strukturierung der auf Politik, Wirtschaft und Gesellschaft bezogenen Fachdidaktiken liefern. Es bietet einen **einheitlichen Rahmen** für die Analyse gesellschaftlich wichtiger Akteure – von Verbraucherentscheidungen bis hin zu Entscheidungen auf der politischen Ebene – und ihrer Vernetzung. Bei der Erklärung und Prognose des Verhaltens der Akteure wird allen gleichermaßen Eigennutzorientierung unterstellt. Unterschiedliches Verhalten ergibt sich dann durch unterschiedliche Restriktionen, denen die Akteure in unterschiedlichen Entscheidungskontexten unterliegen. Solche Handlungsbeschränkungen werden von verschiedenen sozialwissenschaftlichen Disziplinen untersucht. Der ökonomische Ansatz beinhaltet ein hohes **Integrationspotential**, weil er die Möglichkeit bietet, diese Erkenntnisse in die Analyse einzubringen (statt wie bisher die Ergebnisse einzelner sozialwissenschaftlicher Disziplinen als konkurrierend zu begreifen und nach nicht offengelegten Kriterien auszuwählen).

Gleichwohl stößt das ökonomische Verhaltensmodell auf verbreitete Ablehnung insbesondere bei moralsensiblen Wissenschaften wie Pädagogik, Psychologie, Soziologie, Theologie etc.. Ein wichtiger Grund liegt darin, daß die **analytischen Kategorien Eigennutz** bzw. Egoismus und **Wettbewerb** von ihrem Paradigmenbezug gelöst und mit inhumaner Konkurrenzgesellschaft gleichgesetzt werden, in der Egoismus und Allgemeinwohl als Gegensätze begriffen werden. Geht man ausdrücklich vom Paradigmenbezug der genannten Kategorien aus, dann wird man die moralische Verantwortung der Ökonomie nicht dort suchen, wo Egoismus und Wettbewerb mit negativ erscheinenden Einzelphänomenen belegt werden können (z. B. Täuschung und andere Formen mißbräuchlicher Ausnutzung von Marktmacht), sondern dort, wo über die Einbettung des gesellschaftlichen Teilsystems Markt (oder auch Plan) in eine Gesellschaftsordnung zu entscheiden ist, auf einer grundsätzlichen konstitutionellen Ebene also. Auf dieser paradigmenbestimmten, konstitutionellen Ebene muß

---

[15] Allgemein dazu: M. Olson, Logik des kollektiven Handelns, Tübingen 1968. Angewandt auf Organisationsprobleme der Gewerkschaften: N. Eickhoff, Eine Theorie der Gewerkschaftsentwicklung, Tübingen 1973; angewandt auf Organisationsprobleme der Verbraucher vgl. z. B. B. Brune, Organisation von Verbraucherinteressen, Frankfurt a. Main 1980, insbesondere S. 141 ff.

das Sowohl-als-auch von Egoismus und Altruismus, von Eigennutz und Gemeinwohlorientierung entschieden werden. Der Vorwurf, die Ökonomie sei mit ihrer Entscheidung für Eigennutz als analytischer Kategorie eine amoralische bzw. unmoralische Wissenschaft, entbehrt jeglicher Grundlage.[16] Sie gründet ihre Aussage auf der analytischen Kategorie, Eigennutz als causa movens des Verhaltens auf individueller und kollektiver Ebene, und ihre Empfehlungen zur Realisierung von Allgemeinwohl müssen folglich auch dann halten, wenn die gesellschaftlichen Akteure (Politiker, Anbieter, Verbraucher, Arbeitnehmer, Steuerzahler etc.) nicht allgemeinwohlorientiert, sondern egoistisch handeln. Es wird also nicht nur gefragt, wie sich die Akteure verhalten sollen, sondern auch, wie sie sich verhalten werden.

Pädagogen und Schule streben die für wünschbar erklärten Verhaltensziele über eine Veränderung der Präferenzen an. Durch Beeinflussung von Wissen, Einstellungen und Wertsystemen sollen bestimmte Verhaltensdispositionen gefördert, andere benachteiligt werden. Dies ist für Bildungsprozesse unverzichtbar. Aber entscheidend sind die Konsequenzen, die gezogen werden, wenn für wichtig erachtete Verhaltensziele systematisch verfehlt werden, und dies ist für wichtige Anliegen (beispielsweise die Verbraucher- und Umwelterziehung) eher häufig als selten der Fall. Nach dem pädagogischen Ansatz ist dann mit verstärktem Bemühen um die Anbahnung entsprechender Verhaltensdispositionen durch Wissen und Wertsystembeeinflussung zu reagieren. In der Terminologie des ökonomischen Ansatzes steht Präferenzbeeinflussung im Mittelpunkt pädagogischen Bemühens. Die Bedeutung der Handlungsbeschränkungen (Restriktionen) für die Umsetzung von Verhaltensdispositionen in konkretes Verhalten wird jedoch marginalisiert.

Der ökonomische Ansatz erklärt das Verhalten vor allem aus den (situationsabhängigen) Handlungsbeschränkungen. Er stellt die Probleme der Umsetzung von Verhaltensdispositionen in konkretes Verhalten in den Mittelpunkt seines Erkenntnisinteresses. Er geht davon aus, daß das Tun und Unterlassen der Akteure entscheidend von den in der Entscheidungssituation wirksamen Handlungsbeschränkungen bestimmt wird. Welcher Art diese jeweils sind, läßt sich nur mittels empirisch gehaltvoller Theorien beantworten. Wer sich also auf den ökonomischen Ansatz zur Erklärung und Prognose von Verhalten gesellschaftlicher Akteure einläßt, wird nicht umhin kommen, die für spezifische Entscheidungssituationen relevante Theorie zugrundezulegen.[17]

Der pädagogische Ansatz setzt hinsichtlich anzustrebender Verhaltensziele auf die Veränderung des Menschen. Der ökonomische Ansatz will gewünschte, aber bisher verfehlte Verhaltensziele durch Veränderung der Institutionen erreichen.

Damit werden für eine angemessene Behandlung der Gegenstandsbereiche Poli-

---

[16] Vgl. hierzu ausführlicher: K. Homann, a.a.O., S. 109ff.
[17] Zur Vereinbarkeit des ökonomischen Ansatzes mit psychologischen und soziologischen Erklärungsmustern vgl. B.S. Frey u. W. Stroebe: Ist das Modell des Homo Oeconomicus „unpsychologisch"? In: Zeitschrift für die gesamte Staatswissenschaft, Band 136, 1986, S. 82ff.; G. Gäfgen u. H.G. Monissen, Zur Eignung soziologischer Paradigmen. Betrachtungen aus der Sicht des Ökonomen, in: Jahrbuch für Sozialwissenschaft 1/1978, insbesondere S. 139ff. K.D. Opp, Ökonomie und Soziologie – Die gemeinsamen Grundlagen beider Fachdisziplinen. In: Die Ökonomisierung der Sozialwissenschaften, hrsg. v. H.B. Schäfer u. K. Wehrt, Frankfurt/M., New York 1989, S. 103ff.

tik, Wirtschaft und Gesellschaft im allgemeinbildenden Schulwesen gehaltvolle Theorien relevant, die etwas über die Entstehung, Veränderung und Gestaltung von Institutionen aussagen.

Literaturhinweise

B. S. Frey, Ökonomie ist Sozialwissenschaft. Die Anwendung der Ökonomie auf neue Gebiete, München 1990.

R. B. McKenzie u. G. Tullock, Homo Oeconomicus s. Ökonomische Dimensionen des Alltags, Frankfurt/M., New York 1984.

G. S. Becker, Der ökonomische Ansatz zur Erklärung menschlichen Verhaltens, Tübingen 1982.

G. Fleischmann, Ökonomische Theorie der Bedürfnisbefriedigung und Wertwandel. In: Wertwandel und gesellschaftlicher Wandel, hrsg. v. H. Klages u. P. Kmieciak, Frankfurt/M., New York 1981, S. 84–96.

G. Kirchgässner, Homo oeconomicus – Das ökonomische Modell individuellen Verhaltens und seine Anwendung in den Wirtschafts- und Sozialwissenschaften, Tübingen 1991.

B. T. Ramb, M. Tietzel (Hrsg.), Ökonimische Verhaltenstheorie, München 1993.

Die Ökonomisierung der Sozialwissenschaften, Sechs Wortmeldungen, hrsg. v. H.–B. Schäfer u. K. Wehrt, Frankfurt a. M., New York 1989.

1.3 Die Theorie der Wahlakte
Raimund Schirmeister

1.3.1 Wirtschaften, Wählen, Entscheiden 33
1.3.2 Bewältigung von Zielkonflikten 35
1.3.2.1 Nutzwertanalyse 35
1.3.2.2 Optimierung 37
1.3.3 Sicherheitspräferenzen 41
1.3.3.1 Entscheidung unter Ungewißheit 42
1.3.3.2 Entscheidung bei Risiko 44
1.3.4 Leitbild rationalen Wählens 45
Literaturhinweise 46

1.3.1 Wirtschaften, Wählen, Entscheiden

Wirtschaften heißt **Wählen:**

- Beim Einkauf im Supermarkt **wählt** der Konsument aus dem breit gefächerten Angebot und **entscheidet** sich für bestimmte Artikel.
- Der Personalleiter einer mittelständischen Maschinenfabrik **prüft** die Bewerbungsunterlagen, die auf die Stellenannonce eines CNC-Drehers eingegangen sind, und **gibt** schließlich einem Bewerber den **Vorzug.**
- Der Zentralbankrat der Deutschen Bundesbank **erörtert** in seiner vierzehntägigen Routinesitzung Maßnahmen zur Eindämmung der Inflation und **beschließt** die Erhöhung des Diskontsatzes um einen Prozentpunkt.

An den Beispielen wird ersichtlich, daß wirtschaftliches Geschehen stets durch menschliche Handlungen ausgelöst und gestaltet wird. Denen vorgelagert sind mehr oder weniger vielschichtige und aufwendige Prozesse des Suchens, der Informationsbeschaffung und -weiterverarbeitung sowie des vergleichenden Abwägens, ehe in einem Entschluß die konkret zu verwirklichenden Maßnahmen festgelegt werden. Damit ist der Gegenstand einer **ökonomischen Theorie der Wahlakte** umrissen: Aus einer Menge von Handlungsmöglichkeiten (also: dem Warenangebot des Supermarktes) ist über jedes Element (also: jeden Artikel) zu befinden, ob es angenommen (sprich: gekauft) oder abgelehnt (d. h. im Regal gelassen) wird. **Entscheidungen** treffen besagt demnach, sich für oder gegen **Handlungsalternativen** auszusprechen. (Das wären die Bewerbungen auf die Stellenanzeige für den Personalleiter bzw. das sog. „Geldpolitische Instrumentarium" – z. B. die Veränderung von Geldmenge oder Leitzinssätzen – für die Bundesbank). Zumindest „nichts tun" im Vergleich zu „etwas tun" muß als Handlungsweise offen stehen, sonst liegt überhaupt kein untersuchungsbedürftiges Problem vor.

Entscheidungen analysieren heißt, ihre voraussichtlichen Auswirkungen festzustellen und mit den Vorstellungen und Vorgaben des Entscheidungsträgers zu vergleichen: Welche Folgen seines Tuns, die er mit seinem Entschluß auslöst, sieht der Entscheider als wünschenswert an? Welche sucht er unter allen Umständen zu vermeiden? Welche akzeptiert er? Welche sind für ihn ohne Bedeutung? Mittels derartiger **Präferenzen** werden die vorziehenswürdigen Alternativen bestimmt und ggf. in eine Rangfolge gebracht, und zwar so, daß eine dritte Person bei gleichem Informationsstand zu einer identischen Auswahl gelangen würde.

Als wichtigste Präferenz ist zweifellos die **Zielpräferenz** anzusehen, weil „ziellose" Entscheidungen in der Realität vielleicht vorkommen, sich jedoch einer systematischen und nachprüfbaren Auseinandersetzung entziehen. **Ziele** sind Ausdruck einer – expressis verbis formulierten oder implizit unterstellten – Festlegung: diesen oder jenen (End-)Zustand will man erreichen! Genau die Handlungsweisen sind folglich zu präferieren, die das angestrebte Resultat exakt oder annähernd versprechen. Typisch ökonomische Zielsetzungen eines Konsumenten sind wohl Einnahmen/Ausgaben, Produktarten und -qualitäten; bei Unternehmungen herrschen Gewinn, Umsatz oder Marktanteile vor, wohingegen Wachstum, Preisstabilität und Vollbeschäftigung charakteristisch volkswirtschaftliche Größen bezeichnen. Stets kann nur eine begrenzte Anzahl an **Zielvariablen** bei einer konkreten Wahl zur Bewertung beigezogen werden. Falls andere ausgeklammert oder als gerade nicht relevant angesehen werden, heißt das nicht notwendigerweise, Handlungsalternativen wären diesbezüglich unwirksam, sondern nur, daß ihre Konsequenzen nicht in die aktuelle Entscheidungsfindung einfließen. Bei ihrer Realisierung können sich solche übersehenen „Neben-

Wirkungen" leicht als ein im Nachhinein schwer revidierbarer Ballast entpuppen, wie die häufig zunächst unbeachteten Ziele „ökologische" und „soziale Verträglichkeit" anschaulich belegen.

Die Zuordnung jeder einzelnen Alternativenwirkung zu jeder Zielvariablen läßt sich kompakt zu einer **Ergebnismatrix** verdichten. Tab. 1 zeigt exemplarisch das Problem „Autokauf": Zur Wahl stehen die drei Modelle A, B und C, die hinsichtlich ihres „Preises" sowie ihrer „Umweltfreundlichkeit" und ihrer „Farbe" zu beurteilen sind; andere Zielvariable (Geschwindigkeit, Benzinverbrauch, Reparaturanfälligkeit usw.) interessieren den Käufer nicht, bleiben daher unbeachtet.

Tab. 1 Ergebnismatrix

Alternativen	Ziele / Preis	Zielvariable Umweltfreundlichkeit	Farbe
Modell A	25 TDM	gering	blau
Modell B	40 TDM	mittel	grün
Modell C	34 TDM	hoch	weiß

Gemessen werden Zielbeiträge in unterschiedlichen **Einheiten** und auf verschieden starken **Skalenniveaus:** In Geldgrößen ist selbstverständlich der Preis angegeben, so daß bei dieser **Kardinalskala** auch die Differenz zwischen zwei Werten – das heißt, um wieviel Modell C teurer oder billiger ist als A bzw. B – quantifiziert zum Ausdruck gebracht wird (etwa „um 9 TDM teurer" bzw. „6 TDM billiger"). Letzteres entfällt bei der nur komparativ vergleichenden **Ordinalskala,** wie sie der „Umweltfreundlichkeit" als Maßstab zugrunde liegt (und von ähnlichen Einstufungen wie „schneller/langsamer", „besser/schlechter", „mehr/weniger" her bekannt und vertraut ist). Noch undifferenzierter sind **Nominalskalen** (wie die Farbskala) mit ihrer lediglich klassifikatorischen Einschätzung „zutreffend/unzutreffend". Zur vollständigen Beschreibung der Zielpräferenz sind schließlich noch Angaben über den jeweils verfolgten Grad der **Zielerfüllung** vonnöten: Unser Autokäufer strebe einen möglichst geringen Preis und zumindest durchschnittliche Umweltfreundlichkeit an, während ihm alle Farben mit Ausnahme von „weiß" als annehmbar erscheinen. Ganz allgemein wird der Grad der Zielerfüllung als **Extremwert** gefordert (**Maximierung** eines Gewinns, **Minimierung** von Kosten), in Form von **Begrenzungen** (Mindestgewinne, Preisobergrenzen etc.) festgelegt oder – bei einer Nominalskala – durch explizite Angabe **fixiert.**

Allein mit der Aufstellung der Ergebnismatrix ist ein Wahlproblem nur ausnahmsweise gelöst, nämlich dann, wenn eine Handlungsmöglichkeit alle anderen **dominiert,** also in keiner Zielvariablen schlechter, in mindestens einer jedoch besser ist als jede Konkurrenzalternative. Gewöhnlich treten **Zielkonflikte** auf: Modell A weist den geringsten Preis auf, scheidet aber wegen seiner fehlenden Umweltfreundlichkeit aus; Modell B ist in dieser Hinsicht befriedigend, aber leider am teuersten; schließlich genügt die farbliche Ausstattung von C nicht den Anforderungen. In einem solchen Dilemma erscheint es zuallererst angebracht, die gesamte Entscheidungsfindung noch einmal daraufhin zu überdenken, ob die vorliegende Ergebnismatrix tatsächlich schon als endgültig angesehen werden muß. Zwei Vorgehensweisen kommen in Betracht, um zu anderen Bewertungsgrundlagen zu gelangen:

Durch nochmaliges **Suchen** eröffnen sich vielleicht neue, bislang nicht bedachte Perspektiven. Ein Wechsel des Autohändlers und Überprüfung seiner Modelle auf ihre Eignung – allgemein: die Suche nach zusätzlichen Handlungsalternativen – liegen auf der Hand. Zu denken ist aber auch an eine verbesserte informatorische Fundierung aller Zielwirkungen durch aktuellere und/oder präzisere Daten (etwa bei der Zielvariablen „Umweltfreundlichkeit").

Anpassungsprozesse hingegen korrigieren die Zielpräferenz in einer oder mehreren Komponenten, sei es verschärfend, wenn Erfahrung den Entscheidungsträger lehrt, daß höhere Ansprüche durchaus erfüllbar sind, sei es abschwächend, falls seine Vorstellungen unter keinen Umständen mit den vorhandenen Möglichkeiten in Einklang stehen. (Beispielsweise erscheint Modell A durch Absenkung des Zielerreichungsniveaus bei „Umweltfreundlichkeit" auf „gering" als uneingeschränkt vorziehenswürdig). Neben der Änderung des geforderten Erfüllungsgrades ist es insbesondere das Zielsystem selbst, das es zu hinterfragen gilt: Hinzunahme neuer bzw. Verzicht auf gewisse Zielvariablen lassen sich als Grenzfälle der **Zielgewichtung** deuten, indem Zielsetzungen als mehr oder weniger wesentlich erachtet werden. Eine Alternative wird gewählt, wenn sie z. B. im Hauptziel den besten Beitrag liefert; bei Gleichwertigkeit wird das zweitwichtigste Ziel beigezogen, dann das drittwichtigste usw. Eine solche „lexikographische Ordnung" lege etwa die Rangreihung „Preis" vor „Umweltfreundlichkeit" vor „Farbe" fest.

1.3.2 Bewältigung von Zielkonflikten

Angenommen, entscheidungsprozessuale Verbesserungen haben sich erschöpft, bleibt die Aufgabe, bei gegebener Ergebnismatrix und nicht-dominanter Alternative die Wahlsituation dennoch aufzulösen. Zwei Ansätze verdienen hierzu ausführlicher erörtert zu werden, weil sie beide im Wirtschaftsalltag von kaum zu unterschätzender Bedeutung sind: „Nutzwertanalyse" und „Optimierung".

1.3.2.1 Nutzwertanalyse

Wahlprobleme – wie der Autokauf – kommen in dieser oder leicht abgewandelter Form häufig vor. Genannt seien Produktbewertungen (etwa durch die „Stiftung Warentest"), aber auch Arbeitsbewertungen zur Findung eines innerbetrieblichen oder tariflichen Lohngefüges sowie Bodenbewertungen im Rahmen der Flurbereinigung mögen zur Illustration dienen. Stets ist eine begrenzte Anzahl von Objekten oder Maßnahmen, die Alternativenmenge, im Hinblick auf verschiedene Ziele – hier oft **„Bewertungskriterien"** genannt – zu ordnen. Das geschieht mittels einer **Nutzwertanalyse** („**Punktbewertungsverfahren**", „**Scoring-Modell**"). Zunächst müssen die verschiedenen Skalen und Maßgrößen vereinheitlicht werden. Das wird über **Nutzwerte** („**Punktwerte**") auf meist kardinalem Niveau bewerkstelligt. Tab. 2 zeigt die spaltenweise Transformation aus Tab. 1 in eine 5stufige kardinale Nutzenskala:

Tab. 2 Nutzwertanalyse

Ziele Alternativen	Preis 50%	Zielvariable Umwelt- freundlichkeit 40%	Farbe 10%
Modell A	4	0	3
Modell B	1	2	3
Modell C	3	4	0

Bewertungsskala: 4 = sehr gut; 3 = gut; 2 = befriedigend; 1 = mit Mängeln; 0 = ungeeignet

Preis, Umweltfreundlichkeit und Farbe werden jeweils mit Wertungen zwischen „sehr gut" (= 4 Punkte) und „ungeeignet" (= 0 Punkte) beziffert; durch Addition erhält man daraus den Gesamtwert einer Alternative. Im Beispiel sind die Modelle A und C mit je 7 Punkten ranggleich, lediglich B schneidet wegen seines hohen Preises geringfügig schlechter ab. Statt die Erfüllung jeder Zielvariablen isoliert zu bewerkstelligen (minimaler Preis → Modell A; mindestens mittlere Umweltfreundlichkeit → Modelle B, C; usw.), richtet sich die Bewertung an einer übergeordneten Zielvorstellung aus (**„Metaziel"**): Wähle die Alternative mit dem höchsten **Gesamtnutzwert!**

Verfeinern lassen sich die Resultate, wenn die Ziele darüberhinaus gewichtet werden, um ihre unterschiedliche Bedeutung für den Entscheidungsträger zu betonen. Zu diesem Zweck wird jeder Zielvariablen ein Wert zwischen 0 und 1 zugewiesen, wobei sich die drei Zahlen zu 1 (bzw. 100%) aufaddieren. Die gewogenen Gesamtwerte errechnen sich dann aus Gewicht mal Nutzwert, summiert über alle Zielvariablen, also

Modell A: $0,5 \times 4 + 0,4 \times 0 + 0,1 \times 3 = 2,3$
Modell B: $0,5 \times 1 + 0,4 \times 2 + 0,1 \times 3 = 1,6$
Modell C: $0,5 \times 3 + 0,4 \times 4 + 0,1 \times 0 = 3,1$

Hier nimmt C unangefochten den Spitzenplatz ein, da dessen Schwachpunkt, die weiße Farbe, letztlich doch nicht als so gravierend empfunden wird, wie der Gewichtungsfaktor von lediglich 10% belegt. Umgekehrt disqualifiziert der hohe Faktor von 50%, der dem Preis beigemessen wird, Modell B unwiderruflich.

Das eben skizzierte Grundschema der Nutzwertanalyse reicht völlig aus, um die Vorzüge einer derartigen Bewertungshilfe zu demonstrieren: Die einfachen mathematischen Operationen in Verbindung mit nahezu beliebiger Anpaßbarkeit an die realen Ziele und deren Ausprägungen erklären ihre weite Verbreitung. Das kann leicht dazu führen, die tatsächlichen Werturteile hinter dem einleuchtenden Formalismus zu verbergen. Würden beispielsweise die Zielgewichte auf 70% beim Preis zu Lasten von nur 20% Umweltfreundlichkeit verschoben – eine sicherlich zu rechtfertigende Abänderung –, avancierte Modell A zur vorteilhaftesten Alternative:

Modell A: $0,7 \times 4 + 0,2 \times 0 + 0,1 \times 3 = 3,1$
Modell B: $0,7 \times 1 + 0,2 \times 2 + 0,1 \times 3 = 1,4$
Modell C: $0,7 \times 3 + 0,2 \times 4 + 0,1 \times 0 = 2,9$

Die Gefahr von Manipulationen sowohl bei der Informationsbeschaffung als auch bei den diversen Bewertungsschritten (insbesondere Zuordnung der Nutzwerte und Zielgewichte) ist insoweit offenkundig, relativiert sich allerdings durch die Möglichkeit sukzessiven Nachprüfens. Zudem garantiert der Zugang zur Aufstellung der Ergebnismatrix Vollständigkeit und Sorgfalt bei der Wirkungsbeschreibung, wie sie bei rein intuitivem Abwägen schwerlich zu leisten wären. Letztlich bestimmt sich die Qualität der Zielerreichung jedoch nicht aus dem Bewertungs**akt,** sondern aus der Existenz und dem Auffinden geeigneter Handlungsalternativen, mithin wesentlich aus der Effizienz vorgelagerter Suchprozesse.

1.3.2.2 Optimierung

Das Anliegen der **Optimierung** sei anhand einer kleinen Planungsaufgabe entwickelt (s. Tab. 3): Eine Unternehmung stellt die beiden Produkte P_1 und P_2 her und erlöst hiermit auf dem Absatzmarkt 6 GE (= Geldeinheiten) bzw. 5 GE je Mengeneinheit (z. B. je Tonne, je laufenden Meter). Nach Abzug der variablen Stückkosten (wie Material und Fertigungslohn) verbleibt ein **Deckungsbeitrag** je Mengeneinheit (,,**Stückdeckungsbeitrag**"; abgekürzt: ,,**DB**") von 2 GE bei P_1 und 3 GE bei P_2. Bei der anstehenden Überlegung, wieviel eigentlich von jedem der beiden Produkte gefertigt und verkauft werden soll, ist die Antwort bei der momentanen Informationslage zweifelsfrei: Trotz höherer Stückerlöse ist möglichst viel von P_2 zu produzieren, da dessen Stückdeckungsbeitrag vergleichsweise größer ist, die fixen Kosten (wie Abschreibungen, Gehälter des Managements) daher eher gedeckt und die Gewinnschwelle bei geringerer Auslastung erreicht werden.

Tab. 3 Ermittlung der Deckungsbeiträge

	Produkte	
	P_1	P_2
Preis je Mengeneinheit	6 GE	5 GE
– variable Stückkosten	4 GE	2 GE
= DB je Mengeneinheit	2 GE	3 GE

Neu zu durchdenken ist diese Einschätzung, falls der Herstellungsaufwand von Produkt zu Produkt variiert. Angenommen, eine Mengeneinheit (abgekürzt: ,,ME") P_1 beanspruche die Maschine M_I 2 Maschinenstunden, P_2 hingegen 4 Maschinenstunden, so erzielt die Unternehmung bei voller Auslastung der Kapazität von 12 Maschinenstunden folgende Gesamtdeckungsbeiträge:

Produkt P_1: 12 Stunden/2 Stunden = 6 ME
$\rightarrow$ 6 ME $\times$ 2 GE = 12 GE
Produkt P_2: 12 Stunden/4 Stunden = 3 ME
$\rightarrow$ 3 ME $\times$ 3 GE = 9 GE

gemäß der Formeln
Produktionsmenge = Kapazität / Belegungszeit
und
Gesamtdeckungsbeitrag = Produktionsmenge $\times$ DB.

Demnach ist der Gesamtdeckungsbeitrag DB_{ges} bei ausschließlicher Produktion von P_1 um 3 GE höher als der entsprechende von P_2. Der Grund für diese Divergenz liegt schlicht in der kürzeren Zeit, die zur Herstellung von P_1 benötigt wird. Falls zwei (oder mehr) Produkte um beschränkte, folglich **knappe** Maschinenkapazität konkurrieren, kann daher – als zu konstatierendes Zwischenergebnis – die ursprünglich korrekte Auswahlregel ,,forciere das Produkt mit dem höchsten DB" falsch sein.

Nun durchläuft in industriellen Produktionsprozessen ein Produkt typischerweise mehrere Herstellungsstufen (wie Walzen, Gießen, Drehen, Pressen, Montieren, Beschichten etc.); dem sei im Beispiel mit den Aggregaten M_{II} und M_{III} Rechnung getragen. In Tab. 4 sind die erforderlichen Eingangsdaten aufgelistet. Tab. 5 enthält die maximal möglichen Gesamtdeckungsbeiträge bei ausschließlicher Fertigung von P_1 resp. P_2 und getrennt für M_I, M_{II} und M_{III}. Zeilenweise gelesen, liefert sie das Ergebnis, Produkt P_1 ist zu favorisieren, betrachtet man allein M_I oder M_{II}; die DB_{ges} von P_1 sind nämlich offensichtlich größer. Auf M_{III} wäre jedoch P_2 vorzuziehen, da bei gleichem Zeitbedarf der höhere DB von 3 GE zum Tragen kommt.

Tab. 4 Belegungszeiten und Maschinenkapazität

	Produkte		Kapazität
	P_1	P_2	
Maschine M_I	2 Std.	4 Std.	12 Std.
Maschine M_{II}	1 Std.	4 Std.	10 Std.
Maschine M_{III}	3 Std.	3 Std.	15 Std.

Tab. 5 Maximale Gesamtdeckungsbeiträge je Maschine und je Produkt

	Produkte	
	P_1	P_2
Maschine M_I	12 GE	9 GE
Maschine M_{II}	20 GE	7,5 GE
Maschine M_{III}	10 GE	15 GE

Soll bei dieser Konstellation besser P_1 oder vielleicht doch P_2 gefertigt werden?

Ehe die Auflösung des Konfliktes vorgetragen wird, sei zuvor das Beispiel in den Kontext einer Theorie der Wahlakte eingebettet.

Bei jedem Schritt der Problemausweitung durch Hinzunahme neuer Informationen blieben gewisse Aspekte immer unangetastet: der Gesamtdeckungsbeitrag der Unternehmung ist die zu maximierende Zielgröße! Und: es sind noch andere Ziele zu erfüllen, nämlich die Herstellung von P_1 und P_2, wobei die Maschinenkapazitäten die produzierenden Mengen limitieren. Solche Begrenzungen, die gewöhnlich als **Restriktionen** bezeichnet werden, treten im Wirtschaftsleben regelmäßig auf (z.B. als Nachfrage-, Beschaffungs-, Personal-, Kapitalrestriktionen). Die Zielpräferenz eines derartigen Wahlproblems lautet daher zusammengefaßt: **Maximiere eine Zielvariable** (wie den Gewinn oder den Gesamtdeckungsbeitrag) **unter Einhaltung vorgegebener Restriktionen!** (oder auch: **Minimiere** ein Zielvariable – z.B. Kosten – unter Einhaltung von Restriktionen). So spezifisch diese Zielkonfiguration der **Optimierung** auf den ersten Blick erscheinen mag, so weitreichend ist dennoch ihre Anwendbarkeit: denn sie erfaßt eine grundlegende einzelwirtschaftliche Problemstellung, wie sie sich tagtäglich wiederholt.

Welche Aktionsmöglichkeiten stehen der Unternehmung eigentlich zur Verfügung, um überhaupt Deckungsbeiträge zu erwirtschaften? Natürlich P_1 oder P_2 produzieren und hernach verkaufen! Die scheinbar triviale Antwort ist – siehe Tab. 5 – so allerdings zu pauschal.

Ein erwünschter Gesamtdeckungsbeitrag (beispielsweise von 6 GE) kann auf unterschiedliche Art realisiert werden: durch Herstellung entweder von 3 Mengeneinhei-

1.3 Die Theorie der Wahlakte

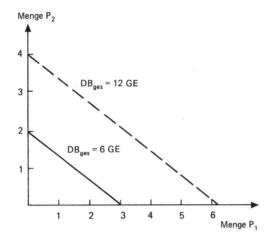

Abb. 1 Gesamtdeckungsbeitrag als geometrischer Ort von Produktionsmengenkombinationen

ten P_1 oder von 2 ME P_2. Die Vorgabe wäre aber auch, wovon man sich leicht überzeugen kann, bei 1,5 Mengeneinheiten P_1 plus 1 Mengeneinheit P_2 oder bei 0,75 P_1 in Verbindung mit 1,5 P_2 erfüllt. Demnach existieren beliebig viele **P_1-P_2-Kombinationen,** um einen bestimmten Gesamtdeckungsbeitrag zu erlösen. Das besagt aber nichts anderes, als daß jede derartige Kombination entscheidungstheoretisch als **Handlungsalternative** aufzufassen ist, die Alternativenmenge somit unendlich viele Elemente besitzt (obschon dem praktische Grenzen entgegenstehen, weil irgendwann einmal die Teilbarkeit in immer kleineren Lose endet). Ein bestimmter DB_{ges} ist daher als **geometrischer Ort** von P_1-P_2-Mengenkombinationen erklärbar: In Abb. 1, in welcher auf der Abszisse die Produktionsmenge P_1, auf der Ordinate die Produktionsmenge P_2 abgetragen ist, markiert die Verbindungslinie zwischen den Punkten (3 / 0) und (0 / 2) alle Produktionsprogramme der Unternehmung mit dem Gesamtdeckungsbeitrag DB_{ges} = 6 GE.

Analog kann für jeden anderen Gesamtdeckungsbeitrag die zugehörige Linie eingetragen werden. Gestrichelt ist das für DB_{ges} = 12 GE erfolgt: Entweder 6 ME von P_1 oder 4 ME von P_2 oder viele andere **P_1-P_2-**Verbindungen liefern den Betrag. Bemerkenswert – und ins Auge fallend – ist der Tatbestand, daß die beiden Geraden, die jeweils einen bestimmten DB_{ges} verkörpern, **parallel** verlaufen, und zwar so, daß ein **höherer** Gesamtdeckungsbeitrag weiter vom **Ursprung** entfernt liegt, als ein **geringerer:** Je mehr hergestellt und verkauft wird, desto mehr kann erlöst werden (vorausgesetzt, Erlöse und variable Kosten ändern sich im gleichen Verhältnis). Begrenzt wird die ständige Ausdehnung der Produktion allein durch die Maschinenkapazitäten.

Wieviel auf jeder Maschine von P_1 und P_2 produziert werden kann, läßt sich ebenfalls graphisch veranschaulichen (s. Abb. 2). Bei M_I kommen, wie schon oben ermittelt, 6 ME von P_1 oder 3 ME von P_2 oder eine Vielzahl von P_1-P_2-Mengenkombinationen in Betracht; die Verbindungslinie zwischen (6/0) und (0/3) kennzeichnet demnach die Kapazitätsgrenze des Aggregats M_I. Entsprechend sind auch die Kapazitäten der Maschinen M_{II} und M_{III} als Restriktionsgeraden zu ermitteln. Die simultane Nutzung aller drei Anlagen mit ihren begrenzten Kapazitäten zeigt nun, daß gewisse P_1-P_2-

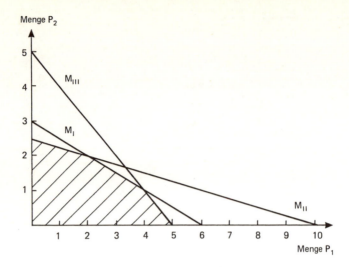

Abb. 2 Lösungsraum

Programme (z. B. 1 ME von P_1 mit 4 ME von P_2) zwar auf M_{III}, nicht jedoch auf M_I und M_{II} zu realisieren sind. Da selbstverständlich alle drei Maschinen ausreichen müssen, begrenzt die jeweils **knappste** – d. h., am nächsten zum Ursprung hin plazierte – Kapazität die Wahlmöglichkeit. Von links nach rechts betrachtet (also mit wachsender Produktionsmenge P_1) greift zunächst M_{II}, dann M_I und schließlich M_{III}. Das Fünfeck (0 / 0), (0 / 2,5), (2 / 2), (4 / 1) und (5 / 0) beschreibt diese **zulässigen** P_1-P_2-Produktionsmengen, den sogenannten **Lösungsraum** (in Abb. 2 schraffiert).

Der Schritt zur Bestimmung der optimalen Lösung – maximiere den DB_{ges} unter Einhaltung der Restriktionen – ist jetzt einfach (s. Abb. 3): Man trage in den Lösungsraum der Abb. 2 eine Gesamtdeckungsbeitragsgerade gemäß Abb. 1 ein und verschiebe sie so lange parallel, bis sie möglichst weit entfernt vom Ursprung, aber noch durch den Lösungsraum verläuft. Im Beispiel ist das gerade im Schnittpunkt zwischen M_I und M_{III} der Fall und ergibt einen Gesamtdeckungsbeitrag von 11 GE; Herstellung von 4 Mengeneinheiten P_1 und 1 Mengeneinheit P_2 ist mithin das vorteilhafteste, was die Unternehmung in der geschilderten Situation zu tun vermag.

Die zu der Beispielrechnung angestellten Überlegungen sind unmittelbar auf realitätsnahe Entscheidungsaufgaben übertragbar. Statt zwei sind dann eben 20, 200 oder gar 2000 Produkte zu einem Programm zu kombinieren, wobei ggf. einige tausend Restriktionen einzuhalten sind. An der Zielpräferenz ändert sich deswegen nichts, allein die Lösungsableitung kann natürlich nicht mehr anhand einer Graphik erfolgen; vielmehr sind vertiefende mathematische Analysen erforderlich. Die dafür verwandten Algorithmen, die heutzutage als benutzerfreundliche Softwarepakete vorliegen, garantieren – bei linearer Problemkomplexion – stets das optimale Ergebnis. Insofern erschloß die rasche und weite Verbreitung leistungsfähiger Computer der Optimierung vielfältige Anwendungsbereiche. Neben der industriellen Produktionsplanung seien exemplarisch die Liquiditätssteuerung in Banken, die Personaleinsatzplanung im Luftverkehr und die Routenplanung im Vertrieb genannt.

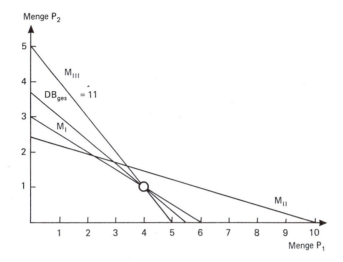

Abb. 3 Optimale Lösung

1.3.3 Sicherheitspräferenzen

Ein Entscheidungsträger, der in einer Wahlsituation die zielwirksamste Alternative ausfindig macht, mag mit ihrer Ausführung zögern. Ihm ist bewußt, daß Entscheidungen **zukunftsgerichtet** sind, man also nie Gewißheit hat, ob das Erwartete wirklich eintritt. **Risiken,** die in unzureichenden Informationen über die Konsequenzen einer Maßnahme gründen, sind folglich nicht auszuschließen und können dazu animieren, weniger geeigneten Handlungsweisen den Vorzug zu geben, weil die Gefahr ungenügender Zielerreichung reduziert erscheint. Die **Sicherheitspräferenz** ist mithin als essentieller Aspekt von Wahlakten zu diskutieren.

Unsicherheit meint nicht, über die Zukunft bestehen keinerlei Vorstellungen. Wären die Folgen der erwogenen Alternativen überhaupt nicht vorhersehbar, könnte keine rationalen Kriterien unterliegende Wahl getroffen werden. Fehlende Sicherheit besagt lediglich, **mehrere,** allesamt bekannte **Zustände** sind möglich, man weiß nur nicht, welcher davon letztlich Realität wird. Das Wetter am kommenden Wochenende, die Ergebnisse einer Lotterie, die Tendenz der Kapitalmarktzinsen: was tatsächlich passiert, bleibt offen, obschon man das Spektrum der denkbaren Ereignisse vollständig aufzuzählen im Stande ist. Bei einem Sonderfall **mehrwertiger Erwartungen,** der sogenannten **Spieltheorie,** besorgt ein bewußt agierender **Gegenspieler** des Entscheidungsträgers die verschiedenen Zustände. Durch „Hineindenken" in den Kontrahenten und seine Aktionsvariablen kann – unabhängig von Informationsstand und Präferenzannahme – das eigene Verhalten entsprechend gesteuert werden. „Schach" ist schlechthin ein solches Spiel, doch weisen alle Konfliktsituationen (z. B. Tarifverhandlungen) derartige Merkmale auf. Bei Unbeeinflußbarkeit oder Zufälligkeit spricht man daher präziser von **Umweltzuständen.**

1.3.3.1 Entscheidung unter Ungewißheit

Alfred Fernweh erwägt, Ende September acht Tage Extraurlaub zu nehmen. Er ist sich allerdings noch unschlüssig, ob er lieber im Schwarzwald wandern oder in Spanien baden will. Kopfzerbrechen bereitet ihm überdies die im Herbst möglicherweise schon unsichere Witterung, die seine sportlichen Ambitionen doch erheblich beeinträchtigen würde. Zwar könnte er sich sowohl in Spanien als auch im Schwarzwald durchaus bei Regen vergnügen, aber der Erholungswert wäre seiner Meinung nach nicht unerheblich vermindert. Zur Ordnung seiner Gedanken stellt er daher ein wettereinbeziehendes Punktbewertungsmodell auf, wobei er eine Skala zwischen -5 („miserabel") und $+5$ („Spitze") zugrundelegt (s. Tab. 6). Zudem schließt er nicht aus, vielleicht doch zu Hause zu bleiben, da seine Wohnung dringend renoviert werden müßte. Welchen Rat kann man A. F. in seiner Lage erteilen?

Tab. 6 Urlaubsproblem

Umweltzustände Alternativen	Wetter schön	Wetter schlecht
Spanien	4	-2
Schwarzwald	5	-3
Keine Reise	1	0

Bewertungsskala: zwischen -5 („miserabel") und $+5$ („Spitze")

Die Tücken des geschilderten Problems liegen im fehlenden Wissen, ob das Wetter tatsächlich schön oder schlecht wird: Bei schönem Wetter verfügt der „Schwarzwald" über die höchste Punktzahl (nach der individuellen Präferenz des A. F.), bei schlechtem Wetter schneidet das Daheimbleiben relativ am besten ab. Ohne weitere Angaben sind die drei Vorhaben demzufolge unvergleichbar, die Wahl selbst unentscheidbar!

Die Annahme mehrerer Umweltzustände führt, soweit keine Alternative die übrigen dominiert, in einen Zwiespalt, ähnlich dem, wie er bei der Berücksichtigung konfliktärer Ziele auftrat. Der seinerzeit bewährte Ausweg bietet sich auch hier an: Die verschiedenen, den Umweltzuständen zugewiesenen Nutzwerte sind zu einer einzigen Zahl zusammenzufassen, um die Vergleichbarkeit zu erzwingen. Allein welche **Bewertungsregel** („**Ungewißheitskriterium**", „**Entscheidungsregel**") die Synthese bewerkstelligt, steht dann noch zur Debatte.

Ein Beispiel einer derartigen Vorschrift ist die **Maximin-Regel** (s. Tab. 7). Von jeder Alternative wird zunächst der schlechteste Wert ausgesucht (etwa -2 bei „Spanien"); gewählt wird schließlich derjenige, deren schlechtester Wert am größten ist. Das **Maximum** unter den Zeilen**minima** ist die gesuchte Lösung, im Beispiel der Verzicht auf eine Reise mit der Punktzahl 0.

Tab. 7 Maximin-Regel

Alternativen	Umweltzustände	Wetter schön	schlecht	Zeilen-minima	Rang-folge
Spanien		4	− 2	− 2	2.
Schwarzwald		5	− 3	− 3	3.
Keine Reise		1	0	0*	1.

Das Pendant zu Maximin ist die **Maximax-Regel** (s. Tab. 8): Am vorteilhaftesten ist die Alternative mit dem absolut größten Nutzwert (das ist das **Maximum** unter den Zeilen**maxima**). Hier avanciert der „Schwarzwald" zum Favoriten.

Tab. 8 Maximax-Regel

Alternativen	Umweltzustände	Wetter schön	schlecht	Zeilen-maxima	Rang-folge
Spanien		4	− 2	4	2.
Schwarzwald		5	− 3	5*	1.
Keine Reise		1	0	1	3.

Jede der beiden Bewertungsregeln sichert eine zweifelsfreie Rangordnung. Das erleichtert zwar das Auswahlprozedere, aber de facto ist das Problem dadurch nicht gelöst, sondern nur verlagert: Welche Regel soll man denn anwenden?

Ein Verhalten, das sich an Maximin orientiert, läßt alle relativ höheren Nutzwerte je Zeile außer vor; d. h., alle als positiv empfundenen Zustände – wie „schönes Wetter" – fließen überhaupt nicht in den Einfluß ein. Das genaue Gegenteil impliziert Maximax, indem gerade die positiven Ereignisse relevant sind. Ob man das eine oder das andere vorzieht, hängt von der eigenen Erwartungshaltung ab: Ein krankhafter Pessimist rechnet stets mit dem Negativen (dem „schlechten Wetter"), ist mit Maximin somit richtig bedient. Der unverbesserliche Optimist glaubt an die Huld des Wettergotts und handelt gemäß Maximax. Die **Risikoeinstellung** des Entscheidungsträgers determiniert mithin die einzusetzende Bewertungsregel.

Zwischen der ausgesprochenen Risikofreude des Optimisten und der extremen Risikoscheu des Pessimisten plaziert sich ein weites Feld an Risikonuancierungen. Umständlicher in der Anwendung ist – um ein Beispiel herauszugreifen – das **Prinzip des kleinsten Bedauerns** („Savage-Niehans-Regel"). Die Ausgangsmatrix wird zunächst in eine andere umgewandelt, indem jeder Nutzwert vom jeweiligen Spaltenmaximum subtrahiert wird (s. Tab. 9). Materiell drücken die entstandenen Ziffern einen Nutzenentgang aus, den man in Kauf nehmen muß, wenn man sich statt für die im betreffenden Zustand beste für eine andere Alternative entschieden hat (bei „schlechtem Wetter" wäre der Verzicht auf die Reise optimal, also gehen im „Schwarzwald" drei Nutzeneinheiten verloren, usf.). Unter diesen „Enttäuschungsindikatoren" wird nun das Minimum aller Zeilenmaxima gewählt; d. h., man will die Enttäuschung, extrem falsch gelegen zu haben, möglichst klein halten; hier fällt die Entscheidung zugunsten „Spaniens" aus. In dieser Bewertungsregel verbindet sich somit ein milder Pessimismus mit ausgeprägtem Opportunitätsdenken.

Tab. 9 Prinzip des kleinsten Bedauerns

Umweltzustände Alternativen	Wetter	
	schön	schlecht
Spanien	4	– 2
Schwarzwald	5	– 3
Keine Reise	1	0
↓	↓		Zeilen- maxima	Rang- folge
Spanien	1	2	2*	1.
Schwarzwald	0	3	3	2.
Keine Reise	4	0	4	3.

1.3.3.2 Entscheidung bei Risiko

Entscheidungen unter Ungewißheit ignorieren völlig, daß einzelne Zustände mit geringerer oder größerer Wahrscheinlichkeit Realität werden können; implizit werden alle Zukunftslagen für gleich möglich erachtet. Gerade beim Beispiel der Wetterentwicklung gibt es jedoch eine Reihe von Anhaltspunkten (wie Klima, Jahreszeit, geographischer Ort), die Differenzierungen nahe legen. Erfaßt werden solche Abstufungen über **Zustandswahrscheinlichkeiten.** Angegeben in Prozent oder als Dezimalbruch addieren sie sich – ähnlich den Zielgewichten – zu 100% bzw. 1. In Tab. 10 sind für das Urlaubsproblem die Nutzwerte um die Wahrscheinlichkeiten ergänzt. Die Rangreihung besorgen auch hier Bewertungsregeln, von denen sich das **Erwartungswertkriterium („Bayes-Regel")** besonderer Beliebtheit erfreut: die Summe der mit ihrer Wahrscheinlichkeit multiplizierten Punktzahlen bildet den Gesamtwert einer Alternative:

		Gesamtwert	Rangfolge
Spanien:	$0{,}8 \times 4 + 0{,}2 \times (-2)$	= 2,8	1.
Schwarzwald:	$0{,}7 \times 5 + 0{,}3 \times (-3)$	= 2,6	2.
Keine Reise:	$0{,}4 \times 1 + 0{,}6 \times 0$	= 0,4	3.

Die hohe Gewichtung schönen Wetters von 80% gibt bei dieser Lösung letztlich den Ausschlag zugunsten Spaniens.

Tab. 10 Punktbewertung mit Zustandswahrscheinlichkeiten

Umweltzustände Alternativen	Wetter			
	schön		schlecht	
	W	P	W	P
Spanien	80%	4	20%	– 2
Schwarzwald	70%	5	30%	– 3
Keine Reise	40%	1	60%	0

Legende: W = Wahrscheinlichkeit, P = Punktzahl

Da alle Einzelwerte in den Gesamtwert einer Alternative unter Berücksichtigung ihrer Eintrittswahrscheinlichkeit eingehen, basiert diese Regel auf der Idee der Durchschnittsbildung mit dem **wahrscheinlichkeitsgewogenen Mittelwert („Erwar-**

tungswert") als Resultat: Weder wird das Positive (bzw. Negative) über-, noch unterschätzt; ein Entscheidungsträger ist dem Risiko gegenüber **neutral**.

In der Theorie der Wahlakte wird der Begriff „Risiko" (zumindest) in zwei Varianten gebraucht (was gelegentlich verwirrt, im Kontext jedoch keine Schwierigkeiten macht): Einmal umfassender, wenn ganz allgemein die Gefahr des Abweichens realisierter von geplanter Zielerreichung ausgedrückt werden soll; das ist, wie geschildert, auch für Entscheidungen unter Ungewißheit ein wesentlicher und bedenkenswerter Tatbestand. Zum anderen ein enger Begriff für Wahlsituationen bei mehrwertigen Erwartungen, über deren Eintreten Wahrscheinlichkeitsinformationen bekannt sind; letzteres charakterisiert die **Entscheidung bei Risiko** (und grenzt sie von der **Ungewißheit** ab). In bezug auf ihre formale Handhabbarkeit weisen derartig strukturierte Probleme den immensen Vorteil auf, das gesamte Instrumentarium der mathematischen Wahrscheinlichkeitsrechnung und Statistik einbringen zu können, so daß ihr hochentwickelter theoretischer Stand kaum überrascht. Aus Sicht der praktischen Nutzung bleibt allerdings eine zentrale Frage noch unbeantwortet: Wie oder woher gewinnt man die Wahrscheinlichkeiten?

Eine erste Quelle assoziiert Glücksspiele: Eine **logische Möglichkeitsanalyse** belegt, die Wahrscheinlichkeit, eine 6 zu würfeln, beträgt 1/6, sechs Richtige im Zahlenlotto zu tippen hingegen 1 zu knapp 14 Millionen. Kombinatorische Überlegungen sind insoweit und unbestritten fruchtbar, allein ihr Beitrag zur Lösung konkreter ökonomischer Sachaufgaben bleibt eher untergeordnet.

Ein zweiter Weg leitet Wahrscheinlichkeiten als **relative Häufigkeiten** aus umfangreichen Datensammlungen her. Auf diese Weise schätzen Versicherungen präzise Schadenswahrscheinlichkeiten (z. B. von Todesfällen, Unfällen). Aber auch die Reparaturanfälligkeit von Serienprodukten oder der Umfang diesbezüglicher Mängelrügen sind Beispiele für erfolgreiche Anwendungen.

Fehlt dieses Datenmaterial, was für alle nicht beliebig wiederholbaren Vorgänge der Fall ist, muß auf Schätzungen des Entscheidungsträgers oder anderer Personen zurückgegriffen werden. Solche **subjektiven Wahrscheinlichkeiten („subjektive Glaubwürdigkeiten")** sind nicht unumstritten, da sie eine Objektivität suggerieren, die keineswegs auf solidem Fundament steht. Andererseits kann auf diese Weise ein menschliches Erfahrungspotential nachprüfbar in die Entscheidungsfindung einfließen. Ehe das eigentlich zu lösende Wahlproblem angegangen wird, ist daher in Vor-Entscheidungen zu befinden, ob subjektive Glaubwürdigkeiten oder Ungewißheitssituation vorgezogen oder schlicht Sicherheit der Daten unterstellt werden.

1.3.4 Leitbild rationalen Wählens

Reflexionen über Wahlakte sind der Versuch, zu Einsichten über das Treffen „richtiger" Entscheidungen zu gelangen. Durch **Beobachten des Verhaltens** von Konsumenten, Unternehmern, Wirtschaftspolitikern gewinnt man Anschauungsmaterial: wie (re-)agiert jemand in Wahlsituationen? Untersuchungen dokumentieren (und bestätigen insofern subjektive Alltagseindrücke), viele tatsächlich in der Realität vollzogenen Handlungen sind unbedacht, widersprüchlich oder unzweckmäßig vorbereitet, obschon die Informationsgrundlagen zur Erreichung vorteilhafter Ergebnisse genügt hätten. Solch „Fehlverhalten" läßt sich unter Umständen in der Person und ihrer persönlichen Situation oder Rolle durchaus begründen und rechtfertigen (z. B. Impulskäufe); es kann aber auch zum Anlaß genommen werden, nachzudenken, ob Defizite dieser Art nicht abzubauen sind. Das erfordert zuallererst einen Maßstab, was „gute" Entscheidungen vor weniger brauchbaren auszeichnet. Im Rahmen der **Entscheidungslogik** werden unter verschiedenen Anwendungsbedingungen (Zielkonflikte, Entscheidungen bei Risiko und unter Ungewißheit) Wege diskutiert und in ihren Konsequenzen ausgelotet, wie man vernünftigerweise wählen sollte. **Rationalität** avanciert zu dem **Leitbild,** an welchem sich ökonomische Entscheidungen auszurichten haben, an welchem sie letzten Endes gemessen werden. Folgerichtig sind – eingebettet in die Aufklärung über wirtschaftliche Institutionen und Gesetzmäßigkeiten – die Bereitstellung handhabbarer Entscheidungs**instrumente** ein Hauptanliegen **ökonomischer Bildung,** damit fortan bewußter, effizienter, fundierter und erfolgreicher gewählt wird. Der **Theorie der Wahlakte,** wie sie hier in ihren Grundzügen umrissen wurde, kommt dabei die zentrale Rolle der alle anderen wirtschaftswissenschaftlichen Teilgebiete umfassenden Klammer zu, soweit man die praktische Umsetzung von Erkenntnissen in konkretes Handeln im Auge hat.

Literaturhinweise

Bamberg, Günter/Coenenberg, Adolf Gerhard: Betriebswirtschaftliche Entscheidungslehre, 9. Aufl., München 1996.
Bitz, Michael: Entscheidungstheorie, München 1981.
Bühlmann, H./Loeffel, H./Nievergelt, E.: Entscheidungs- und Spieltheorie, Berlin, Heidelberg, New York 1975.
Gäfgen, Gerard: Theorie der wirtschaftlichen Entscheidung, 3. Aufl., Tübingen 1974.
Laux, Helmut: Entscheidungstheorie I und II, Berlin, Heidelberg, New York 1982/3. Aufl. 1993.
Müller-Merbach, Heiner: Operations Research, 3. Aufl., München 1988.
Neumann, Johann von/Morgenstern, Oskar: Spieltheorie und wirtschaftliches Verhalten, Würzburg 1961.
Schildbach, Thomas: Entscheidung, in: Vahlens Kompendium der Betriebswirtschaftslehre, Band 2, 3. Auflage, München 1993, S. 59–99.
Schirmeister, Raimund: Modell und Entscheidung. Stuttgart 1981.
Schmidt, Ralf-Bodo: Wirtschaftslehre der Unternehmung, Band 2: Zielerreichung, Stuttgart 1973.
Sieben, Günter/Schildbach, Thomas: Betriebswirtschaftliche Entscheidungstheorie, 4. Aufl., Düsseldorf 1994.

2
KONSUMÖKONOMIE

2.1 Die privaten Haushalte als Wirtschaftssektor
Hans-Jürgen Albers

2.1.1	Zum gegenwärtigen Stand der Haushaltswirtschaftslehre	51
2.1.2	Zum ökonomischen Begriff des privaten Haushalts	53
2.1.3	Statistische Daten zu den privaten Haushalten	55
2.1.4	Die ökonomischen Aktivitäten der privaten Haushalte	57
2.1.5	Verknüpfungen der privaten Haushalte mit anderen Wirtschaftssektoren	61
Literaturhinweise		63

2.1.1 Zum gegenwärtigen Stand der Haushaltswirtschaftslehre

Träger des wirtschaftlichen Handelns sind die Wirtschaftssubjekte (Wirtschaftseinheiten). Ein **Wirtschaftssubjekt** ist beispielsweise ein bestimmtes Unternehmen oder ein bestimmter privater Haushalt. Ein **Wirtschaftssektor** stellt die Zusammenfassung (= Aggregation) gleichartiger Wirtschaftssubjekte einer Volkswirtschaft dar. Der Wirtschaftssektor „Private Haushalte" besteht demnach aus der Gesamtmenge aller privaten Haushalte. Die privaten Haushalte sind einer von insgesamt vier Wirtschaftssektoren. Unterschieden werden die drei Binnensektoren „Private Haushalte", „Unternehmen", „Staat" (= öffentliche Haushalte) und der Sektor „Ausland".

Unternehmen, Staat und Ausland verfügen über eigene Teilwirtschaftslehren. Die ökonomischen Aktivitäten der Unternehmen sind Erkenntnisobjekt der Betriebswirtschaftslehre; Staat und Ausland sind bedeutsame Gegenstände der Volkswirtschaftslehre, insbesondere der Finanzwissenschaft und der Außenwirtschaftslehre. Im Gegensatz zu diesen drei Sektoren spielt der Sektor „Private Haushalte" im traditionellen Lehrgebäude der Ökonomie nur eine untergeordnete Rolle. Den privaten Haushalt betreffende Aussagen finden sich verstreut sowohl in makro- als auch in mikroökonomischen Analysen, vor allem in nachfragebezogenen Theorien. Nicht selten werden Nachfrage bzw. Nachfrager und private Haushalte gleichgesetzt. Dies kommt jedoch in zweifacher Weise einer Verkürzung des Gegenstandes gleich. Zum einen gelten Fragen rationalen und optimalen Nachfrageverhaltens für alle nachfragenden Wirtschaftssubjekte: für Unternehmen und Staat ebenso wie für private Haushalte. Zum anderen erschöpfen sich die ökonomischen Aktivitäten der privaten Haushalte nicht in der Nachfrage nach Konsumgütern. Ähnliche Einwände gelten gegenüber einer Sichtweise, die eine Wirtschaftslehre der privaten Haushalte gleichsetzt mit einer Verbraucherlehre oder einer Verbraucherwirtschaftslehre.

Eine systematische und konzentrierte Darstellung der ökonomischen Aktivitäten des Sektors „Private Haushalte" fehlt bis heute weitgehend. Die in teilweiser Anlehnung an die Wirtschaftslehre entwickelte „Hauswirtschaftslehre" (auch als „Haushaltslehre", „Hauswirtschaft" u. ä. bezeichnet), deckt das Wirtschaftshandeln der privaten Haushalte, seine Bedingungen und Folgen sowie die Beziehungen zu anderen Wirtschaftssektoren nur unvollständig ab; sie versteht sich in erster Linie als Haushaltsführungslehre und behandelt Fragen der Ernährung, der Haus- und Nadelarbeit, der Familienpflege, des Kochens, der Bekleidung usw. Derzeitige Darstellungen des Wirtschaftssektors „Private Haushalte" stehen unter diesen einschränkenden Bedingungen einer noch unbefriedigenden Aufarbeitung des Gegenstandes.

Das Defizit in der wissenschaftlichen Aufarbeitung und die mangelnde wissenschaftsliterarische Behandlung des privaten Haushalts dürfte zum Teil auf die klassische Zweiteilung der Wirtschaftslehre im deutschsprachigen Raum in Volkswirtschaftslehre und Betriebswirtschaftslehre zurückzuführen sein. Diese Dichotomisierung bietet zum einen keinen Platz für eine systematische und umfassende Behandlung des privaten Haushalts und verhindert angesichts der festumrissenen Erkenntnisobjekte beider Teildisziplinen, daß sich eine der beiden für den privaten Haushalt zuständig fühlt.

Eine weitere Ursache für die Zurückhaltung in der wissenschaftlichen Beschäftigung mit dem privaten Haushalt dürfte in der Komplexität des Gegenstandes liegen. In den haushaltsbezogenen Aktivitäten finden sich biologische, psychologische, soziologische, sozialpsychologische, ökonomische, naturwissenschaftliche, technische und gewiß auch theologische und etliche weitere Aspekte. In seiner Gesamtheit könnte dem privaten Haushalt nur ein interdisziplinärer Ansatz gerecht werden. Für eine Einzeldisziplin ist ein derart diffuses Phänomen jedoch ein undankbares Erkenntnisobjekt.

Nicht zuletzt sind wissenschaftliche Disziplinen auch nachfrageorientiert. Während in den Unternehmen und beim Staat eine große Zahl interessierter Abnehmer für entsprechende wirtschaftswissenschaftliche Erkenntnisse und Handlungsvorschläge vorhanden ist, konnte dies zumindest in der Vergangenheit nicht in gleicher Weise für die privaten Haushalte unterstellt werden. Die wirtschaftstheoretische Abstinenz der Privatpersonen dürfte zum Teil auch durch das Bildungswesen verursacht sein. Während betriebs-, und volkswirtschaftliche Sachverhalte in den Lehrplänen selbst der allgemeinbildenden Schulen in mehr oder weniger großem Umfange vertreten sind, kommt der private Haushalt dort kaum vor. Dies muß in gewisser Weise erstaunen, da doch alle Schüler mit Sicherheit einmal im Rahmen eines privaten Haushalts wirtschaften müssen, während die Verwertung beispielsweise betriebswirtschaftlicher Kenntnisse von der später zu treffenden Berufswahl abhängt und für einen beträchtlichen Teil der Schüler bestenfalls eine geringe Bedeutung besitzt. Die zunehmende Kompliziertheit der ökonomischen Vorgänge im privaten Haushalt und dessen zunehmende Vernetzung mit den übrigen Wirtschaftssektoren dürfte jedoch das Interesse sowohl der Wissenschaften als auch der Haushaltsmitglieder an einer ökonomischen Aufarbeitung des Sektors „Private Haushalte" wachsen lassen.

Eine **Haushaltswirtschaftslehre** hätte – ähnlich wie die Betriebswirtschaftslehre – in einzelwirtschaftlicher Sicht und unter Einbezug gesamtwirtschaftlicher Einbindungen als Erkenntnisobjekt die Gesamtheit wirtschaftlicher Vorgänge und Entscheidungen in privaten Haushalten unter Einschluß ihrer Bedingungen, Abläufe und Folgen.

Eine so verstandene Haushaltswirtschaftslehre könnte Teilbereich der Betriebswirtschaftslehre oder eine eigenständige Teildisziplin der Wirtschaftslehre sein. Für Eigenständigkeit sprechen neben dem bereits genannten Grund einer mangelnden Berücksichtigung der privaten Haushalte durch die traditionellen Teilwirtschaftslehren auch strukturelle Gründe. Die Einbeziehung der privaten Haushalte in den Betriebsbegriff führt bei der Bestimmung eines einheitlichen Auswahlprinzips der Betriebswirtschaftslehre zu Schwierigkeiten. Die Probleme ergeben sich nicht zuletzt daraus, daß auf den von der Betriebswirtschaftslehre schwerpunktmäßig betrachteten Gütermärkten die Betriebe in erster Linie Anbieter und die Haushalte Nachfrager sind.

Die bisherige Vernachlässigung der privaten Haushalte in der Wirtschaftstheorie ist aus mehreren Gründen unberechtigt.

Die privaten Haushalte sind historisch die frühesten Wirtschaftseinheiten und bis heute sowohl Keimzelle als auch Zielpunkt aller wirtschaftlichen Aktivitäten. „Der Verbrauch allein ist Ziel und Zweck einer jeden Produktion, daher sollte man die Interessen des Produzenten eigentlich nur soweit beachten, wie es erforderlich sein mag, um das Wohl des Konsumenten zu fördern" (Adam Smith).

Betriebe und Volkswirtschaften dienen keinem Selbstzweck, sondern sind Organisationsformen, die eine optimale Versorgung der Haushalte vermitteln sollen. Sie erfüllen lediglich ursprüngliche Haushaltsfunktionen, die in einem langen Prozeß der Arbeitsteilung aus Gründen der Rationalisierung aus den Haushalten in andere Wirtschaftseinheiten verlagert wurden. Unternehmen sind Stätten ausgegliederter Haushaltsproduktion. Darüber hinaus sind die privaten Haushalte sowohl auf den Pro-

Übersicht 1: Die Haushaltswirtschaftslehre im Gesamtgefüge der Wirtschaftslehre

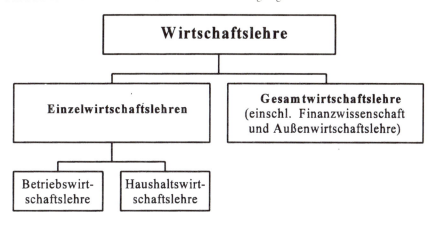

duktmärkten als auch auf den Faktormärkten von der Zahl der Wirtschaftseinheiten und deren Wirtschaftskraft her der bedeutsamste Sektor. Schließlich sind alle Personen innerhalb einer Volkswirtschaft in irgendeiner Weise in die ökonomischen Aktivitäten der privaten Haushalte direkt eingeschlossen, was für Unternehmen und Staat nicht gleichermaßen gilt.

2.1.2 Zum ökonomischen Begriff des privaten Haushalts

Angesichts der Vielschichtigkeit des Phänomens „Privater Haushalt" kann eine ökonomische Betrachtung nur einen Teil des Gegenstandes erfassen. Zahlreiche und gewiß nicht minder wichtige nichtökonomische Aspekte müssen dabei unberücksichtigt bleiben. Gleiches gilt für Gegenstand und Umfang des ökonomischen Begriffs „Privater Haushalt". Jede am Erkenntnisobjekt „Privater Haushalt" interessierte wissenschaftliche Disziplin hat ihr eigenes Begriffsverständnis.

Auf den Haushalt als Keimzelle menschlichen Wirtschaftshandelns weist bereits die Herkunft des Terminus „Ökonomie" hin. Das lateinische **oeconomicus** geht auf griechische Ursprünge zurück. **Oikos** bedeutet soviel wie Haus, Haushalt, Gehöft und **oikonomia** kennzeichnet die Haushaltsführung, die Verwaltung; entsprechend sind mit **oiko-nomikos** die Haushaltsführung gemeint und der **oiko-nomos** schließlich ist der Haushalter, Verwalter bzw. Wirtschafter.

Die privaten Haushalte stellen zunächst einmal neben den Unternehmen, dem Staat (= öffentliche Haushalte) und dem Ausland einen der vier Wirtschaftssektoren dar. Im ökonomischen Sprachgebrauch wird unter **Haushalt** im allgemeinen eine Verbrauchswirtschaftseinheit (Konsumtionswirtschaft) verstanden. Eine gängige Unterscheidung teilt die Haushalte in private und öffentliche Haushalte ein. **Anstaltshaushalt** und **Organisationen ohne Erwerbszweck** werden entweder den privaten oder den öffentlichen Haushalten zugerechnet, je nachdem, ob sie unter privater oder öffentlicher Trägerschaft stehen.

Öffentliche Haushalte sind die **Gebietskörperschaften** (Bund, einschl. Ausgleichsfonds und ERP-Sondervermögen; Länder; Gemeinden, einschl. Gemeindeverbände und kommunale Zweckverbände mit ihren Einrichtungen wie Krankenhäuser, Altersheime, Schlachthöfe usw.). **Organisationen ohne Erwerbszweck,** deren Mittel überwiegend aus öffentlichen Zuschüssen stammen, und die gesetzliche **Sozialversi-**

cherung (Rentenversicherungen, Kranken- und Unfallversicherungen, Arbeitslosenversicherung, Pflegeversicherung).

Anstaltshaushalte sind öffentliche und private Einrichtungen mit sozialer, wirtschaftlicher oder religiöser Zweckbestimmung, in denen Insassen und oder Personal ständig gemeinschaftlich wohnen, ohne jedoch den Charakter einer Lebensgemeinschaft zu besitzen (Altenheime, Krankenhäuser, Kinderheime, Klöster, Kasernen, Strafanstalten, Wohnheime usw.).

Private Haushalte sind jene nichtöffentlichen Wirtschaftseinheiten, die Faktorleisten bereitstellen und für das dafür enthaltene Entgelt vorwiegend Konsumgüter nachfragen. Danach zählen zu den privaten Haushalten Personenhaushalte, also Wirtschaftseinheiten, die hauptsächlich als Endverbraucher von Konsumgütern, als Zahler von Transferleistungen und als Anleger von Ersparnissen tätig sind und die die dafür erforderlichen Mittel aus dem Verkauf von (unselbständigen) Arbeitsleistungen, aus selbständiger Tätigkeit, aus dem Empfang von Transferleistungen, aus Vermögenserträgen oder aus Gewinnentnahmen beziehen. Nach der Personenzahl wird eine Einteilung in **Einpersonenhaushalte,** zu denen auch Untermieter zählen, und **Mehrpersonenhaushalte** (= Gruppe zusammenlebender Personen, die in bezug auf die Einkommensverwendung überwiegend gemeinsam wirtschaftet) vorgenommen. Haus- und Betriebspersonal, Untermieter, Kostgänger und Besucher zählen nicht zu den privaten Haushalten, bei denen sie wohnen oder von denen sie verpflegt werden. Im weiteren Sinne umfassen die privaten Haushalte auch private Organisationen ohne Erwerbszweck (Gewerkschaften, Kirchen, politische Parteien, Vereine, Stiftungen usw.)

Die ökonomischen Aktivitäten der privaten Haushalte im Bereich Grundstücke, Gebäude, Wohnungen, Produktions- und Investitionstätigkeiten der Selbständigen sind dem Sektor Unternehmen zugeordnet.

In der amtlichen deutschen Statistik wird neuerdings streng die Familienstatistik, die sich mit zusammenlebenden Familien, also der Eltern-Kinder-Gemeinschaft, befaßt, von der Haushaltsstatistik unterschieden. Als Privathaushalt wird eine zusammenwohnende und eine wirtschaftliche Einheit bildende Personengemeinschaft gezählt sowie Personen, die allein wohnen und wirtschaften. Zum Haushalt können verwandte und familienfremde Personen gehören (z. B. Hauspersonal), Anstalten gelten nicht als Haushalte, können aber Privathaushalte beherbergen (z. B. Haushalt des Anstaltsleiters). Familien sind Ehepaare bzw. alleinstehende Väter oder Mütter, die mit ihren ledigen Kindern zusammenleben (Zweigenerationenfamilie).

Das Statistische Bundesamt unterscheidet bei den Wirtschaftsrechnungen privater Haushalte weiterhin drei **Haushaltstypen:**

Haushaltstyp 1: 2-Personen-Haushalte von Renten- und Sozialhilfeempfängern mit geringem Einkommen. Hierbei handelt es sich überwiegend um ältere Ehepaare, deren Haupteinkommensquellen Übertragungen vom Staat (Renten und Pensionen) und vom Arbeitgeber sind. Diese Einkommen sollten im Jahr 1994 zwischen 1.700 DM und 2.450 DM im Monat betragen. Bei der erstmaligen Festlegung der Einkommensgrenze im Jahr 1964 wurde in etwa von den damaligen Sätzen der Sozialhilfe ausgegangen.

Haushaltstyp 2: 4-Personen-Haushalte von Angestellten und Arbeitern mit mittlerem Einkommen. Hierbei handelt es sich um Ehepaare mit 2 Kindern, davon mindestens 1 Kind unter 15 Jahren. Ein Ehepartner soll als Angestellter oder Arbeiter tätig und alleiniger Einkommensbezieher sein. Das Bruttoeinkommen aus der hauptberuflichen, nichtselbständigen Arbeit dieses Ehepartners sollte 1994 zwischen 3.650 DM und 5.550 DM im Monat liegen. Bei der Festlegung der Einkommensgrenzen wurde 1964 von einem Mittelwert ausgegangen, der etwa dem durchschnittlichen Bruttomonatsverdienst eines männlichen Arbeiters in der Industrie bzw. eines Angestellten entsprach. Die Einkommensgrenzen werden seitdem entsprechend der Lohn- und Gehaltsentwicklung fortgeschrieben.

Haushaltstyp 3: 4-Personen-Haushalte von Beamten und Angestellten mit höherem Einkommen. Hierbei handelt es sich ebenfalls um Ehepaare mit 2 Kindern, davon mindestens 1 Kind unter 15 Jahren. Ein Ehepartner soll Beamter oder Angestellter und der Hauptverdiener in der Familie sein. Das Bruttoeinkommen aus der hauptberuflichen, nichtselbständigen Arbeit dieses Ehepartners sollte 1994 zwischen 6.300 DM und 8.550 DM im Monat liegen. Das Einkommen hatte bei der Festlegung im Jahr 1964 einen nominalen Abstand von 1000 DM zum Einkommen des Typs 2.

2.1.3 Statistische Daten zu den privaten Haushalten

Die zahlenmäßige Entwicklung bei den Privathaushalten hängt eng zusammen mit der demographischen Entwicklung der Gesamtbevölkerung, wie Zahl, Altersaufbau, Geburtenrate usw., aber auch von soziokulturellen und soziographischen Entwicklungen wie dem Trend von der Groß- zur Kleinfamilie, den Wanderungsbewegungen zwischen ländlichen und städtischen Räumen usw.

Die Zahl der Privathaushalte nahm von 16,650 Mio. im Jahre 1950 (Westdeutschland) auf 36,230 Mio. im Jahre 1993 (Deutschland) damit um 117,6% zu. Die Gesamtbevölkerung wuchs im gleichen Zeitraum nur um 63,3% von 49,850 Mio. auf 81,428 Mio. Das läßt erkennen, daß die Anzahl der Personen pro Haushalt geringer geworden ist: die durchschnittliche Personenzahl nahm um 24,7% von 2,99 auf 2,25 ab. Zugenommen haben vor allem die Einpersonenhaushalte (um 283,4%) und die Zweipersonenhaushalte (um 170,6%), während die Haushalte mit 5 und mehr Mitgliedern um ca. 34% abgenommen haben.

Während im Jahre 1900 in rund 44% aller Privathaushalte fünf oder mehr Personen lebten, lag der entsprechende Wert 1993 bei nur noch 4,9%. Der Anteil der Zweipersonenhaushalte nahm im gleichen Zeitraum von 15% auf 31,4%, und der Anteil der Einpersonenhaushalte („Singles") von 7% auf 34,2% zu; damit lebten 1993 15,2% der Bevölkerung allein. Die durchschnittliche Haushaltsgröße sank von 1900 bis 1993 von 4,5 Personen auf 2,25 Personen. 1970 stellten die Zweipersonenhaushalte noch die zahlenmäßig größte Gruppe dar; 1993 lagen die Einpersonenhaushalte deutlich an der Spitze. Die überwiegende Mehrzahl der alleinlebenden Personen ist weiblich (Anteil 1993: 84,2%).

Bei einer differenzierteren Betrachtung lassen sich z.T. deutliche Unterschiede zwischen den einzelnen Bundesländern feststellen. Die drei Stadtstaaten Hamburg (1,91), Berlin (1,94) und Bremen (2,02) liegen mit ihrer Mitgliederzahl je Haushalt deutlich unter dem Durchschnitt von 2,25; Mecklenburg-Vorpommern (2,49), Brandenburg (2,40) und Thüringen (2,39) liegen deutlich über dem Durchschnitt. Die Quote der Haushalte mit 5 und mehr Personen schwankt relativ geringfügig zwischen 2,7% in Berlin und 6,1% in Bayern. Bei den Einpersonenhaushalten ergeben sich jedoch deutliche regionale Unterschiede. Während in Mecklenburg-Vorpommern und Thüringen nur etwa ein Viertel aller Haushalte aus einer Person

Übersicht 2 Privathaushalte in Deutschland
Angaben in Tausend; 1950–1987 Westdeutschland, jeweils Volkszählungen
1993 Deutschland, Mikrozensus

Jahr	Gesamt	1 Pers	2 Pers	3 Pers	4 Pers	5 + Pers	Bev. in Priv.h.	Pers/ Hh
1950	16.650	3.229	4.209	3.833	2.692	2.687	49.850	2,99
1961	19.460	4.010	5.156	4.389	3.118	2.787	56.012	2,88
1970	21.991	5.527	5.959	4.314	3.351	2.839	60.176	2,74
1987	26.218	8.767	7.451	4.643	3.600	1.757	61.603	2,35
1993	36.230	12.379	11.389	5.995	4.698	1.770	81.428	2,25
Index								
1950	100,00	100,00	100,00	100,00	100,00	100,00	100,00	100,00
1961	116,88	124,19	122,50	114,51	115,82	103,72	112,36	96,14
1970	132,08	171,17	141,58	112,55	124,48	105,66	120,71	91,40
1987	157,47	271,51	177,03	121,13	133,73	65,39	123,58	78,48
1993	217,60	383,37	270,59	156,40	174,52	65,87	163,35	75,07

besteht, gehört in Hamburg und Berlin nahezu die Hälfte aller Haushalte zu den Einpersonenhaushalten.

Zusammenhänge bestehen auch zwischen der Gemeindegröße und der Größe der privaten Haushalte: je größer die Einwohnerzahl der Gemeinde, um so geringer die durchschnittliche Mitgliederzahl je Haushalt. In Gemeinden unter 5000 Einwohnern weisen die Haushalte im Schnitt 2,55 und in Großstädten 2,01 Mitglieder auf. Von allen Haushalten in der Bundesrepublik residieren 12,6% (Einwohner: 15,2%) in Gemeinden unter 5000 Einwohnern, 23,2% (25,7%) in Gemeinden mit 5000 bis 20000 Einwohnern, 25,8% (26,2%) in Gemeinden mit 20000 bis 100000 Einwohnern und 38,4% (32,9%) in Gemeinden mit 100000 und mehr Einwohnern. Erwartungsgemäß sind in den Großstädten auch die Einpersonenhaushalte überproportional vertreten: Nur rund ein Drittel aller Einwohner, aber etwa die Hälfte aller Einpersonenhaushalte entfallen auf Gemeinden mit 100000 und mehr Einwohnern.

Das monatliche Haushaltsnettoeinkommen steigt in aller Regel mit der Anzahl der Mitglieder. 14% der Einpersonenhaushalte müssen mit weniger als 1.000 DM im Monat auskommen; immerhin fast jeder hundertste Einpersonenhaushalt verfügt über mehr als 7.500 DM monatlich. Mit bis zu 3.000 DM im Monat können 80,3% der Einpersonenhaushalte, 36% der Zweipersonenhaushalte und 17,8% der Haushalte mit 3 und mehr Personen wirtschaften. 5.000 DM und mehr stehen 2,7% der Einpersonenhaushalte, 18,3% der Zweipersonenhaushalte und 32,2% der Haushalte mit 3 und mehr Personen monatlich an Nettoeinkommen zur Verfügung (Stand: April 1993, Mikrozensus).

Die Anzahl der sog. „nichtehelichen Lebensgemeinschaften" hat in den siebziger und achtziger Jahren stark zugenommen. Nach Schätzungen des Statistischen Bundesamtes hat sich ihre Zahl von 137.000 (Westdeutschland) im Jahre 1972 auf 1,6 Mio. (Deutschland) im Jahre 1993 erhöht. Gewachsen ist vor allem die Zahl der nichtehelichen Lebensgemeinschaften ohne Kinder: von 1972 bis 1993 von 111.000 auf 1,1 Mio.; die Zahl der nichtehelichen Lebensgemeinschaften mit Kindern ist im gleichen Zeitraum von 25.000 auf 436.000 gestiegen. Während 1972 81% der nichtehelichen Lebensgemeinschaften ohne Kinder waren, waren es 1993 72,4%.

Zugenommen haben auch die sog. „unvollständigen Familien". Das sind Alleinstehende mit Kindern. 1993 gab es in Deutschland 1,6 Mio. alleinstehende Väter oder Mütter mit mindestens einem Kind unter 18 Jahren. In 9,8% aller Fälle war das Alleinsein auf den Tod des Partners und in 55,2% auf Scheidung oder Trennung zurückzuführen; 35% der Alleinerziehenden waren nie verheiratet. Relativ besonders stark zugenommen hat die Zahl der alleinerziehenden Männer: von 88.000 im Jahre 1972 (Westdeutschland) auf 217.000 im Jahre 1993 (Deutschland); die Zahl der alleinerziehenden Frauen wuchs im gleichen Zeitraum von 618.000 auf 1,4 Mio. Der Anteil der Männer bei den Alleinerziehenden betrug 1993 13,8% (Frauenanteil entsprechend 86,2%).

2.1.4 Die ökonomischen Aktivitäten der privaten Haushalte

Gemeinsam ist den wirtschaftlichen Aktivitäten der unterschiedlichen Wirtschaftsobjekte das allgemeine Prinzip der Nutzenmaximierung. Während sich dieses im Unternehmen in dem – zumindest langfristigen – Streben nach maximalem Gewinn durch den Absatz betrieblicher Leistungen äußert, äußert es sich im privaten Haushalt im Streben nach maximalem Nutzen (= Bedürfnisbefriedigung) durch bestmögliche Versorgung mit (materiellen und immateriellen) Gütern. Mit einer gewissen Vereinfachung läßt sich sagen, daß die wirtschaftlichen Aktivitäten des privaten Haushalts auf Einkommensentstehung als Voraussetzung und auf optimale Einkommensverwendung als Bedingung für maximale Bedürfnisbefriedigung gerichtet sind. Ob auch die Maximierung des Einkommens zu den Zielen gehört, ist umstritten; letztlich kann dies ebenso wie konkrete Fragen der Bedürfnisbefriedigung nur individuell beantwortet werden.

Die traditionelle Wirtschaftslehre stellt die Bedingungen der Nutzenerzielung und -maximierung als ein nahezu ausschließlich rationales Nachfrageverhalten dar. Danach ist der aus allen Gütern erzielte Gesamtnutzen eines Subjektes dann maximal, wenn die Grenznutzen der einzelnen Güter gleich groß sind (Zweites Gossensches Gesetz). Diese Aussage kann jedoch nur eine allgemeine Verhaltenstendenz wiedergeben, ihre Anwendung auf konkretes Wirtschaftshandeln bereitet unüberwindliche Schwierigkeiten. Die Wertschätzung der vielen, für die Bedürfnisbefriedigung potentiell zur Verfügung stehenden Güter, und damit der erzielbare Nutzen, ist individuell sehr unterschiedlich. Eine Quantifizierung des Nutzens, den ein bestimmtes Gut stiftet, ist vollends unmöglich. Neben individuellen Präferenzen hängt er auch von situativen Bedingungen ab. Wenn jemand durstig ist, stiftet ein Glas Wasser eben einen erheblich größeren Nutzen als zu nichtdurstigen Zeiten. Der private Haushalt muß bei seinem Bestreben, das allgemeine Ziel der Nutzenmaximierung zu erreichen, auf eindeutige Entscheidungsgrundlagen und zuverlässige Handlungsschemata verzichten.

Das Wirtschaftshandeln entspringt darüber hinaus nicht nur ökonomischen Zielen. Die Wünsche, mit der Mode zu gehen, Aufzufallen, Bewunderung oder auch Neid anderer zu erregen und vieles mehr, sind Motive zahlreicher und vielfältiger ökonomischer Aktivitäten.

Private Haushalte treten als wirtschaftende Subjekte auf **Produktmärkten,** auf **Faktormärkten** und auf **Geld-** bzw. **Kapitalmärkten** in Erscheinung. Darüber hinaus entwickeln sie auch wirtschaftliche Aktivitäten, die nicht über Märkte laufen und solche, die in den gängigen Kategorien von Angebot und Nachfrage nur schwerlich unterzubringen sind (z.B. Transfers).

Produktmärkte sind Märkte für **Güter**. Güter sind **Waren** (oft auch materielle Güter genannt) und **Dienstleistungen** (oft auch immaterielle Güter genannt). Auf Produktmärkten sind die Haushalte Nachfrager nach **Konsumgütern**. Sofern Haushalte Güter anbieten, werden sie in wirtschaftlichem Sinne wie Unternehmen behandelt: dies gilt insbesondere für landwirtschaftliche Haushalte (zum Sonderfall des Austausches von Dienstleistungen zwischen privaten Haushalten siehe weiter unten).

Faktormärkte sind Märkte für **Produktionsfaktoren**. Auf Faktormärkten sind im allgemeinen Unternehmen und Staat Nachfrager und die privaten Haushalte Anbieter. Die Haushalte bieten die Produktionsfaktoren an. Produktionsfaktoren sind die für die Produktion notwendigen Grundelemente Arbeit, Boden/Natur und Kapital. Durch die Kombination von – in der Regel allen drei – Produktionsfaktoren werden in Unternehmen oder durch den Staat **Güter** hergestellt. Der Produktionsfaktor **Arbeit** besteht aus der in der Volkswirtschaft zur Verfügung stehenden menschlichen Arbeitskraft. Unter dem Produktionsfaktor **Boden** werden alle natürlichen Ressourcen verstanden (Fläche, Raum, Wald, Wasser, Luft, Bodenschätze). Unter **Kapital** werden zum einen Produktionsmittel (Gebäude, Maschinen, Werkzeuge) verstanden; in dieser Form wird vom Kapital als produzierten Produktionsmitteln, als Real- oder Sachkapital, gesprochen. Zum anderen ist die Verwendung von Kapital = Geld jedoch auch in der Wirtschaftslehre gebräuchlich. Zwar ist Geldkapital nicht selbst ein Produktionsfaktor, in seiner Funktion als universelles Tauschmittel ist sein Besitz jedoch Voraussetzung und Bedingung für Verfügungsmöglichkeiten über Realkapital.

In der Wirtschaftspraxis fragen auch private Haushalte Arbeitsleistungen anderer privater Haushalte nach (beispielsweise in Form von Haushaltshilfen, Putzhilfen, für Kinderbetreuung usw.). Diese Aktivitäten stellen sowohl unter Nachfrage- als auch unter Angebotsgesichtspunkten einen Sonderfall dar. Die Frage ist, ob es sich dabei um Transaktionen auf Güter- oder auf Faktormärkten handelt, ob dabei der Produktionsfaktor Arbeit oder eine Dienstleistung gehandelt wird. Die Antwort fällt je nach Betrachtungsweise unterschiedlich aus. Aus wirtschaftstheoretischer Sicht handelt es sich dabei um ein Angebot des Produktionsfaktors Arbeit seitens der privaten Haushalte und um Nachfrage nach diesem Produktionsfaktor durch private Haushalte. Die Volkswirtschaftliche Gesamtrechnung behandelt diese Aktivitäten gewissermaßen mit einem sowohl-als-auch. Einerseits betrachtet sie sie als Vorgänge auf Produktmärkten, nämlich als Kauf und Verkauf von Dienstleistungen. Andererseits beläßt sie aber diese Aktivitäten innerhalb des Sektors „Private Haushalte"; um beides miteinander zu vereinbaren, richtet sie für die betroffenen Haushalte Produktionskonten ein und macht sie sozusagen zu Unternehmen innerhalb des Sektors „Private Haushalte" (vgl. hierzu auch unten den Abschnitt „Die privaten Haushalte in der Volkswirtschaftlichen Gesamtrechnung").

Für die Zurverfügungstellung von Produktionsfaktoren erhalten die privaten Haushalte Entgelte (Löhne, Gehälter, Zins, Miete, Pacht, Gewinn), die sie für den Kauf von Konsumgütern verwenden oder in Form von Ersparnissen anderen Haushalten (z. B. öffentlichen Haushalten) und Unternehmen bzw. den Banken anbieten. Durch die Anlage der Ersparnisse erzielen die privaten Haushalte Vermögenserträge. Sofern die Ersparnisse nicht in bar gehalten werden, sondern – i. d. R. über das Bankensystem – angelegt werden, treten die privaten Haushalte mit ihren Ersparnissen als Anbieter am Geldmarkt (kurzfristig) oder am Kapitalmarkt (langfristig) in Erscheinung. Als Nachfrager nach Liquidität treten die privaten Haushalte am Geld- bzw. Kapitalmarkt als Kreditnehmer (Konsumtivkredite) auf.

2.1 Die privaten Haushalte als Wirtschaftssektor

In einer gewissermaßen passiven Rolle finden sich die privaten Haushalte als Zahler und Empfänger von **Transfers**. Transfers sind **Übertragungen** wirtschaftlicher Güter, insbesondere von Geld, ohne direkte ökonomische Gegenleistung; es handelt sich dabei um wechselseitige Übertragungen zwischen privaten und öffentlichen Haushalten (Staat). Die privaten Haushalte leisten Transferzahlungen vor allem in Form von Steuern und Beiträgen zur gesetzlichen Sozialversicherung; für die öffentlichen Haushalte stellen diese Leistungen Transfereinkommen dar. Auf der anderen Seite leisten die öffentlichen Haushalte Transferzahlungen, die aus der Sicht der privaten Haushalte Transfereinkommen darstellen (z. B. Wohngeld, Kindergeld, Renten). Insbesondere die Transferzahlungen der privaten Haushalte sind nicht freiwillig, sondern unterliegen hoheitlichen, in der Regel gesetzlichen Regelungen des Staates. Freiwillige Übertragungen sind Schenkungen.

Die bisher erwähnten wirtschaftlichen Aktivitäten der privaten Haushalte sind gewissermaßen offen. In nicht unbeträchtlichem Maße finden auch verdeckte Leistungen statt, wobei hier verdeckt zunächst nur heißt, daß diese Leistungen nicht in offizielle Rechenwerke, wie beispielsweise die Volkswirtschaftliche Gesamtrechnung, eingehen.

Hierzu gehört vor allem die sog. **Eigenarbeit**. Die Tätigkeit der Haushaltsmitglieder in Haus, Haushalt, Garten usw. sowohl in Form produktiver Leistungen (z. B. Nahrungsanbau, Hausrenovierung) als auch in Form von Diensten (z. B. Nahrungszubereitung, Wäschepflege, Raumreinigung, Kindererziehung, Kranken- und Altenpflege, Aktivitäten im Bereich Gesundheit, Erholung, Freizeit usw.) stellt als Eigenversorgung einen mengenmäßig beträchtlichen Teil der gesamtwirtschaftlichen Leistung dar. Diese Leistungen sind formell unentgeltlich und gehen daher nicht in die Statistik ein.

Ähnlich verhält es sich mit der sog. **Nachbarschaftshilfe**. Hierbei handelt es sich um Leistungen von Haushaltsmitgliedern, die im Bekannten-, Verwandten- und Nachbarschaftskreis sowie in Vereinen unentgeltlich erbracht werden.

Während diese Form der Nachbarschaftshilfe vom Gesetzgeber toleriert wird, ist eine verdeckte entgeltliche Leistungserbringung (Schwarzarbeit) illegal und gehört zur sog. **Schattenwirtschaft**, die in den letzten Jahren – nicht nur in der Bundesrepublik – an Umfang zugenommen hat. Zur Schattenwirtschaft zählen jene einkommenschaffenden Tätigkeiten, die eigentlich im Bruttoinlandsprodukt ausgewiesen werden müßten, die aber nicht erfaßt werden können, weil sie ohne Kenntnis des Staats erbracht werden. Neben der Schwarzarbeit, bei der Privatpersonen Leistungen gegen Entgelt erbringen, die weder Eigenleistung noch Nachbarschaftshilfe darstellen, fallen darunter auch die Geschäfte ohne Rechnung seitens der Unternehmen. Zur Vermeidung von Steuern laufen diese Leistungen nicht durch die Bücher des Unternehmens und werden zumeist bar entgolten.

Eine Zusammenstellung der ökonomischen Aktivitäten privater Haushalte ergibt folgende Übersicht:

Übersicht 3 Ökonomische Aktivitäten der privaten Haushalte

Ökonomische Aktivitäten des Sektors „Private Haushalte"	
Produktmärkte	Nachfrager nach Waren und Dienstleistungen (Konsumgüter)
Faktormärkte	Anbieter der Produktionsfaktoren Arbeit, Boden, Kapital
Geld- und Kapitalmärkte	Anleger von Ersparnissen Nachfrager nach (Konsumtiv-)Krediten
Nichtmarktaktivitäten	Eigenarbeit (Leistungen in Haus, Haushalt, Garten usw.) Anbieter von Arbeitskraft (Schwarzarbeit)
Transfers	Empfänger von Übertragungen (Sozialleistungen, Renten usw.) Zahler von Übertragungen (Steuern, Sozialversicherung usw.)

Die ökonomischen Aktivitäten der privaten Haushalte besitzen gesamtwirtschaftlich eine erhebliche Bedeutung. Von der gesamtwirtschaftlichen Nachfrage (das ist die Nachfrage aller vier Wirtschaftssektoren) entfällt mehr als die Hälfte auf die privaten Haushalte. Anders ausgedrückt: mehr als die Hälfte des Bruttoinlandsprodukts wird für den privaten Verbrauch hergestellt. Im Jahre 1994 entfielen auf die Haushalte 57,3 %, auf die Unternehmen 22,6 %, auf den Staat 19,6 % und auf den Außenbeitrag 0,5 % des Inlandsprodukts. Durch ihren hohen Anteil sind die privaten Haushalte die weitaus wichtigste Stütze für Arbeitsmarkt und Konjunktur.

Für die Zurverfügungstellung von Produktionsfaktoren auf den Faktormärkten erhalten die privaten Haushalte Entgelte. Die Summe aller Entgelte, das Volkseinkommen, betrug 2.500 Mrd. DM im Jahre 1994; davon entfielen 1.815 Mrd. DM (72,6 %) auf Einkommen aus unselbständiger Arbeit und 685 Mrd. DM (27,4 %) auf Einkommen aus Unternehmertätigkeit und Vermögen. Der Anteil der Einkommen aus unselbständiger Tätigkeit am Volkseinkommen ist die **Lohnquote;** sie betrug im Jahre 1950 58 %, stieg während der sechziger und siebziger Jahre auf ca. 73 % und sank in den achtziger Jahren wieder ab.

Die privaten Haushalte geben in aller Regel nicht ihr gesamtes Einkommen für Konsumzwecke aus, sondern sparen – aus unterschiedlichen Motiven – einen Teil des Einkommens. Der Anteil der Ersparnis am verfügbaren Einkommen der privaten Haushalte (**Sparquote**) beträgt seit den sechziger Jahren – mit gewissen Schwankungen – zwischen 11 % und 15 %. Diese Ersparnisse stehen – soweit sie in den Bankensektor fließen – u.a. den Unternehmen für Investitionskredite zur Verfügung. Das gesamte private Geldvermögen der Deutschen betrug Ende 1994 4,3 Billionen DM; pro Kopf ergibt das einen Betrag von ca. 53.000 DM. Das Sparen der Haushalte ist Voraussetzung für Investitionen der Unternehmen. In dem Umfange, in dem die Haushalte sparen, also Konsumverzicht üben, werden Produktionsfaktoren für die Herstellung von Investitionsgütern frei. Daher ist ex post in einer Volkswirtschaft die Summe aller Ersparnisse gleich der Summe der Nettoinvestitionen.

Gewissermaßen im Gegenzug sind die privaten Haushalte auch bedeutsame Kreditkunden der Banken. Die Kreditverpflichtungen der privaten Haushalte (ohne Kredit für den Wohnungsbau) beliefen sich im Jahre 1995 auf ca. 365 Mrd. DM; davon entfielen 178 Mrd. DM auf Ratenkredite, 40 Mrd. DM auf Dispositionskredite und 147 Mrd. DM auf sonstige Kredite. Die Kredite sind von 1978 bis 1995 von 110 Mrd. DM auf 365 Mrd. DM gestiegen. Eine höhere Verschuldung der privaten Haushalte ist ein gewisses Wohlstandsphänomen. In Zeiten schlechter wirtschaftlicher Perspektiven steigt in der Regel die Sparquote und sinkt die Kreditaufnahme; in wirtschaftlich guten Zeiten, in denen die Zinsen und Rückzahlungen besser verkraftet werden können, steigen dagegen die Kredite zumeist an.

Über den zeitlichen und wertmäßigen Umfang der Eigenarbeit in Haus, Haushalt, Garten usw. liegt nur bedingt statistisches Material vor. Wegen der Nichterfassung dieser Tätigkeiten und wegen Problemen der geldmäßigen Bewertung liegen z. T. nur Schätzungen vor. Nach Ermittlungen des Statistischen Landesamtes Baden-Württemberg betrug 1985 die Arbeitszeit einer Nur-Hausfrau in einem Haushalt mit zwei Kindern durchschnittlich 248 Stunden im Monat; das entspricht einer täglichen durchschnittlichen Arbeitszeit von 8 Stunden und 9 Minuten (einschl. Wochenenden, Sonn- und Feiertagen). Wird diese Zeit mit dem Bruttoarbeitslohn einer angelernten Industriearbeiterin bewertet, entspricht die Arbeit in Haus und Familie einem Wert von 3203 DM monatlich.

Über den Umfang der Schwarzarbeit liegen naturgemäß keine genauen Zahlen vor. Einschlägige Schätzungen gehen davon aus, daß der Wert der Schwarzarbeit in Deutschland etwa 10–15% des Bruttoinlandsprodukts erreicht. Am stärksten verbreitet ist die Schwarzarbeit in Bauberufen.

2.1.5 Verknüpfungen der privaten Haushalte mit anderen Wirtschaftssektoren

Die Beziehungen der privaten Haushalte zu den übrigen Sektoren Unternehmen, Staat und Ausland sind vielfältig. Sie werden in der **Kreislaufanalyse** dargestellt und in der **Volkswirtschaftlichen Gesamtrechnung** zahlenmäßig erfaßt.

In der Kreislaufanalyse werden die (Tausch-)Transaktionen zwischen den Sektoren in Gleichungen und graphisch in Form von Strömen dargestellt, wobei der Übersichtlichkeit halber nur die Geldströme aufgenommen werden; die ihnen entgegengesetzten Güterströme werden nicht erfaßt. Bei einer Beschränkung auf die Beziehungen der privaten Haushalte zu den anderen drei Sektoren und unter Vernachlässigung der Beziehung zwischen Unternehmen, Staat und Ausland ergibt sich das in Übersicht 4 dargestellte Kreislaufmodell.

Von den Unternehmen, vom Staat und vom Ausland (z. B. Arbeitslohn für Auspendler, Beteiligungen an ausländischen Unternehmen, Vermögensanlagen im Ausland) beziehen die privaten Haushalte Einkommen für die Hingabe von Produktionsfaktoren. Vom Staat und vom Ausland beziehen die Haushalte außerdem Transfereinkommen in Form von Renten, Sozialleistungen, Stipendien usw. Diese Einkommen fließen zum größten Teil wieder in die drei Sektoren zurück:

- An die Unternehmen für Käufe von Konsumgütern. Staatliche Leistungen stehen in der Regel unentgeltlich zur Verfügung und werden über Steuern finanziert. Die Lieferungen aus dem Ausland werden als Importe behandelt. Aus der Sicht der Haushalte sind sie Bestandteil des Konsums; eine Aufteilung in Inlands- und Auslandskonsum findet nicht statt.
- An den Staat in Form von Transferzahlungen (Steuern, Sozialversicherung usw.)
- An das Ausland in Form von Übertragungen (z. B. Überweisungen von Gastarbeitern in ihre Heimatländer).

In der Volkswirtschaftlichen Gesamtrechnung werden drei Aktivitätskonten geführt: Produktionskonto, Einkommenskonto und Vermögensänderungskonto.

Das **Produktionskonto** der privaten Haushalte nimmt in der Systematik eine Sonderstellung ein, da Haushalte „eigentlich" keine produzierenden Wirtschaftssubjekte

Übersicht 4 Kreislauf der offenen Wirtschaft mit staatlicher Aktivität

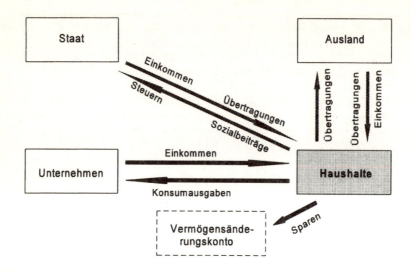

sind. Das Produktionskonto enthält die zwischen privaten Haushalten ausgetauschten Dienstleistungen (**„häusliche Dienste"**), wie Hausangestellte, Reinigungsdienste, Chauffeure, Betreuungsdienste usw. Grundsätzlich möglich wäre eine Gleichstellung dieser privaten Haushalte mit den selbständig tätigen Freiberuflern (z. B. Ärzte, Architekten, Rechtsanwälte usw.) und damit eine Zuordnung zu dem Sektor „Unternehmen". Weil jedoch die an andere private Haushalte Dienstleistungen verkaufenden privaten Haushalte keine eigenen Betriebsstätten mit dauerhaften Produktionsmitteln unterhalten und weder gewerbe- noch umsatzsteuerpflichtig sind, werden sie nicht als Unternehmen behandelt, sondern als private Haushalte mit Produktionskosten.

Das **Einkommenskonto** weist auf der rechten Seite die Entstehung aller Einkommen der privaten Haushalte (Bruttoeinkommen) aus. Haushalte beziehen Einkommen aus dem soeben beschriebenen Verkauf von Dienstleistungen an andere Haushalte. **Faktoreinkommen** (Einkommen aus unselbständiger Arbeit sowie Einkommen aus Unternehmertätigkeit und Vermögen) und Transfereinkommen. Die Faktoreinkommen können von Unternehmen, vom Staat und/oder vom Ausland bezogen werden. Die Transfereinkommen kommen vom Staat (einschl. Sozialversicherung) und von Unternehmen (z. B. Betriebsrenten).

Die linke Seite des Einkommenkontos gibt Auskunft über die Verwendung des Einkommens. Die geleisteten Übertragungen bestehen aus direkten Steuern und sonstigen Transfers an Unternehmen (Beiträge an Betriebskrankenkasse, betriebliche Rentenfonds usw.), an den Staat (Sozialbeiträge) und an das Ausland (vor allem Überweisungen von Gastarbeitern an ihre Heimatländer; gebucht wird nur der Saldo aus gezahlten und empfangenen Transfers). Nach Abzug der geleisteten Übertragungen verbleibt das verfügbare Einkommen (Nettoeinkommen). Es wird verwendet für Käufe von Konsumgütern (einschl. der evtl. von anderen Haushalten eingekauften Dienstleistungen) und für Ersparnisse. Übersteigen die geleisteten Übertragungen und die Käufe von Konsumgütern das Bruttoeinkommen, ist die Ersparnis in dem betrachteten Zeitraum negativ; die Haushalte „entsparen". Dies geschieht durch Abbau vorhandenen Vermögens oder durch Kreditaufnahme. Werden Kredite bei Banken aufgenommen, sind dafür Zinsen zu zahlen. In diesem Falle leisten die privaten Haushalte Faktoreinkommen an den Sektor „Unternehmen" (vgl. hierzu ausführlicher den Beitrag „Die Einkommensverwendung der privaten Haushalte").

Das vollständige Einkommenskonto der privaten Haushalte hat folgendes Aussehen:

Übersicht 5 Einkommenskonto der privaten Haushalte (1990; Mrd. DM)

Geleistete Übertragungen		Löhne aus dem Verkauf	
an Unternehmen	96	von Dienstleistungen	
an den Staat		an private Haushalte	54
Direkte Steuern	228		
Sonstige	419	Faktoreinkommen	
an das Ausland (netto)	14	von Unternehmen	1.493
		vom Staat	243
Käufe von Konsumgütern	1.299	vom Ausland	24
Ersparnis	211	Transfereinkommen	
		von Unternehmen	90
Geleistete Faktoreinkommen			
an Unternehmen	22	vom Staat	385
	2.289		2.289

Das **Vermögensänderungskonto** erfaßt auf der rechten Seite die Entstehung der Vermögensänderung in Form der Ersparnis. Auf der linken Seite wird die Verwendung der Ersparnis in Form der Vermögenszunahme (Einnahmeüberschuß) festgehalten; ist die Ersparnis positiv, führt sie in voller Höhe zu einem Geldvermögenszuwachs. Die Veränderung an Sachvermögen wird – im Gegensatz zu den Unternehmen – ebensowenig erfaßt wie gebrauchsbedingte Wertminderungen.

Literaturhinweise

Blosser-Reisen, L.: Grundlagen der Haushaltsführung. Eine Einführung in die Wirtschaftslehre des Haushalts. – Baltmannsweiler, 2. Aufl. 1976
Bövente, E. v.: Einführung in die Mikroökonomie. – München, Wien, neueste Auflage
Dubberke, A.: Betriebswirtschaftliche Theorie des privaten Haushalts. – Berlin 1958
Egner, E.: Der Haushalt. Eine Darstellung seiner volkswirtschaftlichen Gestalt. – Berlin 1976
Franke, J.: Grundzüge der Mikroökonomie. – München, Wien, neueste Auflage
Grundlagen der Wirtschaftswissenschaften: Teil 4: Mikroökonomie. – Stuttgart 1979
Haslinger, F.: Volkswirtschaftliche Gesamtrechnung. – München, Wien, neueste Auflage
May, H.: Ökonomie für Pädagogen. – 5. Aufl., München - Wien 1996
Stobbe, A.: Volkswirtschaftliches Rechnungswesen. – Berlin u. a. neueste Auflage
Varian, H. R.: Grundzüge der Mikroökonomik. – München, Wien 1989
Wöhe, G.: Einführung in die Allgemeine Betriebswirtschaftslehre. – München, neueste Auflage
Woll, A.: Allgemeine Volkswirtschaftslehre. – München, neueste Auflage

2.2 Einkommensverwendung der privaten Haushalte
Hans-Jürgen Albers

2.2.1	Das Brutto-Einkommen der privaten Haushalte	67
2.2.2	Die Verwendung der Einkommen	70
2.2.2.1	Übersicht	70
2.2.2.2	Übertragungen an den Staat	70
2.2.2.2.1	Steuern	71
2.2.2.2.2	Pflichtbeiträge zur Sozialversicherung	71
2.2.2.3	Einkommenssituation nach Abzug der Übertragungen	73
2.2.2.4	Privater Verbrauch	73
2.2.2.4.1	Theoretische Aspekte der privaten Güternachfrage	73
2.2.2.4.2	Reale Güternachfrage der privaten Haushalte	75
2.2.2.5	Ersparnis	77
Literaturhinweise		79

2.2 Einkommensverwendung der privaten Haushalte

Aussagen zur Einkommensverwendung privater Haushalte stützen sich zwangsläufig auf umfangreiches Zahlenmaterial. Die im folgenden verwendeten Daten beruhen ausschließlich auf Veröffentlichungen des Statistischen Bundesamtes. Dieses gewinnt die spezifischen Daten für die privaten Haushalte durch monatliche Erhebungen bei ausgewählten Haushalten („laufende Wirtschaftsrechnungen", ca. 960 Haushalte) und durch Erhebungen mit mehrjähriger Periodizität bei Haushalten aller Bevölkerungsschichten („Einkommens- und Verbrauchsstichproben", ca. 50 000 Haushalte). Wichtige Quellen für den Bereich „Private Haushalte" sind das jährlich erscheinende Statistische Jahrbuch, die Fachserien „Wirtschaftsrechnungen" und „Volkswirtschaftliche Gesamtrechnung" sowie Beiträge in „Wirtschaft und Statistik".

Die verwendeten Zahlen sind von ihrem Aussageumfang her in drei Kategorien einzuteilen:

- Gesamtwirtschaftliche Zahlen . Hierbei handelt es sich um aggregierte Größen, die für die gesamte Volkswirtschaft oder einen Sektor gelten (Beispiel: „Das Volkseinkommen in Deutschland betrug im Jahre 1994 2.500 Mrd. DM"). Die gesamtwirtschaftlichen Zahlen entstammen der Volkswirtschaftlichen Gesamtrechnung.

- Durchschnittszahlen. Hierbei handelt es sich um rechnerische Größen, die durch Division der Gesamtsumme durch die Anzahl der beteiligten Elemente ermittelt werden (Beispiel: „Das Volkseinkommen in Deutschland betrug im Jahre 1994 durchschnittlich 30.780 DM je Einwohner").

- Auf einen bestimmten Haushaltstyp bezogene Zahlen. Diese werden im Wege der laufenden Wirtschaftsrechnungen jährlich bei ausgewählten Haushalten, die in drei Typen gegliedert sind, erhoben (Beispiel: „Ein 4-Personen-Haushalt von Angestellten und Arbeitern mit mittlerem Einkommen erzielte im Jahre 1994 ein Haushaltsnettoeinkommen von durchschnittlich 4.872 DM").

2.2.1 Das Brutto-Einkommen der privaten Haushalte

Notwendige Bedingung für die Verwendung von **Einkommen** ist deren Entstehung. Die privaten Haushalte verfügen über unterschiedliche Einkommensquellen, von denen zumeist mehrere das Gesamteinkommen eines bestimmten Haushalts speisen. Die wichtigsten Nomenklaturen der verschiedenen Einkommen sind die des Steuerrechts und der Volkswirtschaftlichen Gesamtrechnung.

Die steuerlich relevanten **Einkommensarten** sind in §2 Einkommensteuergesetz (EStG) aufgeführt:

1. Einkünfte aus Land- und Forstwirtschaft
2. Einkünfte aus Gewerbebetrieb
3. Einkünfte aus selbständiger Arbeit
4. Einkünfte aus nichtselbständiger Arbeit
5. Einkünfte aus Kapitalvermögen
6. Einkünfte aus Vermietung und Verpachtung
7. sonstige Einkünfte im Sinne des § 22

Die Volkswirtschaftliche Gesamtrechnung unterscheidet vier Einkommensarten:

- Einkommen aus unselbständiger Arbeit. Hierbei handelt es sich um Entgelte für die Arbeitsleistungen, die an (in- und ausländische) Unternehmen und den Staat abgeführt werden. In der Regel handelt es sich dabei um Löhne und Ge-

hälter. Hinzugerechnet werden auch die Löhne aus dem Verkauf von Dienstleistungen an andere private Haushalte (z. B. für Reinigungs- und Betreuungsdienste).
- Einkommen aus Unternehmertätigkeit. Hierbei handelt es sich um Gewinne aus dem Betrieb eines Unternehmens oder der Tätigkeit als selbständiger Freiberufler. Ebenfalls erfaßt wird hier das Einkommen aus der Vermietung von Wohnungen (einschl. Eigennutzung), da nach den Regeln der Volkswirtschaftlichen Gesamtrechnung die Vermietung von Wohnraum als Tätigkeit im Sektor „Unternehmen" betrachtet wird.
- Einkommen aus Vermögen. Vermögenseinkommen entstehen als Zinsen, Dividenden und sonstigen Beteiligungserträgen, die die privaten Haushalte z. B. für festverzinsliche Wertpapiere, Aktien, Beteiligungen und sonstige ertragbringende Guthaben bei Banken erzielen.
- Transfereinkommen. Hierbei handelt es sich um Übertragungen, denen keine spezifische ökonomische Gegenleistung gegenübersteht (u. a. Renten, Sozialleistungen wie Kranken-, Kinder- und Wohngeld, Beamten- und Betriebspensionen).

Die Einkommen aus unselbständiger Arbeit sowie aus Unternehmertätigkeit und Vermögen machen zusammen die Faktoreinkommen aus, so daß die buchmäßig erfaßten Einkommen aus Faktor- und Transfereinkommen bestehen. Im folgenden wird die Nomenklatur der Volkswirtschaftlichen Gesamtrechnung zugrundegelegt, da diese zum einen umfassender ist (sie erfaßt auch die steuerlich nicht relevanten Transfereinkommen) und zum einen zahlenmäßig besonders gut aufbereitet ist.

Neben den buchmäßig erfaßten Einkommen verfügen die privaten Haushalte zum Teil noch über Einkommen aus Schwarzarbeit, dessen Höhe aber naturgemäß nicht genau bekannt ist und über einkommenswerte Anteile aus der Eigenarbeit in Haus, Haushalt, Garten usw., die aber ebenfalls nicht erfaßt werden und daher auch hier unberücksichtigt bleiben.

Schließlich können die Haushalte ihr ausgabefähiges Geld noch durch Kredite (**Konsumtivkredite**) erhöhen. Kredite zählen zwar nicht zum Einkommen, gehen jedoch zusammen mit den Einkommen in die Nachfrage nach Konsumgütern ein und haben auch in Form von Zinsleistungen Einfluß auf die Einkommensverwendung.

Der im folgenden verwendete Einkommensbegriff erfaßt folgende Einkommensarten:
1. Einkommen aus unselbständiger Arbeit
2. Einkommen aus Unternehmertätigkeit und Vermögen
3. Transfereinkommen

Diese Einkommen bilden die rechte Seite des Einkommenskontos der privaten Haushalte in der Volkswirtschaftlichen Gesamtrechnung (vgl. auch den Beitrag „Die privaten Haushalte als Wirtschaftssektor"). Die Summe dieser Einkommen ist das **Bruttoeinkommen,** aus dem sich nach Abzug von direkten Steuern und Sozialbeiträgen das **Nettoeinkommen,** auch **verfügbares Einkommen** genannt, ergibt. Ein weniger fest umrissener Begriff ist der des frei verfügbaren Einkommens; es wird durch weiteren Abzug vertraglich festgelegter Zahlungen (Miete, Telefon, freiwillige Versicherungsträger, Zinsen, Tilgung usw.) ermittelt.

Die Entwicklung des Brutto-Einkommens der privaten Haushalte für die Zeit von 1960 bis 1994 hat folgendes Aussehen:

2.2 Einkommensverwendung der privaten Haushalte

Tab. 1 Jahres-Bruttoeinkommen der privaten Haushalte (jeweils in Mrd. DM)

	1960	1970	1980	1994
Bruttoeinkommen aus unselbständiger Arbeit	144,4	360,6	844,4	1815,8
+ Bruttoeinkommen aus Unternehmertätigkeit und Vermögen	82,0	155,3	284,1	743,2
+ Transfereinkommen	44,4	108,5	303,6	757,5
Gesamtbruttoeinkommen	**270,8**	**624,4**	**1432,1**	**3316,5**

Quelle: Statistisches Bundesamt, eigene Berechnungen

Bei rund 36,3 Mio. Privathaushalten im Jahre 1994 (1960: 19,4 Mio.) verfügte somit im Schnitt jeder Privathaushalt jährlich über ein Gesamtbruttoeinkommen von etwa 91.400 DM (1960: 13.950 DM). Die Steigerung von 1960 bis 1994 um 555% ist den Haushalten jedoch nicht in vollem Umfang als Kaufkraft zugewachsen. Ein Teil des Zuwachses beim **Nominaleinkommen** ist durch Preissteigerungen kompensiert worden. Wird das Nominaleinkommen um die im gleichen Zeitraum stattgefundene Inflation bereinigt (durch Verwendung eines Basisjahres), verbleibt das **Realeinkommen;** mit seiner Hilfe kann die tatsächliche Entwicklung der Kaufkraft der Einkommen festgestellt werden.

Die Summe aller Erwerbs- und Vermögenseinkommen, die Inländern zufließt, wird als **Volkseinkommen** bezeichnet; es betrug im Jahre 1994 2.500 Mrd. DM. Auf die Erwerbs- und Vermögenseinkommen der privaten Haushalte entfielen davon 2.450 Mrd. DM (98%; Rest: Vermögenseinkommen des Staates und unverteilte Gewinne der Unternehmen); das entspricht einem durchschnittlichen Gesamteinkommen von 30.500 DM je Einwohner bzw. von 71.091 DM je Erwerbstätigen. Die Erwerbs- und Vermögenseinkommen der privaten Haushalte setzen sich zusammen aus den Einkommen aus unselbständiger Arbeit und aus Unternehmertätigkeit und Vermögen. Die Bruttoeinkommen aus unselbständiger Arbeit besaßen im Jahre 1950 einen Anteil am Volkseinkommen (**Lohnquote**) von 58,2%; dieser Anteil stieg in den Folgejahren mit einigen Schwankungen, aber doch weitgehend kontinuierlich an und betrug 1994 73,2%; entsprechend gingen die Einkommen aus Unternehmertätigkeit und Vermögen anteilig zurück.

Die den Wirtschaftlichkeitsrechnungen der privaten Haushalte zugrundegelegten **Haushaltstypen** (vgl. den Beitrag „Die privaten Haushalte als Wirtschaftssektor") erzielten 1994 monatlich folgende Einkommen, die für die verschiedenen Verwendungen zur Verfügung standen (Tab. 2):
Beim Haushaltstyp 1 (2-Personen-Haushalte von Renten- und Sozialhilfeempfängern mit geringem Einkommen) dominieren bestimmungsgemäß die Einnahmen aus **Übertragungen** (Renten); sie machen annähernd 90% des verwendbaren Einkommens aus. Haushaltstyp 2 (4-Personen-Haushalte von Angestellten und Arbeitern mit mittlerem Einkommen) und Haushaltstyp 3 (4-Personen-Haushalte von Beamten und Angestellten mit höherem Einkommen) beziehen ihre Einnahmen im wesentlichen aus unselbständiger Arbeit; die Einkommen aus selbständiger Arbeit und aus Vermögen verzeichnen jedoch wachsende Anteile. Zu den sonstigen Einnahmen gehören u. a. Erbschaften und Erlöse aus dem Verkauf gebrauchter Waren.

Tab. 2 Monats-Einkommen der privaten Haushalte nach Haushaltstypen im Jahre 1994 (je Haushalt und Monat)

	Typ 1		Typ 2		Typ 3	
	DM	%	DM	%	DM	%
Bruttoeinkommen aus unselbständiger Arbeit	0	0,0	5.162	76,2	8.216	79,4
Bruttoeinkommen aus selbständiger Arbeit und Einnahmen aus Vermögen	333	12,1	714	10,5	956	9,2
Einnahmen aus Übertragungen und Untervermietung	2.378	86,3	456	6,7	516	5,0
Haushaltsbuttoeinkommen	**2.711**	98,4	**6.332**	93,5	**9.688**	93,6
Sonstige Einnahmen	43	1,6	442	6,5	664	6,4
Verwendbares Einkommen	2.754	100,0	6.774	100,0	10.352	100,0

Quelle: Statistisches Bundesamt, eigene Berechnungen

2.2.2 Die Verwendung der Einkommen

2.2.2.1 Übersicht

Das zuvor ermittelte Einkommen der privaten Haushalte steht diesen nicht in vollem Umfang zur beliebigen Verwendung zur Verfügung. In einer ersten Unterscheidung lassen sich drei Verwendungsbereiche feststellen (vgl. auch die linke Seite des Einkommenskontos im Beitrag „Die privaten Haushalte als Wirtschaftssektor"):

- Übertragungen (Einkommen- und Vermögenssteuern sowie Pflichtbeiträge zur Sozialversicherung). In diesem Bereich unterliegt die Einkommensverwendung sowohl hinsichtlich der Leistungspflicht als auch der Leistungshöhe gesetzlichen Regelungen. Der Haushalt hat keinerlei Entscheidungsgewalt. Soweit die Leistungspflicht aus Einkommen aus unselbständiger Arbeit herrührt, werden die Beträge gleich vom Arbeitgeber einbehalten und an den Staat abgeführt.
- Ausgaben für den Privaten Verbrauch. Hierunter fallen die Ausgaben für Käufe von Konsumgütern. Für einen Teil der Ausgaben besteht eine vertragliche Leistungspflicht (Miete, Ratenzahlungen, Zinsen, Telefon, freiwillige Versicherungen usw.). Hier verfügen die Haushalte über Entscheidungsmöglichkeiten, die den zugrundeliegenden Vertrag betreffen (Abschluß, Änderung, Kündigung), i.d.R. jedoch nicht über laufende Leistung innerhalb der vertraglichen Bindung. Der größere Teil der Ausgaben für den Privaten Verbrauch unterliegt jedoch sowohl hinsichtlich Verwendung als auch Höhe einer fallweisen Entscheidung des Haushalts.
- Ersparnis. Rechnerisch ergibt sich die Ersparnis als Restgröße, die nach Abzug des Privaten Verbrauchs vom verfügbaren Einkommen bleibt. In der Praxis bestehen für einen Teil der Ersparnisse jedoch auch vertragliche Bindungen (Bausparen, Ratensparverträge usw.), so daß nicht selten die Sparverpflichtungen die Höhe der Ausgaben für den Privaten Verbrauch mitbestimmen.

2.2.2.2 Übertragungen an den Staat

Übertragungen (Transferzahlungen) werden an den Staat (Bund, Länder, Gemeinden, Sozialversicherung) geleistet; sie bestehen im wesentlichen aus Einkommens- und Vermögenssteuern sowie den Pflichtbeiträgen zur Sozialversicherung.

2.2.2.2.1 Steuern

Steuern sind Zwangsabgaben, die ein öffentliches Gemeinwesen erhebt, ohne daß dafür eine spezielle Gegenleistung gewährt wird. Grundlage der Besteuerung ist das Steuerrecht, das aus einer Vielzahl steuerrechtlicher Normen besteht. Das gesamte Steueraufkommen in der Bundesrepublik Deutschland betrug 1994 786,2 Mrd. DM. Es wurde gespeist aus rund vierzig verschiedenen Steuern; allerdings entfielen etwa drei Viertel der Summe auf nur vier Steuern: Lohn-, Mehrwert-, Einkommen- und Gewerbesteuer.

Die privaten Haushalte sind **Steuerträger** etlicher direkter und indirekter Steuern. Für die direkten Steuern sind die Haushalte gleichzeitig **Steuerschuldner,** bei den indirekten Steuern fallen Träger und Schuldner auseinander, da diese Steuern im Wege der Steuerüberwälzung in andere Größen, insbesondere Güterpreise, eingehen. So sind beispielsweise für die Mehrwertsteuer die Betriebe Steuerschuldner; da sie die Steuer jedoch über die Preise an den Verbraucher weiterreichen, ist dieser letztlich Steuerträger.

An direkten Steuern zahlten die privaten Haushalte 1993 290 Mrd. DM. Davon entfielen auf die Lohnsteuer 237 Mrd. DM. Insbesondere die Lohnsteuer als Steuer auf unselbständige Tätigkeit entwickelte sich für den Staat zu einer ergiebigen Einnahmequelle (sie ist eine **Gemeinschaftssteuer** und steht zu je 42,5 dem Bund und den Ländern und zu 15% den Gemeinden zu). Von 1960 bis 1994 stieg die Lohnsteuer von 8,1 Mrd. DM auf 242 Mrd. DM. 1960 betrug der Anteil der Lohnsteuer am gesamten Steueraufkommen 11,8%; trotz verschiedenen Steuerreformen, die den Arbeitnehmern Entlastungen bringen sollten, entfiel auf die Lohnsteuer 1994 ein Anteil von 30,8%.

Der Bruttolohn eines ledigen männlichen Facharbeiters in der Industrie wurde 1994 mit 19,3% Lohnsteuer (1960: 12,1%) belastet; der verheiratete Kollege mit 1 Kund mußte 10,3% (1960: 5%) und mit 3 Kindern 6,9% (1960: 0%) seines Bruttolohnes als Lohnsteuer abführen. Die Belastung der drei Haushaltstypen durch direkte Steuern ist sehr unterschiedlich. Während Typ 1, dessen Einkommen im wesentlichen aus steuerfreien Übertragungen herrührt, kaum Steuern zahlt, mußte Typ 2 1994 monatlich 515 DM (8,1% des Haushaltsbruttoeinkommens) und Typ 3 1.251 DM (12,9%) aufbringen.

2.2.2.2.2 Pflichtbeiträge zur Sozialversicherung

Die gesetzliche Sozialversicherung besteht aus den Zweigen Rentenversicherung, Krankenversicherung, Arbeitslosenversicherung, Unfallversicherung und Pflegeversicherung; ihre Träger sind Körperschaften des öffentlichen Rechts. Beitragsgrundlage und Beitragsberechnung sind gesetzlich geregelt. Die Beiträge zur Unfallversicherung werden vollständig vom Arbeitgeber getragen; die Beiträge zu den übrigen Versicherungszweigen werden vom Arbeitgeber und Arbeitnehmer je zur Hälfte entrichtet.

Zweck der Sozialversicherung ist, soziale Nöte zu lindern und eine Grundsicherung gegen die Wechselfälle des Lebens zu gewährleisten. Ihr Grundstein wurde Ende des vergangenen Jahrhunderts mit der Gesetzgebung zur Krankenversicherung der Arbeiter, dem Unfallversicherungsgesetz und dem Gesetz über die Invaliditäts- und Alterssicherung gelegt.

An Sozialbeiträgen zahlten die privaten Haushalte 1960 34,9 Mrd. DM und 1994 bereits 692,7 Mrd. DM; das ist eine Steigerung um ca. 2.000%. Ein männlicher

Facharbeiter in der Industrie (eine Differenzierung nach Familienstand und Kinderzahl entfällt hier) mußte 1994 für die Sozialbeiträge 19,5% seines Bruttolohnes aufwenden (1960: 12,2%). Die einzelnen Haushaltstypen sind wiederum unterschiedlich belastet. Typ 1 mußte 1994 140 DM (5,2% des Haushaltsbruttoeinkommens), Typ 2 mußte 945 DM (14,9%) und Typ 3 706 DM (7,3%) aufbringen. Die deutlich geringeren Leistungen vom Haushaltstyp 3 sind darauf zurückzuführen, daß darin zahlreiche Beamtenhaushalte vertreten sind, die weder renten- noch arbeitslosenversicherungspflichtig sind und zumeist privaten Krankenkassen angehören.

Tab. 3 Jahres-Nettoeinkommen der privaten Haushalte (jeweils in Mrd. DM)

	1960	1970	1980	1990
Gesamtbruttoeinkommen	270,8	624,4	1432,1	2318,8
– Direkte Steuern	19,9	60,4	161,2	228,6
– Sozialbeiträge	34,9	95,4	278,6	457,5
– Sonstige laufende Übertragungen	4,7	19,1	44,9	78,5
Gesamteinkommen (verfügbares Einkommen)	**211,3**	**449,5**	**947,4**	**1554,3**

Quelle: Statistisches Bundesamt, eigene Berechnungen

Tab. 4 Monats-Nettoeinkommen der privaten Haushalte nach Haushaltstypen im Jahre 1994 (DM je Haushalt und Monat)

	Typ 1	Typ 2	Typ 3
Haushaltsbruttoeinkommen	**2.711**	**6.332**	**9.688**
Einkommen- und Vermögenssteuern	0	515	1.251
Sozialbeiträge	140	945	706
Haushaltsnettoeinkommen	**2.571**	**4.872**	**7.731**
Sonstige Einnahmen	43	442	664
Ausgabefähiges Einkommen	**2.614**	**5.314**	**8.395**

Quelle: Statistisches Bundesamt, eigene Berechnungen

Für durchschnittliche Wochenverdienste männlicher Facharbeiter in der Industrie ergaben sich 1994 – in Abhängigkeit von Familienstand und Kinderzahl – folgende Gesamtabzüge für Steuern und Sozialversicherung:

Tab. 5 Wochenverdienste und Abzüge männlicher Facharbeiter in der Industrie im Jahre 1994

	Brutto DM	Lohnsteuer DM	%	Sozialvers. DM	%	Kindergeld DM	Netto DM	%
Ledig	1.046,00	202,33	19,3	203,45	19,5		640,22	61,2
Verh., 1 Kind	1.046,00	107,37	10,3	203,45	19,5	16,11	751,29	71,8
Verh., 3 Kinder	1.046,00	72,68	6,9	203,45	19,5	96,66	866,53	82,8

Quelle: Statistisches Bundesamt, eigene Berechnungen

Während die Höhe der Sozialversicherungsbeitragssätze einkommensunabhängig ist – das soziale Element findet sich in den höheren Leistungen, die für diese Beiträge bei Familien mit Kindern in der Regel anfallen –, sinkt die steuerliche Belastung durch Eheschließung und mit der Anzahl der Kinder. Dies ist Ausdruck der auch im Grundgesetz verankerten besonderen Verantwortung des Staates gegenüber Familien („Familienprivileg"). Steuern und Sozialabgaben machen im Jahre 1994 bei einem Brutto-

Wochenverdienst von 1.046 DM bei einem Ledigen immerhin 39% und bei einem Familienvater mit 3 Kindern 17% des Einkommens aus.

2.2.2.3 Einkommenssituation nach Abzug der Übertragungen

Die Zahlung von Steuern und gesetzlichen Sozialbeiträgen liegt nicht in der Verfügungsmacht der Haushalte, so daß für die eigentlichen ökonomischen Entscheidungen nur das Netto- bzw. Verfügbare Einkommen zur Verfügung steht.

Bei einem gesamtwirtschaftlichen Haushaltsnettoeinkommen von 1.554,3 Mrd. DM und rund 36,3 Mio. Privathaushalten verfügte 1994 jeder Privathaushalt im Durchschnitt über ein Gesamtnettoeinkommen von ca. 42.818 DM (1960: 10 900 DM); das entspricht einer Steigerung von 1960 bis 1994 um 393%. Nach Abzug der Preissteigerungen ist das durchschnittliche Nettomonatseinkommen eines deutschen Arbeitnehmers real von 1960 bis 1994 „nur" um ca. 139% gestiegen. Eine längerfristige Betrachtung zeigt jedoch den unaufhaltsamen und beträchtlichen Wohlstandsanstieg in diesem Jahrhundert. Von 1925 bis 1990 hat sich das reale Nettoeinkommen mehr als vervierfacht. Die größten Zuwächse erbrachte die Nachkriegszeit: allein von 1950 bis 1990 wuchs die Lohnkaufkraft um das 3,5fache.

Deutliche Unterschiede in der Einkommenslage privater Haushalte ergeben sich bei einer Differenzierung nach der beruflichen Stellung des Haushaltsvorstands. In Haushalten von Selbständigen betrug im Jahre 1993 das verfügbare Jahreseinkommen je Haushaltsmitglied 47.700 DM, bei Angestellten 27.300 DM, bei Beamten 27.600 DM und bei Arbeitern 19.800 DM.

Das verfügbare Einkommen steht für den privaten Verbrauch und für Ersparnisbildung zur Verfügung.

2.2.2.4 Privater Verbrauch

Als **Privater Verbrauch** werden die Waren- und Dienstleistungskäufe der inländischen privaten Haushalte für Konsumzwecke und der Eigenverbrauch der privaten Organisationen ohne Erwerbszweck bezeichnet. Nicht enthalten sind Käufe von Grundstücken und Gebäuden. Hinsichtlich dieser Käufe werden Privathaushalte als Unternehmen betrachtet.

Durch die Hingabe von Produktionsfaktoren erzielen die Haushalte Einkommen. Mit diesem Einkommen treten sie – nach Abzug von Steuern und Sozialbeiträgen – am Gütermarkt als Nachfrager und Käufer von Konsumgütern auf. Der Private Verbrauch stellt somit den Anteil der Privathaushalte an der Verwendung des Inlandsprodukts dar. Von dem Bruttoinlandsprodukt 1994 in Höhe von 3320,3 Mrd. DM entfielen auf den Privatverbrauch 1902,4 Mrd. DM (57,3%), auf den Staat 650,4 Mrd. DM (19,6%), auf die Bruttoinvestitionen der Unternehmen 750 Mrd. DM (22,6%) und auf den Außenbeitrag (= Ausfuhr minus Einfuhr) 17,5 Mrd. DM (0,5%). Über die Hälfte der gesamtwirtschaftlichen Produktion ging somit an die privaten Haushalte, die den weitaus bedeutsamsten Nachfragesektor darstellen und dadurch die wichtigste Stütze für Konjunktur und Arbeitsplätze sind.

2.2.2.4.1 Theoretische Aspekte der privaten Güternachfrage

Im Bereich der Konsumgüternachfrage liegen die eigentlichen wirtschaftlichen Entscheidungen der Privathaushalte. Daher nimmt es nicht wunder, daß dieser Bereich in besonderer Weise auch von der Wirtschaftstheorie aufgegriffen und aufgearbeitet worden ist. Zum Teil werden Nachfrageaspekte ausschließlich im Rahmen des Sektor „Private Haushalte" abgehandelt, was jedoch einer problematischen Einschränkung gleichkommt, da Fragen optimalen Nachfrageverhaltens in gleicher Weise für andere nachfragende Wirtschaftseinheiten (Unternehmen, Staat) gelten.

Grundannahme der wirtschaftstheoretischen Analyse des Nachfrageverhaltens privater Haushalte ist **Nutzenmaximierung** als Ziel und darin eingeschlossen Rationalität als Verhaltensmaxime. Die wirtschaftlichen Aktivitäten basieren auf einer spezifischen Präferenzordnung des Haushalts, die sich aufgrund objektiver Merkmalsausprägungen (z. B. Familienstand, Haushaltsgröße, Alter) und individueller Besonderheiten (z. B. Hobby) ergibt und letztlich für jeden Haushalt verschieden ist.

Das Prinzip der Nutzenmaximierung dürfte – trotz gelegentlich geübter Kritik an dieser Prämisse – die Zielsetzung ökonomischen Handelns im Privathaushalt durchaus zutreffend beschreiben, wenn „Nutzen" nicht in einem engen Sinne an materielle Bedürfnisbefriedigung geknüpft wird. Mit seiner Güternachfrage will der Haushalt ohne Zweifel ein Höchstmaß an Bedürfnissen befriedigen, welche Bedürfnisse dabei auch immer eine Rolle spielen, also den Nutzen des eingesetzten Geldes bzw. der eingebrachten Arbeitskraft maximieren.

Die Konsummenge eines Haushalts besteht aus einer endlichen Anzahl von Gütern. Die Präferenzordnung eines Haushalts bestimmt den Nutzen, den der Konsum eines bestimmten Gutes stiftet; dieser Nutzen ist von Gut zu Gut unterschiedlich. Darüber hinaus ist der Nutzen auch von den spezifischen Bedingungen der jeweiligen Konsumsituation abhängig. Letzteres wird im **„Gesetz vom abnehmenden Grenznutzen"** (1. Gossensches Gesetz) ausgedrückt: Bei Konsum mehrerer Einheiten eines Gutes stiftet jede weitere Einheit dieses Gutes einen geringeren Nutzen als die vorhergehende Einheit. Bei gegebenem Einkommen und gegebenen Güterpreisen ist das Haushaltsoptimum dann erreicht, wenn der Nutzen, den der Konsument aus den verschiedenen Gütern zieht, in seiner Summe (Gesamtnutzen) maximal ist. Wird unterstellt, daß der Haushalt in der Lage ist, aufgrund seiner Präferenzordnung den Nutzen der verschiedenen Güter zu quantifizieren, so erreicht er sein Nutzenmaximum mit der Güterkombination, bei der die Grenznutzen der zuletzt beschafften Einheiten der Güter gleich groß sind (**„Gesetz vom Nutzenausgleich"**; 2. Gossensches Gesetz).

Bei gegebener Präferenzordnung hängt die optimale Verbrauchsmenge von zwei Größen ab: Haushaltseinkommen und Güterpreisen. Die allgemeine Nachfragefunktion für ein bestimmtes Gut x hat folgendes Aussehen:

$$N_x = f(p_x, p_1, p_2, \ldots p_n, E)$$

Die Nachfrage nach Gut ist demnach abhängig vom Preis (p) für das Gut x, von den Preisen anderer Güter und vom Einkommen (E). für zwei Güter x und y besteht die gesamte Konsummenge des Haushalts aus: $m_x + m_y$; bei gegebenen Güterpreisen von p_x und p_y ist die in Güterpreisen bewertete Konsummenge $M = p_x m_x + p_y m_y$. Wenn der Haushalt die durch sein Einkommen E gesetzte Grenze nicht überschreiten will, kann M höchstens so groß sein wie E. Es gilt die Budgetrestriktion.

$$M = E \geq p_x m_x + p_y m_y$$

Das Einkommen markiert die äußerste Grenze der Konsumausgaben: es wird daher auch **Bilanzgerade** oder **Budgetgerade** genannt.

Ein gegebenes Nachfrageverhalten verändert sich, wenn sich seine Parameter verändern. So reagiert die Nachfrage des Haushalts auf Einkommensänderungen (**Einkommenselastizität**), auf Änderungen des Preises für das betrachtete Gut (**direkte Preise-**

2.2 Einkommensverwendung der privaten Haushalte

lastizität) und auf Preise anderer Güter, die mit dem betrachteten Gut in einer substitutiven oder komplementären Beziehung stehen (**indirekte** oder **Kreuzpreiselastizität**).

Die allgemeine Nachfragefunktion ist ein Modell, und Modelle müssen vereinfachen und abstrahieren. Dennoch ist Kritik an den Prämissen berechtigt. Das Nachfrageverhalten von Personen ist nicht nur rational bedingt, sondern auch – und vielleicht noch mehr – durch subjektive und sozialpsychologische Determinanten. Sie alle in die Präferenzordnung einzuflechten, hieße, diese zu überfrachten. Ein konkreter Marktakt hängt von zahlreichen Faktoren und Einflußgrößen, nicht nur von den Güterpreisen ab. Persönliche und räumliche Präferenzen, Modetrends u. a. spielen eine beachtliche Rolle. Gerade an diesen nichtrationalen Entscheidungselementen setzt die Werbung mit Erfolg an.

2.2.2.4.2 Reale Güternachfrage der privaten Haushalte

Ausgaben für den Privaten Verbrauch

Wie Tabelle 6 zeigt, hat sich der Private Verbrauch in der jüngeren Vergangenheit für die Haushalte durchaus erfreulich entwickelt. Gab 1960 jeder Einwohner im Schnitt 3100 DM jährlich für den privaten Verbrauch aus, so waren es 1993 bereits 22600 DM. In der Steigerung um 730% sind allerdings auch die zwischenzeitlich eingetretenen Preiserhöhungen enthalten. Inflationsbereinigt betrug (in Preisen von 1991) der private Verbrauch 1960 je Einwohner 8959 DM und 1993 20760 DM. Somit stieg in diesem Zeitraum der private Verbrauch je Einwohner real um 132%.

Tab. 6 Entwicklung des Privaten Verbrauchs nominal und real

	1960	1993	Steigerung
	(Mill. DM: in jeweiligen Preisen)		(%)
Privater Verbrauch insgesamt	171840	1832180	966
Privater Verbrauch je Einwohner	3100	22570	628
	(Mill DM; in Preisen von 1991)		
Privater Verbrauch insgesamt	496618	1685280	239
Privater Verbrauch je Einwohner	8959	20760	132

Quelle: Statistisches Bundesamt, eigene Berechnungen

Eine genauere Beschreibung des privaten Verbrauchs liefern die laufenden Wirtschaftsrechnungen, die insbesondere eine Differenzierung nach Warengruppen vornehmen. Die Tabelle 7 zeigt die in sich noch weiter differenzierten Warengruppen und die jeweiligen Ausgaben in DM und jeweiligen Anteilen an den Gesamtausgaben in ihrer zeitlichen Entwicklung.

Tabelle 7 läßt erkennen, daß die Anteile für den Grundbedarf im Verlaufe der letzten 30 Jahre kontinuierlich gesunken sind. Eine Ausnahme bilden jedoch die Ausgaben für Wohnungsmiete und Energie (ohne Kraftstoffe): Machten diese 1960 erst knapp 13% der Gesamtausgaben aus, waren es 1990 20%. Während die Ausgaben für Gesundheits- und Körperpflege anteilmäßig nahezu gleichblieben, stiegen die Ausgaben für Verkehr und Nachrichtenübermittlung, für Bildung, Unterhaltung, Freizeit und für die persönliche Ausstattung (hierin sind u. a. auch Pauschalreisen enthalten) beträchtlich an.

Tab. 7 Entwicklung des Privaten Verbrauchs nach Warengruppen

	1960	1970	1980	1990	1960	1970	1980	1990
	(Mrd. DM; in jeweiligen Preisen)				(%; Anteile am Gesamtverbrauch)			
Nahrungsm., Getränke Tabakwaren	63,35	108,30	200,10	285,80	37,2	30,0	24,9	22,1
Bekleidung, Schuhe	19,75	37,17	75,85	106,17	11,6	10,3	9,4	8,2
Wohnungsmieten, Energie	22,01	58,86	157,03	262,82	12,9	16,3	19,5	20,4
Möbel, Haushaltsgeräte	19,60	36,58	80,84	120,96	11,5	10,1	10,1	9,4
Gesundh.- u. Körperpflege	8,33	16,58	37,59	68,46	4,9	4,6	4,7	5,3
Verkehr und Nachrichten	15,33	50,70	119,29	222,82	9,0	14,0	14,8	17,3
Bildung, Unterh., Freizeit	14,49	36,91	84,56	132,23	8,5	10,2	10,5	10,2
Pers. Ausstattung, Sonstiges	7,50	15,92	48,67	92,07	4,4	4,4	6,1	7,1
Käufe d. Privathaushalte im Inland	**170,36**	**361,02**	**803,93**	**1291,33**	**100,0**	**100,0**	**100,0**	**100,0**

Quelle: Statistisches Bundesamt, eigene Berechnungen

Noch deutlicher werden – siehe Tabelle 8 – die Verschiebungen in der Struktur des privaten Verbrauchs durch einen langfristigen Vergleich.

Tab. 8 Entwicklung der Verbrauchsausgaben 1850–1988 (% des Gesamtverbrauchs)

	1850	1880	1910	1935	1950	1990
Nahrungsmittel, Genußmittel	60,0	57,8	51,7	48,4	44,2	22,1
Wohnung	11,5	13,4	15,9	15,4	11,5	16,4
Möbel, Energie	4,3	5,3	7,6	8,5	11,4	9,8
Bekleidung	10,9	13,5	14,2	11,8	14,0	8,2
Gesundheits-, Körperpflege	2,4	2,3	3,4	5,2	4,7	5,3
Häusliche Dienste	10,3	5,8	2,9	2,0	1,2	0
Bildung, Erholung	0,5	0,8	1,4	3,5	6,5	10,2
Verkehr	0,2	1,0	3,0	5,2	6,6	17,3

Quelle: Hoffmann, W. G.: Das Wachstum der deutschen Wirtschaft seit der Mitte des 19. Jahrhunderts. – Berlin u. a. 1965, S. 116 ff.; Statistisches Bundesamt; eigene Berechnungen

Aus Tabelle 8 ist die beträchtliche Veränderung der Verbrauchsstrukturen zu erkennen. Stark rückläufig waren vor allem die Einkommensteile, die für Nahrungsmittel, Genußmittel und häusliche Dienste (Dienstpersonal) ausgegeben wurden bzw. ausgegeben werden mußten; auffallend ist insbesondere der Rückgang bei Nahrungs- und Genußmitteln von 60,0 % auf 22,1 %. Für Bekleidung sowie Gesundheits- und Körperpflege blieben die Anteile ohne große Veränderungen. Stark bis sehr stark zugenommen haben die Anteile für Wohnung, Möbel/Energie, Bildung, Erholung und Verkehr.

Deutliche Unterschiede ergeben sich auch bei einer Differenzierung nach Haushaltstypen.

2.2 Einkommensverwendung der privaten Haushalte

Tab. 9 Privater Verbrauch nach Haushaltstypen im Jahre 1994

	Typ 1 DM	Typ 2 DM	Typ 3 DM	Typ 1 %	Typ 2 %	Typ 3 %
Nahrungsmittel, Getränke Tabakwaren	533,00	870,00	1 137,00	24,6	22,0	19,4
Bekleidung, Schuhe	102,00	279,00	421,00	4,7	7,0	7,2
Wohnungsmieten, Energie	786,00	1 139,00	1 465,00	36,2	28,8	25,0
Möbel, Haushaltsgeräte	161,00	300,00	462,00	7,4	7,6	7,9
Gesundheits- und Körperpflege	119,00	139,00	384,00	5,5	3,5	6,6
Verkehr und Nachrichten	254,00	631,00	999,00	11,7	15,9	17,1
Bildung, Unterhaltung, Freizeit	142,00	453,00	719,00	6,5	11,4	12,3
Persönliche Ausstattung, Sonstiges	73,00	147,00	267,00	3,4	3,7	4,6
Privater Verbrauch	**2170,00**	**3958,00**	**5854,00**	**100,00**	**100,0**	**100,0**

Quelle: Statistisches Bundesamt; eigene Berechnungen

Tabelle 9 läßt erkennen, daß mit steigendem Einkommen ein ständig geringerer Anteil der Ausgaben auf den Grundbedarf entfällt. Beanspruchen die ersten drei Warengruppen beim Haushaltstyp 1 (niedriges Einkommen) noch 66%, so sinkt dieser Anteil für Typ 2 (mittleres Einkommen) auf 58% und für Typ 3 (höheres Einkommen) auf 52%; entsprechend wachsen die Spielräume für den freien Bedarf. Dieser Trend ließ sich in gewisser Weise auch schon in der Längsschnittbetrachtung der Tabelle 8 beobachten. Er spiegelt die als **„Engelsches Gesetz"** bezeichnete Hypothese wieder, wonach mit steigendem Einkommen die Ausgaben für Nahrungsmittel sinken, die Einkommenselastizität für Nahrungsmittel also kleiner als 1 ist (nach dem Statistiker Engel, 1857). Auch für das **„Schwabesche Gesetz"** (nach dem Statistiker Schwabe, 1868) wonach der gleiche Effekt für die Wohnungsausgaben gilt, findet sich eine Bestätigung in Tabelle 9.

Übrige Ausgaben

Das Statistische Bundesamt führt in seinen laufenden Wirtschaftsrechnungen für die privaten Haushalte neben den Ausgaben für den Privaten Verbrauch auch noch „übrige Ausgaben" auf, die aus reinen Finanztransaktionen bestehen. Für die drei Haushaltstypen ergibt sich das in Tab. 10 dargestellte Bild.

Bei den Zinsen handelt es sich um Zinsen für Konsumkredite. Für alle Haushalte betrugen die Zinsen auf Konsumentenschulden im Jahre 1994 44 Mrd. DM. Ein Vergleich der drei Haushaltstypen läßt erkennen, daß für die Typen 2 und 3 Zinszahlungen eine beachtliche Höhe erreicht haben. Die Zinsbelastung der Haushalte ist im Laufe der Jahre absolut und relativ angestiegen. Dieser Entwicklung korrespondiert die Verschuldung. Allein von 1980 bis 1994 stiegen die Schulden der Privathaushalte (ohne Hypothekendarlehen) von 143 Mrd. DM (15% des Nettoeinkommens) auf 366 Mrd. (13%) des Nettoeinkommens.

2.2.2.5 Ersparnis

Die nicht für den Privaten Verbrauch (einschl. übrige Ausgaben) verwendeten Teile des verfügbaren Einkommens dienen der Ersparnisbildung (einschl. Entschuldung). Sparen ist das Gegenteil von Verbrauch. Dem Sparen liegen unter-

Tab. 10 Übrige Ausgaben nach Haushaltstypen im Jahre 1994

	Typ 1 DM	Typ 2 DM	Typ 3 DM	Typ 1 %	Typ 2 %	Typ 3 %
Zinsen	4,00	234,00	548,00	1,8	37,7	39,4
Freiw. Beitr. Soz.versicherung	5,00	48,00	242,00	2,3	7,7	17,4
Private Versicherungen	63,00	145,00	315,00	28,9	23,3	22,7
Beiträge, Geldspenden, Sonstiges	146,00	194,00	285,00	67,0	31,2	20,5
Übrige Ausgaben	218,00	621,00	1390,00	100,0	100,0	100,0

Quelle: Statistisches Bundesamt; eigene Berechnungen

schiedliche Sparmotive zugrunde: Altersvorsorge, Kapitalsammlung für bestimmte Pläne (z. B. Hausbau, Auto, Urlaub) usw.

Insgesamt wurden im Jahre 1994 235,4 Mrd. DM gespart. Die gesamtwirtschaftliche **Sparquote** (das ist die Ersparnis in Prozent des verfügbaren Einkommens) liegt seit etwa Mitte der sechziger Jahre relativ konstant zwischen 11% und 15%. Die Sparleistung der verschiedenen Haushaltstypen ist unterschiedlich:

Tab. 11 Ersparnis nach Haushaltstypen im Jahre 1994

	Typ 1	Typ 2	Typ 3
Verfügbares Einkommen	2614,00	5314,00	8395,00
Ersparnis	227,00	634,00	1150,00
Ersparnis in % des verfügbaren Einkommens	8,68	11,93	13,70

Quelle: Statistisches Bundesamt; eigene Berechnungen

Tabelle 11 läßt erkennen – vor allem durch einen Vergleich von Typ 2 und 3 – daß mit wachsendem Einkommen die Sparneigung bzw. Sparfähigkeit wächst. Die vergleichsweise geringe Ersparnisbildung von Typ 1 (2-Personen-Haushalte von Renten- und Sozialhilfeempfängern mit geringem Einkommen) kann sowohl auf eine geringe Sparfähigkeit (insbesondere Sozialhilfeempfänger) als auch auf eine geringe Sparneigung (insbesondere Rentenempfänger) zurückzuführen sein.

Das andauernde positive Sparen hat zu einer beachtlichen Kapitalansammlung geführt: Das private Geldvermögen in Deutschland betrug 1994 rund 4,3 Billionen DM. Den durchschnittlich etwas über 118000 DM je Privathaushalt stehen Schulden (ohne Hypothekendarlehen) von ca. 10000 DM gegenüber. Bei den Anlageformen dominieren Spareinlagen, Anlagen bei Versicherungen und festverzinsliche Wertpapiere, wobei jedoch für Neuanlagen zusehends Formen mit höheren Zinserträgen bevorzugt werden. Das angesammelte Geldvermögen erbrachte 1994 Zinsen und Dividenden in Höhe von 209 Mrd. DM (rund 5700 DM je Haushalt). Die Verteilung ist jedoch sehr unterschiedlich. Nach Erhebungen des Deutschen Instituts für Wirtschaftsforschung sparten 1987 Haushalte von Selbständigen durchschnittlich 34340 DM, Arbeitnehmerhaushalte 4400 DM und Rentner- und Pensionärshaushalte 1820 DM an, während Arbeitslosenhaushalte um 840 DM entsparten bzw. sich verschuldeten (vgl. hierzu auch den Beitrag „Geldvermögensbildung der privaten Haushalte").

Tabelle 12 zeigt abschließend noch einmal die Einkommen der Privathaushalte und deren Verwendung im Überblick.

2.2 Einkommensverwendung der privaten Haushalte

Tab. 12 Überblick über die Einkommensverwendung im Jahre 1994

	Alle Haushalte pro Jahr Mio. DM	Typ 1 pro Monat DM	Typ 2 DM	Typ 3 DM
Bruttoeinkommen[1]	3 316 590	2 754,00	6 774,00	10 352,00
− Übertragungen	1 130 860	140,00	1 460,00	1 957,00
= Nettoeinkommen	2 185 730	2 614,00	5 314,00	8 395,00
− Privater Verbrauch[2]	1 950 300	2 388,00	4 579,00	7 244,00
= Ersparnis	235 430	226	735	1 151

[1] Für alle Haushalte einschl. empfangene Übertragungen
[2] Für alle Haushalte einschließlich übrige Ausgaben

Quelle: Statistisches Bundesamt; eigene Berechnungen

Literaturhinweise

Albers, H.-J.: Einkommenserwerb und Einkommensverwendung – früher und heute. In: Verbrauchererziehung und wirtschaftliche Bildung. 1986, Heft 3, S. 1–16
Böventer, E. v.: Einführung in die Mikroökonomie. – München, Wien, neueste Auflage
Franke, J.: Grundzüge der Mikroökonomik. – München, Wien, neueste Auflage
Haslinger, F.: Volkswirtschaftliche Gesamtrechnung. – München, Wien, neueste Auflage
Hoffmann, W. G.: Das Wachstum der deutschen Wirtschaft seit der Mitte des 19. Jahrhunderts. – Berlin, Heidelberg, New York 1965
May, H.: Ökonomie für Pädagogen. – 5. Aufl., München, Wien, 1996
Stobbe, A.: Volkswirtschaftliches Rechnungswesen. – Berlin, Heidelberg u. a., neueste Auflage
Varian, H. R.: Mikroökonomie. – München, Wien, neueste Auflage

2.3 Leitbilder der Verbraucherpolitik
Gerd-Jan Krol

2.3.1	Einleitung	83
2.3.2	Konsumentensouveränität	84
2.3.3	Konsumfreiheit	87
2.3.4	Verbraucherschutz	90
2.3.5	Konsumentenpartizipation	93
Literaturhinweise		95

2.3.1 Einleitung

Von Verbraucherpolitik als einem eigenständigen – wenn auch sehr heterogenen – Politikbereich kann erst in jüngster Zeit gesprochen werden. So wie sich der Begriff des Verbrauchers mit der Trennung von Haushalts- und Produktionssphäre im Gefolge des arbeitsteiligen Industrialisierungsprozesses ergeben hat, so ist Verbraucherpolitik die Reaktion auf spezifische Probleme in einer durch Massenproduktion und Massenkonsum geprägten Industriegesellschaft. Zwar führte die wirtschaftliche Entwicklung zu einem rasanten Anstieg der Menge und Vielfalt des Güterangebotes und der Masseneinkommen und damit zu einem Anstieg der Wahlmöglichkeiten und des materiellen Versorgungsniveaus. Aber als Ergebnis vieler Faktoren – nicht zuletzt auch durch die spezifisch aufmerksamkeitslenkende Wirkung des Marketinginstrumentariums – blieb die Markttransparenz als notwendige (wenn auch nicht hinreichende) Bedingung für reflektierte Entscheidungen zwischen Wahlmöglichkeiten und die gezielte Ausübung der Informations- und Sanktionsfunktion der Verbraucher immer weiter hinter der Angebotsvielfalt zurück. Es wurde deutlich, daß die marktwirtschaftlichen Systemen zugeschriebene Leistungsfähigkeit nicht mehr nur durch eine auf die Konkurrenzbeziehung zwischen Anbietern einwirkende Wettbewerbspolitik zu sichern ist, sondern u.a. auch der aktiven Mitwirkung der Konsumenten bedarf (Verbraucherpolitik zur Stärkung der Wettbewerbsfunktionen).[1] Auch zeigte sich, daß eine Sozialpolitik, die sich auf die Ausstattung sozial Schwacher mit Einkommen konzentriert, zu kurz greift, wenn diese Klientel bei der Einkommensverwendung in besonderem Maße von Marktrisiken betroffen ist und beispielsweise erhebliche Kaufkraftverluste durch unvorteilhaftes Beschaffungsverhalten hinnehmen muß[2] (sozialpolitische Ausrichtung der Verbraucherpolitik). Heute besteht über die prinzipielle Notwendigkeit verbraucherpolitischer Aktivitäten Konsens, aber über einzelne verbraucherpolitische Ziele wird ebenso gestritten wie über Zielprioritäten und Maßnahmen, die unter der abstrakten Formulierung „Förderung des Verbraucherinteresses" je nach Problemsicht unterschiedlich eng- oder weitgefaßt sind. Enge Sichtweisen beschränken das Verbraucherinteresse auf Käuferinteressen. Weiterungen ergeben sich, wenn auch die Angebots- und Nutzungsbedingungen öffentlicher Güter sowie Probleme der Verwendung von Gütern im Haushalt einbezogen werden. Weitere Fassungen des Verbraucherinteresses verknüpfen Konsumprobleme im Rahmen eines umfassenden Wohlfahrtskonzeptes mit Problemen im Produktionsbereich bzw. der Arbeitswelt.[3] Je nach Operationalisierung des Begriffs Verbraucherinteresse ergeben sich unterschiedliche verbraucherpolitische Ziele und Maßnahmen.[4]

---

[1] G. Scherhorn, Über die Bedeutung des Verbraucherverhaltens für die Funktionsfähigkeit des Marktes. In: Zeitschrift für Verbraucherpolitik, Heft 1, 1977, S. 20ff., insbesondere S. 24f.

[2] Hierzu H.J. Scherl, Die Armen zahlen mehr – ein vernachlässigtes Problem der Verbraucherpolitik in der Bundesrepublik Deutschland? In: Zeitschrift für Verbraucherpolitik, Heft 2, 1978, S. 110ff.

[3] Ausführlich zu unterschiedlichen Operationalisierungen des Verbraucherinteresses und den politischen Implikationen: B. Stauss, Verbraucherinteressen. Gegenstand, Legitimation und Organisation, Stuttgart 1980.

[4] Die verbraucherpolitischen Ziele für die Bundesrepublik lassen sich wie folgt zusammenfassen:
- Stärkung der Verbraucherposition durch Förderung des Wettbewerbs
- Information und Beratung des Verbrauchers über Marktgeschehen, Marktverhalten und rationelle Haushaltsführung
- Verbesserung der Rechtsposition

Auf der Ebene der Ziele spielen normative Theorien eine besondere Rolle. Sie beinhalten Aussagen über das „Gesollte", über erwünschte Zustände/Verhaltensweisen. Hingegen sind für die Frage, mit welchen Maßnahmen bestimmte, vorgegebene Ziele am besten zu erreichen sind, positive Theorien erforderlich. Sie geben nicht Auskunft darüber, wie bestimmte Maßnahmen im Hinblick auf ein bestimmtes Ziel wirken sollen, sondern wie sie gewirkt haben und wirken werden.

Die unterschiedlichen **normativen** Positionen werden hier vier Leitbildern zugeordnet.[5] Diese Leitbilder sind nicht als sich wechselseitig völlig ausschließende Alternativen zu sehen. Sie akzentuieren jeweils bestimmte Problemsichten und sind für die praktische Verbraucherpolitik bisher durchaus unterschiedlich bedeutsam gewesen. Es sind dies das Leitbild der Konsumentensouveränität, das Leitbild der Konsumfreiheit, das Leitbild des Konsumentenschutzes und das Leitbild der Konsumentenpartizipation.

2.3.2 Konsumentensouveränität

Das Leitbild der Konsumentensouveränität gehört zu den legitimatorischen Grundlagen marktwirtschaftlicher Systeme in der Auseinandersetzung mit anderen wirtschaftspolitischen Konzeptionen. Schon Adam Smith schrieb in seinem 1776 erschienenen Werk „Konsumption ist der einzige Zweck aller Produktion; und das Interesse des Produzenten sollte nur insoweit berücksichtigt werden, als es zur Förderung des Konsumenteninteresses nötig ist."[6] Smith weist in seiner Auseinandersetzung mit dem merkantilistischen Wirtschaftssystem hier dem Verbraucherinteresse den Status des allgemeinen Interesses zu, während das vom Merkantilsystem geschützte und geförderte Produzenteninteresse als nachrangiges Partikularinteresse ausgewiesen wird. Er stellt dem durch Staatseingriffe und Monopolisierungstendenzen gekennzeichneten merkantilistischen System das Prinzip der Marktsteuerung gegenüber, nach dem die Verbraucher durch ihre aggregierten Einkommensverwendungsentscheidungen Umfang und Struktur der Produktion bestimmen sollen. Indem Verbraucher ihr Einkommen auf Märkte, Produkte und Unternehmen verteilen, ihre Kaufkraft also bestimmten Marktangeboten zuführen und anderen verweigern, lenken sie – nolens volens und allein durch die Wettbewerbsordnung vermittelt – die Produktion und den Einsatz von Produktionsfaktoren.[7] Dieses von Smith gegenüber dem merkantilistischen Staat entwickelte und in der Folgezeit modifizierte Leitbild

---

- quantitativ und qualitativ optimale und umweltfreundlicher produzierte Versorgung mit privaten und öffentlichen Gütern
- Stärkung der verbraucherpolitischen Interessenvertretung.
  Vgl. Zweiter Bericht der Bundesregierung zur Verbraucherpolitik, hrsg. vom Bundesministerium für Wirtschaft, Bonn-Duisdorf 1975, S. 10f. Zu einzelnen verbraucherpolitischen Maßnahmen und Politikbereichen vgl.: E. Kuhlmann, Verbraucherpolitik. Grundzüge ihrer Theorie und Praxis, München 1990, S. 27ff. Vgl. auch den kritischen Überblick von G. Hemberle und W. v. Keitz, Ziele und Strategien der Verbraucherpolitik – Normenkritische Analyse verbraucherpolitischer Konzeptionen. In: Plädoyer für eine neue Verbraucherpolitik, hrsg. v. B. Biervert et al., Wiesbaden 1978, S. 30ff.

[5] Zu anderen paradigmatischen Bündelungen vgl. beispielsweise H. R. Jensen, The Relevance of Alternative Paradigms as Guidelines for Consumer Policy and Organized Consumer Action. In: Journal of Consumer Policy. Vol. 9, RO 4, 1986, S. 389ff.

[6] A. Smith, Untersuchung über das Wesen und die Ursachen des Volkswohlstandes, 3. Band, Berlin 1878, S. 206.

[7] Eine ausführliche Darstellung des Konzepts der Konsumentensouveränität findet sich beispielsweise bei P. Meyer-Dohm, Sozialökonomische Aspekte der Konsumfreiheit, Freiburg i.

2.3 Leitbilder der Verbraucherpolitik

einer liberalen, marktwirtschaftlichen, verbrauchergesteuerten Wirtschaftsordnung hat seine zentrale Bedeutung bis heute behalten, auch wenn Anhänger dieses Konzepts zugestehen, daß es nie vollständig realisiert werden kann.[8] So gesehen, beinhaltet das Konzept der Konsumentensouveränität **den Auftrag,** die Lenkungsfunktion der Verbraucher (nicht jedes einzelnen Verbrauchers) dort zu stärken, wo diese bedroht und unzulässig beschränkt ist.

Die für die Produktionssteuerung nach den Konsumentenbedürfnissen zentrale Lenkungswirkung der Einkommensverwendungsentscheidungen der Verbraucher hängt zunächst davon ab, daß auf den Märkten **Wahlmöglichkeiten** zwischen austauschbaren Gütern/Händlern/Herstellern bestehen. Diese werden durch die Wettbewerbsverhältnisse auf den Märkten bestimmt. Da nun aber dem sich selbst überlassenen Wettbewerb eine Tendenz zur Beschränkung und Selbstaufhebung innewohnt, anerkennen auch die Vertreter dieses Leitbildes, daß der Staat zur Erhaltung und Förderung einer funktionierenden Wettbewerbsordnung knappe Ressourcen beanspruchen muß, die er dem Einfluß der Einkommensverwendungsentscheidungen der Verbraucher entzieht.

Für die Lenkungswirkung der Einkommensverwendungsentscheidungen ist aber nicht nur die durch die Wettbewerbsverhältnisse definierte Existenz von Wahlmöglichkeiten entscheidend. Nicht weniger wichtig für die Ausrichtung der Produktionsstruktur an dem Konsumentenbedürfnis ist, daß Verbraucher über die bestehenden Wahlmöglichkeiten **informiert** sind. Denn nur, wenn Konsumenten ihre Nachfrage den Produkten/Herstellern zuwenden, die ihren Bedürfnissen am besten entsprechen und damit gleichzeitig konkurrierenden, aber minderwertigen Angeboten die Kaufkraft vorenthalten, kann sichergestellt werden, daß die Unternehmen in ihrem Bemühen, Gewinne zu erwirtschaften, gleichzeitig auch auf bestmögliche Weise Konsumentenwünsche erfüllen. Dabei darf dieses Konzept nicht so gesehen werden, daß sich die Verbraucher in der aktiven Rolle befinden, die Unternehmen in der reaktiven. Massenproduktion und Veränderungen im Vertriebswesen haben es mit sich gebracht, daß Verbraucher i. d. R. auf vorgegebenes Angebot reagieren, die Unternehmen also initiativ sind. Dies bedeutet aber dann nicht eine Aufhebung der Konsumentensouveränität, wenn sich die Entscheidungen der Unternehmen über die Produktionsstruktur und die Eigenschaftsmerkmale der Konsumgüter von den Einkommensverwendungsentscheidungen der Verbraucher wirksam kontrollieren und korrigieren lassen müssen; wenn ausgeschlossen werden kann, daß es den Unternehmen i. d. R. gelingt, durch den Einsatz des Marketinginstrumentariums die Einkommensverwendungsentscheidungen der Verbraucher an vorgegebene Produktionsentscheidungen anzupassen. Die Anbieter haben die Funktion von Interpreten der Verbraucherwünsche[9] und ihrer kostengünstigen Realisierung: Vor Aufnahme der Produk-

---

Br. 1965, insbesondere S. 43–75. D. Jeschke, Konsumentensouveränität in der Marktwirtschaft – Idee, Kritik, Realität, Berlin 1975.

[8] Dies gilt für alle Leitbilder, Utopien und Ideale. Sie erhalten ihre Bedeutung nicht dadurch, daß sie konkret anzustrebende Ziele darstellen, sondern dadurch, daß sie Orientierungspunkte für Zielformulierungen und Maßnahmen bieten. Entscheidend für die Frage der Abgrenzung zu Ideologien ist dann, ob eine **überprüfbare Annäherung** an ein Leitbild erfolgen kann. Erst wenn dies nicht möglich erscheint, degenerieren Leitbilder zur Ideologie. Vgl. dazu G. Fleischmann, Verbraucherpolitik. In: Wirtschaftswissenschaftliches Studium, 11. Jahrgang, Heft 7, 1982, S. 299.

[9] P. Meyer-Dohm, Die Konsumentensouveränität und die Notwendigkeit des Konsumentenschutzes, WISU, Heft 6, 1978, S. 279.

tion sind die erwarteten Verbraucherwünsche Richtgröße für die Entscheidungen über Umfang und Struktur des Konsumgüterangebotes. Die Richtigkeit dieser Entscheidungen erweist sich aber immer erst durch die Verteilung der aggregierten einzelwirtschaftlichen Kauf- und Nichtkaufentscheidungen auf Märkte, Unternehmen und Güter. Zwar belohnen Verbraucher immer die Anbieter, denen sie Kaufkraft zuführen und bestrafen damit gleichzeitig alle Angebote, denen sie ihre Kaufkraft vorenthalten, aber Vertreter der Konsumentensouveränität gehen davon aus, daß die Einkommensverwendungsentscheidungen hinreichend autonom erfolgen und besser als jedes andere Verfahren die „wahren Bedürfnisse" der Verbraucher widerspiegeln. Sie sehen in den aggregierten individuellen Kauf- und Nichtkaufentscheidungen die zentrale Steuerungsgröße, die Umfang und Struktur des Güterangebotes bestmöglich unter die Konsumentenbedürfnisse zwingt.

Auch die Vertreter der Konsumentensouveränität anerkennen **Grenzen der Realisierbarkeit.** Sie liegen einmal in der Problematik „öffentlicher Güter" und „externer Effekte". So ist prinzipiell unbestritten, daß der Staat selbst das Angebot bestimmter Güter übernehmen muß (z. B. Gesetzgebung, Verwaltung, Rechtspflege, Landesverteidigung etc.). Da der Nutzen solcher Güter grundsätzlich nicht auf den Kreis derjenigen beschränkt werden kann, die zu den Kosten ihrer Erstellung beigetragen haben, bzw. – was das gleiche meint – da solche Leistungen auch konsumiert werden können, ohne sich zwingend an den Kosten ihrer Erstellung beteiligen zu müssen, kommt eine kaufkräftige Nachfrage nach solchen Gütern und Leistungen nicht zustande und damit auch kein Marktangebot. Hier muß der Staat für ein entsprechendes Angebot Sorge tragen.

Auch wird dem Staat sein Eingriffsrecht in die Marktsteuerung dort zugestanden, wo Produktion und Konsum mit Schäden für Dritte (negative externe Effekte) oder auch gravierenden Selbstschädigungen verbunden sind.[10] Auch Anhänger der Konsumentensouveränität anerkennen also die Notwendigkeit, in bestimmten, aber im einzelnen zu begründenden Fällen, die Souveränität der Verbraucher zu beschränken. Art und Ausmaß der Beschränkung werden hingegen durchaus kontrovers diskutiert.

Vertreter dieses Konzepts fordern vor allem eine konsequente Wettbewerbspolitik, die den Verbrauchern Wahlmöglichkeiten auf den Märkten eröffnen soll. Aber auch dann bleibt die Gefahr eines Machtungleichgewichtes zwischen Produzenten und Konsumenten aufgrund asymmetrisch verteilter Informationen. Wenn Verbraucher – auf sich allein gestellt – angesichts der Gütervielfalt die Marktangebote nicht überblicken und die wahrgenommenen Produkte in ihren Eigenschaftsmerkmalen nicht beurteilen können, besteht die Gefahr, daß die Verbraucher nicht die Güter kaufen, die ihren Bedürfnissen am besten entsprechen. Die Lenkungseffekte solcher, auf unvollständiger Information beruhenden Kaufentscheidungen bewirken dann ein Zurückbleiben der Konsumentenwohlfahrt hinter dem, was möglich ist. Deshalb wird – die Wettbewerbspolitik ergänzend – von einem umfassenden System der Verbraucherinformation eine Verbesserung im Sinne der Konsumentensouveränität erwartet.

---

[10] Ein Beispiel für staatliche Eingriffe bei Vorliegen negativer externer Effekte stellt beispielsweise die Umweltpolitik dar. Vgl. hierzu den Beitrag „Umweltprobleme aus ökonomischer Sicht – Zur Relevanz der Umweltökonomie für die Umweltbildung" in diesem Bande. Hinsichtlich der Selbstschädigung ist auf das Verbot des Drogenkonsums zu verweisen. Aber auch die Zwangsversicherung gegen bestimmte Risiken, beispielsweise fehlendes Einkommen im Alter aufgrund der Geringschätzung zukünftiger Bedürfnisse im Vergleich zu den gegenwärtigen, kann hierunter subsumiert werden.

Die **verbraucherpolitische Botschaft** des Konzepts der Konsumentensouveränität lautet: **Wettbewerbspolitik** zwecks Sicherung von Wahlmöglichkeiten und Lenkungseffekten der Einkommensverwendungsentscheidungen der Verbraucher plus **Verbraucherinformationspolitik** zwecks Sicherung der **konsumentenbestimmten Richtung** der Lenkungseffekte.

2.3.3 Konsumfreiheit

Der Begriff Konsumfreiheit meint formal zunächst nur das Recht, im Rahmen der durch das verfügbare Einkommen gesetzten Grenzen aus vorgegebenem Konsumgüterangebot frei wählen zu können. Diese Definition deckt auch die Praxis zentralplanwirtschaftlicher Produktionssteuerung, soweit die Verteilung von Konsumgütern über Preise und freie Einkommensverwendung organisiert ist.[11] Als Leitbild für die Verbraucherpolitik geht das Konzept der Konsumfreiheit weiter und auch über das Konzept der Konsumentensouveränität hinaus, da es nicht nur die Lenkungswirkung der Nachfrageentscheidungen der Verbraucher auf den Märkten beinhaltet, sondern darüber hinaus die Einkommensverwendungsentscheidungen mit dem Postulat nach Selbstverwirklichung auch im Konsumbereich (neben der Selbstverwirklichung im Produktionsbereich) verbindet.[12] Auch dieses Konzept geht davon aus, daß die Lenkung der Produktion möglichst durch die Verbraucher erfolgen sollte. Aber anders als im Konzept der Konsumentensouveränität, welches Beschränkungen der Entscheidungsfreiheit an den Nachweis der Gefährdung existentieller Bedürfnisse (z. B. Leben, Gesundheit, Vermögen etc.) bindet, geht das Konzept der Konsumfreiheit weiter. Es behauptet für die hochentwickelten Massenkonsumgesellschaften mit weitgehender Deckung existentieller Bedürfnisse zunehmend **Enttäuschungen** und **Irrtümer der Verbraucher** bei der Befriedigung „höherer" Bedürfnisse, z. B. nach Selbstverwirklichung auch im Konsumbereich.[13] Diese Position unterscheidet ausdrücklich zwischen allgemein gültigen menschlichen Bedürfnissen einerseits und den von Raum und Zeit abhängigen konkreten Alternativen zu ihrer Befriedigung andererseits. So wird das Bedürfnis nach Wärme heute nicht mehr durch offenes Feuer, sondern durch den Kauf von beispielsweise Heizöl, Strom oder Gas und der für die Wärmeproduktion notwendigen „Infrastruktur" (Brennofen, Heizkörper etc.) befriedigt. Der Kauf eines Wintermantels läßt sich nicht mehr aus den Eigenschaftsmerkmalen des Kleidungsstückes (Preis, Haltbarkeit des Stoffes etc.) in bezug auf die Befriedigung des Bedürfnisses nach Schutz vor den Elementen erklären. Vom Angebot maßgeblich mitbestimmter Zeitgeschmack und damit Erwartungen, die Dritte vermeintlich oder tatsächlich an den Konsumenten herantragen (allgemein: soziale Faktoren), gewinnen zunehmenden Einfluß auf die Verbraucherentscheidungen. Vertreter dieses Leitbildes sehen im Wettbewerb funktionale Qualitätsunterschiede austauschbarer Produkte zunehmend eingeebnet und einen zunehmenden Einfluß der den sogenannten Zusatznutzen konstituierenden Kriterien wie Marke, Image etc.. Je größere Bedeutung diesen, den sogenannten Zusatznutzen begründenden Faktoren bei der Produktauswahl beizumessen ist,[14] um so wahrscheinlicher sind Enttäuschungen über deren

---

[11] Zur Unterscheidung zwischen formaler und effektiver Konsumfreiheit vgl. J. Kruse, Informationspolitik für Konsumenten, Wirtschaftspolitische Studien, Heft 52, Göttingen 1979, S. 48f.

[12] Eine ausführliche Darstellung des Konzepts findet sich bei ihrem Hauptvertreter G. Scherhorn, Verbraucherinteresse und Verbraucherpolitik, Göttingen 1975, insbesondere S. 2–6.

[13] Hierbei wird auf die Bedürfnishierarchie von A. H. Maslow Bezug genommen. G. Scherhorn, Verbraucherinteresse und Verbraucherpolitik, a. a. O., S. 9ff.

[14] Vgl. dazu beispielsweise: Was braucht der Mensch, um glücklich zu sein? Bedürfnisforschung

Beitrag zur Bedürfnisbefriedigung. Die These zunehmender Enttäuschungen und Irrtümer bei der Befriedigung „höherrangiger" Bedürfnisse läßt sich unterschiedlich begründen.

Scitovsky stellt seine Argumentation auf die individuelle Handlungssituation des einzelnen Verbrauchers in hochentwickelten Industriegesellschaften bei einem Mindestmaß an sozialer Absicherung ab. Er sieht eine zentrale Triebkraft menschlichen Handelns in der Vermeidung bzw. Überwindung von Langeweile, in dem Bedürfnis nach Anregung (Excitement). Mit der Absicherung der existentiellen Risiken durch Einkommensentwicklung und Ausbau des Systems sozialer Sicherung im Gefolge des wirtschaftlichen und sozialen Fortschrittes wurden den Menschen in der Industriegesellschaft wichtige Quellen des „Excitement" verschüttet. Sie werden heute vor allem im Konsum- und Freizeitbereich gesucht, allerdings allzuhäufig in einer Weise, die eine anhaltende Bedürfnisbefriedigung ausschließt. Für den Bereich des Konsumhandelns geht Scitovsky davon aus, daß Verbraucher ihr grundlegendes Bedürfnis nach Anregung heute vor allem durch den „Drang nach Neuem" zu befriedigen suchen, wobei analytisch zwei Strategien zu unterscheiden sind:

- Verwendung von Marktgütern zur **Eigenproduktion von „Anregungen"** durch selbstentdeckende, kreative Verhaltensweisen, die anhaltenden, stimulierenden Gehalt aus nach dem Prinzip „Versuch und Irrtum" organisierten Lernprozessen ziehen (intrinsisch motivierte Lernprozesse im Umgang mit Konsumgütern, wie sie beispielsweise solche Prozesse ermöglichen, die umgangssprachlich mit dem Begriff „Steckenpferd" belegt sind).

- Bezug von **„Anregungen" aus Besitz und passiver Verwendung** jeweils **neuester Marktgüter** mit der Folge abnehmender stimulierender Wirkung, da der Reizgehalt passiv verwendeter Marktgüter mit der Zeit entweder durch Gewöhnung oder durch neue Marktangebote abnimmt.

Scitovsky kritisiert die faktische Dominanz der zweiten Strategie in Verbindung mit der These, daß die wirtschaftliche Entwicklung zwar den Zugang zu diversen Quellen der Anregung (Neuheiten) erleichtert, aber nicht auch gleichzeitig deren Reizgehalt verbessert hat.

Scherhorn weist auf die zu **Hypertrophie** führende **Aufwandskonkurrenz** hin. Er kritisiert das (von den Anbietern systematisch geförderte) Bestreben der Verbraucher, über die Ausstattung mit Konsumgütern angestrebten oder erreichten sozialen Status nach außen zu tragen. Er sieht in diesem Streben eine die Selbstverwirklichung im Konsumbereich behindernde Tendenz. Indem „Müllers" erfolgreich danach streben, mit den „Meiers", den Trendsettern, mitzuhalten (egalisierender Tendenzen), werden „Meiers" versuchen, sich durch neue Konsumgüter abzusetzen (differenzierende Tendenzen). Die dialektische Einheit von Konformitäts- und Abgrenzungsstreben begründet eine zu Hypertrophie führende, Umweltprobleme verschärfende Konsumdynamik, die darüber hinaus sowohl bei „Müllers" wie bei „Meiers" Enttäuschungen vorprogrammiert, da dieser **positionale Wettbewerb** in der Konsumgüterausstattung ein **Nullsummenspiel** ist, bei dem „Müllers" nur vorübergehend zu Lasten „Meiers" gewinnen können und umgekehrt.

Mit dem von **Fred Hirsch** eingeführten Begriff der sogenannten Positionsgüter läßt

---

und Konsumkritik, hrsg. v. K. Maier-Abich u. D. Birnbacher, München 1979, insbesondere die Beiträge von K.M. Meyer-Abich, H. Meixner und K.O. Hondrich. Zum folgenden: T. Scitovsky, Psychologie des Wohlstands, Frankfurt 1977.

2.3 Leitbilder der Verbraucherpolitik

sich das Problem von Irrtümern über den Beitrag von Konsumgütern zur Bedürfnisbefriedigung in einen grundsätzlichen Zusammenhang einordnen. Hirsch weist darauf hin, daß die wirtschaftliche Entwicklung nicht nur materielle Knappheit mindert, sondern auch neue Knappheiten bei sogenannten Positionsgütern schafft,

- sei es, daß eine steigende Nachfrage auf nicht vermehrbare Bestände stößt (z. B. Antiquitäten, Kunstwerke),
- sei es, daß eine steigende Nachfrage auf Güter trifft, die gesellschaftlich knapp sind (z. B. sozialer Status, Führungspositionen, begehrte Berufe),
- oder sei es, daß Knappheit erst durch die mit steigendem Einkommen möglich werdende extensive Nutzung durch viele entsteht (z. B. Verkehrsstau, Einbußen an Erholungswert des Urlaubs in Touristikzentren, Umweltbelastungen u. a.).[15]

Hier führen aus einzelwirtschaftlicher Sicht optimale Entscheidungen aggregiert zu Zuständen, die – von niemandem gewollt, aber von allen verursacht – negativ auf den Entscheidungsträger zurückwirken. Die Entstehung und Verschärfung solcher Knappheiten stellt sich im wirtschaftlichen Wachstum um so schärfer, je weniger sich die Vielfalt der auf den Märkten angebotenen Alternativen voneinander unterscheidet und je gleichartiger die Ver-/Gebrauchsgewohnheiten der Konsumenten sind.

Mit dem Begriff der **strukturell oktroyierten Bedarfe** stellt **Offe** auf eine weitere Quelle von Irrtümern über den Beitrag von Marktgütern zur Bedürfnisbefriedigung ab, die sich allerdings auch auf Existenzbedürfnisse beziehen können.[16] Im Kern geht es darum, daß bestimmte Käufe nicht als frei gewählte Alternativen zur Befriedigung des Bedürfnisses des Käufers aufzufassen sind, sondern diesem durch seine Lebensumstände aufoktroyiert werden, ohne daß der Verbraucher dies erkennt. Die Nachfrage nach Medikamenten aufgrund gesundheitsschädlicher Arbeits- oder Wohnverhältnisse, die Nachfrage nach vor Lärm schützenden Fenstern oder Bepflanzungen sind Beispiele, wo die Einkommensverwendungsentscheidungen durch die Lebensumstände vordeterminiert, nicht aber das Ergebnis einer freien Konsumwahl sind.

Das Konzept der Konsumfreiheit stellt solche Faktoren der Fremdbestimmung (die die Anbieter mit ihrem Marketinginstrumentarium nicht verursachen, sondern allenfalls in ihrer Wirkung verstärken) in den Mittelpunkt ihrer Problemsicht. Nach diesem Ansatz werden **Wettbewerbspolitik** und **Verbraucherinformation** als **notwendig, aber nicht hinreichend** angesehen, die diagnostizierte strukturelle Unterlegenheit der Verbraucher zu mindern. Hinzukommen muß eine **Verbrauchererziehung und Verbraucherbildung,** die die Verbraucher über die Entwicklung ihrer Bedürfnisse aufklärt und zu einer kritischen Reflexion der Bedarfe mit dem Ziel der Selbstverwirklichung auch im Konsum- und Freizeitbereich befähigt. Dies schließt auf der Ebene des Verbraucherverhaltens ein, die Strategie der anonymen Abwanderung (Produkt-, Geschäfts-, Herstellerwechsel) im Falle unbefriedigenden Angebots durch Artikulation von Widerspruch und Kritik[17] zu ergänzen. Wettbewerbspolitik soll Wahlmöglichkeiten und damit eine notwendige Voraussetzung dafür schaffen, daß Verbraucher mittels bedürfnisadäquater Einkommensverwendungsstruktur Angebote beloh-

---

[15] F. Hirsch, Die sozialen Grenzen des Wachstums. Eine ökonomische Analyse der Wachstumskrise, Reinbek bei Hamburg 1980.
[16] C. Offe, Ausdifferenzierung oder Integration – Bemerkungen über strategische Alternativen der Verbraucherpolitik. In: Zeitschrift für Verbraucherpolitik, Heft 1 + 2, 1981, S. 123f.
[17] Vgl. hierzu das gerade für Pädagogen lesenswerte Werk von A. O. Hirschmann, Abwanderung und Widerspruch. Reaktionen auf Leistungsabfall bei Unternehmen, Organisationen und Staaten, Tübingen 1974.

nen und bestrafen können. Abwanderung bzw. Zuwanderung (Nichtkauf bzw. Kauf) entfalten ihre sanktionierende Wirkung aber nur dann, wenn sie für Anbieter fühlbar sind, d. h. wenn gleichgerichtetes Verhalten einer hinreichenden Zahl von Verbrauchern zustande kommt und kompensatorische Effekte ausgeschlossen werden können. Hier kann Verbraucherorganisierung und öffentlichkeitswirksame Artikulation von Widerspruch und Kritik die Wahrscheinlichkeit eines hinreichenden Maßes an gleichgerichtetem Verhalten erhöhen. Gleichgerichtete Abwanderung hat ein hohes, – wie die Entwicklung insbesondere im Lebensmittelhandel zeigt – manchmal ein zu hohes Sanktionspotential, jedoch nur ein vergleichsweise geringes Informationsmaterial, weil der „bestrafte" Anbieter i. d. R. nichts über die Gründe der Kundenabwanderung erfährt. Das Umgekehrte gilt für Widerspruch und Kritik. Hier erfährt der Anbieter zwar etwas über die Gründe der Unzufriedenheit, aber er muß diese nicht abstellen, wenn er nicht mit einer spürbaren Absatzeinbuße rechnen muß, weil Kundenabwanderung nur zu hohen Kosten möglich ist. Die Wirksamkeit von Widerspruch und Kritik ist als i. d. R. an die Glaubwürdigkeit der damit einhergehenden Abwanderungsdrohung gebunden.[18] Ein wichtiges Element der Konsumfreiheit ist demnach neben der **Verbraucherorganisierung** die Verbesserung der **Marktkommunikation,** die sowohl für Anbieter wie auch für Verbraucher vorteilhaft sein kann. Anbieter erfahren etwas über die Konsumentenwünsche und gewinnen – im Vergleich zur zu schnell einsetzenden gleichgerichteten Abwanderung – die Zeit, die sie benötigen, um sich auf Konsumentenwünsche einzustellen. Verbraucher haben eine höhere Chance, ein ihren Bedürfnissen besser entsprechendes Konsumgüterangebot zu bekommen.

2.3.4 Verbraucherschutz

Konsumentensouveränität und stärker noch Konsumfreiheit implizieren hohe Anforderungen an die Entscheidungsfähigkeit der Verbraucher. Beide Konzepte sehen in der Wettbewerbspolitik und Verbraucherinformationspolitik, das Konzept der Konsumfreiheit zusätzlich in der Verbrauchererziehung, wirksame Möglichkeiten der Hilfe zur Selbsthilfe. Reglementierender Verbraucherschutz wird danach nur insoweit akzeptiert bzw. für notwendig gehalten, wie die Ergebnisse auf den Märkten zu Gefährdungen der Sicherheit, der Gesundheit und des Vermögens der Verbraucher führen, die von einem gesellschaftlichen Standpunkt aus als unzumutbar empfunden werden.

Das Leitbild des **Konsumentenschutzes** geht über diese streng subsidiäre Funktion des Verbraucherschutzes hinaus und begründet dies mit einer anderen Einschätzung der Entscheidungsfähigkeit von Verbrauchern. Dieses Leitbild unterstellt eine **systematisch eingeschränkte Entscheidungskapazität** der Verbraucher, die auch durch Verbraucherinformation und Verbrauchererziehung nicht aufgehoben werden kann. Die Einschätzung des Handlungsspielraums von Verbrauchern ist also den ersten beiden Konzepten diametral entgegengesetzt. Die beschränkte Entscheidungsfähigkeit von Verbrauchern wird mit zwei voneinander nicht unabhängig zu sehenden Argumenten begründet.

Zum einen wird auf die **Beeinflussung** der **Einstellungen und Entscheidungen** der Verbraucher durch die modernen Techniken des **Konsumgütermarketing** verwiesen,

---

[18] Eine ausführliche Analyse der Handlungsmöglichkeiten von Konsumenten auf Märkten findet sich bei G. Specht, Die Macht aktiver Konsumenten, Stuttgart 1979.

denen Verbraucher weitgehend hilflos ausgesetzt sind.[19] W. Kroeber-Riel, der diese Position in der Auseinandersetzung mit dem Scherhorn'schen Konzept der Konsumfreiheit 1976 besonders prononciert vertreten hat,[20] formuliert dazu: „Wenn sich der Konsument wie ein Hund konditionieren läßt, so helfen dagegen keine Appelle an seine Rationalität, kein besseres Informationsangebot. Was fehlt, sind Schutzmaßnahmen ... Die Devise sollte heißen: Weniger (rationale) Verbraucheraufklärung und mehr Verbraucherschutz."[21] Für die Verbraucherpolitik wird daraus die Schlußfolgerung gezogen, Verbraucher vor Maßnahmen des Marketing abzuschirmen, soweit sie nachweislich erheblich Schäden für ihn verursachen. Dies impliziert eine – gemessen am status quo – wirksamere Kontrolle und weiterreichende Reglementierung von Marketingaktivitäten.

Der zweite Stützpfeiler des Leitbildes Konsumentenschutz wird aus Ergebnissen der psychologischen Entscheidungsforschung und aus empirischen Untersuchungen zum Informations- und Entscheidungsverhalten von Verbrauchern abgeleitet. Danach zeigt sich, daß Verbraucher keineswegs, wie die Konzepte Konsumentensouveränität und Konsumfreiheit implizieren, daran interessiert sind, Verbraucherentscheidungen bewußt, d. h. unter Kenntnisnahme aller verfügbaren Alternativen einschließlich ihrer Folgewirkungen, zu treffen. Im Gegenteil: Verbraucher haben die **Neigung, den Entscheidungsaufwand** im Konsumbereich (Aufwand an Zeit, Mühen, Kosten der Informationsbeschaffung und Kaufdurchführung etc.) **zu verringern.** Angesichts der vielfältigen Handlungsbeschränkungen (Restriktionen), denen sich Verbraucher im Alltag gegenübersehen, werden sie nur ausnahmsweise und nur unter Vorliegen besonderer Bedingungen bereit und in der Lage sein, aufwendige Kaufentscheidungen zu fällen, beispielsweise, wenn ein Kauf aufgrund hohen finanziellen, qualitativen oder sozialen Risikos eine hohe subjektive Bedeutsamkeit erlangt. In der Mehrzahl der Fälle werden Kaufentscheidungen gewohnheitsmäßig, nicht selten gar spontan erfolgen.[22]

Verbraucherinformation als Strategie der Verbraucherpolitik wird von dieser Position mit großer Skepsis betrachtet, weil sie zum einen nichts gegen die Manipulationstechniken des Konsumgütermarketing bewirken könne, zum anderen aber auf der falschen Annahme beruhe, daß diese Informationen auch umfassend genutzt würden. Verbrauchererziehung und Verbraucherbildung wird nur vergleichsweise geringes Gewicht beigemessen, weil sie – wenn überhaupt – allenfalls längerfristig die Herausbildung von Trotzreaktionen gegen manipulative Marketingtechniken fördern könne. Diese Position stellt die Leitbilder Konsumentensouveränität und mehr noch Kon-

---

[19] Hinsichtlich der prinzipiellen Beeinflussungsmöglichkeit der Verbraucherentscheidungen durch das Konsumgütermarketing besteht in der Fachliteratur kein Dissens. Allerdings verlaufen die Beeinflussungsmechanismen sehr viel differenzierter, als das in der Verbrauchererziehung in der Regel unterstellt wird. Aus der Fülle der einschlägigen Literatur sei hierzu empfohlen: W. Kroeber-Riel u. G. Meyer-Hentschel, Werbung. Steuerung des Konsumentenverhaltens, Würzburg, Wien 1982. Konsumentenverhalten und Information, hrsg. von H. Meffert, H. Steffenhagen u. H. Freter unter Mitarbeit von N. Bruhn, Wiesbaden 1979.
[20] Vgl. dazu die Auseinandersetzung in der Wirtschaftswoche, 29. Jahrgang, Heft 51, 1975, S. 50–56 und die Replik in Wirtschaftswoche, 30. Jahrgang, Heft 2, 1976, S. 3–36; W. Kroeber-Riel, Kritik und Neuformulierung der Verbraucherpolitik auf verhaltenswissenschaftlicher Grundlage, Die Betriebswirtschaft, 37. Jahrgang, Heft 1, 1977, S. 89ff; S. 399.
[21] W. Kroeber-Riel, Konsumentenverhalten, München 1975, S. 399.
[22] Vgl. dazu allgemein: E. Kuhlmann, a.a.O., S. 47, G.-J. Krol u. H. Diermann, Projekt: Markentreue bei Alltagskäufen? Verbrauchererziehung und wirtschaftliche Bildung, Heft 1, 1985, S. 1ff.

Typologie von Kaufentscheidungen

	kognitiver Aufwand/ Planungs-aktivität	Güterart (vor-wiegend)	subjektives empfundenes Risiko finan-zielles / quali-tatives / sozia-les	Häufig-/ Regel-mäßig-keit	Verhaltens-disposition
Spontan-/ Impulsiv-käufe	keine	gering-wertige Güter	nicht vorhanden	häufig/ unregel-mäßig	Reiz (Auslöser) bewirkt unmittel-bar Kaufreaktion
Gewohn-heits-käufe	gering, Orien-tierung an Er-fahrungen, bei Zufriedenheit: Wiederholung	Güter des alltäg-lichen Bedarfs	i. d. R. gering	häufig/ regel-mäßig	wenig Informa-tionen vor dem Kauf/stark se-lektive Wahr-nehmung des Angebotes/aus-geprägte Bezugs-quellenbindung
verein-fachte Kauf-entschei-dungen	Planung des Mitteleinsatzes bei gegebenen Kaufzielen	„shopping goods"	höher	seltener/ unregel-mäßig	größere Bereit-schaft zur Infor-mationssuche/ geringere Be-zugsquellenbin-dung
extensive Kauf-entschei-dungen	umfassende Planung des Kaufzieles (Be-darfspriori-täten) *und* der dafür aufzu-wendenden Mittel	hoch-wertige bzw. als bedeut-sam emp-fundene Güter	hoch	selten/ unregel-mäßig	hohe Bereitschaft zu umfassender Informationssu-che/geringe Be-zugsquellenbin-dung

Quelle: G.-J. Krol u. H. Diermann, Projekt: Markentreue bei Alltagskäufen? Verbrauchererziehung und wirtschaftliche Bildung, Heft 1, 1985, S. 2.

sumfreiheit unter Ideologieverdacht, weil sie die Quadratur des Zirkels versuchen, wenn sie darauf abzielen, möglichst alle Kaufentscheidungen durch informations- und bildungspolitische Aktivitäten in umfassend reflektierte, in hohem Maße selbstbestimmte und Selbstverwirklichung fördernde Entscheidungen über den Kauf, Ge- und Verbrauch von Gütern zu überführen. Sie sieht die Menschen in der mit anderen Rollen konkurrierenden Verbraucherrolle unaufhebbar nach einer **Verringerung der Entscheidungsbelastung** durch die Herausbildung von den den subjektiven Ansprüchen genügenden **Gewohnheiten** streben. Nicht Gewohnheitsbildung als Strategie zur Verringerung von Entscheidungsbelastung ist zu verändern, sondern allenfalls ihre konkreten Ausprägungen. **Verbraucherinformation** soll so gestaltet werden, daß sie (individuelle, vorteilhafte und wettbewerbspolitisch wünschbare) **Gewohnheitsbildungen stützen** (statt sie zu eliminieren), beispielsweise durch gezielte Schlüsselinformationen. Manipulation und Fremdbestimmung werden als unvermeidlich angesehen. Dort, wo Art und Ausmaß auf Abhilfe drängen, sind nach dieser Position vor allem **Maßnahmen des rechtlichen Verbraucherschutzes** zur Reglementierung des Anbieterverhaltens zu ergreifen.

Von der gleichen diagnostischen Basis ausgehend, aber in den Zielsetzungen umfassender angelegt und mehr vorbeugenden Verbraucherschutz anstrebend, schlägt Simitis eine mit umfassenden Markteingriffs- und -kontrollkompetenzen ausgestattete Verbraucherschutzbehörde vor, die zwecks Steigerung ihrer Konfliktfähigkeit auf der Partizipation von Betroffenen aufbauen soll.[23]

2.3.5 Konsumentenpartizipation

Die bisher genannten Leitbilder gehen von der gegebenen Rollenverteilung zwischen Anbietern und Verbrauchern aus. Verbesserungen der Verbraucherpositionen werden im Rahmen der grundsätzlich **reaktiven Verbraucherrolle** angestrebt. Reaktive Verbraucherrolle meint, daß Verbraucher ihre Informations- und Sanktionsfunktion in der Weise wahrnehmen, daß sie auf **vorgegebenes Angebot** mit Widerspruch und Kritik und/oder Kauf bzw. Nichtkauf reagieren und auf diese Weise über die Angemessenheit der von den Anbietern getroffenen Entscheidungen über die Angebotsbedingungen im Lichte ihrer Bedürfnisse befinden sollen.

Weiterreichende Veränderungen der ordnungspolitischen Rahmenbedingungen beinhalten Positionen, die diesen über anonyme Märkte verlaufenden arbeitsteiligen Entscheidungsprozeß zwischen Anbietern und Verbrauchern aufheben und auf andere Weise eine stärkere Berücksichtigung des Verbraucherinteresses hinsichtlich der Entscheidungen über Umfang und Struktur der Produktion realisiert sehen wollen. Gemeinsam ist den in den Begründungen und politischen Forderungen sehr unterschiedlichen Positionen das Bemühen, die strukturelle Differenzierung in Produktionssphäre einerseits und Konsumsphäre andererseits zu mindern bzw. aufzuheben.

Eine **frühzeitige** Beteiligung von Verbrauchern an Produktionsentscheidungen (**ex-ante Verbraucherpolitik**) wird zum einen mit Mängeln der Marktsteuerung, genauer des Preissystems, begründet. So wird darauf verwiesen, daß selbst bei intensivem Preiswettbewerb die Ausrichtung von Produktionsentscheidungen an Marktpreisen zur Verletzung individueller und kollektiver Verbraucherinteressen führen kann, weil die Marktpreise nicht alle wirtschaftlichen Handlungsfolgen widerspiegeln.

Einmal wird hervorgehoben, daß in der Produktion und beim Konsum Kostenbestandteile anfallen, die von Dritten oder der Gesellschaft zu tragen sind, die aber nicht in die Kostenkalkulation der Produkte und damit in die Preise eingehen, die für die Käufer ja wieder Kosten darstellen. Die Preise täuschen damit geringere Kosten vor, als tatsächlich von der Gesellschaft zu tragen sind. Entsprechend ist die preiselastische Nachfrage nach diesen Gütern zu hoch. Wo also diese sogenannten „negativen externen Effekte" vorliegen (z. B. verschiedene Formen der Umweltbelastung), wo die institutionellen Bedingungen es also Produzenten und Konsumenten gestatten, systematisch einen Teil der von ihnen verursachten Handlungsfolgen auf Dritte oder die Allgemeinheit abzuwälzen, dort gehen von den Marktpreisen fehlerhafte Informationen für Produzenten und Konsumenten aus.[24] Das zweite wichtige Argument bezieht sich darauf, daß Marktpreise häufig blind gegenüber sich abzeichnenden Verknappungen in der Zukunft sind. Wenn Anbieter und Nachfrager ihre Entscheidungen an ihren kurzfristigen Gegenwartsinteressen orientieren, können Marktpreise

---

[23] K. Simitis, Verbraucherschutz. Schlagwort oder Rechtsprinzip, Baden-Baden 1975, insbesondere S. 269 ff.
[24] Vgl. hierzu ausführlicher den Beitrag: Umweltprobleme aus ökonomischer Sicht – Zur Relevanz der Umweltökonomie für die Umweltbildung, 4.14 in diesem Bande.

auch immer nur über die gegenwärtigen Marktkonstellationen informieren.[25] Zukünftige soziale und ökologische Risiken schlagen sich nur unzureichend in den Marktpreisen nieder. Hinzu kommt, daß eine zu starke Abhängigkeit der Verbrauchernachfrage vom vorgegebenen Marktangebot gesehen wird, so daß die informierende und sanktionierende Funktion der Verbraucher im Rahmen der gegenwärtigen Rollenverteilung zwischen Unternehmen als Interpreten der Konsumentenwünsche und der erst danach einsetzenden, die Angemessenheit der Unternehmensentscheidung belohnenden bzw. bestrafenden Wirkung der Nachfrageentscheidungen, für nicht hinreichend wirksam gehalten wird.[26]

Die wohlfahrtskritische Perspektive läßt diese Position angesichts sozialer und ökologischer Probleme **„Basisinnovationen"** fordern, die sie aber durch die gegebene Rollenverteilung und die vorherrschenden Verhaltensweisen erschwert sieht. Da die Produktion neuer Güter zur Befriedigung bisher nicht gedeckter Bedürfnisse (bis hin zu bisher nicht praktizierten Konsumstilen), d. h. Basisinnovationen, mit höherer Ungewißheit und angesichts der dafür notwendigen Investitionen mit höherem Risiko verbunden sind, werden bei den Anbietern Tendenzen gesehen, solche Innovationen zu unterlassen. Statt dessen werden Produktinnovationen von i. d. R. nur marginaler Reichweite angeboten, deren Beitrag zur Bedürnisbefriedigung sich häufig im „vorzeitigen" Ersatz „an sich funktionsfähiger" Produkte manifestiert. Entsprechende Produktions- und Konsummuster werden angesichts (weltweiter) sozialer und ökologischer Probleme als nicht länger verantwortbar angesehen.

Im Rahmen der bestehenden Rollenverteilung zwischen Unternehmen und Verbrauchern geben zielgerichtete Abwanderung und Widerspruch der Verbraucher bestenfalls Hinweise auf Unzulänglichkeiten im Konsumgüterangebot, jedoch keine verläßlichen Informationen über mögliche Alternativen. Deshalb wird zusätzlich eine **frühzeitige Beteiligung der Verbraucher** an den Entscheidungen über das Angebot an öffentlichen und privaten Gütern gefordert. Sie wird grundsätzlich als auch im Anbieterinteresse liegend gesehen, da man sich davon eine Verringerung der Risiken von Informationsentscheidungen größerer Reichweite verspricht.

Konstitutiv für diese Position ist die wohlstandskritische, wohlfahrtsorientierte, gesellschaftspolitische Ausrichtung. Konsumenteninteressen reichen über die Käufer- bzw. Nutzerperspektive von privaten und öffentlichen Gütern weit hinaus. Besondere Bedeutung haben in diesem Konzept die unterschiedlichen sozialstrukturellen Voraussetzungen für das Erkennen der „wahren" Bedürfnisse, die in dieser Sicht keineswegs mit den subjektiven Interessen gleichgesetzt werden dürfen. Insbesondere wird auf die Abhängigkeit der subjektiv empfundenen Verbraucherinteressen von Merkmalen der Arbeitswelt verwiesen.[27]

Bezüglich der Realisierung der Konsumentenbeteiligung werden unterschiedliche Vorschläge gemacht. Sie reichen von einer **produktionszentrierten Verbraucherpoli-**

---

[25] Vgl. hierzu im einzelnen: C. Czerwonka, G. Schöppe u. S. Weckbach, Der aktive Konsument. Kommunikation und Kooperation, Göttingen 1976, S. 98 ff.

[26] C. Czerwonka et al., a. a. O., S. 153 ff. Siehe hierzu und zu den vorgenannten Argumenten auch: B. Biervert, W. F. Fischer-Winkelmann u. R. Rock: Grundlagen der Verbraucherpolitik, Reinbek bei Hamburg 1977, insbesondere S. 106 ff.

[27] Zur verbraucherpolitischen Relevanz der Interdependenzen zwischen Konsum und Arbeitsinteressen siehe: H. Minte, Konsum- und Arbeitsinteressen des privaten Haushalts, Bochum 1978.

tik mit einer integrierten Sicht der Arbeits-, Prozeß- und Produktpolitik,[28] die der Interdependenz zwischen Verbraucherverhalten und Arbeitswelt auch auf der Gestaltungsebene Rechnung trägt, über die Anwendung des Modells des herrschaftsfreien Diskurses der Erlanger Schule[29] bis hin zu Modellen der direkten und indirekten **Verbrauchermitbestimmung** und Konzeptionen der Investitionslenkung. Alle Konzepte stehen jedoch vor dem Problem, nicht alle betroffenen Verbraucher frühzeitig an den Produktionsentscheidungen beteiligen zu können. Wenn also Konsumentenpartizipation keine diktatorischen Züge bekommen soll, bleiben Abwanderung und Widerspruch als Sanktionsinstrument der nicht beteiligten Verbraucher unverzichtbar. Dies gilt insbesondere auch gegenüber selbsternannten oder gewählten[30] Vertretern des Verbraucherinteresses. Wenn man aber berücksichtigt, daß Verbraucher mit zunehmender Freizeit in bestimmten Bereichen (z.B. im Freizeit-/Hobbybereich) zu ausgesprochenen Experten werden und als solche gebrauchswertorientierte Innovationen anregen könnten, erscheinen geeignete Kooperationsformen zwischen Unternehmen und Verbrauchern in Ergänzung zu Abwanderung und Widerspruch durchaus nützlich. Freilich bleibt diese Aussage weit hinter dem zurück, was das Leitbild der Konsumentenpartizipation zu erreichen beabsichtigt.

Nicht nur mehr oder weniger weitreichende Ergänzungen bzw. Änderungen des wirtschaftlichen Lenkungsmechanismus, sondern grundlegende Änderungen des arbeitsteiligen Industriesystems implizieren Forderungen im Rahmen der „alternativen Diskussion". Sie beantwortet das Problem der engeren Verknüpfung von Produktion und Konsum mit einer den Beteiligungsmodellen entgegengesetzten Strategie. Nicht von einer wirksameren Einbringung von Konsum- und Haushaltsinteressen in den arbeitsteiligen Produktionsprozeß wird ein Lösungsbeitrag erwartet, sondern genau entgegengesetzt von einer Rückführung von produktiven Funktionen in die Haushalts- und Konsumsphäre. Allein die damit verbundenen Produktivitätseinbußen lassen diesen Weg als allgemeine Strategie nicht gangbar erscheinen. Er kann allenfalls in begrenzten Anwendungsbereichen zum Zuge kommen. Experimente in dieser Richtung lassen sich vor allem in Form von Selbsthilfeinitiativen identifizieren, deren Mitglieder aber zumindest noch partiell vom arbeitsteiligen Industriesystem abhängen (z.B. bezüglich der Nachfrage oder eines Mindestmaßes an sozialer Absicherung). Als generelle verbraucherpolitische Alternative zum arbeitsteiligen Produktionssystem sind sie gegenwärtig jedoch nicht denkbar.

Literaturhinweise

Verbraucherpolitik in der Marktwirtschaft, hrsg. v. B. Biervert, W. Fischer-Winkelmann u. R. Rock, Reinbek bei Hamburg 1978.
P. Meyer-Dohm, Sozialökonomische Aspekte der Konsumfreiheit, Untersuchungen zur Stellung des Konsumenten in der marktwirtschaftlichen Ordnung, Freiburg i. Br. 1965.
E. Kuhlmann, Verbraucherpolitik, München 1990.

---

[28] C. Offe, a.a.O., S. 131 ff.
[29] B. Biervert et al., a.a.O.
[30] Diese Unterscheidung stellt auf die Unterscheidung zwischen Fremd- und Selbstorganisation des Verbraucherinteresses ab, die wiederum von großer Bedeutung für den Einfluß der Verbraucher gegenüber Anbietern privater und öffentlicher Güter ist. Vgl. hierzu im einzelnen: B. Biervert et al., a.a.O., S. 23–86; H.-G. Brune, Organisation von Verbraucherinteressen, Frankfurt a. Main 1980.

G. Scherhorn, Verbraucherinteresse und Verbraucherpolitik, Göttingen 1975.
C. Czerwonka, G. Schöppe, u. S. Weckbach, Der aktive Konsument, Kommunikation und Kooperation, Göttingen 1976.
B. Stauss, Verbraucherinteressen. Gegenstand, Legitimation und Organisation, Stuttgart 1980.

2.4 Konsumentenerziehung
Ursprünge, Strömungen, Probleme, Gestaltungsversuche
Ulrich Pleiß

2.4.1	Leben, Konsum und Wirtschaft im Alltagsverstand	99
2.4.2	Ursprünge und Strömungen konsumerzieherischen Denkens	99
2.4.2.1	Anstöße durch Sozial-, Kultur- und Konsumkritik	99
2.4.2.2	Verbraucherpolitik, Konsumerismus und Marketing	100
2.4.2.3	Aufbruch zur verbrauchererzieherischen Problematik in der Pädagogik	102
2.4.2.4	Wirtschaftswissenschaft und Didaktik der Wirtschaftslehre als Promotor von Verbrauchererziehung	102
2.4.2.5	Wirtschaftspädagogik und Konsumentenerziehung	103
2.4.2.6	Stiftung Verbraucherinstitut Berlin	104
2.4.3	Überlegungen zur Zweckmäßigkeit der Begriffsbildung	105
2.4.3.1	Impulse aus der Volkswirtschaftslehre	105
2.4.3.2	Personale Subjekte in Marketingtheorie und Soziologie	106
2.4.3.3	Verbraucherpolitische Begriffsvorstellungen	106
2.4.3.4	Personenbezogene Begriffsbildung – wirtschaftspädagogische Begriffsortung	107
2.4.4	Weisen des Konsumierens und Güterarten	108
2.4.5	Konsumhaltung als Zerrbild	108
2.4.6	Zwischen Konsumzwang und Konsumfreiheit	109
2.4.7	Erziehung zu sinnvollem Konsumieren	111
2.4.7.1	Sinnvoll als Maßhalten	111
2.4.7.2	Zum Sinn von Leben und Welt	112
2.4.7.3	Wertordnungszusammenhänge und konsumtive Wertentscheidung	113
2.4.7.4	Sinnvolles Konsumieren als qualifiziertes Optimierungsmodell	113
2.4.8	Didaktisch entwickelte Lernzielgefüge	115
2.4.9	Adressaten und Institutionen von Konsumentenerziehung	117
2.4.9.1	Massenmedien	117
2.4.9.2	Familie	118
2.4.9.3	Erwachsenenbildung	118
2.4.9.4	Schulen	118
2.4.10	Konsumentenerziehung im Fächerspektrum der Schule	119
2.4.10.1	Verbraucherkunde als selbständiges Fach	119
2.4.10.2	Unterrichtsprinzip	120
2.4.10.3	Gastfächer als Minimallösung	120
2.4.10.4	Lernbereich als Maximallösung	121
Literaturauswahl		122

2.4.1 Leben, Konsum und Wirtschaft im Alltagsverstand

Bis Anfang der 50er Jahre hat es eigentlich für Normalverbraucher noch nie „rosige Zeiten" gegeben. Erst durch die Währungsreform 1948 vorbereitet, endete damals die staatliche Bewirtschaftung von Nahrungsmitteln und lebenswichtigen Konsumgütern in der BRD 1950. Das dann einsetzende Wirtschaftswunder wäre ohne die aufgestauten Bedürfnisse überhaupt nicht möglich gewesen, und wem will man verdenken, daß er nach der langen Zeit des Darbens so etwas wie Konsumglück empfand? Nach den entbehrungsreichen Zeiten konnten beim Bürger konsumkritische Gedanken kaum Platz greifen, und die neue Sinnerfüllung äußerte sich als massenpsychologisch verstehbare Auswirkung, die Bedürfnisbefriedigung so schnell wie möglich voranzutreiben. Eßwelle, Bekleidungs- und Einrichtungswelle, Reise- und Autowelle sowie schließlich die Bauwelle für Eigenheime zeugen für die sich aufgrund von Existenz-, Wohlstands- und Luxusbedürfnissen immer höher steigernden Konsumanstrengungen.

Befragt man nach einem halben Jahrhundert die Gegenwart, dann haben sich die ökonomischen Bedingungen zwar verändert, aber die Konsumeinstellung ist in weiten Kreisen der Bevölkerung konstant geblieben. Lebenssinn und Lebenserfüllung sind nach wie vor wesentlich an der glitzernden und Begehren weckenden Vielfalt der Konsumgüter festgemacht. Eine Wiederholung des von Konsumwünschen angetriebenen Prozesses zeigt sich in den neuen Bundesländern. Wenn sich als Konsequenz in den 60er Jahren die Forderung nach **intentionaler** Konsumentenerziehung erhob, so wurde sie insbesondere von Theoretikern vorangebracht, denen das Soll mehr als die Erkenntnis des Seins am Herzen lag. Insofern sich dadurch wertend-weltanschauliche Positionen mit den ohnehin unterschiedlichen disziplinären Ausgangspunkten des Problemangriffes vermengten, entwickelte sich keine einheitliche Theorie der Konsumentenerziehung, sondern es lassen sich nur Ansätze und Strömungen feststellen.

2.4.2 Ursprünge und Strömungen konsumentenerzieherischen Denkens
2.4.2.1 Anstöße durch Sozial-, Kultur- und Konsumkritik

Wesentliche Anstöße gingen von einer gewissen Kultur- und Sozialkritik aus[1], von Philosophen, Sozialpsychologen, Soziologen und auch Nationalökonomen. Die Einwendungen richteten sich gegen die Verabsolutierung der Konsumhaltung in der industriellen Gesellschaft mit ihrer Massenproduktion und ihrem Massenkonsum, die Degradierung der Kultur zum Konsumgut, Kult am Lebensstandard, die raffinierte Werbung zur Weckung von als unecht betrachteten Bedürfnissen, die Überbetonung des privaten Konsums und die Vernachlässigung öffentlicher Aufgaben, die damit einhergehende Entwürdigung, Entseelung und Reduktion der Menschlichkeit. Zugkräftige Schlagworte gingen in die Auseinandersetzung ein. Die Begriffe Wohlstandsgesellschaft, Konsumgesellschaft, Überflußgesellschaft, Verschwendungswirtschaft verbreiteten sich und wurden kritiklos begierig aufgegriffen; die Rede vom Konsumzwang und Konsumterror, von außengeleiteten Menschen, Manipulation, geheimen

---

[1] Vgl. Überblicke bei Imobersteg, Markus: Die Entwicklung des Konsums mit zunehmendem Wohlstand. Zürich u.a. 1967, S. 99ff. u. 198ff. – Weber, Erich: Die Verbrauchererziehung in der Konsumgesellschaft. 2. Auflage, Essen 1969, S. 36ff.

Verführern, Konsumidioten und Konsumsklaven machte die Runde.[2] Hier wurden private Werturteile als für alle gültig ausgegeben oder bestimmte Erscheinungen unzulässig generalisiert, die sich als Bedrohungsvisionen gut verkaufen ließen. Man produzierte Behagen am angeblichen Unbehagen.[3] In der Regel waren die Autoren wirtschaftlich so gestellt, daß sie die Freuden der bejammerten Konsumgesellschaft nicht entbehren mußten. Den ersten konsumentenerzieherischen Versuchen kam diese „Enthüllungsliteratur" offensichtlich entgegen.[4]

2.4.2.2 Verbraucherpolitik, Konsumerismus und Marketing

Trotz ihrer zunächst marktbezogenen Einschränkung hat die verbraucherpolitisch initiierte Richtung die Literatur über Verbrauchererziehung maßgeblich geprägt. Untersuchungen aus der verbraucherpolitischen Richtung stammen insbesondere von Scherhorn und Mitarbeitern[5], die auch in anderen Herausgeberschriften und in der Aufsatzliteratur in Erscheinung treten. Scherhorn[6] nahm seinen Ausgang von Bedürfnisforschungen. Auf Biervert sei hingewiesen.[7] Einen umfangreichen Abschnitt widmet neuerdings Kuhlmann der Verbrauchererziehung[8], der auch amerikanische Literatur auswertet und auf die schwierige Feststellung von Wirkungen eingeht.

Die schulisch zu vermittelnde Verbraucherbildung ist, folgt man den systematischen Gliederungen bzw. Aufzählungen der Instrumente, das letzte Glied der Verbraucherpolitik und betrifft Kinder und Jugendliche. Im Mittelpunkt steht das der Gleichgewichtsidee verpflichtete und Verbraucherinteressen bündelnde Gegenmachtkonzept, das hier insbesondere die Rolle des Menschen als in Freiheit handelnder und rational

---

[2] Sehr häufig wurden folgende Schriften zitiert: Bednarik, K.: An der Konsumfront. Stuttgart 1957. – Freyer, H.: Theorie des gegenwärtigen Zeitalters. Stuttgart 1955. – Fromm, E.: Haben oder Sein. Stuttgart 1976. Ders.: Der moderne Mensch und seine Zukunft. 2. Auflage, Frankfurt/M. 1967. – Galbraith, J. K.: Gesellschaft im Überfluß. München/Zürich 1963. – Gehlen, A.: Die Seele im technischen Zeitalter. Hamburg 1957. – Habermas, Jürgen: Notizen zum Mißverhältnis von Kultur und Konsum. In: Merkur, 10. Jg. H. 3, März 1956, S. 212–228. – Mahr, A.: Der unbewältigte Wohlstand. Berlin 1964. – Marcuse, H.: Ideen zu einer kritischen Theorie der Gesellschaft. Frankfurt/M. 1969. Ders.: Der eindimensionale Mensch. Neuwied/Berlin 1967. – Packard, V.: Die geheimen Verführer. Düsseldorf 1958. Ders.: Die große Verschwendung. Düsseldorf 1961. – Plack, Arno: Die Gesellschaft und das Böse. 3. Auflage, München 1968. – Riesmann, D.: Die einsame Masse. München 1958. – Schelsky, Helmut: Schule und Erziehung in der industriellen Gesellschaft. Würzburg 1957. – Zahn, E.: Soziologie der Prosperität. München 1964.
[3] Wiswede, Günter: Der Mythos vom manipulierten Verbraucher. In: Jahrbuch der Absatz- und Verbrauchsforschung, Heft 3, 1972, S. 157.
[4] Vgl. Weber, Erich: Aufgaben der Verbrauchererziehung in der Konsumgesellschaft. In: Erziehung und Unterricht 1969, S. 3. – Scherer, Georg: Konsumhaltung und Erwachsenenbildung. In: Erwachsenenbildung 1958, S. 105 ff. – Castner, Thilo: Konsumzwang als wirtschaftspädagogisches Problem. In: Deutsche Berufs- und Fachschule 1961, S. 592 ff. – Ders.: Konsum und Erziehung. In: Deutsche Berufs- und Fachschule 1976, S. 846 ff.
[5] Scherhorn, Gerhard unter Mitarbeit von Hansen, Imkamp u. Werner: Gesucht der mündige Verbraucher. Düsseldorf 1973, insb. S. 66 ff. – Ders. mit Eichler, Augustin u. Hoffmann: Verbraucherinteresse und Verbraucherpolitik. Göttingen 1975, insb. S. 1 ff., S. 180 ff. u. 232 ff. – Ders. (Hrsg.) mit Elke Scherhorn, Hoffmann, R. Meyer-Harter u. H. Meyer: Verbrauchererziehung in der Bundesrepublik Deutschland. Baltmannsweiler 1979.
[6] Scherhorn, Gerhard: Bedürfnis und Bedarf. Berlin 1959.
[7] Biervert, Bernd: Wirtschaftspolitische, Sozialpolitische und Sozialpädagogische Aspekte einer verstärkten Verbraucheraufklärung. Köln 1972.
[8] Kuhlmann, Eberhard: Verbraucherpolitik. München 1990, S. 272 ff.

2.4 Konsumentenerziehung

entscheidender Marktteilnehmer betrifft, also auf sein Einkaufsverhalten und seine optimale Einkommensverwendung abstellt.[9]

Diese Position hat Hampel in einem kritischen Resümee veranlaßt, die Frage „Käufererziehung" oder „Verbrauchererziehung" aufzuwerfen.[10] Die Schule dürfe sich nicht einer Spielart des „homo oeconomicus", einem vordergründigen Rationalverhalten, wie produktkritisch, preisbewußt und werbekritisch zu machen, verschreiben, sondern müsse die Ausübung der Konsumfreiheit als Chance zur individuellen Selbstwerdung und autonomen Lebensgestaltung in Ansatz bringen, die am gesamten Lebenssinn festzumachen ist, also an einem meta-ökonomischen Bezugspunkt. Es ginge nicht um das vordergründige Kaufverhalten, sondern um die Vermittlung von Qualifikationen, die erlauben, die Fragen nach dem „Wie" und „Wozu" des Konsums zu stellen.

Inzwischen hat sich verbraucherpolitisches Denken, über das Marktmodell hinausgehend, bezüglich haushaltsinterner Beratung[11], Leistungen des Staates[12] und Selbstverwirklichung[13] ausgedehnt.

Während die hierzulande entstandene Verbraucherpolitik auf der Basis des Wettbewerbsmodells gesamtwirtschaftlich angelegt ist, trägt der amerikanische Konsumerismus einzelwirtschaftliche Züge insofern, als er sich aus einer Bewegung gegen das Mißstände im Gefolge habende Marketing von Unternehmungen, also zunächst als Antimarketing, entwickelt hat, dann aber weiter ausgreift, öffentliche Güter einbezieht, Schutzaktivitäten des Staates fordert und Berücksichtigung von Verbraucherfragen in der Schulausbildung verlangt.[14] Ungeachtet des unterschiedlichen Ursprungs stimmen die Argumente im einzelnen überein.

Neuerdings gehen das facettenreich ausgeweitete und kaum noch durchschaubare Marketing und Verbraucherarbeit als Konsumerziehung eine Symbiose ein.[15] „Es geht um die Frage, inwieweit der Interessenkonflikt zwischen Anbietern und Verbrauchern durch Formen einer verbesserten Interaktion und Kommunikation geregelt werden kann..." Auf den Grund gegangen wird vielschichtigen Problemen, die sich aus der konkurrierenden Einflußnahme von Kommunikationsmächten und Sozialisierungsinstanzen ergeben, wobei das biblische Bild des kriegerischen Konfliktes zweier ungleich ausgerüsteter Gegner – hier Marketing als mächtiger Goliath, dort

---

[9] Scherhorn, Gerhard: Erziehung zur Konsumfreiheit. In: Hauswirtschaftliche Bildung 1977, S. 3 ff. – Merkle, Werner: Konzeptionelle Überlegungen zur schulischen Verbraucherbildung. In: Mitteilungsdienst der VZ/NRW 3 – 1982, S. 13.

[10] Hampel, Gustav: Verbrauchererziehung oder Käufererziehung? In: Hauswirtschaftliche Bildung 1973, S. 176 ff.

[11] Schneider, Lothar: Die Notwendigkeit zur Entwicklung neuer Wege in der Verbraucherberatung. In: Verbraucherarbeit – Herausforderungen der Zukunft, hrsg. von Reinhard Rock u. Karl-Heinz Schaffartzik, Frankfurt/M. u. a. 1983, S. 116 ff.

[12] So schon Meyer-Dohm, P.: Konsumpolitik und Marktwirtschaft. In: Wirtschaft und Gesellschaft, hrsg. von E. Arndt u. a., Tübingen 1975, S. 238 ff. – Scherhorn, Gerhard: Konsumfreiheit als Leitbild der Verbraucherbildung. In: Verbraucherrundschau 2 – 1973. S. 8 f.

[13] Den von Scherhorn und Eichler entwickelten Ansatz stellt kritisch dar Leonhäuser, Ingrid-Ute: Bedürfnis, Bedarf, Normen und Standards. Berlin 1988, S. 34 ff.

[14] Vgl. Meffert, Heribert: Konsumerismus – neue Dimension des Marketing? In: Markenartikel 1973, S. 320 ff. – Petermann, Günter: Marketingkritik und kritische Verbraucherreaktion. In: Markenartikel 1974, S. 422 ff. – Grothues, Ulrich: Konsumerismus, Konsumerziehung und Politische Bildung. In: Erziehungswissenschaft und Beruf 1974, S. 334 ff.

[15] Preuß, Volker/Steffens, Heiko (Hrsg.): Marketing und Konsumerziehung. Goliath gegen David? Frankfurt/New York 1993, S. 7, 10 f., 37, 238 ff., 249 ff. u. 293 ff.

Konsumerziehung als schwächlicher David – als kontrovers interpretierte Deutungsmuster bemüht werden.

2.4.2.3 Aufbruch zur verbrauchererzieherischen Problematik in der Pädagogik

Während sich das Bildungsdenken der Verbraucherpolitik wegen seiner Marktbezogenheit aus einem Partialansatz heraus entwickelt hat, stellen pädagogische Bemühungen von vornherein auf personale Totalmodelle ab. Benning legt dar, daß Konsumerziehung integraler Bestandteil der Gesamterziehung und Konsum pädagogisch nicht anders als andere Lebensäußerungen zu bewerten sei.[16]

In Sorge um das allgemeine Schulwesen vermißte die Allgemeine Pädagogik die Wahrnehmung von Aufgaben der Konsumentenerziehung, so daß in diese Lücke Weber mit einer systematisch ausgearbeiteten und auf die Hauptschule gerichteten Abhandlung hineinstieß.[17] Nicht ungenannt bleibe ferner Giesecke, der Konsum als Moment der Freizeiterziehung kenntlich machte[18], und schließlich das anregend wirksam gewordene Buch von Beer, der wirtschaftspsychologisch von Werbewirkungen ausging.[19] Diese drei Bücher stellen im Grunde genommen überhaupt den Anfang einer Theorie der Konsumentenerziehung dar und haben, wie aus mehreren Auflagen hervorgeht, eine große Verbreitung und Beachtung gefunden. In den 60er Jahren erschienen, sind sie jedoch stark von der eingangs erwähnten konsumkritischen Strömung durchtönt.

2.4.2.4 Wirtschaftswissenschaft und Didaktik der Wirtschaftslehre als Promotor von Verbrauchererziehung

Um verbrauchererzieherische Probleme in Angriff nehmen zu können, bedarf es solider wirtschaftswissenschaftlicher Kenntnisse, aber die hauptamtliche Tätigkeit des Theoretikers muß auch mit dem Fragenkomplex korrelieren. Insofern hat sich mit nachhaltiger Ergiebigkeit die Einrichtung von Lehrstühlen für Wirtschaftswissenschaft und Didaktik der Wirtschaftslehre ausgewirkt.

Ihre Entstehung steht im Zusammenhang mit den 1964 gegebenen Empfehlungen des Deutschen Ausschusses für das Erziehungs- und Bildungswesen zur Arbeitslehre in der Hauptschule, die im Laufe der Diskussion und im Zuge der bildungspolitischen Verwirklichung eine Ausweitung zur „Hinführung zur Wirtschafts-, Arbeits- und Berufswelt" erfahren hat. Indem die ursprünglich technisch determinierte Arbeitsweltorientierung eine sozialökonomische Fundierung und Ausweitung erhielt, war insbesondere besagte Wirtschaftsdidaktik gefordert, deren Überlegungen sich aber bald nicht mehr auf die Hauptschule beschränkten. Durch die Parallelität von Fachwissenschaft und Fachdidaktik präparierte letztere die verbrauchererzieherische Intention aus der mikroökonomischen Konsumökonomie und makroökonomisch unter wirtschaftspolitischem Aspekt aus der Gesellschaftsökonomie heraus. Durch die wirtschaftspolitische Einstellung bedingt, lag der Rückgriff auf die Verbraucherpolitik

---

[16] Benning, A.: Konsumerziehung. In: Lexikon der Pädagogik, II. Band, Freiburg 1970, S. 477.
[17] Weber, Erich: Die Verbrauchererziehung in der Konsumgesellschaft. Essen 1967, 2. Auflage 1969.
[18] Giesecke, Hermann (Hrsg.): Freizeit- und Konsumerziehung. Göttingen 1968, 2. Auflage 1971, 3. Auflage 1974.
[19] Beer, Ulrich: Konsumerziehung gegen Konsumzwang. Tübingen 1967, 2. Auflage 1970, 3. Auflage 1974.

nahe.[20] Zeugnis dafür legt u. a. die Zusammenarbeit von Lehrstuhlangehörigen mit der Arbeitsgemeinschaft der Verbraucher (AGV) in Bonn ab, die zu Modellseminaren oder Publikationen beitrugen (Dörge, Steffens, Krafft, Kaminski).[21]
Außer der Nähe der nordrhein-westfälischen Lehrstühle zu Spitzenorganisationen der Wirtschaft und besagter AGV gab das besondere Interesse der Düsseldorfer Landesregierung[22] an schulischer Realisation der dortigen verbrauchererzieherischen Reflexion erhebliche Schubkraft. Um einige Beispiele zu nennen, sei auf die Arbeiten von Steffens, Kaminski und Meyer hingewiesen, die hier ihren Ausgang nahmen.[23] Krol gab viele Jahre Informationshefte zu „Verbrauchererziehung und wirtschaftliche Bildung" heraus (1995 eingestellt). Kaiser und Kaminsiki sind in Verbindung mit der Stiftung Verbraucherinstitut Berlin um „Unterrichtsmodelle zur Verbraucherbildung in Schulen" bemüht. Schließlich seien die von Dörge und Steffens herausgegebenen „Fallstudien zur Verbraucherbildung" genannt.

2.4.2.5 Wirtschaftspädagogik und Konsumentenerziehung

Eigentlich hätte Konsumentenerziehung ein zentrales Thema von Wirtschaftspädagogen sein müssen. Da jedoch die Etablierung von Lehrstühlen an Wirtschaftsfakultäten und (Handels-)Wirtschaftshochschulen in den 20er Jahren aus Gründen der Handelslehrerbildung erfolgte, stand die Berufsbildungsproblematik im Zentrum ihres Interesses. Sofern sie jedoch über die Struktur ihrer Disziplin nachdachten, entging ihnen die konsumentenerzieherische Aufgabe nicht. Systematisch gesehen, räumten sie der Fragestellung allen anderen voran ein Feld ein, füllten es aber nicht aus. Daran hat sich wegen des Übergewichtes berufspädagogischer Forschung und Lehre bis heute nicht viel geändert. In seinen 1928 erschienenen „Grundfragen der Berufsschul- und Wirtschaftspädagogik" wies Friedrich Feld auf die Notwendigkeit allgemeiner Wirtschaftsbildung hin (S. 29) und rückte „Konsumtion" als Bildungsaufgabe für Mädchenschulen in den Blick. Ferner stellte Löbner[24] in seinem 1935 herausgekommen Buch „Wirtschaft und Erziehung" Konsumentenerziehung und häusliche Wirtschaftserziehung heraus. Gleiches taten wir erstmals 1968. In neuerer Zeit sind grundlegende Arbeiten von Berke[25] und Baumgardt[26] zu nennen.

---

[20] Bundesfachgruppe für ökonomische Bildung: Zur Ökonomie in der Lehrerbildung. o.J. (1981).
[21] Verbraucherrundschau Heft 2, 1973 (Verbrauchererziehung); Heft 11, 1975 (Verbraucherbildung in der Erprobung); Heft 4/5, 1977 (Verbraucherbildung in der Entwicklung); Heft 8/9, 1978 (Verbraucherbildung in der Lehrerfortbildung).
[22] Krafft, Dietmar (Hrsg.): Verbrauchererziehung an den Hauptschulen in Nordrhein-Westfalen. Band I und II und eine Kurzfassung, Düsseldorf 1975. – Krafft, Dietmar (Hrsg.). Verbrauchererziehung an den Realschulen und Gymnasien des Landes Nordrhein-Westfalen. Band I, II und III und eine Kurzfassung, Düsseldorf 1977.
[23] Steffens, Heiko: Strategie der Verbraucherbildung. In: Verbraucherpolitik in der Marktwirtschaft, hrsg. von Bernd Biervert u. a., Rowohlt 1978, S. 224 ff. – Ders.: Verbrauchererziehung, Fernstudienlehrgang Arbeitslehre, Deutsches Institut für Fernstudien an der Universität Tübingen 1980. – Kaminski, Hans: Verbrauchererziehung in der Sekundarstufe I. Bad Heilbrunn 1978. – Meyer, Heinrich: Europäische Verbrauchererziehung. Frankfurt/M. 1983.
[24] Langensalza u. a. 1935, S. 44.
[25] Berke, Rolf: Lernziel – kritischer Verbraucher. In: Verbraucherschutz in der Marktwirtschaft, hrsg. von Erwin Dichtel, Berlin 1975, S. 161 ff.
[26] Baumgardt, Johannes: Erziehung zum sinnvollen Konsumieren. In: Erziehung zum Handeln, Festschrift für Martin Schmiel, hrsg. von Johannes Baumgardt und Helmut Heid, Trier 1978, S. 25 ff.

Insofern Wirtschaftspädagogen Lehrstühle für Wirtschaftswissenschaft und Didaktik der Wirtschaftslehre übernahmen, wurde ihr Interesse gewissermaßen zwangsläufig auf Konsum als Anknüpfungspunkt für Wirtschaftserziehung an allgemeinen Schulen gelenkt.

Von Dauenhauer[27] stammt eine Didaktik, die von Fragen der fachlichen Verbraucheraufklärung zum Entwurf einer Konsumpädagogik übergeht. Angesichts der Einstiegsmöglichkeiten in das sog. Wirtschaftsleben über Unternehmung/Beruf oder Privathaushalt/Konsum gliedern wir die Wirtschaftspädagogik in die Hauptgebiete „Berufspädagogik" und „Konsumentenpädagogik".[28] Wenn überhaupt Konsumentenerziehung vorangebracht werden soll, muß, wie wir es getan haben[29], unermüdlich die Einrichtung entsprechender Lehrstühle und Forschungsinstitute an Universitäten gefordert werden, die überdies in der Lage sind, die im argen befindliche Lehrerbildung in die Wege zu leiten. Dafür besteht aber wegen der maroden Staatsfinanzen in absehbarer Zeit keine Chance.

2.4.2.6 Stiftung Verbraucherinstitut Berlin

Insbesondere unter Entwicklungsaspekten ist auf das Verbraucherinstitut speziell einzugehen. Hier ist der Beleg dafür, daß ohne eine Institution mit Personal und Sachmitteln Konsumerziehung nicht voranzubringen ist. Für die vorangehend dargestellten Ansätze ist charakteristisch, daß es sich stets nur um „Gelegenheitsarbeit" handelt, denn im Spektrum jener Lehr- und Forschungsgebiete nimmt Konsum und Erziehung nur einen engbegrenzten und nicht einmal unbedingt obligatorisch zu betreuenden Platz ein. Damit entfällt die permanente Auseinandersetzung mit der Problematik. So versteht sich, daß die Euphorie der 70er bzw. 80er Jahre abgeflaut ist.

Voll eingestiegen ist inzwischen das 1978 von der Arbeitsgemeinschaft der Verbraucherverbände und der Stiftung Warentest gegründete und durch den Bundesminister für Wirtschaft finanzierte Berliner Verbraucherinstitut. Nicht nur, daß die ständige Konzentration auf das spezielle Themengebiet zur Ansammlung eines geballten Sachverstandes geführt hat, sondern auch, daß sich das Leistungsangebot an „Multiplikatoren" – nämlich an Mitarbeiter/innen von Verbraucherorganisationen, Lehrer/innen, Erwachsenenbildner, Journalisten, Politiker etc. – richtet, hat dem Institut eine konkurrenzlose und dominierende Stellung verschafft, was auch durch die Veröffentlichungen in den letzten Jahren dokumentiert wird.

Prinzipiell ist die Zielsetzung verbraucherpolitisch initiiert. Soweit hier jedoch nicht Aktivitäten (Seminare, Tagungen, Workshops, Fernlehrgänge, Expertengespräche, Medienpakete, Publikationen) bezüglich Beratung und Verbraucherschutz interessieren, sondern Erwachsenenbildung und schulische Verbraucherbildung, hat darüber hinausgehend ein mehrdimensionales und „bereichsübergreifendes" Denken Platz

---

[27] Dauenhauer, Erich: Verbraucherkunde und ihre Didaktik. Paderborn 1978.
[28] Pleiß, Ulrich: Die Abgrenzung der Wirtschaftspädagogik als aktuelles methodologisches und wissenschaftspolitisches Problem (1969). In: Ders. Wirtschaftspädagogik, Bildungsforschung, Arbeitslehre. Heidelberg 1982, S. 87.– Ders.: Berufs- und Wirtschaftspädagogik als wissenschaftliche Disziplin. In: Arbeits-, Berufs- und Wirtschaftspädagogik im Übergang, Festschrift zum 60. Geburtstag von Gerhard P. Bunk, hrsg. von Rudolf Lassahn und Birgit Ofenbach, Frankfurt/M. 1986, S. 127f.
[29] Pleiß, Ulrich: Begriffliche Studien zur Konsumentenerziehung. Baltmannsweiler 1987, S. VII.

gegriffen[30] (z.B. ökonomisch, ökologisch, psychisch, sozial, politisch, rechtlich, ethisch orientiert). Zugleich läßt man sich von pädagogischer Intentionalität leiten, verdeutlicht durch den erweiternden Sprung: „Vom Lernzielkatalog zur Bildungskonzeption".[31]

Bezüglich Strömungen ist also festzustellen, daß die konsumentenerzieherischen Richtungen aufeinander zugelaufen sind, daß es, Konzeptionen betreffend, kaum Unterschiede gibt. Das Problem besteht heute vielmehr darin, die Konzeptionen zu instrumentieren, klarzulegen, wie das Intendierte „rübergebracht" wird: sei es in Lehrplänen der Bildungseinrichtungen, sei es durch Methodik und Unterrichtsmodelle. Dabei spielt das Verbraucherinstitut, unterstützt durch universitäre Lehrstühle (vgl. Literaturverzeichnis), eine maßgebliche Rolle. Bleibt nur zu hoffen, daß die prekären Staatsfinanzen nicht Einschränkungen auferlegen, denn dann würde die gesellschaftlich so notwendige Verbrauchererziehung als systematisch reflektierende Theorie mit Folgewirkungen im Unterrichtswesen ins Abseits geraten.

Zwei kritische und bedenkenswerte Statements seien noch zitiert: „Wieviel Verbrauchererziehung braucht der Mensch?" – „Wer nach ihren Wirkungen fragt, ... wird kaum auf ein überwältigendes Erfolgsszenarium stoßen"[32], was natürlich für alle Unterrichtsfächer gilt.

2.4.3 Überlegungen zur Zweckmäßigkeit der Begriffsbildung

Ein ordnendes Aufarbeiten im Hinblick auf „Verbrauchererziehung/Verbraucherbildung" bzw. „Konsumentenerziehung/Konsumerziehung" – Ausdrücke wie „Konsumentenbildung" oder „Konsumbildung" finden sich nicht – kann sich entweder auf das Bestimmungswort „Verbraucher/Konsument" als der adressatenbezogenen Inhaltskomponente richten oder auf das Grundwort „Erziehung/Bildung" als der Vermittlungskomponente.

2.4.3.1 Impulse aus der Volkswirtschaftslehre

Das die Adressaten von Erziehung/Bildung näher kennzeichnende Bestimmungswort „Verbraucher" oder „Konsument" ist in der Regel in Anlehnung an die Volkswirtschaftslehre definiert worden. Durch deren modelltheoretische Vorgaben, sei es in der Mikroökonomie als Haushalts- bzw. Konsumtheorie oder sei es in der Makroökonomie als Darstellung des haushaltssektoralen Einkommenserzielungs- und Verwendungsprozesses, sind nur marktorientierte Definitionen möglich. Aus Vereinfachungsgründen endet nämlich der wirtschaftswissenschaftlich interessante Produktions- und Verteilungsprozeß, wenn ein Gut in den Bereich des „Wirtschaftssubjekts" Privathaushalt gelangt ist, der als black-box behandelt wird.

Bedeutet das Fremdwort „Konsum" wie auch der deutsche Ausdruck „Verbrauch" exakt „Verzehr", dann gilt die mit „Konsumausgaben" verbundene „Marktentnahme" bzw. der ökonomische (nicht juristische) „Kauf" von Sach- und Dienstleistungen als Verzehr von Teilen des Sozialprodukts durch den als „Letztverbraucher" bzw. schlicht als „Konsumenten" benannten Privathaushalt. Dieses modelltheoretische

---
[30] Vgl. Jahresprogramme 1990, A 37; 1994, A 45; 1995, A 27; 1991, A 60.
[31] Vgl. Jahresprogramme 1991, A 60; 1992 A 56. Weiterhin vgl. Preuß, Volker: Zum Verhältnis von Marketing und Konsumerziehung. In: Preuß/Steffens (Hrsg.) Goliath gegen David, 1993, S. 286 ff. – Verbraucherbildung in der Schule, hrsg. von der Stiftung Verbraucherinstitut, Berlin 1993, S. 13 f. und 18 ff.
[32] Vgl. Jahresprogramm 1990, A 39. – Preuß: ebd. 285 f.

„Wirtschaftssubjekt" ist, selbst wenn der zugrunde liegende Sachverhalt voll in die Verbrauchererziehung eingebracht wird, zur Begriffsbestimmung nicht geeignet, denn darauf ließen sich nicht kritisches oder verantwortungsbewußtes Handeln beziehen.

2.4.3.2 Personale Subjekte in Marketingtheorie und Soziologie

Die beiden genannten Disziplinen müssen tiefer greifen, den haushaltsdeterminierten „black-box-Konsumenten" aufhellen, vom Wirtschaftssubjekt zum personalen Subjekt vorstoßen. Die Soziologie bietet dafür die „Verbraucherrolle" an, die für bestimmte Theorien sehr hilfreich sein mag, nicht aber für erzieherische Zielsetzungen, weil die isoliert-abstrahierte Rolle neben anderen Rollen wie Sparer, Kreditnehmer, Steuerzahler, Freizeitgestalter nicht die Ganzheit der Person trifft. Die Marketingtheorie analysiert personales Konsumentenverhalten, reduziert aber den mehrphasigen Prozeß der Konsumentscheidung auf Käuferverhalten, weil ihr erkenntnisleitendes Interesse an Absatzstrategien von Unternehmungen festgemacht ist.

Im übrigen gehen beide Richtungen mit dem Begriff „Konsumentensozialisation"[33] auf erzieherische Belange ein. Der der amerikanischen Soziologie entnommene Begriff betrifft die Anpassung von Individuen an die in Gesellschaft oder Gruppen vorherrschenden Normen und Werte, speziell an die durch Familie, Freundschafts- und Nachbarschaftsbeziehungen, Massenmedien und Werbung beeinflußte Konsumentenrolle. Solche Sozialisation geschieht fortlaufend, d. h. vom frühen Kindesalter an. Den Wirkungen kommt jedoch keine letzte Gültigkeit zu; genuine, d. h. **beabsichtigte** Konsumentenerziehung, wird diesen Grundprozeß kritisch zu reflektieren haben.

2.4.3.3 Verbraucherpolitische Begriffsvorstellungen

Die Herkunft von Verbraucherpolitikern aus der volkswirtschaftlichen Studienrichtung hat für das marktbestimmte Verbraucherverständnis gesorgt, das mit der Figur des Käufers immer noch überwiegt. Stauss[34] kommt sogar zu dem Schluß, daß angesichts verbraucherpolitischer Zielsetzungen die Vorstellung vom Verbraucher als Adressat des marktvermittelten Güterangebots den klarsten Bezugspunkt liefert. Durch die Einbeziehung öffentlicher Güter schlechthin gehe verbraucherpolitisches in allgemeinpolitisches Handeln über, eine kaum noch zu bewältigende Ausuferung des Verbraucherinteresses, so daß es geraten sei, auch im öffentlichen Bereich jenen als Verbraucher anzusehen, der durch Tauschprozesse öffentliche Güter wie Verkehrsleistungen, Strom, Wasser, Postdienste usw. erwirbt.

Wenn Stauss[35] dem Verbraucherbegriff weiterhin die Eigenproduktion im Haushalt zuordnet, dann ist das nur möglich unter Neuauflage des bereits zurückgewiesenen Verständnisses von Haushalt als Konsument mit der Folge, daß alle hauswirtschaftlichen Tätigkeiten, alles was im Haushalt geschieht, Konsumentenverhalten darstellt.

Die Abgrenzung der Vermittlungskomponente ist wesentlich von Scherhorn vorangebracht worden[36], der allenthalben in der Literatur zitiert wird. Gleichgültig, ob Verbraucherinformation oder -beratung, Verbrauchererziehung oder -bildung, diese Dif-

---

[33] Vgl. Kroeber-Riel, Werner: Konsumentenverhalten. 3. Auflage, München 1984, S. 635. – Roth, Richard: Die Sozialisation der Konsumenten. Frankfurt/M. 1983.
[34] Stauss, Bernd: Verbraucherbegriff und Verbraucherpolitik. In: Mitteilungsdienst der Verbraucherzentrale NRW 3–1982, S. 68f.
[35] Ders.: a.a.O., S. 67 u. 69.
[36] Scherhorn: Verbraucherinteresse 1975, S. 131ff u. 211.

ferenzierung ist im Grunde genommen immer auf Informationen, auf Wissenstransfer, abgestellt. Die Verbraucherinformation wird als Vermittlung von Einzelproblemen verstanden, und zwar ohne systematischen Zusammenhang mit anderen Problemen und ohne Einübung des Gelernten, sei es durch Massenmedien, sei es durch Beratungsstellen. Erweitert sich allerdings Einzelberatung[37] zu Gruppenberatung, nimmt sie schon Züge von Verbraucherschulung an. Beide werden auch unter Verbraucheraufklärung subsumiert.[38]

Der Begriff „Verbraucherbildung" betreffe nach Scherhorn hingegen alle Maßnahmen, die der Unterrichtung über zusammenhängende Stoffgebiete bzw. der systematischen Einübung grundlegender Verhaltensweisen dienen. Die Verbraucherbildung teilt sich in „Verbraucherschulung", die auf Kurse der Erwachsenenbildung, auf Fern- oder Selbstunterrichtung zutrifft, und „Verbrauchererziehung", deren Adressaten Kinder und Jugendliche im Lernort Schule sind. Im übrigen plädiert Steffens dafür, Verbraucherbildung und Verbrauchererziehung synonym zu verwenden.[39]

2.4.3.4 Personenbezogene Begriffsbildung – wirtschaftspädagogische Begriffsortung

Die bisher aufgewiesene Bindung der Verbrauchererziehung an die Marktstellung des Verbrauchers und an die Verbraucherrolle befriedigt pädagogisch und wirtschaftspädagogisch nicht. Die Erziehungswissenschaft befaßt sich mit dem Individuum als ganzheitliche und zu fördernde Person. Konsum ist ein physisch-psychischer Sachverhalt und darf daher nicht ökonomisch definiert werden. Die letzte Produktionsleistung im Privathaushalt charakterisiert das Ende des Wirtschaftsprozesses, die Bereitstellung von Gütern für Zwecke des Konsums. Die davon abzuhebende Konsumphase stellt eine besondere Art der Auseinandersetzung des Menschen mit der Welt dar.[40] Ursache ist die Nutzung oder der Verzehr von Gütern, Wirkung die Bedürfnisbefriedigung und damit einhergehend die Existenzsicherung des Menschen. Weil jedoch das personale Konsumieren die Güterbereitstellung voraussetzt, wird durch den personalen Konsumakt der Güterbestand dezimiert. Folglich erweisen sich der ökonomische Begriff „Endverbrauch", der sich auf den Verzehr bereitgestellter Güter bezieht, und der Begriff „Konsum", der auf den personalen Akt des Konsumierens zielt, als zwei Seiten ein und derselben Erscheinung. Infolgedessen ist es unzweckmäßig, wirtschaftspädagogisch von „Letzt**verbrauchern**" zu sprechen, wenn man **„Konsumenten"** meint.

Wenn der Erziehungsbegriff wirtschaftspädagogisch gebraucht wird, geht er über die verbraucherpolitische Begrenzung hinaus, denn Information, Aufklärung und Beratung fallen unter die Fremderziehung, und sogar die soziologische Konsumentensozialisation wird abgedeckt durch die funktionale Erziehung. Nicht zu leugnen ist natürlich, daß kein absoluter Erziehungsbegriff zur Verfügung steht, denn dadurch, daß er von Intentionen her geprägt ist, erliegt er zeitbedingten Denkrichtungen. Durch den Ausgang vom Intentionalen ist der **Erziehungsbegriff** an das **Erziehungshandeln** gebunden und selbst wenn funktionales (unbeabsichtigtes) Erziehungsgeschehen und (eigengesteuerte) Selbsterziehung begrifflich eingeschlossen sind, erfolgt

---

[37] Hoffmann, Annemarie L.: Verbraucherberatung als Hilfe zur Selbsthilfe – Ziele, Mittel und Erfolge. In: Hauswirtschaftliche Bildung 1980, S. 9ff.
[38] Zweiter Bericht der Bundesregierung zur Verbraucherpolitik. Sonderdruck 1975, S. 48.
[39] Steffens, Heiko: Verbrauchererziehung – Begriff und Richtziele. In: Mitteilungsdienst der Verbraucherzentrale NRW 3 – 1982, S. 2.
[40] Vgl. auch Baumgardt: Erziehung zu ... 1978, S. 27.

diese Subsumierung nur unter der Bedingung, daß eingetretene Wirkungen im Sinne von Intentionen positiv bewertet werden. Um das konkrete Erziehungshandeln operational zu machen, bedarf es einer **Zielkonzeption,** für die der Begriff der **„Bildung"** steht, nämlich der intentionale Entwurf im Hinblick auf das reflexive „Sich-Bilden" der Person. Erziehung geht also vom Handelnden aus; Bildung steht für die Zielkonzeption.

2.4.4 Weisen des Konsumierens und Güterarten

Wir haben Konsumieren als physisch-psychisch gesteuerte Handlungen des Menschen kenntlich gemacht. Liegt zwar dem Wort „Konsum" die Bedeutung von „Verzehr" zugrunde, so darf das Verzehren bezüglich verschiedener Güterarten nicht zu eng ausgelegt werden. „Verzehren" trifft nur auf kurzfristig konsumierbare Güter wie Brot, Butter oder Kaffee zu. Bei längerfristig gebrauchsfähigen Gütern wie Häusern, Autos oder Wohnungseinrichtungen spricht man von „Nutzung". Für Dienstleistungen eignet sich das Wort „Inanspruchnahme". Bleiben noch als besondere Güterart Informationen zu erwähnen, die „zur Kenntnis" genommen werden.

Richteten sich ursprünglich konsumentenerzieherische Intentionen auf private Wirtschaftsgüter, so wird inzwischen allenthalben die Meinung vertreten, öffentliche Leistungen einzubeziehen. Offen bleibt jedoch das Problem, wie es um freie Güter bestellt ist. Konsumiert man freie Güter? Nun gibt es wohl außer der Luft, dem freien Meer und Regenwasser kaum noch freie Güter, besser gesagt, absolut freie. Uns scheint es nicht zweckmäßig zu sein, sie dem Konsumbegriff zu unterwerfen. Aber sie sind, man denke an die fortlaufende Zerstörung der Umwelt, konsumerzieherisch **relevant.** Gleicherweise ließen sich „quasi" freie Güter herausstellen. Sie sind knapp und gehören anderen, und zwar meistens dem Staat, stehen aber zur freien Nutzung zur Verfügung. Wenn es darum geht, das Bewußtsein zur Vermeidung von Umweltschäden zu wecken, dann darf vor absolut und quasi freien Gütern nicht haltgemacht werden.

Für konsumentenpädagogische Erwägungen mag also gelten, daß für knappe Güter der Verzehr, für freie das Bewahren maßgeblich ist.

2.4.5 Konsumhaltung als Zerrbild

Ganz im Gegensatz zur Pädagogik, die Haltung wegen ihrer sittlich motivierten Konstanz als zielrelevant schätzt, hat euphorische Sozialkritik unter Zuhilfenahme des an Kauf gebundenen Konsumbegriffs eine Negativbestimmung von Konsumhaltung vorgenommen. Man hat so etwas wie eine „illegitime" Konsumhaltung konstruiert, beklagt die Totalisierung und Habitualisierung des Konsums, meint, daß sich der Mensch antlitzlos und als ausgestorbene Existenz zeige und erhebt angesichts dieser isolierten Daseinsverfassung erzieherische Forderungen.[41] Als legitim gilt ein Konsumverständnis, das mit dem Kauf von Waren, also von Sachleistungen, im Zusammenhang stehe, bei dem mit der Zahlung alles abgegolten sei, man äußerst passiv bleibe, ohne Reue genießen könne und sich im Glauben von Lebenserfüllung wiege. Die Illegitimität beginne dort, wo diese Konsumhaltung in andere Lebensgebiete wie Geselligkeit, Unterhaltung, Bildung, Tourismus, Sport übertragen werde. Hier dürfe

---

[41] Weber: Verbrauchererziehung 1969, S. 34f. u. 78ff. – Beer: Konsumerziehung 1967, S. 16 u. 19ff. – Scherer: Konsumhaltung 1958, S. 108. – Imobersteg: Entwicklung des Konsums 1967, S. 198ff.

nicht mehr der Grundsatz des Käuflichen gelten; Aktivität sei gefordert; der entrichtete Pauschalpreis sichere noch nicht das Erlebnis einer Reise; Sport bedürfe der Ausübung und nicht des Zuschauens.[42]

Wenn die erzieherische Forderung erhoben wird, daß zwischen dem Konsumierbaren und dem Nichtkonsumierbaren unterschieden werden könne, und für Nichtkonsumierbares die Konsumhaltung unangemessen sei, dann ist dieses Verlangen, was Dienstleistungen angeht, als Ausfluß eines reduzierten, an Sachleistungen gebundenen Konsumbegriffs verfehlt. Bestimmten Wirtschaftsgütern gegenüber einen Bereich uneigentlichen Konsums abzustecken und eine verdammungswürdige illegitime Konsumhaltung auszuhecken, vergewaltigt die Tatsachen.

2.4.6 Zwischen Konsumzwang und Konsumfreiheit

Wenn man dem Postulat der Freiheit und Selbstbestimmung in der Konsumentenerziehung den Vorrang gibt, beschwört man gerne als anzugreifende Gegenposition bestimmte Zwänge. Keinesfalls dürfen sie so absolut und undifferenziert gehandhabt werden, wie das oft geschicht. Im größeren Zusammenhang gesehen, resultiert Konsumzwang aus individueller Determiniertheit, beschränktem Konsumbudget, sozialem Eingegliedertsein und suggestiver Bedürfnisweckung.

Was zunächst die individuelle Befindlichkeit angeht, ist der Mensch wegen seiner Bedürfnislage grundsätzlich gezwungen zu konsumieren, was aber nicht heißt, daß nicht gewisse Handlungsspielräume übrigbleiben. Wenig Entscheidungsfreiheit lassen die sog. Existenzbedürfnisse, die auf Nahrung, Bekleidung, Wohnung usw. gerichtet sind, doch täuscht die Etikettierung mit „existenznotwendig" insofern, als die zur Befriedigung geeigneten Güter der Art nach substituierbar, hinsichtlich der Qualität wählbar und bezüglich der Menge kaum festgelegt sind. Disponibler erweisen sich Wohlstands- oder gar Luxusbedürfnisse. Die herkömmlich bekannte Bedürfnis-Güter-Einteilung enthüllt ihre Relativität, denn es zeigt sich, daß existenznotwendige Güter zugleich solche der Wohlstands- oder Luxuskategorie sein können. Ist zwar ein naturhaft auferlegter Konsumzwang gegeben, so beseitigt er nicht gewisse Freiheitsspielräume.

Die aufgewiesenen Wahlfreiheiten unterliegen ökonomischen Restriktionen, wie sie durch die verfügbare Konsumsumme gegeben sind. Ein geringes Budget läßt kaum, ein hohes Einkommen hingegen gewährt Entscheidungsmöglichkeiten.

Konsumrelevante Entscheidungsspielräume würden weiterhin durch die gesellschaftliche Einbindung des Menschen eingeengt. Riesman spricht in diesem Zusammenhang vom außengeleiteten Menschen. Als erstes sind Zwänge zu nennen, die vom Lebensstandard ausgehen. Lebensstandard ist eine Norm, die aus der sozialen Gruppe herauswächst und qualitativ wie quantitativ die Daseingestaltung lenkt, indem familiäre Herkunft, Ausbildungsgang und Berufsstatus sich verbrauchslenkend auswirken. Gewissermaßen handelt es sich hierbei um einen statisch wirksamen Zwang; der einzelne will nicht unter das allgemeine Niveau zurückfallen. Von dynamischer Natur erweist sich der Zwang, wenn das Prestigemoment zum Zuge kommt. Besonders das Streben von Aufsteigern nach sozialer Anerkennung bedient sich auffälliger Produkte, die einen hervorgehobenen Status demonstrieren sollen; nicht des Gebrauchs-, sondern des Geltungsnutzens wegen werden sie konsumiert. Dabei liefert

---

[42] Weiterführend Preuß, Volker: Sport, Wirtschaft und Konsum. In: Verbrauchererziehung und wirtschaftliche Bildung 1991, S. 1–16, insb. S. 9.

jene Gruppe das Leitbild, zu der man gehören möchte und von der man geschätzt zu werden hofft.

Konsumzwänge löse ferner die heutige zur Fremdbedarfsdeckung veranstaltete Massenproduktion aus, die auf anonyme Konsumenten gerichtet ist. Galbraith wagt diesbezüglich die These von der Gesellschaft im Überfluß, die in Sicherung von Vollbeschäftigung und Einkommen die Produktion zum Fetisch erhoben hat. Es gilt nicht mehr nur den dringenden Bedarf zu decken, sondern es wird, weil für viele Produkte Bedürfnisse überhaupt erst geweckt werden müssen, offensichtlich Überflüssiges erzeugt. Ist die paradoxe Situation gegeben, daß die Produktion nicht nur Konsumgüter hervorbringt, die für die Bedürfnisbefriedigung dienlich sind, sondern zugleich Bedürfnisse wecken muß, um Konsumgüter produzieren zu können, dann liegt es auf der Hand, daß man gezwungen ist, Menschen zum Konsumieren zu nötigen. Der Absatzdruck verlängert sich über die Werbung zum Konsumzwang. Die Anstiftung zum Konsum ist u. E. jedoch nicht so geartet, daß der Konsument stringent gezwungen wird.

Der vorstehende Aufriß verdeutlicht, daß das Verhältnis von Konsumzwang und Konsumfreiheit ziemlich relativ geartet ist. Bezieht man darauf erzieherische Absichten, dann ergibt sich, daß gegenüber naturhaftem Konsumzwang und sehr geringem Konsumbudget kein Angriffspunkt für Konsumentenerziehung vorhanden ist. Konsumentenerziehung kann erst dort beginnen, wo Freiheitsspielräume vorhanden sind.

Aus dem aufgewiesenen Kontext heraus sind zwei Hauptfragen erziehungsrelevant: Manipulation (Verführung) zum Konsum versus Appell (Ermahnung) zum Antikonsum.

„Erziehung zum Verbrauch" kann nicht die pädagogische Intention sein.[43] Die Anleitung dazu – von „Erziehung" zu sprechen, wäre verfehlt – soll die Werbung geben, die mit ausgeklügelten und sogar ins Unterbewußte hineinreichenden Maßnahmen Menschen in einen permanenten Konsumrausch versetzen möchte. Solange Werbung nicht betrügerische Informationen verbreitet oder Sittlichkeitsgebote verletzt – z. B. Fernsehbeeinflussung gegenüber noch nicht kritikfähigen Kindern[44] –, ist ihr Versuch, zum Konsumieren anzustiften, durchaus legitim. Dennoch belastet man sie mit dem Odium der Verwerflichkeit, indem sie als „Manipulation" des Konsumenten diskreditiert wird. Das Theorem des Abhängigmachens greift wenig. Zweifellos stehen wir alle in ständiger Kommunikation mit der kulturellen und uns mit Informationen überflutenden Umwelt, die nicht ohne Einfluß bleibt, was Begriffe wie Sozialisation, funktionale Erziehung oder geheime Miterzieher belegen. Die Auswirkung gezielter Manipulation ist ähnlich ungewiß wie die ausgeübte Erziehung. Jedenfalls schließt die beliebte Spekulation keinesfalls die Brücke zwischen Ursache (getroffener Maßnahme) und Wirkung (angestrebtem Ziel), so daß der Mythos vom manipulierten Konsumenten der Dramatik entbehrt.[45]

Der Pädagoge, der um Persönlichkeitsentfaltung bemüht ist, darf sich nicht als Handlanger der Wirtschaft verstehen. Damit ergibt sich die Frage, ob Erziehung zum Antikonsum der einzuschlagende Weg ist. Seit altersher ist der Bedürfnislosigkeit das

---

[43] Fegebank, Barbara: Erziehung zum Verbrauch? In: Die berufsbildende Schule 1974, S. 171ff.
[44] Vgl. Wolsing, Theo: „Früher oder später kriegen wir Euch alle". In: Preuß/Steffens (Hrsg.) Goliath und David, S. 135–164.
[45] Wiswede: Mythos 1972, S. 157ff.

Wort geredet worden. Plutarch: „Wer wenig bedarf, der kommt nicht in die Lage, auf vieles verzichten zu müssen." Wilhelm Busch: „Drum lebe mäßig, denke klug; wer nichts gebraucht, der hat genug."[46] Würde man indessen das hier anklingende Ethos der Enthaltsamkeit in eine Strategie zum Antikonsum ummünzen, dann käme man mit Werten in Konflikt, die allen als unaufgebbar erscheinen: Volkswohlstand und hoher Lebensstandard.

Weder die Stimulation zum Konsum noch der Appel zum Antikonsum können als Erziehungsziel maßgeblich sein. Wenn es darum geht, Konsum auf hohem Niveau zu bejahen, aber sich von den Auswüchsen zu distanzieren, dann muß der Educandus befähigt werden zu unterscheiden, was sinnvoller Lebensführung dienlich ist oder nicht.

2.4.7 Erziehung zu sinnvollem Konsumieren[47]

Der bisherige Streifzug durch die konsumentenerzieherische Ideenwelt hat uns immer wieder mit der Problematik sinnvollen Konsumhandelns konfrontiert. Um so mehr rückt diese Zielgebung ins Zentrum, weil weder Stimulation zum noch Appell gegen Konsum Anliegen einer Konsumentenerziehung sein können. Damit deutet sich an, daß vielleicht eine Mittelposition gesucht werden müßte.

2.4.7.1 Sinnvoll als Maßhalten

Beer[48] rückt die „Wozu"-Frage in den Vordergrund. Weil pauschale Voreingenommenheiten von Übel seien, müsse man differenzieren und sehen, daß mögliche Gefahren nicht in den Dingen selber stecken, sondern in der Macht und Ohnmacht des Menschen ihnen gegenüber. „Entscheidend sind Maß und Ziel."

Einen ähnlichen Standpunkt nimmt auch Weber[49] ein, der für „Erziehung zum partiellen Verzicht" plädiert. „Darunter wird die gerade heute in unserer Konsumgesellschaft nötige Fähigkeit und Bereitschaft zum Maßhalten verstanden. Solches Maßhalten schließt Lebensfreude nicht aus."

Die Überlegungen zielen auf ein ganz einfaches Optimierungsmodell, das wegen seiner ausgleichenden Beschaffenheit wohl nicht die beste, aber vermutlich auf weiten Strecken eine befriedigende Lösung sichert. Diese Tugend des Maßhaltens forderte schon Aristoteles.[50] Je nach der konkreten Situation liege der Wert „Maß" in der Mitte zwischen zwei Extremen. Im übrigen ist ein mäßigender Effekt durch ein beschränktes Konsumbudget gegeben, denn eine solche Einkommensbedingung wirkt sich als partieller Verzicht aus.

Für die Auslegung des „sinnvollen Konsumierens" reicht also ein solch einfaches Modell nicht aus. Vielmehr kommt es für die Maßstabsgewinnung auf die rechte Sicht von Mensch und Welt[51], auf die Hinwendung zum Lebenssinn an.

---

[46] Vgl. Beer: Konsumerziehung 1967, S. 26f.
[47] Treffsicher stellt Baumgardt seine Untersuchungen unter diese Thematik. Vgl. a.a.O., 1978.
[48] Beer: Konsumerziehung 1967, S. 45 u. 41.
[49] Weber: Verbrauchererziehung 1969, S. 82 u. 50.
[50] Vgl. Hartmann, Nicolai: Einführung in die Philosophie. Vorlesungsnachschrift, 3. Auflage, Osnabrück 1954, S. 147.
[51] Scherer: Konsumhaltung 1958, S. 109.

2.4.7.2 Zum Sinn von Leben und Welt

Gehen wir von einigen Beispielen aus: Wenn jemand Hunger und Durst hat, ist es sinnvoll, eine Befriedigung in der Weise der alten Gefängnisverköstigung mit Brot und Wasser zu suchen. Dies ist jedoch für längere Zeit nicht sinnvoll, weil sich ernährungsphysische Gesundheitsmängel einstellen. Sinnvoller ist es, ein Steak zu essen und Milch zu trinken, und dennoch ist es nicht sinnvoll, wenn jemand dem Vegetarismus anhängt.

Grundsätzlich scheint jede Befriedigung durch Güter sinnvoll zu sein. „Sinnvoll" allein auf das angedeutete Verhältnis von Mittel (Konsumgut) und Zweck (Befriedigung) zu beziehen, dürfte nicht ausreichend sein, weil lediglich auf den Eignungswert der Güter Bezug genommen würde.

Um Aufschluß über Sinn von Leben und Welt[52], über deren „Wozu" und „Woher" zu erhalten, werden sie nicht anders als kulturelle Erscheinungen der finalen Betrachtungsweise unterzogen. Dem Sein sei also eine gewisse Zielstrebigkeit zugehörig. Dennoch bleibt bestehen, daß Finalität an ein vernunftbegabtes Wesen mit Denken und Wollen gebunden gedacht ist, so daß sich Antworten nicht ohne einen zwecksetzenden und unser Dasein lenkenden überweltlichen Logos, religiös als Gott verstanden, finden lassen. Wissen schlägt in Glauben um; Sinnklärung greift über das Weltbild der Einzelwissenschaften hinaus und ist in Metaphysik, Weltanschauung und Religion angesiedelt. Der Begriff "Sinn" ist mit „Wert" verwandt. Nach dem letzten Sinnprinzip fragen, bedeute nichts anderes, als nach dem letzten Wertgrund der Welt zu suchen.[53]

Die transzendent-religiöse Sinnbestimmung sucht den Ausgang bei Gott, dem absoluten Seins- und Wertgrund der Welt. Zu prüfen wäre, wie steht die den Glauben interpretierende Theologie zum Konsum, welche Anweisungen gibt sie aus ihrem das Weltganze auf Gott beziehenden Sinnverständnis heraus. Für eine Verketzerung des Konsums wird nicht eingetreten, doch eine Vergeistigung des Konsumvorganges gefordert, und zwar in Achtung vor dem gottentsprungenen Sein.[54] Diese Aufklärung hätte der schulische Religionsunterricht zu übernehmen.

In transzendent-säkularer Sicht sind bezüglich des Lebenssinnes philosophisch aufgearbeitete Weltanschauungslehren zu bemühen. Nun darf nicht übersehen werden, daß die transzendente Sinnbestimmung daran krankt, daß uns im Sein eine Zielstrebigkeit aufleuchtet, daß es uns aber verwehrt ist, sie wissenschaftlich zu erkennen, so daß entsprechende Aussagen emotional durchtönte Spekulationen sind, insbesondere im Hinblick auf Wertvorstellungen. Der gespürte „enthaltene" Sinn ist also letztlich ein „beigelegter" Sinn. Damit wird die Sinnfrage ins irdische Dasein zurückgeholt und ist immanent angehbar. Letztlich gibt es so viele Sinnfestlegungen wie menschliche Subjekte. Weil sich nicht jeder den letzten Lebensfragen enträtselnd zuwendet, sind die meisten auf die großen Denker der Geistesgeschichte angewiesen, wodurch sich allerdings die Vielzahl möglicher Sinnmeinungen reduziert und eine Gruppierung der Weltanschauungen eintritt.

---

[52] Unsere Überlegungen stützen sich auf Hessen, Johannes: Lehrbuch der Philosophie. 2. Band (Wertlehre), 2. Auflage, München/Basel 1959; 3. Band (Wirklichkeitslehre), 2. Auflage, 1962.
[53] Hessen: Wirklichkeitslehre 1962, S. 278.
[54] Scherer: Konsumhaltung 1958, S. 108 ff.

2.4.7.3 Wertordnungszusammenhänge und konsumtive Wertentscheidung

In der Regel versucht man, den Sinn des menschlichen Lebens methodisch durch eine Schichtenanalyse zu erfassen und sieht, weil er als Krönung der Schöpfung mit Geistigkeit versehen und mit Willensfreiheit ausgestattet ist, seine Vollendung in der sittlichen Persönlichkeit, ein Prozeß, der die Verwirklichung als Sollensgebot aufzufassender Werte zum Gegenstand hat. Genau darauf stellt der Wirtschaftspädagoge Schlieper mit seinem Bildungsbegriff ab, indem er „Wertordnungszusammenhänge" anvisiert.[55] Von hier aus gerät die Bestimmung des „sinnvollen" Konsums in Bedrängnis. Das selektierende Denken schichtet nicht nur den Menschen als Leib-Seele-Geist-Wesen, sondern baut auch Werthierarchien auf, die gewissermaßen analog strukturiert sind. Nicht anders ist es um Rangordnungen von Bedürfnissen bestellt. „Niedere" Werthaltigkeit korreliert mit dem Menschen als Naturwesen und existentiellen Grundbedürfnissen, „höhere" mit dem Geistwesen und sozialen und kulturellen Bedürfnissen usw. Durch Schichtung und Stufung erhalten die höheren Werte, insbesondere kulturelle und sittliche, Priorität eingeräumt, während Lust- und Vitalwerte gewissermaßen etwas anrüchig sind. Notwendigerweise geschieht nämlich die sinnhafte Personwerdung im Entscheidungsfalle durch das jeweilige Vorziehen des höheren Wertes[56], so daß sich die werthafte Geistigkeit sinnerfüllend über die naturhaften Triebe erhebt. Diese Entscheidungsregel zum erzieherischen Prinzip erhoben, gibt Erziehung zum „sinnvollen" Konsum wenig Chancen, weil das konsumentenerzieherische Bemühen im eigentlich zu überwindenden Bereich der Profanität angesiedelt ist.

Was sich durch Schichtung als eine aufwärtsgerichtete Werthierarchie darstellen läßt, findet im tatsächlichen Leben stets zugleich statt. Dadurch bleiben die niederen Werte im Spiel. Durch ein gewisses **Zugleich** der Werteverwirklichung erweisen sich die niederen Werte als Werte sui generis, denn der Mensch ist im aufsteigenden Prozeß der Selbstwerdung an seine Leiblichkeit gebunden. Zum Vorschein kommt eine überbrückungsnotwendige Wertantinomie. Sinnvolles Menschsein erfüllt sich nicht nur im Streben nach höheren Werten, sondern zunächst einmal in der Beachtung der niederen, denn diese seien die existenznotwendigen, die fundamentaleren. Die einen verlangen Bevorzugung wegen ihrer Höhe, die anderen wegen ihres fundamentalen Charakters.[57]

2.4.7.4 Sinnvolles Konsumieren als qualifiziertes Optimierungsmodell

Damit steht nichts im Wege, für die Bestimmung „sinnvolles Konsumieren" die in der Wirtschaftstheorie thematisierte Nutzenmaximierung zu übernehmen, die in ihrem Ursprung psychologisch interpretiert war und erst im Zuge ökonomischer Modellbildung sterilisiert worden ist. Die These von der Nutzenmaximierung aufgreifen heißt, sie auf den vollblütigen Menschen zurückzunehmen und nicht auf das modellverengte Wirtschaftssubjekt zu beziehen, die abhängigen Variablen über die Gütermengen hinweg auszudehnen, insbesondere die bisher im Modell als Daten behandelten Größen wie Bedürfnisstruktur, Preise und Einkommen (Konsumbudget) aus ihrer „Gegebenheit" zu entlassen. Nicht ausreichend ist ferner, die der Käuferfigur zugeordneten Merkmale „produktbewußt", „preisbewußt", „werbekritisch" zu verwenden. Das

---

[55] Schlieper, Friedrich: Allgemeine Unterrichtslehre für Wirtschaftsschulen. 2. Auflage, Freiburg 1957, S. 18
[56] Hartmann: Einführung 1954, S. 168 ff.
[57] Hartmann: Einführung 1954, S. 170 f.

Konsumhandeln ist vielmehr in seiner ganzen Tragweite als soziales Handeln aufzuarbeiten[58], denn mit ihren Konsumentscheidungen gestalten die Individuen nicht nur ihr eigenes Leben, sondern beeinflussen auch die politische und wirtschaftliche Entwicklung auf betrieblicher, staatlicher und internationaler Ebene. Und damit nicht genug.

Hingewiesen wurde auf die Ehrfurcht vor der göttlichen Schöpfung. Daß die Welt dem Menschen nicht nur als ausbeutungsfähiges Sein zur Verfügung steht, erfahren wir heute hautnah. Im einen wie im anderen Falle sind wir genötigt, die Welt unter ein auf Pflege bedachtes Soll zu stellen, wenn sich nicht Weltzerstörung als Kehrseite von konsumtiver Lebenserfüllung einstellen soll. Zum Sinnbezug gehören folglich, daß die Grenzen dieser Erde, der Rohstoffe, des Wirtschaftswachstums wie auch die Bedürfnisse ausweitende Bevölkerungsexplosion beachtet werden. Für das Berliner Verbraucherinstitut (vgl. Jahresprogramme) ist die ökologische Verantwortung ein Schwerpunkt.[59]

„Sinnvoll" in die Konsumentenerziehung einzubringen gelingt nur, wenn nicht allein der **Zweck** des Konsums in bezug auf die Sinnhaftigkeit von Welt und Leben reflektiert, also die „Wozu"-Frage gestellt wird, sondern wenn darüber hinaus die **Mittel** neben ihres bloßen Dienstwertes auch als Eigenwert Beachtung finden, ferner die Bedingungen des Konsumprozesses unter Einschluß der vorgelagerten Produktion und schließlich alle Nebenwirkungen berücksichtigt werden. Die unerhörte Vielzahl eigenwertiger Variablen schränkt die im Prinzip nicht sinnverletzende Nutzenmaximierung ein.[60] Wie ein solches optimierendes Modell rational und affektiv zu handhaben wäre, ist das schier unlösbare Problem. Doch läßt sich wohl behaupten, **daß je weniger man um diese wechselseitigen Beziehungen weiß, um so mehr die Möglichkeit entgleitet, „sinnvoll" zu konsumieren.** Aus diesem mannigfaltigen Beziehungskomplex heraus ist Konsumentenerziehung zu konzipieren. Wenn Bildung[61] der Grad der Einsicht „in die Sach- und Wertzusammenhänge, die zwischen den Einzelerscheinungen der Umwelt, zwischen dem Ganzen der menschlichen Kultur und dem Sinn des menschlichen Lebens bestehen" meint, dann greift eine derartige Bildung des Konsumenten weit über die an der Marktstellung des Verbrauchers festgemachte Verbrauchererziehung hinaus.

Wenn versucht worden ist, die Sinnfrage aus der Wertdimension heraus grundsätzlich zu beleuchten, so sind natürlich weiterführende Überlegungen zu Wertarten und -stufungen bis hin zu Brauch und Sitten, eigenwohl- und gemeinwohlrelevanten Werteinstellungen usw. erforderlich. Bei Steffens finden sich einige konsumethische Postulate.[62] Müller versteht seine Untersuchung als „Plädoyer für eine neue Konsumethik".[63] Zu bedenken ist auch, daß sich die situativen Bedingungen ständig än-

---

[58] Vgl. Hunziker, Peter: Erziehung zum Überfluß. Stuttgart u. a. 1972, S. 110.
[59] Müller, Egon: Erziehung zum verantwortungsbewußten Verbraucher. München 1980, S. 13. – Dörge, Friedrich-Wilhelm (Hrsg.): Qualität des Lebens. Opladen 1973, S. 15 u. 24 ff. – Vgl. ferner Weinbrenner, Peter: Von Otto-Normalverbraucher zu Öko-Paul. Für eine ökologische Umorientierung der Verbrauchererziehung. Berlin 1992. – Lackmann, Jürgen: Ökologische Verbrauchererziehung. Weingarten 1995.
[60] In diesem Sinne auch Steffens: Begriff 1982, S. 4 unten.
[61] Schlieper: Unterrichtslehre 1957, S. 18.
[62] Steffens: Begriff 1982, S. 5.
[63] Müller: Verantwortungsbewußter Verbraucher 1980, Titelblatt.

dern[64] und konsumentenerzieherische Überlegungen einem Wertewandel[65] ausgesetzt sind, so daß „sinnvolles Konsumieren" eine dynamische Betrachtung erfordert. Eine umfassende Analyse von Ethik und Konsum bietet ferner Hendrikson[66] und das Berliner Verbraucherinstitut läßt sich ebenfalls wesentlich von ethischen Forderungen leiten (Jahresprogramme).

Wir haben festgestellt, daß Erziehung zu **„sinnvollem"** Konsumieren die Zielsetzungsbefähigung unter Beachtung von Sach- und Wertezusammenhängen meint. Eine Voraussetzung dafür ist die Kritikfähigkeit. Der **„kritische"** Konsument ist derjenige, der für sein Handeln ein distanziertes Situationsverständnis gewonnen hat. Verantwortung ist Ausfluß sittlicher Werthaltung. Wer seine Ziele sachkritisch und werteverpflichtet bestimmt, hat für seine Zielerreichung **„verantwortlich"** einzustehen, vor sich selber, vor seinen Mitmenschen, vor künftigen Generationen, vor dem Bestand dieser Erde und religiös vor Gott. Der „rationale", „mündige" oder „vernünftige" Konsument ist ebenfalls unter dem Gesichtspunkt der Zielerreichung zu fixieren: **„Rationales"** Handeln hebt sich ab vom impulsiven, gewohnheitsmäßigen oder inkonsistenten Handeln.

2.4.8 Didaktisch entwickelte Lernzielgefüge

Mit dem jähen Aufschwung des didaktischen Interesses Ende der 50er Jahre und durch Übernahme amerikanischer Curriculum-Strategien ist die Lernzielformulierung im Hinblick auf Operationalisierung, Evaluationierung und Taxonomierung praktiziert und theoretisiert worden. Die Operationalisierung hatte die Überwindung des didaktischen Materialismus, der bloßen bildungspolitischen Vorgabe von Stoffplänen, durch Hinzunahme der Verhaltensdimension zur Folge.

Im Blick stehen nun kognitive, affektive und psycho-motorische Lernziele, während herkömmlich von der formalen, materialen und sittlichen Seite der Bildung gesprochen wurde. Bei der hierarchischen Taxonomierung leistet der Grad der Abstraktheit Hilfe, so daß sich in abnehmender Abstraktion Zielstufen wie Leitziel, Richtziel, Grobziel und Feinziel ergeben. Der Forderung nach Operationalität haben letztere zu genügen.

Noch während der theoretischen Diskussion, die zu einem kaum zu übersehenden Schrifttum führte, begann, alle Fächer betreffend, die Umsetzung in Lehrpläne, so daß, wo immer konsumentenerzieherisch etwas bewegt werden sollte, Lernziele inhaltlich und verhaltensmäßig formuliert sind. Mögen auch die Zielangaben ad hoc und kompilatorisch durch Kommissionsarbeit in teilweiser Begleitung durch Schulversuche zustande gekommen sein, insgesamt stellen die ministeriell erlassenen Lehrpläne eine beachtliche Leistung dar, denn die Schulpraxis steht immer unter Realisationszwang und kann nicht jahrelang nach Maximallösungen suchen. Betrachtet man die hauptsächlich gebrauchten Verhaltensmerkmale wie Einblick, Kenntnis, Verstehen, Wissen, Überblick, Bewußtsein, dann scheint, daß es sich um sprachspielerische Ausschmückung von Lerninhaltsangaben, um Artefakte um des Konstruktionsprinzips willen, handelt. Weil mehrere formale Merkmale auf einen Inhalt bezogen werden können, sind nicht sie primär für die Lehrplankonstruktion geeignet,

---

[64] Baumgardt: Erziehung zu ... 1978, S. 45.
[65] Nibbrig, Bernhard: Wertewandel und Verbraucherverhalten. In: Verbrauchererziehung und wirtschaftliche Bildung, Heft 2, Jahrgang 1988, S. 17ff.
[66] Hendrikson, Kurt: Ethik und Konsumkultur. Vom Sinn des Seins in der Wohlstandsgesellschaft. Stuttgart 1988.

sondern die Inhalte genießen wegen ihrer Nichtbeliebigkeit Priorität.[67]

Aus dem universitären Bereich macht sich bemerkbar, daß es keine ausschließlich auf Konsumentenerziehung bezogene Kapazitäten gibt. Dennoch ist man stetig um intensive Zielreflexion bemüht gewesen. Partielle Versuche bieten z. B. Kruber (Wirtschaftslehre), Castner (Kulturkritik), Fegebank (Verbraucherkunde), Ahlhaus (Warenkunde) und Mosenthin (Textilunterricht).[68]

Aufgrund seiner Forschung zum Thema „Europäische Verbrauchererziehung" bietet H. Meyer[69] einen etwas umfangreicheren offenen Grobzielkatalog zu den Problembereichen Wettbewerbsbedingungen und zufriedenes Verbraucherverhalten, Erhaltung und Sicherung eines gesunden Lebens und langfristige Sicherung der natürlichen Lebensgrundlagen an. Es handelt sich um undifferenzierte Empfehlungen, die von den je besonderen Unterrichtssituationen her einer Konkretisierung bedürfen. Hingegen nimmt Dauenhauer[70] eine lernort- und altersgerechte Differenzierung für Familie, Grundschule, Sekundarstufe I und II sowie für die Erwachsenenbildung vor. In der Tat steht man vor einem Dilemma. Offene Curricula sind im wahrsten Sinne „offen" und so für die Unterrichtsplanung nicht ohne weiteres anwendbar. Operationalisierte Curricula lassen nicht nur keinen Spielraum, sondern können erst nach langjährigen Schulversuchen so zurechtgestutzt sein, daß die Vorgaben auch erreicht werden.

Neben den beispielhaft angedeuteten Einzelversuchen haben sich einige Wissenschaftler zu einer bestimmten Richtung zusammengefunden. Den Anstoß auf der Basis formaler Bildung hat Dörge[71], sich in die curricularen Zeitströmungen einfädelnd, gegeben. Um Handlungsfähigkeit zu entbinden, kämen als Qualifikationen kritisches Bewußtsein, Analysefähigkeit, Urteilsfähigkeit und Handlungsbereitschaft in Frage. Zugleich peilt er den Sachhorizont an: Wirtschaft des privaten Haushalts, Marktgeschehen, öffentliche Haushaltswirtschaft und Wirtschaftspolitik.

Als eine Weiterentwicklung sind die zitierten Arbeiten von Steffens zu nennen[72], die sich als ein Anfang stringenter Curriculumkonstrukton erweisen. Er stellt fünf Richtziele heraus, die dann zu Grobzielen und einer didaktischen Matrix verdichtet werden.

Mit seinen Vorstellungen hat Steffens unmittelbar den kommentierten Zielkatalog „Verbrauchererziehung in der Schule" beeinflußt, der unter Mitarbeit namhafter Fachleute von der Verbraucherzentrale Nordrhein-Westfalen und der Stiftung Verbraucherinstitut Berlin[73] erstellt worden ist.

Auf die Linie der vorangehend angedeuteten ökologischen und konsumethischen

---

[67] Blankertz, Herwig: Theorien und Modelle der Didaktik. 11. Auflage 1980, S. 40.
[68] Kruber, Klaus-Peter: Die Qualifikationsstruktur des Verbrauchers in der Marktwirtschaft. In: Die berufsbildende Schule 1974, S. 166 ff. – Castner, Thilo: Konsum und Erziehung. In: Die Deutsche Berufs- und Fachschule 1976, S. 851. – Fegebank, Barbara: Verbrauchererziehung in der Schule. In: Hauswirtschaftliche Bildung 1977, S. 116 f. – Ahlhaus, Otto: Vorberufliche Erziehung und Verbrauchererziehung durch Warenkunde. In: Deutsche Berufs- und Fachschule 1978, S. 169 ff. – Mosenthin, Gertrud: „Verbrauchererziehung" oder „Kulturelle Bildung". In: Textilarbeit und Unterricht 1984, S. 120 f.
[69] Frankfurt/M.. 1983, S. 430 ff.
[70] Dauenhauer: Verbraucherkunde 1978, S. 148 ff., 155, 166, 181 u. 190.
[71] Dörge: Didaktik 1973, S. 10.
[72] Wir beziehen uns hier auf Steffens: Begriff 1982, S. 3 ff. – Die Matrix befindet sich auf S. 5.
[73] Sonderdruck, herausgegeben von den beiden genannten Institutionen, 1984.

2.4 Konsumentenerziehung

Orientierung schwenkt die Dissertation von Müller[74] ein, die, pädagogisch argumentierend, ohne einzel-, volks- und weltwirtschaftliche Bezüge zu vernachlässigen, auf Werthaltungen des Verbrauchers zielt: „Anzustreben ist der Verbraucher, der interessenkonform und verantwortlich gegenüber seiner Umwelt, Mitwelt und Nachwelt verbrauchen und leben lernt." Ein neues Verbraucherbewußtsein, eine neue Konsumethik seien pädagogisch zu fördern. Sehr gründlich werden unter Auswertung einer umfangreichen Literatur vielseitig verwobene Lebenszusammenhänge entschlüsselt und zu mehrdimensionalen, aber wiederum adressatenunspezifischen Lernzielgefügen aufgearbeitet. Kognitiven und handlungsbezogenen Lernzielen sind inhaltliche Unterrichtsvorschläge zugeordnet.

Überblickt man die Zieldiskussion, so zeigt sich, daß das formale Verhaltenselement überwiegt. Erforderlich wären materiale Zusammenstellungen, die zunächst auch adressatenunspezifisch gehalten werden könnten. Sie wären um so notwendiger, wie die Konsumproblematik fachlich mehrdimensional zu entfalten ist. Solche Inhaltskataloge wären eine Auswertung der verschiedensten Fachwissenschaften unter didaktischem Gesichtspunkt. Ein weiterer Schritt wäre, eine fachdidaktisch inspirierte Konsumtheorie zu entwerfen, an die sich insbesondere Lehrer bei ihrer Unterrichtsvorbereitung halten könnten. Ein erster Versuch liegt von Dauenhauer[75] vor. Ein der Verbrauchererziehung vorgeschalteter fachwissenschaftlicher Teil gibt an, über welches Wissen der mündige Verbraucher verfügen sollte und erweist sich als eine systematische Darstellung verbraucherkundlicher Stoffbereiche (Verbraucherkunde). Vohland[76] hat dann dieser Aufgabe eine umfängliche Studie gewidmet, die in kritischer Analyse die Ergebnisse von Wirtschaftswissenschaft, Soziologie, Ökologie, Psychologie usw., soweit sie mit dem Konsumentenverhalten befaßt sind, integrierend zusammenfaßt. Welcher Literatur und welchen Theoremen wird vom Inhalt her Vorrang eingeräumt? Der Autor richtet seine Aufmerksamkeit auf den Käufer und auf das Gegenmachtkonzept. Alsdann folge der Fachdidaktiker nicht dem Erkenntnisanspruch des Fachwissenschaftlers und reduziere nur dessen Theorien, sondern er lasse sich von seinen Lernzielen – hier der Selbstbestimmung – leiten. „Es ist dabei nicht zu vermeiden, daß der Gesamtzusammenhang der verschiedenen fachwissenschaftlichen Teilaussagen dabei weitgehend aufgegeben wird oder ganz verloren geht; er wird durch Einordnung in ein fachdidaktisches Ziel- und Sinnsystem ersetzt." Man steht also bei allem objektiven Bemühen wieder vor dem Wertdilemma.

Die Linie, didaktisch gelenkter fachlicher Vororientierung mit anschließenden Hinweisen zur unterrichtlichen Vermittlung verfolgen ebenfalls Arbeiten aus der Regie des Berliner Verbraucherinstituts.[77]

2.4.9 Adressaten und Institutionen von Konsumentenerziehung

2.4.9.1 Massenmedien

Dem Einsatz der Massenmedien als geheime Miterzieher sind Grenzen gesetzt, weil eine regelnde Instanz fehlt. Eine bestimmte Meinungsmache widerspräche der Pres-

---

[74] Müller: Verantwortungsbewußter Verbraucher 1980, S. 3, 97 ff., 161 ff., 173 ff. und 196 ff.
[75] Dauenhauer: Verbraucherkunde 1978, S. 9.
[76] Vohland, Ulrich: Verbraucherverhalten und Verbrauchererziehung. Baltmannsweiler 1982, S. 10 f., 23, 25, 33 ff., 41, 45.
[77] Vgl. z. B. Kaminski, Hans u. a.: Der Verbraucher in der Marktwirtschaft. Produktion-Marketing-Konsum. Unterrichtsmodell für die Sekundarstufe II. Berlin u. a. 1991. – Mackert, Hildegard u. a.: Verbraucherbildung in der Schule. Berlin 1993.

sefreiheit. Dennoch verhält man sich verbrauchererzieherisch nicht abstinent, denn je nach Interessenlage und Sachkenntnis von Berichterstattern werden punktual Konsumthemen angeschnitten, sei es bezüglich Ernährung, Gesundheit, Wohnung, Bekleidung, Hauswirtschaft oder sei es bezüglich Warenqualitäten, Verkaufspraktiken, Freizeitaktivitäten, Urlaubsgestaltung usw. Aufklärungsarbeit leisten die Test-Zeitschrift, Frauenzeitschriften, aber auch das Fernsehen mit Kommentaren und Spezialsendungen zu aktuellen Fragen des Wirtschaftslebens.

2.4.9.2 Familie

Selbst ohne Absicht geschieht im täglichen Umgang Konsumentenerziehung funktional in der Familie. Hier sind schon Kleinkinder betroffen und die übrigen noch nicht volljährigen Mitglieder. Ob jedoch eine „sinnvolle" Konsumhaltung vermittelt wird, hängt vom familiären Lebensstil ab und inwieweit Eltern selber die erforderliche Einsicht und den entsprechenden Erziehungswillen, z. B. die Überwachung des Fernsehkonsums von Kindern[78], besitzen. Nur unter dieser Bedingung kann die Familie und damit der Privathaushalt intentional wirkender Lernort sein. Die Chance zur „Führung" ist gegeben, jedoch das Fiasko der „Verführung" nicht weniger.

2.4.9.3 Erwachsenenbildung

Angesicht der Elternbefähigung[79] stellt sich die grundsätzliche Frage der konsumbezogenen Erwachsenenbildung. Läßt man sich vom Postulat der „éducation permanente" leiten[80], der ständigen Wissensaktualisierung als Voraussetzung zeitgemäßen Handelns, dann besteht kein Grund, Erwachsene nicht in dieses lebenswichtige Bildungsgebiet einzubeziehen. Löbner[81] sprach sich schon früh für eine Ausdehnung auf Rentner und Pensionäre aus und plädiert für eine verbrauchskundliche Geragogik. Im großen und ganzen läßt die Bereitschaft Erwachsener, sich weiterbildend der Konsumproblematik anzunehmen, zu wünschen übrig. Was abgefordert wird, sind Spezialkurse besonders mit hauswirtschaftlicher Thematik und Gesundheit. Erhebliche Anstrengungen für Multiplikatoren unternimmt die Stiftung Verbraucherinstitut Berlin, und zwar mit publizierten Materialien sowie vielseitigen Veranstaltungen.[82] Auch Fischer[83] legt in einem früheren Sachstandsbericht dar, daß erfolgversprechende Ergebnisse bei sozialschwachen Konsumenten und Randgruppen zu erwarten seien (bei Ausländern, Aussiedlern, Obdachlosen, Heimjugendlichen, Landbevölkerung). Insofern das Angebot bei der Erwachsenenbildung vornehmlich durch Kurse erfolgt, ergeben sich kasuistische Bildungseffekte.

2.4.9.4 Schulen

Die vorangegangene Analyse verdeutlicht, daß eine planmäßige Verbrauchererziehung nur über obligatorischen Schulunterricht zu erreichen ist. Adressaten wären also

---

[78] Wolsing, Theo: Kinder und Jugendliche als Wirtschaftsfaktor. In: Verbrauchererziehung und wirtschaftliche Bildung 1990, S. 1–16.
[79] Scherer, Georg: Konsumhaltung und Erwachsenenbildung, a. a. O., S. 110.
[80] Walter, Theodor: Verbrauchererziehung. In: Hauswirtschaft und Wissenschaft 1980, S. 254.
[81] Löbner, Walther: Lernziel-kritischer Verbraucher (Teil 2). In: Verbraucherschutz in der Marktwirtschaft, hrsg. von Erwin Dichtl, Berlin 1975, S. 177 ff.
[82] Vgl. auch Berger, Klaus u. a.: Verbraucherbildung mit Erwachsenen. Bonn 1988.
[83] Fischer, Wolfgang Chr./Lenzen, Richard/Vielhaber, Reinhard: Konzeptionsentwurf für eine zielgruppenorientierte Verbraucherbildung Erwachsener. Bremen 1983, S. 50 ff.

schulpflichtige Kinder und Jugendliche. Abzuklären ist, welche Schulart dafür zuständig sein soll, denn in der Literatur werden sowohl berufliche als auch allgemeinbildende Schulen angeführt.

Für die Zuordnung zu beruflichen Schulen könnte maßgeblich gewesen sein, daß Konsumentenerziehung mit Wirtschaft zusammenhängt. Abgesehen von hauswirtschaftlichen Berufs- und Berufsfachschulen[84], fragt sich, wie bei den wenigen Stunden, die für den Berufsschulunterricht zur Verfügung stehen, diese Bildungsaufgabe fruchtbar geleistet werden soll, zumal Berufsbildung einer grundsätzlich anderen didaktischen Intention, nämlich der professionellen, folgt. Dennoch forschen das Berliner Verbraucherinstitut und die Universität Paderborn in Versuchen nach einer Verknüpfung.[85] Geht man vom Standpunkt der Laienbildung in der Form der Alltagsqualifizierung an die Schulbestimmung heran, dann ist das allgemeine Schulwesen zuständig. Konsumentenerziehung würde also in unterschiedlicher Intensität und Dauer in den Aufgabenbereich von Grundschulen, Hauptschulen, Realschulen, Gymnasien und Gesamtschulen gehören. Tatsächlich ist darauf inzwischen das problematisierende Schrifttum ausgerichtet, wobei der Schwerpunkt bei der Sekundarstufe I liegt.

2.4.10 Konsumentenerziehung im Fächerspektrum der Schule

Die aufgeworfene Frage rückt als Möglichkeiten die Behandlung als eigenes Fach, als Unterrichtsprinzip oder als Lernbereich in den Blick. Bei der Lösung handelt es sich um etwas Komplexes. Deshalb findet Konsumentenerziehung nicht in nur einer Wissenschaft ihr Gegenstück, sondern sie muß sich von einer ganzen Reihe von Bezugswissenschaften helfen lassen. Religiöse, ethische, soziale, physische, psychische, politische, verbraucherpolitische, haushälterische, gesundheitliche, ernährungsmäßige, technische, rechtliche, umweltgefährdende u. a. Aspekte sind mitbestimmend für die Unterrichtsinhalte. Hinzu kommt erschwerend die Lehrerbildung.

2.4.10.1 Verbraucherkunde als selbständiges Fach

Neue Bildungsansprüche ziehen für gewöhnlich Forderungen nach neuen Schulfächern nach sich. Seitdem Konsumentenerziehung als didaktisch legitimes Anliegen feststeht, wird seit Anfang der 70er Jahre in vielen Stellungnahmen das selbständige Schulfach „Verbraucherkunde" verlangt[86]. Grundsätzlich käme wegen der Lebensbedeutsamkeit der Thematik ein Pflichtfach in Frage, denn betroffen sind alle Heranwachsenden, so daß die Beliebigkeit eines Wahlfaches nicht ausreicht. Indessen sprach sich Scherhorn[87] gegen ein eigenes Schulfach aus, weil das Konsumenteninteresse nicht isoliert gesehen werden dürfe. Deutlicher meinte Berke[88]: „So wenig wie es **den** Verbraucher als abstrakte Wirklichkeit unseres wirtschaftlichen und gesellschaftlichen Lebens gibt, so wenig kann es **die** Verbraucherkunde als selbständiges Unterrichtsfach geben." Die beanspruchte „Verbraucherkunde" ist also wegen der Fülle

---

[84] Vgl. Wieter, Gisela/Grimme, Gisela: Verbrauchererziehung im Berufsbildenden Schulwesen. In: Hauswirtschaftliche Bildung 1982, S. 147 ff.
[85] Jahresbericht 1990, A 46; 1991, A 61; 1992, A 57. – Kaiser, Franz-Josef/Brettschneider, Volker: Lernbüro. Verbraucher und Umweltbildung im Fach Bürowirtschaft. Berlin 1995.
[86] Insbesondere forderte die Arbeitsgemeinschaft der Verbraucher ein solches Fach. Vgl. Heid, Ute: Verbraucherbildung. Ein Situationsbericht. In: Verbraucher Rundschau 3 – 1974, S. 3.
[87] Scherhorn: Verbraucherinteresse 1975, S. 186.
[88] Berke: Kritischer Verbraucher 1975, S. 168.

der vorangehend kenntlich gemachten Aspekte und Bezugswissenschaften nicht einzulösen wie bei jenen Unterrichtsfächern, die mit nur einer Disziplin korrespondieren.

2.4.10.2 Unterrichtsprinzip[89]

Immer dann, wenn man für eine neue Bildungsaufgabe kein selbständiges Fach einrichten will, insbesondere auch, weil die zur Verfügung stehende Wochenstundenzeit einen Engpaß darstellt und Finanzmittel für Erweiterungen, auch bei der Lehrerbildung, fehlen, entschließt man sich zur Behandlung als Unterrichtsprinzip. Positiv ließe sich natürlich einwenden, daß zur Meisterung der vielfältigen konsumentenerzieherischen Aspekte exakt die Inanspruchnahme aller Schulfächer die vernünftigste Lösung sei. Doch wird damit die Geschlossenheit des konsumentenerzieherischen Anliegens weitgehend aufgeweicht, so daß sich fragt, welche Konsequenzen sich aus einem heterogen bestimmten Zusatzziel ergeben. Grundsätzlich gesehen, läßt sich die eigentliche Fachintention nur noch weniger vollkommen durchsetzen, während konsumentenerzieherische Themen nicht die Aufmerksamkeit zugewendet erhalten, die ihnen zusteht. Unter dieser Einschränkung lassen sich konsumentenerzieherische Aspekte einführen: etwa in Religion die sittliche Verantwortung für Mitmenschen und Umwelt, in Deutsch Sprache und Überredsamkeit der Werbung, in Biologie Umweltschäden durch Skitourismus, in Chemie Inhaltsstoffe und Wirkung von Kosmetika, in der Kunsterziehung ästhetische Gestaltung des Wohnbereichs, in Erdkunde Rohstoffvorkommen und -reserven im Verhältnis zum ungezügelten Bedarf.

2.4.10.3 Gastfächer als Minimallösung

Dauenhauer[90] legt sehr richtig dar, daß, wenn Verbrauchererziehung mehreren Fächern als Unterrichtsprinzip überantwortet wird, kein Fachvertreter sich sonderlich zuständig fühlt, so daß der spezifische Unterricht vernachlässigt werde. Deshalb sollte sie einem bestimmten Fach zugeordnet werden. Scherhorn[91] spricht demgemäß von einem „gastgebenden" Fach und Steffens[92] von einem „Trägerfach". Es liegt auf der Hand, daß derartig „tragende" Fächer nur solche sein können, die ohnehin zu Konsumentenerziehung in einem affinen Verhältnis stehen, d. h. ohne deren Beteiligung sie überhaupt nicht instrumentierbar ist. Zu nennen wären Wirtschaftslehre, Sozial- und Politikkunde, Haushaltskunde oder Textiles Gestalten.

So behandelt Specht[93] eine Wirtschaftskunde für Verbraucher; Weber[94] stellt Verbraucherkunde als Teilgebiet der Wirtschaftskunde vor. Dörge[95] meint, die Beschäftigung mit Verbraucherfragen biete in der Regel einen guten Einstieg in sozio-ökonomische Problemkreise, und Kaminski[96] sieht ebenfalls Verbrauchererziehung als konstitutive Aufgabe einer sozio-ökonomischen Bildung.

---

[89] Vgl. auch Berke: Kritischer Verbraucher 1975, S. 172f. – Steffens: Strategie 1978, S. 234f.
[90] Dauenhauer: Verbraucherkunde 1978, S. 143.
[91] Scherhorn: Verbraucherinteresse 1975, S. 186.
[92] Steffens: Strategie 1978, S. 248.
[93] Specht, K. G.: Wirtschaftskunde für Verbraucher, aber wie? In: Der Verbraucher 1963, S. 967ff.
[94] Weber: Verbrauchererziehung 1969, S. 60.
[95] Dörge: Didaktik 1973, S. 11.
[96] Kaminski, Hans: Zur Innovationsproblematik der Verbraucherbildung in der Lehrerfortbildung. In: Verbraucher Rundschau 8/9 – 1978, S. 7.

Ähnliche Untersuchungen wachsen aus der Haushaltslehre heraus. Busse[97] kommt zu dem sehr bemerkenswerten Ergebnis, daß haushaltsbezogene Fachwissenschaft aus mehreren Bezugswissenschaften bestehe, die vom Didaktiker für ein verbrauchererzieherisches Curriculum integrierend aufzuarbeiten seien. Haushalt ist für Schneider[98] täglich erlebte Wirklichkeit. Insofern sei Verbrauchererziehung Bestandteil der Haushaltslehre, denn durch die Einbettung des Konsums in die Haushaltsaufgaben „ist mit der Frage nach dem 'Was' konsumieren auch jene nach dem 'Wie' und 'Wozu' zu klären. Konsum wird zur Hilfsfunktion autonomer Lebensgestaltung.

Für Mosenthin[99] erhält Verbraucherbildung im Rahmen des Textilunterrichts eine regulierende Funktion. Sie wird nicht nur als ein Teilgebiet verstanden, „das in den einzelnen Schuljahren entsprechend berücksichtigt werden muß, sondern als eine pädagogische Zielsetzung des Faches."

2.4.10.4 Lernbereich als Maxmimallösung

Ist anzunehmen, daß die Einführung eines Lernbereiches, der Konsumentenerziehung zum Thema hat, auf den Widerstand herkömmlicher Fächer stoßen würde, so hat diese Vermutung eigentlich wenig Überzeugungskraft, weil in der Schullandschaft bereits bildungspolitische Entscheidungen getroffen sind, die eine Absonderung – nur unter anderem Namen – zum Gegenstand haben. Gemeint ist die Arbeitslehre. Daneben bestehen bereits Wirtschaftslehre, Gemeinschaftskunde, Hauswirtschaftslehre, Textiles Gestalten, Techniklehre, Rechtskunde. Ein ausnutzbares Zeitvolumen wäre also in der Regel vorhanden.

Einige der soeben genannten Fächer stehen bereits im Verbund, insbesondere die „Arbeitslehre". 1964 vom Deutschen Ausschuß konzipiert, sollte durch sie die Hauptschule als Eingangsstufe des beruflichen Bildungsweges präsentiert werden, doch theoretisch und bildungspolitisch hat man an diesem Modell herumkuriert. Durch den übergeordneten Gesichtspunkt einer „Hinführung zur Wirtschaftswelt" wurden Haushalts- und Verbraucherthemen additiv eingebracht. Man entzieht aber der ursprünglich berufsorientierten „Arbeitslehre" völlig den Boden, wenn Konsumerziehung als ihr didaktischer Bezugspunkt verstanden wird.[100] Soweit die konsumtive Position des wirtschaftenden Laien Angelpunkt sein soll, wäre statt Arbeitslehre ein mehrdimensionaler Lernbereich „Wirtschaft und Konsum" denkbar.

Gibt man einem am Konsumieren festgemachten Lernbereich den Vorzug[101], dann sind Hauswirtschaftslehre, Techniklehre, Textiles Gestalten usw., soweit sie noch selbständig sind, zu integrieren. Dabei verkörpert, wie Mosenthin[102] richtig formuliert, Konsumentenerziehung eine pädagogische Zielrichtung. Die Einführung einer „Lebenskunde" wäre zur Verklammerung dienlich.

---

[97] Busse, Brigitte: Das Streben nach Prestige. In: Hauswirtschaftliche Bildung 1972, S. 51 f.
[98] Schneider, Lothar: Haushaltslehre und Verbrauchererziehung. In: Mitteilungsdienst der Verbraucherzentrale NRW 3 – 1982, S. 8.
[99] Mosenthin: Verbrauchererziehung 1984, S. 116 f. – Vgl. auch Kruber, Klaus-Peter/Mosenthin, Gertrud/Royl, Wolfgang: Textilarbeit und Verbrauchererziehung. Baltmannsweiler 1986.
[100] Grothues, Ulrich: Konsumerziehung als didaktischer Bezugspunkt der Arbeitslehre. In: Die Arbeitslehre 1974, S. 61.
[101] Bick, Alfons/Meiser, Berthold: Taschenbuch der Verbrauchererziehung. Baltmannsweiler 1977, S. 9 ff. – Steffens: Strategie 1978, S. 234.
[102] Mosenthin: Verbrauchererziehung 1984, S. 116.

Die Mehrdimensionalität des konsumrelevanten Handlungsraumes läßt sich aber selbst mit einem derartig strukturierten Lernbereich nicht erschöpfend erschließen. Nichts führt daran vorbei, daß, wenn Konsum ein wesentlicher Zug der Existenz des Menschen und seines Angewiesenseins auf die auszunutzende Umwelt ist, Konsumentenerziehung zugleich Unterrichtsprinzip bei den nicht im Lernbereich einbezogenen Schulfächern bleiben muß.

Argumentiert man so konsumentenerzieherisch, dann zeigt sich, was die bildungspolitische Realisationsmöglichkeit angeht, daß damit grundsätzliche Reformfragen angesprochen sind. Man möchte eine dreißig Jahre alte Bemerkung zum Überdenken wiederholen, „daß der traditionelle Fächerkanon der allgemeinbildenden Schule an einem Rollenspektrum orientiert ist, das der gesellschaftlichen Wirklichkeit des gegenwärtigen Menschen nicht mehr entspricht ... Dieses Problem ist also nur durch eine prinzipielle, alles umfassende Neugliederung des allgemeinbildenden Fächerkanons ... zu lösen."[103]

Literaturauswahl

Scheibe, Peter F.: Konsumentenerziehung. Wien 1957.
Beer, Ulrich: Konsumerziehung gegen Konsumzwang. Tübingen 1967, 2. Auflage 1970, 3. Auflage 1974.
Weber, Erich: Die Verbrauchererziehung in der Konsumgesellschaft. Essen 1967, 2. Auflage 1969.
Giesecke, Hermann (Hrsg.): Freizeit- und Konsumerziehung. Göttingen 1968, 2. Auflage 1971, 3. Auflage 1974.
Pleiß, Ulrich: Der Betrieb als materialer Bezugspunkt wirtschaftsdidaktischer Aussage. In: Wirtschaft und Erziehung 1968, S. 116f.
Pleiß, Ulrich: Die Abgrenzung der Wirtschaftspädagogik als aktuelles methodologisches und wissenschaftspolitisches Problem. In: Betriebswirtschaftliche Forschung und Praxis 1969, S. 576f. u. 580.
Bey, J. P.: Konsumerziehung in der Grundstufe. Frankfurt/M. u. a. 1972.
Dörge, Friedrich-Wilhelm: Didaktik und Methodik der Verbraucherbildung. In: Verbraucher Rundschau 2–1973, S. 10ff.
Scherhorn, Gerhard: Gesucht – der mündige Verbraucher. Düsseldorf 1973.
Dörge, F. W./Steffens, H. (Hrsg.): Fallstudien zur Verbraucherbildung. Ravensburg 1974 ff.
Berke, Rolf: Lernziel – kritischer Verbraucher. In: Verbraucherschutz in der Marktwirtschaft, hrsg. von Erwin Dichtl, Berlin 1975, S. 161f.
Krafft, D. (Hrsg.): Lernbereich Wirtschaft. Arbeitsmaterialien zur Verbraucherpolitik etc. Düsseldorf 1975 ff.
Scherhorn, Gerhard u. a.: Verbraucherinteresse und Verbraucherpolitik. Göttingen 1975.
Bick, Alfons/Meiser, Berthold: Taschenbuch der Verbrauchererziehung. Baltmannsweiler 1977.
Kultusministerkonferenz: Bericht zum Sachstand der Verbrauchererziehung in der Schule. Bonn 1977.
Weinbrenner, Peter: Arbeitnehmer- und verbraucherorientierte Wirtschaftsdidaktik. In: Zeitschrift für Pädagogik 1977, S. 381ff.
Baumgardt, Johannes: Erziehung zu sinnvollem Konsumieren. In: Erziehung zum Handeln, Festschrift für Martin Schmiel, hrsg. von Johannes Baumgardt und Helmut Heid, Trier 1978, S. 25ff.
Dauenhauer, Erich: Verbraucherkunde und ihre Didaktik. Paderborn 1978.

---

[103] Loch, Werner/Muth, Jakob: Herausgebervorwort zu Weber, Erich: Die Verbrauchererziehung in der Konsumgesellschaft, a. a. O., S. 8f.

2.4 Konsumentenerziehung

Fischer, Wolfgang Chr./Lenzen, R.: Verbrauchererziehung an Bremischen Schulen unter besonderer Berücksichtigung der Sekundarstufen. Bremen 1978.
Kaminski, Hans: Verbauchererziehung in der Sekundarstufe I. Bad Heilbrunn 1978.
May, Hermann: Arbeitslehre. Wirtschaftswissenschaftliche und wirtschaftsdidaktische Grundlagen. München 1978.
Steffens, Heiko: Strategie der Verbraucherbildung. In: Verbraucherpolitik in der Marktwirtschaft, hrsg. von Bernd Biervert u. a., Rowohlt 1978, S. 224ff.
Dörge, Friedrich-Wilhelm: Verbraucher und Markt. Curriculumbausteine zur Wirtschaftslehre. Opladen 1979.
Scherhorn, Gerhard (Hrsg.): Verbrauchererziehung in der Bundesrepublik Deutschland. Baltmannsweiler 1979.
Müller, Egon: Erziehung zum verantwortungsbewußten Verbraucher. Plädoyer für eine neue Konsum-Ethik. München 1980.
Steffens, Heiko: Verbrauchererziehung. Fernstudienlehrgang Arbeitslehre, Deutsches Institut für Fernstudien an der Universität Tübingen, Weinheim 1980.
Kaminski, Hans: Verbrauchererziehung. In: Wirtschaft, Handwörterbuch zur Arbeits- und Wirtschaftslehre, hrsg. von Franz-Josef Kaiser u. Hans Kaminski, Bad Heilbrunn 1981, S. 314ff.
Pleiß, Ulrich: Wirtschaftspädagogik, Bildungsforschung, Arbeitslehre. Heidelberg 1982, S. 67f., S. 87f. u. 91, S. 109 u. 131, S. 140f.
Steffens, Heiko: Verbrauchererziehung – Begriff und Richtziele. In: Mitteilungsdienst der Verbraucherzentrale NRW 3 – 1982, S. 1ff.
Vohland, Ulrich: Verbraucherverhalten und Verbrauchererziehung. Baltmannsweiler 1982.
Fischer, Wolfgang Chr./Lenzen,Richard/Vielhaber, Reinhard: Konzeptionsentwurf für eine zielgruppenorientierte Verbraucherbildung Erwachsener. Bremen 1983.
Meyer, Heinrich: Europäische Verbrauchererziehung. Frankfurt/M. 1983.
Diethelm, Gerd: Verbrauchererziehung in den allgemeinen Schulen (Sekundarstufe I) des Landes Hessen. Eine empirische Untersuchung. Frankfurt am Main 1984.
Kruber, Klaus-Peter/Mosenthin, Gertrud/Royl, Wolfgang: Textilarbeit und Verbrauchererziehung. Baltmannsweiler 1986.
Pleiß, Ulrich: Berufs- und Wirtschaftspädagogik als wissenschaftliche Disziplin. In: Arbeits-, Berufs- und Wirtschaftspädagogik im Übergang, Festschrift zum 60. Geburtstag von Gerhard P. Bunk, hrsg. von Rudolf Lassahn und Birgit Ofenbach, Frankfurt/M. 1986, S. 127f.
Pleiß, Ulrich: Begriffliche Studien zur Konsumentenerziehung. Wirtschaftspädagogische Überlegungen zur Verwendung fachwissenschaftlicher Konsumbegriffe als leitende didaktische Zielkategorie. Baltmannsweiler 1987.
Hendrikson, Kurt: Ethik und Konsumkultur. Vom Sinn des Seins in der Wohlstandsgesellschaft. Stuttgart 1988.
Fischer, Andreas: Lernziel – Verantwortliches Konsumieren, Möglichkeiten und Grenzen. In: Wirtschaftliche Grundbildung, Opladen 1993, S. 1–16.
Kruber, Klaus-Peter (Hrsg.): Didaktik der ökonomischen Bildung. Schriftenreihe Wirtschaftsdidaktik, Berufsbildung und Konsumentenerziehung, Band 29, Hohengehren 1994.
Lackmann, Jürgen: Ökologische Verbrauchererziehung. Weingarten 1995.

Aus bzw. in Verbindung mit Stiftung Verbraucherinstitut Berlin

Kaiser, Franz-Josef/Kaminski, Hans: Verbraucherbildung in Schulen. Unterrichtsmodelle. Bad Heilbrunn 1981 ff., Bd. 1 Bedürfnisse, Bd. 2 Verbraucherinformationen, Bd. 3 Geld und Kredit, Bd. 4 Soziale Sicherung, Bd. 5 Werbung, Bd. 6 Jugend und Konsum.
Berger, Klaus u. a.: Verbraucherbildung mit Erwachsenen. Berichte – Materialien – Planungshilfen. Frankfurt/M. 1988.
Brettschneider, Volker/Hübner, Manfred: Konsum im Spannungsfeld von Ökonomie und Ökologie. Unterrichtsmodell für die Sekundarstufe II. Berlin 1991.
Kaminski, Hans/Hartz, Inga/Reuter-Kaminski, Ortrud: Der Verbraucher in der Marktwirtschaft. Produktion – Marketing – Konsum. Unterrichtsmodell für die Sekundarstufe II. Berlin u. a. 1991.

2. Konsumökonomie

Kaminski Hans/Reuter-Kaminski, Ortrud: Der jugendliche Verbraucher in der Marktwirtschaft. Unterrichtsmodell für die Sekundarstufe II. Berlin u. a. 1991.

Krol, G. J./Schlösser, H. J.: EG '92 – Europäischer Binnenmarkt und Verbraucher. Ein didaktisches Modell für die schulische Verbraucherbildung. Berlin 1991.

Rosenberger, Günther (Hrsg.): Konsum 2000. Veränderungen im Verbraucheralltag. Reihe Marketing und Verbraucherarbeit, Band 6, Frankfurt a. M. u. a. 1992.

Weinbrenner, Peter: Von Otto-Normalverbraucher zu Öko-Paul. Für eine ökologische Umorientierung der Verbrauchererziehung. Reihe Verbrauchererziehung praktisch, Berlin 1992.

Mackert, Hildegard/Strehlow, Jürgen/Heyland, Matthias: Verbraucherbildung in der Schule. Berlin 1993.

Preuß, Volker/Steffens, Heiko: Marketing und Konsumerziehung. Goliath gegen David? Reihe Marketing und Verbraucherarbeit, Band 8, Frankfurt a. M. u. a. 1993.

Gnielzyk, Peter: Verbrauchererziehung in der Grundschule. Reihe Verbrauchererziehung praktisch, Berlin 1995.

Kaiser, Franz-Josef/Brettschneider, Volker: Lernbüro. Verbraucher- und Umweltbildung im Fach Bürowirtschaft. Berlin 1995.

Stiftung Verbraucherinstitut (Hrsg.): Umweltbezogene Werbung. Irreführung oder Orientierung für den Verbraucher. Berlin 1995.

3
ARBEITSÖKONOMIE

3.1 Die Zukunft der Arbeit
Hans Jürgen Schlösser

3.1.1	Einleitung: Arbeitsmärkte in der Krise?	129
3.1.2	Konzeptionen der Arbeitsmarktpolitik	130
3.1.3	Der Wandel des weltwirtschaftlichen Umfeldes	131
3.1.3.1	Globalisierung	131
3.1.3.2	Wandel der Arbeitsorganisation	132
3.1.3.3	Neue Leitbilder	133
3.1.4	Die neuen Berufskategorien	134
3.1.5	Die Informatisierung der Arbeitswelt	135
3.1.6	Arbeitsmarktrisiko und Arbeitsmarktfähigkeit	137
3.1.7	Neue Selbständigkeit	139
3.1.8	Ein kommunitaristisches Konzept: Der „Dritte Sektor"	140
3.1.9	Ausblick: Wertewandel und neuer Stellenwert der Arbeit	140
Literaturhinweise		142

3.1.1 Einleitung: Arbeitsmärkte in der Krise?

Heute sind in den Ländern der OECD, also den westlich orientierten, mehr oder minder der sogenannten „atlantischen Zivilisation" angehörigen Volkswirtschaften mehr als 35 Millionen Menschen arbeitslos[1], und auf etwa 15 Millionen wird die Zahl derer geschätzt, die die Arbeitssuche aufgegeben haben oder gegen ihren Willen Teilzeitarbeit angenommen haben. In den meisten Staaten Lateinamerikas tendiert die Arbeitslosigkeit gegen 8–10%, in Indien und Pakistan übersteigt sie 15%. In den ostasiatischen Ländern dagegen herrscht mit einer Arbeitslosenquote von weniger als 3% annähernd Vollbeschäftigung.

Dieses sind Durchschnittsziffern, welche für sich genommen kein korrektes Bild ergeben, da die Streuung sehr hoch ist. Das ostasiatische Land mit den höchsten Wachstumsraten stellt China dar; der Strukturwandel, welcher mit der stürmischen Industrialisierung der chinesischen Volkswirtschaft einhergeht, erzeugt aber auch hier Arbeitslosigkeit, sowohl bei der Landbevölkerung als auch in den schnell wachsenden Großstädten: Das Wall Street Journal schätzte 1994 die Gesamtzahl der chinesischen Arbeitslosen auf 160 Millionen, davon 30 Millionen allein aus Freisetzungen eines einzigen Jahres.[2] Solche Ziffern mögen einen Eindruck davon geben, daß die westlichen Industrieländer relativ zu Ostasien an weltwirtschaftlichem Gewicht verlieren, sowohl hinsichtlich der wirtschaftlichen Probleme als auch der Wirtschaftskraft. In diesen Zusammenhang gehört auch, daß heute fast 40% des Weltoutputs in Asien erzeugt wird, und daß fast 50% des Weltenergieverbrauchs, aber auch der Weltumweltverschmutzung außerhalb der OECD anfallen.[3]

Auch in den westlichen Industrieländern ist die Lage uneinheitlich: Während in Deutschland 1996 die Arbeitslosenquote gegen 10% tendiert, liegt sie in Belgien seit mehreren Jahren bei 22, in Spanien über 25%. In den USA dagegen herrscht fast Vollbeschäftigung. Allerdings trübt sich hier das Bild, wenn wir die Jugendarbeitslosigkeit betrachten: Mit über 30% ist der Anteil der jungen Arbeitslosen in den USA doppelt so hoch wie in Deutschland, in Spanien übersteigt er gar die 35%-Marke.

Arbeitslose unter 25 Jahren in % aller Arbeitslosen 1993

Deutschland (W)	Frankreich	Großbrit.	USA	Spanien
14,1	23	29	31,1	35,1

Quelle: OECD, a.a.O.

Richten wir den Blick noch einmal auf die USA: In den letzten Jahren sind dort jährlich etwa 2 Millionen neue Arbeitsplätze geschaffen worden, was einem jährlichen Wachstum von 2% entspricht[4]. Im wesentlichen handelt es sich dabei entgegen in Europa verbreiteter Vorurteile nicht um „minderwertige" Stellen, sondern um Arbeitsplätze im Management und bei professionellen, hoch bezahlten Dienstleistungen. Doch auch hier gibt es eine andere Seite: Amerikaner mit geringer beruflicher Qualifikation stehen im Schatten des Wachstums und müssen Einkommensverluste hinnehmen, denn sie können die neugeschaffenen Arbeitsplätze nicht besetzen. Die Niedrigverdiener in den USA, das sind die unteren 10% der Einkommensempfänger,

---
[1] Vgl. OECD, Employment Outlook und Quaterly Labour Force Statistics, Paris, mehrere Jahrgänge, passim.
[2] Vgl. The Wall Street Journal, 21.2.1994.
[3] Vgl. OECD, Global Energy. The Changing Outlook, Paris 1992.
[4] Vgl. Financial Times, 4.1.1994 u. Economist, 12.3.1994, passim.

verdienen kaufkraftmäßig nur die Hälfte wie die entsprechende Gruppe in Deutschland.

Auch Japan hält sich gut in der internationalen Arbeitsmarktstatistik, allerdings zu Arbeitsbedingungen, deren Akzeptanz deutschen Arbeitnehmern schwerfallen dürfte. Nahm ein japanischer Arbeiter 1970 durchschnittlich 8,8 Tage Urlaub im Jahr, so waren es in den neunziger Jahren nur noch 7,9 Tage. Die japanischen Gewerkschaften berichten von 10.000 Fällen von „Karoshi" seit 1980; Karoshi ist Tod durch Überarbeitung[5].

Diese Zahlen vermitteln einen ersten Eindruck von der aktuellen Arbeitsmarktproblematik und ihrer Uneinheitlichkeit. Was für unsere Volkswirtschaft wünschenswert wäre, mag einfach zu formulieren sein: Chinesische Wachstumsraten ohne chinesische Umweltkatastrophen und Massenelend, japanische Produktivität, aber mit 6 Wochen Urlaub und ohne Karoshi, amerikanisches Arbeitsplatzwachstum ohne Niedrigstverdiener, ohne „working poor". Kann es so etwas geben?

Wir müssen uns zur Erörterung dieser Frage den unterschiedlichen wirtschaftspolitischen Konzepten und den weltwirtschaftlichen Entwicklungstendenzen zuwenden.

3.1.2 Konzeptionen der Arbeitsmarktpolitik

Vereinfacht lassen sich heute drei arbeitsmarktpolitische Konzeptionen[6] unterscheiden:

– Das US-Modell setzt auf Deregulierung der Märkte, Lohnsenkung im unteren und teilweise im mittleren Einkommenssegment und die Begrenzung der Gewerkschaftsmacht. Am Arbeitsmarkt gilt: Hire and Fire. Der amerikanische Ökonom Kenneth Boulding spricht von „Cowboy-Kapitalismus".[7]

– Das deutsche Modell, vom französischen Ökonomen Michel Albert als „rheinischer" – im Unterschied zum amerikanischen – Kapitalismus bezeichnet[8], setzt auf Sozialpartnerschaft, Konsens, runde Tische, konzertierte Aktionen und Bündnisse für Arbeit. Es ist in der Vergangenheit von zahlreichen Staaten bewundert worden, denn es galt bisher als erfolgreich. Heute hingegen geht international die Rede von der „German Desease", der deutschen Krankheit um. Arbeitsmarktpolitisches Leitbild ist seit den fünfziger Jahren die Lebenzeitstelle mit umfangreichen sozialen Zusatzleistungen und starker, auch emotionaler Bindung des Arbeitnehmers an Betrieb und Region.

– Das Modell der Kommission der Europäischen Union ist unter starkem französischen Einfluß entwickelt worden und beruht auf der Vorstellung, daß Wachstum und Beschäftigung durch Politik mach- und planbar sind. Der Schlüssel zur Lösung fast aller Probleme wird in einer entschiedenen Politik zur Verbesserung der Infrastruktur gesehen, insbesondere im Ausbau des europäischen Straßennetzes, der Schienenverkehrswege, der Telekommunikationsnetze und der Forschungseinrichtungen. Zur Realisierung sollen die Mitgliedstaaten finanzielle Mittel und Kompe-

---

[5] Vgl. Figaro–Eco, 25. 10. 1993.
[6] Die folgende Einteilung ist zweckmäßig, aber nicht zwingend. Vgl. als Alternative Schmid, G., Vollbeschäftigung in der integrierten sozialen Marktwirtschaft, in: Arbeitslosigkeit ist vermeidbar – Wege aus der Arbeitslosigkeit. Ein Symposium der Bertelsmann Stiftung, Gütersloh 1990, S. 71–106.
[7] Vgl. Boulding, K. Economics as a Science, New York u. a. 1988.
[8] Vgl. Albert, M., Kapitalismus contra Kapitalismus, Frankfurt/M., New York 1992.

tenzen an die EU abtreten. Federführend ist faktisch die Kommission. Das Modell stößt auf zunehmenden Widerstand in den europäischen Bevölkerungen, Regierungen und Regionen, welche um ihre Eigenständigkeit fürchten und mehr Subsidiarität anmahnen. Der letztlich auf die französische Konzeption der Planification zurückgehende Planungsoptimismus wird besonders von Deutschen und Briten nicht geteilt. Im Hinblick auf die EU-Erweiterung nach Osten ist auch die Finanzierbarkeit fraglich.

Der Erfolg der verschiedenen Konzeptionen hängt davon ab, in welchem weltwirtschaftlichen Umfeld sie sich behaupten müssen. Dieses Umfeld ist in einem rasanten Wandel begriffen, der sich unter anderem mit den Termini Globalisierung und Wandel der Arbeitswelt auf der Basis neuer Technologien und Managementkonzepte beschreiben läßt.

3.1.3 Der Wandel des weltwirtschaftlichen Umfeldes

3.1.3.1 Globalisierung

Mit Globalisierung wird heute eine neue Phase des Zusammenwachsens der Weltwirtschaft bezeichnet, in der de fakto nationale Grenzen, Regulierungen und Wirtschaftspolitiken immer bedeutungsloser werden, weil sich gar nicht mehr sagen läßt, in welchem Land ein Produkt überhaupt hergestellt worden ist. Wenn ein LKW zwar in Alabama zusammengesetzt wird, der Motor aber aus Kanada stammt, die Reifen aus Mexiko kommen und die Sitzbezüge in Bangladesch genäht werden, so läßt sich schwerlich von einem amerikanischen Produkt reden. Hinzu tritt dann noch, daß das Computerprogramm für den Zusammenbau in Indien geschrieben wurde, die Verkäufe von einer Firma auf den Bahamas oder in Jamaika abgerechnet werden und die Betriebsanleitung in England formuliert und in Indonesien gedruckt worden ist. Für die USA gilt bereits heute, das von den 30.00 Dollar, die ein gehobener PKW dort kostet, nur noch etwa 5.000 Dollar am Ende bei Arbeitnehmern und Kapitalgebern in den USA selbst verbleiben. In Europa nähern wir uns dem an. Nur konsequent wird bereits davon gesprochen, daß in Zukunft Bezeichnungen wie „Made in Germany" oder „Made in Japan" sinnlos werden und durch „Made by Siemens" oder „Made by Toyota" ersetzt werden sollten.

Die arbeitsmarktpolitischen Konsequenzen der Globalisierung lauten:
1. Der Standortwettbewerb verschärft sich. Jeder Arbeitsplatz in der Erzeugung international handelbarer Güter konkurriert mit jedem anderen Arbeitsplatz der gleichen Produktion auf der ganzen Welt. Die wirtschaftliche Bewertung eines Standortes erfolgt nicht mehr nach lokalen, regionalen oder nationalen Gesichtspunkten, sondern nach europäischen und zunehmend nach globalen Vergleichskriterien.
2. Das Wettbewerbsklima wird immer unfreundlicher und regelloser. Die Weltwirtschaft ist unfreundlich und undankbar: Wer gestern noch zuverlässig und günstig geliefert hat, verliert heute seine Kunden, wenn neue Anbieter mit besseren Angeboten auf den Markt kommen. Dies geschieht aber nahezu täglich. Loyalität zu traditionellen Geschäftspartnern wird immer teurer.
3. Der rheinische Kapitalismus der sozialen Marktwirtschaft gerät unter Druck. Umverteilung, Sicherheit und Schutz vor Wettbewerb werden als Leitbilder umstritten. Der Schutz bestehender Unternehmen, Arbeitsplätze und sozialer Besitzstände durch das Konzert von Staat und Verbänden gerät in den Ruch eines Paktes zu Lasten Dritter, nämlich derjenigen, die keinen Arbeitsplatz haben. Immer schwieriger scheint es zu sein, Bestehendes zu sichern und gleichzeitig den Nicht-Arri

vierten Teilhabe an der Erwirtschaftung des Volkseinkommens zu ermöglichen. Bedeutsam mag dabei sein, daß just in diesem Zeitraum die letzten Angehörigen der Gründergeneration der Bundesrepublik Deutschland, also die Väter und Lotsen des „rheinischen Konsenskapitalismus" aus Altersgründen von Bord gegangen sind.

Der deutsche Arbeitsmarkt wird Teil eines internationalen Arbeitsmarktes. der die USA, Asien, Afrika, Lateinamerika, Westeuropa und auch Osteuropa und die Länder der ehemaligen Sowjetunion umfaßt. Die Frage nach der Wettbewerbsfähigkeit einer Volkswirtschaft weicht der Frage nach der Wettbewerbsfähigkeit der deutschen Arbeitskräfte.

3.1.3.2 Wandel der Arbeitsorganisation

Die selben technischen Innovationen, die Mikroelektronik und die neuen Kommunikationstechnologien, welche die Globalisierung ermöglichen, verändern, zusammen mit neuen Managementkonzepten, auch die Arbeitswelt. Das westdeutsche Nachkriegsmodell der Industriealisierung verliert heute seine Gültigkeit. Wiederum vereinfacht, aber als Trendbeschreibung gültig, läßt es sich folgendermaßen charakterisieren:

Typisch ist die Massenproduktion mit hohen Fixkosten, niedrigen variablen Kosten und geringer Flexibilität. Der Nachfrager kommt in den Genuß niedriger Preise, aber Veränderungen erfolgen nur langsam, die Produktionsumstellungen sind teuer. Die direkte Arbeit am Produkt wird immer mehr von niedrig qualifizierten ausländischen Arbeitnehmern geleistet, die unter hohem Rationalisierungsrisiko stehen. Gewährleistungsarbeiten dagegen obliegen deutschen Facharbeitern. Beruflicher Aufstieg erfolgt „weg von der Produktion". Je weiter entfernt von der Produktion der Arbeitsplatz, desto höher der berufliche Status seines Inhabers. Nicht zuletzt daraus resultiert eine hohe Privilegierung von Angestellten gegenüber Arbeitern. Einkommen und Status hängen wesentlich von der Erstausbildung ab, Karrieren erfolgen in Laufbahnen. Auf seiten des Managements entspricht diesem Modell der „Direktorialkapitalismus": Tiefgestaffelte Organisationen, abgegrenzte Abteilungen, Entscheidungen von „oben" und Ausführung „unten" bestimmen das Bild. Teilweise liegen militärische Analogien nahe: Die Arbeiter als Soldaten, die Meister als Unteroffiziere und das Management als Offizierskorps. Qualifikationsanforderungen und Bildungssysteme sind entsprechend ausgerichtet.

Die Stichworte Gruppenarbeit, Lean Management, Kaizen u. a. stehen geradezu für eine andere Arbeitsorganisation in Gegenwart und Zukunft. Die herkömmliche Managementhierarchie wird durch vielseitig ausgebildete Mannschaften ersetzt, die direkt am Produktionsort eingesetzt werden. Vorbei sind die Zeiten, als jemand um so mehr Entscheidungsbefugnis hatte, je weiter er vom Problem entfernt war. Arbeiter, Ingenieure, Programmierer arbeiten eng zusammen, entwickeln gemeinsam neue Ideen und setzen sie direkt in der Fertigung um. Das versammelte Fachwissen aller an der Fertigung Beteiligten wird genutzt, um immerzu Verbesserungen am Produkt und am Produktionsprozeß anzubringen. Die Teams in der Fertigung haben relativ große Eingriffsmöglichkeiten, führen Reparaturen oft selbst aus und beseitigen Engpässe. Wenn heute auch oft noch mehr Leitbild als Realität bringt dieses Modell doch vielseitig ausgebildete Arbeitskräfte hervor, die in der Lage sind, unterschiedliche Aufgaben eigenverantwortlich zu übernehmen.

Die Ansiedlung der Entscheidungsbefugnis möglichst weit unten und möglichst nahe an der Produktion bedeutet eine Aufwertung der Fertigungsarbeitsplätze und einen Statusgewinn der Arbeiter, dagegen in vielen Fällen einen Statusverlust der Angestellten. Für manche stellt sich der Wandel auch als „Abstieg an die Front" dar. Die neunziger Jahre bringen in den Industrieländern die Genesis einer neuen Arbeiter- und Angestelltenkultur, und die alten Hierarchien geraten ins Wanken. Verantwortung und Eigeninitiative treten an Stelle von Befehl und Gehorsam, Entscheidungskompetenz gilt heute als Forderung an Jeden. Schlüsselqualifikationen wie Kommunikationskompetenz, Teamfähigkeit, Kreativität und Generalistentum verdrängen teilweise tätigkeits- und berufsspezifische Anforderungen. Die berufliche Erstausbildung verliert an Bedeutung gegenüber der Qualifikation „on the Job".

3.1.3.3 Neue Leitbilder

Für unser Verhältnis zur Arbeit wird die skizzierte Entwicklung schwerwiegende Folgen haben. Eine besteht darin, daß wir niemals „fertig" sein werden: Eine bestimmte berufs- und tätigkeitsspezifische Qualifikation mag im Laufe eines Berufslebens früher oder später perfektioniert werden, ein bestimmtes Werk, sei es ein handwerkliches oder geistiges Produkt, wird irgendwann vollendet, aber soziale Kompetenz, Kreativität kennt kein Ende, ist nie perfektioniert, nie vollendet. Die ständige schrittweise Verbesserung ist das leitende Postulat der neuen Arbeitswelt und nicht das Opus, daß der Vollendung harrt oder das irgendwann einmal abgerundete Können, welches die berufliche Identität und den Berufsstolz früher stiftete. Das Ethos der ständigen Verbesserung von Abläufen ersetzt das Ethos der Vollendung von Werken.

Was bedeutet dies für das Leitbild eines „erfüllten Berufslebens"? Beruf wird heute nicht mehr mit „Berufung" verbunden, und schon gar nicht mit der Vollendung von Werken – wobei ja die Assoziation der beruflichen Werkvollendung an die „guten Werke" des Christentums nicht zufällig, sondern durchaus konstitutiv für den älteren, heute überkommenen Berufsbegriff ist. Befragungen von jungen Arbeitnehmern und Schülern zeigen deutlich, daß für die neunziger Jahre ein postmaterialistisches Arbeitsethos leitend ist, bei dem ein Ziel zentral ist: Die Selbstverwirklichung im Beruf. Hier ergeben sich moralische und philosophische Fragen: Ist das nicht vielleicht ein unmäßiger Wunsch? Und wenn er denn erfüllbar wäre, in welcher Arbeitswelt? Vielleicht nur in einer, die den „ganzen Menschen" aufsaugt? Wäre dies nicht eine totalitäre Arbeitswelt?[9]

Berufsspezifische Fähigkeiten und Fertigkeiten verlieren an Bedeutung gegenüber Schlüsselqualifikationen und persönlichen Eigenschaften. Zwar sind Schlüsselqualifikationen nur in konkreter Tätigkeit erwerbbar, bedingen also spezifische Fertigkeiten und beweisen sich auch aktuell in ihnen, aber diese berufsspezifische Fertigkeiten haben geringe Halbwertszeiten und kaum Eigenwert. Sie müssen in immer kürzeren Zyklen abgeschrieben werden.

Globalisierung und neue Arbeitskultur sind zwei Seiten derselben Münze, die durch neue Technologien und Managementsysteme sowie durch den wirtschaftlichen Aufholprozess immer neuer industrieller Schwellenländer geprägt worden ist. Es sind

---

[9] Vgl. zur „Überschätzung der Arbeit" Koslowski,P., Überarbeitete und Beschäftigungslose. Sinnverlust der Arbeit durch Übergeschäftigkeit und Unterbeschäftigung, in: Arbeit ohne Sinn? Sinn ohne Arbeit? Über die Zukunft der Arbeitsgesellschaft, Weinheim 1994, S. 120–132.

dabei Preise zu zahlen: In der globalisierten Weltwirtschaft gilt die Formel ½ x 2 x 3: Halb so viele Beschäftigte, die zweimal so gut bezahlt werden wie heute und dreimal soviel Wertschöfung erzeugen. Wenn das oft genug wiederholt wird, so bleiben den Unternehmen nur noch kleine Kernbelegschaften, die aber entscheidend für den Geschäftserfolg sind. Anstatt alles selbst zu machen, bilden Unternehmen Netzwerke, Bündnisse, Allianzen, Clans, wobei es schwer sein wird, das einzelne Unternehmen im Gewirr wechselnder, projektbezogener Verbünde noch genau abzugrenzen. Die Kernbelegschaften stellen eine neue Elite industrieller Experten dar, die sehr hart und keineswegs im Wochenrhythmus arbeitet, hohe Einkommen bezieht und sich aus eigenem Einkommen sozial absichert. Was wird aus den Arbeitnehmern, die nicht zu den Kernbelegschaften gehören werden?

3.1.4 Die neuen Berufskategorien

Der amerikanische Arbeitsminister Robert Reich formuliert die Konsequenzen für den amerikanischen Arbeitsmarkt:

„Wenn wir ... von der Wettbewerbsfähigkeit der USA im allgemeinen sprechen, sprechen wir nur davon, wieviel der Weltmarkt im Durchschnitt zu zahlen bereit ist für die von Amerikanern erbrachte Leistung. Einige Amerikaner werden höhere Löhne erzielen, andere viel tiefere. Die Amerikaner werden nicht mehr gemeinsam aufsteigen oder fallen, sie sitzen nicht mehr in einem nationalen Boot. Sie sitzen zunehmend in verschiedenen, kleineren Booten".[10] Reich hat drei Typen von „Berufskategorien" unterschieden, welche unterschiedliche Perspektiven zu gegenwärtigen haben:

Die Kernbelegschaften erbringen „kreative Vorleistungen". Sie sind hoch qualifiziert, verfügen über Hochschulabschlüsse und arbeiten schöpferisch in gleichberechtigten Teams, die in der ganzen Welt verteilt sein können und über elektronische Kommunikation und schnelle Verkehrsmittel untereinander Kontakt halten. Ihre Fähigkeiten sind weltweit knapp und erzielen eine hohe Wertschöpfung. Je länger sie im Beruf sind desto „besser" werden sie, denn ihre Kreativität nimmt durch kreatives Arbeiten zu. Es handelt sich um Ingenieure, Anwälte, Kommunikationsfachleute, Planer, Designer, Finanzspezialisten, Autoren und andere. Ihre Schlüsselqualifikationen: die Fähigkeit, von der komplexen Wirklichkeit zu abstrahieren, in Systemen zu denken, Gedankenexperimente durchzuführen und sich mit anderen über komplexe Sachverhalte zu verständigen. Diese Schlüsselqualifikationen entwickeln sie „on the Job" immer höher. Einen Vorsprung haben sie durch eine Ausbildung, die Selbständigkeit und Eigensinn nicht gedämpft, sondern gefördert hat. Sie können sorglos in die Zukunft schauen, solange sie am Weltmarkt wettbewerbsfähig sind. Ob ihnen das gelingt liegt wesentlich in ihrer eigenen Verantwortung.

Eine zweite Gruppe in diesem zwar holzschnittartigen, aber wohl den Trend kennzeichnenden Modell bilden Arbeitnehmer, die persönliche Dienstleistungen erbringen. Das sind Leistungen, die im persönlichen Kontakt mit Kunden, Patienten oder Klienten erbracht werden. Es handelt sich zum Beispiel um Ärzte, Lehrer, Kellner, Verkäufer oder Pflegepersonal. Ihre Leistungen können nicht gelagert oder transportiert, also auch nicht importiert werden. Sie können gleichwohl unter Druck geraten: Ein Teil der Arbeiten kann automatisiert werden, und die Nachfrage nach ihren -

---

[10] Reich, R.B., Die Zukunft der Arbeit. Drei Leistungsklassen, in: gdi impuls, Heft 3/91; vgl. ausführlich ders., The Work of Nations, Preparing Ourselves for the 21st Century Capitalism, New York 1991, passim.

Leistungen hängt stark vom Staat ab, zum Beispiel vom staatlichen Bildungs- oder Gesundheitssystem. Gerät der Staat in Finanznot, so kommen ihre Arbeitsplätze und Gehälter in Gefahr. Eine weitere Gefährung ihrer Arbeitsplätze geht vom Immigranten aus, die das Lohnniveau drücken sowie von arbeitslos gewordenen Mitgliedern der dritten Gruppe: Den Routinearbeitern.

Routinemäßige Arbeit wird ständig durch Rationalisierung abgebaut und ist dem Wettbewerb aus Niedriglohnländern direkt ausgesetzt. Weltweit werden pro Tag 300.000 Menschen geboren, in zehn Jahren wird die Weltbevölkerung um mehr als eine Milliarde Menschen gewachsen sein. Diese Menschen werden bereit sein, dauerhaft gegen einen weitaus niedrigeren Lohn und unter unvergleichlich schlechteren Arbeitsbedingungen zu arbeiten als die Arbeitnehmer in den heutigen Industrieländern. Bereits heute sind die Lohnunterschiede so hoch, daß keine Lohnzurückhaltung auf Dauer Routinearbeitsplätze erhalten könnte: in Indonesien beträgt der Stundenlohn 0,47 DM, in China 0,73 DM, in Polen 2,34 DM[11]. Solche Lohnunterschiede können auch durch die höhere Arbeitsproduktivität in Deutschland nicht wettgemacht werden. Die Industrieländer müssen deshalb mit einem starken Rückgang der Routinearbeitsplätze rechnen.

Diese grobe Einteilung in drei Arbeitsmarktsegmente täuscht allerdings darüber hinweg, daß auch Managementpositionen, besonders im mittleren Management, hoch gefährdet sind. Das Ausdünnen der Führungsebenen durch flache Hierarchien, Outsourcing von Bereichen, die nicht zum Kerngeschäft gehören und die ständige Anpassung der immer schlankeren Unternehmen an immer neue Wettbewerbssituationen stellt für fast alle Qualifikationsniveaus das Leitbild des Lebenszeitarbeitsplatzes für immer in Frage. Wenn gleichzeitig die soziale Sicherung durch den Staat nicht mehr im bisherigen Umfang geleistet werden kann, so stellt sich die Frage nach der Zukunft jener, die nicht zum hochqualifizierten Expertenkern der kreativen Vorleister gehören, sondern als Arbeitsuchende auf den enger und härter werdenden Märkten antreten.

3.1.5 Die Informatisierung der Arbeitswelt

Die neuen Informations- und Kommunikationstechnologien ermöglichen die Globalisierung und die Neuorganisation der Arbeitswelt und sind zugleich ein Motor der Entwicklung. Während der französische Arbeitsmarktforscher Georges Friedman für die Industriegesellschaften die Bedeutung der neu entstandenen „Maschinenwelt" gegenüber der „Natürlichen Welt" des vorindustriellen Zeitalters herausgearbeitet hat,[12] gilt in Zukunft das Primat der „Infosphäre" (Boulding), der Informationswelt, für das Arbeitsleben.

Heute üben in Deutschland bereits mehr als die Hälfte der Erwerbstätigen Berufe aus, bei denen die Informationsverarbeitung im Vordergrund steht, und es ist zu erwarten, daß dieser Anteil weiter zunimmt.[13]

Die Digitalisierung der Telekommunikation ermöglicht es, immer mehr Daten immer schneller und zuverlässiger über beliebige Entfernungen zu übertragen. Die Integra

---

[11] Vgl. Blanpain, R., Sadowski, D., Habe ich morgen noch einen Job? Die Zukunft der Arbeit in Europa, München 1994, S. 79.
[12] Friedmann, G., Zukunft der Arbeit, Perspektiven der industriellen Gesellschaft, Köln 1953.
[13] Vgl. Dostal, W., Die Informatisierung der Arbeitswelt – Multi Media, offene Arbeitsformen und Telarbeit, in: MittAB, Heft 4/95.

tion verschiedenster Dienste und Informationstechnologien zu „Multimedia" – es zeichnet sich ab, daß an Stelle dieses Begriffes in Zukunft der Terminus „Cyber Space" treten wird – fördert neue Formen des Arbeitens und Lernens. Multimedia-Spezialisten entwickeln, produzieren und vermarkten Informationsdienstleistungen: Neue Berufe enstehen, für die es – bisher – keine standardisierten Ausbildungsgänge gibt. Im Umfeld von Multimedia enstehen aber auch Arbeitsplätze für traditionelle Berufe: Schauspieler, die in interaktiven Videos auftreten, Kaufleute, die in Multimediafirmen tätig sind u.a. Schließlich werden professionelle Multimedia-Nutzer die neuen Systeme am Arbeitsplatz verwenden.

Struktur der Telekommunikationsdienstleistungen

Telekommunikationsdienstleistungen	Inhalt/Kurzbeschreibung
Übermittlungsdienste	• Mailboxdienst • Telefaxdienst (mit Zwischenspeicherung) • Elektronischer Austausch von Geschäftsdokumenten (EDI) • Bündelfunk • Satelitenfunk • Mobilfunk, Funkruf, Datenfunk • Sonstige Übermittlungsdienste • Telekommunikationsdienste für firmeninterne Anwendungen
Kompatibilitätsdienste	• Anpassung von Übertragungsgeschwindigkeit, -format, -code und/oder Protokoll
Netzmanagementdienste	• Bereitstellung von Netzen/Ü-Wegen mit einer definierten Verfügbarkeit
Informationsdienste	• Datenbanken
Transaktionen	• z. B. Reservierung- und Bestellsysteme
Verarbeitungsdienste	• Im Rahmen von DV-Anwendungen
Fernwirkdienste	• Fernsteuerung, Fernüberwachung, Ferndiagnose, Fernwartung

Quelle: Dostal, W. a. a. O.

Die neuen Berufe rekrutieren sich aus benachbarten Berufen, ohne festgelegte Qualifizierungsmuster. Die wichtigsten Schlüsselqualifikationen für Multimediaexperten bestehen darin, komplexe Systeme bedienen und abstrakte Problemlagen bewältigen zu können; hohe Bildungsabschlüsse werden vorherrschen[14].

Eine der wichtigsten Veränderungen der Arbeitswelt im Kontext mit Multimedia könnte die Zunahme der Telearbeit sein: Wenn Büroräume immer teurer, Fahrtkosten immer höher, Informationstechniken dagegen immer billiger werden, steigt die wirtschaftliche Attraktivität von Telearbeit.

Unter Telearbeit verstehen wir mit Dostal als alle Tätigkeiten, die mit Telekommunikationsmitteln außerhalb der traditionellen Arbeitsplatzagglomerationen ausgeübt werden. Eine Sonderform der Telearbeit ist die Teleheimarbeit. Wichtig ist die Unterscheidung zwischen ständiger und gelegentlicher Telearbeit, da in Zukunft eher Mischfomen denn „reine" Telearbeit auftreten werden. Das Potential ist sehr hoch: In den neunziger Jahren wird es auf 10 % aller deutschen Arbeitsplätze, langfristig aber auf 50 % geschätzt.[15] Die Vorteile der Telearbeit bestehen in Kostensenkungen durch Einsparung von Büros und Fahrtkosten und der Möglichkeit der Arbeitneh-

---
[14] Vgl. Dostal, W. a. a. O., S. 531 ff.
[15] Vgl. ebd.

mer, zuhause zu arbeiten und mehr Freizügigkeit nutzen zu können. Die Probleme liegen im rechtlichen Bereich, da die traditionellen Regelungen des Arbeitsrechts nicht ohne weiteres anwendbar bzw. abzusichern sind. Zu den arbeitsrechtlichen Problemen gehören zum Beispiel Fragen des Zutrittsrechts von Arbeitgebern und Arbeitnehmervertretern, arbeitschutzrechtliche Bestimmungen, Sozialversicherungsschutz, Einflußmöglichkeiten des Betriebsrates, unfallrechtliche Frage, Freiwilligkeit der Telearbeit. Kritiker warnen auch vor „Scheinselbständigkeit", aber gleichwohl wird Telearbeit „zukünftig – wenn eine neue Generation ins Erwerbsleben tritt, die mit der Kommunikationstechnik aufgewachsen ist – eine große Verbreitung finden, da es kaum noch Argumente für eine rigide räumliche Konzentration von informationsbezogener Erwerbsarbeit geben wird."[16]

„Newspeak" der Telearbeit

Eine *Außerbetriebliche Arbeitsstätte* kann ein Haushalt oder ein Nachbarschafts- bzw. Satellitenbüro sein und bezeichnet ausgelagerte Arbeitsplätze, an denen weiterhin abhängig Beschäftigte tätig sind. Dieser Begriff ist durch die Betriebsvereinbarung der Firma IBM festgelegt worden.

Business-Television „ersetzt die allgemeineren Begriffe „Teleconferencing" und „Videoconferencing" und bezeichnet die Produktion und Verteilung von Fernsehprogrammen für geschlossene Benutzergruppen. (Seibold 1995). Genutzt wird Business-TV vor allem in den Bereichen Managementinformation, Aus- und Fortbildung, Marketing und Vertrieb. Es handelt sich vor allem um eine eindirektionale Bild- und Tonübertragung vom Entstehungsort des Programms zu beliebig vielen Empfangsstationen. Über Audiorückkanäle können die Zuschauer in das Programm eingreifen.

Desktop-Videokommunikation (siehe dazu Kuhnert 1995) umfaßt die Erweiterung der Kommunikation zwischen zwei oder mehreren Partnern mit PC und einer zusätzlichen Kamera, mit der der Gesprächspartner oder Dokumente bildlich übertragen und auf dem Bildschirm eingeblendet werden. Dazu existiert eine Sprachverbindung wie bei Telefongesprächen, die bisher zu Videokonferenzen, zu denen bislang spezielle Studios erforderlich waren, an den Arbeitsplatz verlagern, womit dann eine spontane Kommunikation möglich wird. Desktop-Videokommunikation ist die technische Basis für virtuelle Organisationen.

Distant Working ist der englische Begriff für Fernarbeit.

Fernarbeit ist ein früher Begriff für die räumliche Verlagerung von Arbeit. Er wird manchmal synonym für Telearbeit verwendet.

Global Village ist das „Globale Dorf." Dieser Begriff aus der Telekommunikationsdiskussion meint, daß heute auch Dörfer, also kleine räumliche Einheiten, durch Telekommunikation global werden können, also durch Anschluß an die weltweiten Informationsnetze bekommen. Damit könnten die weitere Konzentration wieder abflauen und dörfliche Strukturen realisierbar werden.

Hoffice ist die Zusammenfassung von Home und Office. Es meint das Vorhandensein eines häuslichen Büros, das ähnlich ausgestattet ist wie das Büro in der Zentrale bzw. an einem anderen Arbeitsplatz. Dieses Hoffice kann genutzt werden, um private Büroarbeiten zu erledigen, beispielsweise die Steuererklärung, Schriftwechsel, Bankgeschäfte, Archivierung u.ä., es kann aber auch für beruflich bedingte Arbeiten genutzt werden.

Joint Editing ist ein Verfahren, mit dem mehrere Autoren einen Text bearbeiten und somit zu abgestimmten Schriftstücken kommen. Dieses ist ähnlich aufgebaut wie bei der Telekooperation.

New Work ist ein Begriff, der die neuen Arbeitsformen außerhalb der starren abhängigen repetitiven Arbeit umschreibt. „New Worker arbeiten mal außerhalb, mal innerhalb eines Firmenverbandes. Innerhalb eines Betriebes sind sie in verschiedenen Funktionen einsetzbar. ...der Lohn von New Work wird statischer mit dem, sich an Posten und Positionen mißt. Er setzt sich aus drei Faktoren zusammen: einem Grundgehalt, einem Gruppen-Bonus und einem Individual-Produktivitäts-Bonus." (Horx 1995: 33).

Outworking ist Synonym für den Begriff Fernarbeit.

Telearbeitszentren sind Nachbarschaftsbüros, in denen Arbeitskräfte gemeinsam Telearbeit für verschiedene Auftraggeber erledigen. Es gibt dazu verschiedene Initiativen von Telearbeitszentren in strukturschwachen Gebieten, in denen eine kleine Zahl von Festangestellten viele freie Mitarbeiter organisatorisch betreuen, die dann ad hoc die jeweils aktuellen Arbeiten erledigen. Für diese handelt es sich eher um Rufbereitschaft bzw. kapazitätsorientierte variable Arbeiten.

Telecommuting ist der englische Begriff für Telearbeit. Commuting steht für Pendeln zum Arbeitsplatz, sodaß der Begriff eigentlich mit „Telependeln" übersetzt werden müßte. Telecommuters brauchen sich also nicht ins Auto oder in andere Verkehrsmittel setzen, um an ihren Arbeitsplatz zu kommen, sondern können dies über Telekommunikation realisieren.

Ein *Telehaus* ist eine Einrichtung der Innovationsförderung, in dem Telekommunikationsanschlüsse und -geräte neuester Ausführung aufgebaut sind, um Interessenten die probeweise Nutzung ohne Investitionen zu ermöglichen. Sie können dann für eine begrenzte Zeit für neue Aktivitäten genutzt werden, bevor dann eine eigene Infrastruktur aufgebaut wird. (weitere Informationen in: Telehaus Oberfranken 1995)

Telekooperation meint lediglich die Zusammenarbeit von Menschen, die räumlich verstreut an einer gemeinsamen Aufgabe arbeiten und über Telekommunikation Informationsaustausch betreiben. Heute werden dazu über das Telefon hinaus auch weitere Telekommunikationsformen wie Bild- und Textübertragung verwendet.

Telematic Cities sind Städte, die eine besonders gut ausgestattete Telekommunikations-Infrastruktur aufweisen und mit anderen derartigen Zentren mit leistungsstarken Telekommunikationsverbindungen kooperieren. Waren früher für die Stadtentwicklung die probeweise Infrastrukturelemente notwendig und förderlich, können es heute diese Telekommunikationsbezüge sein.

Teleport leitet sich ab vom Hafen, der Umschlagsort für Waren und in letzter Zeit auch für Dienstleistungen war. Heute lassen sich diese Strukturen auch auf Information anwenden, sodaß der Teleport ähnlich wie die Telematic City einen bedeutenden Knoten im Informationsnetz darstellt. Deshalb werden heute auch *Cityports* definiert (vgl. Huber 1995).

Teleteaming entspricht der Telekooperation, nur daß beim Teleteaming ein festes Team, das länger zusammenarbeitet, kooperiert, während bei der Telekooperation auch wechselnde Zusammensetzung denkbar ist.

Groupware sind Softwareprodukte, die die Gruppenarbeit durch Computerhilfe unterstützen, insbesondere die Erstellung anspruchsvoller Software oder anderer Informationsstrukturen (Lewe/Krcmar 1991).

Videoconferencing ist zunächst in speziellen Videokonferenzräumen angeboten worden, in denen die Konferenzteilnehmer über Sprach- und Videokommunikation Besprechungen durchführen konnten. Heute sind diese Möglichkeiten auch am einzelnen PC gegeben, sodaß der Aufbau und die Unterhaltung derartiger Videokonferenzräume nur für spezielle Aufgabenbereiche noch relevant ist.

Quelle: Dostal, W. a. a. .O.

3.1.6 Arbeitsmarktrisiko und Arbeitsmarktfähigkeit

Das Arbeitsmarktrisiko hat zwei Dimensionen:
- Das Risiko, den Arbeitsplatz zu verlieren.
- Das Risiko, als Arbeitsloser keinen Arbeitsplatz zu finden.

---
[16] ebd. S. 540.

Deutschland und die USA unterscheiden sich wesentlich hinsichtlich des Risikomixes: In Deutschland ist das Risiko, seinen Arbeitsplatz zu verlieren, wesentlich geringer als in den USA. Dagegen ist bei uns das Risiko, als Arbeitsloser keinen Arbeitsplatz mehr zu bekommen und „draußen vor der Tür" zu stehen, viel höher als in den USA. Dies spiegelt sich auch in der Arbeitslosenstatistik wieder: In den USA finden 90 % aller Arbeitslosen nach spätestens 6 Monaten wieder eine Stelle. In Deutschland sind es ungefähr ein Drittel, und entsprechend höher ist in Deutschland der Anteil der Langzeitarbeitslosen. Es ist generell fraglich, ob Politik überhaupt das Arbeitsmarktrisiko insgesamt beeinflussen kann, oder ob sie nur einen Einfluß auf das Risikomix nimmt.

Wenn sich das Leitbild des Lebenszeitarbeitsplatzes in einer globalisierten Weltwirtschaft nicht mehr aufrecht erhalten läßt, weil lebenslange Arbeitsplatzsicherheit von Unternehmen nicht gewährt werden kann, die sich einem hektischen, unprognostizierbaren und unfreundlichen Weltmarkt nicht nur jährlich, sondern bald vielleicht in Monatsräumen anpassen müssen, dann steigt das Arbeitsmarktrisiko, wenn nicht der Marktzugang für Arbeitslose erleichtert wird. Ein Szenario, das nicht auf den Erhalt von Arbeitsplätzen setzt, sondern auf den Erhalt der Arbeitsmarktfähigkeit der Menschen, folgt aus dem in den USA entwickelten Konzept der „Employability":[17]

Das Konzept geht davon aus, daß Arbeitssicherung in Zukunft kaum noch über die Sicherheit des Arbeitsplatzes zu gewinnen ist, sondern über die persönliche Fähigkeit, möglichst vielseitig und auf hohem Niveau einsatzfähig zu sein, eben: employable. Dabei ist Qualifikation das Sicherungssystem, welches die alten korporatistischen Sicherungssysteme von Arbeitgebern und Gewerkschaften ablösen soll. Zur Arbeitsmarkfähigkeit gehört ein erweiterter Qualifikationsbegriff; er umfaßt zum Beispiel

– Bildung
– Reputation
– Status
– Ansehen
– zusätzlich erworbene Fähigkeiten.

Wenn „Heuern und Feuern" häufiger wird, weil der Typus des großen Industriekonzerns zugunsten kleiner, flixibler Firmen zurückgedrängt wird, welche die Sozialsicherung ihrer Mitarbeiter weder übernehmen können noch wollen, dann kann die Arbeitssicherheit nicht mehr an definierte Arbeitsplätze gebunden werden. Arbeitssicherheit durch Arbeitsmarktfähigkeit beinhaltet unter anderem, daß der Arbeitgeber sich verpflichtet,

– das gesamte Potential an Fähigkeiten seines Arbeitnehmers in Anspruch zu nehmen
– und ihm die Chance zu geben, sich über das konkret am Arbeitsplatz abgeforderte Wissen hinaus weiterzuentwickeln. Dazu gehören Jobrotation, Karriereplanung und Weiterbildungsangebote.

---

[17] Vgl. die Darstellung bei Hank, R., Arbeit – Die Religion des 20. Jahrhunderts. Auf dem Weg in die Gesellschaft der Selbständigen, Frankfurt/M. 1995, S. 203 ff. Das Konzept geht zurück auf Moss Kanter, R., Employability and Job Security in the 21th Century, in: Demnos 2/1994 (Special ployment Issue), zit. n. Hank.

Von staatlicher Seite gehört zum Konzept der Arbeitsmarktfähigkeit, daß in Zeiten der Arbeitslosigkeit konsequent weitere Qualifizierung gefördert wird. Das Sozialsystem wäre dann nichts anderes als eine qualifizierende Überbrückungshilfe. Das Modell des „rheinischen Kapitalismus" mit seinem Leitbild des Lebenszeitarbeitsplatzes ist vielleicht attraktiver als das der Employability – aber nur solange es funktioniert und nicht zum „Non Hire and Early Retire" absinkt.

3.1.7 Neue Selbständigkeit

In den USA und zunehmend auch in Europa haben viele der gut qualifizierten Arbeitslosen, die Opfer von Outsourcing und Lean Management geworden sind, eigene Firmen gegründet, allerdings ohne jemanden anderen außer sich selbst anzustellen. Aus diesem Grund wird auch von „Selbstangestellten" statt von Selbständigen gesprochen.[18] Ausgestattet mit einer Computeranlage, Faxgerät und Modem bieten sie, häufig im Netzwerk mit anderen Selbstangestellten, hochqualifizierte Dienstleistungen an. Entgegen der pessimistischen Erwartung vieler Beobachter erzielen diese neuen Selbständigen überdurchschnittliche Einkommen und äußern eine hohe Arbeitszufriedenheit.

Diese überraschenden – und teilweise von ihrem Erfolg selbst überraschten – Gewinner entsprechen sehr genau den Leitbildern der neuen Arbeitswelt. Sie sind mit den neuen Kommunikations- und Arbeitsmitteln vertraut, sind flexibel und sie erstreben, nachdem sie erfahren haben, wie wenig gesichert heute eine Zukunft in einem herkömmlichen Unternehmen ist, nicht mehr vordringlich eine feste Anstellung. Es schreckt sie nicht, von ihrer Wohnung aus „Home Based Business" (HBB) zu betreiben. Gerade für ältere Arbeitnehmer, die in einer anscheinend dem Jugendwahn verfallenen amerikanischen Unternehmensszene kaum noch Anstellungschancen sehen, haben so eine erfolgreiche berufliche Existenz erarbeitet.

Sie produzieren in wechselnden Netzwerken für individuelle Kunden (Customizing) Computersoftware, erstellen Expertisen, entwickeln Marketingkonzepte und Marktanalysen oder liefern technische Berechnungen. Wird ein Auftrag zu groß für einen Anbieter, so sucht er sich am Markt die Partner mit der notwendigen Kompetenz, gründet kurzfristig einen Verbund, der sich nach Projektabschluß wieder auflöst oder zusammenbleibt und Anschlußaufträge bearbeitet.

Das Medium der Selbstangestellten ist das Internet. Hier suchen sie ihre Geschäftspartner, teilweise auch ihre Kunden und tauschen Erfahrungen aus. Der Sektor hat bereits in wenigen Jahren in den USA eine solche Dynamik entwickelt, daß er aus sich selbst heraus Arbeitsplätze schafft: Selbstangestellte benötigen für ihre Aufträge ihrerseits Dienstleistungen und Beratungen, und es bilden sich ganz neue Unternehmen, die sich auf die Unterstützung der Selbstangestellten spezialisiert haben.

Das Hire and Fire System der USA hat dazu geführt, daß soziale Sicherheit nicht mehr davon abhängt, ob man bei einem Unternehmen fest angestellt ist oder nicht. In diesem System ist das Interesse an Selbständigkeit höher als in Volkswirtschaften, in denen das Leitbild der sozial abgesicherten Lebenszeitstelle prägend ist. Andererseits ist der Neueinstieg als Selbstangestellter in den USA leichter als in der „geschlossenen" europäischen Unternehmenswelt.

---

[18] Vgl. Fischer, P., Die Selbständigen von morgen. Unternehmer oder Tagelöhner? Frankfurt/M., New York 1995.

3.1.8 Ein kommunitaristisches Konzept: Der „Dritte Sektor"

Kern des Konzepts ist die Idee, Arbeitslose, die nicht Selbstangestellte werden oder „Employability" erlangen können, mit gemeinnützigen Arbeiten zu beschäftigen. Das Modell entstammt einer Denkrichtung, die als Kommunitarismus bezeichnet wird, und welche die Bedeutung von Gemeinschaften in den Vordergrund stellt. Einer ihrer führenden Vertreter auf dem Gebiet der Arbeitsmarktpolitik, Jeremy Rifkin, beschreibt das Anliegen so: „Jetzt aber, da Wirtschaft und Staat nicht mehr in der Lage sind, die wichtigsten Bedürfnisse der Bevölkerung zu erfüllen, müssen die Menschen sich notgedrungen wieder selbst umtun und neue lebensfähige Gemeinschaften bilden – als Puffer gegen die unpersönlichen Kräfte des Weltmarkts und gegen das Unvermögen des Regierungsapparats".[19]

Die Kommunitaristen sehen eine Lösung des Arbeitsproblems im „Dritten Sektor", dem Bereich freiwilliger sozialer Arbeit, in denen man seinen Mitmenschen Zeit widmet, anstatt mit ihnen Marktbeziehungen einzugehen. Nach diesem Konzept muß die Politik dafür sorgen, daß ein zunehmender Anteil der Wertschöpfung des marktwirtschaftlichen Sektors in den Dritten Sektor übertragen wird und auf diese Weise lokale Infrastrukturen und soziale Gemeinschaften stärkt. In Europa ist der französische Ökonom Thierry Jeantet der führende Vertreter dieses von ihm als „Economie Sociale" bezeichneten Konzepts.[20] Er verweist auf die bereits heute große volkswirtschaftliche Bedeutung des Non-Profit-Bereichs: Allein in Deutschland gibt es mehr als 300.000 Freiwilligenorganisationen, und fest angestellt arbeiten im Dritten Sektor heute bereits mehr Menschen als in der Landwirtschaft und halb so viel wie im Banken- und Versicherungswesen.

Ein wesentliches Problem des Modells vom Dritten Sektor ist seine Finanzierung, werden doch die meisten Non-Profit-Organisationen, die ihren Mitarbeitern auch Einkommen zahlen, zu 80 bis 90 % vom Staat getragen. Soll, wie die Kommunitaristen es fordern, der Dritte Sektor zu einem Auffangbecken für alle vom Marktbereich freigesetzten Menschen ausgebaut werden, so erfordert dies, daß die dafür notwendigen Mittel vom Marktbereich abgezweigt werden müssen. Unumgänglich wird es wohl auch sein, daß das heutige System von Sozialleistungen durch ein Konzept ersetzt wird, in welchem Zahlungen an die Arbeit im gemeinnütziger Sektor gebunden werden.

3.1.9 Ausblick: Wertewandel und neuer Stellenwert der Arbeit

Immer weniger Menschen sehen in der Erwerbsarbeit den wesentlichen oder sogar alleinigen Lebensinhalt. Gestiegene Qualifikation und ein höheres Niveau der Allgemeinbildung führen zur Hinterfragung traditioneller Arbeitsformen und zur Forderung nach einer besseren Integration von Arbeit und Freizeit. Hinzu tritt, daß der Neueinstieg in traditionelle Arbeitsplätze für junge Menschen immer schwieriger wird.

Einer der fundamentalsten Beiträge zur Bedeutung der Arbeit für den Menschen ist von der Philosophin Hannah Arendt mit ihrem Werk „Vita Activa" geleistet worden.[21] Anknüpfend an Aristoteles beschreibt Arendt drei Typen menschlichen Tätigseins und bringt sie in eine wertende Reihenfolge: Handeln, Herstellen und Arbeiten.

---

[19] Rifkin, J., Das Ende der Arbeit und ihre Zukunft, Frankfurt/M., New York 1995, passim.
[20] Jeantet, T., La Modernisation de la France par l'Economie Social, Paris 1986, zit. n. Rifkin.
[21] Vgl. Arendt, H., Vita Activa oder vom tätigen Leben, München, Zürich 1985 (4. Aufl.).

Arbeiten, an letzter Stelle stehend, dient der Selbsterhaltung des Menschen und ist notwendig, Leben und Welt zu erhalten. Sie hat weder Anfang noch Ende, ihre Ergebnisse sind nicht von Dauer, und oft birgt sie die Erfahrung qualvoller Anstrengung. Wenn der Mensch nur noch „animal laborens" ist, dann hat er das Wissen um die anderen Tätigkeitsformen verloren.

Zu diesen gehört das „Herstellen": Es ist auf den Erhalt des politischen Gemeinwesens ausgerichtet und steht vor der Arbeit, es stabilisiert das menschliche Leben, unterliegt aber nicht seinen Notwendigkeiten.

An erster Stelle steht das Handeln: Sprechen und Handeln sind die Tätigkeiten, in denen sich nach Arendt die Einzigartigkeit des Menschen darstellt, es ist die am höchsten geschätzte Tätigkeitsform des Menschen. Sprechend und Handelnd unterscheiden sich die Menschen aktiv voneinander, anstatt lediglich verschieden zu sein, in diesen Modi offenbart sich das Menschsein selbst.

Arendt kritisiert vor diesem Hintergrund, daß durch die Überbewertung der Arbeit die Ordnung der drei Begriffe aufgehoben worden ist und letztlich alles zur Arbeit wird und der Arbeit Qualitäten zugesprochen werden, die sie gar nicht haben kann. Herstellen und Handeln sinken auf das Niveau der Arbeit herab, seitdem das aktive Leben seine Ausrichtung auf das kontemplative Leben verloren hat.

Die Sozialwissenschaftlerin Andrea Maurer greift Arendts philosophische Arbeit auf und beschreibt Perspektiven und Tendenzen zur Bewältigung des Spannungsverhältnissen und Ungleichgewichts zwischen vita activa und vita contemplativa.[22] Dabei werden, auch in Anlehnung an Rifkin, „Zeitpionierhafte Lebensstile" herausgearbeitet:

„Zeitrebellen" stellen das Effizienzprimat moderner Wirtschaftssysteme fundamental in Frage. Sie entstammen den „neuen sozialen Bewegungen" - Ökologiebewegung, Tierschutzbewegung, Friedensbewegung, Verfechter ganzheitlicher Medizin etc. – und wollen sich den Zeitzwängen der Gesellschaft entziehen. Ihre Versuche, neue Zeitumgangsformen zu entwickeln, sind radikal. Ob ihr Ausstieg aus den bestehenden gesellschaftlichen Arrangements in Zukunft utopische Kraft entfaltet, ist offen.

„Zeitpioniere" sind dagegen Personen, die ihre eigenen Zeitvorstellungen in der Arbeit und im außerbetrieblichen Alltag zu verwirklichen versuchen und sich der Realität stellen. Dabei entwickeln sie eigene Gestaltungsformen von Zeit.

Zeitpioniere akzeptieren also grundsätzlich die Erwerbsarbeit, suchen dabei aber individuell nach neuen Wegen und Zielen. Im Unterschied zu „Zeitkonventionalisten" wollen sie individuelle Lebensentwürfe auf autonomen Verbindungen von Arbeitszeit und Freizeit aufbauen.

Zeitpioniere verfügen über hohe berufliche Qualifikationen, die es ihnen ermöglichen, „eigene" Arbeitszeiten auszuhandeln und durchzusetzen. Oft machen sie sich auch selbständig. Sie stellen bewußt das Konzept der Normalarbeitszeit in Frage. „Der Utopiegehalt im zeitpionierhaften Lebensstil besteht, anders als beim Modell der Arbeitszeitverkürzung, darin, daß die Kritik herkömmlichen Wert- und Ord-

---

[22] Dabei geht sie besonders ausführlich auf die Zukunft der Frauen-Arbeit ein, ein Thema, das im vorliegenden einführenden Beitrag nicht behandelt werden kann. Vgl. Maurer, A., Moderne Arbeitsutopien. Opladen 1994. Eine gewerkschaftliche Position zu diesem Thema wird pointiert dargestellt bei Schauer, H., Zeitpolitik und Zeitkultur, in: H. Bullens (Hrsg.), Zukunft der Arbeit. Analysen-Prognosen-Strategien, Heidelberg 1990.

nungsstrukturen gilt, deren Überwindung in der bewußt individualisierten, autonom vorzunehmenden Verknüpfung von Arbeitszeit und Lebenszeit besteht, woraus sich ein neuer Lebensstil entwickeln kann."[23]

Literaturhinweise

Albert, M., Kapitalismus contra Kapitalismus, Frankfurt/M., New York 1992.
Arendt, H., Vita Activa oder vom tätigen Leben, München Zürich 1985 (4. Aufl.).
Blanpain, R., Sadowski, D., Habe ich morgen noch einen Job? Die Zukunft der Arbeit in Europa, München 1994
Boulding, K. Economics as a Science, New York u. a. 1988
Dostal, W., Die Informatisierung der Arbeitswelt – Multimedia, offene Arbeitsformen und Telearbeit, in: MittAB, Heft 4/95.
Fischer, P., Die Selbständigen von morgen. Unternehmer oder Tagelöhner? Frankfurt/M., New York 1995.
Friedmann, G., Zukunft der Arbeit, Perspektiven der industriellen Gesellschaft, Köln 1953.
Hank, R., Arbeit – Die Religion des 20. Jahrhunderts. Auf dem Weg in die Gesellschaft der Selbständigen, Frankfurt/M. 1995
Jeantet, T., La Modernisation de la France par l'Economie Social, Paris 1986.
Koslowski, P., Überarbeitete und Beschäftigungslose. Sinnverlust der Arbeit durch Übergeschäftigkeit und Unterbeschäftigung, in: H. Hoffmann, D. Kramer (Hrsg.), Arbeit ohne Sinn? Sinn ohne Arbeit? Über die Zukunft der Arbeitsgesellschaft, Weinheim 1994.
Maurer, A., Moderne Arbeitsutopien. Opladen 1994.
Moss Kanter, R., Employability and Job Security in the 21th Century, in: Demos 2/1994 (Special Employment Issue).
OECD, Employment Outlook, Paris, Jg. 1993–95.
OECD, Quaterly Labour Force Statistics, Paris, Jg. 1993–95
OECD, Global Energy. The Changing Outlook, Paris 1992.
Reich, R. B., Die Zukunft der Arbeit: Drei Leistungsklassen, in: gdi impuls, Heft 3/91.
Reich, R. B., The Work of Nations, Preparing Ourselves for the 21st Century Capitalism, New York 1991
Rifkin, J., Das Ende der Arbeit und ihre Zukunft, Frankfurt/M., New York 1995
Schauer, H., Zeitpolitik und Zeitkultur, in: H. Bullens (Hrsg.), Zukunft der Arbeit. Analysen-Prognosen-Strategien, Heidelberg 1990.
Schmid, G., Vollbeschäftigung in der integrierten sozialen Marktwirtschaft, in: Arbeitslosigkeit ist vermeidbar – Wege aus der Arbeitslosigkeit. Ein Symposium der Bertelsmann Stifung, Gütersloh 1990

---

[23] ebd. S. 114.

3.2 Arbeitszufriedenheit
Hans-Jürgen Albers

- 3.2.1 Zum Begriff Arbeitszufriedenheit 145
- 3.2.2 Zur individuellen und betrieblichen Bedeutung von Arbeitszufriedenheit 148
- 3.2.3 Messung von Arbeitszufriedenheit 151
- 3.2.4 Ergebnisse der Zufriedenheitsforschung 152
- Literaturhinweise 154

3.2.1 Zum Begriff Arbeitszufriedenheit

Arbeitszufriedenheit drückt – in allgemeiner Form – subjektive Einstellungen und Empfindungen gegenüber Arbeit aus, wobei in aller Regel die berufliche Arbeit gemeint ist. Der Versuch einer weitergehenden Begriffserklärung stößt schon bald auf erhebliche Schwierigkeiten, da in der einschlägigen Literatur ein „fast babylonisches Begriffschaos" (Neuberger 1974, S. 140) herrscht. Probleme einer eindeutigen und einheitlichen Begriffsverwendung ergeben sich u. a. aus der Abgrenzung zwischen vorwiegend kognitiv strukturierten Einstellungen und emotional geprägten Empfindungen (vgl. u. a. Wiswede, 1980, S. 144f.), aus der Existenz mehrerer Begriffe im Bereich arbeitsbezogener Einstellungen und Empfindungen und aus der Tatsache, daß der in theoretischen Abhandlungen verwendete – und dort schon uneinheitliche – Zufriedenheitsbegriff sich noch unterscheidet von dem in empirischen Untersuchungen zugrundegelegten operationalisierten, d. h. meßbar gemachten Zufriedenheitsbegriff.

Eine weitere Schwierigkeit ergibt sich aus der mangelnden interkulturellen Vergleichbarkcit des Phänomens Arbeitszufriedenheit. Psychologische und sozialpsychologische Analysen greifen oftmals auf angloamerikanische Literatur und Untersuchungen zurück. An einer unmittelbaren interkulturellen Vergleichbarkeit bestehen angesichts der traditionellen und gesellschaftlichen Bedingtheit von Arbeitseinstellungen und -empfindungen jedoch Zweifel. Die Anwendung bespielsweise amerikanischer job-statisfaction-Theorien und -Untersuchungen auf „Arbeitszufriedenheit" muß solange unter Vorbehalt erfolgen, wie nicht die Identität von „statisfaction" und „Zufriedenheit" und die interkulturelle Übereinstimmung im subjektiven Verständnis von „job" einerseits und „Arbeit" bzw. „Beruf" andererseits geklärt ist. „Die deutsche, Arbeitszufriedenheit" ... vermag zumindest die Bedeutung von „job" nicht adäquat wiederzugeben; ein Unterschied zwischen Zufriedenheit und statisfaction ist zu vermuten." (Ferber 1959, S. 1)

Zur Kennzeichnung einer subjektiven, auf die Arbeit bezogenen Einstellungs- und Gefühlslage werden in der einschlägigen Literatur neben „Arbeitszufriedenheit" vor allem auch die Termini „Arbeitsfreude", „Betriebsklima" und „Berufszufriedenheit" verwendet. Für ihre Definitionen ergeben sich einerseits zum Teil die gleichen Schwierigkeiten wie für Arbeitszufriedenheit, so daß Unterschiede und Abgrenzungen nicht immer deutlich werden; andererseits wird der Kern dessen, was Arbeitszufriedenheit meint, erst durch den Versuch einer Abgrenzung zu verwandten Begriffen deutlich.

Wissenschaftliche Beschäftigungen mit der **Arbeitsfreude** setzten bereits gegen Ende des 19. Jahrhunderts ein. Eine der frühen und bis in die Gegenwart hinein am häufigsten zitierten Auseinandersetzungen ist das in den zwanziger Jahren erschienene Werk „Der Kampf um die Arbeitsfreude" (Man 1927). Nach der dort vertretenen Auffassung strebt jeder Arbeitende von sich aus nach Arbeitsfreude. Daher ist es auch nicht notwendig, diese gezielt zu fördern; es reicht, wenn sie nicht gehemmt wird. Die frühen Arbeiten basieren mehr oder weniger auf einem handwerklich bestimmten Arbeitsbegriff. Er ist geprägt von der Einheit von Arbeitendem und Werk, von der Gesamtheit von Planung, Durchführung, Vollendung und Anwendung. Das Aufkommen industrieller Produktionsbedingungen und die damit einhergehende Arbeitsteilung und Arbeitsentfremdung werden als wesentliche Gefährdung der Arbeitsfreude verstanden (vgl. u. a. auch die Untersuchungen von Herkner 1906; Lau ^{2}1924; Bues 1926; Horneffer 1928; Lazarsfeld 1931).

Das **Betriebsklima** wurde etwa Mitte des 20. Jahrhunderts Gegenstand eingehender, vorwiegend betriebssoziologischer Untersuchungen. Auch für das Betriebsklima gilt nach Auffassung nahezu aller Autoren, daß sein Begriff vage und uneinheitlich ist. Unklar ist insbesondere, ob es sich dabei um eine von individuellen Einstellungen weitgehende losgelöste Kollektiveinstellung oder um die Summe von Einzeleinstellungen handelt, ob also beispielsweise ein Beschäftigter persönlich zwar unzufrieden sein kann aber gleichzeitig in der Lage ist, dem Betrieb ein gutes Klima zu bescheinigen. Ungeklärt ist auch, ob jemand, der auf Befragen dem Betrieb ein gutes Klima attestiert, wirklich den Betrieb meint oder lediglich ausdrückt, daß er sich in seiner begrenzten und unmittelbaren betrieblichen Umgebung wohlfühlt. Auffallend – und ein zumindest indirekter Hinweis auf die Existenz einer kollektiven Empfindung – ist, daß, trotz der Heterogenität der individuellen Einstellungen, die Angehörigen eines Betriebes sich zumeist übereinstimmend über die Qualität und über eventuelle Veränderungen des Klimas in ihrem Betrieb äußern. Eine solche Gemeinsamkeit ist nur möglich, wenn es für den gesamten Betrieb gleichermaßen geltende Einflußgrößen auf das Betriebsklima gibt und wenn im Betrieb sozialpsychologische Mechanismen wirken, die zu einer Vereinheitlichung von Einstellungen beitragen. Zu den klimabestimmenden Faktoren gehören nach einschlägigen Untersuchungen die Qualität zwischenmenschlicher Beziehungen und betrieblicher Menschenführung, Entlohnung und Arbeitsplatzsicherheit, Art und Bedingungen der Tätigkeit, Entfaltungs- und Selbstverwirklichungsmöglichkeiten (vgl. u. a. Briefs 1934; Becker/Dirks u. a. 1955; Götte 1962; Friedeburg ^{2}1966; Kellner 1975; Albers 1980).

Berufszufriedenheit intendiert weniger einen Bezug zur konkreten und augenblicklichen Arbeitssituation als vielmehr die Frage der richtigen oder falschen Berufswahl und weist somit einen stärkeren Langzeitbezug auf. Ursprung einer möglichen Differenzierung könnte das bis heute noch wirksame calvinistische Berufsethos sein, welches in der namengebenden „Berufung" die Hauptkomponente des beruflichen Zugangs sah. Auch der gelegentlich beobachtete stärkere Zusammenhang zwischen Motivation und Zufriedenheit auf höheren Ebenen der betrieblichen Hierarchie wird auf ein höheres Berufsethos, das durch längere Berufsausbildung und damit verbundene bessere Internalisierung berufsständischer Werte bedingt ist, zurückgeführt. Die begriffliche Abgrenzung von Arbeitszufriedenheit und Berufszufriedenheit schließt ein, daß ein Beschäftigter zwar mit seinem Beruf zufrieden sein kann, mit den konkreten Bedingungen der Arbeitssituation, unter denen die Berufsausübung stattfindet, jedoch nicht (vgl. Wiswede 1980, S. 143).

Bei der Klärung des Begriffes **Arbeitszufriedenheit** ist vor allem bedeutsam, ob es sich dabei um Einstellungen oder Empfindungen handelt, oder, falls beides eingeschlossen ist, wie die Gewichte verteilt sind. Unterschiedliche Auffassungen bestehen auch darüber, ob es sich bei Arbeitszufriedenheit um eine generelle Attitüde handelt, deren Ausprägung zwar von unterschiedlichen betrieblichen und arbeitsbezogenen Faktoren abhängt, die aber nicht weiter segmentierbar ist, oder ob sich hinter dem Konstrukt Arbeitszufriedenheit eine Vielzahl mehr oder weniger voneinander unabhängiger Einzeleinstellungen zu diesen Faktoren verbirgt, die jeweils eigenständig auf der Dimension Zufriedenheit – Unzufriedenheit laden und in ihrer Summe mehr zum einen oder anderen Pol tendieren und somit eine Gesamtaussage ermöglichen.

Einige Autoren, die einen differenzierten Zufriedenheitsbegriff bevorzugen, der sich auf – als bedeutsam empfundene – Teilaspekte der Arbeit beschränkt, verwenden entsprechend Partialbegriffe wie Lohnzufriedenheit, Zufriedenheit mit dem Führungsstil usw.

Die Mehrzahl der Analysen basiert auf der Annahme, daß sich Arbeitszufriedenheit zwar aus Einzeleinstellungen zusammensetzt, jedoch mehr ist als deren Summe, daß zwischen den partiellen Einstellungen eine im einzelnen nicht durchschaubare Wechselwirkung bestehe, die zu einer Gesamteinstellung „Arbeitszufriedenheit" führe. Grundlage hierfür ist die Definition von Hoppock (1935); danach ist Arbeitszufriedenheit „any combination of psychological, physiological and environmental circumstances that causes a person thruthfully to say, I am statisfied with my job'" (zit. n. Wiswede 1980, S. 144).

Wird Arbeitszufriedenheit als meßbares Phänomen angenommen, kann nicht die ganze Arbeitssituation einbezogen werden. Vielmehr dürfen nur soche Einzeleinstellungen zusammengefaßt werden, die auf der Dimension Zufriedenheit – Unzufriedenheit laden. In der Regel wird ein eindimensionales Kontinuum mit den Polen extreme Zufriedenheit und extreme Unzufriedenheit unterstellt.

Ein enger Zusammenhang wird von den meisten Autoren zwischen Arbeitszufriedenheit und Bedürfnissen bzw. Bedürfnisbefriedigung gesehen. „Zufriedenheit oder Unzufriedenheit stellt sich ein im Ergebnis der Realisierung oder Nichtrealisierung der Bedürfnisse und Erwartungen der Menschen durch die Umweltfaktoren. Ob jemand zufrieden ist oder nicht, hängt also nicht nur von den Umweltfaktoren ab, sondern auch von den Bedürfnissen und Erwartungen der Menschen. ... Wenn jemand mit bestimmten Erwartungen an die Arbeit herantritt und diese werden nicht befriedigt, dann ist er unzufrieden. Wenn ein anderer ohne diese Erwartungen an dieselbe Arbeit herantritt, kann er durchaus zufrieden sein, denn dann gibt es keine Differenz zwischen seinen Bedürfnissen und Umweltfaktoren" (Stollberg 1968, S. 81). Insofern dominiert heute ein dynamischer Zufriedenheitsbegriff, der Aussagefähigkeit erst durch das individuelle Anspruchsniveau erhält. Nach dieser Auffassung ist Arbeitszufriedenheit ein Ausdruck der Übereinstimmung von subjektiven Erwartungen an die Arbeit und dem Ausmaß der Erwartungserfüllung durch die objektiven Arbeitsbedingungen.

Nicht zuletzt ist der Arbeitszufriedenheitsbegriff von der jeweiligen historisch-gesellschaftlichen Situation, insbesondere vom vorherrschenden Arbeitsbegriff, abhängig. Die Einstellungen der Menschen zu ihrer Arbeit haben sich im Laufe der Zeit nachhaltig geändert. Allein in den vergangenen zweihundert Jahren hat sich ein tiefgreifender Wandel in der Arbeitswelt und in der Art und Weise, wie Menschen arbeiten, vollzogen. Ohne Zweifel haben diese Veränderungen auch Spuren im subjektiven Arbeitsverständnis hinterlassen. Die in einer agrarisch und handwerklich-ständisch geprägten Arbeitswelt offensichtlich bestehende innere Bindung des Menschen an seine Arbeit, das unmittelbare Erlebnis existentieller Bedeutung von Arbeit, ist im Zuge der Industrialisierung, der zeitlichen und lokalen Auslagerung der Arbeitsprozesse aus den übrigen Lebensbereichen, des arbeitsteiligen und durch Maschineneinsatz bestimmten Arbeitsvollzuges und nicht zuletzt durch steigenden Wohlstand und soziale Absicherung der Nichtarbeitszeiten weitgehend verlorengegangen. Die früher fast ausschließlich in der Arbeit gesuchte Lebenserfüllung hat sich mehr und mehr auch auf außerberufliche Lebensbereiche verlagert, was sowohl für das Individuum als auch für die Arbeitswissenschaften zu einer veränderten Einschätzung der Bedeutung von Zufriedensein mit der Arbeit geführt hat.

Wird versucht, die vorherrschenden Auffassungen zu einem Begriffsverständnis zusammenzubinden, kann Arbeitszufriedenheit aufgefaßt werden als „ein auf das gesamte Arbeitsfeld oder auf Segmente desselben bezogene kognitiv-emotionale Haltung, die sich als Ergebnis eines im einzelnen nicht erkennbaren Zusammenspiels zahlreicher Faktoren des realen Arbeitsraumes (Art und Bedingungen der Tätigkeit, Sozialbeziehungen usw.), der psychogenen Disposition(individuelle Bedürfnisse, Ansprüche und Erwartungen) und der Umwelt (gesellschaftlicher Arbeitsbegriff, sozialkulturelle Normen und Wertvorstellungen etc.) einstellt" (Albers 1977, S. 43).

3.2.2 Zur individuellen und betrieblichen Bedeutung von Arbeitszufriedenheit

In einem auffallenden Gegensatz zu der mangelnden Eindeutigkeit des begrifflichen Instrumentariums steht die allgemeine Übereinstimmung hinsichtlich der Bedeutung. In kaum einer Äußerung über Betriebsklima, Arbeitsfreude, oder Arbeitszufriedenheit wird versäumt, auf die individuelle und betriebliche Relevanz des gemeinten Sachverhalts hinzuweisen.

Die vermutete Bedeutung war ohne Zweifel gewichtiger Anlaß für eingehendere wissenschaftliche Beschäftigungen mit der Arbeitszufriedenheit. Daneben war es wohl nicht nur eine rein zeitliche Zufälligkeit, daß intensivere Auseinandersetzungen mit Arbeitseinstellungen und -empfindungen einsetzen, als diese sich aufgrund der tiefgreifenden Veränderungen in der Arbeitswelt nachhaltig wandelten. „Arbeitszufriedenheit konnte erst dann zum Problem werden, als sich ‚Arbeit' als ein eigenständiger Bereich aus dem ‚Leben' ausdifferenzeirt hatte und ihm als abgehobener andersartiger Teil gegenübergestellt wurde" (Neuberger 1985, S. 164).

Marksteine der ersten Forschungsepoche waren die Untersuchungen von Levenstein (1912) und die von Herkner, Schmoller und A. Weber initiierten Erhebungen des Vereins für Socialpolitik in den ersten Jahren dieses Jahrhunderts, von denen insbesondere die Schriften von M. Weber (1909) „Zur Psychophysik der industriellen Arbeit" und von M. Bernays (1910) über „Auslese und Anpassung der Arbeiterschaft der geschlossenen Großindustrie" erwähnenswert sind. Spezielle Bezüge zur Arbeitsfreude und Arbeitszufriedenheit – gerade auch jugendlicher Arbeiter – wiesen die Untersuchungen der zwanziger Jahre auf. Hier sind neben den Arbeiten der Wiener Schule (u. a. Lau [2]1924; Bues 1926; Lazarsfeld 1931) vor allem die Untersuchungen von de Man (1927) zu nennen. Anfang der dreißiger Jahre brach die umfangreiche arbeitssoziologische Forschung im deutschsprachigen Raum fast vollständig ab.

In den USA war die „Entdeckung" der zwischenmenschlichen Beziehungen und deren Bedeutung für den Arbeitserfolg durch die im Jahre 1924 begonnenen Untersuchungen in den Hawthorne-Werken Anlaß für eine Vielzahl von job-satisfaction-Untersuchungen, von denen Hoppock (1935) bereits 36 aufzählt (umfassender Vroom 1964). Ihren (quantitativen) Höhepunkt erreichte die job-satisfaction-Forschung in den USA etwa zwischen 1955 und 1975.

In Deutschland wurde die einschlägige Forschung, jetzt nicht mehr unter dem Stichwort „Arbeitsfreude", sondern „Arbeitszufriedenheit", zunächst in den fünfziger Jahren wieder aufgenommen. Eine der ersten ausführlichen Untersuchungen zur „Arbeitszufriedenheit" ist die zu Anfang der fünfziger Jahre durchgeführte Erhebung über „Arbeiter, Management, Mitbestimmung" (Pirker/Braun/Lutz/Hammelrath 1955; weiterhin u. a. die Arbeiten von Becker/Dirks u. a. 1955; Popitz/Bahrdt/Jüres/Kesting 1957). Nach einer gewissen Zurückhaltung in den sechziger Jahren erlebte die Arbeitszufriedenheits-Forschung in den siebziger Jahren einen erneuten Boom (vgl. u. a. Kern/Schumann 1973; Neuberger 1974a und 1974b; Bruggemann/Groskurth/Ulich 1975; Albers 1977; Meyer 1982).

War in den frühen Untersuchungen der Wunsch maßgebend, den Wurzeln der zunehmenden Sinnentleerung der Arbeit auf die Spur zu kommen und ihr durch eine Förderung von Arbeitsfreude und -zufriedenheit entgegenzuwirken, so dominierten in den ersten amerikanischen Analysen betriebsbezogene Aspekte der Leistungsförderung mittels positiver Arbeitseinstellungen und -empfindungen.

Die Frage nach der individuellen und betrieblichen Bedeutung hängt eng zusammen mit der Frage, ob Arbeitszufriedenheit selbst schon **Zweckcharakter** besitzt oder ein **Mittel** für die Erreichung anderer Ziele darstellt.

Die in zahlreichen Untersuchungen festgestellte höhere Identifikation mit der Arbeit und damit letztlich mit den betrieblichen Zielsetzungen bei zufriedenen Arbeiten macht Zufriedenheit zu einem für die Betriebsleitung interessanten Phänomen. Der vermutete oder tatsächliche Zusammenhang zwischen Arbeitszufriedenheit, Motivation und Leistung war denn auch sowohl Ausgangspunkt zahlreicher, vor allem älterer, empirischer Untersuchungen als auch betrieblicher Maßnahmen zur Herbeiführung oder Erhaltung dieses Zustandes. Ein Zusammenhang zwischen Produktionsleistung, Ausschuß, Fehlzeiten usw. und Zufriedenheit ist so häufig festgestellt worden, daß der Zufriedenheitsforschung gelegentlich der Vorwurf eines allzu eindeutigen Nützlichkeitsstandpunktes in dem Sinne gemacht wurde, daß dem Management die Möglichkeit gegeben wurde, durch geringe, aber gezielte Veränderungen die Arbeiter zufriedener und damit produktiver zu machen, ohne die vorhandenen Übelstände tatsächlich zu beseitigen. „Man sagte Erhöhung der Arbeitsfreude und meinte Steigerung der Arbeitsproduktivität" (Oldendorff 1970, S. 195).

Der Gegenpol, die „Unzufriedenheit", dient seinerseits in vielen Untersuchungen als erklärende Variable für negative Erscheinungen. So wurden positive Korrelationen zwischen Unzufriedenheit mit der Arbeit auf der einen Seite und Ausschußproduktion, krankheitsbedingten Fehlzeiten, Absentismus (nicht krankheitsbedingte Fehlzeiten, „Blaumachen"), Fluktuation usw. auf der anderen Seite festgestellt. Neben der Art des Zusammenhangs, ob es sich beispielsweise um eine echte Korrelation, eine Scheinkorrelation oder um eine Intervention handelt, ist auch die Wertung der beobachteten Auswirkungen teilweise problematisch. Insbesondere die Fluktuation erfährt eine unterschiedliche Beurteilung. Während sie einerseits von Betrieben als unerwünschte Erscheinung betrachtet wird, wird sie andererseits in Form der „Mobilität" für die heutige Zeit als wichtige Schlüsselqualifikation bezeichnet (vgl. ausführlich zu Untersuchungsbefunden und deren Problematisierung Albers 1977, S. 99 ff.).

Dem stehen jedoch auch Befunde gegenüber, die keine oder gar eine negative Beziehung zwischen Arbeitszufriedenheit und Arbeitsleistung erkennen lassen (vgl. u. a. die Korrelationstabellen zahlreicher Untersuchungen bei Vroom 1964, S. 184 ff.; Stollberg 1968, S. 11; Neuberger 1974b, S. 169 ff.). Bereits zu Beginn dieses Jahrhunderts stellte Bernays (1910, S. 349) fest: „Die ‚nicht ermüdeten', die ‚nicht angestrengten' und die ‚zufriedenen' Arbeiter sind die in jeder Hinsicht untüchtigsten; die ‚müdesten' ‚angestrengten' und ‚unzufriedenen' Arbeiter die brauchbarsten."

Für diese etwas verwirrenden Ergebnisse werden verschiedene durchaus einleuchtende Erklärungen angeboten. Zum einen variieren sowohl das theoretische Zufriedenheitskonstrukt als auch das eingesetzte empirische Instrument von Erhebung zur Erhebung zum Teil erheblich; zum anderen zeigt sich, daß der Vergleichsgröße „Leistung" ebenfalls sehr unterschiedliche Auffassungen darüber zugrundeliegen, was als Leistung zu werten und zu messen sei. Insbesondere das Problem einer Quantifizierung höherwertiger, vor allem geistiger und damit gewissermaßen unsichtbarer Leistung bereitet nahzu unüberwindliche Schwierigkeiten. Nicht auszuschließen ist auch, daß – bei entsprechendem Anspruchsniveau – die Zufriedenheit mancher Arbeitnehmer sich gerade aus mangelden Leistungsanforderungen speist. Insgesamt ist Zufriedenheit bestenfalls eine notwendige, aber noch keine hinreichende Bedingung für Leistung (vgl. hierzu auch unten die Ausführungen zur Messung von Arbeitszufriedenheit).

Neben dem betrieblichen Aspekt ist vor allem im Zusammenhang mit Bemühungen um eine humane Arbeitswelt die **individuelle Bedeutung** von Arbeitszufriedenheit hervorgehoben worden. Beruf und Arbeit besitzen im Leben der meisten Menschen einen hohen Stellenwert. Trotz deutlich reduzierter Arbeitszeiten in den vergangenen Jahrzehnten bestimmt die tägliche Arbeit während der wichtigsten Abschnitte unseres Lebens den Inhalt der überwiegenden Tageszeit. Darüber hinaus nimmt sie auch einen qualitativ wichtigen Platz ein. Die Berufsarbeit ist nach wie vor ein bedeutsamer, wenn nicht der bedeutsamste Lebensbereich, in dem die Mehrzahl der Menschen Entfaltungsmöglichkeiten. Selbstbestätigung, soziale Kontakte usw. sucht. Im Zentrum der Überlegungen zu Beziehungen zwischen „Zufriedenheit" und „Humanisierung" steht die Überzeugung, daß eine Arbeitswelt nur dann als human angesehen werden kann, wenn die Arbeitssituation für den einzelnen mit dem Gefühl individuellen und sozialen Wohlbefindens verbunden ist. Als wichtiger Indikator diesen Wohlbefindens gilt die Arbeitszufriedenheit.

In diesem Sinne wird Zufriedenheit in der Arbeit zu einem letztlich nicht mehr begründungsbedürftigen Ziel. Es repräsentiert unveräußerliche menschliche Ansprüche, denen sich andere (z.B. ökonomische) Zielsetzungen unterzuordnen haben (vgl. auch Neuberger 1985, S. 170 ff.).

Wie sich der allseits beschworene **Wertewandel** auf die Einschätzung der Arbeitszufriedenheit auswirkt, bleibt abzuwarten. Zunächst einmal bietet sich eine ambivalente Sichtweise an. Wertewandel beinhaltet sowohl Einstellungsänderungen externer Art über die Bedeutsamkeit von Arbeit gegenüber anderen Lebensbereichen als auch solche interner Art über die Arbeit selbst. Kern der ersten Aussage ist, daß immer mehr Menschen eine subjektiv angemessene Balance zwischen Persönlichkeit, Arbeit, Freizeit und anderen Aspekten des Lebens suchen. Die früher alles überragende Bedeutung der Berufsarbeit für das Leben der Menschen ist zurückgegangen, und andere Lebensbereiche haben sowohl quantitativ als qualitativ ein größeres Gewicht gewonnen. Diese Entwicklung spricht dafür, daß parallel zur abnehmenden Lebensbedeutsamkeit der Berufsarbeit auch die Bedeutung der auf sie bezogenen Zufriedenheit zurückgeht. Demgegenüber steht jedoch, daß eine von schwerer körperlicher Belastung weitgehend befreite Arbeit ebenso wie das im Zuge von Wohlstand und sozialer Absicherung weitgehend verlorengegangene Gefühl existentieller Notwendigkeit vor Arbeit zu einer veränderten Auffassung von der Arbeit selbst geführt haben. Arbeit wird nicht mehr so überwiegend wie in früheren Zeiten als Quelle der Existenzsicherung verstanden, sondern als Lebensbereich, der – wie andere auch – einen Beitrag zu einem erfüllten Leben leisten soll. Entsprechend rangieren in neueren Befragungen – vor allem bei jüngeren Personen – nicht mehr Einkommen und Arbeitsplatzsicherheit, sondern Freude und Erfüllung an erster Stelle. Diese Entwicklung spricht ihrerseits für eine zunehmende Bedeutung der Arbeitszufriedenheit.

Kritische Stimmen, die den Wert von „Zufriedenheit" grundlegend in Frage stellen, sind in der arbeitswissenschaftlichen Literatur nur vereinzelt vertreten. Die Aussage „Ich bin zufrieden" besitzt jedoch ohne Zweifel einen ambivalenten Charakter. Sie kann Ausdruck des Wohlbefindens und des Erfolgs sein, der Erfüllung und der inneren Bejahung des bestehenden Zustandes. Sie kann aber auch Ausdruck der Gewöhnung und Anpassung an unzulängliche Arbeitsverhältnisse sein.

Insgesamt verfügt ein Zustand der Zufriedenheit über ein geringes Evolutionspotential. Damit wohnen ihm Elemente der Behäbigkeit und der Stagnation inne. Da nur sehr selten Idealzustände bestehen, mag eine Einstellung, die den status quo festigt, als problematisch erscheinen. Bei einer grundsätzlichen Betrachtung kann sich durchaus die Frage einstellen, ob Zufriedenheit überhaupt ein erstrebenswerter Zustand ist, oder ob nicht ein gewisses Maß an Unzufriedenheit, im Sinne von Noch-Nicht-Zufriedensein mit dem bisher Erreichten, eine notwendige Voraussetzung für individuellen und gesellschaftlichen Fortschritt darstellt (vgl. hierzu auch Albers 1975).

3.2.3 Messung von Arbeitszufriedenheit

Empirische Untersuchungen zur Arbeitszufriedenheit setzen die Messung des Phänomens voraus. Dieser Vorgang schließt ein die **Definition** des Erkenntnisobjekts, seine **Operationalisierung,** die Bestimmung des **Meßinstruments** und dessen Auswahl oder – falls in der gewünschten Form noch nicht vorhanden – seine Konstruktion.

Die Schwierigkeiten – und die daraus resultierenden unterschiedlichen Ergebnisse – einer Bestimmung des Erkenntnisgegenstandes wurden bereits bei den Ausführungen zum Begriff der Arbeitszufriedenheit deutlich. Die Probleme vergrößern sich noch beträchtlich, wenn versucht wird, das theoretische Konstrukt zu operationalisieren, d. h. in meßbare Merkmale und deren Ausprägungen umzusetzen. Forscher basteln mit Mühe ein Konstrukt „Arbeitszufriedenheit" und grenzen es gegen andere Begriffe (z. B. Berufszufriedenheit) kunstvoll ab. Bei der Annahme, daß die Probanden die Intentionen des Forschers und seine Abgrenzungen aufnehmen und ihre Einstellung und Empfindungen entsprechend differenzieren und ausdrücken, daß sie z. B. bei der Frage nach der Arbeitszufriedenheit an die aktuelle Arbeitssituation, bei einer Frage nach der Berufszufriedenheit jedoch an die übergreifende, längerfristige berufliche Situation denken, spielt in nicht unbeträchtlichem Maße das Prinzip Hoffnung mit.

Die Untersuchungen zur Arbeitszufriedenheit basieren nahezu ausschließlich auf Befragungen. Hierbei konkurriert die – wissenschaftlich sicher elegantere – Form der indirekten Fragetechnik mit der direkten Frage nach der Zufriedenheit. Die meisten Forscher entscheiden sich für die direkte Form. Eine indirekte Fragestellung steht vor allem vor dem Problem bedeutungsleicher alternativer Kriterien und wirft damit kaum zu beantwortende Fragen der Validität auf.

Wie immer die Fragestellung auch beschaffen sein mag, sie mündet immer in irgendeiner Form in die Aufforderung an Probanden, sich zu ihrer Zufriedenheit mit der Arbeit zu äußern. Was aber meint ein Befragter, wenn er sagt, er sei zufrieden oder unzufrieden? Hier stellt sich zum einen das Problem der Passung von Forschungskonzept und subjektivem Verständnis der Befragten. Zahlreiche Untersuchungen gehen optimistisch davon aus, daß zwischen dem Zufriedenheitsverständnis des Forschers und den Verständnissen der Probanden ein hinreichend großes Maß an Übereinstimmung besteht. In vielen Erhebungen herrscht auch – ausgesprochen oder unausgesprochen – eine pragmatische Linie vor, die Zufriedenheit mit Zufriedenheitsaussagen gleichsetzt; Arbeitszufriedenheit ist demnach das, was entsprechende Untersuchungen als Arbeitszufriedenheit messen.

Weiterhin stellt sich das Problem des Zusammenhangs von Arbeit, Arbeitseinstellungen und Einstellungsäußerungen. Bei einer – notwendigerweise – größeren Zahl von Probanden ergeben sich zwangsläufig sehr unterschiedliche individuelle Anspruchsmuster und sehr verschiedenartige reale Arbeitsbedingungen innerhalb einer Untersuchung. Die äußerlich gleiche Zufriedenheitsaussage als Ausdruck der Übereinstimmung von individuellen Ansprüchen und real vorgefundener Arbeitssituation beruht somit auf ganz unterschiedlichen Voraussetzungen; dennoch werden gleichlautende Aussagen innerhalb eines Samples zusammengefaßt.

Äußerungen über die eigene Arbeit werden darüber hinaus durch die „Brille" gesellschaftlicher Erwartungen und der Persönlichkeitsprägung durch eine bestimmte, oft jahre- und jahrzehntelang ausgeübte Arbeit gegeben. Es erscheint zweifelhaft, ob der Arbeitnehmer da noch zu einer objektiven Reflexion über seine Arbeitssituation und die damit verbundenen Empfindungen fähig ist. Insbesondere das Eingeständnis von Unzufriedenheit ist für den Befragten möglicherweise mit unangenehmen Selbstzweifeln verbunden. „Wo Erfolg mit dem Erfolg in der Arbeit identifiziert wird, kann das Eingeständnis von Arbeitsunzufriedenheit leicht als allgemeine Erfolglosigkeit, als generelles Versagen interpretiert werden. Kritik an der Arbeit fällt dann fast zwangsläufig mit der Kritik an der eigenen Person zusammen: wem es nicht gelingt, die als unbefriedigend erkannte Situation zu beseitigen, stellt sich selbst in Frage.... Sich mit seiner Arbeit zu arrangieren, „alles in allem" zufrieden zu sein, auch wenn viele Einzelheiten negativ erscheinen, ist in dieser Situation leicht ein Gebot positiver Selbstinterpretation" (Kern/Schumann 1970, S. 184).

Niemand kann, ohne in schwerwiegende kognitive Dissonanzen zu geraten, viele Stunden jeden Tages mit Dingen zubringen, die er als unbefriedigend empfindet. Ein Mindestmaß an Zufriedenheit mit dem, was man tut, ist Bedingung dafür, es überhaupt tun zu können. Gesellschaftliche Normen, Selbstachtungsbedürfnisse und der Wunsch nach kognitivem Gleichgewicht dürften häufig dazu führen, entweder unbefriedigende Arbeitsverhältnisse nicht als solche anzuerkennen oder die subjektive Unzufriedenheit Dritten gegenüber nicht einzugestehen.

Als Instrumente zur Messung von Arbeitszufriedenheit werden vor allem mündliche Interviews, standardisierte schriftliche Befragungen und Skalen eingesetzt. Das Ergebnis hängt in nicht unbeträchtlichem Maße von der Art der Fragestellung ab. So ergaben sich in einer Studie 13–25 % unzufriedene Arbeiter bei der Frage, ob sie mit ihrer Arbeit zufrieden seien, jedoch 54 %, wenn gefragt wurde, ob sie dieselbe Arbeit wählen würden, wenn sie nochmals beginnen würden (vgl. Wiswede 1980, S. 156). Allerdings bleibt unbelegt, ob die zweite Frage auf der gleichen Dimension mißt wie die erste, was auf das allgemeine Validitätsproblem hinweist, ob Arbeitszufriedenheit überhaupt anders als durch die direkte Frage nach ihr zu messen ist (vgl. ausführlich zur Messung von Arbeitszufriedenheit u. a. Neuberger 1974b; Wiswede 1980, S. 156ff.).

3.2.4 Ergebnisse der Zufriedenheitsforschung

Die Vergleichbarkeit von Ergebnissen der Zufriedenheitsforschung leidet darunter, daß theoretisches Konstrukt, Operationalisierung und Meßinstrumente in den Untersuchungen unterschiedlich und dadurch die Befunde in Einzelheiten nur bedingt vergleichbar sind. Auffallendstes Ergebnis der bisherigen Zufriedenheitsforschung ist, daß sich in den weitaus meisten Erhebungen die überwiegende Mehrzahl der Befragten mit ihrer Arbeit zufrieden erklärte.

Die durchgängig hohe Zufriedenheit der Beschäftigten, auch derer, die stark zerlegte, sich ständig wiederholende und monotone Teilaufgaben verrichten, hat immer wieder Verwunderung hervorgerufen. So berichtet bereits Münsterberg (^{3}1922,

S. 116) mit Erstaunen von einer Fabrikarbeiterin, die seit 12 Jahren Tag für Tag hunderte von Glühlampen in Reklamezettel einzuwickeln hatte und dabei täglich bis zu 13 000 mal die gleichen Arbeitsgriffe ausführte. Friedmann (1953, S. 289f.) schildert den Fall einer Arbeiterin in einer Schweizer Uhrenfabrik. Die Tätigkeit dieser Frau bestand seit 22 Jahren darin, an einer vorgezeichneten Stelle ein einziges Loch in einen Uhrenrohling zu bohren. Beide Beschäftigte erklärten auf Befragen, daß sie mit ihrer Arbeit nicht nur zufrieden seien, sondern sie auch interessant fänden, sich an ihrem Arbeitsplatz wohlfühlten und keine andere Arbeit verrichten wollten.

Als Erklärung für derartige, immer wieder beobachtete Ergebnisse kann die durch jahrelange Gewöhnung erreichte Anpassung an unzulängliche Arbeitsbedingungen ebenso dienen wie das Bemühen, ein evtl. Unbefriedigtsein Dritten gegenüber nicht zuzugeben. Hinzu kommt auch, daß Befragungen über Zufriedenheit in der Regel bei Arbeitern stattfinden, Reflexionen darüber jedoch bei Akademikern. Ein Teil des in manchen Interpretationen von Untersuchungsergebnissen anklingenden Unverständnisses über das hohe Maß an vorgefundener Arbeitszufriedenheit dürfte darauf zurückzuführen sein, daß die Untersuchenden ihre Vorstellungen von Arbeit in die untersuchte Situation hineinprojizieren. Nach Zweig (1952, S. 111) weisen derartige Äußerungen zunächst einmal nur darauf hin, daß die „Soziologen... denken, diese oder jene Arbeit müsse tödlich und seelenzerstörend sein, was aber nur heißt, daß sie so empfinden würden, wenn sie diese Arbeit tun müßten".

Insgesamt bestätigen die Befunde einer hohen Zufriedenheit auch bei inferioren Arbeitsbedingungen noch einmal die These, daß Zufriedenheit keine absolute, sondern eine relative Größe ist, die lediglich das Ausmaß der Erfüllung subjektiver Ansprüche durch die realen Gegebenheiten wiedergibt.

Neben der Gesamtzufriedenheit, die in der Regel auch mit einer einzigen, zusammenfassenden Frage ermittelt wird, werden in den meisten Untersuchungen auch Partialzufriedenheit mit einzelnen Aspekten der Arbeit und der Arbeitsumgebung erhoben. Wie wichtig ein Einzelaspekt für die allgemeine Zufriedenheit ist, wird teilweise durch eine gesonderte Einschätzung der Wichtigkeit erfragt, teilweise durch das Maß der Korrelation mit der Gesamtzufriedenheit ermittelt. Die Wirkungsrichtung zwischen Gesamtzufriedenheit und Partialzufriedenheiten, ob die Einzeleinschätzungen sich zu einem Gesamtempfinden verdichten oder ob die Grundstimmung die Einzelempfindungen prägt, ist strittig.

Zu den Einzeldeterminanten, die für das Zufriedenheitsempfinden eine bedeutsame Rolle spielen, zählen – ohne daß eine eindeutige Rangfolge herzustellen ist – vor allem

- die Qualität **zwischenmenschlicher Beziehungen,** wobei Beziehungen zu Kollegen zu unterscheiden sind von Beziehung zu Vorgesetzten;
- Die **Entlohnung,** wobei sowohl die absolute Lohnhöhe eine Rolle spielt als auch –vor allem bei höheren Lohnstufen–die an der jeweils erbrachten Leistung orientierte relative Lohngerechtigkeit zu anderen Beschäftigten;
- **Art und Bedingungen der Tätigkeit,** wobei eine Entsprechung von individuellen Fähigkeiten und Arbeitsanforderungen in aller Regel zu einer höheren Zufriedenheit führt;
- Das **Ansehen,** das Beruf und auch Betrieb in den Augen anderer genießen.

Wiswede (1980, S. 170ff.) gruppiert die Einzeldeterminanten nach **Kontentfaktoren,** die sich auf den Arbeitsinhalt beziehen, und nach **Kontextfaktoren,** die sich auf die externen Bedingungen der Arbeit richten.

Neben der Zufriedenheit erwachsener Arbeitnehmer ist in der jüngeren Vergangenheit auch die Zufriedenheit der Lehrlinge in Form der **Ausbildungszufriedenheit** untersucht worden (vgl. u. a. Alex/Heuser/Reinhardt 1973; Laatz 1974; Albers 1977; Schweikert 1988; Hecker 1989). In den allgemeinen Trends unterscheiden sich die Befunde bei Jugendlichen nicht sonderlich von denen der Erwachsenen. In Untersuchungen des Bundesinstituts für Berufsbildung erklärten sich 1985 rund 80% mit ihrer Ausbildung als zufrieden. 76% der Auszubildenden würden, noch einmal vor die Wahl gestellt, wieder denselben Beruf ergreifen; 70% möchten auch noch in zehn Jahren im erlernten Beruf arbeiten (vgl. Berufsbildungsbericht 1989, S. 66 ff.).

Die Untersuchungen bei Auszubildenden brachten auch die Bestätigung für ein in der Praxis seit langem bekanntes Phänomen, das in der einschlägigen Literatur als „Berufskrise" oder „Jugendkrise" behandelt wird (vgl. u. a. Busemann 1950; Scharmann 1965, S. 207 ff.; Albers 1978): den Rückgang der anfangs überaus positiven Einstellung zur Ausbildungssituation mit zunehmender Ausbildungsdauer. So äußerten sich beispielsweise in einer Lehrlingsbefragung (vgl. Albers 1978, S. 906 ff.) im 1. Ausbildungsjahr 99%, im 2. Ausbildungsjahr 100%, im 3. Ausbildungsjahr 84% und im 4. Ausbildungsjahr nur noch 68% der Befragten zufrieden. Ursachen hierfür liegen sowohl in alters- und entwicklungsbedingten Besonderheiten als auch in einer gewissen Ernüchterung, die nach den ersten Erfahrungen mit der neuartigen Arbeitswelt einsetzt. Nicht zuletzt dürfte das nahende Ende der Schonzeit und der bevorstehende Übergang in das eigentliche Berufsleben eine Rolle spielen.

Literaturhinweise

Alex, L./Heuser, H./Reinhardt, H.: Das Berufsbildungsgesetz in der Praxis. Eine Repräsentativbefragung von Auszubildenden. Bonn 1973
Albers, H.-J.: Pädagogische Aspekte der Arbeitszufriedenheit. In: Die Deutsche Berufs- und Fachschule 71 (1975), S. 483–489
Albers, H.-J.: Zufriedenheit in Arbeit und Ausbildung. Die individuelle Einstellung zum Beruf und zur Ausbildungssituation. Trier 1977. (Wirtschafts- und berufspädagogische Abhandlungen, Bd. 6)
Albers, H.-J.: Einstellungsänderungen während der Ausbildungszeit. Erscheinungsformen, Ursachen und Auswirkungen der sogenannten „Berufskrise". In: Die Deutsche Berufs- und Fachschule 74 (1978, S. 901–916
Albers, H.-J.: Das Betriebsklima. In: Zeitschrift für Arbeitswissenschaft 34 (1980), S. 142–148
Becker, E./Dirks, W. u. a.: Betriebsklima. Frankfurt/Main 1955
Bernays, M.: Auslese und Anpassung der Arbeiterschaft der geschlossenen Großindustrie. 133. Band der Schriften des Vereins für Socialpolitik. Leipzig 1910
Berufsbildungsbericht 1989, hrsg. vom Bundesministerium für Bildung und Wissenschaft. Bonn 1989
Briefs, G.: Betriebsatmosphäre und Betriebstradition. In: Betriebsführung und Betriebsleben in der Industrie. Stuttgart 1934, S. 74–81
Bruggemann, A./Groskurth, P./Ulich, E.: Arbeitszufriedenheit. Bern 1975
Bues, H.: Die Stellung des Jugendlichen zum Beruf und zur Arbeit. Bernau 1926
Ferber, Chr. v.: Arbeitsfreude. Wirklichkeit und Ideologie. Stuttgart 1959
Friedeburg, L. v.: Soziologie des Betriebsklimas. Frankfurt/Main ²1966
Friedemann, G.: Zukunft der Arbeit. Köln 1953
Götte, M.: Betriebsklima. Göttingen 1962
Hecker, U.: Betriebliche Ausbildung: Berufszufriedenheit und Probleme. Berlin 1989
Herkner, H.: Die Bedeutung der Arbeitsfreude in Theorie und Praxis der Volkswirtschaft. In: Neue Zeit- und Streitfragen, Bd. XII, 1906, S. 3–36
Hoppock, R.: Job statisfaction. New York 1935
Horneffer, E.: Der Weg zur Arbeitsfreude. Berlin 1928

Kellner, W.: Betriebsklima. In: Handbuch des Personalwesens (hrsg. von E. Gaugler), Enzyklopädie der Betriebswirtschaftslehre, Bd. V. Suttgart 1975, S. 631–634
Kern, H./Schumann, M.: Industriearbeit und Arbeiterbewußtsein, Teil I. Frankfurt/Main 1970
Laatz, W.: Berufswahl und Berufszufriedenheit der Lehrlinge. München 1974
Lau, E.: Beiträge zur Psychologie der Jugend in der Pubertätszeit. Langensalza ²1924
Lazarsfeld, P. F.: Jugend und Beruf. Jena 1931
Levenstein, A.: Die Arbeiterfrage. München 1912
Man, H. de: Der Kampf um die Arbeitsfreude. Jena 1927
Meyer, W. H.: Arbeitszufriedenheit – ein interessiertes Mißverständnis. Opladen 1982
Münsterberg, H.: Psychologie des Wirtschaftslebens. Leipzig ³1922
Neuberger, O.: Theorien der Arbeitszufriedenheit. Stuttgart u. a. 1974a
Neuberger, O.: Messung der Arbeitszufriedenheit. Stuttgart u. a. 1974b
Neuberger, O.: Arbeit. Stuttgart 1985
Oldendorff, A.: Sozialpsychologie im Industriebetrieb. Köln 1970
Pirker, Th./Braun, S./Lutz, B./Hammelrath, F.:Arbeiter, Management, Mitbestimmung. Stuttgart, Düsseldorf 1955
Popitz, H./Bahrdt, H. P./Jüres, E. A./Kersting, H.: Technik und Industriearbeit, Tübingen 1957
Schweikert, K.: Ganz die alten? Was Auszubildende meinen, was Auszubildende tun. Berlin 1988
Stollberg, R.: Arbeitszufriedenheit – Theoretische und praktische Probleme. Berlin 1968
Vroom, V. H.: Work and Motivation. New York, London, Sydney 1964
Weber, M.: Zur Psychophysik der industriellen Arbeit (1909). In: Weber, M.: Gesammelte Aufsätze zur Soziologie und Sozialpolitik. Tübingen 1924
Wiswede, G.: Motivation und Arbeitsverhalten. München 1980
Zweig, F.: The British Workers. London 1952

3.3 Gewerkschaften und Arbeitgeberverbände – Interessengruppen am Arbeitsmarkt und in der Wirtschaftspolitik
Klaus-Peter Kruber

3.3.1	Gewerkschaften und Arbeitgeberbände in der Marktwirtschaft und in der Zentralen Planwirtschaft	159
3.3.2	Die Organisation der Arbeitsmarktverbände	161
3.3.2.1	Prinzipien gewerkschaftlicher Organisation	161
3.3.2.2	Aufbau und Willensbildung der Gewerkschaften	163
3.3.2.3	Aufbau und Willensbildung der Arbeitgeberverbände	165
3.3.3	Der Einfluß von Gewerkschaften und Arbeitgeberverbänden auf die Wirtschaftspolitik	166
3.3.4	Gesamtwirtschaftliche Wirkungen der Lohnpolitik	168
3.3.4.1	Der Einfluß der Gewerkschaften auf Reallohn und Beschäftigung ...	168
3.3.4.2	Der Beitrag der Lohnpolitik zum wirtschaftlichen Aufschwung	170
3.3.5	Der europäische Binnenmarkt und die Internationalisierung der Wirtschaft als Herausforderung an die Gewerkschaften	172
Literaturverzeichnis		173

3.3.1 Gewerkschaften und Arbeitgeberverbände in der Marktwirtschaft und in der Zentralen Planwirtschaft

Unter der Vielzahl der Verbände und Vereine in einer pluralistischen Gesellschaft sind Gewerkschaften und Arbeitgeberverbände von besonderer Bedeutung. Die Freiheit der Bildung und Betätigung von Gewerkschaften und Arbeitgeberverbänden gehört zu den Wesensmerkmalen einer sozialen Marktwirtschaft. Das Grundgesetz verleiht diesem Recht Verfassungsrang (Koalitionsfreiheit, Art. 9 Abs. 3 GG). Koalitionsfreiheit beinhaltet das Recht der Arbeitsmarktverbände, Löhne und Arbeitsbedingungen ohne Einmischung des Staates in Tarifverträgen festzulegen (Tarifautonomie) und zur Durchsetzung ihrer Forderungen unter bestimmten Voraussetzungen auch Druck auf die Gegenseite auszuüben (Arbeitskampf mit Streik bzw. Aussperrung als schärfsten Instrumenten). Die Arbeitsmarktverbände haben eine Ausnahmestellung in der Marktwirtschaft: Nur ihnen ist es gestattet, auf einem der wichtigsten Teilmärkte, dem Arbeitsmarkt, Angebots- bzw. Nachfragemonopole zu bilden. Grundsätzlich sollte auf allen anderen Märkten durch das Verbot von Kartellabsprachen und Monopolbildung Wettbewerb durchgesetzt werden. Auch in der Rechtsordnung gelten für diese Verbände Besonderheiten: Das Tarifvertragsgesetz verleiht bestimmten Verträgen zwischen den Arbeitsmarktverbänden quasi Gesetzeskraft (Unabdingbarkeit und Allgemeingültigkeit). Ferner sind den Gewerkschaften und Arbeitgeberverbänden durch Gesetz wichtige öffentliche Aufgaben in der Berufsbildung (z. B. Festlegung von Ausbildungsordnungen), in der Rechtsprechung (z. B. Benennung der ehrenamtlichen Arbeitsrichter) und in der Sozialversicherung und Arbeitsverwaltung (paritätische Besetzung der Aufsichtsgremien) zur Selbstverwaltung übertragen. Aufgrund der ihnen durch die Wirtschaftsverfassung übertragenen Aufgaben und Instrumente am Arbeitsmarkt und in der Sozialpolitik kann man die Arbeitsmarktverbände zusammen mit Parlament, Regierung und Bundesbank zu den Trägern der Wirtschaftspolitik rechnen (Pütz 1974, 190 ff.).

Dies war nicht immer so, und besonders auf Seiten der Gewerkschaften bedurfte es langer Kämpfe bis zur heutigen Akzeptanz (Tenfelde 1987). Entstanden sind die Gewerkschaften im 19. Jh. als Selbsthilfe- und Kampforganisationen der Arbeitnehmer: Als Selbsthilfe- und Schutzverbände gründeten sie Unterstützungskassen für Krankheit, Unfall, Arbeitslosigkeit und Alter. Als Widerstands- und Kampforganisationen kämpften sie gegen Verschlechterungen bzw. für Verbesserungen der Löhne und Arbeitsbedingungen. Zur Abwehr gewerkschaftlicher Forderungen schlossen sich die Arbeitgeber in Anti-Streikvereinen zusammen (Adamy/Steffen 1985, 12 ff.). Heute sind die Arbeitsmarktverbände eine unverzichtbare gesellschaftliche Einrichtung zur geregelten Austragung der unvermeidlichen Auseinandersetzungen über Löhne und Arbeitsbedingungen in der sozialen Marktwirtschaft. Sie sind ferner gewichtige Einflußfaktoren im Prozeß der politischen Willensbildung in der pluralistischen Demokratie. Aufgrund ihrer besonderen Stellung tragen sie Mitverantwortung für die Wirtschafts- und Gesellschaftspolitik, ohne selbst Teil des Staates zu sein. Aus dieser Funktionsvielfalt ergeben sich nicht selten Probleme für die Zieldefinition und Legitimation der Verbandspolitiken (vgl. unten).

Völlig anders war die Rolle von Gewerkschaften in einer sozialistischen Zentralplanwirtschaft, z. B. in der DDR bis 1989. In sozialistischen Staaten war die Bildung von Vereinigungen, insbesondere solchen mit gesellschaftlichen oder wirtschaftlichen Zielen, nicht frei, sondern die entsprechenden Organisationen waren Instrumente des Staates zur Durchsetzung seiner Ziele. Auf dem Gebiet der ehem. DDR können Arbeitsmarktverbände erst seit 1990 tätig werden. Arbeitgeberverbände gab es selbstverständlich in der DDR nicht. Alleiniger Arbeitgeber war faktisch die staatliche Planungsbürokratie. Nach dem Selbstverständnis des kommunistischen Staates war das Volk Eigentümer der Produktionsmittel. Gewerkschaften waren daher eigentlich funktionslos. Dennoch gab es in der DDR mit dem Freien Deutschen Gewerkschaftsbund (FDGB) eine fast alle Werktätigen erfassende Massenorganisation. Allerdings war der FDGB nach westlichem Verständnis nicht ein Verband zur Durchsetzung von Arbeitnehmerinteressen, sondern eine Einrichtung des Staates zur Erfassung und Organisation eines zentralen Bereichs der Gesellschaft. Die im FDGB zusammengeschlossenen 16 Einzelgewerkschaften verstanden sich als „treue Kampfgefährten der SED". Die Geschichte des FDGB zeigt, „wie die Gewerkschaften die Politik der SED zum Aufbau des Sozialismus und zur Gestaltung der entwickelten sozialistischen Gesellschaft unterstützten und sie wirkungsvoll in die gesellschaftliche Praxis umsetzten" (FDGB-Chronik 1987, 5). Eine gewerkschaftliche Lohnpolitik gegen den staatlichen Arbeitgeber gab es nicht. Die Löhne und Lohnsteigerungsraten wurden in der Volkswirtschaftsplanung beschlossen. Die Gewerkschaften legten dann zusammen mit den jeweils zuständigen Organen der Wirtschaftsleitung die Einzelheiten der industriezweig- bzw. betriebsspezifischen Lohnabstufungen, Lohnformen, Zuschläge und Arbeitsbedingungen fest. Echte Verhandlungen – etwa mit der Möglichkeit, Forderungen durch die Drohung mit Arbeitskampfmaßnahmen Nachdruck zu verleihen – fanden nicht statt. Aufgabe der Gewerkschaften war es, im Betrieb sowohl die Werksleitung als auch die Belegschaft zur Befolgung der gesetzlichen Bestimmungen anzuhalten. Die Gewerkschaften verstanden sich als „Treibriemen" für die Vermittlung der übergeordneten Ziele der Volkswirtschaftsplanung an die Werktätigen. Sie organisierten den „sozialistischen Wettbewerb" zur Verbesserung und Überbietung der Planvorgaben. Der FDGB bemühte sich um Aktivierung seiner Mitglieder beim „Aufbau des Sozialismus" auf allen Gebieten. Über seine politische Schulungsarbeit wirkte er auch als Kaderreserve für die SED.

Die Gewerkschaften waren verantwortlich für die Sozialversicherung in der DDR. Zudem organisierten sie auf betrieblicher und überbetrieblicher Ebene wichtige soziale Einrichtungen (z. B. Kinderkrippen und Kindergärten, Werkskantine, betriebliche Verkaufsstellen, Vergabe von Werkswohnungen und Ferienplätzen). Ferner war der FDGB direkt Teil der Staatsmacht: Er war mit einer eigenen Fraktion in der Volkskammer vertreten. Wie alle Abgeordneten, so wurden auch die 61 Vertreter des FDGB über die Einheitsliste der Nationalen Front gewählt (Fr. Ebert Stiftg. 1988).

Die Schlüsselstellung der Gewerkschaften bei der Vergabe von Kindergarten- und Ferienplätzen, Wohnungen usw. und die Möglichkeit, durch eine Mitgliedschaft gesellschaftliches Engagement nachzuweisen, führten dazu, daß fast alle Werktätigen Mitglieder im FDGB waren (1987 9,5 Mio.). Nach der „Wende" versuchte der FDGB die Erneuerung zu einer Gewerkschaft in einer (angestrebten) sozialistischen Marktwirtschaft. Zahlreiche Funktionäre wurden abgelöst, ca. 800 000 Mitglieder traten aus. Der FDGB gab sich am 1.2.1990 eine neue Satzung und wählte einen neuen Vorstand (Müller 1990, 351 f.). Aber die von vielen Arbeitnehmern als halbherzig empfundene Wende konne das „Aus" für den FDGB im vereinten Deutschland nicht verhindern. Die Mehrheit der Gewerkschafter wollte den Anschluß an die westdeutschen Gewerkschaften. Diese unterstützten seit dem Frühjahr 1990 den Aufbau demokratischer Gewerkschaften in der DDR. Am 14. September beschlossen die Delegierten des FDGB seine Auflösung und die Angliederung der Einzelgewerkschaften an den DGB. 1991 wurde eine neue Satzung für den gesamtdeutschen DGB erarbeitet. Seit 1990 ist auch die DAG „gesamtdeutsch" tätig. Auch auf der Arbeitgeberseite erfolgte der Aufbau von Organisationen nach westlichem Vorbild und die Vereinigung unter dem Dach der Arbeitgeberverbände.

Organisatorische Probleme sind jedoch von untergeordneter Bedeutung angesichts der akuten Arbeitsmarktprobleme nach dem abrupten Eintritt der DDR-Wirtschaft in den marktwirtschaftlichen Wettbewerb (vgl. dazu unten).

3.3.2 Die Organisation der Arbeitsmarktverbände

3.3.2.1 Prinzipien gewerkschaftlicher Organisation

Gewerkschaften lassen sich nach der Abgrenzung ihres Tätigkeitsbereichs und nach ihrer weltanschaulichen Ausrichtung unterscheiden (Molitor 1988, 57 ff.). Die ersten Gewerkschaften gingen aus Handwerker- bzw. Facharbeitervereinigungen hervor. Buchdrucker, Zigarrenarbeiter und andere organisierten sich zur solidarischen Durchsetzung berufsspezifischer Forderungen gegenüber den Arbeitgebern (Berufsgewerkschaften). Bis heute dominieren Berufsgewerkschaften in Großbritannien. Auch in Deutschland gibt es nach dem Berufsverbandsprinzip organisierte Gewerkschaften: die Gewerkschaft der Polizei (GdP), faktisch auch die Gewerkschaft Erziehung und Wissenschaft („Lehrergewerkschaft"). Die sozialistische und die christliche Arbeiterbewegung erfaßten dagegen auch die ungelernten oder angelernten Arbeiter und strebten nach einer Organisation der Arbeiterschaft über die Grenzen der Berufe und Wirtschaftszweige hinaus. Die meisten im DGB zusammengeschlossenen Gewerkschaften sind nach dem Industrieverbandsprinzip gegliedert, d. h. sie erfassen alle organisierten Arbeitnehmer eines Wirtschaftszweigs unabhängig von ihren Berufen.

Beide Organisationsprinzipien haben Auswirkungen auf Verhaltensweise und volkswirtschaftliche Ergebnisse gewerkschaftlicher Aktivität. Sind die Gewerkschaften nach dem Berufsverbandsprinzip gegliedert, so muß in einem Unternehmen mit mehreren, z. T. in ihren Interessen durchaus nicht gleich gerichteten Gewerkschaften verhandelt werden. Unter Umständen kann eine kleine Berufsgruppe, die eine Schlüsselstellung im Betrieb innehat, das Gesamtunternehmen (und damit auch die übrigen Arbeitnehmer) zur Durchsetzung ihrer gruppenspezifischen Ziele durch einen Streik unter Druck setzen. Nicht auszuschließen ist, daß das Berufsverbandsprinzip die Streikhäufigkeit in der Volkswirtschaft erhöht. Demgegenüber gilt beim Industrieverbandsprinzip der Grundsatz „Ein Betrieb – eine Gewerkschaft". Dies erleichtert die Konsensfindung im Unternehmen und auf Branchenebene. Eine Industriegewerkschaft kann ihren Forderungen durch die Mobilisierung von Massen Nachdruck verleihen. Andererseits hat sie aber wegen der Heterogenität ihrer Mitglieder auch kompliziertere Willensbildungsprozesse. Gesamtwirtschaftlich ist es nicht unbedenklich, wenn eine Industriegewerkschaft für einen Wirtschaftssektor (z. B. die Metallindustrie) einheitliche Lohnsteigerungen durchsetzt, obwohl er Wirtschaftszweige von sehr unterschiedlicher Produktivität umfaßt (z. B. Automobilindustrie und Werften). Lohnsteigerungen, die sich am durchschnittlichen Produktivitätsanstieg des Sektors orientieren, schöpfen den Lohnerhöhungsspielraum der Autohersteller nicht aus, während sie zugleich die Schwierigkeiten der produktivitätsschwachen Werften vermehren. Volkswirtschaftlich ist eine stärkere Differenzierung der Lohnabschlüsse nach Wirtschaftszweigen und Regionen wünschenswert. Dem steht die Tendenz entgegen, daß Lohnabschlüsse in einer ertragsstarken Branche und einer prosperierenden Region zur Richtschnur für die übrigen Lohnverhandlungen werden.

Die Gewerkschaften sind als Richtungsgewerkschaften entstanden. Sie entwickelten sich aus der sozialistischen Arbeiterbewegung, christlichen Arbeitervereinen und den liberalen Gewerkschaften (Hirsch-Dunckersche Gewerkschaftsvereine). Nach 1917 kam die kommunistisch orientierte Gewerkschaftsbewegung hinzu. Besonders in Frankreich und Italien sind die Gewerkschaften in verschiedene Richtungen gespalten, die sich an politische Parteien anlehnen. So stehen die größten französischen Gewerkschaften, die CGT und die CFDT, der kommunistischen Partei bzw. den Sozialisten nahe. Die Force Ouvrière (FO) versteht sich als sozialdemokratisch-reformistisch: Sie setzt sich für die Verbesserung der Position der Arbeitnehmer im bestehenden Wirtschafts- und Gesellschaftssystem ein und kämpft nicht für seine Umwandlung nach kommunistischem oder sozialistischem Leitbild. Eine ähnliche Grundposition wie die FO nimmt die nach dem Berufsverbandsprinzip organisierte Lehrergewerkschaft FEN ein.

Die ideologische Spaltung der Gewerkschaftsbewegung führt nicht selten zu Auseinandersetzungen zwischen Gewerkschaften und schwächt ihre Position insgesamt. Aus dieser Erfahrung resultiert der Gedanke der Einheitsgewerkschaft. Sie will unabhängig von der weltanschaulichen Bindung ihrer Mitglieder deren Interessen als Arbeitnehmer vertreten. Die deutschen Gewerkschaften DGB, DAG und CGB sind nach ihren Satzungen unabhängig von politischen Parteien. Der CGB bekennt sich zu seiner Tradition aus der christlichen Arbeiterbewegung, DGB und DAG beanspruchen, beide Traditionen der Arbeiterbewegung in sich zu vereinen: „Die Einheitsgewerkschaft ist aus den Erfahrungen der Arbeitnehmer vor und während der Weimarer Republik und der Verfolgung in der Nazidiktatur entstanden. Sie hat die historischen Traditionen, politischen Richtungen und geistigen Ströme der Arbeiterbewegung, vor allem der freiheitlich-sozialistischen und der christlich-sozialen Richtungen, in eine gemeinsame Organisation zusammengeführt" (DGB 1981, 3).

Parteipolitische Unabhängigkeit bedeutet nicht, daß die Gewerkschaften nicht zu politischen Fragen Stellung nehmen und dabei in der Bundesrepublik häufiger mit sozialdemokratischen Positionen übereinstimmen als mit denen anderer Parteien. Auch gehören mehr Gewerkschafter der SPD an als der CDU. Aber die Gewerkschaften achten darauf, daß ihren Führungsgremien stets auch Vertreter der Christlich-Demokratischen Arbeitnehmerschaft CDA („Arbeitnehmerflügel" der CDU) angehören. Nicht selten gehen jedoch Aufrufe von DGB-Gewerkschaften zu politischen Fragen über die Neutralität hinaus und enthalten konkrete Wahlempfehlungen an die Mitglieder. Gewerkschaften verstehen sich heute nicht mehr nur als Arbeitsmarktverbände, sondern beanspruchen ein Mitspracherecht in allen gesellschaftspolitischen Fragen. Das Grundsatzprogramm des DGB enthält Forderungen zur „demokratische(n) Gestaltung des wirtschaftlichen, sozialen kulturellen und politischen Lebens" von Punkt 1: Arbeitnehmerrechte bis Punkt 30: Kunst und Kultur. Die Gewerkschaften beziehen Positionen zur Energiepolitik, zur Außen-, Sicherheits- und Verteidigungspolitik und definieren in „Wahlprüfsteinen" zu Bundes- oder Landtagswahlen gewerkschaftliche Forderungen zu Fragen wie kommunales Wahlrecht für Ausländer oder Strafbarkeit von Schwangerschaftsabbruch. Dabei ist fraglich, ob sie von ihren Mitgliedern zu solchen allgemeinpolitischen Forderungen legitimiert sind: schließlich erfolgt der Beitritt zu einer Gewerkschaft zur solidarischen Vertretung von Arbeitnehmerinteressen (Löhne, Arbeitsbedingungen, Arbeitszeit, Mitbestimmung, Rechtsschutz usw.).

Auf internationaler Ebene sind die Zusammenschlüsse der Gewerkschaften nach weltanschaulichen Richtungen unterschieden. Der 1945 gegründete Weltgewerkschaftsbund geriet bald unter kommunistischen Einfluß. Daraufhin gründeten unabhängige, sozialdemokratische und sozialistische Gewerkschaften 1949 den Internationalen Bund Freier Gewerkschaften IBFG, dem auch der DGB und (seit 1990) die DAG angehören. Daneben steht der christlich orientierte Weltverband der Arbeitnehmer (Mitglied ist der CGB).

3.3.2.2 Aufbau und Willensbildung der Gewerkschaften

In Deutschland gibt es mehrere Gewerkschaftsorganisationen. Die bedeutendste ist der 1949 gegründete Deutsche Gewerkschaftsbund DGB. 1988 waren in 17 Einzelgewerkschaften des DGB 7,8 Mio. Mitglieder – Arbeiter, Angestellte, Beamte – zusammengeschlossen. Daneben gibt es die Deutsche Angestelltengewerkschaft DAG, die sich speziell der Interessen der Angestellten annimmt und den Christlichen Gewerkschaftsbund Deutschlands. Auch der Deutsche Beamtenbund versteht sich als Gewerkschaft. Da jedoch die Beamtengehälter nicht durch Tarifverträge, sondern durch Gesetz festgelegt werden und die Beamten nicht streiken dürfen, fehlen diesem berufsständischen Interessenverband wichtige Merkmale einer Gewerkschaft.

Tab. 1 DGB-Gewerkschaften, Mitgliederstand 1.1. 1996

IG Metall	2.869.469
Gew. Öffentliche Dienste, Transport u. Verkehr (ÖTV)	1.770.789
IG Bauen-Agrar-Umwelt (BAU)	724.829
IG Chemie-Papier-Keramik*	723.240
Deutsche Postgewerkschaft	529.233
Gew. Handel, Banken u. Versicherungen (HBV)	522.696
Gew. d. Eisenbahner Deutschlands	400.149
IG Bergbau und Energie*	378.000
Gew. Nahrung, Genuß, Gaststätten (NGG)	322.019
Gew. Erziehung und Wissenschaft (GEW)	306.448
Gew. Textil-Bekleidung	216.288
IG Medien	206.323
Gew. der Polizei	198.897
Gew. Holz und Kunststoff	170.806
Gew. Leder*	23.293
DGB	9.362.479

* Fusion beschlossen für 1996
Quelle: DGB-Mitgliederstatistik, 17.1. 1996

Nach der Selbstauflösung des FDGB hat sich nur jedes dritte Mitglied einer Gewerkschaft angeschlossen. Der DGB konnte seine Mitgliederzahl bis Ende 1991 auf 11,8 Mio. steigern. Seither haben die Gewerkschaften Mitglieder verloren. Vor allem die hohe Arbeitslosigkeit dürfte zum Rückgang der Organisationsbereitschaft beigetragen haben. Anfang 1996 hatten die DGB-Gewerkschaften noch 9,4 Mio. Mitglieder, DAG 530.000, CGB 310.000 und DBB rd. 1 Mio.

Der DGB ist die Dachorganisation von 15 (ab 1997 13) Einzelgewerkschaften. In den letzten Jahren haben sich mehrere Einzelgewerkschaften zusammengeschlossen. Zuerst IG Druck u. Papier und IG Kunst zur IG Medien, zum 1.1.96 IG Bau-Steine-

Erden und die Gewerkschaft Gartenbau, Land- und Forstwirtschaft zur IG Bauen-Agrar-Umwelt (IG Bau). Beschlossen ist auch die Fusion von IG Chemie, IG Bergbau und Energie und IG Leder zur (dann) drittgrößten DGB-Gewerkschaft.

Als Dachorganisation ist der DGB nicht selbst Tarifpartner. Er vertritt die branchenübergreifenden Interessen und unterhält zentrale Einrichtungen (Bildungsstätten, Wirtschaftswissenschaftliches Forschungsinstitut, Verlagseinrichtungen). Er gliederte sich 1994 in 13 Bezirke, 182 Kreise. Die Willensbildung im DGB vollzieht sich auf Bundesebene in drei Organen. Der Bundeskongreß ist das höchste Organ. Er legt die Richtlinien der Gewerkschaftspolitik fest, beschließt die Satzung, wählt den Bundesvorstand. Er tagt alle 4 Jahre und setzt sich aus 400 Delegierten der 15 Einzelgewerkschaften zusammen. Die Zahl der Delegierten richtet sich nach der Mitgliederzahl der Gewerkschaften. Der Bundesausschuß ist das Beschlußorgan zwischen den Kongressen. Er besteht aus 104 Mitgliedern. Er tritt vierteljährlich zusammen und beschließt über die Finanzen, organisatorische Fragen usw. Die laufenden Geschäfte führt der Bundesvorstand. Im gehören die 15 Vorsitzenden der Einzelgewerkschaften und 5 weitere geschäftsführende Mitglieder an (DGB 1994, 33). Die Gewerkschaften finanzieren sich hauptsächlich über die Mitgliederbeiträge. Sie dienen zur Deckung der Personal- und Sachkosten und zur Ansammlung einer Streikkasse für Lohnersatzzahlungen an Mitglieder im Falle eines Arbeitskampfes. Neben den Mitgliedsbeiträgen verfügten die DGB-Gewerkschaften in der Vergangenheit über Einnahmen aus ihrem beträchtlichen Wirtschaftsvermögen. Sie waren Eigentümer des Bau- und Wohnungskonzerns Neue Heimat, der Bank für Gemeinwirtschaft, des Versicherungskonzerns Volksfürsorge, der Bausparkasse BHW und der Einzelhandelskette coop. Der Zusammenbruch der Neuen Heimat im Gefolge unlauterer Manipulationen führte dazu, daß der DGB sich von seiner Unternehmertätigkeit zurückzog und die meisten Beteiligungen verkaufte (Molitor 1988, 60 ff.).

Die eigentlichen Machtzentren sind die Einzelgewerkschaften. Sie kontrollieren den DGB über die Entscheidungsgremien. Bei ihnen liegt die Finanzhoheit. Sie erheben die Mitgliedsbeiträge und finanzieren den Dachverband durch eine Umlage. Bei ihnen liegt auch die Tarifhoheit. Sie bilden die Tarifkommissionen, führen die Tarifverhandlungen und gegebenenfalls den Arbeitskampf. Die Einzelgewerkschaften werden auf Bundesebene vom Hauptvorstand geleitet. Sie sind untergliedert in Landes-, Bezirks- und Ortsverbände. Allerdings ist ihr Einfluß auf die vom Gesamtverband artikulierte Politik nicht gleich: Im DGB dominieren die großen Gewerkschaften. Insbesondere die Vorsitzenden der großen Gewerkschaften (IG Metall, ÖTV, IG Chemie ...) haben großen Einfluß auf die Politik des DGB.

Eine große Mitgliederzahl stärkt auch die Verhandlungsposition am Arbeitsmarkt. Wichtiger noch ist der Organisationsgrad (Anteil der gewerkschaftlich Organisierten an der Gesamtzahl der Arbeitnehmer einer Branche). In der Bundesrepublik sind rd. 35 % der Arbeitnehmer Mitglieder einer Gewerkschaft. In den einzelnen Wirtschaftszweigen und Berufsgruppen ist der Organisationsgrad unterschiedlich (ungelernte Arbeiter 13 %, Facharbeiter 45 %, Beamte 67 %). Weitere Faktoren sind die innere Geschlossenheit des Verbandes (Homogenität der Interessen, Streikbereitschaft) und die Struktur der Gegenseite. Es macht einen Unterschied, ob der Gewerkschaft einzelne, nicht organisierte Arbeitgeber gegenüberstehen oder ein Arbeitgeberverband. Und schließlich hängt es von der Konjunktur ab, welche Seite am Arbeitsmarkt die besseren Durchsetzungschancen hat: Im Boom sind die Unternehmer eher bereit, hohe Lohnforderungen zu akzeptieren; verbreitete Arbeitslosigkeit schwächt die Position der Gewerkschaften.

Um die Solidarisierung der Verbandsmitglieder mit der Politik der Führung zu sichern, ist ein möglichst direkter Informationsfluß zu den Mitgliedern im Betrieb wichtig. Als Kontaktpersonen und Ansprechpartner im Betrieb fungieren von den Gewerkschaften benannte „Vertrauensleute". Sie sollen die Führung über Probleme und Stimmungen unter den Arbeitnehmern informieren und den Mitgliedern die Position der Gewerkschaftsführung vermitteln. Sie sind zu unterscheiden von den Betriebsräten. Diese sind die gewählten Vertreter aller Arbeitnehmer des Betriebs, die die Mitbestimmung nach dem Betriebsverfassungsgesetz wahrnehmen. Zwar sind die meisten Betriebsräte Mitglieder von Gewerkschaften (nach den Betriebsratswahlen 1984 waren 63% der Betriebsräte Mitglieder des DGB, 9% der DAG: Niedenhoff/Pege 1987, 413). Dies schließt nicht aus, daß es in Einzelfällen zwischen der eher betriebsbezogenen Interessenvertretung durch den Betriebsrat und der eher auf übergeordnete wirtschafts- und gesellschaftspolitische Ziele gerichteten Gewerkschaftspolitik zu Konflikten kommen kann.

Eintritt und Verbleib in Verbänden sind freiwillig. Es besteht daher ein Interesse der Gewerkschaften, Leistungen des Verbandes allein den Mitgliedern zukommen zu lassen, um einen Anreiz zum Beitritt zu schaffen. Ein starker Anreiz könnte darin bestehen, daß Gewerkschaften Arbeitgeber im Tarifvertrag dazu verpflichten, Lohnerhöhungen oder zusätzliche Urlaubstage nur an Gewerkschaftsmitglieder zu gewähren oder nur Gewerkschafter einzustellen (closed shop). Solche Regelungen widersprechen dem Prinzip der Koalitionsfreiheit. Es beinhaltet nicht nur das Recht, einem Verband beizutreten (positive K.), sondern auch die Freiheit, ihm nicht beizutreten (negative K.). Es darf daher kein Druck zum Beitritt ausgeübt werden. Zwar gelten Tarifverträge nur für die Arbeitnehmer und Arbeitgeber, die in den vertragschließenden Verbänden organisiert sind. Insofern könnten die Lohnerhöhungen in der Tat auf die gewerkschaftlich organisierten Arbeitnehmer beschränkt bleiben. Aber die Arbeitgeber haben ein Interesse, die Lohnerhöhung auch den nicht organisierten Arbeitnehmern zu gewähren, sonst würden sie diese ja in die Arme der Gewerkschaften treiben. Beide Parteien sind sich bei ihren Verhandlungen bewußt, daß die ausgehandelte Einkommensverbesserung bzw. die Kostenerhöhung branchenweit wirksam wird. In den meisten Fällen wird der Tarifvertrag auf Antrag der Tarifparteien vom Arbeitsminister für allgemein verbindlich erklärt und gilt dann für alle Arbeitnehmer der Branche als Untergrenze der Entlohnung (Adamy/Steffen 1985, 215 ff.). Engagierte Gewerkschafter bezeichnen ihre nicht organisierten Kollegen gelegentlich als „Trittbrettfahrer" der Lohnpolitik. Diese haben allerdings im Falle eines Arbeitskampfes keinen Anspruch auf Zahlungen aus der Streikkasse. Der Anspruch auf Streikgeld ist – neben ideellen Motiven (Solidarität der Arbeiter) – der stärkste Anreiz zum Beitritt zu einer Gewerkschaft. Weitere Vorteile sind Rechtsberatung bei Arbeitskonflikten, die Möglichkeit, an gewerkschaftlichen Bildungsmaßnahmen teilzunehmen usw.

3.3.2.3 Aufbau und Willensbildung der Arbeitgeberverbände

In der Bundesrepublik wurde 1950 die Bundesvereinigung der Deutschen Arbeitgeberverbände (BDA) als Dachverband der Arbeitgeberverbände gegründet. Im BDA sind (1994) 46 Fachverbände und 15 Landesverbände zusammengeschlossen. Die Fachverbände gliedern sich nach Wirtschaftszweigen. Insgesamt umfaßt die BDA Arbeitgeberverbände aus ca. 400 Wirtschaftszweigen. Etwa 80% der Arbeitgeber gehören Arbeitgeberverbänden an. Die öffentlichen Arbeitgeber sind nicht Mitglieder im BDA, sie bilden eine eigene Vereinigung. Auch der Arbeitgeberverband der Stahlindustrie ist nur Gastmitglied der BDA. Der Grund ist die besonders weit gehende Mitbestimmung in der Montanindustrie. Hier sind von den Arbeitnehmern gewählte Arbeitsdirektoren Mitglied im Vorstand der Montanunternehmen. Sie können damit auch im Arbeitgeberverband vertreten sein. Dies verstößt nach Auffassung der BDA gegen das Prinzip der „Gegnerfreiheit", wonach die Tarifkommissionen jeweils nur mit Vertretern einer Seite besetzt sein sollen.

Organe der BDA sind die Mitgliederversammlung, der Vorstand, das Präsidium und die Geschäftsführung. Die Mitgliederversammlung besteht aus Delegierten der angeschlossenen Verbände. Sie beschließen die Satzung und wählen das Präsidium. Der Vorstand besteht aus den Vorsitzenden der Mitgliedsverbände. Das Präsidium leitet die Tätigkeit der BDA im Rahmen der vom Vorstand festgelegten Richtlinien.

Die BDA vertritt übergreifende Interessen der Arbeitgeberseite. Tarif- und Finanzhoheit liegen bei den einzelnen Mitgliedsverbänden. Auch in einem Arbeitgeberverband gibt es schwierige Probleme der Willensbildung. Die tarifpolitische Geschlossenheit erweist sich nicht selten als brüchig. Insbesondere wenn sich die wirtschaftliche Lage der Unternehmen stark unterscheidet, ist es nicht leicht, eine Verhandlungsposition für den Tarifkonflikt zustande zu bringen und durchzuhalten. Unternehmen mit günstiger Auftrags- und Ertragslage werden eher bereit sein, höhere Lohnforderungen zu akzeptieren, um eine Produktionsunterbrechung zu vermeiden, als Konkurrenten, die die Kostensteigerungen nicht im Preis weitergeben können. Tarifverhandlungen enden mit einem Kompromiß zwischen den Arbeitsmarktparteien, wobei Angebot und Forderung ihrerseits bereits Ergebnis komplizierter Willensbildungsprozesse sind.

3.3.3 Der Einfluß von Gewerkschaften und Arbeitgeberverbänden auf die Wirtschaftspolitik

Bisher konzentrierte sich die Darstellung auf die Funktion von Gewerkschaften und Arbeitgeberverbänden am Arbeitsmarkt. In der pluralistischen Demokratie richten die Verbände auch Forderungen an den Staat. Er ist der Gesetzgeber, er verteilt finanzielle Mittel und vergibt Ämter. Verbände versuchen, Einfluß auf die Entscheidungen von Parlament, Regierung und Verwaltung zu nehmen, um ihre Interessen zur Geltung zu bringen.

Der Einfluß starker Verbände auf die Politik zur rücksichtslosen Durchsetzung partikulärer Interessen auf Kosten schwächer organisierter Gruppen wird zu Recht als Deformation der Demokratie beklagt. Aber Verbände sind unvermeidbare und auch unverzichtbare Akteure im politischen Spiel (wobei freilich Regeln zur Begrenzung und Offenlegung des Verbandseinflusses gelten müssen). Eine realistische Staatstheorie hat davon auszugehen, daß in der modernen, komplexen Gesellschaft ein „Allgemeinwohl" nicht a priori definiert werden kann. Der Ansatz der pluralistischen Demokratie geht aus von „der Hypothese, in einer differenzierten Gesellschaft könne im Bereich der Politik das Gemeinwohl lediglich a posteriori als das Ergebnis eines delikaten Prozesses der divergierenden Ideen und Interessen der Gruppen und Parteien erreicht werden" (Fraenkel 1972, 160 f.). Verbände haben danach einen legitimen Platz in der Politik. Sie artikulieren und aggregieren Interessen bestimmter Bevölkerungsgruppen, die, vom einzelnen vorgetragen, nicht wahrgenommen würden. Und sie bieten politisch Interessierten Beteiligungsmöglichkeiten am politischen Prozeß über die periodischen Wahlen hinaus (Schneider 1975, 19). Politiker sind darauf angewiesen, über die Verbände auf Probleme aufmerksam gemacht zu werden. Sie benötigen den Sachverstand von Verbänden

3.3 Gewerkschaften und Arbeitgeberverbände

zur Vorbereitung ihrer Entscheidungen und möchten rechtzeitig mögliche Reaktionen darauf erfahren (Frey 1981, 8 ff).

Verbände können versuchen, als pressure group durch die Mobilisierung ihrer Mitglieder (Demonstrationen, Streik, Aufrufe zum Wahlverhalten) oder der öffentlichen Meinung Druck auf die politischen Entscheidungsträger auszuüben. Insgesamt bedeutsamer als solche spektakulären Aktionen ist ihre dauerhafte Einwirkung auf Gesetzesvorbereitung und -durchführung. Verbände werden von den Ministerien bereits im Referentenstadium zu Gesetzentwürfen gehört (Beiräte, Fachausschüsse). Parlamentsausschüsse geben ihnen in Hearings Gelegenheit, Stellung zu nehmen. Durch Einwirkung auf Abgeordnete (Lobbyismus) und über Parlamentarier, die zugleich Vertreter des Verbandes sind, können politische Entscheidungen beeinflußt werden. Und schließlich ist auch die Bürokratie bei der Ausführung der Gesetze auf Informationen und häufig auch auf die Kooperation von Verbänden angewiesen (z. B. bei der Konkretisierung von Gesetzen, die im Arbeits- oder Umweltschutz den „Stand der Technik" vorschreiben).

Allerdings ist der politische Einfluß von Verbänden nicht gleich. Im allgemeinen gilt: je höher die Zahl der Mitglieder, je größer die finanziellen Mittel, je stärker das gemeinsame Interesse und je bedeutender die Möglichkeiten des Verbandes, durch Leistungsverweigerung direkt oder über unbeteiligte Dritte (Streik der Müllabfuhr) Druck auf die Regierung auszuüben, desto größer ist die Chance zur Durchsetzung der Forderungen des Verbands. Diese Kriterien (Schneider 1975, 133 ff.; Frey 1981, 180 ff.) sind aber nicht gleich verteilt. So sind zwar die Konsumenten zahlreich, aber ihre Interessen sind sehr unterschiedlich und punktuell, und die Möglichkeit, solidarischen Druck auszuüben (Käuferstreik) sind begrenzt. Andererseits sind z. B. die Fluglotsen eine kleine Gruppe mit homogenen Interessen, und sie haben eine Schlüsselfunktion in einem sensiblen Bereich der Wirtschaft inne, der es ihnen ermöglicht, ihren Forderungen wirksam Nachdruck zu verleihen. Generell sind in der arbeitsteiligen Wirtschaft die Verbände in der stärkeren Position, die knappe Leistungen anbieten. Das trifft auf viele Unternehmerverbände und die Gewerkschaften zu.

Streik und Aussperrung sind in der Bundesrepublik zur Durchsetzung politischer Forderungen unzulässig. Ein Streik, der sich gegen ein Gesetzesvorhaben richtet, das die Gewerkschaften bekämpfen, übt Druck auf die Unternehmer aus, die – anders als bei einem Arbeitskampf um Löhne oder Arbeitszeiten – gar nicht in der Lage sind, die Forderungen der Streikenden zu erfüllen. Die Arbeitsmarktverbände haben jedoch eine Fülle anderer Möglichkeiten, ihren Forderungen in der Politik Gehör zu verschaffen.

Dazu gehören nicht zuletzt die engen personellen Verbindungen zwischen Unternehmerverbänden bzw. Gewerkschaften und Politikern. Zahlreiche Abgeordnete sind Mitglieder in Unternehmerverbänden oder Gewerkschaften. Nicht wenige von ihnen waren vor ihrer Parlamentstätigkeit Funktionäre dieser Verbände oder sind es gleichzeitig noch. Zum Beispiel waren von den 519 Abgeordneten des 11. Bundestages (1987 bis 1990) 310 Gewerkschaftsmitglieder. Aus solchen Zahlen läßt sich freilich nicht ohne weiteres auf einen entsprechenden Verbandseinfluß schließen. So fühlten sich nach einer EMNID-Umfrage nur 18% der befragten Abgeordneten in ihrer Meinungsbildung stark von den Gewerkschaften beeinflußt; 16% sagten dies von den Unternehmerverbänden (IWD 15/89). Dennoch illustrieren solche Angaben die Bedeutung von Gewerkschaften und Unternehmerverbänden als Einflußfaktoren der politischen Willensbildung.

3.3.4 Gesamtwirtschaftliche Wirkungen der Lohnpolitik

Löhne sind eine volkswirtschaftliche Schlüsselgröße. Als wichtigste Einkommensquelle sind sie mit bestimmend für die gesamtwirtschaftliche Konsumgüternachfrage und die Ersparnis. Als bedeutendster Kostenfaktor beeinflussen sie die Höhe von Produktion und Beschäftigung und die internationale Wettbewerbsfähigkeit.

3.3.4.1 Der Einfluß der Gewerkschaften auf Reallohn und Beschäftigung

Lohnforderungen der Gewerkschaften zielen im allgemeinen auf die Erhaltung bzw. Verbesserung der Einkommensposition der Arbeitnehmer. Sie können bezwecken, die Lohnquote konstant zu halten, sie zugunsten der Arbeitnehmer zu verbessern oder die Position einer Branche im Gefüge der gesamtwirtschaftlichen Lohnstruktur zu verbessern. Im ersten Fall geht es den Gewerkschaften darum, eine bereits eingetretene Verschiebung der funktionellen Einkommensverteilung zugunsten der Gewinn- und Vermögenseinkommen rückgängig zu machen. Im zweiten Fall möchten die Gewerkschaften darüber hinaus die Einkommensverteilung zu ihren Gunsten ändern. Die dritte Zielsetzung deutet an, daß es auch zwischen Gewerkschaften eine Konkurrenz gibt.

Gegenstand der Verhandlungen am Arbeitsmarkt sind die Tariflöhne und die Arbeitszeit der beschäftigten Arbeitnehmer. Für die Einkommensverteilung kommt es jedoch auf die Effektivlöhne, ihre Kaufkraft (Reallöhne) und die gesamtwirtschaftliche Beschäftigung an. Tariflöhne bilden die Untergrenze der Entlohnung. Nicht selten werden übertarifliche Zuschläge gezahlt, so daß die Effektivlöhne höher liegen. Solche übertariflichen Zulagen werden eingeführt, wenn aus innerbetrieblichen Gründen die Verdienstgruppen stärker differenziert werden sollen als in den Tarifgruppen vorgesehen ist. Sie werden auch gezahlt, wenn ein expandierendes Unternehmen dringend benötigte Fachkräfte nur durch das Angebot höherer Löhne von anderen Firmen abziehen kann. Sind Arbeitskräfte in der Hochkonjunktur knapp, besteht eine Tendenz zum Anstieg der Effektivlöhne über die in den Lohnverhandlungen festgelegten Tariflöhne hinaus (wage drift). In Zeiten schwächerer Konjunktur kann dagegen eine Annäherung von Effektiv- und Tariflöhnen beobachtet werden: Setzen die Gewerkschaften Lohnerhöhungen durch, so besteht die Möglichkeit, daß Unternehmen den tariflichen Lohnanstieg ganz oder teilweise dadurch auffangen, daß sie bisherige übertarifliche Leistungen abbauen.

Die Differenzierung der Lohnstruktur durch übertarifliche Zuschläge hat eine wichtige volkswirtschaftliche Funktion. Sie lockert die nivellierende Wirkung branchenweiter Tariflohnabschlüsse und schafft Anreize, die den Produktionsfaktor Arbeit in die jeweils knappen Verwendungen lenken. Es ist daher nicht unproblematisch, wenn Gewerkschaften bestrebt sind, durch Effektivlohnklauseln die übertariflichen Leistungen festzuschreiben und an die Tariflohnentwicklung zu binden.

Ein Anstieg der Nominallöhne bedeutet noch nicht eine Verbesserung der Einkommenssituation der Arbeitnehmer. Steigen die Preise stärker als die Löhne, so verringert sich die Kaufkraft der Arbeitnehmereinkommen, die Reallöhne sinken. Nimmt die Arbeitslosigkeit zu, so haben nur die Arbeitnehmer einen Vorteil von steigenden Löhnen, die beschäftigt bleiben. Ziel gewerkschaftlicher Lohnpolitik muß daher eine Verbesserung des Reallohns bei Erhaltung bzw. Zunahme der Beschäftigung sein. In der Praxis wird der Erfolg der Lohnpolitik aber meist daran gemessen, welcher prozentuale Anstieg der Nominallöhne erreicht werden konnte.

3.3 Gewerkschaften und Arbeitgeberverbände

Die Wirkungen eines Lohnanstiegs auf Preisniveau und Beschäftigung sind von vielen Faktoren abhängig und können an dieser Stelle nur grob skizziert werden. Betriebswirtschaftlich bedeutet eine Lohnerhöhung, die über die Zunahme der Arbeitsproduktivität hinausgeht, einen Anstieg der Stückkosten. Ein Unternehmen kann in verschiedener Weise darauf reagieren (Molitor 1988, 101 ff.). Es kann erstens die Preise erhöhen, wenn es die Absatzlage erlaubt. Damit wird der Kostenanstieg auf die Abnehmer übergewälzt. Der Anstieg der Lohnkosten pro Stück verteuert den Produktionsfaktor Arbeit relativ zum Kapital. Das Unternehmen kann daher zweitens versuchen, durch Rationalisierungsmaßnahmen im bestehenden Betrieb und durch Einsatz neuer Technologien Arbeit zu substituieren und den Kostendruck zu vermindern. Rationalisierung ist häufig mit Umsetzung oder Entlassung von Arbeitskräften verbunden. Erlaubt die Marktlage nicht die Überwälzung im Preis und sind die Rationalisierungsmöglichkeiten ausgeschöpft, geht der Kostenanstieg zu Lasten der Gewinne. Dies kann drittens zu einer Einschränkung der Investitionstätigkeit des Unternehmens und zum Abbau von Arbeitsplätzen (in dem Unternehmen und in der Investitionsgüterindustrie) führen.

Gesamtwirtschaftlich hangt die Möglichkeit, Preise auf breiter Front zu erhöhen (Inflation), von der konjunkturellen Situation und von der Geldpolitik der Bundesbank ab. Läßt die Geldpolitik Inflation zu, wird der nominale Lohnanstieg real geringer sein bzw. zunichte gemacht. Bevölkerungsgruppen, die ihr Einkommen nicht erhöhen konnten (Rentner, Arbeitslose, nicht berufstätige Alleinerziehende), werden von dem Kaufkraftverlust voll getroffen (soweit nicht der Staat seine Transferleistungen der Inflationsrate anpaßt).

Eine Drosselung der Investitionstätigkeit als Folge einer nachhaltigen Schmälerung der Gewinne verringert das Wirtschaftswachstum, verschlechtert die internationale Wettbewerbsposition und gefährdet die Vollbeschäftigung. Inflation und Investitionsschwäche sind volkswirtschaftlich (und auch aus der Sicht der Gewerkschaften) schädlich und zu vermeiden.

Volkswirtschaftlich erwünscht ist dagegen der kostensenkende Rationalisierungsdruck, der zum einen vom wirtschaftlichen Wettbewerb ausgeht und zum anderen von einer Lohnpolitik, die zur Ausschöpfung aller Produktivitätsreserven zwingt. Die Wirkungen von lohnkosteninduzierten Rationalisierungsinvestitionen auf die Beschäftigung sind sehr komplex (vgl. den Beitrag von Schmid in diesem Band). Sie hängen u. a. davon ab, in welchem Umfang das durch die Lohnerhöhung gestiegene Einkommen im Inland zu zusätzlicher Güternachfrage wird und wieviele Arbeitsplätze durch die Rationalisierungsinvestitionen in anderen Bereichen geschaffen werden.

Die Bedeutung der Lohnpolitik für Inflation und Beschäftigung hat zur Entwicklung der Einkommenspolitik als einem zusätzlichen Instrument staatlicher Wirtschaftspolitik neben Fiskal- und Geld- und Währungspolitik geführt (vgl. z. B. Friedrich 1986, 193 ff.). Eine in der Bundesrepublik durch das Stabilitätsgesetz (1967) eingeführte Variante war die „Konzertierte Aktion", ein institutionalisierter Gesprächskreis von Regierung, Bundesbank, Arbeitgebervertretern, Gewerkschaften und anderen Wirtschaftsverbänden. Die Regierung stellte den am Wirtschaftsgeschehen maßgeblich beteiligten Gruppen unverbindliche „Orientierungsdaten" zur voraussichtlichen gesamtwirtschaftlichen Entwicklung zur Verfügung, die den Verbänden als Leitlinien für ihr wirtschaftliches Verhalten dienen und überzogenen Ansprüchen an das Sozialprodukt vorbeugen sollten (Molitor 1988, 137 ff.).

Das Konzept der Konzertierten Aktion ist wirtschaftstheoretisch und ordnungspolitisch umstritten (Cassel/Thieme 1977, 65 ff.). Stabilitätspolitisch erwiesen sich die unverbindlichen Gespräche als wenig erfolgreich (moral suasion). Die Verbände vermieden es, sich festzulegen (und hätten dies – als Dachverbände – auch gar nicht verbindlich tun können). Sie haben andere Wege, sich Informationen zu verschaffen und Einfluß auf die Wirtschaftspolitik auszuüben. Eine Erweiterung der Kompetenzen der Konzertierten Aktion – etwa Erlaß verbindlicher Lohn- und Preisrichtlinien - hätte den Verzicht der Arbeitsmarktparteien auf die Tarifautonomie bedeutet und eine Gewichtsverlagerung in der Wirtschaftspolitik von den demokratisch legitimierten Trägern (Parlament, Regierung) hin zu einer mehr ständischen Wirtschaftsordnung. Die Konzertierte Aktion wird in der Bundesrepublik seit einer Auseinandersetzung zwischen Arbeitgebern und Gewerkschaften um das Mitbestimmungsgesetz von 1976 nicht mehr praktiziert.

Ihr Grundgedanke (Konsensfindung über tiefgreifende wirtschafts- und sozialpolitische Eingriffe) lag auch dem 1995/96 proklamierten „Bündnis für Arbeit" zugrunde, einer Gesprächsrunde von Bundesregierung, Gewerkschafts- und Arbeitgebervertretern über Maßnahmen zur Überwindung der hartnäckigen Beschäftigungskrise.

3.3.4.2 Der Beitrag der Lohnpolitik zum wirtschaftlichen Aufschwung

Arbeitslosigkeit und Kurzarbeit stellen eine große Herausforderung an die Arbeitsmarktparteien dar. Angesichts der unterschiedlichen Ursachen von Arbeitslosigkeit im Westen und im Osten Deutschlands stellt sich die Frage, ob die Tarifparteien ihre in der bisherigen Bundesrepublik praktizierte Lohnpolitik auch in den ostdeutschen Ländern unverändert anwenden sollten. 40 Jahre Planwirtschaft hinterließen einen – gemessen an westlichen Standards – veralteten Produktionsapparat, nicht wettbewerbsfähige Produkte, eine z.T. verrottete Infrastruktur und personell überbesetzte Betriebe und öffentliche Verwaltungen. Die Währungsunion zum Wechselkurs 1:1 setzte die bisher vom Weltmarkt abgeschirmte DDR-Wirtschaft schlagartig dem Wettbewerb durch westliche Unternehmen aus. Für viele bisher in der DDR und in den RGW-Ländern verkäufliche Produkte gibt es nun keinen Markt mehr. Damit trat die bisher in der DDR verdeckte Arbeitslosigkeit offen zutage. Die ostdeutschen Länder müssen durch forcierte Investitionen in den Betrieben, im Bereich der Infrastruktur und im Umweltschutz einen gewaltigen Rückstand in der Arbeitsproduktivität aufholen und zugleich einen jahrzehntelang versäumten Strukturwandel der Wirtschaft nachholen. Aus zahlreichen Industriezweigen, landwirtschaftlichen Betrieben, der öffentlichen Verwaltung und dem Sicherheitsapparat wurden Arbeitskräfte freigesetzt. Die Zahl der Arbeitslosen stieg in wenigen Monaten dramatisch an; hinzu kommen zahlreiche Menschen in Weiterbildungs- und Umschulungsmaßnahmen. Auch sie sind faktisch ohne Arbeit. Betriebsschließungen und Arbeitslosigkeit beim Übergang zur Marktwirtschaft waren vorhersehbar (SVR 1990, 34ff.), und schwierige Übergangszeiten waren erwartet worden. Der Zusammenbruch weiter Teile der Wirtschaft nach dem abrupten, politisch wohl nicht anders steuerbaren Vollzug der Währungsunion traf aber die betroffenen Menschen letztlich psychisch unvorbereitet.

Zunächst profitierten westdeutsche Unternehmen von den neuen Märkten im Osten. Es entstanden neue Arbeitsplätze und die Gewerkschaften konnten kräftige Lohnsteigerungen durchsetzen. Doch nach Abklingen des Vereinigungsbooms erwiesen sich die hohen Arbeitskosten und die stark angehobenen Steuern und Sozialabgaben zur Finanzierung des Aufbaus in den neuen Bundesländern als Nachteile im internationalen Wettbewerb. Die Unternehmen ergriffen harte Rationalisierungsmaßnahmen (lean production) und verlagerten vermehrt arbeitsintensive Produktionen ins Ausland. Dies führte zu einem starken Anstieg der Arbeitslosigkeit auch im früheren Bundesgebiet (Tab. 2).

Tab. 2 Entwicklung der Arbeitslosigkeit in Deutschland

Jahr	früheres Bundesgebiet		neue Bundesländer	
	1000	Quote (v. H.)	1000	Quote (v. H.)
1988	2.242	8,4		
1989	2.038	7,6		
1990	1.883	6,9		
1991	1.689	6,1	913	11,2
1992	1.808	6,5	1.170	15,6
1993	2.270	8,1	1.149	15,9
1994	2.256	9,2	1.142	15,7
1995	2.257	9,2	1.032	14,8

Quelle: SVR Jg. 1995/96, S. 369; für 1995 (1. Halbjahr) S. 107

Die Freisetzung nicht benötigter Arbeitskräfte erhöht die Arbeitsproduktivität und schafft Spielraum zur Anhebung der Löhne für die Beschäftigten. Das Problem ist die rasche Wiederbeschäftigung der freigesetzten Arbeitskräfte. Aber Planung und Durchführung von Investitionen und Umschulung der Arbeitskräfte benötigen Zeit. Auch müssen bestimmte Voraussetzungen gegeben sein. Lange wurden Investitionspläne in Ostdeutschland behindert durch ungeklärte Eigentumsverhältnisse, Lähmung bzw. Zusammenbruch der öffentlichen Verwaltung, fehlende Infrastruktur (Telekommunikation) und ungeklärte Risiken aus Umwelt-Altlasten. Inzwischen hat der Aufbau der Wirtschaft in den ostdeutschen Ländern Fortschritte gemacht. Arbeitsplätze entstehen besonders im Handel und Handwerk, bei Banken und in anderen Dienstleistungssektoren und in der Bauwirtschaft.

Neben der staatlichen Wirtschaftspolitik muß auch die Lohnpolitik von Gewerkschaften und Arbeitgebern dazu beitragen, diesen Prozeß des Aufbaus und der Umstrukturierung zu beschleunigen. Dabei befindet sich die Lohnpolitik in einem Dilemma. Einerseits besteht in vielen Wirtschaftszweigen ein hoher Rückstand der Arbeitsproduktivität. Gleiche Löhne wie im Westen führen zum Zusammenbruch bestehender und verhindern die Entwicklung neuer Unternehmen. 1995 hatten die Arbeitskosten je Beschäftigten in Ostdeutschland bereits 72,5 v. H. des Niveaus in Westdeutschland erreicht. Die Arbeitsproduktivität betrug jedoch erst 54,4 v. H. Damit lagen die Lohnstückkosten in Ostdeutschland im Durchschnitt um ein Drittel über denen im Westen - ein Sachverhalt, der die Wettbewerbsfähigkeit ostdeutscher Betriebe v. a. auf internationalen Märkten stark behindert (iwd 6/96).

Andererseits veranlassen hohe Lohnunterschiede nach Wegfall der Grenze gerade junge und gut ausgebildete Arbeitskräfte zur Abwanderung. Das Problem stellt sich besonders kraß in Berlin, wo in einer Stadt drastische wirtschaftliche Unterschiede aufeinandertreffen. Hohe Löhne im Westen üben einen Sog zur Anhebung der Arbeitsentgelte im Ostteil aus. Umgekehrt geraten im Westen „Besitzstände" (regelmäßige Zuwachsraten) unter dem Zustrom von Arbeitskräften aus dem Umland unter Druck.

Brancheneinheitliche, bundesweite Lohnsteigerungen sind in dieser Situation nicht angebracht. Statt dessen muß die Tarifpolitik in Ost- und Westdeutschland sich an der Ertragslage der Unternehmen orientieren, und die Arbeitsmarktparteien müssen mit ihren Mitteln den Prozeß der Umstrukturierung unterstützen (betriebliche Weiterbildungs- und Umschulungsmaßnahmen u. Ä.). Der Strukturwandel und die Umsetzung der Arbeitskräfte gelingen leichter, wenn die Signale am Arbeitsmarkt in die richtige Richtung weisen. Für die Lohnpolitik bedeutet dies am Produktivitätsfortschritt orientierte regional und sektoral differenzierte Tariflohnabschlüsse und Duldung einer breiteren Spreizung der Effektivlöhne durch die Gewerkschaften. Die Arbeitsmarktparteien brauchen auf das bewährte Instrument branchenweiter Kollektivverhandlungen nicht zu verzichten, wenn sie in Tarifverträgen „Öffnungsklauseln" vereinbaren, die in begründeten Sonderfällen für einzelne Betriebe oder einzelne Arbeitsverträge abweichende Regelungen zulassen (was bisher von den Gewerkschaften in der Bundesrepublik stets bekämpft wurde).

Notwendig ist ferner ein Abbau der durch gesetzliche und tarifvertraglich vereinbarte Sozialleistungen enorm angewachsenen Lohnzusatzkosten (Arbeitgeberanteile zur Sozialversicherung, Lohnfortzahlung bei Krankheit, Urlaubsgeld, zusätzliche betriebliche Altersversorgung, Sonderzahlungen usw.). Sie betragen inzwischen 80 v. H. des direkten Bruttostundenlohns von 25 DM und treiben die Kosten pro Arbeitsstunde auf den internationalen Spitzenwert von 45 DM (1994). Erforderlich ist auch eine Flexibilisierung der Arbeitszeiten (z. B. durch vermehrte Teilzeitarbeit, Jahresarbeitszeitkonten und Abgeltung von Überstunden durch Freizeit), um den Erfordernissen moderner Produktionstechniken und der globalen Standortkonkurrenz Rechnung zu tragen und neue Arbeitsplätze zu schaffen. Die Tarifpolitik der Zukunft wird differenzierter und flexibler sein müssen als bisher (SVR 1995/96, 217 ff.).

3.3.5 Der europäische Binnenmarkt und die Internationalisierung der Wirtschaft als Herausforderung an die Gewerkschaften

Bereits heute ist für viele Unternehmen der relevante Markt der europäische oder der Weltmarkt. Die Internationalisierung der Wirtschaft wird weiter zunehmen. Unternehmer denken bei Investitions- und Absatzentscheidungen in internationalen Dimensionen. Viele Firmen unterhalten Produktionsstätten im Ausland. Löhne, Lohnnebenkosten, Arbeitszeiten und die Ausgestaltung sozialer Rechte der Arbeitnehmer (Kündigungsschutz, Mitbestimmung) unterscheiden sich auch in der EU noch stark. Sie sind zusammen mit anderen Faktoren (wie Größe des Marktes, Qualifikation der Arbeitnehmer, Infrastruktureinrichtungen, Besteuerung usw.) Standortfaktoren im internationalen Wettbewerb.

Gewerkschafter sprechen von einer „Schlagseite" bei den Integrationsfortschritten in der EU zu Lasten der Absicherung der sozialen Rechte der Arbeitnehmer. Sie fordern zum Beispiel eine „Charta sozialer Grundrechte" für den Binnenmarkt. Die vom Europäischen Rat 1989 in Madrid verabschiedete Deklaration über Grundzüge eines „europäischen Sozialraums" reicht ihnen nicht aus. Die Gewerkschaften akzeptieren, daß man die Standards der sozialen Sicherung der hoch entwickelten EU-Staaten nicht einfach auf die Randregionen übertragen kann. Die Wirtschaft der schwächer entwickelten Länder würde die damit verbundenen Kosten nicht tragen können. Aber sie möchten bestimmte Mindeststandards festlegen, um Verschlechterungen zu verhindern und sie schrittweise nach oben anpassen (Adamy 1989, 550 ff.). Die Wirtschaft und einige Regierungen fürchten, zu rasche Angleichung nach oben könne die Investitionsbedingungen in den ohnehin benachteiligten Regionen weiter verschlechtern.

Die Zahl der multinationalen Unternehmen („Multis") nimmt in Europa und weltweit zu. Gewerkschafter befürchten davon eine Aushöhlung von Arbeitnehmerrechten: Multis könnten mit der Drohung von Produktionsverlagerungen die Interessen von Arbeitnehmern im Konzern gegeneinander ausspielen und Druck auf soziale „Besitzstände" ausüben. Und wenn die maßgeblichen Entscheidungen in der ausländischen Konzernzentrale fallen, so wird die Mitbestimmung der Arbeitnehmer ausgehöhlt. Eine europaweite gesetzliche Regelung der Mitbestimmung der Arbeitnehmer fehlte bisher. Die Regelungen zur betrieblichen Mitbestimmung durch den Betriebsrat gehen in den einzelnen EU-Ländern unterschiedlich weit; Mitbestimmung auf Unternehmensebene gibt es überhaupt nur in der Bundesrepublik, den Niederlanden, Luxemburg und Dänemark.

1994 hat die EU eine „Richtlinie über Europäische Betriebsräte" verabschiedet, die am 22.9.1996 in Kraft tritt. Danach kann in allen multinationalen Unternehmen ein Euro-Betriebsrat gegründet werden, wenn das Unternehmen mindestens 1000 Mitarbeiter beschäftigt und in mindestens 2 EU-Staaten Betriebe unterhält. Über 1000 Unternehmen erfüllen diese Kriterien. Vorreiter waren ab 1985 einige französische und deutsche Konzerne (darunter Airbus, Renault, Volkswagen), die auf freiwilliger Basis Euro-Betriebsräte eingerichtet haben (iwd Nr. 10/1996).

Die internationale Zusammenarbeit der Gewerkschaften besteht erst in den Anfängen. IBFG und Weltverband der Arbeitnehmer sind lockere Verbindungen ohne eigene Kompetenzen. Ansätze zu einer wirksameren Zusammenarbeit gibt es auf europäischer Ebene. Der Europäische Gewerkschaftsbund EGB ist der Zusammenschluß von 48 Gewerkschaften aus 22 Ländern (er reicht also über die EU hinaus). Seine Funktion ist die europabezogene Koordination gewerkschaftlicher Aktivitäten und ihre Vertretung gegenüber den politischen Entscheidungsträgern in der Gemeinschaft. Der EGB besteht aus sehr unterschiedlichen, auf nationaler Ebene z.T. miteinander konkurrierenden und verschiedenen ideologischen Richtungen angehörenden Gewerkschaften. Daraus ergibt sich das Problem einer „hochsensiblen, heiklen und schwierigen Abstimmung der nationalen Interessen in den einschlägigen ökonomischen und sozialen Aufgabenbereichen" (Lecher 1989, 641).

Eine zweite Ebene gewerkschaftlicher Zusammenarbeit bilden die Europäischen Gewerkschaftsausschüsse. Es handelt sich um lockere Vereinigungen der nationalen Branchengewerkschaften (z.B. Europäischer Metall-Gewerkschaftsbund EBM).

Als Arbeitsmarktparteien sind Arbeitgeberverbände und Gewerkschaften nur auf nationaler Ebene tätig. Anders ist es hinsichtlich der Interessenvertretung gegenüber den Organen der EU. Diese ist auch institutionell etabliert. Ein bedeutendes Gremium hierfür ist der Wirtschafts- und Sozialausschuß. In ihm sind Gewerkschaften, Arbeitgeber und andere Wirtschaftsverbände vertreten. Der Ausschuß erörtert sozialpolitische Probleme der europäischen Integration. Er berät die Kommission und nimmt Stellung zu ihren Vorschlägen und Richtlinienentwürfen im Rahmen des Gesetzgebungsverfahrens der Gemeinschaft (Art. 193 ff. EWG-Vertrag).

Literaturverzeichnis

Adamy, Wilhelm; Steffen, Johannes (1985): Handbuch der Arbeitsbeziehungen, Bonn 1985.
Adamy, Wilhelm (1989): Soziale Grundrechte in der Europäischen Gemeinschaft, in: WSI-Mitteilungen, H. 10 1989, S. 550–557.
Cassel, Dieter; Thieme, H. Jörg (1977): Einkommenspolitik. Kritische Analyse eines umstrittenen stabilitätspolitischen Konzepts, Köln 1977.

DGB (1981): Grundsatzprogramm des Deutschen Gewerkschaftsbundes 1981, Düsseldorf 1981.
DGB (1994): Stark durch Wandel, 2. A. Düsseldorf 1994
Fr. Ebert-Stiftg. (1988): Friedrich Ebert-Stiftung (Hrsg.): Der Freie Deutsche Gewerkschaftsbund FDGB, 4. Aufl. Bonn 1988.
FDGB-Chronik (1987): Gewerkschaftshochschule „Fritz Heckert" (Hrsg.): Geschichte des FDGB. Chronik 1945 bis 1986, 3. Aufl. Berlin 1987.
Fraenkel, Ernst (1972): Der Pluralismus als Strukturelement der freiheitlich-rechtsstaatlichen Demokratie, in: Nuscheler, Franz; Steffani, Winfried (Hrsg.): Pluralismus – Konzeption und Kontroversen, München 1972, S. 160 ff.
Frey, Bruno (1981): Theorie demokratischer Wirtschaftspolitik, München 1981.
Friedrich, Horst (1986): Stabilisierungspolitik, 2. Aufl. Wiesbaden 1986.
IWD 15/89: Parlamentarier: Von der Wirtschaft unabhängig, in: IWD Nr. 15/1989, S. 8
IWD 6/96: Annäherung stockt, in: IWD Nr. 6/1996, S. 1
Lecher, Wolfgang (1989): Koordinaten gewerkschaftlicher Europapolitik, in: WSI-Mitteilungen H. 10/1989, S. 640–647.
Molitor, Bruno (1988): Lohn- und Arbeitsmarktpolitik, 2. Aufl. München 1988.
Müller, Werner (1990): Zur Geschichte des FDGB – eine vorläufige Bilanz, in: Gewerkschaftliche Monatshefte, H. 5/6 1990, S. 341–352.
Niedenhoff, Horst Udo; Pege, Wolfgang: Gewerkschaftshandbuch, Daten, Fakten, Strukturen, Köln 1987.
Pütz, Theodor (1974): Grundlagen der Theoretischen Wirtschaftspolitik, 2. Aufl. Stuttgart 1974.
Schneider, Herbert (1975): Die Interessenverbände, 4. Aufl. München 1975.
SVR (1990): Sondergutachten des Sachverständigenrats zur Begutachtung der gesamtwirtschaftlichen Entwicklung: Zur Unterstützung der Wirtschaftsreform in der DDR. Voraussetzungen und Möglichkeiten, Bundestagsdrucksache 11/6301 (24.1.1990).
SVR (1995/96): Jahresgutachten des Sachverständigenrats zur Begutachtung der gesamtwirtschaftlichen Entwicklung 1995/96, Bundestagsdrucksache 13/3016 (15.11.1995).
Tenfelde, Klaus u. a. (1987): Geschichte der deutschen Gewerkschaften. Von den Anfängen bis 1945, Köln 1987.

3.4 Staatliche Beschäftigungspolitik
Alfons Schmid

3.4.1	Einleitung	177
3.4.2	Beschäftigungsentwicklung in der Bundesrepublik	177
3.4.3	Erklärungsansätze	180
3.4.4	Ziele und Instrumente	182
3.4.5	Beschäftigungspolitische Konzeptionen	183
3.4.5.1	Traditionelle Globalsteuerung	183
3.4.5.2	Neoklassisch orientierte Strategien	185
3.4.5.2.1	Das monetaristische Konzept	185
3.4.5.2.2	Angebotsorientierte Wirtschaftspolitik	187
3.4.5.3	Alternative Wirtschaftspolitik	189
3.4.6	Praktizierte Beschäftigungspolitik	191
3.4.7	Zusammenfassung	193
Literaturhinweise		193

3.4 Staatliche Beschäftigungspolitik

3.4.1 Einleitung

Wesentliche Charakteristika von Marktwirtschaften bilden die dezentralen Entscheidungen der Konsumenten, Unternehmer und Arbeitnehmer und die gegenseitige Abstimmung dieser Entscheidungen über den Markt. Damit kommt dem Preis-, Zins- und Lohnmechanismus die zentrale Bedeutung für die Steuerung der wirtschaftlichen Entwicklung zu. Daneben gibt es in den „real existierenden" Marktwirtschaften noch andere Steuerungsmechanismen – Verhandlungen, Hierarchie und Wahlen –, im Vordergrund steht aber die dezentrale Marktkoordination.

Obwohl von der dezentralen Entscheidungskoordination durch die „List" des Marktes auch gesamtwirtschaftlich erwünschte Ergebnisse erwartet werden, entsprach die Realität nicht immer diesen Erwartungen. Ökonomisch ausgedrückt führte der Markt nicht immer zum gesamtwirtschaftlichen Gleichgewicht. Diese mangelnde Stabilität realer marktwirtschaftlicher Systeme tritt raum-zeitbezogen in unterschiedlicher Intensität und unterschiedlichem Ausmaß auf. Zutreffend bleibt aber die Aussage, daß der Markt gesamtwirtschaftlich nicht immer die gewünschten Ergebnisse erbringt.

Ein gesamtwirtschaftlich unerwünschtes Ergebnis sind die Beschäftigungsschwankungen bzw. die immer wieder auftretende Arbeitslosigkeit. Da der Markt allein demnach nicht in der Lage ist, Vollbeschäftigung zu gewährleisten, folgte daraus die Notwendigkeit einer staatlichen Beschäftigungspolitik. Darunter werden hier die Maßnahmen subsumiert, die das gesamtwirtschaftliche Angebot und die gesamtwirtschaftliche Nachfrage beeinflussen, sich also auf die globale Ebene beziehen, um damit Vollbeschäftigung zu erreichen bzw. aufrechtzuerhalten.

In diesem Beitrag wird zuerst anhand ausgewählter Indikatoren die empirische Entwicklung der Beschäftigung und der Arbeitslosigkeit in der Bundesrepublik beschrieben. Daran schließt sich ein kurzer Überblick über die wichtigsten Ansätze zur Erklärung der Beschäftigungsentwicklung an. Einen weiteren Schwerpunkt bilden Ziele und Instrumente der Beschäftigungspolitik. Abschließend wird ein kurzer Überblick über die praktizierte Beschäftigungspolitik in der Bundesrepublik gegeben.

3.4.2 Beschäftigungsentwicklung in der Bundesrepublik

Die Beschreibung der Beschäftigungsentwicklung in der Bundesrepublik erfolgt anhand ausgewählter Indikatoren. Das sind quantitative und qualitative Maßzahlen, anhand derer die Daten erhoben, aufbereitet und ausgewertet werden. Welche Indikatoren verwandt werden, ist von der Fragestellung abhängig. Da hinter einer Frage eine mehr oder weniger ausformulierte Theorie steckt, hängt die Auswahl der Indikatoren und empirischen Daten von der jeweiligen theoretischen Position ab. Hier werden entsprechend der Themenstellung gesamtwirtschaftliche, globale Indikatoren verwandt. Das sind hochaggregierte Maßzahlen, die entweder die Summe aller einzelwirtschaftlichen Größen darstellen oder aus Stichproben gewonnen werden. Ihr Vorteil besteht in ihrer Einfachheit: Anhand einer Zahl kann ein Einblick in reale Entwicklungen gewonnen werden. Sie beinhalten allerdings auch erhebliche Beschränkungen: Wegen des hohen Aggregationsniveaus gehen viele Informationen verloren, und es bleibt verborgen, was sich hinter dem jeweiligen globalen Indikator an strukturellen oder einzelwirtschaftlichen Veränderungen vollzieht.

Die Beschreibung der Beschäftigungsentwicklung erfolgt hier anhand gesamtwirtschaftlicher Indikatoren. Der bekannteste Indikator ist die Arbeitslosenquote, definiert als Anteil der registrierten Arbeitslosen an den abhängigen Erwerbspersonen (= abhängige Erwerbspersonen plus Selbständige). Daneben gibt es auch noch andere Indikatoren, von denen hier einige herangezogen werden, um ein etwas detaillierteres Bild der Beschäftigungsentwicklung zu erhalten.

Tab. 1 Entwicklung der Erwerbstätigkeit und der Arbeitslosigkeit in der Bundesrepublik Deutschland, 1950–1995, ausgewählte Indikatoren, in 1000, Arbeitslosenquote in v. H.

Jahr	Erwerbstätige insgesamt	darunter Arbeitnehmer zusammen	darunter Ausländer	Arbeitslose	Stille Reserve	Kurzarbeiter	Offene Stellen	Arbeitslosenquote[d]
				Bundesrepublik West				
1950[a]	19997	13674		1580			116	10,4
1955	22830	16840	80	928			200	5,2
1960	24792	19005	279	235			449	1,2
1965	26887	21757	1119	147			649	0,7
1970[b]	26668	22246	1807	149		10	795	0,7
1973	27160	23222	2498	273	90	44	572	1,2
1980	27959	23897	2018	889	622	137	308	3,7
1983	26347	23393	1694	2258	1120	675	76	9,3
1987	27157	24141	1577	2229	1031	278	171	8,9
1988	27366	24364	1610	2242	977	208	189	8,7
1989	27761	24770	1678	2038	997	108	251	7,0
1991	28973	25920	1891	1689	1310	145	331	6,1
1992	29133	26066	2030	1808	1511	283	324	6,5
1993	28680	25609	2169	2270	1881	767	243	8,1
1994	28324	25238	2141	2556	1924	275	234	9,2
1995[c]	28461	25357		2565		128	267	9,3
				Bundesrepublik Ost				
1990	8102			642		1794		7,3
1991	7590	7219		913		1616	31	11,3
1992	6725	6307		1170		370	33	15,6
1993	6533	6071		1149		181	36	15,9
1994	6629	612		1142		97	51	15,7
1995[c]	6416	5868		1047		71	55	14,9

[a] 1950–1960 ohne Saarland und Berlin (West)
[b] Aufgrund der Volkszählung von 1987 revidierte Zahlen der Erwerbstätigen ab 1970
[c] vorläufig
[d] Anteil der Arbeitslosen an den abhängigen Erwerbspersonen
Quellen: Jahresgutachten div. Jahrgänge; Bundesanstalt für Arbeit; Statistisches Bundesamt.

Das Erwerbspersonenpotential der Volkswirtschaft hängt von der Bevölkerung und dem Erwerbsverhalten ab. Die Erwerbsquote drückt den Anteil der Erwerbspersonen (=Erwerbstätige plus registrierte Arbeitslose) der Bevölkerung aus. Ihre Höhe wird durch ökonomische, psychologische, politische und soziale Gründe bestimmt.

Die Gesamtbeschäftigung, erfaßt durch den Indikator Erwerbstätige (Selbständige plus abhängig Beschäftigte), stieg nach Tab. 1 bis 1960 stark an und blieb bis 1973 in etwa auf diesem Niveau. Dann ging sie bis 1977 aufgrund der Krisenentwicklung erheblich zurück und stieg bis 1980 wieder an. Vom Frühjahr 1981 bis Mitte 1984 sank die Beschäftigung drastisch. Bis 1992 hat sie, vor allem zu Beginn der neunziger Jahre beträchtlich zugenommen. Bis 1995 ist die Erwerbstätigkeit wieder erheblich zurückgegangen. Die Beschäftigungsentwicklung in der Bundesrepublik folgte einem zyklischen Muster des konjunkturellen Auf und Ab.

3.4 Staatliche Beschäftigungspolitik

Noch stärker als die gesamte Erwerbstätigkeit veränderte sich die Anzahl der abhängig Beschäftigten. Bei einer Zunahme bzw. einer Abnahme der Erwerbstätigenzahlen verändert sich die Beschäftigung der Arbeitnehmer überproportional. Darin drückt sich einmal der Rückgang der Selbständigen und der entsprechende Anstieg der abhängig Beschäftigen aus. So hat der Anteil der Arbeitnehmer an den gesamten Erwerbstätigen von ca. 68 % 1950 auf etwa 89 % 1993 zugenommen. Zum anderen wirken sich wirtschaftliche Veränderungen bei den Arbeitnehmern stärker aus als bei den Selbständigen.

Die Entwicklung der ausländischen Arbeitnehmer ist während der Vollbeschäftigungsphase bis 1973 durch einen starken Anstieg gekennzeichnet. Mit Beginn der hohen Arbeitslosigkeit seit 1974 ging ihre Anzahl, abgesehen von dem leichten Anstieg 1978–1980, zurück. In den letzten Jahren nahm sie wieder zu.

Die Arbeitslosenquote als offizieller Indikator für die Arbeitslosigkeit ist nur von begrenzter Aussagefähigkeit. Sie erfaßt nur einen Teil der Erwerbslosigkeit, die offene Arbeitslosigkeit, und berücksichtigt keine Veränderungen der Arbeitszeit. Kurzarbeit verändert zwar die Anzahl der beschäftigten Arbeitnehmer nicht, wohl aber die Beschäftigung, ausgedrückt in Arbeitsstunden. Eine weitere Begrenzung des Indikators Arbeitslosenquote besteht darin, daß z. T. Arbeitswillige nicht registriert sind. Dieser Teil wird durch den Indikator „Stille Reserve" zu erfassen versucht (latente Arbeitslosigkeit).

„Offene Stellen" sind freie Arbeitsplätze. Auch dieser Indikator weist Mängel auf, die seine Aussagefähigkeit und Verwendbarkeit beschränken. So wird der Arbeitskräftebedarf nur zu einem Teil offen ausgewiesen, da die Arbeitgeber nicht verpflichtet sind, die freiwerdenden Arbeitsplätze den Arbeitsämtern zu melden. Außerdem kann die Zahl der offenen Stellen vom tatsächlichen Arbeitskräftebedarf der Unternehmen abweichen, da keine Kontrolle besteht, ob die gemeldeten Stellen tatsächlich frei sind.

Die beiden Indikatoren „Arbeitslosenquote" und „Offene Stellen" verdeutlichen exemplarisch, mit welchen Problemen Indikatoren behaftet sein können. Die Gründe dafür bestehen in der Diskrepanz zwischen dem theoretischen Anspruch, der der jeweiligen Fragestellung zugrunde liegt, und den unzureichenden empirischen Kenntnissen und/oder den ungenügend entwickelten Indikatoren. Es ist daher erforderlich, sich der Beschränkungen der Indikatoren bewußt zu sein und sie nur als Annäherung zur Beschreibung der realen Entwicklung zu verstehen. Da in der Öffentlichkeit noch immer die „Arbeitslosenquote" und die „Offenen Stellen" verwandt werden, wird auch hier weiter auf diese gängigen Indikatoren abgestellt.

Die Gesamtzahl der registrierten Arbeitslosen hat im ersten Jahrzehnt des Bestehens der Bundesrepublik mit dem Anstieg der Erwerbstätigen stark abgenommen. 1960 wurde in etwa Vollbeschäftigung erreicht. Diese Feststellung mag auf den ersten Blick verwundern, da immer noch ca. 235 000 Personen arbeitslos waren. Doch in Wirtschaftsordnungen marktwirtschaftlicher Prägung ist selbst bei Vollbeschäftigung ein gewisser Prozentsatz arbeitslos. Dieser Teil setzt sich aus der Saisonarbeitslosigkeit, verursacht durch jahreszeitliche Einflüsse und soziale Gewohnheiten, und der friktionellen Arbeitslosigkeit, vor allem durch den Wechsel des Arbeitsplatzes bedingt, zusammen. Außerdem unterscheidet man noch die strukturelle Arbeitslosigkeit, bei der Angebot und Nachfrage auf einem bestimmten Teilarbeitsmarkt auseinanderfallen, und die konjunkturelle Arbeitslosigkeit, die durch Nachfrageschwankungen verursacht ist.

In den sechziger Jahren bestand mit Ausnahme von 1967 eine geringe Arbeitslosigkeit. Seit 1974 haben die Arbeitslosenzahlen stark zugenommen und erstmals seit 1954 wieder die Millionengrenze überschritten. Nach einem Rückgang von 1977 bis 1980 ist seitdem eine ausgeprägte Massenarbeitslosigkeit zu verzeichnen. Die Entwicklung seit 1984 verdeutlicht, daß die Beschäftigung und die Arbeitslosigkeit sich nicht immer gegenläufig entwickeln. Während z. B. von 1984 bis 1987 die Zahl der Beschäftigten um ca. 600 000 zunahm, verringerte sich die Zahl der Arbeitslosen in dem gleichen Zeitraum nur um ca. 70 000. Der größte Teil der Beschäftigungszunahme resultierte aus der demographischen Entwicklung (geburtenstarke Jahrgänge), der zunehmenden Erwerbsneigung der Frauen und aus der Stillen Reserve.

Die Bedeutung des Arbeitslosenproblems tritt noch deutlicher hervor, wenn die Stille Reserve und die Kurzarbeit berücksichtigt werden. Bei der Kurzarbeit besteht zwar weiter ein Beschäftigungsverhältnis, aber es wird nur ein Teil der üblichen Arbeitszeit gearbeitet. Vor allem 1974/75 ist die Anzahl der Kurzarbeiter stark angestiegen. Die Kurzarbeit ging mit dem beginnenden Aufschwung ab 1977 als erster der drei Indikatoren der Arbeitslosigkeit zurück. Von 1980 bis 1983 nahm sie wieder zu, um dann wieder, mit Ausnahme von 1987, zu sinken.

Faßt man alle Formen von Unterbeschäftigung und Arbeitslosigkeit zusammen, so betrug 1994 in der Bundesrepublik West die gesamte Erwerbslosigkeit etwa 5 Mio. Personen, das entspricht einer (abhängigen) Erwerbslosenquote von ca. 16 %.

In den neuen Bundesländern verlief die Beschäftigungsentwicklung dramatisch. Die Erwerbstätigkeit ist seit 1990 um etwa 3 Mio. zurückgegangen. Daß sich dieser Rückgang nicht in einer entsprechenden Zunahme der registrierten Arbeitslosigkeit niederschlug, liegt an der hohen verdeckten Arbeitslosigkeit.

Bei den in Tab. 1 aufgeführten Daten handelt es sich um Bestandszahlen, das heißt um Zahlen, die zu einem bestimmten Zeitpunkt erhoben werden. Die dahinter liegenden zwischenzeitlichen Bewegungen und Veränderungen werden mit diesen Bestandsgrößen nicht erfaßt. So sind z. B. erheblich mehr beschäftigte Arbeitnehmer von Arbeitslosigkeit betroffen, als es die ausgewiesenen Zahlen zum Ausdruck bringen. Diese Betroffenen haben nach mehr oder weniger langer Arbeitslosigkeit wieder eine Stelle gefunden.

3.4.3 Erklärungsansätze

Während die Abweichungen zwischen Vollbeschäftigung als erwünschter gesamtwirtschaftlicher Beschäftigungssituation und der tatsächlichen Entwicklung allseits gesehen werden, divergieren die Meinungen über die Ursachen der Abweichungen beträchtlich. Trotz aller Unterschiede lassen sie sich auf zwei Grundpositionen zurückführen, die ihrerseits durch die unterschiedliche Sichtweise bestimmt sind, wie marktwirtschaftliche Systeme funktionieren. Die keynesianische Position geht von der Vorstellung aus, daß der private Sektor einer Marktwirtschaft instabil sei, d. h. der Marktmechanismus nicht ohne äußere Eingriffe in der Lage ist, gesamtwirtschaftliches Gleichgewicht mit Vollbeschäftigung zu gewährleisten. Die neoklassische Position geht grundsätzlich von der Stabilität des privaten, durch den Markt koordinierten Sektors aus und führt die beobachteten Abweichungen vom Vollbeschäftigungsgleichgewicht auf exogene Störungen des Marktes zurück.

In der vorherrschenden Ökonomie wurden bis zur Weltwirtschaftskrise Marktwirtschaften als „staatsfreie" Wirtschaften analysiert und interpretiert. Erklärungen über

3.4 Staatliche Beschäftigungspolitik

die zyklischen Schwankungen der wirtschaftlichen Entwicklung konnten im Rahmen dieser einzelwirtschaftlichen Analysen nicht gegeben werden. Eine endogene Erklärung der Massenarbeitslosigkeit während der Weltwirtschaftskrise war nicht möglich.[1] Daher fehlten auch beschäftigungspolitische Konzepte zur Bekämpfung der hohen Arbeitslosigkeit. Auf diesem Hintergrund entwickelte J. M. Keynes seine Instabilitätshypothese, nach der eine Marktwirtschaft nicht von sich aus bei Abweichungen vom Gleichgewicht Vollbeschäftigung wieder herstellen kann. Die Keynessche Theorie beinhaltet folgende zentrale Elemente:[2]

- Der monetäre (Geld) und der reale Sektor (Produktion) sind bei Keynes nicht mehr strikt getrennt. Vielmehr beeinflußt der Geldmarkt auch den realen Wirtschaftsprozeß. Dieser Einfluß kommt dadurch zustande, daß Geld nicht nur allgemeines Tauschmittel ist, sondern von den Wirtschaftssubjekten auch aus Vorsichts- und Spekulationsgründen „gehalten" wird. Es kann einmal den in der Neoklassik unterstellen Zusammenhang von Ausgaben und Einnahmen unterbrechen, das Say'sche Theorem ist dann unzutreffend. Haushalte oder Unternehmen geben einen Teil ihres Einkommens nicht aus: Das Angebot ist größer als die Nachfrage, es kommt zu Produktionseinschränkungen und Arbeitslosigkeit. Zum zweiten bildet sich der Zins auf dem Geldmarkt und bestimmt die Höhe der realen Investitionsgüternachfrage.

- Für Keynes ist die Rolle der Erwartungen von zentraler Bedeutung. Erwartungen bilden sich wegen der Unsicherheit allen Wirtschaftens und resultieren aus unterschiedlichen Einflüssen. Diese können ihrerseits erheblichen Veränderungen unterliegen und damit zu Schwankungen in den Erwartungen führen. Es gibt keinen marktendogenen Mechanismus, der die dadurch bedingten Schwankungen in der Investitionsnachfrage kompensiert. Der private Sektor ist daher nach Keynes instabil, d. h., es gibt keine automatische Wiederherstellung der Vollbeschäftigung.

- Auf dem Arbeitsmarkt analysiert Keynes zwei Fälle. Einmal geht er von der empirischen Beobachtung aus, daß die Nominallöhne (nicht die Reallöhne!) nach unten weitgehend starr sind. In diesem Fall ergibt sich bei einem Nachfragerückgang ein Gleichgewicht bei Unterbeschäftigung. Zum andern analysiert er die wirtschaftliche Entwicklung auch unter der Annahme flexibler Löhne und Preise. Hierbei braucht es – entgegen der neoklassischen Lehrmeinung – keine Rückkehr zur Vollbeschäftigung zu geben. Erwarten die Konsumenten und Investoren weitere Lohn- und Preissenkungen, so werden sie ihre Konsum- und Investitionsausgaben hinausschieben. Eine Wiederherstellung der Vollbeschäftigung erfolgt damit bei flexiblen Löhnen nicht.

---

[1] Natürlich gab es auch andere Sichtweisen wie z. B. bei Marx und Schumpeter. Diese spielten jedoch beschäftigungspolitisch keine Rolle.

[2] Vgl. u. a. Franz, W.: Stabilisierungspolitik am Ende der achtziger Jahre. Eine Standortbestimmung aus makrotheoretischer und wirtschaftspolitischer Sicht, „Konjunkturpolitik", 35. Jg. (1989), S. 22 ff.; Wagner, H.: Stabilitätspolitik, 2. Aufl., München, Wien 1993; Cassel, D.: Beschäftigungs- und Stabilitätspolitik, in : Bundesministerium für innerdeutsche Beziehungen, Materialien zum Bericht der Lage der Nation im geteilten Deutschland 1987, Bonn 1987, S. 72 ff.; Cassel, D., Thieme, J.: Stabilitätspolitik, Vahlens Kompendium der Wirtschaftstheorie und Wirtschaftspolitik, Bd. 2, 5. Aufl., München 1992, S. 301 ff.; Kromphardt, J.: Arbeitslosigkeit und Inflation, Göttingen 1987; Schmid, A.: Beschäftigung und Arbeitsmarkt, Frankfurt 1984, S. 11 ff.

In der Folgezeit ist der Keynessche Ansatz weiter entwickelt, modifiziert, neu interpretiert und kritisiert worden. Darauf kann hier nicht weiter eingegangen werden.[3] Von wesentlicher Bedeutung für die Beschäftigungspolitik war die sog. neoklassische Synthese, die eine Verbindung zwischen der Neoklassik – als für den mikroökonomischen Bereich zutreffend – und von Keynes' gesamtwirtschaftlicher Theorie intendierte. Eine zentrale Prämisse bildete hierbei die Annahme starrer Nomiallöhne nach unten, die Instabilität der Geldnachfrage und der Investitionen und die daraus abgeleitete Möglichkeit eines Unterbeschäftigungsgleichgewichts. Arbeitslosigkeit konnte nach dieser Sicht nur durch eine staatliche Beschäftigungspolitik beseitigt werden.

Dem keynesianischen Instabilitätspostulat stellt die neoklassische Theorie die Basishypothese eines grundsätzlich stabilen privaten Sektors gegenüber. Danach besteht unter bestimmten Annahmen bei völlig freier Lohn- und Preisbildung ein wirtschaftliches Gleichgewicht auf allen Märkten, d. h., die Wirtschaftspläne von Anbietern und Nachfragern sind erfüllt, es gibt keinen Anlaß zu Planrevisionen und die Märkte sind geräumt. Bei Abweichungen vom Marktgleichgewicht besteht die Tendenz zur Wiederherstellung des Gleichgewichts.[4] Dies gilt auch auf dem Arbeitsmarkt. Bei flexiblen Löhnen tendiert der Arbeitsmarkt zur Vollbeschäftigung. Für längerfristige Abweichungen vom Vollbeschäftigungsgleichgewicht und längeranhaltende Arbeitslosigkeit sind nach dieser Sichtweise nicht der Markt, sondern exogene Störungen wie staatliche Eingriffe oder gewerkschaftliche Aktivitäten verantwortlich, die eine Einschränkung des Lohnmechanismus zur Folge haben. Die beschäftigungspolitischen Folgerungen bestehen nach neoklassischer Sicht in der Forderung nach einer Abstinenz staatlicher oder sonstiger Eingriffe in den Arbeitsmarkt sowie nach einem Abbau von Arbeitsmarktregulierungen.

3.4.4 Ziele und Instrumente

Die Verpflichtung des Staates auf das Vollbeschäftigungsziel ist in der Bundesrepublik Deutschland im Gesetz zur Förderung der Stabilität und des Wachstums von 1967 festgelegt. Danach haben Bund und Länder bei ihren finanzpolitischen Maßnahmen das gesamtwirtschaftliche Gleichgewicht zu beachten, das durch die vier Ziele Stabilität des Preisniveaus, angemessenes und stetiges Wachstum, außenwirtschaftliches Gleichgewicht sowie hoher Beschäftigungsstand konkretisiert wird. Der Gesetzgeber hat darauf verzichtet, das Vollbeschäftigungsziel – ebenso wie die anderen Ziele – zu operationalisieren.

Während über das Vollbeschäftigungsziel noch Einigkeit besteht, gehen die Meinungen darüber, wann Vollbeschäftigung vorherrscht, wie dieses operationalisiert werden soll, auseinander. Hierfür gibt es keine eindeutige Definition. Dies variiert je nach Raum-Zeit-Bezug. In der Bundesrepublik hat sich der Zielanspruch in Abhängigkeit von der tatsächlichen Entwicklung der Arbeitslosigkeit beträchtlich verringert. So galt Ende der 60er Jahre Vollbeschäftigung bei einer Arbeitslosenquote von ca. 1% als erreicht. Dieser hohe Anspruch wurde sukzessive immer weiter aufgegeben.

Das beschäftigungspolitische Instrumentarium des Stabilitätsgesetzes besteht aus

---

[3] Vgl. z. B. als kurzen Überblick Franz, W.: a. a. O.; Hardes, H.-D., Krol G.-J., Rahmeyer, F., Schmid, A.: Volkswirtschaftslehre, 19. Aufl., Tübingen 1995, S. 193 ff.
[4] Vgl. z. B. Neumann, M.: Neoklassik, „WiSt", 12. Jg. (1983), S. 617 ff.

- Informationsinstrumenten, um die Informationsbasis der Akteure zu verbessern,
- Planungsinstrumenten, um auf Krisen schneller reagieren zu können,
- Koordinationsinstrumenten, um die verschiedenen Akteure aufeinander abzustimmen sowie
- Eingriffsinstrumenten, um die gesamtwirtschaftliche Nachfrage zielkonform zu beeinflussen.[5]

Das Eingriffsinstrumentarium im Stabilitätsgesetz ist, dies folgt aus der keynesianischen Fundierung dieses Gesetzes, primär fiskalpolitischer Art.

Außer der Fiskalpolitik können auch die Geldpolitik, die Einkommenspolitik und die Außenwirtschaftspolitik beschäftigungspolitisch eingesetzt werden. Die Geldpolitik (Bundesbank; vgl. den Artikel Geldpolitik) versucht durch eine geldmengen- oder zinsorientierte Politik die gesamtwirtschaftliche Nachfrage zielkonform zu steuern. Die Einkommenspolitik zielt auf ein zielkonformes Verhalten der Tarifvertragsparteien, ist aber primär eine Lohnpolitik.[6] Außerdem ist noch auf die Außenwirtschaftspolitik hinzuweisen, die über eine Veränderung der Export- und Importnachfrage die Beschäftigung zielkonform beeinflussen kann. Unter beschäftigungspolitischen Gesichtspunkten spielte sie bisher nur eine untergeordnete Rolle.[7] Welche dieser Politiken mit ihrem Instrumentarium eingesetzt wird, hängt von der jeweils verfolgten beschäftigungspolitischen Konzeption ab.

3.4.5 Beschäftigungspolitische Konzeptionen

In diesem Punkt werden kurz die Konzepte referiert, die in Wissenschaft und Politik Bedeutung erlangt haben.

3.4.5.1 Traditionelle Globalsteuerung

Der traditionelle Keynesianismus führt die Instabilität einer sich selbst überlassenen Marktwirtschaft auf eine unzureichende gesamtwirtschaftliche Nachfrage zurück. Diese Diagnose beinhaltet gleichzeitig die Therapie: Es muß zusätzliche Nachfrage entfaltet werden. Für diese Zusatznachfrage hat der Staat zu sorgen, da der Markt hierzu von sich aus nicht in der Lage ist.

Entsprechend der mikro- und makroökonomischen Differenzierung im Keynesianismus bleibt die staatliche Nachfragesteuerung auf die gesamtwirtschaftliche Ebene beschränkt, die einzelwirtschaftliche Koordination erfolgt weiter über den Marktmechanismus. Die globale Steuerung der Nachfrage hebt das marktwirtschaftliche System nicht auf, da sie indirekter Natur ist. Die einzelnen Wirtschaftssubjekte können weiter entscheiden, ob sie auf die staatlichen Maßnahmen reagieren wollen oder nicht.

Die „Philosophie" der keynesianisch orientierten Globalsteuerung besteht darin, für eine Verstetigung der gesamtwirtschaftlichen Nachfrage im Konjunturverlauf so zu sorgen, daß weder Arbeitslosigkeit noch Inflation auftreten. Die traditionelle Globalsteuerung ist eine antizyklische Konjunkturpolitik, indem bei Arbeitslosigkeit durch staatlich induzierte Zusatznachfrage wieder Vollbeschäftigung und bei Inflation

---

[5] Vgl. z. B. Mackscheidt, K., Steinhausen, J.: Finanzpolitik I, Grundfragen fiskalpolitischer Lenkung, 2. Aufl., Düsseldorf 1975.
[6] Vgl. z. B. Hardes, Krol, G.-J., H.-D., Rahmeyer, F., Schmid, A.: a. a. O., S. 436 ff.
[7] Vgl. z. B. Cassel, D., Thieme, J.: a. a. O., S. 336 ff.

durch Abschöpfung überschüssiger Gesamtnachfrage wieder Preisniveaustabilität hergestellt werden soll. Diese Art der Globalsteuerung wird fallweise eingesetzt (diskretionäre Konjunkturpolitik), sie ist also kurzfristiger Natur. Diese kurzfristige Orientierung erfordert eine gute Informationsbasis über die jeweilige Konjunktursituation, die zu erwartende Entwicklung sowie über die Wirkung des einzusetzenden Instrumentariums. Sie erfordert weiter eine schnelle politische Handlungsfähigkeit. Dieser Anforderung kommt z. B. das Stabilitätsgesetz durch bestimmte Regeln entgegen (Verordnungen, Schubladenprogramme).

Nach Auffassung der Keynesianer wirkt die Fiskalpolitik sicherer, direkter und vorhersehbarer als die Geldpolitik. Dies gilt vor allem dann, wenn die Fiskalpolitik über die Staatsausgabenseite betrieben wird. Einnahmepolitische Maßnahmen sind nicht so wirksam, da sie nur indirekt Einfluß auf den privaten Konsum und die privaten Investitionen ausüben. Der Geldpolitik kommt vor allem bei Arbeitslosigkeit nur eine die Fiskalpolitik unterstützende Funktion zu. Dies liegt einmal an der indirekten Wirkungsweise der Geldpolitik. Es liegt aber auch daran, daß die Keynesianer theoretisch abgeleitet haben, daß unter bestimmten Bedingungen eine expansive Geldpolitik nicht in der Lage ist, zusätzliche Nachfrage zur Überwindung der Arbeitslosigkeit anzuregen („Liquiditätsfalle").

Um der Handlungsmacht von Gruppen und Verbänden, die die Wirksamkeit der Globalsteuerung beschränken können, zu begegnen, wird von den Keynesianern eine Einkommenspolitik gefordert. Diese Einkommenspolitik, zumeist Lohnpolitik, soll dafür sorgen, daß eine expansive Fiskalpolitik zu Beschäftigungseffekten führt und nicht durch stabilitätswidrige Lohn- und Preissteigerungen konterkariert wird.

Mit dem Auftreten des Inflations- und Stagflationsproblems zu Beginn der siebziger Jahre ist die traditionelle Globalsteuerung stark kritisiert worden. Die Kritik hat sicherlich einige Schwachpunkte der traditionellen Globalsteuerung aufgedeckt; sie hatte aber auch die Funktion, den staatlichen Einfluß auf die Marktwirtschft im Sinne eines „Mehr-Markt-Weniger-Staat" zurückzudrängen. Heute spielt die traditionelle keynesianische Globalsteuerung offiziell in kaum einem Land mehr eine Rolle.

Worauf ist die mangelnde Wirksamkeit der keynesianischen Globalsteuerung zurückzuführen? Als Einwände werden u. a. folgende Argumente angeführt:

a) Als wesentlicher Kritikpunkt gilt das Verschuldungsproblem. Nach dem ursprünglichen Konzept der Globalsteuerung sollten sich die erforderliche Staatsverschuldung zur Bekämpfung der Arbeitslosigkeit und die Überschüsse zur Bekämpfung der Inflation in etwa entsprechen, so daß längerfristig kein Verschuldungsproblem entstehen würde. Durch die langanhaltende Arbeitslosigkeit seit 1974 hat in fast allen Industrieländern die Staatsverschuldung beträchtlich zugenommen, ohne daß dies Ausdruck einer antizyklischen Fiskalpolitik gewesen wäre. Zum überwiegenden Teil wurde lediglich keine Parallelpolitik betrieben, indem rezessionsbedingte Steuermindereinnahmen nicht durch entsprechende Ausgabenkürzungen „ausgeglichen" wurden.

b) Die rapide Zunahme der Verschuldung hat der Möglichkeit einer keynesianischen Politik des „deficit-spending" enge Grenzen gesetzt, selbst wenn sie aktiv und nicht halbherzig betrieben worden wäre. Die Gründe dafür sind subjektiver und objektiver Natur. Auf der subjektiven Ebene spielt die Einschätzung der Staatsverschuldung durch die Öffentlichkeit eine wesentliche Rolle. Wird die Zunahme der Verschuldung als wirtschaftlich bedenklich empfunden, ohne daß es dafür objektive Gründe gibt, dann halten sich die Investoren und Konsumenten mit ihren Ausgaben zurück und verhindern dadurch eine wirksame Vollbeschäftigungspolitik. Obwohl es keine eindeutigen objektiven Grenzen der Staatsverschuldung gibt, ergeben sich doch gewisse Beschränkungen, wenn aufgrund einer erheblichen Zunahme der Verschuldung die Zinsen und Tilgungen aus dem öffentlichen Haushalt längerfristig überproportional ansteigen. Entsprechend sind andere Ausgabenkomponenten zu kürzen und die fiskalpolitische Manövriermasse sinkt. Wann allerdings die Grenzen erreicht sind, läßt sich nicht eindeutig bestimmen. Eine weitere Grenze wird im sog. „Crowding-out"-Effekt gesehen. Führt die Kreditaufnahme des Staates zu Zinssteigerungen, dann verdrängt er private Investoren vom Kapitalmarkt, da er zinsrobuster ist. Die Investitionsnachfrage stagniert und eine Überwindung der Wirtschaftskrise tritt nicht ein. Dieser Effekt dürfte allerdings mehr theoretischer Natur sein, da die Ersparnisse nicht konstant sind, sondern bei dynamischer Betrachtungsweise im Laufe der wirtschaftlichen Entwicklung auch zusätzliche Ersparnisse entstehen. Außerdem ist in Krisenzeiten die Verschuldungsbereitschaft der Privaten gering, so daß kaum ein Verdrängungswettbewerb stattfinden dürfte.

c) Weitere Kritikpunkte sind:
   – Von monetaristisch-neoklassischer Seite wird der Lernprozeß der Wirtschaftssubjekte für die eingetretene Unwirksamkeit der Globalsteuerung verantwortlich gemacht.
   – Durch die kurzfristige Orientierung können nur vorhandene Arbeitsplätze über eine Nachfragepolitik wieder besetzt, aber keine neuen Arbeitsplätze geschaffen werden.
   – Ein international stark verflochtenes Land wie die Bundesrepublik kann nicht allein eine expansive Politik betreiben, wenn die anderen Länder einer kontraktiven Konsolidierungspolitik Priorität einräumen.

3.4.5.2 Neoklassisch orientierte Strategien

Die Stabilitätsauffassung der Neoklassik impliziert, daß sich die staatliche Wirtschaftspolitik weitgehend aus dem Wirtschaftsprozeß herausgehalten soll, weil die Marktwirtschaft per se stabil sei. Auftretende Instabilitäten werden auf staatliche Interventionen in den Markt zurückgeführt. Nun haben sich zwar auch die neoklassischen Auffassungen über die Rolle des Staates im Zeitablauf gewandelt. Geblieben ist aber die Meinung, daß der Staat keine Konjunkturpolitik betreiben solle, da diese destabilisierend wirke.

3.4.5.2.1 Das monetaristische Konzept

Besondere Bedeutung – vor allem für die praktizierte Geldpolitik – hat der Monetarismus erlangt. Aus den Überlegungen der Monetaristen folgt u. a., daß

- Instabilitäten primär durch eine kurzfristige, diskretionäre Geld- und Fiskalpolitik verursacht werden;
- Die Geldmenge langfristig nur die Inflationsrate bestimmt;
- kurzfristig von Geldmengenveränderungen zwar Produktions- und Beschäftigungseffekte ausgehen können, Wirkungsdauer und Stärke aber unbekannt sind;
- Die Fiskalpolitik nur über ihren Einfluß auf die Geldmenge konjunkturpolitische Wirkungen hat.

Aus ihren theoretischen und empirischen Untersuchungen leiten die Monetaristen die Empfehlung ab, die Geldpolitik wegen der mangelnden Kenntnis der kurzfristigen Wirkungen mittelfristig zu orientieren, d. h., daß die Geldmenge jährlich mit einer bestimmten Wachstumsrate, weitgehend unabhängig von der konjunkturellen Entwicklung, zunehmen soll. Diese mittelfristige Versteigung der Geldmenge führt gleichzeitig zu einer Versteigung der Erwartungen. Damit können die Wirtschaftssubjekte die künftige Entwicklung exakter antizipieren. Sie werden weniger Überraschungen in ihren Erwartungen erleben. Die Folge ist, daß über die Versteigung der Erwartungen eine Versteigung der konjunkturellen Entwicklung erreicht werde. Die monetaristische Stabilisierungsstrategie beschränkt sich also im wesentlichen auf die mittelfristige und stetige Ausdehnung der Geldmenge. Damit werde gleichzeitig Stabilität des Preisniveaus bei stetiger Wirtschaftsentwicklung erreicht.

Nicht nur für die Geldpolitik, sondern auch für die Fiskalpolitik wird eine mittelfristige Orientierung gefordert, um destabilisierende Einflüsse zu vermeiden. Hält sich die Wirtschaftspolitik an diese Regeln, dann wird der Marktmechanismus längerfristig für Vollbeschäftigung sorgen und die monetaristische Geldpolitik Stabilität des Preisniveaus gewährleisten.

Der Monetarismus hat im Zusammenhang mit der weltweiten Inflationsbeschleunigung zu Beginn der siebziger Jahre und dem Versagen der keynesianischen Globalsteuerung bei der Inflationsbekämpfung erheblichen Einfluß auf die praktizierte Wirtschaftspolitik in fast allen Ländern gewonnen. So folgte z. B. Großbritannien überwiegend dem monetaristischen Konzept. Die Zentralbanken in verschiedenen Ländern sind von der Zins- zur Geldmengensteuerung in mittelfristiger Perspektive übergegangen, und es wird überwiegend eine monetaristisch orientierte Geldpolitik betrieben.

Der Monetarismus wurde und wird heftig kritisiert. Thesenartig werden kurz einige wesentliche Punkte, die gegen die Konzeption vorgebracht werden, referiert:

- Die Argumentation der Monetaristen basiert auf der Prämisse, daß die Marktwirtschaft stabil in dem Sinne ist, daß bei Abweichungen vom gesamtwirtschaftlichen Gleichgewicht der Marktmechanismus zu einer Wiederherstellung des Gleichgewichts bei Vollbeschäftigung führt. Die Instabilitäten in der Bundesrepublik werden daher nicht auf die mangelnde Funktionsweise der Marktwirtschaft, sondern auf das prozyklische Verhalten der staatlichen Akteure und das marktwidrige Verhalten von Verbänden zurückgeführt. Die Prämisse von der Stabilität des privaten Sektors kann aber mit Recht bezweifelt werden. Zwar konnte bisher die Instabilität des privaten Sektors nicht nachgewiesen werden – dies ist auch nicht möglich, da es eine Wirtschaft „ohne Staat" in der Realität nicht gibt –, doch hat gerade der unzureichend funktionierende Marktmechanismus zu einer verstärkten Intervention des Staates geführt.

- Der Monetarismus vernachlässigt Machtprobleme, die eine Beeinträchtigung des Marktmechanismus beinhalten und daher eine wichtige monetaristische Annahme in Frage stellen. Die Auffassung, daß der Marktmechanismus zu einer Wiederherstellung der Vollbeschäftigung führt, ist in praxi bisher nicht bestätigt worden. Eine Überwindung der Arbeitslosigkeit ist beim Monetarismus nicht automatisch zu erwarten.

- Ein weiterer Einwand bezieht sich auf die politische Ebene. Den Monetaristen wird politische „Naivität" vorgehalten, da es sich keine Regierung in einem demokratisch-parlamentarischen System leisten könne, längere Zeit eine hohe Arbeitslosigkeit zur Inflationsbekämpfung in Kauf zu nehmen. Dies kann jedoch nach Auffassung der Monetaristen der Fall sein, da es einige Zeit dauert, bis sich die Wirtschaftssubjekte in ihren Erwartungen an die mittelfristige Geldmengenexpansion angepaßt haben. Bisher scheint dieses Argument aber kaum eine Rolle zu spielen, da die bestehende hohe Arbeitslosigkeit überwiegend passiv als „Schicksal" hingenommen wird.

Dem Monetarismus kommt das Verdienst zu, das Problem der Inflation und die Inflationsbekämpfung in den Vordergrund gestellt zu haben. Eine Überwindung der Arbeitslosigkeit läßt dieses Konzept nicht erwarten.

3.4.5.2.2 Angebotsorientierte Wirtschaftspolitik

Ebenfalls an einer Stärkung des privatwirtschaftlichen Sektors, einem „Mehr-Markt" und „Weniger-Staat", ist das Konzept einer angebotsorientierten Wirtschaftspolitik orientiert. Während für den Bereich der Geldpolitik keine wesentlichen Unterschiede zum Monetarismus bestehen, wird von der staatlichen Finanzpolitik eine Verbesserung der Angebotsbedingungen gefordert. Nicht über die Nachfrageseite, sondern durch eine Beeinflussung der Produktionsbedingungen, primär der Privatinvestitionen, sollen die bestehenden Probleme gelöst werden. Von den verschiedenen Varianten einer angebotsorientierten Wirtschaftspolitik (z.B. die „Reagonomics") wird hier wegen seiner Bedeutung für die praktizierte Beschäftigungspolitik kurz das Konzept des „Sachverständigenrats zur Begutachtung der gesamtwirtschaftlichen Entwicklung" (SVR) dargestellt.

Nach Auffassung des SVR geht die seit 1974 bestehende Krise nicht auf ein Nachfragedefizit, sondern auf Störungen der Angebotsbedingungen zurück. Darunter versteht der SVR alles, „was den individuellen Ertrag des Wirtschaftens beeinträchtigt und damit die Neigung oder Fähigkeit zu arbeiten, zu sparen und Risiken zu übernehmen und was die Flexibilität der Reaktionen auf veränderte Bedingungen einschränkt – beides mit dem Ergebnis, daß Produktion und Beschäftigung hinter dem zurückbleiben, was möglich und gewünscht ist" (Jahresgutachten 1981, Ziff. 296).

Diese Angebotsprobleme führt der SVR primär auf folgende Ursachen zurück:

- Änderung in den außenwirtschaftlichen Rahmenbedingungen
- staatlich bedingte Angebotshemmnisse
- Anpassungsprobleme beim Strukturwandel
- ein zu hohes Reallohnniveau oder eine zu starre Lohnstruktur sowie
- die Unsicherheit allen Wirtschaftens.[8]

Der SVR negiert nicht grundsätzlich die Möglichkeit einer keynesianischen Nachfragesteuerung. Er argumentiert aber, daß die Entwicklung seit 1974 nicht konjunkturell, sondern durch strukturelle Entwicklungen geprägt ist. Daher fordert er eine mittelfristig ausgerichtete und angebotsorientierte Strategie. Zentraler Ansatzpunkt sind Förderung und Steigerung aller Investitionen, also neben den Ersatz- und Erweiterungsinvestitionen auch die Rationalisierungsinvestitionen. Die für die Bewältigung des Strukturwandels und die Schaffung von Arbeitsplätzen geforderte Investitionspolitik bedarf einer längeren Zeitspanne, da das Aufspüren neuer

---
[8] Vgl. Hardes, H.-D., Krol, G.-J., Rahmeyer, F., Schmid, A.: a.a.O., S. 257ff.

Märkte, die Entwicklung neuer Produkte und Produktionsverfahren und die Herstellung neuer Investitionen Zeit brauchen. Eine Angebotspolitik wirkt daher erst mittelfristig.

Außer einer monetaristisch orientierten Geldmengenpolitik richtet sich die Forderung des SVR primär auf zwei Bereiche, die Finanz- und die Lohnpolitik. Staat und Gewerkschaften sind aufgerufen, sich so zu verhalten, daß die privaten Investitionen nicht behindert und Bedingungen für eine forcierte Investitionstätigkeit geschaffen werden.

Die Staatsausgaben sollen sich mittelfristig entsprechend dem Produktionspotential entwickeln. Dieses Prinzip gilt grundsätzlich auch für die Einnahmenseite. Konjunkturbedingte Defizite sollen aber hingenommen werden, um einen prozyklischen Effekt zu vermeiden. Eine weitere Rückführung der Staatsquote hält der SVR für erforderlich, um den Spielraum für privatwirtschaftliche Aktivitäten zu erhöhen.

Eine wichtige Rolle weist der SVR den Löhnen bzw. der Lohnpolitik zu. Er forderte eine (relative) Senkung der Löhne, ein Zurückbleiben der Reallöhne hinter dem Anstieg der Arbeitsproduktivität, um über eine Lohnkostensenkung eine Rentabilitätssteigerung der Investitionen zu erreichen. Sinkende Lohnkosten führen bei gleichbleibender Nachfrage zu steigenden Gewinnen und diese zu mehr Investitionen und Beschäftigung. Außerdem fordert der SVR eine verstärkte Flexibilisierung des Arbeitsmarktes. Davon erwartet er eine „Steigerung der Beschäftigungschancen auch von Arbeitslosten".[9]

Als Kritikpunkte am Konzept einer angebotsorientierten Wirtschaftspolitik des SVR werden genannt:

- In der Bundesrepublik hat sich die praktizierte Wirtschaftspolitik zunehmend am Konzept des SVR orientiert. Ein durchschlagender „Erfolg" ist zumindest für den Abbau der Arbeitslosigkeit bisher nicht festzustellen.
- Der vom SVR unterstellte Zusammenhang von Reallohnhöhe und Beschäftigung ist weder theoretisch nocht empirisch ausreichend fundiert. Der unterstellte positive Nachfrageeffekt einer (relativen) Lohnsenkung basiert auf einer recht optimistischen Einschätzung der Nachfrageentwicklung, deren Realitätsbezug begrenzt ist. Daher erscheint es fraglich, ob durch Lohnzurückhaltung die Beschäftigung zunimmt. Umstritten bleibt auch die Forderung einer stärkeren Differenzierung der Lohnstruktur sowie einer größeren Flexibilisierung des Arbeitsmarktes. Eine Beschäftigungswirksamkeit dieser beiden Maßnahmen läßt sich bisher weder theoretisch noch empirisch eindeutig nachweisen.
- Eine Schwäche besteht in dem angenommenen Zusammenhang einer Gewinnsteigerung durch Kostensenkung und der dadurch bedingten Zunahme der Investitionen. Die These, daß der Gewinn die Investition bestimme, unterliegt erheblichen Einschränkungen, da es auch andere Investitionsdeterminanten gibt (z. B. Halten des Marktanteils, Verbesserung der Wettbewerbsposition). Ein Unternehmen investiert außerdem trotz höheren Gewinns nicht zusätzlich, wenn es die erhöhte Produktion nicht absetzen kann.
- Die mittelfristige Orientierung der Angebotspolitik impliziert die Hinnahme einer längeren hohen Arbeitslosigkeit. Die Aufrechterhaltung einer mittelfristigen Politik kann in einer parlamentarischen Demokratie zu einem Problem werden, da in

---

[9] Jahresgutachten 1987, Ziff. 368 und 1995, Ziff. 358 ff.

ihr eine eher kurzfristige Orientierung von Regierung und Parteien vorherrscht (Wahlen). Allerdings scheint dieses Problem lange Zeit keine größere Rolle gespielt zu haben.

3.4.5.3 Alternative Wirtschaftspolitik

Seit 1975 veröffentlicht eine Gruppe von Ökonomen jährlich erscheinende Memoranden. Ziel dieser Gruppe ist die Entwicklung eines Alternativkonzepts zum SVR, in dem nicht eine Stärkung des Marktmechanismus propagiert wird, sondern für die Wirtschaftspolitik kurzfristig eine sozialorientierte, politisch durchsetzbare Vollbeschäftigungsstrategie vorgeschlagen und langfristig eine demokratische „Neuordnung der Wirtschaft" gefordert werden. Nach Auffassung der Momorandengruppe ist die Krisenentwicklung markt- und profitgesteuerten Wirtschaftssystemen immanent. Diese Krisenhaftigkeit wird auf ein Nachfragedefizit zurückgeführt, das aus dem Auseinanderfallen der Entwicklung von Produktionskapazitäten und Gesamtnachfrage folgt. Das Kernproblem der Krise wird als „zyklischer und überzyklischer Widerspruch zwischen Kapitalakkumulation und Endnachfrageentwicklung interpretiert".[10]

Die fortschreitende Konzentration und Vermachtung der Märkte durch vermehrte Unternehmenszusammenschlüsse, stärkeres Wachstum der Großunternehmen, Absprachen, Kooperationen und zunehmende Verflechtungen verringern den Wettbewerb und erhöhen die Handlungsmacht der Unternehmen. Die Konzentrationstendenz verursacht nach Einschätzung der Memorandengruppe eine Profithierarchie im Unternehmensbereich. Im „konzentrierten" Sektor können die Unternehmen wegen der Beschränkung des Wettbewerbs höhere Profite als im Wettbewerbssektor durchsetzen. Die bestehende Disproportionalität zwischen Kapazitäts- und Nachfrageentwicklung wird dadurch verstärkt.

Aus der Diagnose folgt wieder die Therapie: Der die Arbeitsloigkeit bewirkende Nachfragemangel ist kurzfristig durch eine expansive Nachfragepolitik zu bekämpfen. Eine Förderung privater Investitionen scheidet aus, um die bestehende Disproportion zwischen Angebot und Nachfrage nicht zu verstärken. Nach dem Kriterium der Sozialorientierung soll der Staat eine expansive Nachfragepolitik betreiben, die sich auf die Produktion solcher Güter richtet, die der Markt nicht oder nur zu unverhältnismäßig hohen Preisen bereitstellt. In den einzelnen Memoranden wurde immer wieder ein staatliches Beschäftigungsprogramm zur Überwindung der Arbeitslosigkeit gefordert, das dem Muster traditioneller keynesianischer Globalsteuerung entspricht. Um der Kritik am Keynesianismus Rechnung zu tragen, wird eine Bindung der staatlichen Ausgaben an beschäftigungspolitische Auflagen und Kontrollen gefordert („Keynes-Plus"). Dadurch sollen die beschäftigungspolitische Wirksamkeit der Globalsteuerung erhöht und machtbedingte Handlungsmöglichkeiten sowie Ausweichstrategien der Unternehmen beschränkt werden.

Außer einer staatlichen Zusatznachfrage erfordert die diagnostizierte Diskrepanz zwischen vorhandenen Kapazitäten und unzureichender Nachfrage eine Ausweitung des Konsums. Diese kann nur durch kräftige Lohnerhöhungen und nicht wie beim SVR durch Lohnzurückhaltung erreicht werden. Die durch eine aktive Lohnpolitik bewirkte Verminderung der Profite entspricht den theoretischen

---
[10] Memorandum 1984, S. 87.

Überlegungen. Damit die Unternehmen die höheren Löhne nicht auf die Preise überwälzen, wird eine staatliche Preiskontrolle im Konzentrationssektor für notwendig gehalten.

Die Nachfragepolitik reicht nach Auffassung der Verfasser der Memoranden nicht aus, um die Abschwächung der Wachstumsdynamik zu kompensieren. Daher fordern sie eine verstärkte Verkürzung der Arbeitszeit bei vollem Lohnausgleich.

Mit dem offensichtlichen Scheitern planwirtschaftlicher Systeme stellte sich, so die Arbeitsgruppe Alternative Wirtschaftspolitik, die Aufgabe, ihre bisherige wirtschaftspolitische Konzeption zu überprüfen. War bisher zumindest die längerfristige Perspektive in den Memoranden eher auf eine Überwindung des Kapitalismus gerichtet, so wird nun konstatiert, daß das kapitalistische Wirtschaftssystem „in verschiedenen Ordnungsformen existieren und sich in unterschiedlichen Richtungen entwickeln"[11] kann. Aus dieser Einsicht folgern die Autoren, daß eine alternative Wirtschaftspolitik, „die sich auf die Lösung der Beschäftigungsprobleme durch „qualitatives Wachstum" und eine Konzeption des strukturorientierten Keynesianismus („Keynes plus") konzentriert"[12], nicht mehr ausreicht. Der ökologische Umbau komme als gleichrangige Aufgabe hinzu.

Die Kritik am Konzept einer sozialorientierten Wirtschaftspolitik wird im folgenden, ohne Anspruch auf Vollständigkeit, in Thesenform zusammengefaßt:

- Kritisiert wurde, u. a. auch von den Gewerkschaften, die einseitige Interpretation der Entwicklung der Einkommensverteilung zuungunsten der Löhne, da sie die reale Entwicklung nicht widerspiegelt.
- Empirisch nicht ausreichend abgestützt ist die These von den überhöhten Profiten im Monopolsektor. Es gibt auch empirische Untersuchungen, nach denen im Konzentrationssektor die Profite nicht überdurchschnittlich hoch sind, sondern eher unter dem Durchschnitt liegen. Damit bleibt eine Hauptthese in den Memoranden in ihrer Gültigkeit beschränkt.
- Zu den geforderten staatlichen Kontrollen ist anzumerken, daß Preiskontrollen ohne Lohnkontrollen nicht praktikabel sind. Ungeklärt ist das bürokratische Problem zusätzlicher Kontrollinstanzen. Außerdem bleibt zu fragen, ob selbst bei Kontrollen nicht Ausweichstrategien bestehen, die die Wirksamkeit beschränken; Preiskontrollen können eher eine Produktionseinschränkung als eine Ausweitung zur Folge haben.
- Die Forderung einer expansiven Lohnpolitik stellt das Kaufkraftargument in den Vordergrund, der Kostenaspekt der Löhne bleibt weitgehend ausgeblendet oder wird einseitig interpretiert.
- Das Konzept eines alternativen Entwicklungstyps im Rahmen von Marktwirtschaften ist eine Aneinanderreihung verschiedener, sicherlich wichtiger Postulate, aber noch keine praktikable Konzeption.

---

[11] Memorandum 1990, S. 167.
[12] Ebenda, S. 144.

3.4.6 Praktizierte Beschäftigungspolitik

Welche Bedeutung hatten bzw. haben die stabilitätspolitischen Konzepte für die in praxi betriebene Politik? Unter dieser Fragestellung läßt sich die Wirtschaftsgeschichte der Bundesrepublik grob in drei Phasen unterscheiden:

- von der Währungsreform 1948 bis zur Krise 1967;
- von der Wiederherstellung der Vollbeschäftigung 1967/68 bis 1973 und
- seit 1974 als Phase hoher Arbeitslosigkeit mit stagflationären Tendenzen.

In der ersten Phase gab es keine direkte Beziehung zwischen wirtschaftswissenschaftlichen Konzepten und praktizierter Wirtschaftspolitik. Indirekt war die Geld- und Finanzpolitik am traditionellen neoklassischen Denkmuster orientiert. Der Staat betrieb keine Konjunkturpolitik, sondern übte eine weitgehende konjunkturpolitische Abstinenz. Eine Förderung der privaten Investitionen zur Forcierung des Wirtschaftswachstums und zur Verringerung der hohen Arbeitslosigkeit in den fünfziger Jahren fand durch Steuer- und Abschreibungserleichterungen statt. Diese Investitionspolitik war längerfristig orientiert. Die Geldpolitik entsprach dem traditionellen Muster einer Zins- und Liquiditätspolitik; oberste Priorität hatte die Preisniveaustabilität.

Mit der Krise 1967 fand eine „Paradigmenwechsel" in der offiziellen stabilitätspolitischen „Philosophie" statt. Mit der Verabschiedung des Stabilitätsgesetzes und seiner Anwendung dominierte die traditionelle keynesianische Globalsteuerung. Zur Überwindung der Rezesseion von 1967 wurden zwei Konjunkturprogramme mit einem Gesamtvolumen von 8,8 Mrd. DM eingesetzt. Das Schwergewicht lag auf der Staatsausgabenseite, vor allen im Hoch- und Tiefbau.

Mit der zunehmenden Inflation zu Beginn der siebziger Jahre ergriff die damalige Bundesregierung eine Reihe von Maßnahmen zur Dämpfung der gesamtwirtschaftlichen Nachfrage (z.B. den rückzahlbaren Konjunkturzuschlag von 1970). Diese der keynesianischen Denkweise entstammenden Maßnahmen hatten keine große Wirksamkeit, da sie einmal relativ gering dimensioniert waren und zum andern durch Einsprüche und Einwände von seiten der Verbände „verwässert" wurden. Die damals betriebene Geldpolitik entsprach ebenfalls dem keynesianischen Konzept der Globalsteuerung: Sie war weitgehend Zinspolitik und unterstützte die im Vordergrund stehende Fiskalpolitik. Probleme ergaben sich für die Geldpolitik bei der Inflationsbekämpfung Anfang der siebziger Jahre aus der internationalen Verflechtung.

Eine Wende der konjunkturpolitischen Rahmenbedingungen trat mit der weitgehenden Freigabe der Wechselkurse im März 1973 und der drastischen Ölpreissteigerung Ende 1973 ein. Die Wechselkursfreigabe stellte die Handlungsfähigkeit der Bundesbank wieder her, da die Interventionspflicht am Devisenmarkt entfiel. Die Ölpreisexplosion konfrontierte die Bundesrepublik ebenso wie die anderen Länder mit dem Stagflationsproblem, dem gleichzeitigen Bestehen von Inflation und Arbeitslosigkeit. Die Änderung der Rahmenbedingungen und die stagflationäre Entwicklung bewirkten bei der Bundesbank 1974 eine Abkehr von einer keynesianisch orientierten Geldpolitik und die weitgehende Übernahme des monetaristischen Konzepts. Die Geldmenge rückte als zentrale Steuerungsvariable in den Vordergrund. Die Bundesbank verkündet seitdem für jeweils ein Jahr im voraus eine Bandbreite für die Geldmengenexpansion. Im Mittelpunkt der Geldpolitik steht die Bekämpfung der Inflation.

Die Bundesbank hat ihre monetaristisch orientierte Geldpolitik in einer pragmatischen Form betrieben; kurzfristige Abweichungen vom Geldmengenziel wurden toleriert. Die Geldpolitik der Bundesbank hat sicherlich erheblich zur Begrenzung der Inflation nach den beiden Ölpreissteigerungen und zur Rückkehr zur weitgehenden Preisniveaustabilität beigetragen. Das Beschäftigungsziel blieb zweitrangig und die Arbeitslosigkeit seit 1974 hoch. Diese Entwicklung steht im Einklang mit dem Monetarismus: Er bietet ein Konzept für die Inflationsbekämpfung, er beinhaltet aber keine Theorie der Beschäftigungspolitik.

Die Fiskalpolitik hat auf die Entwicklungen seit 1974 mit einer z. T. verwirrenden Anzahl an Programmen und Maßnahmen reagiert, die z. T. arbeitsmarktpolitischer, z. T. beschäftigungspolitischer Art waren. Den ergriffenen Maßnahmen werden nur geringe bzw. sogar kontraproduktive Beschäftigungswirkungen zugerechnet.

Die beschäftigungspolitischen Aktivitäten der Fiskalpolitik von 1977 bis Anfang der achtziger Jahre werden als verstetigte Wachstums- und Strukturpolitik charakterisiert: „Anstatt eines mit wechselnder Dosierung operierenden Nachfragemangements wurde nun eine mehr auf Regelhaftigkeit und Verläßlichkeit ausgerichtete Fiskalpolitik in dem Sinne angestrebt, daß die Wachstumsrate der Staatsausgaben der des Produktionspotentials entsprechen sollte."[13] Außerdem erfolgte verstärkt eine strukturelle Orientierung der Fiskalpolitik.

Dem erneuten Anstieg der Arbeitslosigkeit 1980 begegnete die Bundesregierung nicht mehr mit Beschäftigungsprogrammen keynesianischer Art. Wegen der enormen Zunahme der Staatsverschuldung versuchte sie durch Ausgabenkürzungen sowie durch Steuer- und Beitragserhöhungen den drastischen Anstieg der öffentlichen Verschuldung zu verringern. Erst Anfang 1982 ergriff der Bund wieder beschäftigungspolitische Maßnahmen mit dem Kern einer Investitionszulage. Außerdem wurde eine Änderung des Mietrechts beschlossen, die über höhere Mieten vermehrte Investitionen im privaten Wohnungsbau induzieren sollte. Soweit diese Maßnahmen den öffentlichen Haushalt in den folgenden Jahren betrafen, sollten sie durch eine Erhöhung der Mehrwertsteuer finanziert werden.

Die neue Regierung beschloß ab 1982 eine Reihe von Maßnahmen zur Konsolidierung der Staatsfinanzen. Arbeitslosengeld und Arbeitslosenhilfe wurden für bestimmte Gruppen gesenkt, Sozialleistungen gekürzt (z. B. bei Schwerbehinderten), im Öffentlichen Dienst die Lohn- und Gehaltsanpassung verschoben. Zur Stärkung der wirtschaftlichen Auftriebskräfte wurde die Vermögensteuer gesenkt. Sonderabschreibungen für kleine und mittlere Unternehmen sowie für Forschungs- und Entwicklungsinvestitionen eingeführt und der Verlustrücktrag verbessert. Weitere Maßnahmen betrafen ein neues Arbeitszeitgesetz und ein Beschäftigungsförderungsgesetz, die beide eine größere Flexibilität auf dem Arbeitsmarkt beabsichtigten, indem staatliche „Regulierungen" verringert werden sollten, sowie die dreistufige Steuerreform

Auf welchem Konzept basierte die Fiskalpolitik seit 1974? Sie ist durch eine zunehmende Abkehr von der keynesianischen Globalsteuerung und eine zunehmende Hinwendung zu einer angebotsorientierten Wirtschaftspolitik gekennzeichnet. Die ersten Reaktionen auf die Krise von 1974 entsprachen noch weitgehend dem keynesianischen Muster: Unterbrochen durch Konsolidierungsmaßnahmen, die aus keynesianischer Sicht eine prozyklische und somit krisenverschärfende Politik zur Folge hatten, fand bis Anfang der achtziger Jahre eine immer ausgeprägtere Akzentverschiebung zu einer Einnahmepolitik statt. Diese hatte eine Stärkung der Privatnach-

---

[13] Franz, W.: a. a. O., S. 39.

frage und dabei vor allem der privaten Investitionen zum Ziel. Seit Beginn der CDU-FDP-Koalition dominiert die angebotsorientierte Wirtschaftspolitik auf neoklassischer Grundlage.

3.4.7 Zusammenfassung

Gemessen an den gängigen Indikatoren läßt sich in der Bundesrepublik für die Beschäftigungsentwicklung feststellen, daß Phasen der Vollbeschäftigung mit Phasen der Arbeitslosigkeit abwechseln. Die Erklärungen über die Ursachen der Arbeitslosigkeit divergieren, sind aber im wesentlichen auf die neoklassische oder die Keynessche Theorie zurückzuführen. Je nach Erklärung divergieren auch die beschäftigungspolitischen Konzepte: „Mehr Markt und weniger Staat" konkurriert mit „Mehr Staat und weniger Markt". Die praktizierte Beschäftigungspolitik folgte im Zeitablauf unterschiedlichen Konzepten.

Literaturhinweise

Cassel, D.: Beschäftigungs- und Stabilitätspolitik, in: Bundesministerium für innerdeutsche Beziehungen, Materialien zum Bericht zur Lage der Nation im geteilten Deutschland 1987, Bonn 1987, S. 72 ff.

Cassel, D., Thieme, J.: Stabilitätspolitik, Vahlens Kompendium der Wirtschaftstheorie und Wirtschaftspolitik, Bd. 2, 5. Aufl., München 1992, S. 301 ff.

Franz, W.: Stabilisierungspolitik am Ende der achtziger Jahre. Eine Standortbestimmung aus makrotheoretischer und wirtschaftspolitischer Sicht, „Konjunkturpolitik", 35. Jg. (1989), S. 22 ff.

Hardes, H.-D., Krol, G.-J., Rahmeyer, F., Schmid, A.: Volkswirtschaftslehre, 19 Aufl., Tübingen 1995, S. 163 ff.

Kromphardt, J.: Arbeitslosigkeit und Inflation, Göttingen 1987.

Schmid, A.: Beschäftigung und Arbeitsmarkt, Frankfurt 1984, S. 11 ff.

Wagner, H., Stabilitätspolitik, 2. Aufl., München, Wien 1993.

3.5 Betriebliche Beschäftigungspolitik
Alfons Schmid

3.5.1 Einleitung 197
3.5.2 Betriebliche Einstellungspolitik 197
3.5.3 Betriebliche Kündigungspolitik 205
3.5.4 Schlußbemerkung 208
Literaturhinweise 209

3.5.1 Einleitung

Die Beschäftigungs- und Arbeitsmarktpolitik gilt üblicherweise als der Bereich der staatlichen Wirtschaftspolitik, der sich auf die Beeinflussung von Niveau und Struktur der Beschäftigung bezieht. Da Betriebe in einer marktwirtschaftlichen Wirtschaftsordnung u. a. die Funktion haben, Arbeitsplätze zur Verfügung zu stellen, zielt die staatliche Beschäftigungs- und Arbeitsmarktpolitik außer auf die Arbeitskräfte auch auf ein zielkonformes Beschäftigungsverhalten der Betriebe. Doch richtet sich diese staatliche Politik von außen auf die Betriebe, sie läßt innerbetriebliche Bereiche und Prozesse der Arbeit außer Betracht.

Demgegenüber geht bei der betrieblichen Beschäftigungspolitik die Blickrichtung vom Betrieb aus. Diese Sichtweise trägt der zentralen Rolle der Betriebe als „Schlüsselinstanz" für die Beschäftigung von Arbeitskräften Rechnung. Trotz dieser Bedeutung ist die betriebliche Beschäftigungspolitik erst im Begriff, sich als eigenständiger Bereich zu etablieren. Daher existiert auch noch keine einheitliche Begriffsbestimmung und Systematisierung. Eine engere Definition versteht unter betrieblicher Beschäftigungspolitik die Rekrutierung, die innerbetriebliche Verteilung und die Entlassung von Arbeitskräften. Eine weitere Fassung bezieht die betrieblichen Bedingungen, Entscheidungen und Maßnahmen mit ein, aus denen sich die quantitativen und qualitativen Veränderungen des betrieblichen Arbeitsvolumens bestimmen.[1] Hier werden, orientiert an der engeren Definition, unter betrieblicher Beschäftigungspolitik die betrieblichen Aktivitäten subsumiert, die sich auf das Verhältnis zwischen Betrieb und Arbeitsmarkt beziehen. Damit stehen zwei Bereiche im Mittelpunkt: die betriebliche Rekrutierungs- und die betriebliche Kündigungspolitik unter Berücksichtigung der innerbetrieblichen Arbeitskräfteallokation.

3.5.2 Betriebliche Einstellungspolitik

In einem Betrieb findet ein Transformationsprozeß statt, in dem ein bestimmter Input (Produktionsfaktoren) entsprechend den betrieblichen Zielsetzungen in einen Ouput (Güter, Dienstleistungen) transformiert wird. An diesem Prozeß ist menschliche Arbeit maßgeblich beteiligt. Im Rahmen einer marktwirtschaftlich-kapitalistischen Ordnung erfolgt der Einsatz der Arbeitskraft überwiegend in privatwirtschaftlichen, an der Rentabilität orientierten Betrieben. Daraus ergeben sich für einen Betrieb zwei zentrale Aufgaben und Probleme: Einmal die Deckung des Personalbedarfs in der erforderlichen Quantität und Qualität („Verfügbarkeit über Personal"), zum anderen die Leistungserbringung der Arbeitskräfte („Wirksamkeit des Personals").[2]

Ausgangspunkt für die betriebliche Beschäftigungspolitik bildet die Ermittlung des Personalbedarfs.[3] Folgt aus der Personalbedarfsanalyse eine Diskrepanz zwischen dem Bestand und dem Bedarf an Arbeitskräften in quantitativer und qualitativer Hinsicht, dann werden betriebliche Aktivitäten induziert, um die festgestellte Diskrepanz zwischen Personal-Soll und Personal-Ist zu verringern oder zu beseitigen. In diesem Abschnitt wird der Fall einer Personalunterdeckung behandelt.

---

[1] Vgl. Schultz-Wild, R.: Betriebliche Beschäftigungspolitik in der Krise, Frankfurt, New York 1978, S. 47; Pick, P.: Betriebliche Beschäftigungspolitik und Arbeitsmarktstrukturen, Regensburg 1988, S. 3 f.
[2] Vgl. Kossbiel, H.: Personalwirtschaft, in: F. X. Bea, Dichtl, M. Schweitzer: Allgemeine Betriebswirtschaftslehre, Band 3, Prozesse, 1983, S. 244 ff.
[3] Vgl. Oechsler, W.: Personal und Arbeit, 5. Aufl., München, Wien 1994, S. 108 ff.

Prinzipiell kann ein Betrieb die erforderlichen Arbeitskräfte intern oder extern beschaffen. Diese unterschiedlichen Möglichkeiten verdeutlichen, daß Teilarbeitsmärkte existieren.[4] In der Bundesrepublik gilt ein dreigeteilter Arbeitsmarkt als typisch, der sich bezüglich der Allokations- und Gratifikationsmechanismen unterscheidet: Ein „Jedermannarbeitsmarkt", ein fachlicher Teilarbeitsmarkt und ein betriebsinterner Arbeitsmarkt.

Auf dem **„Jedermannarbeitsmarkt"** befinden sich Arbeitskräfte, die über geringe fachliche und betriebsspezifische Qualifikationen verfügen (z. B. Hilfsarbeiter) und Arbeitsplätze, die von „Jedermann/frau" ausgeübt werden können. Arbeitskräfte sind für Betriebe jederzeit austauschbar; die Arbeitskräfte wechseln häufig den Arbeitgeber. Personen auf diesem Teilarbeitsmarkt bilden häufig die Randbelegschaft, sind relativ schlecht bezahlt und haben kaum Aufstiegschancen. Die Besetzung der Arbeitsplätze und die Bezahlung der Arbeitskräfte, Allokation und Gratifikation, erfolgen im Rahmen bestehender Arbeitsmarktordnungen weitgehend durch den Marktmechanismus.

Der **fachliche Teilarbeitsmarkt** besteht aus qualifizierten Arbeitskräften, die über bestimmte berufliche Qualifikationen verfügen. Diese Qualifikationen werden durch bestimmte Formen der Ausbildung, in der Bundesrepublik durch das duale System der Berufsausbildung, vermittelt. Aufgrund der Ausbildungsinvestitionen bestehen Zutrittsbeschränkungen auf diesen Teilarbeitsmärkten. Allokation und Gratifikation erfolgen innerhalb des jeweiligen beruflichen Teilarbeitsmarktes primär marktorientiert, die Abgrenzung dieser Teilarbeitsmärkte ist aber institutionell durch bestimmte Formen des Ausbildungssystems geregelt.

Der **betriebsinterne Teilarbeitsmarkt** umfaßt die Arbeitskräfte und Arbeitsplätze, die innerhalb eines Betriebes bestehen. Freiwerdende Arbeitsplätze werden hier innerbetrieblich durch horizontale und vertikale Mobilität besetzt. Die Arbeitskräfte auf diesem Teilarbeitsmarkt verfügen primär über betriebsspezifische Qualifikationen, die Beschäftigungsdauer ist relativ lang, die Bezahlung relativ hoch. Allokation und Gratifikation erfolgen durch betriebsinterne Regelungen.[5]

Wie werden auf dem betriebsinternen Arbeitsmarkt Arbeitskräfte beschafft? Die Beschaffung kann dort durch Mehrarbeit und/oder Aufgabenumverteilung erfolgen. Diese Form der Personalbedarfsdeckung hat gegenüber der externen Rekrutierung Vorteile bezüglich der Informations- und Kontrollkosten, Nachteile bezüglich der Flexibilität und der begrenzten Auswahlmöglichkeiten.[6] Bei etablierter längerfristiger Personalplanung kann im Rahmen der Personalentwicklung durch Aus-, Fort- und Weiterbildung sowie durch Mitarbeiterförderung eine Lücke zwischen Bedarf und Bestand verringert und/oder das Entstehen einer solchen Lücke verhindert werden.

Die externe Personalbeschaffung umfaßt die Neueinstellung von Arbeitskräften und das Personalleasing. Auf eine indirekte Form der externen Personalpolitik kann hier nur verwiesen werden: Die Auslagerung von Teilen der Produktion auf andere Betriebe oder die Angliederung von Betrieben, also eine Veränderung der vertikalen Integration. Vor allem im Zusammenhang mit der Einführung neuer Informations-

---

[4] Vgl. z. B. Sengenberger, W.: Struktur und Funktionsweise von Arbeitsmärkten, Frankfurt, New York 1987.
[5] Vgl. ebenda.
[6] Vgl. z. B. Marr, R., Stitzel, M.: Personalwirtschaft, München 1979, S. 305 ff.

3.5 Betriebliche Beschäftigungspolitik

und Kommunikationstechnologien werden Veränderungen der zwischenbetrieblichen Arbeitsteilung erwartet.[7]

Die Neueinstellung von Personal kann befristet oder unbefristet erfolgen. Der Abschluß befristeter Arbeitsverträge war unter bestimmten Bedingungen schon immer möglich. Mit der Verabschiedung des Beschäftigungsförderungsgesetzes von 1985 sind die rechtlichen Möglichkeiten für einen Abschluß befristeter Arbeitsverträge erweitert worden. Befristete Arbeitsverhältnisse haben inzwischen in der Bundesrepublik erheblich an Bedeutung gewonnen. Sie werden von Betrieben u. a. für zeitlich begrenzte Arbeitsaufgaben, zur Vermeidung von Entlassungskosten bei Unsicherheit über die Marktentwicklung sowie als Instrument der Personalauswahl abgeschlossen.[8]

Zur Abdeckung kurzfristiger Personalengpässe gibt es noch die Möglichkeit des Personalleasing sowie der Leih- oder der Zeitarbeit. Die Betriebe leihen bei Zeitarbeitsunternehmen für einen kurzen Zeitraum (bis 6 Monate) Personal aus. Gesetzliche Grundlage ist das Arbeitnehmerüberlassungsgesetz.

Das Normalarbeitsverhältnis bildet, trotz zurückgehender Bedeutung, der unbefristete Arbeitsvertrag. An diesem Normalarbeitsverhältnis orientieren sich die Tarifverträge und die meisten staatlichen Regelungen des Arbeitsverhältnisses. Will ein Betrieb einen Arbeitnehmer auf dem externen Arbeitsmarkt unbefristet einstellen, so stehen ihm verschiedene Beschaffungswege zur Verfügung: Stellenanzeigen in den Zeitungen, unaufgeforderte Bewerbungen, Arbeitsamt, Kontakte von Betriebsangehörigen etc.[9]

Nach der Personalwerbung stellt sich als nächste Aufgabe die Auswahl des geeigneten Bewerbers. Hierfür existiert ein umfangreiches Instrumentarium: Analyse und Bewertung der Bewerbungsunterlagen, Testverfahren, Vorstellungsgespräche, Gruppendiskussionen, katalogische Gutachten, „Assessment-Centers" etc. Übersicht 1 auf Seite 200 enthält eine Zusammenstellung der wichtigsten Personalauswahlverfahren.

Außer den betrieblichen Bedingungen sind für die Rekrutierungspolitik die äußeren Rahmenbedingungen zu berücksichtigen: Tarifverträge und gesetzliche Regelungen. In der Bundesrepublik gibt es kaum Tarifverträge zwischen Arbeitgebern und Gewerkschaften, die die Rekrutierungspolitik der Betriebe direkt betreffen. Dies unterscheidet die deutschen z. B. von der englischen oder amerikanischen Tarifpolitik. Dort gibt es z. T. Vereinbarungen, nach denen nur Mitglieder einer Gewerkschaft in einem Betrieb eingestellt werden dürfen („closed-shop"), oder neuerdings Tendenzen, nur Arbeitskräfte einzustellen, die keiner Gewerkschaft angehören. Die westdeutschen Gewerkschaften haben bisher der betrieblichen Kündigungspolitik größere Bedeutung zugemessen. Wir werden darauf noch zurückkommen, da von dieser Politik auch Rückwirkungen auf die betriebliche Einstellungspolitik ausgehen.

Von staatlicher Seite gibt es verschiedene gesetzliche Regelungen, die die Einstellungspolitik der Betriebe betreffen. Hier sind das Betriebsverfassungsgesetz (BetrVG), das Schwerbehindertengesetz und das Mutterschutzgesetz zu nennen.

Nach dem BetrVG haben die Betriebsräte das Recht zu verlangen, „daß Arbeitsplätze, die besetzt werden sollen, allgemein oder für bestimmte Arten von Tätigkeiten

---

[7] Vgl. z. B. Mueller, H.-D., Schmid, A.: Arbeit, Betrieb und neue Technologien, Stuttgart etc. 1989, S. 168 ff.
[8] Vgl. ebenda, S. 125 ff.
[9] Vgl. z. B. Scholz, C.: Personalmanagement, München 1989, S. 160 ff.

Übersicht 1 Verfahren der Personalauswahl

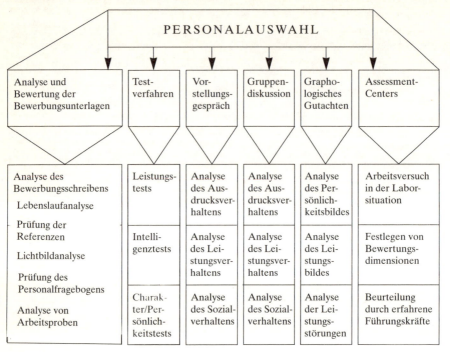

Quelle: Oechsler, W. A.: Personal und Arbeit, 5. Aufl., München 1994, S. 142.

vor ihrer Besetzung innerhalb des Betriebes ausgeschrieben werden" (§ 93 BetrVG). Diese „Kann-Regel" betrifft das Einstellungsverhalten insofern, als hier eine Abstufung bei der Besetzung freiwerdender Arbeitsplätze erfolgt, indem die interne Stellenausschreibung eine Bevorzugung der im Betrieb Beschäftigten und eine Benachteiligung der Arbeitslosen und/oder neu ins Erwerbsleben eintretenden Arbeitssuchenden beinhaltet.

Hinzuweisen ist noch auf § 95 BetrVG. Danach hat der Betriebsrat ein Zustimmungsrecht bei den Auswahlrichtlinien, die Einstellungen, Versetzungen, Umgruppierungen und Kündigungen regeln. In Betrieben mit mehr als 1000 Beschäftigten kann der Betriebsrat die Aufstellung von Auswahlrichtlinien verlangen, er hat hier also ein Initiativrecht. Das BetrVG bezieht sich auf die Entscheidungsstruktur des Betriebes. Von staatlicher Seite werden auch Gesetze und Verordnungen verabschiedet bzw. erlassen, die gewisse Bedingungen der betrieblichen Einstellungspolitik betreffen.

Festzuhalten bleibt, daß die Rekrutierungspolitik in privaten Betrieben in der Bundesrepublik nur geringen Beschränkungen durch tarifvertragliche oder staatliche Regelungen unterliegt. Die Anpassungsfähigkeit der Betriebe wird kaum beeinträchtigt. Auch die innerbetrieblichen Institutionen tangieren die Flexibilität der Unternehmen kaum; das Management kann weitgehend autonom über die Arbeitskräfteallokation entscheiden.

Bisher wurden die personalpolitischen Instrumente referiert, ohne anzugeben, welche Instrumente Betriebe unter welchen Bedingungen einsetzen. Zur Behandlung dieses Problems ist auf theoretische Erklärungen zurückzugreifen. Die Personalwirtschaftslehre liefert keine Erklärungen für die Instrumentenauswahl. Daher wird hier auf einschlägige Arbeitsmarkttheorien zurückgegriffen. Die Auswahl umfaßt das neoklassische Standardmodell des Arbeitsmarktes sowie arbeitsvertragstheoretische Ansätze. Die neoklassische Version wird kurz beschrieben, weil ihr in der politischen Diskussion große Bedeutung zukommt. Arbeitsvertragstheoretische Erklärungen stehen hier im Vordergrund, weil sie verschiedene arbeitsmarkttheoretische Ansätze einbeziehen.

Für die traditionelle neoklassische Arbeitsmarkttheorie beinhaltet die Einstellung von Arbeitskräften kein Problem. Unter den vereinfachenden Annahmen dieses Modells – vollkommene Information, Substituierbarkeit, Homogenität, Mobilität – stellt ein Betrieb bei gegebener Produktionstechnik so viele Arbeitskräfte ein, wie es sich für ihn rentiert; theoretisch ausgedrückt bis Grenzprodukt und (Real-)Lohn gleich hoch sind. Nach diesem Modell kauft der Betrieb eine genau spezifizierte Arbeitsleistung und zahlt dafür den entsprechenden Marktlohn. Es besteht, so diese Sichtweise, kein prinzipieller Unterschied zwischen Güter- und Arbeitsmärkten. Der Lohnmechanismus regelt die Allokation der Arbeitskräfte auf die Betriebe. Steigt z. B. der Lohn aufgrund einer Verringerung des Arbeitskräfteangebots, so wird der Betrieb weniger Arbeitskräfte nachfragen bzw. es werden Arbeitskräfte entlassen, bis (höherer) Grenzertrag und (höherer) Lohn wieder gleich sind.[10] Wird die Homogenitätsprämisse aufgegeben, dann gibt es verschiedene Arbeitsmärkte, auf denen unterschiedliche Arbeitsleistungen zu unterschiedlich hohen Löhnen gehandelt werden. Die Löhne lenken die Arbeitskräfte in die Betriebe, die ihre Leistung zu dem entsprechenden Lohn nachfragen. Verändert sich die Lohnstruktur, d. h. das Verhältnis der Löhne zueinander, dann kommt ein Anpassungsprozeß des Angebots an und der Nachfrage nach Arbeitskräften in Gang, bis es für die Betriebe entweder wieder profitabel ist, Arbeitskräfte einzustellen, oder bis die Löhne für eine bestimme „Ware Arbeitskraft" so gestiegen sind, daß sie die gewünschte Menge erhalten.

Daß in der Realität die „Aufteilung" der Arbeitskräfte auf die Betriebe nicht nach dieser Logik erfolgt, dürfte unmittelbar einsichtig sein. So werden in der Bundesrepublik die Löhne und die Lohnstruktur zwischen Arbeitgebern und Gewerkschaften in Tarifverhandlungen festgelegt und in Tarifverträgen kodifiziert. Damit spielen neben den jeweiligen Marktbedingungen auch andere Faktoren für die Lohnhöhe und die Lohnstruktur eine Rolle, so z. B. Verhandlungsmacht, Taktik und Strategie, die öffentliche Meinung, die ideologische Orientierung. Hier ist kurz anzumerken, daß mit den Tarifverhandlungen der Marktmechanismus nicht völlig ausgeschaltet ist. So beeinflußt einmal die jeweils vorherrschende Arbeitsmarktsituation die Höhe der ausgehandelten Löhne, zum anderen fungieren die ausgehandelten Löhne als Untergrenze. Der tatsächlich gezahlte Lohn, der Effektivlohn, kann je nach Marktsituation über dem Tariflohn liegen. Suchen Betriebe z. B. Arbeitskräfte mit spezifischen Qualifikationen, dann werden sie freiwillig mehr als den Tariflohn bezahlen, um die benötigten Arbeitskräfte am Arbeitsmarkt zu erhalten. Diese Differenz zwischen Effektiv- und Tariflohn, die sog. „wage drift", beinhaltet also ein Marktelement auf dem Arbeitsmarkt. Allerdings sollte ihre Bedeutung nicht überschätzt werden. Sie hat nur ergänzenden Charakter zum Tarifverhandlungssystem.

Natürlich sehen auch Vertreter des traditionellen neoklassischen Arbeitsmarktmodells, daß für die betriebliche Rekrutierungspolitik nicht nur der Markt, sondern auch

---

[10] Vgl. als kurzen Überblick z. B. Schmid, A.: Beschäftigung und Arbeitsmarkt, Frankfurt, New York 1984, S. 102 ff.

andere institutionelle Regeln bestimmend sind.[11] Diese Regelungen werden aber als Beeinträchtigung einer effizienten Arbeitskräfteallokation angesehen. Gefordert wird daher eine Beseitigung institutioneller Hemmnisse am Arbeitsmarkt, um die Rekrutierungspolitik nach dem neoklassischen Arbeitsmarktmodell zum Tragen zu bringen. Hier dominiert der normative Charakter dieses Modells.

Die neoklassische Arbeitsmarkttheorie ist einer vielfältigen und ausführlichen Kritik unterzogen worden. Sie wurde durch Aufgabe und Modifikation von Prämissen weiterentwickelt. Darauf können wir hier nicht weiter eingehen.[12] An der grundsätzlichen Bestimmung des Einstellungsverhaltens durch das Verhältnis von realem Lohnsatz und Arbeitsleistung haben diese Entwicklungen nichts geändert.

Im Unterschied zur neoklassischen Arbeitsmarkttheorie gehen die Arbeitsvertragstheorien davon aus, daß zwischen Güter- und Arbeitsmärkten prinzipiell unterschieden werden muß. Die Spezifika des Arbeitsmarktes liegen einmal darin, daß Arbeitsverträge einseitig spezifiziert sind, indem nur der Lohn festgelegt ist, nicht aber die Arbeitsleistung. Zum anderen muß zwischen der Arbeitsleistung und dem Arbeitsvermögen eines Menschen unterschieden werden. Betriebe fragen Arbeitsleistung nach. Diese ist aber von dem Inhaber nicht zu trennen. Daher sind hier besondere Vorkehrungen seitens der Betriebe notwendig, um die Leistungsabgabe der Arbeitskräfte zu sichern. Ein weiteres Problem besteht darin, daß Betriebe unter Unsicherheit über das Verhalten des Arbeitsmarktpartners agieren. Daraus entstehen Informationskosten. Ausgaben für die Informationsbeschaffung über Arbeitskräfte verringern zwar die Unsicherheit, können diese aber nicht beseitigen. Daher werden Betriebe Institutionen zu etablieren versuchen, die die Unsicherheit über das Verhalten des Arbeitsmarktpartners kostengünstig reduzieren.

Die Informationskosten für die am Arbeitsmarkt angebotene Zahl an Arbeitskräften, ihre Qualifikationen, ihre Arbeitsmotivation, Leistungsbereitschaft etc. sind unterschiedlich hoch. Wird auf die Qualifikation als zentrales Kriterium der Rekrutierungspolitik abgestellt, dann läßt sich diese nach dem Grad der Spezifizität von Qualifikationen und nach dem Umfang der Qualifikationen unterteilen.[13] Ordnet man diesen Dimensionen jeweils hohe und niedrige Werte zu, dann lassen sich idealtypisch vier Typen der Rekrutierung unterscheiden:

Übersicht 2 Rekrutierungstypen

Q^s \ Q^u	niedrig	hoch
niedrig	1	2
hoch	4	3

Q^u = Umfang der Qualifikationen
Q^s = Spezifizität der Qualifikationen

---

[11] Vgl. z. B. Soltwedel, R.: Mehr Markt am Arbeitsmarkt, München, Wien 1984, S. 113 ff.
[12] Vgl. als Überblick z. B. Franz, W.: Neue mikroökonomische Analysen des Arbeitsmarktgeschehens, in: H. Schelbert-Syfrig u. a. (Hg.): Mikroökonomik des Arbeitsmarktes, Bern, Stuttgart 1986, S. 7 ff.
[13] Vgl. Brandes W., Liepmann, P., Weise, P.: Unternehmensverhalten und Arbeitsmarkt, „Mehrwert 22", Berlin 1982, S. 22 ff.

3.5 Betriebliche Beschäftigungspolitik

Fragt ein Betrieb unspezifische Qualifikationen und einen geringen Qualifikationsumfang nach (Feld 1), dann entstehen ihm kaum Informationskosten. Auch die Kosten der Anwerbung, der Auswahl und der Einarbeitung sind gering. Dieser erste Bereich der Rekrutierung entspricht in etwa dem „Jedermann-Arbeitsmarkt" (externer Arbeitsmark). Die Rekrutierung erfolgt weitgehend analog dem oben beschriebenen neoklassischen Arbeitsmarktmodell. Da wegen der überwiegend nach der Arbeitsleistung erfolgenden Bezahlung kaum Kontrollkosten anfallen, wird keine besondere Rekrutierungspolitik betrieben. Eingestellt wird, wer sich anbietet.

Ein zweiter Bereich (2) ergibt sich, wenn zwar die Spezifität der Qualifikation gering bleibt, der Umfang der Qualifikationen aber zunimmt. Diese unspezifischen allgemeinen Qualifikationen vermittelt das öffentliche Bildungssystem. Den Betrieben entstehen für die Produktion dieser allgemeinen Qualifikationen keine Kosten; sie werden von privatwirtschaftlich organisierten Betrieben nicht erzeugt, da ein „free-rider-Problem" auftauchen würde. Für die Betriebe wäre es irrational, diese allgemeinen Qualifikationen zu produzieren, da die Gefahr bestünde, daß andere Betriebe davon profitieren würden, ohne daß ihnen Kosten entstunden. Umgekehrt besteht aber für die Betriebe die Möglichkeit, die im Bildungssystem erworbenen Zertifikate zur Kostensenkung bei der Einstellung von Arbeitskräften zu benutzen.

Geht man von der wohl nicht unrealistischen Annahme aus, daß es Unternehmen mit keinem Einstellungsverfahren gelingt festzustellen, ob der „gekaufte" Bewerber tatsächlich den Arbeitsplatzanforderungen genügt und ob er tatsächlich die geforderte Arbeitsleistung auf Dauer erbringt, dann wird ein Betrieb aus Kostengründen Zutrittsbeschränkungen aufbauen, indem er z. B. bestimmte Stellenanforderungen definiert, um den Kreis der Bewerber klein zu halten und auf die zu beschränken, von denen zu erwarten ist, daß sie die geforderte Arbeitsleistung erbringen und den Arbeitsanforderungen genügen.

Ein dritter Bereich (3) der Rekrutierung umfaßt die Arbeitskräfte, die hohe allgemeine und hohe betriebsspezifische Qualifikationen besitzen. Die betriebsspezifischen Qualifikationen werden kaum auf dem externen Arbeitsmarkt zu rekrutieren sein, deshalb qualifizieren die Betriebe diese Arbeitskräfte für die besonderen betrieblichen Anforderungen selbst, sie investieren in „Humankapital". Es werden also nicht alle Arbeitsplätze in einem Betrieb über den externen Arbeitsmarkt besetzt, sondern es gibt Eintrittsstufen für bestimmte, am Arbeitsmarkt anzutreffende Qualifikationen. Diese Arbeitskräfte werden dann durch betriebsspezifische Aus- und Weiterbildungsaktivitäten für die entsprechenden Arbeitsplätze qualifiziert. Die Form der betrieblichen Qualifizierungsmaßnahmen reicht von der Berufsausbildung über besondere Kurse bis zum „training-on-the-job".

Der vierte (4) Bereich umfaßt einen geringen Umfang an allgemeinen Qualifikationen in Verbindung mit ausgeprägten betriebsspezifischen Qualifikationen. Dieser Bereich verlangt „Ausbildungsmaßnahmen der Unternehmung überwiegend im Produktions- und routinisierten Verwaltungsbereich und repräsentiert einen wichtigen Teil dessen, was als allmählicher Qualifikationserwerb am Arbeitsplatz (learning by doing und training-on-the-job) bezeichnet wird"[14]. Die Zutrittspositionen in dem Betrieb liegen dort, wo keine betriebsspezifischen Qualifikationen erforder-

---

[14] Ebenda, S. 27.

lich sind. Die Arbeitskräfte mit betriebsspezifischen Eigenschaften werden auf dem internen Arbeitsmarkt rekrutiert.

Das Interesse des Betriebes an einer langfristigen Bindung des Arbeitnehmers an den Betrieb besteht vor allem bei betrieblichen Investitionen in „Humankapital", da diese sich amortisieren sollen. Es besteht auch bei spezifischen Produktionsbedingungen: Erfordert die Produktionsorganisation Gruppenarbeit, dann bestehen zwischen den Gruppenmitgliedern bestimmte Regeln, Normen und Verhaltensweisen, die das Arbeitsverhalten mitprägen. Bei häufigem Wechsel der Mitglieder einer solchen Arbeitsgruppe ist zu erwarten, daß sich die erforderlichen Verhaltensmuster nicht herausbilden können. Eine Beeinträchtigung der Arbeitsleistung und Arbeitsproduktivität dürfte die Folge sein. Daher werden die Mitglieder einer solchen Gruppe primär betriebsintern rekrutiert.

Wesentliches Charakteristikum betriebsinterner Arbeitsmärkte ist die nichtmarktmäßige Allokation, d.h., die Arbeitsplätze werden nicht nur über den Markt besetzt, sondern auch durch unterschiedlich ausgeprägte Formen der Hierarchie. Die hierarchische Koordination wird durch außerbetriebliche Organisationen, primär Tarifvertragsparteien und Staat, z.B. durch Kündigungsregeln und Gesetze sowie innerbetriebliche Strukturen mitbestimmt. Da in einem Großbetrieb in der Regel mehrere interne Arbeitsmärkte existieren, gibt es auch verschiedene interne Allokationsprinzipien. Häufig wird das Senioritätsprinzip als Allokations- und Gratifikationsinstrument, verbunden mit Mobilitätsketten, angeführt. Die Besetzung und die Bezahlung erfolgt nach der Betriebszugehörigkeitsdauer: Wer länger im Betrieb ist, wird bei der Besetzung einer Stelle bevorzugt. Das Senioritätsprinzip gilt auch bei Entlassungen: „last-in, first-out".

Mit den Arbeitsvertragstheorien steht ein Erklärungsmuster zur Verfügung, das angibt, wann ein Betrieb intern oder extern rekrutiert, welche Rekrutierungskanäle genutzt und welches Instrumentarium bei der Rekrutierungspolitik eingesetzt wird.

Empirische Befunde über betriebliche Rekrutierungspolitik verdeutlichen, daß zwischen der Theorie und Praxis der Einstellung eine große Lücke klafft. In praxi spielen Erfahrung und bisherige Rekrutierungsverfahren eine wesentliche Rolle. Bevorzugt werden soziale Netze als Rekrutierungskanäle. Auswahlkriterien bilden neben professionellen Fähigkeiten soziale Qualifikationen wie Zuverlässigkeit, Motivation etc.[15] Obwohl eine große Vielfalt bei den Rekrutierungs- und Auswahlverfahren existiert, lassen sich einige Verallgemeinerungen ableiten, die anhand des folgenden Zitats referiert werden:

„Extrafunktionale Kriterien sind von großer Bedeutung bei der betrieblichen Selektionsentscheidung. Zum Teil sind sie wichtiger als fachliche Kriterien. Die geforderten normativen Orientierungen variieren mit der Betriebsgröße, mit der Art der Arbeit bzw. der Arbeitsplätze und mit dem Rang in der Arbeitshierarchie.

Großbetriebe selektieren vergleichsweise stärker nach universalistischen Kriterien als Kleinbetriebe, wo die Auswahl eher personenbezogen erfolgt...

---

[15] Vgl. Windolf, P.: Conclusions, in: P. Windolf, S. Wood: Recruitment and Selection in the Labour Market: A Comparative Study of Britain and West Germany, Aldershot 1988, S. 199 ff.

3.5 Betriebliche Beschäftigungspolitik

Organisationen mit bürokratischer Kontrolle verlangen auf den unteren Rängen strikte Regelbefolgung bzw. zuverlässige Regelinterpretation, bei Führungskräften Identifikation mit den Organisationszielen, Loyalität u. ä.

Normative Orientierungen erscheinen bei Führungskräften als primäre und entscheidende Selektionskriterien, was sich bei Nachwuchskräften in der Betonung von praxisnaher Ausbildung, kaufmännischer Lehre (berufliche Sozialisation), Alter (Sozialisierbarkeit) u. a. dokumentiert.

Besonders wichtige askriptive Merkmale bei der Einstellung sind das Alter und vor allem eine Behinderung und das Geschlecht. Neben der Nationalität spielen Alter und Geschlecht auch bei der innerbetrieblichen Mobilität und bei der Entlassung eine wichtige Rolle. Das Geschlecht erscheint als wichtiges screening device für normative Orientierungen. Als solches kann es auch die Zuordnung zur Randbelegschaft begründen. Geschlechtspräferenzen variieren nach der Betriebsgröße...

In die betriebliche Selektionsentscheidung gehen auf mehrere betrieblichen Ebenen verschiedene, wenn auch ungleichgewichtige Interessen ein.

Die selektive Interessenwahrnehmung des Betriebsrates führt zur Benachteiligung bestimmter Arbeitskräftegruppen vor allem bei der Entlassung. Die ‚sozialen Gründe', auf die er sich berufen kann, können leicht zur Schließung genutzt werden.

Dort, wo formale Selektionstechniken weniger Bedeutung haben (z. B. Kleinbetriebe, Beförderung über Protegésystem, obere Führungsebene), können informelle Kriterien wie persönliche Präferenzen, soziale Attraktivität und Nähe, Konformität mit Werten und Einstellungen der Bezugsgruppe u. a. leichter Eingang in die Selektionsentscheidung finden."[16]

3.5.3 Betriebliche Kündigungspolitik

In diesem Abschnitt wird der Fall eines Überschusses des Personal-Ist-Bestandes über das in der Personalbedarfsanalyse vermittelte Personal-Soll behandelt. Damit stellt sich für den Betrieb die Aufgabe der Reduktion des Personalbestandes.

Als Möglichkeiten stehen dem Betrieb wieder interne oder externe Freistellungen offen. Eine interne Personalfreisetzung kann durch Arbeitszeitverkürzungen (Abbau von Überstunden, Kurzarbeit, Teilzeitarbeit) und/oder durch eine Aufgabenumverteilung mit Umsetzungen erfolgen. Eine externe Personalfreistellung umfaßt die Beendigung bestehender Arbeitsverhältnisse durch Kündigung von Personalleasingverträgen, durch Ausnutzung natürlicher Fluktuation bei gleichzeitigem Einstellungsstop, durch Förderung des freiwilligen Ausscheidens und durch Entlassungen.[17]

Während die betriebliche Einstellungspolitik kaum geregelt ist, spielen in der Bundesrepublik institutionelle Regelungen bei der Kündigung eine große Rolle. Im Kündigungsschutzgesetz (KschG) von 1951 hat der Gesetzgeber Regelungen für den individuellen Kündigungsschutz erlassen. Danach muß jede ordentliche Kündigung sozial gerechtfertigt sein. Eine Kündigung von Arbeitnehmern mit einer Beschäftigungsdauer von über 6 Monaten ist sozial ungerechtfertigt, „wenn sie nicht durch Gründe, die in der Person oder in dem Verhalten des Arbeitnehmers liegen, oder durch dringende betriebliche Erfordernisse, die einer Weiterbeschäftigung eines Arbeitneh-

---

[16] Scheib, R.: Der Betrieb als Schlüsselinstanz für individuelle Beschäftigungschancen, „BeitrAB 107", Nürnberg 1987, S. 236 ff.
[17] Vgl. z. B. Marr, R., Stitzel, M.: a. a. O., S. 351 ff.

mers in diesem Betrieb entgegenstehen, bedingt ist" (§ 1 KschG). Bei soziel gerechtfertigter Kündigung existieren Kündigungsfristen, die für Angestellte länger sind als für Arbeiter und die mit höherem Alter und längerer Beschäftigungsdauer zunehmen (vgl. § 622 BGB). Neben diesen Bestimmungen gibt es noch besondere Kündigungsschutzregelungen für spezifische Gruppen (z. B. Wehrpflichtige, Schwerbehinderte, werdende Mütter).

Die gesetzlichen Kündigungsschutzregelungen beinhalten Mindestfristen, die in Tarifverträgen heraufgesetzt wurden. Seit 1973 wurde in Tarifverträgen für ältere Arbeitnehmer ein zusätzlicher Schutz vereinbart. „In Branchen, in denen 56 % aller Beschäftigten tätig sind, ist inzwischen für ältere Beschäftigte eine ordentliche Kündigung ab einem bestimmten Lebensalter und einer bestimmen Betriebszugehörigkeit ausgeschlossen."[18]

In den Betrieben, in denen ein Betriebsrat existiert, stehen diesem bestimmte Rechte bei der Kündigung nach dem Betriebsverfassungsgesetz zu (§ 102 BetrVG). Danach ist der Betriebsrat vor jeder Kündigung zu hören. Er kann eine Kündigung nicht verhindern, aber bei Vorliegen bestimmter Tatbestände widersprechen (§ 102 BetrVG, Abs. 3), so z. B., wenn der Gekündigte an einem anderen Arbeitsplatz im Betrieb weiterbeschäftigt werden kann oder die Weiterbeschäftigung nach zumutbaren Umschulungs- und Fortbildungsmaßnahmen möglich ist.

Für Massenentlastungen gelten besondere Regelungen (§ 8 Arbeitsförderungsgesetz und §§ 17–22 KschG). Massenentlassungen müssen dem Arbeitsamt mit einer Stellungnahme des Betriebsrates angezeigt werden und sind erst nach Ablauf eines Monats nach der Meldung wirksam.

Nach dem BetrVG müssen Betriebe mit mehr als 20 Beschäftigten über geplante Betriebsänderungen, „die wesentliche Nachteile für die Belegschaft oder erhebliche Teile der Belegschaft zur Folge haben können" (§ 111 BetrVG), den Betriebsrat informieren. Dieser kann den Abschluß eines Sozialplans verlangen, um die Nachteile aus Betriebsänderungen für die Arbeitnehmer zu mildern. Im wesentlichen umfassen die Sozialpläne Abfindungen, die sich in ihrer Höhe vor allem an der Betriebszugehörigkeit und am Alter orientieren.[19]

Ein Instrument der Personalfreisetzung, das vor allem in Großbetrieben zunehmend an Bedeutung gewonnen hat, ist eine Vereinbarung zwischen Betrieb und Arbeitnehmer über die einvernehmliche Beendigung des Beschäftigungsverhältnisses und die Zahlung einer Abfindung. Damit lassen sich die verschiedenen Kündigungsvorschriften umgehen, da die kostenträchtigen Regelungen auf die Kündigung (z. B. Sozialplan, Arbeitsgerichtsprozesse) seitens der Betriebe, nicht aber auf eine Kündigung seitens des Arbeitnehmers abzielen.

Speziell auf die Abmilderung negativer Folgen aus Rationalisierungsmaßnahmen richten sich die Rationalisierungsschutzabkommen[20], die für ca. die Hälfte aller Arbeitnehmer mit Schwerpunkt im industriellen Sektor vereinbart wurden. Als Rationalisierungsmaßnahmen gelten Änderungen der Arbeitstechniken oder der Arbeitsor-

---

[18] Bosch, G.: Kündigungsschutz und Kündigungspraxis in der Bundesrepublik Deutschland, Arbeitspapier 1983–5 des Arbeitskreises Sozialwissenschaftliche Arbeitsmarktforschung (SAMF), Paderborn 1983, S. 7.

[19] Vgl. ebenda, S. 19 ff.

[20] Vgl. z. B. Bispinck, R.: Rationalisierung, Arbeitspolitik und gewerkschaftliche Tarifpolitik, WSI-Mitteilungen", 41.Jg., 1988, S. 402 ff.

ganisation zur Steigerung der Wirtschaftlichkeit, wenn diese zu Versetzungen, Herabgruppierungen oder Kündigungen führen. Die Abkommen umfassen in der Regel nur Betriebe mit mehr als 20 Beschäftigten: „Die meisten Abkommen betonen die Priorität von Umsetzungen und Umschulungen vor Entlassungen. Dabei wird allerdings auch von der Bereitschaft der betroffenen Arbeitskräfte zur Mobilität ausgegangen. Falls sie einen anderen ihnen angebotenen „zumutbaren" Arbeitsplatz nicht akzeptieren, erlöschen alle Ansprüche aus dem Rationalisierungsschutzabkommen. Bei Umsetzungen wird den Beschäftigten je nach Alter und Betriebszugehörigkeit das alte Einkommen für eine bestimme Periode weiterbezahlt."[21] Bei Kündigungen werden überwiegend Abfindungen vereinbart, die mit höherer Betriebszugehörigkeitsdauer und Alter der Beschäftigten zunehmen. In neueren Tarifverträgen ist eher eine Mitwirkung bei der Gestaltung von neuen Arbeitstechniken und Arbeitsorganisationen zu beobachten.[22]

Wie sind die Kündigungsschutzregelungen einzuschätzen? Nach neoliberaler Auffassung, die primär durch die traditionelle neoklassische Arbeitsmarkttheorie geprägt ist, wirken die institutionellen Regelungen bei Kündigungen und Entlassungen kontraproduktiv. Die Verteuerungen und Verzögerungen bei der Kündigung erhöhen, so diese Sichtweise, die betrieblichen Kosten der Beschäftigung einer Arbeitskraft. Dadurch würden weniger Arbeitnehmer eingestellt als ohne diese Schutzregelungen. Insbesondere wer neu auf den Arbeitsmarkt eintrete, habe es schwer, eingestellt zu werden. Die Unternehmer würden eine mittlere Personalstrategie verfolgen, bei der Entlassungen wegen der zu hohen Kosten so weit wie möglich vermieden würden.

Diese neoliberale Diagnose beinhaltet auch zugleich die Therapie: Deregulierung und Flexibilisierung.[23] Gefordert wird ein Abbau oder eine Modifikation institutioneller Regelungen im Kündigungsbereich und eine Flexibilisierung des Beschäftigungsverhältnisses. Solche Vorschläge beziehen sich u. a. auf eine restriktive Handhabung von Sozialplänen, verbesserte rechtliche Möglichkeiten der Inanspruchnahme von Leiharbeit sowie die Möglichkeit, befristete Arbeitsverträge abzuschließen.[24]

Vor allem die Zeitarbeitsverträge, kodifiziert im Beschäftigungsförderungsgesetz von 1985, haben in praxi an Bedeutung zugenommen. Sie sollen durch die Vermeidung von Kündigungskosten die Einstellungsmöglichkeiten von Arbeitskräften verbessern und den Flexibilitätsspielraum der Betriebe im Personalbereich erhöhen. Die Wirksamkeit dieses Instruments wird kontrovers beurteilt.

Während in der Tradition der Neoklassik Institutionen mit Ausnahme von Markt und Eigentum als ineffizient gelten, betonen neuere arbeitsmarkttheoretische Ansätze die Möglichkeit der Effizienz von Institutionen.[25] Werden wieder die Qualifikationen nach Spezifizität und Umfang unterschieden, dann lassen sich für die Kündigungsschutzregelungen unterschiedliche Varianten feststellen.

---

[21] Bosch, G.: a. a. O., S. 27.
[22] Vgl. z. B. Bispinck, R.: a. a. O., S. 402 ff.
[23] Vgl. z. B. Jahresgutachten des Sachverständigenrats zur Begutachtung der gesamtwirtschaftlichen Entwicklung 1987, Ziff. 368 ff; Monopolkommission: Zehntes Hauptgutachten 1992/1993, Bonn 1994, Tz. 873 ff.
[24] Vgl. Mueller, H.-D., Schmid, A.: a. a. O., S. 125 ff.
[25] Vgl. z. B. Buttler, F.: Vertragstheoretische Interpretation von Arbeitsmarktinstitutionen, in: G. Bombach, B. Gahlen, A. E. Ott (Hg.): Arbeitsmärkte und Beschäftigung, Tübingen 1987, S. 203 ff.

Arbeitskräfte mit niedrigen allgemeinen und betriebsunspezifischen Qualifikationen werden ein hohes Entlassungsrisiko haben. Aus betrieblicher Sicht sind für diese Gruppe gering qualifizierter Arbeitskräfte Kündigungsschutzregelungen ineffizient. Es wird daher aus ökonomischen Gründen seitens der Betriebe das Interesse darin bestehen, die Beschränkung der Kündigungsmöglichkeiten klein zu halten.

Bei kleinem Qualifikationsumfang, aber hohen betriebsspezifischen Qualifikationen spielt die Finanzierung der betrieblichen Humankapitalinvestitionen eine wesentliche Rolle. Haben der Arbeitnehmer oder die Arbeitnehmerin die Kosten getragen, so besteht seitens der Betriebe kein spezifisches Interesse an einem Kündigungsschutz. Wurden die Humankapitalinvestitionen dagegen vom Betrieb finanziert, so besteht aus betrieblicher Sicht ein Interesse an einer langfristigen Beschäftigungsbeziehung. Darüber hinaus läßt sich die Effizienz von Kündigungsschutzbestimmungen bei betriebsspezifischem Humankapital damit begründen, daß unter diesen Bedingungen die Handlungsmöglichkeiten der Arbeitskräfte erhöht werden: „Individuelle Verhandlungen von Beschäftigten und Betrieb führen dann zu höheren Verhandlungskosten, da es sich um die Marktform des bilateralen Monopols handelt. Kündigungsschutzregelungen sind als Bestandteil der kollektiven Organisation von Beschäftigungsbeziehungen anzusehen. Ihre Abschaffung würde die Verhandlungskosten bei spezifischem Humankapital erhöhen."[26]

Hohe allgemeine, aber geringe betriebsspezifische Qualifikationen erfordern aus betrieblicher Sicht keine besonderen Kündigungsregelungen. Allerdings könnte deren Bedeutung auch für diese Gruppe an Arbeitskräften seitens der Betriebe dann gegeben sein, wenn Senioritätsentlohnung vorherrscht. In diesem Fall würde durch die Regelungen deutlich gemacht, daß die Betriebe sich dann, wenn der Lohn über der Arbeitsleistung liegt, also überwiegend bei älteren Arbeitskräften, nicht opportunistisch verhalten und die Arbeitskräfte nicht entlassen.

Bei der Gruppe von Arbeitskräften, die über hohe allgemeine und hohe betriebsspezifische Qualifikationen verfügen, dürfte aus den in den beiden vorgenannten Fällen angeführten Gründen ebenfalls ein Interesse der Betriebe an Regelungen für den Kündigungsschutz bestehen.

Entgegen der neoklassischen Einschätzung, daß gesetzliche und tarifvertragliche Kündigungsschutzregeln ineffizient seien, zeigen arbeitsvertragstheoretische Ansätze, daß unter bestimmten Bedingungen Institutionen des Kündigungsschutzes auch für Betriebe effizient sein können.

3.5.4 Schlußbemerkung

Als Teilbereiche der betrieblichen Beschäftigungspolitik wurden die Rekrutierungs- und die Kündigungspolitik beschrieben. Die Darstellung umfaßt das Instrumentarium der Personalanpassung bei zu niedrigem und zu hohem Personalbestand. Die Erklärung der Rekrutierung und der Personalfreistellung erfolgte auf der Grundlage arbeitsmarkttheoretischer Ansätze. Es wurde verdeutlicht, daß die betriebliche Beschäftigungspolitik sowohl bei der Einstellung als auch bei der Freistellung die Arbeitskräfte selektiert. Die Betriebe tragen dadurch zur Ungleichverteilung der Arbeitsmarktchancen der Arbeitskräfte bei.

---

[26] Bellmann, L.: Zur Effizienz von Kündigungsschutzregelungen, Hannover 1987, (Manuskript), S. 28.

Literaturhinweise

Bosch, G.: Kündigungsschutz und Kündigungspraxis in der Bundesrepublik Deutschland, Arbeitspapier 1983–5 des Arbeitskreises Sozialwissenschaftliche Arbeitsmarktforschung (SAMF), Paderborn 1983.

Brandes, W., Liepmann, P., Weise, P.: Unternehmensverhalten und Arbeitsmarkt, „Mehrwert 22", Berlin 1982, S. 22 ff.

Engelen-Kefer, U. u. a., Beschäftigungspolitik, 3. Aufl., Köln 1995, VI. Kapitel.

Mueller, H.-D., Schmid, A.: Arbeit, Betrieb und neue Technologien, Stuttgart etc. 1989.

Oechsler, W.: Personal und Arbeit, 5. Aufl., München, Wien 1994.

Scheib, R.: Der Betrieb als Schlüsselinstanz für individuelle Beschäftigungschancen, „BeitrAB 107", Nürnberg 1987.

3.6 Arbeitsmarktpolitik
Alfons Schmid

3.6.1	Einleitung	213
3.6.2	Besonderheiten des Arbeitsmarktes	213
3.6.3	Strukturelle Entwicklung des Arbeitsmarktes	217
3.6.4	Arbeitsmarktpolitische Instrumente	220
3.6.4.1	Arbeitsvermittlung und Beratung	222
3.6.4.2	Förderung der beruflichen Bildung	223
3.6.4.3	Maßnahmen zur Beschaffung und Erhaltung von Arbeitsplätzen	224
3.6.4.4	Lohnersatzleistungen	225
3.6.4.5	Finanzierung	226
3.6.5	Beschäftigungswirkungen der Arbeitsmarktpolitik	226
3.6.6	Schlußbemerkung	227
Literaturhinweise		228

3.6.1 Einleitung

Ist der Arbeitsmarkt ein Markt wie jeder andere, oder ist er durch Besonderheiten charakterisiert, die eine spezifische Arbeitsmarktpolitik erforderlich machen? Es besteht weitgehende Einigkeit darüber, daß der Marktmechanismus zwar auch das Angebot und die Nachfrage auf dem Arbeitsmarkt koordiniert, daß aber zusätzliche Regulationsmechanismen existieren. Über Bedeutung, Ausmaß und Rolle dieser Mechanismen für den Arbeitsmarkt gehen die Auffassungen in Wissenschaft und Öffentlichkeit auseinander.

Auch für die Arbeitsmarktpolitik gibt es keine eindeutige Begriffsbestimmung. In diesem Beitrag wird zwischen Beschäftigungs- und Arbeitsmarktpolitik unterschieden. Unter die Beschäftigungspolitik werden die Maßnahmen subsumiert, die auf das gesamtwirtschaftliche Angebot und die gesamtwirtschaftliche Nachfrage abzielen, um damit das Niveau der Beschäftigung zu beeinflussen. Arbeitsmarkt und Arbeitsmarktpolitik beziehen sich auf die strukturelle Ebene, also auf das Verhältnis von Teilarbeitsmärkten zueinander oder zum gesamten Arbeitsmarkt. Arbeitsmarktpolitik umfaßt damit die „Summe aller Regelungen, Einrichtungen und Aktivitäten, welche die generellen Beziehungen zwischen Angebot und Nachfrage auf den ...Arbeitsmärkten... beeinflussen sollen".[1]

Außer der globalen Beschäftigungs- und der strukturellen Arbeitsmarktpolitik findet sich neuerdings in der Literatur der Begriff der lokalen oder kommunalen Beschäftigungs- und/oder Arbeitsmarktpolitik. Darunter werden die Maßnahmen und Aktivitäten subsumiert, die auf der lokalen Ebene von kommunalen Akteuren ergriffen bzw. getätigt werden, um die lokale Beschäftigungssituation zu verbessern.[2]

In diesem Beitrag steht die strukturelle Arbeitsmarktpolitik im Mittelpunkt. Zuerst werden kurz die Besonderheiten des Arbeitsmarktes referiert und dann die empirische Entwicklung des Arbeitsmarktes anhand einiger ausgewählter Indikatoren beschrieben. Ein weiterer Schwerpunkt umfaßt die Ziele und Instrumente der Arbeitsmarktpolitik sowie eine Einschätzung von deren Wirksamkeit. Damit steht hier die Arbeitsmarktpolitik i. e. S. im Mittelpunkt. Auf die Arbeitsmarktpolitik i. w. S., die sich auf den Arbeits- und Persönlichkeitsschutz sowie qualitative Aspekte des Arbeitsmarktes bezieht, kann nicht eingegangen werden.[3]

3.6.2 Besonderheiten des Arbeitsmarktes

Die Spezifika des Arbeitsmarktes liegen darin begründet, daß „die Arbeit als Tauschobjekt dieses Marktes völlig anders geartet ist als die Tauschobjekte der übrigen Märkte"[4]. Auf den Arbeitsmärkten werden nicht Arbeitskräfte angeboten und nachgefragt, sondern die menschliche Arbeitsleistung. Doch diese ist untrennbar mit ihrem Besitzer verbunden. Eine Analyse des Arbeitsmarktes hat daher einerseits zu

---
[1] Mertens, D., Kühl, J.: Arbeitsmarkt I: Arbeitsmarktpolitik, „Handwörterbuch der Wirtschaftswissenschaft", Bd. 1, Stuttgart etc. 1977, S. 279.
[2] Vgl. hierzu u. a. Seifert, H.: Neue Initiativen in der kommunalen Beschäftigungspolitik, in: Akademie für Raumforschung und Landesplanung, Politikansätze zu regionalen Arbeitsmarktproblemen, Bd. 178, Hannover 1988, S. 167 ff.; Huebner, M., Krafft, A., Ulrich, G.: Das Spektrum kommunaler Arbeitsmarktpolitik, Berlin 1992.
[3] Vgl. z. B. Molitor, B.: Lohn- und Arbeitsmarktpolitik, München 1988, S. 1 ff.; Bäcker, G. u. a.: Sozialpolitik, Köln 1989; Lampert, H.: Lehrbuch der Sozialpolitik, 1985.
[4] Müller, J. H.: Arbeitsmarkt, in: Görres-Gesellschaft (Hg.): Staatslexikon, 7. Aufl., Freiburg etc. 1985, S. 284 f.

berücksichtigen, daß menschliche Arbeit nicht nur als „Ware" betrachtet werden kann. Sie hat andererseits zu berücksichtigen, daß der Marktmechanismus auch für das Angebot und die Nachfrage nach Arbeitskräften Bedeutung hat. Die Diskussion in Wissenschaft und Öffentlichkeit bewegt sich zwischen diesen beiden Positionen.

Die Besonderheiten des Arbeitsmarktes manifestieren sich in der Besonderheit des Arbeitsvertrages gegenüber den sonstigen Kaufverträgen.[5] Eine Besonderheit des Arbeitsvertrages besteht darin, daß nur Nutzungs- oder Verfügungsrechte getauscht werden. Bei dem Tausch überträgt der Arbeitnehmer einen Teil seiner Verfügungsrechte über sich selbst auf den Arbeitgeber. Damit entsteht eine Autoritätsbeziehung zwischen Arbeitgeber und Arbeitnehmer. Aufgrund dieser Autoritätsbeziehung erfolgt die Koordination nicht durch gleichberechtigte Marktpartner, sondern durch ein hierarchisches Über-/Unterordnungsverhältnis. Diese Autoritätsbeziehung gründet auf strategischen Vorteilen der Arbeitgeber, einem „strukturellen Machtgefälle" zugunsten der Betriebe. Die Gründe dafür liegen in folgenden Faktoren:[6]

- Die Arbeitnehmer müssen ihre Arbeitskraft zu ihrer Existenzsicherung verkaufen, ohne günstige Verkaufsgelegenheiten abwarten zu können, da sie in der Regel über kein Vermögen verfügen. Kapital ist dagen leichter liquidierbar und läßt sich leichter marktstrategisch nutzen. Wegen dieser Unterschiede besteht seitens der Arbeitnehmer eine größere Risikoaversion.
- Der Arbeitnehmer als Humankapitalbesitzer kann seine Arbeitskraft nicht getrennt von seiner Person verkaufen.
- Die Arbeitgeber sind strategisch im Vorteil bei der Organisation und Durchsetzung ihrer Interessen, da sie im Betrieb über das Dispositionsrecht verfügen. Die Arbeitgeber sind aufgrund dieses strategischen Vorteils in der Lage, den Produktionsprozeß und die Arbeitsorganisation entsprechend ihrer Zielvorstellung wesentlich zu gestalten.
- Die Arbeitgeber können durch die Bindung der Anforderungen und Entlohnung an den Arbeitsplatz eine Verfolgung der Eigeninteressen sowie ein opportunistisches Verhalten der Arbeitnehmer beschränken. Der Beschränkung opportunistischen Verhaltens für die Arbeitnehmer steht die Verbesserung opportunistischer Möglichkeiten auf seiten der Arbeitgeber gegenüber.
- Die Kosten einer Vertragserneuerung sind für den Arbeitnehmer in der Regel höher als für den Arbeitgeber. Verursacht eine Abwanderung Kosten und übersteigen diese Kosten die des Betriebes für eine Neueinstellung, dann besteht auch hier eine Asymmetrie in den Handlungsmöglichkeiten.

Eine zweite Besonderheit des Arbeitsvertrages besteht in der asymmetrischen Spezifikation der Leistungen beider Vertragsseiten. Beim Arbeitsvertrag ist nur die Leistung des Arbeitgebers in Form des vereinbarten Lohns oder Gehalts festgelegt. Der konkrete Arbeitsinhalt, die zu leistende Arbeit bleibt in der Regel unbestimmt, es wird zumeist nur ein Rahmen für die Arbeitstätigkeit festgelegt („zone of acceptance"). Diese Unbestimmtheit der genauen Arbeitsleistung entspricht den Interes-

---

[5] Vgl. z. B. Buttler, F.: Vertragstheoretische Interpretationen von Arbeitsmarktinstitutionen, in: G. Bombach, B. Gahlen, A. E. Ott (Hg.): Arbeitsmärkte und Beschäftigung – Fakten, Analysen, Perspektiven, Tübingen 1987, S. 203 ff.
[6] Vgl. u. a. Schrüfer, K.: Ökonomische Analyse individueller Arbeitsverhältnisse, Frankfurt 1987, S. 42 ff.

sen des Arbeitgebers respektive des Betriebes, da dadurch flexibel auf Unsicherheiten der künftigen Entwicklung des Marktes reagiert werden kann.

Aus diesen Besonderheiten folgt, daß das Arbeitsverhältnis typischerweise nicht im Sinn rein marktmäßiger Tauschverhältnisse, sondern zumindest z.T. durch andere Allokationsmechanismen geregelt wird. Aufgrund der strategischen Vorteile der Arbeitgeber sind die Arbeitnehmer bereit, auf einen Teil ihrer Verfügungsrechte zu verzichten und ein Autoritätsverhältnis einzugehen, das ein Weisungs- und Direktionsrecht des Arbeitgebers beinhaltet.

Das Weisungsrecht des Arbeitgebers ist aber nicht absolut, es besteht nur innerhalb gewisser Grenzen. Diese Grenzen sind einmal durch die Unsicherheit gezogen, wo der Arbeitnehmer künftig im Betrieb optimal eingesetzt werden kann. Zum zweiten sind sie durch die Bereitschaft der Arbeitnehmer begrenzt, andere Tätigkeiten auszuüben. Eine weitere Begrenzung folgt aus den Kosten der Kündigung für den Arbeitgeber, die ihrerseits von den Arbeitsmarktverhältnissen abhängen.

Diese Besonderheiten des Arbeitsmarktes bedingen spezifische Institutionen auf staatlicher, verbandlicher und betrieblicher Ebene, die das Zusammentreffen des Arbeitskräfteangebots und der Arbeitskräftenachfrage auf dem Arbeitsmarkt regeln. Für eine pluralistische Demokratie wie die in der Bundesrepublik enthält das Grundgesetz die für die Gestaltung der Arbeitsmarktordnung wesentlichen Prinzipien. Anzuführen sind hier die persönlichen Freiheitsrechte und Gleichheitsgrundsätze (Art. 1 und 2 GG), die Gleichberechtigung (Art. 3 GG), die Freizügigkeit (Art. 11 GG), die Freiheit der Berufs- und Arbeitsplatzwahl (Art. 12 GG) und das Eigentumsrecht (Art. 14 GG). Die Koalitionsfreiheit (Art. 9 GG) gewährleistet die Tarifautonomie, die den Tarifvertragsparteien das Recht einräumt, Tarifverträge abzuschließen, die „... den Inhalt, den Abschluß und die Beendigung von Arbeitsverhältnissen sowie betriebliche und betriebsverfassungsrechtliche Fragen ordnen können" (§ 1 des Tarifvertragsgesetzes). Da der abgeschlossene Tarifvertrag nur für die Mitglieder der Tarifvertragsparteien verbindlich ist, kann der Bundesminister für Arbeit und Sozialordnung den abgeschlossenen Tarifvertrag für allgemeinverbindlich erklären, so daß er auch auf die Nichtmitglieder Anwendung findet. Die im Tarifvertrag festgelegten Regelungen beinhalten u. a. eine Lohnuntergrenze. Damit soll u. a. eine anomale Arbeitsmarktreaktion verhindert werden. Diese besteht darin, daß bei sinkendem Lohn das Arbeiskraftangebot zunimmt (zunehmen kann), um ein bestimmtes Einkommen zu sichern. Diese Anomalie tritt primär bei einem Lohn auf, der gerade das Existenzminimum sichert.

Weitere gesetzliche Regelungen, die für den Arbeitsmarkt Bedeutung haben, sind das Betriebsverfassungsgesetz, das Mitbestimmungsgesetz, das Arbeitsschutzrecht und das Kündigungsschutzrecht. Die Prinzipien des Grundgesetzes werden zwar in ihrem Allgemeinheitscharakter für den Arbeitsmarkt überwiegend akzeptiert. Die konkrete Ausformung der institutionellen Regelungen für den Arbeitsmarkt wird jedoch kontrovers beurteilt. Mit der enormen Zunahme und Dauer der Massenarbeitslosigkeit wurden die Arbeitsmarktregulierungen zunehmend in Frage gestellt und für die Bekämpfung und Verringerung der Arbeitslosigkeit, insbesondere von Problemgruppen, als kontraproduktiv bezeichnet:

„Ein funktionierender Arbeitsmarkt kommt nicht ohne regulierende Eingriffe aus. Dies ist unstreitig; doch müssen die Regulierungen sich den im Zuge der wirtschaftlichen Entwicklung verändernden Marktbedingungen anpassen. Deshalb ist immer wieder zu fragen, ob die überkommenen Regulierungen noch zweckdienlich sind. Angesichts der hohen Arbeitslosigkeit sind die heute bestehenden Regulierungen des

Arbeitsmarktes auch, ja entscheidend, nach ihren Wirkungen auf die Beschäftigung zu beurteilen. Beschäftigungsmindernde Regulierungen bedürfen eingehender Überprüfung."[7]

Die Verabschiedung des Beschäftigungsförderungsgesetzes von 1985 mit der Möglichkeit der Befristung von Arbeitsverträgen ist Folge der Forderung nach mehr Flexibilität am Arbeitsmarkt. In einer international vergleichenden Studie kommt die OECD zu folgender Einschätzung:

„Die wichtigsten Hemmnisse, die einem besseren Funktionieren der Arbeitsmärkte entgegenstehen, sind in den jeweiligen Lohnaushandlungsmechanismen, der Steuerpolitik, dem System der staatlichen Sozialleistungen sowie in zu weitgehenden gesetzlichen Schutzbestimmungen begründet. In vielen Ländern ist das Arbeitslosigkeitsproblem insbesondere durch die Wechselwirkung zwischen Einkommensteuer- und Sozialleistungssystem (nahmentlich Arbeitslosengeldleistungen) verschärft worden."[8] Als Konsequenz dieser Einschätzung wird eine verstärkte Deregulierung des Arbeitsmarktes gefordert.

Demgegenüber gibt es auch erhebliche Kritik an den Vorschlägen für eine verstärkte Flexibilisierung und Deregulierung des Arbeitsmarktes. Als Beispiel ein Zitat aus den Memoranden:

„Die Strategie der Deregulierung zur Entfesselung der Kapitalwirtschaft konzentriert sich weiterhin auf die Flexibilisierung bisher rechtlich geschützter Beschäftigungsverhältnisse auf dem Arbeitsmarkt ... Dabei zeigen alle die Beispiele für die Aushöhlung des „Normalarbeitsverhältnisses", daß die beabsichtigten Flexibilisierungen die individuellen Entfaltungsmöglichkeiten abhängig Beschäftigter empfindlich einschränken, während die Unternehmen zusätzliche Verfügungsmacht über die Beschäftigten gewinnen... Diese Flexibilisierung der Tarifpolitik ist kein wirksamer Beitrag zur Sicherung und Schaffung von Arbeitsplätzen. Sie würde weiter zur sozialen Polarisierung beitragen."[9]

Von gewerkschaftlicher Seite werden die Vorschläge und Maßnahmen zur Deregulierung des Arbeitsmarktes sehr kritisch beurteilt, da nach ihrer Sicht damit in jahrzehntelangem Kampf errungene Schutzrechte der Arbeitnehmer wieder zumindest teilweise rückgängig gemacht würden und weil die angestrebten Ziele durch eine verstärkte Flexibilisierung nicht bzw. kaum erreicht würden. Beispielhaft sei dies kurz anhand eines Zitats zum Beschäftigungsförderungsgesetz belegt:

„Von der Möglichkeit, Arbeitsverträge auch ohne sachlichen Grund nur befristet abzuschließen, wird zwar in erheblichem Umfang Gebrauch gemacht, allerdings nicht dem Gesetzeszweck entsprechend. Oftmals werden Neueinstellungen sogar ausschließlich nur noch in Form von Zeitarbeitsverträgen vorgenommen. Solche Einstellungen erfolgen aber regelmäßig nicht auf Arbeitsplätzen, die wegen der Befristungsmöglichkeit zusätzlich geschaffen wurden, sondern auf bisherigen Dauer- und Vollzeitarbeitsplätzen ... Damit (dem Beschäftigungsförderungsgesetz, d. Verf.) wurde eine jahrzehntelange Rechtsprechung, die das Vorliegen eines solchen sachlichen Grundes zur Vereitelung mißbräuchlicher Vertragsgestaltung und des Versuchs einer

---

[7] Jahresgutachten des Sachverständigenrats zur Begutachtung der gesamtwirtschaftlichen Entwicklung 1987, Ziff. 377; vgl. auch Jahresgutachten 1995, Ziff. 358 ff.
[8] Bundesministerium für Wirtschaft (Hg.), Volkswirtschaften im Wandel, Studien-Reihe 65, Bonn 1989, S. 16.
[9] Arbeitsgruppe Alternative Wirtschaftspolitik, Memorandum '87, Köln 1987, S. 130 f.

Umgehung des Kündigungsschutzgesetzes zu Lasten der Arbeitnehmer unter Hinweis auf das Sozialstaatsgebot der Verfassung der Bundesrepublik Deutschland gefordert hatte, außer Kraft gesetzt."[10]

Ob eine verstärkte Flexibilisierung und Deregulierung beschäftigungssteigernd wirkt oder nicht, ist schwierig zu beurteilen, da in den Argumentationen unterschieliche Zielorientierungen vorherrschen. Notwendig erscheint die Analyse der jeweiligen Maßnahme. So ist werder jede Flexibilisierung am Arbeitsmarkt beschäftigungsfördernd oder beinhaltet einen Abbau von Arbeitnehmerschutzrechten, noch sind die institutionellen Regulierungen am Arbeitsmarkt per se beschäftigungshemmend oder beinhalten einen Arbeitnehmerschutz. So hat die institutionalistische Arbeitsökonomie belegt, daß Institutionen am Arbeitsmarkt, wie z. B. die Gewerkschaften, auch effizient sein können.[11]

3.6.3 Strukturelle Entwicklung des Arbeitsmarktes

Strukturelle Entwicklungen und Probleme bilden zwar den Gegenstandsbereich der Arbeitsmarktpolitik, sie sind aber nicht unabhängig von der globalen Entwicklung. Sie werden von dieser beeinflußt und wirken selbst auf die gesamtwirtschaftliche Entwicklung zurück: Es besteht also ein Interdependenzverhältnis zwischen struktureller und globaler Ebene. Eine erfolgreiche Beschäftigungspolitik verbessert die Bedingungen für die Arbeitsmarktpolitik und umgekehrt. In diesem Beitrag steht aus analytischen Gründen die strukturelle Arbeitsmarktpolitik im Mittelpunkt.

Im folgenden wird anhand ausgewählter Indikatoren die Arbeitsmarktentwicklung in der Bundesrepublik kurz beschrieben, um einen Eindruck über die Bewegungen und Veränderungen am Arbeitsmarkt zu vermitteln. Zuerst erfolgt die Beschreibung der sektoralen Arbeitsmarktentwicklung anhand der drei Sektoren:

a) Land-, Forstwirtschaft, Fischerei (primärer Sektor),
b) Warenproduzierendes Gewerbe (sekundärer Sektor) und
c) Dienstleistungsgewerbe (tertiärer Sektor).

In der Bundesrepublik (West) hat ein ausgeprägter Strukturwandel der Beschäftigung zwischen den drei Sektoren stattgefunden (vgl. Tab. 1).

Tab. 1 Beschäftigte in den Sektoren, Anteil an den Erwerbstätigen im Inland, Anteile im Prozent

Jahr	primärer Sektor	sekundärer Sektor	tertiärer Sektor
1960	13,7	48,0	38,3
1970	8,5	48,9	42,6
1980	5,2	43,4	51,4
1990	3,4	39,9	56,7
1994	2,9	36,3	60,8

Quelle: Statistisches Bundesamt, alle Angaben für die Bundesrepublik (West)

---

[10] Stellungnahme des Deutschen Gewerkschaftsbundes zum Entwurf eines Gesetzes zur Verlängerung beschäftigungsfördernder Vorschriften (Beschäftigungsförderungsgesetz 1990 – BeschFG 1990 – Drucksache 11/4952, S. 1 f.

[11] Vgl. Buttler, F.: a. a. O., S. 203 ff.; vgl. auch Mueller, H. D., Schmid, A.: Arbeit, Betrieb und neue Technologien, Stuttgart etc. 1989, S. 125 ff.

Während 1960 noch fast jeder siebte Erwerbstätige im primären Sektor arbeitete, ist es im Jahr 1994 nur noch jeder 34. Bedeutsam sind auch die Veränderungen im sekundären und im tertiären Sektor. Diese Veränderung der Wirtschaftsstruktur ist nicht auf die Bundesrepublik beschränkt, sondern in ähnlicher Weise in allen hochentwickelten Industriestaaten zu beobachten. Hinter dieser Entwicklung stehen mehrere Ursachen. Zum einen hat eine Verschiebung der Nachfrage hin zu mehr Dienstleistungen stattgefunden. Zum zweiten ist die Produktivität im Produzierenden Gewerbe erheblich stärker gestiegen als im Dienstleistungssektor. Dies hat dazu geführt, daß auch der Einsatz von Arbeitskräften im Produzierenden Gewerbe relativ zurückgegangen ist. Und nicht zuletzt besteht die Tendenz, daß Bereiche des Produzierenden Gewerbes in Staaten verlagert werden, in denen aufgrund niedrigerer Lohnkosten eine günstigere Wettbewerbssituation für die Unternehmen besteht. Dies betrifft in erster Linie Industrien mit einem hohen Anteil an gering qualifizierten Beschäftigten. Das Dienstleistungsgewerbe ist aus zwei Gründen von diesem Verlagerungsprozeß bisher in geringerer Weise betroffen. Erstens müssen Dienstleistungen zum überwiegenden Teil an dem Ort produziert werden, an dem sie auch „konsumiert" werden, sie sind damit weniger mobil als Güter. Und zum zweiten ist die Qualifikationsstruktur im Dienstleistungsgewerbe anders als im Produzierenden Sektor. Der Anteil an gut ausgebildeten Beschäftigten ist dort erheblich höher.

Von wesentlicher Bedeutung für die Arbeitsmarktpolitik ist die Kenntnis der Anforderungen an die Arbeitskräfte und deren Veränderungen. Um dafür adäquate Informationen zu haben, wird inzwischen nicht mehr auf die Entwicklung der Berufsstruktur abgestellt, da jemand mit einem bestimmten Beruf sehr unterschiedliche Arbeitstätigkeiten verrichten kann. Zutreffendere Aussagen bietet dafür die Entwicklung der Tätigkeitsfelder und deren Qualifikationen. Übersicht 1 vermittelt einen Eindruck über die zu erwartende Entwicklung der Tätigkeiten.

Die produktionsorientierten Tätigkeiten werden nach dieser Schätzung künftig weiter leicht zurückgehen, ebenso die primären Dienstleistungen, die sekundären Dienstleistungen nehmen erheblich an Bedeutung zu. Daß diese Veränderungen der Tätigkeitsstrukturen auch erhebliche Rückwirkungen auf die Berufsstrukturen haben, ist offensichtlich. So werden in produktionsorientierten Tätigkeiten die entsprechenden Berufe (z. B. Schlosser, Mechaniker) an Bedeutung eher abnehmen. In den sekundären Dienstleistungen ist dagegen mit einer zunehmenden Bedeutung der Berufe in diesem Bereich zu rechnen, so z. B. bei Gesundheitsberufen.[12]

Werden die Erwerbstätigen nach der Qualifikation strukturiert, dann belegt Übersicht 2 die Höherqualifizierungsthese. Danach impliziert der zu erwartende Strukturwandel am Arbeitsmarkt eine abnehmende Bedeutung der gering qualifizierten Erwerbstätigen und eine beträchtliche Zunahme der Beschäftigten mit höherer Qualifikation.

---

[12] Vgl. Weißhuhn, G., Wahse, I., König, A.: Arbeitskräftebedarf in Deutschland bis 2010, Bonn 1994, S. 52 ff.

3.6 Arbeitsmarktpolitik

Übersicht 1 Erwerbstätigenentwicklung nach Tätigkeitsgruppen 1992 und 2010, Anteile in %

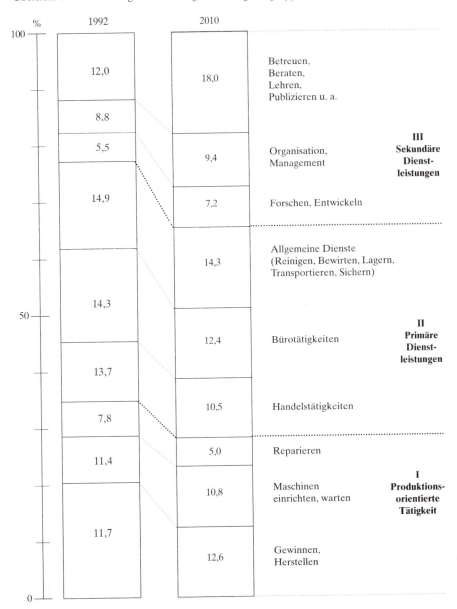

Quelle: R. Jansen, F. Stooß: Qualifikation und Erwerbssituation im geeinten Deutschland, Berlin, Bonn 1993, S. 70.

Aber nicht nur auf der Nachfrageseite waren in der Vergangenheit und sind in der Zukunft erhebliche Veränderungen zu verzeichnen. Auch die Angebotsseite des Arbeitsmarktes unterlag und unterliegt künftig erheblichen Änderungen. Diese bezie-

Übersicht 2 Qualifikationsstruktur der Erwerbstätigen 1991-2010, alte Bundesländer, Anteile in %

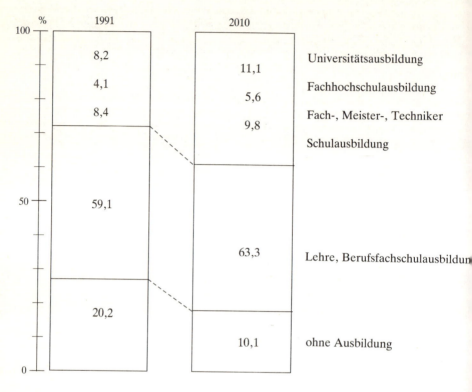

Quelle: M. Tessaring: Langfristige Tendenzen des Arbeitskräftebedarfs nach Tätigkeiten und Qualifikationen in den alten Bundesländern bis zum Jahre 2010, „MittAB", 27.Jg. (1994), S. 11.

hen sich auf die demografische Entwicklung, ein verändertes Erwerbsverhalten insbesondere der Frauen, internationale Arbeitskräftewanderungen, staatliche Regelungen hinsichtlich Ausbildung und Ausscheiden aus dem Erwerbsleben sowie Arbeitschutzregelungen für bestimmte Arbeitskräftegruppen, tarifvertragliche Vereinbarungen über Arbeitszeit, Weiterbildung etc.

3.6.4 Arbeitsmarktpolitische Instrumente

Die angebots- und nachfrageseitigen Veränderungen stellen eine enorme Herausforderung für die Arbeitsmarktpolitik dar, um die daraus sich ergebenden Anpassungsprozesse zu bewältigen. Zwar bestehen nach dem einfachen neoklassischen Arbeitsmarktmodell keine Anpassungsprobleme, da der Markt über einen funktionierenden Lohnmechanismus für einen reibungslosen Ausgleich sorgt. Doch basiert dieses Modell auf so spezifischen Annahmen, daß damit der reale Angebots-Nachfrageprozeß auf dem Arbeitsmarkt nicht zutreffend beschrieben wird. Bei realitätsnäheren neoklassischen Arbeitsmarktmodellen bedarf es einer Arbeitsmarktpolitik, um die Anpassungsprozesse am Arbeitsmarkt zu unterstützen. Wegen der Spezifika des Arbeitsmarktes existiert eine Reihe von staatlichen und tarifvertraglichen Regelungen, die eine spezifische Funktionsweise des Arbeitsmarktes implizieren und dafür der arbeitsmarktpolitischen Ergänzung bedürfen. Schließlich folgt die Notwendigkeit einer besonderen Arbeitsmarktpolitik aus sozialpolitischen Gründen, um ein bestimmtes Einkommensniveau bei Arbeitslosigkeit zu sichern.

In der Bundesrepublik ist die Arbeitsmarktpolitik im Arbeitsförderungsgesetz (AFG) von 1969 kodifiziert. Mit der Verabschiedung dieses Gesetzes fand eine Schwerpunktverlagerung von der bis dahin vorherrschenden reaktiven zu einer aktiven und vorbeugenden Arbeitsmarktpolitik statt. Danach sollte Arbeitslosigkeit soweit wie möglich verhindert werden. Nach dem AFG hat die Arbeitsmarktpolitik folgende Ziele zu verfolgen:

§ 1: „Die Maßnahmen nach diesem Gesetz sind im Rahmen der Sozial- und Wirtschaftspolitik der Bundesregierung darauf auszurichten, daß ein hoher Beschäftigungsstand erzielt und aufrechterhalten, die Beschäftigungsstruktur ständig verbessert und damit das Wachstum der Wirtschaft gefördert wird."

§ 2: „Die Maßnahmen nach diesem Gesetz haben insbesondere dazu beizutragen, daß

1. weder Arbeitslosigkeit und unterwertige Beschäftigung noch ein Mangel an Arbeitskräften eintreten oder fortdauern,
2. die berufliche Beweglichkeit der Erwerbstätigen gesichert und verbessert wird,
3. nachteilige Folgen, die sich für die Erwerbstätigen aus der technischen Entwicklung oder aus wirtschaftlichen Strukturwandlungen ergeben können, vermieden, ausgeglichen oder beseitigt werden,
4. die berufliche Eingliederung körperlich, geistig oder seelisch Behinderter gefördert wird,
5. der geschlechtsspezifische Ausbildungsstellen- und Arbeitsmarkt überwunden und Frauen, deren Unterbringung unter den üblichen Bedingungen des Arbeitsmarktes erschwert ist, beruflich eingegliedert werden,
6. ältere und andere Erwerbstätige, deren Unterbringung unter den üblichen Bedingungen des Arbeitsmarktes erschwert ist, beruflich eingegliedert und gefördert werden,
7. die Struktur der Beschäftigung nach Gebieten und Wirtschaftszweigen verbessert wird,
8. illegale Beschäftigung bekämpft und damit die Ordnung auf dem Arbeitsmarkt aufrechterhalten wird."

Dominantes Ziel bildet also die Erreichung bzw. Aufrechterhaltung der Vollbeschäftigung. Bei den übrigen in § 2 angeführten Zielsetzungen handelt es sich entweder um Ausprägungen dieses Oberziels oder um Zwischenziele, die Instrumente zur Erreichung des Oberziels sind. Die Ziele des AFG verdeutlichen, daß der Schwerpunkt der Arbeitsmarktpolitik bei den strukturellen Problemen des Arbeitsmarktes liegt. Auf sektorale Anpassungsprobleme beziehen sich die Punkte 3 und 7 in § 2. Auf die beruflichen Anpassungs- und Qualifikationsprobleme richten sich die Punkte 2 und 3. Außerdem sollen Problemgruppen des Arbeitsmarktes – Behinderte, Frauen, ältere Arbeitnehmer, Langzeitarbeitslose, ausländische Arbeitnehmer – gefördert werden (§ 2,6).

Träger der Arbeitsmarktpolitik ist die Bundesanstalt für Arbeit (BA). Die Organe der Bundesanstalt sind der Verwaltungsrat, der Vorstand, die Verwaltungsausschüsse der Landesarbeitsämter und die Verwaltungsausschüsse der Arbeitsämter. Diese Gremien setzen sich drittelparitätisch aus Vertretern der Arbeitnehmer, der Arbeitgeber und der öffentlichen Körperschaften zusammen. Die Selbstverwaltungsautonomie der Bundesanstalt für Arbeit unterliegt einigen Beschränkungen. So muß der Haushaltsplan der BA durch die Bundesregierung genehmigt werden. Es gilt aber zu berücksichtigen, daß bei Defiziten die Bundesregierung Mittel zur Schließung der Finanzlücke zur Verfügung stellen muß. Außerdem hat der Bundesminister für Arbeit und Sozialordnung gewisse Genehmigungs- und Aufsichtsrechte.

Die Aufgaben der Bundesanstalt sind in § 3 des AFG festgelegt. Danach obliegen der Bundesanstalt die Berufsberatung, Arbeitsvermittlung, Förderung der beruflichen Bildung, Leistungen zur Schaffung und Erhaltung von Arbeitsplätzen, Gewährung von Arbeitslosengeld, Arbeitslosenhilfe (im Auftrag des Bundes), Gewährung von Konkursausfallgeld. Im folgenden wird ein kurzer Überblick über das Instrumentarium gegeben, das zur Erfüllung dieser Aufgaben zur Verfügung steht.

3.6.4.1 Arbeitsvermittlung und Beratung

Ein klassischer Bereich der Arbeitsmarktpolitik ist die Arbeitsvermittlung. Damit soll durch eine zentrale Instanz (wie die Bundesanstalt) die Markttransparenz der Arbeitsmarktteilnehmer erhöht werden. Die BA fungiert hier quasi als Sammelstelle der Informationen, die an die Arbeitssuchenden und Arbeitgeber weitergegeben werden. Damit sollen Friktionen des Arbeitsmarktes gemildert werden.

Die Bedeutung der Arbeitsvermittlung ist nicht gering zu veranschlagen. So wurden z. B. 1989 ca. 2,5 Mio Arbeitnehmer durch die BA vermittelt. Da die Arbeitssuchenden sich in einem beträchtlichen Umfang auch selbst um eine neue Arbeitsstelle bemühen, wird nur ein Teil der neu besetzten Stellen durch die Arbeitsämter vermittelt.

Bei schlechter Arbeitsmarktsituation hat die Arbeitsvermittlung auch eine sozialpolitische Funktion für die schwervermittelbaren Arbeitslosen (ältere, gesundheitlich eingeschränkte, behinderte und Langzeitarbeitslose).[13] Bei hoher Arbeitslosigkeit haben diese Problemgruppen kaum eine Chance auf einen Arbeitsplatz. Dies liegt aber nicht nur an ihrer eingeschränkten Vermittlungsfähigkeit, sondern auch an den gerade in Rezessionsphasen hohen bzw. gestiegenen Anforderungen der Arbeitgeber.

Die Informationen der Bundesanstalt dienen der Öffentlichkeit, den Verbänden und den einzelnen als Orientierung über arbeitsmarkt- und berufsrelevante Entwicklungen. Eine wichtige Rolle kommt hierbei der Berufsberatung zu. Diese umfaßt die Berufsorientierung, die berufliche Beratung, die Ausbildungsvermittlung und die Ausbildungsförderung.

Arbeitsvermittlung und Beratung unterliegen in ihrer Wirksamkeit Einschränkungen. So kann nur jemand in Arbeit vermittelt werden, wenn ausreichend Arbeitsplätze vorhanden sind. Diese Begrenzung verdeutlicht die strukturelle Orientierung der Arbeitsmarktpolitik. Die Vermittlungsfunktion kann nur dann sinnvoll erfüllt werden, wenn das Angebot an und die Nachfrage nach Arbeitsplätzen in etwa überein-

---

[13] Vgl. Schmid, G.: Beschäftigungs- und Arbeitsmarktpolitik, in: Beyme, K. v., Schmidt, M. G.: Politik in der Bundesrepublik Deutschland, Opladen 1990, S. 228 ff.

stimmen. Diese Begrenzung gilt auch für die allgemeine Arbeitsberatung. Für die Berufsberatung kommt hinzu, daß wegen der Unsicherheit über künftige Entwicklungen Grenzen bei den Beratungsmöglichkeiten bestehen.

3.6.4.2 Förderung der beruflichen Bildung

Als Kern der aktiven Arbeitsmarktpolitik gilt die im AFG kodifizierte Förderung der beruflichen Bildung (§§ 33–52). Den Ausgangspunkt für die Qualifikationspolitik des AFG bildet der mit einer wachsenden Wirtschaft einhergehende wirtschaftliche und technische Wandel, der ein hohes Maß an beruflicher Mobilität erfordert, um Arbeitslosigkeit und unterwertige Beschäftigung zu vermeiden. Die Förderung der beruflichen Bildung umfaßt drei Bereiche: Ausbildung, Fortbildung und Umschulung. Die Berufsausbildung des AFG hat nur ergänzenden Charakter. Sie erfolgt nach dem Berufsausbildungs- und Arbeitsplatzförderungsgesetz.

Im AFG steht die berufliche Weiterbildung im Mittelpunkt. Als Fortbildung soll eine Anpassung der beruflichen Kenntnisse, Fähigkeiten und Fertigkeiten an die wirtschaftliche und technische Entwicklung erfolgen und ein beruflicher Aufstieg ermöglicht werden. Diese Maßnahmen setzen eine abgeschlossene oder angemessene Berufserfahrung voraus. Die Förderung der Fortbildung dürfte primär auf der Höherqualifizierungsthese basieren, nach der die technische Entwicklung höhere Qualifikationen erfordert.

Den zweiten Schwerpunkt der Weiterbildung bildet die Umschulung. Mit dieser beruflichen Mobilitätsförderung soll die Anpassungsfähigkeit der Arbeitnehmer an den wirtschaftlichen und technischen Strukturwandel auf „horizontaler" Ebene gefördert werden. Ziel ist, „den Übergang in eine andere geeignete berufliche Tätigkeit zu ermöglichen, insbesondere um die berufliche Beweglichkeit zu sichern oder zu verbessern" (§ 47, 1 AFG).

Zur beruflichen Weiterbildung gehören noch die Einarbeitungszuschüsse. Zielgruppen dieses Instrumens sind Arbeitslose, die erst nach einer gewissen Einarbeitungszeit ihre volle Leistung erbringen können.

Ursprünglicher Anspruch im AFG und gegenwärtige Wirklichkeit der beruflichen Weiterbildung klaffen z. T. erheblich auseinander: „Von der ursprünglichen Zielsetzung beruflicher Förderung ist heute wenig übrig geblieben. Der Rechtsanspruch auf berufliche Fortbildung oder Umschulung besteht zwar weiterhin, er ist jedoch auf einen wesentlich kleineren Kreis der Beitragzahler eingeschränkt, nämlich auf Arbeitslose, auf unmittelbar von Arbeitslosigkeit Bedrohte und auf Arbeitnehmer ohne berufliche Ausbildung."[14] Der wesentliche Grund für diese Diskrepanz zwischen Anspruch und Wirklichkeit liegt in der strukturpolitischen Orientierung der Arbeitsmarktpolitik. Sie kann bei einem massiven Arbeitsplatzabbau und einem hohen Arbeitsplatzdefizit durch Weiterbildung Arbeitslosigkeit weder verhindern noch beseitigen. In solchen Phasen der Unterbeschäftigung – diese überwogen seit Inkrafttreten des AFG – dominieren die Lohnersatzleistungen, die Weiterbildung wird aus finanziellen Gründen zweitrangig. Weiterbildung kann daher unter den gegebenen Bedingungen nur ein Instrument der strukturellen Arbeitsmarktpolitik sein, aber kein Instrument der Vollbeschäftigungspolitik.

Mit diesen kritischen Anmerkungen soll die bisher praktizierte Weiterbildungspolitik der BA nicht per se in Frage gestellt werden. Im Rahmen der gegebenen Möglichkei-

---

[14] Ebenda, S. 238.

ten ist dieses Instrument relativ erfolgreich eingesetzt worden. So haben die Teilnehmer nach Absolvieren der Qualifizierungsmaßnahmen relativ gute Vermittlungschancen am Arbeitsmarkt. Auch wurden in der Weiterbildung verstärkt die Problemgruppen des Arbeitsmarktes berücksichtigt. Allerdings sind sie in den Maßnahmen noch unterrepräsentiert. Dies gilt einmal für Frauen und es gilt für Arbeitnehmer ohne Berufsausbildung. Ein weiterer Mangel liegt darin, daß in der bisherigen Qualifizierungspolitik die Betriebe zu wenig in die Weiterbildung einbezogen werden.[15]

3.6.4.3 Maßnahmen zur Beschaffung und Erhaltung von Arbeitsplätzen

Diese Maßnahmen umfassen verschiedene Instrumente, die unterschiedliche Arbeiten der Arbeitslosigkeit betreffen:

a) Winterbauförderung und Schlechtwettergeld
Die saisonale Arbeitslosigkeit in den Wintermonaten soll durch eine produktive Winterbauförderung verhindert werden. Die Leistungen der BA bestehen in Investitions- und Kostenzuschüssen für Mehraufwendungen. Anspruch auf Schlechtwettergeld bestand bei witterungsbedingtem Arbeitsausfall; diese Regelung gibt es nicht mehr.

b) Kurzarbeit
Durch die Möglichkeit der Kurzarbeit sollen bei vorübergehendem Arbeitsmangel für die Arbeitnehmer die Arbeitsplätze und für die Betriebe die eingearbeiteten Arbeitnehmer erhalten bleiben sowie der Einkommensverlust bei unverschuldetem Arbeitsausfall vermindert werden. Dieses Instrument zielt auf die Verminderung konjunktureller und friktioneller Arbeitslosigkeit. Für den durch die Kurzarbeit verursachten Lohnausfall erhalten die Arbeitnehmer Kurzarbeitergeld, das von der BA bezahlt wird. Die Gewährung von Kurzarbeitergeld ist an bestimmte Bedingungen geknüpft (§ 64): Der eingetretene Arbeitsausfall muß durch wirtschaftliche Bedingungen, Ursachen, betriebliche Strukturveränderungen oder ein unabwendbares Ereignis bedingt sein. Der Arbeitsausfall darf nicht durch branchenübliche, betriebsübliche oder saisonbedingte Faktoren und auch nicht durch betriebsorganistorische Gründe verursacht sein.

Die Entwicklung der Kurzarbeit ist der konjunkturellen Entwicklung gegenläufig. In Vollbeschäftigungsphasen gibt es kaum Kurzarbeit. Vor allem in Abschwungphasen, aber auch in der Rezession nimmt die Kurzarbeit erheblich zu.

c) Eingliederungsbeihilfen
Die Zielsetzung der Eingliederungsbeihilfen besteht in einem finanziellen Anreiz für die Arbeitgeber zur Einstellung Arbeitssuchender. Sie dienen nicht primär der Erhöhung des Beschäftigungsstandes, sondern einer Veränderung in der Struktur der Einstellungen: Die Beschäftigungschancen vor allem schwer vermittelbarer Arbeitskräfte sollen verbessert und adäquate Dauerarbeitsplätze eingerichtet werden.

Die Eingliederungsbeihilfen haben keine große Bedeutung erlangt, obwohl Evaluierungsstudien ergaben, daß die Verbleibquoten in der Arbeit relativ hoch waren. Eine dauerhafte Eingliederung konnte aber überwiegend nur mit einer Mehrfachförderung erreicht werden.[16]

d) Arbeitsbeschaffungsmaßnahmen (ABM)
Ebenfalls auf die Verhinderung bzw. Überwindung konjunktureller und struktureller

---

[15] Vgl. ebenda, S. 239; vgl. auch Klems, W., Schmid, A.: Langzeitarbeitslosigkeit, Berlin 1990.
[16] Vgl. z.B. Kühl, J.: Wirkungsanalyse der Arbeitsmarktpolitik, in: G. Bombach, B. Gahlen, A.E. Ott (Hg.): Arbeitsmärkte und Beschäftigung, Tübingen 1987, S. 355 ff.

Arbeitslosigkeit sind die Arbeitsbeschaffungsmaßnahmen ausgerichtet (§ 91 AFG). Mit den ABM sollen zusätzliche Beschäftigungsmöglichkeiten für arbeitslose Arbeitnehmer geschaffen werden; dabei sind vor allem die Problemgruppen des Arbeitsmarktes zu berücksichtigen. Träger dieser Maßnahmen sind vor allem Kommunen, Organisationen ohne Erwerbscharakter sowie freie Wohlfahrtsverbände.

In der Bundesrepublik haben die ABM zunehmende Bedeutung erlangt. Dies ist natürlich auf den allgemeinen Anstieg der Arbeitslosigkeit zurückzuführen. Daneben spielt aber auch die Überlegung eine Rolle, daß die Arbeitslosigkeit wegen der Bezahlung von Arbeitslosengeld und Arbeitslosenhilfe beträchtliche Kosten für die Beitragszahler und die öffentliche Hand verursacht. Außerdem werden von den Arbeitslosen keine Steuern und keine Beiträge zur Rentenversicherung gezahlt. U.a. aus diesen Gründen gilt es als sinnvoller, die finanziellen Aufwendungen für produktive Zwecke in gesellschaftlich nützlichen Bedarfsbereichen einzusetzen, als es bei den konsumorientierten Ausgaben der Arbeitslosenunterstützung zu belassen. Nach Schätzungen des IAB beliefen sich die gesamtfiskalischen Kosten der Arbeitslosigkeit 1989 auf fast 59 Mrd. DM (pro Arbeitslosen ca. 28 800 DM).[17] Selbst wenn man diesen Schätzungen nur begrenzten Aussagewert zurechnet, verdeutlichen sie doch die enormen Kosten der Arbeitslosigkeit und die Notwendigkeit, diese Ausgaben im Sinne der Gesellschaft als auch des einzelnen Arbeitslosen einzusetzen.

Wirkungsanalysen haben die Nützlichkeit der ABM belegt. So hat z.B. eine Untersuchung ergeben, daß ABM in hohem Maße auf schwer vermittelbare Personen ausgerichtet sind.[18] Außerdem ist der Übergang in ein nicht gefördertes Arbeitsverhältnis für diese Zielgruppe nach ABM günstiger als ohne, wenn auch der Anteil nicht allzu hoch ist.

Als besonderes Problem der ABM werden die Mitnahme- oder Substitutionseffekte angeführt. Obwohl es solche sicherlich gibt, scheint nach vorliegenden Kenntnissen ihre Bedeutung nicht sehr hoch zu sein; außerdem sind durch Kontrollmechanismen die Möglichkeiten dafür beschränkt worden.

Ebenso wie die Maßnahmen zur beruflichen Förderung unterliegen auch die ABM dem Auf und Ab der finanziellen Entwicklung. Stiegen die Ausgaben der BA für Arbeitslose oder aufgrund anderer Entwicklungen, wie z.B. durch die enorme Zunahme der Aus- und Übersiedler an, so wurden die Finanzmittel für ABM gekürzt.

3.6.4.4 Lohnersatzleistungen

Da das Hauptziel der Arbeitsmarktpolitik nach dem AFG in der Vorbeugung von Fehlentwicklungen bestehen soll, sind die Lohnersatzleistungen erst nach den Maßnahmen der aktiven Arbeitsmarktpolitik aufgeführt. Die Lohnersatzleistungen sind Geldzahlungen an arbeitslose Arbeitnehmer, die bereit sind, eine bezahlte Arbeit anzunehmen, für die aber kein Arbeitsplatz zur Verfügung steht. Die Geldleistungen an Arbeitslose zur Sicherung ihrer Existenz und als Gegenwert der bezahlten Beiträge gehören eigentlich zur Sozialpolitik. Trotzdem sind sie im AFG aufgeführt.

---

[17] Vgl. Spitznagel, E.: Die gesamtfiskalischen Kosten der Arbeitslosigkeit im Jahr 1989, „MittAB", 22. Jg. (1989), S. 471 f.
[18] Vgl. ders.: Zielgruppenorientierung und Eingliederungserfolg bei Allgemeinen Maßnahmen der Arbeitsbeschaffung (ABM), „MittAB", 22. Jg. (1989), S. 523 ff.

Die wichtigste Regelung umfaßt den Anspruch und die Zahlung von Arbeitslosengeld. Dieses Recht ist an bestimmte Anspruchsvoraussetzungen gebunden, die im Laufe der Zeit erheblichen Änderungen unterlagen. So wurde wegen der hohen Finanzlasten aufgrund der hohen Arbeitslosigkeit der finanzielle Anspruch kontinuierlich reduziert, für bestimmte Teilgruppen wie ältere Arbeitsnehmer aber auch erhöht.

Besteht kein Anspruch mehr auf Arbeitslosengeld, dann kann unter Vorliegen bestimmter Voraussetzungen Arbeitslosenhilfe bezogen werden. Dieser Anspruch besteht dann, wenn Bedürftigkeit vorliegt. Bedürftig ist ein(e) Arbeitslose(r), wenn er seinen Unterhalt nicht anderweitig bestreiten kann. Die Arbeitslosenhilfe muß vom Bund bezahlt werden.

Von den registrierten Arbeitslosen bezieht nur ein Teil Arbeitslosengeld und Arbeitslosenhilfe. Der Rest erfüllt die gesetzlichen Voraussetzungen für den Bezug nicht. Der Anteil der Bezieher von Arbeitslosengeld und Arbeitslosenhilfe unterlag je nach Entwicklung der Arbeitslosigkeit erheblichen Schwankungen. Die Zunahme der Dauer der Arbeitslosigkeit und der enorme Anstieg der Langzeitarbeitslosigkeit haben den Anteil der Arbeitslosenhilfeempfänger erhöht und die Sozialhilfeausgaben beträchtlich ansteigen lassen.

Schließlich ist noch auf das Konkursausfallgeld hinzuweisen. Bei Zahlungsunfähigkeit des Arbeitgebers haben die Arbeitnehmer Anspruch auf Ausgleich ihres ausgefallenen Arbeitsentgelts.

3.6.4.5 Finanzierung

Die Ausgaben der Bundesanstalt werden durch Beiträge der Beitragspflichtigen aufgebracht. Ausnahmen bilden die Umlagen für das Konkursausfallgeld und für die Winterbauförderung. Die Beitragssätze haben je nach wirtschaftlicher Situation eine unterschiedliche Höhe. Sie werden je zur Hälfte von Arbeitnehmern und Arbeitgebern aufgebracht. Der Bundesminister für Arbeit und Sozialordnung setzt sich nach Maßgabe der Finanzlage der Bundesanstalt unter Berücksichtigung der Wirtschafts- und Beschäftigungslage fest. Die Bemessungsgrundlage unterliegt einer Höchstgrenze, die jährlich entsprechend der Einkommensentwicklung angehoben wird.

Soweit die Bundesanstalt die erforderlichen Mittel nicht aus den Einnahmen decken kann, hat der Bund ein Darlehen zur Deckung des Defizits zu gewähren. Sofern der Bedarf auch durch Darlehen nicht gedeckt werden kann, muß der Bund Zuschüsse nach Art. 120 des Grundgesetzes leisten. Vom Bund sind auch die Ausgaben für die Arbeitslosenhilfe zu tragen.

3.6.5 Beschäftigungswirkungen der Arbeitsmarktpolitik

Berufliche Weiterbildung, Arbeitsbeschaffungsmaßnahmen und Kurzarbeit bilden den Kern einer aktiven Arbeitsmarktpolitik. Obwohl aufgrund der strukturellen Ausrichtung der Arbeitsmarktpolitik die zusätzliche Schaffung von Arbeitsplätzen durch das AFG beschränkt ist, sind mit diesen Maßnahmen doch beträchtliche Beschäftigungswirkungen und Entlastungseffekte verbunden. Tab. 2 vermittelt darüber einen Überblick. Die dort angegebenen Größen sind z.T. Schätzgrößen und daher mit einer gewissen Vorsicht aufzunehmen. Sie verdeutlichen aber die Größenordnung der Wirkungen. Die Beschäftigungseffekte umfassen die gesamten Effekte der angeführten Maßnahmen. Die Entlastungseffekte zeigen die Minderung der Arbeitslosenzahl an, die mit den Maßnahmen erzielt wurden.

Die Beschäftigungs- und Entlastungswirkungen der Kurzarbeit sind primär von der gesamtwirtschaftlichen und branchenmäßigen Produktionsentwicklung bestimmt. Hohe Arbeitslosigkeit geht mit einer starken Ausdehnung der Kurzarbeit einher und umgekehrt. Dies gilt teilweise auch für die anderen beiden Maßnahmen. Hier spielen aber auch finanzielle Entwicklungen und Restriktionen eine Rolle. So mußten z. B. die ABM 1989 und 1990 zurückgenommen werden, um neuen finanziellen Verpflichtungen nachzukommen und Finanzmittel einzusparen. Die Gesamteffekte der angeführten arbeitsmarktpolitischen Maßnahmen sind beachtlich. So entspricht z. B. der Entlastungseffekt 1990 ca. 18 Prozent der registrierten Arbeitslosen.

Tab. 2 Beschäftigungs- und Entlastungswirkungen arbeitsmarktpolitischer Maßnahmen auf Jahresbasis, BRD (West), 1973–1995, in Tsd.

Jahr	Beschäftigungswirkung				Entlastungswirkung			
	Kurz-arbeit	ABM	Weiter-bildung	Summe	Kurz-arbeit	ABM	Weiter-bildung	Summe
1973	16	4	100	120	11	3	68	82
1976	96	75	97	268	63	58	76	197
1978	50	90	63	203	33	77	52	162
1981	108	63	111	282	72	55	92	219
1984	132	105	128	365	92	95	118	305
1986	75	142	154	371	53	129	143	325
1988	70	161	199	430	49	146	181	376
1990	20	116	215	631	13	105	91	579
1992	88	110	250	677	59	99	220	594
1994	89	81	226	650	60	73	203	582
1995	48	100	257	667	32	91	245	621

Quelle: Autorengemeinschaft, Der Arbeitsmarkt in der Bundesrepublik Deutschland im Jahre 1983 – insgesamt und regional –, „MittAB" 16. Jg. (1983), S. 15; dies., Zur Arbeitsmarktentwicklung 1988/89, „MittAB", 21. Jg. (1988), S. 461; dies., Zur Arbeitsmarktentwicklung 1989/90, „MittAB", 22. Jg. (1989), S. 465; dies., Der Arbeitsmarkt 1995 und 1996 in der Bundesrepublik Deutschland, „MittAB", 29. Jg. (1996), S. 34.

3.6.6 Schlußbemerkung

Der Arbeitsmarkt ist durch Besonderheiten gekennzeichnet, die ihn von sonstigen Märkten unterscheiden. Es finden beträchtliche Bewegungen und Veränderungen statt, die arbeitsmarktpolitische Maßnahmen notwendig machen. In der Bundesrepublik erfolgt die Arbeitsmarktpolitik auf der Basis der AFG.

Im Mittelpunkt steht das Konzept einer aktiven Arbeitsmarktpolitik zur Verhinderung und Vermeidung von Arbeitslosigkeit. Diesem Ziel kann die auf dem AFG basierende Arbeitsmarktpolitik nicht gerecht werden, dem entspricht das zur Verfügung stehende Instrumentarium nicht: „Seit der ab 1975 bestehenden Massenarbeitslosigkeit muß das Gesetz unter Bedingungen angewendet werden, für die es nicht gemacht ist."[19]

---

[19] Lampert, H.: 20 Jahre Arbeitsförderungsgesetz, „MittAB", 22. Jg. (1989), S. 173.

Trotz dieser Beschränkungen kann die auf der Grundlage des AFG betriebene Arbeitsmarktpolitik als relativ erfolgreich klassifiziert werden. Diese Einschätzung belegen die beträchtlichen Beschäftigungs- und Entlastungseffekte der Maßnahmen, dies belegen auch die relativ guten Vermittlungsergebnisse von Teilnehmern auf dem Arbeitsmarkt, die an diesen Maßnahmen teilgenommen haben. Allerdings ist auch anzumerken, daß die Zielgruppen nicht immer im angestrebten Maß erreicht werden konnten und die Effizienz sicherlich erhöht werden kann.

Die Beschränkungen der arbeitsmarktpolitischen Wirksamkeit haben zu einer Diskussion über eine Reform der Arbeitsmarktpolitik geführt. Die dabei diskutierten Reformvorschläge reichen von einer Begrenzung der Arbeitsmarktpolitik auf ihre eigentlichen Aufgaben bis zu Vorschlägen, passive Lohnersatzleistungen zur Schaffung von Arbeitsplätzen zu verwenden, einen öffentlich geförderten Beschäftigungssektor zu etablieren bzw. erheblich auszudehnen, die aktive Arbeitsmarktpolitik aus Steuermitteln zu finanzieren, die Arbeitsmarktpolitik zu regionalisieren und mit einer regionalen Strukturpolitik zu verbinden etc.[20]

Literaturhinweise

Alex, L., Stooß, F. (Hg.): Berufsreport, Berlin 1996.
Buttler, F.: Vertragstheoretische Interpretationen von Arbeitsmarktinstitutionen, in: G. Bombach, B. Gahlen, A.E.Ott (Hg.): Arbeitsmärkte und Beschäftigung – Fakten, Analysen, Perspektiven, Tübingen 1987, S. 203 ff.
Engelen-Kefer, U. u. a.: Beschäftigungspolitik, 3. Aufl., Köln 1995.
Lampert, H.: 20 Jahre Arbeitsförderungsgesetz, „MittAB", 22. Jg. (1989), S. 173 ff.
Lampert, H., Englberger, J., Schüle, U.: Ordnungs- und prozeßpolitische Probleme der Arbeitsmarktpolitik in der Bundesrepublik Deutschland, Berlin 1991.
Mertens, D., Kühl, J.: Arbeitsmarkt I: Arbeitsmarktpolitik, Stuttgart etc. 1977, S. 279 ff.
Schmid, G.: Beschäftigungs- und Arbeitsmarktpolitik, in: Beyme, K.v., Schmidt, M. G.: Politik in der Bundesrepublik Deutschland, Opladen 1990, S. 228 ff.
Seifert, H. (Hg.): Reform der Arbeitsmarktpolitik, Köln 1995.

---

[20] Vgl. hierzu u. a. Seifert, H. (Hg.), Reform der Arbeitsmarktpolitik, Köln 1995; Gaß, G. u. a., Strategien gegen Langzeitarbeitslosigkeit, Berlin 1997. Schmid, G.: Europäische Wege aus der Arbeitslosigkeit, in: Wirtschaftsdienst, 75. Jg. (1995), S. 304 ff.

3.7 Bildung und Weiterbildung – technischer Fortschritt und Qualifikation
Hans-Jürgen Albers

3.7.1 Begriff, Ziele, Bereiche und Systeme von Bildung 231
3.7.2 Das allgemeine Bildungssystem 236
3.7.3 Das berufliche Bildungssystem 237
3.7.3.1 Zielsetzung und Grundlagen 237
3.7.3.2 Berufliche Erstausbildung im Dualen System 238
3.7.3.3 Berufliche Weiterbildung 240
3.7.4 Ökonomisch-technische Entwicklung und Qualifikationsanforderungen 241
Literaturhinweise 243

3.7.1 Begriff, Ziele, Bereiche und Systeme von Bildung

Der **Bildungsbegriff** leidet an einer eigenartigen Ambivalenz. Einerseits ist er einer der am häufigsten verwendeten Begriffe in den Humanwissenschaften, andererseits ist seine Bedeutung überaus vage und seine Verwendung uneinheitlich. Diese Mängel, die seine Eignung als Leitbegriff menschlicher Entwicklung beeinträchtigen, haben – vor allem in den sechziger und siebziger Jahren – zur Suche nach zweckmäßigeren Begriffen geführt. Da jedoch Ersatzbegriffe, wenn sie einen gleich weiten Aussageumfang anstreben, auch mit den gleichen Mängeln behaftet sind, hat sich an der Dominanz des Bildungsbegriffes wenig geändert; seit einigen Jahren scheint er sogar eine Renaissance zu erleben.

Sein Dilemma teilt der Bildungsbegriff mit einer Vielzahl anderer geisteswissenschaftlicher Begriffe. Bestimmungen von Gegenstand und Umfang sind objektivierbaren Messungen nicht zugänglich, sondern lediglich im Wege der Konsensbildung möglich. Grundsätzlich ist jedermann erlaubt, mit Bildung zu bezeichnen, was er damit bezeichnen möchte.

Weitgehende Einigkeit besteht heute darüber, daß es einen allgemeingültigen Begriff von Bildung nicht gibt, sondern daß das, was Bildung meint, für jede Epoche unter Berücksichtigung der spezifischen gesellschaftlich-historischen Bedingungen neu formuliert werden muß und daß Bildung lediglich einen Oberbegriff darstellt, der weiterer Differenzierungen und Konkretisierungen bedarf. Einvernehmen besteht auch darüber, daß Bildung sowohl einen Prozeß der Aneignung als auch einen Zustand von Erreichtem bezeichnet und daß Bildung nicht beliebiger Selbstzweck ist, sondern sich in den Anforderungen des realen Lebens bewähren muß. Nicht zuletzt besteht eine enge wechselseitige Abhängigkeit zwischen Bildungsbegriff einerseits und Bildungszielen und -inhalten andererseits. Bildung äußert sich letztlich in dem, was in „Bildungs"einrichtungen vermittelt bzw. erworben wird.

Trotz aller Unterschiede in der Begriffsverwendung ergibt sich ein gemeinsamer Kern im heute vorherrschenden Bildungsbegriff. Danach ist Bildung **Ausstattung des Individuums mit jenen Kenntnissen, Fertigkeiten, Fähigkeiten, Einsichten, Haltungen usw., die es ihm erlauben, in seinem sozialen, materialen, historischen und gesellschaftlichen Lebensumfeld eine eigenständige Persönlichkeit auszubilden und aus dieser heraus individuelle, gesellschaftliche und berufliche Aufgaben zu erkennen, verantwortlich zu prüfen und ggf. praktisch tüchtig zu meistern.**

In diesem Bildungsbegriff ist sowohl die Zielsetzung in allgemeiner Form enthalten als auch die Notwendigkeit weitergehender Differenzierungen angedeutet.

Von der Verantwortbarkeit her sind zunächst Selbstbildung und institutionalisierte Bildung zu unterscheiden. Die vom Individuum eigenständig organisierte Selbstbildung spielt vor allem im traditionellen, humanistisch geprägten Bildungsverständnis eine Rolle; heute wird Bildung weitestgehend mit institutionalisierten, insbesondere schulischen Lernprozessen gleichgesetzt. Schulen gelten als das Bildungswesen schlechthin. Hinsichtlich der Trägerschaft lassen sich weiterhin öffentliche und private Bildungsinstitutionen unterscheiden.

Die wohl folgenreichste und – trotz überaus zahlreicher wissenschaftlicher Bemühungen – bis heute nicht befriedigend aufgearbeitete Unterscheidung ist die von **Allgemeinbildung und Berufsbildung,** die den hier dargestellten Sachverhalt in besonderer Weise berührt. Die mit etlichem historischen und irrationalen Ballast befrachtete Diskussion um das Verhältnis beider Bildungsbereiche zueinander, um

Gemeinsamkeiten, Unterschiede, Wertigkeiten usw. hat wie kaum ein anderes Thema die bildungstheoretische und bildungspolitische Diskussion der letzten hundertfünfzig Jahre bestimmt.

Die vielschichtige Diskussion kann hier nicht nachvollzogen werden, wiewohl sie durchaus sowohl für den Zusammenhang von Bildung und Weiterbildung als auch allgemein für Adaption und Akzeptanz des wirtschaftlich-technischen Fortschritts durch das Bildungswesen beachtlichen Erklärungswert besitzt.

Insbesondere der Begriff der Allgemeinbildung – und seine Wandlungen – haben Bildungsverständnis und Bildungswesen seit Beginn des 19. Jahrhunderts in Deutschland entscheidend geprägt. Die insbesondere von Wilhelm von Humboldt propagierte Idee der allgemeinen Menschenbildung und die damit einhergehenden inhaltlichen und institutionellen Unterscheidungen führten zu der bis heute bestehenden Trennung von allgemeiner und beruflicher Bildung.

Vor allem in den ersten Jahrzehnten dieses Jahrhunderts hat es zahlreiche Versuche gegeben, die Gegensätze einzuebnen. Namen wie Georg Kerschensteiner, Alois Fischer, Eduard Spranger und Theodor Litt stehen für dieses Bemühen, das zumindest für den Bereich der Erziehungswissenschaft, weniger jedoch für das öffentliche Bildungsverständnis und für die Strukturen des Bildungswesens Erfolg hatte. Während es ihnen um Gleichwertigkeit und zweckmäßiges Miteinander bzw. Nacheinander von allgemeiner und beruflicher Bildung ging, waren in den sechziger und siebziger Jahren dieses Jahrhunderts zahlreiche theoretische und praktische Ansätze einer Integration (u. a. Kollegschule in Nordrhein-Westfalen) zu verzeichnen.

Beim genauen Hinsehen zeigt sich, daß Gegenstände der kontroversen Diskussion nicht in erster Linie Bildungsbegriff und Bildungsziele waren, sondern die Bildungsinhalte. Die Bedeutung von Bildungsinhalten resp. Lerninhalten ergibt sich auch ihrer Mittlerfunktion zwischen dem Bildungsziel/Lernziel und dem Bildungs- bzw. Lernergebnis. Bildung kann nicht im inhalteleeren Raum stattfinden. Das Ziel bedarf zu seiner Realisierung der Inhalte, und letzlich bestimmen die Inhalte das Ergebnis, nicht die bewußt oder unbewußt vorangestellten Ziele. Je besser die Inhalte die Ziele repräsentieren, um so mehr stimmen Ziel und Ergebnis überein. Hieraus ergibt sich die Auswahl geeigneter Inhalte als Kernaufgabe der Didaktik, wenn nicht der Bildung schlechthin. Die zentrale Frage lautet also: Welche Inhalte zählen zur allgemeinen und welche zur beruflichen Bildung? In der Vergangenheit wurde zumeist versucht, die Frage in Anlehnung an (Schul-)Fächer zu beantworten. Bestimmte Fächer (z. B. Latein, Geschichte, Deutsch usw.) wurden als allgemeinbildend, andere (z. B. Ökonomie, Technik usw.) als berufsbildend verstanden. Dieses Fächerdenken prägt bis heute noch weihin das öffentliche Bildungswesen in Deutschland und das Bildungsdenken der Mehrzahl der Menschen; einer entideologisierten Analyse hält diese Struktur jedoch nicht stand.

Ausgangspunkte der Betrachtung haben die im oben gekennzeichneten Bildungsbegriff bereits genannten Lebenssphären und die **Bedeutsamkeit** von Bildungsinhalten im Hinblick auf diese Lebenssphären zu sein. Dem Individuum stellen sich Anforderungen im privaten, gesellschaftlichen und beruflichen Bereich, die es bewältigen muß. Und Bildung soll das Individuum zur Bewältigung seiner Lebenssituationen befähigen.

Werden die Lebensanforderungen, die sich den Individuen in den drei Lebensbereichen stellen, miteinander verglichen, stellt sich heraus, daß zahlreiche Lebenssituationen im privaten und gesellschaftlichen Bereiche für alle Individuen, für die Allgemeinheit also, annähernd gleich sind. Die Bildungsinhalte, die auf diese Anforderungen vorbereiten, sollten folglich Gegenstand der Allgemeinbildung sein und nach Möglichkeit allen zugute kommen. Darüber hinaus ergeben sich aus individuellen Biographien, subjektiven Interessen usw. jedoch auch in diesen Bereichen bildungsrelevante Unterschiede, die im Wege einer den jeweiligen Ausprägungen angemessenen speziellen Bildung zu befriedigen sind.

Es zeigt sich aber auch, daß in der beruflichen Lebenssphäre die Situationen für die Individuen je nach ausgeübtem Beruf höchst unterschiedlich sind. Die berufsspezifischen Situationen und Anforderungen des Schreiners, Elektrikers, Versicherungskaufmanns, Rechtsanwalts oder eines der anderen ca. 20 000 Berufe weichen so sehr voneinander ab, daß ihnen nicht mehr mit einer gleichen Bildung für **alle,** sondern nur mit einer den Anforderungen der einzelnen Berufe gerecht werdenden, differenzierten und damit **speziellen** Bildung – eben der **Berufsbildung** – entsprochen werden kann. Gemeinsame – und damit einer allgemeinen Bildung zugängliche – Anforderungen bestehen nur hinsichtlich jeder Situationen, die mit der grundlegenden Tatsache einer Berufsausübung, aber noch nicht mit spezifischen Berufsanforderungen zusammenhängen. Berufsbildung erweist sich somit in ihrer notwendigen Differenzierung als jener Teil – allerdings als bedeutsamster Teil – der Spezialbildung, der zwar für private und öffentliche Lebenssituationen nicht ohne Belang ist, jedoch schwerpunktmäßig auf die Bewältigung beruflicher Situationen abhebt.

Unter dem Dach „Bildung" finden sich also sowohl die für alle bedeutsame und schwerpunktmäßig auf die Bewältigung gesellschaftlicher und privater Lebenssituationen vorbereitende „Allgemeinbildung" als auch die nur für bestimmt Gruppen bedeutsame Spezialbildung, die als „Sonstige Spezialbildung" ebenfalls auf die Bewältigung individuell bestimmter gesellschaftlicher und privater Lebenssituationen vorbereitet, und die „Berufsbildung", die in allgemeiner Ausprägung für jene Individuen bedeutsam ist, die einen Beruf ausüben oder ausüben wollen, und in spezifischer Form für jene Individuen bedeutsam ist, die einen **bestimmten** Beruf ausüben.

Eine Veranschaulichung dieser Struktur ist in Schaubild 1 auf S. 234 dargestellt, wobei aus Gründen der Übersichtlichkeit nur die vorrangigen Beziehungen zwischen Bildungs- und Lebensbereichen wiedergegeben sind. Selbstverständlich bestehen auch durchaus wichtige Beziehungen beispielsweise zwischen Allgemeinbildung und beruflichen Lebenssituationen und zwischen Berufsbildung und privaten und gesellschaftlichen Lebenssituationen.

Die unterschiedlichen Bildungsbereiche lassen sich zusammenfassend so kennzeichnen:

Allgemeinbildung: Ausstattung der Individuen mit jenen Kenntnissen, Fertigkeiten, Fähigkeiten, Einsichten, Haltungen usw., die ihnen eine personal verantwortbare Bewältigung der für **alle** strukturell gleichen Lebenssituationen, vor allem im privaten und gesellschaftlichen Lebensbereich, ermöglichen **(allgemeinbedeutsame Bildungsinhalte).**

Spezialbildung: Ausstattung der Individuen mit jenen Kenntnissen, Fertigkeiten, Fähigkeiten, Einsichten, Haltungen usw., die ihnen eine personal verantwortbare Bewältigung **bestimmer,** nach Beruf, Vorlieben usw. individuell unterschiedlicher Lebenssituationen ermöglichen. Die Spezialbildung ist das logische Pendant zur Allgemeinbildung. Ihre Inhalte sind unterschiedlich und jeweils nur für bestimmte Gruppen von Personen bedeutsam.

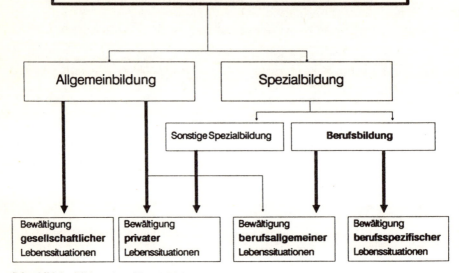

Schaubild 1 Bildungsbegriff und Bildungsbereiche

Berufsbildung: Ausstattung der Individuen mit jenen Kenntnissen, Fertigkeiten, Fähigkeiten, Einsichten, Haltungen usw., die ihnen eine personal verantwortbare Bewältigung **beruflicher** Lebenssituationen ermöglichen **(berufsbedeutsame Bildungsinhalte).** Im Gegensatz zur Allgemeinbildung ist von der Gesamtmenge berufsbedeutsamer Bildungsinhalte für ein einzelnes Individuum nur ein kleiner, auf **seine** Berufstätigkeit(en) bezogener Teil relevant **(individuell bedeutsame berufliche Bildungsinhalte).**

Die in Schaubild 2 auf S. 235 wiedergegebene Grundstruktur des deutschen Bildungswesens entspricht im wesentlichen der vorgenommen Differenzierung in Bildungsbereiche.

Mit **Weiterbildung,** oft auch synonym als **Erwachsenenbildung** bezeichnet, sind Formen organisierten Lernens gemeint, die nach Abschluß der allgemeinen und/oder beruflichen Erstausbildung – und zumeist nach einer mehr oder weniger langen Phase der Lernabstinenz – realisiert werden. Motive für die Weiterbildung liegen zum einen im Wunsch nach beruflicher Weiterentwicklung und zum anderen in der Befriedigung privater Lernwünsche. Auch im Bereich der Weiterbildung hat es sich daher eingebürgert, zwischen einer allgemeinen und einer berufsbezogenen Weiterbildung zu unterscheiden, wobei die Trennung jedoch nicht immer eindeutig vorgenommen werden kann. So finden sich beispielsweise im Fremdsprachenkurs einer Volkshochschule sowohl Teilnehmer, die die Kenntnisse für private Urlaubspläne verwenden wollen, als auch solche, die mit ihrer Hilfe berufliche Absichten verbinden. Hinter der beruflichen Weiterbildung, die quantitativ vorrangig ist, verbergen sich oft Lernnotwendig-

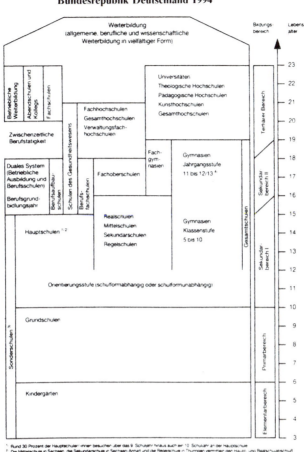

Schaubild 2 Grundstruktur des deutschen Bildungswesens

Quelle: Bundesminister für Bildung, Wissenschaft, Forschung und Technologie: Grund- und Strukturdaten 1995/96, S. 10.

keiten, die sich aus den raschen Veränderungen in der Arbeitswelt ergeben und ein lebenslanges Lernen erfordern.

Träger der allgemeinen Weiterbildung sind die öffentliche Hand (z. B. Volkshochschulen), Kirchen und eine Vielzahl von Interessenverbänden; die berufliche Weiterbildung wird vor allem von Betrieben, deren Verbänden (z. B. Industrie- und Handelkammern) sowie den Gewerkschaften getragen.

3.7.2 Das allgemeine Bildungssystem

In Deutschland findet sich, wie in den meisten Staaten, nicht nur eine Trennung von allgemeinen und beruflichen Bildungsinstitutionen, sondern auch ein zeitliches Nacheinander von Allgemeinbildung und Berufsbildung. Die Zuständigkeit für die Schulen liegt bei den Bundesländern (Kulturhoheit der Länder); dadurch ergeben sich trotz struktureller Gleichheit von Land zu Land gewisse Unterschiede.

Die erste Stufe der **allgemeinbildenden Schulen** wird gemeinhin mit dem Beginn der Schulpflicht angesetzt. Diese beginnt mit der ersten Klasse der Grundschule bzw. des Primarbereichs. Die Schulanfänger sind sechs oder sieben Jahre alt. Der vorausgehende Besuch des Kindergartens bzw. Elementarbereichs ist freiwillig und wird auch dann noch nicht zum eigentlichen Bildungssystem gerechnet, wenn er in Form einer Vorschule geführt wird.

Die vierjährige **Grundschule** bzw. die Klassenstufe 1 – 4 der integrierten Gesamtschule wird von allen Kindern besucht; sie vermittelt Grundkenntnisse und bereitet auf den Besuch weiterführender Schulen vor. Die Zahl der Schüler in Westdeutschland betrug 1960 3,1 Mio.; sie erreichte Anfang der siebziger Jahre mit rund 4 Mio. ihren vorläufig höchsten Stand und sank bis 1985 auf 2,3 Mio. Seit Mitte der achtziger ist wieder ein Anstieg festzustellen; 1994 betrug die Zahl in Deutschland 3,6 Mio. Nach Prognosen der Kultusministerkonferenz (KMK) soll die Schülerzahl bis zum Jahre 2015 wieder auf 2,8 Mio. sinken.

An die Grundschule schließt sich die zweijährige **Orientierungsstufe** an. Sie ist entweder den weiterführenden Schulen zugeordnet (schulartabhängige Orientierungsstufe) oder ein eigenständiger Schulabschnitt (schulartunabhängige Orientierungsstufe). In der Orientierungsstufe, bei der schulartabhängigen Form schon am Ende der Grundschule, fällt die gemeinsam von Kind, Eltern und Schule zu treffende wichtige Entscheidung über die weitere Schullaufbahn. Die schulartunabhängige Orientierungsstufe umfaßt die Klassenstufen 5 und 6; entsprechend beginnen die anschließenden weiterführenden Schulen bei Klassenstufe 7.

Weiterführende Schulen sind Hauptschule, Realschule und Gymnasium. Die **Hauptschule** umfaßt die Klassenstufen 5 bzw. 7 bis 9 (in Bundesländern mit zehnjähriger Vollzeitschulpflicht bis 10) und soll eine allgemeine Bildung als Grundlage für eine praktische Berufsausbildung vermitteln. Die Schülerzahl betrug in Westdeutschland 1960 2,1 Mio., stieg bis Mitte der siebziger Jahre auf 2,5 Mio. an und sank kontinuierlich bis 1994 auf 1,1 Mio.(Deutschland). Dieser Schwund ist nicht nur demographisch – wie bei der Grundschule – bedingt, sondern auch durch wachsende Übergangsquoten zu Realschulen und Gymnasien verursacht.

Die **Realschule** umfaßt die Klassenstufen 5 bzw. 7 bis 10 und vermittelt über einen mittleren Bildungsabschluß eine allgemeine Grundlage für gehobene Berufe; der Abschluß der Realschule berechtigt zum Besuch der Fachoberschule, des Fachgymnasiums oder zum Übergang auf ein Gymnasium in Aufbauform. 1960 besuchten in Westdeutschland 0,4 Mio. Schüler eine Realschule. Nach dem Höchststand von ca. 1,3 Mio. zu Beginn der achtziger Jahre sank die Schülerzahl auf 1,1 Mio. im Jahre 1994 (Deutschland).

Das **Gymnasium** umfaßt die Klassenstufen 5 bzw. 7 bis 13. Das Abschlußzeugnis gilt als Befähigungsnachweis zum Studium an Hochschulen. Die Gymnasien sind nach Schwerpunktprofilen differenziert (mathematisch-naturwissenschaftlich, neusprachlich, wirtschaftswissenschaftlich usw.). Sie wurden 1960 in Westdeutschland von 0,9 Mio., 1994 in Deutschland von 2,1 Mio. Schülern besucht.

Im Jahre 1994 besuchten in Deutschland eine 7. Klasse, also nach Ende der Orientierungsstufe, insgesamt 893 729 Schüler. Die Schullaufbahnentscheidung wird in erster Linie auf Grund der schulischen Leistungen in der Grundschule oder der Orientierungsstufe getroffen; in aller Regel fällt die Entscheidung für die mögliche höhere Schulart. Somit läßt sich grob sagen, daß das beste Drittel eines Altersjahrgangs zum Gymnasium geht, das mittlere Drittel die Realschule besucht und das schlechteste Drittel auf der Hauptschule bleibt. Damit hat die Hauptschule den in ihrer Bezeichnung suggerierten Charakter weitestgehend verloren; etwas diskriminierend wird von ihr bereits als einer Restschule gesprochen.

Das durch Hauptschule, Realschule und Gmnasium gekennzeichnete dreigliedrige Schulsystem herrscht in den Bundesländern vor. Seit den sechziger Jahren existieren jedoch auch **Gesamtschulen,** in denen die verschiedenen Schularten in unterschiedlicher organisatorischer und inhaltlicher Ausgestaltung zusammengefaßt sind. In den sog. integrierten Gesamtschulen können die Schüler sowohl Haupt-, Real- aus auch Gymnasialabschluß erwerben. 1994 bestanden in Deutschland 957 Gesamtschulen.

Absolventen von Haupt- und Realschulen wechseln überwiegend in das Beschäftigungssystem, absolvieren eine Berufsausbildung und erfüllen ihre restliche Schulpflicht im Rahmen des beruflichen Bildungssystems. Von den rund 217 000 Abiturienten des Jahres 1994 mit allgemeiner Hochschulreife wollten 34 % sofort ein Studium aufnehmen (weiblich: 47 %, männlich: 21 %), 28 % strebten eine berufliche Ausbildung an (weiblich: 38 %, männlich: 16 %), für 39 % stand zunächst Wehr- und Zivildienst oder sonstiges an (weiblich: 15 %, männlich: 63 %).

3.7.3 Das berufliche Bildungssystem

3.7.3.1 Zielsetzung und Grundlagen

Ziel des beruflichen Bildungssystems ist es, durch eine gewisse Vertiefung und Verbreiterung der Allgemeinbildung, vor allem aber durch die Vermittlung berufsrelevanter Kenntnisse, Fertigkeiten und Fähigkeiten, die Lernenden zur Bewältigung berufsbezogener Anforderungen zu befähigen.

Nach § 1 Berufsbildungsgesetz (BBiG) vom 14. August 1969 gehören zur Berufsbildung die „Berufsausbildung, die berufliche Fortbildung und die berufliche Umschulung. Die **Berufsausbildung** hat eine breit angelegte berufliche Grundbildung und die für die Ausübung einer qualifizierten Tätigkeit notwendigen fachlichen Fertigkeiten und Kenntnisse in einem geordneten Ausbildungsgang zu vermitteln ...Die berufliche **Fortbildung** soll es ermöglichen, die berufliche Kenntnisse und Fertigkeiten zu erhalten, zu erweitern, der technischen Entwicklung anzupassen oder beruflich aufzusteigen. Die berufliche **Umschulung** soll zu einer anderen beruflichen Tätigkeit befähigen."

Wichtigste Grundlagen im Bereich der beruflichen Bildung sind das Berufsbildungsgesetz und die Schulgesetze der Länder: aber auch andere Gesetze (z. B. Arbeitsförderungsgesetz, Jugendarbeitsschutzgesetz, Betriebsverfassungsgesetz, Handwerksordnung) und Verordnungen (z. B. Ausbilder-Eignungsverordnungen, Berufsgrundbildungsjahr-Anrechnungsverordnungen) enthalten wichtige Regelungen.

Institutionell wird das System beruflicher Bildung von zwei großen Säulen getragen: den beruflichen Schulen und den Betrieben („**Duales System** der beruflichen Bildung"). Insbesondere die **berufliche Erstausbildung** wird von den **Lernort**bereichen „Schule" und „Betrieb" gemeinsam durchgeführt. Fort- bzw. Weiterbildung wird überwiegend von Betrieben und Wirtschaftsverbänden, Umschulung von der Bundesanstalt für Arbeit organisiert. Die in jüngster Zeit an Bedeutung zunehmenden **überbetrieblichen Unterweisungsstätten** werden teils dem Lernortbereich Betrieb zugeordnet, teils als eigener Lernortbereich geführt. In der Tat nehmen sie eine Mittelposition ein, da sie einerseits zwar an die privatwirtschaftlich getragene betriebliche Ausbildung gekoppelt sind, andererseits aber organisatorisch eigenständig sind und – ähnlich den Schulen – einen hohen Pädagogisierungsgrad besitzen.

3.7.3.2 Berufliche Erstausbildung im Dualen System

Die **berufliche Erstausbildung („Lehre")** findet fast ausschließlich in dem von beruflichen Schulen und Betrieben gebildeten Dualen System statt. Die vollzeitschulische Berufsausbildung spielt quantitativ keine große Rolle, zumal viele Absolventen anschließend noch eine Ausbildung im Dualen System durchlaufen.

Die traditionelle Arbeitsteilung, wonach die beruflichen Schulen theoriegeleiteten Unterricht und die Betriebe praxisorientierte Unterweisung betreiben, gilt heute nicht mehr uneingeschränkt. Praxisräume in den Schulen sowie pädagogische Systematisierung und Organisation der betrieblichen Ausbildung (z. B. in Lehrwerkstätten) haben zu einer teilweisen Überschneidung der Tätigkeitsfelder geführt.

Jugendliche unter achtzehn Jahren dürfen nur in einem staatlich anerkannten Ausbildungsberuf ausgebildet werden. Die Anerkennung obliegt dem Bundesminister für Wirtschaft oder dem sonst zuständigen Fachminister im Einvernehmen mit dem Bundesminister für Bildung und Wissenschaft. Die anerkannten Ausbildungsberufe werden alljährlich in einem Verzeichnis zusammengefaßt und im Bundesanzeiger veröffentlicht: 1994 enthielt es 375 Ausbildungsberufe.

Durch den Dualismus in der beruflichen Ausbildung haben auch die Auszubildenden auf zwei Schultern zu tragen. Der Ausbildungsvertrag wird mit einem Betrieb geschlossen, der auch die Verantwortung für eine inhaltlich und organisatorisch ordnungsgemäße Ausbildung trägt. Gleichzeitig unterliegen die Auszubildenden, sofern sie nicht das 18. Lebensjahr vollendet oder auf andere Weise ihre Schulpflicht erfüllt haben, der Pflicht zum Besuch der Berufsschule. Ein bis zwei Wochentage verbringt der Auszubildende in der Berufsschule, die übrige Zeit im Betrieb. Die Phasen betrieblicher und schulischer Ausbildung können auch zu Blöcken zusammengefaßt werden (Blockunterricht).

Die gleichzeitige Ausbildung in Schule und Betrieb hat Vor- und Nachteile, wobei jedoch nach fast einhelliger Meinung aller Beteiligten die Vorteile überwiegen. Für den Betrieb sprechen u. a. Realitätsnähe und Ernstcharakter, für die Schule u. a. die Möglichkeiten, Lerngegenstände unabhängig von betrieblichen Besonderheiten zu systematisieren und den Lernprozeß – unabhängig von Zufälligkeiten der betrieblichen Auftragslage – nach pädagogischen Kriterien zu gestalten. Die Vorteile – aber auch die Nachteile – unmittelbarer betrieblicher, d. h. arbeitsplatzbezogener Ausbildung mindern sich durch die Verbreitung der Lehrwerkstätten und überbetrieblichen Unterweisungsstätten.

Der Verbund der beiden Lernorte Schule und Betrieb führt dazu, daß in der Ausbildung zwei Bereiche miteinander kombiniert werden, in denen für gleiche Aspekte jeweils unterschiedliche Bedingungen gelten. Die nachfolgende Gegenüberstellung soll einen Überblick über das System ermöglichen und die Ausführungen zu den beiden „Säulen" verständlicher machen, indem sie die Einordnung erleichtern.

Duales System der beruflichen Bildung

	Schulische Ausbildung	Betriebliche Ausbildung
Sphäre	öffentlich	privatwirtschaftlich
Gesetzliche Zuständigkeit	Bundesländer	Bund
Gesetzliche Regelung	Schulgesetze	Berufsbildungsgesetz
Lernort	Schule(n)	Betrieb. Lehrwerkstatt
Grundlage	Schulpflicht	Ausbildungsvertrag
Inhaltliche Regelung	Lehrpläne	Ausbildungsordnungen
Adressaten	Schüler	Auszubildende
Lehrende	Lehrer	Ausbilder

Der schulische Teil der beruflichen Ausbildung liegt in öffentlicher Verantwortung. Die Gesetzgebung obliegt den einzelnen Bundesländern. Jedes Bundesland hat jeweils in seinen Schulgesetzen die Einzelheiten festgelegt, was zum Teil zu unterschiedlichen Regelungen führt. Die Länder sind auch für die personelle Ausstattung der beruflichen Schulen zuständig. Die räumliche und sächliche Ausstattung obliegt kommunalen Trägern (Städte, Landkreise). Der betriebliche Teil der Ausbildung liegt in den Händen der zumeist privatwirtschaftlichen Betriebe, die zu Ausbildungsleistungen grundsätzlich nicht verpflichtet sind. Ausbildungsbetriebe müssen ihre Eignung nachweisen, bestimmte Mindestbedingungen und Pflichten erfüllen (BBiG §§ 6 ff. und 20 ff.). Gesetzlich zuständig ist der Bund. Damit bestehen für die betriebliche Ausbildung bundesweit einheitliche Regelungen, die im Berufsbildungsgesetz niedergelegt sind.

Lernorte für die schulische Ausbildung sind Schulen einschl. der vorhandenen Schulwerkstätten. Unterschieden werden kaufmännische, gewerbliche, haushaltswissenschaftliche und landwirtschaftliche Berufsschulen. Nach dem ersten Ausbildungsjahr, das eine breitere Ausbildung auf Berufsfeldebene anstrebt, geschieht die Unterrichtung zumeist berufsspezifisch in Fachklassen. Grundlage des Schulbesuchs ist die gesetzliche Schulpflicht. Die schulische Ausbildung ist vorwiegend theoriebetont, ihre Inhalte und deren Gliederung sind in Lehrplänen festgelegt. Für den schulischen Teil der Ausbildung sind die Jugendlichen Schüler; die Lehrenden sind Lehrer (in der Regel Landesbeamte mit akademischer Ausbildung).

Lernorte für die betriebliche Ausbildung sind Arbeitsplatz, Lehrwerkstätten und überbetriebliche Unterweisungsstätten. Rechtliche Grundlage ist ein privatrechtlicher Ausbildungsvertrag zwischen Ausbildendem (Lehrherrn) und Auszubildendem (Lehrling); der Vertrag muß schriftlich abgefaßt und von den Vertragsparteien sowie dem gesetzlichen Vertreter des Auszubildenen unterschrieben werden. Für die Inhalte des Vertrages gelten Mindestanforderungen (BBiG § 4). Die betriebliche Ausbildung ist vorwiegend praxisbetont, wobei jedoch die zunehmenden Anforderungen eine – von Beruf zu Beruf unterschiedliche – zunehmende theoretische Anreicherung der praktischen Unterweisung erfordern. Inhaltliche Grundlage der betrieblichen Ausbildung – und das Pendant zu den schulischen Lehrplänen – ist die für jeden Beruf bestehende **Ausbildungsordnung**. Darin ist u. a. festgelegt die Ausbildungsdauer, die zu vermittelnden Fertigkeiten und Kenntnisse (**Ausbildungsberufsbild**), eine Anleitung zur sachlichen und zeitlichen Gliederung (**Ausbildungsrahmenplan**) sowie die Prüfungsanforderungen. Im Betrieb sind die Jugendlichen Auszubildende. Die Lehrenden sind Ausbilder, in der Regel Meister, die ihre Eignung durch Ablegen der Ausbilder-Eignungsprüfung nachgewiesen haben.

Die nicht einfache Zusammenarbeit und Abstimmung zweier so unterschiedlicher Bildungsorte (**„Didaktische Parallelität"**) wird durch die unterschiedlichen gesetzlichen und administrativen Zuständigkeiten noch erschwert. Einem zu weiten Auseinanderdriften der Bildungswege wird entgegengewirkt durch Rahmenvereinbarungen und Rahmenlehrpläne auf der Ebene der Kultusministerkonferenz (KMK), die sowohl einheitliche Maßgaben für die einzelnen Bundesländer vorsehen als auch eine Abstimmung mit den für die betriebliche Ausbildung geltenden sachlichen und zeitlichen Inhalten der Ausbildungsordnungen vornehmen.

Der weitaus überwiegende Teil der beruflichen Bildung vollzieht sich im Dualen System. Neben den dort vertretenen Lernorten bestehen weitere berufliche Schulen. Im Interesse einer einheitlichen Nomenklatur hat die Kultusministerkonferenz am 8.12.1975 „Bezeichnungen zur Gliederung des beruflichen Schulwesens" erlassen. Danach bestehen im wesentlichen fünf Arten berufsbildender Schulen, innerhalb derer jedoch zahlreiche Varianten – zum Teil noch mit Unterschieden zwischen den Bundesländern – existieren. Außer der bereits behandelten Berufsschule sind dies die Berufsfachschule, die Berufsaufbauschule, die Fachoberschule und die Fachschule. Eine genauere Beschreibung von Zielen, Eingangsvoraussetzungen, Dauer usw. dieser Schulen würde hier zu weit führen. Jedes Landesschulgesetz enthält eine für das jeweilige Bundesland zutreffende Kennzeichnung. Neben den Grundformen werden in einzelnen Bundesländern weitere Bezeichnungen für berufliche Schulen verwendet, wobei die Schularten nur z. T. mit den bisher beschriebenen übereinstimmen; hierzu gehören Berufsoberschule, Berufskolleg, Fachakademie, Berufsakademie und Berufliche Gymnasien.

Die folgende Tabelle gibt einen Überblick über die Schülerzahlen an den verschiedenen beruflichen Schularten:

Tab. Schüler berufsbildender Schularten 1994

	Gesamt (inTsd)	Anteil an der Gesamtschülerzahl %	Anteil weiblicher Schüler %
Berufsschulen	1563,9	64,4	41,1
Berufsvorbereitungsjahr	51,7	2,1	37,9
Berufsgrundbildungsjahr	98,1	4,0	29,4
Berufsaufbauschulen	4,7	0,2	36,2
Berufsfachschulen	295,0	12,2	64,2
Fachoberschulen	81,9	3,4	41,9
Fachgymnasien	85,9	3,5	46,0
Fachschulen	158,3	6,5	45,7
Sonstige	88,0	3,6	43,8
Summe	2427,5	100	

Quelle: Der Bundesminister für Bildung, Wissenschaft, Forschung und Technologie: Grund- und Strukturdaten 1995/96, S. 48 f., 56 f.; eigene Berechnungen

3.7.3.3 Berufliche Weiterbildung

Berufliche Weiterbildung soll zum einen einen Beitrag zur Persönlichkeitsentwicklung des Berufstätigen leisten und zum anderen – aufbauend auf den Grundlagen der beruflichen Erstausbildung – ein quantitativ und qualitativ ausreichendes Qualifikationspotential für den Arbeitsmarkt sichern bzw. bereitstellen. Angesichts der Vielzahl und Unterschiedlichkeit von Zielen, Inhalten, Trägern, Adressaten und rechtlichen Grundlagen kann schwerlich von einem „System" gesprochen werden. Wenn von beruflicher Weiterbildung gesprochen wird, sind in der Regel institutionalisierte Lernprozesse (einschließlich Fernunterricht) gemeint, die an die allgemeine Schulbildung, eine berufliche Erstausbildung und/oder mehrjährige Arbeitserfahrung anknüpfen und beruflichen Zwecken dienen. Daneben findet gerade im Bereich der beruflichen Weiterbildung in beträchtlichem Umfange Selbststudium statt. Der Hochschulbereich wird in die übliche Begriffsverwendung nicht mit einbezogen.

Berufliche Weiterbildung findet statt in Betrieben und außerbetrieblichen Einrichtungen, in Fachschulen, in Volkshochschulen und ähnlichen Einrichtungen, Umschulungszentren und Berufsförderungswerken, Träger sind staatliche, öffentlich-rechtliche und private Institutionen. Wichtigste gesetzliche Grundlagen sind das Berufsbildungsgesetz, das Arbeitsförderungsgesetz, die Schulgesetze der Länder, die Erwachsenen-(Weiter-)bildungsgesetze.

Die berufliche Weiterbildung wird von den Arbeitnehmern in zunehmendem Maße als Notwendigkeit bzw. Chance erkannt. Die Zahl der Teilnehmer an Maßnahmen zur beruflichen Fortbildung und Umschulung mit bestandener Abschlußprüfung betrug 1993 ca. 132.000. Nach Schätzungen des Instituts der deutschen Wirtschaft gaben die Unternehmen 1992 für die betriebliche Weiterbildung 36,5 Mrd. DM aus; davon entfielen 13 Mrd. DM auf interne Veranstaltungen.

Zur Förderung der Weiterbildung ist die „Konzertierte Aktion Weiterbildung" ins Leben gerufen worden, die sich aus Vertretern von Bund, Ländern und Gemeinden, der Spitzenverbände der Wirtschaft, der Gewerkschaften, der Kirchen, der Hochschulen, Volkshochschulen und der Kulturarbeit in der Bundesrepublik Deutschland zusammengesetzt und in sechs Arbeitskreisen (1. „Weiterbildung und Öffentlichkeitsarbeit", 2. „Personale und soziale Kompetenzen", 3. „Berufliche Weiterbildung und Neue Technologien", 4. „Wissenschaftliche Weiterbildung", 5. „Bundeswehr und Weiterbildung", 6. „Weiterbildung und Medien") die Weiterbildung auf breiter Basis fördern soll, ohne jedoch die bestehenden Strukturen und Kompetenzen zu verändern.

3.7.4 Ökonomisch-technische Entwicklung und Qualifikationsanforderungen

Der **ökonomisch-technische Wandel** ist so offenkundig und verändert die Lebensbedingungen jedes einzelnen im privaten, gesellschaftlichen und vor allem beruflichen Bereich so nachhaltig, daß er fast schon zu einer charakterisierenden Bezeichnung der derzeitigen Epoche geworden ist. Darüber hinaus hat die Entwicklung der letzten 150 Jahre auch die Menschen selbst in ihrem Denken, Fühlen und Wollen, in ihrem Selbst- und Weltverständnis entscheidend geprägt. Ohne Elektrizität, Fernsehen, Auto usw. wären wir alle nicht so, wie wir sind.

Derart massive Veränderungen der Lebenswelt hinterlassen ihre Spuren natürlich auch im Bildungssystem. Die Bewältigung des Wandels wird zur Aufgabe schlechthin. Betroffen von der Entwicklung ist das gesamte Bildungssystem, da sich neue Anforderungen auch für den privaten und gesellschaftlichen Bereich ergeben. Im Vordergrund der vorliegenden Betrachtungen stehen jedoch die Veränderungen in der Arbeitswelt und deren Auswirkungen auf Qualifikationsanforderungen der Beschäftigten.

Die ökonomisch-technische Entwicklung führt aus Gründen des Wettbewerbs und der Marktanpassung zu besonders schnellen und besonders umfassenden Adaptionen in der Wirtschaft und setzt dort gewissermaßen eine Kettenreaktion in Gang: Veränderungen in der Arbeitswelt führen zu veränderten Qualifikationsanforderungen an die Beschäftigten und diese wiederum zu neuen Anforderungen an die Qualifizierungsprozesse.

Die Veränderungen in der unmittelbaren Arbeitswelt bewirken einen umfassenden **technisch-organisatorischen Wandel;** sie beziehen sich sowohl auf Produkte **(Produktinnovation)** als auch auf Produktionsmittel, Arbeitsverfahren und damit einhergehend auf neue Kommunikationsstrukturen **(Prozeßinnovation).** Wesentliches Merkmal ist auch der rasche Wissensumschlag und der stetige Wissenszuwachs. Aufgrund der kurzen Innovationszeiten veraltet angesammeltes Wissen immer schneller und bedarf einer häufigen und schnellen Aktualisierung und Erweiterung. Einschlägige Schätzungen gehen davon aus, daß in 5 bis 7 Jahren etwa 50% des Berufswissens veralten und daß sich das technische Wissen derzeit etwa alle zehn Jahre verdoppelt.

Neben diesen arbeitsplatzbezogenen Veränderungen hat der umfassende gesellschaftliche Wandel, von dem die ökonomisch-technische Entwicklung ein Teilaspekt ist, weitere qualifikationsrelevante Folgen. So werden beispielsweise viele der bisherigen Arbeitsplätze abgebaut, neue, andere Arbeitsplätze geschaffen. In zahlreichen Berufen ergibt sich hieraus ein Rückgang, in anderen Berufen ein Ansteigen der Beschäftigtenzahlen, zum Teil entstehen gänzlich neue Berufe. Dieser Trend wird noch überlagert von jenen strukturellen Verschiebungen vom landwirtschaftlichen über den produzierenden Sektor zum Dienstleistungssektor, die noch immer nicht zum Stillstand gekommen sind. Derartige Veränderungen können nicht nur durch natürliche Fluktuation bewältigt werden. Eine nicht unbeträchtliche Anzahl von Berufstätigen muß im Laufe ihres Lebens einmal oder gar mehrmals den Beruf wechseln und sich damit oft ganz neuen und anders gearteten Qualifikationsanforderungen stellen.

Auch bei den Adressaten beruflicher Bildung haben Veränderungen stattgefunden. Zum einen hat die Vorbildung der Beschäftigten in den letzten Jahrzehnten quantitativ und qualitativ zugenommen. Immer mehr Mitarbeiter treten aufgrund längerer und intensiver Schulausbildung mit einem höheren Lebensalter, mit einer höheren Allgemeinbildung und i. d. R. größeren Lernerfahrungen und Lernfähigkeiten in die Arbeitswelt ein. Zum anderen hat ein Wandel in den arbeits- und berufsbezogenen Einstellungen und Wertvorstellungen, nicht nur der jungen Menschen, stattgefunden. Kern dieses sog. **Wertewandels** ist, daß immer mehr Menschen eine subjektiv angemessene Balance zwischen Persönlichkeit, Arbeit, Freizeit und anderen Aspekten des Lebens suchen. Die früher alles überragende Bedeutung der Berufsarbeit für das Leben der Menschen ist zurückgegangen, und andere Lebensbereiche haben sowohl quantitativ als auch qualitativ ein größeres Gewicht gewonnen.

Eng mit den Veränderungen am Arbeitsplatz verbunden ist ein weiter Aspekt, der jedoch eine eigenständige Bedeutung besitzt: der Rückgang der Arbeitsteilung. Die über Jahrzehnte vorangetriebene Trennung in planerische und gestaltende Arbeiten einerseits und in ausführende Tätigkeiten andererseits und eine scheinbar in infinitum fortschreitende Arbeitszerlegung vor allem der ausführenden Tätigkeiten ist nicht nur zum Stillstand gekommen, sie macht – bedingt durch den Einsatz moderner Technologien aber auch als Folge eines veränderten Verständnisses vom arbeitenden Menschen und von einer humanisierten Arbeitswelt – einer wieder stärkeren Bündelung von Tätigkeiten und Anforderungen Platz.

Die Entwicklung, die hier nur grob skizziert werden kann, dürfte insgesamt zu einem Rückgang körperlicher Belastungen und einer Zunahme geistiger Beanspruchungen führen. Die neuen Qualifikationsanforderungen, die häufig mit dem Sammelbegriff

"**Schlüsselqualifikationen**" bezeichnet werden, umfassen u. a. Lernfähigkeit, planerisches Denken, Prozeßverständnis, analytische Fähigkeiten, Flexibilität, Selbständigkeit, Kommunikations- und Kooperationsfähigkeit usw.

Die aus der ökonomisch-technischen Entwicklung resultierenden Qualifikationsanforderungen lassen sich heute weniger denn je innerhalb einer zeitlich begrenzten Berufsausbildung vermitteln bzw. erwerben. Der Zwang zum ständigen Neu-, Um- und Hinzulernen macht die berufliche Weiterbildung zu einem immer wichtigeren Teil des Bildungssystems.

Literaturhinweise

Albers, H.-J.: Allgemeine sozio-ökonomisch-technische Bildung. Zur Begründung ökonomischer und technischer Elemente in den Curricula allgemeinbildenden Unterrichts. – Köln, Wien 1987 – (Wirtschafts- und Berufspädagogik in Forschung und Praxis, Bd. 7)

Albers, H.-J.: Wirtschaftsentwicklung und Aus- und Weiterbildung. In: Rosa, S./Schart, D./Sommer, D.-H. (Hrsg.): Fachübergreifende Qualifikationen und betriebliche Aus- und Weiterbildung. – Esslingen 1988, S. 31–49 – (Stuttgarter Beiträge zur Berufs- und Wirtschaftspädagogik, Bd. 5)

Albers, H.-J.: Didaktische und methodische Konsequenzen moderner Qualifikationsanforderungen für die betriebliche Bildungsarbeit. In: Rosa, S./Schart, D./Sommer, K.-H. (Hrsg.): Fachübergreifende Qualifikationen und betriebliche Aus- und Weiterbildung. – Esslingen 1988, S. 81–100 – (Stuttgarter Beiträge zur Berufs- und Wirtschaftspädagogik, Bd. 5)

Albers, H.-J.: Das berufliche Bildungswesen in der Bundesrepublik Deutschland. In: Pädagogik. Handbuch für Studium und Praxis/Leo Roth (Hrsg.). – München 1991, S. 342–347

Becker, M.: Industrielle Arbeit und Bildung. – Baltmannsweiler 1988 – (Schriftenreihe Wirtschaftsdidaktik, Bd. 11)

Blankertz, H.: Bildungsbegriff. In: Dahmer, I./Klafki, W. (Hrsg.): Geisteswissenschaftliche Pädagogik am Ausgang ihrer Epoche – Erich Weniger. Weinheim, Berlin 1968, S. 103-113

Bundesminister für Bildung und Wissenschaft: Berufsbildungsbericht (erscheint jährlich)

Deutscher Industrie- und Handelstag: Berufsausbildung in der Bundesrepublik Deutschland. – Bonn 1982 (deutsch, englisch, französisch)

Grote, G.: Technisch-organisatorischer Wandel, Qualifikation und Berufsbildung. – Bergisch Gladbach 1987 (Wirtschafts- und Berufspädagogische Schriften, Bd. 4)

Kern, H./Schumann, M.: Das Ende der Arbeitsteilung? – München 1984

Mertens, D.: Schlüsselqualifikationen. In: Mitteilungen aus der Arbeitsmarkt- und Berufsforschung, 7. Jahrg., 1974, S. 36–43

Müllges. U. (Hrsg.): Handbuch der Berufs- und Wirtschaftspädagogik: 2. Bände. – Düsseldorf 1979

Münch, J.: Das berufliche Bildungswesen in der Bundesrepublik Deutschland. – Luxemburg: Amt für amtliche Veröffentlichungen der Europäischen Gemeinschaften, 1982

Robinsohn, S. B.: Bildungsreform als Revision des Curriculum. – Neuwied 1967

Schmiel, M./Sommer, K.-H.: Lehrbuch Berufs- und Wirtschaftspädagogik. – München 1985

Sommer, K.-H.: Betriebliche Ausbildung. In: Pädagogik. Handbuch für Studium und Praxis/ Leo Roth (Hrsg.). – München 1991

Stratmann, K.: Quellen zur Geschichte der Berufserziehung. Wuppertal 1969

3.8 Technischer Wandel und Beschäftigung
Alfons Schmid

3.8.1	Einleitung	247
3.8.2	Technik und technologische Arbeitslosigkeit	247
3.8.3	Beschäftigungseffekte technischen Wandels	249
3.8.3.1	Ein systematischer Überblick	249
3.8.3.2	Theoretische Erklärungsansätze	252
3.8.4	Empirischer Befund	255
3.8.4.1	Gesamtwirtschaftliche Entwicklung	255
3.8.4.2	Strukturelle Entwicklung	257
3.8.4.3	Einzelwirtschaftliche Ebene	259
3.8.5	Qualifikationseffekte neuer Technologien	260
3.8.6	Ergebnis	261
Literaturhinweise		262

3.8.1 Einleitung

Die langanhaltende hohe Arbeitslosigkeit hat in der Bundesrepublik wie in anderen Industrieländern mit dazu beigetragen, daß die Bedeutung der Technik für die Beschäftigungs- und Arbeitsmarktentwicklung wieder stärker diskutiert wird. In den Wirtschafts- und Sozialwissenschaften gehen ebenso wie in der Öffentlichkeit die Meinungen darüber auseinander, welche Auswirkungen die Einführung und Verbreitung neuer Techniken auf die Quantität und Qualität der Arbeitsplätze hat. Vor allem die auf der Mikroelektronik basierenden neuen Informations- und Kommunikationstechnologien gelten als „Job-Killer" oder als „Job-Knüller". Außer diesen quantitativen Wirkungen werden ihnen u. a. auch qualifikationserhöhende und qualifikationsvernichtende, hierarchieverstärkende und hierarchievermindernde, kontrollsteigernde und kontrollverringernde Effekte zugeschrieben.

Von dieser Vielzahl der mit dem technologischen Wandel verbundenen Auswirkungen auf Beschäftigung und Arbeitsmarkt stehen in diesem Beitrag die quantitativen Beschäftigungseffekte im Mittelpunkt. Außerdem werden einige Qualifikationseffekte neuer Technologien angesprochen. Es soll die Frage beantwortet werden, ob die neuen Technologien zu technologischer Arbeitslosigkeit führen oder nicht. Nach der Klärung der grundlegenden Begriffe „Technik" und „technologische Arbeitslosigkeit" wird ein systematischer Überblick über die potentiellen Beschäftigungseffekte technischer Neuerungen und über die theoretische Diskussion des Zusammenhangs von technischem Wandel und Beschäftigung gegeben. Abschließend folgt ein Überblick über den empirischen Forschungsstand.

3.8.2 Technik und technologische Arbeitslosigkeit

Die Begriffe Technik und technologische Arbeitslosigkeit werden unterschiedlich verwandt. Aus ökonomischer Sicht umfaßt Technik[1] bzw. technischer Fortschritt primär folgende Dimensionen:

- die Entwicklung neuer Materialien als Inputs in den Produktionsprozeß
- die Anwendung neuer Produktionsverfahren bei der Herstellung von Gütern und Dienstleistungen: Prozeßinnovationen
- die Entwicklung neuer oder qualitativ verbesserter Güter: Produktinnovationen.

Diese Dimensionen verdeutlichen, daß der technische Wandel nicht nur die Arbeit betrifft, sondern alle Produktionsfaktoren umfaßt. Somit kann der technische Fortschritt nicht nur arbeitssparend, sondern auch kapitalsparend oder neuerdings energiesparend sein.[2]

Der Prozeß der technologischen Entwicklung wird üblicherweise in die drei Phasen Invention, Innovation und Diffusion unterteilt. Die Produktion neuen Wissens erfolgt primär in staatlichen und intermediären Institutionen, obwohl zunehmend auch Unternehmen Grundlagenforschung betreiben. Innovationen, die (erstmalige) Einführung neuer Produktionsverfahren oder neuer Produkte, werden überwiegend von Betrieben durchgeführt. Die Diffusion umfaßt die Ausbreitung von technischen Neuerungen. In neueren, evolutionstheoretisch orientierten Arbeiten wird dieses Drei-Phasen-Schema als der technologischen Entwicklung nicht adäquat betrachtet. Charakteristisch sei für die Technologie u.a. ihre kontinuierliche und kumulative

---

[1] Die Begriffe Technik und Technologie werden hier synonym gebraucht.
[2] Vgl. als Überblick Mettelsiefen, B., Barens, I.: Direkte und indirekte Beschäftigungswirkungen technologischer Innovationen, „BeitrAB 112", Nürnberg 1987, S. 16.

Entwicklung, in der Invention, Innvovation und Diffusion als ein einheitlicher Prozeß zu sehen sind.[3]

Gegenwärtig sind es vor allem die neuen Technologien, die das Interesse am Zusammenhang zwischen technischem Wandel und Beschäftigung hervorrufen. Was allerdings unter neuen Technologien zu verstehen ist, darüber gibt es keine einheitliche Auffassung. Ein Grund dafür liegt darin, daß neue Technologien noch nicht bekannt sind. Neue Technologien sind eigentlich schon bekannte Technologien, die neueren Datums sind. Der Gebrauch des Begriffes „neu" ist daher ungenau.

Als neue Technologien gelten gegenwärtig die Informations- und Kommunikationstechnologien, die Biotechnologie sowie neue Werkstoffe. Als neue Technologien des 21. Jahrhunderts werden u. a. die Nanotechnologie (winzige Strukturen, Schalter und Funktionselemente), die Sensortechnik (miniaturisierte Meßfühler), die Adaptronik (selbständiges Anpassen an wechselnde Bedingungen), die Photonik und Optoelektronik (Informationsspeicherung mittels Lichtteilchen anstelle von Elektronen) sowie die Neuroinformatik und die künstliche Intgelligenz (Nachahmung intelligenter Leistungen des menschlichen Gehirns) genannt.[4] Wir beschränken uns bei den folgenden Ausführungen auf die zur Zeit wichtigsten dieser neuen Technologien für Arbeitsmarkt und Beschäftigung, die Informations- und Kommunikationstechnologien.

Was ist das Neue an diesen neuen Technologien? Die erste industrielle Revolution war dadurch gekennzeichnet, daß sie körperliche Energie durch Maschinen ersetzte. In der zweiten Revolution erfolgte eine enorme Teilung und Zerlegung der menschlichen Arbeit (Taylorismus), die einmal eine starke Erhöhung der Arbeitsproduktivität und damit der Einkommen zur Folge hatte, zum andern aber auch zur Entfremdung und zur Kontrolle der Arbeit führte. Die dritte, auf der Mikroelektronik basierende Revolution bezieht sich auf die Information als neuem „Produktionsfaktor". Die Komplexität hochentwickelter Gesellschaften und die zunehmende internationale Arbeitsteilung implizieren eine große Bedeutung der Information für die Funktionsweise von Wirtschaft und Gesellschaft. Die neuen IuK-Technologien beinhalten das Potential und bieten die Möglichkeit, um den Informationprozeß zu rationalisieren und auch solche Sektoren einer Rationalisierung zugänglich zu machen, die sich bisher einer Technisierung weitgehend entzogen, primär den Büro- und Dienstleistungsbereich.[5]

Außer der Konkretisierung der Technik bedarf es zur Behandlung der Themenstellung dieses Beitrags auch einer Begriffsbestimmung der technologischen Arbeitslosigkeit. Wann gibt es technologische Arbeitslosigkeit? Besteht sie nur bei bereits existierender Arbeitslosigkeit oder auch bei Vollbeschäftigung? Eine Möglichkeit der Bestimmung technologischer Arbeitslosigkeit setzt an der Berechnung fiktiver Freisetzungen an. Bei dieser Verfahrensweise wird untersucht, wie viele Arbeitskräfte zwischen zwei Zeitpunkten freigesetzt worden wären, wenn bei gleichbleibender Nach-

---

[3] Vgl. u. a. Witt, U.: Individualistische Grundlagen der evolutorischen Ökonomik, Tübingen 1987; Dosi, G.: Sources, Procedures, and Microeconomic Effects of Innovation, „Journal of Economic Literature", Vol. 26 (1988), S. 1120 ff.

[4] Vg. z. B. Gergely, S. M.: Mikroelektronik, 3. Aufl., München, Zürich 1985; Rasmussen, T.: Informationstechnik, Arbeit und Automation, München, Wien 1988; Mueller, H.-D., Schmid, A.: Arbeit, Betrieb und neue Technologien, Stuttgart etc. 1989, S. 53 ff.; Bundesministerium für Forschung und Technologie: Technologien des 21. Jahrhunderts, Bonn 1993.

[5] Vgl. hierzu Mueller, H. D., Schmid, A.: a. a. O.

frage die neuen Techniken bereits im Zeitpunkt Null der Beobachtungsperiode verwandt worden wären. Die Differenz zur tatsächlichen Beschäftigung im Zeitpunkt Null gilt als fiktive Freisetzung. Diese Definition der technologischen Arbeitslosigkeit ist unzureichend, da sie die durch die neuen Technologien induzierten Nachfrageeffekte, also die endogenen Folgewirkungen, unberücksichtigt läßt.

Diese Folgeeffekte berücksichtigt die Begriffsbestimmung von Lederer aus den dreißiger Jahren. Danach ist technologische Arbeitslosigkeit „derjenige Teil der Arbeitslosigkeit, der weder durch technischen Fortschritt bzw. der durch ihn ausgelösten Veränderungen innerhalb eines bestimmten Zeitraums noch durch die autonome spontane Entwicklung innerhalb des Wirtschaftssystems kompensiert wird. Technologische Arbeitslosigkeit wäre also erst bei einem Tempo des technischen Fortschritts anzunehmen, welcher das ‚normale' Tempo übersteigt."[6] Gegen diese Definition wird eingewandt, daß damit nur eine Beschleunigung des technischen Wandels technologische Arbeitslosigkeit verursachen könne. Gerade wenn Freisetzungs- und Kompensationseffekte gemeinsam gesehen werden, könne technologische Arbeitslosigkeit auch ohne Beschleunigung der technischen Entwicklung auftreten, wenn sich aufgrund der Besonderheiten des technischen Wandels die endogenen Kompensationseffekte abschwächen: „Als technologische Arbeitslosigkeit wäre danach diejenige Arbeitslosigkeit bzw. der Teil der Arbeitslosigkeit zu bezeichnen, der sich aus der Veränderung im technologischen Wandel ergibt, wobei es gleichgültig ist, ob dafür eine Beschleunigung im Innovationstempo oder aber eine Abschwächung endogener Kompensationseffekte verantwortlich ist."[7] Diese Definition liegt den weiteren Ausführungen zugrunde.

3.8.3 Beschäftigungseffekte technischen Wandels

In der Ökonomie konkurrieren zwei Hypothesen über die quantitativen Beschäftigungseffekte des technologischen Wandels miteinander: die Freisetzungs- und die Kompensationshypothese. Nach der Freisetzungshypothese beinhaltet der technische Fortschritt primär Prozeßinnovationen. Er erhöht daher das Rationalisierungspotential und führt zur Freisetzung von Arbeitskräften, die durch Kompensationsmechanismen nicht ausgeglichen werden können. Nach der Kompensationshypothese löst der technische Fortschritt auch marktendogene Effekte aus, die die Freisetzungen wieder kompensieren.[8] Dabei werden in der Literatur verschiedene Kompensationseffekte angeführt, die von der Verbesserung der internationalen Wettbewerbsfähigkeit durch den technischen Fortschritt über das Maschinenherstellungsargument und Preissenkungen bis zur Bedeutung der Flexibilität von Löhnen und Preisen reichen.[9]

3.8.3.1 Ein systematischer Überblick

In der Ökonomie besteht Einigkeit, daß mit der Einführung von technischen Neuerungen sowohl Freisetzungs- als auch Kompensationseffekte verbunden sind. Die Auffassungen divergieren aber, wenn die Bedeutung der Effekte beurteilt wird, d. h., ob die Freisetzungs- oder die Kompensationseffekte dominieren. Ein Grund für diese

---

[6] Lederer, E.: Technischer Fortschritt und Arbeitslosigkeit, Frankfurt 1981 (1938), S. 54.
[7] Hagemann, H., Kalmbach, P.: Neue Technologien, Beschäftigung und Arbeitsmarkt, in: Universität Bremen (Hg.): Arbeit und Technik, „diskurs" Nr. 10, Bremen 1985, S. 77.
[8] Vgl. z. B. Klauder, W.: 1988, Technischer Fortschritt und Beschäftigung, „WiSt", 17. Jg. 1988, S. 113 f.
[9] Vgl. ebenda.

unterschiedlichen Auffassungen liegt darin, daß bei der Beurteilung der Beschäftigungswirkungen des technischen Wandels z. T. nur bestimmte Effekte berücksichtigt, z. T. andere vernachlässigt werden. Um theoretische und empirische Untersuchungen über diese Wirkungen hinsichtlich ihrer Reichweite und Aussagefähigkeit einschätzen zu können, wird im folgenden ein kurzer systematischer Überblick über die potentiellen Beschäftigungswirkungen des technischen Wandels gegeben.

Für diese Systematik sind das Aggregationsniveau sowie die Fristigkeit von zentraler Bedeutung.[10] Anhand dieser beiden Kategorien lassen sich die grundlegenden Beschäftigungseffekte der technologischen Entwicklung ableiten:[11]

1. direkte und indirekte Effekte
2. kurzfristige und langfristige Effekte.

Die indirekten Beschäftigungswirkungen können noch in verstärkende und verlagernde Effekte unterteilt werden. Übersicht 1 faßt diese Beschäftigungseffekte zusammen.

Übersicht 1 Potentielle technologische Beschäftigungseffekte

	Beschäftigungs-effekte / Ort / Zeit		direkt	indirekt	
				verstärkend	verlagernd
Niveau der Beschäftigung	Freisetzung	kurzfristig			
		langfristig			
	Kompenstion	kurzfristig			
		langfristig			

Quelle: Mettelsiefen, B., Barens, I.: Direkte und indirekte Beschäftigungswirkungen technologischer Innovationen, „BeitrAB 112", Nürnberg 1987, S. 47.

Die Freisetzungseffekte lassen sich nach dieser Systematisierung in kurzfristige und langfristige direkte und indirekte (verstärkende und verlagernde) Wirkungen unterteilen. Die Einsparung von Arbeitskräften durch die Einführung neuer Technologien unmittelbar am Einsatzort kann zeitlich mit dem Technikeinsatz zusammenfallen. Die Folge ist eine sofortige Freisetzung von Arbeitskräften („first-round-effect"). Die Beschäftigungswirkungen können aber auch erst später am Einsatzort der neuen Technologie eintreten, wie z. B. durch die Verringerung künftiger Neueinstellungen („second-round-effect").

Weitere Freisetzungen sind möglich, die nicht direkt am Einsatzort der neuen Technik eintreten. Diese indirekt verstärkenden Effekte können produktionstechnisch

---

[10] Vgl. Blattner, N.: Technischer Wandel und Beschäftigung: Zum Stand des Diskussion, in: G. Bombach, B. Gahlen, A. E. Ott (Hg.): Technologischer Wandel – Faktoren, Anlysen, Perspektiven, Tübingen 1986, S. 173 ff.
[11] Vgl. Mettelsiefen, B., Barens, I.: a. a. O., S. 47 ff.

3.8 Technischer Wandel und Beschäftigung

oder über die Nachfrageseite bewirkt werden: „So kann der Einsatz neuer Technologien neben der Reduzierung des Arbeitsinputs auch zu einer Verringerung des Einsatzes von Rohstoffen, Energie und anderen Vorleistungen führen, der bei den betroffenen Lieferanten weitere Arbeitsfreisetzungen hervorrufen kann."[12] Nachfrageseitig bedingte Freisetzungen ergeben sich dann, wenn ein Nachfrageausfall durch die freigesetzten Arbeitskräfte eintritt. Erwähnt sei noch ein tertiärer Beschäftigungseffekt, der auftritt, wenn die Einführung neuer Technologien auf vor- und nachgelagerten Betrieben zu Innovationen führt.

Ein indirekt verlagernder Effekt tritt ein, wenn eine Innovation nicht direkt am Einsatzort, sondern an einer anderen Stelle zu Freisetzungen führt. Diese Verlagerung kann innerbetrieblich, zwischen Sektoren und zwischen Ländern erfolgen.

Die Summe aus direkten und indirekten arbeitssparenden Wirkungen ergibt den gesamten Freisetzungseffekt aus der Einführung einer technischen Neuerung.

Bei den Kompensationseffekten lassen sich ebenfalls wieder direkte und indirekte (verstärkende und verlagernde) Effekte unterscheiden. Direkte Kompensationswirkungen treten auf, wenn in Verbindung mit der Einführung einer neuen Technik mehr Arbeitskräfte (relativ zu den nur nach der Freisetzung verbliebenen Arbeitskräften) unmittelbar am Einsatzort beschäftigt werden. Führt z. B. die durch die neue Technik bewirkte Senkung der Arbeitskosten zu einer Preisreduktion, dann erhöhen sich, abhängig von der Preiselastizität der Nachfrage, Produktion und Beschäftigung. Ein anderer direkter Kompensationseffekt tritt ein, wenn mit der Einführung von Neuerungen ein zusätzlicher Arbeitskräftebedarf z. B. für Wartung und Reparatur verbunden ist.

Neue Techniken induzieren auch verschiedene indirekte verstärkende Kompensationseffekte. Die durch neue Technologien bewirkten Preis- und Kostensenkungen implizieren einen realen Einkommenseffekt mit dadurch induzierten Veränderungen der Konsum- und Investitionsgüternachfrage. Zusätzlich kann die reale Einkommenserhöhung einen Multiplikatoreffekt bewirken, der die Beschäftigung weiter stimuliert. Von besonderem Interesse ist die Investitionsgüterindustrie. Da der größte Teil des technischen Fortschritts kapitalgebunden ist, führt eine Innovation zu einer zusätzlichen Nachfrage nach Maschinen mit einer ensprechenden Erhöhung der Beschäftigung in der Investitionsgüterindustrie (Maschinenherstellungsargument). Die damit verbundenen höheren Einkommen haben wieder einen Einkommens- und Multiplikatoreffekt.

Ein weiterer indirekter Kompensationseffekt folgt aus Veränderungen der internationalen Nachfrage. Dieser Effekt hängt davon ab, wie sich die interantionale Wettbewerbsposition durch Innovationen verändert. Schließlich können positive Beschäftigungseffekte als indirekte verstärkende Kompensationseffekte noch auftreten, wenn Prozeßinnovationen zu Produktinnovationen führen, um „(a) ein gegebenes Produkt qualitativ zu veredeln, (b) ein völlig neues Produkt zu gestalten oder (c) die Marktfähigkeit bestehender Produkte zu erhöhen".[13]

Die meisten der eben skizzierten indirekt verstärkenden Kompensationseffekte beinhalten auch indirekte verlagernde Wirkungen. Wenn Veränderungen der Beschäftigungsstruktur untersucht werden sollen, ist diese Unterscheidung sinnvoll. Die Effekte entsprechen denen unter den direkten verlagernden Freisetzungseffekten.

---

[12] Mettelsiefen, B. Barens, I.: a. a. O., S. 48.
[13] Ebenda, S. 52.

Aus diesen Beschäftigungseffekten des technischen Wandels lassen sich die gesamten direkten sowie die gesamten indirekten Beschäftigungseffekte als Saldo aus den direkten Freisetzungs- und Kompensationseffekten und den indirekten Freisetzungs- und Kompensationseffekten ableiten. Die beschäftigungsstrukturverändernden Wirkungen ergeben sich aus den beschäftigungsverlagernden indirekten Effekten.

Ergänzend ist noch anzumerken, daß Freisetzungseffekte eher den Prozeßinnovationen, Kompensationseffekte eher den Produktinnovationen zugerechnet werden. Unter dem Zeitaspekt tritt der Freisetzungseffekt vor allem kurzfristig ein, während der Kompensationseffekt erst in der längeren Periode wirksam wird.

Die Systematik der Beschäftigungseffekte des technischen Wandels erleichtert die Beurteilung vorliegender Untersuchungen hinsichtlich ihrer Aussagefähigkeit und Reichweite. So untersuchen eine Reihe von Studien nur die direkten Freisetzungseffekte und vernachlässigen die anderen Wirkungen. Dies ist sicherlich eine zulässige Vorgehensweise, wenn die Beschränkung deutlich gemacht wird und kein Anspruch auf eine vollständige Erfassung der Beschäftigungseffekte erhoben wird. Nicht zulässig erscheint aber ein Vorgehen, das diese Beschränkung nicht deutlich macht. In der öffentlichen Diskussion werden Ergebnisse von Untersuchungen teilweise als repräsentativ dargestellt, obwohl diese Untersuchungen diesen Anspruch selbst gar nicht erheben. Auch eine solche Verfahrensweise ist, soll eine zutreffende Aussage gemacht werden, unzulässig.

3.8.3.2 Theoretische Erklärungsansätze

Die Diskussion über die Beschäftigungswirkungen des technischen Fortschritts, insbesondere die Frage, ob die technologische Entwicklung zu Arbeitslosigkeit führt oder nicht, hat in der Ökonomie eine lange Tradition. Eine erste intensive Diskussion fand in der ökonomischen Klassik statt. Verbunden ist sie mit den Namen Say, Malthus und Sismondi. Hinzuweisen ist auch auf das berühmte Kapitel von Ricardo „On Machinery" sowie auf die ausführliche Behandlung der Thematik bei Marx. Bereits in der Klassik bewegte sich die Diskussion zwischen der Freisetzungs- und der Kompensationstheorie.[14]

Eine zweite intensive Phase der Diskussion über technologische Arbeitslosigkeit fand in den 30er Jahren im Gefolge der mit der Weltwirtschaftskrise einhergehenden Massenarbeitslosigkeit statt. Wesentliche Beiträge leisteten hierzu Lederer, Kähler, A. Lowe, Schumpeter, Hicks und Pigou. Im Vordergrund standen die Beschäftigungswirkunen der Automation. Die Diskussion bewegte sich auch in jener Zeit zwischen der Freisetzungs- und der Kompensationstheorie.

Die gegenwärtige Diskussion über die Auswirkungen der auf der Mikroelektronik basierenden IuK-Technologien basiert auf diesen Debatten. Sie hat zu keinen zusätzlichen Einsichten geführt; die bekannten Argumente wurden überwiegend reproduziert und modifiziert.[15]

Die verschiedenen theoretischen Positionen zur Erklärung der technologischen Arbeitslosigkeit stimmen darin überein, daß der technologische Wandel immer einen

---

[14] Vgl. Mettelsiefen, B.: Technischer Wandel und Beschäftigung, Frankfurt 1982.
[15] Eine Ausnahme bildet die Traversendiskussion, die aber bisher keinen wesentlichen Einfluß auf die Diskussion ausübte. Vgl. hierzu Hagemann, H.: Wachstumsgleichgewicht, Traverse und technologische Unterbeschäftigung, in: H. Hagemann, P. Kalmbach (Hg.): Technischer Fortschritt und Arbeitslosigkeit, Frankfurt 1983, S. 246 ff.

Freisetzungseffekt haben wird. Sie differieren in der Einschätzung des Kompensationseffekts, d. h. in der Frage, ob der Freisetzungseffekt ganz durch den Kompensationseffekt ausgeglichen wird oder nicht. Die theoretischen Erklärungsversuche können auf zwei grundlegende Ansätze reduziert werden:

1. die neoklassische Erklärung und
2. die akkumulationstheoretische Erklärung.

Ad 1. Im Rahmen der neoklassischen Theorie kann es eigentlich keine technologische Arbeitslosigkeit geben. Unter bestimmten Annahmen sorgt der Lohn- und Preismechanismus dafür, daß auf dem Güter- und Arbeitsmarkt Angebot und Nachfrage immer ausgeglichen sind. Hat z. B. eine Innovation arbeitssparende Effekte, dann führt bei flexiblen Löhnen und funktionierendem Wettbewerb auf dem Arbeitsmarkt das durch die Freisetzung erhöhte Arbeitsangebot zu sinkenden (Real-)Löhnen. Damit kommt, so die neoklassische Sichtweise, ein Substitutionsprozeß zwischen Arbeit und Kapital in Gang, da sich Arbeit im Verhältnis zu Kapital verbilligt hat: Die Nachfrage nach Arbeit steigt. Der Lohnmechanismus sorgt für eine Wiederherstellung der Vollbeschäftigung.

Technologische Arbeitslosigkeit kann nur dann auftreten, wenn die Substitutionsmöglichkeiten zwischen Arbeit und Kapital beschränkt sind. Besteht z. B. ein Komplementaritätsverhältnis zwischen Arbeit und Kapital, dann bewirken Veränderungen des Faktorpreisverhältnisses zwischen Lohn und Zins keine Wiederherstellung der Vollbeschäftigung. Das Problem mangelnder Substitutionsmöglichkeiten spielte in der Neoklassik aber keine größere Rolle.

Eine andere Vaiante der neoklassischen Sichtweise geht von einem fixen Kapitalbestand aus, der im Prinzip unbegrenzte Beschäftigungsmöglichkeiten bietet. Eine durch zunehmendes Arbeitsangebot bewirkte Reallohnsenkung führt in diesem Fall zu einer Mehrbeschäftigung bei gegebenem Kapitalbestand, da ein niedriger Lohn zusätzliche Arbeitsplätze rentabel macht.

Technologische Arbeitslosigkeit kann es nach der Neoklassik nur bei „Unvollkommenheiten" des Arbeitsmarktes geben. Hier werden vor allem institutionelle Hemmnisse wie staatliche Regulierungen und die gewerkschaftliche Lohnpolitik angeführt. Technologische Arbeitslosigkeit ist nach dieser Sicht eine Form der Mindestlohnarbeitslosigkeit. Sinken die Reallöhne wegen gesetzlicher oder tarifvertraglicher Regelungen nicht in ausreichendem Maß im Gefolge der Einführung neuer Technologien, dann kann technologischer Wandel Arbeitslosigkeit verursachen. Verantwortlich ist dann aber nicht die Technik, sondern die mangelnde Flexibilität der Löhne nach unten: „Viel plausibler ist die Hypothese, daß bei falscher Lohn-Zins-Relation aus den Optionen, die das neue technische Wissen offeriert, vornehmlich jene ausgewählt werden, die besonders viel Arbeit einsparen – zuviel an Arbeit und zuwenig, wenn überhaupt, an Kapital. Dies gilt vor allem für Prozeßinnovationen: Überhöhte Löhne und gedrückte Zinsen locken aus der Schatzkammer des neuen Wissens nicht die Kapitalsparer an, sondern die Job-Killer. Das Ergebnis ist technologische Arbeitslosigkeit, ... Aber es ist nicht die Arbeitslosigkeit einer Technik, die vom Himmel gefallen ist, sondern einer Technik, die sich früher oder später herausbildet, wenn die Weichen der Wirtschaft bei Löhnen und Zinsen falsch gestellt werden."[16]

---

[16] Giersch, H.: Arbeit, Lohn und Produktivität, „Weltwirtschaftliches Archiv", Bd. 119 (1983), S. 10.

Hier kann keine ausführliche Kritik der neoklassischen Erklärung technologischer Arbeitslosigkeit erfolgen. Erwähnt sei einmal die Kritik am methodologischen Konzept. Die neoklassische Analyse ist statischer Natur und berücksichtigt nicht die dynamischen Prozesse der technologischen Entwicklung. Zum andern ist die grundsätzliche Kritik an der neoklassischen Aussage anzuführen, daß Flexibilität der Löhne Vollbeschäftigung gewährleiste. Dieser Zusammenhang ist nur unter eingeschränkten und realitätsfernen Prämissen gültig. So bleibt z. B. unberücksichtigt, daß bei Erwartung weiter sinkender Löhne keine neuen Arbeitskräfte eingestellt werden. Der Nachfrageausfall sinkender Löhne wird ebensowenig berücksichtigt wie der Zusammenhang zwischen Lohnhöhe und Produktivität, d. h., daß sinkende Löhne auch zu sinkender Produktivität führen können und dann auch nach neoklassischer Analyse bei einer Lohnsenkung nicht mehr Arbeitskräfte eingestellt werden.

Ad 2. Der akkumulationstheoretische Ansatz geht von einem kapitalgebundenen technischen Fortschritt aus. Unter dieser Prämisse ist der Kompensationseffekt von der Entwicklung des Realkapitals abhängig. Hier wird neben dem Güter- und dem Arbeitsmarkt mit dem Kapital eine weitere Dimension berücksichtigt. Diese Theorie verweist auf die produktionstechnische Seite des technologischen Wandels und betont die dynamischen Aspekte der Kapitalakkumulation: „Hierin liegt auch jene eher skeptische Kompensationsposition begründet, die auf Ricardo zurückgeht und die die Beschäftigungsauswirkungen des technischen Fortschritts primär unter dem Aspekt einer zeit- und kostenerfordernden Anpassung und Veränderung der technisch-materiellen Basis des Produktionssystems betrachtet."[17]

Während der nachfragetheoretische Marktansatz auf den Kreislaufprozeß abstellt, betont der akkumulationstheoretische Ansatz die Rolle des Realkapitals. Dabei spielt die Produktion von neuen Maschinen eine besondere Rolle für die Kompensation der Freisetzungseffekte. Es besteht aber weitgehende Einigkeit darüber, daß durch die Herstellung neuer Investitionsgüter nur ein Teil der freigesetzten Arbeitskräfte wieder Beschäftigung finden kann. In der klassischen Theorie wurde kurzfristig von fixen Produktionskoeffizienten ausgegangen, so daß unter dieser Prämisse nur eine Beschleunigung der Akkumulationsrate einen ausreichenden Kompensationseffekt ermöglicht.

Zur Kritik an der akkumulationstheoretischen Position ist primär auf zwei Aspekte zu verweisen. Die Annahme fixer Produktionskoeffizienten begrenzt die Analyse ebenso wie die Vernachlässigung der Nachfrageseite des technologischen Wandels.

Insgesamt bleibt festzuhalten, daß die theoretischen Erklärungsversuche technologischer Arbeitslosigkeit zwar eine Reihe an Einsichten in die Wirkungszusammenhänge brachten und verschiedene Beschäftigungseffekte herausarbeiteten. Eine zutreffende Erklärung der technologischen Arbeitslosigkeit leistet aber keine der Theorien. Aus theoretischer Sicht kann nicht eindeutig beurteilt werden, ob der technische Fortschritt zu Arbeitslosigkeit führt oder nicht. Daher wird abschließend die Empirie befragt.

---

[17] Mettelsiefen, B., Barens, I.: a. a. O., S. 19.

3.8.4 Empirischer Befund

Es gibt inzwischen eine kaum noch überschaubare Anzahl an empirischen Untersuchungen über die Auswirkungen insbesondere neuer IuK-Technologien auf die Zahl der Arbeitsplätze.[18] In diesem Beitrag kann nur eine begrenzte Auswahl berücksichtigt werden. Auswahlkriterium waren die Ebene der Untersuchung und eine möglichst weitgehende Berücksichtigung der gesamten direkten und indirekten Wirkungen. Es werden Beispiele für die Makro-, die Meso- und die Mikroebene gegeben.

3.8.4.1 Gesamtwirtschaftliche Entwicklung

Der technische Wandel schlägt sich auf der gesamtwirtschaftlichen Ebene in Veränderungen der Produktivität und/oder der Nachfrage nieder. Daher werden bei gesamtwirtschaftlicher Betrachtung als Indikatoren die Arbeitsproduktivität (je Erwerbstätigen oder je Arbeitsstunde) und das reale Bruttosozialprodukt (BSP) oder Bruttoinlandsprodukt (BIP) herangezogen. Abb. 1 auf S. 256 illustriert die trendmäßige Entwicklung dieser Größen in der Bundesrepublik.

Die Wachstumsrate der Arbeitsproduktivität (pro Erwerbstätigen und pro Stunde) nahm in der Bundesrepublik im längerfristigen Trend kontinuierlich ab. Die relative Zunahme des Bruttoinlandsprodukts ist ebenfalls, zwar unter Schwankungen, aber im Trend zurückgegangen. Eine Beschleunigung oder Forcierung des technischen Fortschritts auf der gesamtwirtschaftlichen Ebene läßt sich aus diesen Indikatoren nicht ableiten. Dies gilt sowohl für die Indikatoren der Arbeitsproduktivität als auch für das Verhältnis von Nachfrage (BIP) und Produktivität. Eine gravierende Auseinanderentwicklung dieser Indikatoren und damit eine Zunahme der technologischen Arbeitslosigkeit wegen verringerter endogener Kompensationseffekte läßt sich ebenfalls nicht feststellen. So liegt die Stundenproduktivität bereits seit Mitte der fünfziger Jahre über dem BIP, die Erwerbstätigenproduktivität folgt seit Mitte der sechziger Jahre dem Trend des BIP, eine zunehmende Scherenentwicklung zwischen beiden Indikatoren ist nicht zu verzeichnen.

Auch Prognosen über die künftige Entwicklung der Arbeitsproduktivität lassen keine Tendenzen erkennen, die auf eine technologisch bedingte Arbeitslosigkeit schließen lassen. Projektionen der wirtschaftlichen Entwicklung bis zum Jahr 2010 schätzen für Westdeutschland eine jahresdurchschnittliche Zunahme der Erwerbstätigenproduktivität von etwa 2%.[19] Sollte diese Einschätzung eintreten, dann nehmen künftig die Zuwachsraten der Produktivität nicht mehr dem bisherigen Trend entsprechend weiter ab; eine Trendumkehr in Richtung zunehmender Wachstumsraten der Arbeitsproduktivität läßt sich daraus aber auch nicht ableiten. Einen Trendbruch mit künftig wieder zunehmenden Wachstumsraten der Produktivität hat das Ifo-Institut in einer Befragung des Verarbeitenden Gewerbes diagnostiziert.[20] Ob diese erwartete Zunahme auf die Technik zurückzuführen ist, wird aber nicht beantwortet. Die Aussagen lassen arbeitsorganisatorische Gründe vermuten. Insgesamt stützen diese Projektio-

---

[18] Vgl. u. a. Dostal, W.: Fünf Jahre Mikroelektronik-Diskussion, „MittAB", 15. Jg. (1982), S. 151 ff.; Friedrich, W., Ronning, G.: Arbeitsmarktwirkungen moderner Technologien, Teil I und II, Köln-Konstanz 1985; Schettkat, R., Wagner, M. (Hg.): Technologischer Wandel und Beschäftigung, Berlin, New York 1989; OECD: The OECD Jobs Study, Part I, Paris 1994, S. 123 ff.

[19] Vgl. Weißhuhn, G., Wahse, J., König, A.: Arbeitskräftebedarf in Deutschland bis 2010, Bonn 1994.

[20] vgl. IAB-Werkstattbericht 1995.

nen eine durch technischen Wandel bedingte Zunahme technologischer Arbeitslosikeit nicht.

Allerdings sind diese Ergebnisse aus methodischen Gründen mit Vorsicht aufzunehmen. Das Auftreten technologischer Arbeitslosigkeit läßt sich wegen des ungelösten Zurechenbarkeitsproblems aus dem Vergleich der Wachstumsraten von Arbeitsproduktivität und BIP weder begründen noch verneinen. Die Kurven drücken nur eine Korrelation aus, sie beinhalten aber keine Erklärung. Außerdem sind die Produktivitätsveränderungen die Summe verschiedener Einflußfaktoren. Neben der Technik haben u. a. auch eine verbesserte Kapitalausstattung, der Strukturwandel und höher qualifizierte Arbeitskräfte Einfluß auf die Produktivitätsentwicklung. Denkbar ist auch, daß eine Beschleunigung des technischen Wandels künftig eintreten wird, diese Beschleunigung aber durch eine Verlangsamung anderer Faktoren kompensiert wird, so daß insgesamt keine gravierenden Veränderungen zu verzeichnen sind. So bewirken z. B. Umweltschutzinvestitionen eine Verlangsamung der Produktivitätsentwicklung.

Abb. 1 Entwicklung des Bruttoinlandsprodukts und der Arbeitsproduktivität in der BRD, 1953 bis 1992[a)]

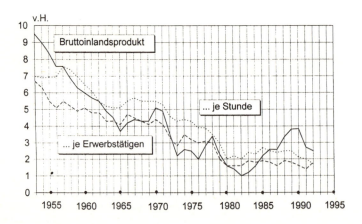

[a)] gleitende Fünfjahresdurchschnitte

Quelle: Klauder, W.: Technischer Wandel und Beschäftigung, „MittAB", 19. Jg. (1986), S. 1 ff.; Jahresgutachten des Sachverständigenrats für die gesamtwirtschaftliche Entwicklung, div. Jg.

U. a. diese methodischen Begrenzungen haben dazu geführt, in umfangreichen Untersuchungen die Auswirkungen von Innovationen auf Beschäftigung und Arbeitsmarkt zu analysieren. Für die Bundesrepublik erfolgte dies in der sog. Meta-Studie II[21], in deren Rahmen versucht wurde, von der einzelwirtschaftlichen Ebene über die

---

[21] Vgl. als Überblick Matzner, E., Schettkat, R., Wagner, M.: Arbeitsmarktwirkungen moderner Technologien, Berlin 1988; Schettkat, R., Wagner, M. (Hg.): Technologischer Wandel und Beschäftigung, Berlin, New York 1989; Dostal, W.: Arbeitsmarktwirkungen moderner Technologien, „MittAB", 22. Jg. (1989), S. 187 ff.; für Großbritannien vgl. Freeman, C.,

sektorale Ebene die gesamtwirtschaftlichen Effekte herauszuarbeiten („bottom-up"-Methode). Die Berücksichtigung der gesamten direkten und indirekten Beschäftigungseffekte läßt sich bisher am besten mit der Input-Output-Methode erfassen, nach der Einzelfallanalysen in die sektorale und gesamtwirtschaftliche Ebene integriert werden. Allerdings ist dieser methodische Anspruch in der Meta-Studie II nicht eingelöst worden.[22] Trotzdem dürften die Ergebnisse aus dieser Studie die Auswirkungen des technischen Wandels auf Beschäftigung und Arbeitsmarkt bisher am zutreffendsten wiedergeben.

Das Deutsche Institut für Wirtschaftsforschung (DIW) hat im Rahmen der Meta-Studie II verschiedene Innovationsszenarien und deren Beschäftigungseffekte untersucht. Die Autoren kommen zu folgendem Ergebnis: „Nur unter günstigen Bedingungen führt eine erhöhte Innovationsaktivität zu höherer Beschäftigung als nach der Status-quo-Entwicklung. Aber selbst bei pessimistischen Annahmen erweisen sich beschäftigungspolitisch erhöhte Innovationsanstrengungen vorteilhafter als ein Innovationsverzicht. Vor allem wird aber durch eine stärkere Innovationsaktivität ein höheres Einkommensniveau erreicht."[23]

Nach diesen Ergebnissen läßt sich festhalten, daß auf gesamtwirtschaftlicher Ebene zwar Auswirkungen der technoloigschen Entwicklung auf die Beschäftigung zu erwarten sind, eine technologische Arbeitslosigkeit auf der Makroebene aber kaum zu erwarten ist.

3.8.4.2 Strukturelle Entwicklung

In einer Synopse der Strukturberichterstattung von Forschungsinstitutionen kommen Friedrich, Ronning zu folgenden zentralen Ergebnissen:[24]

– In dem Untersuchungszeitraum von 1970–1982 war das Beschäftigungssystem durch gravierende quantitative und qualitative Veränderungen gekennzeichnet. Diese Veränderungen waren primär durch technisch-organisatorischen Wandel, weniger durch strukturelle Faktoren verursacht. „Insgesamt weisen die ‚strukturorientierten Tätigkeiten‘, d.h. die Berufe und Tätigkeiten, wo der Einfluß des Strukturwandels größer war als der des technisch-organisatorischen Wandels, einen negativen Beschäftigungssaldo von 875 000 (1973–1980) Arbeitsplätzen auf, die ‚technologie-dominierten‘ Tätigkeiten hingegen einen positiven Saldo von 650 000 Arbeitsplätzen auf."[25]

– Der Trend der Produktivitätssteigerung aufgrund des technisch-organisatorischen Wandels war auch für die Sektoren abnehmend. So wird darauf verwiesen, „daß eine Zunahme an Arbeitsplätzen insbesondere in solchen Branchen zu verzeichnen war, wo ein überdurchschnittlicher Anstieg der Arbeitsproduktivität gegeben war, während Arbeitsplatzverluste in erster Linie in solchen Branchen zu beobachten waren, die als produktivitätsschwach gelten können."[26]

Soete, L.: Technical Change und Full Employment, Oxford, New York 1987; für die USA Cyert, R. M., Mowery, D. C. (Eds.): Technology and Employment, Washington 1987.
[22] Vgl. Dostal, W.: a.a.O., S. 194.
[23] Matzner, E., Schettkar, R., Wagner, M.: a.a.O., S. 121.
[24] Vgl. Friedrich, G., Ronning, W.: a.a.O., S. 7ff.
[25] Ebenda, S. 7.
[26] Ebenda, S.7f.

Werden die Betriebe danach klassifiziert, ob sie Produkt- oder Prozeßinnovationen, eine Kombination beider oder keine Innovationen durchführen, dann ergibt sich hinsichtlich der künftigen Beschäftigungseffekte das in Tab. 2 (S. 258) wiedergegebene Bild.

Bei allen Innovatoren ging die Beschäftigung im Beobachtungszeitraum zurück. „Die Beschäftigungsentwicklung war zwar auch bei den Innovatoren negativ, aber die Beschäftigtenzahl ging bei den Nichtinnovatoren sehr viel stärker zurück, was auf die günstigere Umsatzentwicklung bei den innovierenden Betrieben zurückzuführen ist."[27] Die hinsichtlich der Beschäftigtenentwicklung günstigste Situation ergab sich bei den Innovatoren, die kombinierte Prozeß- und Produktinnovationen durchführten.

Hinsichtlich der Berufsstrukturveränderungen im Zusammenhang mit der Innovationsaktivität ergibt sich für das Produzierende Gewerbe ein differenziertes Bild. Die Wirtschaftszweige mit ausgeprägter Innovationsaktivität reduzierten die Arbeitskräfte mit direkten Fertigungsaufgaben in relativ großem Umfang. In Branchen mit zurückhaltender Innovationstätigkeit war ein erheblich größerer Anteil mit direkten Fertigungsaufgaben beschäftigt. Dagegen wurden in Wirtschaftszweigen mit ausgeprägter Innovationstätigkeit die produktionsbegleitenden Tätigkeiten relativ stark erhöht. So konnten Arbeitskräfte mit Wartungsaufgaben ihre Beschäftigungsposition in Branchen mit hoher Innovationsaktivität besser behaupten als in innovationsschwachen Wirtschaftszweigen. Als Gewinner erwiesen sich die Beschäftigten im Bereich Forschung und Entwicklung. Im Verwaltungsbereich vollzieht sich die relative Expansion der Arbeitskräfte vorwiegend auf der Ebene höher qualifizierter Tätigkeiten.[28]

Tab. 2 Beschäftigungsveränderungen bei hoher und geringer Innovationsaktivität (in 1000)

Betriebstyp	Durchschnittliche jährliche Veränderung im Zeitraum 1979 bis 1985 (in %)		
	Umsatz	Produktivität	Beschäftigung
Innovatoren	2,0	2,5	– 0,5
darunter:			
- Produktinnovatoren	1,3	2,3	- 1,0
- Prozeßinnovatoren	1,4	2,6	- 1,2
- kombinierte Produkt- und Prozeßinnovatoren	2,4	2,5	- 0,1
Nichtinnovatoren	- 0,8	1,5	- 2,3

Quelle: Matzner, E., Schettkat, R., Wagner, M., Arbeitsmarktwirkungen moderner Technologien, Berlin 1988, S. 121.

3.8.4.3 Einzelwirtschaftliche Ebene

Mikrostudien haben den Vorteil, daß sie detaillierte Aussagen über die Auswirkungen des technischen Wandels auf unterschiedliche Aspekte und Bereiche betrieblicher Arbeit zulassen. Sie haben aber den Nachteil mangelnder Repräsentativität, sie berücksichtigen nur die direkten, aber nicht die indirekten Effekte und bleiben in der Regel auf den jeweiligen Fall beschränkt.

---

[27] Matzner, E., Schettkat, R., Wagner, M.: a. a. O., S. 85.
[28] Vgl. hierzu Warnken, J., Ronning, G.: Technischer Wandel und Beschäftigungsstrukturen, in: R. Schedttkat, M. Wagner (Hg.), Technologischer Wandel und Beschäftigung, Berlin, New York 1989, S. 247 ff.

3.8 Technischer Wandel und Beschäftigung

In einer Erhebung des IAB wurden die Auswirkungen technischer Veränderungen auf Neueinstellungen, Umsetzungen in den Änderungsbereich hinein, Umsetzungen aus dem Änderungsbereich heraus in andere Betriebsbereiche sowie Austritte aus dem Betrieb erfragt.[29] In den verschiedenen Branchen hätte der technische Wandel zu Freisetzungseffekten bis zu 5% der Gesamtbeschäftigung geführt, wenn nicht Kompensationseffekte vorhanden gewesen wären (fiktiv eingesparte Arbeitskräfte). Ob diese Kompensationseffekte durch die Technik selbst bedingt oder durch andere Faktoren verursacht wurden, wird nicht ausgesagt. In der Mehrzahl der Fälle überwogen die Einstellungen aufgrund der Einführung neuer Techniken die Austritte. Interssant sind auch die innerbetrieblichen Bewegungen. Danach haben branchenmäßig unterschiedliche, aber doch beträchtliche Umsetzungen aus dem Bereich der technischen Neuerungen und in diesen Bereich stattgefunden. Damit wird deutlich, daß nicht nur den Arbeitsmarktwirkungen technischer Veränderungen große Bedeutung zukommt, sondern auch den innerbetrieblichen Personalbewegungen.

Die IAB-Studie verdeutlicht, daß die Technik erhebliche Rationalisierungseffekte zur Folge hat, daß aber offensichtlich auch beträchtliche Kompensationseffekte exogener und endogener Art vorhanden sind, die die Gefahr technologischer Arbeitslosigkeit zumindest in der Vergangenheit weitgehend bannten. Damit ist nicht ausgesagt, daß auch künftig ausreichende Kompensationswirkungen vorliegen werden.

Nach der Meta-Studie II lassen sich die innerbetrieblichen Effekte des Einsatzes computerunterstützer Technologien nur schwer einschätzen. Für das warenproduzierende Gewerbe wird tendenziell festgestellt, daß die direkten Auswirkungen arbeitsplatzsparend sind, daß aber auch indirekte Effekte in den vor- und nachgelagerten Bereichen relativ weit verbreitet sind. Im Dienstleistungssektor stehen dem möglichen Rationalisierungseffekt eine Reihe an innerbetrieblichen Produkt- und Service-Innovationen und damit neue Arbeitsaufgaben gegenüber. Die untersuchten Betriebe hatten in der Regel eine Beschäftigungszunahme als Folge der Einführung neuer Techniken, während auf vor- und nachgelagerten Märkten eher negative Beschäftigungseffekte auftraten.

Zu ähnlichen Aussagen kommt die OECD. Zwar gibt es auf einzelwirtschaftlicher Ebene in Teilbereichen erhebliche Rationalisierungseffekte von neuen Technologien. Diese werden aber durch betriebliche und branchenmäßige Kompensationseffekte weitgehend ausgeglichen. Festgestellt wurde auch, daß eine hohe positive Korrelation zwischen der Anzahl der eingeführten neuen Technologien und dem Beschäftigungswachstum besteht. Gestützt wird auch die Einschätzung, daß Produktinnovationen eher positive Beschäftigungseffekte haben als Prozeßinnovationen. Allerdings gibt es auch andere Schätzungen, die einen negativen Zusammenhang technischem Wandel und Beschäftigung auf der Mikroebene gefunden haben.

Insgesamt folgert die OECD aus den vorliegenden Mikrostudien, daß die Betriebe, die arbeitsplatzsparende Techniken einführen, auch in der Lage sein könnten, Kompensationseffekte zu kreieren, „whenever they are successful in combining such processes of technological change with product innovation and sound marketing policies."[30]

---

[29] Vgl. als Überblick Ulrich, E.: Breitenuntersuchung über die Wirkung technischer Änderungen auf Arbeitskräfte, in: D. Mertens (Hg.): Konzepte der Arbeitsmarkt- und Berufsforschung, „BeitrAB 70", Nürnberg 1988, S. 825 ff.
[30] OECD: a. a. O., S. 123 ff.

3.8.5 Qualifikationseffekte neuer Technolgien

Die Auswirkungen neuer Technologien auf die Qualifikation der Beschäftigten zu analysieren, unterliegt erheblichen Schwierigkeiten, da u. a. der Qualifikationsbegriff selbst nicht einfach und eindeutig zu definieren ist. In der Literatur sind bisher im Kontext der technologischen Entwicklung verschiedene Qualifikationstrends diagnostiziert worden: Dequalifizierung, Polarisierung, Um- und Andersqualifizierung, Anqualifizierung, Requalifizierung, Höherqualifizierung. Hinsichtlich der neuen Technologien gibt es keine eindeutigen Ergebnisse. Wegen des Flexibilitätspotentials der neuen IuK-Technologien kommt der Arbeitsorganisation eine zentrale Rolle bei der Qualifikationsentwicklung zu, und diese beinhaltet einen nicht geringen Gestaltungsspielraum bei den Qualifikationsanforderungen, die mit der Einführung dieser neuen Technologien verbunden sind.

Nach den meisten Studien treten Dequalifizierungs- wie Höherqualifizierungstendenzen im Gefolge neuer Technologien auf. Überwiegend wird aber in den Studien die Höherqualifizierungsthese gestützt. So bestätigt z. B. die Meta-Studie II tendenziell diese These. Zu ähnlichen Aussagen kommt ein Literaturüberblick über die Veränderungen von Qualifikationsanforderungen im Gefolge der Einführung mikroelektronik-basierter Technologien.[31] Die Untersuchungen stützen tendenziell die Höherqualifizierungsthese.

Nach Beschäftigungsgruppen unterteilt scheinen unterschiedliche Qualifizierungstrends im Gefolge neuer IuK-Technologien vorzuherrschen:
„Bei den Ingenieuren, Konstrukteuren, und z. T. den Technikern wird eine Höherqualifizierung erwartet. Eine Umqualifizierung gilt als wahrscheinlich bei den Disponenten, Arbeitsvorbereitern und Meistern, d. h. den Gruppen, deren Rolle sich durch arbeitsorganisatorische Innovationen erheblich verändert, weil sie dann Kompetenzen (...) an die Produktionsarbeiter abgeben. Allerdings können die Meister von einer „semidezentralen" Werkstattsteuerung profitieren, wenn sie für die Feindisposition verantwortlich werden. Dementsprechend rechnet bei den Facharbeitern eine große Expertenmehrheit mit Höherqualifizierung. Diese Trends gehen schließlich zu Lasten der Un- und Angelernten, bei denen eine (weitere) Dequalifizierung bis hin zum Verlust jeglicher Arbeitsmöglichkeiten erwartet wird."[32]

Hinsichtlich der Art und des Umfangs der Qualifikationsveränderungen, die sich aus der Einführung der neuen Technologien ergeben, sind folgende Tendenzen herausgearbeitet worden:

- Bei den Fachkompetenzen wird eine Renaissance der Facharbeit erwartet, während unqualifizierte repetitive Teilarbeiten weiter automatisiert werden.

- Die Anforderungen der Fachkompetenz steigen um informationstechnische Qualifikationen.

- Für die Produktionsarbeiter ergeben sich neue Qualifikationsanforderungen im organisatorisch-dispositiven Bereich.

---

[31] Vgl. ebenda, S. 163.
[32] Bauerdick, J., Eichener, V., Huppertz, M. 1990: Qualifikationsanforderungen und berufliche Weiterbildung beim Einsatz von CIM und flexiblen Arbeitssystemen – Ein Überblick über Ergebnisse sozialwissenschftlicher Forschung, Ruhr-Universität-Bochum, Sonderforschungsbereich 187, Arbeitspapier.

– Der Zuwachs an dispositiven Tätigkeitselementen bedingt steigende Anforderungen an allgemeinen Methodenkompetenzen wie Lernfähigkeit, Systemdenken, analytisches Denken, dispositives Denken, Kooperationsfähigkeit, Informationsverarbeitungsfähigkeit, Transformationsfähigkeit. Als besonders wichtig gelten Lernkompetenzen und sozial-kommunikative Fähigkeiten.

Insgesamt scheint die These einer differentiellen Höherqualifizierung aufgrund technischer und arbeitsorganisatorischer Innovationen theoretische und empirische Evidenz aufzuweisen. Allerdings ist diese These insofern zu modifizieren, als eine Differenzierung der Qualifikationsanforderungen unterschiedliche Wirkungen zeigt. Diese Unterschiede hängen aber eher von den quantitativen Effekten bei den verschiedenen Beschäftigtengruppen als von grundlegenden Veränderungen der Qualifikationsinhalte ab; letztere verändern sich zwar auch im Gefolge der neuen Technologien, aber überwiegend graduell. Für motorische Fähigkeiten auf Arbeitsplätzen mit geringen Anforderungen wird eher die Dequalifizierungshypothese gestützt, ihr Anteil an den Beschäftigten sinkt technologieinduziert, der Anteil der Beschäftigten mit kognitiven und interaktiven Fähigkeiten nimmt zu.

3.8.6 Ergebnis

Die Einführung technologischer Neuerungen bewirkt erhebliche direkte und indirekte Beschäftigungseffekte. Nach einer Klärung der beiden zentralen Begriffe und einigen Anmerkungen über die Analyse der technologischen Entwicklung wurde ein Überblick über die potentiellen Beschäftigungseffekte gegeben. Die Diskussion der zentralen Erklärungsansätze, dem Markt- und dem Akkumulationsansatz, verdeutlichte, daß die Theorien jeweils nur bestimmte Beschäftigungseffekte erklären können. Die referierten empirischen Ergebnisse zeigen das grundsätzliche Problem einer Zurechnung der Arbeitslosigkeit und der Beschäftigungsentwicklung zu technischen Veränderungen. Empirische Untersuchungen stützen zumeist die These, daß auf gesamtwirtschaftlicher Ebene bisher und voraussichtlich auch künftig der technologischen Arbeitslosigkeit keine größere Bedeutung zukam bzw. zukommen wird. Einige schätzen die Entwicklung skeptischer ein. Auf struktureller und einzelwirtschaftlicher Ebene sind in bestimmten Bereichen und Branchen erhebliche Arbeitsplatzeffekte des technischen Wandels und der neuen Technologien zu konstatieren, die für einen Teil der Beschäftigten Bereitschaft zu Mobilität und Flexibilität und für die Betriebe Anpassungsbereitschaft und -fähigkeit erfordern. Hinsichtlich der Qualifikationseffekte scheinen die Studien die These einer differentiellen Höherqualifizierungsthese zu bestätigen.

Literaturhinweise

Matzner, E., Schettkat, R., Wagner, M.: Arbeitsmarktwirkungen moderner Technologien, Berlin 1988.
Mettelsiefen, B., Barens, I.: Direkte und indirekte Beschäftigungswirkungen technologischer Innovationen, „BeitrAB 112", Nürnberg 1987.
Mueller, H. D., Schmid, A.: Arbeit, Betrieb und neue Technologien, Stuttgart etc. 1989.
OECD: The OECD Jobs Study, Part I, Paris 1994, S. 123 ff.
Schettkat, R., Wagner, M. (Hg.): Technologischer Wandel und Beschäftigung, Berlin, New York 1989.
Ulrich, E.: Breitenuntersuchung über die Wirkung technischer Änderungen auf Arbeitskräfte, in: D. Mertens (Hg.): Konzepte der Arbeitsmarkt- und Berufsforschung, „BeitrAB 70", Nürnberg 1988, S. 825 ff.

4
GESELLSCHAFTS-
ÖKONOMIE

4.1 Ökonomie und Evolution
Hans Jürgen Schlösser

4.1.1 Einleitung: Gegenstand evolutorischer Theorien in der Ökonomie 267
4.1.2 Schumpeter: Evolution und Innovation 268
4.1.3 Hayek: Evolution und Ordnung 269
4.1.4 Nelson und Winter: Evolution und ökonomische natürliche Auslese . . . 270
4.1.5 Ausblick 272
Literaturhinweise 272

4.1.1 Einleitung: Gegenstand evolutorischer Theorien in der Ökonomie

Eine Alltagsweisheit besagt, daß die einzige Konstante des Lebens darin besteht, daß sich immer wieder alles wandelt und nichts bleibt wie es war. Dies gilt für die biologische Sphäre, die Politik, gewiß auch für den Bereich der Wirtschaft: Produktions- und Preisstruktur der Volkswirtschaften verändern sich, neue Produkte und Produktionsverfahren werden erfunden und verwirklicht, neue Institutionen entstehen und alte verschwinden, und auch Gewohnheiten, Geschmack und Werthaltungen des einzelnen verändern sich im Zeitablauf.

Für die Biologie hat Charles Darwin bedeutsame theoretische Grundlagen für eine Erklärung der Entstehung neuer Arten, für die Bedeutung von Mutationen und Modifikationen erarbeitet; er war der Schöpfer der biologischen Evolutionstheorie. Auch die neoklassische Wirtschaftstheorie, welche heute den Kern der „Main Stream Economics" bildet, untersucht Wandel. Sie fragt: Wie verändern die wirtschaftlichen Akteure ihr Verhalten, wenn sich die Rahmenbedingungen – zum Beispiel die verfügbaren Techniken oder der politische Rahmen – ändern? Gleichwohl handelt es sich dabei um keine „evolutorische" Theorie.

Als evolutorisch wird eine Theorie nur dann angesehen, wenn sie nicht nur die Anpassung eines Systems an veränderte Rahmenbedingungen untersucht, sondern auch die Entstehung neuer Situationen selbst (endogen) erklärt und nicht allein als von außen (exogen) verursacht ansieht:

„Die Theorie erklärt, wie es zu Neuerungen in den untersuchten Entwicklungen kommt und welche allgemeinen Einflüsse sie haben, d.h. sie formuliert Hypothesen über das zeitliche Verhalten von Systemen, in denen Neuerungen auftreten und sich ausbreiten."[1]

Solche Theorien sind immer auch dynamisch, d.h. sie berücksichtigen die zeitliche Dimension der Entwicklung. Zeit aber ist historisch, irreversibel: zahlreiche, wenn auch nicht alle, Entwicklungen können nicht einfach rückgängig gemacht werden, und das Entwicklungsergebnis ist abhängig davon, auf welche Weise es zustande gekommen ist („Pfadabhängigkeit").[2]

Der Begriff Evolution wird wegen Darwins berühmter Theorie oft als Domäne der Biologie angesehen. Tatsächlich hat es aber auch schon vor Darwins Arbeiten Evolutionstheorien auf verschiedensten Gebieten gegeben, und einige sind gänzlich ohne Rückgriff auf biologische Analogien erarbeitet worden.[3] Wir können evolutorische Theorie der Ökonomie deshalb als selbständiges wirtschaftswissenschaftliches Forschungsfeld ansehen, in dem Hypothesen über den wirtschaftlichen Wandel, über die Entstehung und Verbreitung von Neuerungen aufgestellt und getestet werden. Allerdings hat es, wie zu zeigen sein wird, auch Versuche gegeben, „soziobiologisch" vorzugehen und die Evolutionstheorie der Biologie auf die Wirtschaft anzuwenden.[4]

---

[1] Witt, U, Individualistische Grundlagen der evolutorischen Ökonomie, Tübingen 1987, S.9
[2] Pfadabhängigkeit bzw. Irreversibilität sei an einem Beispiel erläutert: In den siebziger Jahren ist die Arbeitslosigkeit in vielen Ländern stark angestiegen, weil sich Rahmenbedingungen wie Energiepreise u.a. verschlechtert haben. Hielt die Arbeitslosigkeit dann länger an, so führte eine spätere Rückkehr zu günstigeren Rahmenbedingungen keineswegs automatisch wieder zur Vollbeschäftigung, weil etwa Langzeitarbeitslose nicht mehr ohne weiteres in den Arbeitsmarkt zu integrieren waren.
[3] Vgl. ausführlich Lau, C., Gesellschaftliche Evolution als kollektiver Lernprozess, Berlin 1981.
[4] Alfred Marshall sprach zum Beispiel von „ökonomischer Biologie". Vgl. Witt, U., Evolutori-

4.1.2 Schumpeter: Evolution und Innovation

Ein Beispiel für ökonomische Evolutionstheorie ohne Rückgriff auf biologische Analogien stellt Joseph A. Schumpeters „Theorie der wirtschaftlichen Entwicklung" dar.[5]

Nach Schumpeter wird wirtschaftlicher Wandel „aus der Wirtschaft" heraus hervorgebracht, indem Unternehmer Innovationen realisieren. In diesem Ansatz spielt die begriffliche Abgrenzung zwischen Innovation (Neuerung) und Invention (Erfindung) eine bedeutende Rolle. Als Akteur steht der Unternehmer im Mittelpunkt, dessen Persönlichkeit und Motivation konstitutiv für den Wandel sind.

Die Invention, also die Erfindung, geht der Innovation voraus. Sie ist nicht prognostizierbar – sonst wäre sie ja keine! – und für sich genommen ohne jede praktische ökonomische Bedeutung. Erst wenn ein Innovator sich ihrer annimmt und sie verwirklicht, also wirtschaftlich nutzt und so in das Wirtschaftsleben einbringt, treibt sie die ökonomische Evolution voran:

Einerseits stellt die Innovation einen schöpferischen Akt dar, schafft doch der Innovator „neue Kombinationen"; andererseits verdrängt die Innovation bestehende Produkte und Verfahren und wirkt somit zerstörerisch. Der durch Innovationen getriebene ökonomische Evolutionsprozess stellt sich somit als Prozess „schöpferischer Zerstörung" dar. Mit diesem Begriff trifft Schumpeter die „Janusköpfigkeit" der wirtschaftlichen Evolution und gibt wichtige Hinweise für die Unstetigkeit der ökonomischen Entwicklung. Das in der neoklassischen Wirtschaftstheorie so zentrale „Gleichgewicht" spielt in Schumpeters Ansatz nur eine geringe Rolle: Schließlich sind es die durch schöpferische Zerstörungsakte geschaffenen wirtschaftlichen Ungleichgewichte, die den Motor der Evolution bilden.

Der Akteur der schöpferischen Zerstörung ist der Unternehmer, ein Typus, der erheblich vom traditionellen homo oeconomicus der Neoklassik abweicht:

Der Unternehmer muß keineswegs mit dem Erfinder identisch sein – oft ist er es auch nicht, und manche Erfinder waren ausgesprochen schlechte Unternehmer. In jedem Fall aber greift er Inventionen auf und setzt sie in wirtschaftlich erfolgreiche Verfahren (Prozessinnovation) und Produkte (Produktinnovation) um, oft getrieben von einer „Vision" und für Anwendungen, an die die Inventoren gar nicht gedacht haben. Die Unternehmerfunktion ist die Innovation, und Schumpeter grenzt sie deutlich ab von den Funktionen des Geschäftsführers, der für den reibungslosen Ablauf des Tagesgeschäfts sorgt und des „Kapitalisten", der sein Kapital riskiert. Gleichwohl ist nicht ausgeschlossen, daß alle Funktionen in einer Person zusammenfallen können.

Innovationen verschaffen dem Unternehmer „Pioniergewinne", ist er doch zunächst einmal „Monopolist" des neuen Verfahrens oder Produkts. Die wirtschaftliche Entwicklung wird aber nicht allein vom Innovator geprägt, denn die Pioniergewinne rufen „Imitatoren" auf den Plan.

Mit ihnen befaßt sich die „Diffusionsforschung": Sie „adoptieren" die Innovationen anderer und reduzieren im Zeitablauf den Pioniergewinn des Innovators, der nun

---

sche Ökonomie – Umrisse eines neuen Forschungsprogramms, in: Neuorientierungen in der ökonomischen Theorie, Hrsg.: E. K. Seifert, B. P. Priddat, Marburg 1995.
[5] Schumpeter, J.A., Theorie der wirtschaftlichen Entwicklung, Berlin 1952 (5. Aufl.)

wiederum zu neuen Innovationen motiviert wird. So „diffundieren" Neuerungen in der Volkswirtschaft, und neue Innovationszyklen werden von Schumpeterschen Unternehmen initiiert.

Im Prinzip muß der Unternehmer kein im juristischen Sinne Selbständiger sein, auch Teams in Großunternehmen und selbst Funktionäre in Verwaltungen können Innovatoren, also Unternehmer, sein. Allerdings muß in jedem Fall die Persönlichkeit des einzelnen, die Organisation, in der er tätig ist und das volkswirtschaftliche und soziale Umfeld insgesamt dem Innovationsprozess günstig sein.[7] Die Erfahrung hat gezeigt, daß marktwirtschaftliche Wirtschaftssysteme, in denen Innovatoren wegen ihrer Pioniergewinne weniger beneidet als bewundert und imitiert werden, diese Voraussetzungen schaffen können.

Die klare Abgrenzung von Invention, Innovation und Imitation ist allerdings im konkreten Fall schwierig,[8] denn die Realisierung der Invention als Innovation beinhaltet häufig selbst wiederum Aspekte von Invention, und auch die Imitation wird ein zumindest teilweise innovativer Akt, wenn nicht einfach abgeschaute Praktiken nachgemacht werden, sondern kreative Anpassungsleistungen notwendig sind. Dennoch ist zweckmäßig, evolutionstheoretisch zwischen „Entstehungs- und Ausbreitungszusammenhang" (Witt) zu unterscheiden.

4.1.3 Hayek: Evolution und Ordnung

Auf Friedrich A. Hayek geht die Auffassung zurück, daß das Marktsystem nicht allein die Aktivitäten der wirtschaftlichen Akteure koordiniert und damit die Leistung dezentraler Informationsverarbeitung erbringt, sondern auch Neuerungen generiert und bewertet.[9] Hayek bettet letztendlich seine Theorie wirtschaftlicher Evolution in den Versuch einer allgemeinen Theorie der Kulturevolution ein.[10]

Auf Märkten werden einige Aktivitäten belohnt, andere bestraft, letztlich erfolgt durch Märkte eine gesellschaftliche, jedoch dezentrale Kontrolle des Innovationsprozesses. Die Innovatoren setzen sich dem marktwirtschaftlichen Auswahlverfahren aus, das Ergebnis der immer währenden Selektion ist nicht vorhersagbar und stellt die Ausgangsbasis für weitere Innovationen dar, die sich wiederum dem Markt stellen müssen. So entstehen auch immer neue Kombinationsmöglichkeiten und Transformationen der Gesellschaft. Der zukünftige Pfad, den die Gesellschaft dabei nimmt, hängt davon ab, in welche alternative Anziehungsbereiche das System bisher geraten ist. Solche „Attraktoren" stellen nichts anderes dar als eine Vielzahl sich ausschließender, aber möglicher Koordinationsgleichgewichte, die zusammen eine vieldimensionale „adaptive Landschaft" bilden, in der die Evolution vor sich geht.[11]

---

[7] Vgl. zu diesen drei Aspekten im einzelnen Röpke, J., Die Strategie der Innovation, Tübingen 1977.
[8] Vgl. Witt, U.; Individualistische Grundlagen der evolutorischen Ökonomik, a.a.O., S. 17 ff.
[9] Vgl. Hayek, F.A., Der Wettbewerb als Entdeckungsverfahren, in: Freiburger Studien, Hrsg. F.A. Hayek, Tübingen 1969, S. 249–265.
[10] Vgl. ders., Bemerkung über die Entwicklung von Systemen von Verhaltensregeln, in: Freiburger Studien, Hrsg.: F.A. Hayek, Tübingen 1969, S. 144–160 und ausführlich und grundsätzlich ders., The Fatal Conceit, London 1988.
[11] Vgl. die Darstellung bei Witt, U., Evolutorische Ökonomie – Umrisse eines neuen Forschungsprogramms, a.a.O., S. 168 und die dort angegebene Literatur.

Ziel einer ökonomischen Evolutionstheorie wäre letztlich die Beschreibung dessen, was diese adaptive Landschaft ausmacht und wovon ihre Gestalt abhängt. Hayek geht bei seinem Versuch von drei Stufen der Evolution aus:

1. Genetische Evolution: Sie hat die biologische Erbschaft des Menschen geschaffen (Basisverhalten)
2. Evolution in den Produkten menschlichen Verstandes und Wissens mit besonderer Bedeutung der Überlieferung durch schriftliche Aufzeichnung.
3. Kulturelle Evolution: Sie ist weder genetisch kodiert noch bewußt entworfen, sondern sie stellt ein System erlernter Verhaltensregeln dar, deren Rolle häufig noch nicht einmal von jenen verstanden wird, die die Regeln befolgen.

Welche Regeln entstehen, ist nach Hayek eine Frage des Zufalls, nicht aber, welche Regeln „überleben". Für letzteres ist das Ergebnis von Auswahlprozessen entscheidend: Diejenigen Gruppen, die es schaffen, Regeln zu entwickeln und weiterzugeben, die besser funktionierende soziale Beziehungen ermöglichen, expandieren, absorbieren oder unterwerfen rivalisierende Gruppen und verbreiten damit unbeabsichtigt ihr „überlebendes" Regelwerk. In diesem Prozess werden die Regeln immer differenzierter und abstrakter.

Im Laufe von tausenden von Jahren ist nach Hayek so eine spontane Ordnung entstanden, die ein hohes Maß an Zivilisation und Produktivität ermöglicht. Diese Ordnung ist zwar von Menschen erzeugt, aber nicht entworfen worden. Ihre bedeutendste Errungenschaft ist ein System differenzierter Märkte, und diese Ordnung beinhaltet unpersönliches Wissen, wie es im Laufe der Ausleseprozesse in der Form „überlebender" unpersönlicher Verhaltensregeln angehäuft wurde.

4.1.4 Nelson und Winter: Evolution und ökonomische natürliche Auslese

Noch stärker als Hayek nähern sich Nelson und Winter in ihrem Ansatz den Argumentationsstrukturen biologischer Evolutionstheorie.[12] Grundlegend ist die Vermutung, daß der marktwirtschaftliche Wettbewerbsprozess alle Unternehmen vom Markt eliminiert, die keine ausreichende Ertragslage sicherstellen können. „Ökonomische natürliche Auslese" unter Unternehmen findet dabei in einer Selektionsumgebung (selection environment) statt, in dem Unternehmen mit unterschiedlichen Verhaltensregeln und -typen agieren. In abgeschwächter Analogie zur Biologie entsprechen solche Verhaltensroutinen den „Genotypen", das daraus abgeleitete spezielle Verhalten den „Phänotypen".[13]

Unternehmen mit erfolgreichen Routinen wachsen, die anderen schrumpfen, und im Ergebnis kommt es zur Erhöhung der relativen Häufigkeit der erfolgreichen „Gene". Verschlechterungen der Ertragslage führen zur Suche nach verbesserten Verhaltensroutinen, in biologischer Analogie zu bewußt hervorgrufener Mutation. Ist der Genotypus unfähig zu mutieren, d.h.: zu lernen, so wird das Unternehmen früher oder später vom Markt eliminiert. Zusätzliche Dynamik kann der Prozess durch Zufälle und durch Zuwanderung neuer Genotypen gewinnen.

---

[12] Vgl. Nelson, R.R., Winter, S.G., An Evolutionary Theory of Economic Change, Cambridge Mass. 1982

[13] In der Sichtweise der Biologie ist ein Individuum in seinem Genotypus durch Art und Zusammensetzung seiner Gene festgelegt. Die jeweiligen konkreten Eigenschaften des Organismus, die sich durch das Zusammenwirken des genetischen Programms mit der Umwelt entwickeln, sind im Phänotypus verkörpert.

Nelson und Winter legen das Schwergewicht ihrer Analyse auf den Selektionsprozess und verdeutlichen seine Bedeutung: Der Markt selektiert die ihm angebotenen Unternehmensroutinen, indem er den verschiedenen Unternehmen unterschiedliche Expansionsmöglichkeiten einräumt. Die Unternehmensorganisation kann diese selektierende Kraft aber korrigieren, indem sie die dem Markt angebotenen Routinen je nach deren Erfolg und den eigenen Ansprüchen variiert.[14]

Mit ihrem Ansatz bewegen sich Nelson und Winter nicht allein in soziobiologischen, sondern auch in schumpeterianischen Denktraditionen, spielt doch Innovation als Überlebenskonzept komplexer Systeme in ihrer Evolutionstheorie die zentrale Rolle. Sie verweisen besonders auf die Notwendigkeit, sich an Umweltänderungen anzupassen. Die Selektionsumgebung ist aber nicht notwendigerweise eine unveränderbare Größe, denn es sind zwei Arten neuerungsträchtiger Wandlungsvorgänge im Evolutionsgeschehen zu unterscheiden.[15]

- Akteure reagieren auf nicht vorhersehbare Änderungen ihrer Umwelt in Form reaktiver Umweltanpassung – das selection environment wird „hingenommen".;
- Akteure ergreifen im Rahmen antizipativer Umweltanpassung die Initiative und erkunden und gestalten ihre Umwelt. Sie werden versuchen, sich diejenige Umwelt zu verschaffen, für deren Meisterung sie kompetent sind.

Der letztliche Grund für ökonomische Evolution besteht somit darin, daß wirtschaftliche Akteure auf Dauer nur durch Innovation am Markt „überleben" können, solange sie ihre Umwelt nicht vollständig kontrollieren können. Deshalb sind „Innovationen ... Bestandteile evolutiver Systeme und erhalten von hier aus Funktion, Bedeutung und Bewertung."[16]

Von besonderer Bedeutung ist der Entwicklungsstand des gesamten wirtschaftlichen und sozialen Umfeldes[17], denn dieser bestimmt die Erfolgswahrscheinlichkeit von Innovationen aufgrund von Komplementaritäten. Cottrell[18] liefert für solche Komplementaritäten und Zusammenhänge ein anschauliches Beispiel in einer wirtschaftshistorischen Analyse der Einführung der Dampfkraft in der Landwirtschaft:

Die ersten Dampftraktoren waren so schwer, daß sie den Ackerboden zerdrückten, und außerdem konnten sie auf kleinen, diversifizierten Bauernhöfen nicht rentabel eingesetzt werden. Diese repräsentierten aber die optimale Unternehmensgröße für den Einsatz des Pferdepflugs. Erst als komplementäre Innovation in der Metallurgie es erlaubten, leichtere Fahrzeuge herzustellen, und als der Strukturwandel in der Landwirtschaft einsetzte, setzten sich auch die dampfgetriebenen Traktoren durch – und waren simultan Verursacher dieses Strukturwandels.

---

[14] Kritisch wird angemerkt, daß Nelson und Winter sich bei ihrer Analyse auf die Angebotsseite und auf Prozeßinnovationen beschränken und dem Neuerungsprozeß selbst zuwenig Aufmerksamkeit schenken. Vgl. ausführlich Witt, U., Individualistische Grundlagen der evolutorischen Ökonomie, a.a.O., S. 93ff.
[15] Vgl. Röpke, J., a.a.O., S. 6f.
[16] Peetsch, F.R., Zum Stand der Innovationsforschung, in: Innovationsforschung als multidisziplinäre Aufgabe, Hrsg.: Neuloh, O., Ruegg, W., Göttingen 1975, S. 13
[17] Vgl. ausführlich Nelson, R.R. Winter, S.G., In Search of a Useful Theory of Innovation, in: Innovation, Economic Change and Technology Policy, Hrsg. Stroetmann, K.A., Basel 1977.
[18] Vgl. Cottrell, F., Energy and Society. The Relation between Energy, Social Change and Economic Development, New York u.a. 1955, S. 93.

4.1.5 Ausblick

Die evolutorische Ökonomik greift die Frage nach dem Wandel in der okonomischen Entwicklung auf, die von der neoklassischen Wirtschaftstheorie lange vernachlässigt worden ist. Entscheidende Impulse sind immer wieder von der „österreichischen" Schule der Wirtschaftswissenschaft geliefert worden (z.B. v. Hayek), die wie keine andere Denkrichtung der Ökonomie die Bedeutung des Wissens und des Lernens in den Vordergrund ihrer Analyse stellt.

Analogien zur biologischen Evolutionstheorien haben der evolutorischen Ökonomik wichtige Denkanstöße gegeben, sind aber in ihrer ökonomischen Bedeutung zu relativieren. Zum einen spielt in der biologischen Evolutionstheorie das Individuum keine oder nur eine sehr geringe Rolle. Für eine Wirtschaftswissenschaft, die auf der Basis des methodologischen Individualismus arbeitet, stellt dies ein großes Adaptionshindernis dar. Der „blinde" Ausleseprozess der Biologie scheint zum anderen nur sehr begrenzt auf soziöökonomische Evolutionsprozesse übertragbar zu sein.

Hat die neoklassische Ökonomie die Analyse von Wandel und Dynamik nicht zuletzt deshalb verfehlt, weil sie sich sehr eng am statischen Gleichgewichtsmodell der klassischen Mechanik orientiert hat, so sollte nun ein solcher Fehler – die unkritische Übernahme eines naturwissenschaftlichen Modells in die Wirtschaftswissenschaft – kein zweites Mal begangen werden. Langfristig könnte eine Perspektive weniger in biologischer Analogie bestehen, sondern eher in der Verallgemeinerung von Evolutionstheorien, die verschiedene Anwendungsgebiete als Sonderfälle umfaßt. Dies wird nur durch eine transdisziplinäre Arbeit möglich sein, bei der gewiß auch die biologische Evolutionstheorie einen hohen Stellenwert haben wird.

Literaturhinweise

Cottrell, F., Energy and Society. The Relation between Energy, Social Change and Economic Development, New York u.a. 1955.
Hayek, F.A., Der Wettbewerb als Entdeckungsverfahren, in: Freiburger Studien, Hrsg. A.F. Hayek, Tübingen 1969, S. 249–265.
Hayek, F.A., Bemerkung über die Entwicklung von Systemen von Verhaltensregeln, in: Freiburger Studien, Hrsg.: F.A. Hayek, Tübingen 1969, Hayek, F.A., The Fatal Conceit, London 1988
Lau, C., Gesellschaftliche Evolution als kollektiver Lernprozess, Berlin 1981.
Nelson, R.R., Winter, S.G. In Search of a Useful Theory of Innovation, in: Innovation, Economic Change and Technology Policy, Hrsg.: K.A. Stroetmann, Basel 1977.
Nelson, R.R., Winter, S.G., An Evolutionary Theory of Economic Change, Cambridge Mass. 1982.
Peetsch, F.R. Zum Stande der Innovationsforschung, in: Innovationsforschung als multidisziplinäre Aufgabe, Hrsg.: O. Neuloh, W. Ruegg, Göttingen 1975
Röpke, J., Die Strategie der Innovaton, Tübingen 1977.
Schumpeter, J.A., Theorie der wirtschaftlichen Entwicklung, Berlin 1952 (5. Aufl.)
Witt, U., Individualistische Grundlagen der evolutorischen Ökonomik, Tübingen 1987
Witt, U., Evolutorische Ökonomik – Umrisse eines neuen Forschungsprogramms, in: Neuorientierungen in der ökonomischen Theorie, Hrsg.: E.K. Seifert, B.P. Priddat, Marburg 1995, S. 153–179.

4.2 Wirtschaft und Politik —
Zur Interdependenz von wirtschaftlicher und politischer Ordnung
Hermann May

4.2.1	Allgemeine Feststellungen	275
4.2.2	Modelltheoretische Darstellung der politisch-ökonomischen Interdependenz	276
4.2.3	Grundgesetz und Wirtschaftsordnung in der Bundesrepublik Deutschland	279
4.2.4	Gefährdungen und Herausforderungen unserer marktwirtschaftlichen Ordnung	281
	Literaturhinweise	286

4.2.1 Allgemeine Feststellungen

Wirtschaft und Politik sind in modernen Gesellschaften eng miteinander verwoben; sie hängen in vielfachen Beziehungen voneinander ab und bilden damit ein politisch-ökonomisches System.

Diese Interdependenz von Wirtschaft und Politik, insbesondere die aus dieser resultierende **Einflußnahme** des Staates respektive **der staatlichen Politik auf die Wirtschaft**, tritt besonders deutlich in den Bereichen der Allokation, der (Einkommens-) Verteilung und der Stabilisierung in Erscheinung.

Die **Allokation**, das heißt die Verwendung der zur Verfügung stehenden Produktionsfaktoren (Ressourcen), ist heute in weiten Bereichen durch staatliche Interventionen geprägt. So wird die Landwirtschaft in allen hochentwickelten Industrienationen durch hoheitliche Eingriffe (Preisfixierungen, Produktionssteuerung durch Subventionen, Importbeschränkungen) mehr oder minder den Marktzwängen enthoben und fristet ein geschütztes Dasein. Ähnlich die Stahlindustrie und andere durch Strukturkrisen bedrohte Wirtschaftsbereiche.

Auch die **Einkommensverteilung** ist in den entwickelten Industriegesellschaften maßgeblich durch Staatseingriffe gestaltet. Nicht nur Steuer- und Sozialversicherungssysteme bewirken hier eine drastische Umverteilung der aus dem Leistungsprozeß resultierenden Einkommen; auch regionalpolitische Maßnahmen zielen auf Vermeidung beziehungsweise Beseitigung interregionaler Ungleichgewichte in der Verteilung von Einkommen und dem daraus erwachsenden Wohlstand.

Die staatlichen Anstrengungen zur Begegnung von gesamtwirtschaftlichen Ungleichgewichten, das heißt zur **Stabilisierung** der Volkswirtschaft, sind allseits evident. Über eine entsprechende Fiskal- und Geldpolitik versucht hier der Staat Konjunkturschwankungen, Inflation und Arbeitslosigkeit zu beeinflussen.

Der **Einfluß der Wirtschaft auf die staatliche Politik** gestaltet sich zum einen über die dem Staat aus der Wirtschaft zufließenden Steuern als Finanzierungsmittel. So lassen gute Zeiten, das heißt eine prosperierende Wirtschaft, die Steuereinnahmen des Staates entsprechend anwachsen, während schlechte Zeiten, das heißt eine stagnierende oder rückläufige wirtschaftliche Entwicklung, die Steuerzuflüsse an den Staat drosseln.

Außer über das Steuervolumen nimmt die Wirtschaft über die allgemeine wirtschaftliche Situation und das von dieser ausgehende Vertrauen oder Mißtrauen der Wähler zu/gegenüber der dafür als verantwortlich angesehenen Regierung Einfluß auf die staatliche Politik. Die Popularität und Wiederwahl der Regierung und damit auch deren Aussicht/Chance auf Durchsetzbarkeit ihrer Politik hängt nämlich in hohem Maße von der Zufriedenheit der Wähler mit der allgemeinen Wirtschaftslage ab. So führt eine Verbesserung der Wirtschaftslage in der Regel zu einem verstärkten Votum für die Regierung, während eine Verschlechterung der Wirtschaftslage regelmäßig eine Stärkung der Opposition und damit möglicherweise eine Abwahl der Regierung nach sich zieht.

Die aufgezeigte gegenseitige Abhängigkeit von Wirtschaft und Politik läßt sich wie folgt (Abb. 1) veranschaulichen:

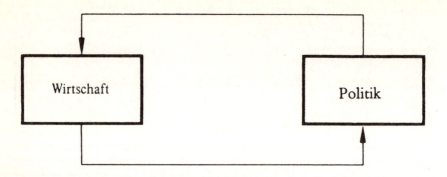

Abb. 1 Grundschema der gegenseitigen Abhängigkeit von Wirtschaft und Politik

Die Abbildung läßt deutlich werden, daß beide Bereiche, Wirtschaft und Politik, durch Rückkoppelungen verbunden sind und keinesfalls der staatliche Bereich einseitig die Wirtschaft durch wirtschaftspolitische Interventionen beeinflußt.

4.2.2 Modelltheoretische Darstellung der politisch-ökonomischen Interdependenz[1]

Der Zusammenhang zwischen Wirtschaft und Politik wird in jüngerer Zeit von der ökonomischen Theorie (ökonomische Theorie der Politik) analysiert und modellmäßig erfaßt. Sie sieht – in abstrahierender Vereinfachung – das politische Streben als Ausdruck des Wettbewerbs zweier Parteien beziehungsweise Parteienblöcke (einer rechten Partei respektive eines rechten Parteienblocks, den Liberalen, und einer linken Partei respektive eines linken Parteienblocks, den Sozialisten) um die Gunst der Wähler. Das Feld der politischen Auseinandersetzung wird in Analogie zum Markt, auf dem die Unternehmer um die Nachfrager konkurrieren, als Stätte des „Kampfes" um die Stimmen der Wähler gedeutet. Dem gewinnmaximierenden Unternehmer wird der stimmenmaximierende Politiker gegenübergestellt. So wie der gewinnmaximierende Unternehmer die Bedürfnisse seiner potentiellen Nachfrager besser als seine Mitbewerber am Markt zu erspüren und zu befriedigen und darüber seinen Gewinn zu maximieren versucht, so ist die einzelne Partei (repetive der einzelne Parteienblock) bestrebt, die Interessen ihrer potentiellen Wähler besser zu erfassen als ihre politischen Konkurrenten, sie in ihrem Programm zu berücksichtigen und darüber möglichst viele Wählerstimmen zu gewinnen. Denn nur über eine entsprechende (Stimmen-) Mehrheit können die Parteien die begehrte Regierungsgewalt erlangen.

Auf ihrer Suche nach der Mehrheit der (Wähler-)Stimmen müssen sich die von „rechts" wie auch die von „links" kommenden Parteien (respektive Parteienblöcke) am gewichtigen Wählerpotential der Mitte orientieren, denn nur die diesem angehörenden Stimmen können die angestrebte Mehrheit bringen. Dieses „Buhlen" um den mehrheitsbringenden (Mitte-)Wähler (Wählerwerbung) führt dazu, daß die diesem Rechnung tragenden Parteiprogramme sich einander nähern (s. Abb. 2), das heißt, daß beide Parteien den Nachweis, eine „Volkspartei" zu sein, zu erbringen versuchen.

---

[1] Vgl. hierzu insbesondere die einschlägigen Darlegungen bei Teichmann, U.: Wirtschaftspolitik, 2. Aufl., München 1983, S. 145–153.

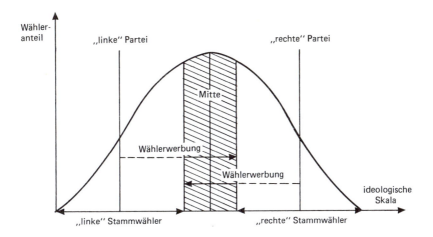

Abb. 2 Parteienkonkurrenz um den Mittewähler

Wir gehen von der vereinfachenden Annahme aus, daß sich die Wählerpräferenzen über die ideologische Skala von „links" nach „rechts" gemäß der Normalverteilung erstrecken. Beide Parteien, die „linke" und die „rechte", verfügen über eine Stammwählerschaft, die ihrerseits jeweils ein innerparteiliches Spektrum von „radikal" (links-„radikal"/rechts-„radikal") bis „gemäßigt" (links-„gemäßigt"/rechts-„gemäßigt") aufweist. Beide Stammwählerschaften grenzen an die Mittewähler an (die der „linken" Parteien von links, die der „rechten" Parteien von rechts). Um diese Mittewähler bemühen sich – wie bereits dargelegt – beide Parteien, indem sie ihre Programme und Wahlversprechungen entsprechend gestalten (Wählerwerbung). Nun ist es aber jederzeit möglich, daß Teile der Parteimitgliederschaft dem programmatischen Zug zur Mitte nicht folgen, insbesondere dann, wenn sie sich in ihren ideologischen Vorstellungen „betrogen" fühlen. Die mehrheitsbezogenen Pragmatiker sehen sich konfrontiert mit den auf ideologischen Positionen beharrenden Mitgliedern. Die Wahlchance der Partei hängt in dieser Situation von ihrer Fähigkeit ab, die „Ideologen" von der Notwendigkeit pragmatischer Konzessionen zu überzeugen, ohne die der Machterhalt respektive die Machterringung gefährdet ist. Die Kunst dieses abwägenden Taktierens besteht darin, die pragmatischen Zugeständnisse einerseits so attraktiv zu gestalten, daß die zur angestrebten Mehrheit erforderlichen Mittewähler ihre Stimme einbringen, andererseits sie (die Zugeständnisse) so gering zu halten, daß die Stammwähler, insbesondere die am ideologischen Rand, ihre Stimme nicht verärgert versagen. Je treuer diese Randwähler sind, desto mehr Konzessionen an die Mittewähler können ihnen hierbei zugemutet werden.

Obgleich die Parteien und mit ihnen die Politiker von „rechts" und „links" in durchaus eigennütziger Weise die Stimmenmehrheit und damit die Regierungsgewalt zu erlangen trachten, führt der Kampf um die Stimmen zwangsläufig zu einer optimalen Berücksichtigung der Interessen der Allgemeinheit. Die „List der Demokratie" (Ph. Herder-Dorneich) stellt den Eigennutz in den Dienst des Allgemeinwohls.

Eine modellhaft differenzierende und konkretisierende Erweiterung des oben aufgezeigten Grundmusters der politisch-ökonomischen Interdependenz läßt sich anhand des nachfolgenden Schaubildes (Abb. 3) vornehmen.[2]

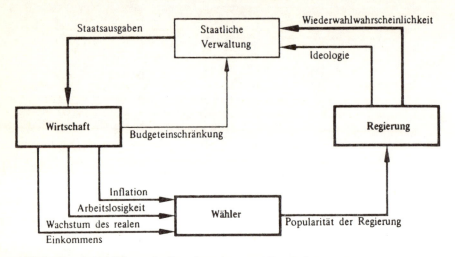

Abb. 3 Erweitertes Schema der Interdependenz von Wirtschaft und Politik
Entnommen aus: Frey, B., Theorie demokratischer Wirtschaftspolitik, a.a.O., S.13.

Die **untere**, von der **Wirtschaft** zur **Regierung** führende Verbindung zeigt in ausschnitthafter Verkürzung den Einfluß von **Einkommenswachstum, Arbeitslosigkeit** und **Inflation** auf die Meinungsbildung der Wähler über die Tüchtigkeit (Popularität) der **Regierung** und damit über deren Wiederwahlchance. Die Regierungspopularität und damit die Wiederwahlwahrscheinlichkeit gerät offensichtlich in Abhängigkeit zu diesen ökonomischen Größen. Je schlechter sich die Wirtschaftslage im Ausweis von Arbeitslosigkeit, Inflation und Einkommenswachstum präsentiert, desto unpopulärer ist die Regierungspolitik, und desto weniger sind die Wähler geneigt, die Regierungspartei(en) wiederzuwählen.

Die **obere**, von der **Regierung** zur **Wirtschaft** führende Verbindung zeigt, mit welchen Mitteln die Regierung ihre Machtstellung zu erhalten beziehungsweise auszubauen versucht. So wird sie – in dem Umfang, in dem es der Mittewähler zuläßt – bestrebt sein, ihre eigenen ideologischen Vorstellungen (**Ideologie**) durchzusetzen und dementsprechend die Staatsausgaben/den Staatsausgabenzuwachs zu drosseln („rechte" Partei) respektive zu erhöhen („linke" Partei). Muß die Regierung um ihre Popularität und damit um ihre Wiederwahl bangen, so wird sie sich im Kampf um die Gunst des Wählers in der Regel zu einer Erhöhung der **Staatsausgaben** durchringen und damit die Arbeitslosenquote zu senken und das Einkommenswachstum zu heben versuchen. Die einer solchen expansiven Staatsausgabenpolitik mit großer Wahrscheinlichkeit folgende Inflationszunahme wird von der Regierung erfahrungsgemäß bis zu einem bestimmten Grad in Kauf genommen; nicht zuletzt deshalb, weil diese (Inflationszunahme) meist erst nach den Wahlen in Erscheinung tritt.

---

[2] Vgl. hierzu und zum folgenden Frey, B.: Theorie demokratischer Wirtschaftspolitik, München 1981, S.12ff.

Die Umsetzung der Regierungspläne ist in der Praxis häufig mit Schwierigkeiten verbunden. So bringt die **staatliche Verwaltung** den Plänen der Regierung meist dann Widerstand entgegen, wenn diese Änderungen der bisherigen Verfahrensweisen anstreben. Darüber hinaus sind es oft gesetzliche Hindernisse, die größeren Änderungen der Staatsausgaben im Wege stehen. Auch das jeweilige **Budget** legt dem staatlichen Ausgabenverhalten Einschränkungen auf; dieses hat sich nämlich an den Steuereinnahmen zu orientieren, die ihrerseits eng an das Wirtschaftswachstum gekoppelt sind.

Der aufgezeigte Zusammenhang zwischen Wirtschaft und Politik läßt deutlich werden, daß diese Beziehung eine zirkuläre ist. Das Wirtschaftsgeschehen beeinflußt die staatliche Politik und diese wiederum die Wirtschaft.

4.2.3 Grundgesetz und Wirtschaftsordnung in der Bundesrepublik Deutschland[3]

Das Verhältnis von Staat und Gesellschaft und damit auch die Ordnung der Wirtschaft ist in der Bundesrepublik Deutschland durch das Grundgesetz nach den Prinzipien des demokratischen und sozialen Rechtsstaates (Art. 20/28 GG) sowie innerhalb dieser nach den Grundrechten verfaßt. Die Grundrechte gewähren in umfassender Weise Freiheiten – so insbesondere die wirtschaftlich relevanten Grundfreiheiten der allgemeinen Handlungsfreiheit nach Art. 2 Abs. 1 GG, der Berufs- und Gewerbefreiheit nach Art. 12 GG sowie der Eigentumsgarantie nach Art. 14 GG – „und damit soziale Chancen auf ebenso persönlich-individuelle Entfaltung wie auf freie Selbstorganisation".[4] Die auf diesen Grundrechten gegründeten Ordnungen der Gesellschaft und Wirtschaft sind hinsichtlich ihrer konkreten Ausgestaltung prinzipiell **offen**; ihre Vollendung ist nämlich ins Belieben der Bürger – respektive der ihre Interessen bündelnden und im demokratischen Willensbildungsprozeß vertretenden Parteien – gestellt. Dies bedeutet, daß aus dem Grundgesetz keine bestimmte Wirtschaftsordnung (im Sinne eines wirtschaftsverfassungsrechtlich geschlossenen Ordnungssystems) abgeleitet werden kann. Die grundgesetzliche Wirtschaftsverfassung ist „neutral". Diese (wirtschaftsverfassungsrechtliche) „Neutralität" bedeutet vor allem inhaltliche Offenheit in der konkreten wirtschaftspolitischen Gestaltung; sie bedeutet nicht, daß sich der Staat aus der Wirtschaft herauszuhalten habe. Der Staat hat vielmehr das Recht, in eigenem Ermessen gestaltend in die Wirtschaft einzugreifen, wobei ihm prinzipiell alle Mittel der wirtschaftspolitischen Gestaltung zur Verfügung stehen. Grenzen sind dem Staat in Wahrnehmung dieser wirtschaftspolitischen Gestaltungsmöglichkeiten dort gesetzt, wo Verfassungsbestimmungen, insbesondere die oben genannten Grundrechte mit ihren Freiheitsgarantien, tangiert werden. So läßt das Grundgesetz weder eine (sozialistische) Zentralverwaltungswirtschaft noch eine reine Marktwirtschaft zu. Während eine (sozialistische) Zentralverwaltungswirtschaft die Verstaatlichung der Produktionsmittel einschlösse und damit gegen die Eigentumsgarantie des Art. 14 GG vestoßen würde, geriete eine rein liberalistische Marktwirtschaft in Kollision mit den Grundsätzen des Sozialstaates. – Diese für die Wirtschaft in ihrer Gesamtheit getroffenen Feststellungen schließen jedoch nicht aus, daß im Ausnahmefall – etwa in bestimmten Krisen- oder Mangelsituationen – auch zen-

---

[3] Vgl. hierzu Scholz, R., u. Lieser-Triebnigg, E.: Grundgesetz und Wirtschaftsordnung in der Bundesrepublik Deutschland, in: Materialien zum Bericht zur Lage der Nation im geteilten Deutschland 1987, Bonn 1987, S. 26–32.
[4] Ebenda, S. 27.

trale Planungssysteme für einzelne Sektoren der Wirtschaft zur Anwendung kommen können, oder daß in wirtschaftlichen Teilräumen die reine Wettbewerbswirtschaft praktiziert würde. Offenheit der Wirtschaftsverfassung im Sinne des Grundgesetzes bedeutet demnach „ebenso Offenheit im Sinne von konkreter, situationsgemäßer Gestaltbarkeit wie zum anderen Offenheit im Sinne eines ordnungspolitisch auch dauerhaften Offenhaltens"[5]. Unsere gegenwärtig praktizierte oder irgendeine andere „soziale Marktwirtschaft" ist deshalb lediglich als verfassungsrechtlich mögliche, nicht aber als eine verfassungsrechtlich zwingende Ordnungsform unserer bundesdeutschen Wirtschaft zu sehen.[6]

Als Ordnungsform unserer bundesdeutschen Wirtschaft ist die „soziale Marktwirtschaft" respektive das ihr unterliegende Sozialstaatsprinzip ständig **konkretisierungsbedürftig**. Die aktuelle wirtschaftliche und soziale Situation sowie der aus dieser erwachsende Gestaltungsbedarf bestimmen ihren jeweiligen (konkreten) Inhalt. Seine Fassung ist dem Gesetzgeber aufgegeben.

Die **staatlichen Zuständigkeiten** für die konkretisierende Ausgestaltung der Wirtschaft lassen sich auf folgende Aktivitäten reduzieren:

- die Wirtschaftsplanung,
- die Wirtschaftslenkung im engeren Sinne,
- die Wirtschaftsaufsicht und
- die staatliche Eigenwirtschaft.

Die Maßnahmen der staatlichen **Wirtschaftsplanung** richten sich wesensmäßig auf die langfristige Beeinflussung von komplexen Wirtschaftsabläufen, sei es der gesamten Volkswirtschaft oder von regionalen oder sektoralen Teilbereichen derselben. Sie können empfehlender (indikativer) oder anweisender (imperativer) Art sein; sie können gesamtwirtschaftliche wie auch einzelwirtschaftliche Vorgaben beinhalten. Die zentrale Planung imperativer Art kann jedoch – entsprechend dem Grundsatz der Verhältnismäßigkeit – jeweils nur die Ultima ratio zur Begegnung von definitiven Krisen- oder Mangelsituationen sein. Ihre Haupteinsatzgebiete liegen im Bereich der sogenannten Entwicklungsplanung und (als Gemeinschaftsaufgaben von Bund und Ländern) auf den Gebieten der „Verbesserung der regionalen Wirtschaftsstruktur" wie auch „der Agrarstruktur und des Küstenschutzes".[7] Wir sprechen in diesem Zusammenhang von sektoraler und regionaler Wirtschaftsplanung.

Die wohl größte gesamtwirtschaftliche Bedeutung erlangt bei uns die staatliche Wirtschaftsplanung im Rahmen der Globalsteuerung nach dem Gesetz zur Förderung der Stabilität und des Wachstums der Wirtschaft (StWG) vom 8.6.1967 in Verbindung mit dem Verfassungsauftrag zur Wahrung des „gesamtwirtschaftlichen Gleichgewichts" (vgl. Art. 109 Abs. 2 GG). Ihnen zufolge haben Bund und Länder ihre Wirtschafts- und Finanzpolitik so zu gestalten, daß diese „im Rahmen der marktwirtschaftlichen Ordnung gleichzeitig zur Stabilität des Preisniveaus, zu einem hohen Beschäftigungsgrad und außenwirtschaftlichem Gleichgewicht zu stetigem und angemessenem Wachstum beitragen" (§ 1 Satz 2 StWG). Dieser Zielkatalog (sogenanntes „magisches Viereck") greift die wichtigsten verfassungsmäßigen Grundziele der staatlichen Wirtschaftspolitik auf. Diese Staatsziele sind ein Reflex allgemein anerkannter

---

[5] Ebenda.
[6] Vgl. ebenda S. 27.
[7] Vgl. ebenda S. 30.

Werte. Sie können sich im Zeitverlauf ändern oder ergänzt werden; so etwa durch die (Ziel-)Vorgabe „Umweltschutz".

Die Maßnahmen der **Wirtschaftslenkung** im engeren Sinne umfassen all jene staatlichen Interventionen, die darauf gerichtet sind, den Wirtschaftsablauf unter bestimmten Zielvorgaben zu regulieren, ohne jedoch wirtschaftsplanerisch zu sein. Es lassen sich hoheitlich eingreifende (Qualifikationserfordernisse für einzelne Berufe, Auflagen, bestimmte Handlungs- oder Organisationsangebote, Erlaubnis- und Verbotsvorbehalte, Konzessionierungen) und leistungsmäßig fördernde (Gebote, Verbote, Unterstützung wie Subventionsgewährung und Finanzhilfen, Steuervergünstigungen, Beratungs- und Qualifikationshilfen und sonstige Dienstleistungsangebote) Maßnahmen unterscheiden.

Im Rahmen der **Wirtschaftsaufsicht** übernimmt der Staat den defensiven Schutz bestimmter (autonomer) Wirtschaftsbereiche vor speziellen Gefahren oder Mißbräuchen. So schützt beziehungsweise sichert die Kartellaufsicht den freien Wettbewerb, die Versicherungsaufsicht ein funktions- und leistungsfähiges Versicherungswesen und die Kreditaufsicht ein solides und funktionierendes Kreditgewerbe.

Die **staatliche Eigenwirtschaft**, die auf öffentlichem Eigentum basiert, tritt unter zwei unterschiedlichen Zielvorgaben in Erscheinung: zum einen als Unternehmen, die bestimmten öffentlichen Aufgaben, insbesondere der Daseinsvorsorge, dienen (staatliche Sozialwirtschaft), zum anderen als Unternehmen, die – ähnlich den privatwirtschaftlich geführten Unternehmen – rein erwerbswirtschaftliche Zwecke verfolgen (staatliche Erwerbswirtschaft).

Die staatliche Sozialwirtschaft bezieht ihre Legitimation aus dem grundgesetzlichen Sozialstaatsprinzip. Ihm zufolge kann der Staat aus Gemeinwohlgründen sozialwirtschaftliche Eigenzuständigkeiten entwickeln (zum Beispiel Versorgungsbetriebe des allgemeinen zivilisatorischen Bedarfs). In Erfüllung dieser Aufgaben kann der Staat eigene Monopole herausbilden (Verwaltungsmonopole).

Der staatlichen Erwerbswirtschaft fehlt eine vergleichbare Legitimation. Die reine Gewinnerzielung kann nicht zur Staatsaufgabe erhoben werden. Da sich jedoch aus dem Grundgesetz kein allgemeines Verbot erwerbswirtschaftlicher Staatstätigkeit ableiten läßt, müssen entsprechende öffentliche Aktivitäten toleriert werden. Sie haben sich jedoch prinzipiell und ebenso wie privatwirtschaftliche Unternehmen den Vorschriften des Wettbewerbsrechtes zu fügen.

4.2.4 Gefährdungen und Herausforderungen unserer marktwirtschaftlichen Ordnung[8]

Die bundesdeutsche Wirtschaftspolitik ist heute weit davon entfernt, den Erfordernissen einer freien Marktwirtschaft zu entsprechen. Ihre ursprünglich ordnungspolitische Ausrichtung wich im Zuge eines Ausbaus der Sozialstaatlichkeit einem zunehmenden „unsystematischen Interventionismus".[9] Die freiheitliche Ordnung scheint bedroht. Folgen wir Artur Woll, so sind es vor allem drei Entwicklungen, die diese Bedrohung ausmachen:

---

[8] Vgl. hierzu Woll, A.: Wirtschaftspolitik, München 1984, S. 353–373.
[9] Ebenda S. 353.

- der Trend zum Kollektivismus,
- die Zunahme der öffentlichen Verschwendung und
- die Entartung der Demokratie zum Parteienstaat.

Der **Trend zum Kollektivismus** und damit zu sozialistischen Ordnungsformen ist Ausdruck einer Politik, die sich im Kampf um die Wählerstimmen „von den Prinzipien einer individuell orientierten Ordnung löst"[10] und zu sympathiemehrenden „Wahlgeschenken" hinreißen läßt. Diese Feststellung läßt sich unter anderem an zwei (Zeit-) Erscheinungen verdeutlichen: die Ersetzung von Eigenverantwortung durch Staatszuständigkeit und der Zug zur Egalität.

Die Inpflichtnahme des Staates (Ersetzung von Eigenverantwortung durch Staatszuständigkeit) ist heute ein allseits erkennbares Phänomen. Besonders in der Gesundheitsfür- und -vorsorge wird dieses Anspruchsverhalten exemplarisch deutlich. Hier, wo in der Regel ein jeder (persönlich) interessiert ist respektive interessiert sein müßte, sein Leben zu schützen und zu erhalten, könnte der Staat seine Zuständigkeit getrost auf das unverzichtbar Notwendige beschränken, das heißt, seine Hilfe ausschließlich dort anbieten, wo einzelne sich selbst zu helfen (wirtschaftlich) außerstande sind. Tatsächlich hat die staatliche Gesundheitspolitik die Eigenverantwortung und Eigenvorsorge durch den Aufbau staatlicher Zuständigkeiten für weite Bevölkerungskreise überflüssig gemacht. Durch Erhebung einer allgemeinen Finanzierungsumlage (Pflichtbeiträge) hat sie gleichzeitig das Anspruchsdenken stimuliert und der Verschwendung knapper Mittel Tür und Tor geöffnet. Wirtschaftliches und soziales Verhalten (im Sinne eines sparsamen Umganges mit den beanspruchbaren Mitteln) wird nicht oder nicht ausreichend „belohnt", unwirtschaftliches und unsoziales Verhalten (im Sinne eines verschwenderischen Umganges mit den beanspruchbaren Mitteln) wird nicht oder nicht hinreichend „bestraft". Die Reform des Gesundheitswesens durch das Gesundheitsreformgesetz von 1989 und das Gesundheitsstrukturgesetz von 1993 kann hier nur als ein erster Schritt in die richtige Richtung gewertet werden.

Auch der Zug zur Egalität verrät kollektivistisches und damit sozialistisches Streben. Ihm unterliegt eine wahlstrategische Distanz gegenüber den über dem Durchschnitt rangierenden „Eliten" und eine „veständnisvolle", buhlende Hinwendung zu den „vom Schicksal nicht verwöhnten" Unterdurchschnittlichen. Die weitverbreitete Mißgunst, die die überdurchschnittlich Erfolgreichen von seiten der weniger Erfolgreichen (naturgemäß) auf sich ziehen, läßt es den stimmenmaximierenden Politikern wahltaktisch opportun erscheinen, diese sich insbesondere hinsichtlich ihres Einkommens über den Durchschnitt Erhebenden auch überdurchschnittlich zu belasten. Diesem Verlangen nach „ausgleichender Gerechtigkeit" wird von staatlicher Seite wohl am auffälligsten durch die Steuergesetzgebung, insbesondere das Einkommensteuergesetz, entsprochen. Mit ihrem Eintreten für eine progressive Besteuerung der überdurchschnittlichen Einkommen (Einkommensteuerprogression) wollen die jeweiligen Politiker der (Wähler-)Masse der Durchschnittlichen und Unterdurchschnittlichen den Nachweis dafür erbringen, daß sie sich mit ihrer Forderung nach „angemessener" Belastung der „Reichen" weitgehend identifizieren und damit sich mit ihr selbst solidarisieren. Die gleichzeitige Entlastung der unteren und mittleren Einkommen (das heißt die steuerliche Begünstigung der Masse der Einkommensbezieher) verstärkt diesen wahltaktischen Schachzug. – Daß mit einer solchen Bestrafung der wirtschaftlich Erfolgreichen nicht selten deren Leistungswillen gedämpft und damit weiteres oder weiter ausgreifendes unternehmerisches Engagement mit seinen arbeits-

---

[10] Ebenda.

plätzeschaffenden Effekten in gesamtwirtschaftlich bedenklicher Weise konterkariert wird, wird bei diesem opportunistischen Solidarhandeln durchweg verschwiegen respektive geleugnet.

Es wäre nun aber zu einfach, die „Schuld" der beklagten Entwicklung zum Kollektivismus einseitig dem Staat und der durch ihn vertretenen (Wirtschafts-)Politik zuzuweisen. Sicherlich, der Staat ist für seine Politik verantwortlich; diese kann aber – in ihrer (wähler-)mehrheitsorientierten Ausrichtung – immer nur als Reaktion auf den geäußerten respektive vermuteten Wählerwillen verstanden werden. Einer kollektivistischen wohlfahrtsstaatlichen Wirtschaftspolitik muß deshalb – zumindest in einem mehrheitsrelevanten Umfang – ein kollektivistisch-wohlfahrtsstaatlich orientierter Wählerwille unterstellt werden. Dieser Wählerwille deriviert von einem dem Menschen durchaus typischen Bedürfnis nach Sicherheit. Nur verlangt dieses Bedürfnis auch die Einsicht, daß es letzte Sicherheit nicht geben kann, solange Menschen in ihren Entscheidungen frei sind. Denn Freiheit impliziert immer Ungewißheit, da sie die Wahl zwischen verschiedenen Möglichkeiten mit in ihrer Totalität nicht vorhersehbaren Folgen offen läßt.[11] Die Hinwendung zu wohlfahrtsstaatlichen Programmen entspricht häufig der Furcht, sich dieser Ungewißheit zu stellen und statt dessen dem Staat die Entscheidung zu überlassen. Daß der Staat im Umfang der Entscheidungsübernahme die Freiheit der „entlasteten" Individuen einschränkt und darüber hinaus bei seinen Entscheidungen in gleicher Weise der Ungewißheit unterliegt, wird häufig nicht gesehen oder aber bewußt ignoriert. Inwieweit sich dieser dem Kollektivismus bahnbereitenden Mentalität durch politisch-ökonomische Aufklärung steuern läßt, sei dahingestellt. Ihre Zurückdrängung respektive weitere Ausbreitung wird über den künftigen Charakter – freiheitlich oder kollektivistisch – unserer Wirtschafts- und Gesellschaftsordnung bestimmen.

Was häufig vordergründig als „sozialer Staat" apostrophiert und als Wahlköder ausgeworfen wird, erweist sich bei kritischer Betrachtung als ökonomisch unverantwortliche **öffentliche Verschwendung**. Diese Tatsache kann nicht mehr verwundern, hat doch die ökonomische Theorie längst aufgezeigt, „daß mit der Inanspruchnahme von knappen Ressourcen durch den Staat zwangsläufig Unwirtschaftlichkeit einhergeht"[12]. Diese Zwangsläufigkeit kann auch nicht durch das redliche Bemühen verantwortungsvoller Politiker um eine solide Haushaltsführung außer Kraft gesetzt werden, da sie – wie A. Woll überzeugend darlegt[13] – sich aus Umständen ableitet, die nicht aufhebbar sind, nämlich aus der menschlichen Natur und aus den systembedingten Notwendigkeiten staatlicher Verwaltung. So lehrt uns die Erfahrung, daß die meisten Menschen

- öffentliche Güter als freie Güter betrachten,
- entgeltpflichtige Güter und Leistungen sparsamer in Anspruch nehmen als wirklich oder vermeintlich kostenlose,
- persönliches Eigentum sorgsamer behandeln als öffentliches.

Diese Einstellung kann nicht verwundern, da – systembedingt – eine Verschwendung öffentlicher Güter nicht durch den Markt sanktioniert wird (Rechnungshöfe können durch ihre Verwaltungskontrolle den Markt nicht ersetzen!) und entsprechende Sparanreize fehlen. Ihr (dieser Haltung) könnte nur in der Weise begegnet werden, daß individuelles Verhalten individuell sanktioniert würde. Da nun aber in einer freien

---

[11] Vgl. ebenda S. 362.
[12] Ebenda S. 356.
[13] Vgl. ebenda S. 356ff.

Gesellschaft die Möglichkeiten öffentlicher Sanktionen stark beschränkt sind und demzufolge auch die öffentliche (Ressourcen-)Verschwendung nicht zu vermeiden ist, hätte als vernünftige Konsequenz dieser Erkenntnis die Regel zu gelten, öffentlich **nur** solche Güter anzubieten, bei denen individuelles Verhalten und individuelle Sanktionen **nicht** gekoppelt werden können. Eine strikte Einschränkung öffentlicher Aufgaben wäre deshalb angezeigt. Die Wirklichkeit wird diesem Anspruch leider nicht gerecht. Im Gegenteil! Mit der Ausweitung der sozialen Verantwortung (respektive der sozialen Köderung der Mehrheits-Wähler) greift die staatliche Aktivität (Bürokratien und Kollektivgüterangebote) in einem ausufernden Maße um sich. Daß im Zuge dieser Entwicklung der wirtschaftliche Freiraum der Bürger zwangsläufig eingeschränkt wird, bleibt häufig unbeachtet. Die Erkenntnis nämlich, daß die Ausdehnung der Staatsquote, das ist der Anteil der Staatsausgaben am Sozialprodukt (er lag in der Bundesrepublik zeitweise über 50 v. H.), immer nur zu Lasten des verfügbaren Einkommens der Privaten erfolgen kann, hat nur bei wenigen Platz gegriffen.[14] Dem Staat selbst kann verständlicherweise nicht daran gelegen sein, seine mit „Wohltaten" umworbenen (potentiellen) Wähler dahingehend aufzuklären, daß das, was er (zusätzlich) gibt, in der Regel nur über Zwangsabgaben und damit über eine Beschneidung der privaten wirtschaftlichen Dispositionsfreiheit (Kaufkraft) finanziert werden kann. So müssen die Bürger zusehen, „wie (ihnen, d. Verf.) durch Anziehen der Steuerschraube Mittel, die vielleicht für einen Hauskauf oder eine Autobeschaffung vorgesehen waren, entzogen werden, der Staat aber Häuser errichtet oder renoviert und zahlreiche Dienstwagen beschafft".[15]

Die Tatsache, daß die Staatstätigkeit einen unsere freiheitliche Ordnung bedrohenden Umfang angenommen hat, läßt zunehmend die Forderung nach Einschränkung derselben laut werden. Diese Forderung ist sicher leichter erhoben als erfüllt. Ihre Umsetzung verlangt nämlich nicht nur Antwort auf die äußerst problematischen Fragen, wie und in welchem Umfang eine staatliche Aktivitätsbeschränkung realistischerweise angegangen werden kann, sondern auch und vor allem den Mut und die Bereitschaft der verantwortlichen Politiker respektive ihrer Partei(en), sich den Anfeindungen der durch die Reformprogramme partieller „staatlicher Fürsorge" enthobenen Bevölkerungskreise zu stellen und entsprechende (Wahl-)Stimmverluste in Kauf zu nehmen.

Die **Entartung der Demokratie zum Parteienstaat** ist aus der Tatsache geboren, daß heute Politiker zum Beruf und die Partei zum Arbeitgeber der Politiker geworden ist.[16] Die Partei als politisches Unternehmen beziehungsweise das Management dieser Unternehmen bestimmen die Politik, die die Politiker als Arbeitnehmer dieses Unternehmens zu vertreten haben. Ihr Einkommen ist Entgelt für parteidienliches Verhalten. Dieses haben sie zur Rechtfertigung ihres Unterhaltes ständig zu beweisen. Die persönliche Überzeugung der Abgeordneten hat sich dabei der Parteiräson

---

[14] Wachsender Staatsanteil höhlt die Marktwirtschaft aus; wohlfahrtsstaatliche Reglementierung tritt an die Stelle individueller Freiheiten und Entscheidungsbefugnisse. Wie Friedrich A. von Hayek darzulegen versucht, kann im Wege demokratischer Willensbildung eine liberale Marktwirtschaft so denaturiert werden, daß sie totalitäre Züge annimmt. Vgl. Hayek, F. A. v.: Grundsätze einer liberalen Gesellschaftsordnung, in: Ordo, Jahrbuch für die Ordnung von Wirtschaft und Gesellschaft, Band 18 (1967), S. 12 ff., sowie Brandt, K.: Dualistische Wirtschaftsordnung: Gegensatz zur Sozialen Marktwirtschaft in: Orientierungen zur Wirtschafts- und Gesellschaftspolitik, Heft 44 (Juni 1990), S. 55.

[15] Woll, A.: Wirtschaftspolitik, a.a.O., S. 358.

[16] Vgl. hierzu und zum folgenden ebenda S. 358 ff.

unterzuordnen. Es herrscht eine Parteioligarchie, die den Staat fest im Griff hält. Ein solcherart verfaßter Parteienstaat, insbesondere eine derartige Parteioligarchie, steht in Widerspruch zu einer freiheitlichen Ordnung. Er ermöglicht der jeweiligen demokratisch gewählten Mehrheit den Zugriff auf die Exekutive und Judikative. Von der jeweiligen Mehrheit angestrebte personelle Veränderungen/Neubesetzungen im Staatsapparat im Wege der Ämterpatronage stoßen kaum auf beamtenrechtliche Hindernisse. Diese Personalpolitik ermöglicht der Partei, parteidienliches Verhalten zu belohnen und sich damit eine ergebene Dienerschaft zu erhalten. Parteien und Staat werden zur Einheit.

Der Entartung unserer freiheitlichen Wirtschafts- und Gesellschaftsordnung zum Parteienstaat ließe sich unseres Erachtens in dreifacher Weise begegnen[17]:

- Stärkung der wirtschaftlichen Unabhängigkeit der Abgeordneten,
- Beseitigung der Parteienfinanzierung aus Steuermitteln und
- Abkehr von der Ämterpatronage.

Die Tatsache, daß die Abgeordneten – insbesondere im Bundestag, aber auch in den Landtagen – Politik großteils als Beruf betreiben und sich damit in finanzielle (teilweise existentielle) Abhängigkeit zu der ihnen Arbeit und damit (ihr) Einkommen vermittelnden Partei begeben, läßt die Gefahr erkennen, die sich für eine der persönlichen Verantwortung des Mandatsträgers verpflichtete Berufsausübung ergibt. Dieser Gefahr zu begegnen wäre wohl am einfachsten durch eine **Stärkung der wirtschaftlichen Unabhängigkeit der Abgeordneten**. Konkret wäre eine solche Stärkung der wirtschaftlichen Unabhängigkeit wohl am ehesten dadurch zu erreichen, daß die Abgeordnetentätigkeit wieder wie früher als Nebenberuf ausgeübt würde und damit die Einkommenssicherung im wesentlichen dem Hauptberuf zufiele.

Die Ausweitung der Parteiapparate als Basen der Machtverwaltung ist zweifelsfrei durch die bei uns praktizierte **Parteienfinanzierung** begünstigt. Diese Parteienfinanzierung erfolgt aus Steuermitteln und somit aus Zwangsabgaben. Eine Zwangsfinanzierung bestimmter (politischer) Ansichten und ihrer Verbreitung ist unseres Erachtens mit den Prinzipien einer freiheitlichen Ordnung und Demokratie nicht zu vereinbaren. Es läßt sich nur schwer Verständnis dafür aufbringen, daß Parteien als private Institutionen eine Privilegierung erfahren sollen, die sie der allgemeinen Verpflichtung enthebt, ihre Einnahmen (das sind Mitgliederbeiträge und Spenden) und Ausgaben zur Deckung zu bringen.

Nicht minder problematisch als die Parteienfinanzierung ist aus der Sicht einer freiheitlichen Wirtschafts- und Gesellschaftsordnung die in der Bundesrepublik Deutschland zur Tradition gewordene **Ämterpatronage**. Diese eröffnet der Partei die Möglichkeit, Parteimitglieder oder der Partei nahestehende Personen für erwiesene wie auch noch zu erwartende Dienste (Mitgliedschaft, Sympathiewerbung, Wahlhilfe) oder finanzielle Leistungen (Unterstützungen) in Staatsstellungen zu bringen. Die Partei schafft sich mittels dieses Instrumentes ein Heer von ihr wohlergebenen Staatsbediensteten, die in der Regel bereit sind, die Ziele der Partei zu denen des Staates zu machen. Damit mißbraucht die Partei den Staatsappparat gleichsam für ihre partikularen Interessen. Konkret sind es die höheren Funktionsstellen der Beamtenschaft, der Justiz und des Militärs, die – dieser Absicht folgend – „nach dem Parteibuch" besetzt werden. Dieser Praxis sollte aus rechtsstaatlichen

---

[17] Vgl. ebenda S. 367 ff.

Erwägungen mit aller Entschiedenheit begegnet werden. Von den Staatsbediensteten insgesamt sollte eine strikte parteipolitische Neutralität im Amt erwartet werden können. Ihre Politisierung ist dem Rechtsstaat direkt entgegengerichtet; sie verdrängt den freien, seinem Gewissen verantwortlichen Menschen durch den weisungsgebundenen Funktionär.[18] – Unsere Demokratie muß notwendigerweise entpolitisiert werden.[19]

Literaturhinweise

Bernholz, P.: Grundlagen der politischen Ökonomie, 2. neugestaltete Aufl., Tübingen 1984.
Downs, A.: Ökonomische Theorie der Demokratie, Tübingen 1968.
Frey, B.S.: Theorie demokratischer Wirtschaftspolitik, München 1981/2. Aufl. 1994.
Hayek, F.A. von, Die Verfassung der Freiheit, Tübingen 1971.
Lambertz, G.: Bessere Wirtschaftspolitik durch weniger Demokratie?, Duisburger Volkswirtschaftliche Schriften, Bd. 6, Hamburg 1990.
Rupp, H.-H.: Grundgesetz und „Wirtschaftsverfassung", Tübingen 1974.
Schumpeter, J.A.: Kapitalismus, Sozialismus und Demokratie, 6. Aufl., München 1987.
Teichmann, U.: Wirtschaftspolitik, Eine Einführung in die demokratische und die instrumentelle Wirtschaftspolitik, 3. Aufl., München 1989.
Weede, E.: Wirtschaft, Staat und Gesellschaft: Zur Soziologie der kapitalistischen Marktwirtschaft und der Demokratie, Tübingen 1990.
Winterberger, A.K.: Von der liberalen Demokratiekritik zur liberalen Verfassungsreform – oder: Kann der Parteienstaat gebändigt werden?, in: Baader, R. (Hrsg.), Wider die Wohlfahrtsdiktatur, Gräfeling 1995.
Woll, A.: Wirtschaftspolitik, München 1984/2. Aufl. 1992.

---

[18] Vgl. ebenda S. 372.
[19] Diese Erkenntnis wird neuerdings mit Nachdruck durch J.M. Buchanan vertreten.

4.3	**Marktversagen – Staatsversagen** **Hermann May**	
4.3.1	Der Staat im liberalen Wirtschaftsverständnis	289
4.3.2	Marktideal und Marktwirklichkeit	289
4.3.2.1	Die Bedürfniserfassung	290
4.3.2.2	Öffentliche Güter	292
4.3.2.3	Externe Effekte	293
4.3.2.4	Gefährdung des Wettbewerbs	295
4.3.2.5	Gesamtwirtschaftliche Instabilität	298
4.3.2.6	Verzögerungen im wirtschaftlichen Strukturwandel	299
4.3.3	Abschließende Bemerkungen	299
Literaturhinweise	....	300

4.3.1 Der Staat im liberalen Wirtschaftsverständnis

Im Verständnis der liberalen Ökonomie gründet das Marktgeschehen auf den Prinzipien: individuelle Freiheit, Selbstinteresse und Konkurrenz. In ihrer Respektierung reduzieren sich die ökonomischen Funktionen des Staates auf die Herstellung und Kontrolle eines die Marktprozesse gewährleistenden **Ordnungsrahmens**, auf Bereitstellung bestimmter **kollektiver Güter** und auf die Sicherung einer **stabilen Währung**. Diese liberale Grundposition, weiterverfolgt im **Ordo-** und **Neoliberalismus** (Walter Eucken, 1895–1977; Hans Großmann-Dörth, 1901–1950; Alexander Rüstow, 1885–1963; Wilhelm Röpke, 1899–1966) sowie in der **Neoklassik** (Friedrich A. von Hayek, 1899–1992; James M. Buchanan, geb. 1919), weist dem Staat keinesfalls eine inferiore Stellung zu, ist er es doch, der das marktwirtschaftliche System erst etabliert und erhält. In Wahrnehmung dieser Aufgabe hat er sich allerdings in seinen wirtschaftspolitischen Eingriffnahmen (Interventionen) auf ein Minimum zu beschränken, um die Selbstregulierungskräfte des Marktes nicht zu beeinträchtigen. Dort, wo staatliche Interventionen notwendig sind, sollen sie im Verständnis der Liberalen so gestaltet sein, daß sie den individuellen Entscheidungsspielraum der Wirtschaftssubjekte so wenig wie möglich einschränken und gleichzeitig den staatlichen Ermessensspielraum aufs engste begrenzen. In dieser **subsidiären** Ausrichtung staatlicher Eingriffe erlangt die (Markt-)**Ordnungspolitik** in Form der Wettbewerbspolitik absolute Priorität vor einer in die gesamtwirtschaftlichen Abläufe eingreifenden **Prozeßpolitik**. Ausnahmen von diesem Grundsatz gelten nur dann als zu rechtfertigen, „wenn entweder kein Wettbewerb möglich ist oder das Marktergebnis trotz Wettbewerb nicht befriedigen kann"[1], mithin sogenanntes **Marktversagen** vorliegt.

4.3.2 Marktideal und Marktwirklichkeit

Werden wir uns der Tatsache bewußt, daß das liberale Marktmodell ideale Bedingungen unterstellt, die in der Realität durch vielfältige Unvollkommenheiten eingeschränkt werden, so wird uns auch verständlich, daß der marktwirtschaftliche Lenkungsmechanismus nicht immer in der Lage ist, in theoretisch optimaler und damit idealer Weise zu reagieren. Diese realen Marktunvollkommenheiten führen zwangsläufig zu Abweichungen vom theoretisch angestrebten Marktergebnis.

Vorschnell und nicht selten aus ideologischen Erwägungen[2] wird in der Folge allzu oft „Marktversagen" konstatiert und der Staat zu Hilfe gerufen, ohne zu prüfen, ob tatsächlich der Markt versagt, oder ob nicht im Gegenteil staatliche Interventionen die angestrebten Marktreaktionen verhindern.

Die Klagen, die unter dem Stichwort „Marktversagen" in die wirtschaftspolitische Diskussion eingebracht werden, sind im wesentlichen folgende:

- Der Markt sei nicht in der Lage, die „wirklichen" Bedürfnisse der Konsumenten zu erfassen;
- der marktwirtschaftliche Koordinationsmechanismus versage bei den sogenannten öffentlichen Gütern;

---

[1] Seidenfus, H.St.: Sektorale Wirtschaftspolitik, in: Issing, O. (Hrsg.): Spezielle Wirtschaftspolitik, München 1982, S. 86.
[2] Es sind insbesondere Erwägungen kollektivistischer, sozialistischer Ausrichtung, demzufolge die Aufgaben des Staates sehr viel weiter gefaßt sind als im liberal-ökonomischen Denken. Der liberalen Idee des Minimalstaates wird hier die sozialistische Vorstellung des Wohlfahrtsstaates entgegengehalten.

- mit der Produktion und Konsumtion von Gütern und Dienstleistungen träten Außenwirkungen (externe Effekte) auf, die marktwirtschaftlich nicht abgegolten werden;
- bestimmte Märkte ließen einen funktionsfähigen Wettbewerb nicht zu;
- Marktwirtschaften verfügten über keine ausreichend wirksamen Mechanismen zur Bewältigung gesamtwirtschaftlicher Instabilitäten;
- Marktwirtschaften verzögerten den wirtschaftlichen Strukturwandel.

Nachfolgend soll untersucht werden, ob und in welchem Umfang diese Klagen berechtigt sind und wie ihnen gegebenenfalls Rechnung getragen werden könnte.

4.3.2.1 Die Bedürfniserfassung

Die insbesondere durch die Frankfurter Schule und die ihr nahestehenden Sozialwissenschaftler ins Gespräch gebrachte Unterscheidung zwischen „wahren" und „künstlichen" Bedürfnissen läßt sich von der Behauptung leiten, daß die Souveränität der Konsumenten durch die der Produzenten abgelöst worden sei und die Nachfrage durch marktmächtige Produzenten systematisch geschaffen und stimuliert würde.[3] Mittels subtiler Werbungsmethoden und der Kreation ständig neuer, meist kurzlebiger Produkte schüfen diese eine Vielzahl „künstlicher Bedürfnisse", um sie sodann gewinnträchtig zu befriedigen. Zum Ausgleich dieser profitablen Absättigung hochgezüchteter, „künstlicher" Bedürfnisse müßte nun zwangsläufig ein Großteil der „wahren" Bedürfnisse, insbesondere solche nach öffentlichen Gütern[4], unberücksichtigt bleiben. Diese Entwicklung sei damit zu begründen, daß zum einen der Gewinnanreiz bei öffentlichen Gütern für private Produzenten zu gering sei und zum anderen die Dominanz der privaten Güterangebote den Staat zu so vielen öffentlichen (Folge-)Investitionen zwänge, daß ihm dadurch nicht mehr ausreichend Mittel zur Finanzierung der den „wahren" Bedürfnissen entsprechenden Güter verblieben. So verschlängen beispielsweise die mit dem expansiven Kauf privater Kraftfahrzeuge nowendig werdenden öffentlichen Folgeinvestitionen im Straßenbau so viele staatliche (Finanzierung-)Mittel, daß für die Bereitstellung der als sinnvoller angesehenen öffentlichen Verkehrsmittel nurmehr unzureichende Gelder übrigblieben. Eine allgemeine Unterversorgung mit öffentlichen Gütern griffe Raum.

Die hier skizzierte, erstmals in den fünfziger Jahren von dem amerikanischen Ökonomen John Kenneth Galbraith (geb. 1908) formulierte Klage fand rasch Verbreitung. Auch wenn sie heute noch unter dem Schlagwort „öffentliche Armut bei privatem Reichtum" gerne aufgegriffen und als klassisches Beispiel für Marktversagen ange-

---

[3] Vgl. hierzu und zum folgenden Leipold, H.: Planversagen versus Marktversagen, in: Hamel, H. (Hrsg.): Bundesrepublik Deutschland – DDR, Die Wirtschaftssysteme, 3. Aufl., München 1979, S. 179 ff.

[4] **Öffentliche Güter** werden im Gegensatz zu den privaten Gütern (auch Individualgüter genannt: Wirtschaftsgüter, die am Markt von privaten Anbietern offeriert werden) nicht über den Markt, sondern vom Staat angeboten. In Form von Waren und Diensten werden sie nicht (wie Individualgüter) vom einzelnen allein, sondern gemeinsam mit anderen verbraucht (Kollektivgüter). Daß ihre Bereitstellung durch die öffentliche Hand erfolgt, wird damit begründet, daß
- private Unternehmer sie nicht anbieten können (hohes Investitionsrisiko, lange Reife- und Amortisationsdauer) oder wollen (zu hohes Risiko, zu geringe Gewinnchancen) oder
- der Staat aufgrund politischer Erwägungen sie anbieten will.

Als Beispiele wären zu nennen: innere und äußere Sicherheit, Unterricht und Bildung, Kunst, Kultur, Rechtsschutz, Infrastruktur, Gesundheitswesen, Rundfunk- und Fernsehprogramme.

führt wird, bleibt ihr Gehalt äußerst fragwürdig. Die Ausgangsbasis der These, die Unterscheidung zwischen „wirklichen" und „künstlichen" Bedürfnissen, erweist sich nämlich bei näherer Betrachtung als rein willkürlich. Es gibt keine nach allgemeiner Übereinkunft als „wirklich" oder „künstlich" einzustufenden Bedürfnisse. Eine solche Klassifikation ist höchst subjektiv und spiegelt die Präferenzen des anmaßenden Juroren wider. Sie für allgemeinverbindlich zu erklären, hieße, den Konsumenten in seiner individuellen Wertschätzung mißachten und ihn dem diktatorischen Urteil einer Einzelperson oder eines Kollektivs unterwerfen. Eine solche Entmündigung stünde in Widerspruch zum marktwirtschaftlichen Prinzip der Freiheit; sie kennzeichnet die menschenverachtende Theorie und Praxis der Zentralverwaltungswirtschaften.

Daß die Werbung Einfluß nimmt auf die Bedürfnisbildung der Konsumenten, wird sicherlich von niemandem bestritten. Sie versucht insbesondere dort die Kaufentscheidung in eine bestimmte Richtung zu lenken, wo der Verbraucher Unsicherheit in seiner Präferenzordnung erkennen läßt. Es hieße jedoch die Bedeutung der Werbung überschätzen, wollte man durch sie eine Beherrschung der Konsumenten bewirkt sehen. Wie die einschlägige empirische Forschung nachweist, ist der Verbraucher keineswegs der Werbung ausgeliefert; er weiß nämlich sehr wohl auszuwählen und akzeptiert in der Regel nur das, wozu er irgendwie „prädisponiert" ist[5]. Diese Prädisposition ist durch die kulturellen und sozialen Wertvorstellungen bestimmt, denen der einzelne unterliegt. Jedes Angebot der Wirtschaft, das diesen Wertvorstellungen nicht entspricht, wird von ihm zurückgewiesen.

Was nun die Anschlußbehauptung der öffentlichen Armut, das heißt der Unterversorgung mit öffentlichen Gütern, angeht, so gilt es festzustellen, daß diese ebenso willkürlich ist wie das behauptete Marktversagen bei der Bedürfniserfassung. Ein statistischer Nachweis dieser These läßt sich nämlich nicht erbringen, da einerseits der Anteil der Staatsausgaben am Sozialprodukt keine Rückschlüsse auf das Versorgungsniveau öffentlicher Güter zuläßt, und andererseits die Bedürfnisse nach öffentlichen Gütern – die sich ja nicht in kaufkräftiger Nachfrage niederschlagen – eine exakte Erfassung nicht zulassen. Die Anmeldung von Bedürfnissen nach öffentlichen Gütern fällt – sofern ihr(e) entgeltlose Inanspruchnahme/Bezug erwartet oder gefordert werden kann – erfahrungsgemäß unangemessen hoch aus und kann deshalb nicht als Ausdruck einer tatsächlichen Begehrensintensität gewertet werden. Auch wenn das Wetteifern der Politiker um die Gunst der Wähler und das Streben bürokratischer Stelleninhaber nach Mehrung ihres Einflusses und ihres Ansehens diese oft (in ökonomisch bedenklicher Weise) veranlaßt, dem Verlangen nach mehr Staatsleistungen zu entsprechen, darf daraus nicht auf eine entsprechende Bedürftigkeit und damit eine Unterversorgung der zu begünstigenden Bürger geschlossen werden. Aufschluß über die wirklichen Präferenzen der Konsumenten bei ihrer Versorgung mit öffentlichen Gütern könnte nur dadurch erreicht werden, daß diese Güter (wie die privaten Güter) zu kostendeckenden oder marktmäßigen Preisen angeboten würden. Solange dies nicht geschieht, ist der öffentlichen Verschwendung Tür und Tor geöffnet. Diese Feststellung veranlaßte Wolfram Engels, der These von der öffentlichen Armut die (These) von der öffentlichen Verschwendung entgegenzusetzen.[6]

---

[5] Vgl. König, R.: Soziologische Orientierungen, Vorträge und Aufsätze, Köln und Berlin 1965, S. 469.
[6] Vgl. Engels, W.: Mehr Markt, Soziale Marktwirtschaft als politische Ökonomie, Stuttgart 1976, S. 116 ff.

4.3.2.2 Öffentliche Güter

Öffentliche Güter sind im wesentlichen durch zwei Merkmale charakterisiert:

- die **Nicht-Ausschließbarkeit** des potentiellen Nachfragers von der Inanspruchnahme des Gutes und
- die **Nicht-Rivalität** unter den Nachfragern des Gutes.

Das marktwirtschaftliche Ausschlußprinzip, demzufolge all diejenigen, die nicht bereit sind, den für irgendein (privates) Gut geforderten (Markt-)Preis zu zahlen, vom Konsum eliminiert sind, kann bei öffentlichen Gütern aus technischen Gründen oder weil seine Einhaltung zu hohe Kosten verursachen würde, nicht zum Zuge kommen. Wird nämlich ein solches Gut (öffentlich) angeboten, kann es prinzipiell von jedermann in Anspruch genommen werden, ohne daß er dafür in persönlicher Zurechnung ein Entgelt zu entrichten hätte (z.B. Schwarzhörer). Solange nun aber der einzelne nicht zur Kasse gebeten wird, wird er – auf seinen Vorteil bedacht – die Bereitstellung des öffentlichen Gutes für notwendig, ja unverzichtbar erklären und mit Nachdruck fordern.[7] Müßte er dagegen für die Inanspruchnahme des öffentlichen Gutes bezahlen, so entspräche es seinem Vorteilsstreben, sein für dieses bestehende Interesse zu verheimlichen und darauf zu hoffen, daß schon andere die Bereitstellung des Gutes fordern (und dafür bezahlen) und er dann kostenlos an diesem partizipieren könnte. Dieses Trittbrettfahrer-Verhalten (free-rider-position) führt – in Verbindung mit der Tatsache, daß die Preise dieser öffentlichen Güter mehr oder weniger willkürlich (politisch) festgelegt werden – in der Regel gesamtwirtschaftlich zu einer Unterversorgung und somit zu einer nicht-optimalen Allokation der knappen Ressourcen.[8] Für private Unternehmer besteht, da die Eigenart des Gutes eine persönliche Zurechnung seiner Herstellungskosten nicht zuläßt, kein Anreiz, sich entsprechend zu engagieren.[9] Der Markt „versagt" hier beziehungsweise muß hier „versagen". Die Produktion der betreffenden Güter unterbliebe, wenn sich nicht der Staat ihrer annähme.

Nicht-Rivalität des Konsums bedeutet, daß ein (öffentliches) Gut gleichzeitig von einer Vielzahl oder sogar einer unbegrenzten Anzahl von Personen konsumiert werden kann, ohne daß es dadurch für den einzelnen zu einer entsprechenden Nutzeinbuße käme (z.B. Rundfunk- oder Fernsehsendung). Die Nachfrager nach einem solchen Gut sehen sich somit nicht veranlaßt, untereinander um die Inanspruchnahme zu konkurrieren.

Die Tatsache, daß bestimmten Gütern die aufgezeigten Merkmale und damit die Eigenschaften von öffentlichen Gütern zukommen, läßt nun aber keineswegs die Schlußfolgerung zu, daß ihre Produktion grundsätzlich in den Zuständigkeitsbereich des Staates fallen muß. Der Staat ist nämlich keineswegs besser in der Lage, die Präferenzen der Konsumenten zu erfassen als dies private Anbieter wären. Hinzu kommt, daß „geborene" Kollektivgüter, das heißt Güter, die **nur** als öffentliche Angebote denkbar sind, nur sehr selten vorkommen, so etwa das Gut der äußeren und inneren Sicherheit oder das der Rechtsschaffung und Rechtssicherheit. Es ist in diesem Bezug Molitor zuzustimmen, wenn er feststellt: „Vieles, was man heute... bei uns wie selbstverständlich als staatliche Aufgabe ausgibt, gilt in anderen Gesellschaf-

---

[7] Vgl. Donges, J.: Marktversagen und Staatsversagen – was überwiegt? in: Zeitschrift für Wirtschaftspolitik, 34.Jg. (1985), S.125.
[8] Vgl. Molitor, B.: Wirtschaftspolitik, München-Wien 1988, S.77.
[9] Vgl. ebenda.

ten, wie etwa den USA, ebenso selbstverständlich als Terrain freier Bürgerinitiativen und der Selbstverwaltung."[10] Viele öffentliche Güter sind demnach „öffentlich gemachte" Güter („gekorene" öffentliche Güter), so insbesondere: Sozialvesicherung, Umwelt, Bildung, Infrastruktur.[11] Bei ihnen dürfte eine konkurrierende Produktion zwischen Staat und privaten Produzenten oder nur unter privaten Produzenten entscheidende Vorteile bringen, da – entsprechend den ökonomischen Bedingtheiten – mal das eine, mal das andere Unternehmen die verlangten „öffentlichen" Güter kostengünstiger bereitstellen könnte.[12] Eine Beurteilung der Frage, ob und inwieweit die Produktion öffentlicher Güter ganz oder teilweise dem Markt überlassen werden sollte, hätte grundsätzlich die Möglichkeit der Privatisierung der Verfügungsrechte[13] und damit verbunden der Einführung des Wettbewerbs zu prüfen.[14] Ergäbe sich hierbei die Erkenntnis, daß bestimmte Güter/Leistungen nicht über Wettbewerbsmärkte angeboten werden sollten, dann wäre die in Erwägung zu ziehende öffentliche Regelung in der Gesamtheit ihrer Teilregelungen auf die von diesen ausgehenden Anreizwirkungen gegenüber Produzenten und Konsumenten zu untersuchen, da das Ergebnis dieser öffentlichen Regelung – ausschließlich oder vorrangig – von diesen Anreizwirkungen abhängt. Fügen wir uns beispielsweise der Auffassung, daß Rechtsprechung, Polizei und hoheitliche Verwaltung zweckmäßigerweise nicht über Markt und Wettbewerb anzubieten seien, so wären eben Einkommen, Aufstiegschancen und Ansehen der „Produzenten" dieser Leistungen (Richter, Polizisten, Verwaltungsbeamte) in der Weise zu gestalten, daß sie diese (an-)reizten, ihre Aufgaben (Arbeit) möglichst gut zu erledigen und damit auch den „Konsumenten" (d.h. den Bürgern) die Inanspruchnahme dieser Leistung attraktiv erscheinen zu lassen. Diese Feststellung läßt sich dahingehend verallgemeinern, daß überall dort, wo dem Staat die Produktion öffentlicher Güter aus Zweckmäßigkeitserwägungen zugestanden werden muß (wo also gewissermaßen „geborene" öffentliche Güter vorliegen), diese einer strengen (Effizienz-)Kontrolle zu unterwerfen ist. „Es sind Anreize zu erfinden, das öffentliche Gut „Kontrolle" zu produzieren: vom Rechnungshof über die Opposition und die Gestaltung der Aufstiegschancen in der Bürokratie bis hin zur Wissenschaft und zum Ombudsmann."[15] Überall dort jedoch, wo keine „geborenen" öffentlichen Güter vorliegen, sollte versucht werden, deren Produktion ganz oder zumindest teilweise dem Wettbewerb des Marktes zu überantworten und damit eine bessere Allokation der Ressourcen zu erwirken.

4.3.2.3 Externe Effekte

Von der Produktion und Konsumtion von Gütern und Dienstleistungen gehen nicht selten Wirkungen aus, für die der Markt keine entsprechende Abgeltung trifft. Solche „externen Effekte" können vorteilhaft (positiv) oder aber nachteilig (negativ) sein. Sind sie **positiv**, dann ist der private Ertrag des Verursachers (Produzent oder Konsu-

---

[10] Ebenda.
[11] Vgl. Homann, K.: Vertragstheorie und Property-Rights-Ansatz, Stand der Diskussion und Möglichkeiten der Weiterentwicklung, in: Biervert B., Held, M. (Hrsg.): Ethische Grundlagen der ökonomischen Theorie, Frankfurt–New York 1989, S. 53.
[12] Vgl. Donges, J.: Marktversagen und Staatsversagen – was überwiegt?, a.a.O., S. 125.
[13] Siehe hierzu als erläuterndes Beispiel die Darlegungen zur Vergabe von Umweltlizenzen unter dem nächsten Gliederungspunkt dieses Beitrags (Externe Effekte).
[14] Siehe hierzu und zum folgenden Homann, K.: Vertragstheorie und Property-Rights-Ansatz, a.a.O., S. 52ff.
[15] Ebenda S. 54

ment) kleiner als der gesellschaftliche, da außer ihm noch Dritte (Privatpersonen, andere Unternehmen oder die Gesellschaft) Nutzen aus seiner wirtschaftlichen Aktivität ziehen. Wir sprechen in diesem Zusammenhang von gesellschaftlichen (externen) Ersparnissen. Als Beispiele für derartige externe Ersparnisse ließen sich anführen:

- Der Bau eines großen Kaufhauses, das massenhaft Kundschaft anzieht, mit der auch die angrenzenden kleineren Ladengeschäfte Kaufabschlüsse tätigen;
- Grundlagenforschung, die Erkenntnisse zeitigt, derer sich die Zweckforschung bedienen kann;
- betriebliche Ausbildung von Arbeitskräften, deren erworbenes Fachwissen und -können (Humankapital) nachfolgenden Arbeitgebern zugute kommt.

Gegensätzlich zu den aufgezeigten Beispielen gestaltet sich die Situation bei **negativen** externen Effekten. Diese sind als kostenverursachende Folgen von Produktions- und Konsumtionsvorgängen zu fassen, die in die Kalkulation respektive Haushaltsrechnung des Verursachers nicht eingehen, sondern von Dritten (Privatpersonen, anderen Unternehmen oder der Gesellschaft) in Form von Mehraufwendungen oder realen Schäden getragen werden. Der private Ertrag solcher wirtschaftlicher Aktivitäten ist somit größer als der gesellschaftliche. Es ergeben sich externe Verluste. Als Standardbeispiel für solche externen Verluste können die allseits beklagten Umweltschäden in ihren vielfältigen Erscheinungsformen genannt werden, so insbesondere:

- Luftverschmutzung durch Rauch, gewerbliche Schadstoffemissionen, Autoabgase;
- Wasserverschmutzung durch private und gewerbliche Abwässer;
- Lärmbelästigung durch Privatpersonen und Betriebe.

Während positive externe Effekte die Überlegung begünstigen, der Staat könne beziehungsweise sollte wirtschaftliche Aktivitäten, von denen vorteilhafte Auswirkungen zu erwarten sind, fördern (z. B. Infrastrukturinvestitionen als Anreiz für Industrieansiedlungen), provozieren negative externe Effekte häufig den Ruf nach staatlicher Unterbindung respektive Minderung der Nachteile/Schäden. Die in diesem Zusammenhang diskutierten Verfahrensweisen sind recht unterschiedlich: Verbote und Gebote, Festlegung bestimmter Normen und Standards (z.B. für Schadstoffemissionen), Erhebung von Steuern und Abgaben, Gewährung von Subventionen.

Obgleich marktwirtschaftlichen Ordnungen Gebote und Verbote wie auch monetäre Sanktionen keineswegs wesensfremd sind, werden sie hinsichtlich ihrer Tauglichkeit zur Begegnung negativer externer Effekte, insbesondere der Umweltverschmutzung, zunehmend in Zweifel gezogen. Hier richtet sich das Augenmerk verstärkt auf den Verkauf von zeitlich befristeten **Umweltlizenzen**, so zum Beispiel von Emissionsrechten. Im Rahmen dieser Regelung legt der Staat als Quasieigentümer des Umweltgutes regionale Obergrenzen für die zulässige Gesamtemission eines Schadstoffes fest und erlaubt den schadstoffemittierenden Unternehmen Umweltbelastungen nur im Umfang käuflich zu erwerbender (Umweltbelastungs-)Anrechtscheine.[16] Umweltbelastung wird damit zum Kostenfaktor im unternehmerischen Kalkül. Diese Tatsache provoziert das unternehmerische Bestreben, die Schadstoffemissionen so weit wie möglich zu reduzieren und damit die (Umweltbelastungs-)Kosten zu senken. Es besteht somit für die Unternehmer ein aus ihrem Gewinnstreben resultierender Anreiz, umweltbelastende Produktionsverfahren zu vermeiden respektive durch umweltfreundlichere zu ersetzen.

---

[16] Vgl. hierzu Molitor, B.: Wirtschaftspolitik, a.a.O., S. 80.

In einer Modifiktaion des aufgezeigten Denkansatzes wäre auch die Schaffung **privater Eigentumsrechte** an den bisher „freien" Umweltgütern zu erwägen. Ihnen zufolge würden die Benutzer dieser Güter den Eigentümern ein Entgelt (wie für den Gebrauch anderer knapper Güter) bezahlen. So ließen sich beispielsweise den Anrainern eines Sees Eigentumsrechte einräumen, aufgrund derer sie von den Verschmutzern des Wassers Schadenersatz fordern könnten.[17] Private Eigentumsrechte an den bislang „freien" Umweltgütern könnten auf diese Weise die in Umweltschäden Verstrickten – Betroffene und Verursacher – Verhandlungen über eine angemessene Kompensation für die Duldung von beziehungsweise den Verzicht auf Aktivitäten, die externe Effekte bewirken, aufnehmen lassen.[18]

Daß die immense ökonomische Bedeutung solcher (Vermeidungs-)Anreize in der Vergangenheit nicht erkannt wurde, muß als ein Staatsversagen gesehen werden. Der Staat in seinem politischen Handeln hat es nämlich versäumt, das Gut „Umwelt" dem Markt zu überantworten und dadurch mit Preisen zu belegen. Statt dessen wurde und wird noch immer Umwelt als kollektives und kostenloses (statt als ein knappes und damit entsprechend teueres) Gut behandelt, von dem jeder nach Belieben Gebrauch machen konnte/kann. Die Umwelt wurde/wird bedenkenlos mißbraucht (nach dem Motto: was nichts kostet, ist nichts wert!) und die Belastungen und Schädigungen auf die Allgemeinheit abgewälzt.[19]

Wie das Beispiel der Umweltbelastung deutlich machen soll, kann sich eine effiziente Lösung des Externalitätenproblems wohl am besten über Preise und Märkte vollziehen. Dies setzt jedoch rechtlich-institutionelle Rahmenbedingungen voraus, die auf die Gewährung fungibler Eigentums- oder Nutzungsrechte (property rights) abheben. Die Funktion dieser Rechte besteht darin, Güter oder Handlungsfolgen bestimmten Personen exklusiv zuzurechnen. Erfolgt die Zurechnung dieser Rechte derart, daß der durch externe Effekte Betroffene diese **nicht** dulden muß, so hat der Verursacher für den Schaden zu haften. Im umgekehrten Fall hat der Betroffene eine Duldungspflicht, und der Verursacher muß nicht für den Schaden einstehen.[20] In der Regel setzt eine solche Zurechnung zwischen den Beteiligten Verhandlungen darüber voraus, wie die Duldung von beziehungsweise der Verzicht auf externe Effekte erzeugende Aktivitäten abzugelten ist. Je klarer die Rechtsposition der Verhandlungspartner definiert ist, desto niedriger gestalten sich die mit der Handlung verbundenen sogenannten **Transaktionskosten** (das sind die Kosten der Informationsbeschaffung, der Verhandlungsführung, der Kontrolle über die Einhaltung der Vereinbarungen etc.). Das private Eigentumsrecht trägt diesem Erfordernis am weitestreichenden Rechnung. Es sichert die kostengünstigste Einigung.

4.3.2.4 Gefährdung des Wettbewerbs

Die Chance, auf bestimmten Märkten mit bestimmten Gütern Gewinne zu erzielen, lockt Anbieter an. Solange es keine Marktzugangsbarrieren gibt, werden demzufolge die Angebotsmenge zu- und damit die Gewinne abnehmen. Diese Tatsache läßt

---
[17] Vgl. Ahrns, H.-J., Feser, H.-D.: Wirtschaftspolitik, Problemorientierte Einführung, 5. Aufl. München-Wien 1987, S. 159.
[18] Vgl. ebenda. S. 17.
[19] Vgl. hierzu auch Leipold, H.: Wirtschafts- und Gesellschaftssysteme im Vergleich, 4. Aufl., Stuttgart 1985, S. 116.
[20] Vgl. hierzu und zum folgenden Ahrens, H.-J., Feser, H.-D.: Wirtschaftspolitik, a.a.O., S. 16f.

verständlich erscheinen, daß jeder Produzent (Anbieter) eines am Markt eingeführten Produktes (potentiell) bestrebt ist, diese Entwicklung zu verhindern oder doch zumindest zu mildern. Es ist nämlich, so Walter Eucken, ein „tiefer Trieb zur Beseitigung von Konkurrenz und zur Erwerbung von Monopolstellungen überall und zu allen Zeiten lebendig"[21]. Um diesem Trieb zu entsprechen, ist Macht erforderlich. (Markt-) Macht zu erringen, die es gestattet, andere am Markzutritt oder an ihrer freien Marktentfaltung zu hindern und damit die eigenen Gewinne möglichst hoch zu halten und nicht nach Null streben zu lassen, liegt deshalb im (Selbst-)Interesse der einzelnen oder Gruppen von Produzenten. Die daraus erwachsenden Anstrengungen lassen die Optimalität des Marktsystems als gefährdet erscheinen.

Dem (privatwirtschaftlichen) **Monopolisten** begegnet heute allgemein die Furcht, daß er im Gegensatz zu der bei marktlichem Wettbewerb realisierten Angebotssituation über die Einschränkung der Wahlfreiheit der Nachfrager (und damit der Verletzung der Konsumentensouveränität) hinaus seine Marktmacht mißbrauche und eine schlechtere Marktversorgung bei höheren Güterpreisen durchsetze. Diese Furcht wird allerdings durch die realistische Vermutung gedämpft, daß Monopolisten (im Gegensatz zu konkurrierenden Produzenten) aufgrund ihrer Größe eher in der Lage sind, Kostenvorteile zu realisieren und eine der Nachfrage zum Vorteil gereichende Durchsetzung des technischen Fortschritts zu begünstigen. Sollte es einem Monopolisten tatsächlich gelingen, aufgrund seiner Machtposition attraktive Gewinne zu machen, so dürfte dies aber auch geradezu zwangsläufig Konkurrenz anlocken (die unter Einbezug des technischen Fortschritts entweder das gleiche Gut oder aber Ersatzgüter [Substitutionskonkurrenz] anbietet) und damit tendenziell auf Auflösung der Monopolsituation hinwirken. In welchem Umfang sich diese Tendenz zur (Selbst-)Auflösung von Monopolen allerdings tatsächlich durchzusetzen vermag, läßt sich generell nicht sagen. Wichtig erscheint auf jeden Fall, daß die (potentielle) Konkurrenz, insbesondere die Substitutionskonkurrenz und der technische Fortschritt, nicht behindert werden. Diesem Erfordernis hat der Staat notwendigerweise durch eine entsprechende Wettbewerbsordnung Rechnung zu tragen.

Was das **„natürliche Monopol"**[22] angeht, so gilt auch hier (wie bei den übrigen Monopolen) zunächst, daß allein ein hohes Einkommen noch nicht ein staatliches Eingreifen rechtfertigt. Schließlich wird die Gesellschaft nicht schon dadurch geschädigt, daß beispielsweise ein in seiner Art „einmaliger" Filmstar, Fußballspieler oder Popsänger Traumgagen einstreichen oder der Eigner einer Heilquelle aus dem Verkauf des Wassers hohe Erlöse bezieht, nur weil sie genau das anzubieten vermögen, was viele Nachfrager wünschen und wofür sie auch entsprechend hohe Preise zu zahlen bereit sind.[23] Entscheidend ist vielmehr, daß es keine Marktzugangsbarrieren gibt, die aufkommende Konkurrenz unterbinden.

Die vielfach erhobene Behauptung, daß im Bereich des Post- und Fernmeldewesens ein „natürliches Monopol" vorläge, ist bei näherer Betrachtung nicht haltbar. Denn

---

[21] Eucken, W.: Grundsätze der Wirtschaftspolitik, Bern-Tübingen 1952, S. 31.
[22] „Natürliche Monopole" resultieren aus der ausschließlichen Verfügungsmacht über bestimmte Naturvorräte, wie Bodenschätze, Heilquellen, wie auch aus einer besonderen natürlichen Begabung (z.B. eines Künstlers). Echte natürliche Monopole sind höchst selten. Viel häufiger begegnet man sogenannten (d.h. unechten) natürlichen Monopolen, die erst durch eine entsprechende Marktpolitik (i.d.R. durch Ankauf der verschiedenen natürlichen Vorkommen) geschaffen wurden.
[23] Vgl. hierzu und zum folgenden auch Donges, J.: Marktversagen und Staatsversagen – was überwiegt? a.a.O., S. 125.

weder im Postwesen noch im Endgerätebereich des Fernmeldesystems sind die Bedingungen gegeben, die ein „natürliches Monopol" ausmachen. Eine staatliche Monopolbildung und damit die Nichtzulassung von privater Konkurrenz ist hier marktwirtschaftlich nicht zu rechtfertigen. „Wettbewerb dürfte hier ebensowenig zunächst zu chronischen Überkapazitäten und zu einer Verschwendung knapper Ressourcen sowie dann zum Überleben nur eines Produzenten, der Monopolmacht ausüben kann und Monopolgewinne macht, führen, wie es bei dem Angebot an Autos, Kühlschränken oder Pfeifentabak der Fall ist."[24] Diese Erkenntnis trug sicherlich mit dazu bei, daß die Post zunächst im Paket-, neuerdings auch im Briefdienst, private Konkurrenz zuläßt.

Anders könnte für das Fernmeldewesen, den Netzbereich der Deutschen Bundespost, argumentiert werden. Die Tatsache, daß ein solches Netz hohe Investitionen voraussetzt und seine Betriebskosten weitgehend unabhängig von der Anzahl der Anschlüsse sind und damit die Durchschnittskosten um so niedriger ausfallen, je mehr Teilnehmer zu verzeichnen sind, läßt hier durch Zentralisierung des Angebots Kostenvorteile gegenüber einer Aufteilung desselben auf mehrere Anbieter entstehen. Unter der Voraussetzung, daß diese Kostenvorteile in gemeinwirtschaftlicher Verantwortung an die Nachfrager weitergegeben werden, ließe sich durch sie eine staatliche Monopolstellung rechtfertigen. Dies aber nur für die derzeit angebotenen Fernmeldedienste bei gegebenem Stand der Technik. Neue Übertragungstechniken, wie sie heute in vielfältiger Weise entwickelt werden, können diese Kostenvorteile rasch aufheben. Für sie müßte der Markt feststellen, ob es zur Erreichung der optimalen Betriebsgröße weiterhin eines Staatsmonopols bedarf, oder ob nicht doch auch kleinere Betriebe rentabel arbeiten und demzufolge als Anbieter um die Nachfrage konkurrieren können. In der Folge dieser Auseinandersetzung um Marktanteile könnten sich Wettbewerbspreise bilden, die die Nachfrager besser stellten als dies bei (staats-)monopolitischer Marktsituation der Fall gewesen wäre.[25]

Eine Gefährdung des Wettbewerbs wird häufig auch in der Herausbildung von **Oligopolen** und deren marktstrategischem Verhalten vermutet. Bei dieser Marktform ist die Angebotsseite durch wenige marktmächtige Unternehmen repräsentiert. Als Beispiele ließen sich nennen: die Automobilindustrie, die Waschmittelproduktion, die Reifenhersteller, die Unterhaltungselektronik. Die Verhaltensweise des Oligopolisten ist dadurch gekennzeichnet, daß er bei seinen Aktionen nicht nur die Reaktionen der Marktgegenseite, der Nachfrager, sondern auch die seiner Konkurrenten zu berücksichtigen hat. Obgleich die möglichen Aktions-Reaktions-Muster vielfältig und für die Beteiligten nicht mit Gewißheit vorhersehbar sind, läßt sich der markt-**strategische Spielverlauf** im Oligopol mit einer gewissen Plausibilität auf folgende Grundmuster reduzieren:[26]

> Versucht ein einzelner Anbieter durch Preissenkung seinen Absatz zu Lasten seiner Konkurrenzen zu erhöhen, so hat er damit zu rechnen, daß diese ihrerseits ebenfalls ihre Preise senken. Dies hat zur Folge, daß sich – nach erfolgter Anpassung – sämtliche Anbieter auf einem niedrigeren Preisniveau und damit – bei Konstanz von Nachfrage und Kosten – auch auf einem niedrigeren Gewinniveau einfinden. Eine Positionsverbesserung, das heißt eine Ausweitung des Marktanteils im Wege der Preissenkung, ist demnach kaum zu erreichen. Hinzu kommt,

---

[24] Ebenda S. 126.
[25] Vgl. ebenda.
[26] Vgl. Ahrens, H.-J., Feser, H.-D.: Wirtschaftspolitik, a.a.O., S. 19.

daß dieses strategische Vorgehen die Gefahr einschließt, existenzbedrohende (ruinöse) Preiskämpfe auszulösen.

Auch der Versuch eines einzelnen Oligopolisten, seine Gewinnsituation durch eine Preiserhöhung zu verbessern, dürfte so lange wenig Erfolg versprechen, als seine Konkurrenten nicht mitziehen. Mit hoher Wahrscheinlichkeit dürfte nämlich die (einsame) Preiserhöhung zu einer Abwanderung bisheriger Kunden führen, so daß seine Aussicht auf einen höheren Gewinn durch einen niedrigeren Umsatz in hohem Maße in Frage gestellt wird.

Beide hier skizzierten Grundmuster (preis-)strategischen Marktverhaltens im Oligopol lassen eine gewisse **Rigidität der Preise** als typisch erscheinen. Auch Veränderungen in den Produktions- und/oder Nachfragebedingungen schlagen hier nicht zwangsläufig auf die Preise durch. Strategien des Nicht-Preiswettbewerbs, wie beispielsweise Werbung, Produktdifferenzierung, gewinnen damit an Bedeutung. Ihr Eroberungspotential ist jedoch selten so stark, daß sich die Konkurrenten nicht des Vorteils gemeinsamen Handelns (gemeinsamer Absprachen!) bewußt blieben. Dies scheint um so eher der Fall, je geringer die Anzahl der Anbieter und je größer ihre Reaktionsverbundenheit ist.[27] Die Gefahr wettbewerbsbeschränkender Abreden und Verhaltensabstimmungen erscheint mithin für Oligopole immer gegeben. Ihr gilt es von staatlicher Seite durch Herstellung und Kontrolle von Wettbewerb entgegenzuwirken. Wie dieser Wettbewerb konkret gestaltet werden soll und welcher Mittel sich der Staat dazu bedienen darf, darüber gehen die Auffassungen auseinander.

4.3.2.5 Gesamtwirtschaftliche Instabilität

Als äußerst problematische Fehlentwicklungen werden den Marktwirtschaften gesamtwirtschaftliche Instabilitäten, wie sie in konjunkturellen Schwankungen und insbesondere bei (anhaltender) Unterbeschäftigung in Erscheinung treten, zum Vorwurf gemacht. An sie knüpft sich die Forderung, der Staat möge über konjunktur- und beschäftigungspolitische Maßnahmen für eine stabile Entwicklung der Marktprozesse sorgen. In diesem Sinne empfehlen John Maynard Keynes (1883–1946) und seine Anhänger, die gesamtwirtschaftliche Nachfrage durch antizyklische, das heißt dem Konjunkturverlauf entgegengerichtete, Staatseingriffe so zu beeinflussen, daß Vollbeschäftigung gesichert ist. Auf die Konjunkturphase der Rezession (Merkmale: Nachfragerückgang, Entlassung von Arbeitskräften, verminderte Investitionen) übertragen, entspräche dem, daß der Staat beispielsweise durch steuerliche Entlastung der privaten und Unternehmereinkommen sowie durch Erhöhung seiner eigenen Ausgaben (notfalls im Wege der Verschuldung) die Nachfrage nach Konsum- und Investitionsgütern stimuliere und damit den den wirtschaftlichen Abschwung bedingenden Nachfrageausfall und die über diesen induzierte Unterbeschäftigung kompensiere. – Dieses Verständnis des gesamtwirtschaftlichen Gleichgewichts stößt insbesondere bei liberalen Ökonomen auf Widerspruch. Für sie werden marktwirtschaftliche Ordnungen quasi selbsttätig über den Preis(-mechanismus) im Gleichgewicht gehalten. Unterbeschäftigung wird deshalb als Folge zu hoher Löhne gesehen, deren Anpassung durch Gewerkschaften oder Staat (z. B. durch gesetzliche Mindestlohnregelung) verhindert wird. Für konjunktur- und beschäftigungspolitische Eingriffe des Staates besteht nach ihrer Überzeugung keine Veranlassung. Staatlicher Handlungsbedarf besteht allenfalls hinsichtlich der Sicherung der Marktprozesse und damit der Ausräumung der diese beeinträchtigenden Hindernisse. Gesamtwirtschaftliche

---

[27] Vgl. ebenda.

Instabilitäten lassen sich dem liberalen Wirtschaftsverständnis zufolge nicht als Ausdruck des Marktversagens, sondern vielmehr als Ausdruck des Staatsversagens erklären.

4.3.2.6 Verzögerungen im wirtschaftlichen Strukturwandel

Auch die immer wieder erhobene Klage, daß der Markt den wachstumsnotwendigen Strukturwandel zeitlich verzögere, da seine Preise nur die gegenwärtige Wertschätzung der Nachfrager signalisierten, nicht aber die künftige (und damit keine entsprechenden Zukunftsinvestitionen initiierten), ignoriert in ihrer Einseitigkeit die Wirkung staatlicher Interventionen. So wird heute in der Bundesrepublik Deutschland eine Reihe existentiell gefährdeter Wirtschaftszweige (wie beispielsweise der Steinkohlebergbau, die Stahlindustrie, Werften) durch den Staat künstlich erhalten. „Statt sich mit Verfahrens- und vor allem Produktinnovationen dem Wandel der internationalen Arbeitsteilung anzupassen, haben zahlreiche Unternehmen, im Einklang mit den Gewerkschaften, lieber den Schutz des Staates erfleht und – in Form von offenen und versteckten Subventionen, Importbarrieren und öffentlichen Aufträgen – diesen auch erhalten."[28] Die zunächst als befristet oder einmalig angekündigten (Staats-)Hilfen haben sich in einem Großteil der Fälle zu **Dauerhilfen** entwickelt und damit die notwendige Strukturbereinigung verhindert beziehungsweise hinausgeschoben.[29] Hier hat offensichtlich einmal mehr weniger der Markt als vielmehr der Staat versagt, der in der Regel aus (wahl-)politischen Erwägungen Fehlallokationen von Ressourcen (d.h. weniger effiziente Verwendungen knapper Produktionsfaktoren) und damit Schädigungen des Gemeinwohls induzierte.[30]

4.3.3 Abschließende Bemerkungen

Wie die vorausgegangenen Darlegungen einsichtig zu machen versuchten, sind die Fälle wirklichen Marktversagens weit weniger häufig anzutreffen, als vielfach behauptet. Daß die These vom Versagen des Marktes dennoch weiterhin ihre Attraktivität bewahrt, läßt sich wohl nur damit erklären, daß ihre Verfechter die Marktrealität am Marktideal der vollkommenen Konkurrenz – die lediglich eine in didaktischer Absicht entworfene Abstraktion darstellt – messen. Eine solche Urteilsbildung übersieht allzu leicht, daß die eigentlichen Ursachen von Fehlentwicklungen weniger im Markt als vielmehr in staatlichen Eingriffen begründet sind. In der Tat hat sich die Staatstätigkeit in den letzten dreißig Jahren beträchtlich ausgeweitet. Dies kann nicht verwundern; zeigt sich doch immer wieder, daß sich der Staat als Regulator – auch wenn er sich anfangs in der Rolle des wohlwollenden Diktators (benevolent dictator) gibt – schon recht bald als Betreuer der Regulierten versteht und deren Interessen zunehmend zu den seinen macht (Gefangennahme-Theorie/capture-theory)[31]. Hilfen werden zu Dauerhilfen, Aktionsprogramme zu volkswirtschaftlicher Verschwendung.

Es wäre zu wünschen, daß sich der Staat der Schädlichkeit seiner Markteingriffe bewußt wird, sich entsprechende Zurückhaltung auferlegt und sich verstärkt darauf konzentriert, durch ordnungspolitische Gestaltung den Marktmechanismus zu stärken und die Entfaltungsspielräume für die Wirtschaftssubjekte möglichst groß zu

---

[28] Donges, J.: Marktversagen und Staatsversagen – was überwiegt? a.a.O., S.128.
[29] Vgl. Peters, H.-R.: Sektorale Strukturpolitik, München-Wien, 1988, S.69.
[30] Vgl. ebenda S.68f.
[31] Vgl. ebenda. S.71.

halten. Ein solches Staatsverhalten wäre dazu angetan, die Fehlentwicklungen am Markt zu reduzieren.

Literaturhinweise

Ahrns, H.-J., Feser, H.-D.: Wirtschaftspolitik, Problemorientierte Einführung, 5. Aufl., München-Wien 1987.

Barton, St. E.: Property Rights and Human Rights. Efficiency and Democracy as Criteria for Regulatory Reform, in: Journal of Economic Issues, Bd. 1 (1983).

Bator, F. M.: The Anatomy of Market Failure, in: Quarterly Journal of Economics, Bd. 72, Cambridge 1958.

Buchanan, J. M.: The Demand and Supply of Public Goods, Chicago 1968.

Donges, J.: Marktversagen und Staatsversagen – was überwiegt? in: Zeitschrift für Wirtschaftspolitik, 34. Jg. (1985).

Engels, W.: Mehr Markt, Soziale Marktwirtschaft als politische Ökonomie, Stuttgart 1976.

Eucken, W.: Grundsätze der Wirtschaftspolitik, Bern-Tübingen 1952.

Hamm, W.: Die Schimäre vom Marktversagen, in: Frankfurter Allgemeine Zeitung, Nr. 274 v. 24.11.1990, S. 13.

Hartkopf, G., Bohne, E.: Umweltpolitik, Bd. 1, Opladen-Wiesbaden 1983.

Homann, K.: Vertragstheorie und Property-Rights-Ansatz, Stand der Diskussion und Möglichkeiten der Weiterentwicklung, in: Biervert, B., Held, M. (Hrsg.): Ethische Grundlagen der ökonomischen Theorie, Frankfurt-New York 1989.

König, R.: Soziologische Orientierungen, Vorträge und Aufsätze, Köln und Berlin 1965.

Leipold, H.: Planversagen versus Marktversagen, in: Hamel, H. (Hrsg.): Bundesrepublik Deutschland – DDR, die Wirtschaftssysteme, 3. Aufl., München 1977.

ders.: Wirtschafts- und Gesellschaftssysteme im Vergleich, 4. Aufl., Stuttgart 1985.

Molitor, B.: Wirtschaftspolitik, München-Wien 1988, 5. Aufl., 1995.

Neumann, M. (Hrsg.): Ansprüche, Eigentums- und Verfügungsrechte, Schriften des Vereins für Socialpolitik, N.F., Bd. 140 (1984).

Peters, H.-R.: Sektorale Strukturpolitik, München-Wien 1988.

Schüller, A. (Hrsg.): Property Rights und ökonomische Theorie, München 1983.

Seidenfus, H.St.: Sektorale Wirtschaftspolitik, in: Issing, O. (Hrsg.): Spezielle Wirtschaftspolitik, München 1982.

4.4 Funktionen des Wettbewerbs und Leitbilder der Wettbewerbspolitik in der freiheitlichen Wirtschaftsgesellschaft
Klaus-Peter Kruber

4.4.1	Wettbewerb als Entdeckungsverfahren für Wissen in einer spontanen Ordnung	303
4.4.2	Funktionen des Wettbewerbs	304
4.4.3	Wettbewerb als dynamischer Prozeß	305
4.4.4	Wettbewerbspolitische Konzeptionen	306
4.4.4.1	Das wettbewerbspolitische Konzept der workable competition	306
4.4.4.2	Das wettbewerbspolitische Konzept der Wettbewerbsfreiheit	309
4.4.4.3	Das wettbewerbspolitische Konzept des Gesetzes gegen Wettbewerbsbeschränkungen (GWB)	312
4.4.5	Herausforderungen an die Wettbewerbspolitik	313
4.4.5.1	Die Macht der Banken	313
4.4.5.2	Multinationale Konzentration	314
4.4.5.3	Privatisierung, Entflechtung und Entwicklung wettbewerblicher Marktstrukturen in den ostdeutschen Ländern	316
Literaturverzeichnis		317

4.4 Funktionen des Wettbewerbs

Betrachtet man die politische Entwicklung der letzten Jahre, so scheint „die Marktwirtschaft" im Wettbewerb der Systeme „gesiegt" zu haben. In fast allen ehemals sozialistischen Planwirtschaften wird die Marktwirtschaft eingeführt. Allerdings zeigt näheres Hinsehen, daß häufig sehr unklare Vorstellungen mit Marktwirtschaft verbunden werden. Viele Menschen haben Schwierigkeiten zu verstehen, wie eine Marktwirtschaft funktioniert, in der Millionen von Einzelplänen am Markt koordiniert werden. Die Erfahrungen in den Staaten der ehemaligen Sowjetunion zeigen, daß die partielle Zulassung des Marktmechanismus allein zu eher problematischen Ergebnissen führt: „Die Rechte, die wir den Betrieben gegeben haben, führten bei der Monopolisierung unserer Wirtschaft zu Verzerrungen bei Investitionen und Preispolitik sowie zu einer Desorganisation des Marktes" (M. Gorbatschow in einer Rede vor dem Präsidialrat der UdSSR im März 1990). Preisbildung am Markt muß verbunden sein mit dezentralen Eigentumsrechten, stabiler Währung, sozialer Absicherung und – nicht zuletzt – mit der Durchsetzung und Sicherung von wirtschaftlichem Wettbewerb. Insbesondere die Funktionen des Wettbewerbs und die Prinzipien einer Wettbewerbsordnung müssen angesichts der Konzentration auf nationalen, europäischen und Weltmärkten stärkere Beachtung finden.

4.4.1 Wettbewerb als Entdeckungsverfahren für Wissen in einer spontanen Ordnung

Entwickelte Volkswirtschaften sind hoch komplexe Gebilde. Menschen mit jeweils spezifischem Wissen, Neigungen und Fähigkeiten sind arbeitsteilig miteinander verbunden, ohne den gesamten Prozeß, dessen Teil sie sind, zu überblicken und zu verstehen. Bei so alltäglichen Dingen wie dem Einschalten einer Schreibtischlampe nutzen wir Kenntnisse und Arbeitsleistungen von zahlreichen anderen Menschen, ohne eine Vorstellung über das Wissen, die Einrichtungen, Werkzeuge und Produktionsvorgänge, die dahinter stehen. „Die Summe des Wissens aller einzelnen existiert nirgends als integriertes Ganzes. Das große Problem ist, wie alle von diesem Wissen profitieren können, das nur verstreut als getrennte, partielle, und manchmal widersprüchliche Meinung aller Menschen existiert." (v. Hayek 1983, 33).

Zweifellos ist die Zivilisation das Ergebnis menschlicher Pläne und menschlichen Handelns. Sie hat sich aus den Plänen und den Handlungen und Erfahrungen von Millionen Menschen über Jahrhunderte entwickelt. Aber sie ist nicht das Ergebnis eines Plans. Zwar planen jeder einzelne, jedes Unternehmen, jede Regierung, doch beziehen sich diese Pläne immer nur auf begrenzte Teilbereiche. Stets ergeben sich neue, unerwartete Einflüsse und Probleme. Pläne müssen ergänzt und revidiert werden. Planung ist in unserer Welt überlebensnotwendig. Doch je umfangreicher der Gegenstand der Planung, je weiter der Planungszeitraum und je weniger Raum für alternative Versuche bleibt, desto ungewisser ist der Erfolg. Das heute Vorfindbare ist nicht die Verwirklichung der Pläne von vor 20 Jahren und die Wirtschaft des Jahres 2010 wird sich von dem unterscheiden, was Unternehmen und Regierungen heute planen: Viele Probleme sind noch nicht erkannt, viele Produkte noch nicht erdacht, auch wenn das Wissen vielleicht heute schon irgendwo vorhanden ist.

Es sind Veränderungen im Kleinen, die allmählich zu veränderten Strukturen im Großen führen: Zur Energieeinsparung beim Heizen von Gebäuden tragen neue oder in zahllosen Details verbesserte Baumaterialien, Dämmstoffe, Isolierungen, Heizungsanlagen, Meß- und Reglerapparaturen, Wärmeverbundsysteme usw. bei. Sie wurden entwickelt, weil Unternehmen auf veränderte Marktdaten reagieren mußten: Steigende Energiekosten und wachsende Sensibilität für Umweltbelastung durch

Energieverbrauch führen zu schlechteren Verkaufschancen für energievergeudende Produkte. Um sich Vorteile am Markt zu sichern, bzw. um nicht vom Markt verdrängt zu werden, bemühen sich die besten Fachleute um neue Lösungen. Welche Lösungsmöglichkeiten existieren und letztlich erfolgreich sein werden, kann nicht vorausgesagt werden. „Die Auswahl ergibt sich daraus, daß die einzelnen die Erfolgreicheren nachahmen und daß sie von Zeichen und Symbolen geleitet werden, wie den Preisen, die für ihre Erzeugnisse geboten werden..." (v. Hayek 1983, 37). Der Wettbewerb kann als Entdeckungsverfahren zur Mobilisierung des in einer Gesellschaft vorhandenen Wissens und als Zwang und Anreiz zu seiner Anwendung interpretiert werden (v. Hayek 1968). Die Effizienz und Dynamik der spontanen Ordnung eines marktwirtschaftlichen Systems beruhen auf der Wirksamkeit des wirtschaftlichen Wettbewerbs.

4.4.2 Funktionen des Wettbewerbs

Wettbewerb bezeichnet eine Rivalitätsbeziehung zwischen unabhängig voneinander planenden Wirtschaftseinheiten. Aktionen eines Wettbewerbers bei der Verfolgung seiner Ziele beeinträchtigen die Zielerreichung anderer Wettbewerber und zwingen sie, sich um vergleichbare oder bessere Leistungen zu bemühen: Die Einführung eines verbesserten Produkts durch ein Unternehmen führt zu Umsatz- und letztlich Gewinneinbußen bei seinen Konkurrenten. Diese sehen sich gezwungen, Maßnahmen zu ergreifen (z.B. Preissenkung oder Qualitätsverbesserung ihrer Produkte), die ihrerseits auf das wettbewerbsaktive Unternehmen zurückwirken und verhindern, daß es sich auf seiner Leistung ausruhen kann.

Wettbewerb erfüllt damit mehrere grundlegende ökonomische Funktionen (Berg 1988, 233). Er zwingt Unternehmen,

- solche Güter zu produzieren, die den Bedürfnissen der Konsumenten entsprechen (Steuerungsfunktion);
- Produktionsfaktoren möglichst effizient einzusetzen (Allokationsfunktion);
- ständig nach kostengünstigeren Produktionsverfahren und neuen, besseren Produkten zu forschen und für ihre Verbreitung zu sorgen (Innovations- und Diffusionsfunktion);
- auf Änderungen der Nachfrage- oder Angebotsbedingungen (z.B. Verknappung von Rohstoffen) rasch und flexibel durch Umstellung ihrer Produktionsverfahren bzw. ihrer Produktion zu reagieren (Strukturanpassungsfunktion).
- Wettbewerb ermöglicht leistungsbedingte Gewinne. Aber er baut diese Gewinne wieder ab, wenn andere Unternehmen die gleiche oder bessere Leistungen erbringen (Einkommensverteilungsfunktion);
- Wettbewerb sorgt für Begrenzung und Kontrolle wirtschaftlicher Macht (Kontrollfunktion).

Neben den ökonomischen Funktionen erfüllt der Wettbewerb eine bedeutende gesellschaftspolitische Aufgabe. Er eröffnet und sichert Freiheitsspielräume für die am Marktgeschehen beteiligten wirtschaftenden Menschen (Freiheitsfunktion): Die Abwesenheit einer verbindlichen Gesamtplanung ermöglicht es jedem Unternehmen, Produktion, Produktionsverfahren, Investitionen usw. nach eigenen Zielsetzungen zu planen. Das Angebot rivalisierender Hersteller eröffnet dem Verbraucher Wahlmöglichkeiten und Handlungsfreiheit für seine Einkommensverwendung. Die Existenz unabhängig voneinander planender Unternehmen ermöglicht dem Arbeitnehmer, zwischen Arbeitsplätzen zu wählen und auf unterschiedliche Arbeitsbedingungen zu reagieren. Wettbewerb ist somit Voraussetzung für Wahl- und Handlungsfreiheit von

Unternehmern, Konsumenten und Arbeitnehmern. Wettbewerb, genauer: die Freiheit zu wettbewerblichen Aktionen (Wettbewerbsfreiheit) ist ein wichtiges Element einer freiheitlichen Gesellschaftsordnung (Woll 1984, 77 ff.).

4.4.3 Wettbewerb als dynamischer Prozeß

Der Wettbewerb läßt sich als Prozeß aus Vorstoß und Reaktion beschreiben. Durch ein neues Produkt, eine Preissenkung, eine Werbeaktion oder eine andere absatzpolitische Maßnahme will sich ein Unternehmer einen Vorteil am Markt verschaffen (Vorstoß). Hat das Unternehmen Erfolg, gewinnt es Kunden, und konkurrierende Anbieter verlieren Umsatz. Dies zwingt sie, ihrerseits bessere Produkte zu entwickeln, günstigere Preise anzubieten, ihre Werbung attraktiver zu gestalten, neue Vertriebswege zu erschließen usw. (Reaktion). Die Reaktionen können ihrerseits zum Vorstoß werden und den Wettbewerbsprozeß neu in Gang setzen.

Der wettbewerbliche Vorstoß setzt dreierlei voraus: den Willen zum Wettbewerb (spirit of competition), einen ausreichenden Freiraum für wettbewerbliche Handlungen und einen Anreiz, das damit verbundene Risiko zu übernehmen.

Spirit of competition ist nicht selbstverständlich. Es ist fraglich, ob es sich – wie Hoppmann annimmt – um einen „ursprünglichen menschlichen Trieb" handelt (Hoppmann 1967, 78). Zumindest ist denkbar, daß unter bestimmten gesellschaftlichen Bedingungen Risikoscheu bei vielen Menschen überwiegt. So „erziehen" z. B. die Funktionsbedingungen einer sozialistischen administrativen Planwirtschaft zur Vermeidung von Risiko und zur Zurückhaltung gegenüber Neuerungen sowohl bei Produkten als auch bei Produktionsverfahren. In westlichen Marktwirtschaften kann aber im allgemeinen davon ausgegangen werden, daß sich immer wieder Pionierunternehmer finden werden, die einen wettbewerblichen Vorstoß unternehmen.

Vorstoßender Wettbewerb erfordert, daß die Marktteilnehmer Entscheidungs- und Handlungsalternativen haben: Die Nachfrager müssen auf substitutive Angebote anderer Produzenten ausweichen können, die Anbieter müssen mit ihren Leistungen Bedürfnisse verschiedener Nachfrager befriedigen können. Wettbewerb erfordert daher in der Regel, daß es am Markt jeweils mehrere Anbieter und Nachfrager gibt. Damit ist jedoch noch keine Aussage über die Wettbewerbsintensität in verschiedenen Marktformen verbunden.

Ein wettbewerblicher Vorstoß setzt weiter voraus, daß eine Chance besteht, zumindest zeitweilig tatsächlich Vorteile zu erlangen. Der Erfolg von neuen oder verbesserten Produkten, von Preisänderungen, Werbeaktionen usw. ist ungewiß und mit dem Risiko von Verlusten verbunden. Ist nun mit einer sofortigen Reaktion der Konkurrenten zu rechnen, würden etwaige Gewinne gleich wieder erodiert. Der Wettbewerbsvorstoß würde unter diesen Umständen möglicherweise erst gar nicht unternommen. Vorübergehende „prozessuale Leistungsmonopole" sind nicht nur mit Wettbewerb vereinbar, sie sind eine seiner Voraussetzungen (Arndt 1975, 246 ff.).

Durch nachfolgenden Wettbewerb wird das prozessuale Leistungsmonopol wieder abgebaut. In die gleiche Richtung wie die Reaktion der vorhandenen Konkurrenten wirkt die potentielle Konkurrenz durch Anbieter, die bisher noch nicht auf diesem Markt präsent waren: Die Extragewinne des wettbewerbsaktiven Unternehmens veranlassen andere Unternehmen, in den offenbar lukrativen Markt einzutreten. Diese Reaktionen sorgen für die Verbreitung der Innovation (Diffusionsprozeß) bzw. für eine Tendenz zu Preissenkungen. Damit ist ein Abbau der (nun ja nicht mehr auf einem Leistungsvorsprung beruhenden) anfänglichen Extragewinne des Neuerers auf das „normale" Maß der Kapitalverzinsung verbunden (Einkommensverteilungsfunktion des Wettbewerbs). Einen solchen Innovations- und Diffusionsprozeß können wir gegenwärtig z. B. bei der Einführung und Verbreitung der CD-Technik in der Unterhaltungselektronik beobachten. Der nachfolgende Wettbewerb durch die vorhandenen Konkurrenten bzw. die Bedrohung durch potentielle Konkurrenten begrenzt zugleich die ökonomische Machtposition des prozessualen Leistungsmonopols. Durch den Wettbewerb der Nachahmer wird die Marktmacht abgebaut (die Kunden haben nun Alternativen). Die Furcht, potentielle Anbieter auf den Plan zu rufen, kann bei freiem Marktzugang einen Monopolisten veranlassen, sich in seiner Preispolitik wie im Wettbewerb zu verhalten (Machtkontrollfunktion des Wettbewerbs).

Im Wettbewerbsprozeß spielt nicht nur der spirit of competition eine Rolle. Feststellbar ist auch eine „propensity to monopolize". Das im Wettbewerb erfolgreiche Unternehmen ist bestrebt, sein prozessuales Leistungsmonopol dauerhaft abzusichern. Im Wettbewerb sich unterlegen fühlende Unternehmen versuchen, sich dem Wettbewerbsdruck durch Absprachen, die die Wahl- oder Handlungsmöglichkeiten Dritter beschränken, oder durch andere wettbewerbsbeschränkende Maßnahmen zu entziehen. Oder sie rufen nach dem Schutz des Staates vor „unfairem" Wettbewerb ausländischer Konkurrenten, fordern die „Erhaltung mittelständischer Strukturen" oder weisen auf die Gefährdung von Arbeitsplätzen in ohnehin strukturschwachen Regionen hin.

Gelingt es dem vorstoßenden Unternehmen, eine marktbeherrschende Stellung zu erringen, den Marktzugang dauerhaft zu erschweren oder kauft es seine Konkurrenten auf, so wird der Markt monopolisiert (Unternehmenskonzentration). Das gleiche gilt, wenn bisherige Konkurrenten ihre Einkaufspolitik gegenüber Lieferanten oder ihre Verkaufspolitik gegenüber Kunden absprechen (Kartellbildung). Es ist daher Aufgabe der Wettbewerbspolitik, eine Rahmenordnung für den Wettbewerb festzusetzen, und der Staat hat seinerseits wettbewerbsbeschränkende Eingriffe zu unterlassen.

4.4.4 Wettbewerbspolitische Konzeptionen

In seinen ökonomischen Funktionen ist Wettbewerb ein Instrument zur Erreichung übergeordneter Wohlstandsziele. Die Funktionsfähigkeit des Wettbewerbs wird danach beurteilt, inwieweit diese Ziele erreicht werden. Wettbewerb, der zu befriedigenden Marktergebnissen führt, gilt als „workable". Wettbewerbspolitik hat nach diesem Ansatz die Aufgabe, marktstrukturelle Bedingungen für workable competition zu schaffen (Kantzenbach/Kallfass 1981, 103ff.).

Andere Theoretiker betonen die Freiheitsfunktion des Wettbewerbs. Sie messen der Wettbewerbsfreiheit einen Eigenwert zu; Wettbewerb wird zum Ziel an sich. Aufgabe der Wettbewerbspolitik ist es für sie, Entscheidungs- und Handlungsfreiheit der Marktteilnehmer zu sichern, d. h. wettbewerbsbeschränkende Verhaltensweisen zu unterbinden (Clapham 1981, 129ff.).

4.4.4.1 Das wettbewerbspolitische Konzept der workable competition

Das Konzept der workable competition entstand in der Auseinandersetzung mit dem preistheoretischen Modell der vollständigen Konkurrenz. Unter der Annahme vollständiger Konkurrenz auf allen Märkten wird der Gesamtnutzen des in einer Volkswirtschaft erzeugten Güterbündels in dem Sinne maximiert, daß kein Mitglied der Gesellschaft besser gestellt werden kann, ohne daß ein anderes schlechter gestellt werden müßte (Pareto-Optimum). Die Annahmen dieses Modells sind außerordentlich restriktiv (Schumann 1980, 165 ff.). Dennoch galt vollständige Konkurrenz lange Zeit als anzustrebendes, wenn auch nie völlig zu realisierendes Leitbild der Wirtschaftspolitik im allgemeinen und der Wettbewerbspolitik im besonderen. Bei vollständiger Konkurrenz ist der Gleichgewichtspreis für alle Marktteilnehmer ein Datum, an das sie sich mit ihren Produktions- und Einkaufsentscheidungen anzupassen haben, ohne selbst darauf Einfluß nehmen zu können. Wettbewerb über Preise und Werbung findet nicht statt, beschrieben ist allenfalls der Endzustand in einer stationären Wirtschaft nach Abschluß aller Anpassungsvorgänge. Aber eben diese Vorgänge sind aus der Betrachtung ausgeklammert; und in der Realität kommen sie auch nicht zu einem Abschluß.

J.M. Clark wies in seinem bahnbrechenden Vortrag „Toward a Concept of Workable Competition" (1940/1975, 143 ff.) darauf hin, daß „Unvollkommenheiten" wie z.B. Produktdifferenzierung, beschränkte Markttransparenz, Kostenvorteile von Großunternehmen bei Massenproduktion (economies of scale) usw. nicht nur in vielen Fällen als gegeben „hingenommen" werden müssen, sondern Voraussetzung für Wettbewerb sind.

Clark geht noch einen Schritt weiter. Bestimmte „Unvollkommenheiten" können notwendig sein, um andere, die vielleicht aus Effizienzgründen unvermeidbar sind, auszugleichen („Gegengiftthese"). Gibt es auf einem Markt z.B. aus Gründen technischer Effizienz nur wenige große Anbieter, die bei hoher Markttransparenz ein homogenes Produkt anbieten, kommt der Preiswettbewerb zum Erliegen. Preissenkungen eines Oligopolisten wirken sich fühlbar auf den Umsatz der anderen aus, werden sofort wahrgenommen und gleich mit einer Preissenkung für die eigenen Produkte beantwortet. Unter diesen Umständen hat der vorstoßende Wettbewerber keinen Vorteil zu erwarten, er wird isoliert nicht seine Preise verändern, sondern nur im (stillschweigenden) Einvernehmen mit den anderen Oligopolisten (oligopolistische preispolitische Interdependenz). Ein Beispiel ist die gleichgerichtete oligopolistische Preispolitik der Mineralölfirmen auf dem Benzinmarkt. Auf einem solchen Markt könnte die oligopolistische Interdependenz durch Produktdifferenzierung gelockert werden und ein Spielraum für wettbewerbliche Aktionen entstehen: Eine Produktdifferenzierung schafft Präferenzen zugunsten des vorstoßenden Unternehmens bei den Nachfragern. Entwicklung und Einführung einer neuen Produktvariante oder einer Werbeaktion durch die nachfolgenden Wettbewerber benötigen Zeit: Auch im engen Oligopol können sich so Gelegenheiten zu Qualitäts- und Präferenzwettbewerb entwickeln.

Das Konzept der workable competition betont insbesondere die dynamischen Funktionen des Wettbewerbs (Clark 1961): Der wettbewerbliche Vorstoß eines Unternehmers löst zusammen mit den Reaktionen der nachfolgenden Wettbewerber Entwicklungsprozesse aus, die allenfalls in der Tendenz zu einem Gleichgewicht führen, ohne es je zu erreichen. Märkte durchlaufen Entwicklungsphasen: Sie expandieren oder sie schrumpfen. Und auch auf Märkten, die vorübergehend stagnieren, vollziehen sich Marktprozesse: z.B. wirtschaftliche Konzentration auf wenige marktbeherrschende Unternehmen, Verlagerung der Investitionstätigkeit in andere, expandierende Märkte (Heuss 1965).

Die Weiterentwicklung zu einem praktikablen wettbewerbspolitischen Konzept erfolgte insbesondere durch Bain (1954) und Scherer (1980). Die Frage, ob Wettbewerb mit Blick auf die übergeordneten gesamtwirtschaftlichen Ziele funktionsfähig ist, erfordert ein Meßkonzept (Test) für die untersuchten Märkte. In umfangreichen empirischen Untersuchungen erforschten Bain und Scherer den Zusammenhang zwischen Marktstrukturmerkmalen, Verhaltensweisen im Wettbewerb und den Ergebnissen der Marktprozesse. Als Marktstruktur werden Merkmale eines Marktes bezeichnet, die sich nur langfristig ändern (z.B. Zahl der Anbieter und Nachfrager, Marktanteile, Art der Produkte, Kostenstrukturen, economies of scale usw.). Das Marktverhalten beschreibt die wettbewerblichen Verhaltensweisen, bzw. den Einsatz der absatzpolitischen Instrumente der Unternehmen am Markt (Preispolitik, Produktentwicklung, Werbung usw.). Als Marktergebnisse werden die Resultate der Marktprozesse (Breite und Qualität des Konsumgüterangebots, Effizienz der Produktion, technischer Fortschritt, Entwicklung der Konsumgüterpreise usw.) bezeichnet. Vertreter des Konzepts der workable competition gehen von einer Kausalität zwischen Marktstruktur, Marktverhalten und Marktergebnissen aus. Caves formuliert die Grundüberzeugung knapp: „Market structure is important because the structure determines the behavior of firms in the industry, and the behavior in turn determines the quality of the industry's performance" (Caves 1972, 16). Für die Wettbewerbspolitik läßt sich hieraus ein pragmatisches Konzept entwickeln. Die Funktionsfähigkeit des Wettbewerbs auf einem Markt wird an der performance dieses Marktes abgelesen (Marktergebnistest). Befriedigende Ergebnisse (günstige Preise, gute Qualität, innovative Produkte, niedrige Gewinne o.ä.) gelten als Anzeichen für funktionierenden Wettbewerb. Eingriffe der Wettbewerbspolitik sind – ungeachtet von beobachteten Verhaltensweisen und Konzentrationsvorgängen – nicht erforderlich. Unbefriedigende Marktergebnisse deuten auf Funktionsmängel des Wettbewerbs hin. Ansatzpunkt für wettbewerbspolitische Eingriffe ist die Marktstruktur. Insbesondere die Marktform (Zahl der Anbieter, Grad der wirtschaftlichen Konzentration), die Marktzutrittsschranken (economies of scale, staatliche Konzessionen, Zölle, Patente) und die Produktdifferenzierung sind relevante Anknüpfungspunkte für Eingriffe. Benötigt werden Instrumente, mit denen die wirtschaftliche Konzentration beeinflußt werden kann (Fusionskontrolle), die Offenhaltung der Märkte und die Förderung von Forschung und Entwicklung. Dabei ist die Politik auf der Grundlage von Fallstudien am jeweiligen Markt pragmatisch zu orientieren. Wettbewerbsgefährdende Konzentrationsvorgänge sind zu unterbinden. Entsprechend der „Gegengiftthese" kann es nach diesem Konzept aber auch angebracht sein, auf polypolistisch „zersplitterten" Märkten mit vielen Kleinunternehmen Konzentrationsprozesse zu fördern (Kantzenbach 1967; „strukturorientierte Industriepolitik").

An dieser Stelle setzt die Kritik am Konzept der workable competition an. Das Beurteilungskriterium Marktergebnis und das einzelfallorientierte Vorgehen dient insbesondere Politikern, die glauben, ihre wirtschaftspolitische Führungskraft beweisen zu müssen, als Alibi für „gesamtwirtschaftlich" begründete Konzentrationsförderung. Ein Beispiel ist der Zusammenschluß von Daimler Benz und MBB im Jahre 1989 unter Förderung und auf Betreiben der Bundesregierung entgegen den Bedenken des Bundeskartellamts und führender Wirtschaftswissenschaftler (Berg 1990). Sein Mißbrauch für oft durchsichtige Argumentationen von Politikern beeinträchtigt nicht die Leistungen des Konzepts der workable competition. Fallstudien und breit angelegte empirische Branchenstudien haben wichtige Erkenntnisse über Wettbewerbsvorgänge in verschiedenen Marktstrukturen erbracht. Aber die Rückführung konkreter Marktergebnisse auf bestimmte Marktstrukturen ist mit erheblicher Unsicherheit behaftet: Welche Marktergebnisse sollen zur Beurteilung herangezogen werden (Preis, Qualität, technische Neuerungen, Gewinnrate)? Wie sollen diese Merkmale gemessen werden? Wie ist zu entscheiden, wenn nicht alle Merkmale in die gleiche Richtung deuten?

Darüber hinaus stellt sich die grundsätzliche Frage, ob Marktergebnisse überhaupt als Testmaßstab geeignet sind. Versteht man Wettbewerb als Entdeckungsverfahren, so ist das Ergebnis dieses Prozesses offen, d. h. die Marktergebnisse sind nicht vorhersehbar. Es kann dann aber auch nicht gesagt werden, ob das Marktergebnis bei einer bestimmten Marktstruktur optimal oder schlechter ist als bei einer hypothetischen anderen (v. Hayek 1968, 3ff.). In der wettbewerbspolitischen Praxis wird versucht, dieses Problem zu umgehen, indem man die Marktergebnisse auf dem zu beurteilenden Markt mit denen auf einem ähnlich strukturierten anderen Markt vergleicht, von dem man annimmt, daß dort der Wettbewerb besser funktioniert. Die Marktergebnisse des untersuchten Marktes (z. B. der Preis für ein bestimmtes Produkt, die Gewinnraten der Anbieter) werden verglichen mit den Preisen und Gewinnen, die diese Anbieter auf einem räumlich getrennten Markt für das gleiche Produkt erzielen (räumlicher Vergleichsmarkt), bzw. die sie in einem früheren Zeitraum, vor Eintritt der Wettbewerbsbeschränkung, auf dem gleichen Markt erzielt haben (zeitlicher Vergleichsmarkt). Das Vergleichsmarktkonzept scheitert allerdings in den meisten Anwendungsfällen (Herdzina 1987, 54ff.): Tatsächlich in allen relevanten Merkmalen mit Ausnahme der Wettbewerbsbeschränkung vergleichbare Märkte lassen sich kaum finden. Fordert etwa ein marktbeherrschendes Pharmaunternehmen für ein Produkt im Inland einen höheren Preis als auf einem ausländischen Markt, so wird das Unternehmen meistens nachweisen können, daß dort andere Nachfragebedingungen, eine andere Vertriebsorganisation, weniger aufwendige Zulassungsverfahren usw. bestehen, die den Preisunterschied erklären. In der Wettbewerbspraxis gibt es nur wenige Fälle, in denen der Nachweis des Mißbrauchs von Marktmacht mit Hilfe des Vergleichsmarktkonzepts juristischen Kriterien standgehalten hat.

4.4.4.2 Das wettbewerbspolitische Konzept der Wettbewerbsfreiheit

Vertreter des Konzepts der Wettbewerbsfreiheit würden in dem obigen Beispiel darauf verweisen, daß die Preise im In- und Ausland (umgerechnet zum Wechselkurs) nur deshalb unterschiedlich sein können, weil die Freiheit, das Produkt im Ausland einzukaufen, durch Einfuhrbeschränkungen oder durch den inländischen Hersteller verhindert wird. So könnte z. B. der marktbeherrschende Hersteller inländische Pharmahändler nur beliefern, wenn sie sich verpflichten, das Produkt nicht über das Ausland zu beziehen. Die Wettbewerbsbeschränkung liegt in einer Einschränkung der Wettbewerbsfreiheit. Wird die Wettbewerbsfreiheit hergestellt, werden sich auch die Marktergebnisse verbessern. Diese Überlegungen verdeutlichen bereits die Grundposition der Vertreter des Konzepts der Wettbewerbsfreiheit. Sie halten den Prozeß des Wettbewerbs für zu komplex, um ihn in einem Marktstruktur – Marktverhalten – Marktergebnis-Modell positiv beschreiben zu können. Jedoch kann man Tatbestände und Verhaltensweisen identifizieren, die die Freiheit zu wettbewerblichem Handeln beeinträchtigen. Diese gilt es durch Festlegung von Spielregeln zu bekämpfen, dann wird der Wettbewerb zu guten volkswirtschaftlichen Ergebnissen in einer freiheitlichen Ordnung führen.

Wettbewerb bedeutet nicht Abwesenheit von Marktmacht. Die Position von Konkurrenten ist nicht gleich. Das Unternehmen, das ein effizienteres Produktionsverfahren einsetzt, gewinnt einen Kostenvorsprung und damit die Möglichkeit, den Preis zu senken. Es hat die Macht, eine der an diesem Markt geltenden Bedingungen, den Preis, nach seinem Willen zu ändern. Aber im Wettbewerb werden solche Machtpositionen des vorstoßenden Unternehmens durch die nachfolgende Reaktion der Konkurrenten bzw. durch das Ausweichen der Nachfrager auf substitutive Angebote begrenzt. „Entscheidend für alle Wettbewerbsprozesse ist somit nicht das Fehlen, sondern die Unbeständigkeit (und die dadurch gegebene Begrenzung) der Macht. Solange die Macht zwischen bahnbrechenden und nachahmenden Unternehmen und zwischen Anbietern und Nachfragern hin- und herpendelt, ist wirtschaftliche Macht ungefährlich." (Arndt 1974, 10).

Hoppmann (1967) beschreibt den Wettbewerb im Anschluß an C.D. Edwards (1964) in zwei Dimensionen: als Austauschprozeß zwischen den beiden Marktseiten (bargaining process zwischen Anbietern und Nachfragern) und als Parallelprozeß, d. h. als wettbewerbliches Nebeneinander auf jeder Marktseite (Konkurrenz der Anbieter um die Kunden bzw. der Nachfrager um das Angebot). Wettbewerbsfreiheit im Austauschprozeß bedeutet die Möglichkeit, unter Alternativen wählen zu können, erfordert also substitutive Angebote mehrerer konkurrierender Unternehmen. Wettbewerbsfreiheit im Parallelprozeß erfordert die Freiheit zu Vorstoß und Reaktion und die Abwesenheit von Zwang. Sie ist z.B. beschränkt, wenn ein Kartell seinen Mitgliedern unter Androhung von Sanktionen bestimmte Preise oder Absatzgebiete vorschreibt oder wenn ein marktbeherrschender Hersteller dem Einzelhandel die Endverkaufspreise diktiert (Preisbindung) oder wenn eine marktbeherrschende Brauerei Gastwirte vertraglich bindet, kein Bier anderer Hersteller zu verkaufen (Ausschließlichkeitsbindung). Solche privaten oder auch staatlichen Wettbewerbsbeschränkungen sind als Verstoß gegen die Spielregeln zu unterbinden.

Unter Rückgriff auf rechtsstaatliche Gesetzgebungsgrundsätze (v. Hayek 1983, 179ff.) und in Anlehnung an US-amerikanische Antitrustgesetze (Schmidt 1981, 538f.) fordern die Vertreter der Konzeption der Wettbewerbsfreiheit die Formulierung und Anwendung von per se-Regeln in der Wettbewerbspolitik. Es soll nicht im Einzelfall mit Blick auf bestimmte wirtschaftspolitische Ziele entschieden werden, sondern es sollen Spielregeln festgelegt sein, aus denen vorhersehbar klar ist, was nicht erlaubt ist und wofür man verantwortlich gemacht wird. In der Praxis bedeutet das, daß die Wettbewerbspolitik vorzugsweise mit generellen Verboten und eindeutigen „Aufgreifkriterien" arbeiten soll. Sie haben den Vorteil der Klarheit und Verläßlichkeit für die Unternehmen und sind justiziabel für die Wettbewerbsbehörden. Aber sie beinhalten auch das Risiko, daß sie umgangen werden können und nicht jeden möglichen Fall von Wettbewerbsbeschränkung erfassen. Vertreter des Konzepts der Wettbewerbsfreiheit nehmen dieses Risiko mit Blick auf die freiheitliche Rechtsstaatlichkeit und die Ergebnisoffenheit von Marktprozessen in Kauf.

Ansatzpunkte für wettbewerbspolitische Regelungen sind das Marktverhalten und in gewissem Umfang auch die Marktstruktur (Herdzina 1987, 101). Wettbewerbsbeschränkende Verhaltensweisen (Boykott, Täuschung, Diskriminierung, Preis- oder Gebietsabsprachen im Kartell usw.) sollen generell verboten sein. Die mißbräuchliche Gestaltung von Vertragsbedingungen (z.B. bei Auschließlichkeitsbindungen, Koppelungsgeschäften) soll untersagt werden.

Es ist nicht immer leicht, den Mißbrauch zu definieren. Aber als noch schwieriger erweist sich die Politik gegenüber der wirtschaftlichen Konzentration. Unternehmenszusammenschlüsse können das Ergebnis lebhaften Wettbewerbs sein. In manchen Fällen verbessern sie die Wettbewerbsposition der beteiligten mittelständischen Unternehmen gegenüber bisher übermächtigen Konzernen. Dies könnte zur Belebung des Wettbewerbs auf einem bisher vom Marktführer beherrschten Markt beitragen. Auch kann die Übernahme eines Unternehmens ein Mittel sein (u.U. kurzfristig das einzig mögliche), auf einem neuen Markt Fuß zu fassen und den Wettbewerb dort zu beleben. Schließlich kann es notwendig sein, die Finanzkraft von großen Unternehmen zusammenzubringen, um die Entwicklung und Markteinführung von aufwendigen Innovationsprojekten zu ermöglichen. Aber nicht immer ist eine Fusion der einzige Weg, diese Ziele zu erreichen. Schwächere Formen der Kooperation reichen vielfach aus; sie beinhalten keine Eigentumsverbindungen und betreffen nur das angestrebte Ziel, nicht – wie im Fall der Fusion – sämtliche Aktivitäten der beteiligten Unternehmen. Durch Unternehmenszusammenschlüsse können umfassende und dauerhafte Marktmachtpositionen entstehen. Horizontale Konzentration kann zur Oligopolisierung bzw. Monopolisierung des Marktes führen. Vertikale oder konglomerate Konzentration können einem Unternehmen eine überragende Marktstellung verschaffen, weil es Rohstoff- oder Absatzwege beherrscht oder im Wettbewerb auf finanzielle Ressourcen aus anderen Märkten zurückgreifen kann (Blair 1972). Marktstrukturen mit nur wenigen oder einem dominierenden Großunternehmen begünstigen wettbewerbsbeschränkendes Verhalten. Verhaltensweisen, die unter anderen Bedingungen unproblematisch sind, gewinnen eine neue Qualität: Vereinbart ein Hersteller mit einem Einzelhändler, daß dieser ausschließlich seine Marke führt, so ist dies wettbewerbspolitisch unbedenklich, wenn es konkurrierende Hersteller und Händler substitutiver Produkte gibt (Beispiel: Vertragshändler von Automobilmarken). Anders sind Ausschließlichkeitsverträge zu beurteilen, die ein marktbeherrschendes Unternehmen durchsetzt: Händler, die sich seinen Bedingungen nicht fügen, laufen Gefahr, vom Markt verdrängt zu werden, weil sie nicht die dominierende Marke im Angebot führen. Vertreter des Konzepts der Wettbewerbsfreiheit treten daher auch bei Unternehmenszusammenschlüssen für die Anwendung des Verbotsprinzips ein. Wegen der beschriebenen Unsicherheiten soll das Verbot allerdings auf Fälle von „superconcentration" beschränkt bleiben (Edwards 1964, 110; Hoppmann 1972, 80ff.). Im Gesetz definierte Aufgreifkriterien (Umsatz-, Marktanteilswerte usw.) sollen die von der per se-Regel geforderte Klarheit und Allgemeinheit gewährleisten.

Beschränkt man sich auf die superconcentration, so verliert auch der Einwand an Bedeutung, Fusionskontrolle könne den innovativen Fortschritt behindern. Nach den Studien von Bain, Blair und anderen ist diese Sorge nicht begründet. Großunternehmen, insbesondere solche auf hoch konzentrierten Märkten, erweisen sich nicht als besonders innovationsfreudig. Blair spricht sogar von der „creative backwardness of bigness" (Blair 1972, 228; vgl. auch Kruber 1973, 42ff.).

In den USA entstand in der Auseinandersetzung mit der Theorie der workable competition das neoklassische Konzept der Chicago School (G.J. Stigler). Es wendet sich gegen eine an Marktanteilswerten und oft fragwürdigen Effizienzkriterien orientierte Wettbewerbspolitik, die im Ergebnis häufig zu staatlich gelenkter Konzentrationsförderung („Industriepolitik") führt. Die Chicago School fordert klare gesetzliche Regeln gegen private Wettbewerbsbeschränkungen (z.B. Kartelle) und den Abbau von Zugangshemmnissen zu den Märkten (barriers to entry). Solche Marktbarrieren gehen häufig auf Eingriffe des Staates zurück: z.B. Zölle, Subventionen, staatliche Monopole, Auftragsvergabe nur an nationale Anbieter usw. Bei freiem Marktzugang (contestable markets) sind auch marktbeherrschende Unternehmen unbedenklich, da potentielle Konkurrenz besteht und sie unter Wettbewerbsdruck geraten, sobald sie Leistungsschwächen aufweisen (Bsp. Abbau der zunächst marktbeherrschenden Stellung von IBM durch amerikanische Newcomer und japanische Importe, Bsp. Telekommunikationsmarkt in Deutschland nach Aufhebung des Postmonopols). Angesichts zunehmend weltweiter Unternehmensverflechtungen stellt der Abbau von Marktzugangshemmnissen die wohl wirksamste Politik zur Sicherung von Wettbewerb dar.

4.4.4.3 Das wettbewerbspolitische Konzept des Gesetzes gegen Wettbewerbsbeschränkungen (GWB)

Wie alle Gesetze in einer pluralistischen Demokratie ist auch das Gesetz gegen Wettbewerbsbeschränkungen (GWB, Kartellgesetz) nicht einfach die praktische Umsetzung einer theoretischen Konzeption. Das GWB ist das Ergebnis eines politischen Prozesses vor dem Hintergrund der Einflußnahme durch politische und wirtschaftliche Interessengruppen. Dennoch lassen sich im GWB bestimmte konzeptionelle Grundlinien nachweisen. Die ersten Entwürfe zum GWB orientierten sich am Leitbild der vollständigen Konkurrenz. Sie waren geprägt von der wirtschaftstheoretischen Position der Ordoliberalen (Eucken, Böhm). So sah der Josten-Entwurf 1949 ein fast absolutes Kartellverbot, eine umfassende Fusionskontrolle und die Entflechtung bestehender marktbeherrschender Konzerne vor. Unter dem Druck von Interessenverbänden der Wirtschaft und ihnen nahestehender Abgeordneter wurden in den folgenden Jahren neue, immer mehr „entschärfte" Entwürfe vorgelegt. Die schließlich beschlossene erste Fassung des GWB (1957) hatte mit der ursprünglichen Konzeption nur noch wenig gemeinsam, wenn auch das Leitbild in den Begründungen noch genannt wird (Kartte/Holtschneider 1981, 202ff.). Das GWB von 1957 beschränkte sich auf ein Kartellverbot mit zahlreichen Ausnahmen. Entflechtung und Fusionskontrolle waren nicht mehr vorgesehen, lediglich eine in der Praxis kaum durchsetzbare Mißbrauchsaufsicht über marktbeherrschende Unternehmen.

Einige Wirtschaftszweige wurden von den Vorschriften des GWB ganz oder teilweise ausgenommen (Ausnahmebereiche, §§ 99ff. GWB: Bundesbahn, Bundespost, Verkehrswirtschaft, Banken, Versicherungen, Landwirtschaft und Versorgungsunternehmen). Als Begründung wurde und wird häufig angegeben, es handele sich um Wirtschaftszweige, in denen Wettbewerb nicht möglich sei, bzw. nicht zu befriedigenden Marktergebnissen führen werde. Diese Begründungen erweisen sich bei genauerer Prüfung als fragwürdig. Sie beruhen auf politischen Vorgaben. Dies gilt auch, wie Gröner (1981) nachweist, für die sogenannten „natürlichen Monopole" der Elektrizitäts-, Gas- und Wasserversorgung.

In der Diskussion um die Weiterentwicklung des Wettbewerbsrechts in den 60er und 70er Jahren wurden die Erkenntnisse der neueren Wettbewerbstheorie und der US-amerikanischen Antitrustpolitik verarbeitet. An die Stelle des Leitbilds der vollständigen Konkurrenz trat der Wettbewerb als dynamischer Prozeß. Unter dem Eindruck der rasch sich vollziehenden wirtschaftlichen Konzentration auf vielen Märkten rückte das Problem der marktbeherrschenden Unternehmen und der Unternehmenszusammenschlüsse in den Vordergrund. Starke Beachtung fand das Konzept der workable competition, vertreten u. a. von Kantzenbach. An seiner Vorstellung, Marktstrukturen von „optimaler Wettbewerbsintensität" durch Kooperationserleichterung für kleinere Unternehmen einerseits und Fusionskontrolle bei Großunternehmen andererseits wirtschaftspolitisch zu gestalten, entzündete sich eine heftige wissenschaftliche Kontroverse. Sie führte zur Präzisierung des Konzepts der Wettbewerbsfreiheit als Gegenposition.

In die zweite Novellierung des GWB (1973) gingen wichtige Elemente der Konzeption der workable competition ein. So wurde die Zusammenarbeit von kleineren Unternehmen, soweit dadurch eine Verbesserung ihrer Leistungsfähigkeit am Markt zu erwarten ist, erleichtert (§ 5b GWB: Kooperationsvereinbarungen). Marktbeherrschende Unternehmen unterliegen einer vorbeugenden Fusionskontrolle durch das Bundeskartellamt (§ 24 Abs. 1 GWB). Allerdings hat der Bundeswirtschaftsminister die Möglichkeit, auch wettbewerbsbeschränkende Unternehmenszusammenschlüsse zu erlauben, wenn dadurch überwiegende gesamtwirtschaftliche Vorteile zu erwarten sind (§ 24 Abs. 3 GWB). Andererseits sind in dieser Fassung des GWB auch per se-Prinzipien weiter enthalten (grundsätzliches Kartellverbot des § 1 GWB mit klar definierten Ausnahmen, §§ 2–7 GWB). Andere sind zusätzlich eingeführt worden, z. B. Aufgreifkriterien für die Einleitung des Verfahrens der Fusionskontrolle. So wird z. B. bei bestimmten, im Gesetz genannten Marktanteilswerten Marktbeherrschung vermutet (§ 22 Abs. 3 GWB). Die Preisbindung ist – außer bei Verlagserzeugnissen – verboten (§ 15 GWB). Hinsichtlich der Ausnahmebereiche haben sich keine wesentlichen Änderungen ergeben. Allerdings sind auch sie im Zuge der europäischen Integration verstärktem Wettbewerb ausgesetzt, und im Telekommunikations-, Verkehrs- und Versicherungsbereich werden Liberalisierungen nicht länger zu vermeiden sein. Das GWB stellt auch in der zur Zeit gültigen Fassung einen Kompromiß aus verschiedenen wettbewerbstheoretischen Schulen dar.

4.4.5 Herausforderungen an die Wettbewerbspolitik

4.4.5.1 Die Macht der Banken

Die Macht der Banken beruht auf der Fähigkeit von Großbanken, die laufenden Geschäfte, Investitions- oder Konzentrationsvorhaben von Unternehmen in ihrem Sinne zu beeinflussen. (Der Einfluß von Großbanken und anderen Großunternehmen auf wirtschaftspolitische Entscheidungen der Regierung ist in erster Linie ein Problem der politischen Willensbildung und nicht der Wettbewerbspolitik.)

In der Bundesrepublik stehen über 4000 Banken, Sparkassen, Kreditgenossenschaften, Realkreditinstitute usw. im Wettbewerb auf den Kreditmärkten. Allerdings hatten 1992 die 10 größten Kreditinstitute (Deutsche Bank, Dresdner Bank, Westdeutsche Landesbank Girozentrale, Commerzbank usw.) immerhin einen Anteil von 38% an der Bilanzsumme aller Kreditinstitute.

Macht kann aus der Funktion der Banken als Kreditgeber resultieren (Finanzmacht): Bei Verhandlungen über die Verlängerung dringend benötigter Kredite kann die Bank Einfluß auf die Geschäftspolitik des Unternehmens nehmen. Hohe Konzentration im Bankensektor verstärkt die Finanzmacht der Großbanken. Ab einem bestimmten Ausmaß der Kreditgewährung an einen großen Schuldner wird die Abhängigkeit allerdings gegenseitig, weil Illiquidität des Schuldners auch die Existenz der Bank bedrohen kann. Nach spektakulären Verlusten und Konkursen im Kreditgewerbe wurden mit der Novelle zum Kreditwesengesetz (KWG) 1976 neue Grenzen für Großkredite in Abhängigkeit von der Höhe des Eigenkapitals einer Bank festgesetzt, um dieser Gefahr zu begegnen.

Stärker als die Finanzmacht wird der Einfluß der Großbanken durch Beteiligungen, Ausübung des Depotstimmrechts und Aufsichtsratsmandate kritisiert (Arndt 1974, 13ff.). Banken sind bei zahlreichen Industrie- und Handelsfirmen am Kapital beteiligt. 1992 waren die Deutsche Bank, die Dresdner Bank und die Commerzbank in 32 Fällen mit z.T. mehr als 25 v.H. am Kapital der 100 größten Unternehmen in Deutschland beteiligt. Beispiele sind die Beteiligungen der Deutschen Bank am Baukonzern Philipp Holzmann AG (30 v.H.), an der Daimler Benz AG (28,3 v.H.) oder an der Karstadt AG (über 25 v.H.; Monopolkommission 1994, 207). Bedeutender noch ist der Einfluß der Banken durch Ausübung des Depotstimmrechts. Zwar hat eine Bank nach § 135 AktG die Weisung der Aktionäre für die Ausübung des Stimmrechts in der Hauptversammlung einzuholen, doch folgen die meisten Depotkunden den Vorschlägen der Bank. Infolge des Depotstimmrechts sind die Banken in den Aufsichtsräten von Aktiengesellschaften in einem Umfang vertreten, der weit über ihre Beteiligung hinausgeht. 1976/77 verfügten in den Hauptversammlungen der 100 größten Aktiengesellschaften Banken in 30 Fällen über mehr als 50%, in 11 Fällen über 25–50% und in 15 Fällen über 5–25% der stimmberechtigten Aktien. Nur 7% beruhten auf eigenen Beteiligungen. Der weitaus größte Teil war auf die drei Großbanken konzentriert. Entsprechend stark sind auch personelle Verflechtungen durch Vertreter der Großbanken in den Aufsichtsräten. Zwar begrenzt § 100 AktG die Zahl der Aufsichtsratsmandate einer Person auf 10, aber das bedeutet keine Begrenzung für die Gesamtzahl der von Vertretern einer Bank ausgeübten Mandate.

Als Hausbank und über ihre Aufsichtsratsmandate verfügen Banken über interne Informationen aus den Unternehmen, die ihnen einen insider-Vorsprung vor anderen Anlegern am Kapitalmarkt verschaffen können. Auch ist über die Bankenvertreter in Aufsichtsräten von konkurrierenden Unternehmen eine informelle Abstimmung des Wettbewerbsverhaltens dieser Unternehmen nicht auszuschließen.

Die Monopolkommission forderte bereits 1976 eine Begrenzung von Bankbeteiligungen am Aktienkapital eines Unternehmens auf 5% und hat diesen Vorschlag in ihrem 6. Hauptgutachten 1986 wiederholt (Monopolkommission 1986). Auch wird gefordert, das Prinzip der Universalbank, die alle Bankgeschäfte betreiben darf, aufzugeben und nach amerikanischem Vorbild Kreditbanken und Anlagebanken zu trennen (Arndt 1974, 15).

4.4.5.2 Multinationale Konzentration

Angesichts der Intensität der Handels- und Kapitalverflechtungen insbesondere zwischen den industrialisierten Volkswirtschaften ist eine auf nationale Märkte ausgerichtete Wettbewerbspolitik sehr problematisch geworden. Aus der Sicht vieler exportorientierter Unternehmen ist der für sie relevante Markt der „Weltmarkt", und viele der stärksten Wettbewerber auf Inlandsmärkten sind im Ausland beheimatet. Die EU ist für zahlreiche Unternehmen bereits heute Binnenmarkt. Große multinationale Unternehmen (MNU) unterhalten weltweit Produktionsstätten und planen in „mondialen Dimensionen". Wachsende internationale Handelsverflechtung erweitert die Märkte, öffnet durch Kartelle und Konzentration verkrustete Märkte, erzwingt mit neuen Produkten und Technologien nachfolgenden Wettbewerb der inländischen Unternehmer, erweitert das Güterangebot und drückt die Preise zugunsten der Verbraucher. Aber auch Wettbewerbsbeschränkungen und wirtschaftliche Konzentration reichen über die Grenzen hinweg. Die Macht von internationalen Kartellen und von multinationalen Unternehmen sind zentrale Probleme der weltwirtschaftlichen Ordnung (Arndt 1974, 47ff.). Mit der Vollendung des europäischen Binnenmarktes und der deutschen Wiedervereinigung ging eine Konzentrationswelle einher. Bis 1987 lag die Zahl der dem Bundeskartellamt angezeigten Unternehmenszusammenschlüsse bei etwa 800 pro Jahr. 1988/89 stieg dieser Durchschnittswert auf 1300, 1990 bis 1993 auf 1700. Von den 1992 und 1993 angemeldeten 3257 Unternehmenszusammenschlüssen bezogen sich 784 auf die neuen Bundesländer, an 904 waren ausländische Unternehmen beteiligt (Monopolkommission 1994, 252). In ähnlichem Umfang waren deutsche Firmen im Ausland bei Unternehmenszusammenschlüssen aktiv.

Grundsätzlich sind Unternehmenszusammenschlüsse, an denen ausländische Partner beteiligt sind, wettbewerbspolitisch nicht anders zu beurteilen als rein nationale. Unter dem Aspekt der europäischen Einigung sind sie eher zu begrüßen: Sie beschleunigen und festigen das Zusammenwachsen in der Gemeinschaft. Allerdings können mit multinationalen Zusammenschlüssen auch besondere Probleme verbunden sein.

So wird besonders in den Entwicklungsländern auf die Macht von MNUs zur Beeinflussung von politischen Entscheidungen im Gastland und mögliche Konflikte zwischen nationalen wirtschaftspolitischen Prioritäten und den Zielen der MNUs hingewiesen. Aus der Sicht der Wettbewerbspolitik ist die Fähigkeit von MNUs, ihre materiellen und finanziellen Ressourcen zwischen verschiedenen Ländern zu verlagern, von großer Bedeutung. Beispielsweise kann die Muttergesellschaft der Tochterfirma im konzerninternen Handel hohe Preise in Rechnung stellen und niedrige Preise zahlen. Damit werden Gewinne aus einem Land in das andere transferiert, ohne daß sie als solche erkennbar werden. Dies unterläuft nicht nur die Gewinnbesteuerung des Staates, in dem die Tochterfirma ihren Sitz hat. Es eröffnen sich im multinationalen Konzern auch besonders schwer zu kontrollierende Möglichkeiten, ruinösen Verdrängungswettbewerb auf einem Markt durch Gewinne aus einem anderen zu finanzieren (Kebschull/Mayer 1974, Arndt 1974, 51).

Das nationale Wettbewerbsrecht bietet keine befriedigende Handhabe gegen multinationale Konzentration. Zwar findet das GWB nach § 98 Abs. 2 auch auf Wettbewerbsbeschränkungen Anwendung, die von im Ausland ansässigen Unternehmen verursacht werden, wenn sie sich in der Bundesrepublik auswirken. Diese Vorschrift wurde auch bereits auf grenzüberschreitende Fusionsvorhaben angewandt (Hölzler 1981, 464ff.). Die im Inland ansässigen Tochterunternehmen ausländischer Konzerne unterliegen der deutschen Rechtsprechung, gegen sie können auch Sanktionen vollstreckt werden. Manche Entscheidungen oder Handlungen gehen jedoch von der ausländischen Konzernzentrale aus. In diesen Fällen ergeben sich in der Praxis erhebliche Probleme, die notwendigen Ermittlungen bei der ausländischen Muttergesellschaft durchzuführen und Beschlüsse im Ausland durchzusetzen.

Grundsätzlich ist eine nur auf den nationalen Markt gerichtete Beurteilung der Problematik der multinationalen Konzentration nicht angemessen. Von wachsender Bedeutung ist daher die Ergänzung der nationalen Wettbewerbspolitik durch das Wettbewerbsrecht der EU. Art 85 EWG-Vertrag verbietet Vereinbarungen und Verhaltensweisen, die den Wettbewerb verfälschen und den Handel zwischen den EU-Staaten beeinträchtigen. Beispiele für verbotene Praktiken sind Preisabsprachen, Vereinbarungen über Marktaufteilung oder Produktionsquoten, Koppelungsgeschäfte usw., soweit sie den Handel in der EU beschränken. Bestimmte Kooperationsvereinbarungen, die geeignet sind, die Leistungsfähigkeit von kleineren Unternehmen zu stärken, ohne den Wettbewerb wesentlich zu beschränken, sind vom Kartellverbot ausgenommen bzw. können im Einzelfall zugelassen werden. Art. 86 verbietet die mißbräuchliche Ausnutzung einer marktbeherrschenden Stellung auf dem EU-Markt oder auf einem wichtigen Teilmarkt, soweit dadurch der zwischenstaatliche Handel beeinträchtigt wird. Beispiele sind mißbräuchlich überhöhte Preise, sachlich nicht gerechtfertigte Diskriminierung beim Preis oder bei der Belieferung, Behinderung von Konkurrenten durch Ausschließlichkeitsbindung von Händlern usw. Nach einer Entscheidung des Europäischen Gerichtshofs von 1971 kann auch die Erweiterung einer marktbeherrschenden Stellung durch Übernahme eines konkurrierenden Unternehmens als Mißbrauch angesehen werden (Schlieder/Schröter 1981, 500). Allerdings bezieht sich Art. 86 nur auf Fusionsfälle, die den Handel zwischen den Mitgliedstaaten beeinträchtigten. Die Mißbrauchskontrolle greift auch erst im Nachhinein. Erst 1989 wurde eine wirksamere Fusionskontrolle eingeführt (EWG-VO 4064/89). Sie sieht vor, daß Unternehmenszusammenschlüsse von gemeinschaftsweiter Bedeutung ab einer bestimmten Größenordnung (Gesamtumsatz der betroffenen Unternehmen von mehr als 5 Mrd. ECU) grundsätzlich vorher angemeldet und einer Prüfung durch die EU-Kommission unterzogen werden müssen. Der Zusammenschluß ist zu untersagen, wenn dadurch eine marktbeherrschende Stellung in der EU oder in einem wesentlichen Teil der EU begründet oder verstärkt wird. „Mammuthochzeiten" ab ca. 10 Mrd. DM beteiligtem Umsatz unterliegen künftig einer auf die EU bezogenen supranationalen Kontrolle. Es bleibt jedoch das Problem einer wirksamen Kontrolle der weltweiten Aktivitäten von MNUs. Zwar ist auch die EU-Fusionskontrolle auf MNUs mit Sitz außerhalb der EU anwendbar, doch stellen sich die gleichen Probleme wie bei § 98 GWB.

Internationale Organisationen wie der Wirtschafts- und Sozialrat der Vereinten Nationen (ECOSOC) oder die Welthandelskonferenz (UNCTAD) und die Internationale Handelskammer haben Empfehlungen für die Überwachung durch die Staaten erarbeitet. In der Praxis ist ihre Bedeutung gering. Inzwischen entwickelt sich eine enge weltweite Zusammenarbeit von MNUs in Formen, die sich selbst dann wettbewerbsrechtlich schwer erfassen ließen, wenn es ein internationales Wettbewerbsrecht gäbe. Ein Beispiel ist die geplante Kooperation der Mischkonzerne Daimler Benz und Mitsubishi (Automobile, Luft- und Raumfahrt, Elektrotechnik und Elektronik). Es bleibt das Problem, daß die Internationalisierung der unternehmerischen Aktivitäten von MNUs der internationalen Zusammenarbeit von Staaten und der Entwicklung einer internationalen Wettbewerbsordnung voraneilt.

4.4.5.3 Privatisierung, Entflechtung und Entwicklung wettbewerblicher Marktstrukturen in den ostdeutschen Ländern

Bei der Einführung der Marktwirtschaft in der (damals noch) DDR im Juli 1990 wurde die Treuhandanstalt gegründet und mit der Aufgabe betraut, die volkseigenen Betriebe zu privatisieren. Die Industrie der DDR war 1989 in nur 221 Kombinate zusammengefaßt, die meistens alle Betriebe eines Wirtschaftszweigs auf dem Gebiet der DDR oder in einem der Bezirke umfaßten. Zugleich mit der Privatisierung sollten diese Branchenmonopole in wettbewerbskonforme Strukturen aufgespalten werden. In der Praxis ergaben sich erhebliche Probleme: Angesichts der schwierigen Arbeitsmarktprobleme hatten Sanierungsgesichtspunkte beim Verkauf der Betriebe durch die Treuhandanstalt deutlich erkennbar Vorrang vor wettbewerbspolitischen Überlegungen. Welche Wettbewerbsstrukturen sich im Ergebnis aus Betriebsstillegungen, Fortführung von Teilen als Privatunternehmen, Übernahme durch westdeutsche oder ausländische Unternehmen und Neugründungen ergeben werden, kann erst in einigen Jahren beurteilt werden.

Die privatisierten (und meistens vorher mit erheblichem Subventionsaufwand sanierten) Großbetriebe wurden überwiegend von westdeutschen und ausländischen Konzernen übernommen. Durch Rückgabe an die ehemaligen Eigentümer, durch Management Buyouts (Eigentumserwerb durch die bisherigen Geschäftsführer) und Neugründungen entstanden auch zahlreiche selbständige Unternehmen. Die Entwicklung mittelständischer Unternehmen kann zu einer dynamischen Antriebskraft für den wirtschaftlichen Aufbau der ostdeutschen Länder werden. Chancen zu einer Neuordnung auch in den wettbewerblichen Ausnahmebereichen (Energieversorgung, Verkehrs-, Versicherungswirtschaft), wie sie die Monopolkommission in ihrem Gutachten 1990 einforderte, sind bisher nicht wahrgenommen worden: Die Übernahme der ostdeutschen Elektrizitätswirtschaft durch drei marktbeherrschende westdeutsche Energiekonzerne gegen die Bedenken des Bundeskartellamtes und der Monopolkommission hat hier – wie in anderen Berichen – zu einer raschen Übertragung der westdeutschen Marktstrukturen geführt.

Literaturverzeichnis

Arndt, Erich (1974): Wirtschaftliche Macht, München 1974.
Arndt, Erich (1975): Wettbewerb der Nachahmer und schöpferischer Wettbewerb, in: Herdzina Klaus (Hrsg.): Wettbewerbstheorie, Köln 1975, S. 246–268.
Bain, J.S. (1954): Economies of Scale, Concentration and the Condition of Entry in Twenty Manufacturing Industries, in: American Economic Review, Vol. 44 (1954), S. 15–39.
Berg, Hartmut (1988): Wettbewerbspolitik, in: Vahlens Kompendium der Wirtschaftstheorie und Wirtschaftspolitik, Bd. 2, 3. A. München 1988, s. 231–291 (6. A. 1995).
Berg, Hartmut (1990): Der Zusammenschluß „Daimler-Benz/MBB", in: Wirtschaftswissenschaftliches Studium, H. 12 (1990), S. 643–647.
Blair, John M. (1972): Economic Concentration, Structure, Behavior and Public Policy, New York 1972.
Caves, Richard (1972): American Industry: Structure, Conduct, Performance, 3. A. Englewood Cliffs 1972.
Clapham, Ronald (1981): Das wettbewerbspolitische Konzept der Wettbewerbsfreiheit, in: Cox, Helmut; Jens, Uwe; Markert, Kurt (Hrsg.): Handbuch des Wettbewerbs, München 1981, S. 129–148.
Clark, John Maurice (1940/1975): Toward a Concept of Workable Competition, in: American Economic Review, Vol. 30 (1940), dt. in: Herdzina, Klaus (Hrsg.): Wettbewerbstheorie, Köln 1975, S. 143–160.
Clark, John Maurice (1961): Competition as a Dynamic Process, Washington, D.C. 1961.
Edwards, Corvin D. (1964): Maintaining Competition, New York, Toronto, London 1964.
EWG-VO 4064/89: Verordnung des Rats vom 21.12.1989 über die Kontrolle von Unternehmenszusammenschlüssen, Amtsblatt der Europäischen Gemeinschaften L 395, 1989.
Gröner, Helmut (1981): Wettbewerbliche Ausnahmebereiche im GWB, in: Cox, Helmut; Jens, Uwe; Markert, Kurt (Hrsg.): Handbuch des Wettbewerbs, München 1981, S. 421–455.
Hayek, Friedrich v. (1968): Der Wettbewerb als Entdeckungsverfahren. Kieler Vorträge N.F. 56 Kiel 1968.
Hayek, Friedrich v. (1983): Die Verfassung der Freiheit, 2. A. Tübingen 1983.
Herdzina, Klaus, (1987): Wettbewerbspolitik, 2. A. Stuttgart 1987 (4. A. 1993).
Heuss, Ernst (1965): Allgemeine Markttheorie, Tübingen, Zürich 1965.
Hölzler, Heinrich (1981): Die Wettbewerbsproblematik multinationaler Unternehmen, in: Cox, Helmut; Jens, Uwe; Markert, Kurt (Hrsg.): Handbuch des Wettbewerbs, München 1981, S. 457–484.
Hoppmann, Erich (1967): Wettbewerb als Norm der Wettbewerbspolitik, in: Ordo Bd. 18 (1967), S. 77–94.
Hoppmann, Erich (1972): Fusionskontrolle, Tübingen 1972.
Kantzenbach, Erhard (1967): Die Funktionsfähigkeit des Wettbewerbs, 2. A. Göttingen 1967.
Kantzenbach, Erhard; Kallfass, Hermann (1981): Das Konzept des funktionsfähigen Wettbewerbs – workable competition, in: Cox, Helmut; Jens, Uwe; Markert, Kurt (Hrsg.): Handbuch des Wettbewerbs, München 1981, S. 103–127.
Kartte, Wolfgang; Holtschneider, Rainer (1981): Konzeptionelle Ansätze und Anwendungsprinzipien im Gesetz gegen Wettbewerbsbeschränkungen. Zur Geschichte des GWB, in: Cox, Helmut; Jens, Uwe; Markert, Kurt (Hrsg.): Handbuch des Wettbewerbs, München 1981, S. 193–224.
Kebschull, Dieter; Mayer, Otto (1974): Multinationale Unternehmen, Anfang oder Ende der Weltwirtschaft? Frankfurt/M. 1974.
Kruber, Klaus-Peter: Unternehmensgrößen und Wettbewerb auf wachsenden Märkten, Baden-Baden 1973.

Monopolkommission (1986): Sechstes Hauptgutachten der Monopolkommission 1984/85, Bundestagsdrucksache 10/5860 (21.6.1986).

Monopolkommission (1994): Zehntes Hauptgutachten der Monopolkommission 1992/93, Bundestagsdrucksache 12/8323 (22.7.1994).

Scherer, Frederic M. (1980): Industrial Market Structure and Economic Performance, 2. A. Chicago 1980.

Schlieder, Willy; Schröter, Helmuth (1981): Europäische Wettbewerbspolitik, in: Cox, Helmut; Jens, Uwe; Markert, Kurt (Hrsg.): Handbuch des Wettbewerbs, München 1981, S. 485–532.

Schmidt, Ingo (1981): Wettbewerbspolitik in den USA, in: Cox, Helmut; Jens, Uwe; Markert, Kurt (Hrsg.): Handbuch des Wettbewerbs, München 1981, S. 533–556.

Schumann, Jochen (1980): Grundzüge der mikroökonomischen Theorie, 3. A. Berlin, Heidelberg, New York 1980.

Woll, Artur (1984): Wirtschaftspolitik, München 1984.

4.5 Arbeitslosigkeit
Horst Friedrich

4.5.1	Dimensionen der Arbeitslosigkeit	321
4.5.1.1	Die statistische Dimension	321
4.5.1.2	Die individuelle Betroffenheit	322
4.5.1.3	Gesamtwirtschaftliche Kosten und politisches Gewicht	323
4.5.1.4	Die verfassungsrechtliche Dimension: Recht auf Arbeit und staatliche Beschäftigungspolitik	324
4.5.2	Ursachen der Arbeitslosigkeit und Bewältigungsstrategien	326
4.5.2.1	Kurzfristige Such- und Saisonarbeitslosigkeit und Maßnahmen zum Arbeitsmarktausgleich	326
4.5.2.2	Konjunkturelle Arbeitslosigkeit und nachfrageorientierte Globalsteuerung	326
4.5.2.3	Wachstumsdefizitäre Arbeitslosigkeit und angebotsorientierte Wirtschaftspolitik	327
4.5.2.4	Strukturelle Arbeitslosigkeit und strukturorientierte Arbeitsmarktpolitik	332
4.5.2.4.1	Arbeitslosigkeit im Strukturwandel	332
4.5.2.4.2	Die demographische Komponente	333
4.5.2.4.3	Die technologische und sektorale Komponente	333
4.5.2.4.4	Die qualifikatorische Komponente	334
4.5.2.4.5	Die regionale Komponente	335
Literaturhinweise		336

4.5.1 Dimensionen der Arbeitslosigkeit

4.5.1.1 Die statistische Dimension

Arbeitslosenzahlen in Millionenhöhe waren in den 60er Jahren und bis Mitte der 70er Jahre in der Bundesrepublik Deutschland unvorstellbar. Seitdem aber als Folge der wirtschaftlichen Rezession im Anschluß an die erste Ölkrise 1975 die Millionengrenze an Arbeitslosen überschritten wurde und als Folge der wirtschaftlichen Rezession im Anschluß an die zweite Ölkrise 1983/84 mehr als 2,5 Millionen Arbeitslose registriert wurden, stellt sich die Bewältigung der Arbeitslosigkeit als vordringliches wirtschaftspolitisches Problem dar. Eine neue Dimension hat dieses Problem mit der deutschen Einheit erreicht, da durch den wirtschaftlichen Umstrukturierungsprozeß auf dem Gebiet der ehemaligen DDR die Arbeitslosigkeit erheblich zunahm (s. Abb. 1). Prognosen bis zum Jahre 2010 über die Schere zwischen dem Anstieg der Erwerbsbevölkerung einerseits und dem Bedarf an Arbeitskräften andererseits lassen befürchten, daß die Arbeitslosigkeit auf längere Zeit ein Problem bleiben wird.

Gemessen wird der Stand der Arbeitslosigkeit üblicherweise mit der **Arbeitslosenquote**, die den Anteil der registrierten Arbeitslosen an der Gesamtzahl der abhängigen Erwerbspersonen erfaßt.

Zur Kennzeichnung von Unterbeschäftigung muß auch die Zahl der **Kurzarbeiter** berücksichtigt werden, wobei nach den gesetzlichen Vorschriften des Arbeitsförderungsgesetzes die Minderung der tatsächlich geleisteten Arbeitszeit bei Kurzarbeit zwischen 10 und 90 Prozent der normalen Arbeitszeit schwanken kann.

Ein weiteres Kennzeichen von Unterbeschäftigung ist das Auftreten einer „**stillen Reserve**". Dazu zählen erwerbsfähige und erwerbswillige Personen, die sich bei Arbeitslosigkeit nicht beim Arbeitsamt registrieren lassen oder bei ungünstiger Arbeitsmarktlage die Arbeitssuche aufgeben, die aber bei besserer Arbeitsmarktlage bzw. unter besonderen Arbeitsbedingungen (z.B. Teilzeitarbeit) wieder eine Arbeit aufnehmen würden.

Schließlich ist zu beachten, daß es neben der statistisch ermittelten „offenen" Arbeitslosigkeit noch eine „**verdeckte**" **Arbeitslosigkeit** gibt. Dabei handelt es sich um Personen, die über einen Arbeitsplatz verfügen, obwohl ihre Mitarbeit nicht oder nur teilweise benötigt wird. Diese Art von Arbeitslosigkeit war charakteristisch für Betriebe im Bereich der ehemaligen DDR, die eine dementsprechend niedrige Arbeitsproduktivität aufwiesen.

Welche Höhe der Arbeitslosigkeit gesellschaftspolitisch noch tolerierbar ist, bzw. bei welcher Höhe der Arbeitslosenquote wirtschaftspolitische Eingriffe dringend erfolgen müssen, läßt sich nicht allgemeingültig sagen. Dies wird sehr deutlich, wenn man die beschäftigungspolitischen Vorstellungen der 60er Jahre mit den heutigen Zielvorstellungen vergleicht. Im Jahreswirtschaftsbericht von 1968 hatte die Bundesregierung Vollbeschäftigung mit einer Arbeitslosenquote von 0,8 Prozent gleichgesetzt. Heutige Zielvorstellungen beschränken sich dagegen darauf, für erreichbar gehaltene Werte als **Zielprojektionen** anzugeben, ohne daß damit das eigentliche Ziel der Vollbeschäftigung näher präzisiert wird.

Wenn es um die Bewältigung der Arbeitslosigkeit als wirtschaftspolitisches Problem geht, muß die statistische Dimension nicht nur die Höhe, sondern auch die Struktur der Arbeitslosigkeit erfassen. Hier zeigen sich Unterschiede in regionaler Hinsicht, vor allem aber lassen die Strukturdaten des Arbeitsmarktes einige **Problemgruppen** erkennen, deren Vermittlungsschwierigkeiten vorzugsweise vom Ausbildungsstand,

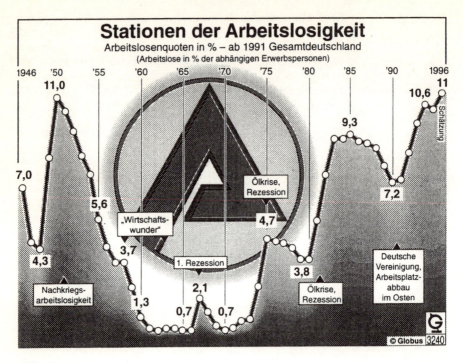

Abb. 1

dem Gesundheitszustand und dem Alter bestimmt werden. Treten diese vermittlungserschwerenden Faktoren kombiniert auf, so ist **Langzeitarbeitslosigkeit** die Folge. Zur Gruppe der Langzeitarbeitslosen zählen jene Personen, die ein Jahr oder länger ohne Beschäftigung sind. Im Jahre 1994 zählte bereits ein Drittel der Arbeitslosen zu diesem Personenkreis.

4.5.1.2 Die individuelle Betroffenheit

Arbeitslosigkeit ist mit finanziellen Einbußen verbunden. Auch wenn ein Anspruch auf Arbeitslosengeld oder Arbeitslosenhilfe besteht, müssen Abschläge gegenüber dem bisherigen Nettoeinkommen in Kauf genommen werden. Insbesondere bei länger andauernder Arbeitslosigkeit sind Einschränkungen des Lebensstandards nicht zu vermeiden.

Aus den Amtlichen Nachrichten der Bundesanstalt für Arbeit geht hervor, daß ein steigender Anteil der gemeldeten Arbeitslosen überhaupt keinen Anspruch auf Arbeitslosengeld oder Arbeitslosenhilfe hat. Dazu zählen Jugendliche, die noch keinen Anspruch auf Leistungen aus der Arbeitslosenversicherung erworben haben, Dauerarbeitslose, die ihren Anspruch auf Arbeitslosengeld ausgeschöpft haben, und Arbeitslose (insbesondere Frauen), denen keine Arbeitslosenhilfe gezahlt wird, weil eine Bedürftigkeit nicht vorliegt (wenn bspw. der Ehepartner ein Einkommen aus Berufstätigkeit bezieht).

Während das **Arbeitslosengeld** in der Regel je nach Familienstand 60–67 Prozent des Nettoverdienstes beträgt, findet ein empfindlicher Einschnitt in der finanziellen Situation statt, wenn die Zahlung von Arbeitslosengeld (je nach Beschäftigungszeit und Alter) endet. An die Stelle des Arbeitslosengeldes tritt die niedrigere **Arbeitslosenhilfe**, die sich auf 53 bis 57 Prozent des Nettoverdienstes beläuft. Die Dauer des Bezugs von Arbeitslosenhilfe ist zwar prinzipiell unbefristet, aber an die Prüfung der **Bedürftigkeit** gekoppelt, d.h. Zahlungen erfolgen nur, soweit Bedürftigkeit nachgewiesen werden kann.

Von der Bundesanstalt für Arbeit durchgeführte Befragungen von Arbeitslosen (1975, 1983) ergaben, daß wegen der Arbeitslosigkeit in erster Linie persönliche Ausgaben eingeschränkt werden mußten (bei 68 Prozent), Anschaffungen wurden zurückgestellt (bei 50 Prozent) und fast 30 Prozent der befragten Arbeitslosen waren mit Zahlungsverpflichtungen in Verzug gekommen oder mußten Schulden machen.

Empirische Untersuchungen haben ergeben, daß von den Arbeitslosen die **psychischen Belastungen** häufig noch stärker empfunden werden als die finanziellen. In einer Leistungsgesellschaft wird Arbeit zur sozialen Norm: Nur wer arbeitet, ist nützlich für die Gesellschaft, und Arbeitslosigkeit erfährt eine negative Bewertung in der Öffentlichkeit. Besonders bei Andauern der Arbeitslosigkeit lassen sich folgende Auswirkungen feststellen:

- Veränderung der Zeitstruktur des Alltags durch Änderung des gewohnten Rhythmus von Arbeitszeit und Freizeit,
- Verlust der Zukunftsperspektive im Hinblick auf die individuelle Berufskarriere und die familiäre Entwicklung,
- Verlust sozialer Kontakte zu den Arbeitskollegen und der damit verbundenen Anerkennung,
- Einschränkung von Möglichkeiten der persönlichen Selbstdarstellung in der Berufstätigkeit,
- Einbußen im Hinblick auf das soziale Selbstwertgefühl,
- Verringerung der Autorität in der Familie durch Beeinträchtigung der Ernährerfunktion,
- Erleben individueller Handlungsohnmacht bei vergeblicher Stellensuche bzw. wiederholter Arbeitslosigkeit,
- Erlebnis der Abhängigkeit gegenüber der Arbeitsvermittlung und der Arbeitsverwaltung,
- Aufkommen individueller Schuldgefühle bei selektiven Entlassungen.[1]

4.5.1.3 Gesamtwirtschaftliche Kosten und politisches Gewicht

Gesamtwirtschaftlich betrachtet, stellt Arbeitslosigkeit einen unfreiwilligen Verzicht auf die volle Ausnutzung des Erwerbspersonenpotentials dar. Die gesamtwirtschaftlichen Kosten der Arbeitslosigkeit bestehen nicht nur aus **Mehrausgaben der öffentlichen Haushalte** (z.B. Arbeitslosengeld, Arbeitslosenhilfe, Sozialhilfe und Wohngeld), sondern auch aus **Mindereinnahmen** (Steuerausfälle und Rückgang der Bei-

---

[1] Vgl. Büchtemann, C.F.: Die Betroffenheit von Arbeitslosigkeit als soziale Erfahrung, in: Politische Bildung, Jg. 12 (1979), H. 2, S. 38–74.

tragseinnahmen zur Sozialversicherung). Ferner müssen die Sozialkosten für die Betreuung und Beratung von Arbeitsosen und die **Produktionsausfälle** wegen der Nichtbeschäftigung von Arbeitslosen berücksichtigt werden.

Hohe Arbeitslosigkeit stellt nicht nur ein wirtschaftliches Problem dar, sondern kann zu einer Bedrohung des politischen Systems führen. So war es nicht zuletzt die anhaltende Massenarbeitslosigkeit, auf deren Höhepunkt 1932 in Deutschland mehr als sechs Millionen Menschen arbeitslos waren, die zu steigender **politischer Radikalisierung** führte und den Weg für den Nationalsozialismus ebnete. Ein Vergleich der Entwicklung der Arbeitslosenziffern und der Wahlergebnisse in der Bundesrepublik liefert allerdings keinen Beleg für die These, daß zunehmende Arbeitslosigkeit zur politischen Radikalisierung führt.

Befragungen lassen deutlich erkennen, daß unter den politischen Wünschen der Befragten die Beseitigung von Arbeitslosigkeit einen hohen Stellenwert einnimmt und in erheblichem Maße eine Schuldzuweisung an die Regierung erfolgt. Bei einer Allensbach-Umfrage von 1985 wurde der Wunsch, „daß die Arbeitslosigkeit wieder zurückgeht", sogar mit 90 Prozent der Nennungen auf Platz eins der für besonders wichtig erachteten Probleme gesetzt (auf Platz zwei folgte mit 81 Prozent der Nennungen der „Umweltschutz"). Wird nach den Behebungsmöglichkeiten gefragt, so erhalten unter den zur Auswahl gestellten Vorschlägen staatliche Maßnahmen hohe Zustimmung. Wenn trotz dieser hohen Priorität des Vollbeschäftigungsziels dennoch keine radikalen politischen Entwicklungen in der Bundesrepublik eingetreten sind, so läßt dieses auf einen relativ hohen Grad der **Akzeptanz** von Arbeitslosigkeit schließen. Dafür gibt es mehrere Gründe:

- Innerhalb des Bestandes an Arbeitslosen herrscht eine hohe Fluktuation. Auch bei zunehmender Dauer der Arbeitslosigkeit (s.o.) stellt sich für die meisten Betroffenen Arbeitslosigkeit nur als vorübergehendes Problem dar. Angesichts der fortlaufenden Änderung des Kreises der Betroffenen ist eine wirksame politische Interessenvertretung durch Selbstorganisation der Arbeitslosen weitgehend auszuschließen.
- Auch bei längerfristig Arbeitslosen ist nur ein geringer Grad an Selbstorganisation zu beobachten, der sich auf die Gründung von Arbeitslosen-Initiativen beschränkt, die mehr im psychotherapeutischen Bereich tätig werden, aber kein politisches Gewicht darstellen.
- Angesichts der nach wie vor bestehenden Vorurteile gegenüber Arbeitslosen kann von den Nichtbetroffenen kaum ein stärkeres Engagement zugunsten der Arbeitslosen erwartet werden. Vor allem die Dauerarbeitslosigkeit ist ein Problem von Randgruppen.

4.5.1.4 Die verfassungsrechtliche Dimension: Recht auf Arbeit und staatliche Beschäftigungspolitik

Immer wieder wird gefordert, den Staat über ein verfassungsrechtlich garantiertes **Recht auf Arbeit** dazu zu verpflichten, durch eine entsprechende Beschäftigungspolitik für die Beseitigung von Arbeitslosigkeit zu sorgen. Dem Gebot sozialer Gerechtigkeit entspräche es, wenn als Äquivalent zum Schutz des Privateigentums, auch der Schutz vor Arbeitslosigkeit verfassungsrechtlich gewährleistet würde[2]. Die Aufnahme eines „Rechts auf Arbeit" in die Verfassung ist aber nur sinnvoll, wenn durch weitere

---

[2] vgl. Rath, M.: Die Garantie des Rechts auf Arbeit, Göttingen 1974, S. 143.

Gesetze geregelt wird, daß dem von Arbeitslosigkeit Betroffenen ein subjektiver, gerichtlich durchsetzbarer Anspruch auf einen Arbeitsplatz zusteht. Ein derartiges Recht ist jedoch in einer marktwirtschaftlichen Wirtschaftsordnung ein systemfremdes Element, das mit anderen wirtschaftlichen Freiheitsrechten kollidiert: Um die gegen den Staat gerichteten Ansprüche einlösen zu können, müßte der Staat ggf. eine Bewirtschaftung der Arbeitsplätze vornehmen. Entweder müßte der Staat unabhängig von der Marktsituation Arbeitsplätze schaffen oder aber die Arbeitgeber entsprechend verpflichten. Damit wird die grundgesetzlich garantierte Tarifautonomie berührt, denn das Arbeitsplatzangebot im privatwirtschaftlichen Bereich muß als Funktion der Lohnpolitik angesehen werden[3]. Die Steuerung des Arbeitsplatzangebots durch den Staat würde dagegen eine Investitionslenkung und eine Berufslenkung nach sich ziehen.

Eine abgeschwächte Form der staatlichen Beschäftigungsgarantie liegt vor, wenn der Staat per Gesetz zu einer **Vollbeschäftigungspolitik** verpflichtet wird, ohne daß für den einzelnen Arbeitnehmer das Recht auf einen einklagbaren Arbeitsplatz besteht. In der Bundesrepublik ist der Staat sowohl nach dem Gesetz zur Förderung der Stabilität und des Wachstums der Wirtschaft von 1967, als auch nach dem Arbeitsförderungsgesetz von 1968 verpflichtet, einen Beitrag zur Erzielung eines hohen Beschäftigungsstandes zu leisten, eine staatliche Vollbeschäftigungsgarantie kann aber aus den allgemein gehaltenen gesetzlichen Bestimmungen nicht herausgelesen werden. In der Beantwortung der Frage, wie weit der Staat durch Eingriffe in den Wirtschaftsablauf beschäftigungspolitisch intervenieren soll, unterscheiden sich **wirtschaftswissenschaftliche Grundpositionen**, die aus einer unterschiedlichen Analyse der Ursachen von Arbeitslosigkeit zu kontroversen Empfehlungen hinsichtlich der Rolle des Staates und der einzuschlagenden Strategien kommen.

Nach der an J.M. Keynes (1936) anknüpfenden Grundposition herrscht die Auffassung vor, daß eine durch Arbeitslosigkeit gekennzeichnete gesamtwirtschaftliche Entwicklung auf einer nachlassenden Nachfrage im privatwirtschaftlichen Sektor beruht. Der Staat muß in diesem Falle die Rolle des Krisenmanagements übernehmen und durch Beschäftigungsprogramme die Nachfragelücke ausfüllen, damit durch diese Impulse die Wirtschaft aus der Krise herausgeführt wird (**nachfrageorientierte, antizyklische Stabilisierungspolitik**).

Die Gegenposition wird von neoklassischen Autoren vertreten, die auf die Selbstheilungskräfte der Marktwirtschaft vertrauen und von staatlichen Eingriffen nur eine destabilisierende Wirkung erwarten (z.B. M. Friedman, 1970). Arbeitslosigkeit ist nach dieser Auffasung die Folge von geldpolitischen Eingriffen der Notenbank oder fiskalpolitischen Eingriffen des Staates, die durch Unstetigkeit und Überdosierung gekennzeichnet sind. Derartige Interventionen in den Wirtschaftsablauf werden als „Schocks" angesehen, die die Anpassungsfähigkeit des privaten Sektors überfordern und aufgrund von Wirkungsverzögerungen nur einen destabilisierenden Effekt haben. Der Staat soll deshalb auf Eingriffe in den Wirtschaftsablauf verzichten und nur günstige Rahmenbedingungen (z.B. unternehmensfreundliches Steuersystem) für die Investitionstätigkeit der privaten Wirtschaft schaffen (**angebotsorientierte Stabilitätspolitik**).

Umstritten ist ferner, in welchem Ausmaß der Staat eingreifen soll, wenn die Arbeitslosigkeit auf strukturellen Veränderungen in der Wirtschaft beruht. Eine differenzier-

---

[3] vgl. Barth, D.: Recht auf Arbeit, Hrsg.: Institut der Deutschen Wirtschaft, Köln 1976, S.45.

te Analyse der Bewältigungsstrategien setzt deshalb voraus, daß die verschiedenen Ursachen der Arbeitslosigkeit herausgearbeitet werden, auf die unterschiedliche Bewältigungsstrategien antworten.

4.5.2 Ursachen der Arbeitslosigkeit und Bewältigungsstrategien

4.5.2.1 Kurzfristige Such- und Saisonarbeitslosigkeit und Maßnahmen zum Arbeitsmarktausgleich

Die Sucharbeitslosigkeit ist eine **friktionelle Arbeitslosigkeit**, die eintritt, wenn ein bisheriger Arbeitsplatz aufgegeben wird und der Arbeitnehmer eine gewisse Zeit nicht beschäftigt ist, weil er aus den zur Verfügung stehenden offenen Stellen noch nicht die für ihn passende gefunden hat. Die Bundesanstalt für Arbeit geht davon aus, daß jede Arbeitslosigkeit, die nicht länger als drei Monate dauert, als friktionelle Arbeitslosigkeit im Sinne von **Sucharbeitslosigkeit** zu bezeichnen ist.

Maßnahmen der Bundesanstalt für Arbeit, die auf der Basis des **Arbeitsförderungsgesetzes** den Ausgleich von Angebot und Nachfrage am Arbeitsmarkt fördern, sind dazu geeignet, diese Art von Arbeitslosigkeit zu minimieren. Dazu gehören:

- Verbesserung der Markttransparenz durch Berufsberatung und Arbeitsvermittlung,
- Verbesserung der beruflichen Mobilität durch Fortbildung und Umschulung,
- Verbesserung der räumlichen Mobilität durch Übernahme der Anpassungskosten.

Teilweise dienen diese Maßnahmen auch dazu, strukturelle Arbeitslosigkeit zu beseitigen (vgl. Abschnitt 4.5.2.4).

Die **saisonale Arbeitslosigkeit** ist ebenfalls kurzfristiger Art. Sie ist durch jahreszeitliche Schwankungen der Nachfrage (Beispiel Fremdenverkehr) oder der Produktion (Bauwirtschaft, Landwirtschaft) bedingt. Da die Saisoneinflüsse als Ursache nicht beseitigt werden können, müssen Ausgleichsmaßnahmen ggf. mit Hilfe staatlicher Förderung vorgesehen werden. So kann durch Winterbauförderung erreicht werden, daß im begrenzten Umfang die Beschäftigung im Bausektor auch im Winter aufrechterhalten wird. Mobilitätsbeihilfen können dazu beitragen, daß in der Landwirtschaft beschäftigte Arbeitskräfte in der Wintersaison ggf. im Touristikgewerbe eingesetzt werden.

4.5.2.2 Konjunkturelle Arbeitslosigkeit und nachfrageorientierte Globalsteuerung

Konjunkturelle Arbeitslosigkeit tritt als typische Begleiterscheinung von periodisch auftretenden Schwankungen im Wirtschaftsablauf marktwirtschaftlich-kapitalistischer Volkswirtschaften auf. Die Arbeitslosigkeit ist Folge eines Rückgangs der gesamtwirtschaftlichen Nachfrage in der Rezessionsphase. In der Regel setzt der **Nachfragerückgang** in der Investitionsgüterindustrie ein, wenn in der vorgelagerten Konsumgüterindustrie die Nachfrage nicht mehr die bisherigen Wachstumsraten aufweist und die Unternehmen deshalb vorsichtiger mit ihren Investitionen disponieren. Als weitere Ursache sind Einbrüche in der Auslandsnachfrage zu nennen, wenn aufgrund der wirtschaftlichen Entwicklung im Ausland die Nachfrage nach Exportgütern zurückgeht. Wie durch das nachfolgende Pfeilschema 1 zum Ausdruck gebracht wird, tritt als Folge des Defizits an gesamtwirtschaftlicher Nachfrage ein **kumulativer Prozeß** ein: Die Auslastung der Produktionskapazitäten verschlechtert sich, die Gewinnerwartungen gehen zurück, die Investitionsgüternachfrage läßt weiter nach, die Produktion wird zunehmend eingeschränkt, und als Folge dieser Prozesse wächst die Zahl der Arbeitslosen an. Arbeitslose verfügen über ein geringeres Einkommen als

Beschäftigte, so daß auch die Nachfrage nach privaten Konsumgütern zurückgeht. Wenn die Konsumgüterindustrie auf diesen Nachfragerückgang mit Produktionseinschränkungen reagiert, setzt sich die Krisenentwicklung fort.

In dieser Situation muß nach Kweynesscher Auffassung der Staat eingreifen und den Nachfrageeinbruch im privaten Bereich durch **staatliche Maßnahmen** ausgleichen. Damit werden Impulse gegeben, die den kumulativen Prozeß umkehren sollen (Pfeilschema 2).

Das Schwergewicht liegt dabei auf der Steigerung der öffentlichen Ausgaben für Güter und Dienstleistungen (z.B. Vergabe von Aufträgen an die Bauindustrie, Durchführung von Umweltschutzprogrammen). Darüber hinaus gewährt der Staat durch Subventionen oder Steuernachlässe Begünstigungen bzw. Anreize für die Nachfrage der privaten Haushalte und der Unternehmen (bspw. Gewährung eines Investitionsbonus bei der Anschaffung von Investitionsgütern). Ausgabenerhöhungen und Steuersenkung zugleich müssen dazu führen, daß sich im Staatshaushalt ein Defizit bildet. Dieses Defizit wird bewußt in Kauf genommen (**deficit spending**) in der Erwartung, daß in der nachfolgenden Aufschwungsphase der Konjunktur die Schulden wieder abgebaut werden können. Um zu verhindern, daß durch die hohe Schuldenaufnahme des Staates die Zinsen steigen, soll die Zentralbank mit dem Einsatz ihrer **geldpolitischen Instrumente** ergänzend tätig werden. Die Senkung des Diskontsatzes (Verbilligung des Wechselkredits) und die Erhöhung der Bankenliquidität (bspw. durch Verringerung der Mindestreserve) sollen zinssenkende Wirkung haben und die Investitionsnachfrage der privaten Unternehmen anregen.

Wirkungsgrenzen dieser nachfrageorientierten Gegensteuerung ergeben sich vor allem in zweierlei Hinsicht:

- Da der Staat nicht direkt in die Planungen der privaten Haushalte und Unternehmen eingreift, sondern nur Anreize und Vergünstigungen bietet (Prinzip der **Globalsteuerung**), ist unsicher, in welchem Ausmaß und zu welchem Zeitpunkt die staatlichen Maßnahmen wirksam werden. Verzögerungen in der Wirkungskette führen dazu, daß der Staat stärker interveniert und damit über das Ziel der Impulsgebung hinausgeht.
- Je länger die Krise andauert und je stärker der Staat interveniert, um so höher wird die Schuldenlast. Erfahrungsgemäß werden diese Defizite in der nachfolgenden konjunkturellen Aufschwungphase nicht wieder vollständig durch Kreditrückzahlung abgebaut, weil dies von den politischen Gremien einen Verzicht auf die Verwendung von Steuereinnahmen für zusätzliche Zwecke bedeutet. Die Entwicklung der Schuldenlast in der Bundesrepublik Deutschland ist dafür ein anschauliches Beispiel. Die vorübergehende konjunkturelle Verschuldung des Staates wird damit zu einem dauerhaften „**strukturellen Budgetdefizit**". Hinzu kommt eine inflationäre Wirkung der Geldpolitik, wenn es nicht gelingt, den in der Krise geschaffenen Geldmengenüberhang in der konjunkturellen Aufschwungsituation zu reduzieren.

4.5.2.3 Wachstumsdefizitäre Arbeitslosigkeit und angebotsorientierte Wirtschaftspolitik

Anhaltend hohe Arbeitslosigkeit im Gefolge der ersten Ölkrise (1975) und der zweiten Ölkrise (1981/82), verbunden mit einer hohen Staatsverschuldung, hat dazu geführt, daß die nachfrageorientierte Stabilisierungspolitik nachhaltig in Mißkredit geraten ist, und die Gründe der Arbeitslosigkeit auf der **Angebotsseite** gesucht werden.

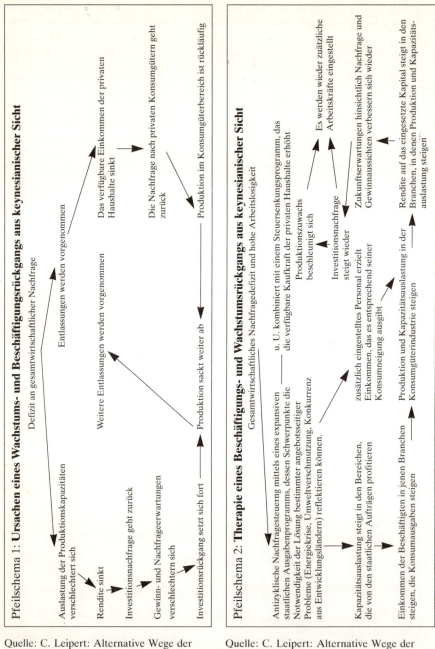

Quelle: C. Leipert: Alternative Wege der Wirtschaftspolitik, in: Informationsdienst zur wirtschaftlichen Bildung des Instituts für wirtschafts- und sozialwissenschaftliche Bildung, Hrsg.: G.-J. Krol, Heft 12, 1980, S. 21.

Quelle: C. Leipert: Alternative Wege der Wirtschaftspolitik, in: Informationsdienst zur wirtschaftlichen Bildung des Instituts für wirtschafts- und sozialwissenschaftliche Bildung, Hrsg.: G.-J. Krol, Heft 12, 1980, S. 21

Wenn steigende Öl- und Rohstoffpreise zu einer Erhöhung des Preisniveaus führen und zum Ausgleich für den Kaufkraftverlust anschließend hohe Lohnforderungen durchgesetzt werden, steigt das **Stückkostenivevau** der Unternehmen an, mit der Folge, daß die Gewinnspanne schrumpft, wenn es nicht gelingt, diese erhöhten Stückkosten am Markt in höheren Preisen weiterhin durchzusetzen. Die Folge ist eine nachlassende Investitionstätigkeit und eine Abschwächung des Wirtschaftswachstums mit zunehmender Arbeitslosigkeit. Als weitere „Störung" der Angebotsbedingungen werden Umweltschutzauflagen und hohe Besteuerung angesehen (Pfeilschema 3).

Besonders der Lohnsatz als Kostenfaktor steht im Mittelpunkt dieses Erklärungsansatzes. Anhand der Definition der **Lohnstückkosten** (Lohnstückkosten = Lohnsatz : Arbeitsproduktivität) läßt sich demonstrieren, daß bei einer Anhebung der Lohnsätze (einschließlich Lohnnebenkosten) über das Ausmaß der Erhöhung der Arbeitsproduktivität hinaus die Lohnstückkosten ansteigen müssen. Als Folge sind drei Entwicklungen denkbar:

- Die Unternehmen versuchen, die Steigerung der Lohnstückkosten durch arbeitssparende Rationalisierungsmaßnahmen aufzufangen.
- Die Unternehmen versuchen, die erhöhten Lohnstückkosten bei unveränderter Gewinnspanne auf die Preise zu überwälzen. Dadurch verringert sich der Realwert der Löhne, was sich nachteilig auf die Konsumgüternachfrage der Lohnbezieher auswirkt.
- Sind Preiserhöhungen am Markt nicht im erforderlichen Ausmaß durchsetzbar, so verringern die gestiegenen Lohnstückkosten die Gewinnspanne. Als Folge tritt eine Reduzierung der Investitionstätigkeit ein.

Die Argumentation läuft in jedem dieser drei Fälle darauf hinaus, daß bei Lohnsteigerungen, die über den Produktivitätszuwachs hinausgehen, die Beschäftigung sinkt. Da in der Bundesrepublik Deutschland von Jahr zu Jahr die Lohnstückkosten gestiegen sind, wird in diesem Kostendruck eine permanente Ursache für ein zu geringes Wachstum und damit verbundene Arbeitslosigkeit gesehen (Abbildung 2: Konjunktur und Wachstum).

Als **Bewältigungsstrategie** wird folgerichtig eine betont zurückhaltende Lohnpolitik und die Schaffung günstiger Rahmenbedingungen für privatwirtschaftliche Investitionen verlangt. Leitbild dieser **angebotsorientierten Wirtschaftspolitik** ist die marktwirtschaftlich kapitalistische Wirtschaft, in der sich der Staat hauptsächlich darauf beschränkt, Rahmendaten zu setzen, innerhalb derer sich die privatwirtschaftliche Initiative im Leistungswettbewerb am Markt entfalten kann. Darüber hinaus soll der Staat durch Reduzierung der Abgabenlast, Abbau der zinstreibenden Staatsverschuldung und die Beseitigung von Investitionshemmnissen (z.B. Verzicht auf zeitraubende Genehmigungsverfahren) zu einer Verbesserung der Angebotsbedingungen beitragen. Impulse für die Beschäftigung und das Wachstum werden auch von einer Förderung der Forschungs- und Technologietätigkeit (FuT) der Unternehmen erwartet (Pfeilschema 4).

Die Geldpolitik soll unter Verzicht auf Manipulationen der Zinsentwicklung stetig betrieben werden, d.h. Geldmengenerhöhungen werden nur parallel zum realen Wachstum zugelassen. Die Begrenzung der Zuwachsrate der Geldversorgung durch Kopplung an die Rate des realen Wachstums soll ein stetiges Wachstum ohne Inflation ermöglichen (**Trendorientierung**).

Kritisch ist zur angebotsorientierten Wirtschaftspolitik anzumerken, daß die einseitige Betonung der Angebotsbedingungen nicht dem untrennbaren Zusammenhang von

Abbildung 1: Konjunktur und Wachstum Schematische Darstellung

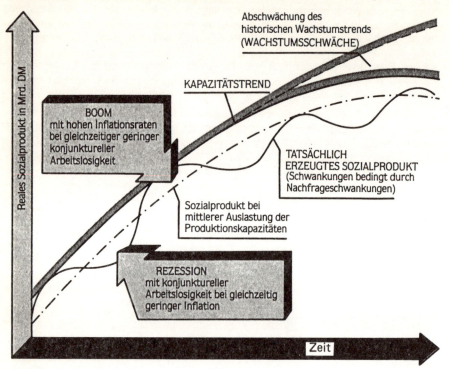

Abbildung 2: Konjunktur und Wachstum. Schematische Darstellung
Quelle: Pätzold, J.: Das Beschäftigungsproblem. Ursachen und Strategien. Hrsg.: Informationsstelle Wirtschaft Baden-Württemberg, Stuttgart 1985, S. 7.

Angebot und Nachfrage gerecht wird. Dies wird deutlich an der einseitigen Sicht des Zusammenhangs zwischen Gewinnentwicklung und Investitionstätigkeit. Da der **Gewinn** sich als Differenz aus Erlös und Kosten ergibt, hängt die Höhe des Gewinns nicht allein von der Kostenentwicklung, sondern auch von der Nachfrageentwicklung ab. Wenn als Instrument der Kostensenkung eine Politik der **Reallohnsenkung** über mehrere Jahre hinweg betrieben wird, so muß sich dies in einer Abschwächung der Konsumgüternachfrage auswirken, mit der Folge, daß aufgrund von negativen Absatzerwartungen der Unternehmen Erweiterungsinvestitionen ausbleiben.

Aus **gewerkschaftlicher Sicht** wird insbesondere bezweifelt, ob die Wachstumsforcierung durch eine angebotsorientierte Wirtschaftspolitik ausreicht, um die **Rationalisierungswirkung** des technischen Fortschritts auszugleichen und Erweiterungsinvestitionen zur Schaffung neuer Arbeitsplätze in dem Umfang auszulösen, wie es zur Beseitigung der Arbeitslosigkeit notwendig ist. Die Gewerkschaften halten deshalb als **Ergänzungsstrategie** eine allgemeine **Verkürzung der Arbeitszeit** für notwendig.

Die **Kostenwirkung** einer Arbeitszeitverkürzung hängt von den Vereinbarungen hinsichtlich des Lohnausgleichs ab. **Lohnausgleich** liegt nach gewerkschaftlicher Auffassung dann vor, wenn nach einer Arbeitszeitverkürzung die nominellen Wochenlöhne bzw. Monatsgehälter unverändert bleiben, so daß die Arbeitnehmer durch die Arbeitszeitverkürzung keine Einkommenseinbußen erleiden. Da in diesem Falle trotz

4.5 Arbeitslosigkeit

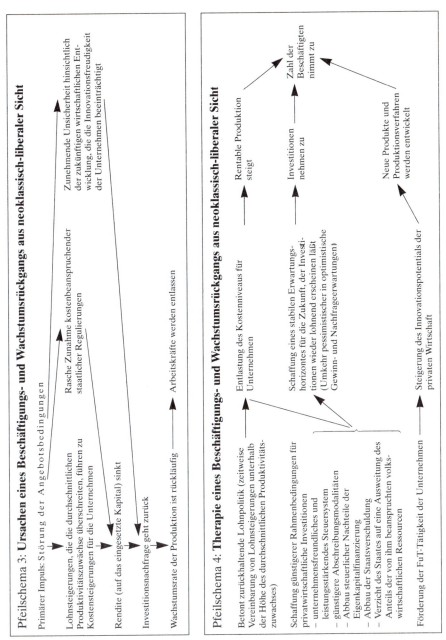

Quelle: C. Leipert: Alternative Wege der Wirtschaftspolitik, in: Informationsdienst zur wirtschaftlichen Bildung des Instituts für wirtschafts- und sozialwissenschaftliche Bildung, Hrsg.: G.-J. Krol, Heft 12, 1980, S. 19.

Quelle: C. Leipert: Alternative Wege der Wirtschaftspolitik, in: Informationsdienst zur wirtschaftlichen Bildung des Instituts für wirtschafts- und sozialwissenschaftliche Bildung, Hrsg.: G.-J. Krol, Heft 12, 1980, S. 19.

verringerter Arbeitszeit von den Unternehmen die gleiche Lohn- und Gehaltssumme wie bisher gezahlt werden muß, bedeutet dies eine Erhöhung der Lohnkosten je Stunde (Lohnsätze) prozentual im gleichen Ausmaße wie die Arbeitszeit reduziert wird. Die Auswirkungen dieser durch Arbeitszeitverkürzung induzierten Lohnsatzerhöhung auf die **Lohnstückkosten** lassen sich anhand des bereits erläuterten Zusammenhangs zwischen Lohnstückkosten, Lohnsatz und Arbeitsproduktivität verdeutlichen. Die Erhöhung der Arbeitsproduktivität zeigt den Spielraum an für Lohnsatzerhöhungen, die das Niveau der Lohnstückkosten unberührt lassen. Der **Produktivitätszuwachs** kann bekanntlich nur einmal verteilt werden: entweder im Rahmen der Tarifverhandlungen über die üblichen Lohnsatzsteigerungen oder für Arbeitszeitverkürzungen mit Lohnausgleich, die rechnerisch eine Lohnsatzerhöhung zur Folge haben. Die **Arbeitgeberseite** weist deshalb darauf hin, daß Tariflohnerhöhungen und Arbeitszeitverkürzungen zusammen in ihrer Wirkung auf die Lohnstückkosten den Spielraum nicht überschreiten dürfen, der durch die Erhöhung der Arbeitsproduktivität vorgegeben ist. Wenn dagegen eine forcierte Arbeitszeitverkürzung bei vollem Lohnausgleich zu einer Erhöhung der Lohnstückkosten führt, so werden die oben beschriebenen Reaktionsmöglichkeiten der Unternehmen auf eine Lohnstückkostenerhöhung ausgelöst, die entweder durch verstärkte Rationalisierung oder durch ein geringeres Wachstum einen negativen Beschäftigungseffekt zur Folge haben.

4.5.2.4 Strukturelle Arbeitslosigkeit und strukturorientierte Arbeitsmarktpolitik

4.5.2.4.1 Arbeitslosigkeit im Strukturwandel

Strukturelle Arbeitslosigkeit soll hier begriffen werden als Arbeitslosigkeit in **Teilbereichen** einer Volkswirtschaft, die durch Einflußfaktoren des Strukturwandels ausgelöst wird. Demzufolge ist strukturelle Arbeitslosigkeit ein äußerst komplexes Phänomen, dessen konkrete Erscheinungsformen so vielfältig sind wie die Bestimmungsfaktoren des **Strukturwandels**. Dies kann an einigen Beispielen verdeutlicht werden:

- Wenn durch den Eintritt geburtenstarker Jahrgänge in das Erwerbsleben oder durch einen positiven Wanderungssaldo (Zuzug von Ausländern und Aussiedlern) das Erwerbspersonenpotential stark ansteigt, folgt daraus eine Belastung für den Arbeitsmarkt, die mit demographisch bedingter Arbeitslosigkeit verbunden sein kann.
- Die Durchsetzung technologischer Neuerungen betrifft die einzelnen Wirtschaftszweige unterschiedlich. Der Freisetzungseffekt konzentriert sich auf Industriebranchen, in denen ein hoher Automatisierungsgrad durchgesetzt werden kann. Demgegenüber erfolgt eine Kompensation durch neue Arbeitsplätze im Dienstleistungssektor (technologische/sektorale Komponente).
- In Verbindung mit der Durchsetzung neuer Technologien ist eine Anhebung der Qualifikationsanforderungen zu beobachten („Höherqualifizierungsthese"). „Rationalisierungsgewinner" sind die Höherqualifizierten, während wenig qualifizierte oder nicht mehr qualifizierbare Arbeitnehmer zu den „Rationalisierungsverlierern" gehören (qualifikatorische Komponente).
- Die branchenmäßigen Unterschiede in der Arbeitslosigkeit wirken sich auch auf die Region aus, je nachdem, welche Branchen in dieser Region vertreten sind. Da die Mobilität im Austausch der Produktionsfaktoren zwischen den Regionen begrenzt ist, ergibt sich eine regionalspezifische Arbeitslosigkeit.

4.5.2.4.2 Die demographische Komponente

Projektionen zur Arbeitsmarktbilanz in der Bundesrepublik bis zum Jahre 2000 zeigen einen starken Anstieg des **Erwerbspersonenpotentials**, der zum einen auf dem Eintritt geburtenstarker Jahrgänge in das Erwerbsleben beruht, zum anderen auf einem erheblichen **Zuwanderungsüberschuß**, der von 1989 bis zum Jahre 2000 etwa 3,7 Millionen Personen umfaßt, davon rund 2,45 Millionen Deutsche (Aus- und Übersiedler) und rund 1,25 Millionen Ausländer. Selbst wenn sich das Wirtschaftswachstum in der Bundesrepublik mit ca. drei Prozent jährlich bis zum Jahr 2000 fortsetzt, wird die Schaffung zusätzlicher Arbeitsplätze nicht ausreichen, um diesen Anstieg des Erwerbspersonenpotentials zu absorbieren. Um die Schere zwischen Potential und Bedarf möglichst gering zu halten, werden immer wieder Maßnahmen zur **Verringerung des Arbeitskräftepotentials** diskutiert und durchgeführt. Herabsetzung der flexiblen Altersgrenze für den Rentenbezug, Vorruhestandsregelungen, Altersteilzeit, Anwerbestop für Ausländer, Rückkehrbeihilfen für Ausländer, Änderung des Asylrechts, Umschulungen, Eingliederungs- und Mobilitätsbeihilfen gehören zum Katalog dieser Maßnahmen, die teilweise umstritten sind, da sie nicht nur wirtschaftliche Sachverhalte berühren.

4.5.2.4.3 Die technologische und sektorale Komponente

Technische Neuerungen in der Form, daß völlig neue Produkte geschaffen werden (**Produktinnovation**), können zum Verschwinden „alter" Produktgruppen am Markt führen. Technische Neuerungen in Form leistungsfähigerer Produktionsverfahren (**Prozeßinnovation**) führen vorzugsweise zur Einsparung von Arbeitskraft. Dieser **Freisetzungseffekt** kann durch Impulse zur Mehrproduktion kompensiert werden, die vom technischen Fortschritt mittelbar ausgelöst werden: Wenn die neuen Technologien zu Kostensenkungen und einer Verbilligung der Produktion führen, kann eine Absatzausweitung ausgelöst werden, die zu Mehrbeschäftigung führt (**Kompensationseffekt**). In diesem Sinne wurde in einer Studie des Bundesministeriums für Forschung und Technologie argumentiert, daß produktivitätsstarke Branchen, die umfassend moderne Technologien einsetzen, in der Krise der Jahre 1980 bis 1983 die geringsten Beschäftigungsverluste und in den darauffolgenden Jahren wirtschaftlichen Aufschwungs überdurchschnittlich hohe Beschäftigungsgewinne aufwiesen. Zu dieser Gruppe gehörten u.a. folgende Industrien: Elektrotechnik, Maschinenbau, Automobilindustrie. Demgegenüber kam es in innovationsschwachen Branchen (geringer Produktivitätsanstieg) zu einer überdurchschnittlich ungünstigen Beschäftigungsentwicklung. Veränderungen in den internationalen Wettbewerbsbedingungen kommen als weiterer Bestimmungsfaktor dieser Entwicklung hinzu (z.B. in der Textilindustrie und der Werftindustrie).

Charakteristisch für die Beschäftigungsentwicklung in den einzelnen **Sektoren** auf längere Sicht ist der Verlust von Arbeitsplätzen im „Primären Sektor" (Landwirtschaft, Fischerei und Forstwirtschaft) und im „Sekundären Sektor" (warenproduzierendes Gewerbe), während im „Tertiären Sektor" (private und staatliche Dienstleistungen) die Beschäftigung ansteigt. Diese Entwicklung ist allerdings nicht nur auf die hohen Produktivitätsfortschritte im sekundären Sektor zurückzuführen, sondern durch Nachfrageverlagerungen auf den **Dienstleistungssektor** zu erklären.

Inwieweit der Staat durch branchenspezifische Maßnahmen in Form von Subventionen und Steuervergünstigungen in diesen Prozeß des Strukturwandels eingreifen soll, ist umstritten. In einem auf Wettbewerb beruhenden marktwirtschaftlichen System kann es nicht die Aufgabe des Staates sein, nicht wettbewerbsfähige Arbeitsplätze zu schützen. Aus sozialen Erwägungen wird aber in der Regel der Strukturwandel durch staatliche Maßnahmen begleitet, um eine reibungslose Anpassung zu ermöglichen und Härten zu vermeiden. Bei **Anpassungsmaßnahmen** in Form von Beihilfen für Produktionsumstellungen, Lohnkostenzuschüssen und Umschulungen von Arbeitnehmern soll den Unternehmen eine erfolgreiche Anpassung an den sich ändernden Bedarf und neue Produktionsbedingungen ermöglicht werden. Grundsätzlich führen solche Maßnahmen zu einer Verlangsamung des Anpassungsprozesses, wie er sonst durch die Marktlage bzw. durch den technischen Fortschritt erzwungen würde. Als Beispiele können den Steinkohlebergbau und der landwirtschaftliche Sektor genannt werden, in denen durch staatliche Subventionen im großen Umfang (Stillegungsprämien, Umstellungsbeihilfen, Preisstützungsmaßnahmen, Übernahme von Soziallasten, Investitionshilfen, Bürgschaften) vom Markt erzwungene Vorgänge verzögert, bzw. die wirtschaftlichen Lasten vom Staat übernommen werden. Die Gefahr einer Subventionierung der Verlangsamung von Anpassungsvorgängen liegt darin, daß die Anpassungsmaßnahme zur **Erhaltungsmaßnahme** wird und Strukturen erhalten werden, die unter rein wirtschaftlichen Gesichtspunkten nicht zu rechtfertigen sind. Positive Beschäftigungsimpulse können von **Entwicklungsmaßnahmen** ausgehen. Dabei handelt es sich um die Förderung von Wirtschaftszweigen, in denen zukunftsträchtige Entwicklungen vor allem in technischer Hinsicht ablaufen, die aber mit einem hohen wirtschaftlichen Risiko verbunden sind. Maßnahmen in diesem Bereich laufen auch unter der Bezeichnung Forschungs- und Technologiepolitik.

4.5.2.4.4 Die qualifikatorische Komponente

Projektionen über den zukünftigen Qualifikationsbedarf zeigen, daß sich der Trend zu höheren Qualifikationsanforderungen aus zwei Gründen fortsetzen wird: Zum einen nehmen die Tätigkeiten zu, die relativ hohe Anteile an qualifizierten Arbeitskräften aufweisen, zum anderen besteht in den Betrieben die Tendenz, verfügbare Arbeitsplätze mit Personen höherer Qualifikation zu besetzen. Zur Anpassung an diese Entwicklung und zur Vermeidung von Arbeitslosigkeit wegen unzureichender Qualifikation dient die **„Qualifizierungsoffensive"** durch Fortbildung und Umschulung der Bundesanstalt für Arbeit und betriebliche Fortbildung der Wirtschaft. Durch diese Maßnahmen sollen berufliche Kenntnisse erhalten, erweitert oder der technischen Entwicklung angepaßt werden und die berufliche Beweglichkeit gesichert und verbessert werden, um den Übergang in andere berufliche Tätigkeiten mit neuen Inhalt zu ermöglichen.

Während Maßnahmen zur Verbesserung der beruflichen und räumlichen Mobilität nicht umstritten sind und als **„flankierende Arbeitsmarktpolitik"** auch in der Konzeption der angebotsorientierten Wirtschaftspolitik auftauchen, ist die spezielle Subventionierung des Arbeitseinsatzes durch **Arbeitsbeschaffungsmaßnahmen** (ABM) der Kritik aus marktwirtschaftlicher Sicht ausgesetzt. Diese Maßnahmen werden als „marktinkonform" bezeichnet, die häufig einen Mitnahmeeffekt auslösen: Obwohl eine Förderung nur für zusätzliche Arbeiten gewährt wird, kann nicht ausgeschlossen werden, daß Förderungsmittel für Maßnahmen beansprucht werden, die letztlich auch ohne Förderung durchgeführt worden wären. Andererseits wird darauf hingewiesen, daß insbesondere längerfristige Arbeitslose schwer vermittelbar und auf Arbeitsbeschaffungsmaßnahmen angewiesen sind. Wegen der zeitlichen Befristung dieser Maßnahmen läuft das ABM-Modell ohnehin auf einen **„temporären Ersatzarbeitsmarkt"** hinaus. Der **„zweite Arbeitsmarkt"** kann als sozialpolitisches Instrument zur Eingliederung leistungsgeminderter Arbeitsloser ins

Berufsleben angesehen werden. Damit tritt der sozialpolitische Aspekt gegenüber dem beschäftigungspolitischen Anspekt in den Vordergrund.

4.5.2.4.5 Die regionale Komponente

Bei der regionalen Arbeitslosigkeit handelt es sich um die Auswirkungen der übrigen Komponenten der strukturellen Arbeitslosigkeit auf eine bestimmte Region, die vor allem durch eine **einseitige Wirtschaftsstruktur** aufgrund stagnierender Wirtschaftszweige gekennzeichnet ist. Derartige Unterschiede sind allerdings nicht nur wirtschaftlich bedingt, sondern auch geographisch, historisch oder politisch wie bspw. die Benachteiligung der früheren „Zonenrandgebiete" oder die Strukturschwäche der neuen Bundesländer auf dem Gebiet der ehemaligen DDR. (vgl. Abb. 3)

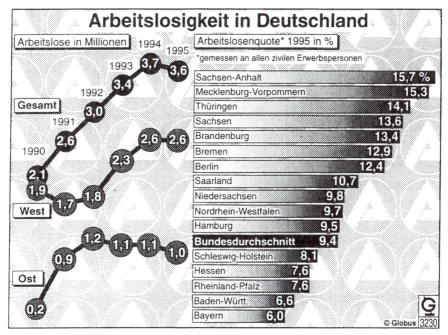

Abb. 3

Durch Maßnahmen der **regionalen Strukturpolitik** wird versucht, die Unterschiede in den wirtschaftlichen, sozialen und kulturellen Lebensbedingungen in den einzelnen Regionen mit dem Ziel „Schaffung gleichwertiger Lebensbedingungen in allen Teilräumen" zu beeinflussen. Die vom Bund und den Ländern getragene **Gemeinschaftsaufgabe** „Verbesserung der regionalen Wirtschaftsstruktur" sieht Fördergebiete vor, in denen neben der Schaffung von Arbeitsplätzen und Wohnungen vor allem Maßnahmen der Infrastruktur, insbesondere die verkehrsmäßige Erschließung und die Bereitstellung von sozialen und kulturellen Einrichtungen vorgesehen sind. Auch die Verbesserung der Umweltbedingungen in den Regionen ist Bestandteil dieses Programms.

Gemeinschaftsaufgaben der regionalen Strukturpolitik in einer völlig neuen Größendimension stellen sich durch die strukturellen Probleme der deutschen Einheit. Die neuen Bundesländer weisen einen Rückstand in der wirtschaftlichen Entwicklung auf, der sich vor allem in der vergleichsweise niedrigen Produktionsleistung je Erwerbstätigen (Arbeitsproduktivität) niederschlägt. Um die Wettbewerbsfähigkeit der Wirtschaft in Ostdeutschland zu sichern, müssen Prozeßinnovationen mit produktivitätssteigernder Wirkung durchgesetzt werden. Der zwangsläufig mit diesem Prozeß verbundene Freisetzungseffekt (Aufdeckung **verdeckter Arbeitslosigkeit**) erfordert aus sozialen Gründen Anpassungsmaßnahmen, deren Finanzierungsbedarf weit über die bisherigen Hilfen für Problemgebiete hinausgeht.

Literaturhinweise

Brauer, M.: Arbeitslosigkeit, Hrsg.: Institut für Film und Bild in Wissenschaft und Unterricht, Nr. 12 00 127, 1987 (23 Arbeitstransparente mit ausführlichen Begleittexten)

Friedrich, H./Wiedemeyer, M.: Arbeitslosigkeit ein Dauerproblem im vereinten Deutschland? Dimensionen – Ursachen – Bewältigungsstrategien, 2. Aufl., Verlag Leske + Budrich, Opladen 1994 (Lehrbuch mit Schaubildern und Tabellen zur Veranschaulichung; ausführliches Literaturverzeichnis)

Pätzold, J.: Das Beschäftigungsproblem. Ursachen und Strategien, Hrsg.: Informationsstelle Wirtschaft Baden-Württemberg, Postfach 568, 7000 Stuttgart 1, 1985 (kurzgefaßter anschaulicher Lehrtext mit Foliensatz)

Engelen-Kefer, U./Kühl, J./Peschel, P./Ullmann, H.: Beschäftigungspolitik, 3. Aufl., Bund-Verlag, Köln 1995 (umfassendes Lehrbuch, materialintensiv, 669 Seiten)

4.6 Schattenwirtschaft
Renate Meyer-Harter

4.6.1	Zentrale Formen der Schattenwirtschaft	340
4.6.1.1	Hausarbeit	341
4.6.1.2	Eigenarbeit	342
4.6.1.3	Gemeinschaftliche Selbsthilfe	342
4.6.1.4	Organisierte Selbsthilfe	342
4.6.1.5	Schwarzarbeit	343
4.6.1.6	Leiharbeit	344
4.6.1.7	Heimarbeit	345
4.6.1.8	Alternative Betriebe	345
4.6.2	Erklärungsansätze zur Entstehung und Entwicklung der Schattenwirtschaft	346
4.6.3	Aspekte einer Bewertung schattenwirtschaftlicher Tätigkeiten	348
Literatur		351
Literaturhinweise zum Selbststudium		352

Seit den siebziger Jahren verstärkt sich in der Bundesrepublik Deutschland die Diskussion um ein Phänomen, das nicht neu ist, aber in der gegenwärtigen wirtschaftlichen und gesellschaftlichen Situation eine neue Qualität gewinnt:

Immer mehr Menschen befreien sich aus dem dichter werdenden Netz einer hoch administrierten „offiziellen" Wirtschaft. Ihre ökonomischen Aktivitäten vollziehen sich nicht mehr im „Licht" der offiziellen Wirtschaft, sondern in dem „Schatten-Bereich".

Die kontrovers geführte Diskussion um die Schattenwirtschaft weckt intensive Emotionen und Bewertungen, die im folgenden näher untersucht werden sollen.

Zur Kennzeichnung der Schattenwirtschaft gibt es eine Anzahl verschiedener Begriffe:
Schwarzarbeit, Eigenarbeit, Alternativökonomie, Subsistenzwirtschaft, Hausarbeit, Wirtschaftskriminalität, Steuerhinterziehung, Schwarzhandel, Selbsthilfe, Bürgerinitiative, Nebentätigkeit, Heimarbeit, Leiharbeit, Dualwirtschaft, informelle Wirtschaft u. a. m.

Die vielschichte Begrifflichkeit markiert unterschiedliche Erkenntnisinteressen, Wertungen und eine intensive Auseinandersetzung um gesellschafts- und wirtschaftspolitische Ziele.

Welche Ziele verfolgen diejenigen, die im Bereich der Schattenwirtschaft tätig sind?

Wie ist die Schattenwirtschaft aus gesellschaftlicher, volkswirtschaftlicher, antropologischer und demokratischer Sicht zu bewerten?

Zwei Sichtweisen sind von zentraler Bedeutung:

(1) *Schattenwirtschaft als (notwendige) Ergänzung des bestehenden Wirtschaftssystems*
   Aus dieser Sichtweise heraus ergeben sich in erster Linie Fragen nach der ökonomischen Rationalität, vor allem der Wirksamkeit wirtschafts- und fiskalpolitischer Maßnahmen und Ziele. Als Abgrenzungskriterium von offizieller Ökonomie und Schattenwirtschaft gilt die Erfassung der ökonomischen Aktivitäten in der Bruttosozialproduktrechnung.

(2) *Schattenwirtschaft als Chance (Notwendigkeit) einer alternativen Arbeits- und Lebensform in einer demokratisch verfaßten Gesellschaft*
   Aus dieser Sichtweise heraus ergeben sich Fragen nach dem Sinn schattenwirtschaftlicher Tätigkeit für die Entwicklung des Individuums und der Gesellschaft in Richtung auf eine Weiterentwicklung demokratisch organisierter Arbeits- und Lebensvollzüge.

(3) *Schattenwirtschaft als Bereich minder- und ungeschützter Arbeitsverhältnisse*
   Aus dieser Sichtweise heraus ergeben sich Fragen, inwieweit es zu verantworten ist, Arbeitsverhältnisse zu tolerieren, durch die dem Staat Steuern sowie dem Sozialleistungssystem Beiträge vorenthalten werden und die die Arbeitnehmer nicht vor Risiken wie Krankheit, Arbeitsunfähigkeit und Alter schützen.

Für die weiteren Überlegungen ist zunächst deutlich festzuhalten:
Jeder Versuch, die Schattenwirtschaft als ein homogenes Ganzes mit einer eingenen Logik zu definieren, verschleiert die unterschiedlichen Entstehungsgrade und Zielsetzungen der einzelnen Erscheinungsformen, die entweder im Rahmen der offiziellen Wirtschaft, außerhalb oder teilweise außerhalb der offiziellen Ökonomie existieren. Es ist deshalb notwendig, die einzelnen Erscheinungsformen möglichst klar zu unterscheiden und pauschale Bewertungen zu vermeiden.

In Anknüpfung an den Begriff „Schatten-Wirtschaft" basieren die weiteren Überlegungen auf der Erkenntnis, daß Licht und Schatten untrennbar miteinander verbunden sind, daß es sich um die Vor- und Rückseite derselben Medaille handelt und daß eins ohne das andere nicht denkbar ist. Es handelt sich um ein **polares Aufeinanderbezogensein.**

Aus dieser Erkenntis heraus verbietet sich jedes Schwarz-Weiß-Denken und Entweder-oder-Denken. Im Mittelpunkt der Überlegungen steht vielmehr das Kriterium des Sich-Ergänzens und der Erweiterung individueller und kollektiver Handlungsspielräume.

Ich werde in dem sich anschließenden Kapitel zunächst **zentrale Formen** der Schattenwirtschaft näher kennzeichnen.

Im zweiten Kapitel werde ich drei zentrale **Erklärungsansätze** zur Entstehung und Entwicklung der Schattenwirtschaft skizzieren.

Im dritten Kapitel geht es um zentrale Aspekte einer **Bewertung** der verschiedenen Formen schattenwirtschaftlicher Aktivitäten.

4.6.1 Zentrale Formen der Schattenwirtschaft

Schattenwirtschaftliche Aktivitäten lassen sich wie folgt differenzieren:
- Hausarbeit
- Eigenarbeit
- Gemeinschaftliche Selbsthilfe
- Organisierte Selbsthilfe
- Schwarzarbeit
- Leiharbeit
- Heimarbeit
- Alternative Betriebe

Eine **Ausgrenzung** ist sinnvoll:
Der Bereich der **Wirtschaftskriminalität im engeren Sinne** bleibt unberücksichtigt. Hier handelt es sich um **strafrechtliche** Probleme, die mit speziellen Zielen und Mitteln erfaßt und gelöst werden müssen, z.B. Drogenhandel, Bestechung, Hehlerei, illegale Leiharbeit.

Eine Zuordnung solcher Tätigkeiten zur Schattenwirtschaft verdeckt die relevanten Problemstellungen und kann undifferenzierte Assoziationen auslösen.

Bei der Wirtschaftskriminalität im engeren Sinne handelt es sich um **illegale** Tätigkeiten, die illegal ausgeübt weren.

Zu unterscheiden ist davon die Wirtschaftskriminalität in einem weiteren Sinne. Hier handelt es sich um **legale** Tätigkeiten, die illegal ausgeübt werden – die verschiedensten Formen der Abgaben- und Steuerhinterziehung. Konkret geht es z.B. um Schwarzarbeit, nicht verbuchte Umsätze oder Eigenverbrauch, der als Betriebsausgabe verbucht wird.

In der Literatur zeichnet sich eine Tendenz ab, den Begriff der Schattenwirtschaft wegen seiner Vieldeutigkeit zu vermeiden. Zugenommen hat die Verwendung des **Begriffs der minder- und ungeschützten Arbeitsverhältnisse**, der sich in erster Linie auf die Hausarbeit, Heimarbeit, Schwarzarbeit und Leiharbeit bezieht. Sie gelten als minder- bzw. ungeschützt, weil sie die betreffenden Arbeitnehmer nicht bzw. nur begrenzt gegen Krankheit, Arbeitslosigkeit, Arbeitsunfähigkeit und Alter schützen und wichtige arbeitsrechtliche Schutzbestimmungen ausklammern, z.B. den Kündigungsschutz.

4.6.1.1 Hausarbeit

In der Literatur wird die Hausarbeit vielfach der Schattenwirtschaft überhaupt nicht zugeordnet oder als Eigenarbeit verstanden.

Ich werde im folgenden davon ausgehen, daß Hausarbeit als ein Teil der Schattenwirtschaft zu verstehen ist und daß es sinnvoll ist, sie von der Eigenarbeit abzugrenzen.

Hausarbeit ist eine gesellschaftlich notwendige Arbeit, die in der Bruttosozialproduktrechnung nicht erfaßt wird. Sie beschränkt sich nicht allein auf wirtschaftliche Tätigkeiten, sondern wird entscheidend bestimmt durch ihre generative Funktion sowie ihre Sozialisations- und Erziehungsfunktion. In bezug auf die Erwerbsarbeit sowie die erheblich verlängerten Ausbildungszeiten hat die Hausarbeit eine wichtige Regenerationsfunktion.

Hausarbeit ist gekennzeichnet durch eine starke Verbindung materieller, sozialer und emotionaler Aspekte. Sie ist vermischtes Tun, das nur begrenzt austauschbar ist. Augenfällig ist das für die Erziehung der Kinder. Für ihre befriedigende Entwicklung ist eine kontinuierliche (begrenzte) Verfügbarkeit der primären Bezugspersonen außerordentlich wichtig.

Hausarbeit als ganztägige Arbeit wird fast ausschließlich von Frauen ausgeübt – ohne Entgelt und eigenständige soziale Sicherung. Neuere Untersuchungen belegen deutlich, daß der geschlechtsspezifische Charakter der Hausarbeit keineswegs mit der „natürlichen" Eignung der Frau in Zusammenhang steht, sondern daß er das Ergebnis einer historischen Entwicklung ist, die in anderen Kulturen anders verlaufen ist (Kettschau & Methfessel 1989).

Entscheidend für den derzeitigen Charakter der Hausarbeit war die Entwicklung einer Arbeitsteilung, bei der Haus- und Erwerbsarbeit räumlich voneinander getrennt wurden und damit der ganzheitliche Charakter der Arbeit verlorenging. Das aus vielen Untersuchungen belegte Gefühl einer starken Isolierung der Hausfrau vom wirtschaftlichen und gesellschaftlichen Leben dokumentiert die Trennung von Lebenswelten – vor allem bei der Hausarbeit in einer Kleinfamilie.

Die einseitige Begrenzung der Frau auf eine Hausarbeit, die gesellschaftlich unterbewertet und mit einem hohen Maß an Machtlosigkeit verbunden ist, kann als die Vorherrschaft eines männlichen „Mythos" gedeutet werden, der heute von der großen Mehrheit der Frauen und zunehmend auch von Männern in Frage gestellt wird.

Die große Mehrheit der Mädchen und Frauen will Haus- **und** Erwerbsarbeit miteinander in Verbindung bringen und fordert den Abbau einer geschlechtsspezifischen Arbeitsteilung sowie die Erprobung alternativer Formen der Teilung von Haus- und Erwerbsarbeit im gesamten Lebensvollzug (Keddi & Seidenspinner 1990).

Hausarbeit stellt sich zusammenfassend dar als eine gesellschaftlich notwendige Arbeit, die von großer Bedeutung für die Persönlichkeitsentwicklung ist. Das gilt nicht nur für den Haushalt mit Kindern. In ihrer Bedeutung als **Beziehungsarbeit** ist sie nicht beliebig ersetzbar durch verschiedene Personen. Ähnliches gilt für die Zeitstrukturen dieser Arbeit. Bei der Pflege und Erziehung von Kindern, Kranken und Behinderten wird deutlich, daß auch die Zeitstrukturen nicht beliebig variabel und planbar sind.

Wegen dieser Besonderheiten ist es sinnvoll, die Hauarbeit von der Eigenarbeit zu trennen. Eigenarbeit – die in erster Linie von Männern erbracht wird – ist nicht notwendig Beziehungsarbeit mit flexiblen Arbeitszeitstrukturen.

4.6.1.2 Eigenarbeit

Als Eigenarbeit verstehe ich im folgenden alle Tätigkeiten einzelner Personen und Haushalte im Bereich des sog. „Heimwerkens". Der Begriff des „Do-it-yourself" wird für diesen Tätigkeitsbereich vielfach verwendet.

In der Bundesrepublik werden 40 bis 45 Mrd. DM jährlich für die Anschaffung von Heimwerkergeräten ausgegeben. Zu Beginn der siebziger Jahre lag dieser Betrag bei 6 Mrd. DM.

Zwischen den Do-it-yourself-Tätigkeiten und dem Bau bzw. der Instandhaltung eines Eigenheims bzw. einer Eigentumswohnung gibt es einen engen Zusammenhang. Man geht heute davon aus, daß jedes dritte Haus mit einer „Muskelhypothek", d.h. mit einem beträchtlichen Anteil an Eigenleistung gebaut wird.

Auch für diejenigen, die zur Miete wohnen, gilt eine anspruchsvolle Heimwerkerausrüstung als Statussymbol.

Eigenarbeit ermöglicht einem Teil der Bürger den Konsum von Gütern, die sonst zu teuer wären, z.B. den Kauf eines Eigenheims. Damit vergrößert Eigenarbeit die Wahlmöglichkeiten des Individuums und der Haushalte.

Eigenarbeit ermöglicht weiterhin kreatives handwerkliches und künstlerisches Tun. Die Herstellung eines Gebrauchgutes nach eigenen Vorstellungen eröffnet z.B. die Chance zu einer stärker individuell gestalteten Wohnumwelt in einer durch Konformität geprägten Konsumwelt. Angesprochen ist hier das Bedürfnis nach Individualität in einer von Massenmedien geprägten Gesellschaft.

4.6.1.3 Gemeinschaftliche Selbsthilfe

In engem Zusammenhang zur Eigenarbeit steht die **gemeinschaftliche Selbsthilfe**, die gegenseitige Hilfe von Familienmitgliedern, Nachbarn, Bekannten und Freunden. Sie erfolgt vielfach unentgeltlich.

Eine starke Bedeutung hat die Selbsthilfe bei der Betreuung kleiner Kinder gefunden. Sie eröffnet Müttern und Kindern, die in Kleinfamilien leben, Kommunikations- und Handlungsspielräume, die für die Entwicklung der Persönlichkeit unerläßlich sind.

Die gemeinschaftliche Selbsthilfe versucht eine Lücke zu schließen, die durch die derzeit vorrangige Form des Familienlebens in einer Kleinfamilie und das unzureichende Angebot an Hort- und Kindergartenplätzen sowie Ganztagsschulen durch die öffentlichen Hände entsteht.

Die gemeinschaftliche Selbsthilfe erfolgt zum Teil auf der Ebene des Austauschs von spezialisierter Arbeitskraft – Autoreparatur gegen Malerarbeiten. Es handelt sich um eine Art Naturaltausch, der sich in den USA einer wachsenden Beliebtheit erfreut und mit dem Begriff der „barter economies" gekennzeichnet wird (Gross 1988).

4.6.1.4 Organisierte Selbsthilfe

Von der gemeinschaftlichen Selbsthilfe sind die **organisierten Selbsthilfegruppen** im sozialen und Gesundheitsbereich zu unterscheiden. Zu nennen sind z.B. die Anonymen Alkoholiker (AA), Selbsthilfegruppen der Sozialhilfempfänger, Elternkreis drogenabhängiger Kinder, Kulturtreff Nord, Bürger gegen Tierversuche, Elterninitiative für eine freie Schule.

Es handelt sich hier um „spontane Zusammenschlüsse von Personen, die in aller Regel gleichermaßen von einem bestimmten, punktuellen sozialen Problem oder einer Bedarfslage betroffen sind und sich gegenseitig unentgeltlich und ohne besondere Qualifikation helfen. Gründung und personelle Besetzung erfolgen im Unterschied zu den traditionellen Netzwerken (Familie, Nachbarschaft, d. Verf.) durch freien Entschluß. Das Engagement richtet sich nach innen, auf einen spezifischen Personenkreis und eine spezifische Hilfeleistung. Die zeitliche Beanspruchung ist abzusehen und kann mit der Erwerbsarbeit im Prinzip vereinbart werden: Ein Verlassen der Gruppe ist jederzeit möglich."

Die organisierten Selbsthilfegruppen entstehen zum einen als autonome soziale Kraft und zum anderen aufgrund der Hilfestellung von Fachleuten (Psychotherapeuten, Ärzten, Politikern, Sozialarbeitern), die mit den Strukturen des herrschenden Systems unzufrieden sind und die Grenzen einer Veränderung von innen heraus sehen.

Die organisierten Selbsthilfegruppen sind eine Reaktion von Betroffenen auf Defizite und Unzulänglichkeiten, z.B. in den Bereichen Gesundheit, soziale Dienste, Umweltschutz, Bildung und Kultur. Es ist der Versuch, durch den Austausch individueller Erfahrungen in Kooperation mit anderen Betroffenen die Situation durch eigenständiges Handeln zu verbessern. Die organisierten Selbsthilfegruppen haben in der Regel den Anspruch, alternative Formen des Arbeitens und Lebens anzuregen, z.B. in der medizinischen Versorgung, und selbst einen größeren Anteil dieser Arbeit zu leisten. Wichtig ist vielen Gruppen, die Selbstverantwortung des Individuums und der Gruppe gegenüber staatlicher oder privatwirtschaftlicher Administration zu stärken (Kreutz 1985, Schäfer 1987).

Die organisierten Selbsthilfegruppen werden zum Teil durch die öffentlichen Hände, in der Regel von den Gemeinden, sachlich und finanziell gefördert, z.B. durch die unentgeltliche Nutzung von Räumen oder direkte Zuwendungen. In Einzelfällen erfolgt finanzielle Hilfe durch private Unternehmen oder Stiftungen. Insofern entsteht eine Verbindung zwischen dem Bereich der Schattenwirtschaft und der offiziellen Wirtschaft. Der weitaus größte Teil der Leistungen, vor allem die personellen Leistungen, werden durch die Mitglieder der Gruppe erbracht und gehen nicht in die Bruttosozialproduktrechnung ein.

4.6.1.5 Schwarzarbeit

Bei den legalen Tätigkeiten, die ohne die Zahlung von Abgaben ausgeführt werden, spricht man in der Regel von **Schwarzarbeit**.

Schwarzarbeit tritt in vielfältiger Form auf. In der öffentlichen Diskussion ist in erster Linie die Arbeit von Handwerkern und Arbeitern angesprochen, die nach der regulären Erwerbsarbeit ihre Arbeitskraft den privaten Haushalten zur Verfügung stellen – vielfach mit Wissen des Betriebes, in dem sie beschäftigt sind. Die Bezahlung erfolgt „bar auf die Hand" („nach BAT") – ohne Zahlung von Steuern und Abgaben zur Sozialversicherung. Der Schwarzarbeiter erhält in der Regel netto einen höheren Stundenlohn. Diejenige Person, die den Auftrag zur Schwarzarbeit erteilt, muß erheblich weniger zahlen.

Bei den Kleinunternehmern ist in der Bewertung der Schwarzarbeit vielfach eine Doppelzüngigkeit zu beobachten. In formellen Versammlungen und in der Verbandspresse fordern sie die Unterbindung der Schwarzarbeit. Gleichzeitig tolerieren sie die Schwarzarbeit ihrer Mitarbeiter bzw. die eigene. Ein Grund für dieses Verhalten liegt darin, daß jeder davon ausgeht, daß abgelehnte Aufträge von der Konkurrenz angenommen werden und daß ohne Schwarzarbeit viele Aufträge wegen zu hoher Kosten unterbleiben würden.

Eine andere Spielart der Schwarzarbeit sind z.B. Nachhilfestunden, die von Lehrern außerhalb der Dienstzeit gegen Bezahlung erteilt werden – ohne Zahlung von Abgaben. Ähnliches gilt für Reinigungsarbeiten und Kinderbetreuung in privaten Haushalten.

Eine weitere Form der Schwarzarbeit bildet die Hinterziehung von Abgaben in Form von Transaktionen, die bar ausgeführt werden, um sich dem Finanzamt zu entziehen, mal in Form von Naturaltausch, mal in Form privater, jedoch als Betriebsausgaben verbuchter Ausgaben.

Untersuchungen belegen, daß sich Schwarzarbeit auf folgende, teilweise ineinandergreifende Bereiche konzentriert:
- Bauwirtschaft
- Handwerkliche Fertigung
- Reparaturhandwerk
- Dienstleistungen, wie z.B. Versicherungsvermittlung, Bildung, Reinigung, Frisieren, Gesundheit, Kinder- und Altenpflege, Schreibarbeiten (Karmann 1988).

Zu erwähnen bleiben die prinzipiell schwer zu kontrollierenden **immateriellen Schwarzleistungen**" der freien Berufe (z.B. Anwälte, Architekten, Ärzte, Steuerberater) und spezieller Beamtengruppen, z.B. in Baudezernaten. Hier wechselt ein immaterielles Produkt in Form einer Behandlung, Beratung oder Information „den Kopf" und ein Geldschein oder eine andere Leistung die „Hosentasche". In der öffentlichen Diskussion wird vielfach nur die Handarbeit, wo die Spachtelmasse noch naß, die Fliesen frisch verlegt, die Mauer neu gezogen, der Dachboden frisch ausgebaut ist, und nicht die Kopfarbeit in die Forderung nach Kontrolle, Kriminalisierung und Bestrafung miteinbezogen (Gross 1987, 37).

Diese gesellschaftliche Praxis dokumentiert eine unterschiedliche Bewertung ähnlicher Tätigkeiten von Personen verschiedener sozialer Schichten – eine Diskriminierung der in handwerklichen Berufen Tätigen.

Festzuhalten bleibt, daß der „schwarzen Seite" der Abgabenhinterziehung eine „lichte Seite" gegenübersteht, die eine Inanspruchnahme von Leistungen ermöglicht, die sonst von vielen nicht bezahlbar und nachgefragt würde. Schwarzarbeit eröffnet Wahlmöglichkeiten.

Schwarzarbeit ermöglicht zum Teil abhängig Arbeitenden ein stärker selbstbestimmtes Arbeiten – sowohl in bezug auf den Arbeitsinhalt als auch das Arbeitsentgelt und die Arbeitszeit. Eine höhere Arbeitsfreude und Arbeitsmotivation ist vielfach zu beobachten.

4.6.1.6 Leiharbeit

Rechtsgrundlage der Leiharbeit ist das Arbeitnehmerüberlassungsgesetz (AÜG). Es sieht für die gewerbsmäßige Arbeitnehmerüberlassung – also für den Fall, daß ein Unternehmen Beschäftigte im wesentlichen dazu einstellt, daß sie im Gewinn an andere Unternehmen verliehen werden – eine Reihe von Schutzvorschriften vor. So ist z.B. eine Auftragslücke bis zu 3 Monaten kein Grund zur Kündigung. Dem Beschäftigten kann ebenfalls nicht untersagt werden, ein Arbeitsverhältnis mit dem Entleiher einzugehen. Außerdem ist ein Mindestmaß an betrieblicher Integration sichergestellt, z.B. durch die Wahrnehmung von Unterrichtungs- und Beschwerderechten nach dem Betriebsverfassungsgesetz.

Das Ziel des AÜG besteht in der behördlichen Kontrolle der Verleihfirma zur Unterbindung illegaler Praktiken wie etwa der Nichteinhaltung sozialrechtlicher Bestimmungen sowie die Verstetigung der Arbeitsbeziehungen der Leiharbeiter.

Beschäftigte in Leiharbeit bilden eine inhomogene Gruppe, z.B. hochqualifizierte Elektriker, Mechaniker und Schlosser sowie ungelernte Hilfsarbeiter, die Reinigungs-, und Wartungsarbeiten durchführen.

Bei der Leiharbeit wird eine starke Grauzone vermutet, bei der es um illegal und verdeckte Leiharbeit geht. Letztere ist schwer von echter Auftragsarbeit zu unterscheiden bzw. ist so gut getarnt, daß sie unbehelligt von den Ermittlungsbehörden dauerhaft durchgeführt werden kann und damit Schutzrechte umgeht.

4.6.1.7 Heimarbeit

Seit Mitte 1970 läßt sich bei der Heimarbeit ein kontinuierlicher Aufwärtstrend beobachten, vor allem bei der Büroheimarbeit. Der vielfach vorhergesagte Boom ist jedoch bislang nicht eingetreten. Heimarbeit ist weiterhin eine Randerscheinung. Möglicherweise liegt dies u.a. daran, daß für Büroheimarbeit vielfach Werkverträge in voller Selbständigkeit vergeben werden und daß von einer hohen Dunkelziffer nicht gemeldeter Heimarbeit von ca. 40% auszugehen ist (Matthies 1994, 197).

Für die Heimarbeit gelten nach dem Heimarbeitsgesetz (HAG) eine Anzahl von Schutzbestimmungen, die – mit Ausnahme des Kündigungsschutzes – eine Angleichung an den Arbeitnehmerstatus bringen. Die Gewerkschaften sind bestrebt, diese Rechte weiter auszudehnen.

4.6.1.8 Alternative Betriebe

Die Mitglieder alternativer Betriebe lehnen die bestehenden Formen des Arbeitens in einer kapitalistischen Wirtschaft ab. Ihre Kritik bezieht sich in erster Linie auf die Hierarchie der Betriebsorganisation, die starre Trennung von Arbeits- und Lebenswelt und einen auf individuellem Machtstreben basierenden Wettbewerb. Alternative Betriebe haben eine Tendenz zur Vernetzung und nicht zur Abgrenzung.

In alternativen Betrieben erfolgt in der Regel eine kollektive Verfügung über den Ertrag. Das Einkommen wird nach Bedarf und nicht nach Sachkompetenz oder betrieblicher Arbeitsaufgabe verteilt.

Alternative Betriebe gibt es vor allem in den Bereichen Handel und Verkehr sowie Bildung, Kultur, Medien und Sozialarbeit. Die Tätigkeiten konzentrieren sich auf den Umgang mit Menschen.

Die Mehrheit der alternativen Betriebe verfolgt das Ziel, **umwelt- und sozialverträgliche** Produkte herzustellen und zu verteilen.

Die alternativen Betriebe unterliegen denselben rechtlichen Bestimmungen wie die Betriebe in der offiziellen Wirtschaft und sind in der Bruttosozialproduktrechnung erfaßt. Sie haben in der Regel die Rechtsform einer GmbH oder Genossenschaft.

Der Anteil der alternativen Betriebe an allen Betrieben liegt im Durchschnitt bei 0,5–1%.

Die Schwierigkeiten der alternativen Betriebe liegen darin, daß sie sich einerseits einer komplexen, offenen Lebenswelt zugehörig fühlen und sich andererseits dem herrschenden ökonomischen System mit seinen zweckrationalen Handlungsmaximen anpassen müssen.

Diese Ambivalenz ist ein Grund dafür, daß ein hoher Prozentsatz der Beschäftigten nur eine begrenzte Zeit in alternativen Betrieben arbeitet und Betriebsschließungen in einem überdurchschnittlich hohen Prozentsatz zu beobachten sind.

Zentrale Probleme alternativer Betriebe sind Schwierigkeiten bei der Kapitalbeschaffung und Besteuerung sowie die Umsetzung des Anspruchs herrschaftsfreier und selbstbestimmter Arbeitsgestaltung.

Für den überwiegenden Teil derjenigen, die in alternativen Betrieben arbeiten, stellt diese Art ökonomischer Tätigkeit eine Form dar, die ihren Bedürfnissen – zumindest auf Zeit – entspricht. Alternative Betriebe bieten vielfach Produkte und Dienstleistungen an, die den Bedürfnissen eines Teils der Bevölkerung entsprechen und am offiziellen Markt (noch) nicht oder nur unzureichend bereitgestellt werden (Troltsch 1989, Schäfer 1987).

4.6.2 Erklärungsansätze zur Entstehung und Entwicklung der Schattenwirtschaft

Für die Entstehung und Entwicklung schattenwirtschaftlicher Aktivitäten sind drei Erklärungsansätze von Bedeutung, die im folgenden kurz skizziert werden sollen (Rürup & Borchert 1988):

- Marktversagen
- Staatsversagen
- Wertewandel

Das **Marktversagen** wird in erster Linie auf Allokationsprobleme bezogen, d.h. auf Probleme des Marktes bezüglich der Steuerung knapper Ressourcen in konkurrierende Verwendungen.

Die Entwicklung schattenwirtschaftlicher Aktivitäten ist ein Signal für einen Mangel auf zwei Ebenen:
- ein subjektives Empfinden unerfüllter Bedürfnisse der Bürger sowie
- eine quantitative, qualitative, zeitlich und/oder räumlich nicht bedarfsgerechte Versorgung mit privaten Gütern.

Die entscheidenden Gründe für die Allokationsprobleme liegen in der Entwicklung von Unternehmensmacht, mangelnder Konkurrenz und Innovationsbereitschaft sowie den spezifischen Bedingungen auf dem Arbeitsmarkt. Aus der Perspektive eines funktionsfähigen Marktes mit flexiblen Löhnen und freiem Marktzugang bilden z.B. Kündigungsschutz, Alterszulagen, Tarifverträge über Verdienstabsicherungen sowie die Starrheit der Löhne nach unten ein Hemmnis. Es sind die von den Gewerkschaften hart erkämpften sozialen Leistungen, die den Bedürfnissen des Menschen nach Stabilität und Existenzsicherung Rechnung tragen.

Höhere Löhne und Lohnnebenkosten führen auf konkurrierenden Märkten gerade bei personenbezogenen Dienstleistungen, wo es keine bzw. nur geringe Rationalisierungsmöglichkeiten gibt, zu überdurchschnittlichen Preissteigerungen. Damit wird ein Trend sichtbar:

Bei starker Rationalisierung werden in Massen hergestellte Konsumgüter im Vergleich zu den personenbezogenen Dienstleistungen immer billiger. Die relativ teuren

Dienstleistungen werden über den Markt wegen einer schrumpfenden Käuferschicht nur in geringfügigem Maße angeboten oder wegen unzulänglicher Ertragschancen in die Zuständigkeit des Staates verlagert.

Eine andere Alternative ist das Ausweichen in die Schattenwirtschaft, wo durch Abgaben- und Steuerhinterziehung die Lohn- und Lohnnebenkosten niedrig gehalten werden. Hier besteht für Bürger mit geringerem Einkommen die Chance, Bedürfnisse zu aktualisieren, deren Befriedigung über den offiziellen Markt nicht möglich ist.

Für eine große Anzahl von Haushalten ist z.B. die hohe Technisierung nur möglich, wenn der damit verbundene Reparaturbedarf zumindest teilweise durch Eigenarbeit, gemeinschaftliche Selbsthilfe oder Schwarzarbeit erfolgt. Insofern bedingt der durch die offizielle Ökonomie geförderte hohe Konsumstandard der Haushalte schattenwirtschaftliche Aktivitäten.

Neben dem Kostenelement bezieht sich das Marktversagen auf mangelnde Innovationsfähigkeit und Anpassung an die sich wandelnden Bedürfnisse der Bürger. Schattenwirtschaftliche Tätigkeiten zielen durch neue Güter und Dienstleistungen auf sog. Marktnischen, d.h. Bereiche ökonomischer Aktivitäten, die von der offiziellen Wirtschaft nicht wahrgenommen wurde. Der sog. „Biohandel" ist ein Beispiel dafür.

Das **Staatsversagen** als Erklärung für die Entwicklung der Schattenwirtschaft bezieht sich auf eine übermäßige Steuer- und Abgabenbelastung sowie eine übermäßig angewachsene und starre Bürokratisierung der öffentlichen Verwaltung.

Die Kritik an der Steuer- und Abgabenbelastung bezieht sich zum einen auf das Anwachsen staatlicher Aktivitäten generell und zum anderen auf die unzulängliche Qualität und Verteilung der öffentlichen Güter. Der Unterversorgung bestimmter Bevölkerungsgruppen steht eine Überversorgung anderer entgegen.

Eine Überversorgung kann zu einer Verringerung eigenverantwortlichen Handelns und zu einer Entmündigung der Bürger führen. Eine starke Bürokratisierung führt vielfach zu einer Nichtbeachtung bzw. Mißachtung der Bedürfnisse der Bürger zugunsten der Verfolgung von Eigeninteressen der Bürokratie.

Der Staat als Leviathan – als allmächtiger Drache.

Ein Beispiel für eine zunehmend nicht mehr akzeptierte Entmündigung der Bürger bildet der Gesundheitsbereich. Während immer mehr Mittel in eine „Apparatemedizin" fließen, wird die konkrete personale Beziehung zum Kranken vernachlässigt, wird ohne „zeitaufwendiges", schlecht honoriertes Gespräch über ihn verfügt – vielfach mittels Einsatz von Technik.

Ein Beispiel für den Bildungsbereich sind Elterninitiativen für eine alternative Schule – ein Versuch, den starken Bürokratisierungstendenzen im Schulwesen entgegenzuwirken.

Die organisierten Selbsthilfegruppen sind z.B. ein Versuch, sich der Entmündigung durch kollektiven Widerspruch und Stärkung der Eigenverantwortung zu widersetzen.

Formen der organisierten Selbsthilfe zielen auf eine Verringerung der Unterversorgung mit bestimmten öffentlichen Gütern – sowohl in quantitativer als auch in qualitativer Hinsicht.

Wertewandel
Die Entwicklung der Schattenwirtschaft ist verbunden mit einem Wertewandel, der durch eine Anzahl von empirischen Untersuchungen gestützt wird (Jäger & Riemer 1987, Klipstein & Strümpel 1985, Keddi & Seidenspinner 1990).

Wichtig sind folgende Aspekte:
- die starke Orientierung des Selbstwertgefühls am Besitz materieller Güter wird angesichts der mit Produktion und Konsum dieser Güter verbundenen Umweltbelastung und -zerstörung zunehmend in Frage gestellt;
- die starke Technisierung der Lebensvollzüge rückt die damit einhergehende Verarmung kommunikativer Fähigkeiten deutlicher ins Bewußtsein;
- Die zunehmend kognitiven Anforderungen wecken Bedürfnisse nach emotionlem und körperlichem Erleben – sowohl im erwerbswirtschaftlichen als auch im privaten Bereich;
- die zunehmenden Suchtprobleme – Alkohol, Medikamente, Zigaretten und Drogen – verdeutlichen u.a. die Folgen einer Überversorgung mit materiellen und einer Unterversorgung mit immateriellen Gütern;
- die zunehmende Bürokratisierung ehemals privat oder kollektiv gestalteter Lebensräume weckt das Bedürfnis nach einer stärkeren Partizipation – sowohl im Erwerbsbereich als auch im Bereich öffentlicher Güter;
- die geschlechtsspezifische Trennung von Erwerbs- und Hausarbeit mit all ihren Einseitigkeiten und Defiziten weckt vor allem das Bedürfnis von Frauen, eine solche Trennung abzulösen durch neue Modelle einer Verbindung von Haus- und Erwerbsarbeit.

4.6.3 Aspekte einer Bewertung schattenwirtschaftlicher Tätigkeiten

Die Bewertung schattenwirtschaftlicher Tätigkeiten bezieht sich auf folgende Kriterien:
- Wettbewerb und Innovation
- Arbeitsmarkt
- Steuern und soziale Sicherung
- Selbstentfaltung und Partizipation

Wettbewerb und Innovation

Schwarzarbeit bewirkt durch die Hinterziehung von Abgaben einen Konkurrenzvorsprung gegenüber der formellen Wirtschaft. Die Folge davon ist ein Verdrängungswettbewerb, der dazu führt, daß Grenzanbieter aus dem Markt ausscheiden müssen. Für die Verbleibenden entsteht ein Anreiz zu verbesserter Leistung. Es kann zu einem Rückgang der Beschäftigung kommen.

Diese Wirkungen gelten jedoch nicht für die gesamte Wirtschaft. Die vorgelagerten Märkte bleiben dann unberührt, wenn der Kauf von Vorleistungen durch die Schwarzarbeit in gleichem Umfang weiterbesteht. Geht man davon aus, daß durch die kostengünstigere Schwarzarbeit eine Nachfrage befriedigt wird, die sonst nicht marktwirksam werden würde, so ergibt sich für die vorgelagerten Bereiche ein positiver Effekt.

Volkswirtschaftlich gesehen kann die Nachfrage gleich bzw. erhöht werden. Es kommt zu Nachfrageverschiebungen.

Für die **Eigenarbeit** und **gemeinschaftliche Selbsthilfe** ergeben sich ähnliche Überlegungen. Das starke Anwachsen des Marktes für Heimwerkerbedarf bestätigt diese Annahme.

Positive Auswirkungen auf die **Innovationsbereitschaft und -fähigkeit** können sich dadurch ergeben, daß Handwerksbetriebe sich bei zunehmendem Wettbewerb stärker an die Bedürfnisse der Bürger anpassen und in höherem Maße bereit sind, Teilleistungen bereitzustellen, die detaillierte Expertenkenntnisse und -fertigkeiten erfordern. Denkbar wäre z. B. die Verrichtung von Teilleistungen bei Eigenarbeit oder gemeinschaftlicher Selbsthilfe unter Leitung eines Handwerksmeisters oder Gesellen.

Die **alternativen Betriebe** sind in hohem Maße innovativ. Sie bieten vielfach Güter und Dienstleistungen an, die im Rahmen der offiziellen Wirtschaft nicht angeboten werden. Ihre Innovationsfähigkeit führt auch in der offiziellen Wirtschaft zu Veränderungen. Am Beispiel des Angebots an sog. Vollwertprodukten ist dies deutlich zu beobachten. Während der Kauf dieser Produkte zunächst an spezielle Läden gebunden war, bieten inzwischen die großen Handelsketten ebenfalls ein begrenztes Sortiment an. Es ist vielfach preiswerter, da die Ketten beim Einkauf bessere Konditionen aushandeln können.

Diese Innovation wurde erst durch die alternativen Betriebe und nicht durch die schon lange existierenden Reformhäuser möglich.

Arbeitsmarkt

Aus den Überlegungen zum Wettbewerb wird deutlich, daß durch die **Schwarzarbeit** im Handwerk negative Beschäftigungswirkungen entstehen. Gesamtwirtschaftlich kann der Beschäftigungsrückgang in anderen Branchen kompensiert werden.

Im Vergleich zur offiziellen Wirtschaft sind **Schwarzarbeit, Eigenarbeit und gemeinschaftliche Selbsthilfe** sehr flexibel – in zeitlicher und räumlicher Hinsicht. Gerade die Flexibilität der Arbeitsstrukturen kann zu einer verbesserten Befriedigung von Interessen der NachfragerInnen führen.

Für die **organisierte Selbsthilfe** ist festzuhalten, daß z. B. die von Selbsthilfegruppen im Gesundheitssystem kritisierte unzulängliche personale Versorgung Kranker dann positive Beschäftigungswirkungen haben kann, wenn eine Umverteilung der Ressourcen von „technischen Leistungen" zu betreuungsintensiven Leistungen erfolgt – mehr Krankenschwestern und Therapeuten und weniger Apparate. Eine solche Entwicklung würde eine Umbewertung von Krankheit und Gesundheit auf gesellschaftlicher Ebene erfordern.

Steuern und soziale Sicherung

Die steuerlichen Auswirkungen der **Schwarzarbeit** stellen in der öffentlichen Diskussion wegen der milliardenhohen Steuerhinterziehung ein starkes Ärgernis dar. Diese Mittel werden den öffentlichen Händen entzogen – zugunsten des privaten Sektors.

Zu berücksichtigen ist, daß ein Teil der durch Schwarzarbeit erfolgten Arbeit aus Kostengründen unterbleiben würde, wenn eine Steuerhinterziehung nicht möglich wäre. Für diese Arbeit wären keine Steuerforderungen entstanden.

Eindeutig nachteilig sind die Auswirkungen der Schwarzarbeit auf das System sozialer Sicherung. Durch die Vermeidung der geforderten Abgaben wird die Solidargemeinschaft ausgebeutet.

Für die Arbeitnehmer beinhalten Schwarzarbeit, Leiharbeit und Heimarbeit minder- bzw. ungeschützten Arbeitsverhältnisse – nicht nur im Bereich sozialer Sicherung, sondern auch für weitere Bereiche des Arbeitsrechts.

Für die **Hausarbeit** ergibt sich das Problem, daß die Person, die Hausarbeit leistet, ohne erwerbstätig zu sein – in der Regel die Frau –, zwar keine Beiträge leistet, aber dafür auf eine eigenständige Sicherung verzichten muß. Es ergibt sich dadurch eine Abhängigkeit vom Ehepartner, die sich bei Trennung nachteilig auswirkt. Besonders negative Folgen hat die fehlende eigenständige Alterssicherung. Im Falle von Scheidung kann sich wegen der geteilten Rentenansprüche für beide Partner eine unzulängliche Alterssicherung ergeben. Betroffen ist in erster Linie die Hausfrau, die sich nach der Scheidung durch Erwerbsarbeit Rentenansprüche erwerben muß. Wegen ihres ggf. langjährigen Ausscheidens aus dem Erwerbsleben wird sie in der Regel nur eine Erwerbsarbeit finden, die wegen geringer Bezahlung geringe Rentenansprüche mit sich bringt.

Selbstentfaltung und Partizipation

Schattenwirtschaftliche Aktivitäten sind zu einem großen Teil der Ausdruck eines starken Bedürfnisses nach Selbstentfaltung und Partizipation an kollektiven und öffentlichen Entscheidungen. In Verbindung damit steht das zunehmend artikulierte Bedürfnis, die Trennung von Haus- und Erwerbsarbeit, Privatheit und Öffentlichkeit, Arbeits- und Lebenswelt in der vorherrschenden Ausprägung aufzuheben und Gespaltenes zusammenzubringen.

Deutlich erkennbar ist das bei den **organisierten Selbsthilfegruppen** und den **in alternativen Betrieben Tätigen**.

Bei alternativen Betrieben ist zu beobachten, daß sie durch ihren Anspruch, sozial- und umweltverträgliche Güter und Dienstleistungen anzubieten, die Trennung zwischen Technik und Natur, Ökonomie und Ökologie, Arbeit und Leben ein Stück weit aufzuheben versuchen. Ihr Ziel, über Inhalt, Ergebnis und Organisation der Arbeit kollektiv zu entscheiden, bildet ein Gegengewicht zu der Machtlosigkeit und Vereinzelung vieler Menschen im industriellen Arbeitsprozeß und gegenüber der staatlichen Bürokratie.

Die organisierten Selbsthilfegruppen wollen eine direkte Beteiligung an Entscheidungen, die ihre zentralen Lebensinteressen betreffen, z.B. ihre Gesundheit. Sie versuchen ein Gegengewicht zu bilden gegen die Verfügungsmacht der Experten. Das kollektive Handeln stärkt das Selbstwertgefühl der Betroffenen, die allzu oft feststellen, daß sie – auch wenn sie keine „Fachleute" sind – spezifische Folgen von Entscheidungen durch ihre individuelle Erfahrung und Wahrnehmung vielfach besser einschätzen und bewerten können.

Selbsthilfegruppen können die Eigenverantwortung stärken, die für eine befriedigende Persönlichkeitsentwicklung unerläßlich ist.

Die Forderung nach einer anderen Bewertung und Verteilung der Hausarbeit kann eine neue Art des Zusammenlebens der Geschlechter fördern. Sie kann sich u. a. auf mehr gemeinsame Erfahrungen in beiden Bereichen notwendiger Arbeit stützen und die Chance zu einem partnerschaftlichen Leben verbessern.

Die Aspekte einer Bewertung der Schattenwirtschaft sind vielschichtig. Eine exakte abschließende Bewertung, ein Ja oder Nein, kann es nicht geben.

Licht und Schatten sind zwei Pole einer Ganzheit, keines kann ohne das andere sein. Es gibt ein Spannungsverhältnis und fließende Übergänge.

Es wird in Zukunft darauf ankommen, beiden Polen die Existenz zuzugestehen und die erforderliche Entfaltung durch entsprechende Wirtschafts- und gesellschaftspolitische Maßnahmen abzusichern und zu fördern.

Die Prognosen zu einem qualitativen Wachstum schattenwirtschaftlicher Aktivitäten sind widersprüchlich. Das hängt zum Teil von der jeweiligen Definition der Schattenwirtschaft und dem Meßverfahren ab.

Einigkeit besteht darin, daß die verschiedenen Formen der Schattenwirtschaft einen starken indirekten Einfluß auf die Offizielle Wirtschaft haben und daß ein beachtenswerter Anteil der Bürger Forderungen nach mehr Partizipation und Chancen der Selbstentfaltung stellt.

In einer demokratisch verfaßten Gesellschaft muß das Spannungsverhältnis zwischen Individuum und Gesellschaft immer wieder neu definiert und erprobt werden – ein Status quo ist nicht denkbar. Das gilt in gleicher Weise für das Spannungsverhältnis von Stabilität und Wandel.

Wir scheinen in einer Phase wirtschaftlicher und gesellschaftlicher Entwicklung zu leben, wo Veränderung in Richtung auf Eröffnung von mehr Handlungsspielräumen für den einzelnen Menschen und für Gruppen wünschenswert ist – als Gegengewicht zu einer starren, lebensbedrohenden Verfügungsmacht der Experten und Institutionen.

Literaturhinweise

Beckmann, Petra u. Engelbrech, Gerhard (Hg) (1995). Arbeitsmarkt für Frauen 2000 – ein Schritt vor oder ein Schritt zurück? Beiträge zur Arbeitsmarkt- und Berufsforschung Nr. 179, Nürnberg

Cassel, Dieter (1986): Funktionen der Schattenwirtschaft im Koordinationsmechanismus von Markt- und Planwirtschaften, Ordo, Bd. 37, 73–103.

Franke, Siegfried F. (1988): Arbeitsmarkt und Schattenökonomie, Jahrbuch für Nationalökonomie und Statistik, Bd. 205/4, 300ff.

Gross, Peter & Friedrich, Peter (Hg) (1988): Positive Wirkungen der Schattenwirtschaft? Baden-Baden: Nomos.

Gretschmann, Klaus u.a. (Hg.) (1984): Schattenwirtschaft: Wirtschafts- und sozialwissenschaftliche Aspekte, internationale Erfahrungen, Göttingen: Vandenhoeck & Ruprecht.

Jäger, Wieland & Riemer, Dietmar (1987): Aufwertung der Arbeit? Alternative Arbeitsformen und Wandel der Industriearbeit, Opladen, Leske.

Karmann, Alexander (1988): Größe und Formen der Schattenwirtschaft und ihr Verhältnis zur Wirtschaft, in: Gross, P. & Friedrich, P., a.a.O., 87–107.

Keddi, D. & Seidenspinner, G. (1990): Veränderter weiblicher Lebensentwurf und Individualisierung der Lebensläufe, München: DJI.

Kettschau, Irmhild & Methfessel, Barbara (1989): Frauenforschung in der Haushaltswissenschaft, in: Meyer-Harter, Renate (Hg.): Hausarbeit und Bildung, 91–158, Frankfurt: Campus.

Klipstein, Michael von & Strümpel, Burkhard (Hg.) (1985): Gewandelte Werte – erstarrte Strukturen – wie die Bürger Wirtschaft und Arbeit erleben, Bonn: Neue Gesellschaft.

Kreutz, Henrik u.a. (1985): Eine Alternative zur Industriegesellschaft? Alternative Projekte in der Bewährungsprobe des Alltags. Beiträge zur Arbeitsmarkt- und Berufsforschung Bd. 86, Nürnberg.

Matthies, H. u.a. (1994): Arbeit, 2000, Anforderungen an eine Neugestaltung der Arbeitswelt, Reinbek: Rowohlt.

Niessen, Hans-Joachim & Ollmann, Rainer (1987): Schattenwirtschaft in der Bundesrepublik – eine empirische Bestandsaufnahme der sozialen und räumlichen Verteilung schattenwirtschaftlicher Aktivitäten, Opladen: Leske.

Offe, Claus (Hg.) (1984): Arbeitsgesellschaft: Strukturprobleme und Zukunftsperspektiven, Frankfurt, Campus.

Roth, Roland & Rucht, Dieter (1987): Neue soziale Bewegungen in der Bundesrepublik Deutschland. Schriftenreihe der Bundeszentrale für politische Bildung, Bd. 252, Bonn.

Rürup, Bert & Borchert, Jörg (1988): Informelle Wirtschaft und öffentliche Unternehmen, in: Gross, P. & Friedrich, P. a.a.O., 108–122.
Schäfer, Wolf (Hg.) (1984): Schattenökonomie: Theoretische Grundlagen und wirtschaftspolitische Konsequenzen, Göttingen: Vandenhoek und Ruprecht.
Schäfer, Klaus (1987): Sozial- und beschäftigungspolitische Aspekte neuer sozialer Bewegungen, in: Roth, Roland & Rucht, Dieter (Hg.) (1987): Neue soziale Bewegungen in der Bundesrepublik Deutschland. Schriftenreihe der Bundeszentrale für politische Bildung, Bd. 252, 164–183, Bonn.
Schwarze, Johannes (1990): Nebenerwerbstätigkeit in der Bundesrepublik Deutschland. Umfang und Ursachen von Mehrfachbeschäftigung und Schattenwirtschaft, Frankfurt: Campus.
Troltsch, Klaus (1989): Die Behandlung von Alternativökonomie und anderen Wirtschafts- und Arbeitsformen als Bestandteile der Schattenwirtschaft, in: Cyprian, Rüdiger u.a.: Schattenwirtschaft, Alternativökonomie, Literaturdokumentation zur Arbeitsmarkt- und Berufsforschung, Sonderheft 15. Institut für Arbeitsmarkt- und Berufsforschung der Bundesanstalt für Arbeit, 19–41, Nürnberg.
Wolff, Klaus (1991): Schwarzarbeit in der Bundesrepublik Deutschland, Frankfurt: Campus.

Literaturhinweise zum Selbststudium

Beckmann, Petra und Engelbrech, Gerhard (Hg.) (1995): Arbeitsmarkt für Frauen 2000 – ein Schritt vor oder ein Schritt zurück? Beiträge zur Arbeitsmarkt- und Berufsforschung Nr. 179, Nürnberg.
Gross, Peter & Friedrich, Peter (1988): Positive Wirkungen der Schattenwirtschaft? Baden-Baden: Nomos.
Matthies, H. u.a. (1994): Arbeit 2000. Anforderungen an eine Neugestaltung der Arbeitswelt, Reinbek: Rowohlt.
Schulte, D. (Hg.)(1996): Arbeit der Zukunft, Köln.

4.7 Einkommensverteilung in der Bundesrepublik[1]
Gerd-Jan Krol

4.7.1	Einleitung	355
4.7.2	Die Zielproblematik – Das Problem der Verteilungsnorm	355
4.7.2.1	Das Leistungsprinzip	357
4.7.2.2	Das Bedarfsprinzip	359
4.7.2.3	Das Gleichheitsprinzip	359
4.7.3	Die Einkommensverteilung im Spiegel der Statistik	360
4.7.3.1	Daten zur funktionalen Einkommensverteilung und Querverteilung	361
4.7.3.2	Personelle Einkommensverteilung	365
4.7.4	Ansatzpunkte zur Veränderung der Einkommensverteilung	370
4.7.4.1	Lohnpolitik im Spannungsfeld von Umverteilung und Stabilität	371
4.7.4.2	Beeinflussung der personellen Einkommensverteilung durch den Staat	375
4.7.4.3	Grenzen der Umverteilungspolitik	379
Literaturhinweise		380

---

[1] Für Hilfen bei der Datenbearbeitung bin ich Herrn A. Zoerner zu Dank verpflichtet.

4.7.1 Einleitung

Viele politische und soziale Konflikte sind im Kern Verteilungskonflikte. Es gibt in der Politik kaum Forderungen und Maßnahmen, die nicht auch gleichzeitig Verteilungspositionen von Gruppen und Individuen berühren, und es sind in der Regel Verteilungsinteressen, die die Problemlösungskapazität demokratischer Politik begrenzen.

Verteilungskonflikte können sich auf unterschiedliche Kategorien beziehen: Eigentumsrechte im juristischen Sinne, Vermögen in unterschiedlichen Abgrenzungen des Vermögensbegriffs und Einkommen. Dieser Beitrag befaßt sich mit der Einkommensverteilung. Auf die enge Beziehung zwischen Einkommens- und Vermögensverteilung kann hier nur hingewiesen werden. Unterschiedliche Einkommen führen über unterschiedliche Sparfähigkeit zu unterschiedlicher Vermögensbildung, die als Quelle von Besitzeinkommen wiederum die Einkommensdisparitäten verschärfen.

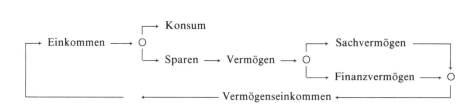

In die gleiche Richtung wirken Humankapitaldisparitäten in Verbindung mit einkommensabhängigem Bildungsverhalten: Hohes Humankapital führt in der Regel zu höherem (Lebens-)Einkommen und begünstigt in der Regel weitere Bildungsinvestitionen des Humankapitalträgers bzw. seiner Kinder.[2]

In diesem Beitrag wird zunächst das Problem der Verteilungsgerechtigkeit erörtert. Ein empirischer Überblick über die Einkommensverteilung in der Bundesrepublik Deutschland mittels unterschiedlicher Meßkonzepte schließt sich an, wobei die Aussagefähigkeit jeweils kritisch gewürdigt wird. Danach wird auf die wichtigsten Ansatzpunkte zur Veränderung der Einkommensverteilung eingegangen. Die Vermögensverteilung wird hier nicht behandelt. Auch muß hier auf eine Darstellung verteilungstheoretischer Ansätze verzichtet werden.[3]

4.7.2 Die Zielproblematik – Das Problem der Verteilungsnorm

Bei gegebener Preisstruktur bestimmt die Verteilung der Einkommen auf die Mitglieder der Gesellschaft die jeweilige Höhe ihrer Ansprüche an das Sozialprodukt und damit ihr materielles Versorgungsniveau als einer wichtigen Komponente ihrer materialen Freiheit. Mit der Einkommensverteilung findet gleichzeitig eine Verteilung der

---

[2] Vgl. dazu J. Mincer, Fortschritte in Analysen der Verteilung des Arbeitseinkommens nach dem Humankapitalansatz. In: Einkommensverteilung, hrsg. v. F. Klanberg u. H.-J. Krupp, Königstein/Ts. 1981, S.149ff. C. Helberger, Bildungsspezifische Einkommensunterschiede, R: Wirtschaftsdienst VII, 1980, S.351ff.

[3] Vgl. zur Verteilungstheorie beispielsweise: B. Külp, Verteilungstheorie, 2. Auflage, Stuttgart, New York 1982. H.-J. Ramser, Verteilungstheorie, Berlin, Heidelberg 1987. F. Klanberg u. H.-J. Krupp (Hrsg.), Einkommensverteilung, Königstein/Ts. 1981.

Chancen zur Wahrnehmung grundlegender Rechte statt, und deshalb ist es nur natürlich, wenn die Frage des „suum cuique", die Frage der gerechten Einkommensverteilung, seit jeher eine besondere Rolle spielt.

So sehr immer wieder eine gerechte Einkommensverteilung gefordert wurde, so umstritten ist bis heute, was darunter konkret zu verstehen ist. Als politisches Ziel verlangt gerechte Einkommensverteilung einen operational definierten Wert- und Inhaltskonsens darüber, nach welchen überprüfbaren und intersubjektiv vergleichbaren Kriterien das erwirtschaftete Einkommen verteilt werden soll. Ein solcher Konsens liegt jedoch nicht vor, wie Verteilungskämpfe auf unterschiedlichen Ebenen – zwischen Arbeit und Kapital, zwischen privatem und öffentlichem Sektor, zwischen Industrieländern und Entwicklungsländern – immer wieder zeigen. So ist es angesichts unterschiedlicher Verteilungsinteressen der am Wirtschaftsprozeß beteiligten Akteure und Gruppen nur scheinbar paradox, wenn eben wegen der Dominanz der Verteilungsziele das Ziel einer „gerechten Einkommens- (und Vermögens-)Verteilung" im wirtschaftlichen Zielkatalog keinen Platz hat. Ihm wird nicht einmal der Rang einer Nebenbedingung bei der Verfolgung der vier Ziele des Stabilitätsgesetzes (Preisniveaustabilität, hoher Beschäftigungsgrad, außenwirtschaftliches Gleichgewicht bei angemessenem und stetigem Wirtschaftswachstum) beigemessen.[4] Lediglich im „Gesetz über die Bildung des Sachverständigenrates zur Begutachtung der gesamtwirtschaftlichen Entwicklung" erhalten Verteilungsprobleme insofern einen gewissen Stellenwert, als der Sachverständigenrat in seinen Gutachten auch die Bildung und Verteilung von Einkommen und Vermögen **einbeziehen** soll.[5] Das Ziel einer „gerechten Einkommensverteilung" wird den Stabilitätszielen untergeordnet. Man geht davon aus, daß die wirtschaftlichen Akteure jeweils ihre gruppenspezifischen Verteilungsziele verfolgen und daß dies zu Wachstumseinbußen, Preisniveauauftrieb und sinkender Beschäftigung führen kann. Angesichts dieser Zielkonflikte zwischen Stabilitäts- und Verteilungszielen wird darauf verwiesen, daß ein relativ kleines Stück aus einem relativ großen Kuchen mehr beinhaltet, als ein relativ großes Stück aus einem entsprechend kleineren Kuchen. Ziel der Einkommenspolitik als flankierender stabilitätspolitischer Strategie ist es deshalb, die gesamtwirtschaftlichen Ziele vor den Auswirkungen von Verteilungskonflikten abzuschirmen, nicht aber die Realisierung einer wie auch immer operationalisierten gerechten Verteilung. Man spricht deshalb auch von abgeleiteten, d.h. den stabilitätspolitischen Zielen untergeordneten Verteilungszielen.

Auch wenn auf der Ebene der wirtschaftspolitischen Ziele die Einkommens- (und Vermögens-)Verteilung als eigenständiges Ziel nicht vorkommen, so haben Vorstellungen über eine gerechte Einkommensverteilung politisch immer eine große Rolle gespielt. Wann die Einkommensverteilung als gerecht anzusehen ist, läßt sich wissenschaftlich nicht beantworten. Diese Frage ist normativer Art, und jede Aussage über den Gerechtigkeitsgehalt der Einkommensverteilung stellt ein Werturteil dar. Wohl aber läßt sich mit Hilfe der Wissenschaften etwas über die Implikationen bestimmter Operationalisierungen des Gerechtigkeitspostulats aussagen. In der Literatur finden sich unterschiedliche Vorstellungen darüber, was eine gerechte Einkommensverteilung ausmacht.[6] Ihnen liegen jeweils unterschiedliche Verteilungsnormen zugrunde,

---

[4] Vgl. dazu § 1 des Gesetzes zur Förderung der Stabilität und des Wachstums der Wirtschaft vom 08.06.1967.
[5] Gesetz über die Bildung eines Sachverständigenrates zur Begutachtung der gesamtwirtschaftlichen Entwicklung vom 14. August 1963, § 2 Satz 3.
[6] So hat der holländische Ökonom van Pen ohne Anspruch auf Vollständigkeit 21 unterschiedli-

die sich aber letztlich auf drei Grundpositionen zurückführen lassen: das **Leistungsprinzip**, das **Bedarfsprinzip**, das **Gleichheitsprinzip**.

4.7.2.1 Das Leistungsprinzip

Nach dem Leistungsprinzip soll die Höhe des Einkommens der Leistung des Einkommensbeziehers für die Gesellschaft entsprechen. Damit rückt die Frage in den Mittelpunkt, wie der Leistungsbeitrag gemessen werden soll und wer bzw. welche Institution über die relativen Leistungsbeiträge und damit über die Einkommen und Einkomensdifferenzen bestimmt.

Während in den zentralplanwirtschaftlichen Systemen der Leistungsbeitrag an die Planerfüllung gekoppelt war und die entsprechende Vergütung durch zentrale Planungsautoritäten festgelegt wurde, gilt für marktwirtschaftliche Systeme grundsätzlich, daß der Leistungsbeitrag nach der „Marktleistung" bewertet wird. Als der Marktleistung entsprechend wird dasjenige Einkommen betrachtet, das auf funktionierenden Wettbewerbsmärkten aus der Produktion von Gütern und Leistungen erzielt werden kann. Die Grundidee dieser Operationalisierung des Gerechtigkeitspostulats durch Marktleistung geht auf die **Grenzproduktivitätstheorie** zurück. Sie läßt sich wie folgt charakterisieren:

Ausgangspunkt ist die Annahme gewinnmaximierender Unternehmungen auf wettbewerblich organisierten Güter- und Faktormärkten, auf denen die Preise die Knappheitsverhältnisse widerspiegeln. Unternehmungen werden dann mehr Arbeitskräfte einstellen, wenn die zusätzlichen Kosten der zusätzlichen Arbeitskraft geringer sind als die hierdurch ermöglichte zusätzliche Produktionsmenge, bewertet mit dem Verkaufspreis (zusätzlicher Erlös). Wären umgekehrt die zusätzlichen Kosten der zuletzt eingestellten Arbeitskraft größer als der dadurch zu erzielende Erlöszuwachs, würde deren Beschäftigung den Gewinn schmälern. Nimmt man nun darüber hinaus an, daß mit sukzessiver Vermehrung allein des Arbeitseinsatzes die Produktions**zuwächse** abnehmen (Ertragsgesetz), so wird das Unternehmen seinen Gewinn dann maximieren, wenn es genau soviel Arbeitskraft einstellt, daß die Kosten der letzten Arbeitsstunde (des letzten Arbeitnehmers) dem Wert des dadurch ermöglichten zusätzlichen Produkts gleichkommen. Es gilt also unter diesen Bedingungen:

$$l_n \cdot \triangle A = P \cdot \triangle X$$

oder umgeformt:

$$l_n = P \cdot \frac{\triangle X}{\triangle A}$$

Oder, wenn wir auf die Kaufkraft des Lohnes abstellen:

$$l_r = \frac{l_n}{P} = \frac{\triangle X}{\triangle A}$$

l_r = Reallohnsatz P = Preis
l_n = Geldlohnsatz $\triangle A$ = zusätzlicher Arbeitseinsatz
$\triangle X$ = zusätzliches Produkt

---

che Aussagen zur anzustrebenden Verteilung zusammengetragen. J. van Pen, Income Distribution, London 1971, S. 210 ff.

Entsprechendes läßt sich für den Faktor Kapital ableiten. Allgemein wird also unterstellt, daß Lohnsatz und Zins auf wettbewerblichen Märkten durch die Grenzproduktivitäten der Produktionsfaktoren Arbeit und Kapital bestimmt werden. Steigt beispielsweise die Nachfrage auf einem Markt nach einem bestimmten Produkt x_1, so werden dessen Preise steigen.

Damit steigt der Wert des Grenzprodukts, beispielsweise der Arbeit $\langle P \cdot \frac{\triangle X_1}{\triangle A} \rangle$.

Der Wert des Grenzprodukts der Arbeit liegt dann über dem herrschenden Geldlohnsatz. Streben die Unternehmen nach Gewinnmaximierung, werden sie mehr Arbeit nachfragen und die Beschäftigung ausdehnen (durch Überstunden oder Neueinstellungen), da ja nun wegen der gestiegenen Preise gilt:

$l_n < P \cdot \frac{\triangle X_1}{\triangle A}$.

Die zusätzliche Nachfrage nach Arbeit führt zu steigenden Lohnsätzen. Die Unternehmen werden soviel zusätzliche Arbeit nachfragen, bis wiederum gilt:

$l_n = P \cdot \frac{\triangle X_1}{\triangle A}$.

Umgekehrtes mit dem Ergebnis sinkender Lohnsätze würden gelten, wenn die Nachfrage auf einem Markt zurückgeht, die Knappheit nach diesem Gut also aufgrund veränderter Konsumentenbewertung abnimmt.

Gegen diese Art der Operationalisierung des Leistungsprinzips werden verschiedene Einwände erhoben. Zunächst ist darauf zu verweisen, daß die Verwendung des Wertgrenzproduktes als Verteilungsschlüssel eine normative Festlegung beinhaltet und insofern eine Scheinobjektivität suggeriert. Denn der Verteilungsschlüssel wird aus der Regel für gewinnmaximierende Nachfrage nach Produktionsfaktoren abgeleitet und mit dem Leistungsbeitrag der jeweiligen Produktionsfaktoren zur Produktion identifiziert. Dabei ist die Isolierung des Beitrags eines Faktors zu einer Produktion, an der mehrere Faktoren beteiligt sind, ein kaum zu lösendes Problem.[7] Auch ist es mit dieser Regel nicht möglich, die Beiträge unterschiedlicher Arbeitsleistungen (vom Werkmeister über den Facharbeiter zum Hilfsarbeiter) zur Produktion zu erfassen. Hinzu kommen Marktunvollkommenheiten in der Realität, insbesondere externe Effekte und Positionen von Marktmacht, die es Wirtschaftssubjekten erlauben, marktmachtbedingte Einkommensvorteile ohne entsprechende Marktleistung zu erlangen. Auch kann diese Art der Operationalisierung des Leistungsprinzips nicht auf die im öffentlichen Dienst Beschäftigten angewendet werden, deren Leistung sich in der Regel der Marktbewertung entzieht. Hinzu kommt, daß die Marktbewertung häufig in keinem direkten Verhältnis zum persönlichen Einsatz des Leistungsträgers steht und es als ungerecht empfunden wird, wenn mit geringem Arbeitseinsatz hohe Einkommen erzielt werden können, während hohe Arbeitseinsätze nur gering entlohnt werden. Hier spielen die institutionellen Bedingungen auf den einzelnen Arbeitsmärkten, beispielsweise die relative Verhandlungsmacht der **Tarifparteien** oder die **Arbeitsplatzbewertung** und die daran gebundene **Einstufung in Lohngruppen**, eine entscheidende Rolle bei der Erklärung von Einkommensunterschieden. Schließlich würde eine ausschließlich marktleistungsorientierte Einkommensverteilung all diejenigen ohne Einkommen lassen, die als Kranke, unfreiwillig Arbeitslose oder altersbedingt nicht mehr Erwerbstätige nicht mehr am Prozeß der Leistungserstellung teilnehmen. Insofern ist das Leistungsprinzip – wie immer es auch operationalisiert wird – um das Bedarfsprinzip zu ergänzen.

---

[7] Vgl. dazu U. Baßeler, J. Heinrich, W. Koch, Grundlagen und Probleme der Volkswirtschaft, 13. Auflage, Köln 1991, S. 636 f.

4.7.2.2 Das Bedarfsprinzip

Das Bedarfsprinzip verknüpft die Frage einer gerechten Einkommensverteilung nicht mit dem Beitrag des Wirtschaftssubjekts zur Erstellung des Sozialprodukts, sondern setzt an der Eigenschaft von Individuen und Haushalten als Konsumenten an. Die Verteilung der Einkommen wird als gerecht angesehen, wenn die Verteilung den jeweiligen Bedarf der Menschen Rechnung trägt. Hier müssen also die Bedarfe operationalisiert werden. Zwei Wege der Operationalisierung können analytisch unterschieden werden: Festlegung der Bedarfe nach objektivierbaren Merkmalen und Ermittlung der Bedarfe aus den subjektiven Bedürfnissen.[8]

Knüpft man die Bedarfe an die subjektiv empfundenen Bedürfnisse, etwa nach der bekannten Forderung „Jedem nach seinen Bedürfnissen", so würde es bald zu einer Übernachfrage nach Gütern und Übernutzung von Leistungen kommen. Auch würde die Gesellschaft auf alles verzichten müssen, was aus den Anreizwirkungen einer wie auch immer operationalisierten leistungsabhängigen Entlohnung resultiert. In dieser Interpretation des Bedarfsprinzips sind Konflikte zum Leistungsprinzip unvermeidlich, und solange Erwerbsarbeit nicht pures Vergnügen ist, würde das Regime dieser Verteilungsnorm zu gravierenden Produktionseinbußen führen. Als dem Gerechtigkeitspostulat förderliche Ergänzung des Leistungsprinzips kann das Bedarfsprinzip dienen, wenn Bedarfsunterschiede an objektivierbare Merkmale wie etwa Familiengröße oder außergewöhnlicher Bedarf infolge außergewöhnlicher Umstände, beispielsweise Krankheit, Invalidität etc., geknüpft werden. In dieser Form kann das Bedarfsprinzip eine Mindestausstattung mit Einkommen oder bestimmten für wichtig erachteten Marktgütern, wie beispielsweise Wohnung, sichern helfen. Aber es ist zu berücksichtigen, daß die Regelung der Verteilung nach einem wie auch immer operationalisierten Bedarfsprinzip nicht nur eine Verteilung unabhängig von der Leistung, sondern eben auch Verteilung des jeweils erwirtschafteten Produkts ohne Leistung bedeutet. Dieses ist aber güterwirtschaftlich nur möglich, wenn die Ansprüche derjenigen, die das Produkt erstellt haben, in gleichem Maße zurückgedrängt werden. Die politische Brisanz dieser Beziehung wird dann deutlich, wenn die Aufrechterhaltung von Verteilungsstandards nach dem Bedarfsprinzip im Rahmen der sozialen Sicherung an Finanzierungsgrenzen stößt.

Das Bedarfsprinzip wirft also vor allem das Problem der Festlegung der Bedarfe, der Bedarfskriterien sowie angesichts der Anreizproblematik die Entwicklung eines Kontrollsystems auf, welches nicht nur der Überwachung einer bedarfsorientierten Einkommensverteilung gemäß den Kriterien der Bedarfsermittlung zu dienen hätte, sondern gleichzeitig verhindern müßte, daß die Summe der bedarfsorientierten Ansprüche den Rahmen des zu verteilenden Produktes übersteigt.

4.7.2.3 Das Gleichheitsprinzip

In enger Interpretation bedeutet das Gleichheitsprinzip, daß alle Individuen bzw. Haushalte über ein gleich hohes Einkommen verfügen können. Ökonomisch mag ein solches Gleichheitspostulat mit der Nutzentheorie begründet werden, wonach die letzte Mark, die für Konsumgüter ausgegeben wird, bei armen Haushalten einen höheren Nutzenzuwachs bedeutet als bei Haushalten mit hohem Einkommen. Entsprechend würde eine Umverteilung der Einkommen bei den Reichen geringere Nutzeneinbußen, verglichen mit den Nutzenzuwächsen bei den begünstigten Armen, be-

---
[8] A. Bohnet, Finanzwirtschaft. Staatliche Verteilungspolitik, München, Wien 1989, S. 11f.

wirken, so daß die Gesellschaft insgesamt einen Wohlfahrtszuwachs erhält.[9] Diese Verteilungsnorm entkoppelt die Verteilung der Ansprüche an das Sozialprodukt nicht nur vom Beitrag zu seiner Erstellung und billigt dem Faulen den gleichen Anspruch zu wie dem Fleißigen, es nimmt auch keinerlei Rücksicht auf unterschiedliche Bedürfnisse und Bedarfe. Als dominierende Verteilungsnorm ist es deshalb weder gerecht noch praktikabel. Allerdings kann das Gleichheitsprinzip im Sinne einer gleichmäßigeren Einkommens- und Vermögensverteilung seinen Beitrag zum Gerechtigkeispostulat leisten.

Die Ausführungen zeigen, daß eine **gerechte** Einkommensverteilung nur schwer zu operationalisieren ist. Eine allgemein gültige Verteilungsnorm, die dem Anspruch einer gerechten Einkommensverteilung entspricht, gibt es nicht. Je nachdem, welche Bedeutung man den Kriterien Leistung, Bedarf oder Gleichheit beimißt, und je nachdem, wie man diese Kriterien operationalisiert, wird man unter dem Gerechtigkeitspostulat zu unterschiedlichen Einschätzungen der Einkommensverteilung bzw. Maßnahmen zu ihrer Veränderung gelangen.

Für marktwirtschaftliche Systeme gilt, daß die im Markt entstehenden Einkommen stärker vom Leistungsprinzip (mit all seinen Unvollkommenheiten) dominiert werden. Hingegen gewinnen Gleichheits- und insbesondere das Bedarfsprinzip ihre Bedeutung hinsichtlich der staatlichen Umverteilung durch Steuer- und Sozialpolitik.

4.7.3 Die Einkommensverteilung im Spiegel der Statistik

In der wissenschaftlichen Literatur wird immer wieder die unbefriedigende Informationslage bezüglich des Verteilungsproblems beklagt.[10] Eine amtliche Statistik liegt nur für die volkswirtschaftliche Gesamtrechnung vor, aus der Informationen über die funktionale Einkommensverteilung gewonnen werden. Informationen zur personellen Einkommensverteilung müssen einer Vielzahl von nach unterschiedlichen Methoden und zu unterschiedlichen Zeitpunkten durchgeführten Erhebungen entnommen werden.[11]

Man unterscheidet üblicherweise zwei Begriffspaare: Primärverteilung und Sekundärverteilung sowie funktionale und personelle Einkommensverteilung.

Primärverteilung bezieht sich auf die unmittelbar aus dem Wirtschaftsprozeß sich ergebende Verteilung, während die Sekundärverteilung die Verteilung der verfügbaren Einkommen nach Umverteilung durch den Staat (durch Abgaben und Transferzahlungen) zum Gegenstand hat.

Die **funktionale Einkommensverteilung** bezieht sich auf die Verteilungsrechnung der volkswirtschaftlichen Gesamtrechnung und teilt das Volkseinkommen nach Maßgabe der Zuordnung zu den Produktionsfaktoren Arbeit und Kapital in Einkommen aus unselbständiger Tätigkeit einerseits (Lohn und Gehalt) sowie Einkommen aus Unter-

---

[9] H.-D. Hardes, G.-J. Krol, F. Rahmeyer, A. Schmid, Volkswirtschaftslehre – problemorientiert, 19. völlig neu erarbeitete Auflage, Tübingen 1995, S. 408 ff.
[10] Vgl. dazu beispielsweise: Wirtschaftlicher und sozialer Wandel in der Bundesrepublik Deutschland. Gutachten der Kommission für wirtschaftlichen und sozialen Wandel, Göttingen 1977, S. 207. K.-W. Rothschild, Verteilungspolitik. Krise oder Abstinenz. In: Wirtschaftspolitik – kontrovers, hrsg. v. D. B. Simmert, Köln 1980, S. 492. K.-D. Bedau, Aspekte der Einkommensverteilung. In: Wirtschaftsdienst, Heft 7, 1985, S. 359.
[11] Vgl. dazu M. Euler, Erfassung und Darstellung der Einkommen privater Haushalte in der amtlichen Statistik. In: Wirtschaft und Statistik, Heft 1, 1985, S. 56 ff.

nehmertätigkeit und Vermögen (Gewinne, Zinsen, Mieten, Pachten) auf. Hingegen informiert die **personelle Einkommensverteilung** über die Höhe des Gesamteinkommens, welches Personen oder Haushalten in einer bestimmten Periode zufließt. Sie trägt der Tatsache Rechnung, daß von der Verteilung des Volkseinkommens auf die Produktionsfaktoren Arbeit und Kapital nur bedingt auf die Verteilung der Einkommen nach Haushalts- oder Personengruppen geschlossen werden kann. In aller Regel sind die Einkommen von Personen und in noch stärkerem Maße von Haushalten Mischeinkommen aus mehreren Einkommensquellen. So beziehen Arbeitnehmerhaushalte auch Vermögenseinkommen in Form von Zinseinkünften, Einkommen aus Vermietung und Verpachtung etc. und Unternehmerhaushalte auch Einkommen aus unselbständiger Tätigkeit.

4.7.3.1 Daten zur funktionalen Einkommensverteilung und Querverteilung

Die **Verteilungsmaße** der funktionalen Einkommensverteilung sind die **Lohnquote** ($\frac{L}{Y}$) und die **Gewinn-** bzw. **Profitquote** ($\frac{G}{Y}$), die in der wirtschafts- und verteilungspolitischen Diskussion, beispielsweise im Kontext stabilitätskonformer Tarifabschlüsse, eine erhebliche Rolle spielen.

Die Lohnquote mißt den Anteil der Einkommen aus unselbständiger Arbeit (L) am Volkseinkommen (Y, jeweils brutto oder netto). Entsprechend mißt die Gewinnquote den Anteil der Einkommen aus Unternehmertätigkeit und Vermögen (G) am Volkseinkommen. Tabelle 1 zeigt die entsprechenden Basiswerte für 1960 und 1988 jeweils in Mrd. DM.

Tab. 1 Sozialprodukt, Volkseinkommen und Verteilung in Mrd. DM (1960 und 1990 früheres Bundesgebiet, 1994 vereintes Deutschland)

		1960	1990	1994
BSP zu Marktpreisen		303,00	2.448,60	3.312,40
– Abschreibungen		23,63	303,01	439,45
NSP zu Marktpreisen		279,37	2.145,59	2.872,95
– (indirekte Steuern – Subventionen)		39,26	253,39	373,03
Volkseinkommen		240,11	1.892,20	2.499,92
davon entfielen auf:				
■ Einkommen aus unselbständiger Arbeit	brutto	144,39	1.317,10	1.815,00
	netto	104,89	743,55	968,87
■ Einkommen aus Unternehmertätigkeit und Vermögen	brutto	95,72	575,10	684,92
	netto	75,44	494,18	593,98

Quelle: SVR, Jahresgutachten 1995/96, Tabellen 26* und 28*, S. 378 und S. 382.

Lohnquote und Gewinnquote addieren sich zu 1 bzw. 100%. Ist die Lohnquote bekannt, kann gleichzeitig die Gewinnquote ermittelt werden. Tabelle 2 zeigt die Entwicklung verschiedener Lohnquoten zwischen 1960 und 1988.

Danach ist die **Bruttolohnquote** von 60,1% im Jahre 1960 auf 68,2% im Jahre 1988 gestiegen, nachdem sie 1981 mit 74,4% ihren höchsten Wert erreicht hatte. Bevor von diesem Anstieg vorschnell auf eine Verbesserung der Einkommensverteilung zugunsten der Arbeitnehmer geschlossen wird, sind eine Reihe von Einwänden zu bedenken.

Tab. 2a Lohnquoten in der Bundesrepublik Deutschland (früheres Bundesgebiet)

	2	3	4	5	6
Jahr	Brutto-lohnquote	bereinigte Bruttolohn-quote	Netto-lohnquote	bereinigte Netto-lohnquote	Bruttoarbeits-einkommens-quote
1960	60,1	60,1	58,2	58,2	77,9
1965	65,3	62,3	63,5	60,6	80,7
1970	68,0	62,9	63,5	58,7	81,5
1971	69,7	63,7	65,0	59,4	82,6
1972	70,3	63,9	65,6	59,6	82,7
1973	71,4	64,5	66,9	60,4	83,5
1974	73,9	66,4	69,3	62,3	86,0
1975	74,2	66,5	69,1	62,0	86,2
1976	72,9	65,0	67,2	59,9	84,2
1977	73,7	65,2	69,1	61,1	84,5
1978	72,9	64,3	67,7	59,6	83,3
1979	73,3	64,2	67,8	59,4	83,2
1980	75,8	66,3	70,2	61,4	85,8
1981	76,8	67,0	71,2	62,1	86,8
1982	76,9	67,1	70,9	61,9	87,0
1983	74,6	65,1	67,2	58,7	84,4
1984	73,4	64,0	67,4	58,8	82,9
1985	73,0	63,6	64,9	56,5	82,4
1986	72,1	62,7	63,6	55,4	81,3
1987	72,6	63,0	63,6	55,2	81,6
1988	71,5	62,0	62,4	54,1	80,3
1989	70,3	60,9	61,2	53,0	78,9
1990	69,6	60,1	60,1	51,9	77,9
1991	69,6	60,1	59,5	51,4	77,8
1992	70,8	61,1	60,5	52,2	79,1
1993	71,8	62,1	62,2	53,7	80,4
1994	70,1	60,7	58,6	50,8	78,7

4.7 Einkommensverteilung

Tab. 2b Lohnquoten in der Bundesrepublik Deutschland (verein. Deutschland)

Jahr	2 Brutto- lohnquote	3 bereinigte Bruttolohn- quote	4 Netto- lohnquote	5 bereinigte Netto- lohnquote	6 Bruttoarbeits- einkommens- quote
1991	72,5	72,5	63,5	63,5	80,0
1992	73,6	73,8	64,4	64,7	81,5
1993	74,2	74,8	65,5	66,0	82,5
1994	72,6	73,3	62,0	62,6	80,9

Legende zu Tab. 2a und Tab. 2b:
Spalte 2: Anteil der Bruttoeinkommen aus unselbständiger Arbeit am Volkseinkommen.
Spalte 3: Die Bruttolohnquote unter Annahme unveränderter Beschäftigungsstruktur (Basisjahr ist 1960 (Tab 2a) bzw. 1991 (Tab. 2b)).
Spalte 4: Anteil der Nettoeinkommen aus unselbständiger Arbeit am um alle Abgaben verminderten Volkseinkommen.
Spalte 5: Die Nettolohnquote unter Annahme unveränderter Beschäftigungsstruktur (Basisjahr 1991).
Spalte 6: Anteil der Arbeitseinkommen der abhängig Beschäftigten, ergänzt um ein kalkulatorisches Arbeitseinkommen der Selbständigen (entsprechend dem Durchschnittseinkommen der Unselbständigen), am Volkseinkommen.

Werte errechnet nach: SVR, Jahresgutachten 1995/96, Tabellen 21* und 28*, S. 369 und 382.

Zunächst sei darauf hingewiesen, daß in der Vergangenheit ein erheblicher Beschäftigtenstrukturwandel von den Selbständigen hin zu den Unselbständigen stattgefunden hat. Der Anteil der abhängig Beschäftigten an der Gesamtzahl der Erwerbstätigen betrug im Jahre 1950 68,4%, 1960 76,7% und 1988 87,6%. Dieser Beschäftigungsstrukturwandel würde selbst bei unveränderter Höhe der jeweiligen Durchschnittseinkommen zu einem Anstieg der Einkommen aus unselbständiger Arbeit und damit der Bruttolohnquote geführt haben. Da sich also in die höhere Bruttolohnquote des Jahres 1988 auch mehr abhängig Beschäftigte teilen, kann aus dem Anstieg nicht ohne weiteres auf eine Verbesserung der Verteilungsposition der abhängig Beschäftigten geschlossen werden. Entsprechend verteilt sich das Einkommen aus Unternehmertätigkeit und Vermögen auf weniger Selbständige. Um diesen Beschäftigtenstruktureffekt zu berücksichtigen, berechnet man die sogenannten **beschäftigtenstrukturbereinigten Lohnquoten** – brutto oder netto (Tabelle 2, Spalten (3) und (5)). Die beschäftigtenstrukturbereinigten Quoten beschreiben die relative Entwicklung der durchschnittlichen Einkommen je Arbeitnehmer bei angenommener konstanter Beschäftigtenstruktur eines Basisjahres, hier des Jahres 1960. Die beschäftigtenstrukturbereinigte Bruttolohnquote der zweiten Hälfte der 80er Jahre entspricht in etwa der der 60er Jahre. Dies würde eher für eine Konstanz der Verteilungsrelation sprechen. Tabelle 2 zeigt, daß die Nettolohnquote ebenso hinter dem Niveau der Bruttolohnquote zurückgeblieben ist, wie die beschäftigtenstrukturbereinigte Nettolohnquote hinter der beschäftigtenstrukturbereinigten Bruttolohnquote. Da die Differenz zwischen den entsprechenden Brutto- und **Nettolohnqoten** auf direkte Steuern und Beiträge zur Sozialversicherung zurückzuführen sind, kommt hierin die relativ stärkere Belastung der Einkommen aus unselbständiger Arbeit zum Ausdruck. Denn bei gleichmäßiger Belastung der Einkommen aus unselbständiger Arbeit und der Einkommen aus Unternehmertätigkeit und Vermögen mit Abgaben würden die entsprechenden Brutto- und Nettolohnquoten übereinstimmen.

Brutto- und Nettolohnquoten beziehen Arbeitseinkommen allein auf unselbständig Beschäftigte und vernachlässigen, daß auch Selbständige arbeiten und zumindest kalkulatorisch ein – statistisch nicht ausgewiesenes – Arbeitseinkommen in Rechnung zu stellen ist. Dies wird in der **Bruttoarbeitseinkommensquote** berücksichtigt, die zum Bruttoeinkommen der Arbeitnehmer ein rechnerisches Einkommen der Selbständigen hinzuaddiert und den Anteil der Summe dieser Arbeitseinkommen am Volkseinkommen mißt. Das rechnerische Arbeitseinkommen der Selbständigen wird ermittelt, indem für Selbständige das Durchschnittseinkommen der Arbeitnehmer angesetzt wird.

Bei allen Quoten ist zu berücksichtigen, daß es sich um hochaggregierte Größen handelt. Insbesondere ist darauf zu verweisen, daß hohe und höchste Einkommen in Staat und Wirtschaft, beispielsweise von Spitzenpolitikern und Managern, in der Lohnquote verbucht sind, während die gerade ihr Existenzminimum erwirtschaftenden, in ihrer ökonomischen Existenz gefährdeten kleinen Selbständigen dem Einkommen aus Unternehmertätigkeit und Vermögen zugerechnet werden. Spitzenverdiener bei den Unselbständigen heben die Durchschnittseinkommen aus unselbständiger Arbeit, Selbständige mit geringem Einkommen senken die Durchschnittseinkommen aus Unternehmertätigkeit und Vermögen.

Das Verteilungsproblem besteht also nicht nur als Konflikt zwischen den Quoten, sondern auch als ein Problem der Verteilung der Einkommen innerhalb der jeweiligen Quoten. Einen Anhaltspunkt über die Streuung der in der Lohnquote zusammengefaßten Einkommen aus unselbständiger Arbeit gibt Tabelle 3, die Informationen zu den Arbeitseinkommen von Arbeitern und Angestellten – differenziert nach Geschlecht – in ausgewählten Industriezweigen enthält.

Schließlich ist darauf hinzuweisen, daß die Verteilung des Einkommens auf die Produktionsfaktoren Arbeit und Kapital nicht mit der Verteilung der Einkommen auf Selbständigen- und Unselbständigenhaushalte gleichgesetzt werden darf, da sich das Haushaltseinkommen aus mehreren Quellen zusammensetzt. Arbeitnehmer beziehen Zinserträge oder Einkünfte aus Vermietung und Verpachtung, die die funktionale Einkommensverteilungsmessung der Gewinnquote zurechnet. Selbständigenhaushalte beziehen auch Einkommen aus unselbständiger Tätigkeit. Dies ist die sogenannte **Querverteilung**, und je größer diese Querverteilung ist, umso mehr verlieren die Informationen zur funktionalen Einkommensverteilung den Bezug zu bestimmten sozialen Gruppen.

Tabelle 4 zeigt die durchschnittliche Höhe der Vermögenseinkommen für unterschiedliche Haushaltsgruppen 1970 und 1988.

Tabelle 5 gibt Informationen über die Bedeutung der Querverteilung für unterschiedliche Haushaltsgruppen für das Jahr 1988 und zeigt gleichzeitig die jeweilige Bedeutung der Transfereinkommen, indem die Anteile verschiedener Einkommensquellen am Bruttoeinkommen der jeweiligen Haushalte ausgewiesen werden.

Tab. 3 Durchschnittliche Bruttomonatsverdienste von Arbeitern und Angestellten nach Industriezweigen und Geschlecht 1993 in DM (früheres Bundesgebiet)

	Arbeiter			Angestellte		
	insges.	männl.	weibl.	insges.	männl.	weibl.
Mineralölverarbeitung	5.457	5.489	3.855	7.076	7.602	5.345
Druckerei, Vervielfältigung	4.504	4.764	3.415	5.538	6.216	4.297
chemische Industrie	4.334	4.546	3.236	5.964	6.544	4.802
Straßenfahrzeugbau	4.291	4.378	3.493	6.507	6.940	4.811
Stahl- und Leichtmetallbau	4.277	4.302	3.193	5.744	6.258	4.085
Masch.- und Lokomotivbau	3.999	4.074	3.105	5.741	6.235	4.154
Steinkohlebergbau	3.935	3.935	–	6.188	6.425	4.411
Glasherst. und -verarbeitung	3.814	3.996	2.722	5.166	5.697	3.870
Elektrotechnik	3.629	3.979	3.014	6.161	6.640	4.533
Papierverarbeitung	3.562	3.893	2.762	5.117	5.758	3.892
Herst. v. Kunststoffwaren	3.486	3.748	2.730	5.173	5.762	3.883
Textilgewerbe	3.198	3.525	2.699	4.739	5.326	3.793
Bekleidungsgewerbe	2.690	3.383	2.557	4.323	5.171	3.713

Quelle: Statistisches Bundesamt, Statistisches Jahrbuch 1994 für die Bundesrepublik Deutschland, Wiesbaden 1994, Tabellen 22.3.1, 22.3.3 und 22.7.3, S. 599 ff. und S. 613 ff.

Die Tabellen 4 und 5 enthalten bereits Informationen zur personellen Einkommensverteilung. Für die Verteilungsposition der Haushalte ist nicht nur relevant, daß Unselbständigenhaushalte Vermögenseinkommen beziehen und Selbständigenhaushalte auch Einkommen aus unselbständiger Tätigkeit (Querverteilung). Hinzu kommt, daß für die Verteilungsposition letztlich nicht die Bruttoeinkommen, sondern die **verfügbaren Einkommen** maßgeblich sind. Aus den Bruttoeinkommen sind direkte Steuern und Beiträge zur Sozialversicherung zu entrichten. Sie senken das verfügbare Einkommen. Andererseits erhalten Haushalte Einkommensübertragungen in Form von Renten, Pensionen, Sozialhilfe, Wohngeld etc. (allgemein: **Transfereinkommen**, vgl. Tabelle 5). Die sich aus dem Wirtschaftsprozeß unmittelbar ergebende **Primärverteilung** unterliegt der staatlichen Umverteilung vor allem durch Steuer- und Sozialpolitik. Die Einkommensverteilung nach staatlicher Umverteilung durch Steuer- und Sozialpolitik bezeichnet man als **Sekundärverteilung**. Sie ist für die personelle Einkommensverteilung maßgeblich.

4.7.3.2 Personelle Einkommensverteilung

Die personelle Einkommensverteilung fragt also nach der Höhe des Gesamteinkommens, welches Personen oder Haushalten unabhängig von der Einkommensquelle (ob Leistungs- oder Transfereinkommen, ob Einkommen aus Arbeit, aus Unternehmertätigkeit oder Vermögen) nach Umverteilung durch den Staat in einer bestimmten Periode zufließt.

Tab. 4 Vermögenseinkommen nach Haushaltsgruppen p. a. 1970 bis 1993 (1970-1989 früheres Bundesgebiet, 1993 vereintes Deutschland)

Haushaltsgruppe	1970	1980	1989	1993
	in DM je Haushalt			
alle Haushalte	1.025	2.875	4.499	5.379
Landwirte	1.266	4.045	6.758	9.299
sonst. Selbständige	2.178	8.655	15.079	17.752
Beamte	972	2.697	4.017	5.176
Angestellte	1.046	2.885	4.402	5.014
Arbeiter	618	1.758	2.631	2.973
Arbeitslose	333	796	1.067	1.097
Rentner	819	2.434	3.719	4.350
Pensionäre	1.005	2.963	4.614	6.450
sonst. Personen*	1.814	4.589	6.258	11.029

* Nichterwerbstätige mit überw. Lebensunterhalt durch Vermögenseinkommen, Stipendien, Übertragungen u. ä.

Quelle: Die Vermögenseinkommen der privaten Haushalte im Jahr 1989. DIW-Wochenbericht Nr. 30/90, S.420-426, hier S.424; Die Vermögenseinkommen der privaten Haushalte 1993. DIW-Wochenbericht Nr. 24/94, S.405-411, hier S.410.

Ein häufig verwendetes Maß zur Messung der personellen Einkommensverteilung ist die sog. Lorenz-Kurve. Sie wird in ein Boxdiagramm eingetragen, welches auf der Senkrechten die Einkommensprozentanteile von 0% bis 100% abträgt und auf der Waagrechten die kumulierten Haushaltsanteile von 0% bis 100%. Die Diagonale stellt eine Linie der Gleichverteilung dar, bei der beispielsweise 25% der Haushalte über 25% des Einkommens, 50% der Haushalte über 50% des Einkommens etc. verfügen würden. Abbildung 1 zeigt für das Jahr 1988 die Einkommensverteilung vor und nach Umverteilung für den Durchschnitt aller Haushalte. Sie veranschaulicht den Effekt der Umverteilung.

Je größer die Fläche zwischen der Diagonalen und den empirisch ermittelten Lorenz-Kurven, umso ungleicher ist die Einkommensverteilung. Wie sich die Verteilung der verfügbaren Einkommen nach ausgewählten Haushaltsgruppen für das Jahr 1988 darstellt, veranschaulicht die Abbildung 2.

Als Maß für die relative (Un-)Gleichheit der personellen Einkommensverteilung wird der **Gini-Koeffizient** verwendet, der den Anteil der Fläche zwischen Lorenz-Kurve und Gleichverteilungslinie an der Gesamtfläche unterhalb der Gleichverteilungslinie mißt. Ein Koeffizient von 0 bedeutet völlige Gleichverteilung, d. h. die Lorenz-Kurve fällt mit der Diagonalen zusammen. Ein (nur theoretisch denkbarer) Koeffizient von 1 stellt das entgegengesetzte Extrem dar, bei dem das gesamte Einkommen nur einem einzigen Haushalt zufließen würde. Für 1978 ergab sich für die Haushaltsnettoein-

4.7 Einkommensverteilung

Tab. 5 Anteil der Einkommensarten am Bruttoeinkommen in der Bundesrepublik Deutschland 1992 (früheres Bundesgebiet)

Haushaltsgruppen	Bruttoeinkommen aus unselbständiger Arbeit	Bruttoeinkommen aus Unternehmertätigkeit und Vermögen	Transfereinkommen
	Anteil am gesamten Bruttoeinkommen i. v. H.		
alle Haushalte	56,2	23,4	20,4
Landwirte	28,5	57,8	13,7
sonst. Selbständige	10,6	81,2	8,2
Beamte	82,3	8,4	9,3
Angestellte	86,2	8,0	5,8
Arbeiter	85,8	7,5	6,7
Arbeitslose	26,1	7,8	66,1
Rentner	11,6	25,4	63,0
Pensionäre	7,7	16,8	75,4

Quelle: Das Einkommen sozialer Haushaltsgruppen in Westdeutschland im Jahre 1992. DIW-Wochenbericht Nr. 45/94, S. 796-778, hier S. 771.

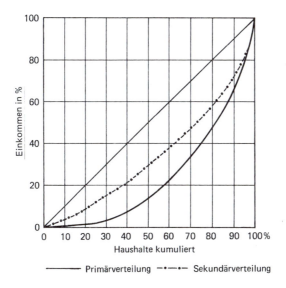

Abb. 1 Lorenzkurve vor und nach staatlicher Umverteilung 1992
Daten berechnet nach: Das Einkommen sozialer Haushaltsgruppen in Westdeutschland im Jahre 1992. DIW-Wochenbericht Nr. 45/94, S. 769–778, hier Tabelle 3, S. 777.

kommen ein Gini-Koeffizient von 0,31.[12] Der entsprechende Koeffizient für das Jahr 1988 hat einen Wert von 0,33 (vgl. Tabelle 6). Die Ungleichheit der Verteilung der Haushaltsnettoeinkommen im Durchschnitt aller Haushalte hat also etwas zugenommen. Tabelle 6 zeigt gleichzeitig die Wirkungen der Umverteilung im Jahre 1988.

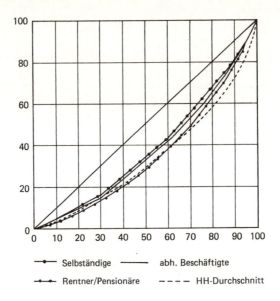

Abb. 2 Verteilung des verfügbaren Einkommens sozialer Gruppen (1992)
Daten berechnet nach: Das Einkommen sozialer Haushaltsgruppen in Westdeutschland im Jahre 1992. DIW-Wochenbericht Nr. 45/94, S. 769-778, hier Tabelle 3, S. 777.

Im Durchschnitt aller Haushalte bewirkte die Umverteilung 1988 einen geringeren Abstand von der Gleichverteilung (von 0,53 auf 0,33). Dies gilt jedoch nicht für alle Haushaltsgruppen. Insbesondere für Angestelltenhaushalte wuchs der Abstand zur Gleichverteilung nach Umverteilung, während dieser Abstand für Beamten- und Arbeiterhaushalte abnahm.

Eine andere informative Darstellung der personellen Einkommensverteilung liefert Abbildung 3. Sie zeigt die Unterschiede in den Häufigkeiten auf, mit denen verschiedene soziale Gruppen bestimmte Einkommensklassen besetzen.

Danach stehen Rentner- und Arbeiterhaushalte am unteren Ende der Einkommenshierarchie, gefolgt von Angestellten- und Beamtenhaushalten und – mit großem Abstand – den Selbständigenhaushalten, die sich überwiegend auf hohe und höchste Einkommensklassen verteilen.

Abschließend sei in Tabelle 7 noch die Verteilung des verfügbaren Einkommens auf soziale Gruppen und ihre Entwicklung zwischen 1972 und 1992 dargestellt. Wir tun dies mit Hilfe eines Quotienten, der den Prozentanteil der jeweiligen Gruppe am

---

[12] D. Hardes et al. a.a.O., S. 282.

4.7 Einkommensverteilung

Tab. 6 Gini-Koeffizienten der Einkommensverteilung im früheren Bundesgebiet 1992

Haushaltsgruppe	Primärverteilung	Sekundärverteilung
alle Haushalte	0,52	0,34
Landwirte	0,25	0,24
sonst. Selbständige	0,25	0,26
Beamte	0,32	0,26
Angestellte	0,32	0,28
Arbeiter	0,31	0,24
Arbeitslose		0,28
Rentner		0,25
Pensionäre		0,23

Errechnet nach: Das Einkommen sozialer Haushaltsgruppen in Westdeutschland im Jahre 1992. DIW-Wochenbericht Nr. 45/94, S. 796-778, hier Tabelle 3, S. 772 ff.

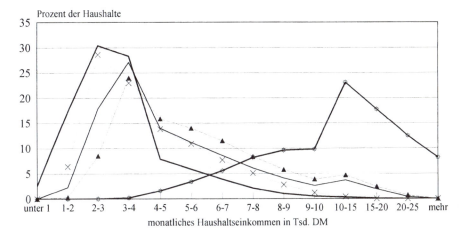

Abb. 3 Häufigkeitsverteilung der verfügbaren Einkommen von Haushaltsgruppen 1992
Quelle: Das Einkommen sozialer Haushaltsgruppen in Westdeutschland im Jahre 1992. DIW-Wochenbericht Nr. 45/94, S. 769–778, hier S. 772 ff. Bezüglich der Kurvendarstellung ist zu berücksichtigen, daß nur die auf der Abszisse angegebenen Einkommensklassen besetzt sind.

jeweiligen Einkommen in Beziehung setzt zum prozentualen Anteil dieser Gruppe an der Summe aller Haushalte.

Die Werte besagen, daß beispielsweise 1992 die Selbständigenhaushalte (außerhalb der Landwirtschaft) einen – verglichen mit ihrem Anteil an den Haushalten – 2,93 mal so hohen Anteil am verfügbaren Einkommen hatten, während der Anteil der Arbeitslosenhaushalte am verfügbaren Einkommen nur gut die Hälfte ihres Anteils an den

Tab. 7 Anteilspositionen* sozialer Haushaltsgruppen am verfügbaren Einkommen in der Bundesrepublik Deutschland (1992 früheres Bundesgebiet)

Haushaltsgruppe	1972	1982	1988	1992
Landwirte	1,46	1,33	1,16	1,26
sonst. Selbständige	2,72	1,75	3,38	2,93
Beamte	1,27	1,36	1,19	1,24
Angestellte	1,11	1,19	1,08	1,08
Arbeiter	0,89	0,99	0,86	0,86
Arbeitslose	0,65	0,63	0,54	0,61
Rentner	0,61	0,72	0,65	0,70
Pensionäre	0,88	1,05	0,98	1,06

* Quotient aus dem Anteil der jeweiligen Einkommen am verfügbaren Einkommen aller privaten Haushalte und dem Anteil der jeweiligen Haushalte an der Summe aller privaten Haushalte.

Berechnet nach: Veronika Spies u. Mitarb., Verfügbares Einkommen nach Haushaltsgruppen. Revidierte Ergebnisse der Volkswirtschaftlichen Gesamtrechnungen für die Jahre 1972 bis 1991. In: Wirtschaft und Statistik, Heft 7/1992, S. 418-430, hier S. 420 und S. 428 (für 1972 und 1982); Das Einkommen sozialer Haushaltsgruppen in der Bundesrepublik Deutschland 1988. DIW-Wochenbericht Nr. 22/90, S. 304-313, hier S. 307 ff.; Das Einkommen sozialer Haushaltsgruppen in Westdeutschland im Jahre 1992. DIW-Wochenbericht Nr. 45/94, S. 769-778, hier S. 772 ff.

Haushalten beträgt. Der „Idealwert" im Sinne einer Gleichverteilung **zwischen** Gruppen liegt bei 1, d. h. der Anteil der Gruppe an der Summe der verfügbaren Einkommen entspricht genau dem Anteil der Gruppen der Summe aller Haushalte. Tabelle 7 zeigt im Vergleich der Jahre 1972 zu 1992, daß die Selbständigen-, Pensionärs- und Rentnerhaushalte ihren relativen Anteil am verfügbaren Einkommen erhöhen konnten, während die relativen Anteile der Landwirte zurückgingen. Bezogen auf die Anteilspositionen 1992 entfielen vor allem auf Arbeitslosen-, Rentner- und Arbeiterhaushalte unterproportionale Anteile, während vor allem Selbständigen- und Beamtenhaushalte überproportionale Anteile am verfügbaren Einkommen hatten.

4.7.4 Ansatzpunkte zur Veränderung der Einkommensverteilung

Im Rahmen dieses knappen Überblickes ist es sinnvoll, auch hinsichtlich der Ansatzpunkte zur Änderung der Einkommensverteilung nach funktionaler und personeller Einkommensverteilung zu unterscheiden. Wir konzentrieren uns dabei auf die Strategien, die unmittelbar auf eine Veränderung der Einkommensverteilung abzielen; die Lohnpolitik im Rahmen der Tarifautonomie und die staatliche Umverteilungspolitik durch Abgaben und Transfers. Nicht behandelt werden Strategien, die auch durchaus erwünschte Wirkungen auf die Einkommensverteilung haben können, wie beispielsweise eine konsequente Wettbewerbspolitik, die Positionen von Marktmacht verhindert oder abbaut und damit die Entstehung oder Verteidigung marktmachtbedingter Einkommen erschwert, oder gezielte bildungspolitische Maßnahmen, die die relative

Einkommensposition bisher Benachteiligter verbessern können.[13] Schließlich ist darauf hinzuweisen, daß fast alle wirtschaftspolitischen Maßnahmen Verteilungswirkungen haben, und es sind gerade diese Verteilungswirkungen, die eine rationale Wirtschaftspolitik erschweren.

4.7.4.1 Lohnpolitik im Spannungsfeld von Umverteilung und Stabilität

Ein zentraler Ansatzpunkt zur Veränderung der Einkommensverteilung liegt in der Lohnpolitik. Die Lohnhöhe wird maßgeblich durch das Ergebnis von Tarifverhandlungen im Rahmen der Tarifautonomie bestimmt.[14] Die Veränderung der Lohnsätze ist ein zentraler Bestandteil von Tarifverträgen, die so den Verteilungskonflikt auf Zeit regeln (nicht lösen).

Die Verteilungswirkungen der im Rahmen der Tarifautonomie zwischen Gewerkschaften und Arbeitgeberverbänden fixierten Lohnsätze lassen sich durch Umformulierung der Lohnquote (LQ) verdeutlichen:

$$\text{Lohnquote (LQ)} = \frac{L}{Y};$$

$L = l \cdot AStd. = $ Lohnsatz $\times$ Arbeitsstunden
$Y = Yr \cdot P = $ reales Sozialprodukt $\times$ Preisniveau

$$LQ = \frac{l \cdot AStd.}{Yr \cdot P} \text{ und wegen: } \frac{Yr}{AStd.} = \text{Arbeitsproduktivität (AP)}$$

$$LQ = \frac{l}{AP \cdot P} = \frac{1}{P} \cdot \frac{l}{AP}$$

Danach ist die Lohnquote abhängig vom volkswirtschaftlich durchschnittlichen Lohnsatz (l), von der Arbeitsproduktivität (AP) und dem Preisniveau (P). Im Rahmen der Tarifautonomie wird über die Lohnsätze, nicht aber über Arbeitsproduktivität und Preisniveau verhandelt. Dabei treten die Gewerkschaften – strukturbedingt – als Forderungsorganisation auf. Diese Rolle müssen sie in dem Maße übernehmen, wie Produktivitätsfortschritte auf den Gütermärkten nicht über sinkende Güterpreise an die Konsumenten weitergegeben werden. Die Verteilungswirkungen der Lohnabschlüsse lassen sich aus der obigen Definition ableiten.

- Die Lohnquote bleibt konstant, wenn die Lohnsätze bei stabilem Preisniveau genauso stark steigen wie die Arbeitsproduktivität.

---

[13] Vgl. dazu beispielsweise P. de Wolff and A. v. Slüpe, The Relation between Income, Intelligence Education und Social Background. In: European Economic Review, no. 4, 1973, S. 235–264. Diese empirische Untersuchung weist der Erziehung und der Ausbildung den größten Einfluß für die Erklärung von Einkommensunterschieden zu. Helberger stützt dieses Ergebnis, wenn er für das Nettolebenseinkommen nach Bildungsabschlüssen eine Rangfolge ermittelt, die – das Nettolebenseinkommen eines männlichen Hauptschulabsolventen gleich 100 gesetzt – dem Realschulabschluß 115, der Hochschulreife 131, dem Universitätsabschluß 185 Indexpunkte zuweist, dem ohne Hauptschulabschluß ins Erwerbsleben Tretenden aber nur 92 Indexpunkte. C. Helberger, a.a.O., S.354.

[14] Auf die Differenz zwischen Tarif- und Effektivlöhnen (Lohndrift, deren Höhe marktlagenabhängig ist) wird hier nicht eingegangen.

- Die Lohnquote steigt, wenn die Lohnsätze bei stabilem Preisniveau stärker steigen als die Arbeitsproduktivität.
- Die Lohnquote sinkt, wenn die Lohnsätze bei stabilem Preisniveau geringer steigen als die Arbeitsproduktivität.

Eine verteilungsaktive Lohnpolitik, die nicht nur eine angemessene Beteiligung am Wirtschaftswachstum will, sondern Umverteilung, gemessen an einem Anstieg der Lohnquote, müßte demnach Lohnerhöhungen durchsetzen, die den Produktivitätsfortschritt übersteigen. Bei näherer Betrachtung zeigt sich aber, daß selbst wenn es gelingt, solche Lohnerhöhungen auf den Arbeitsmärkten durchzusetzen, das kurzfristig erreichte Verteilungsergebnis mittelfristig über die Gütermärkte (ganz oder teilweise) wieder korrigiert wird, verbunden mit Zieleinbußen bei Geldwertstabilität und/oder hohem Beschäftigungsstand. Die gesamtwirtschaftliche Problematik einer verteilungsaktiven Nominallohnpolitik kann am Beispiel eines stark vereinfachten Modells verdeutlicht werden.

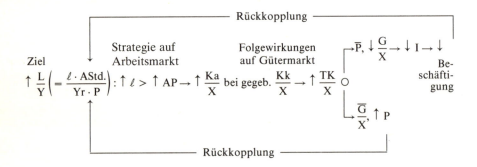

Nehmen wir an, daß es den Gewerkschaften im Rahmen von Tarifverhandlungen gelungen sei, Lohnerhöhungen durchzusetzen, die im volkswirtschaftlichen Durchschnitt insgesamt den Anstieg der Arbeitsproduktivität übersteigen ($\uparrow l > \uparrow AP$). Dann folgt daraus eine Erhöhung der Lohnquote, **wenn** das Preisniveau stabil bleibt. **Ob** das Preisniveau stabil bleibt, läßt sich nur mittels Theorie beantworten. Diese Lohnerhöhung führt nämlich zu steigenden Arbeitskosten pro Stück $\langle \frac{Ka}{X} \rangle$ und unter Annahme gegebener Kapitalkosten pro Stück $\langle \frac{Kk}{X} \rangle$ zu steigenden totalen Kosten pro Stück $\langle \frac{Tk}{X} \rangle$. Auf diese Stückkostenerhöhung können die Anbieter auf den Gütermärkten in analytischer Unterscheidung nun zweifach reagieren.

1. Die Unternehmen können versuchen, ihre Gewinne pro Stück $\langle \frac{G}{X} \rangle$ zu verteidigen, indem sie die Stückkostenerhöhung auf die Preise abwälzen. In diesem Falle steigt das Preisniveau. Eine Erhöhung des Preisniveaus wirkt aber auf den Nenner der Lohnquote zurück. Die Lohnquote sinkt bei gegebener kontraktbestimmter Höhe des Zählers mit der (inflationären) Erhöhung des Nenners.
2. Lassen die Marktverhältnisse eine Überwälzung der gestiegenen Gesamtkosten pro Stück nicht zu, bleibt das Preisniveau also stabil, müssen die Unternehmen Stückgewinneinbußen hinnehmen, die auf längere Sicht zu sinkenden Investitionen und sinkenden Beschäftigungsvolumen führen. Sinkendes Beschäftigungsvolumen korrigiert wiederum die auf den Arbeitsmärkten erstrittene Lohnquotenerhöhung, indem der Zähler, die Anzahl der beschäftigten Arbeitsstunden (AStd.), sinkt. Die Arbeitnehmer verlieren an der Menge (Beschäftigungsvolumen), was sie am

4.7 Einkommensverteilung 373

Preis (dem Lohnsatz) „zu viel" erstritten haben. Hiernach kann eine anhaltende und nachhaltige Umverteilung der Einkommen zugunsten der Einkommen aus unselbständiger Arbeit mittels Lohnpolitik nicht gelingen.[15]

Diese Zusammenhänge machen deutlich, daß der Verteilungskampf via aktiver Nominallohnpolitik zwar auf den Arbeitsmärkten eröffnet, aber erst unter Einbeziehung der Preis- bzw. Investitions- und Beschäftigungsreaktionen auf den Gütermärkten entschieden wird. Preis- und Investitionsreaktionen korrigieren das auf den Arbeitsmärkten vermeintlich erreichte Verteilungsergebnis und beeinträchtigen gleichzeitig die stabilitätspolitischen Ziele. Diese Zusammenhänge veranlaßten den Sachverständigenrat zur Begutachtung der gesamtwirtschaftlichen Entwicklung zu der Aussage, daß der Verteilungskampf mittels aktiver Nominallohnpolitik nicht nur im Hinblick auf das angestrebte Umverteilungsziel funktionslos sei, sondern wegen Gefährdung der Stabilitätsziele, insbesondere Preisniveaustabilität einerseits und Vollbeschäftigung bzw. Wirtschaftswachstum andererseits, Schäden für Dritte verursache.[16] Diese Argumente stellen den Kostenaspekt von Lohnerhöhungen in den Mittelpunkt, wobei in der Realität weitere kostenbe- bzw. kostenentlastende Effekte zu berücksichtigen sind.[17]

Aber auch eine Analyse der **Nachfragewirkungen** einer den Fortschritt der Arbeitsproduktivität übersteigenden Lohnerhöhung gibt interessante Einsichten. Steigen die Lohnsätze im volkswirtschaftlichen Durchschnitt stärker als die Arbeitsproduktivität, so heißt das, daß – ausgehend von einem Marktgleichgewicht – die gesamtwirtschaftliche Nachfrage zu den gegebenen Preisen das Güterangebot übersteigt, wenn der gesamte Einkommensanstieg wie bisher auf Konsum und Ersparnis aufgeteilt wird. D. h., daß selbst bei intensivem Preiswettbewerb, bei Fehlen von Preissetzungsmacht, bei ausschließlicher Determinierung der Güterpreise durch die Angebots- und Nachfragekonstellationen auf den Gütermärkten, die Preise steigen würden, wenn die abhängig Beschäftigten ihr so gestiegenes Einkommen für Käufe von Konsumgütern verwendeten. Diese Preiserhöhungen können im Kreislaufzusammenhang nur dadurch ausgeschlossen werden, daß die durch die Lohnerhöhung Begünstigten den Teil des Einkommenszuwachses, der den Fortschritt der Arbeitsproduktivität übersteigt, sparen. Tun sie es nicht, kommt es zu einem Anstieg des Preisniveaus, und die auf den Arbeitsmärkten erstrittene Lohnquotenerhöhung wird ganz oder zum Teil korrigiert. Eine notwendige, wenn auch nicht hinreichende Bedingung für den Erfolg des Umverteilungsanspruchs zugunsten der Einkommen aus unselbständiger Arbeit ist also **zusätzlich** Ersparnis bzw. Vermögensbildung, auf die hier nicht eigenständig eingegangen werden kann. Hervorzuheben ist hier aber, daß die Gewerkschaften sich

---

[15] Auch die Berücksichtigung anderer gesamtwirtschaftlicher Kostendeterminanten wie Veränderungen der terms of trade, der Kapazitätsauslastung, Zinsen und Abschreibungen, können die Aussage zwar modifizieren, aber nicht grundsätzlich in Frage stellen. Sie haben den Sachverständigenrat zur Entwicklung lohnpolitischer Konzepte geführt, die in Form der produktivitätsorientierten und kostenniveauneutralen Lohnpolitik dem Ziel der Preisniveaustabilität untergeordnet und nach der Beschäftigungskrise Mitte der 70er Jahre mit der beschäftigungsorientierten Lohnpolitik dem Vollbeschäftigungsziel verpflichtet wurden. Vgl. dazu auch H.-D. Hardes et al., a. a. O., S. 297 ff.
[16] Vgl. dazu beispielsweise Jahresgutachten 1972 des Sachverständigenrates zur Begutachtung der gesamtwirtschaftlichen Entwicklung, 5. Kapitel, Ziffern 437 ff., insbesondere Zi. 438.
[17] Vgl. Fußnote 1, S. 24. Der Sachverständigenrat verwendet zur Operationalisierung der Kostenniveauneutralität die Reallohnposition. Vgl. dazu beispielsweise auch U. Baßeler et al., a. a. O., S. 638 ff.

mit einer Stärkung der vermögenspolitischen Komponente im Rahmen einer auf Umverteilung abzielenden Lohnpolitik (beispielsweise mit Investivlohnmodellen) schwertun. Hierzu trägt sicherlich wesentlich bei, daß Gewerkschaften als Massenorganisationen mit freiwilliger Mitgliedschaft auf die (potentiellen) Mitglieder Rücksicht nehmen müssen, die vor allem an der Erhöhung ihres kurzfristig konsumierbaren Einkommens interessiert sind. Wenn andererseits aber der Umverteilungsanspruch nur über zusätzliche Ersparnis- und Vermögensbildung realisiert werden kann, sollten diejenigen vermögenspolitische Konzepte entwickeln und ihre Umsetzung fördern, die an einer Veränderung der Verteilung interessiert sind. Insofern muß das geringe Gewicht der Vermögensbildung in der gewerkschaftlichen Politik und Programmatik überraschen.

4.7.4.2 Beeinflussung der personellen Einkommensverteilung durch den Staat

Die staatliche Umverteilung will die primäre Verteilung der Erwerbseinkommen, wie sie sich im Wirtschaftsprozeß ergeben, in eine gleichmäßigere Verteilung der verfügbaren Nettoeinkommen auf Personen und Haushalte überführen. Hinzu kommen spezielle sozialpolitische Zielsetzungen.

Einkommensumverteilung durch den Staat findet statt als **interpersonelle** Umverteilung und als **intertemporale** Umverteilung. Interpersonelle Umverteilung verbessert die Einkommensposition von Personen oder Haushalten mit geringem Einkommen zu Lasten der Bezieher höherer Einkommen. Intertemporale Umverteilung stellt darauf ab, daß gegenwärtig über die Verfügung von Einkommensteilen aus laufendem Einkommen zugunsten zukünftigen Einkommens verzichtet wird. Hier steht i.d.R. das Ziel der **sozialen Gerechtigkeit** im Mittelpunkt. Diese ist **während** des Erwerbslebens durch die Risiken des Einkommensausfalls infolge Krankheit, Unfall oder Arbeitslosigkeit bedroht. **Nach** Ausscheiden aus dem Erwerbsleben entfällt das Leistungseinkommen. Hierfür wird ein Anspruch auf Transfereinkommen erworben (z.B. Altersrenten), dessen Höhe u.a. von den eigenen Finanzierungsleistungen in der Vergangenheit abhängt. Gesamtwirtschaftlich und güterwirtschaftlich ist allerdings zu beachten, daß aller Sozialaufwand aus dem Sozialprodukt der laufenden Periode zu bestreiten ist. So müssen beispielsweise die Ansprüche der Renten an das laufende Sozialprodukt von einer entsprechenden Reduzierung der Ansprüche derjenigen begleitet sein, die dieses Sozialprodukt erstellen, wenn die Summe der Ansprüche nicht permanent die Möglichkeiten zu ihrer Befriedigung übersteigen soll, wenn also ein inflationärer Preisauftrieb mit seinen besonders unsozialen Verteilungswirkungen vermieden[18] werden soll. Dies ist der Grund, weshalb die gegenwärtig erwerbstätige Generation (z.B. durch Beiträge zur Sozialversicherung) die Versorgung der nicht mehr Erwerbstätigen (durch Transferzahlungen in Form von Renten) ebenso sichern muß, wie letztere in ihrem erwerbstätigen Leben die Versorgung der damals nicht mehr oder noch nicht Erwerbstätigen übernommen haben. Dies ist die **intergenerative** Umverteilung, wie sie im Begriff des sog. **Generationsvertrags** zum Ausdruck kommt. Obwohl durch die Bindung der Rentenhöhe auch an die eigenen Beitragsleistungen der Vergangenheit der Eindruck einer intertemporalen Umverteilung entsteht, muß klar gesehen werden, daß das Rentensystem ökonomisch auf einer interpersonellen Umverteilung von den Erwerbstätigen hin zu den nicht mehr Er-

---

[18] Vgl. zu den Verteilungswirkungen der Inflation die sehr detaillierte Analyse von D. Fricke, Verteilungswirkungen der Inflation, Baden-Baden 1981.

werbstätigen beruht.[19]

Abb. 4 Ansatzpunkte staatlicher Umverteilung[20]

Der Staat kann seine Umverteilungsziele[20] (allgemeiner oder spezieller sozialpolitischer Art) durch vielfältige Maßnahmen der Finanz- und Sozialpolitik zu erreichen suchen. Sie lassen sich nach der Einnahme- oder Ausgabeseite der öffentlichen Haushalte sowie nach Arten grundsätzlich wie folgt systematisieren.

Die Übersicht macht deutlich, daß staatliche Umverteilung nicht nur durch Sozialtransfers und ihre Finanzierung bewirkt wird, sondern auch Gegenstand des staatlichen Leistungsangebotes und seiner Finanzierung ist.

Einen Anhaltspunkt über die gesamtwirtschaftliche Bedeutung der Umverteilung liefert die Abgabenquote, die den Anteil der Steuerzahlungen und Sozialversicherungsbeiträge an öffentliche Haushalte und Träger der Sozialversicherung am Bruttosozialprodukt der jeweiligen Periode mißt (Tabelle 8).

Tabelle 8 zeigt, daß der Anstieg der Abgabenquote vor allem in den 60er und 70er Jahren stattgefunden hat und vorwiegend auf einen Anstieg der Sozialbeiträge, genauer der Beitragssätze, zurückzuführen war. Dies wiederum war durch einen Anstieg des Volumens der Sozialleistungen bedingt. Der Anteil der Steuern am Bruttosozialprodukt blieb im wesentlichen gleich. Allerdings hat sich die Struktur des Steueraufkommens verändert.

Die **Steuerpolitik** zählt zu den klassischen Instrumenten der staatlichen Umverteilungspolitik. Kernstück ist die progressiv ausgestaltete Einkommensbesteuerung, die die Finanzierung der Staatsausgaben mit dem Ziel der Umverteilung verknüpft, indem hohe Einkommen nicht nur absolut, sondern auch relativ stärker belastet werden als niedrige Einkommen. Die Progression sei am Beispiel des durch eine lineare Progressionszone gekennzeichneten, 1990 geltenden Einkommensteuertarifs dargestellt.

Nach den für 1996 geltenden Vorgaben bleiben für die Besteuerung maßgebliche Jahreseinkommen von DM 24.191,-- für Verheiratete (DM 12.095,-- für Ledige)

---

[19] Vgl. dazu als knappen Überblick W. Albers, Einkommensverteilung II: Verteilungspolitik. In: Handwörterbuch der Wirtschaftswissenschaft, Bd. 2, S. 304ff.
[20] leicht verändert nach: H.-D. Hardes, et al., a.a.O., S.319.

Tab. 8 Steuer- und Abgabenquoten 1960 bis 1994 (1960-1990 früheres Bundesgebiet, ab 1991 vereintes Deutschland)

Jahr	BSP	Steuern	Sozial-beiträge	Abgaben-quote	Steuer-quote	Sozial-beitrags-quote
	Mrd. DM			i. v. H. des BSP		
1960	303,0	69,8	31,2	33,3	23,0	10,3
1965	458,2	107,8	48,5	34,1	23,5	10,6
1970	675,7	161,9	84,9	36,5	24,0	12,6
1975	1.027,7	254,1	167,3	41,0	24,7	16,3
1980	1.477,4	381,2	249,5	42,7	25,8	16,9
1985	1.834,5	460,0	320,1	42,5	25,1	17,4
1990	2.448,6	573,2	410,5	40,2	23,4	16,8
1991	2.881,8	689,2	513,1	41,7	23,9	17,8
1992	3.094,5	754,7	562,7	42,6	24,4	18,2
1993	3.161,5	772,5	596,3	43,3	24,4	18,9
1994	3.312,4	811,0	639,4	43,8	24,5	19,3

Zusammengestellt und errechnet nach: SVR, Jahresgutachten 1995/96, Tabellen 26* und 37*, S. 378 und S. 396.

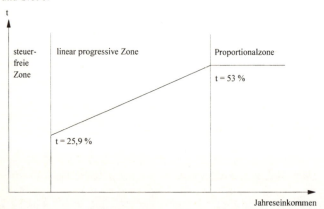

Abb. 5 Aufbau des Einkommensteuertarifs 1996
t = Steuersatz (Grenz-); die Zahlen beziehen sich jeweils auf das zu versteuernde Einkommen (Jahreseinkommen abzüglich aller Freibeträge und Pauschalen)

steuerfrei. Erst darüber liegende Einkommen unterliegen der Besteuerung durch den linear progressiven Steuersatz bzw. den Grenzsteuersatz. Der bis zum Jahressteuergesetz 1996 für Jahreseinkommen zwischen DM 11.233,-- und DM 16.307,-- für Verheiratete und zwischen DM 5 617,-- und DM 8 153,-- für Ledige geltende Proportionaltarif von 19% entfiel mit der Neuregelung des Einkommensteuertarifs durch das Jahressteuergesetz 1996.

4.7 Einkommensverteilung

Verheiratete (Ledige) mit einem (jeweils zu versteuernden) Jahreseinkommen zwischen DM 24.192,-- (DM 12.096,--) und DM 240.083,-- (DM 120.041,--) unterliegen dem sich direkt an die steuerfreie Zone anschließenden linear progressiven Steuertarif. Für Verheiratete (Ledige) mit einem Jahreseinkommen zwischen 24.192,-- (DM 12.096,--) und DM 111.455,-- (DM 55.727,--) bedeutet diese Neuregelung eine steuerliche Entlastung gegenüber der alten Regelung,* für darüberliegende Einkommen (DM 111.456,-- bis DM 240.083,-- für Verheiratete und DM 55.728,-- bis DM 120.041,-- für Ledige) dagegen eine höhere steuerliche Belastung. Einkommen über DM 240.083,-- für Verheiratete (DM 120.041,-- für Ledige) werden einheitlich mit dem Grenzsteuersatz von 53% besteuert.

* Der linear progressive Tarif lag zwischen 19% und 53% (DM 16.038,-- bis DM 240.083,-- für Verheiratete und DM 8154,- bis DM 120.041,-- für Ledige).

Für die tatsächlichen Verteilungswirkungen der Einkommensbesteuerung ist aber nicht nur die progressive Ausgestaltung des Steuertarifs entscheidend. Je stärker der Staat die Einkommensbesteuerung auch als ein Instrument der Wirtschaftslenkung nutzt (beispielsweise zur Förderung der Investitionen in Sach- und Humankapital), umso größere Bedeutung kommt den Absetzungsbeträgen und Steuerentlastungsmaßnahmen zu, umso mehr fallen Bruttoeinkommen und zu versteuerndes Einkommen auseinander, umso weniger sagt der formale Steuertarif etwas über die effektive Steuerbelastung aus. Auch ist zu berücksichtigen, daß bei unverändertem progressivem Steuertarif irgendwann der Punkt erreicht ist, wo bei zunehmenden Geldeinkommen soziale Gruppen in die Progressionszone hineinwachsen, für die Progression nicht gedacht ist. Besonders problematisch sind diese Wirkungen bei Vorliegen inflationärer Tendenzen, weil dann nicht nur die Geldeinkommen relativ schneller zunehmen und relativ stärker von der Progression des Steuertarifs betroffen sind (der Anstieg der Nettoeinkommen bleibt immer weiter hinter dem der Bruttoeinkommen zurück), sondern weil gleichzeitig auch die Kaufkraft der Nettoeinkommen sinkt.

In der Bundesrepublik hat das Hineinwachsen der Masseneinkommen in die Steuerprogression besonders die Lohnsteuer zur ergiebigsten Steuerquelle werden lassen. Ihr Anteil an den Steuereinnahmen ist kontinuierlich von 8,6% 1950 auf 33,9% 1994 gestiegen, während der Anteil der veranlagten Einkommensteuer und der Körperschaftsteuer ab Mitte der 60er Jahre zurückgegangen ist (Tabelle 9).

Neben der Progression der Einkommensbesteuerung ist unter Verteilungsaspekten die Besteuerung der Einkommensverwendung (Mehrwertsteuer und spezielle Verbrauchssteuern) hervorzuheben, die die zweitwichtigste Steuerquelle des Staates darstellt. Sie werden zwar von den Unternehmen gezahlt, aber als Kostenbestandteil kalkuliert und über die Preise an die Verbraucher weitergegeben (Steuerüberwälzung) und letztlich von diesen getragen. Diesen Steuern wird eine regressive, die Bezieher geringer Einkommen relativ stärker belastende Verteilungswirkung unterstellt, da die Bezieher geringer Einkommen einen höheren Anteil ihres Einkommens für Konsumgüterkäufe verwenden, also mit einem vergleichsweise höheren Einkommensanteil an dieser Besteuerung beteiligt sind. Zu berücksichtigen sind allerdings Unterschiede in den Steuersätzen (z.B. ermäßigter Mehrwertsteuersatz von 7% für Güter des Grundbedarfs, aber – historisch bedingt – auch spezielle Verbrauchssteuern auf Zucker, Salz, Essig etc.) und die Nachfragestruktur, die die obige Aussage korrigieren können.[21]

---

[21] Vgl. dazu: M. Hilzenbecher, Horizontale und vertikale Verteilungswirkungen einer Mehrwertsteuererhöhung. Konjunkturpolitik, 36. Jahrgang, zweites/drittes Heft 1990, S. 63–79.

Tab. 9 Ausgewählte Steuereinnahmen (in Mio DM) und Anteil am Steueraufkommen i. v. H. (1950 bis 1990 früheres Bundesgebiet 1950/55 ohne Saarland), ab 1991 vereintes Deutschland)

Jahr	Kassenmäßige Steuereinnahmen insgesamt	Lohnsteuer	Veranlagte Einkommen- und Körperschaftsteuer	Lohnsteueranteil	Einkommen- und Körperschaftsteueranteil
	in Mio. DM			i. v. H. der ges. Steuereinnahmen	
1950	21.089	1.807	3.536	8,6	16,8
1955	42.316	4.402	7.463	10,4	17,6
1960	68.448	8.102	15.473	11,8	22,6
1965	105.463	16.738	22.968	15,9	21,8
1970	154.137	35.086	24.718	22,8	16,0
1975	242.068	71.191	38.055	29,4	15,7
1980	364.991	111.559	58.119	30,6	15,9
1985	437.201	147.630	60.404	33,8	13,8
1990	549.667	177.590	66.609	32,3	12,1
1991	661.920	214.175	73.249	32,4	11,1
1992	731.730	247.322	72.715	33,8	9,9
1993	749.119	257.987	61.064	34,4	8,2
1994	786.162	266.522	45.079	33,9	5,7

Zusammengestellt und errechnet nach: SVR, Jahresgutachten 1995/96, Tabelle 43*, S. 408.

Die durch die Steuerpolitik bewirkte Umverteilung ist hinsichtlich ihrer monetären und realen Wirkungen insgesamt nur schwer abzuschätzen.[22]

Besser zu erfassen und darzustellen ist die Umverteilung durch spezielle Beiträge zur Sozialversicherung und durch die (beitrags- und ganz oder anteilmäßig steuerfinanzierten) Leistungen der Teilsysteme der sozialen Sicherung. Tabelle 10 zeigt zunächst für soziale Haushaltsgruppen die Wirkungen der Umverteilung durch Steuern, Sozialbeiträge (geleistete Übertragungen) und Leistungen des Systems der sozialen Sicherung (empfangene Übertragungen).

Tabelle 11 stellt die Entwicklung des Volumens der Sozialleistungen insgesamt, der Sozialleistungsquote und ausgewählter Leistungskategorien dar.

Insgesamt sind die Sozialleistungen mit 266% 1970–1988 stärker gestiegen als das nominale Bruttosozialprodukt mit 214%, was im Anstieg der Sozialleistungsquote

---

[22] Vgl. dazu W. Albers, a.a.O., S. 310f. Albers schätzt die durch die Progression der Einkommensbesteuerung bewirkte Umverteilung auf 4% des Volkseinkommens.

Tab. 10 Durchschnittliche Monatseinkommen von Haushaltsgruppen vor und nach staatlicher Umverteilung 1992

Haushaltsgruppe	Bruttoeinkommen	empfangene	geleistete	verfügbares Einkommen
		Übertragungen		
	DM je Haushalt			
alle Haushalte	5.872	1.505	2.610	4.766
Landwirte	7.473	1.154	2.635	5.992
sonst. Selbständige	18.066	1.615	5.698	13.983
Beamte	7.833	801	2.724	5.910
Angestellte	8.873	547	4.254	5.165
Arbeiter	7.221	514	3.616	4.119
Arbeitslose	1.190	2.328	614	2.903
Rentner	1.471	2.505	663	3.313
Pensionäre	1.529	4.668	1.163	5.034

Berechnet nach: Das Einkommen sozialer Haushaltsgruppen in Westdeutschland im Jahre 1992. DIW-Wochenbericht Nr. 45/94, S. 769-778, hier Tabelle 3, S. 772 ff.

von 26,6% auf 31,1% zum Ausdruck kommt. Tabelle 11 gibt gleichzeitig Hinweise auf die Ursachen des überproportional gestiegenen Sozialaufwandes: die seit Mitte der 70er Jahre auf hohem Niveau verharrende Arbeitslosigkeit mit ihren kurz- und langfristigen Folgekosten und überproportional steigende Ausgaben der Krankenversicherung. Hervorzuheben ist, daß die Umverteilung im System der Sozialversicherung weniger eine Umverteilung von Beziehern hoher zu Beziehern niedriger Einkommen darstellt, sondern eine Umverteilung von Einkommen von Erwerbstätigen auf nicht Erwerbstätige infolge Alter, Invalidität, Krankheit oder Arbeitslosigkeit.

4.7.4.3 Grenzen der Umverteilungspolitik

Dieser knappe Überblick bliebe unvollständig, wenn nicht abschließend zugleich auch auf Grenzen der Umverteilungspolitik hingewiesen würde. Sie sind zwar nicht eindeutig zu quantifizieren, verändern sich auch nach wirtschaftlichen Gegebenheiten, können aber nicht beliebig verschoben werden. Sie zeigen sich an den Reaktionen der Wirtschaftssubjekte auf Maßnahmen der Umverteilungspolitik.

Für die Umverteilung mittels aktiver Nominallohnpolitik liegen sie – wie oben dargestellt – in den Reaktionen auf den Gütermärkten auf die erstrittenen Lohnerhöhungen.

Für die Umverteilung mittels der Besteuerung der Primäreinkommen können Grenzen daran deutlich gemacht werden, daß es wenigstens zwei Steuersätze gibt, bei denen das Steueraufkommen gleich Null ist, nämlich bei einem Steuersatz von null Prozent und einem Steuersatz von hundert Prozent. Nicht jede Erhöhung des Steuersatzes erhöht das Steueraufkommen. Von einer bestimmten Höhe an werden die

Tab. 11 Entwicklung ausgewählter Leistungen der sozialen Sicherung 1960-1992 (1960 bis 1980 früheres Bundesgebiet, ab 1990 vereintes Deutschland)

	1960	1970	1980	1990	1992	Anstieg 1970-1990
	in Mrd. DM					i. v. H.
Sozialleistungen insgesamt	69,2	179,2	479,8	742,9	1.005,3	314,6
darunter						
– Rentenversicherung	19,6	52,2	142,6	229,2	290,1	338,9
– Krankenversicherung	9,7	25,6	90,1	152,3	210,9	494,0
– Unfallversicherung	1,8	4,2	10,0	13,6	17,8	223,8
– Arbeitsförderung/ Arbeitslosenversicherung	1,2	3,9	23,1	51,8	111,8	1.235,1
– Sozialhilfe	1,3	3,6	15,0	33,8	45,0	851,3
– Ausbildungsförderung	0,1	0,6	3,2	0,8	2,5	28,6
– Wohngeld	0,0	0,7	2,0	3,9	7,4	490,9
Bruttosozialprodukt zu Marktpreisen	303,0	675,7	1.477,4	2.545,0	3.044,1	276,6
Sozialleistungsquote i. v. H.	22,8	26,5	32,5	29,2	33,0	

Quelle: Bundesministerium für Arbeit und Sozialordnung. Sozialbericht 1993, Bonn 1994, Tabelle I-4.1, S. 253.

Wirtschaftssubjekte mit ihren Marktleistungen reagieren und damit die Bemessungsgrundlage reduzieren, sei es, daß sie ihre Leistung einstellen, sei es, daß sie ihre Leistung von den offiziellen Märkten in die Schattenwirtschaft verlagern.

Für die Umverteilung im Rahmen der Sozialpolitik gilt, daß steigender Sozialaufwand die Arbeitskosten erhöht und gemeinsam mit der Steuerbelastung ein Abwandern in die Schattenwirtschaft (z. B. Schwarzarbeit) fördert. Übersteigen die Leistungen des Systems der sozialen Sicherung bestimmte Grenzen, kann dies mit sinkenden Anreizen verbunden sein, sich um eine Wiedereingliederung in das Beschäftigungssystem zu bemühen.

So wichtig und unbestritten die Umverteilung im Prinzip ist, so kontrovers werden Struktur und Umfang diskutiert. Grenzen umverteilender Aktivitäten sind dort gezogen, wo Reaktionen der Wirtschaftssubjekte auf Umverteilungsmaßnahmen die Funktionsfähigkeit des Leistungsprinzips in Frage zu stellen beginnen.

Literaturhinweise

H. Adam, Die Einkommens- und Vermögensverteilung, Stuttgart 1984.
A. Bohnet, Finanzwissenschaft. Staatliche Verteilungspolitik, München, Wien 1989.
M. Euler, Erfassung und Darstellung der Einkommen privater Haushalte in der amtlichen Statistik. In: Wirtschaft und Statistik, Heft 1, 1985 S. 56–62.

H.-D. Hardes, G.-J. Krol, F. Rahmeyer, A.Schmid Volkswirtschaftslehre – problemorientiert, 19. völlig neu bearbeitete Auflage, Tübingen 1995, Kap. 5 Einkommensverteilung.

F. Klanberg u. H.-J. Krupp (Hrsg.), Einkommensverteilung, Hanstein 1981.

C. C. Roberts, Verteilungstheorie und Verteilungspolitik, Köln 1988.

C. Schäfer, Die Früchte in einem reichen Land werden immer ungleicher verteilt – Zur Entwicklung der Einkommensverteilung 1989. WSI-Mitteilungen H. 9, 1990, s. 563–581.

W. Schmähl, Einkommensentwicklung und Einkommensverteilung im Lebenslauf. In: Sozialer Fortschritt 10/1988, S. 221–228.

R. Zeppernick, Transfer-Einkommen und Einkommensverteilung, Berlin 1986.

4.8 Die Geldvermögensbildung der privaten Haushalte
Bernhard Nibbrig

4.8.1	Struktur und Wandel der privaten Geldvermögensbildung	385
4.8.1.1	Statistische Quellen und Definitionen	385
4.8.1.2	Entwicklung und Perspektiven des privaten Geldanlageverhaltens	386
4.8.2	Persönliche Vermögensplanung und Geldanlagestrategie	390
4.8.3	Aktien als Geldanlagemöglichkeit	395
4.8.3.1	Merkmale und Bedeutung der Aktie als Anlageobjekt	395
4.8.3.2	Methoden und Problematik der Aktienanalyse	396
4.8.4	Zusammenfassung und Ausblick	399
Literaturhinweise		407

4.8.1 Struktur und Wandel der privaten Geldvermögensbildung
4.8.1.1 Statistische Quellen und Definitionen

Eine globale Charakterisierung des Anlageverhaltens der privaten Haushalte leisten in der Bundesrepublik seitens der amtlichen Statistik insbesondere die Volkswirtschaftliche Gesamtrechnung des Statistischen Bundesamtes und die gesamtwirtschaftliche Finanzierungsrechnung der Deutschen Bundesbank, die jeweils mit hochaggregierten Größen arbeiten. Ohne auf Abgrenzungsschwierigkeiten oder sonstige Erhebungsprobleme und Ermittlungsverfahren näher einzugehen, seien diese Rechenwerke, die wichtige Informationen zur Geldvermögensbildung der privaten Haushalte bereitstellen, kurz gekennzeichnet:

a. Die Volkswirtschaftliche Gesamtrechnung erfüllt unter anderem die Aufgabe, Zahlenmaterial zur Feststellung des verfügbaren Einkommens und der laufenden Ersparnisse zu liefern, mit dessen Hilfe die Sparquoten der Privathaushalte errechnet werden. Als laufende Ersparnis wird dabei jener Teil des verfügbaren Einkommens bezeichnet, der nicht konsumtiv verwendet wird. Die Volkswirtschaftliche Gesamtrechnung gibt mit dem periodischen Ausweis der genannten Stromgrößen zwar einen Überblick über die Einkommensentwicklung sowie die gesamte Ersparnisbildung und damit auch über den Verlauf der Sparquote, eine weitere Aufgliederung der Ersparnisbildung nach Anlageformen sieht sie jedoch nicht vor.

b. Im Zusammenhang mit der Darstellung der Finanzierungsströme und Kreditverflechtungen zwischen finanziellen und nichtfinanziellen Sektoren (= private Haushalte und Organisationen ohne Erwerbszweck) ermittelt die Deutsche Bundesbank unter anderem ebenfalls die nach Sparformen aufgefächerte Geldvermögensbildung der privaten Haushalte. Nach Maßgabe der gesamtwirtschaftlichen Finanzierungsrechnung ist Geldvermögensbildung wie folgt definiert:

    verfügbares Einkommen
    – privater Verbrauch
    ―――――――――――――――
    = private Ersparnis
    + empfangene Vermögensübertragungen
    – geleistete Vermögensübertragungen
    ―――――――――――――――
    = Geldvermögensbildung (brutto)
    – Kreditaufnahmen für Konsumzwecke
    ―――――――――――――――
    = Geldvermögensbildung (netto).

Ergänzend zu diesem in den folgenden Ausführungen zugrunde gelegten Begriff der Geldvermögensbildung (Stromgröße) – in der Regel bleibt nachstehend die Verschuldung privater Haushalte außer Betracht – sind noch die Termini Geldvermögen sowie Geldvermögensstruktur zu präzisieren. Unter Geldvermögen (Bestandsgröße) ist die zeitpunktbezogene Summe an monetären Aktiva des privaten Haushaltes zu verstehen, das heißt an Forderungen oder Guthaben und Besitztiteln, die in Nominalgrößen bewertet werden. Der Ausdruck Geldvermögensstruktur bezeichnet demzufolge allgemein die Anteile bzw. Gewichte der einzelnen oder gruppierten Forderungen und Besitztitel; die diesbezüglich weiterhin unterschiedenen Komponenten orientieren sich am Gliederungsschema der Deutschen Bundesbank.

Im folgenden sollen unter vorrangiger Heranziehung der statistischen Befunde der Deutschen Bundesbank wesentliche Daten und Entwicklungen dargestellt und analysiert werden.

4.8.1.2 Entwicklung und Perspektiven des privaten Geldanlageverhaltens

In den vergangenen 25 Jahren hat sich das gesamte Geldvermögen (Spareinlagen, Wertpapiere, Lebensversicherungen u. a.) der privaten Haushalte in der Bundesrepublik Deutschland nominal mehr als verachtfacht; nach Bereinigung um Inflationsverluste ergibt sich real eine 3 1/2-fache Zunahme des privaten Geldvermögensbesitzes. Verglichen mit der knapp 4,3fachen Steigerung des verfügbaren Einkommens (1970: 432,2 Mrd. DM, 1994: 1.849,9 Mrd. DM Westdeutschland, 2.141,8 Mrd. DM Gesamtdeutschland) ist für den betrachteten Zeitraum ein relativ wesentlich größerer, überproportionaler Zuwachs des Geldvermögensbestandes und damit einhergehend des hieraus resultierenden Vermögenseinkommens (1970: 23,4 Mrd. DM Westdeutschland, 1994: 198,6 Mrd. DM Westdeutschland, 208,7 Mrd. DM Gesamtdeutschland) zu beobachten.

Der weitaus größte Teil des Geldvermögens befindet sich im Besitz westdeutscher Haushalte. Im statistischen Durchschnitt besaß Ende 1994 jeder Privathaushalt im alten Bundesgebiet ein Geldvermögen von ca. 137.000 DM brutto (1980: 57.000 DM, 1970: 24.000 DM), dem rund 11.700 DM Schulden für Konsumzwecke – Hypotheken nicht mitgerechnet – gegenüberstanden. In den neuen Bundesländern belief sich das durchschnittliche Nettogeldvermögen Ende 1994 auf 39.000 DM. Unter Berücksichtigung der Geldentwertung und der daraus sich ergebenden geringeren Kaufkraft der Geldvermögen sind die Geldvermögensbestände der ostdeutschen Haushalte etwa so hoch wie die der westdeutschen Haushalte vor ca. 30 Jahren. Allerdings waren und sind hinsichtlich des Geldvermögensvolumens, der Ersparnis, des Einkommens aus ertragbringend angelegtem Geldvermögen wie der Kreditverpflichtungen erhebliche Größenunterschiede zwischen Selbständigen-Haushalten, Arbeitnehmer-Haushalten und Nichterwerbs-Haushalten (Rentner, Pensionäre, Arbeitslose) gegeben; ferner weisen die betreffenden Werte innerhalb jeder Haushaltsgruppe wie auch in regionaler Hinsicht eine beträchtliche Streuung auf.[1]

Ende 1994 erreichte der private Nettogeldvermögensbestand knapp 4 Billionen DM (Westdeutschland: 3,7 Bill. DM, Ostdeutschland: 254 Mrd. DM). Nach Schätzungen wird in den kommenden Jahren mit einem weiteren jährlichen Zugewinn der bundesdeutschen privaten Ersparnisse in Höhe von deutlich über 200 Mrd. DM gerechnet, so daß schon in wenigen Jahren das gesamte Geldvermögen der Privathaushalte erstmals die Fünftausend-Milliarden-Grenze überschreiten dürfte.

Wie die Statistiken der Geldvermögensrechnung zeigen, haben sich die sektoralen Gewichte resp. Schwerpunkte der Geldanlage privater Haushalte im Laufe der Zeit zum Teil beträchtlich verlagert und ist ein bemerkenswerter struktureller Wandel der Geldvermögensbildung sowie des Anlageverhaltens privater Sparer festzustellen.[2] Ein intertemporaler Vergleich – nach Maßgabe der hier im wesentlichen berücksich-

---

[1] Vgl. hierzu auch Deutsches Institut für Wirtschaftsforschung: Einkommen und Ersparnis der Privathaushalte im Jahr 1988. In: Wochenbericht 28/1989, S.316ff.; Die Vermögenseinkommen der privaten Haushalte im Jahr 1988. In: Wochenbericht 28/1989, S.325ff., Die Vermögenseinkommen der privaten Haushalte 1994. In: Wochenbericht 25/1995, S.436ff.
[2] Vgl. Seum, A.M.: Das Anlageverhalten der Sparer. Eine empirische Analyse für die Bundesrepublik Deutschland, Frankfurt a.M. 1988.

4.8 Die Geldvermögensbildung

tigten statistischen Angaben der Deutschen Bundesbank – macht für die Untersuchungsperiode 1970-1994 hauptsächlich nachstehende auffällige Veränderungen ersichtlich (siehe auch Tab. 1).

a. Signifikant zurückgegangen – allerdings mit teils starken zwischenzeitlichen Umkehrungen – ist die Quote der gesamten Bankeinlagen (1970: 52,1%, 1980: 42,7%, 1994: 31,9%). Hinsichtlich der verschiedenen zugehörigen Ersparniskomponenten ist – eingedenk der feststellbaren temporären Schwankungen infolge veränderter ökonomischer Rahmenbedingungen oder Gestaltungsfaktoren – in längerfristiger Perspektive beachtenswert, daß die überwiegend ertragslose Haltung von Bargeld und Sichteinlagen an relativer Bedeutung verloren hat und namentlich der Anteil der verhältnismäßig niedrig verzinslichen Spareinlagen mit gesetzlicher Kündigungsfrist eine weithin deutlich rückläufige Tendenz aufweist.

Tab. 1 Geldvermögensbildung der privaten Haushalte 1970-1994 (in Mrd. DM)

	1970	1975	1980	1985	1989	1990	1991	1992	1993	1994
Geldvermögensbildung insgesamt	59,1	104,1	120,0	126,2	169,3	205,5	243,8	255,8	244,0	236,3
Davon:										
– Geldanlage bei Banken	30,8	65,5	51,3	52,8	39,9	57,5	79,4	104,9	146,6	31,9
darunter:										
· Bargeld und Sichteinlagen	3,5	9,8	3,9	5,4	7,7	16,4	14,9	41,7	35,1	15,7
· Termingelder und Sparbriefe	6,1	-10,2	38,6	13,4	53,3	54,8	62,7	46,3	22,6	-64,3
· Spareinlagen	21,2	65,9	8,8	34,0	-21,1	-13,7	1,8	16,9	88,9	80,5
– Geldanlage bei Bausparkassen	5,4	6,8	6,3	-1,1	2,8	3,1	6,4	6,6	6,8	6,2
– Geldanlage bei Versicherungen	7,8	15,2	24,9	38,9	50,1	47,4	52,0	60,3	69,6	79,0
– Erwerb von Geldmarktpapieren	–	-0,3	0,4	-0,4	3,6	5,1	0,5	3,1	-0,9	-5,0
– Erwerb festverz. Wertpapiere	10,0	8,5	24,8	21,5	62,6	76,0	87,0	56,6	-2,2	81,1
– Erwerb von Aktien	1,4	1,6	-0,9	3,5	-7,0	-1,8	0,5	-2,1	0,8	29,6
– Ansprüche aus betrieblichen Pensionszusagen und sonstige Forderungen	3,7	6,8	13,3	11,1	17,2	18,3	18,1	26,3	23,3	13,5

Anteilswerte in %

	1970	1975	1980	1985	1989	1990	1991	1992	1993	1994
Geldvermögensbildung insgesamt	100	100	100	100	100	100	100	100	100	100
Davon:										
– Geldanlage bei Banken	52,1	62,9	42,7	41,8	23,6	28,0	32,6	41	60,1	13,6
darunter:										
· Bargeld und Sichteinlagen	5,9	9,4	3,3	4,3	4,6	8,0	6,1	16,3	14,4	6,7
· Termingelder und Sparbriefe	10,3	-9,8	32,1	10,6	31,5	26,7	25,7	18,1	9,3	-27,2
· Spareinlagen	35,9	63,3	7,3	26,9	-12,5	-6,7	0,8	6,6	36,4	34,1
– Geldanlage bei Bausparkassen	9,1	6,5	5,2	-0,9	1,7	1,5	2,6	2,6	2,8	2,6
– Geldanlage bei Versicherungen	13,2	14,6	20,7	30,8	29,6	23,0	21,3	23,6	28,5	33,4
– Erwerb von Geldmarktpapieren	–	-0,3	0,3	-0,3	2,1	2,5	0,2	1,2	-0,4	-2,1
– Erwerb festverz. Wertpapiere	16,9	8,2	20,7	17,0	37,0	37,0	35,7	22,1	-0,9	34,3
– Erwerb von Aktien	-4,2					-0,9	0,2	-0,8	0,3	12,5
– Ansprüche aus betrieblichen Pensionszusagen und sonstige Forderungen	6,3	6,5	11,1	8,8	10,2	8,9	7,4	10,3	9,6	5,7

Abweichungen in den Summen durch Rundung der Zahlen. Ab 1991 Zahlenwerte für Gesamtdeutschland.

Quellen: Deutsche Bundesbank, Ergebnisse der gesamtwirtschaftlichen Finanzierungsrechnung für Westdeutschland 1960 bis 1992; Die gesamtwirtschaftlichen Finanzierungsströme in Deutschland im Jahre 1994. In: Deutsche Bundesbank, Monatsbericht Nr. 5/1995; Die Vermögenseinkommen der privaten Haushalte 1994. In: Deutsches Institut für Wirtschaftsforschung, Wochenbericht Nr. 25/1995.

Erhebliche Zuwachsraten bzw. Umschichtungen in höherverzinsliche(n) Sparformen – kurzfristige Termingelder, Sparbriefe, neue Sondersparformen durch Deregulierung der Sparverkehrsvorschriften zur Jahresmitte 1993 und andere Finanzaktiva – spiegeln wider, daß die privaten Haushalte generell ihr Geld heute wesentlich zins- und renditebewußter als zu Beginn der siebziger Jahren anlegen und empfindlicher sowie beweglicher auf Zins(niveau/differenz/struktur)änderungen reagieren.

b. Zwischen 1970 bis 1994 ist der Anteil an Rentenwerten am Geldvermögen kontinuierlich von etwa 9% auf über 20% gestiegen. Von 1990 bis 1994 entfielen von der Geldvermögensbildung zumeist rund ein Drittel allein auf den Erwerb festverzinslicher Wertpapiere, der überdies im gleichen Berichtszeitraum – mit Ausnahme des Jahres 1993 – das quantitativ bedeutendste Segment innerhalb der längerfristigen Anlagemedien stellte. Diese Daten sind ebenfalls ein prägnanter Beleg für das entwickelte Zins- wie Kapitalmarktbewußtsein privater Haushalte und lassen erkennen, daß mit wachsendem Wohlstand heute in größerem Umfang als früher von höher rentierlichen Anlageformen Gebrauch gemacht wird, wobei die Sicherheit einer Geldanlagemöglichkeit eine anhaltend gewichtige Rolle spielt.

c. Das Verharren der Entwicklung von Geldanlagen in Dividendentiteln auf niedrigem durchschnittlichen Niveau dokumentiert eine verhältnismäßig geringe aktienspezifische Risikobereitschaft des deutschen Sparers.[3] Trotz vielfältiger Werbeanstrengungen, Aufklärungsbemühungen und gesetzlicher Maßnahmen zur Förderung gerade auch des privaten Aktiensparens in der Bundesrepublik kommt der Aktie bei privaten Haushalten hierzulande bislang noch immer nicht das ihr in einer reifen Volkswirtschaft und marktwirtschaftlichen Ordnung gebührende Ansehen und Gewicht als Unternehmensfinanzierungs- und Kapitalanlageinstrument zu und sind die Deutschen noch kein Volk von Aktionären. Nicht einmal ein Fünftel aller von deutschen Aktiengesellschaften ausgegebenen Dividendenpapiere werden von bundesdeutschen Privatleuten gehalten; dagegen sind in Kanada sowie den USA über zwei Drittel und in Frankreich, Großbritannien, Japan etwa ein Viertel des gesamten Aktienbestandes im Besitz privater Haushalte. Nicht unwesentlich zurückzuführen sein dürfte die nur sehr geringe relative Bedeutung des Aktienerwerbs innerhalb des gesamten Geldvermögens wie auch für die laufenden neu gebildeten Geldvermögen privater Haushalte sicherlich – abgesehen von der in weiten Bevölkerungskreisen verbreiteten Spekulationsunlust, Sachkenntnislücken und steuerlichen Hemmnissen – auf eine oftmals vergleichsweise unzulängliche Performance und Dividendenrendite dieser Anlageform.[4] Zwar hat sich die Zahl der privaten Aktienanleger in den letzten fünf Jahren erheblich erhöht, doch ist die absolute Summe vergleichsweise niedrig und schichtenspezifisch zu einseitig. Es sind vor allem die Besserverdienenden (Selbständige, leitende An-

---

[3] Laut Wertpapierdepotstatistik der Deutschen Bundesbank war in der ersten Hälfte der neunziger Jahre der Aktienanteil in den Depots der privaten Haushalte merklich rückläufig; er verringerte sich – in Kurswerten ermittelt – von 35% Ende 1989 auf 24% Ende 1994. Absolut gesehen sind die Bestände in den Portefeuilles nur von 172 Mrd DM auf 192 Mrd DM gestiegen. Vgl. Deutsche Bundesbank: Die Entwicklung des Wertpapierbesitzes in Deutschland seit Ende 1989. In: Monatsbericht August 1995, S. 63.

[4] Bei längerfristiger Betrachtung ergibt sich allerdings für Aktien, das zeigen eindeutig die historische Entwicklung des deutschen Kapitalmarktes in den letzten vierzig Jahren wie neuere empirische anlageartorientierte Vergleichsuntersuchungen, eine prozentual weitaus höhere durchschnittliche Performance – unter Berücksichtigung von Kursveränderungen und Zinserträgen/Dividenden – als für festverzinsliche Wertpapiere oder auch Geldmarkttitel.

gestellte und Beamte), die sich aufgeschlossener gegenüber Risikopapieren zeigen und durchschnittlich ein prozentual größeres Aktiendepotvermögen besitzen als die sonstigen wirtschaftlich und sozial abhängigen Personengruppen.

d. Das Vertragssparen bei Bausparkassen verzeichnet nach einer mehrjährigen Abschwächungsphase mit zum Teil kräftigen Mittelabflüssen in den Jahren 1985 bis 1987 seit 1988 – wohl aufgrund des Engpasses auf dem Immobilienmarkt, der erstarkten Wohnungsnachfrage, des Interesses ostdeutscher Privathaushalte an einer möglichst raschen Sanierung des maroden Wohnungsbestandes und verbesserter Bausparvertragskonditionen (vielfältigere und neue Tarifvarianten, günstigere Zuteilungsfristen etc.) – wieder einen markanten Auftrieb mit einem stattlich konsolidierten, nahezu gleichbleibenden Anteil seit 1991.

e. Überdurchschnittlich erhöht mit einer fast stetig verlaufenden Ausweitung hat sich, weitgehend unabhängig von konjunkturellen Schwankungen und der Zinsentwicklung, das längerfristige kontraktgebundene Versicherungssparen. Sein Anteil am gesamten Geldvermögensbestand stieg von knapp 16% 1970 auf 21% 1994; im Rahmen der privaten Ersparnisbildung wuchsen die Versicherungsbeitragszahlungen anteilmäßig von 13,2% 1970 auf gar 33,4% 1994. Das Vorsorgesparen ist stärker in den Vordergrund gerückt und hat an Bedeutung gewonnen. Dieser Grundtrend wird speziell auch durch die signifikante Aufwärtsbewegung der Geldanlage zugunsten privater Lebensversicherungen (1970: 8,7%, 1980: 15,3%, 1994: 22,9% der Geldvermögensbildung) illustriert.

Insgesamt hatten die privaten Haushalte mehr als vier Fünftel ihres Geldvermögens in ertragbringenden Anlagen investiert, aus denen sie 1994 Zinsen und Dividenden (vor Steuerabzug) in Höhe von 208,7 Mrd. DM erzielten, die schon fast 10% ihrer gesamten primären Einkommen bezifferten. Damit stammten reichlich drei Viertel der privaten Geldvermögensbildung 1994 aus Zins-/Dividendeneinkünften. Dieser hohe Grad an Selbstalimentierung der privaten Ersparnis aus vorhandenen Geldanlagen und wahrscheinlich weniger eine zunehmende Spartätigkeit aus Arbeitseinkommen dürfte maßgeblich zur Verstetigung und zum weiteren künftigen Wachstum individueller Geldvermögen beitragen. Angesichts des Gewichts der Zins-/Dividendeneinkommen als bestimmender oder doch wesentlicher Einflußfaktor für die Geldvermögensbildung der Privathaushalte verwundert es nicht, wenn die dementsprechende Sensibilität der privaten Investoren zunimmt, wenn deren gestiegene Renditeorientierung sowie Anlagebeweglichkeit neben einer stärkeren Relevanz des privaten Vorsorge- und Sicherheitsstrebens Auslöser resp. Verstärker sowohl für gravierende Marktanteilsverlagerungen beim Geldvermögensbesitz als auch für erhebliche Strukturverschiebungen im Passivgeschäft der Kreditinstitute sind. Aus dem im Zeichen des gewachsenen Wohlstandes der Bundesbürger weithin dominierenden Streben nach individueller eigenverantwortlicher finanzieller Daseinsvorsorge für die Familie, die Ausbildung der Kinder sowie die Schließung von Versorgungslücken im Ruhestand wegen demographisch bedingter Finanzprobleme der gesetzlichen Alterssicherungssysteme erwachsen insbesondere der Assekuranz recht günstige Marktaussichten und eine dynamische Geschäftsbelebung, die Lebensversicherungspolice wird somit gleichsam zu einem Selbstläufer. Dem gestiegenen Ertrags- und Sicherheitsdenken der besserverdienenden und vermögenden Privatkunden wie auch der Kleinanleger versuchen die Kreditinstitute häufig durch zinsattraktive Sparangebote im Rahmen des Zuwachssparens, durch Bonifikationen und systematische Sparpläne mit Versicherungsschutz oder mittels verschiedenartiger Konzepte von Allfinanzangeboten zu begegnen.

Die private Geldvermögensbildung wird vermutlich auch zukünftig nichts von ihrer

Bedeutung einbüßen. Hierfür sorgen – unter Beachtung der hohen durchschnittlichen Sparneigung und relativen Stabilität der privaten Sparquote – allein schon die beträchtlichen Zusatzeinkommen privater Haushalte aus Vermögenserträgen, welche nach aller Erfahrung überwiegend erneut angelegt werden. Sie stellen damit eine wesentliche Quelle für das prospektive Geldvermögenswachstum dar. Zusätzliche Impulse sind durch die infolge des sich abzeichnenden Generationswechsels qua Vererbung bevorstehende Verfügbarkeit über größere, ‚leicht erworbene' Immobilien- und Geldvermögen seitens jüngerer und risikobereiterer Menschen nach über 40jähriger Friedenszeit mit vergleichsweise mäßigem Kaufkraftverlust bzw. ohne schwerwiegende Inflationserfahrungen zu erwarten.

Unter den Finanzanlagealternativen dürfte das Vorsorge- und Vermögenssicherungssparen eher noch an Bedeutung gewinnen. Außerdem wird sich wahrscheinlich die hochentwickelte Bankloyalität im Vermögensanlagebereich verringern. Ein tendenziell zunehmend informiertes, kritisches, anspruchsvolles, zinsreagibles, ertragsbewußtes sowie im Umgang mit erklärungsbedürftigen Kapitalanlageformen vermehrt versiertes und erfahrenes privates Anlegerpublikum wird seine frei verfügbaren Guthaben und laufenden Ersparnisse stärker in höherverzinsliche Geldanlagen investieren bzw. umschichten; die Liquiditätsvorliebe wird somit in erhöhtem Maße der Rentabilitätspräferenz weichen. Hierzu tragen auch die ausgeweitete verbraucherorientierte regelmäßige Berichterstattung zu Geldanlagealternativen in allen Massenmedien (Zeitungen, Zeitschriften, Hörfunk, Fernsehen) und die intensivere Kundenberatung seitens der verschärft miteinander konkurrierenden Anbieter von Finanzdienstleistungen (Banken, Sparkassen, Versicherungen etc.) bei.

Neben dem charakterisierten grundlegenden langfristigen Wandel der Sparmotive und -gewohnheiten der Bundesbürger darf nicht außer acht gelassen werden, daß ihr Geldanlageverhalten auch mehr oder weniger stark von aktuellen Ereignissen und temporären Entwicklungen (siehe z.B. Crash-Sonderbelastung 1987, inverse Renditestrukturkurve – d.h., Zinsen sind im kurzen Laufzeitbereich höher als im langen – 1989, Einführung und Aufhebung der Quellensteuer 1989, Inkrafttreten der Steuerreform und des Fünften Vermögensbildungsgesetzes 1990) beeinflußt wird, die Auf- und Abwärtsbewegungen bewirken (können), wie zeitliche Veränderungen der Struktur der privaten Geldvermögensbildung veranschaulichen.

In der Entwicklung von Umfang und Struktur der Geldvermögensbildung der Bundesbürger spiegeln sich somit Anlageziele und Präferenzen der privaten Haushalte, Stärken-Schwäche-Profile der verschiedenen Anlagealternativen sowie die Aktivitäten der um die private Ersparnis konkurrierenden Unternehmen. Maßgebliche Einflußfaktoren für das Anlageverhalten der privaten Haushalte waren im Zeitablauf Veränderungen: in der wirtschaftlichen Entwicklung der Bundesrepublik, wie etwa die tendenzielle Abschwächung bzw. Aufschwungbewegung des Wirtschaftswachstums; in den Sparmotiven und den darin zum Ausdruck kommenden gesellschaftlichen Wertewandel; in der Altersstruktur der Bevölkerung; in den gesetzlichen Maßnahmen zur Sparförderung und steuerlichen Anreizen, wodurch einzelne Geldanlagen begünstigt wurden; aufgrund der Ausweitung des Finanzangebots, so daß Anleger aus einem größeren Spektrum von Anlagemöglichkeiten wählen können; infolge des verstärkten Einsatzes moderner Informations- und Kommunikationstechnologien, der zu einer höheren Markttransparenz der Investoren geführt hat; im außenwirtschaftlichen Umfeld, wie beispielsweise die größeren Zins- und Wechselkursschwankungen, die fortschreitende Liberalisierung des weltweiten Geld- und Kapitalverkehrs sowie die Ausnutzung national unterschiedlicher steuer- und wirtschaftsrechtlicher Regelungen.

4.8.2 Persönliche Vermögensplanung und Geldanlagestrategie

Trotz einer tiefgreifenden Veränderung im Anlageverhalten resp. in der Finanzvermögensausstattung privater Haushalte, die wesentlich darin zum Ausdruck kommt, daß der Sparer mehr und mehr zum Investor wird, der nach (neuen) Wegen sucht, sein Geld gewinnbringend anzulegen, wissen hierzulande gerade Eigentümer kleiner und mittlerer Vermögen oftmals nicht, wie man planmäßig ein Privatvermögen aufbaut, absichert, erhält und vergrößert. Häufig ist der in den letzten Jahrzehnten erworbene Wohlstand noch zu neu, als daß sich aus längerer, wechselvoller Erfahrung im Umgang mit Aktien und Rentenpapieren, Immobilien, Edelmetallstücken oder sonstigen Anlageobjekten schon gewohnheitsmäßig sachadäquate Handlungskompetenzen hätten entfalten können. Erschwerend kommt neuerdings die Entwicklung und Verwendung zahlreicher innovativer Finanzinstrumente an den organisierten Geld- und Kapitalmärkten hinzu, die auch dem privaten Investor vielversprechende zusätzliche Anlagemöglichkeiten eröffnen.

Um das aufzubauende oder schon vorhandene Geldvermögen sinnvoll und bedarfsgerecht zu planen, bieten sich zwei grundlegende Möglichkeiten:
a. Wer sich – sei es etwa aus Unkenntnis, Unsicherheit, Zeitgründen oder mangelnder Eigeninitiative – nicht selbst ständig oder doch wiederholt um seine Geldangelegenheiten kümmern kann und will, der kann die professionelle Vermögensberatung und -verwaltung eines selbständigen Beraters oder eines Kreditinstitutes (Universalbanken, Privatbanken) nutzen. Deren Vermögensmanagementleistung beinhaltet je nach Anbieter detaillierte Vermögensaufteilungsempfehlungen und Finanzierungsplanungen oder eine kundenspezifische reine Wertpapierberatung bzw. -verwaltung.[5]
Da letztere in der Regel eine größere frei verfügbare Mindestsumme an Anlagemitteln sowie erhebliche regelmäßige Einkommenserwartungen beim ratsuchenden Anleger voraussetzen, kommt sie im allgemeinen vornehmlich für hochvermögende und gutverdienende Privatpersonen in Frage. Ungeachtet dessen ist aber grundsätzlich zu bdenken, daß auch eine auf individuelle Vermögensoptimierung zielende professionelle Vermögensberatung und insbesondere -verwaltung

- einerseits nicht der Notwendigkeit einer nur persönlich begründ- und verantwortbaren Anlagezielformulierung enthebt, andererseits aber immer eine Preisgabe und Reduktion an Selbstbestimmung in privaten Finanzdingen bewirkt,
- meistens recht ansehnliche Kosten verursacht und keineswegs zwangsläufig bessere Renditen als konkurrierende Vorgehensmuster (z.B. wohlüberlegtes eigenständiges Anlagemix) gewährleistet,
- nicht zu unterschätzende Gefahren einer unzulänglichen Zielverwirklichung in sich birgt (z.B. fehlende Alleskönner oder lückenhaftes Know-how bei erforderlichen intelligenten Produktkombinationen; vielfach Bevorzugung jener vertragszulässigen Finanzprodukte, welche die höchste Vergütung bringen; Ausweitung der Transaktionsmenge zwecks Provisionssteigerung; sehr begrenzte Haftungsverpflichtungen im Falle zweckfremder oder zu vertretender nachteiliger Verwendung des anvertrauten Kapitals bzw. bei Finanzbetrügereien; nicht immer geben die

---

[5] Einen guten Überblick über den Leistungsspiegel und die Konditionen der gegenwärtigen Vermögensmanagement-Anbieter liefern die Ergebnisse einer Wirtschaftswoche-Umfrage. Siehe Wirtschaftswoche: Report – Vermögensverwalter: Die Magier, 1990, Nr. 19, S. 38–52. Vgl. auch kritisch Steinpichler, C.: Im weiten Meer der internationalen Finanzwelt schwimmen viele äußerst gut getarnte Haie. Vermögensverwaltung contra Anlageberatung. Eine vergleichende Betrachtung aus der Sicht des Portfolio Managers. In: Handelsblatt, 11.10.1989, Nr. 197, S. B10.

Berater und Depotverwalter von Banken die besten Tips, oft haben sie den Vorteil des eigenen Hauses im Auge, häufig rangiert in der Anlageberatung das Eigeninteresse des Verkäufers vor dem Bedarf des Kunden), so daß eine gute Portion Skepsis und kritische Distanz gegenüber den Gewinnversprechungen, Problemlösungen und Erfolgsnachweisen solcher Finanzdienstleister und ebenfalls der Allfinanzkonzerne/Finanzverbundunternehmen, d. h. der Rundumbetreuung (z. B. Baufinanzierung, Versicherung, Aktien- oder Rentenerwerb) aus einer Hand, nach wie vor angebracht erscheint.

b. Suche, Erarbeitung und Verfolgung einer individuellen Strategie unter bestmöglicher eigennütziger Erschließung sowie Verknüpfung der von mehreren qualifizierten hauptamtlichen Beratern einzelner Gebiete (Sparofferten, Versicherungsangebote etc.) eingeholten Ratschläge und/oder aufgrund eines zeitweisen bzw. fortwährenden Nachhol-, Um- und Ergänzungslernens, beispielsweise durch Wahrnehmung entsprechender Bildungsangebote (Teilnahme an privatwirtschaftlich organisierten Investment-Lehrgängen oder Börsenplanspielen etc.) oder durch Selbststudium einschlägiger Fachliteratur und Periodika (Wirtschaftsmagazine, Finanzzeitschriften etc.) Charakteristisch für diese Hilf-Dir-Selbst-Verhaltensoption ist der größere Anteil an notwendigem Eigenengagement und praktizierter Unabhängigkeit, Selbstverantwortlichkeit wie -bestimmung des ratsuchenden Privatinvestors, welcher mehr als sein eigener Banker agiert und damit auch besser gefeit ist gegen aktuelle Tricks von Finanzhaien sowie unseriöse Praktiken dubioser Anbieter des freien – oder sogenannten grauen – Kapitalmarktes.[6] Nur wer weiß, was er will und benötigt, sich umsichtig um seine Geldgeschäfte kümmert, auf aktuelle Trends, neueste Entwicklungen und Anlageempfehlungen strategisch wie taktisch richtig reagiert und regelmäßig aus den immer zahlreicheren Angeboten der Banken, Versicherungen und sonstigen Finanzdienstleistungsunternehmen das für seinen ganz persönlichen Bedarf Beste auswählt, wird sein Vermögen erfolgreich vermehren. Es kann auch in diesem Fall entgegen dem generellen Gebot der Risikostreuung durchaus vorkommen, daß jemand seine gesamten laufenden disponiblen Ersparnisse etwa nur in wenige bestimmte Finanztitel investiert oder auf eine Kapitalanlagegesellschaft konzentriert. In dem Maße, wie solche oder andere Geldanlageentscheidungen person- und situationsbezogen „passen", d. h. subjektive Ansprüche und objektiv gegebene Handlungsmöglichkeiten produktiv in einem aktiv-konstruktiven Problemlösungsprozeß zur Deckung gebracht werden, können sie als vorteilhaft, begründet und zweckmäßig gelten.

Für einen dauerhaften Erfolg seiner Geldvermögensdispositionen benötigt der private Investor – da sich der Anlageerfolg nicht objektiv, personenunabhängig evaluieren läßt und die Anlageberatung seitens der Banken und Finanzintermediäre nicht neutral sein kann und oftmals keine maßgeschneiderten Lösungen bereitzustellen vermag – eine individuell vernünftige bzw. sinnvolle Anlagestrategie, welche ihm Kriterien für den Vermögensaufbau, die Auswahl geeigneter Anlageinstrumente, das Timing einzelner Anlageentscheidungen sowie die Erfolgskontrolle an die Hand gibt und ihn überdies zur Anlagedisziplin anhält, zumal gerade auch im Bereich der Vermögens-

---

[6] Zur Vermeidung gefährlicher Geldanlagen gilt es vor allem folgende Ratschläge zu bedenken; „einmalige Gelegenheiten", „todsichere Tips" oder „Traumrenditen" gibt es bei von Dritten vermittelten Geldanlagen nicht oder nur äußerst selten; hochprozentige Erträge bedingen gewöhnlich ein hohes Verlustrisiko; Gewinne der Vergangenheit besagen nichts über die Rentabilitätsentwicklung in der Zukunft; man sollte sich nicht von vornehmen Adressen beeindrucken lassen und mißtrauisch sein, wenn die Anbieterfirma auf einer „exotischen" Insel ansässig ist; ein Laie sollte alle Arten von Termingeschäften meiden.

4.8 Die Geldvermögensbildung 393

entscheidungen privater Haushalte (noch) häufig irrationale und zufällige Handlungen vorkommen.

Zu einer systematischen privaten Vermögensplanung gehören auch präskriptiver entscheidungsprozssualer Betrachtung verschiedene erforderliche Grundschritte. Ausgehend von seinen eigenen Sparbeweggründen (im Sinne übergeordneter Wünsche bzw. Zielvorstellungen der Lebensplanung) und ganz persönliche Situationsbedingungen (Bilanzierung und Analyse der Größenordnung sowie Zusammensetzung von Vermögen und Schulden, Einnahmen und Ausgaben; Ermittlung des gegebenen und erwarteten finanziellen Spielraums sowie verfügbaren Geldkapitals; Vergewisserung des persönlichen Mentalitätstyps[7] etc.) sollte der Anleger zuerst die für ihn relevanten Geldanlageziele unter möglichst präziser Definition von Prioritäten, Gewichtungen, zeitlicher Fristigkeit und Flexibilität bestimmen, wobei Gütekriterien – wie Ertrag, Sicherheit, Liquidität, Verwaltbarkeit – heranzuziehen sind. Danach hat er die marktmäßig verfügbaren Anlagemöglichkeiten anhand ihrer Zielerreichungsbeiträge als mehr oder weniger geeignet zu bewerten, Anlageentschlüsse hinsichtlich der bestmöglichen Alternative(n) – bezüglich Festlegung der Anlagestruktur und Wahl der Anlageinstrumente – zu treffen und die realisierten Entscheidungen wiederholt auf ihre zielentsprechenden Ergebnisse zu überprüfen und gegebenenfalls zu revidieren. In allen Phasen des gesamten Entscheidungsvorgangs ist hinreichend unwägbaren, unplanbaren Ereignissen Rechnung zu tragen und kann eine gründliche informationelle Hilfestellung bzw. Unterstützung etwa durch die Finanzpublizistik oder eine Anlageberatung zuständiger Fachleute unerläßlich oder doch zweckdienlich sein.

Im Sinne einer deskriptiven Analyse individueller Geldvermögensentscheidungen von Privatpersonen, d. h. unter Berücksichtigung von Befunden neuerer empirischer Untersuchungen des tatsächlichen Konsum- und Sparverhaltens privater Haushalte, läßt sich verallgemeinert konstatieren[8]: Eingebettet in konkrete politische, wirtschaftliche, soziale und anthropogene Verhältnisse wird jeder Privatanleger bei der Festlegung, Änderung und Verwirklichung seiner finanziellen Ziele stets von vielen Beschränkungen und Variablen externer wie interner Art beeinflußt (z.B. Konsumneigung, Sparwille, Mentalität, Sachwissen, Durchhaltevermögen, Risikobereitschaft, Bestandswachstum des Geldvermögens, persönliche Bindungen, soziale Wertorientierungen, Gewinn- oder Verlusterfahrungen an der Börse, Erwartungen bezüglich Einkommens-, Inflations-, Beschäftigungs-, Zinsentwicklung, Fingerspitzengefühl, Geldgeschäftsbedingungen, Finanzwerbung, gesetzliche Vorschriften staatlicher Sparförderung, mangelnde Teilbarkeit oder eingeschränkte Disponibilität von Vermögensobjekten, evtl. Vorliegen eines krankhaften Geldinteresses, wie Habgier, Geiz, Verschwendungssucht, Spieltrieb[9]).

---

[7] Beispiele informeller Tests zur Selbstermittlung der Anlegertypzugehörigkeit bieten Schumacher, M.: Die Börse, Heiße Zeit für Aktionäre. Neue Regeln für ein altes Spiel, 1987, S. 135–183; DM: Wertpapiere – Das Depot für Ihren Typ, 1988, Nr. 5, S. 120–121.

[8] Siehe hierzu u. a. Nowak, D.: Veränderungen im Spar- und Geldanlageverhalten der Konsumenten im Spiegelbild aktueller Marktentwicklung. In: Betriebswirtschaftliche Blätter, 1985/12, S. 496-497; Maas, P., Weibler, J. (Hrsg.): Börse und Psychologie. Plädoyer für eine neue Perspektive, Köln 1990.

[9] Verschiedenartigen Anlegertypen (z.B. Sparer, Stratege, Spieler, Gewinnjäger, Träumer; risikoscheu, risikofreudig, weder risikoscheu noch risikofreudig) können bestimmte empfehlenswerte Geldanlageformen und Depotstrukturen zugeordnet weren. Klassifikationsbeispiele, die Anstöße zu modifizierten oder gar anderen Systematisierungsversuchen vermitteln, siehe Mühlbrandt, F.W.: Die optimale Geldanlage, Düsseldorf 1987, S. 18 ff.; DM: Vier (klassische) Börsianer-Typen, 1986, Nr. 2, S. 22; DM: Wertpapiere – das Depot für Ihren Typ, 1988, Nr. 5, S. 120–125.

In grober typisierter Stufung läßt sich die lebenszyklusentsprechende Entwicklungskurve der Vermögensbildung – losgelöst von Vermögens-, Einkommens-, Altersgrenzen oder Anlegertemperament – modellhaft in drei Geldanlagephasen unterteilen: die Einstiegs- und Aufbauphase, in der mit Sparen, Finanzinvestitionen begonnen und das (Start)Vermögen geschaffen wird; die Ausbau- oder Wachstumsphase, in der die getätigten Geldanlagen Erträge abwerfen und das angesparte Vermögen vermehrt wird; die Erntephase, in der das angesammelte Vermögen gesichert und vermehrt oder abgeschöpft bzw. übertragen wird.[10]

Gemeinhin plant der einzelne private Haushalt seine Ersparnisbildung in Wechselbeziehung zu seinen Konsumausgaben. Die überwiegend artikulierten grundsätzlichen Anlagemotive können in drei Gruppen zusammengefaßt werden[11]:

- Verbrauchssparen bzw. Zwecksparen für zukünftige Konsumausgaben (zugehörige zieladäquate Sparformen sind namentlich Bargeld, Sicht-, Termin-, Spareinlagen),
- Vorsorgesparen für noch unbestimmte zukünftige Ausgaben (korrespondierende geeignete Sparformen sind besonders Bausparen, Versicherungssparen, festverzinsliche Wertpapiere),
- Ertragssparen bzw. Sparen zur Vermögensakkumulation und Gewinnerzielung (passende Sparformen sind vornehmlich Rentenwerte und Aktien).

Deutliche Unterschiede hinsichtlich der relativen Gewichtung dieser Motive zeigen sich beispielsweise je nach Lebensalter und Einkommensklasse. So ist vielfach in jüngeren Jahren bei noch geringerem Einkommen bzw. Geldvermögen das Zwecksparen um so höher, je mehr gegenwärtig nicht realisierbarer Konsum für die Zukunft angestrebt wird. Nicht selten sind Jugendliche wie Erwachsene bis zum Alter von ungefähr 30 Jahren – die häufig noch keine allzu hohen familiären oder beruflichen Verpflichtungen haben oder mangels nennenswerter vorhandener Geldvolumina auch nur wenig verlieren können – ausgesprochen risikofreudig, denen Börsenspekulation Spaß macht. Im mittleren Lebensalter mit größtenteils höherem Einkommensniveau und steigender Liquidität dominiert die Befriedigung des Sicherheitsbedürfnisses, das heißt außer dem aktiven Sparen für ein Liquiditätspolster (Rücklage für unvorhersehbare Notfälle) insbesondere das Vorsorgesparen (Reserven für die langfristige finanzielle Absicherung von Familienmitgliedern oder des eigenen Ruhestandes). Daneben gewinnt auch das Sparmotiv Vermögensbildung stärker an Bedeutung. Angehörige dieser Altersgruppe verhalten sich bei ihrer Vermögensplanung in der Regel mehrheitlich konservativ bis mäßig spekulativ, wobei eine Orientierung an wirtschaftlichen Trends überwiegt. Soweit Privatpersonen nach dem 50. Lebensjahr, gleiches gilt erst recht für Rentner und Pensionäre, in größerem Umfang Konsumwünsche und Sicherheitsbedürfnisse befriedigt haben, konzentriert sich das Geldanlageinteresse in erster Linie auf die Erzielung von Vermögensbesitz und Gewinne. Zumeist sind Sparer in diesem Lebensabschnitt – ähnlich wie zahlreiche junge Menschen, die sich einen Kapitalgrundstock ansparen wollen – konservativ und auf Sicherheit bzw. Risikominimierung in der Anlage bedacht, obwohl die frei verfügbaren

---

[10] Eine übersichtliche an Lebensabschnitten des Menschen orientierte Beschreibung möglicher Ausprägungen charakteristischer Merkmale dieses Planungskonzepts findet sich beim Bundesverband der Deutschen Volksbanken und Raiffeisenbanken (Hrsg.): Vermögens-Diagnose. Das Programm, mit dem Sie Ihr Vermögen aktivieren. Grundlagen-Journal, Wiesbaden 1989, S. 36f.

[11] Vgl. auch Maier, K.M.: Der Sparprozeß in der Bundesrepublik Deutschland. Eine empirische Analyse des Sparverhaltens der privaten Haushalte seit 1950, Frankfurt a. M. 1983, S. 279ff.

Mittel des wachsenden Vermögensbestandes eine wagemutigere Geldanlage ermöglichten.

Alle drei genannten Sparmotive verlangen zur angemessenen Aufteilung des finanziellen Vermögens eines Wirtschaftssubjektes eine bedarfsgerechte Auswahl und Strukturierung der mit spezifischen Eigenschaften ausgestatteten Anlagealternativen nach Rendite, Liquidität, Sicherheit und sonstigen Anlagepräferenzen, doch ist das tatsächliche Verhalten der privaten Haushalte auch hier von ihren Gewohnheiten, ihrem erreichten Lernstand und ihrer faktischen Bereitschaft und Fähigkeit zur geldanlagestrategischen/-taktischen Weiterentwicklung geprägt. Da es in der Praxis keine Geldanlageform gibt, die sämtliche Finanzinvestitionserwartungen erfüllt – also eine hohe Rendite unter Berücksichtigung steuerlicher Wirkungen abwirft, größtmögliche Sicherheit bietet, adäquaten Inflationsschutz gewährleistet, im Bedarfsfall ohne hohe Kosten rasch in Bargeld unwandelbar ist, wenig Verwaltungsaufwand erfordert usw. –, ist jeweils ein Kompromiß anzustreben, in dem der private Investor eine auf sein individuelles Entscheidungsfeld abgestimmte Kombination jener Anlagealternativen zu verwirklichen sucht, die seinem Zielsystem und seiner Persönlichkeit am ehesten gerecht wird. Hierzu kann bislang leider noch nicht auf eine befriedigende Geldvermögensstruktur-Theorie in Form eines globalen Portfolio-Selection-Theorieansatzes zurückgegriffen werden[12], der umfassend erklärte, wie der Privatanleger bei bestimmter Risikobereitschaft oder -aversion durch Diversifizierung der Geldanlagen eine bestmögliche Minderung des Gesamtrisikos von Finanzinvestitionsentscheidungen bzw. eine Optimierung der Rentabilität bei einem diversifizierten Portefeuille in Situationen erreichen kann, die wesentlich durch Unsicherheit, hohe Komplexität, gegebenen Zeitdruck, verkürzende kognitive Urteilsbildungsprozesse (Faustregel-Gebrauch), irrationales und nicht immer primär ökonomisch motiviertes Anlegerverhalten geprägt sind.

4.8.3 Aktien als Geldanlagemöglichkeit

Von den aus der Sicht des Privatinvestors bedeutsamen Geldanlagealternativen[13] soll im folgenden das noch immer relativ vernachlässigte Anlagemedium Aktien herausgegriffen und in einigen grundlegenden Aspekten thematisiert werden.

4.8.3.1 Merkmale und Bedeutung der Aktie als Anlageobjekt

Aktien sind Wertpapiere, die ihrem Inhaber Anteilsrechte (wirtschaftliches Miteigentum) am Gesamtvermögen einer Aktiengesellschaft verbriefen und ihn damit direkt am unternehmerischen Erfolg wie Risiko beteiligen. Der Aktienkäufer haftet für geschäftliche Verbindlichkeiten aber nur in Höhe seines Anteils am Nominal-/Grundkapital der jeweiligen Aktiengesellschaft, d.h., sein maximales finanzielles Risiko ist begrenzt auf den totalen Verlust des Wertes bzw. gezahlten Kaufpreises seiner Aktie. Als Teilhaber hat ein Aktionär neben Vermögensrechten (Recht auf Anteil am Gewinn der AG in Form von Dividenden, Recht auf Bezug neu ausgegebener, junger Aktien bei Kapitalerhöhung, Recht auf Anteil am Liquidationserlös) bestimmte Mitgliedschaftsrechte (Recht auf Teilnahme an der jährlich stattfindenden Hauptversammlung der AG, Stimm- und Auskunftsrecht in der Hauptversammlung).

---

[12] Vgl. Seum, A.M.: Das Anlageverhalten der Sparer. Eine empirische Analyse für die Bundesrepublik Deutschland, Frankfurt a.M. 1988, S. 51 ff.
[13] Siehe hierzu auch die vergleichende Übersicht ausgewählter wichtiger Geldanlagearten unter Punkt 4.8.4 dieses Beitrages.

Vom Nennwert – dem auf der Wertpapierurkunde aufgedruckten Teilbetrag des Grundkapitals der AG – unterscheidet sich der Kurswert (= Marktpreis) der Aktie, welcher sich an der Börse durch Angebot und Nachfrage ergibt und in der Regel ein Mehrfaches des Nennwertes beträgt. Determinanten der Kursbildung an der Börse sind die Leistungskraft des Unternehmens, seine Gewinnsituation und geschäftlichen Zukunftsaussichten, die gesamtwirtschaftliche Lage, politische Gegebenheiten, börsentechnische Vorgänge, psychologische Momente und andere Einflußfaktoren.

Aktien lassen sich nach unterschiedlichen Gesichtspunkten einteilen, beispielsweise nach
- Branchen, Ländern oder großräumigen Wirtschaftsregionen,
- der Größe und Bedeutung der Unternehmen (Standardwerte, Spezialwerte, national oder international gehandelt),
- der Ausgestaltung von Mitgliedschaftsrechten (Vorzugsaktien sind gegenüber Stammaktien mit bestimmten Vorrechten ausgestattet, dafür ist jedoch häufig das Stimmrecht eingeschränkt),
- der Art der Übertragung (Inhaberaktien können im Gegensatz zu Namensaktien ohne besondere Formalitäten durch einfache Einigung und Übergabe übertragen werden).

Am meisten verbreitet und deshalb im amtlichen Börsenhandel vorherrschend sind Inhaber-Stamm-Aktien, die nahezu jederzeit ihren Besitzer wechseln können. Kauf- und Verkaufsaufträge über deutsche Aktien werden grundsätzlich durch Zwischenschaltung einer Bank abgewickelt.

Als Geldanlagemedium bieten Aktien dem privaten Sparer zwei Ertragsmöglichkeiten:
(a) den laufenden Ertrag aus Dividendenzahlungen (einschließlich Steuergutschrift); da allerdings der Unternehmenserfolg zeitlich schwankt, kann die jährliche Dividende als variable Gewinnbeteiligung wechseln oder gar ausfallen;
(b) Gewinne über Kurssteigerungen (= oftmals eigentliches oder dominierendes Anlageziel); dieser Wertzuwachschance steht freilich ein Kapitalverlustrisiko durch rückläufige Kursbewegungen gegenüber.

Um keinen Fehleinschätzungen zu erliegen, müssen insbesondere Börsenanfänger und Kleinanleger ohne oder mit geringer Börsenkompetenz begreifen, daß die Aktienbörse keine ‚Geldvermehrungsmaschine' oder Einbahnstraße ist und daß die Aktie, ob alt-etabliert oder neu-emittiert, ein (fungibles) Risikopapier verkörpert, das weder Kursgewinne noch Dividendenausschüttungen garantiert und generell mit beträchtlichen Chancen, aber auch Verlustgefahren (Wertminderung, Renditeeinbuße) behaftet ist. Das Auf und Ab der Kurse gehört seit je zum Alltag der Aktienbörse, und diesen grundlegenden Sachverhalt handlungswirksam zu akzeptieren sowie bestmöglich zu nutzen, bedingt gemeinhin einen langen Lernprozeß.

4.8.3.2 Methoden und Problematik der Aktienanalyse

Aufgabe der Aktienanalyse ist es, rationale Erklärungs- und Entscheidungshilfen für ein sinnvolles und erfolgreiches Aktienengagement – d.h. Kaufen oder Nichtkaufen sowie Verkaufen oder Halten von Papieren – bereitzustellen, und zwar insbesondere im Hinblick auf die Auswahl der richtigen Anlagewerte (Selektion) und die Bestimmung der richtigen Dispositionszeitpunkte (Timing).

Die beiden grundlegenden Methoden der Aktienbewertung resp. der Aktienkursprognose sind die fundamentale und die technische Analyse, zwischen denen es weder logische noch konzeptionelle Zusammenhänge gibt.[14]

Die Fundamentalanalyse[15] geht von der Basishypothese aus, daß die ökonomische Situation von einzelnen Unternehmen, Branchen oder der gesamten Wirtschaft entscheidender Bestimmungsgrund für die Aktienkursbildung bzw. -veränderung ist und ein mittel-/langfristig gleichgerichteter Verlauf von Ertrags- und Aktienkursentwicklung eines Unternehmens besteht. Ihr Ziel i. e. S. ist es, den inneren Wert einer Aktie annähernd zu quantifizieren, um Bewertungsvergleiche zu ermöglichen und analytisch gerechtfertigt erscheinende Kursentwicklungsvorhersagen abzuleiten. Zwecks Ermittlung der laufenden und zukünftigen Ertragskraft einer Aktiengesellschaft werden neben relevanten gesamtwirtschaftlichen Rahmenbedingungen (Konjunktur, Geldpolitik, Wechselkurstendenzen etc.) und branchentypische Indikatoren (Auftragseingang, Produktion, Stellung im konjunkturellen Gesamtzyklus etc.) wesentliche unternehmensbezogene Kurseinflußfaktoren (Umsatz, Investitionen und Finanzierung, Gewinn, Aufwandsstruktur, Management etc.) untersucht. Damit die analysierten Aktien mit alternativen Dividenden- oder Rentenwerten verglichen werden können, werden die Untersuchungsergebnisse in Form von Bilanz- und Wertpapierkennzahlen standardisiert. Als Maßstäbe für die Beurteilung der Substanz bzw. Preiswürdigkeit einer Aktie und der Ertragskraft eines Unternehmens werden häufig vier Kriterien herangezogen.

(a) Dividendenrendite (%) $= \dfrac{\text{Gezahlte (vorgesehene Dividende (DM)} \times 100}{\text{Kurs (Anschaffungspreis) der Aktie (DM)}}$

Sie ist erfahrungsgemäß um so höher, je mäßiger die zukünftigen Gewinn- und Dividendenwachstumsaussichten eingeschätzt werden und erlaubt nur bedingte Aussagen, da lediglich ein Teil des tatsächlichen Gewinns berücksichtigt wird.

(b) Gewinn pro Aktie $= \dfrac{\text{Geschätzter tatsächlicher AG-Gewinn für die laufende oder kommende Rechnungsperiode}}{\text{Aktienzahl der AG}}$

Zur Feststellung des tatsächlichen Gewinns wird der ausgewiesene Jahresüberschuß oder -fehlbetrag von allen Sondereinflüssen, das sind außerordentliche sowie aperiodische Aufwendungen und Erträge unter Berücksichtigung der steuerlichen Auswirkungen, bereinigt.

(c) Cash-flow je Aktie $= \dfrac{\text{Cash-flow der AG}}{\text{Aktienzahl der AG}}$

---

[14] Ein dritter Erklärungsansatz zur Prognose erwarteter Aktienkurse ist die sogenannte Random-Walk-Hypothese, die davon ausgeht, daß sich Preise an den Börsen zufällig bewegen, da stets alle Informationen bereits im aktuellen Kurs berücksichtigt sind. Da sich die Kurse in diesem Modell also wie unabhängige Zufallsvariablen verhalten, wird unterstellt, daß die Kursbewegung um einen Erwartungswert oder angenommenen ‚inneren Wert' des Unternehmens schwankt. Während die Zufälligkeit von Preisen über die Betrachtung von kurzen Zeiträumen durchaus eine gewisse Berechtigung zu haben scheint, kristallisieren sich jedoch über längerfristige Betrachtungszeiträume – bestätigt durch empirische Untersuchungen wie auch praktische Erfahrungen – Trendentwicklungen heraus, die eine der Kursfindung zugrundeliegende Zufälligkeit doch eher in Frage stellen.
[15] Vgl. dazu näher Mühlbradt, F.W. (Hrsg.): Erfolgreiche Anlagestrategien für Aktien. Kursgewinne durch methodische Aktienanalyse, 2. Aufl., Zürich 1986; Trenner, D.: Aktienanalyse und Anlegerverhalten, Wiesbaden 1988; Schätzle, R.: Handbuch Börse 1990. Mehr Geld durch professionelle Anlagestrategien, München 1989.

Der Cash-flow kennzeichnet die Finanzierungs- und Ertragskraft eines Unternehmens und ergibt sich aus dem um außerordentliche bzw. periodenfremde Aufwendungen und Erträge korrigierten Jahresüberschuß (= Dividenden + Rücklagenzuweisung aus dem Ergebnis) zuzüglich Abschreibungen auf Sach- und Finanzanlagen sowie Zuführungen zu den langfristigen Rückstellungen. Ein Nachteil des Cash-flow ist, daß alle Zahlen vergangenheitsbezogen sind und somit keine zuverlässigen Rückschlüsse auf die zukünftige Entwicklung erlauben. Dividiert man den aktuellen Börsenkurs (in%) durch den Cash-flow je Aktie, erhält man das Kurs/Cash-flow-Verhältnis, welches darüber Auskunft gibt, wievielmal der Cash-flow pro Aktie im Kurs enthalten ist.

(d) Kurs/Gewinn-verhältnis (KGV) $= \dfrac{\text{Aktueller Börsenkurs der Aktie}}{\text{(Geschätzter) echter Gewinn pro Aktie}}$

Eine Aktie gilt als um so preiswerter, je kleiner das KGV ist. Besonders aussagekräftig ist diese Kennzahl beim Vergleich von Aktien einer Branche. Der reziproke Wert des KGV wird als Gewinnrendite bezeichnet.

Das Hauptproblem der Fundamentalanalyse besteht im Beschaffen, Strukturieren und Auswerten der großen erforderlichen bzw. wünschenswerten Informationsmengen. Ihre gewonnenen Erkenntnisse und Folgerungen sind aber in der Regel sachlogisch nachvollziehbar sowie betriebs- und volkswirtschaftlich erklärt. Restriktionen ergeben sich durch die begrenzte Aussagefähigkeit des zugrunde gelegten Datenmaterials und die Vernachlässigung des Markttrends, psychologischer und monetaristischer Aspekte; nach Erfahrungen sind schätzungsweise nur ca. 40% der Kursbewegungen einer Aktie auf unternehmensbedingte Faktoren zurückzuführen. Die Fundamentalanalyse eignet sich vor allem, aus der Vielzahl gegebener Aktien nach Ländern, Branchen und Unternehmen jene auszuwählen, die preisgünstig und aussichtsreich erscheinen. Beim Timing von Kauf und Verkauf ist dagegen börslichen Marktkräften zusätzlich große Aufmerksamkeit zu schenken.

Die technische Analyse[16] stützt sich allein auf die Beobachtung des Marktgeschehens an der Börse (zustande gekommene Kurs- und Umsatzverläufe) und versucht, aus vergangenen Bewegungen des Gesamtmarktes oder der Kurse einzelner Aktien Prognosen über die zukünftige Kursentwicklung abzuleiten, um wesentliche Verhaltensänderungen der Anleger bzw. Umkehrpunkte von Kurstrendverläufen frühzeitig erkennbar und diese Signale für Kauf- und Verkaufsentscheidungen nutzbar zu machen. Sie geht von den Grundannahmen aus, daß sich
– alle kursbestimmenden wirtschaftlichen wie außerökonomischen Einflußgrößen schließlich im Aktienkurs niederschlagen,
– vergangene Kursverläufe wiederholen und sich Aktienkurse in abschätzbaren Trends bzw.- Ablaufmustern entwickeln und deshalb prognostizierbar sind.

Das Arbeitsinstrumentarium der technischen Analyse umfaßt graphische Kurs- und Umsatzdarstellungen (sogenannte Charts incl. typischer Erscheinungsbilder von Kurs- und Umsatzverläufen) und spezielle Indikatoren. Nach dem Anwendungsbereich lassen sich die Verfahrensweisen in zwei Hauptgruppen gliedern:

---

[16] Vgl. hierzu detailliert u.a. Welcker, J.: Technische Aktienanalyse. Die Methoden der Technischen Analyse mit Chart-Übungen, 2. Aufl., Zürich 1984; Lerbinger, P.: Das große Buch der Aktie, 2. Aufl., Ebmatingen/Zürich 1988.

(a) Verfahren zur Bestimmung der Gesamtmarkttendenzen (z.B. Aktienindex, gleitender Durchschnitt etc.),
(b) Verfahren der Einzelwertanalyse (Formations- und Trendanalyse, relative Stärke etc.)

Der Vorteil der technischen Analyse ist die relativ einfache Beschaffung und Verarbeitung der gegebenen Börsendaten. Schwierigkeiten bereitet vor allem die zutreffende und richtige Interpretation der Kursbilder, zumal sich Formationen selten idealtypisch gleichen und das „chart reading" noch immer mehr eine Kunst ist als wissenschaftlichen Ansprüchen genügt. Weitere Deutungs- und Entscheidungsprobleme resultieren aus den oftmals unterschiedlichen Befunden der verschiedenartigen verwendeten Indikatoren. Eingedenk dieser Grenzen vermag die technische Analyse wertvolle Hinweise namentlich für die Bestimmung günstiger Zeitpunkte zum Kaufen oder Verkaufen zu liefern.

Insgesamt sind letzlich weder die Fundamentalanalyse noch die technische Analyse in der Lage, Aktienkursverläufe mit hinreichender Sicherheit vorauszusagen. Mit beiden Methoden kann man Gewinne erzielen und ebenfalls Verluste erleiden. Anzustreben ist eine integrative Kombination von Aussagen der beiden Methoden, welche eine gegenseitige Ergänzung sowie Kontrolle ermöglicht und durch die wahrscheinlich eine Verbesserung der Kursprognosen wie auch eine Steigerung der Güte von Anlageentscheidungen erreicht wird. Sichere Gewinne auf Knopfdruck durch computergestützte Aktienanalyse sind und bleiben Illusion[17]: auch mit einer (inzwischen) immer ausgefeilteren Börsensoftware für den heimischen Personalcomputer kann der Privatanleger im Dickicht aus Signalen und Indikatoren auf Dauer nur Erfolg haben, wenn er aufgrund eines möglichst klaren persönlichen Anlagekonzepts systematisch, diszipliniert und risikobewußt vorgeht.

4.8.4 Zusammenfassung und Ausblick

Im Lichte unserer Entwicklung zu einer „Vermögens-Gesellschaft" zeigt die Geldvermögensbildung – die periodische Veränderung des Geldvermögens – der privaten Haushalte einen deutlichen Trend zu einer Professionalisierung des Anlageverhaltens, wobei neben einer breiteren Streuung verstärkt längerfristige und höherverzinsliche Anlagen bevorzugt werden. Von der Hinwendung zu einem ertragsorientierten Sparen und einem vom Vorsorgemotiv geprägten Anlageverhalten profitier(t)en vor allem das Versicherungs- und Wertpapiersparen.

Der private Sparer resp. Investor muß sich bewußt sein, daß die monetären Hauptziele des magischen Dreiecks jeder Geldanlage – maximale Sicherheit, maximaler Ertrag, unmittelbare Umtauschmöglichkeit der investierten Geldmittel in Bargeld – grundsätzlich nicht simultan realisierbar sind. Bezogen auf seine Anlageziele, Mentalität und Ressourcen hat er unter Berücksichtigung der Stärken-Schwächen-Profile der vorhandenen Geldanlagealternativen die für ihn günstigste Kombination aus Sicherheit, Rendite und Liquidität für die bedarfsgerechte Anlage seines disponiblen finanziellen Vermögens zu finden (siehe Übersicht, Geldanlagearten im Vergleich', S. 401–406).

Eingedenk der von Kostolany aufgestellten Maxime „Wer ein Vermögen hat, darf nicht spekulieren; wer etwas Vermögen angesammelt hat, kann ruhig spekulieren; wer

---
[17] Vgl. Schumacher, M.: Börsen-Profi mit dem PC. Erfolgreich spekulieren mit System, Düsseldorf 1990.

wenig oder nichts zu verlieren hat, muß spekulieren" empfiehlt sich selbst für den weniger vorsichtigen Privatanleger im allgemeinen eine breite Risikostreuung seines Vermögens, die neben Barreserven, Sachwerten (vor allem Immobilien) und Lebensversicherung auch einen Anteil für Wertpapiere (überwiegend Zinspapiere, weniger für Aktien und noch weit weniger für extrem spekulative Finanzanlagen) vorsieht. Mit der klassischen goldenen Regel von ca. je einem Drittel liquide Mittel, Sicherheitsanlagen und bewegliche Anlagen fährt man – als situationsadäquat zu modifizierende Orientierungsgröße für ein Vermögensmix – noch immer gut.

Angesichts des Umstandes, daß einerseits die Finanzmärkte zunehmend effizienter werden und zusammenwachsen (höhere Markttransparenz infolge des wachsenden Einsatzes moderner Informations- und Kommunikationstechnologien, Ausweitung der Angebotspalette durch zahlreiche Finanzinnovationen, Etablierung funktionsfähiger Terminbörsen, steigende Effizienz der Wertpapieranalyse, Liberalisierung des Kapitalverkehrs, umfangreicher internationaler Kapitalfluß etc.) und daß andererseits dadurch mitbedingt auch die Risiken globalisiert und die Finanzmärkte gegenüber partiellen Störungen anfälliger werden (siehe mehrere „Crashs"), gilt es, bei der Vermögensstreuung insbesondere dem Risiko-Management größeres Gewicht beizumessen. Demnach wäre eine Anlagenstruktur (asset allocation) dann als optimal oder effizient anzusehen, wenn bei gegebenem Ertrag ein minimales Risiko und umgekehrt bei Inkaufnahme eines festgesetzten Risikos ein maximaler Ertrag vorliegt.

4.8 Die Geldvermögensbildung 401

Tab. 2 Geldanlagearten im Vergleich

Geldanlagetyp	Vermögensart	Sicherheit (Werterhaltung)	Liquidität (Verfügbarkeit)	Ertrag	Steuervorteile	Kosten/Verwaltbarkeit
Sparverträge	- passiv - mittel- bis langfristig - konservativ - Geldwertforderung	+++ - kein Kursrisiko - Einlagensicherungssystem der Banken	+ - unflexibel, bei vorzeitiger Kündigung i.d.R. Verlust oder Reduzierung von Prämie/Bonus bzw. Reduzierung auf Zinssatz der Spareinlage mit gesetzlicher Kündigungsfrist	++/+++ - relativ hoch, abhängig vom garantierten Zinssatz plus Bonus und von der Vertragsdauer	- Geltendmachung von Werbungskosten- (pauschbetrag) und Sparerfreibetrag bei Besteuerung der Einkünfte aus Kapitalvermögen - Steuerstundung durch Einkommensverschiebung (Bonus)	- keinerlei Gebühren - kaum Zeitaufwand für Verwaltung
Sparbriefe (a), Bundesschatzbriefe (b), Finanzierungsschätze (c)	- aktiv/passiv - mittelfristig - konservativ - Geldwertforderung	+++ - garantierter Festzins über gesamte Laufzeit - kein Kursrisiko - Tilgung zum Nennwert/Rückzahlungsbetrag - Einlagensicherungssystem der Banken (a) - Mündelsicherheit (b), (c)	+ - während der Laufzeit unkündbar, kaum verkäuflich, nur beleihbar (a) - nach einem Laufzeitjahr jederzeit Rückgabe-/Umtauschmöglichkeit bis 10 000 DM monatlich, übertragbar und beleihbar (b) - vorzeitige Rückgabe ausgeschlossen, jederzeit Übertragung oder Beleihung möglich (c)	++ - Verzinsung übertrifft den Spareckzins, ist aber niedriger als bei börsengängigen Anleihen - Zinsen orientieren sich an den Konditionen des Kapitalmarktes	- Geltendmachung von Werbungskosten- (pauschbetrag) und Sparerfreibetrag bei Besteuerung der Einkünfte aus Kapitalvermögen - ggf. Steuerstundungs- und Steuerspareffekt (a) und (c)	- keine Kosten (a) - keine Gebühren, wenn Erwerb und Verwaltung über eine Landeszentralbank oder die Bundesschuldenverwaltung erfolgt (b), (c) - kaum Zeitaufwand für Verwaltung

Geldanlagetyp	Vermögensart	Sicherheit (Werterhaltung)	Liquidität (Verfügbarkeit)	Ertrag	Steuervorteile	Kosten/Verwaltbarkeit
Bausparen	- passiv - langfristig - konservativ - Geldwertforderung	+++ - kein Kursrisiko - Auszahlung der eingezahlten Beträge zum Nennwert - Beaufsichtigung durch Bundesaufsichtsamt für das Kreditwesen - garantierter Festzins auf volle Ansparzeit - garantierter Darlehensfestzins für gesamte Tilgungszeit	+ - Bindungsfrist bei Verwendung außerhalb wohnungswirtschaftlicher Zwecke (7 Jahre bei Gewährung der Wohnungsbauprämie, 10 Jahre bei Abzug als Sonderausgaben) - bei vorzeitiger Verfügung (innerhalb der Bindungsfrist) Rückforderung der vom Staat gewährten Vergünstigungen (Wohnungsbauprämie, Arbeitnehmersparzulage bzw. gesparte Steuern) - Übertragbarkeit an Dritte	+ - sehr gering, rechnet sich nur in Verbindung mit niedrigem Darlehenszins, Sparprämie oder Steuervergünstigung	- Zulagen im Rahmen der staatlichen Sparförderung, Wohnungsbauprämie oder wahlweise Absetzbarkeit von Bausparbeiträgen im Rahmen der Sonderausgaben gemäß § 10 EStG - Guthabenzinsen tarifbesteuert (Sparerfreibetrag)	- Abschlußgebühr i.d.R. 1% der Bausparsumme - Darlehensgebühr i.d.R. 2% oder 3% bei Inanspruchnahme des Darlehens - Sonstige allgemeine Verwaltungskostenpauschale pro Jahr - Risikolebensversicherungsbeiträge nach Darlehensgewährung - kaum Zeitaufwand für Verwaltung
Kapitallebensversicherung	- passiv - langfristig - konservativ - Geldwertforderung	+++ - Vermögen und Erträge der Versicherungsgesellschaft vorsichtige, breit gestreute Kapitalanlagen - Staatliche Kontrolle durch das Bundesaufsichtsamt für das Versicherungswesen - Fester rechnungsmäßiger Zinssatz für Guthaben - Auszahlung der Ablaufleistung (Versicherungssumme) zum Nennwert	+ - Erst nach Ablauf einer langen Laufzeit erfolgt die Auszahlung - Vorzeitige Kündigung ist immer mit finanziellen Einbußen verbunden, in den ersten 2-3 Jahren mit manchen Versicherungsunternehmen fast völliger Substanzverlust (Verwaltungskosten für die gesamte Laufzeit werden mit Spartanteil der Prämie verrechnet) - Beleihungsmöglichkeit der Versicherungspolice	++/+++ - Regelmäßige Verzinsung des aktuellen Guthabens = Deckungskapital plus Gutschrift von Gewinnanteilen (abhängig von der Ertragskraft des Versicherungsunternehmens) - Recht gute Rendite unter Berücksichtigung der Gewinnbeteiligung plus Steuervorteile - Neben der Gewinnbeteiligung und den Steuerersparnissen besteht Versicherungsschutz	- Steuerbegünstigung der zu zahlenden Versicherungsprämien im Rahmen der Sonderausgaben laut § 10 EStG - Fällige Versicherungsablaufleistungen (incl. angesammelter Guthabenzinsen) sind für den Versicherungsnehmer steuerfrei	- Es fallen i.d.R. keine direkt berechneten Kosten an; da die zu entrichtenden Kosten (für Vertrieb, Verwaltung etc.) Teil der Prämienzahlung sind, lassen sie sich i.d.R. nicht genau bestimmen (einige Versicherungsgesellschaften weisen in ihren jährlichen Kontoauszügen bzw. Berichten die Kosten gesondert aus) - Kaum Zeitaufwand für Verwaltung

4.8 Die Geldvermögensbildung 403

Geldanlagetyp	Vermögensart	Sicherheit (Werterhaltung)	Liquidität (Verfügbarkeit)	Ertrag	Steuervorteile	Kosten/ Verwaltbarkeit
Wertpapier-Investmentfonds (Aktien-, Renten-, Spezialfonds, gemischte Fonds)	– aktiv – mittel-, langfristig – eher spekulativ bei Aktien- und Spezialfonds, eher konservativ bei Rentenfonds – Geldwertforderung (Rentenfonds) – Sachwertanlage (Aktienfonds)	+ / + + + – Kurssicherheit abhängig von den Anlageschwerpunkten und der Zusammensetzung der Fonds; bei Rentenfonds durchschnittlich geringeres Kursrisiko als bei Aktien- und Spezialfonds; Währungsrisiken möglich bei Fremdwährungspapieren im Fonds – Minderung des Wertlustrisikos durch Mischung im Fondsvermögen und evtl. Absicherungsgeschäfte (Hedging-Strategien) – Rückgabepreis wegen Ankaufsspesen i. d. R. erst nach längerer Frist höher als Ausgabepreis	+ + / + + + – Bei offenen deutschen Fonds an jedem Börsentag Veräußerungen an die Investmentgesellschaft zum aktuellen Rücknahmepreis gesetzlich garantiert, außerdem freihändiger Verkauf möglich – Bei manchen ausländischen Zertifikaten ist die Verfügbarkeit erschwert (Aufsichts-, Vertriebsprobleme)	+ + / + + + – Wesentlich abhängig von der Qualität des Fondsmanagements, Zusammensetzung des Fondsvermögens, Zins-, Inflations- und Börsenentwicklung – Variable ausgeschüttete oder thesaurierte Erträge in Abhängigkeit von der Entwicklung des jeweiligen Marktes und der verfolgten Anlagepolitik – Wegen Risikoverteilung i.d.R. keine überdurchschnittlichen Kursgewinnchancen	– Kapitalertragssteuer entfällt für deutsche Fonds. Einkommensteueranrechnung eines Quellensteuerabzugs bei ausländischen Fonds, sofern ein Doppelbesteuerungsabkommen besteht – Geltendmachung von Werbungskosten (pauschbetrag) und Sparerfreibetrag bei Besteuerung der Einkünfte aus Kapitalvermögen	– Ausgabenaufschlag je nach Fondscharakter (bei Aktien-/Spezialfonds gewöhnlich höher als bei Rentenfonds), im Durchschnitt bei deutschen Fonds niedriger als bei ausländischen Fonds – Bankdepotspesen (sofern kein Anlagekonto), bei Eigenverwahrung u. U. Safemietkosten und Verlustrisiko – wenig Zeitaufwand für Verwaltung

Geldanlagetyp	Vermögensart	Sicherheit (Werterhaltung)	Liquidität (Verfügbarkeit)	Ertrag	Steuervorteile	Kosten/ Verwaltbarkeit
Festverzinsliche Wertpapiere	– aktiv – kurz- bis langfristig – konservativ bis mäßig spekulativ – Geldwertforderung	++/+++ – Vermögen und Erträge des Emittenten – Rückzahlung des vollen Nennwertes (Investitionsbetrages) am Ende der Laufzeit – Geringes Tilgungsrisiko bei Schuldnern erster Bonitätsstufe – Kursrisiko bei vorfälligem Verkauf (langfristig eingrenzbar durch Ersterwerb bei relativ hohem Kapitalmarktzins), überschaubare Kursbewegungen – Zusätzliche Chancen wie Risiken bei Fremdwährungsanleihen (Währungsrisiko) – Bei vorzeitiger Kündigung (Auslosung) Gefahr von Teilverlusten – Fester Zinssatz über die gesamte Laufzeit	++/+++ – Jederzeitige Veräußerung an der Börse zum Tageskurs möglich, u. U. Kursabschläge und Renditeeinbuße, Gewinnchance gegeben – Bei Zweiterwerb an der Börse durch Auswahl der Fälligkeiten Verfügbarkeit individuell bestimmbar – Beleihungsmöglichkeit	++/+++ – Bestimmend sind vereinbarter Nominalzinssatz, Anschaffungs-, Verkaufs-, Rückzahlungskurs, Laufzeit, An-/Verkaufskosten, allgemeines Zinsniveau – Kurschance wie Kursrisiko gegeben	– Steuerbefreiung bestimmter realisierter Kursgewinne – Erwerb tarifbesteuerter Rentenwerte für Bezieher niedriger Einkommen – Kauf steuerfreier oder steuerbegünstigter Titel für Anleger höherer Einkommensstufen – Steuerstundung und -ersparnis bei Nullkuponanleihen – Geltendmachung von Werbungskosten(pauschale) und Sparerfreibetrag bei Besteuerung der Einkünfte aus Kapitalvermögen	– Kosten (Provision, Maklergebühr etc.) für An- und Verkauf vom Nennwert/ Kurswert – Beim Erwerb von Neuemissionen und beim Ersterwerb bestimmter Rentenwerte entfallen Kosten – Depotgebühren – I. d. R. größerer Zeitaufwand für Verwaltung

4.8 Die Geldvermögensbildung

Geldanlagetyp	Vermögensart	Sicherheit (Werterhaltung)	Liquidität (Verfügbarkeit)	Ertrag	Steuervorteile	Kosten/ Verwaltbarkeit
Aktien	– aktiv – kurz- bis mittelfristig – spekulativ – Sachwertanlage	+/++ – Vermögen und Erträge der Aktiengesellschaft – Kursrisiko – Dividendenrisiko – Substanzverlust bei Notverkauf möglich – Währungsrisiko bei Auslandsaktien – Manipulationsrisiko großer Anleger – Sachwertanlage als Inflationsschutz	++/++++ – Verkauf grundsätzlich jederzeit an der Börse zum Tageskurs möglich, freilich evtl. mit Ertrags- oder Substanzverlust durch Kursschwankungen und gegebenenfalls Fremdwährungsveränderungen – U. U. Verkaufsschwierigkeiten bei marktengen Dividendenwerten	++/++++ – Richtet sich nach der Ertragslage und dem Wachstumspotential der Unternehmen, Anschaffungs-/Verkaufskurs und Bezugsrecht sind zu beachten – Meist mäßige Dividendenrendite, jährlich Dividende als variable Gewinnbeteiligung – Kursgewinnchance	– Kursgewinne außerhalb der sechsmonatigen Spekulationsfrist sind steuerfrei, wenn sie beim Steuerpflichtigen eine bestimmte Höhe jährlich nicht übersteigen – Anrechnung der einbehaltenen Kapitalertragssteuer (Körperschaftssteuer des Unternehmens) und Steuergutschrift für Dividende auf die Einkommensteuerschuld des Aktionärs – Geltendmachung von Werbungskosten(pauschale) und Sparerfreibetrag bei Besteuerung der Einkünfte aus Kapitalvermögen	– An- und Verkaufskosten (Bankprovision, Maklercourtage etc.) vom Kurswert (Kauf-/Verkaufspreis) – Depotgebühren – i.d.R. erheblicher Zeitaufwand für Verwaltung

Geldanlagetyp	Vermögensart	Sicherheit (Werterhaltung)	Liquidität (Verfügbarkeit)	Ertrag	Steuervorteile	Kosten/ Verwaltbarkeit
Immobilien	- aktiv - langfristig - konservativ - Sachwertanlage	++/++++ - Sachwertanlage als Inflationsschutz - Verkaufspreisrisiko - Bei Altbauten und Grundstücken Risiko versteckter Schäden (Altlasten)	+/++ - Verkauf braucht abhängig von Lage und Zustand des Objektes sowie der Teilmarktsituation oft viel Zeit und kann u. U. schwierig sein	++ - Ertrag aus Vermietung/Verpachtung abhängig vom Einzelfall und der Marktentwicklung (z. B. Mietanhebungsmöglichkeit) - Miet-/Pachtausfallrisiko, nur bei guten Lagen gering - Renditeverbesserung durch Steuervorteile - Chance auf Wertsteigerungen	- Bau- und Anschaffungskosten können bei Häusern bzw. Wohnungen von einem bestimmten Prozentsatz jährlich von der Einkommensteuer abgezogen werden - Abschreibungsmöglichkeit für vermietete Immobilien - Bei vermieteten Immobilien lassen sich die Abschreibungen zeitlich gestalten	- Diverse An-/Verkaufskosten (Beurkundungs-, Maklergebühren etc.) - U. U. Betreuungskosten (Hausverwalter etc.) - Instandhaltungsaufwendungen - Hoher Zeitaufwand für Verwaltung

* Anmerkungen:

1. Erläuterungen bezüglich der unter „Vermögensart" gebrauchten vier Ordnungsbegriffspaare zur Charakterisierung der vielfältigen Anlagearten:
   a) Aktive Anlagearten (z. B. Kontensparen, Sparbriefe, Festgeld) liefern einen regelmäßigen Beitrag, passive Anlagearten (z. B. Bausparvertrag, Edelmetalle, Schmuck und Kunstwerke) dagegen keinen oder nur einen unbedeutenden Beitrag zum laufenden Einkommen.
   b) Die Klassifikation nach der Merkmalsausprägung kurz- bis langfristig erfolgt entsprechend der üblicherweise der jeweiligen Anlagealternative eigenen Fristigkeit. Bei einer kurzfristig eingestuften Anlageart ist es normalerweise aus Realisierbarkeits-/Kosten-/Steuergründen etc. möglich und oft auch empfehlenswert, sie nach verhältnismäßig kurzer Zeit wieder zu veräußern. Bei langfristigen Anlagearten (z. B. Immobilien, Ausbildungsversicherung) sind von vornherein gegebene Hemmnisse (hohe einmalige Gebühren, mangelnde Realisierbarkeit, vertragliche Bindungen usw.) zu überwinden, die eine Auflösung nach kurzer Zeit unmöglich machen oder so kostenaufwendig bzw. nachteilig erscheinen lassen, daß sie lediglich im Notfall ratsam ist.
   c) Spekulativ bezeichnete Anlagetypen (z. B. Optionsscheine, Optionsgeschäft) werden gewöhnlich in erster Linie gewählt, um in einer bestimmten Zeit möglichst hohe Vermögensgewinne durch entsprechende Wertzuwächse zu erzielen; sie enthalten hohe Gewinnchancen, in der Regel jedoch auch vergleichsweise hohe Risiken. Als konservativ werden Anlagearten betrachtet, deren Wertveränderungen über einen langen Zeitraum sich nur in einem relativ engen Rahmen vollziehen, die also mit geringen Verlustrisiken behaftet sind.
   d) Bei Geldwertforderungen erwirbt der Anleger einen schuldrechtlichen Anspruch auf Rückzahlung in Geld. Sie bieten prinzipiell keinen Schutz gegen inflationäre Aushöhlung, aber mittel- bis langfristig in aller Regel einen höheren laufenden Ertrag als andere Anlagealternativen. Sachwertanlagen (z. B. Immobilien, Sammlerobjekte wie Briefmarken oder Antiquitäten) beinhalten in direkter oder mittelbarer Form Eigentum an Sachwerten, die sich durch eine weitgehende Unabhängigkeit von Geldwertschwankungen auszeichnen.

2. Die angegebenen Symbole „-/+/++" dienen zur tendenziellen Markierung der bei den spezifizierten Anlageformen im Vordergrund stehenden Zielpräferenzen nach Bedeutungsgraden.

3. Quellen: Nibbrig, B., Geldanlage und Finanzinnovationen. In: Verbrauchererziehung und wirtschaftliche Bildung, 1986, H. 4, S. 3; Gesamtverband der Deutschen Versicherungswirtschaft e.V.; Marktentwicklung und Marktstruktur in der Lebensversicherung, Karlsruhe o.J. (1986), S. 42; Ellgering, I., Geldanlage und Vermögensbildung, 10. Aufl., Stuttgart 1987; Köhler, W., Vermögensplanung (II). Planvoll zum Ziel. In: Wirtschaftswoche, 1989, Nr. 13, S. 130; Bundesverband der Deutschen Volks- und Raiffeisenbanken – BVR – (Hrsg.): Vermögens-Diagnose. Das Programm, mit dem Sie Ihr Vermögen aktivieren. Grundlagen-Journal, Wiesbaden 1989.

Trotz oder gerade wegen der Umwälzung und Unberechenbarkeit der Märkte – nur die Unsicherheit ist sicher – erscheint eine am Leitbild des zunehmend autonom, sachkompetenz, risikobewußt und selbstverantwortlich handelnden Privatanlegers ausgerichtete persönliche Vermögensstrategie nach wie vor möglich, erfolgversprechend[18] und normativ wünschenswert. Ein solches Agieren nach dem Do-it-jourself-Konzept bietet außerdem den besten, wirksamsten Schutz gegen unseriöse Vertriebspraktiken wie marktordnungskonforme Absatzförderungsmaßnahmen (z.B. Finanzwerbung, aktive Kauf- oder Umschichtungsempfehlungen), an denen nicht der private Anleger verdient, sondern die Banken, Makler, Vertreter, Börseninformationsdienste oder sonstige Anbieter/Unternehmen der Finanzdienstleistungsbranche.

Literaturhinweise

Bilitza, K.H.: Zukunftssicherung durch gezielte Kapitalanlagen, Landsberg 1988.
Bundesverband der Deutschen Volksbanken und Raiffeisenbanken – BVR – (Hrsg.): Vermögens-Diagnose. Das Programm, mit dem Sie Ihr Vermögen aktivieren. Grundlagen-Journal, Wiesbaden 1989.
Deutsche Bundesbank: Kapitalmarkt. In: Monatsberichte der Deutschen Bundesbank, Nr. 5, 1990, S.56.*.
Dies.: Die gesamtwirtschaftlichen Finanzierungsströme in Deutschland im Jahre 1994. In: Monatsberichte der Deutschen Bundesbank, Nr. 5, 1995, S.17–43.
Dies.: Die Entwicklung des Wertpapierbesitzes in Deutschland seit Ende 1989. Eine Auswertung der Depotstatistik. In: Monatsberichte der Deutschen Bundesbank, Nr. 8, 1995, S.57–69.
Deutsches Institut für Wirtschaftsforschung: Einkommen und Ersparnis der Privathaushalte im Jahre 1988. In: Wochenbericht 28/1989, S.313–319.
Dass.: Die Vermögenseinkommen der privaten Haushalte im Jahre 1988. In: Wochenbericht 28/1989, S.320–327.
Dass.: Die Vermögenseinkommen der privaten Haushalte 1994. In: Wochenbericht 25/1995. S.435–442.
DM: Vier Börsianer-Typen, 1986, Nr. 2, S.22.
Dass.: Wertpapiere – Das Depot für Ihren Typ, 1988, Nr. 5, S.120–125.
Ellgering, I.: Geldanlage und Vermögensbildung, 10. Aufl., Stuttgart 1987.
Gburek, M.: Reich an der Börse. 100 Wege zum Erfolg, Düsseldorf 1986.
Gesamtverband der Deutschen Versicherungswirtschaft e.V.: Marktentwicklung und Marktstruktur in der Lebensversicherung, Karlsruhe o.J. (1986).
Köhler, W.: Vermögensplanung (II). Planvoll zum Ziel. In: Wirtschaftswoche, 1989, Nr. 13, S.130.
Lerbinger, P.: Das große Buch der Aktie, 2. Aufl., Ebmatingen/Zürich 1988
Maas, P., Weibler, J. (Hrsg.): Börse und Psychologie, Plädoyer für eine neue Perspektive, Köln 1990.
Maier, K.M.: Der Sparprozeß in der Bundesrepublik Deutschland. Eine empirische Analyse des Sparverhaltens der privaten Haushalte seit 1950, Frankfurt a.M. 1983.

---

[18] Einige in diesem Zusammenhang beachtenswerte Grundsätze, Regeln und Ratschläge finden sich u.a. bei Gburek, M.: Reich an der Börse. 100 Wege zum Erfolg, Düsseldorf 1986, 206–210; Schumacher, M.: Die Börse, Heiße Zeit für Aktionäre, Neue Regeln für ein altes Spiel, Rastatt 1987, S.220–238; Bilitza, K.H.: Zukunftssicherung durch gezielte Kapitalanlagen, Landsberg 1988, S.122f.
Im übrigen läßt das Argument des vollkommenen resp. fortschreitend effizienteren Marktes eigentlich erwarten, daß professionell, aktiv verwaltete Portefeuilles durchschnittlich nicht besser abschneiden als eine Zufallsauswahl oder ein passives Portfolio-Management (Kaufen-Halten-Strategie).

Mühlbradt, F. W. (Hrsg.): Erfolgreiche Anlagestrategien für Aktien, Kursgewinne durch methodische Aktienanalyse, 2. Aufl., Zürich 1986.
Ders.; Die optimale Geldanlage. Vermögen bilden und die Zukunft sichern, Düsseldorf 1987.
Nibbrig, B.: Geldanlage und Finanzinnovationen. In: Verbrauchererziehung und wirtschaftliche Bildung, 1986, H. 4, S. 1–16.
Nowak, D.: Veränderungen im Spar- und Geldanlageverhalten der Konsumenten im Spiegelbild aktueller Marktentwicklung. In: Betriebswirtschaftliche Blätter, 1985/12, s. 496–497.
Schätzle, R., Handbuch Börse 1990. Mehr Geld durch professionelle Anlagestrategien, München 1989.
Schumacher, M.: Die Börse. Heiße Zeit für Aktionäre. Neue Regeln für ein altes Spiel, Rastatt 1987.
Ders., Börsen-Profi mit dem PC. Erfolgreich spekulieren mit System, Düsseldorf 1990.
Seum, A. M.: Das Anlageverhalten der Sparer. Eine empirische Analyse für die Bundesrepublik Deutschland, Frankfurt a. M. 1988.
Steinpichler, C.: Im weiten Meer der internationalen Finanzwelt schwimmen viele äußerst gut getarnte Haie. Vermögensverwaltung contra Anlageberatung. Eine vergleichende Betrachtung aus der Sicht des Portfolio Managers. In: Handelsblatt 11.10.1989. Nr. 197, S. B. 10.
Trenner, D.: Aktienanalyse und Anlegerverhalten, Wiesbaden 1988.
Welcker, J.: Technische Aktienanalyse. Die Methoden der Technischen Analyse mit Chart-Übungen, 2. Aufl., Zürich 1984.
Wirtschaftswoche: Report – Vermögensverwalter: Die Magier, 1990, Nr. S. 38–52.

4.9 Geldpolitik
Bernhard Nibbrig

4.9.1	Definition, Ziele und Institutionen der Geldpolitik	411
4.9.1.1	Begriffsabgrenzung	411
4.9.1.2	Ziele	411
4.9.1.3	Institutionen	412
4.9.2	Theoretische Grundlagen	415
4.9.2.1	Geldmengenbegriffe und Bestimmungsfaktoren des Geldangebotes	415
4.9.2.2	Transmissionsprozeß	417
4.9.3	Instrumentarium und Durchführungsprobleme der Geldpolitik	421
4.9.3.1	Geldpolitische Instrumente der Bundesbank	421
4.9.3.2	Probleme des Instrumenteneinsatzes und der Wirkungsanalyse	421
4.9.4	Zur monetären Integration in Europa	425
4.9.4.1	Konstruktionsmerkmale und Effizienz des Europäischen Währungssystems (EWS)	425
4.9.4.2	Europäische Zentralbank	426
Literaturhinweise		428

4.9.1 Definition, Ziele und Institutionen der Geldpolitik

4.9.1.1 Begriffsabgrenzung

Geldpolitik wird hier i.w.S. verstanden als Sammelbegriff für die Lehre von der bestmöglichen Gestaltung des Geldsystems und der optimalen Steuerung der Geldversorgung der Wirtschaft durch staatliches Handeln. Geldpolitik ist sowohl Ordnungs- als auch Prozeßpolitik. Zur monetären Ordnungspolitik (= konstituierende Geldpolitik) gehört die Schaffung der Rahmenbedingungen und Verhaltensregeln der Geldverfassung (siehe z.B. binnenwirtschaftlich: Wahl der Währungsordnung, Festsetzung der Währungseinheit, Regelung des Münz- und Notenwesens, Ordnung des Kreditwesens), zur monetären Prozeßpolitik (= regulierende Geldpolitik) gehört der situationsbezogene zielorientierte Einsatz des geldpolitischen Instrumentariums. Die Geldpolitik ist ein Bestandteil der allgemeinen Wirtschaftspolitik und versucht, durch Beeinflussung von monetären Größen einen Beitrag zur Sicherung des gesamtwirtschaftlichen Gleichgewichts und Verstetigung des Wirtschaftsablaufs zu leisten. Sie beschäftigt sich als Prozeßpolitik wesentlich mit Veränderungen der Geldmenge, die direkt durch die Geldmengenpolitik und indirekt durch die Zinspolitik ausgelöst werden können. In unserem gegenwärtigen System einer freien Papiergeldwährung ohne Deckungsvorschriften und ohne quantitative Begrenzung des Banknotenumlaufs spielt die Geldpolitik, deren hauptverantwortlicher direkter Träger die Deutsche Bundesbank ist, im Rahmen der Globalsteuerung und als Element der Stabilisierungspolitik eine gewichtige Rolle, zumal bei (zunehmender) relativer Machtlosigkeit anderer wirtschaftspolitischer Maßnahmen, wie Fiskal-, Preis- oder Lohnpolitik.

4.9.1.2 Ziele

Wesentliche Zielvorgaben der deutschen Geldpolitik finden sich im Gesetz über die Deutsche Bundesbank (BbkG) und im Gesetz zur Förderung der Stabilität und des Wachstums der Wirtschaft (StWG). Nach § 3 BbkG hat die Bundesbank den Geldumlauf und die Kreditversorgung der Wirtschaft zu regeln mit dem Ziel, die Währung zu sichern (= Kardinalaufgabe); außerdem soll sie für die bankmäßige Abwicklung des Zahlungsverkehrs im Inland und mit dem Ausland sorgen. Das primäre Ziel der Geldwertstabilität umfaßt neben dem im Vordergrund stehenden Ziel der Preisniveaustabilität im Inland (= Sicherung des Binnenwertes bzw. Stabilität der Inlandskaufkraft der DM-Währung) die Erhaltung der Kaufkraft unserer Währung im Ausland (= Sicherung des Außenwertes bzw. Stabilität der Auslandskaufkraft der DM-Währung, also Wechselkurs- resp. äußere Kaufkraftstabilität)[1] Neben der währungsstabilitätspolitischen Verantwortung sind jedoch auch Ziele der allgemeinen Wirtschaftspolitik für die Geldpolitik verbindlich. Nach § 12 BbkG ist die Bundesbank bei der Ausübung ihrer währungspolitischen Befugnisse im einzelnen autonom, sie ist jedoch verpflichtet, unter Wahrung ihrer Aufgabe die allgemeine Wirtschaftspolitik der Bundesregierung zu unterstützen. Näher bestimmt wird diese Unterstützungsfunktion durch §§ 1 und 13 III StWG. § 1 StWG nennt folgende vier Ziele der allgemeinen Wirtschaftspolitik im Rahmen der marktwirtschaftlichen Ordnung: a) Stabilität des Preisniveaus, b) hoher Beschäftigungsstand, c) außenwirtschaftliches Gleichgewicht, d) stetiges und angemessenes Wirtschaftswachstum. Zu erweitern sind diese Leitziele um zwei bedeutsame zusätzliche „Stabilisierungsziele": das Bemühen um eine (höchst unterschiedlich definierbare) gerechte Einkommens-

---
[1] Vgl. auch Lechner, H.H.: Währungspolitik, Berlin-New York 1988, S.5f.; Deutsche Bundesbank: Geldpolitische Aufgaben und Instrumente, Frankfurt a.M. 1989, S.11.

und Vermögensverteilung (§ 2 des Gesetzes über die Bildung eines Sachverständigenrates zur Begutachtung der gesamtwirtschaftlichen Entwicklung) und die Schonung der natürlichen erschöpfbaren Ressourcen/Förderung des Umweltschutzes, ein Grundanliegen, das etwa in der jüngeren Diskussion und Neuinterpretation des Wachstumskonzepts seinen Niederschlag findet. Dieser auch als magisches Vieleck bezeichnete Zielkatalog wird deshalb „magisch" genannt, weil nicht alle angeführten Ziele jederzeit kompatibel sind und gleichzeitig verwirklicht werden können. Im Falle des Konfliktes zwischen diesen Zielen hat die Geldpolitik prinzipiell vorrangig das Ziel der Währungssicherung zu verfolgen, wobei sie im Zweifel nach überwiegender Ansicht ihr Handeln – insbesondere aus Grunden der Gewährleistung bzw. Verbesserung der marktwirtschaftlichen Allokation und Distribution – prioritär auf das Ziel der binnenwirtschaftlichen Preisniveaustabilität auszurichten hat. Beträchtliche Probleme wirft die Operationalisierung der Ziele auf. So setzt beispielsweise eine genaue Feststellung bzw. Kontrolle der Preisniveaustabilität zum einen die definitorische Konkretisierung zweckentsprechender statistischer Meßgrößen für Preisindizes (Preisindex für das Bruttosozialprodukt, Lebenshaltungspreisindex etc.) voraus, die alle mit typischen Schwächen behaftet sind. Auch die präzisierungsbedürftige Wortverbindungskomponente „Stabilität" läßt einen breiten pragmatischen Interpretationsspielraum zu, wie etwa die verschiedenartigen Deutungsversionen des Sachverständigenrates zur Preisniveaustabilität in seinen zurückliegenden Jahresgutachten anschaulich belegen. Der Auftrag zur Sicherung der inneren Geldwertstabilität gemäß § 3 BbkG ist nicht an eine numerisch kodifizierte zulässige Preissteigerungsrate gebunden, sondern beinhaltet die „bloße" Verpflichtung der Bundesbank zur Eindämmung von Inflation und inflationären Erwartungen.

4.9.1.3 Institutionen

Dem Bundestag obliegt die Funktion der grundlegenden monetären Ordnungspolitik. Gemäß Art. 73 GG fällt das „Währungs-, Geld- und Münzwesen" in den Bereich der ausschließlichen Gesetzgebungshoheit des Bundes. Mit der Verabschiedung des Bundesbankgesetzes 1957 zog sich das Parlament weitgehend aus der Geldpolitik zurück und überließ die Prozeßpolitik der Bundesregierung und der Bundesbank. Im Gegensatz zum Parlament hat die Bundesregierung – sie ist Träger der Münzhoheit – beträchtliche Kompetenzen auf dem Gebiet der Geldpolitik, die sich in zwei Zuständigkeitskategorien unterteilen lassen: a) Kompetenzen im Bereich der äußeren Währungspolitik (Wechselkursparitätenfestlegung und -änderungen, Beitritt zu internationalen Organisationen der Geldpolitik, Ausgestaltung der Zusammenarbeit mit internationalen Währungsbehörden, Reglementierung des Geld- und Kapitalverkehrs mit dem Ausland gemäß Außenwirtschaftsgesetz etc.), b) Rechte gegenüber der Bundesbank (Vorschlagsrecht zur Ernennung des Direktoriums, Zustimmung bei internationalen Beteiligungen der Bundesbank, Teilnahme-, Beratungs- und suspensives Vetorecht im Zentralbankrat etc.). Die Rollenverteilung zwischen Bundesregierung und Bundesbank ist vom Gesetzgeber vorsichtig und allgemein umschrieben worden. Dadurch wird – eingedenk der mannigfachen institutionalisierten Kooperation zwischen beiden wie der zunehmenden internationalen Koordinierungsverflechtung – die Ermöglichung situationsgerechter geldpolitischer Sachentscheidungen, aber auch problematischer Machtverlagerungen und von Streitigkeiten zwischen Notenbank und Regierung in wirtschaftspolitischen Konflikt- und Krisensituationen begünstigt.

Die Deutsche Bundesbank ist eine bundesunmittelbare juristische Person des öffentlichen Rechts. Sie ist den anderen obersten Bundesbehörden gleichgestellt und von

Weisungen der Bundesregierung unabhängig.[2]. Es handelt sich dabei um eine funktionelle Unabhängigkeit, welche sich vornehmlich auf Entscheidungen über Art, Umfang und Zeitpunkt der Anwendung des geldpolitischen Bundesbank-Instrumentariums bezieht. Zudem ist diese beschränkte Autonomie in eine Gefolgschafts- und Kooperationspflicht der Bundesbank gegenüber der Bundesregierung eingebettet (§§ 12, 13 BbkG). Ihr Grundkapital wird vom Bund gehalten, dem auch ein Teil des erwirtschafteten Bundesbankgewinns (§ 27 BbkG) zusteht.[3] Das Zentralbankensystem besteht aus der Zentrale in Frankfurt/Main, den als Landeszentralbanken (LZB) bezeichneten Hauptverwaltungen in den Bundesländern und den ihnen unterstellten Haupt- und Zweigniederlassungen. Organe der Bundesbank sind der Zentralbankrat (§ 6 BbkG), das Direktorium (§ 7 BbkG) und die Vorstände der Landeszentralbanken (§ 8 BbkG). Der Zentralbankrat, dem alle Mitglieder des Direktoriums und die Präsidenten der Landeszentralbanken angehören, bestimmt als oberstes Beschlußorgan die Währungs- und Kreditpolitik der Bundesbank, stellt Richtlinien für die Verwaltung und Geschäftsführung auf, grenzt die Zuständigkeiten des Direktoriums und der LZB-Vorstände ab und erteilt dem Direktorium sowie den LZB-Vorständen im Einzelfall Weisungen. Das Direktorium setzt sich aus dem Präsidenten und Vizepräsidenten der Bundesbank und bis zu acht weiteren Mitgliedern zusammen. Es führt als zentrales Exekutivorgan die Beschlüsse des Zentralbankrates durch und leitet insbesondere die laufenden Geschäfte und Verwaltungsangelegenheiten der Bundesbank, soweit nicht die Vorstände der Landeszentralbanken zuständig sind.

Die Bundesbank nimmt die Funktionen einer Notenbank, Bank der Banken, Bank des Staates und Hüterin der Währungsreserven wahr. Als Notenbank verfügt sie über das Notenausgabemonopol des einzigen unbeschränkten gesetzlichen Zahlungsmittels, der DM-Banknoten (zur Scheidemünzen-Ausgabe siehe § 8 I 1 MünzG i. V. m. § 1 BbkG). Als Bank der Geschäftsbanken hat sie eine Sonderstellung als letztmögliche inländische Refinanzierungsquelle gegenüber den Kreditinstituten, deren Versorgung mit Zentralbankgeld resp. Geld- und Kreditschöpfungsfähigkeit mittels variablen Einsatzes des geldpolitischen Instrumentariums der Bundesbank reguliert wird; ferner wirkt die Bundesbank durch gütliches Überreden (moral suasion) auf Kreditinstitute ein oder versucht, sie durch Vereinbarungen (gentlemen's agreements) zeitweise auf bestimmte Verhaltenslinien festzulegen. Als „Hausbank" des Staates ist ihr Tätigkeitsbereich im BbkG eng umrissen, wobei notenbankfinanzierte Staatskredite verboten sind. Sie wickelt großenteils den bargeldlosen Zahlungs- und Verrechnungsverkehr von Bund sowie Ländern als Auftragsangelegenheit ab und wirkt maßgeblich beim Emissionsgeschäft des Bundes, der Länder und öffentlicher Sondervermögen sowie der Markt-/Kurspflege öffentlicher Anleihen mit. Seit 1994 ist die früher mögliche zeitlich wie betragsmäßig begrenzte Gewährung von direkten Kassenkrediten an die öffentliche Hand zur Überbrückung von kurzfristigen Haushaltsdefiziten (§ 20 BbkG in der bis 1994 gültigen Fassung) ausgeschlossen, andererseits wurde gleichzeitig für die öffentlichen Haushalte die Pflicht aufgehoben, ihre gesamten flüssigen

---

[2] Zur Autonomieproblematik vgl. insbesondere Caesar, R.: Der Handlungsspielraum von Notenbanken. Theoretische Analyse und internationaler Vergleich, Baden-Baden 1981; ders.; Bundesbankautonomie: Internationale Bedrohungen. In: Wirtschaftsdienst, 1988, S.124ff.; Gramlich, L.: Bundesbankgesetz, Währungsgesetz, Münzgesetz: Kommentar, Köln-Berlin-Bonn-München 1988, S.85–97.

[3] Zur Diskussion der haushaltsmäßigen Verwendung der Mehreinnahmen des Bundes aus dem an ihn abgeführten Bundesbankgewinn vgl. Dickertmann, D.: Wie sollte der Bundesbankgewinn verwendet werden? In: Wirtschaftsdienst, 1989, S.140ff.

Kassenmittel auf Konten der Bundesbank zu halten (§ 17 BbkG in der bis 1994 gültigen Fassung).
Schließlich verwaltet die Bundesbank als Hüterin der Währung die zentralen deutschen Währungsreserven (Gold, konvertible Devisen, Reserveposition im IWF, Sonderziehungsrechte, Forderungen an den Europäischen Fonds für währungspolitische Zusammenarbeit) und setzt sie zu Interventionen zwecks Kursstabilisierung am Devisenmarkt ein.

National und international bestehen zwischen der Bundesbank und einer Reihe verschiedener Entscheidungs- und Beratungsgremien vielfältige Kooperationsbeziehungen. Auf nationaler Ebene verlaufen, wie schon oben dargelegt, die wichtigsten Verbindungsstränge zwischen der Bundesbank und der Bundesregierung (z.B. Pflicht der Bundesbank zur Beratung der Bundesregierung in wesentlichen währungspolitischen Fragen, Einvernehmen mit der Bundesbank bei IWF-Gouverneurs-Bestellung, Benehmen mit Bundesbank bei Maßnahmen nach dem Außenwirtschaftsgesetz). Im Finanzplanungsrat, im Ausschuß für Kreditfragen der öffentlichen Hand, im Bundesanleihekonsortium und im Zentralen Kapitalmarktausschuß ist die Bundesbank als Mitglied mit unterschiedlichen Einflußmöglichkeiten vertreten. Dem Sachverständigenrat (SVR) gegenüber ist sie auskunftspflichtig, umgekehrt muß der SVR den Präsidenten der Bundesbank auf Verlangen anhören. Recht eng ist die institutionalisierte Zusammenarbeit zwischen dem Bundesaufsichtsamt für das Kreditwesen und der Bundesbank. Auf inter- und supranationaler Ebene ist die Bundesbank ebenfalls in ein mannigfaches Koordinierungsgeflecht offizieller und informeller Art über zahlreiche wichtige Institutionen eingebunden, zu nennen sind etwa Einrichtungen im Rahmen des Abkommens von Bretton Woods (Internationaler Währungsfonds, Weltbankgruppe), die Bank für Internationalen Zahlungsausgleich (BIZ), der Zehnerklub (Zusammenschluß der bedeutendsten Notenbanken der westlichen Welt), Institutionen der Europäischen Gemeinschaften (vor allem Währungsausschuß, Ausschuß der Zentralbankpräsidenten, Europäischer Fonds für währungspolitische Zusammenarbeit – EFWZ) und die Organisation für Wirtschaftliche Entwicklung und Zusammenarbeit (OEDC).[4]

Nach überwiegender Anschauung hat sich die organisatorische Konstruktion der Bundesbank sowie ihr formell und faktisch weitreichender Handlungsspielraum insgesamt bewährt und wird die (bisherige) Geldpolitik dieser im resp. für das Wirtschaftsgeschehen einflußreichen „autonom regulativen" Institution – deren Unabhängigkeit qua vielfältiger geldpolitischer Koordinierungsverflechtung und supranationaler währungspolitischer Integrationstendenzen eine Einschränkung bzw. Umwandlung erfährt – von der Gesellschaftsmehrheit trotz Arbeitslosigkeit allgemein akzeptiert oder doch toleriert. Eine umfassende institutionenzentrierte empirische Analyse der realen Funktionsweisen und Wirkungsmechanismen des deutschen Zentralbankwesens einschließlich der im Beziehungsgeflecht der Geldpolitik tatsächlich ablaufenden Einflußprozesse im Spannungsverhältnis zwischen Exekutive, Parlament und Öffentlichkeit sowie finanzieller In/Stabilität und in/aktiver Wirtschaftspolitik steht freilich noch aus.[5]

---

[4] Vgl. näher auch Dickertmann, D. u. Siedenberg, A.: Instrumentarium der Geldpolitik, Düsseldorf 1984, S. 19 ff.; Deutsche Bundesbank: Internationale Organisationen und Abkommen im Bereich von Währung und Wirtschaft, Frankfurt a.M. 1986.
[5] Vgl. Gilles, F.-O.: Zwischen Autonomie und Heteronomie – Anmerkungen zur Entwicklung, Stellung und Funktion des bundesdeutschen Zentralbankwesens. In: Geldpolitik und ökonomische Entwicklung, hrsg. v. H. Riese u. H.-P. Spahn, Regensburg 1990, S. 220–225.

4.9.2 Theoretische Grundlagen
4.9.2.1 Geldmengenbegiffe und Bestimmungsfaktoren des Geldangebots

Die Abgrenzung der volkswirtschaftlichen Geldmenge und damit auch die Bestimmung des Geldangebots hängen davon ab, wie der Geldbegriff definiert wird. Geld weist typische Eigenschaften eines ökonomischen Gutes auf – d.h. es stiftet einzel- und gesamtwirtschaftlichen Nutzen, wird deshalb von Marktteilnehmern angeboten und nachgefragt und hat einen Preis – und erfüllt in entwickelten arbeitsteiligen Volkswirtschaften mehrere wesentliche ökonomische Funktionen. Es ist ein allgemeines Tauschmittel (Zahlungsmittelfunktion) geworden, das außerdem generell als Wertmaßstab bzw. Recheneinheit Verwendung findet und von Wirtschaftsakteuren zur Vermögensanlage gehalten werden kann (Wertaufbewahrungsfunktion). Die Erfüllung der einzelnen Geldfunktionen kann im Zeitablauf Veränderungen unterliegen oder auch ganz verloren gehen. Hinsichtlich der Geldausstattung der Wirtschaft sind an Geldarten zu unterscheiden das von

- der Zentralbank geschaffene Geld (= Zentralbankgeld) in Form von Bargeld (Banknoten + Münzen) und Buchgeld als Forderungen von Geschäftsbanken oder sonstigen Wirtschaftssubjekten (Nichtbanken: öffentliche Haushalte, Unternehmen, Privatpersonen) gegenüber der Zentralbank,
- den Kreditinstituten geschaffene Geld (= Giral- bzw. Geschäftsbankengeld) in Form von Sichtguthaben als Forderungen von Nichtbanken gegenüber Kreditinstituten. Über solches Giralgeld kann jederzeit durch Abhebung (Umwandlung in Bargeld) oder durch Übertragung per Scheck (bleibt Giralgeld oder wird Bargeld) oder Überweisung (bleibt Giralgeld) verfügt werden.[6]

Aufgrund divergierender Auffassungen von der Relevanz der verschiedenen Geldfunktionen sowie geldpolitischer Überlegungen gibt es keine einheitliche Abgrenzung der volkswirtschaftlichen Geldmenge als repräsentativer Indikator der Nichtbankenliquidität. Grundsätzlich werden drei Geldvolumina unterschieden: M1, M2, M3. Die Geldmenge M1 (= Geldmenge i.e.S.) umfaßt den Bargeldumlauf und die Sichteinlagen inländischer Nichtbanken bei den Kreditinstituten. Das Geldvolumen M2 (= Geldmenge i.w.S.) setzt sich zusammen aus M1 zuzüglich dem sogenannten „Quasigeld", das sind Termingelder inländischer Nichtbanken bei den Kreditinstituten mit einer Befristung bis unter 4 Jahren. Die Geldmenge im abermals erweiterten Sinne M3 ergibt sich aus M2 plus Spareinlagen mit dreimonatiger Kündigungsfrist inländischer Nichtbanken.[7]

---

[6] Die Schaffung von Geld erfolgt ausschließlich dadurch, daß die Notenbank oder das Kreditinstitut von Wirtschaftsteilnehmern Vermögenstitel (Aktiva), die kein Geld darstellen, erwirbt und diese mit Forderungen gegen sich selbst, also mit Geld, bezahlt (= Monetarisierung von Aktiva). Umgekehrt vollzieht sich eine Geldvernichtung, wenn die Notenbank oder des Kreditinstitut Aktiva an Wirtschaftseinheiten verkauft. In dem Maße, wie die Notenbank souverän über den An-/Verkauf ihrer Aktiva entscheiden kann, beherrscht sie auch die Geldbasis, Geschäftsbankengeld wird geschaffen (vernichtet), wenn sich die Summe der verfügbaren Sichtguthaben der Nichtbanken bei den Kreditinstituten vergrößert (vermindert). Zur Illustration der Grundvorgänge der Geldschöpfung/-vernichtung siehe Issing, O.: Einführung in die Geldtheorie, München 1987, S.43ff.; Jarchow, H.-J.: Theorie und Politik des Geldes, I. Geldtheorie, Göttingen 1987, S.26ff.

[7] Zur Problematik der Verwendung von M1 und M2 als Indikator und Zielgröße der Geldpolitik vgl. Deutsche Bundesbank: Die Geldpolitik der Bundesbank, Frankfurt a.M. 1995, S.74–76.

Unter freien Liquiditätsreserven versteht man den Teil der liquiden Aktiva, der den Geschäftsbanken zur freien Verfügung steht, wobei sowohl das aktuelle als auch das potentielle Zentralbankgeld berücksichtigt wird. Sie umfassen nach der gegenwärtigen Abgrenzung der Bundesbank folgende Aktiva: Überschußguthaben (= Zentralbankguthaben der Kreditinstitute abzüglich Pflichtguthaben), inländische Geldmarktpapiere (z. B. gute Handelswechsel) und unausgenutzte Rediskontkontingente. Ihre Bedeutung als Ansatzpunkt der Geldpolitik der Notenbank und als Ausgangspunkt des Geld-/Kreditschöpfungsprozesses des Geschäftsbankensektors ist allerdings beschränkt, da insbesondere in ihnen nicht sämtliche Refinanzierungsmöglichkeiten der Kreditinstitute enthalten sind. Substitutiv oder ergänzend werden die Geldbasis bzw. verwandte Konzepte als angebotsorientierte Indikatorgrößen für die Geldpolitik vorgeschlagen, da zwischen diesen Konzepten und der Geldmenge ein enger Zusammenhang besteht resp. vermutet wird. Der Begriff Geldbasis unterscheidet sich von den definierten freien Liquiditätsreserven darin, daß er nicht die potentiell realisierbaren Zentralbankgeldbestände einbezieht, also enger gefaßt ist. Er bezeichnet allgemein die Summe aus dem Bargeldbestand der Nichtbanken und dem gesamten tatsächlichen, aktuellen Zentralbankgeld der Geschäftsbanken. Um die Einflußnahme bzw. Kontrollierbarkeit der Notenbank bezüglich der monetären Basis möglichst zutreffend zu präzisieren, sind andere Definitionen der Geldbasis entwickelt worden.[8]

Von Dezember 1974 bis Ende 1987 hat die Bundesbank ihrem Geldmengenziel die Zentralbankgeldmenge zugrunde gelegt. Sie verstand darunter die Summe aus DM-Bargeldbestand der Nichtbanken plus dem von den Kreditinstituten auf ihre Inlandsverbindlichkeiten (reservepflichtige Sicht-, Termin- und Spareinlagen von Kunden) bei der Bundesbank zu unterhaltenden Mindestreservevoll, berechnet zu konstanten Reservesätzen nach dem Stand von Januar 1974. Diese Abgrenzung der Zentralbankgeldmenge umfaßt somit nur einen Teil des gesamten Zentralbankgeldes nach der üblichen allgemeinen Definition (= gesamtes Zentralbankgeld der Geschäftsbanken + gesamtes Zentralbankgeld der Nichtbanken) und ebenfalls nicht sämtliche Positionen, die generell zur Geldbasis gerechnet werden. Seit Anfang 1988 verwendet die Bundesbank die Geldmenge M3 als neue Zielgröße ihrer Geldmengensteuerung. Das vorherige Zentralbankgeldmengenkonzept und M3 unterscheiden sich im wesentlichen dadurch, daß die verschiedenen Einlagearten nicht mehr gewichtet, sondern vollständig in die Zielgröße eingehen. Der Übergang zu M3 hat nach Auffassung der Bundesbank den Vorteil, daß dem Bargeldanteil eine verhältnismäßig geringere Bedeutung (rd. 11% in M3 gegenüber ca. 50% in der Zentralbankgeldmenge) zugemessen wird und Veränderungen des Bargeldumlaufs die tatsächlich erfolgte monetäre Entwicklung weniger ausgeprägt über- oder unterzeichnen als das bei der Zentralbankgeldmenge der Fall (gewesen) ist. Zudem bleiben bei M3 Umschichtungen zwischen Sicht-, Termin- und Spareinlagen ohne Konsequenz, während solche Einlagenstrukturveränderungen bei der Zentralbankgeldmenge infolge der unterschiedlichen Mindestreservesätze eine monetäre Expansion oder Kontraktion anzeigen, die in Wirklichkeit gar nicht stattgefunden hat. Seit 1990 veröffentlicht und beachtet die Bundesbank noch eine erweiterte Geldmenge M3, die neben M3 auch die Auslandseinlagen, die kurzfristigen Bankschuldverschreibungen – mit Laufzeit bis unter zwei Jahren – sowie ab Anfang 1995 auch die Geldmarktfondsanteile in Händen inländi-

---

[8] Vgl. Jarchow, H.-J.: Theorie und Politik des Geldes. II. Geldmarkt, Bundesbank und geldpolitisches Instrumentarium, Göttingen 1988, S. 72, 178–184, 218f.; Lechner, H.H.: Währungspolitik, Berlin-New York 1988, S. 59–61.

scher Nichtbanken umfaßt. Insgesamt erweist sich nach bisherigen Erfahrungen und ökonometrischen Untersuchungen laut Einschätzung der Bundesbank das Geldmengenaggregat M3 als geeignete zentrale monetäre Indikatorgröße und Zwischenzielvariable, das sie als weiterhin hauptsächlichen Orientierungspunkt ihrer primär auf Preisniveaustabilität ausgerichteten Geldpolitik ansieht.[9]

Entsprechend dem der neueren Geldangebotstheorie zurechenbaren Geldbasis-Multiplikator-Konzept, das nach dem gesamten realisierten Geldangebot und seinen Bestimmungsfaktoren fragt, also eine verhaltens(portfolio)theoretische Erklärung des Geldangebotsprozesses intendiert, ergibt sich das Geldangebot einer Volkswirtschaft aus dem Zusammenspiel des Entscheidungsverhaltens von Zentralbank, Kreditinstituten und Publikum.[10] Die Zentralbank verfügt nur zum Teil über autonome Einwirkungsmöglichkeiten auf das Geldangebot; sie muß auch von ihr nicht kontrollierbare Determinanten (Wirtschaftspläne, Portfolioentscheidungen von Nichtbanken/Banken) hinnehmen und berücksichtigen. Es bedarf weiterführender verhaltensorientierter Erklärungsansätze und empirischer Analysen der tatsächlichen Geldverhaltensmuster aller am Geldangebotsprozeß beteiligten Akteure (Zentralbank, Geschäftsbanken, öffentliche Haushalte, private Nichtbanken), um theoretisch und empirisch fundiertere Aussagen über die Determinanten des Geldangebots machen zu können.[11]

4.9.2.2 Transmissionsprozeß

Nach neuerer ökonomischer Auffassung bestehen zwischen dem geld- und güterwirtschaftlichen Sektor einer Volkswirtschaft vielfältige Interdependenzen. Es erhebt sich daher die Frage, inwieweit Veränderungen monetärer Variablen zu Änderungen im realen Bereich (Investitionen, Konsum, Beschäftigung, reales Volkseinkommen) und beim Preisniveau[12] durch den Transmissionsmechanismus der Geldpolitik führen.

Im wesentlichen lassen sich zwei grundsätzliche theoretische Ansätze zur Erklärung des Übertragungsprozesses monetärer Impulse unterscheiden: der eher keynesianisch orientierte kredittheoretische (stromtheoretische) Ansatz mit verschiedenen Varianten und der eher monetaristisch orientierte vermögenstheoretische (bestandstheoretische) Ansatz mit unterschiedlichen Ausprägungen (z.B. portfoliotheoretische Version).[13] Beim kredittheoretischen Transmissionskonzept wird die Kreditgewährung (Kreditkosten und/oder das Kreditvolumen) als wichtigstes Bindeglied zwischen dem monetären und dem güterwirtschaftlichen Sektor hervorgehoben. Den Untersuchungsschwerpunkt bilden die Wechselbeziehungen zwischen den Stromgrößen Kreditvergabe, kreditabhängige Ausgaben und nichtkreditär finanzierte Ausgaben. Die gemäß dem Kreditkostenmechanismus sich vollziehende Übertragung der zentralbankpolitisch ausgelösten monetären Impulse – via Änderung der Kreditkosten und Kreditangebotsmöglichkeiten der Geschäftsbanken – auf die realwirtschaftlichen Größen ist im nachstehenden Schaubild (S. 419) übersichtlich systematisiert. Als gewichtiger Kritikpunkt kredittheoretischer Deutungsmuster ist anzusehen, daß sie die

---

[9] Vgl. Deutsche Bundesbank: Die Geldpolitik der Bundesbank, Frankfurt a.M. 1995, S. 72–80.
[10] Vgl. Duwendag, D. et al.: Geldtheorie und Geldpolitik, Köln 1985, S. 132 ff.
[11] Vgl. Issing, O.: Einführung in die Geldtheorie, München 1987, S. 65–83; Läufer, N. K. A.: Empirische Tests einer neuen Geldangebotshypothese für die Bundesrepublik Deutschland, In: Geldtheorie und Geldpolitik, hrsg. v. G. Bombach et al., Tübingen 1988, S. 143 ff.
[12] Issing, O.: Einführung in die Geldpolitik, München 1990, S. 137.
[13] Ausführlich siehe hierzu etwa Duwendag, O. et al.: Geldtheorie und Geldpolitik, Köln 1985, S. 202 ff.

privaten Haushalte nicht angemessen in die Analyse einbeziehen. Fragwürdig ist des weiteren die Grundannahme, daß Kreditentscheidungen ausschließlich oder doch vorrangig zinsorientiert getroffen werden.

Charakteristisch für den vermögenstheoretischen Transmissionsansatz sind drei wesentliche Unterscheidungsmerkmale:

a) Unterstellt wird, daß alle Wirtschaftssubjekte (Banken, Unternehmen, private Haushalte) rational handeln und nach einer optimalen Vermögens- bzw. Portfoliostruktur streben, die abhängig ist von den (Grenz-)Ertragsraten der verschiedenen Aktiva (Kassenhaltung, Finanzaktiva, Sachkapital etc.) und deren Risikoausstattung. Treten Gleichgewichtsstörungen auf, verändert sich also der Ertrags- oder Nutzenstrom eines Vermögensgegenstandes, verhalten sich die Wirtschaftssubjekte bezüglich ihrer Vermögens- und Ausgabeentscheidungen (Anpassung der Vermögensstruktur) preis- bzw. zinselastisch, um ihre Vermögenszusammensetzung zu optimieren oder ihren Vermögensnutzen zu maximieren.

b) Im Vordergrund der Betrachtung stehen Vermögensbestandsanpassungsprozesse.

c) Die Übertragung geldpolitischer Impulse auf den güterwirtschaftlichen Sektor beruht auf den Annahmen der mikroökonomisch fundierten preistheoretischen Gleichgewichtsanalyse, was im Mechanismus der relativen Preise bzw. relativen Erträge von Vermögenspositionen zum Ausdruck kommt.

Der typische Phasenablauf des Transmissionsprozesses aus vermögenstheoretischer Sicht ist in der nachstehender Abbildung (S. 420) skizziert. Problematisch erscheint, daß ein hinreichender empirischer Nachweis der Gültigkeit des vermögenstheoretischen Transmissionsmechanismus kaum oder nur schwer zu erbringen ist. Zu bezweifeln ist auch die wohl unrealistische Annahme, daß alle Wirtschaftssubjekte ständig rationales Verhalten in theoriegemäßem Sinne üben.

Insgesamt gehen in Theorie und Praxis die Auffassungen darüber, wie sich geldpolitische Impulse fortsetzen und welchen Transmissionshypothesen praktische Bedeutung zukommt, nach wie vor auseinander. Allerdings zeichnet sich in der wissenschaftlichen Diskussion eine Synthese zwischen monetaristischem und keynesianischem Gedankengut ab; vermehrt werden vorliegende Deutungsversuche unter einem komplementären Gesichtspunkt thematisiert, also als Erklärungsansätze, die sich gegenseitig bedingen und miteinander verbunden sind.

4.9 Geldpolitik   419

Abb. 1 Schematische Darstellung des kreditkostentheoretischen Transmissionsprozesses*

Phase	1	2	3	4
Agierende bzw. reagierende Institution/ Wirtschaftssubjekte	Zentralbank	Geschäftsbanken	Nichtbanken	Nichtbanken
Aktivität	primärer, monetärer Impuls (Zentralbankimpuls)	sekundärer monetärer Impuls (Anpassungsreaktion im monetären Sektor)	Anpassungsreaktionen im realwirtschaftlichen Sektor	Zielwertveränderungen im realwirtschaftlichen Bereich
Transmissionsprozeß	Expansiver/kontraktiver Einsatz geldpolitischer Instrumente, insbesondere – Refinanzierungssätze (Diskont- und Lombardsatzvariation) – Refinanzierungskontingente – Mindestreservesatzänderung	Anstieg/Verringerung der freien Liquiditätsreserven ↓ Erhöhung/Reduzierung des Kreditangebots ↓ Tendenzielle(r) Senkung/Anstieg des Zinsniveaus	Zunahme/Abnahme der Kreditnachfrage Anstieg/Verringerung der kreditabhängigen Ausgaben (insbes. der privaten zins-abhängigen (Investitionen) Expansive/kontraktive Multiplikator- und Akzeleratorprozesse Anstieg/Verringerung der Gesamtnachfrage	Rückgang des Nachfragedefizits → Produktionsanstieg → Beschäftigungsanstieg → Abbau konjunktureller Arbeitslosigkeit Verringerung des Nachfrageüberhangs Abbau der inflatorischen Lücke Rückgang der Nachfrageinflation
Indikatoren	Zentralbankgeld, Geldbasis – Zentralbankpolitikindikator	– Freie Liquiditätsreserven – Zinsniveau – geldpol. Zwischenzielindikator	– Nachfrage – Produktion – Volkseinkommen – realwirtschaftlicher Wirkungsindikator	– Beschäftigung – Preisniveau – Einzelindikator

* Nach Pätzold, J.: Stabilisierungspolitik, Bern-Stuttgart 1993, S. 115.

Abb. 2 Schematische Darstellung des vermögenstheoretischen Transmissionsprozesses*

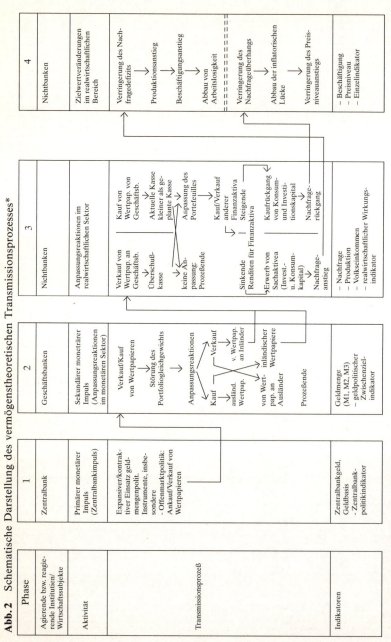

* Nach Pätzold, J.: Stabilisierungspolitik, Bern-Stuttgart 1993, S. 117.

Das geldpolitische Handeln der Bundesbank spiegelt hinsichtlich des unterstellten Transmissionsprozesses monetärer Impulse keine geschlossene resp. dogmatisch vertretene geldtheoretische Konzeption wider, sondern eher eine pragmatische, praxisorientierte Mittelposition, die sowohl Elemente des kredittheoretischen als auch des vermögenstheoretischen Transmissionsansatzes aufgreift, wie die in der Vergangenheit praktizierte Kombination von Zins- und Mengenpolitik sowie der seit einigen Jahren verstärkte Einsatz flexibler Operationstechniken bei der Liquiditätsfeinsteuerung verdeutlichen.[14]

4.9.3 Instrumentarium und Durchführungsprobleme der Geldpolitik

4.9.3.1 Geldpolitische Instrumente der Bundesbank

Die geldpolitischen Instrumente lassen sich nach unterschiedlichen Einteilungskriterien gliedern.[15] Abb. 3 zeigt in schematisch vereinfachter Darstellung die wichtigsten Posten der Aktiv- und Passivseite der Bundesbankbilanz – also die Quellen und Verwendung des Zentralbankgeldes – sowie die jeweilige Zuordnung der verfügbaren zentralbankpolitischen Steuerungsinstrumente zu den betreffenden kontrollierbaren Bilanzpositionen. Einen komprimierten Überblick über das binnenwirtschaftlich orientierte Instrumentenarsenal der deutschen Geldpolitik vermittelt Abs. 4[16]

Nach der beabsichtigten Wirkungsdauer und -intensität lassen sich die charakterisierten zins- und liquiditätspolitischen Instrumente der Bundesbank (Abb. 4) wie folgt einteilen und zuordnen:

a) Mittel der geldpolitischen Grobsteuerung zwecks nachhaltiger, längerfristiger Beeinflussung der Zinsbildung und Bankenliquidität: Mindestreservesatzänderungen, Leitzinsvariationen (Diskont-, Lombardsatzänderungen), Refinanzierungskontingentänderungen, Offenmarktgeschäfte mit langfristigen Wertpapieren;

b) Maßnahmen der geldpolitischen Feinsteuerung zwecks Ausgleich temporärer Schwankungen der Bankenliquidität und eher „geräuschloser" Lenkung der Geldmarktzinssätze: Offenmarktgeschäfte mit Rückkaufsvereinbarung (Wertpapierpensionsgeschäfte), Devisenswap- und Devisenpensionsgeschäfte, traditionelle Offenmarktgeschäfte mit kurzfristigen Wertpapieren.

4.9.3.2 Probleme des Instrumenteneinsatzes und der Wirkungsanalyse

Die von der Bundesbank verfolgte Geldmengenpolitik als potentialorientierte Verstetigung des Geldmengenwachstums, soweit sie in der Festlegung und Realisierung ihrer jährlich der Öffentlichkeit im voraus bekanntgegebenen quantifizierten Geldmengenziele (ab 1988 als Bandbreiten- bzw. Punktzielangabe für M3) zum Ausdruck

---

[14] Vgl. Schlesinger, H.: Das Konzept der Deutschen Bundesbank. In: Wandlungen des geldpolitischen Instrumentariums der Deutschen Bundesbank, hrsg. v. W. Ehrlicher u. B. Simmert, Berlin 1988, S. 12 ff.

[15] Ausführlich siehe hierzu etwa Schaal, P.: Geldtheorie und Geldpolitik, München-Wien 1989, S. 261 ff.

[16] Das außenwirtschaftlich orientierte Instrumentarium ist auf Größen wie Zahlungsbilanzgleichgewicht und stabile Wechselkurse ausgerichtet und umfaßt die Devisenkurs- und Bardepotpolitik, die auf außenwirtschaftliche Absicherung zielende Mindestreservepolitik sowie die Beschränkung des Geld- und Kreditverkehrs. Vgl. Dickertmann, D., Siedenberg, A.: Instrumentarium der Geldpolitik, Düsseldorf 1984, S. 130 ff.; Jarchow, H.: Theorie und Politik des Geldes, II. Geldmarkt, Bundesbank und geldpolitisches Instrumentarium, Göttingen 1988, S. 127 ff.; Issing, O.: Einführung in die Geldpolitik, München 1990, S. 126 ff.

kommt, hat sich – trotz mehrerer erheblicher Zielverfehlungen – insgesamt zwar einigermaßen bewährt,[17] ist aber keineswegs unumstritten.[18]

Abb. 3 Geld- und kreditpolitische Ansatzpunkte – Entstehung und Verwendung von Zentralbankgeld

Geld- und kreditpolitische Ansatzpunkte	AKTIVA (Entstehung von Zentralbankgeld)	PASSIVA (Verwendung von Zentralbankgeld)	Geld- und kreditpolitische Ansatzpunkte
Refinanzierungspolitik	1. Währungsreserven, Kredite und sonstige Forderungen an das Ausland (netto) 2. Kredite an inländische Kreditinstitute 2.1 Wechseldiskontkredite 2.2 im Offenmarktgeschäft mit Rücknahmevereinbarung angekaufte 2.2.1 Inlandswechsel 2.2.2 Wertpapiere 2.3 Lombardforderungen	7. Bargeldumlauf 8. Einlagen von Kreditinstituten 9. Einlagen von öffentlichen Haushalten 10. Verbindlichkeiten gegenüber Kreditinstituten	Mindestreservepolitik Einlagen-Schulden-Politik Devisenpensionsgeschäfte
Einlagen-Schulden-Politik	3. Kredite und Forderungen an öffentliche Haushalte	11. Verbindlichkeiten aus abgegebenen Mobilisierungs- und Liquiditätspapieren	Offenmarktpolitik
Offenmarktpolitik	3.1 Buchkredite 3.2 Schatzwechsel und unverzinsliche Schatzanweisungen 3.3 Ausgleichsforderungen	12. Sonstige Passiva	
Offenmarktpolitik Refinanzierungspolitik	4. Wertpapiere 5. Sontige Aktiva 6. Refinanzierungskontingente	13. Refinanzierungskontingente	Refinanzierungspolitik

Quelle: Duwendag, D. et al.: Geldtheorie und Geldpolitik, Köln 1993, S. 386. Hinsichtlich der o. a. Positionen 3., 9., 11 ist freilich die Veränderung der Kreditplafondierung gemäß § 20 BbkG und die Aufhebung der Einlagenpflicht laut § 17 BbkG zu beachten.

---

[17] Vgl. Deutsche Bundesbank: Die Geldpolitik der Bundesbank, Frankfurt a.M. 1995, S. 82 ff.
[18] Vgl. Pohl, R.: Möglichkeiten und Grenzen der Geldpolitik: Eine Bestandsaufnahme. In: Wandlungen des geldpolitischen Instrumentariums der Deutschen Bundesbank, hrsg. v. W. Ehrlicher u. D.B. Simmert, Berlin 1988, S. 37 ff.; Neumann, M.J.M.: Geldpolitik: Nichtneutralität als Problem, ebenda, S. 61 ff.

4.9 Geldpolitik

Störungen und Schwierigkeiten, welche die Effizienz der Geldpolitik beeinträchtigen (können), hängen vor allem mit folgenden Faktoren zusammen:

- In der Regel beeinflußt eine Reihe gleichzeitig wirkender monetärer Impulse, die sich ergänzen oder auch aufheben können, das Wirtschaftsgeschehen. Des weiteren kann sich die Notenbank nicht darauf verlassen, daß eine geldpolitische Intervention in der geplanten Weise am Markt durchgesetzt werden kann. Sie ist wesentlich auf adäquate Verhaltensweisen der Geschäftsbanken und ebenfalls der übrigen Wirtschaftssubjekte angewiesen, die je nach den gegebenen Wirtschaftsplänen, monetären Erwartungen und Ausweichmöglichkeiten (z. B. Kreditaufnahme im Ausland, Investitions-Attentismus) zentralbankpolitische Maßnahmen konterkarieren können.
- Die Bundesbank kann die Zentralbankgeldmenge und M3 nicht unmittelbar, sondern nur indirekt steuern; zudem gibt sich im Hinblick auf den Einsatz der geldpolitischen Maßnahmen die Problematik zeitlicher Erkennungs-, Handlungs- und Wirkungsverzögerungen (time-lags).[19]
- Binnenwirtschaftlich bringt der Vollzug der Geldpolitik im erweiterten DM-Währungsgebiet nach dem Übergang zur Währungsunion mit der ehemaligen DDR neue geldpolitische Herausforderungen und Problemstellungen mit sich.[20]
- Aufgrund der starken außenwirtschaftlichen Verflechtung und der Abhängigkeit von der monetären Entwicklung im Ausland spielen namentlich bei festen Wechselkursen Rückwirkungen und Risiken aus dem außenwirtschaftlichen Bereich (z. B. unerwünschte Schaffung oder Vernichtung von Zentralbankgeld durch Devisenmarktinterventionen im EWS-Festkurssystem; instabile, spekulativ bedingte Devisenzu-/-abflüsse) eine gewichtige Rolle.
- Die Etablierung von Finanzinnovationen, die Strukturveränderung und Globalisierung der Finanzmärkte (z. B. Verlagerung des inländischen Bankgeschäfts ins Ausland – Euromarkt, d. h. Bedeutungseinbuße der Mindestreservepolitik) beeinflußt die komparative Wirksamkeit verschiedener geldpolitischer Eingriffsmöglichkeiten und wirft die Frage einer grundsätzlichen Überprüfung sowie Neuorientierung des Instrumenteneinsatzes der Bundesbank – vorgeschlagen wird eine (noch) stärkere Betonung der Offenmarktpolitik – auf.[21]

---

[19] Zu den Arten und Ursachen geldpolitischer time-lags siehe die zusammenfassenden Übersichten bei Friedrich, H.: Stabilisierungspolitik, Wiesbaden 1986, S. 168; und bei Pätzold, J.: Stabilisierungspolitik, Bern-Stuttgart 1993, S. 145.
[20] Vgl. Deutsche Bundesbank: Die Währungsunion mit der Deutschen Demokratischen Republik. In: Monatsberichte der Deutschen Bundesbank, 1990, Nr. 7, S. 17 ff.
[21] Vgl. Issing, O.: Das Instrumentarium der deutschen Bundesbank – Argumente für eine Neuorientierung. In: Geldtheorie und Geldpolitik, hrsg. v. G. Bombach et al., Tübingen 1988, S. 73 f.; Geiger, H.: Das Verhältnis von Refinanzierungs- und Offenmarktpolitik. In: Wandlungen des geldpolitischen Instrumentariums der deutschen Bundesbank, hrsg. v. W. Ehrlicher u. D.B. Simmert, Berlin 1988, S. 142; Ambrosi, G.M.: Finanzinnovationen und der europäische Binnenmarkt 1992. Geldpolitische Perspektiven für die Bundesrepublik Deutschland, In: Geldpolitik und ökonomische Entwicklung, hrsg v. H. Riese u. H.-P. Spahn, Regensburg 1990, S. 183 ff.

Abb. 4 Geldpolitisches Instrumentarium der Deutschen Bundesbank*

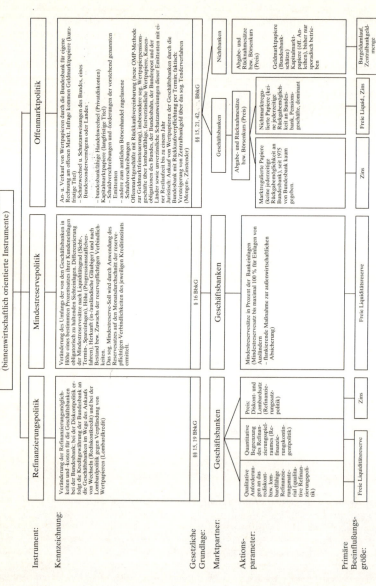

* Vgl. hierzu detailliert Duwendag, D. et al.: Geldtheorie und Geldpolitik. Köln 1993, S. 388–406. Bisani, H. P.: Die Pensionsgeschäfte der Zentralnotenbank. Diss. Erlangen-Nürnberg, 1987; Jarchow, H.-J.: Theorie und Politik des Geldes, II. Geldmarkt, Bundesbank und geldpolitisches Instrumentarium, Göttingen 1988, S. 71–127; Deutsche Bundesbank: Die Geldpolitik der Bundesbank, Frankfurt a. M. 1995, S. 98–137. Pätzold, J.: Stabilisierungspolitik, Bern-Stuttgart 1993, S. 133–144; Issing, O.: Einführung in die Geldpolitik, München 1990, S. 59–125.

4.9.4 Zur monetären Integration in Europa

4.9.4.1 Konstruktionsmerkmale und Effizienz des Europäischen Währungssystems (EWS)

Das 1979 auf der Grundlage fester, aber anpassungsfähiger Wechselkurse zwischen den Mitgliedsländern und mit dem Ziel der Schaffung einer stabilen europäischen Währungszone in Kraft getretene EWS ist durch drei zentrale Konstruktionselemente gekennzeichnet:

- die europäische Währungseinheit ECU (definiert als Währungskorb der EG-Valuten), welche zugleich als Bezugsgröße für den Wechselkursmechanismus, als Recheneinheit für Operationen im Interventions- und Kreditmechanismus sowie als Zahlungsmittel und Reservemedium der EG-Währungsbehörden fungiert.
- das Interventionssystem legt diversifizierte Eingriffsverpflichtungen zwischen den Zentralbanken fest, um die nominalen Wechselkurse der Teilnehmerwährungen in einem „Paritätengitter" bilateraler Wechselkurse so zu stabilisieren, daß die i.d.R. zulässigen höchstmöglichen Schwankungsmargen auf +/-2,25% begrenzt werden. Da für jede Währung gegenüber allen anderen Mitgliedswährungen obere und untere Interventionspunkte bestehen, ist formal eine symmetrische Verteilung der Interventionslasten bzw. Anpassungszwänge gegeben. Veränderungen der Leitkurse („Realignments"), die stärkste Form der Intervention, bedürfen der Zustimmung aller am Wechselkursmechanismus beteiligten Länder.
- das Beistands- oder Kredithilfesystem dient zur kurzfristigen Finanzierung notwendiger Interventionen und regelt die Kreditgewährung an die Zentralbanken der Mitgliedsländer, damit sie ihren Interventionsverpflichtungen in den jeweils benötigten fremden Währungen in unbegrenzter Höhe nachkommen können. Die Kreditvergabe erfolgt durch den Europäischen Fonds für währungspolitische Zusammenarbeit (EFWZ), dem die Zentralbanken der teilnehmenden Staaten zur Sicherung des Währungsbeistands 20% der nationalen Gold- und Dollarreserven übertragen, wofür ihnen offizielle ECU in entsprechender Höhe gutgeschrieben werden.

Gemessen an den eigenen Ansprüchen und Zielsetzungen läßt sich nach den bisherigen Erfahrungen mit dem nunmehr seit über 15 Jahren funktionierenden EWS feststellen.[22] Es hat einen positiven Beitrag bei der Erreichung niedriger Preissteigerungsraten geleistet, und zwar sind sowohl die Inflationsdifferenzen zwischen den Schwach- und Hartwährungsländern als auch das Inflationsniveau insgesamt deutlich zurückgegangen (Probleme: Vergrößerung von außenwirtschaftlichen Ungleichgewichten und staatliche Budgetdefiziten in einigen Mitgliedstaaten). Ferner konnte das EWS als Zone weitgehend stabiler Wechselkurse aufrechterhalten werden, allerdings ist der Preis der Stabilisierung recht unterschiedlich auf die Länder verteilt (Paritätsanpassungen, Interventionen, Geldmengeneffekte, wirtschaftspolitische Anpassungsmaßnahmen). Die DM hat sich de facto zur Leitwährung und zum stabilitätsfördernden Anker für die Geld- und Interventionspolitik im EWS entwickelt, während die ECU als Reserve- und Saldenausgleichsmedium der Notenbanken eine relativ unbedeutende Rolle spielt, jedoch im privaten Geld- und Kapitalverkehr zunehmend Verwendung findet. Nicht erfüllt hat das EWS die ihm zugedachte Funktion als Motor

---

[22] Vgl. Fuchs, H.: Zur Interdependenz des Europäischen Währungssystems und der privaten Verwendung von ECU, Berlin 1989, S. 87ff.; Hammann, D.: Zum Stand der währungspolitischen Zusammenarbeit im EWS, In: Geldpolitik und ökonomische Entwicklung: Ein Symposion, hrsg. v. H. Riese u. H.-P. Spahn, Regensburg 1990, 115ff.

und Kristallisationspunkt der europäischen Integration. Die Fernziele des Jahres 1979, nämlich eine europäische Wirtschafts- und Währungsunion mit einer einheitlichen Wirtschafts- und Währungspolitik, ein europäischer Währungsfonds als übernationale Zentralbank, eine europäische Gemeinschaftswährung bei Ablösung der nationalen Währungen, wurden (noch) nicht erreicht.

Zusätzliche reale Wohlfahrtsgewinne und eine Intensivierung der monetären Integration erfordern eine stärkere Bereitschaft der EU-Mitgliedsstaaten zur Harmonisierung ihrer nationalen Wirtschaftspolitiken und eine bessere wirtschaftspolitische Koordination, vor allem durch eine gemeinsame anti-inflationäre Geldpolitik und eine darauf abgestimmte Fiskal- und Lohnpolitik.

4.9.4.2 Europäische Zentralbank

Hinsichtlich der verschiedenartigen institutionellen Optionen für eine europäische Geldpolitik lassen sich stark vereinfacht drei konkurrierende Grundkonzeptionen unterscheiden, die in der nebenstehenden Übersicht zusammengefaßt sind.

Von den Modellen für eine hierarchische Lösung wird in jüngster Zeit insbesondere die Variante einer Europäischen Zentralbank oder auch eines Europäischen Zentralbanksystems erörtert.[23] Die Bundesbank nennt in einer ausführlichen Stellungnahme zur europäischen Wirtschafts- und Währungsunion mehrere „unabdingbare und damit nicht disponible Anforderungen" an die Schaffung eines Europäischen Zentralbanksystems (EZBS):[24] Verpflichtung auf die Sicherung der Geldwertstabilität als vorrangiges Ziel; Gewährleistung der Unabhängigkeit in institutioneller, funktioneller und personeller Hinsicht, politische Weisungsungebundenheit; Ausstattung des EZBS mit den erforderlichen Befugnissen und geldpolitischen Instrumenten; Leitungsstruktur mit zwei arbeitsfähigen Gremien (Rat, Direktorium), hinreichend lange Amtszeit und unabhängiger Status der Ratsmitglieder; alleinige Zuständigkeit für Devisenmarktinterventionen und mitverantwortliche Beteiligung bei allen übrigen Entscheidungen der äußeren Währungspolitik; Nichtverpflichtung zur Kreditgewährung an öffentliche Haushalte. Fraglich erscheint allerdings, ob und inwieweit – angesichts der unterschiedlichen Inflationssensibilität, politischen wie wirtschaftlichen Wertorientierungen, Entwicklungen und Erfahrungen in den EU-Ländern – selbst ein derartig errichtetes EZBS tatsächlich imstande ist, eine effiziente nichtinflationäre Geldpolitik zu betreiben und eine zumindest vergleichbare Geldwertstabilität zu gewährleisten, wie sie bislang für die DM charakteristisch war. Dennoch ist aus politischen Gründen zu erwarten, daß sich im Rahmen des absehbaren zukünftigen politischen Entwicklungsprozesses in Europa eher ein institutioneller geldpolitischer Integrationsansatz als ein über den Marktmechanismus (d.h. geldpolitische Koordination über Marktkräfte) gesteuerter durchsetzen wird, für den es risikominimale Lösungen einer „Europäisierung" der Geldpolitik zu finden gilt, die sowohl dem europapolitischen als auch dem geldpolitischen Anliegen dienen.

---

[23] Vgl. insbesondere Hasse, R.H.: Die Europäische Zentralbank: Perspektiven für eine Weiterentwicklung des Europäischen Währungssystems, Gütersloh 1989, 37ff.; Kloten, N.: Perspektiven der europäischen Währungsintegration. In: Jahrbuch für Nationalökonomie und Statistik, 1989, Bd. 206, S. 412ff.; Willms, M.: Der Delors-Plan und die Anforderungen an eine gemeinsame Europäische Geldpolitik. In: Kredit und Kapital, 1990 H.1, S. 36ff.

[24] Deutsche Bundesbank: Stellungnahme der Deutschen Bundesbank zur Errichtung einer Wirtschafts- und Währungsunion in Europa. In: Monatsberichte der Deutschen Bundesbank, 1990, Nr. 10, S. 42f.

Abb. 5

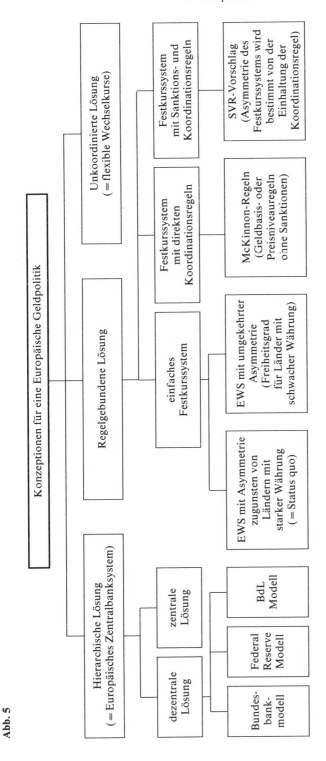

Quelle: Bofinger, P.: Zur Konzeptualisierung einer europäischen Geldpolitik. In: Geldpolitik und ökononmische Entwicklung, hrsg. v. H. Riese u. H.-P. Spahn, Regensburg 1990, S. 126

Literaturhinweise

Ambrosi, G.M.: Finanzinnovationen und der europäische Binnenmarkt 1992. Geldpolitische Perspektiven für die Bundesrepublik Deutschland. In: Geldpolitik und ökonomische Entwicklung: Ein Symposion, hrsg. v. H. Riese u. H.-P. Spahn, Regensburg 1990, S. 183–200.

Bisani, H.P.: Die Pensionsgeschäfte der Zentralnotenbank, Diss. Erlangen-Nürnberg 1988.

Bofinger, P.: Zur Konzeptualisierung einer Europäischen Geldpolitik, In: Geldpolitik und ökonomische Entwicklung. Ein Symposion, hrsg. v. H. Riese u. H.-P. Spahn, Regensburg 1990, S. 123–135.

Caesar, R.: Der Handlungsspielraum von Notenbanken. Theoretische Analyse und internationaler Vergleich, Baden-Baden 1981.

Ders.: Bundesbankautonomie: Internationale Bedrohungen. In: Wirtschaftsdienst, 1988, S. 124–129.

Deutsche Bundesbank: Internationale Organisationen und Abkommen im Bereich von Währung und Wirtschaft, 3. Aufl., Sonderdrucke der Deutschen Bundesbank, Nr. 3, Frankfurt a.M. 1986.

Dies.: Die Währungsunion mit der Deutschen Demokratischen Republik. In: Monatsberichte der Deutschen Bundesbank, 1990, Nr. 7, S. 14–29.

Dies.: Stellungnahme der Deutschen Bundesbank zur Errichtung einer Wirtschafts- und Währungsunion in Europa. In: Monatsberichte der Deutschen Bundesbank, 1990, Nr. 10, S. 41–45.

Dies.: Die Geldpolitik der Bundesbank, Frankfurt a.M. 1995.

Dickertmann, D.: Wie sollte der Bundesbankgewinn verwendet werden? In: Wirtschaftsdienst, 1989, S. 140–148.

Dickertmann, D., Siedenberg, A.: Instrumentarium der Geldpolitik, 4. Aufl., Düsseldorf 1984.

Duwendag, D., Ketterer, K.-H., Kösters, W., Pohl, R., Simmert, D.B.: Geldtheorie und Geldpolitik. Eine problemorientierte Einführung mit einem Kompendium monetärer Fachbegriffe, 4. überarb. u. erw. Aufl., Köln 1993.

Friedrich, H.: Stabilisierungspolitik, 2. Aufl., Wiesbaden 1986.

Fuchs, H.: Zur Interdependenz des Europäischen Währungssystems und der privaten Verwendung von ECU, Berlin 1989.

Geiger, H.: Das Verhältnis von Refinanzierungs- und Offenmarktpolitik, In: Wandlungen des geldpolitischen Instrumentariums der Deutschen Bundesbank, hrsg. v. W. Ehrlicher u. D.B. Simmert, Berlin 1988, S. 129–142.

Gilles, F.-O.: Zwischen Autonomie und Heteronomie – Anmerkungen zur Entwicklung, Stellung und Funktion des bundesdeutschen Zentralbankwesens. In: Geldpolitik und ökonomische Entwicklung: Ein Symposion, hrsg. v. H. Riese u. H.-P. Spahn, Regensburg 1990, S. 219–228.

Gramlich, L.: Bundesbankgesetz, Währungsgesetz, Münzgesetz: Kommentar, Köln-Berlin-Bonn-München 1988.

Hammann, D.: Zum Stand der währungspolitischen Zusammenarbeit im EWS. In: Geldpolitik und ökonomische Entwicklung: Ein Symposion, hrsg. v. H. Riese u. H.-P. Spahn, Regensburg 1990, S. 110–122.

Hasse, R.H.: Die Europäische Zentralbank: Perspektiven für eine Weiterentwicklung des Europäischen Währungssystems, Gütersloh 1989.

Issing, O.: Einführung in die Geldtheorie, 6. Aufl., München 1987.

Ders.: Das Instrumentarium der deutschen Bundesbank – Argumente für eine Neuorientierung. In: Geldtheorie und Geldpolitik, hrsg. v. G. Bombach, B. Gahlen u. A.E. Ott, Tübingen 1988, S. 61–75.

Ders.: Einführung in die Geldpolitik, 3. Aufl., München 1990.

Jarchow, H.-J.: Theorie und Politik des Geldes. I. Geldtheorie, 7. Aufl., Göttingen 1987.

Ders.: Theorie und Politik des Geldes, II. Geldmarkt, Bundesbank und geldpolitisches Instrumentarium, 5. Aufl., Göttingen 1988.

Kloten, N.: Perspektiven der europäischen Währungsintegration. In: Jahrbuch für Nationalökonomie und Statistik, 1989, Bd. 206, S. 407–420.

Läufer, N.K.A.: Empirische Tests einer neuen Geldangebotshypothese für die Bundesrepublik

Deutschland. In: Geldtheorie und Geldpolitik, hrsg. v. G. Bombach, B. Gahlen u. A.E. Ott, Tübingen 1988, S. 143–174.

Lechner, H.H.: Währungspolitik, Berlin-New York 1988.

Neumann, M.J.M.: Geldpolitik: Nichtneutralität als Problem. In: Wandlungen des geldpolitischen Instrumentariums der Deutschen Bundesbank, hrsg. v. W. Ehrlicher u. D.B. Simmert, Berlin 1988, S. 61–76.

Pätzold, J.: Stabilisierungspolitik. Grundlagen der nachfrage- und angebotsorientierten Wirtschaftspolitik, 5. vollst. überarb. u. akt. Aufl., Bern-Stuttgart 1993.

Pohl, R.: Möglichkeiten und Grenzen der Geldpolitik: Eine Bestandsaufnahme. In: Wandlungen des geldpolitischen Instrumentariums der Deutschen Bundesbank, hrsg. v. W. Ehrlicher u. D.B. Simmert, Berlin 1988, S. 37–60.

Schaal, P.: Geldtheorie und Geldpolitik, 2. Aufl., München-Wien 1989.

Schlesinger, H.: Das Konzept der Deutschen Bundesbank, In: Wandlungen des geldpolitischen Instrumentariums der Deutschen Bundesbank, hrsg. v. W. Ehrlicher u. B. Simmert, Berlin 1988, S. 3–20.

Willms, M.: Der Delors-Plan und die Anforderungen an eine gemeinsame Europäische Geldpolitik. In: Kredit und Kapital, 1990, H. 1, S. 30–59.

4.10 Finanzpolitik
Hans Kaminski

4.10.1	Zur begrifflichen Abgrenzung	433
4.10.2	Zur Notwendigkeit und Rechtfertigung staatlicher Finanzpolitik	433
4.10.3	Ziele der Finanzpolitik	435
4.10.4	Finanzpolitische Instrumente	437
4.10.4.1	Einnahmenpolitik	437
4.10.4.2	Ausgabenpolitik	443
4.10.5	Träger der Finanzpolitik	446
4.10.6	Grenzen der Finanzpolitik	447
Literaturhinweise		451

4.10 Finanzpolitik

4.10.1 Zur begrifflichen Abgrenzung

Die **Finanzpolitik** ist ein Instrument der Wirtschaftspolitik, die über öffentliche Haushalte vollzogen wird. Sie umfaßt alle Maßnahmen der öffentlichen Hand (Gebietskörperschaften) und Parafisci (z. B. Kirchen, Arbeitslosen- und Sozialversicherung einschließlich der öffentlichen Krankenversicherung), mit Hilfe öffentlicher Einnahmen und Ausgaben sowie dem öffentlichen Haushalt die Höhe und Struktur des Sozialprodukts einer Volkswirtschaft zu beeinflussen.

Die Abgrenzung der Finanzpolitik von der übrigen Wirtschaftspolitik läßt sich nicht von den Zielen, sondern nur von deren Mitteln und Instrumenten vornehmen.

Deshalb gelten die Allokations-, Distributions- und Stabilisierungsziele (vgl. Pkt. 4.0.3) der Finanzpolitik auch allgemein für die Wirtschaftspolitik. Das spezifisch fiskalische Ziel beschreibt lediglich die Form der Einnahmenerzielung, um gewünschte Ausgaben durch den Staat durchführen zu können und ist deshalb als Ziel ein abgeleitetes, nachgeordnetes und kein eigenständiges Ziel.

Die Begriffe Finanzpolitik und Fiskalpolitik werden zumeist synonym verwendet. Zuweilen erfolgt aber eine Unterscheidung dahingehend, mit Fiskalpolitik (lat. fiscus, Staatskasse) alle Maßnahmen zu verstehen, die den Staatshaushalt in Einnahmen und Ausgaben auszugleichen versuchen und somit Fiskalpolitik als „kassenorientiert" betrachten, während dagegen die Finanzpolitik und deren Maßnahmen der Beeinflussung der Konjunktur dienen und mit den rein fiskalischen Zielsetzungen sogar in Widerspruch stehen können: „So können fiskalpolitisch Steuererhöhungen zur Verstärkung der Staatseinnahmen sinnvoll, aber finanzpolitisch bedenklich sein, da sie im Falle eines konjunkturellen Abschwungs eine zusätzlich dämpfende Wirkung hätten." (Altmann 1992, S. 183).

Hier wird auf diese Unterscheidung verzichtet und das fiskalpolitische Ziel als ein Teilziel der Finanzpolitik betrachtet.

4.10.2 Zur Notwendigkeit und Rechtfertigung staatlicher Finanzpolitik

In einem marktwirtschaftlichen System bedarf die staatliche Tätigkeit einer besonderen Begründung, da in der Regel die einzelnen Wirtschaftssubjekte (private Haushalte und Unternehmen) Träger der ökonomischen Entscheidungen sind und der Staat deshalb nur subsidiären Charakter hat.

Ein kurzer Blick in die Tagespresse, in die Nachrichten des Hörfunks und Fernsehens zeigen, daß es kaum einen ökonomischen und politischen Bereich des Landes gibt, der nicht von finanzpolitischen Maßnahmen beeinflußt wird, und die Diskussion über alternative Verwendungszwecke für die Bereitstellung von Sachgütern und Dienstleistungen, für die Beeinflussung der konjunkturellen Situation eines Landes bzw. für korrigierende Maßnahmen der Umverteilung (z. B. der primären Einkommensverteilung) alltäglich sind (vgl. Abb. 1).

Damit verknüpft ist auch gleichzeitig die Diskussion über die Notwendigkeit oder Schädlichkeit des staatlichen Eingreifens in den Wirtschaftsprozeß im Rahmen marktwirtschaftlicher Systeme.

Öffentliche Güter

Der Preisbildungsmechanismus, der herkömmlicherweise auf diesen Wirtschaftsprozeß Einfluß hat, ist keineswegs für alle Güter geeignet, die gehandelt werden. Es gibt Güter, bei denen der Markt als Koordinierungssystem versagt. Werden auf dem

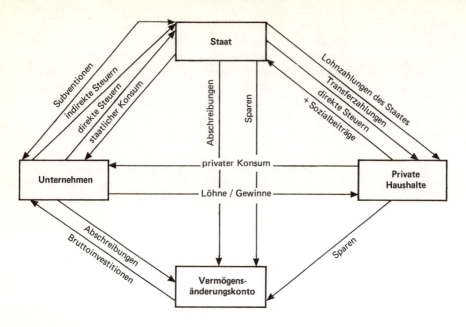

Abb. 1 Die Stellung des Staates im erweiterten Kreislaufmodell

Markt Sachgüter und Dienstleistungen getauscht, dann sind diese Tauschakte durch Eigentumsrechte an diesen Gütern bestimmt. Ein Verbraucher, der ein bestimmtes Gut erwerben will, muß in der Regel die Bedingungen anerkennen, die der Eigentümer dieses Gutes setzt. Ist er nicht bereit, diese Bedingungen (z. B. den Preis) anzuerkennen, wird er von der Nutzung des Gutes ausgeschlossen (sog. Ausschluß-Prinzip). Es gibt jedoch Güter, die vom Bürger täglich benötigt werden und für die das sog. Ausschluß-Prinzip nicht gilt. Man bezeichnet diese Güter als „öffentliche Güter".

„Wenn ich eine Maß Bier oder ein Paar Schuhe verbrauche, dann sind diese speziellen Güter für andere Individuen nicht mehr verfügbar. Mein Konsum und der ihrer rivalisieren. Das ist der Fall bei privaten Gütern. Werden dagegen Maßnahmen gegen die Luftverschmutzung eingeleitet und wird dadurch eine Luftverbesserung erzielt, so kommt diese Verbesserung all denen zugute, die atmen. M. a. W., der Verbrauch solcher Güter seitens mehrerer Individuen rivalisiert nicht in dem Sinne, daß die Nutzungsteilhabe eines Individuums den Nutzen eines anderen beeinträchtigt. Das ist der Fall bei **öffentlichen Gütern**. Anders ausgedrückt, die Nutzen, die irgend jemand beim Verbrauch eines öffentlichen Gutes erzielt, sind externalisiert insofern, als sie auch allen anderen zur Verfügung stehen." (Musgrave 1975, S.5f.). Ein weiteres Beispiel wäre die Straßenbeleuchtung. Sie ist ein öffentliches Gut, d.h. das Licht kommt nicht nur einem zugute, sondern allen anderen Anwohnern ebenfalls. Man kann von der Nutzung solcher öffentlicher Güter nicht ausgeschlossen werden (sog. Nicht-Ausschlußprinzip). Oder soll eine Straße gebaut werden und ist die Finanzierung zu klären, so wird der einzelne kaum bereit sein, kundzutun, welchen Betrag er bereit ist dafür zu zahlen, da er hofft, daß das Projekt auch ohne seine besondere finanzielle Beteiligung zustande kommt und er quasi zum Nulltarif die Straße benutzen kann. Es kann deshalb zu sog. Trittbrettfahrer-Effekten kommen, da der Konsum des Gutes nicht auf eine Person beschränkt werden kann, weil alle Straßenbenutzer als Nutznießer gelten.

Die Begriffe „private" und „öffentliche" Güter besagen nicht, daß diese Güter jeweils nur unter privater bzw. staatlicher Regie hergestellt werden können. Auch der Staat produziert private Güter, wie z. B. die Briefzustellung, und öffentliche Güter können auch von sozialen Zusammenschlüssen wie Nachbarschaften oder Kirchen produziert und angeboten werden. Es geht hier vielmehr nur um eine ökonomische Unterscheidung.

Meritorische Güter

Neben den privaten Gütern und den (spezifischen) öffentlichen Gütern sind die sogenannten meritorischen (merit goods) zu nennen, die zur Deckung von Kollektivbedürfnissen angeboten werden. Für sie könnte es durchaus einen privaten Markt geben. Da aber zu befürchten ist, daß die Nachfrage nach meritorischen Gütern nicht groß genug ist, weil die Individuen deren Nutzen nicht richtig einschätzen, werden sie vom Staat zu Preisen abgegeben, die nicht kostendeckend sind. Beispiele dafür sind Büchereien, Museen, Theater, Kindergärten, Bäder, Volkshochschulen, Musikschulen, Schulen, Hochschulen und Impfungen. Der Staat erwirbt sich auf diese Weise „merits", d. h. Verdienste.

Das vor allem von Musgrave entwickelte Konzept der meritorischen (de-meritorischen) Güter ist allerdings nicht unumstritten. Es wird eingewandt, daß auf diese Weise Präferenzverzerrungen stattfinden und damit das klassische Allokationsziel verzerrt wird. „Meritorische Güter an sich" gibt es nicht, weil sie eher das Ergebnis gesellschaftlicher Wertvorstellungen über ihre Notwendigkeit darstellen als ökonomisch begründbar sind.

Dem Staat wird auch eine Funktion bei der **Korrektur von Marktunvollkommenheiten** zugeschrieben, z. B. im Falle externer Kosten, die durch die wirtschaftlichen Aktivitäten eines Wirtschaftssubjektes verursacht worden sind, aber andere Wirtschaftssubjekte belasten (z. B. Umweltverschmutzung). Durch den Marktmechanismus allein wird eine optimale Allokation der Ressourcen nicht erreicht. Hier können mit Hilfe staatlicher Aktivitäten, wie Besteuerung, d. h. durch finanzielle Bestrafung oder Belohnung, durch Verbote und Gebote, wirtschaftliche Aktivitäten in gewünschte Richtungen gelenkt werden.

„Im Grenzfall mag sogar die Übernahme eines Güterangebots durch den Staat geboten sein, wenn bei der Produktion nahezu ausschließlich externe Effekte anfallen und zudem noch eine große Zahl von Wirtschaftssubjekten betroffen ist. Beispiel sind Infrastrukturinvestitionen, Forschungsaktivitäten, Leistungen im Bildungs- und Gesundheitswesen." (Peffekoven 1984, S. 464)

4.10.3 Ziele der Finanzpolitik

Im Anschluß an Musgrave (1975, S. 4 ff.) ist es üblich, dem Staat für seine Aktivitäten drei Ziele zuzuweisen:

- das Allokationsziel;
- das Distributionsziel;
- das Stabilisierungsziel.

Das **Allokationsziel** besteht darin, Einsatz und Verwendung der volkswirtschaftlichen Ressourcen so zu beeinflussen, daß es zu einem anderen Güterangebot kommt, als die privaten Aktivitäten über den Marktmechanismus es allein erreicht hätten. Eine optimale Allokation der Produktionsfaktoren soll die Bereitstellung öffentlicher Güter ermöglichen bzw. die Aufteilung vorhandener Ressourcen auf private und öffentliche Güter unterstützen.

Das Allokationsziel versucht immer eine andere Ressourcenverteilung zu erreichen, ob sie zwischen Privaten stattfindet (z. B. durch Regionalpolitik oder Sektorenpolitik) zwischen Staat und Privaten oder schließlich innerhalb des Staates selbst (z. B. über den Finanzausgleich).

Das **Distributionsziel** soll die Voraussetzungen und/oder die Ergebnisse der sich über den Faktormarkt ergebenden Primärverteilung verändern (z. B. beim Einkommen und/oder Vermögen, durch Transferzahlungen – Sozialpolitik).

Das **Stablisierungsziel** meint die Aufgabe des Staates, mit Hilfe der Budgetpolitik die mit der marktwirtschaftlichen Ordnung verbundenen Schwankungen zu glätten und zu stabilisieren, d. h. Vollbeschäftigung, Preisniveaustabilität, angemessenes Wirtschaftswachstum und einen Zahlungsbilanzausgleich zu erreichen, wie es in dem Stabilitäts- und Wachstumsgesetz von 1967 intendiert ist.

Diese Zielsetzungen sind allerdings einfacher analytisch zu trennen, als praktisch und politisch zu handhaben, weil sie sich gegenseitig beeinflussen und sogar miteinander im Konflikt stehen können, wie das folgende Beispiel zeigt:

„Eine Veschärfung der Progression der Einkommensteuer mag verteilungspolitisch erwünscht sein, kann aber wachstumspolitisch negative Wirkungen haben und die optimale Allokation stören. Ein konjunkturpolitisch motivierter Baustopp kann allokationspolitisch unerwünscht sein (Investitionsruinen)." (Peffekoven 1984, S. 474)

Das Stabilisierungsziel ist dogmenhistorisch eng verknüpft mit der keynesianischen Lehre. John Maynard Keynes, Lord Keynes of Tilton, war in seinem Denken stark beeinflußt durch die hohe Arbeitslosigkeit während der Weltwirtschaftskrise in den zwanziger Jahren unseres Jahrhunderts und brachte gegenüber der seinerzeit herrschenden „klassischen" Lehre vor allem folgende Gesichtspunkte ein: Erstens sieht er den Preismechanismus als weniger leistungsfähig an als es vermutet wurde. Er sei nicht so flexibel, daß er alle Ungleichgewichte auf den Märkten beseitige, vielmehr seien z. B. die Preise bei den Löhnen durch mehrjährige Arbeitsverträge mit gesichertem Lohn nach unten starr, und machtstarke Gewerkschaften seien trotz hoher Arbeitslosigkeit in der Lage, das Absenken von Löhnen zu verhindern. Zweitens neige die Wirtschaft zu Instabilität, die durch Verhaltensänderungen von Unternehmern als Investoren einerseits sowie durch Konsumenten andererseits verursacht würden, weil ihre Entscheidungen durch Erwartungen beeinflußt werden, die sie gegenüber der Zukunft hegen. D. h., wirtschaftliches Verhalten wird auch beeinflußt durch psychologische Faktoren, durch individuelle Einschätzungen, durch wirtschaftliche Zukunftsängste und durch Renditeerwartungen. Inflexibler Preismechanismus und eine zu Instabilität neigende Wirtschaft verlangen deshalb nach einer verantwortlichen, aktiven Wirtschaftspolitik des Staates. Eine lahmende Konjunktur soll der Staat dadurch stimulieren, daß *deficit spending* betrieben wird. Staatliche Mehrausgaben und Steuerausfälle sind durch Kreditaufnahmen zu finanzieren.

Das Stabilitäts- und Wachstumsgesetz von 1967 ist Ausdruck des stabilisierungspolitischen Gesamtziels.

Monetaristisch orientierte Positionen sehen im Gegensatz zu den Fiskalisten den privaten Sektor eher als stabil an. Wachstumsstörungen und Konjunkturzyklen werden durch exogene Faktoren verursacht. Die staatliche Wirtschaftspolitik, die mit ihrer „stop and go"-Politik nur Brems- und Beschleunigungsmanöver vollzieht, ruft ihrer Ansicht nach die Probleme erst hervor, die sie zu bekämpfen vorgibt. Falsch dosierte und terminierte fiskalistische Maßnahmen erzeugen Instabilitäten. Vielmehr wird der Geldmenge und Geldpolitik für das Wirtschaftsgeschehen die bedeutsamere Rolle zugeschrieben. Die privaten Kreditnachfrager würden durch staatliche Interventionen und öffentliche Kreditaufnahmen vom Markt verdrängt und der staatliche Handlungsspielraum mit einer steigenden Staatsquote immer geringer.

4.10.4 Finanzpolitische Instrumente

Die finanzpolitischen Instrumente werden klassischerweise in einnahmen- und ausgabenpolitische Instrumente unterschieden. Als dritter wichtiger Bereich zählt die Schulden- und Einlagenpolitik des Staates, mit der einerseits die Finanzierung von Haushaltsdefiziten und andererseits die Verwendung von Haushaltsüberschüssen geregelt wird. Sie ist mit den Ländern und der Bundesbank abzustimmen, um keine kontraproduktiven Effekte auszulösen (vgl. Abb. 2).

Die Fülle der Instrumente ist hier nicht im einzelnen darstellbar. Deshalb findet eine Beschränkung statt auf die **Einnahmenpolitik** in Form der Steuerpolitik (Pkt. 4.10.4.1) und auf einige Aspekte der **Ausgabenpolitik** (Pkt. 4.10.4.2).

4.10.4.1 Einnahmenpolitik

Es gibt unterschiedliche Anknüpfungspunkte für die Besteuerung. Dies können Personen, das Vermögen und die wirtschaftlichen Aktivitäten sein, wie sie mit Hilfe des Wirtschaftskreislaufes darstellbar sind (vgl. Abb. 3).

Die dort dargestellten Stromgrößen werden hier zugrundegelegt, um aufzuzeigen, wie die zentralen wirtschaftlichen Aktivitäten Anknüpfungspunkte für die Besteuerung sein können. Dabei wird allerdings der Staat als Sektor hier nicht berücksichtigt, was für den Erkenntnisgewinn an dieser Stelle unerheblich ist. Durch diese Darstellung kann einerseits auf die makroökonomischen Aggregate (Unternehmen und private Haushalte) als **Steuerobjekte** abgestellt werden und andererseits auf die aus den wirtschaftlichen Aktivitäten entstehenden Einnahmen und Ausgaben.

Die Steuern können anknüpfen an
- Haushaltseinkommen;
- Haushaltsausgaben;
- Einnahmen des Unternehmens aus dem Verkauf von Konsumgütern;
- den gesamten Einnahmen des Unternehmens aus dem Konsum und den Investitionen;
- Erträgen des Unternehmens;
- den intrasektoralen (z.B. Schenkungen, Erbschaften) und intersektoralen Übertragungen von Unternehmen an private Haushalte oder die besonders wichtigen Übertragungen des Sektors „Staats" (z.B. Transferzahlungen), die aber durch Abb. 3 nicht erfaßt werden.

Mit Hilfe der vereinfachten Darstellung der Einkommenskonten im Rahmen der volkswirtschaftlichen Gesamtrechnung läßt sich der Empfang und die Verwendung des Einkommens der Sektoren „Private Haushalte", „Unternehmen" und „Staat" aufzeigen.

Die bedeutendste Einnahmequelle des Staates sind die **Steuern**. Sie sind finanzielle Zwangsabgaben, die vom Staat nach Höhe und Besteuerungsobjekt oder -tatbestand

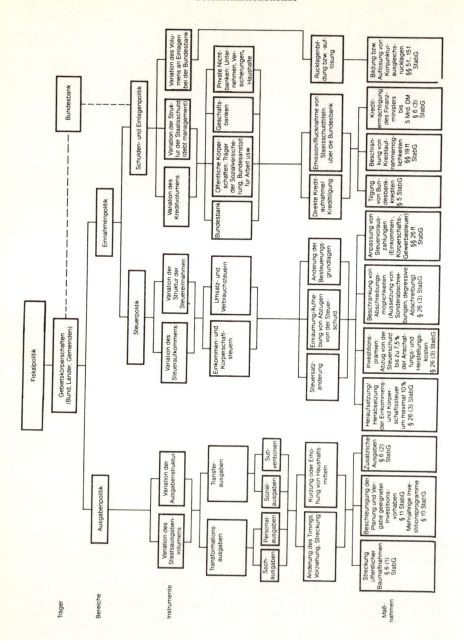

Abb. 2 Träger, Bereiche, Instrumente, Maßnahmen der Fiskalpolitik

kraft hoheitlicher Gewalt einseitig festgesetzt werden. Der Steuerzahler hat keinen Anspruch auf ihm persönlich zurechenbare Gegenleistungen. Es gibt keine Äquivalenz zwischen der staatlichen Leistung und der Steuer.

4.10 Finanzpolitik

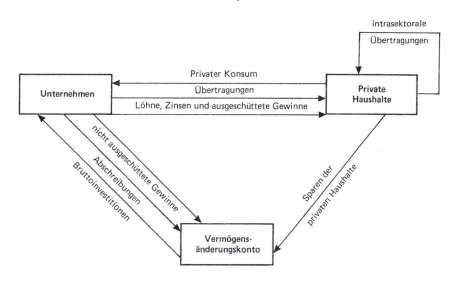

Abb. 3 Anknüpfungspunkte für die Besteuerung

Soll	Haben
Private Haushalte	
Konsumausgaben Direkte Steuern Ersparnis	Faktoreinkommen Transfereinkommen
Unternehmen	
Direkte Steuern Verfügbares Einkommen Ersparnis	Unverteilte Gewinne
Staat	
Transferzahlungen an Private Haushalte, Unternehmen, Ausland – Staatlicher Konsum – Subventionen – Ersparnis	– Indirekte Steuern – Direkte Steuern – Faktoreinkommen – Sozialbeiträge (Verwaltungsgebühren, Strafen usw.)

Abb. 4 Einkommenskonten der Sektoren Private Haushalte, Unternehmen, Staat

Nach der **„Überwälzbarkeit"** sind zwei Kategorien von Steuern zu unterscheiden:

Direkte Steuern: Hier soll der Steuerzahler, von dem das Finanzamt die Steuer kassiert, auch der letztendliche Träger der Steuerlast sein. Eine Überwälzung auf andere Personen ist nicht möglich (z. B. die Lohn- und Einkommensteuer, Vermögens- und Körperschaftsteuer, Hundesteuer, Kfz-Steuer).

Indirekte Steuern: Der Steuerzahler kann die Steuer über den Preis weitergeben (überwälzen). So werden allgemeine Verbrauchssteuern (wie die Mehrwertsteuer) und spezielle Verbrauchssteuern (z. B. Kaffeesteuer, Branntweinsteuer, Mineralölsteuer) zwar von den Unternehmen an den Staat abgeführt, jedoch über die Preiskalkulation auf den Konsumenten überwälzt. Im Falle der Verbrauchssteuer ist das auch beabsichtigt. Problematisch kann es werden, wenn etwa der Unternehmenssektor Träger einer Steuer sein soll, diese aber überwälzen kann. Dann muß die Steuer so konstruiert werden, daß dies ausgeschlossen wird. Hierzu zählen alle Steuern und ähnliche Abgaben, die der Staat beim Produzenten erhebt und bei der Gewinnermittlung abzugsfähig sind, was für direkte Steuern nicht gilt (z.B. Grund- und Gewerbesteuer, Verbrauchssteuer).

Das Merkmal der „Überwälzbarkeit" wird für die Unterscheidung zwischen direkten und indirekten Steuern zwar häufig genannt, ist aber dennoch nicht ganz unproblematisch: Da „praktisch jede Steuer grundsätzlich überwälzbar ist, und dies nie nach den vorliegenden Umständen im Zeitablauf tatsächlich unterschiedlich gelingen dürfte, ist die Gleichsetzung von indirekten und überwälzbaren Steuern nicht zweckmäßig. Gleich problematisch ist die Definition der direkten Steuern als solche, die unmittelbar Personen oder Haushalten auferlegt werden, die die Steuern tragen sollen. Schließlich wird auf das Steuerobjekt und auf persönliche Umstände abgestellt. Danach belasten direkte Steuern insbesondere Einkommen und Vermögen unmittelbar bei den Wirtschaftssubjekten unter Berücksichtigung der persönlichen Umstände der Belasteten, indirekte Steuern knüpfen hingegen an Kosten, Erlöse oder bestimmten Transaktionen ohne Rücksicht auf die persönlichen Umstände der Belasteten an." (Brümmerhoff, 1990, S.233).

Die Graphik auf S.441 gibt einen Überblick über die Verteilung der verschiedenen Steuern auf Bund, Länder und Gemeinden.

Den Steuern am ähnlichsten sind die **Zölle**. Zölle sind Abgaben im grenzüberschreitenden Warenverkehr, die entweder als absoluter Betrag je eingeführter Mengeneinheit (z.B. 50,-- DM je Tonne als „Mengenzoll") oder als prozentualer Zuschlag auf den eingeführten Warenwert (z.B. 5% des Rechnungsbetrages, d.h. als „Wertzoll") erhoben werden.

Beiträge: Sie stellen wie die Steuern Zwangsabgaben dar, sind jedoch mit einer Gegenleistung verbunden. Die Gegenleistungen müssen nicht exakt individuell zurechenbar sein. Unterschieden weren Beiträge an die öffentliche Hand, z.B. die Umlage von Straßenbaukosten auf Grundstückseigentümer und Beiträge an die Sozialversicherungen wie gesetzliche Kranken-, Renten- und Arbeitslosenversicherung.

Gebühren: Der Charakter dieser Zahlungen gleicht dem der Beiträge, nur stehen der Gebührenzahlung konkrete Leistungen wie Müllabführ, Paßausstellung, Beglaubigungen usw. gegenüber.

Die bisher genannten Einnahmearten stellen die Hauptquellen der Staatseinnahmen dar. Darüber hinaus hat der Staat aber auch **Erwerbseinkünfte** aus Kapitalbeteiligungen. So ist die Bundesrepublik z.B. an VW, an der Veba und der Lufthansa beteiligt. Allerdings ist das staatliche Engagement in der privaten Wirtschaft in der letzten Zeit verstärkt in die Diskussion geraten. Teile des Bundesvermögens sollen – wie dies bei Veba schon geschehen ist – „privatisiert" werden, d.h. die Kapitalanteile sollen durch Verkauf monetarisiert werden. So fließen dem Staat zusätzlich einmalige Veräußerungseinnahmen zu.

Zum Staatssektor gehören nicht, wie oft irrtümlich angenommen wird, die sog. öffentlichen Unternehmen wie Bahn, Post, Versorgungsbetriebe usw. Diese Betriebe stellen jeweils ein **„Sondervermögen"** dar, aus dem dem staatlichen Eigentümer, der auch das Grundkapital stellt, der Gewinn zusteht. Die Unternehmen selbst sind

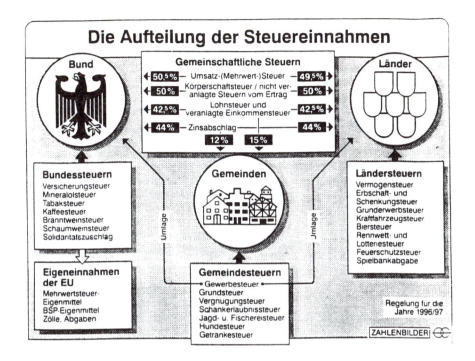

Abb. 5 Verteilung des Steueraufkommens nach Gebietskörperschaften

aber keine staatlichen Behörden, sondern sind dem Unternehmenssektor zuzurechnen.

Zudem ist zu berücksichtigen, daß mit der sog. Postreform II die Unternehmen Postdienst, Postbank und Telekom 1995 als Aktiengesellschaften privatisiert wurden.

Da die hier beschriebenen Einnahmen in den letzten Jahren nicht ausreichten, die für erforderlich gehaltenen Ausgaben zu decken, tritt schließlich als letzte Einnahmequelle die **öffentliche Schuld** hinzu. Der Staat kann auf verschiedene Weise bei der Bundesbank, bei den Geschäftsbanken, bei anderen Kapitalsammelstellen und auch direkt bei den privaten Haushalten (über den Kapitalmarkt) Kredite aufnehmen.

Die Einnahmen- und Ausgabenpolitik des Staates steht über ihre rein fiskaltechnische Seite hinaus im Dienste der allgemeinen Wirtschaftspolitik. Das bedeutet, daß sie zur Erreichung der Ziele des **Stabilitätsgesetzes** beizutragen hat. Aus diesem Grunde ist die Frage nach den Auswirkungen auf die verschiedenen Wirtschaftssektoren von hoher Bedeutung, wie am Beispiel der Steuern gezeigt werden kann.

Die Steurer bedeutet für den Träger eine Verminderung seiner Konsummöglichkeiten, da sein verfügbares Einkommen oder sein Vermögen durch sie geschmälert wird. Als gerecht wird dabei ein Steuersystem empfunden, das jedem Wirtschaftsbürger nach seiner Leistungsfähigkeit das **gleiche Opfer** abverlangt. Dieses Fundamentalprinzip der Besteuerung wird **Leistungsfähigkeitsprinzip** genannt.

Das Problem besteht nun darin, eben dieses „gleiche Opfer" zu messen. Als Indikatoren dafür dienen beispielsweise
- das Einkommen;
- die Einkommensverwendung;
- das Vermögen;
- soziale Komponenten.

Die Begründung dafür liegt in ihrer Eigenschaft als Indikatoren für die „Nutzenstiftung", d. h. es wird angenommen, daß
- ein höheres Einkommen einen größeren, allerdings degressiv steigenden Nutzen stiftet;
- die Konsumstruktur Rückschlüsse auf den aus dem Einkommen gezogenen Nutzen zuläßt;
- das Vermögen (unabhängig von etwaigen Zinserträgen) z. B. in Form von Grund- und Hausbesitz Bedürfnisbefriedigung ermöglicht und dadurch ebenfalls zur Beurteilung der Leistungsfähigkeit hinzugezogen werden muß.

Hinzu kommen soziale Komponenten wie „Zahl der Kinder" oder „Behinderungen", die für die Ermittlung der wirtschaftlichen Leistungsfähigkeit sehr große Bedeutung haben (→Sozialpolitik).

Auf die Prämissen der Nutzenmessung kann hier nicht eingegangen werden. Erwähnt sei nur, daß diese mit großen, bisher ungelösten Problemen belastet ist. Ein Ausdruck dieser Probleme ist die ständig wachsende Komplexität und Intransparenz des Steuersystems im Bemühen um mehr Gerechtigkeit.

Eine Steuer, die am Indikator „Einkommensverwendung" ansetzt, ist die **Mehrwertsteuer** (eigentlich: Umsatzsteuer). Sie ist eine „allgemeine Verbrauchssteuer", d. h. jeder Kosumakt (mit Ausnahme des Handels zwischen privaten Haushalten) wird mit dieser Steuer belegt. Wer mehr konsumiert, muß mehr Steuern zahlen.

Ersichtlich führt dies zu einer Bevorteilung der Steuerzahler mit hohem Einkommen, da diese einen vergleichsweise höheren Anteil ihres Einkommens sparen können als niedrige Einkommensempfänger. Andererseits wird der Konsumanteil an Luxusartikeln bei dieser Gruppe höher sein als bei Geringverdienenden. Dies hat zu einer Splitting des MwSt.-Tarifs geführt: Nahrungsmittel werden nur mit dem halben Regelsteuersatz (z. B. 15%) belegt. Wenn bei niedrigem Einkommen eine niedrigere Sparquote, d. h. eine höhere Konsumquote angenommen wird, könnte theoretisch der durch die Teilung des Tarifs bewirkte Entlastungseffekt in relativ hohem Maße weiteren Konsum zugute kommen, da jede Steuerminderung das verfügbare Einkommen erhöht.

Eine Steuer, die an der Einkommens**entstehung** ansetzt, ist die Lohn- und Einkommenssteuer. Die wirkenden Mechanismen sind dieselben wie oben. Die Unterschiede in der Leistungsfähigkeit kommen im gestaffelten Steuertarif zum Ausdruck.

Die skizzierten Beispiele zeigen, wie die Konstruktion und Ausgestaltung einer Steuer neben Gerechtigkeitsanforderungen auch wirtschaftspolitische Effekte zu berücksichtigen hat. Auf diese Weise kann die Einnahmenpolitik ein Instrument der Wirtschaftspolitik sein. Die kontroversen Diskussionen um wirtschaftspolitische Folgen von Steuerentlastungen bestätigen dies immer wieder.

Ein wirtschaftspolitisches Problem stellen allerdings die Zeitverzögerungen (vgl. näher Pkt. 4.10.6) bei der Vereinnahmung der Steuern dar. Zu den allgemeinen Zeitverzögerungen tritt in diesem Zusammenhang der sog. „Veranlagungslag" hinzu.

Zwar schwankt das Steueraufkommen mit den Einkommens- und Gewinnveränderungen, aber die Veranlagungszeiträume sind oftmals zu lang, daß eine hohe Steuerzahlung sich bis in die nächste Rezessionsphase verzögern kann. Dies ist ein typisches Beispiel für eine faktisch kontraproduktive Wirkung: Die Abschöpfung des hohen Einkommens oder Gewinns wird nicht nur im Boom verpaßt, sondern verschlimmert u. U. noch die darauf folgende Rezession, da das verfügbare Einkommen nicht erhöht, sondern übermäßig gesenkt wird.

Die tatsächliche Wirksamkeit steuerpolitischer Maßnahmen auf den Wirtschaftsprozeß, insbesondere auf Konsum und Investitionen, hängt jedoch letztlich von den Verhaltensweisen der Wirtschaftssubjekte ab. Eine Erhöhung des verfügbaren Einkommens wird sich keineswegs automatisch in höheren Konsum umsetzen. Viele andere situative Faktoren üben bei den individuellen Entscheidungen einen Einfluß aus. Und was das Gerechtigkeitspostulat betrifft, so zeigt sich, daß man ihm nur durch eine Kombination verschiedener Steuerarten und verschiedener Steuerobjekte/-tatbestände näherkommt.

Die Steuern dienen schließlich auch der **Verhaltenssteuerung**. Als Beispiel ist die Steuerbegünstigung der Aufwendung für die Altersvorsorge zu nennen.

4.10.4.2 Ausgabenpolitik

Die Ausgaben des Staates können danach unterschieden werden, ob sie Gegenleistungen für in Anspruch genommenen Güter darstellen oder nicht. Zur ersten Gruppe gehört der sog. „**Staatsverbrauch**". Unter dieser Größe, oft auch als „Staatskonsum" bezeichnet, versteht man die laufenden, für die jeweilige Wirtschaftsperiode bestimmten Käufe des Staates von Gütern und Dienstleistungen. Es handelt sich um

a) Käufe bei Unternehmen, z. B. Bürobedarf mit kurzfristiger Lebensdauer, Kreide und Bleistifte für Lehrkräfte.
b) Einkommenszahlungen an private Haushalte (Ausgaben z. B. für Beamte, Arbeiter und Angestellte).
c) Verteidigungsaufwand. Hierbei wird keine Unterscheidung nach der Lebensdauer getroffen. Der gesamte Aufwand, auch langfristige Anlagen, wird hier erfaßt.
d) Staatliche Investitionen. Hierunter versteht man langlebige Wirtschaftsgüter (z. B. Straßen, Gebäude), die zum größten Teil über den Unternehmenssektor beschafft werden. Ein geringer Teil wird vom Staat selbst erstellt.

Der zweiten Gruppe von Staatsausgaben stehen keine Gegenleistungen gegenüber. Der größte Ausgabenblock in diesem Bereich ist der der **Transferzahlungen an private Haushalte** (Renten, Wohngeld, Sozialhilfe, BaföG usw.). Ein ebenfalls bedeutender Ausgabenbereich sind die **Subventionen an den Unternehmenssektor**.

Zunächst ließe sich bei der Ausgabenpolitik annehmen, daß der Staat grundsätzlich nicht mehr ausgeben als einnehmen kann, um damit dem klassischen „Budgetprinzip" eines ausgeglichenen Haushalts zu entsprechen. Dies ist allerdings nur vordergründig eine plausible Überlegung und würde der Funktion des Staates in hochkomplexen Industriegesellschaften nicht gerecht werden. Da ca. Dreiviertel der Staatseinnahmen Steuern sind und vorrangig Tatbestände besteuert werden, die sich parallel zum Konjunkturverlauf verändern, hätte eine in Einnahmen und Ausgaben ausgeglichene Finanzpolitik (Parallelpolitik) ernste Folgen:

„Im Konjunkturabschwung gehen z. B. die Umsätze und somit das Aufkommen aus der Mehrwertsteuer (bzw. die entsprechenden Wachstumsraten zurück: Steigende Arbeitslosigkeit vermindert Lohn- und Einkommensteuereinnahmen. Analoges gilt für rückläufige Unternehmergewinne und Kapitalerträge, kurz: Im Abschwung müßten dem klassischen Budgetprinzip nach – bei sinkenden Staatseinnahmen – die Staatsausgaben gekürzt werden, was die sich abschwächende Nachfrage noch mehr dämpfen würde. Umgekehrt würden sich im Aufschwung die Staatseinnahmen erhöhen, was zu verstärkter Ausgabetätigkeit führen würde und die Konjunktur möglicherweise überhitzen könnte". (Altmann 1992, S. 85).

Deshalb wird die Finanzpolitik insgesamt im Hinblick auf ihre wirtschaftspolitischen Zielsetzungen eingesetzt, um die auftretenden Konjunkturschwünge zu kompensieren, sie ist also in erster Linie „antizyklische" Wirtschaftspolitik mit dem Ziel, den Wirtschaftsprozeß zu verstetigen, d.h. eine Rezession abzufangen bzw. einen Boom zu dämpfen.

Im Unterschied zur Einnahmenpolitik kann der Staat mit der Ausgabenpolitik unmittelbar auf den Wirtschaftsprozeß einwirken. Wenn der Staat beispielsweise mehr Personen beschäftigt, wirkt sich das auf das Einkommen und den Konsum aus; wenn er mehr Geld für den Straßenbau, den Bau von Krankenhäusern oder Schulen ausgibt, dann hat das für die betroffenen Wirtschaftszweige positive Auswirkungen. Beeinflussen kann der Staat jedoch nur die „Primärzahlung". Über die weitere Verwendung dieser Primärzahlung und damit über das Eintreten der beabsichtigten Multiplikatorwirkung entscheiden die einzelnen Empfänger.

Diesem Ziel hat die Ausgabenpolitik gemäß den Bestimmungen des Stabilitätsgesetzes zu dienen, was jedoch von der Eigenart der Ausgaben her nicht einfach ist, weil sich Personal- und Sachausgaben, also der „Staatsverbrauch", nicht einfach nach konjunkturpolitischen Erwägungen beliebig variieren lassen. Große Bereiche des Staatsverbrauchs sind vertraglich festgelegt (z.B. Beamtengehälter), und eine Ausweitung oder Einschränkung dieser Ausgaben müßte in jedem Fall zunächst Bedarfsgesichtspunkten folgen. Überdies sind die Folgekosten von Investitionen kaum steuerbar. Eine Gemeinde, die ein Schwimmbad gebaut hat, kann nur schwerlich den Bademeister oder die Heizungs- und Reinigungskosten einsparen.

Als echte fiskalpolitische „Manövriermasse" bleiben damit nur die **Investitionen** selbst. Die §§ 10 und 11 des Stabilitätsgesetzes schreiben eine mittelfristige Finanzplanung vor, der eine entsprechende Investitionsplanung zugrunde liegen muß. Anstehende Investitionsprojekte sollen nach Priorität gestaffelt zur Verfügung stehen, damit sie bei Bedarf terminlich plaziert werden können. In einer Rezessionsphase sollen dann verstärkt Investitionen getätigt, im Boom hingegen Projekte zurückgestellt werden. In Phasen einer Rezession soll somit über die Ausgabenpolitik des Staates die Konjunktur belebt und in Zeiten eines Booms gebremst werden.

Das Konzept ist zwar einleuchtend, stößt jedoch auf gravierende **praktische Probleme**: Der Anteil der Investitionen macht im Bundeshaushalt nur einen relativ geringen Prozentsatz aus, dagegen entfallen knapp mehr als zwei Drittel aller staatlichen Investitionen auf die Gemeinden. Und antizyklisches Verhalten der Gemeinden konnte bisher kaum beobachtet werden, obgleich auch sie mit ihrer Finanzpolitik auf die Ziele des Stabilitätsgesetzes verpflichtet sind. Dies läßt sich u.a. dadurch erklären, daß der infrastrukturelle Bedarf auf kommunaler Ebene noch direkter an die Entscheidungsträger herangetragen wird und finanzielle Möglichkeiten demzufolge auch stets sofort genutzt werden. Zudem ist auf dieser Ebene das wirtschaftspolitische Bewußtsein für die Belange der Gesamtwirtschaft naturgemäß nicht so ausgeprägt wie auf Bundesebene in den Planungsstäben der Fachministerien.

Abb. 6 Überblick zum fiskalpolitischen Instrumentarium des Stabilisierungsgesetzes

Beeinflus-sung der Nachfrage	Wirkungsrichtung			
	kontraktiv		expansiv	
der Privaten	§ 26 Nr. 1	Anpassung der Einkommensteuervorauszahlungen an die konjunkturelle Entwicklung (Verkürzung des time lag)	§ 26 Nr. 1	Anpassung der Einkommensteuervorauszahlungen an die konjunkturelle Entwicklung (Verkürzung des time lag)
	§ 26 Nr. 3	Heraufsetzung der Einkommensteuer um höchstens 10% für längstens 1 Jahr	§ 26 Nr. 3	Herabsetzung der Einkommensteuer um höchstens 10% für längstens 1 Jahr
der Unternehmen	§§ 26 Nr. 1, 27 u. 28	Anpassung der Vorauszahlungen (Einkommen-, Körperschaft- und Gewerbesteuer)	§§ 26 Nr. 1, 27 u. 28	Anpassung der Vorauszahlungen (Einkommen-, Körperschaft- und Gewerbesteuer)
	§ 26 Nr. 3	Beschränkung der Abschreibungsmöglichkeiten durch Aussetzung von Sonderabschreibungen sowie erhöhter und degressiver Absetzungen für Abnutzung (AfA)	§ 26 Nr. 3	Einräumung eines Investitionsbonus, d. h., von der Einkommen- oder Körperschaftsteuerschuld können bis zu 7,5% der Anschaffungs- oder Herstellungskosten bestimmter Investitionsgüter abgezogen werden
	§ 26 Nr. 3	Heraufsetzung der Einkommen- und Körperschaftsteuer um höchstens 10% für längstens 1 Jahr	§ 26 Nr. 3	Herabsetzung der Einkommen- und Körperschaftsteuer um höchstens 10% für längstens 1 Jahr
des Staates	§§ 25 Abs. 2 u. 15	Einnahmestillegung durch Verwendung öffentlicher Mittel zur zusätzlichen Schuldentilgung bei der Bundesbank oder Bildung einer Konjunkturausgleichsrücklage bei der Bundesbank	§ 5 Abs. 3	Bildung von Ausgabeüberschüssen im Haushaltsplan durch ihre Finanzierung aus der Konjunkturausgleichsrücklage
	§§ 19–25	Beschränkungen der Möglichkeiten der Kreditaufnahmen durch die öffentliche Hand	§ 6 Abs. 2 und 3	Finanzierung zusätzlicher Ausgaben (zum Haushaltsplan) aus der Konjunkturausgleichsrücklage oder durch zusätzliche Kreditermächtigungen bis zu 5 Mrd. DM
	§ 6 Abs. 1	Verschiebung öffentlicher Ausgaben und Stillegung der freigewordenen Gelder bei der Bundesbank	§ 11	Beschleunigung der Planung und Vergabe von in der Mifrifi für einen späteren Zeitpunkt vorgesehenen Investitionsvorhaben
des Auslandes	fehlt (nur Absichtserklärung in § 4)		fehlt (nur Absichtserklärung in § 4)	

Quelle: K. Mackscheidt/J. Steinhausen: 1978, S. 148.

Die Investitionen eignen sich besonders gut als wirtschaftspolitisches Instrument, allerdings muß ihre Erhöhung dauerhafter Natur sein. Jede Investition hat einen unmittelbaren Einkommenseffekt, sie führt also unmittelbar zu einer Erhöhung des Volkseinkommens. Damit erhöhen sich wiederum die Konsummöglichkeiten der privaten Haushalte, was wiederum eine Erhöhung des Volkseinkommens auslösen kann. Die theoretische Begründung kann in diesem Rahmen zwar nicht dargestellt werden, aber es sei festgehalten, daß eine **Investition** eine mehrfache (multiple) Wirkung auf das Volkseinkommen hat. Dies gilt auch umgekehrt, d. h., eine sinkende Konsumnachfrage hat ebenfalls eine mehrfache Wirkung auf die Investitionsgüternachfrage. Das macht deutlich, weshalb der Staat seine besondere Aufmerksamkeit darauf richtet, ein Absinken des Investitionsniveaus mit Hilfe einer antizyklischen Investitionspolitik zu mindern. Die antizyklische Investitionspolitik des Staates kann bereits dann als erfolgreich bezeichnet werden, wenn es ihr gelingt, ein Absinken des Investitionsniveaus zu bremsen und entsprechend boomartige Steigerungen abzuschwächen.

Die Abb. 6 auf S. 445 zeigt das Instrumenatrium des Staates auf der Basis des Stabilitätsgesetzes, ohne daß für diesen Zusammenhang die Möglichkeit besteht, es im einzelnen darzustellen.

4.10.5 Träger der Finanzpolitik

In einem föderalistisch organisierten Staatswesen sind unterschiedliche Träger der Finanzpolitik zu unterscheiden. Dies ist deshalb wichtig, weil es nicht ausreichend ist, geeignete Instrumente der Finanzpolitik festzustellen, ohne zu prüfen, inwieweit diese Instrumente auch der Kontrolle der Träger der Wirtschaftspolitik unterliegen.

Die Träger der Finanzpolitik lassen sich in Gebietskörperschaften (supranationale Träger (z. B. die EU), Bund, Länder und Gemeinden) und Parafisci unter dem Gesichtspunkt der räumlichen und zeitlichen Durchsetzung finanzpolitischer Maßnahmen unterscheiden. Durch die Vielzahl der Träger ergibt sich ein hoher Koordinationsbedarf, um sie z. B. auf ein antizyklisches Verhalten festzulegen (vgl. Art. 109, 3 GG), mit denen kontraproduktive Effekte vermieden werden sollen.

Jede der genannten Ebenen hat rechtlich festgelegte Aufgaben. Während z. B. dem Bund die Bereiche Verteidigung und Soziale Sicherung obliegen, haben die Länder sich z. B. der Bildungspolitik vorrangig zuzuwenden und die Gemeinden der Aufgabe der Entwicklung der örtlichen Infrastruktur. Eine Koordination der Aufgaben und eine Abstimmung des Ausgabeverhaltens ist z. B. auch schon deshalb erforderlich, weil die einzelnen Ebenen sich unterschiedlich verhalten. So ist bei Gemeinden nicht selten ein eher prozyklisches Ausgabeverhalten zu beobachten, indem sie ihre Ausgabenpolitik an den jeweils erzielten Einnahmen ausrichten. Das kommunale Steueraufkommen ist, wie z. B. die Gewerbesteuer, konjunkturabhängig. Und die Gemeinden tendieren (vgl. Ahrns/Feser 1995, S. 111) deshalb zu einem prozyklischen Verhalten, „da ihre investiven Ausgaben überwiegend Maßnahmen der lokalen Daseinsvorsorge sind, deren Bereitstellung nicht den Zufälligkeiten konjunktureller Gegebenheiten unterworfen werden sollte".

Dort, wo Staatsausgaben anfallen, entstehen nicht auch gleichzeitig Einnahmen, weil aufgrund der unterschiedlichen Steuerkraft zwischen den Bundesländern und den Gemeinden unterschiedliche Steuereinnahmen verfügbar sind und deshalb zwischen den Gebietskörperschaften ein Finanzausgleich erforderlich ist. Damit wird auch der vom Grundgesetz geforderten Einheitlichkeit der Lebensverhältnisse im Bundesge-

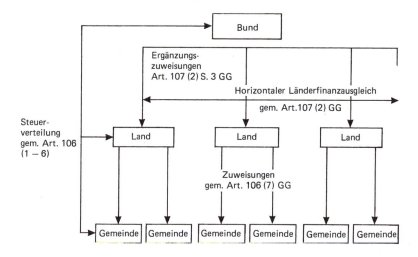

Abb. 7 System des Finanzausgleichs

biet (vgl. Art. 72,2 und Art. 106 Abs. 3 GG) Rechnung getragen. Es wird zwischen dem horizontalen und vertikalen Finanzausgleich unterschieden.

Der vertikale Finanzausgleich (Art. 106 GG) regelt die Aufteilung der Einnahmen zwischen Bund, Ländern und Kommunen, während der **horizontale** Finanzausgleich (Art. 107 GG) die Einnahmenverteilung zwischen den („reichen" und „armen") Bundesländern bzw. zwischen den Gemeinden vorsieht (vgl. Abb. 7).

Hinzuweisen ist auf die zunehmende Bedeutung der Europäischen Union bei der nationalen finanzpolitischen Entscheidungsfindung.

4.10.6 Grenzen der Finanzpolitik

Die Möglichkeiten der Finanzpolitik dürfen nicht überschätzt werden. Dafür lassen sich mehrere Gründe benennen:

1. Das Problem der Zeit- und Wirkungsverzögerungen

Zwar ist das Problem der Zeit- und Wirkungsverzögerungen (time lags) kein spezifisch finanzpolitisches Problem, sondern ein Problem aller wirtschaftspolitischen Maßnahmen, aber es macht sich in der Finanzpolitik in relevanter Weise bemerkbar.

Solche Zeitverzögerungen treten auf allen Stufen des wirtschaftlichen Prozesses auf und können verheerende Wirkungen entfalten, im Extremfall die aktuelle Situation sogar verschlimmern. Abb. 8 zeigt die zu beobachtenden Verzögerungen, wobei grundsätzlich zwischen Innenverzögerungen (inside lags), die sich im Verlaufe des politischen Planungsprozesses ergeben, und Außenverzögerungen (outside lags) als deren Folge unterschieden wird.

- **Erkennungsverzögerungen (recognition lag)**
  Eine Störung im Wirtschaftsprozeß muß zunächst einmal erkannt werden. Obwohl es aus der Erfahrung der Wirtschaftspolitiker heraus einige Frühindikatoren gibt, stehen doch viele erforderliche Daten erst relativ spät zur Verfügung.

Abb. 8 Zeitverzögerungen der Wirtschaftspolitik

Zeitverzögerungen der Wirtschaftspolitik (total policy lag)							
Innenverzögerung (inside lag)						Außenverzögerung (outside lag)	
Handlungsverzögerung (policy preparation lag)					Durchführungsverzögerung (administrative, instrumental, intermediate lag)	Wirkungsverzögerung (policy effect lag)	
Erkennungsverzögerung (recognition lag)		Aktionsverzögerung (action lag)				Reaktionsverzögerung bei den Adressaten (reaction lag)	Durchsetzungsverzögerung bei den Adressaten (operational lag)
Diagnoseverzögerung (diagnostic lag)	Prognoseverzögerung (prognostic lag)	Planungsverzögerung (planning lag)	Entscheidungsverzögerung (decision lag)				
Wahrnehmung unerwünschter Zustände und Entwicklungen. Beschaffung von Informationen über die Problemaspekte sowie erklärungsrelevante Theorien und Anwendungsbedingungen. Erklärung der problematischen Sachverhalte (Ursachenanalyse).	Vorhersage der künftigen alternativer Entwicklung des Problems bei Verzicht auf wirtschaftspolitisches Handeln (Status-quo-Prognose). Entscheidung für ein bestimmtes Prognoseergebnis und Vergleich mit den politischen Zielsetzungen. Feststellung des Handlungsbedarfs.	Ermittlung alternativer Ziel-Mittel-Kombinationen (Wirkungsanalyse). Ableitung geeigneter Maßnahmen zur Erreichung vorgegebener Ziele (Programmierung). Prognose des sachlichen und zeitlichen Wirkungsablaufs vorgesehener Maßnahmen (Wirkungsprognose).	Entscheidung zwischen den von der Wirkungsanalyse aufgezeigten Handlungsalternativen. Definitive Festlegung bestimmter Zielwerte und Maßnahmen. Innerparteiliche, parlamentarische usw. Durchsetzung des Programms.		Rechtsverbindliche Ausgestaltung und praktische Durchführung der Maßnahmen. Beteiligung nachgeordneter Körperschaften, Ressorts, Behörden, usw. sowie autonomer sozialer Gruppen (Tarifparteien, Berufsverbände), nationaler Entscheidungsträger (Bundesbank) und internationaler Institutionen (EG-Kommission, IWF, BIZ). Überwindung rechtlicher (Normenkontrollverfahren, Verfügungen) und tatsächlicher Widerstände (Boykott, Proteste).	Wahrnehmung geplanter oder ergriffener Maßnahmen und Beschaffung von Informationen. Feststellung der Betroffenheit durch die Maßnahmen. Prognose der sich durch die Maßnahmen möglicherweise ergebenden Vor- und Nachteile. Feststellung des Handlungsbedarfs und Entscheidung über zu ergreifende Maßnahmen. Vorbereitung des Maßnahmevollzugs (Antragstellung, Vertragsabschlüsse oder -kündigungen, Auftragserteilung.	Anweisung ausführender Betriebe, Abteilungen usw. durch die Unternehmensleitung. Arbeitsvorbereitung, Projektplanung, Koordination, Einkommens-, Vermögens- und Konsumdispositionen. Überwindung unternehmensinterner Widerstände, z.B. bei geplanten Entlassungen, Neueinstellungen, Überstunden, Rationalisierungsvorhaben. Überwindung unternehmensexterner Widerstände, z.B. bei Betriebsstillegungen und -erweiterungen, Neubauvorhaben, Umweltbelastungen.

Zeit ⟶

Quelle: Berg/Cassel 1995, S. 225.

- **Entscheidungs- und Administrationsverzögerungen**
  Ist die Situation als Krisensituation richtig diagnostiziert, müssen die geeigneten Maßnahmen ausgewählt, kombiniert und dosiert werden. Außerdem ist ein Konsum der Verantwortlichen über die verschiedenen Handlungsalternativen herzustellen. Bis zur parlamentarischen Absicherung vergeht u. U. nochmals Zeit.
- **Anlaufverzögerungen**
  Zwischen dem Einsatz der Maßnahme und dem Beginn ihrer Wirkung vergeht abermals Zeit.
- **Verlaufsverzögerung**
  Schließlich müssen die Wirtschaftssubjekte auf die neue Situation reagieren und die beschlossenen Maßnahmen in wirtschaftliche Aktivitäten umsetzen. Das kann – je nach Maßnahme – außerordentlich lange dauern.

Zum Verzögerungsproblem kommt noch das Problem der **Unsicherheit der Prognosen** hinzu. Prognosen beruhen nur zu einem Teil auf eindeutigen und endgültigen Daten, wesentliche Teile einer Prognose sind Zukunftserwartungen des Prognoseerstellers. Zwar können immer wieder neue Erfahrungen in das Prognoseverfahren eingehen, aber es bleibt doch ein hohes Maß an Unwägbarkeit.

2. Da die im Stabilitätsgesetz vorbestimmte Politik eine Politikform ist, bei der Entscheidungen fallweise über das Ausmaß und die Art der zu ergreifenden Maßnahmen getroffen werden (diskretionäre Politik) und die o. g. Zeit- und Wirkungsverzögerungen die Effizienz empfindlich stören können, gibt es Forderungen nach einer automatischen Steuerung der Reaktionen der Ausgaben- und Einnahmenpolitik, die entsprechend der konjunkturellen Situation erfolgen oder beim Überschreiten bestimmter Korridorwerte als antizyklische Maßnahmen greifen sollen. Allerdings sind diese Instrumente noch nicht so ausgereift, daß damit die o. g. Probleme verhindert werden könnten.

Ebenfalls wird die mangelnde außenwirtschaftliche Absicherung beklagt, die aus der Unvollständigkeit des Instrumentariums des Stabilitätsgesetzes herrührt.

3. Ein besonderes Problem stellt die mangelhafte Variationsfähigkeit der Einnahmen dar, weil wesentliche Teile des Budgets rechtlich festgelegt sind und Veränderungen (z. B. Steuererhöhungen) politische Problemlagen in demokratisch verfaßten Gesellschaftsordnungen erzeugen, die der jeweiligen Regierung keine großen Handlungsspielräume ermöglichen.

Hinzu kommt, daß das Ausmaß der Staatsverschuldung über die öffentliche Kreditaufnahme die künftigen Zins- und Tilgungsverpflichtungen z. B. aus (wahl-)politischen Gründen nicht selten vernachlässigt und damit künftige Handlungsspielräume ebenfalls beschränkt werden.

Übersehen wird in der öffentlichen Diskussion zumeist, daß Art. 115 GG zwar Hinweise für die Höhe der Kreditaufnahme, aber nicht für die Höhe der Gesamtverschuldung gibt und somit die Verschuldungsgrenzen nicht deutlich sind.

Auch ist zu beachten, daß die öffentliche Nettoverschuldung, die der Budgetfinanzierung allgemein oder nur bestimmten Projekten dient, geldpolitische Effekte hat und somit Angebot und Nachfrage von Geld und Kredit beeinflußt und ebenfalls indirekte reale Austauschbeziehungen mitbestimmt.

Die Staatsverschuldung birgt auch sog. „crowding out"-Effekte in sich, d. h., der Staat als Kreditnachfrager verdrängt den privaten Kreditnachfrager, bewirkt damit zinssteigernde Effekte, die durchaus wieder zu Wachstumseinbußen führen können.

Deshalb wird auch eine enge Koordination von Finanzpolitik und Geldpolitik für erforderlich gehalten, wobei seit Jahren ein heftiger Theorienstreit zwischen monetaristischen und postkeynesianischen Konzepten zu beobachten ist. (vgl. auch Punkte 4.10.3 und 4.10.5).

4. Die Wirkungen der finanzpolitischen Instrumente dürfen nicht nur als Variation der quantitativen Geldströme gesehen werden. Vielmehr muß auch der Nutzen öffentlicher Leistungen, ihr Einfluß auf die wirtschaftliche und gesellschaftliche Entwicklung gesehen werden.

5. Die Bedeutung des Wachstums- und Stabilitätsgesetzes wird zunehmend kritisch eingeschätzt. Schlecht (1990, 97 f.) sieht das „Elend der Globalsteuerung" der 70er Jahre vor allem in drei Punkten begründet: „Erstens zeigte sich, und dies recht bald, daß die angemessene Dimensionierung und das zeitgerechte Timing von Maßnahmen

einer aktiven Konjunktursteuerung durch die Fiskalpolitik ein erhebliches und anfangs wohl auch unterschätztes Problem darstellen. Zweitens setzte man zu lange auf den Einsatz einer nachfrageankurbelnden öffentlichen Ausgabenausweitung, obwohl die Hauptursachen der zu bewältigenden wirtschaftlichen Fehlentwicklungen sich immer mehr auf die Angebotsseite der Volkswirtschaft verlagerten. Drittens wurden die Instrumente keynesianischer Konjunkturpolitik auch zur Durchsetzung anderer Ziele mißbraucht, die sich plakativ unter dem Oberbegriff 'Reformen' zusammenfassen lassen."

6. Die Reichweite finanzpolitischer Maßnahmen muß auch im Lichte der „ökonomischen Theorie der Politik" kritisch eingeschätzt werden. Die „ökonomische Theorie der Politik" mit ihrem Versuch, Methoden und Instrumente ökonomischer Analyse auf politische Entscheidungsprozesse anzuwenden (vgl. z.B. Downs, A. 1957; Herder-Dorneich, Ph. 1959; Olson, M. 1968; Buchanan, J.M./Tullock, G. 1962; Frey, B.S. 1981, 1990) zeigt, daß es eine wechselseitige Abhängigkeit des ökonomischen und politischen Handelns gibt. Für die Erklärung nichtmarktlicher Prozesse verwendet sie u.a. das Eigennutzaxiom.

Politische Akteure, Verbandsführer o.ä. können nicht als „interesssenneutral", d.h. allein der gesamtgesellschaftlichen Wohlfahrt verpflichtet, gelten. Vielmehr wollen sie Macht, Ansehen, Einkommen, berufliche Positionen gewinnen, sie wollen wiedergewählt werden, und sie agieren in Institutionen und machen sich diese für ihre Ziele nutzbar. Individuen verhalten sich „rational" in Entscheidungssituationen unter Berücksichtigung der eigenen Präferenzen und der Restriktionen, die ihren Handlungsspielraum begrenzen.

Die Ökonomische Theorie der Politik nimmt an, daß es in demokratisch verfaßten Staaten eine „Wählerverteilung" gibt, die sich über die Bandbreite möglicher ideologischer Einstellungen erstreckt (vgl. Franke 1996, S.20). Mit dieser Annahme ist es nur konsequent, daß z.B. Parteien an dieser Wählerverteilung ihr aktives und reaktives Handeln ausrichten. Es läßt sich beispielsweise feststellen, daß *distributionspolitische Ziele* um so mehr bevorzugt werden, je weiter man auf der Ideologieskala nach links schreitet, während die Mitte durch ein ausgewogenes Verhältnis von Distribution *und* Allokation zu kennzeichnen wäre. Je weiter man nach rechts kommt, desto mehr dominiert die Betonung reiner *Allokationsziele*". (a.a.O., S.21) Interessengruppen haben ein geradezu „natürliches" Interesse daran, an Leistungen des Staates, des Kollektivs zu partizipieren, aber wo immer möglich, Kosten für diese Leistungen zu minimieren (free rider-Problem).

Es wird aber immer wieder bedauert, daß diese Wirkungen durch effektive Methoden der Planung und kollektive Entscheidungen finanzpolitisch bisher nicht ausreichend beherrschbar sind. „Eine Finanzpolitik aus einem Guß, d.h. der optimale Einsatz aller Instrumente bei ausgewogener Berücksichtigung aller Ziele und Minimierung von Konflikten scheitert meist nicht nur an Problemen der Information über die wirtschaftliche Lage und deren Entwicklung, an mangelhafter Kenntnis aller Wirkungen der Instrumente, sondern auch daran, daß die öffentliche Finanzwirtschaft in eine Vielzahl von Einzelhaushalten mit mehr oder weniger autonomen Handlungsspielraum und eigenwilligen Bewertungen der politischen Ziele aufgeteilt ist." (Tiepelmann 1981, S.125) (vgl. Pkt. 4.10.6 Nr. 1)

Literaturhinweise

Ahrns, H.-J./D. Feser: Wirtschaftspolitik, 5. Aufl., München-Wien 1990.
Altmann, J.: Wirtschaftspolitik, 5. erw. u. völlig neu bearb. Aufl., Stuttgart, Jena 1992
Berg, H./D. Cassel: Theorie der Wirtschaftspolitik. In: Vahlens Kompendium der Wirtschaftstheorie und Wirtschaftspolitik, Bd. 2, 6. Aufl., München 1995, S. 163–238
Buchanan, J.M./Tullock, G.: The Calculus of Consent: Logical Foundations of Constitutional Democracy, Ann Arbor 1962
Brümmerhoff, D.: Finanzwissenschaft, 5. überarb. Auflage, München-Wien 1990.
Cassel, D./H.J. Thieme: Stabilitätspolitik. In: Vahlens Kompendium der Wirtschaftstheorie und Wirtschaftspolitik, Bd. 2, 6. überarb. Aufl., München 1995, S. 301–369
Downs, A.: Ökonomische Theorie der Demokratie, Tübingen 1968, (engl.: An Economic Theory of Democracy, New York 1957)
Franke, F.S.: (Ir)rationale Politik? Grundzüge und politische Anwendungen der „Ökonomischen Theorie der Politik", Marburg 1996
Frey, B.S.: Theorie Demokratischer Wirtschaftspolitik, München 1981
Frey, B.S.: Ökonomie ist Sozialwissenschaft – Die Anwendung der Ökonomie auf neue Gebiete, München 1990
Friedrich, H.: Grundkonzeptionen der Stabilisierungspolitik, 4. verb. Aufl., Opladen 1983.
Hardes, H.-D./J. Mertes: Grundzüge der Volkswirtschaftslehre, München-Wien 1990.
Hansmeyer, K.-H.: Finanzpolitik, in: Gablers Wirtschaftslexikon, 13. vollst. überarb. Auflage, 1992, S. 1149ff.
Herder-Dorneich, Ph.: Politisches Modell zur Wirtschaftstheorie: Theorie der Bestimmungsfaktoren finanzwirtschaftlicher Staatstätigkeit, Freiburg i.B. 1959
Kaiser, F.J./H. Kaminski: Volkswirtschaftslehre, 6. überarb. Auflage, München 1994.
Kirsch, G.: Finanztheorie. In: Handwörterbuch der Volkswirtschaft, Wiesbaden 1978, S. 298–316.
Mackscheidt, K./J. Steinhausen: Finanzpolitik I, Grundfragen fiskalischer Lenkung, 3. Aufl., 1978
Musgrave, R.A./P.B. Musgrave/L. Kullmer: Die öffentlichen Finanzen in Theorie und Praxis, 2 Bände, Tübingen 1975.
Olson, M.: Die Logik kollektiven Handelns, Tübingen 1968, (engl. The Logic of Collective Action, Cambridge 1965)
Pätzold, J.: Stabilisierungspolitik, 5. Aufl., Bern, Stuttgart 1993
Peffekoven, R.: Öffentliche Finanzen. In: Vahlens Kompendium der Wirtschaftstheorie und Wirtschaftspolitik, Bd. 1, 2. Auflage, München 1984, S. 455–534.
Recktenwald, H. Cl. (Hg.): Finanzpolitik, Köln-Berlin 1969.
Schlecht, O.: Grundlagen und Perspektiven der Sozialen Marktwirtschaft, Tübingen 1990
Tiepelmann, K:: Finanzpolitik. In: Kaiser, F.J./H. Kaminski (Hg.), Wirtschaft-Handwörterbuch zur Arbeits- und Wirtschaftslehre, Bad Heilbronn/Obb. 1981, S. 123ff.

4.11 Sozialpolitik
Hans Kaminski

4.11.1	Begriffliche Abgrenzung	455
4.11.2	Zur Begründung der Notwendigkeit der Sozialpolitik	456
4.11.3	Geschichte, Leitbilder und Ziele der Sozialpolitik	457
4.11.3.1	Historische Aspekte der Entwicklung von sozialen Systemen	457
4.11.3.2	Leitbilder und Ziele	461
4.11.4	Ansatzpunkte und Bereiche der Sozialpolitik	462
4.11.4.1	Soziale Sicherung	462
4.11.4.2	Arbeitnehmerschutz im Betrieb	466
4.11.4.3	Arbeitsmarktpolitik	466
4.11.4.4	Betriebs- und Unternehmensverfassung	468
4.11.4.5	Ausgleichs- und Gesellschaftspolitik	469
4.11.5	Träger und Organe der staatlichen Sozialpolitik	470
4.11.6	Europäische Sozialpolitik	472
4.11.7	Probleme des Sozialstaates	473
Literaturhinweise		475

4.11.1 Begriffliche Abgrenzung

Der Begriff Sozialpolitik, der auf Wilhelm Heinrich Riehe („Naturgeschichte des deutschen Volkes als Grundlage einer deutschen Sozialpolitik", 4 Bände 1851, 1851–1869) zurückgeht, ist bisher nicht einheitlich definiert worden und hat in seiner Begriffsgeschichte immer wieder Bedeutungsverschiebungen erfahren.

Sozialpolitik soll hier zunächst verstanden werden als die Summe der Maßnahmen staatlicher und öffentlich-rechtlicher Institutionen sowie von Gruppen und Verbänden, die es sich zum Ziel gesetzt haben, auf der Grundlage bestimmter Wertvorstellungen die wirtschaftliche und/oder gesellschaftliche Stellung von solchen Personengruppen zu verbessern, die absolut oder im Vergleich zu anderen Gruppen als schwach angesehen werden und als schutzbedürftig gelten.

Die zur näheren Charakterisierung benachteiligter Personengruppen herangezogenen Begriffe wie „Lebenslage", „sozial schwache Gruppen", „sozialgefährdete Gruppen" gelten als bisher nicht hinlänglich operationalisierte Begriffe.

Die zahlreichen Definitionsversuche von Sozialpolitik zeigen, daß es sinnvoll ist, zunächst zwischen der theoretischen Sozialpolitik (Wissenschaft von der Sozialpolitik) und der praktischen Sozialpolitik zu unterscheiden (vgl. Brück 1976, S. 20; Lampert 1985, S. 3 ff.), obwohl theoretische und praktische Sozialpolitik zwei Seiten einer Medaille sind und sich gegenseitig bedingen. Ohne theoretische Abstützung ist kaum eine erfolgreiche Sozialpolitik zu betreiben, und eine theoretische Sozialpolitik, die nicht erfolgreiches sozialpolitisches Handeln intendierte, wäre blind.

Im Anschluß an Lampert (1985) soll **praktische Sozialpolitik** als jenes politische Handeln definiert werden, das beabsichtigt
1. die wirtschaftliche und soziale Stellung von wirtschaftlich und/oder sozial absolut oder relativ schwachen Personenmehrheiten durch den Einsatz geeignet erscheinender Mittel im Sinne der in einer Gesellschaft verfolgten gesellschaftlichen und sozialen Grundziele (freie Entfaltung der Persönlichkeit, soziale Sicherheit, soziale Gerechtigkeit) zu verbessern und
2. den Eintritt in den Zustand wirtschaftlicher und/oder sozialer Schwäche als Folge existenzgefährdender Risiken zu verhindern (Lampert a.a.O., S. 4).

Sozialpolitik als Wissenschaft ließe sich definieren als „grundsätzlich wissenschaftsautonome, systematische, d.h. möglichst vollständige und nach sachlogischen Gesichtspunkten geordnete Darstellung und Analyse realer und gedachter Systeme, Systemelemente und Probleme der Sozialpolitik mit dem Ziel, mit Hilfe frei wählbarer, geeignet erscheinender wissenschaftlicher Methoden objektive d.h. intersubjektiver Überprüfung standhaltende Erkenntnisse über praktiziertes sozialpolitisches Handeln und über mögliche Handlungsalternativen zu gewinnen" (a.a.O., S. 11).

Konzentriert man theoretische und praktische Sozialpolitik auf ihren inhaltlichen Kern, dann kann Sozialpolitik bezeichnet werden als eine aufgrund geglaubter Werte versuchte oder tatsächliche Einflußnahme auf die sozialen (und damit natürlich auch gesellschaftlichen) Bedingungen, unter denen die Menschen leben (Brück 1976, S. 21).

Hinsichtlich der Verortungsproblematik der Sozialpolitik im System wissenschaftlicher Disziplinen gibt es Versuche, die Sozialpolitik entweder enger an die Wirtschaftswissenschaften und damit als Teilbereich der Wirtschaftspolitik zu betrachten oder eine größere Nähe zur Soziologie anzunehmen. Beide Versuche sind nicht unproblematisch. Wirtschafts- und Sozialpolitik sind nicht deckungsgleich, und das Methodeninstrumentarium der Wirtschaftswissenschaften reicht nicht aus zur vollständigen Erfassung, Analyse und Lösung sozialpolitischer Probleme; vielmehr wird auch interdisziplinäre Zusammenarbeit erforderlich. Zwar sind die Verbindungen zwischen Sozialpolitik und Wirtschaftspolitik sehr eng, weil die Verbesserung von Lebensbedingungen sehr häufig eine Verbesserung der **wirtschaftlichen** Lebensbedingungen darstellt. Diese erfolgt wiederum über eine Beeinflussung der Wirtschaftsordnung, der Wirtschaftsprozesse und der Wirtschaftsstruktur, und dafür gilt der traditionelle Instrumentenkasten der Wirtschaftspolitik (z.B. Vollbeschäftigungspolitik, Wachstumspolitik, Wettbewerbspolitik, Stabilitätspolitik). Andererseits sind der Schutz der Arbeitskraft der Arbeitnehmer, die Förderung der beruflichen Qualifikation, die wirtschaftliche Absicherung von sozialen Notlagen, als wichtige sozialpolitische Ziele, ebenfalls Ziele der Wirtschaftspolitik. Die teilweise Deckungsgleichheit zeigt sich auch im Hinblick auf Adressaten und Objekte der Sozialpolitik.

Festzuhalten bleibt: Sozialpolitik kann, wie W. Eucken (1960, S.312ff.) schon vor Jahrzehnten formulierte, nicht als Anhängsel der „übrigen Wirtschaftspolitik" betrachtet werden, sondern muß in erster Linie Wirtschaftsordnungspolitik sein.

„Ob es sich um Geld, Kredit-, Devisen- oder Kartellpolitik handelt, oder ob von der Stellung des Arbeiters auf dem Arbeitsmarkt, im Betrieb oder von seinem häuslichen Geschick die Rede ist, stets besteht eine allgemeine Interdependenz der Wirtschaftspolitik, und stets werden die Arbeiter mitbetroffen. **Es gibt nichts, was nicht sozial wichtig wäre.** Es gibt keine wirtschaftspolitische Maßnahme, die nicht zugleich auch, sei es direkt oder indirekt, soziale Auswirkungen und soziale Bedeutung häte. Wer soziale Interessen vertreten will, sollte daher sein Augenmerk vor allem auf die Gestaltung der Gesamtordnung richten. Durch die allgemeine Ordnungspolitik muß versucht werden, die Entstehung sozialer Fragen zu verhindern. Entstehen sie doch, so ist zuerst zu prüfen, ob es sich nicht um Sekundärwirkungen irgendwelcher auf ganz anderem Gebiet liegender Maßnahmen handelt." (Külp/Schreiber, 1971, S.35ff.).

4.11.2 Zur Begründung der Notwendigkeit der Sozialpolitik

Es sind vor allem drei Gesichtspunkte, die die staatliche Sozialpolitik notwendig machen:

1. Da das Arbeitseinkommen in der Regel die wichtigste Dimension wirtschaftlicher Sicherheit ist, gefährdete Erwerbsunfähigkeit und/oder das Auftreten von Krankheit, Unfall, Alter, Invalidität diese Sicherheit, gäbe es keine staatliche Sozialpolitik.
   Die besondere Bedeutung des Einkommens besteht dabei zum einen in der Zuerkennung eines sozialen Status, aber darüber hinaus werden über das Einkommen die äußeren Lebensumstände und die sozialen Aktivitäten gesteuert. Dies gilt für die Freizeitgestaltung und den Urlaub ebenso wie für den Aufbau und die Erhaltung eines sozialen Kontaktkreises, für die Teilnahme am kulturellen Leben bis hin zur Wohngestaltung.
2. Sozialpolitik ist erforderlich aufgrund der Unfähigkeit zahlreicher Gesellschaftsmitglieder, ihre Existenz durch Arbeitsleistungen zu sichern, wie z.B. körperlich Behinderte, dauernd Kranke, körperlich Schwache oder geistig Behinderte. Besonders im Verhältnis der Gesellschaft zu diesen Personengruppen zeigt sich generell eine wichtige Qualitätsdimension einer Gesellschaft.

3. Auch das gesellschaftspolitische Zielsystem hat Einfluß auf die Notwendigkeit staatlicher Sozialpolitik. Wenn soziale Gerechtigkeit, sozialer Friede und soziale Sicherheit zu integralen Bestandteilen eines gesellschaftspolitischen Zielsystems gezählt werden, dann hat eine Gesellschaft einen gesellschaftspolitischen Zustand zu verändern, den sie von ihrem Zielsystem als negativ abweichend erklärt.

Sozialpolitik hat immer antithetischen Charakter zur herrschenden Wirtschaftsordnung und stellt entweder Korrektur oder Komplement des normalen Wirtschaftsprozesses dar (Schäfer 1983, S. 511). Sozialpolitik wäre obselet, wenn eine Gesellschaft ohne regulierende Prinzipien als „in Ordnung" befunden würde. „Wäre Vollbeschäftigung immer gewährleistet, wären Arbeitsmarkt- und Arbeitslosenpolitik überflüssig. Wäre die Arbeit der Produktionsfaktor, der den Produktionsprozeß organisiert bzw. dem der dispositive Faktor verantwortlich ist (Labourismus), nicht das Kapital (Kapitalismus), bedürfte es keiner Mitbestimmungsregelungen und keiner Betriebsverfassung. Würden alle Einkommen – wie im Endzustand der kommunistischen Utopie – nach den individuellen Bedürfnissen, nicht – wie in unserer Gesellschaft – nach marktgängigen Leistungen verteilt, wäre nicht nur die soziale Umverteilungspolitik, sondern auch die Tarifpolitik funktionslos." (Schäfer 1983, S. 511 f.)

Die Notwendigkeit staatlicher Eingriffe wird deshalb in der Regel aus den konstatierten Funktionsmängeln marktwirtschaftlicher Systeme begründet, obwohl die theoretischen Erklärungsansätze hierzu immer wieder kontrovers diskutiert werden (vgl. Woll 1984, Engels 1985).

Die Argumente liegen auf unterschiedlichen Ebenen und lassen sich zusammenfassend als allokatives, distributives und konjunkturelles Marktversagen unterscheiden, können hier aber nicht weiter dargestellt werden (vgl. Ahrns/Feser 1995, S. 13 ff.).

Alle bekannten Wirtschaftssysteme weisen Funktionsmängel auf, und es wäre ein fatales Mißverständnis, würden sie nur z. B. der Marktwirtschaft zugeschrieben, wie oberflächliche Kritik nahelegen könnte. Wie revolutionierend sich Funktionsmängel in planwirtschaftlichen Systemen auswirken, zeigen die Veränderungen in neuester Zeit in den osteuropäischen Ländern. In antithetischem Charakter zu marktwirtschaftlichen Systemen fanden planwirtschaftliche Systeme ihre Begründung, um den Funktionsmängeln marktwirtschaftlicher Systeme zu entgehen, und letztlich wurden neben dem politischen und diktatorischen Alleinanspruch für die breite Bevölkerung nur soziale Notlagen produziert und potenziert.

4.11.3 Geschichte, Leitbilder und Ziele der Sozialpolitik

4.11.3.1 Historische Aspekte der Entwicklung von sozialen Systemen

Soziale Sicherungssysteme sind keine Erfindung hochkomplexer Industriegesellschaften, sondern er hat sie auch in anderen historischen Gesellschaftssystemen schon gegeben. Die soziale Sicherung wird vor allen Dingen determiniert durch die Gesellschaftsstruktur, das Wohlstandsniveau und die vorherrschenden Werthaltungen. Die Gesellschaftsstruktur (Altersaufbau der Bevölkerung, Familienstruktur, Siedlungsstruktur, Produktions- und Rohstruktur) zeigt sich in den herrschenden sozialen Verhältnissen und den Lebenslagen ihrer Gesellschaftsmitglieder. Welche Mittel zur Sicherung und zur Umverteilung zur Verfügung stehen, wird über das Wohlstandsniveau bestimmt. Da zur Sicherungs-Umverteilung nur jene Mittel eingesetzt werden können, die der ökonomischen Leistungskraft entsprechen, hat eine Gesellschaft Wertentscheidungen zu treffen. Für die Art der sozialen Sicherung sind deshalb die Werte und Werthaltungen in einer Gesellschaft von hoher Bedeutung, da diese in politischen Auseinandersetzungen Einfluß darauf haben, wer Empfänger der Leistungen sein soll und wer in welchem Maße zu zahlen hat.

Bei der Darstellung der sozialen Sicherung in unterschiedlichen Gesellschaftssystemen unterscheidet Petersen (1989) drei idealtypische Gesellschaftssysteme:

- die archaische Gesellschaft;
- die feudale Gesellschaft;
- die industrielle Gesellschaft.

1.) **Archaische Gesellschaften** sind durch eine nur geringe Zahl von Mitgliedern gekennzeichnet, die überwiegend verwandtschaftlich miteinander verbunden sind und eine geschlossene Solidargemeinschaft darstellen. Aufgrund des technischen Entwicklungsstandes gibt es nur beschränkte Möglichkeiten des Lagerns, Speicherns und des Transports von Gütern, so daß die dauerhafte Versorgung nicht kontinuierlich sichergestellt ist, d.h., es besteht ein relativ hohes Subsistenzrisiko. Für das Überleben erfordert dieses ein solidarisches Verhalten der Gesellschaftsmitglieder und eine vorrangig leistungsorientierte Teilung von Gütern. Der Güteraustausch erfolgt nach dem Prinzip der Gegenseitigkeit (Reziprozität), d.h., eine Leistung begründet einen Anspruch, ohne Quantität, Qualität und Zeitpunkt vorab festzulegen, sondern dieses wird abhängig gemacht von den Möglichkeiten des Empfängers bzw. dem Bedarf des Gebers. Da nicht das Äquivalenzprinzip den Markttausch bestimmt, wie in Industriegesellschaften, gründet sich die soziale Sicherung auf der interpersonellen Einkommensumverteilung zwischen Verwandten. Verwandtschaft ist ein konstituierendes Prinzip der sozialen Sicherung in solchen archaischen Gesellschaften.

2.) In **feudalen Gesellschaften** ist eine soziale Sicherung ihrer Mitglieder im Sinne einer umfassenden Solidargemeinschaft nicht mehr möglich, weil aufgrund der arbeitsteiligen Produktion in Landwirtschaft, Gewerbe und Handel sowie aufgrund der vertikalen Gliederung der Gesellschaft sich die Lebenslagen entscheidend verändert haben. Das System der sozialen Sicherung wird durch unterschiedliche Elemente gestützt. Neben einer Vielzahl unterschiedlicher Personenverbände gibt es Formen sogenannter herrschaftlicher Fürsorge: Das war das feudale Herrschersystem, das war die Landwirtschaft, weil die Grundeinheit der ländlichen Produktion die bäuerliche Hauswirtschaft darstellte, die außer der Kernfamilie des Bauern und den Verwandten auch noch das Gesinde umfaßte. Da ein leistungsfähiges Staatswesen in feudalen Gesellschaften fehlte, erfolgte eine soziale Sicherung durch interpersonelle Beziehungen in unterschiedlichen Organisationsformen. Dazu zählen das Lehnswesen für geleistete Dienste und Gehorsam, ihr Wert, der zum einen Unterhalt und Schutz bedeutet, aber gleichzeitig auch Verzicht auf persönliche Freiheitsrechte. Als weiteres ist die Hausgemeinschaft zu nennen, die nicht nur eine Arbeits- und Produktionsgemeinschaft, sondern auch eine Verbrauchs- und Versorgungsgemeinschaft bildet und somit ein bestimmtes Maß sozialer Sicherung gewährt. Darüber hinaus ist die Nachbarschaft von hoher Bedeutung, weil die zwischen den Nachbarn stattfindenden Austauschprozesse nicht vorrangig dem Äquivalenzprinzip, sondern dem Prinzip der Gegenseitigkeit folgen. Hinzu kommt, daß nach der Städtebildung im Mittelalter eine genossenschaftliche Struktur entstand wie z.B. die Gilden der Kaufleute und die Zünfte der Handwerker. Sie gründen auf der Solidarität ihrer Mitglieder und verpflichten zu gegenseitiger Hilfe.

Die Auflösung der feudalen Herrschaftsstrukturen im Zusammenhang mit der industriellen Revolution Ende des 18. und Anfang des 19. Jahrhunderts (z.B. Bauernbefreiung, Einführung der Gewerbefreiheit, industrielle Massenproduktion, zunehmende Technisierung, Auflösung von Hausgemeinschaften oder Großfamilien, Reduzie-

4.11 Sozialpolitik

rung der Familiengröße auf die Kernfamilie) schuf neue Risikobestände, die mit dem System sozialer Sicherung feudaler Herrschaftsstrukturen nicht mehr abzusichern gewesen sind. Während im Mittelalter und auch noch in der Anfangsphase der industriellen Revolution sozialpolitisches Handeln gleichbedeutend mit Armenhilfe gewesen ist, liegt das Hauptgewicht der Sozialpolitik im 19. Jahrhundert in dem Versuch, die Arbeiterschaft gegen wirtschaftliche Folgen, die durch Unfall, Invalidität und Krankheit eintreten können, abzusichern. Dabei ist sozialpolitisches Handeln des Staates nicht als Akt mildtätiger Fürsorge zu sehen, sondern das Ergebnis von Auseinandersetzungen der sozialen Klassen im 19. Jahrhundert, aus der die Sozialgesetzgebung als Zugeständnis des Obrigkeitsstaates hervorging. Durch die zunehmende Industrialisierung verschlechterte sich die wirtschaftliche und soziale Situation des deutschen Industrieproletariats außerordentlich, und die großen Wanderungsbewegungen aus den östlichen Regionen brachten zusätzliche Wohnungsnot mit sich. Ein Weggang aus der Heimat bedeutete zugleich häufig auch die Loslösung aus sozialen Bindungen und Normengefügen. Die weitgehende Schutzlosigkeit und Unsicherheit der sich ständig vergrößernden Arbeitnehmerschaft in der Gesellschaft und die beginnende gewerkschaftliche Organisation bedeutete eine ständige Bedrohung der politischen Ordnung. Es erschien fast unmöglich, die Arbeiterschaft davon abzuhalten, mit radikalen Mitteln ihrer Forderung nach sozialer Sicherung Nachdruck zu verleihen. Mit dem „Gesetz gegen die gemeingefährlichen Bestrebungen der Sozialdemokratie" von 1878 gab es einen ersten staatlichen Versuch, die Verbreitung sogenannter „sozialdemokratischer Ideen", mit denen die Arbeitnehmer ein eigenes Selbstbewußtsein entwickelten, zu unterbinden. Zwar hatte Bismarck vor seinem Erlaß verkündet, alle Bestrebungen zu fördern, die positiv auf eine Verbesserung der Lage der Arbeiter gerichtet seien, doch wurden innerhalb weniger Wochen fast alle Gewerkschaften verboten, Mitgliederversammlungen untersagt und der Druck und Vertrieb der meisten Gewerkschaftsblätter unterbunden. Mit der kaiserlichen Botschaft vom 17.11.1881 schlug der Staat dann eine zweite strategische Linie ein. Mit dem Krankenversicherungsgesetz von 1883, dem Unfallversicherungsgesetz von 1884 und dem Alters- und Invalidengesetz von 1889 wurde ein soziales Netz geschaffen, das für damalige Gesellschaftssysteme beispiellos war.

In den ersten drei Jahrzehnten des 20. Jahrhunderts rückte dann der Arbeitsmarkt in den Brennpunkt sozialdemokratischer Maßnahmen. Als Weichenstellung für eine demokratische Arbeitsmarktordnung sind die Garantie der Koalitionsfreiheit durch die Weimarer Reichsverfassung sowie die Einführung der betrieblichen Mitbestimmung und das Betriebsrätegesetz von 1920 zu betrachten.

Nach dem Zweiten Weltkrieg erfolgte eine Neuordnung des Verhältnisses zwischen Bürger und Staat. Im Artikel 20 Abs. 1 des Grundgesetzes wird bestimmt, daß die Bundesrepublik Deutschland ein demokratischer und sozialer Bundesstaat ist, und Artikel 28 Abs. 1 Satz 1 GG fordert, daß die verfassungsgemäße Ordnung in den Ländern „den Grundsätzen des republikanischen, demokratischen und sozialen Rechtsstaates im Sinne dieses Grundgesetzes" zu entsprechen habe.

Wenn Artikel 20 Absatz 1 GG die Bundesrepublik als einen sozialen Bundesstaat definiert, so folgt, daß der Staat die Pflicht hat, für einen Ausgleich der sozialen Gegensätze und damit für eine gerechte Sozialordnung zu sorgen (Grundsatzurteil des Bundesverfassungsgerichts vom 18.7.1967, BVerfGEz. Z., S. 180 f.).

Das Sozialstaatsprinzip (Artikel 20 GG) richtet den Staat auf zwei allgemeine Ziele aus, und zwar auf das Ziel des sozialen Ausgleichs (Ausgleich der sozialen Gegensätze) und Sorge für eine gerechte Sozialordnung (Bundesverfassungsgericht) und zwei-

Abb. 1 Ordnungs- und Gestaltungsprinzipien der Daseinsvorsorge
zusammengestellt nach D. Kath, Sozialpolitik, d1995, S. 405–459

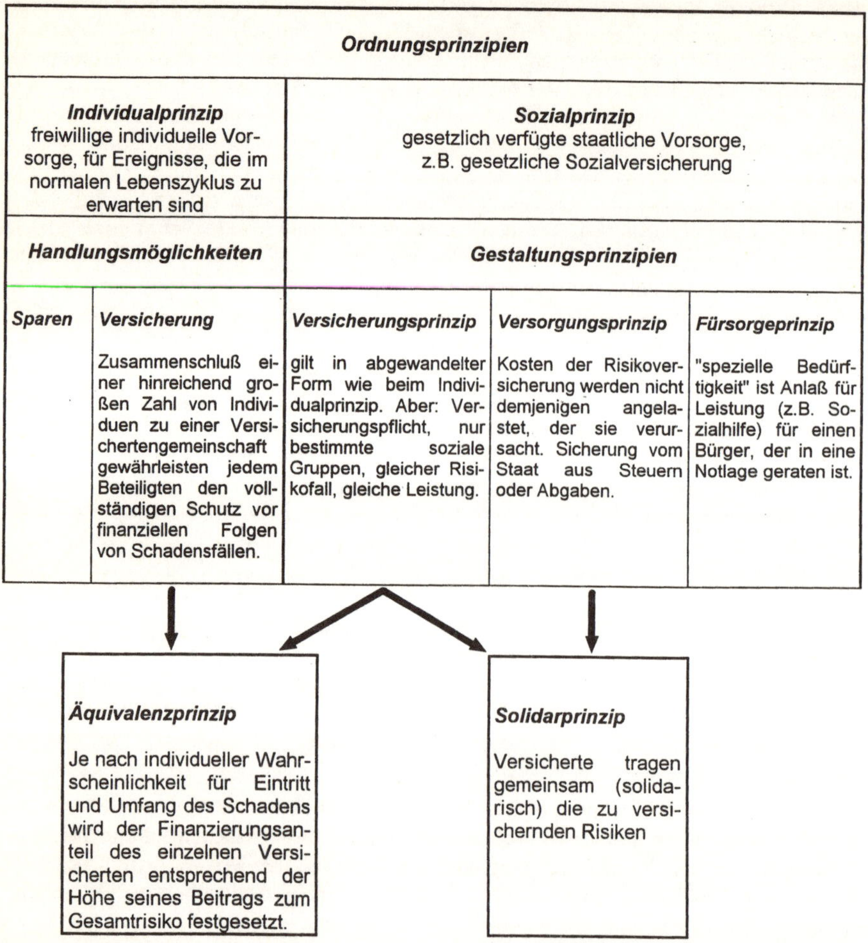

Ordnungsprinzipien			
Individualprinzip freiwillige individuelle Vorsorge, für Ereignisse, die im normalen Lebenszyklus zu erwarten sind		*Sozialprinzip* gesetzlich verfügte staatliche Vorsorge, z.B. gesetzliche Sozialversicherung	
Handlungsmöglichkeiten		*Gestaltungsprinzipien*	
Sparen	**Versicherung** Zusammenschluß einer hinreichend großen Zahl von Individuen zu einer Versichertengemeinschaft gewährleistet jedem Beteiligten den vollständigen Schutz vor finanziellen Folgen von Schadensfällen.	**Versicherungsprinzip** gilt in abgewandelter Form wie beim Individualprinzip. Aber: Versicherungspflicht, nur bestimmte soziale Gruppen, gleicher Risikofall, gleiche Leistung.	**Versorgungsprinzip** Kosten der Risikoversicherung werden nicht demjenigen angelastet, der sie verursacht. Sicherung vom Staat aus Steuern oder Abgaben.	**Fürsorgeprinzip** "spezielle Bedürftigkeit" ist Anlaß für Leistung (z.B. Sozialhilfe) für einen Bürger, der in eine Notlage geraten ist.

Äquivalenzprinzip

Je nach individueller Wahrscheinlichkeit für Eintritt und Umfang des Schadens wird der Finanzierungsanteil des einzelnen Versicherten entsprechend der Höhe seines Beitrags zum Gesamtrisiko festgesetzt.

Solidarprinzip

Versicherte tragen gemeinsam (solidarisch) die zu versichernden Risiken

tens auf das Ziel der sozialen Sicherheit. Dies meint, daß der Staat die Existenzgrundlagen seiner Bürger zu sichern und möglichst auch zu fördern habe und durch geeignete Maßnahmen in Bildungs- und Gesundheitswesen bzw. in anderen Bereichen der Sozialpolitik und der Wirtschaftspolitik Daseinssorge zu betreiben hat. Diese sehr generellen und wenig operationalen Kategorien werden ergänzt durch Normen, die im Grundgesetz enthalten sind und den Staat auf bestimmte soziale Grundwerte verpflichten, wie z.B. Gleichheit vor dem Gesetz, Schutz von Ehe und Familie, Koalitionsfreiheit, Sozialbindung des Privateigentums (Artikel 3,6,9 und 14 des Grundgesetzes). Aus den Erfahrungen der Weimarer Republik formuliert das Grundgesetz eine Bestandsgarantie der Grundrechte, die in ihrem Wesensgehalt nicht angetastet werden dürfen (Artikel 19 II Grundgesetz). Damit hat das Sozialstaatsprinzip einen besonderen verfassungsrechtlichen Rang und gehört zu den staatsfundamentalen Normen wie z.B. die Grundsätze Demokratie, bundesstaatlicher Aufbau und Rechtsstaat.

4.11.3.2 Leitbilder und Ziele

Generell lassen sich zwei sozialpolitische Leitbilder unterscheiden, und zwar das Leitbild des Sozialstaates und das der Leistungsgesellschaft (vgl. Petersen 1989, S. 17ff; Kath 1995, S. 408ff.; Woll 1984, S. 204ff.).

Es läßt sich zeigen, daß zwischen gesamtgesellschaftlichen Zielen wie Frieden, Freiheit, Gerechtigkeit, Sicherheit und Wohlstand ein enger Zusammenhang mit sozialpolitischen Zielen besteht und vor allem Kategorien wie **Gerechtigkeit** und **Sicherheit** besondere Bedeutung haben. Gerechtigkeit gehört zwar schon seit der Antike zu den vier Haupttugenden neben der Tapferkeit, Weisheit und Besonnenheit; die Operationalisierung des Begriffs Gerechtigkeit ist jedoch alles andere als einfach und abhängig von den Bedingungen einer historischen Situation, der gesellschaftlichen Kräfteverteilung und den vorherrschenden sozialen Normen. Entweder meint Gerechtigkeit Gleichmäßigkeit bzw. Verhältnismäßigkeit (gleicher Lohn für gleiche Leistung) oder ausgleichende, umverteilende Gerechtigkeit.

Die beiden Ausprägungen des Gerechtigkeitsbegriffs lassen sich als Leistungs- und als Bedarfsgerechtigkeit („Jeder nach seinen Bedürfnissen") bezeichnen.

Eine Sozialpolitik nach dem Leitbild der Leistungsgesellschaft weist den gesellschaftsgestaltenden Anspruch des Staates zurück und betont vor allem das Recht auf freie Entfaltung der Persönlichkeit (Individualprinzip). Damit wird eine staatlich-zentrale Lenkung der Wirtschaft abgelehnt. Der Staat hat nur Rahmenbedingungen zu schaffen.

Dagegen entspricht das Leitbild des Sozialstaates eher den Ordnungsvorstellungen des „demokratischen Sozialismus". Grundsatz sozialpolitischen Handelns ist das Prinzip der Solidarität. Es wird die Korrekturbedürftigkeit der herrschenden Eigentumsordnung und Einkommensverteilung behauptet, ohne die Prinzipien der Sozialen Marktwirtschaft generell aufgeben zu wollen.

Die unterschiedlichen Leitbilder unterscheiden sich weniger in ihrem unmittelbaren Bezug zu obersten gesellschaftlichen Zielsetzungen, sondern mehr in der Art und Weise, wie sie inhaltlich konkretisiert werden und mit welchen Werturteilen sie operieren, um die jeweils miteinader in Konflikt stehenden Normen in eine Rangordnung zu bringen. „Je nachdem, ob der Gerechtigkeitsbegriff auf distributive oder formale Gerechtigkeit abstellt und ob Freiheit als materiale oder formale Unabhängigkeit definiert ist, wird jeweils auch die Antwort auf die Frage vorgeprägt, ob und inwieweit Gerechtigkeit und Sicherheit mit Freiheit, Wohlstand und sozialem Frieden vereinbar sind." (Kath 1995, S. 409).

In dem jeweils aktuellen Ringen der politischen Parteien lassen sich diese Unterschiede deutlich aufzeigen, und es ist zu erkennen, wie unterschiedliche Wege gesucht, welche Werturteile den eigenen Programmen unterlegt und welche Instrumente als adäquat zur Erreichung der Zielsetzungen angesehen werden.

Werden den eher abstrakten Finalzielen wie Gerechtigkeit, Freiheit, Sicherheit bestimmte Instrumentalziele (vgl. Abb. 2) vorgelagert, dann lassen sich derer fünf erkennen, die damit wichtige sozialpolitischer Handlungsfelder beschreiben.

4.11.4 Ansatzpunkte und Bereiche der Sozialpolitik

Nachfolgend werden wichtige Ansatzpunkte der Sozialpolitik skizziert und ausgehend von der Schutz-, Verteilungs- und Produktivitätsfunktion der staatlichen Sozialpolitik Ansatzpunkte im gesamtwirtschaftlichen Zusammenhang bestimmt (vgl. Abb. 3, S. 464).

Es wird deutlich, daß es geht um
- die Durchsetzung menschenwürdiger Arbeitsbedingungen (Schutzfunktion);
- die Korrektur der primären Verteilung der Markteinkommen (Verteilungsfunktion);
- das existenzsichernde Einkommen für arbeitsfähige und erwerbsfähige (Produktivitätsfunktion) Personen.

Während das erste Ziel Maßnahmen erforderlich macht, die die Betriebs- und Unternehmensverfassung beeinflussen und den Arbeitnehmerschutz entwickeln, geht es beim zweiten Ziel vorrangig um die soziale Sicherung und um eine Ausgleichs- und Gesellschaftspolitik. Das dritte Ziel beinhaltet unterschiedliche Formen der Arbeitsmarktpolitik.

Insgesamt lassen sich fünf klassische Bereiche der Sozialpolitik erkennen, die in Abb. 4 auf S. 465 dargestellt sind.

4.11.4.1 Soziale Sicherung

Die Soziale Sicherung ist zweifellos ein Kernstück der Sozialpolitik des Staates. Die Allgemeine Konferenz der Internationalen Arbeitsorganisation (ILO) hat Mindeststandards für Leistungen der Sozialen Sicherung normiert, die bei folgenden Risiken eintreten:

- Krankheit
- Arbeitslosigkeit
- Alter
- Arbeitsunfälle und Berufskrankheiten
- Familienlasten
- Mutterschaft
- Invalidität
- Tod des Unterhaltspflichtigen

Zwar gibt es hinsichtlich der Formulierung von Standardrisiken durchaus noch einen Konsens, aber die Bestimmung des Sicherungsniveaus ist immer Gegestand konflikthafter politischer Prozesse, weil sich im Kern darin auch unterschiedliche Leitbilder von Sozialpolitik widerspiegeln (vgl. a. Pkt. 4.11.3.2).

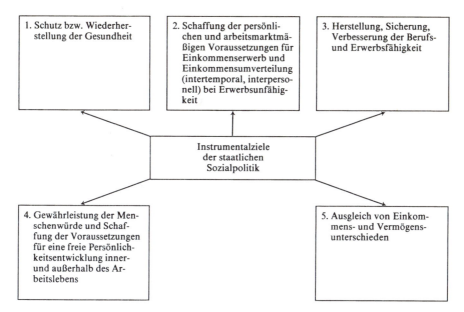

Abb. 2

Das System der Sozialversicherung beeinflußt im hohen Maße die Lebenssituation der Bevölkerung, und zwar in mehrfacher Hinsicht:

- Zum ersten versucht die Sozialversicherung die primäre Einkommensverteilung durch die Zuteilung von Sozialeinkommen zu korrigieren und zu ergänzen.
- Zum zweiten strebt die Sozialversicherung an, durch die Bereitstellung und Vermittlung sozialer Güter und Dienste unterschiedliche Lebenslagen anzugleichen.
- Zum dritten beabsichtigt die Sozialversicherung, dem Eintritt von Risiken vorzubeugen, indem über rechtliche Regelungen auf die Lebens- und Arbeitswelt eingewirkt wird.

Das Gesetz über die Krankenversicherung der Arbeiter von 1883, das Unfallversicherungsgesetz von 1884 und das Gesetz über die Invaliditäts- und Altersversicherung von 1889 stellen die Grundlage für die deutsche Sozialversicherung dar. Diese Gesetze wurden 1911 in der Reichsversicherungsordnung (RVO) zusammengefaßt. Hinzu kamen das Angestelltenversicherungsgesetz (AVG) von 1911, das Reichsknappschaftsgesetz (RKG) von 1923 sowie weitere Gesetze zum Schutz besonderer Personengruppen. Das Arbeitsförderungsgesetz (AFG) von 1969 stellt die gesetzliche Grundlage der Arbeitslosenversicherung dar.

Es ist unstrittig, daß es der Vorsorge bedarf, um die Bedarfsdeckung des privaten Haushalts auch in extremen Lebenslagen sicherzustellen, sei es bei Krankheit, Unfall, Invalidität, Kinderreichtum und Arbeitslosigkeit.

Dies kann in einer Gesellschaft grundsätzlich auf zwei Wegen organisiert werden: Entweder sorgt das Individuum selbst dafür (Individualprinzip), oder es wird eine kollektive Vorsorge nach dem sog. Sozialprinzip organisiert. Abb. 5 (Seite 471) stellt den Zusammenhang der unterschiedlichen Ordnungs- und Gestaltungsprinzipien der Daseinsvorsorge dar.

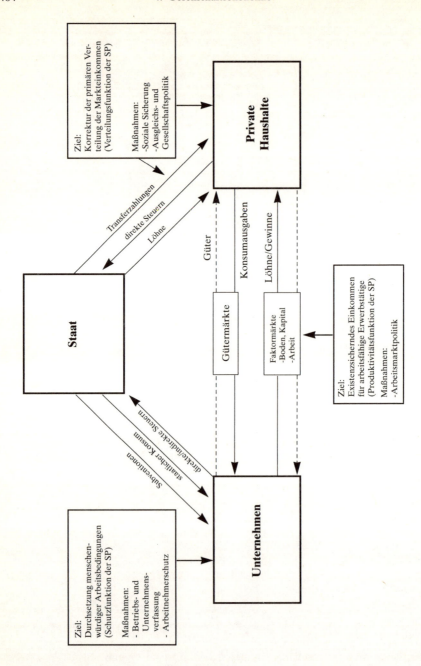

Abb. 3 Ansatzpunkte staatlicher Sozialpolitik

4.11 Sozialpolitik

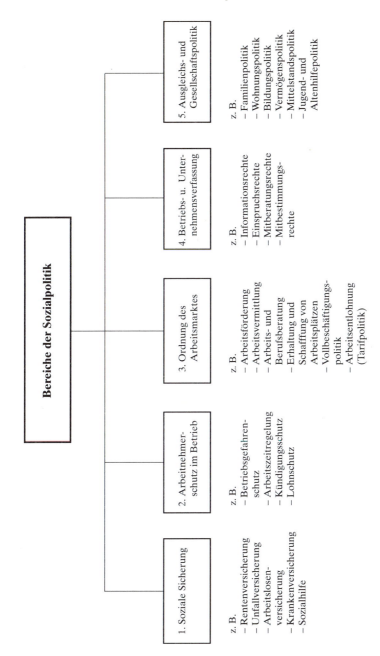

Abb. 4 Bereiche der Sozialpolitik

Es gibt kaum einen anderen Bereich, der durch eine solche Vielzahl rechtlicher Bestimmungen gekennzeichnet ist. Dieser Tatbestand macht das Sozialrecht für den Bürger in weiten Teilen unübersichtlich. Der Gesetzgeber hat deshalb versucht, eine Zusammenfassung des geltenden Sozialrechts in einem sog. Sozialgesetzbuch (SGB) zu leisten. Dieses faßt alle auf Dauer angelegten Sozialleistungsbereiche zusammen und umfaßt alle sozialen Rechte und Pflichten. Die Aufgaben des Sozialgesetzbuches (BGB, S. 3015 v. 11.12.1975) werden im § 1 wie folgt beschrieben:

„Das Recht des Sozialgesetzbuchs soll zur Verwirklichung sozialer Gerechtigkeit und sozialer Sicherheit, Sozialleistungen einschließlich sozialer und erzieherischer Hilfen gestalten. Es soll dazu beitragen, ein menschenwürdiges Dasein zu sichern, gleiche Voraussetzungen für die freie Entfaltung der Persönlichkeit, insbesondere auch für junge Menschen, zu schaffen, die Familie zu schützen und zu fördern, den Erwerb des Lebensunterhalts durch eine frei gewählte Tätigkeit zu ermöglichen und besondere Belastungen des Lebens, auch durch Hilfe zur Selbsthilfe, abzuwenden oder auszugleichen."

4.11.4.2 Arbeitnehmerschutz im Betrieb

Die Bestimmungen beim sozialen Schutz des Arbeitnehmers reichen vom Schutz vor gesundheitlichen Gefahren, der Festlegung von zulässigen Arbeitszeiten bis hin zum Bestandsschutz für das Arbeitsverhältnis.

Arbeitnehmerschutz wird verstanden als „die Gesamtheit sozialpolitischer Maßnahmen zum Schutze der abhängig Arbeitenden gegen (materielle und immaterielle) Schädigungen und Gefahren, die aus der Arbeitsausübung und aus dem Abhängigkeitscharakter des Lohnarbeitsverhältnisses erwachsen" (Lampert 1985, S. 125).

Forderungen zu diesem Bereich gibt es schon seit Beginn der Industrialisierung mit den Erscheinungsformen wie Kinderarbeit, überlanger Arbeitszeiten, Gesundheitsgefährdungen, besondere Benachteiligung von Kindern und Frauen usw.

Als ein Beispiel gilt der „Act for the Preservation of the Health and Morals of Apprentices and Others employed in Cotton and other Mills and Cotton and other Factories" von 1802. Darin wurde u. a. festgelegt, daß Fabriklehrlinge nicht länger als zwölf Stunden pro Tag beschäftigt werden dürfen, daß Arbeitsräume gelüftet und geweißt werden müssen, den Lehrlingen einmal pro Monat die Teilnahme am Sonntagsgottesdienst zu ermöglichen ist, mindestens ein Bett für zwei Lehrlinge zur Verfügung stehen muß und die Schlafräume nach Geschlechtern zu trennen sind (vgl. Schäfer 1983, S. 509f.).

4.11.4.3 Arbeitsmarktpolitik

Arbeitsmarktpolitik läßt sich als die Gesamtheit der Maßnahmen definieren, „die das Ziel haben, den Arbeitsmarkt als den für die Beschäftigungsmöglichkeiten und für die Beschäftigungsbedingungen der Arbeitnehmer entscheidenden Markt so zu beeinflussen, daß für alle Arbeitsfähigen und Arbeitswilligen eine ununterbrochene, ihren Neigungen und Fähigkeiten entsprechende Beschäftigung zu bestmöglichen Bedingungen, insbesondere in bezug auf das Arbeitsentgelt und die Arbeitszeit, gesichert würde" (Lampert 1985, S. 201).

Klassischerweise werden drei Einzelbereiche der Arbeitsmarktpolitik unterschieden: die Arbeitsmarktordnungspolitik, die Arbeitsmarktausgleichspolitik und die Vollbeschäftigungspolitik.

Die Notwendigkeit einer besonderen **Arbeitsmarktordnungspolitik** ergibt sich aus der Überlegung, daß im Artikel 12 GG die freie Wahl des Arbeitsplatzes – im Unterschied zu planwirtschaftlichen Systemen – garantiert ist und zu den unveräußerlichen Grundrechten des Menschen zählt. Zum anderen ist die Arbeitsmarktordnungspolitik erforderlich aus der qualitativ anderen Verfaßtheit des Arbeitsmarktes im Verhältnis zu klassischen Gütermärkten.

„Es war wahrscheinlich von Anfang an ein Fehler, den Arbeitsmarkt als einen Markt in Analogie zu den Gütermärkten zu behandeln... Zu diesen Besonderheiten (des Arbeitsmarktes) gehört vor allem die Tatsache, daß das, war auf diesem Markt angeboten wird, personengebunden ist, daß das Einkommen aus Arbeit weit mehr als das aus dem Verkauf von Dingen das einzige und Haupteinkommen darstellt, daß mit dem Verkauf der Arbeitsleistung Statusfragen verbunden sind, daß das Arbeitsangebot durch besondere Heterogenität gekennzeichnet ist, daß die Frage der Mobilität hier viel größere Probleme aufwirft als bei anderen Produktionsfaktoren, und schließlich hängt es auch mit der Unbestimmtheit des Inhaltes eines auf längere Zeit abgeschlosenen Arbeitskontraktes zusammen." (Rothschild 1986, S. 434).

Wenn eine freie Preisbildung auf dem Arbeitsmarkt zu unzulänglichen Ergebnissen führen muß, dann sind andere gesellschaftliche Entscheidungsmechanismen erforderlich.

In Deutschland hat sich als Entscheidungsmechanismus seit der zweiten Hälfte des 19. Jahrhunderts das Verhandlungssystem (collective bargaining) herausgebildet. Art. 9 GG erklärt die Tarifautonomie einschließlich des Arbeitskampfes zu den ebenfalls unveräußerlichen Grundrechten des Menschen.

Zwischen einer marktwirtschaftlichen Ordnung und dem Verhandlungssystem besteht kein Widerspruch. Die individuelle unternehmerische Entscheidung beim Angebot von Arbeitskraft bleibt in gleicher Weise bestehen wie die freie Arbeitsplatzwahl. (vgl. Kath 1995, S. 424f.).

Die **Vollbeschäftigungspolitik** läßt sich beschreiben als die Summe aller wirtschaftspolitischen und sozialpolitischen Maßnahmen, die beabsichtigen, einen hohen Beschäftigungsstand zu erreichen, d.h. alle Arbeitsfähigen und Arbeitswilligen zu beschäftigen. Die erforderlichen Maßnahmen lassen sich nicht unter die herkömmlichen Maßnahmen der Sozialpolitik subsumieren, sondern können nur im Zusammenhang mit der Wirtschaftspolitik betrachtet werden (vgl. a. Pkt. 4.11.1). Der Vollbeschäftigungspolitik wird naturgemäß eine hohe Bedeutung zuerkannt (vgl. § 1 Gesetz zur Förderung der Stabilität und des Wachstums der Wirtschaft (1967)), obwohl die Formulierung und der Einsatz angemessener Instrumente politisch immer wieder umstritten ist und zudem wirtschaftstheoretische Erklärungsansätze wiederum abhängig sind von ebenfalls kontrovers diskutierten gesellschaftlichen Grundannahmen.

Weitgehend anerkannt ist jedoch, daß die Auswirkungen von Arbeitslosigkeit so fundamental in die Existenz eines Menschen eingreifen, daß Ursachen und Folgen bekämpft werden müssen. Zu den Auswirkungen werden gezählt:

- ein Status- und Prestigeverlust, der sich zuweilen mit sozialer Diskriminierung verbindet;
- Autoritätsverlust in der Familie, Eheprobleme;
- der Verlust sozialer Kontakte;
- der Verlust des für die Gesundheit notwendigen Wechsels von Streß und Entspannung;
- die Einschränkung des gewohnten Lebensstandards;

• der Verlust der Lebensperspektive und damit des Lebensmutes.

Von daher wird verständlich, daß in der Menschenrechtscharta der UNO von 1948 im Artikel 23 (1) festgelegt wird:

„Jeder Mensch hat das Recht auf Arbeit, auf freie Berufswahl, auf angemessene und befriedigende Arbeitsbedingungen sowie auf Schutz vor Arbeitslosigkeit."

Die staatliche Vollbeschäftigungspolitik steht vor zahlreichen Problemen. Zu nennen sind beispielsweise das Problem der Staatsverschuldung, Auswirkungen des gesamtwirtschaftlichen Strukturwandels nationaler Wirtschaften und ihr Zusammenhang mit weltwirtschaftlichen Entwicklungen (vgl. z.B. Energiesituation, neue Technologien, demographische Veränderungen, Wertewandel usw.), die Mindestlohnarbeitslosigkeit (vgl. a. Ahlbeck 1987, S. 22 f.).

Die **Arbeitsmarktausgleichspolitik** beinhaltet in Ergänzung zur Vollbeschäftigungspolitik den Versuch, friktionelle strukturelle Arbeislosigkeit zu begrenzen.

Dazu bedient man sich solcher Instrumente, die zur Verbesserung der Markttransparenz und zum Abbau von Friktionen führen sollen, wie z.B. die Berufsberatung, Arbeitsplatzvermittlung, Aus- und Fortbildungsförderung, Mobilitätshilfen. Eine Grundlage hierfür ist das Arbeitsförderungsgesetz (AFG).

Des weiteren zählen dazu Marktinterventionen, die auf eine Veränderung der Faktorallokation und -kombination abzielen, wie z.B. Ausbildungsförderungen, Umschulungshilfen, die spezielle Subventionierung des Arbeitseinsatzes oder auch die Verteuerung von arbeitssprengenden Investitionen (vgl. Lampert, a.a.O., S. 203 ff., Kath a.a.O., S. 426 ff., Ahlbeck 1987, S. 19 ff.).

4.11.4.4 Betriebs- und Unternehmensverfassung

In marktwirtschaftlichen Systemen ist das Verfügungsrecht eines der wichtigsten Eigentumsrechte, da aus der Verfügung über Produktionsmittel auch gleichzeitig ein Verfügungsrecht über Personen abgeleitet wird.

Aus dem Widerspruch zwischen dem Verfügungsrecht über Produktionsmittel und den frühen Idealen von Selbstbestimmung des Menschen und individueller Freiheit ist die Forderung nach weitgehenden Mitbestimmungsrechten für Arbeitnehmer besonders nach dem Zweiten Weltkrieg energisch erhoben worden, um sie in der Betriebs- und Unternehmensverfassung zu verankern. Dabei ging es im wesentlichen darum zu verhindern, daß Herrschafts- und Leitungsbefugnisse nicht streng einseitig ausgeübt werden sollen, sondern dies nur unter Mitwirkung der Betroffenen (vgl. Zöllner 1983, S. 395) zu geschehen habe.

Die „Sachverständigenkommission zur Auswertung der bisherigen Erfahrungen bei der Mitbestimmung" hat Mitbestimmung 1970 definiert als „institutionelle Teilnahme der Arbeitnehmer oder ihrer Vertreter an der Gestaltung und inhaltlichen Festlegung des Willensbildungs- und Entscheidungsprozesses im Unternehmen, und zwar zunächst ohne Rücksicht auf die Art und den Umfang einer Teilnahme von Arbeitnehmervertretern in den Unternehmensorganen".

Die Konfliktzonen ergeben sich damit aus der Frage: *Wer* soll über *was, wie* mitbestimmen? Unterschieden werden drei Ebenen der Mitbestimmung: die **betriebliche Mitbestimmung** auf der Basis des Betriebsverfassungsgesetzes (1952) und Personalvertretungsgesetzes (1955) (z.B. Entscheidungen über Lohnsystem, Betriebsordnung, Urlaubsregelungen), die **Mitbestimmung im Unternehmen** (vgl. Montanmitbestimmungsgesetz 1951, Mitbestimmungsgesetz von 1976), die **Mitbestimmung auf gesamtwirtschaftlicher** (überbetrieblicher) **Ebene** (z. B. Entscheidungen der Sozialversicherungsverwaltung, der Arbeitsverwaltung).

4.11.4.5 Ausgleichs- und Gesellschaftspolitik

Zu diesem Bereich werden unterschiedliche Politiken zusammengefaßt, die hier nicht im einzelnen beschrieben werden können, sondern lediglich durch einige sozialpolitische Gesetze charakterisiert werden:

Die **Familienpolitik** (vgl. Kindergeldgesetz (1954), Mutterschaftsurlaub (1979), Erziehungsgeld (1986/87), zielt darauf ab, die Familie als Institution zu schützen und zu fördern, weil sie für die Gesellschaft wichtige und unentbehrliche Funktionen übernimmt, wie z. B. die Reproduktions-, Sozialisations- und die Regenerationsfunktion.

In diesen Komplex fällt auch die **Jugend- und Altenhilfe** (vgl. z. B. die Erziehungshilfe im Rahmen des Jugendwohlfahrtsgesetzes, das Jugendarbeitsschutzgesetz, das Gesetz zum Schutz der Jugend in der Öffentlichkeit (1957), das Gesetz über die Verbreitung jugendgefährdender Schriften (1961), die Jugendförderung).

Die **Altenhilfe** basiert auf dem Sozialhilfegesetz (1961) (z. B. Krankenhilfen, Blindenhilfe, Pflegehilfe, Hilfen zur Weiterführung des Haushaltes usw.).

Die **Wohnungspolitik** (vgl. 1. Wohnungsbaugesetz (1950), Wohnungsbauprämiengesetz (1952), Wohngeldgesetz (1964/65) verfolgt das Ziel, die Wohnungsversorgung der Bevölkerung sicherzustellen, da einerseits die wichtige Funktion angemessener Wohnverhältnisse für jeden Menschen und die hohen Kosten der Herstellung, des Unterhalts und der Nutzung von Wohnungen besondere Personengruppen mit begrenztem Einkommen vor schwierige Probleme stellt.

Die **Bildungspolitik** ist unter der Annahme von Chancengleichheit darauf gerichtet, all jene in die Lage zu versetzen, eine ihren Begabungen und Neigungen entsprechende Ausbildung zu wählen, die diese nicht aus eigenen und/oder elterlichen Mitteln bestreiten können (vgl. Berufsbildungsgesetz (1969), Bundesausbildungsförderungsgesetz (1971), Berufsbildungsförderungsgesetz (1981).

Die **Vermögenspolitik** (vgl. Sparprämiengesetz (1959), Gesetz zur Förderung der Vermögensbildung (1961) will auf der Basis gesellschaftlicher Zielsetzungen die Bildung und Verteilung des Vermögens beeinflussen. Vermögen ist nicht nur Quelle für neues Vermögen, sondern auch Absicherung der persönlichen wirtschaftlichen Wohlfahrt. Vermögen erhöht Freiheitsspielräume und Entfaltungsmöglichkeiten, wie Vermögenslosigkeit permanent verpflichtet, die Arbeitskraft auf dem Arbeitsmarkt anzubieten.

Die Vermögenspolitik operiert mit den Mitteln der staatlichen Sparförderung und Steuerpolitik, dem Investivlohn als Einkommen, auf das ein Arbeitnehmer zugunsten einer längerfristigen Anlage verzichtet sowie der direkten Beteiligung der Arbeitnehmer am Ertrag eines Unternehmens.

Schließlich ist die **mittelstandsorientierte Sozialpolitik** zu nennen, die Angehörige des Mittelstandes vor einer absoluten oder relativen Verschlechterung ihrer Lebenslage zu schützen versucht.

Beispiele dafür sind die Maßnahmen für selbständige Landwirte (vgl. z. B. Gesetz über die Krankenversicherung der Landwirte, Gesetz über die Altershilfe für Landwirte, Handwerkerversicherungsgesetz (1960). Es geht um Rationalisierungs- und

Modernisierungshilfen ebenso wie um Aus- und Fortbildungsmaßnahmen, um Kredithilfen für Existenzgründungen usw.

4.11.5 Träger und Organe der staatlichen Sozialpolitik

Die sozialpolitische Gesetzgebungskompetenz von Bundestag und Bundesrat basiert auf den Art. 70–78 GG. Sie gilt als „konkurrierende Gesetzgebung" (Art. 74 GG). Es besteht eine Fülle von Trägern und Organen, die aus der historischen Entwicklung unterschiedlicher sozialer Sicherungssysteme zu verstehen ist.
Besonders zu nennen sind neben dem Staat die Wohlfahrtsverbände und die Kirchen.

Stationen der staatlichen Sozialpolitik

1802 England: „Moral and Health Act", Beschränkung der Arbeitszeit für Kinder unter neun Jahren auf zwölf Stunden am Tag
1820 und 1830 England: Fabrikgesetzgebung, Einrichtung von Fabrikinspektionen
1836 A. Krupp gründet eine Betriebskrankenkasse
1845 Grundlagen zur Schaffung von Krankenkassen für Fabrikarbeiter in der Allg. Preußischen Gewerbeordnung
1849 Preußische Verordnung (Beitrittspflicht zu Unterstützungskassen, Errichtung von Krankenkassen für gewerbliche Arbeiter)
1853 „Elberfelder System": Einführung der offenen Armenpflege
1855 Krupp gründet Kranken- und Sterbekasse mit obligatorischer Mitgliedschaft
1858 Krupp gründet Pensionskasse
1881 17.11. Ankündigung von gesetzlichen Regelungen für eine Sozialversicherung in der „Kaiserlichen Botschaft"
1883 Krankenversicherungsgesetz
1884 Unfallversicherungsgesetz
1889 Gesetz über die Invaliden- und Alterssicherung
1911 Reichsversicherungsordnung (RVO)
Angestelltenversicherungsgesetz
1918 Familienmitversicherung
1918 Die 48-Stunden-Woche wird eingeführt
1923 Reichsknappschaftsgesetz
1927 Gesetz über die Arbeitsvermittlung und die Arbeitslosenversicherung
1929 Aufnahme von Berufskrankheiten in die Unfallversicherung
1938 Jugendschutzgesetz
Gesetz zur Altersvorsorge für Handwerker
1941 04.11. Verordnung über die Krankenversicherung für Rentner
1949 Bundesversorgungsgesetz für Kriegsopfer
1952 Betriebsverfassungsgesetz wird verabschiedet, Lastenausgleichsgesetz.
Wohnungsbauprämiengesetz
Mutterschutzgesetz
Selbstverwaltungsgesetz für die Sozialversicherung
1953 Bundesversicherungsanstalt für Angestellte
Sozialgerichtsgesetz
1954 Kindergeldgesetzgebung
1957 Gesetze zur Neuregelung des Rechts der Rentenversicherung der Arbeiter und der Angestellten – „Große Rentenreform"
1960 1. Wohngeldgesetz, Beihilfen, Jugendarbeitsschutzgesetz
1961 Bundessozialhilfegesetz
Gesetz zur Förderung der Vermögensbildung für Areitnehmer

4.11 Sozialpolitik

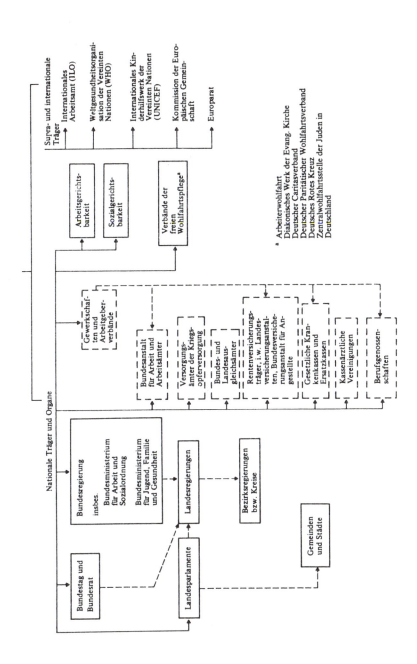

Abb. 5 Träger und Organe der staatlichen Sozialpolitik

1967 Ausbildungsförderungsgesetz (1.)
1969 Arbeitsförderungsgesetz, Bundesanstalt für Arbeit
Gesetz über die Fortzahlung des Arbeitsentgeltes im Krankheitsfall
1970 3. Vermögensbildungsgesetz, 624-Mark-Gesetz
1971 Gesetz über die Unfallversicherung für Schüler, Studenten und Kinder im Kindergarten
1972 Novellierung des Betriebsverfassungsgesetzes
1975 Sozialgesetzbuch (SGB)
1979 Verbesserung des Mutterschaftsurlaubs
1983 Künstlersozialversicherungsgesetz
Neuregelung der Krankenversicherung der Rentner
1984 Vorruhestandsgesetz für Arbeitnehmer ab dem 58. Lebensjahr
1985 Beschäftigungsförderungsgesetz
1986 Gesetz zur Neutralität der Bundesanstalt für Arbeit bei Arbeitskämpfen
1989 Gesundheits-Reformgesetz
1993 Gesundheits-Strukturgesetz
1995 1. Stufe der Pflegeversicherung
1996 2. Stufe der Pflegeversicherung

4.11.6 Europäische Sozialpolitik

Im Zusammenhang mit der Realisierung des europäischen Binnenmarktes ist neben den vorrangig ökonomischen Fragen die soziale Dimension des europäischen Binnenmarktes in die Diskussion geraten und die Schaffung eines „europäischen sozialen Raums" gefordert (vgl. Bundesministerium für Arbeit und Sozialordnung 1989). Insgesamt sind mehrere Etappen europäischer Sozialpolitik zu erkennen. Der EWG-Vertrag von 1957 bietet mit seinen Sozialvorschriften noch keine ausreichende Grundlage für eine umfassende Sozialpolitik. Die Annahme, daß mit dem Funktionieren des gemeinsamen Marktes sich auch gleichzeitig die verschiedenen einzelstaatlichen Sozialsysteme angleichen würden, war ebenso unrealistisch wie die Annahme, daß wirtschaftliche Mechanismen zwangsläufig sozialen Fortschritt und Vollbeschäftigung nach sich ziehen.

Das soziale Gefälle zwischen den zwölf EU-Mitgliedstaaten ist noch erheblich. Dies zeigt sich beim Vergleich der Verdienste und Sozialeinkommen, des Sozialprodukts, der geltenden Mitbestimmungsregelungen, der Bedingungen des Arbeitsschutzes, der Arbeitslosenquote usw.

Die Ende 1989 verabschiedete „Charta der sozialen Grundrechte" enthält wichtige soziale Grundrechte, die verwirklicht werden sollen:

- Recht auf Freizügigkeit, Beschäftigung und gerechte Entlohnung
- Recht auf sozialen Schutz
- Recht auf Koalitionsfreiheit und Tarifverhandlungen
- Recht auf Berufsausbildung und Fortbildung
- Recht auf Gleichbehandlung von Mann und Frau
- Recht der Arbeitnehmer auf Information, Konsultation und Mitwirkung in den Betrieben
- Recht auf Gesundheitsschutz und Sicherheit am Arbeitsplatz
- Recht auf Kinder- und Jugendschutz
- Recht auf Mindestversorgung für ältere Menschen und Integration behinderter Arbeitnehmer.

Insgesamt gibt es Befürchtungen der Arbeitnehmer in den Ländern mit einem hohen Schutzniveau, daß dieses „heruntemivelliert" wird und ihre in Jahrzehnten errungenen sozialpolitischen Fortschritte zur Disposition stehen können, und andererseits stellt sich die Frage nach der Finanzierbarkeit der Sozialleistungen in Europa, wenn von allen Ländern in gleicher Weise das hohe Schutzniveau bspw. der Bundesrepublik realisiert werden soll.

4.11.7 Probleme des Sozialstaates

Die in den letzten Jahrzehnten erheblich gestiegenen Sozialleistungen haben immer wieder die Frage nach ihrer weiteren Finanzierbarkeit provoziert und nach der Sinnhaftigkeit gefragt (vgl. hierzu a. Engels 1985).

Dabei wird die grundsätzliche Zielrichtung und Ausgestaltung der Sozialpolitik sowie die Effizienz der sozialen Ausgleichsmaßnahmen bezweifelt. Einerseits wird der zu hohe Sicherungsumfang bemängelt, andererseits die mangelnden Schutzmaßnahmen für Arbeitslose. Hinzu kommt, daß die absehbare demographische Entwicklung die künftigen Belastungen für die Erwerbstätigen erhöhen werden, wenn das System der sozialen Sicherung Bestand haben soll.

Zum Teil wird der erhebliche Anstieg der Sozialleistungen auch für ein fehlgesteuertes Interesse an höheren Sozialleistungen zurückgeführt, und es werden „Anspruchsspiralen" identifiziert, die dazu führen, daß das System der sozialen Sicherung „selbst einer Sicherung gegen übermäßige Beanspruchung bedarf" (vgl. Ahlbeck, S. 38). Dazu sind einige Anmerkungen erforderlich:

1. Für jedes Sozialversicherungssystem gibt es zwei ernstzunehmende Probleme, die Einfluß auf das Verhalten der Versicherten haben (Koslowski 1994, 305 ff.):
   a) *moral hazard* und
   b) das sog. „Restaurant-Rechnungs-Problem"

Moral hazard, das „moralische Wagnis", die „moralische Versuchung" für den Verbraucher bedeutet, daß sich das Verhalten der Versicherten ändert, wenn sie versichert sind und diese sich gegenüber jedem Risiko nachlässiger verhalten, gegen das sie sich durch die Versicherung abgesichert haben. Die Versicherungsnehmer werden weniger aufmerksam und risikofreudiger gegenüber dem versicherten Risiko und erhöhen so den Leistungsbedarf.

Das „Restaurant-Rechnungs-Problem", welches Alltagserfahrungen belegen, besagt vereinfacht, daß beispielsweise die Rechnung in einem Restaurant regelmäßig höher ausfällt, wenn eine Gruppe **vor** dem Essen beschlossen hat, die Rechnung gemeinsam zu gleichen Teilen zu bezahlen. „Jeder bestellt dann ein teureres Menü, als er allein zu bezahlen hätte." (Koslowski 1994, 306).

Die Versuchung, sich seinen „Beitrag" durch mißbräuchliche Leistungsinanspruchnahme wieder „hereinzuholen", wird durch die rechtlich-organisatorische Ausgestaltung des Systems der sozialen Sicherung geradezu genährt. Diese gesamtgesellschaftlich bedenklichen „Übernutzungserscheinungen" lassen sich bildhaft folgendermaßen umschreiben. Alle wollen im großen Ozean des sozialen Sicherungssystems fleißig fischen, aber die Bereitschaft, für „Nachschub" zu sorgen, ist wenig ausgeprägt. Dieses *moral hazard*-Phänomen begünstigt regelmäßig Forderungen nach höheren Beitragssätzen, und damit beginnt der Teufelskreis aufs Neue. Der einzelne verhält sich im Sinne des Eigennutzaxioms „rational". Für die Versichertengemeinschaft ist dies negativ, d.h., aus der individuellen Rationalität ergibt sich keine gesamtgesellschaftliche Rationalität, vielmehr zeigt sich eine klassische Rationalitätsfalle.

Dieses Phänomen gilt nicht nur für einzelne Personen, sondern auch für andere Akteure im Gesundheitssystem, z.B. die Krankenhäuser (Ein System, das einzelne Hammerschläge entlohnt und nicht das befestigte Brett, darf sich nicht wundern, wenn die Anzahl der Hammerschläge nicht unbedingt in einem Leistungszusammenhang mit ihrem erreichten Ergebnis stehen.)

2. Offensichtlich ist das Problem ungelöst, daß das bestehende System der sozialen Sicherung mit mehreren „illusionsfördernden Elementen" ausgestattet ist, die dem Bürger die „ökonomische Wahrheit" verschweigen und ihn in der sozialpolitischen Diskussion dazu verführen, den Überbringer der Botschaft mit dem Verursacher sozialpolitischer Problemlagen zu verwechseln. Zumindest drei illusionsfördernde Momente identifiziert Koslowski (1994, 351):

- „Es fehlt die Transparenz über die zukünftigen Zahlungsverpflichtungen, d.h. die Transparenz für den einzelnen darüber, wie weit seine Generation, die Elterngeneration, sich bei der nachfolgenden verschuldet hat, indem die Elterngeneration zu wenig Kinder aufgezogen oder ihre eigene Lebenserwartung erhöht hat.
- Die künftigen Zahlungsverpflichtungen der Kinder für die Eltern werden in der gegenwärtigen Periode ungenügend beachtet bzw. abdiskontiert.
- Die Entscheidungen zwischen Konsum und Kapitalbildung werden entsprechend verzerrt."

3. Es geht nicht darum, die grundsätzliche Notwendigkeit eines Systems der sozialen Sicherung in Frage zu stellen, sondern um ein Ringen um dessen Ausmaß und Organisationsform. Die fahrlässige und geradezu „armierte" Sprache versucht dies permanent zu verschleiern und dem Bürger „entweder-oder-Positionen" zu offerieren: Abbau des Sozialstaates, Marktradikale, Bündnis gegen Arbeit, Ellenbogengesellschaft, Manchesterkapitalismus, Sozialpakt gegen die Schwachen usw.

Auf diese Weise löst sich das Problem nicht. Vielmehr zeigt sich ein fast bedrohliches Unverständnis marktwirtschaftlicher Systeme. Hoppmann (1993, 13) macht darauf aufmerksam: „Das Konzept 'soziale Gerechtigkeit' im Sinne einer konkreten, von Menschen herbeizuführenden Einkommensstruktur ist im Rahmen eines marktwirtschaftlichen Prozesses inhaltsleer; es liefert keine Grundlage, das Marktsystem moralisch zu beurteilen, also auch nicht, es moralisch zu verwerfen. Das Marktsystem liefert Signale in Form von Preisen und Einkommen, und es hat keinen Sinn, Signale danach zu beurteilen, ob sie 'sozial gerecht' sind oder nicht."

4. Bei einer Beurteilung der gegenwärtig diskutierten Selbstbeteiligungskonzepte im Rahmen des Gesundheitsstrukturgesetzes und des Gesundheitsreformgesetzes zeigt sich, daß diese weitgehend nur Symptome kurieren und daher für eine langfristige Kostendämpfung nicht ausreichend sind: „Die derzeit bestehenden Selbstbeteiligungsregelungen betreffen Bereiche, die lediglich von der Sekundärnachfrage, also den Arztentscheidungen, spürbar beeinflußt sind. Sie können daher nicht auf Dauer kostendämpfend und nachfragesenkend wirken." (Lachmann 1995, 246) Erfolgversprechend wären verschiedene Selbstbeteiligungsmodelle mit einem Schwerpunkt auf der Primärnachfrage, den Härtefallregelungen und Anreizen für die Wahrnehmung von Vorsorgeuntersuchungen.

Literaturhinweise

Achinger, H.: Sozialpolitik als Gesellschaftspolitik Frankfurt am Main 1979.
Ahrns/Feser: Wirtschaftspolitik – Problemorientierte Einführung – 6. Auflage, München, Wien 1995.
Albers, Willi: Sozialverfassung. In: Vaubel/Barbier (Hrsg.): Handbuch Marktwirtschaft, Fullingen 1986, Seite 187–198.
Brück, G.W.: Allgemeine Sozialpolitik, Köln 1976.
Bundesminister für Arbeit und Sozialordnung (Hrsg.): Übersicht über das Recht der Arbeit, Bonn 1989.
Bundesminister für Arbeit und Sozialordnung (Hrsg.): Der EG-Binnenmarkt und die Sozialpolitik – Leben und Arbeiten in Europa, Bonn 1989.
Bundesminister für Arbeit und Sozialordnung (Hrsg.): Es begann in Berlin. Bilder und Dokumente aus der deutschen Sozialgeschichte, Bonn 1987.
Engels, W.: Über Freiheit, Gleichheit und Brüderlichkeit – Kritik des Wohlfahrtsstaates, Theorie der Sozialordnung und Utopie der sozialen Marktwirtschaft, Frankfurt/M., 1985.
Engelhardt, Werner-Wilhelm: Theorie der Sozialpolitik. In: Glasstetter/Müller/Mendle/Rettig (Hrsg.): Handwörterbuch der Volkswirtschaft, Wiesbaden 1978, Spalte 1181–1198.
Eucken, W.: Grundsätze der Wirtschaftspolitik, hrsg. von W. Eucken u. K.P. Hensel, 3. unveränd. Aufl., Tübingen-Zürich 1960
Kath, Dietmar: Sozialpolitik. In: Vahlens Kompendium der Wirtschaftstheorie und Wirtschaftspolitik, Band 2, 6. überarb. Aufl., München 1995, S. 405–459.
Keim, Adam/Vierengel: Soziale Sicherung, hrg. von der Bundeszentrale für politische Bildung, Bonn 1988.
Külp/Schreiber (Hrsg.): Soziale Sicherheit, Köln, Berlin 1971.
Lachmann, W.: Volkswirtschaftslehre 2 – Aufwendungen, Berlin. Heidelberg 1995
Koslowski, P.: Die Ordnung der Wirtschaft, Tübingen 1994
Lampert, Heinz: Die Wirtschafts- und Sozialordnung der Bundesrepublik Deutschland, 8. überarb. Auflage, München 1985.
Nell-Breuning, O.v.: Mitbestimmung, Frankfurt/M. 1968.
Oberender, P.: Reform des Gesundheitswesens durch Zulassung marktwirtschaftlicher Steuerungselemente: Diagnose und Therapie unter besonderer Berücksichtigung der gesetzlichen Krankenversicherung, in: Hamburger Jahrbuch für Wirtschafts- und Gesellschaftspolitik 31, 1986 S. 179–199.
Petersen, Hans-Georg: Sozialökonomik, Stuttgart, Berlin, Köln 1989.
Riehe, Wilhelm Heinrich: Naturgeschichte des deutschen Volkes als Grundlage einer Solzialpolitik, 4 Bde., 185–869.
Rothschild, K.W.: Mikroökonomik des Arbeitsmarktes. In: Mikroökonomik des Arbeitsmarktes – Theorien, Methoden und empirische Ergebnisse für die Schweiz, hrg. von H. Schelbert-Syfrig u.a., Bern und Stuttgart, 1986, S. 431–438.
Schäfer, Dieter: Sozialpolitik. In: Gablers Volkswirtschaftslexikon, 2. Aufl., 1983, S. 509–512.
Schmidt, Karl-Heinz: Sozialpolitik. In: Kaiser/Kaminski (Hrsg.): Wirtschaft-Handwörterbuch zu Arbeits- und Wirtschaftslehre, Bad Heilbrunn/Obb. 1981, Seite 266–269.
Spinnarke, J.: Soziale Sicherheit in der Bundesrepublik Deutschland, 4. überarbeitete Auflage, Heidelberg 1988.
Widmaier, H.P.: Sozialpolitik im Wohlfahrtsstaat – zur Theorie politischer Güter, Reinbeck 1976.
Woll, Artur: Wirtschaftspolitik, München 1984.

4.12 Die Zukunft des Sozialstaates
Hans Jürgen Schlösser

4.12.1	Einleitung: Begriff des Sozialstaates	479
4.12.2	Grundelemente des Sozialstaats in der Bundesrepublik Deutschland	480
4.12.2.1	Rentenversicherung	480
4.12.2.2	Krankenversicherung	482
4.12.2.3	Unfallversicherung	484
4.12.2.4	Regulierung des Arbeitsmarktes und der Arbeitsmarktpolitik . . .	485
4.12.2.4.1	Schutzgesetze	485
4.12.2.4.2	Tarifverträge	486
4.12.2.4.3	Mitbestimmung	486
4.12.2.4.4	Bundesanstalt für Arbeit	487
4.12.2.5	Sozialstaatliche Bildungs- und Familienpolitik	488
4.12.2.6	Sozialstaatliche Steuerpolitik und soziale Sicherung	489
4.12.2.7	Wohnungspolitik	490
4.12.3	Die Krise des Sozialstaates	490
4.12.3.1	Finanzengpässe und ordnungspolitische Unklarheiten	490
4.12.3.2	Pluralisierung der Lebensstile und unvollständige Versicherungsbiographien	492
4.12.3.3	Überlastung der Sicherungssysteme durch kurzfristiges Krisenmanagement und Ordnungsverlust	492
4.12.3.4	Grenzen der volkswirtschaftlichen Belastbarkeit	493
4.12.4	Neuorientierung sozialstaatlicher Politik	494
4.12.4.1	Reformvorschläge	494
4.12.4.1.1	Erhöhung der Erwerbsbeteiligung	494
4.12.4.1.2	Wiederbelebung der Selbstverwaltung	494
4.12.4.1.3	Absenkungen der Leistungen des Sozialstaates	494
4.12.4.2	Grundsätzliche Neuorientierungen	495
Literaturhinweise		496

4.12.1 Einleitung: Begriff des Sozialstaates

Für den Begriff „Sozialstaat" existiert keine eindeutige und international einheitlich benutzte Definition. Während im englischen Sprachraum „Wohlfahrtsstaat" (welfare state) synonym zum deutschen Begriff Sozialstaat gebraucht wird, wird im Deutschen mit dem Wohlfahrtsstaat oft eine besonders weitgehende kollektive Risikoübernahme und Versorgung verbunden. Die Begriffsverwendung ist aber ebenfalls nicht einheitlich. Im folgenden wird allein der Begriff Sozialstaat benutzt.

Die Inhalte, die mit dem Begriff „Sozialstaat" verbunden werden, lassen sich am ehesten aus politischen Willenserklärungen, Gesetzestexten und sozialpolitischen Programmen erschließen, welche versuchen, das Sozialstaatsprinzip zu konkretisieren. Hierzu gehören z. B.

- das Sozialgesetzbuch der Bundesrepublik Deutschland,
- sozialstaatsbezogene Ausführungen des Grundgesetzes und der Länderverfassungen,
- die europäische Sozialcharta,
- die allgemeine Erklärung der Menschenrechte der Generalversammlung der Vereinten Nationen und
- der UN-Pakt über die wirtschaftlichen, sozialen und kulturellen Rechte.

Kern des Sozialstaatsprinzips ist die Garantie eines Mindestlebensstandards für jedermann, insbesondere medizinische Versorgung, das Recht auf Bildung und Teilhabe am kulturellen Leben.

Diese Sozialstaatspostulate finden wiederum vielfältige Konkretisierungen: Schutz der menschlichen Arbeitskraft durch angemessene Arbeitsbedingungen, gerechten Lohn und Berufsausbildung, sowie durch das Recht auf die kollektive Wahrnehmung von Interessen durch Gewerkschaften. Hinzu tritt die Absicherung gegen zahlreiche Gefährdungen: Krankheit, Unfälle, Invalidität, Arbeitslosigkeit und Armut im Alter sowie Einschränkung der Arbeitskraft durch Schwangerschaft und Mutterschaft. Zu den besonderen sozialstaatlichen Anliegen gehört die Versorgung mit Wohnraum, der Schutz von Frauen, Kindern und Jugendlichen sowie die Unterstützung von Behinderten.

Letztlich bilden das Arbeitsrecht und das System der Sicherheit den Kern des Sozialstaates. Als kernnaher Bereich tritt das Bildungssystem hinzu. Mieterschutz, Verbraucherschutz und ein hohes Niveau der Versorgung mit öffentlichen Gütern kennzeichnen darüber hinaus den Sozialstaat in reichen Industriegesellschaften.

Wenngleich eine allgemeingültige, wirtschaftswissenschaftlich-systematisch fundierte Definition des Begriffs „Sozialstaat" nicht möglich ist, läßt sich dennoch sagen: Ausgehend von der sozialpolitischen Zielsetzung der Vergangenheit, materielle Not zu lindern, hat sich das heutige, moderne Sozialstaatsprinzip zu einem Postulat entwickelt, durch mehr oder minder zentrale staatliche Eingriffe und Regelungen die Individuen von Risiken zu entlasten und von ihrer persönlichen Zukunftsvorsorge teilweise zu entpflichten. Damit wird das Sozialstaatsprinzip auch Gegenstand ordnungspolitischer Dispute, in denen die Prinzipien des Wettbewerbs und der Eigenverantwortlichkeit auf der einen Seite den Postulaten der staatlichen Fürsorglichkeit und der Schutzbedürftigkeit des einzelnen auf der anderen Seite gegenübergestellt werden.

Im folgenden werden ohne den Anspruch auf Vollständigkeit einige wesentliche Elemente des Sozialstaats in Deutschland vorgestellt. Die Auswahl orientiert sich einerseits an der (finanziellen) Bedeutung im Sozialsystem, zum anderen daran, ob sich besonders vordringliche Fragen und ordnungspolitische Probleme herausarbeiten lassen. Nicht alle Bereiche, die interessante Aspekte aufweisen, konnten in diesem einführenden Beitrag aufgenommen werden: So wird weder die Pflegeversicherung noch die Europäische Sozialcharta dargestellt; auch die Behindertenpolitik und weitere andere Bereiche wurden nicht berücksichtigt. Dies bedeutet nicht, daß sie als unwesentlich anzusehen sind, sondern lediglich, daß die bei ihnen auftretenden kategorialen Probleme schon in anderen Abschnitten angeschnitten worden sind.

Danach werden Krisenelemente des Sozialstaates aufgezeigt und Reformvorschläge referiert. Am Schluß werden „radikale" ordnungspolitische Ansätze zum „Rückbau" des Sozialstaates besprochen. Ökonomische und sozialwissenschaftliche Aspekte der einzelnen Vorschläge werden kritisch diskutiert, von einer sozialpolitischen Wertung wird Abstand genommen.

4.12.2 Grundelemente des Sozialstaates in der Bundesrepublik Deutschland

4.12.2.1 Rentenversicherung

Das umfangreichste Sozialversicherungssystem in der Bundesrepublik Deutschland ist die Rentenversicherung. Sie umfaßt die

- Rentenversicherung der Arbeiter,
- Rentenversicherung der Angestellten und
- die knappschaftliche Rentenversicherung.

Auf die Rentenversicherung entfallen etwa 30% der gesamten Sozialleistungen und rund 9% des Bruttosozialprodukts der Bundesrepublik Deutschland.

Die rechtlichen Grundlagen der Rentenversicherung bestehen in den Ausführungen des Grundgesetzes zur Sozialversicherung (Art. 74, Ziff. 12, Art. 87, Abs. 2, Art. 95, Abs. 1, Art. 120, Abs. 1, Art. 14, Art. 3), dem Gesetz über die Selbstverwaltung in der Sozialversicherung, das Sozialgerichtsgesetz, dem Gesetz über die Errichtung der Bundesversicherungsanstalt für Angestellte, das Bundesversicherungsamtsgesetz und dem Bundesknappschafts-Errichtungsgesetz. Hinzu tritt das Fremdrenten- und Auslandsrentengesetz.

Die Rentenversicherung in der Bundesrepublik Deutschland basiert auf dem „Umlageprinzip": Die Versicherten finanzieren mit ihren Beiträgen die gegenwärtigen Renten im Vertrauen darauf, die nächste Generation werde dieses auch für sie tun. Damit wird Rentenversicherung nicht als gesetzlich verordneter Sparprozeß für das eigene Alter nach dem Muster der privaten Lebensversicherung verstanden, sondern als Solidarvertrag zwischen den Generationen (Generationenvertrag). Die Höhe der Rente wird dabei nach einer „Rentenformel" berechnet. Das Berechnungsprinzip zielt darauf ab, daß die Renten erheblich über dem Existenzminimum liegen und in die Nähe der Erwerbseinkommen gerückt werden. Es geht bei der Rentenversicherung also nicht lediglich um eine Grundsicherung zur Vermeidung von Not im Alter, sondern um eine Lebensstandardsicherung. Die Rente in der Bundesrepublik Deutschland ist „dynamisch", was bedeutet, daß die Rentenanwartschaften und Renten entsprechend der Einkommensentwicklung jährlich angepaßt werden. Dadurch sollen die Rentner den erreichten Lebensstandard aufrecht erhalten, am Produktivitätsfortschritt beteiligt werden und an der laufenden Einkommensentwicklung der Aktiven teilnehmen können.

Die Erhöhung des Leistungsspektrums der Rentenversicherung, die demographische Entwicklung (Zunahme des Anteils der Rentner an der Gesamtbevölkerung) und andere Gründe, wie Einnahmeausfälle durch Rückgang der gesamtwirtschaftlichen Aktivität, aber auch: Belastung der Rentenversicherung durch versicherungsfremde Leistungen, haben zu laufenden Erhöhungen des Beitragssatzes der Rentenversicherung geführt. Zusätzlich zu den Beitragseinnahmen erhält die Rentenversicherung Zuschüsse durch den Bund, zu welchen dieser vom Grundgesetz verpflichtet wird.

In den 70er Jahren allerdings hat die gesetzliche Rentenversicherung hohe Überschüsse erzielt. Die Rentenpolitik reagierte auf diese Überschüsse mit einer starken Leistungsausweitung; dazu gehört die Einführung einer flexiblen Altersgrenze – von 63 bzw. 62 Jahren, die Öffnung der Rentenversicherung für bisher ausgeschlossene Personen wie Selbständige und nicht erwerbstätige Hausfrauen, verbunden mit großzügigen Nachentrichtungsmöglichkeiten, sowie besondere Leistungen zum Ausgleich niedriger Löhne, welche die Bezieher niedriger Einkommen an die Rentenansprüche der Durchschnittsverdiener heranführen.

In der zweiten Hälfte der 70er Jahre begann dann die gesetzliche Rentenversicherung Defizite aufzuweisen. Beitragszahlung der Rentenversicherung für die Krankenversicherung der Rentner, die größere Versicherungsdichte bei den Frauen und andere Ausgabeausweitungen führten zu einer schnellen Abschmelzung der Rücklage der Rentenversicherung, welche die Funktion einer konjunkturellen Schwankungsreserve hat. Die Rentenpolitik reagierte u.a. mit der Herabsetzung der Mindestschwankungsreserve auf eine Monatsausgabe, Beitragserhöhungen und Leistungsbeschränkungen.

Gleichzeitig wurde aber das Leistungsspektrum auch erhöht: die flexible Altersgrenze wurde für besondere Gruppen gesenkt, z. B. für Behinderte, und Künstler und Publizisten wurden in die Rentenversicherung für Angestellte einbezogen.

In den 80er Jahren kam es zu einer weiteren Verschlechterung der finanziellen Situation in der Rentenversicherung, welche hauptsächlich durch die Zunahme der Arbeitslosigkeit hervorgerufen wurde. Hinzu trat, daß die demographische Entwicklung die Finanzierung der Renten durch das Umlageverfahren in zukünftigen Jahrzehnten immer schwieriger erscheinen ließ. Es wurden weitere Reformschritte ergriffen, zu denen insbesondere die Bindung der Renten an die Nettoeinkommen (anstatt an die Bruttoeinkommen) und die Beteiligung der Rentner an den Beiträgen für ihre Krankenversicherung zu nennen sind. Diese und eine Reihe von weiteren Maßnahmen, zu welchen auch die Heraufsetzung des Beitragssatzes in der Rentenversicherung für Arbeiter und Angestellte zählte, führten dazu, daß seit 1985 wieder Überschüsse erzielt wurden und die Schwankungsreserve auf 1,9 Monatsausgaben stieg. Auf der Leistungsseite sind in dieser Zeit die Neuordnung der Hinterbliebenenversorgung und die Verbesserung der sozialen Sicherung der Frauen, u.a. initiiert durch das Bundesverfassungsgericht, besonders bedeutsam. Hinzu trat die Berücksichtigung von Kindererziehungszeiten bei der Bemessung der Rente für Frauen.

In den neunziger Jahren verschärften sich wiederum die Finanzierungs- und Leistungsanforderung an die Rentenversicherung aufgrund der demographischen Entwicklung und der teilweise unbefriedigenden konjunkturellen Tendenzen. Gleichwohl bestärkten die Regierungsparteien und die SPD als größte Oppositionspartei die vier Grundprinzipien, welche bereits der Rentenreform von 1957 zugrunde lagen:

– Finanzierung der Rentenversicherung im Umlageverfahren,
– Lohn- und Beitragsbezogenheit der Rente,
– Lebensstandardsicherung durch die Rentenversicherung,
– Teilhabe der Rentner an der allgemeinen Einkommensentwicklung.

4.12.2.2 Krankenversicherung

Die gesetzliche Krankenversicherung ist der älteste Zweig der deutschen Sozialversicherung. Sie schützt etwa 90% der Bevölkerung im Krankheitsfall. Die Verwaltungsführung liegt bei den Versicherten und ihren Arbeitgebern in eigener Verantwortung.

Von großer Bedeutung ist die Regelung der Beziehung zwischen den Ärzten und den Krankenkassen: Der Gesetzgeber hat mit dem Kassenarztgesetz von 1955 die unmittelbaren Rechtsbeziehungen zwischen Arzt und Krankenkasse beseitigt und die Verhandlungskompetenz für die ärztliche Seite den Kassenärztlichen Vereinigungen übertragen. Damit erhielten die Zusammenschlüsse der Kassenärzte eine starke Position gegenüber der im Vergleich zersplitterten Nachfrageseite der Kassen.[1]

1956 wurden die Rentner vollwertige Mitglieder der jeweiligen Krankenkasse, und ihre Beiträge waren von der Rentenversicherung aufzubringen.

Bereits 1959 kam es zu einem ersten Anlauf zur Reform der Krankenversicherung. Ein wesentliches Reformziel bestand darin, für jede ärztliche Leistung eine Selbstbeteiligung einzuführen. Die Reform scheiterte allerdings an vielfältigen Widerständen verschiedener Verbände, ebenso wie ein zweiter Versuch 1962, der u.a. eine Mitteilung ärztlicher Honorarforderungen an die Versicherten und eine stärkere Belastung der Arbeitgeber vorsah. Anscheinend hat dieses doppelte Scheitern für die nächsten 25 Jahre alle Versuche gelähmt, grundsätzliche Neuerungen in Angriff zu nehmen.[2]

In mehreren Schritten sind in der Vergangenheit die Leistungen der gesetzlichen Krankenversicherung erhöht worden. 1957 wurde durch das Lohnfortzahlungsgesetz die wirtschaftliche Sicherung der Arbeiter im Krankheitsfall wesentlich verbessert und die Karenztage von drei auf zwei Tage verkürzt. Seit 1961 beträgt der Zuschuß der Arbeitgeber bei der Lohnfortzahlung 100% des Nettolohns, und Karenztage fallen weg. Mit der endgültigen arbeitsrechtlichen Regelung durch das Lohnfortzahlungsgesetz von 1969 wurde die Krankenversicherung von der Last der wirtschaftlichen Sicherung der Arbeitgeber im Krankheitsfall – dafür war sie 1883 hauptsächlich geschaffen worden – befreit.

Diese Entlastung der gesetzlichen Krankenversicherung wurde zur Erweiterung des versicherten Personenkreises – z.B. auf Landwirte, Behinderte, Studenten, Künstler[3] – und zur Verbesserung der Leistungen genutzt. Beispiel für wesentliche Leistungssteigerungen sind Maßnahmen zur Früherkennung von Krankheiten, der Anspruch auf Haushaltshilfe bzw. Krankengeld bei Verdienstausfall durch die Betreuung eines kranken Kindes, Leistungserhöhungen bei der Rehabilitation und anderes.

Einige dieser Leistungssteigerungen wurden kontrovers diskutiert, können sie doch als versicherungsfremde Leistungen angesehen werden, die zwar dem Bereich der Familienpolitik zuzuordnen sind, gleichwohl aber der gesetzlichen Krankenversicherung aufgebürdet werden. Hierzu gehört die Gewährung von Haushaltshilfe und die Zahlung von Krankengeld wegen der Betreuung eines kranken Kindes, aber auch die Verlängerung der Familienhilfe für arbeitslose Jugendliche. Ordnungspolitisch „sauber" wäre eine Finanzierung durch die Budgets der entsprechenden staatlichen Akteure – z.B. Ministerien, – anstatt durch die Krankenversicherung. Besonders um-

---

[1] Vgl. Zipperer, M., Krankenversicherung auf Erfolgskurs, in: Erfolg und Zukunft des Sozialstaates, hrsg. v. Bundesminister für Arbeit und Sozialordnung, Bonn 1989, S. 28–44.
[2] Vgl. ebd.
[3] Die Erweiterung des versicherten Personenkreises führte oft zur Entlastung anderer Budgets, zum Beispiel der Sozialhilfe, zu Lasten der gesetzlichen Krankenversicherung.

stritten sind in diesem Zusammenhang die Belastung der Krankenversicherung mit den Kosten für Sterilisation und Schwangerschaftsabbruch, die der Gesetzgeber als flankierende Maßnahmen zur Reform des §218 eingeführt hat.

Eine Folge der Leistungssteigerung und der Ausweitung der gesetzlichen Krankenversicherung auf neue Personenkreise bestand in einem schnellen Anstieg der Ausgaben. In der ersten Hälfte der siebziger Jahre stiegen die Ausgaben jährlich um 16,5% pro Mitglied, während die Beiträge sich nur um 9,6% erhöhten. In der Folge wurden die Beiträge erhöht, und die versicherte Bevölkerung mußte einen immer größeren Teil ihres Erwerbseinkommens für die Ausgaben der Krankenversicherung zur Verfügung stellen.

Trotz der bereits Ende der siebziger Jahre einsetzenden Bemühungen um eine grundlegende Reform der gesetzlichen Krankenversicherung konnte dieser Trend – die Ausgaben steigen schneller als die Einnahmen – nicht gebrochen werden. Hinzu trat alsbald das Problem einer „aus den Fugen geratenen Finanzierung der Krankenversicherung der Rentner".[4]

Die zunehmende Lücke zwischen Einnahmen und Ausgaben der gesetzlichen Krankenversicherung mit dem Zwang zu wiederholten Beitragserhöhungen sowie die schlechteren wirtschaftlichen Rahmenbedingungen gaben Anlaß zu mehreren Kostendämpfungsprogrammen. Das Hauptziel dieser Programme bestand in der Stabilisierung der Beitragssätze. Es sollte im wesentlichen durch zwei Strategien erreicht werden:

– eine Budgetierung der Ausgaben,
– eine einnahmenorientierte Ausgabenpolitik.

Immer wieder wurde auch versucht, gegen Mißbräuche anzugehen, etwa im Bereich der Kuren oder des Zahnersatzes. Von besonderer Bedeutung war und ist die Senkung der Kosten von Krankenhäusern. Trotz intensiver Bemühungen und verschiedener Leistungseinschränkungen konnte jedoch das Ziel der Beitragsstabilität langfristig nicht erreicht werden. Offensichtlich zielten die eher kurzfristig angelegten Maßnahmen zur Kostendämpfung nur auf die Symptome, ohne die eigentlichen Ursachen der problematischen Entwicklung zu treffen.

Seit 1984 stiegen die Beitragssätze zur gesetzlichen Krankenversicherung wieder ständig an, und die Notwendigkeit einer breit angelegten Strukturreform, die an den Ursachen der Fehlentwicklung ansetzte, wurde immer offensichtlicher.

Wiederum war die Stabilität der Beitragssätze das Hauptziel der Politik. Die Strukturreform griff tief in das Leistungsrecht ein, zum Beispiel durch:

– Wegfall des Sterbegeldes,
– Einschränkungen bei Arznei-, Heil- und Hilfsmitteln,
– Einschränkungen bei Fahrtkosten, Kuren, Zahnersatz, Kieferorthopädie
– sowie höheren Zuzahlungen der Patienten.

Trotz des Gesetzes zur Strukturreform im Gesundheitswesen, das 1988 verabschiedet wurde, kam die gesetzliche Krankenversicherung seither nicht zur Ruhe. Die Schere zwischen Einnahmen und Ausgaben schließt sich nicht, und auch in der zweiten Hälfte der neunziger Jahre ist das immer wieder verfolgte Ziel der Beitragsatzstabilität als nicht gesichert anzusehen.

---

[4] Zipperer, M., a.a.O., S. 39.

4.12.2.3 Unfallversicherung

Dem gegliederten Sozialversicherungssystem der Bundesrepublik Deutschland liegt die ordnungspolitische Entscheidung einer bewußten Risikoabgrenzung zugrunde: Die Zuständigkeit der Krankenversicherung im Krankheitsfall, das Einstehen der Rentenversicherung als zentrale Alterssicherung und als Sicherung gegen das Risiko der Invalidität und schließlich die Unfallversicherung als Sicherung gegen Invalidität durch Arbeitsunfälle und Berufskrankheiten. Einem einheitlichen Invaliditätssicherungssystem ist damit eine klare ordnungspolitische Absage erteilt.[5]

Das Unfallversicherungsgesetz von 1884 zielte darauf ab, körperliche Schäden und ihre Folgen, die kausal auf Ereignisse im Betrieb zurückzuführen sind, durch ein öffentlich-rechtliches Haftungssystem zu entschädigen.[6] Der individuelle Unternehmer ist von der Haftung freigestellt, an seine Verpflichtung tritt die alleinige Finanzierungspflicht der Gemeinschaft der Unternehmer, welche allein die Beiträge bestreiten – dies im Unterschied zur Renten- und Krankenversicherung, bei der Arbeitgeber und Arbeitnehmer sich die Beiträge teilen.

Wie die anderen beiden Sozialversicherungen erfuhr auch die Unfallversicherung im Lauf der Zeit eine Ausweitung des versicherten Personenkreises und des Leistungsumfanges. Bis heute gelten die Prinzipien der Gründerzeit:

- Kausalität,
- öffentlich-rechtliche Entschädigung,
- Umlageverfahren mit alleiniger Finanzierung durch die Unternehmer,
- fachliche Gliederung in gewerbliche Berufsgenossenschaften als Versicherungsträger.

Zu den wichtigsten Leistungsverbesserungen der neueren Zeit gehört die Einführung der jährlichen Rentenanpassung. Zusätzlich in den Versicherungsschutz wurden einbezogen:

- Jugendliche in der Ausbildungsphase,
- Schüler und Studenten,
- Kinder in Kindergärten.

Erweiterungen des Versicherungsschutzes betrafen zum Beispiel:

- den ersten Gang des Versicherten zur Bank nach Ablauf eines Lohnzahlungszeitraumes,
- Unfälle auf Umwegen, die ein Versicherter wegen seiner eigenen Berufstätigkeit oder der Berufstätigkeit seines Ehepartners zurücklegen mußte, um sein Kind in fremde Obhut zu geben,
- verbesserte Unfallversicherung von Fahrgemeinschaften.

Damit entfernte sich die gesetzliche Unfallversicherung von ihrer ursprünglichen Intention, Schutz gegen Gefahren im Arbeitsleben zu gewährleisten. Die ordnungspolitische Problematik wird in der aktuellen Diskussion über die Definition von Berufskrankheiten besonders deutlich:

In der heutigen Zeit werden alle Menschen in ihrer Umwelt nachgewiesenen oder

---

[5] Vgl. Thomas, H.-P., Unfallversicherung – Schutz gegen Gefahren der Arbeitswelt, in: Erfolg und Zukunft des Sozialstaates, a.a.O., S. 62–72.
[6] Vgl. im einzelnen Wickenhagen, F., Geschichte der gewerblichen Unfallversicherung, München, Wien 1980, passim.

vermuteten karcinogenen Stoffen und anderen schädlichen Substanzen ausgesetzt. Kritiker des derzeitigen[7] Berufskrankheitensystems fordern, die Ursache von Leiden zunächst einmal im Arbeitsleben zu vermuten und die gesetzliche Unfallversicherung haften zu lassen. Dies läuft auf die gesetzliche Vermutung hinaus, eine Krankheit solange als Berufskrankheit anzusehen, als nicht der Arbeitgeber des Erkrankten den Beweis erbracht hat, daß die Krankheit nicht beruflich verursacht worden ist.

Die Erfüllung dieser bis heute immer wieder erhobenen Forderung würde aber dem Ordnungsprinzip des gegliederten Sozialversicherungssystems widersprechen, nach welchem die Unfallversicherung nur bei möglichst genau definierten beruflichen Risiken ersetzend oder ergänzend zu den anderen Sicherungssystemen hinzutritt. Eine Umkehr der Beweislast würde darauf hinauslaufen, die vielfältigen Gefährdungen und Risiken aus der Umwelt, aus dem privaten Umfeld mit seinen unterschiedlichen Lebensgewohnheiten und dem beruflichen Alltag ausschließlich und gebündelt in Form einer Fiktion in die Arbeitswelt zu verlegen.

4.12.2.4 Regulierung des Arbeitsmarktes und Arbeitsmarktpolitik

Der deutsche Arbeitsmarkt wird durch ein im internationalen Vergleich kompliziertes System geregelt, in welchem dem Staat, den Tarifparteien und dem Einzelnen unterschiedliche Funktionen zugewiesen werden:

- Der Gesetzgeber gibt die wesentlichen Rahmenbedingungen und Mindeststandards vor.
- Die Tarifparteien legen in diesem Rahmen die Masse der Arbeitsbedingungen durch Tarifverträge fest.
- Die Betriebsräte und die Arbeitgeber regeln die speziellen betrieblichen Arbeitsbeziehungen.
- Die einzelnen Arbeitnehmer und Arbeitgeber schließen Arbeitsverträge ab, beenden sie und gestalten sie inhaltlich im vorgegebenen Rahmen der Gesetze und Tarifverträge.

Die Regulierung des Arbeitsmarktes beruht im wesentlichen auf drei Säulen:

- Gesetzliches Arbeitsrecht.
- Normsetzung durch Tarifvertragsparteien.
- „Richterrecht": Die Arbeitsgerichte entwicklen Grundsätze zur Auffüllung von Lücken im Arbeitsrecht. Mit dieser besonderen Rolle nimmt die Arbeitsrechtsprechung gleichsam Funktionen des Gesetzgebers wahr.

4.12.2.4.1 Schutzgesetze

Von besonderer sozialstaatlicher Bedeutung ist das Kündigungsschutzgesetz, verlangt es doch, daß eine ordentliche Kündigung sozial gerechtfertigt sein muß. Weitere Gesetze zur sozialen Ausgestaltung des Arbeitsmarktes betreffen die Heimarbeit (Heimarbeitsgesetz); die Lohnfortzahlung (Lohnfortzahlungsgesetz) und den Schutz von schwangeren Frauen und Müttern (Mutterschutz) sowie von Behinderten und den Jugendarbeitsschutz.

Den Arbeitsschutzgesetzen ist gemeinsam, daß sie die Arbeitnehmer, die in einem Betrieb beschäftigt sind, vor als schädlich oder als unangemessenen angesehenen Belastungen schützen und den Arbeitgeber teilweise zu Zahlungen verpflichten (Mutterschutz, Lohnfortzahlung). Sie werden kontrovers beurteilt, da sie zwar die

---

[7] Vgl. im einzelnen die Darstellung bei Thomas, H.-P., a.a.O.

Arbeitnehmer schützen, die einen Arbeitsplatz haben (Insider), jedoch Marktzutrittsbarrieren für jene schaffen, die einen Arbeitsplatz suchen (Outsider).

4.12.2.4.2 Tarifverträge

1949 erfolgte in Deutschland der übergreifende Zusammenschluß der Industriegewerkschaften zum Deutschen Gewerkschaftsbund, 1950 wurde von den Alliierten die Bundesvereinigung der Deutschen Arbeitgeberverbände als Selbstverwaltungsorganisation der Arbeitgeber anerkannt. Die Gewerkschaften und die Arbeitgeberverbände bilden die Vertragsparteien im Rahmen der Tarifautonomie. Das Bundesverfassungsgericht hat festgestellt, daß die grundgesetzlich gesicherte Koalitionsfreiheit und Tarifautonomie auch begründet, daß der Staat ein Tarifvertragssystem zur Verfügung stellen muß.[8]

Im Tarifvertragsgesetz wird entsprechend geregelt,

– wer Partei des Tarifvertrags sein kann,
– welchen Inhalt der Tarifvertrag haben kann,
– wer tarifgebunden ist,
– wann Tarifverträge für allgemeinverbindlich erklärt werden können,
– wie ein Tarifvertrag gegen Umgehungen gesichert wird.

Die Vereinbarungen der Tarifverträge haben die Qualität von Rechtsnormen. Sie gelten als Mindestbedingungen, von denen nicht abgewichen werden darf, falls sich die Abweichung zuungunsten der Arbeitnehmer auswirkt.

Im Lauf der letzten Jahrzehnte haben sich die Inhalte von Tarifverträgen ausgeweitet. Während in den fünfziger Jahren der Lohn als Grundlage eines angemessenen Lebensstandards im Vordergrund stand, trat bald eine Orientierung auf die Verbesserung wirtschaftlicher und sozialer Arbeitsbedingungen hinzu. Oft enthielten solche Tarifverträge Regelungen, die später Bestandteile von Gesetzen wurden. Dies gilt zum Beispiel für die Lohnfortzahlung für Arbeiter im Krankheitsfall, die aufgrund eines sechzehnwöchigen Streiks der Metallarbeiter in Schleswig-Holstein 1956/57 erreicht wurde.

Weitere, im Zeitablauf wichtiger werdende Inhalte von Tarifverträgen betreffen die wöchentliche Arbeitszeit, den Urlaub, das Weihnachtsgeld, den Schutz vor den Folgen moderner Technologien, Kündigungsschutz, Verdienstsicherung älterer Arbeitnehmer, Bildungsurlaub, Qualifizierung der Arbeitnehmer, Vorruhestand und Einführung neuer Techniken. Diese exemplarische Aufzählung mag verdeutlichen, daß, ähnlich wie andere sozialstaatliche Regelungen, auch die sozialstaatliche Ausgestaltung des Arbeitsmarktes mit der Zeit immer weitere Aspekte umfaßt hat.

4.12.2.4.3 Mitbestimmung

Zum Markenzeichen deutscher Sozialstaatlichkeit in der Arbeitswelt gehören auch die betriebliche Mitbestimmung und die Unternehmensmitbestimmung. Die Fundamente des Betriebsverfassungsgesetzes bestehen in

– dem von der gesamten Belegschaft gewählten Betriebsrat als Organ der Betriebsverfassung,
– dem Grundsatz der vertrauensvollen Zusammenarbeit,

---

[8] Vgl. Wlotzke, O., Arbeitsrecht bewährt und unverzichtbar, in: Erfolg und Zukunft des Sozialstaats, a.a.O., S. 45–61.

- der betrieblichen Friedenspflicht,
- dem Vorrang des Tarifvertrages.

Im Lauf der Zeit ist der Schutz der betriebsverfassungsrechtlichen Funktionsträger und die Präsenz der Gewerkschaften in der Betriebsverfassung gestärkt worden.

Erweiterungen gab es auch hinsichtlich der Beratungs- und Informationsrechte des Betriebsrates bei der Einführung neuer Techniken, der Rechte der Jugend- und Auszubildendenvertretung und der Rechte von Minderheiten.

Zur Betriebsverfassung tritt im deutschen Sozialstaat die Unternehmensmitbestimmung, welche sich auf das gesamte Unternehmen als Wirtschaftseinheit bezieht:

- Das Mitbestimmungsgesetz wird auf Unternehmen mit mehr als 2000 Mitarbeitern angewandt und sieht vor, daß der Aufsichtsrat paritätisch von Vertretern der Anteilseigner und der Arbeitnehmer besetzt wird. Im Konfliktfall haben die Anteilseigner das Übergewicht.
- Im Montanmitbestimmungsgesetz, welches für die Unternehmen des Bergbaus und der Eisen- und Stahlindustrie gilt, wird eine paritätische Besetzung des Aufsichtsrates vorgesehen, bei der ein neutrales Mitglied im Konfliktfall den Ausschlag gibt.
- Für kleine Unternehmen wird vom Betriebsverfassungsgesetz eine Drittelbeteiligung von Arbeitnehmervertretern vorgesehen.

4.12.2.4.4. Bundesanstalt für Arbeit

Zur Protektion der Arbeitnehmer und der Förderung ihrer Beteiligung an Unternehmensentscheidungen tritt seit den siebziger Jahren die aktive Arbeitsmarktpolitik, welche im wesentlichen durch das Arbeitsförderungsgesetz (AFG) von 1969 bestimmt wird. Die Arbeitsmarktpolitik beruht auf einem konzeptionellen Grundgedanken, welcher der keynesianischen Wirtschaftstheorie entstammt und nicht allein dem AFG, sondern auch anderen wirtschaftspolitisch relevanten Gesetzen, besonders dem „Stabilitätsgesetz", zugrunde liegt: Die keynsianische, nachfrageorientierte Wirtschaftspolitik geht davon aus, daß volkswirtschaftliche Ungleichgewichte durch eine antizyklisch operierende Finanz- und Wirtschaftspolitik überwindbar sind. Hier zeigt sich eine „Geistesverwandtschaft" zwischen sozialstaatlichem Denken und einer bestimmten, eben keynesianischen, Richtung der Konjunkturpolitik.

Ursprünglich diente die Arbeitsmarktpolitik der sozialen Absicherung von Arbeitslosen und der Arbeitsvermittlung. Die Trägerin der Politik ist die Bundesanstalt für Arbeit. Zu den „Kernstücken" sind heute allerdings viele weitere Aktivitäten der Bundesanstalt getreten: Kranken- und Unfallversicherung der Arbeitslosen, Kurzarbeitergeld, Stillegungsvergütung, Konkursausfallgeld, Zuschüsse zu Vorstellungskosten und zur Arbeitsausrüstung, Trennungsbeihilfen bei der Arbeitsaufnahme fern des bisherigen Wohnortes, Überbrückungsbeihilfen bis zur ersten Gehaltszahlung, Anlernzuschüsse, Zuschüsse zur Aus- und Fortbildung u.v.m. Die Zunahme des Leistungsumfanges, die bereits für die Renten-, Kranken- und Unfallversicherung konstatiert wurde, kennzeichnet auch die Arbeitsmarktpolitik im Sozialstaat.

Geprägt von der Auffassung, daß der Staat zu einer vorausschauenden Wachstums-, Struktur- und Arbeitsmarkt Politik verpflichtet und fähig ist, wurde die Fürsorglichkeit der Bundesanstalt für Arbeit immer wieder ausgeweitet. Der ehemals „vorherrschende Versicherungsgedanke mit dem Primat der finanziellen Absicherung der Arbeitnehmer für den Fall der Arbeitslosigkeit wurde zurückgedrängt hinter das Ziel, nach Möglichkeit rechtzeitig Arbeitslosigkeit und unterwertiger Beschäftigung vorzubeugen ... Neben den früher vorrangigen Versicherungsaufgaben bietet sie [die Bundesanstalt für Arbeit, d. Verf.] nun schwerpunktmäßig Dienstleistungen für Arbeitnehmer in allen Stadien ihres Berufslebens an ..."[9]

Die Leistungsexpansion hat, wie bei den anderen Trägern des Sozialstaates, zu einer steigenden finanziellen Belastung geführt; in der Folge sind die Beiträge zur Bundesanstalt für Arbeit mehrfach erhöht worden. Als besonders kostenintensiv erwies sich die Übernahme der Rentenversicherungsbeiträge Arbeitsloser und die Leistungsfortzahlung im Krankheitsfall.

4.12.2.5 Sozialstaatliche Bildungs- und Familienpolitik

Das Bundesausbildungsförderungsgesetz (BAföG) stellt den Kern der sozialen Sicherung für Schüler und Studenten dar. Es dient, wie auch alle anderen Maßnahmen sozialstaatlicher Bildungspolitik, dem übergeordneten Ziel der Chancengerechtigkeit: „Entsprechend dem Prinzip der Chancengerechtigkeit ist jungen Menschen wirtschaftlich die Ausbildung, die ihrer Neigung, Eignung und Leistung entspricht, auch zu ermöglichen, wenn sie und ihre unmittelbaren Angehörigen nicht in der Lage sind, die hierfür erforderlichen Mittel selber aufzubringen."[10] Darüber hinaus wird es als sozialstaatliche Aufgabe der Bildungspolitik angesehen, durch soziale, regionale, kulturelle oder sonstige Gegebenheiten bedingte Beeinträchtigungen abzumildern bzw. zu beheben.

Neben diesen sozialstaatlichen Generalaufträgen verfolgt die Bildungspolitik weitere, spezielle Ziele, zum Beispiel:

- Qualifizierung von Jugendlichen ohne abgeschlossene Berufsausbildung,
- Integration lernbehinderter Jugendlicher in das Berufsleben,
- Förderung besonders Begabter in der beruflichen Bildung,
- Studentenwohnraumbau,
- Berufsförderungs- und Berufsbildungswerke für Kranke und Behinderte,
- Frauenförderung in technikorientierten Berufen.

Auch in der Weiterbildung spielt die Frauenförderung eine immer größere Rolle, etwa bei der beruflichen Wiedereingliederung von Frauen nach der Familienphase.

Die Aufgabe sozialstaatlicher Familienpolitik wird darin gesehen, „Bedingungen zu schaffen, die das Leben in der Familie sowie die Entscheidung für Kinder sowie die Übernahme von Erziehungs- und Betreuungsleistungen erleichtern, aber auch eine gerechte Besteuerung von Eltern im Vergleich zu Kinderlosen sicherstellen".[11] Schwerpunkte bilden der „Familienlastenausgleich", Verbesserungen der Rahmenbedingungen für die Vereinbarkeit von Familie und Beruf, Anerkennung von Erziehungszeiten im Rentenrecht und familienorientierter Wohnungsbau. Hinzu treten Maßnahmen zum Schutz des ungeborenen Lebens.

Der Familienlastenausgleich besteht aus einem System von Kinderfreibeträgen, Kindergeld und Kindergeldzuschlag in Verbindung mit weiteren Sozialleistungen und Steuererleichterungen. Zur sozialstaatlicher Familienpolitik gehört auch das Erziehungsgeldgesetz mit Erziehungsgeld und Erziehungsurlaub sowie die Freistellung von der Arbeit bei Erkrankung eines Kindes mit Anspruch auf Krankengeld für die

---

[9] Rosenmöller, C., Arbeitsmarkt und Ausländerbeschäftigung im Rückblick, in: Erfolg und Zukunft des Sozialstaates, a.a.O., S. 73–87, S. 77f.

[10] Sozialbericht 1993, Hrsg.: Bundesministerium für Arbeit und Sozialordnung, Bonn 1994, S. 39.

[11] Ebd., S. 88.

betreuende Person. Außerdem ist in den alten Bundesländern ein flächendeckendes System gemeinnütziger Familienferienstätten für verschiedene Zielgruppen geschaffen worden: Für kinderreiche Familien, Familien mit behinderten Angehörigen, Alleinerziehende und Familien mit geringem Einkommen. Weitere Leistungen werden für Senioren geboten.

Zur Familienpolitik tritt im deutschen Sozialstaat die Frauenpolitik, die Jugendpolitik und die Seniorenpolitik, die sich, ebenso wie die Familienpolitik, teilweise mit anderen sozialstaatlichen Maßnahmen und Regulierungen überlappen oder diese flankieren.

4.12.2.6 Sozialstaatliche Steuerpolitik und soziale Sicherung

Dem Sozialstaatsprinzip sind in der Steuerpolitik jene Normen zuzuordnen, welche sich zur „Korrektur der Einkommens- und Vermögensverteilung sowie zur Annäherung von Start- und Chancengleichheit eignen".[12] Im wesentlichen handelt es sich dabei um

- den Familienlastenausgleich,
- die Berücksichtigung des Existenzminimums bei der Besteuerung,
- steuerliche Vergünstigung des eigengenutzten Wohneigentums und der Versorgung mit Mietwohnungen,
- der steuerlichen Vergünstigung von Maßnahmen zur Altersvorsorge.

Hinzu treten weitere sozialpolitische Maßnahmen auf dem Gebiet des Steuerrechts, welche die unterschiedlichsten Bereiche betreffen; exemplarisch sei hier die steuerliche Begünstigung der Benutzung öffentlicher Verkehrsmittel auf dem Weg zur Arbeit genannt, steuerliche Maßnahmen im Bereich der Rehabilitierung von Strafgefangenen u. v. m. Sozialstaatliche Begründungen werden auch für die Erhebung des „Solidaritätszuschlages" zur Finanzierung von Aufgaben der deutschen Einheit vorgebracht.[13]

Ein wesentliches Element der sozialen Sicherung stellt im deutschen Sozialstaat das Bundessozialhilfegesetz dar. Es enthält die beiden Leistungsgruppen „Hilfe zum Lebensunterhalt" und „Hilfe in besonderen Lebenslagen" (z. B. Krankenhilfe). Hinzu kommen die Förderung zentraler Einrichtungen, überregionaler Maßnahmen und Modellversuche für besondere Gruppen, z. B. für Wohnungslose oder Straffällige.

Die Ausgaben für die Sozialhilfe sind in den vergangenen Jahren stark angestiegen: In den alten Bundesländern nahmen die Ausgaben für „Hilfe zum Lebensunterhalt" von 1982–1992 um 21 % zu, die Ausgaben für „Hilfe in besonderen Lebenslagen" um 40 %. Grund für den Anstieg war vor allem die starke Zunahme der Empfängerzahl, aber auch die jährliche Anhebung der Regelsätze. Deutliche Leistungssteigerungen bewirkte auch das Schwangeren- und Familienhilfegesetz von 1992. Auf den gestiegenen Sozialhilfeaufwand – er betrug 1992 insgesamt 42,6 Mrd. DM – reagierte die Politik mit gewissen Leistungseinschränkungen bzw. einer Begrenzung des Anstiegs der Regelsätze sowie einer Intensivierung der Mißbrauchsbekämpfung.

Zur Sozialhilfe treten weitere Bereiche der sozialen Sicherung. Zu ihnen gehören u. a.:

- die landwirtschaftliche Sozialpolitik,
- die Unterstützung von Künstlern,

---

[12] Sozialbericht 1993, a.a.O., S. 107.
[13] Vgl. ebd., S. 109.

- die Förderung der freien Wohlfahrtspflege und von Selbsthilfegruppen,
- Verbraucherschutz („Restschuldbefreiung" überschuldeter Haushalte),
- Vermögensbildung (Förderung der Vermögensbeteiligung der Arbeitnehmer und des Bausparens).

4.12.2.7 Wohnungspolitik

Sozialstaatliche Wohnungspolitik zeichnet sich in Deutschland durch drei Hauptelemente aus:

- Wohngeld,
- sozialer Wohnungsbau,
- Mieterschutz.

Für Bezieher niedriger Einkommen besteht ein Rechtsanspruch auf einen staatlichen Zuschuß zur Miete oder zur Belastung bei Wohneigentum („Subjekthilfe"). Etwa 10% aller Miethaushalte in den alten Bundesländern erhalten Wohngeld.[14] Im sozialen Wohnungsbau dagegen werden Finanzhilfen für den Neubau von Miet- und Eigentümerwohnungen sowie für Modernisierung und Instandhaltung (neue Bundesländer) gewährt („Objekthilfe").

Wesentliche Maßnahmen zum verstärkten Mieterschutz enthält die vierte Mietrechtsnovelle von 1993, zum Beispiel:

- Senkung der „Kappungsgrenze" für Mieterhöhungen von 30% auf 20% innerhalb von 3 Jahren für vor dem 1.1.1981 fertiggestellten Wohnraum,
- Begrenzung der Maklergebühren,
- in Gebieten mit gefährdeter Wohnraumversorgung werden Eigenbedarf und wirtschaftliche Kündigungsinteressen für 10 Jahre nicht berücksichtigt.

4.12.3 Die Krise des Sozialstaates

4.12.3.1 Finanzengpässe und ordnungspolitische Unklarheiten

Die kontroversen Diskussionen um Krisenerscheinungen des Sozialstaates entwickeln sich entlang zweier Linien, die als pragmatisch finanzpolitisch und als grundsätzlich ordnungspolitisch bezeichnet werden können:

Die hohe Arbeitslosigkeit in den westlichen Gesellschaften mit stark ausgebautem Sozialstaat – dazu gehören nicht die USA – hat zu einer wachsenden finanziellen Belastung der sozialen Sicherungssysteme geführt. Gleichzeitig nimmt der Anteil der alten Menschen in diesen Ländern zu; diese demographische Entwicklung führt dazu, daß die auf dem Umlageverfahren basierte Altersversorgung teilweise heute, teilweise später, aber heute absehbar, in diesen Ländern in Finanzierungsschwierigkeiten gerät: Entweder müssen die Beiträge zur Rentenversicherung immer weiter erhöht werden, oder die Renten sind in Zukunft zu senken. Die ständige Ausweitung des Kreises von Leistungsempfängern und die Expansion des Leistungsumfanges erreicht Grenzen der Finanzierbarkeit. Zwar tragen die finanziellen Herausforderungen der deutschen Einigung zur Zeit erheblich zur finanziellen Belastung der sozialen Sicherungssysteme bei, jedoch zeigt ein Blick auf die anderen Industriestaaten, daß die genannten Probleme auch generell auftreten und nicht durch die deutsche Einigung verursacht, sondern verschärft werden.

In der grundsätzlich ordnungspolitischen Diskussion wird die Frage nach dem Ver-

---

[14] Vgl. Sozialbericht 1993, a.a.O., S. 103.

hältnis von Staat und Gesellschaft bzw. von individueller Verantwortung und kollektiver Absicherung aufgeworfen. Dabei treffen unterschiedliche Menschenbilder und Gesellschaftskonzeptionen aufeinander: Wird der Mensch primär als Versorgungsobjekt angesehen, so folgt daraus eine durch egalitäre Betreuungsvorstellungen geleitete Wirtschafts- und Sozialpolitik, die tendenziell zentralistisch ausgerichtet ist und in der das Versorgungsprinzip dominant ist. Anspruchs- und Beitragsdenken haben sich als negative Begleiterscheinungen derartiger Konzeptionen erwiesen.

Ein Gegenentwurf orientiert sich am Leitbild der Selbstentfaltung des Menschen in Wettbewerbssituationen. Als Konsequenz folgt daraus nicht das Versorgungsprinzip, sondern das Subsidiaritätsprinzip. Aus der Perspektive des Menschenbildes stellt sich dabei die Frage nach den anthropologisch normativen Voraussetzungen für den Erfolg einer auf Selbsthilfe setzenden Wirtschafts- und Sozialpolitik.

Ursprünglich verfolgte sozialstaatliche Politik die Zielsetzung der Armutsbekämpfung und richtete sich nur auf eine relativ kleine Zahl von Adressaten. Die unter Bismarck geschaffene Invaliden- und Alterssicherung bezog zwar alle Arbeiter und Angestellten bis zu einer gewissen Einkommenshöhe ein, jedoch wurden die erst vom 70. Lebensjahr an geltenden – niedrigen – Renten aufgrund der damaligen Lebenserwartung an weniger als 1% der Bevölkerung ausgerichtet. Auch als Deutschland als erstes Land der Welt 1916 den Beginn des Rentenalters auf 65 Jahre senkte, nahm der Anteil der Rentenbezieher auf kaum 3% der Bevölkerung zu. Es war daher möglich, die Rentenversicherung mit niedrigen, zweckgebundenen Beiträgen zu finanzieren.

Ganz anders stellt sich die Situation der sozialen Sicherungssysteme heute dar, was wiederum exemplarisch an der Rentenversicherung verdeutlicht wird: Der Anteil der über Sechzigjährigen an der Gesamtbevölkerung überschreitet 1995 20% und wird für das Jahr 2030 auf über 37% geschätzt.[15] Die daraus offensichtlich resultierenden praktischen Finanzierungsprobleme im Umlageverfahren haben die grundsätzlich ordnungspolitische Diskussion befördert. Die erfreuliche Zunahme der Lebenserwartung, die einer reichen Industriegesellschaft adäquaten höheren Ansprüche an den Lebensstandard im Alter auf der einen Seite und die sinkenden Geburtenraten, allerdings auch die hohe Arbeitslosigkeit, haben die politische Praxis mit Finanzierungsproblemen konfrontiert, die ohne grundsätzliche ordnungspolitische Neuorientierungen auf Dauer nicht zu bewältigen sein werden.

Die ordnungspolitische Problematik des Sozialstaates hat zwei Dimensionen: Zur Frage nach der zweckmäßigen Aufgabenteilung von individueller und kollektiver Absicherung tritt die sozialstaatsimmanente Problematik der inneren Ordnung der einzelnen kollektiven sozialen Sicherungssysteme: Konnte zum Beispiel in der Anfangszeit der Bundesrepublik Deutschland noch von einem gegliederten Sozialversicherungssystem gesprochen werden, in welchem Renten-, Unfall- und Krankenversicherung sowie Arbeitslosenversicherung für die Sicherung gegen relativ genau definierte Risiken zuständig waren, so tritt dem Bürger heute ein sozialstaatliches System gegenüber, dessen Zuständigkeitsbereiche nicht mehr klar geordnet sind.[16] Das „soziale Netz" zeigt keine einheitliche Grammatik mehr, immer mehr Institutionen sind für die unterschiedlichsten Risiken zuständig, das System ist nicht nur anonym – das war es „naturgemäß" als kollektives immer –, sondern auch unübersichtlich, ähnlich wie das System der Steuern und Abgaben. Die Zunahme an Anonymität und Un-

---

[15] Berechnet nach Niemeyer, W., Die Rentenversicherung als Kernstück der sozialen Sicherung, in: Erfolg und Zukunft des Sozialstaates, a.a.O., S.25.
[16] Vgl. dazu im einzelnen die exemplarischen Ausführungen des Abschnitts 2 dieses Beitrages.

übersichtlichkeit sowohl der Steuern und Beiträge als auch der Leistungssysteme stärkt die zentralen Gewalten, letztlich die des Staates über den Bürger. Hinzu tritt die Belastung der Sozialversicherungssystem mit „versicherungsfremden" Leistungen, die in einzelnen Bereichen Defizite hervorbringen, deren Ursachen in staatlichem Handeln auf ganz anderen Gebieten liegen.

4.12.3.2 Pluralisierung der Lebensstile und unvollständige Versicherungsbiographien

Die bisher gültige Konzeption des Sozialstaates, insbesondere die drei großen Versicherungssysteme, basieren auf gesellschaftlichen Leitbildern und Trends, die die volkswirtschaftliche Realität nur noch unzutreffend beschreiben:[17]

- Auf der Aufbringungsseite gilt das Leitbild des vollzeitbeschäftigten, lebenslangen Arbeitsverhältnisses („Normal-Arbeitsverhältnis").
- Auf der Leistungsseite herrschte in der Vergangenheit das Leitbild des vollerwerbstätigen Ehemanns und seiner nicht erwerbstätigen, kindererziehenden Ehefrau vor.

Wenngleich diese Leitbilder heute und in Zukunft keineswegs obsolet sind, so sind doch Trends fort von den traditionellen Familientypen und den entsprechenden Normal-Arbeitsverhältnissen unübersehbar:

- zunehmende Frauenerwerbstätigkeit,
- zunehmende Teilzeitbeschäftigung und Unterbrechung der Erwerbstätigkeit,
- Anwachsen der Freizeit und zunehmender Wunsch nach Arbeitszeitflexibilisierung bei Arbeitnehmern wie bei Arbeitgebern,
- Zunahme der „neuen" Selbständigen,
- Zunahme von Alleinerziehenden,
- niedrigere Geburtenhäufigkeit,
- Zunahme nicht-ehelicher Lebensgemeinschaften.

Die mit diesen Trends verbundene Zunahme unvollständiger Versicherungsbiographien erzeugt bei den Versicherten Versorgungsprobleme bei Renten- und Arbeitslosenversicherung und damit eine verstärkte Belastung der Sozialhilfe. In der Krankenversicherung kommt es dagegen zu Finanzierungsproblemen. Die Zunahme selbständiger Existenzen und flexibler Arbeitsverhältnisse wird vom bisherigen starren Sicherungssystem kaum berücksichtigt.

4.12.3.3 Überlastung der Sicherungssysteme durch kurzfristiges Krisenmanagement und Ordnungsverlust

Im Konzert der Institutionen zur sozialen Sicherung hatten die deutschen Sozialversicherungseinrichtungen bei ihrer Gründung und späteren Ausgestaltung in der Anfangszeit der Bundesrepublik Deutschland einen Sonderstatus:[18]

- gegenüber der staatlichen Fürsorge durch die Beitragsabhängigkeit der Leistungen und ihre Orientierung an der relativen Höhe der Beiträge (sozialversicherungsmäßige Äquivalenz);

---

[17] Vgl. Wagner, G., Thiede, R., Eine integrierte Sozial- und Arbeitsmarktpolitik weist den Weg in die Zukunft des Sozialstaates, in: Sozialstaat 2000, Hrsg.: R. Heize, Bonn 1988 (2. Aufl.), S. 253–266, passim.
[18] Vgl. Kleinhenz, G., Die Zukunft des Sozialstaats, in: Hamburger Jahrbuch für Wirtschafts- und Gesellschaftspolitik, Bd. 37 (1992), S. 43–71, passim.

- im Gegensatz zu Steuern durch die Zweckbindung der Beiträge;
- durch die soziale Selbstverwaltung[19] durch Vertreter der Versicherten und der Arbeitgeber, teilweise auch des Staates.

Diese Sonderstellung der Sozialversicherungseinrichtungen ist nach dem zweiten Weltkrieg immer weiter abgebaut worden.

Die Besonderheit der überwiegenden Finanzierung durch Beiträge wurde mittelbar dadurch aufgelöst, daß die Bundeszuschüsse für versicherungsfremde Leistungen als Ausgleichsmasse im Staatshaushalt verwandt und Einnahmeüberschüsse einer Einrichtung zur Deckung von Defiziten in anderen Bereichen eingesetzt wurden.[20] Diese Praxis des „Verschiebebahnhofs" (Lampert) führt zur Erosion des Vertrauens der Versicherten in die Reziprozität von Beitrags- und Versicherungsleistungen. Für den einzelnen lohnt sich Leistung nicht mehr, wenn Sozialversicherungsbeiträge nicht mehr als Leistung für eine gleichwertige Gegenleistung angesehen werden können, sondern zusammen mit den Steuern insgesamt als staatliche Belastung der Leistungseinkommen gelten müssen.

4.12.3.4 Grenzen der volkswirtschaftlichen Belastbarkeit

Mit 1063 Mrd. DM machte das Sozialbudget in Deutschland 34% des Bruttosozialprodukts aus[21], in den neuen Bundesländern beträgt die Quote 70%. Wesentliche Tranchen entfielen auf die Rentenversicherung (318 Mrd. DM), die Krankenversicherung (210 Mrd. DM) und die Arbeitsförderung (132 Mrd. DM). Der Anteil des Sozialbudgets am BSP betrug 1960 noch 22,8%, mithin ist seither das Sozialbudget schneller gewachsen als das Sozialprodukt.[22]

Die unmittelbaren Vorteile für die Empfänger der Leistungen sind offenkundig, problematisch dagegen sind die längerfristigen Auswirkungen auf das Verhalten der Empfänger (Leistungsbereitschaft), die Leistungsfähigkeit der Wirtschaft und die langfristige Stabilität der Sozialsysteme.

Die Finanzierung der Sozialversicherungen belastet weitgehend den Faktor Arbeit. Der verschärfte Wettbewerb im Verlauf der wirtschaftlichen Globalisierung erlaubt es den Volkswirtschaften der Industrieländer nicht, ihren Produzenten – also Arbeitnehmern und Arbeitgebern – weiterhin hohe oder gar höhere Beiträge zu den Sozialversicherungen aufzubürden. Auch die finanzielle Situation des Staatshaushaltes erlaubt keine weiteren Belastungen mehr. In der Folge gerät heute in allen europäischen Ländern – den traditionellen Sozialstaaten – das Sozialbudget wegen seiner Höhe und wegen seiner volkswirtschaftlichen Effekte in die Kritik.

---

[19] Vgl. aus ordnungspolitischer Sicht Lampert, H., Soziale Selbstverwaltung als ordnungspolitisches Prinzip staatlicher Sozialpolitik, in: Selbstverwaltung als ordnungspolitisches Problem des Sozialstaates, Hrsg.: H. Winterstein, Bd. II, Berlin 1984, zit. n. Kleinhenz.

[20] Ein aktuelles Beispiel besteht in der Beanspruchung der Rentenversicherung für Aufgaben der deutschen Einigung, für welche der Staatshaushalt einspringen müßte. Eine Erhebung des Verbandes der deutschen Rentenversicherer veranschlagt die Belastung durch versicherungsfremde Leistungen 1993 auf fast 32 Mrd. DM. Vgl. Neue Zürcher Zeitung v. 14.2.1996, S. 9.

[21] Vgl. Sozialbericht 1993, a.a.O., Tabellenanhang, passim.

[22] Gewiß hatten die Belastungen durch die deutsche Einheit Anteil daran, aber die 30%-Marke wurde bereits in den siebziger Jahren überschritten.

4.12.4 Neuorientierung sozialstaatlicher Politik

4.12.4.1 Reformvorschläge

4.12.4.1.1 Erhöhung der Erwerbsbeteiligung

Die Stabilität der sozialen Sicherungssysteme wird u. a. wesentlich durch die demographische Entwicklung und das Umlageverfahren in Frage gestellt.[23] Reformvorschläge zielen deshalb darauf ab, den Geburtenrückgang durch eine Erhöhung der Erwerbsbeteiligung zu kompensieren.[24]

Mögliche Maßnahmen wären eine Erhöhung des Rentenalters und eine Verkürzung der Ausbildungszeiten. Insbesondere wird auch auf eine Steigerung der Frauenerwerbsquote gesetzt, in erster Linie auf dem Feld der sozialen Dienstleistungen. In diesem Zusammenhang wird auch eine Erhöhung der Teilzeitarbeitsplätze gefordert, um „partnerschaftliche Erwerbstätigkeit" (Wagner/Tiede) zu ermöglichen, wenn – vielleicht flankiert durch Arbeitszeitverkürzung auf 30 Wochenstunden – dadurch auch Männer mehr Zeit für Kindererziehung und Betreuung Pflegebedürftiger hätten.

Die vielschichtige Problematik der Arbeitszeitverkürzung kann hier nicht behandelt werden. Gewiß ist, daß eine Erhöhung der Erwerbsbeteiligung die Einnahmen der Sozialversicherung steigern kann; ob sie soweit möglich ist, daß die demographische Entwicklung kompensiert wird, ist heute kaum abzuschätzen. Unsicher ist auch der Effekt der Zuwanderung. Bedenkt man, daß sicher obere Grenzen für die Erwerbsbeteiligung anzunehmen sind, so erscheint dieser Weg höchstens mittelfristig die Probleme der sozialen Sicherungssysteme entschärfen zu können.

4.12.4.1.2 Wiederbelebung der Selbstverwaltung

Die Selbstverwaltung der Sozialversicherungen ist durch die weitgehende gesetzliche Festlegung der Leistungen in ihrer Bedeutung geschwächt worden. Eine Rückverlagerung von Gestaltungskompetenzen auf der Beitrags- und Leistungsseite könnte die Selbstverantwortung der Sozialversicherung stärken und sie unabhängiger von der Tagespolitik, insbesondere von wahltaktischem Ge- und Mißbrauch machen. Auch könnte eine gestärkte Selbstverwaltung wahrscheinlich leichter Selbstkontrolle gegenüber mißbräuchlicher Nutzung der Sicherungseinrichtungen und gegenüber Ausbeutung der Solidargemeinschaft durch einzelne ausüben und einen Ausstieg aus der Ausgaben-Beitragserhöhungsspirale leichter und mit mehr Akzeptanz vertreten als der durch Sicherheitsversprechen gebundene Staat.

4.12.4.1.3 Absenkungen der Leistungen des Sozialstaates

Eine Entlastung insbesondere der Altersicherung könnte durch die Relativierung des 1957 gegebenen Leistungsversprechens hinsichtlich der Lebensstandardsicherung erreicht werden. Für die Altersversorgung wird wohl im nächsten Jahrtausend ein „Drei-Säulen-Modell" an die Stelle der heute dominierenden gesetzlichen Rentenversicherung treten: Die drei Säulen der Altersicherung bilden dabei die gesetzliche

---

[23] Vgl. ausführlich Miegel, M., Wahl, S., Gesetzliche Grundsicherung, private Vorsorge – Der Weg aus der Rentenkrise, Stuttgart 1985.
[24] Vgl. Wagner, G., Thiede, a.a.O., S. 257ff., Leenen, W.R., Die Bevölkerungsentwicklung aus Sicht der Bundesrepublik – Skeptische Anmerkungen zu einer aktuellen Diskussion, in: Bevölkerungsrückgang – Risiko und Chance, Loccumer Protokolle 23, 1978 o.O., S. 17–41.

Rente – aber nicht mehr ausreichend zur Lebenstandardsicherung, sondern nur als Grundversorgung zur Vermeidung von Armut, sowie die Betriebsrenten und private Versicherung.

Auch für die Krankenversicherung wären vergleichbare Modelle denkbar, die auf einer gesetzlichen Mindestsicherung basieren, wobei der einzelne, wenn er darüber hinausgehende Absicherung wünscht, diese am freien Versicherungsmarkt erwerben müßte. Für andere Leistungen des Sozialstaates – Sozialhilfe, Arbeitslosenversicherung, sozialstaatliche Bildungs- und Wohnungspolitik etc. – lassen sich ebenfalls Rückbaumodelle des Sozialstaates entwickeln, die mehr oder minder die staatliche „Rundumvorsorge" reduzieren und an den privaten Sektor verweisen.

Akzeptanz und Erfolg solcher Maßnahmen sind allerdings im vorhinein schwer zu beurteilen. Zwar dürften die Beitragszahler ein hohes Interesse an einer Verminderung der Belastung haben, aber die Zahl der Leistungsempfänger, die in einem Rückbau des Sozialstaates direkte Nachteile hinnehmen müßten, ist ebenfalls hoch und stellt in der Tagespolitik eine wichtige Klientel dar. Da sowohl das Leistungsspektrum als auch die Beitragsseite im modernen Sozialstaat außerordentlich an Eigendynamik gewonnen und an Übersichtlichkeit verloren haben und sich deshalb der Zusammenhang zwischen Beiträgen und Leistungen dem einzelnen immer schwerer erschließt, befindet sich die Sozialpolitik in einem Dilemma: Eine Erhöhung der Beiträge wird nur schwer akzeptiert, da die „faire" Gegenleistung immer schwerer zurechenbar ist; eine Senkung des Leistungsniveaus ist unpopulär, weil eine korrespondierende Belastungssenkung im Beitrags-Steuer-Leistungs-Netz kaum darstellbar ist.

4.12.4.2 Grundsätzliche Neuorientierungen

Der hohe Anteil der Sozialausgaben am Bruttosozialprodukt, die damit einhergehende zunehmende Belastung der privaten Einkommen durch Beiträge und Steuern, besonders aber die Belastung des Faktors Arbeit und die öffentlichen Defizite haben in den letzten Jahren zu einer stärkeren Hinwendung der wissenschaftlichen und politischen Diskussion zu grundsätzlichen ordnungspolitischen Aspekten beigetragen. Im Zentrum steht dabei die Frage nach der Verteilung von privater und kollektiver Verantwortung für die Absicherung von Risiken.

Liberale Kritiker des Sozialstaates fordern eine konsequente Trennung von Staat und Gesellschaft und damit die Privatisierung der sozialen Sicherung in allen Lebensbereichen. Eine solche weitgehende Deregulierung und Privatisierung der sozialen Sicherungssysteme würde gewiß ein fundamentales Umdenken in zahlreichen Bereichen bedingen. Dies sei beispielhaft am „Generationenvertrag" verdeutlicht.

Zunehmend wird das Gebiet der Generationenbeziehung in der sozialwissenschaftlichen Forschung thematisiert.[25] Eine schwedische Umfrage kam 1994 zu dem Ergebnis, daß mehr als die Hälfte der Bevölkerung finanzielle Schwierigkeiten der Eltern nicht als ihr eigenes Problem betrachte, sondern als Problem des Staates.[26] Solche und vergleichbare andere Erhebungen in verschiedenen Staaten deuten darauf hin, daß „soziale Wärme" durch kollektive Sicherungsinstitutionen nicht gesichert wird und ethische Grundlagen privaten Zusammenlebens erodiert werden.

---

[25] Vgl. Lüscher, K., Schultheis, F. (Hrsg), Generationenbeziehungen in „postmodernen Gesellschaften": Analysen zum Verhältnis von Individuum, Familie, Staat und Gesellschaft, Konstanzer Beiträge zur sozialwissenschaftlichen Forschung, Bd. 17, Konstanz 1993.
[26] Vgl. Neue Zürcher Zeitung v. 6.10.1994, S. 27

Im Sozialstaat sind zunehmend Verantwortungsbereiche von sozialen „Primärsystemen" wie Familie und Nachbarschaft auf „Sekundärsysteme" wie Staat und Versicherungen übertragen worden. Dies wurde einerseits als Freiheitsgewinn angesehen, befreite es doch das Individuum aus der sozialen Kontrolle und der Enge der Kleingruppe. Die Sekundärsysteme treten aber heute dem Einzelnen anonym gegenüber und drohen an Finanzengpässen zu scheitern. Ihr Rückbau und die Verlagerung ihrer Zuständigkeit auf Primärsysteme steht jedoch vor dem Problem, daß die Substitution privater durch kollektive Verantwortung die ehemals funktionsfähigen Primärsysteme stark in Mitleidenschaft gezogen hat.

Heute besteht die Gefahr, daß die normativen Voraussetzungen für eine „Bürgergesellschaft" in Teilen der Bevölkerung nicht mehr erfüllt sind: Der Generationenvertrag wird nicht mehr als persönliche Angelegenheit angesehen, Solidarität an Institutionen delegiert. Ob dieser Prozess irreversibel ist, muß als ungewiß angesehen werden.

Eine vollständige „Rückgabe" sozialer Risiken an die Familie – bei gleichzeitiger Entlastung von Steuern und Beiträgen – ist kaum realistisch und wird wohl auch mehrheitlich nicht gewünscht. Eine Alternative bestände dann im verstärkten Angebot privater Sicherungen. Ein reformiertes soziales Sicherungssystem müßte auch nach dieser Auffassung[27] eine Reihe von Mindestanforderungen erfüllen:

- Transparenz: Versicherungen müßten ihre Berechnungen auf dem (Gruppen-)Risiko basieren und das Prinzip der Gleichwertigkeit und Nachvollziehbarkeit von Leistung und Gegenleistung wahren. Dabei wäre der Umverteilung zu entsagen. Zur Transparenz gehört auch eine niedrige Zahl von Leistungs- und Beitrags-„Kanälen" und von Institutionen.
- Wahlmöglichkeiten: Die einzelnen müßten zwischen unterschiedlichen, den eigenen Bedürfnissen und Möglichkeiten angepaßten Leistungspaketen und zwischen im Wettbewerb stehenden Anbietern wählen können.
- Selbstverantwortung: Obligatorische und kollektive Sicherungssysteme sollten nur für jene Risiken bestehen, die der einzelne nicht aus eigener Kraft bewältigen kann. Alle anderen Risiken sollten privat bzw. über Marktangebote verarbeitet werden.
- Bedürftigkeit: Die Sozialpolitik sollte Hilfen auf Antrag und nur an Bedürftige leisten, Sozialhilfe nicht als Rechtsanspruch ansehen. Dies bedeutet auch den Übergang von der Objekt- zur Subjektförderung.

Literaturhinweise

Kleinhenz, G., Die Zukunft des Sozialstaates, in: Hamburger Jahrbuch für Wirtschafts- und Gesellschaftspolitik, Bd. 37 (1992), S. 43–71.
Lampert, H., Soziale Selbstverwaltung als ordnungspolitisches Prinzip staatlicher Sozialpolitik, in: Selbstverwaltung als ordnungspolitisches Problem des Sozialstaates, Hrsg.: H. Winterstein, Bd. II, Berlin 1984.
Leenen, W. R., Die Bevölkerungsentwicklung aus Sicht der Bundesrepublik – Skeptische Anmerkungen zu einer aktuellen Diskussion, in: Bevölkerungsrückgang – Risiko und Chance, Loccumer Protokolle 23, 1978 o. O., S. 17–41.
Lüscher, K., Schultheis, F. (Hrsg), Generationenbeziehungen in „postmodernen Gesellschaften": Analysen zum Verhältnis von Individuum, Familie, Staat und Gesellschaft, Konstanzer Beiträge zur sozialwissenschaftlichen Forschung, Bd. 17, Konstanz 1993.

---

[27] Vgl. ebd.

Miegel, M., Wahl, S., Gesetzliche Grundsicherung, private Vorsorge – Der Weg aus der Rentenkrise, Stuttgart 1985.

Niemeyer, W., Die Rentenversicherung als Kernstück der sozialen Sicherung, in: Erfolg und Zukunft des Sozialstaates, hrsg. v. Bundesminister für Arbeit und Sozialordnung, Bonn 1989.

Rosenmöller, C., Arbeitsmarkt und Ausländerbeschäftigung im Rückblick, in: Erfolg und Zukunft des Sozialstaates, hrsg. v. Bundesminister für Arbeit und Sozialordnung, Bonn 1989, S. 73–87.

Sozialbericht 1993, Hrs.: Bundesministerium für Arbeit und Sozialordnung, Bonn 1994.

Thomas, H.-P., Unfallversicherung – Schutz gegen Gefahren der Arbeitswelt, in: Erfolg und Zukunft des Sozialstaates, hrsg. v. Bundesminister für Arbeit und Sozialordnung, Bonn 1989.

Wagner, G., Thiede, R., Eine integrierte Sozial- und Arbeitsmarktpolitik weist den Weg in die Zukunft des Sozialstaates, in: Sozialstaat 2000, Hrsg.: R. Heinze, Bonn 1988 (2. Aufl.), S. 253–266.

Wickenhagen, F., Geschichte der gewerblichen Unfallversicherung, München Wien 1980.

Wlotzke, O., Arbeitsrecht bewährt und unverzichtbar, in: Erfolg und Zukunft des Sozialstaats, hrsg. v. Bundesminister für Arbeit und Sozialordnung, Bonn 1989, S. 45–61.

Zipperer, M., Krankenversicherung auf Erfolgskurs, in: Erfolg und Zukunft des Sozialstaates, hrsg. v. Bundesminister für Arbeit und Sozialordnung, Bonn 1989, S. 28–44.

4.13 Die Ethik der Marktwirtschaft
Hermann May

4.13.1	Vorbemerkung	501
4.13.2	Die Ethik im Modell der Marktwirtschaft	501
4.13.3	Die Ethik der Sozialen Marktwirtschaft	504
4.13.4	Leistungsgrenzen der Sozialen Marktwirtschaft	508
4.13.5	Schlußbemerkung	510
Literaturhinweise		511

4.13.1 Vorbemerkung

Jedes Wirtschaftssystem[1] respektive jede aus einem solchen abgeleitete Wirtschaftsordnung impliziert eine bestimmte Moral, das heißt ein normatives Element, das das Wollen der darin handelnden Menschen zum Ausdruck bringt. Dieses zu Moralregeln verdichtete Wollen ist – folgen wir Friedrich A. von Hayek – nicht als ein Ausfluß des menschlichen Geistes zu verstehen, sondern als das Ergebnis von spontanen Entwicklungsprozessen, in denen der Zufall Pate stand. Die für das wirtschaftliche Handeln geltenden Moralregeln können nicht losgelöst von den für den gesellschaftlichen und staatlichen Bereich geltenden gesehen werden; sie verbinden quasi diese Teilsysteme zu einem einheitlichen Gesamtsystem.

Die ökonomischen Teilsysteme der Moderne finden ihre Konkretisierung in der **Zentralverwaltungswirtschaft** einerseits und in der **freien Marktwirtschaft** andererseits. Die Zentralverwaltungswirtschaft ist gesellschaftspolitisch vom Kollektivismus und staatspolitisch vom Totalitarismus des Einparteiensystems getragen. Recht ist, was den Zielen der Partei dient (Parteimoral). In der Verfolgung dieser Ziele heiligt der Zweck die Mittel. Die Zentralität der Entscheidung und Verwaltung ist durchgängig. Ihr hat sich der einzelne in der Gemeinschaft aller zu fügen, die sich ihrerseits selbst zu einer neuen Einheit, dem Kollektiv, hypostasiert und als solche mehr ausmacht als die Summe der umfaßten Individuen.[2] Die emotionale Basis dieser Einheit ist das Gemeinschaftsgefühl, das gängigerweise über das Reizbild des Klassenfeindes indoktriniert wird. Der Gemeinnutz wird zum höchsten wirtschaftsethischen Wert erhoben. Ihm hat sich der einzelne in seinem Streben unterzuordnen.

Dienen und Unterordnen sind als Systemerfordernisse und Freiheit lediglich als „Einsicht in die gesamtheitliche Notwendigkeit"[3] zu begreifen. Wer sich dieses Menschen- und Gesellschaftsverständnis nicht zu eigen macht, setzt sich dem Bannstrahl der Partei aus, fällt in gesellschaftliche Acht. – Allein aus der loyalen Gesinnung erwachsen staatsbürgerliche Rechte; wer sie hat, ist immer auf dem rechten Weg. Es herrscht **Gesinnungsethik** auf der Basis eines kollektiven Wertesystems.[4]

4.13.2 Die Ethik im Modell der Marktwirtschaft

Das Wirtschaftssystem „**freie Marktwirtschaft**" repräsentiert das Gegenmodell der kollektivistischen Zentralverwaltungswirtschaft. Wo bei dieser der durch den zentralen Plan mit seinen differenzierten Normvorgaben erwirkte Zwang herrscht, gilt hier Freiwilligkeit. Die Individuen (Wirtschaftssubjekte) bringen hier ihre Wünsche als Anbieter und Nachfrager am Markt zum Ausdruck. Abschlüsse kommen nur dort zustande, wo sich beide (Markt-)Parteien, Käufer und Verkäufer, einen Nutzen respektive einen Gewinn versprechen; denn: die Begrenztheit der Mittel (Kaufkraft)

---

[1] Die begriffliche Bestimmung der Termini „Wirtschaftssystem" und „Wirtschaftsordnung" ist nicht einheitlich. Sie werden oft nebeneinander gebraucht, wobei mit beiden Bezeichnungen gelegentlich das gleiche, mitunter auch Unterschiedliches gemeint wird. Nachfolgend soll folgendes Begriffsverständnis gelten: Als **Wirtschaftssysteme** gelten die reinen Formen (**Idealtypen**) des gesellschaftlichen Wirtschaftens (Marktwirtschaft, Zentralverwaltungswirtschaft); als **Wirtschaftsordnungen** die Gesamtheit der jeweils realisierten Formen (**Realtypen**), in denen der Wirtschaftsprozeß alltäglich abläuft.
[2] Vgl. hierzu und zum folgenden Giersch, H., Zur Ethik der Wirtschaftsfreiheit (Vortrag), Schriftenreihe der Bank Hofmann AG, Zürich, o.O. 1986, S. 4f.
[3] Ebenda S. 4f.
[4] Vgl. ebenda S. 5.

und die Knappheit der Güter zwingen beide Seiten zu wirtschaftlichem Verhalten. Was sich in welchem Umfang zu produzieren bzw. zu kaufen lohnt, bestimmt sich über die Preise, die sich für die Güter und Leistungen aus dem freien Spiel von Angebot und Nachfrage am Markt bilden. Die Koordination von Angebot und Nachfrage, von Produktion und Konsumtion/Investition vollzieht sich damit gleichsam demokratisch.[5]

Als demokratische Veranstaltung findet die Marktwirtschaft – die, wie es Franz Böhm (1895–1977) einmal sinngemäß formulierte, nichts anderes ist als eine aufs raffinierteste vervollkommnete tägliche und stündliche plebiszitäre Demokratie, – ihre Entsprechung in der freien Gesellschaft. Unverzichtbare Voraussetzung für die Realisierung von Markt-(austausch-)prozessen ist die Existenz von **Privateigentum** (auch an Produktionsmitteln), das Streben nach **Gewinn- und Nutzenmaximierung** sowie **freie Preise** als Koordinationsinstrumente. Diese die Strukturmerkmale des marktwirtschaftlichen Systems markierenden Elemente sind wohl nicht auf dieses beschränkt, treten aber in ihm besonders prägnant in Erscheinung. Wie insbesondere Peter Koslowski deutlich macht[6], kommen diese drei Strukturelemente in allen Gesellschaften, traditionellen wie modernen, vor; sie wurden aber – so vor allem das Nutzen-/Gewinnstreben wie auch das Verlangen nach dinglichen Verfügungsrechten (Privateigentum) – in der Marktwirtschaft aus religiösen und kulturellen Bezügen gelöst und als genuine menschliche Strebungen anerkannt. Diese moralische Neutralisierung von Gewinn- und Eigentumsmotiv erlaubte erst deren Respektierung und soziale Freisetzung als elementare Antriebskräfte der Wirtschaft.

Wie läßt sich nun diese soziale Freisetzung eigeninteressengeleiteter (egoistischer) Strebungen und damit die Autonomisierung der Wirtschaft[7] rechtfertigen?

Die Autonomisierung der Wirtschaft ist als Konsequenz der Befreiung des Menschen aus angestammten sozialen Bindungen sowie sozialen und religiösen Normen zu begreifen, so wie sie die Entwicklung des okzidentalen Geistes im allgemeinen und des europäischen Denkens im besonderen durch den Individualismus, Subjektivismus und Rationalismus induzierte.[8] Sie führte zu einer Entzweiung von Individuum und Gemeinschaft und eröffnete darüber hinaus den Weg zur Subjektivität. „Das Subjekt, das Ich, wird zum Maß aller Dinge und selbstverantwortlich für sein Handeln und seine soziale Position."[9] Handlungs- und Handelsfreiheit sowie wirtschaftlicher Wertsubjektivismus reflektieren die Freiheit des Individuums in seiner wirtschaftlichen Bewährung. Die individuellen Pläne der Produzenten und Konsumenten bestimmen den Wirtschaftsprozeß. Der Vertrag konsentierender Partner wird zur Grundlage der wirtschaftlichen Beziehungen, die sich wohl am treffendsten als Tauschbeziehungen umschreiben lassen. Eine solche Transaktion kommt immer nur dann zustande, wenn sich **beide** Partner von ihr einen Vorteil versprechen. Dies bedeutet, daß jeder Marktteilnehmer für das, was er anzubieten hat, möglichst viel erhalten und für das, was er erwerben will, möglichst wenig aufwenden möchte.[10] Dies mag, wie Herbert Giersch freimütig konzediert, „hart und kalt erscheinen", gehört aber „zum Abtasten der subjektiven Wünsche und der objektiven Möglichkeiten. ... Der potentielle Vertrags-

---

[5] Vgl. ebenda, S. 6.
[6] Siehe Koslowski, P.: Ethik des Kapitalismus, Tübingen 1986, S. 17.
[7] Vgl. hierzu Salin, E.: Politische Ökonomie, Tübingen 1967, S. 2.
[8] Vgl. Koslowski, P.: Ethik des Kapitalismus, a.a.O., S. 18f.
[9] Ebenda S. 19.
[10] Vgl. Giersch, H.: Zur Ethik der Wirtschaftsfreiheit, a.a.O., S. 9

4.13 Die Ethik der Marktwirtschaft

partner ist nicht der Nächste, der unseren Altruismus braucht. Er muß voll zum Ausdruck bringen, was ihm die erwartete Leistung wert ist. Sonst gibt er falsche Signale.[11] Diese Feststellung läßt nicht unberücksichtigt, daß sich jeder Marktteilnehmer selbstverständlich den günstigsten Partner aussuchen kann. Bedarf dieser Partner einer Zuwendung, so kann ihm diese gegebenenfalls als Privatperson, als Nächster, entgegengebracht werden, den man so lieben mag, wie sich selbst.[12] Dieses soziale Arrangement gründet im wesentlichen auf zwei Annahmen: Zum einen, daß das (mündige) Individuum in seinen elementaren Bedürfnissen am besten selbst beurteilen kann, was für es von Interesse ist; zum anderen, daß die individuelle Handlungsabsicht immer nur unter der Bedingung realisierbar ist, daß der (Tausch-)Partner gleichermaßen seine Interessen verwirklichen kann. Es gilt das **Ethos der Gegenseitigkeit,** das heißt der Reziprozität des Verhaltens.[13] Wer seinen (Tausch-)Partner zu übervorteilen versucht, muß – zumindest längerfristig – mit Gegenreaktionen, wie Abbruch oder Einschränkung der Beziehungen, Diskriminierung, Vertrauensentzug, rechnen. Verstöße gegen das Ethos der Reziprozität werden deshalb im eignen Interesse vermieden; keinesfalls um den Partner „glücklich" zu machen, aus „Nächstenliebe" oder „Selbstlosigkeit".[14] Ein solches irrationales Verhalten kann in der Marktwirtschaft nicht gefordert werden; es hätte sogar als gefährlich zu gelten, da solche die Reziprozität des Verhaltens übersteigenden Zugeständnisse – infolge der Knappheit der Mittel – dort Tauschaktionen verhindern würden, wo sie der rationale Kompromiß rechtfertigen würde. Die Effizienz der Marktwirtschaft ist, auch wenn es manchem aus kollektivistischen oder scheinreligiösen Vorurteilen nicht gefallen mag, an die Einhaltung des Grundsatzes der Reziprozität gebunden. Seine Verletzung stört die Funktionsfähigkeit der Ordnung.

Dennoch gilt es zu sehen, daß auch das Ethos der Gegenseitigkeit ein Mindestmaß an gutem Willen voraussetzt; ohne ihn müßte auch der Tauschverkehr zusammenbrechen.[15] Engstirnigkeit und Kompromißlosigkeit zahlen sich auf die Dauer nicht aus; das freie Zusammenwirken der Tauschpartner ist keine punktuelle Veranstaltung, sondern „ein fortwährender Prozeß, in dem jeder Teilnehmer sich ständig neu bewähren muß".[16] Diese Bewährung impliziert die Übernahme der Verantwortung für die Folgen des Handelns. Verantwortung kann sich dabei keineswegs nur von den direkten Kosten und Erträgen dieses Handelns leiten lassen. Als Kosten sind auch die indirekten Nachteile oder Schäden in Betracht zu ziehen, die vielleicht zu einem späteren Zeitpunkt von den Betroffenen geltend gemacht werden. Ebenso ist als Gewinn im erweiterten Sinn auch das wachsende Ansehen (Image) des Unternehmens am Markt wie auch bei den Mitarbeitern und in der Öffentlichkeit zu werten.[17] Verantwortung wird in der Marktwirtschaft zum ethischen Fundament. Es herrscht **Verantwortungsethik.**[18]

Der soziale Effekt der auf Gegenseitigkeit abgestellten und in Verantwortungsethik eingebundenen Marktwirtschaft wird oft nicht deutlich (genug) gesehen. Teilnahme

---

[11] Ebenda.
[12] Vgl. ebenda.
[13] Vgl. Molitor, B.: Die Moral der Wirtschaftsordnung, Köln 1980, S. 11.
[14] Vgl. ebenda S. 12.
[15] Vgl. Boulding, K. E.: Volkswirtschaftslehre als Moralwissenschaft, in: Hamburger Jahrbuch für Wirtschafts- und Gesellschaftspolitik, 16. Jg. (1971), S. 21.
[16] Giersch, H.: Zur Ethik der Wirtschaftsfreiheit, a. a. O., S. 10.
[17] Vgl. ebenda S. 12.
[18] Vgl. ebenda.

am Tauschsystem der Marktwirtschaft bedeutet Teilnahme am **Wettbewerb**[19]. Für diesen Marktwettbewerb gilt prinzipiell der direkte Zusammenhang von Leistung und Gegenleistung: „Jeder kann sich mehr leisten, wenn er für andere mehr leistet."[20] Das Eigeninteresse, das den Unternehmer nach Gewinnmaximierung streben läßt, wird durch den Wettbewerb mit anderen Konkurrenten um die Gunst der Kunden neutralisiert und kehrt sich zu deren Nutzen. Das Eigeninteresse läßt die Unternehmer (Anbieter) untereinander um die Zuneigung der Kunden (Nachfrager) wetteifern und damit gleichzeitig sich gegenseitig in der Befriedigung deren Bedürfnisse übertreffen. Dabei wird/werden der/die Unternehmer Erfolg haben und damit den angestrebten Gewinn realisieren, der/die mit seinen/ihren Angeboten den Vorstellungen der Kunden am ehesten entspricht/entsprechen. Der von ihm/ihnen realisierte **Gewinn** wird damit zum **Indikator für eine soziale Funktion**.[21] Dieser als Prämie für besondere Zufriedenstellung von Nachfragern zu verstehende „Lohn" (sogenannter Pioniergewinn) kann nun aber von den in der wettbewerblichen Auseinandersetzung die Konkurrenz (zunächst) hinter sich lassenden Unternehmern keineswegs als dauerhaft gesicherte Einkommensquelle betrachtet werden. Denn, die Konkurrenz schläft nicht! Im Gegenteil, der (relativ) hohe Pioniergewinn lockt und veranlaßt diese, ihr Angebot dem (noch) präferierten Pionierprodukt anzugleichen oder dieses sogar zu übertreffen. Diese Entwicklung läßt in aller Regel den Preis des Pionierproduktes sinken; der Pioniergewinn wird quasi sozialisiert. – Diese Gefahr, daß er von seinen Konkurrenten (durch Nutzbarmachung des technischen Fortschritts und dadurch ermöglichten Kosten- und Preissenkungen) eingeholt oder sogar überholt und damit Kunden verlieren wird, ist dem Pionier hinreichend bekannt. Er wird deshalb seinerseits versuchen, durch entsprechende Produktverbesserungen seinen Vorsprung möglichst zu halten oder gar auszubauen, zumindest aber nicht überholt zu werden. – Der Wettbewerb unterwirft auf diese Art die gesamte Unternehmerschaft einem fortwährenden (Bewährungs-)Druck, die knappen Produktionsfaktoren möglichst rationell einzusetzen, um dadurch die Kosten und in ihrem Gefolge die Preise der Produkte möglichst niedrig zu halten und dadurch attraktiv für die Nachfrager zu sein/werden. Über Wettbewerbsdruck und flexible Preise wird so das Eigeninteresse dem Gemeinwohl dienstbar gemacht. Oder anders ausgedrückt: „aus mittelmäßigen Motiven ergeben sich", unter dem Druck des Wettbewerbs in Verbindung mit flexiblen Preisen, „hervorragende Taten, so als sei der Mensch von Natur aus schon edel, hilfreich und gut".[22]

4.13.3 Die Ethik der Sozialen Marktwirtschaft

Nach Auffassung der geistigen Väter der Sozialen Marktwirtschaft – so vor allem **Ludwig Erhard** (1897–1977), **Walter Eucken** (1891–1950), **Wilhelm Röpke** (1899–1966), **Alexander Rüstow** (1885–1963) und **Alfred Müller-Armack** (1901–1978) – kann die reine, sich selbst überlassene Marktwirtschaft dem Anspruch sozialer Gerechtigkeit nicht hinreichend genügen. Sie optieren deshalb für eine marktwirtschaftliche Ordnung, in der sich persönliche **Freiheit** und **soziale Gerechtigkeit** in einer Synthese vereinen. Sie wagen damit den Versuch, alte soziale und politische Gegensätze in einer **„Sozialidee"** zu integrieren, die das übergreifend Ge-

---

[19] Wettbewerb setzt bestimmte Freiheitsrechte voraus: Berufs- und Gewerbefreiheit, Konsumfreiheit, Vertragsfreiheit einschl. der Möglichkeit zur freien Preisgestaltung.
[20] Giersch, H.: Zur Ethik der Wirtschaftsfreiheit, a.a.O., S. 8.
[21] Vgl. hierzu Molitor, B.: Die Moral der Wirtschaftsordnung, a.a.O., S. 18
[22] Giersch, H.: Zur Ethik der Wirtschaftsfreiheit, a.a.O., S. 9.

meinsame bestimmt, das für alle Beteiligten einen Gewinn bringt.[23] Folgen wir Alfred Müller-Armack, so unterliegt diesem Versuch die Absicht der sozialen Versöhnung („sozialen Irenik"). Soziale Marktwirtschaft definiert sich für ihn als eine um das Leitbild einer „humanen Gesellschaft" ergänzten Marktwirtschaft. In ihr bestimmt die **Wirtschaftsordnung** die Regeln, denen die Bereitstellung von Gütern und Dienstleistungen unterliegen; die **Sozialordnung** garantiert jene sozialen Rechte und Pflichten sowie jene (sozialen) Sicherungsleistungen, die der Markt nicht gewähren kann.[24] **Freiheit** und (soziale) **Bindung** werden damit zu den tragenden ethischen Pfeilern dieser Wirtschaftsordnung.[25] Diese symbiotische Ergänzung von Freiheit und Bindung oder anders ausgedrückt: von marktwirtschaftlicher Effizienz und sozialem Ausgleich, ist, wie bereits John Stuart Mill (1806–1873) scharfsinnig erkannte, nicht unproblematisch. „Das Problem, das es zu lösen gilt", so meint er, „ist von besonderer Feinheit als auch von besonderer Wichtigkeit, wie man den größten Betrag an notwendiger Hilfe gibt mit dem geringsten Anreiz, daß ein ungebührliches Vertrauen darauf gesetzt wird."[26]

Der „systematische Ort der Moral"[27] ist in der Sozialen Marktwirtschaft nicht die einzelne Markttransaktion, sondern die diese in ihrem selbstinteressegeleiteten Streben begrenzende – wo nötig erscheinend – sozial verpflichtende Rahmenordnung. Markt und Wettbewerb werden als Mittel eingesetzt, die Lebensmöglichkeiten aller zu verbessern. Sie gewinnen damit eine moralische Qualität.

Die Konstituierung der Rahmenordnung zum „systematischen Ort der Moral" schließt nun aber keineswegs aus, daß moralische Verantwortung auch innerhalb der Rahmenordnung gefragt ist. Moralische Verantwortung kann am Markt wie auch im Prozeß der betrieblichen Leistungserstellung jederzeit durch die dort Handelnden ergänzend zur Rahmenordnung praktiziert werden. Es gilt jedoch festzustellen, daß es sich dabei „nicht um eine generelle Lösung, sondern um systematisch nachrangige Ausnahmen"[28] handelt.

Mit dem Wissen um die unverzichtbare Leistungsfähigkeit der Marktwirtschaft und um die notwendige Versöhnung von Weltanschauungen und Gruppeninteressen wendet sich die Konzeption der „Sozialen Marktwirtschaft" **gegen** ein die Marktwirtschaft aufhebendes Lenkungssystem, **gegen** eine materialistische, ökonomisch und rationalistisch bestimmte Weltauffassung und **gegen** eine Leugnung der sozialen Gebundenheit und Verantwortung menschlicher Existenz.[29]

Vor dem Hintergrund dieser normierenden Vorgaben lassen sich im Konzept der Sozialen Marktwirtschaft folgende hervorragende Stilelemente ausmachen: die Bejahung des **Wettbewerbs** und das **Privateigentums**, die Stabilisierung des **Geldwerts** sowie die Anstrebung des **sozialen Ausgleichs**.[30]

---

[23] Vgl. Krüsselberg, H.-G.: Theorie für die Praxis, in: Die Zeit, Nr. 19 vom 5. Mai 1989, S. 42.
[24] Vgl. ebenda.
[25] Vgl. Schlecht, O.: Der ethische Gehalt der Sozialen Marktwirtschaft, in: Die Ethik der Sozialen Marktwirtschaft, Thesen und Anfragen, hrsgg. v. d. Ludwig-Erhard-Stiftung, Stuttgart – New York 1988, S. 11 ff.
[26] Mill, J. St.: Principles of Political Economy (1848); Reprint: Fairfield N. J. 1976, S. 967.
[27] Homann, K.: Heilige Samariter, Über die Schwierigkeiten der Kirchen, den Markt als soziale Veranstaltung zu begreifen, in: Die Zeit, Nr. 16 vom 14. April 1989, S. 44.
[28] Ebenda, S. 45.
[29] Vgl. Krüsselberg, H.-G.: Theorie für die Praxis, a. a. O., S. 42.
[30] Vgl. Lachmann, W.: Ethik und Soziale Marktwirtschaft, in: Aus Politik und Zeitgeschichte, B 17/88, S. 18 f.

Wirksamer (Leistungs-)**Wettbewerb** soll in der Sozialen Marktwirtschaft durch die Rahmenordnung ermöglicht und gesichert werden. Sie soll Machtkonzentrationen verhindern und dadurch die Freiheit des einzelnen – so insbesondere die Berufs- und Gewerbefreiheit, die Konsumfreiheit, die Vertragsfreiheit einschließlich der Möglichkeit der freien Preisgestaltung – bestmöglich wahren. In der Bewältigung dieser Aufgabe beweist sich die marktwirtschaftliche Ordnung schlechthin. In der bundesdeutschen Wirtschaftsverfassung hat sich der Versuch dieser Aufgabenbewältigung im **Gesetz gegen Wettbewerbsbeschränkungen** niedergeschlagen. Dieses von Ludwig Erhard als **Grundgesetz der sozialen Marktwirtschaft** apostrophierte Regelwerk repräsentiert gleichsam die ökonomische Ethik dieser Ordnung.[31] Dennoch kommt ihm keineswegs eherner Charakter zu; es muß laufend an die wirtschaftlichen und strukturellen Veränderungen angepaßt werden, um im Sinne der alten Grundideen der Sozialen Marktwirtschaft einen wirksamen Leistungswettbewerb zu gewährleisten und wettbewerbsschädliche Konzentrationen zu vermeiden. Der Markt muß fortwährend als Institution der freiheitlichen Wahl garantiert werden.

Während in der Theorie der reinen Marktwirtschaft unterstellt wird, daß der einzelne durch seinen wirtschaftlichen Leistungsbeitrag über die für die freie Wahl der präferierten Güter notwendige Kaufkraft verfügt, zieht die Soziale Marktwirtschaft für Leistungsunfähige oder Leistungsschwache das Fehlen „ausreichender" Mittel in Betracht. Konsequenterweise sorgt in ihr dann auch der Staat über Transferzahlungen[32], daß diese leistungsschwächeren Gesellschaftsgruppen über ein zur Befriedigung ihrer dringlichsten Bedürfnisse entsprechendes Einkommen verfügen.

Hinsichtlich der dem Leistungswettbewerb unterstellten Leistungssteigerungen – die dann wieder der Allgemeinheit zugute kämen – betonen die Vertreter der Sozialen Marktwirtschaft deutliche Vorbehalte. Leistungssteigerungen durch Wettbewerb können nach ihrer Auffassung nur unter der Voraussetzung erwartet werden, daß die Konkurrenten in etwa gleich stark oder doch zumindest so stark sind, daß sie sich gegenseitig herausfordern können. Diese Erkenntnis mündet in die Forderung nach „gleichen Startchancen". Diese Forderung ist, wie die jüngere wettbewerbspolitische Erfahrung zeigt, nicht unproblematisch, setzen sich mit ihr doch zunehmend Tendenzen durch, Gesetze zum Schutze **vor** Wettbewerb und zur Durchsetzung sektoraler Sonderinteressen zu rechtfertigen.

Das **Privateigentum** an den Produktionsmitteln wird im Konzept der Sozialen Marktwirtschaft durch die **Effizienzthese** gestützt: Das Selbstinteresse des Eigentümers, das heißt seine Gewinnmaximierungsabsicht, läßt ihn bestrebt sein, sein Betriebsziel mit einem Minimum an Faktoreinsatz (Input) zu erreichen. Dieses Streben macht den Eigentümerunternehmer in der wirtschaftlichen Ausnutzung der knappen Ressourcen dem Verwalter von Gemeineigentum gegenüber überlegen. Die gesamtwirtschaftliche Folge: Produktionsmittel in Privateigentum führen (in der Regel) zu höheren Produktionsergebnissen als dies bei verstaatlichten Produktionsmitteln möglich wäre. Diese Feststellung enthebt den privaten Produktionsmittelbesitzer in der Sozialen Marktwirtschaft jedoch keineswegs der **Sozialbindung seines Eigentums,** das heißt der durch die Bedürfnisse der Allgemeinheit erforderlich werdenden Beschränkung in der Ausübung seiner Eigentumsrechte.

---

[31] Vgl. Schlecht, O.: Der ethische Gehalt der Sozialen Marktwirtschaft, a.a.O., S. 14.
[32] Transferzahlungen sind Geldzuweisungen des Staates an private Wirtschaftssubjekte zum Zwecke der Einkommensumverteilung. Hauptträger dieser Maßnahme sind Sozialversicherungen und Lastenausgleichsämter.

Der aus der ökonomischen Nutzung des Eigentums entspringende **Gewinn** wird im Konzept der Sozialen Marktwirtschaft als unverzichtbarer Anreiz für den Unternehmer gesehen, die Bedürfnisse der Nachfrager möglichst besser zu befriedigen als dies seine Mitkonkurrenten vermögen. Derjenige, der die Nachfrage am Markt besser bedient als die – oder das Gros der – Mitbewerber, hat in diesem Verständnis einen höheren Gewinn verdient.[33] Gewinne können somit genau so ehrlich erworben werden wie Löhne.

Eng mit den Vorstellungen über das Privateigentum verbunden ist die in das Konzept der Sozialen Marktwirtschaft eingegangene sozialethische Forderung nach **Preisstabilität**. Sie wird von dem katholischen Sozialethiker Johannes Messner folgendermaßen auf den Punkt gebracht: Da der Wert des Geldes, das heißt seine Kaufkraft, in der modernen Wirtschaft nicht mehr durch dessen Materialwert bestimmt ist, sondern durch die Politik der Währungsbehörde, hat diese eine große sozialethische Verantwortung.[34] Diese Feststellung geht davon aus, daß das Geld eine besondere Form von Privateigentum darstelle, dem ein entsprechendes Eigentumsrecht (besser Vermögensrecht), das heißt ein Anrecht (besser Anspruch) auf Gegenwert in zum Kauf stehenden Gütern und Dienstleistungen innewohne. Der Währungsbehörde falle deshalb die Verantwortung zu, das mit dem Geld erworbene Vermögensrecht möglichst umfassend zu wahren. Ein schwindender Geldwert würde eine Minderung des mit dem Geld erworbenen Anspruchs (auf Güter und Dienstleistungen) bedeuten und dementsprechend das aus dem Geld abzuleitende Vermögensrecht des Geldbesitzers schmälern. Eine solche „Teilenteignung" wäre deshalb sozialethisch nicht zu verantworten. Inwiefern die Forderung nach Geldwertstabilität neben der Überlegung, durch Hinnahme von inflationären Entwicklungen eine höhere Beschäftigung zu erreichen (oder anders ausgedrückt: Arbeitslosigkeit zu mindern), eine Relativierung rechtfertigt, kann hier nicht abschließend diskutiert werden. Zumindest scheint im Zusammenhang mit dieser Frage ein sozialethischer Zielkonflikt nicht ausgeschlossen.

Eine Analyse der ethischen Grundlagen der Sozialen Marktwirtschaft kann sich nicht dem Einwand verschließen, daß diese den Menschen in zwei unterschiedlichen, ja möglicherweise sogar widersprüchlich scheinenden Verhaltensweisen einfordere: einerseits als das vom Selbstinteresse geleitete Wirtschaftssubjekt und andererseits als den seinen Mitmenschen in Solidarität verbundenen Staatsbürger. In der direkten Auseinandersetzung mit seinen Konkurrenten am Markt darf, ja soll sich der einzelne von seinem persönlichen Vorteil, das heißt von dem, was seinen Nutzen respektive Gewinn erhöht, leiten lassen; (gebändigter) Egoismus gilt hier als unverzichtbares Erfordernis zur Erwirkung höchstmöglicher Effizienz, will sagen: der bestmöglichen Nutzung knapper Ressourcen. In Entsprechung seines demokratischen Wahlrechts stimmt dieses selbstinteressengeleitete Wirtschaftssubjekt gleichzeitig aber auch staatlichen Umverteilungsmaßnahmen zu und gibt sich damit als sozial verantwortlich, als Altruist, zu erkennen. Diese scheinbare Widersprüchlichkeit löst sich jedoch

---

[33] Vgl. dazu Watrin, Ch.: Fragen an die Kritiker von Wettbewerbsgesellschaften, in: Rauscher, A. (Hrsg.): Kapitalismuskritik im Widerstreit, Köln 1973, S. 33–63 und ders., Wirtschaftsordnungen und christliche Soziallehre, in: Zeitschrift für Wirtschaftspolitik, 28 (1979), S. 7–27.
[34] Siehe hierzu Schmitz, W.: Die soziale Ordnungsfunktion von Geld, Kapital und Kredit, Ansatzpunkte für eine systematische Währungsethik, in: Klose, A., Schambeck, H., Weiler, R. (Hrsg.): Das Neue Naturrecht, Gedächtnisschrift für Johannes Messner, Berlin 1985, S. 227–258, insbesondere S. 246.

schnell auf, wenn wir die Zustimmung zu redistributiven Korrekturen (Verteilungs- respektive Marktkorrekturen) aus der selbstinteressebestimmten Absicht herleiten, darüber soziale Spannungen und möglicherweise daraus erwachsende Gefährdungen der geltenden Wirtschafts- und Gesellschaftsordnung zu vermeiden und somit die den marktwirtschaftlichen Wettbewerb ermöglichende Rahmenordnung langfristig zu erhalten. Das zunächst irritierende Sozialverhalten könnte in dieser Auslegung in ein langfristig ausgerichtetes Vorteilsstreben umgedeutet werden und fügte sich damit dem Bild vom selbstinteressegeleiteten Menschen. Die Soziale Marktwirtschaft erschiene nicht mehr als ein ethisches Paradoxon.[35]

4.13.4 Leistungsgrenzen der Sozialen Marktwirtschaft

Die marktwirtschaftliche Ordnung läßt den in ihr befaßten Wirtschaftssubjekten den größtmöglichen Freiheits- und somit Entfaltungsraum. Diese Freiheit bedarf einer sichernden (Verantwortungs-)Ethik. Sie ist insbesondere dort gefragt, wo die Wirtschaftsordnung versagt. Dies ist regelmäßig bei den sogenannten **negativen externen Effekten** der Fall. Sie resultieren aus Fehlallokationen, zu denen das einzelne Wirtschaftssubjekt aus Unkenntnis über die gesamtgesellschaftlichen Kosten oder Nutzen seines Handelns verführt wird. Diesem Defizit versucht der Staat in der Regel durch Verbote und Gebote, vereinzelt auch durch entsprechende Anreize zu begegnen. Während Verbote und Gebote naturgemäß als lästige Bevormundung empfunden und infolgedessen – soweit dies möglich ist – zu umgehen versucht werden und damit ihren intendierten Effekt zumindest teilweise einbüßen, begünstigen (ökonomisch sinnvolle) Anreize freiwilliges Handeln im gesellschaftlich erwünschten Sinn, somit moralisches Handeln. – Diese Feststellung soll nachfolgend beispielhaft für den Bereich „Umweltbelastung" verdeutlicht werden.

Das Problem der **Umweltbelastung** stellt sich unter ökonomischem Aspekt dergestalt dar, daß die durch die Produktion verursachten Umweltschäden (soziale Kosten) beim Verursacher nicht kostenmäßig erfaßt, sondern quasi der Allgemeinheit aufgebürdet, das heißt sozialisiert werden. Aus dieser Tatsache wird die Forderung abgeleitet, durch Gesetzgebung und Überwachungsmaßnahmen die Rahmenbedingungen (Rahmenordnung) so zu verändern, daß die sozialen Kosten von den verursachenden Unternehmen getragen beziehungsweise vermieden werden. Man sucht damit den Schuldigen, nicht aber – wie es notwendig wäre – die Ursache.[36] In Verkennung von Ursache und Wirkung ist man überdies oft leichtfertig bereit, das Umweltproblem als moralisches Versagen der Unternehmer abzutun. In Wirklichkeit sind es aber die verfehlten ökonomischen Anreize einer kurzsichtigen Wirtschaftspolitik, die die Unternehmer nicht moralisch im Sinne einer Kostenminimierung – auch der umweltbelastenden Kosten – handeln lassen. Was heißt das?[37] – Bislang galt die Umwelt als Gemeineigentum. Gemeineigentum hat nun aber – im Gegensatz zu Privateigentum – keinen Preis und damit keinen Wert. Was nichts kostet, kann im Verständnis der meisten Menschen nach Belieben ausgebeutet werden; was keinen Preis hat, ist nicht Gegenstand von Tausch und Handel, verlangt keinen sparsamen Umgang. – Was ist zu tun? Da die Umwelt wohl kaum in Privateigentum überführt werden kann, bietet sich ihre teilweise „Vermarktung" über Nutzungsrechte an, die man meistbietend versteigert. Auf diese Weise bilden sich Nutzungspreise, die ihrerseits den Käufer von Nutzungsrechten zum sparsamen Gebrauch derselben und damit auch zur sparsamen

---

[35] Vgl. Lachmann, W.: Ethik und Soziale Marktwirtschaft, a.a.O., S. 25f.
[36] Vgl. ebenda S. 24.
[37] Siehe zum folgenden auch Giersch, H.: Zur Ethik der Wirtschaftsfreiheit, a.a.O., S. 17ff.

Nutzung der Umwelt veranlassen. Eine solche Vermarktung der Nutzungsrechte im Wege der Versteigerung müßte offen sein, damit auch Außenseiter, insbesondere solche Unternehmer, die im Umwelt„verbrauch" sparsamer sein können als das Gros der Nutzer, zum Zuge kämen und damit den Wettbewerb in Gang setzen. Dies würde mit hoher Wahrscheinlichkeit dadurch erreicht, daß die weniger sparsamen Umweltverbraucher durch die geringere Umweltkostenbelastung der sparsameren Umweltverbraucher und deren dadurch bedingte günstigere Produktkalkulation (Preisgestaltung) veranlaßt würden, ebenfalls nach umweltschonenderen Produktionsmethoden Ausschau zu halten, um dadurch ihre Umweltkosten zu senken und Wettbewerbsnachteile zu vermeiden. – Behördliche Auflagen, wie sie bislang fast ausschließlich praktiziert werden, können diesen gemeinwohldienlichen und damit ethisch wertvollen „Markteffekt" nicht zeitigen. Sie beruhen, worauf Herbert Giersch nachdrücklich hinweist[38], auf technischen Kriterien, nicht auf Wertschätzungen. Sie sind deswegen ökonomisch ineffizient. Darüber hinaus diskriminieren sie die Außenseiter, von denen sie – im Gegensatz zu den bisherigen Nutzern – den neuesten Stand der Technik verlangen. Ein Anreiz zum Suchen nach neuen, umweltschonenderen Lösungen wird auf diesem Wege den Unternehmen nicht gegeben. Der in dieser Situation zu wünschende Gemeinsinn (Umweltmoral) kann wohl allgemein gefordert, nicht aber oder zumindest nicht im erforderlichen Umfang realisiert werden. Die Gesamtheit, an die sich der moralische Appell wendet, ist zu groß, um in ausreichendem Maße persönliche Betroffenheit zu erwirken und dementsprechende Verantwortung zu provozieren. Das „Sich-Durchmogeln" mit der stillen Rechtfertigung, „andere verfahren auch nicht anders" oder „soll ich der einzige Dumme sein?" und ähnlichem wird zum weitverbreiteten Verhaltensmuster. – Die Konsequenz aus dieser nüchternen Erkenntnis liegt nahe: Gesamtheitsanliegen müssen dezentralisiert werden. Damit werden sie zu Anliegen kleiner Gruppen, in denen das (ethisch zu qualifizierende) Eigeninteresse des einzelnen wirksam durchschlägt.[39]

Auch mit Blick auf die gegenwärtig herrschende Arbeitslosigkeit und die Probleme im Gesundheitswesen läßt sich ein Versagen der Wirtschaftsordnung durch das Setzen falscher Anreize und damit das Fehlen eines gesellschaftlichen Ethos feststellen.

Die **Arbeitslosigkeit** wird heute allgemein zu Recht beklagt. Dennoch erlaubt man sich im politischen Gespräch mit Rücksicht auf gewisse Sensibilitäten in der Wählerschaft – wenn überhaupt, dann nur mit äußerster Zurückhaltung – neben den konjunkturellen, außenwirtschaftlichen und strukturellen Ursachen auch das durch die allgemeine Arbeitslosenversicherung sozialisierte Arbeitslosenrisiko und andere soziale Schutzmaßnahmen, die die Anpassung an neue Strukturen behindern bis verhindern, als Ursachen von Arbeitslosigkeit zu nennen. In der Tat wird die materielle Not im Gefolge von Arbeitslosigkeit den durch sie Betroffenen weitgehend erspart. Sie werden damit – zumindest in einem gewissen Umfang – dem Druck enthoben, sich den Markterfordernissen anzupassen und gegebenenfalls eine entsprechende Mobilität zu entwickeln. Auch hier hat der Staat in seiner sozialen Verantwortung des Guten zu viel getan und die staatlichen Anreize falsch gesetzt. Ein sicherlich nicht unbeträchtlicher Teil der Arbeitslosen sieht sich nämlich durch sie veranlaßt, die sozialen Segnungen der Arbeitslosigkeit weidlich auszuschöpfen und damit die persönliche Verantwortungsmoral zu unterdrücken. Es drängt sich in diesem Zusammenhang die Vermutung auf, daß sich die bundesdeutsche Arbeitslosigkeit anders

---

[38] Vgl. ebenda S. 18.
[39] Vgl. ebenda S. 19.

gestalten würde, wenn beispielsweise die Tarifpartner auch für die Arbeitslosenversicherung aufzukommen hätten.[40]

Auch im **Gesundheitswesen** führen falsche Anreize zu ökonomisch unerwünschten Effekten.[41] Die Beiträge zur sozialen Krankenversicherung (der rund 90 v.H. der Bevölkerung angehören) werden hier von jedem ohne Rücksicht auf die tatsächliche Inanspruchnahme von Versicherungsleistungen in einer vom Einkommen abhängigen Höhe erhoben und provozieren damit leicht ein Verhalten, das in seiner bescheidensten Ausprägung auf „Rückzahlung" der geleisteten Beiträge gerichtet ist. Eine Stimulierung des Eigeninteresses auf Vermeidung oder Niedrighaltung von Versicherungsleistungen durch entsprechende Reduzierung der Beitragssätze oder aber der Entlassung aus der Zwangsversicherung in die eigenverantwortliche Risikoabsicherung durch Abschluß einer Privatversicherung wird hier nur ansatzweise – für diejenigen, deren Verdienst die Versicherungspflichtgrenze (= Beitragsbemessungsgrenze) übersteigt – praktiziert. Die Ethik des Selbstinteresses bekommt hier keineswegs die ihr gebührende Chance. Der Marktmechanismus kann hier nicht zum Zuge kommen, da der Wettbewerb und die Preisanreize weitgehend fehlen. Dem unsolidarischen Verhalten in einer aufgezwungenen Solidargemeinschaft sind hier Tür und Tor geöffnet. Dies gilt für Versicherte, Versicherer wie auch Leistungserbringer. So wie die Versicherten zur weitestgehenden Inanspruchnahme von Versicherungsleistungen verführt werden, sehen sich die Leistungserbringer (Ärzte und Krankenhäuser) veranlaßt, möglichst viele und teure Maßnahmen zu verordnen. Die für ein ökonomisch effizientes Verhalten notwendigen Anreize zur Kostensenkung entfallen. Auch die Versicherungen sehen sich – wie die Erfahrung lehrt – nicht zu wirtschaftlichem Verhalten veranlaßt; verschlechtert sich ihre Gewinnsituation, versuchen sie die Beitragssätze zu erhöhen, nicht aber die Kosten zu senken. Die immer wieder beklagte Kostenexplosion im Gesundheitswesen ist die natürliche Konsequenz dieses Verhaltens. Ihr kann wohl kaum durch moralische Appelle begegnet werden. Hier müßten ökonomisch sinnvolle Anreize gesetzt werden, die sowohl den Anbietern (Krankenhäuser, Pharmaindustrie, Ärzteschaft) als auch den Nachfragern (Patienten) und Versicherern den wirtschaftlichen Gebrauch der knappen Ressourcen unter Marktaspekten attraktiv machen würden.

Die Gefahr, daß gutgemeinte sozialpolitische Regelungen ökonomisch „unmoralische" Gesamtauswirkungen haben, ist mit der Politik der Sozialen Marktwirtschaft zwangsläufig verbunden. Diese Gefahr beinhaltet gleichsam das ethische Problem dieser Wirtschaftsordnung.[42]

4.13.5 Schlußbemerkung

Das **marktwirtschaftliche System** setzt auf die Koordination der einzelwirtschaftlichen Pläne über den Markt. Diese Koordination verlangt den souverän handelnden Menschen, dessen autonome Entscheidungen primär seiner eigenen Verantwortlichkeit unterliegen. Diese Verantwortlichkeit ist zunächst aus dem Interesse am eigenen Wohl und dem der eigenen Familie gespeist. Allgemeine Verantwortung gegenüber ferner stehenden Einzelpersonen oder Gruppen der Gesellschaft ist für das Funktionieren des Marktmechanismus nicht nur nicht erforderlich, sondern sogar schädlich. Die Marktwirtschaft ist demnach nicht auf den sich moralisch selbstüberwindenden Übermenschen angewiesen, sondern setzt auf den „normalen" Menschen mit durch-

---

[40] Vgl. Lachmann, W.: Ethik und Soziale Marktwirtschaft, a.a.O., S. 24.
[41] Vgl. hierzu und zum folgenden ebenda S. 24.
[42] Vgl. ebenda, S. 25.

schnittlicher Moral.[43] Ihre Ethik appelliert somit nicht an Gefühle, sondern stützt sich auf das **typische,** in die persönliche Verantwortung eingebettete und in die wirtschaftliche Rahmenordnung des Staates gestellte **menschliche Verhalten.** Die **Soziale Marktwirtschaft** versucht diese Individualethik in besonderer Weise institutionell abzusichern, indem sie die soziale Verantwortung konzeptionell verankert. Ob diese Konzeption den Anforderungen unserer christlich-abendländischen Ethik gerecht wird, dürfte im wesentlichen vom Vermögen ihrer politischen Kräfte abhängen, die verfügbaren Gestaltungsräume dieser Wirtschaftsordnung im Dienste sozialethischer Ziele zu nutzen. Die Umsetzung der Sozialen Marktwirtschaft wird unseres Erachtens in all jenen Bereichen zum Scheitern verurteilt sein, in denen der Staat auf interventionistische Mittel zurückgreift, obgleich eine marktliche Lösung sozialer wäre.[44] Hier darf bei der Wahl der Mittel nicht der angestrebte Idealzustand den Ausschlag geben; es muß auch ein mögliches Fehlverhalten der Bürger, insbesondere ein durch falsche Anreize stimuliertes unsoziales Verhalten einkalkuliert werden.[45]

Literaturhinweise

Biervert, B., Held, M. (Hrsg.): Ethische Grundlagen der ökonomischen Theorie: Eigentum, Verträge, Institutionen, Frankfurt – New York 1989.
Boulding, K. E.: Volkswirtschaftslehre als Moralwissenschaft, in: Hamburger Jahrbuch für Wirtschafts- und Gesellschaftspolitik, 16. Jg. (1971).
Die Ethik der Sozialen Marktwirtschaft: Thesen und Anfragen, hrsgg. v. d. Ludwig-Erhard-Stiftung, Stuttgart – New York 1988.
Freitag, K.-H.: Marktwirtschaft – Ethik, Eine ordnungstheoretische Annäherung, Beiträge zur Gesellschafts- und Bildungspolitik, hrsgg. v. Institut der deutschen Wirtschaft, Heft 129, Köln 1987.
Giersch, H.: Zur Ethik der Wirtschaftsfreiheit (Vortrag), Schriftenreihe der Bank Hofmann AG, Zürich, o. O., 1986.
Hayek, F. A.: The Three Sources of Human Values, London 1978.
Homann, K.: Heilige Samariter, Über die Schwierigkeiten der Kirchen, den Markt als soziale Veranstaltung zu begreifen, in: Die Zeit, Nr. 16 v. 14. April 1989, S. 44.
ders. (Hrsg.): Aktuelle Probleme der Wirtschaftsethik, Berlin 1992.
Koslowski, P.: Ethik des Kapitalismus, Tübingen 1986/5. Aufl. 1995.
Krüsselberg, H.-G.: Theorie für die Praxis, in: Die Zeit, Nr. 19 vom 5. Mai 1989, S. 42.
Lachmann, W.: Wirtschaft und Ethik: Maßstäbe wirtschaftlichen Handelns, Neuhausen – Stuttgart 1987.
ders.: Ethik und Soziale Marktwirtschaft, in: Aus Politik und Zeitgeschichte, B 17/88, S. 15–26.
Mill, J. St.: Principles of Political Economy (1848), Reprint: Fairfield N. J. 1976.
Molitor, B.: Die Moral der Wirtschaftsordnung, Köln 1980.
Müller-Armack, A.: Religion und Wirtschaft, 3. Aufl., Bern – Stuttgart 1981.
Rahmsdorf, D., Schäfer, H.-B. (Hrsg.): Ethische Grundfragen der Wirtschafts- und Rechtsordnung, Berlin – Hamburg 1988.
Rauscher, A. (Hrsg.): Selbstinteresse und Gemeinwohl: Beiträge zur Ordnung der Wirtschaftsgesellschaft, Berlin 1985.
Walter, N., Ethik + Effizienz = Marktwirtschaft, in: Baader, R. (Hrsg.), Wider die Wohlfahrtsdiktatur, Gräfelfing 1995.
Watrin, Ch.: Wirtschaftsordnungen und christliche Soziallehre, in: Zeitschrift für Wirtschaftspolitik, 28 (1979), S. 7–27.
ders.: Fragen an die Kritiker von Wettbewerbsgesellschaften, in: Rauscher, A. (Hrsg.), Kapitalismuskritik im Widerstreit, Köln 1973, S. 33–63.

---

[43] Vgl. Schlecht, O.: Der ethische Gehalt der Sozialen Marktwirtschaft, a.a.O., S. 8f.
[44] Vgl. Lachmann, W.: Ethik und Soziale Marktwirtschaft, a.a.O., S. 26.
[45] Vgl. ebenda.

Wilson, Th.: Sympathy and Self-interest, in: ders. (ed.), The Market and the State: Essays in Honour of Adam Smith, Oxford 1976.

4.14 Umweltprobleme aus ökonomischer Sicht – Zur Relevanz der Umweltökonomie für die Umweltbildung
Gerd-Jan Krol

4.14.1	Einleitung	515
4.14.2	Ursachen des Umweltproblems	515
4.14.2.1	Wirtschaftliches Wachstum	516
4.14.2.2	Fehlverhalten – Umwelt als öffentliches Gut	519
4.14.2.3	Marktwirtschaft, Marktmechanismus und externe Effekte	522
4.14.3	Umweltpolitik	525
4.14.3.1	Prinzipien der Umweltpolitik	525
4.14.3.2	Umweltpolitische Ansatzpunkte	528
4.14.3.2.1	Umweltpolitik mittels Auflagen	529
4.14.3.2.2	Umweltabgaben	530
4.14.3.2.3	Märkte für Verschmutzungsrechte (Emissionslizenzen)	531
4.14.3.2.4	Veränderungen des Haftungsrechts	532
4.14.4	Zusammenfassung	532
Literaturhinweise		534

4.14.1 Einleitung

Ein Unterricht, der sich der heute vordringlichen Frage stellt, wie umweltverträglicheres Verhalten der gesellschaftlichen Akteure gefördert und beschleunigt werden kann, wird an sozialökonomischen Erklärungsmustern und Lösungsansätzen für die vielfältigen Umweltprobleme nicht länger vorbeigehen können. Die breite Kluft zwischen Umweltbewußtsein und Verhalten fordert dazu heraus, die bisher fast ausschließlich ökologisch fundierte Umweltbildung um originäre sozialökonomische Aspekte zu ergänzen. Dies kann durch eine stärker fächer- bzw. lernbereichsspezifische Strukturierung der Umwelterziehung erfolgen, die dem gesellschaftswissenschaftlichen Bereich die Aufgabe zuweist, sich auf der Basis sozialökonomischer Theorien mit den institutionellen Faktoren zu befassen, die umweltbelastendes Verhalten der gesellschaftlichen Akteure begünstigen, und entsprechende Veränderungen der relevanten Institutionen einschließlich ihrer Voraussetzungen und Folgewirkungen zu thematisieren.

4.14.2 Ursachen des Umweltproblems

Umweltprobleme sind komplexer Natur, und entsprechend komplex sind die Ursachen, die zu ihrer Entstehung beigetragen haben. Dies hat in der Vergangenheit fruchtlose Kontroversen über „richtige" Lösungsansätze erleichtert. Das Spektrum der Forderungen reicht von einer Aufhebung des arbeitsteiligen Industriesystems über die Forderung nach Nullwachstum und Änderung der die Wirtschaftsordnung tragenden Institutionen bis hin zu Forderungen nach Verhaltensänderungen der gesellschaftlichen Akteure im Rahmen der bestehenden Institutionen. Hinter solchen Forderungen stehen mehr oder weniger differenzierte Problemdiagnosen, die Ursachenkomplexe, Folgekosten von Lösungsansätzen und Rahmenbedingungen für politische Gestaltungsprozesse unterschiedlich gewichten. Nicht alle in der Übersicht auf S. 528 dargestellten Ursachen können hier behandelt werden.

Wegen der besonderen Bedeutung, auch für die fachdidaktische Diskussion, werden wir uns hier auf die Ursachenkomplexe Wirtschaftswachstum, sozioökonomische Ursachen und wirtschaftssystembezogene Ursachen konzentrieren, weil sie für die Kontroverse um die „richtige" Umweltpolitik von besonderer Bedeutung sind.

Wie jede rationale Politik, so muß sich auch die Umweltpolitik auf eine Analyse der Ursachen der Umweltprobleme gründen, wenn sie effektiv (wirksam) und zugleich effizient (möglichst kostengünstig) sein will. Beide Kriterien, ökologische Wirksamkeit und ökonomische Effizienz, sind hier bedeutsam, denn eine Vernachlässigung der Kosten des Umweltschutzes kann zur Folge haben, daß bestimmte Umweltqualitätsziele mit geringeren Kosten erreichbar sind, bzw. daß mit gleichen Kosten ein Mehr an Umweltschutz möglich ist.

In ökonomischer Sichtweise werden Umweltprobleme als zu hohe Nutzungsniveaus verschiedener, nun miteinander konkurrierender, und das heißt faktisch knapper, Umweltleistungen gedeutet.[1]

---

[1] Eine die Verwendungskonkurrenz von Umweltnutzungen veranschaulichende Darstellung findet sich bei G.-J. Krol. Das Umweltproblem aus ökonomischer Sicht. In: Gegenwartskunde, Heft 3, 1986, S. 379.

Dies impliziert, daß den Belangen der natürlichen Umwelt nicht überall absoluter Vorrang eingeräumt werden kann. Denn dies würde die Einstellung der gegenwärtigen Produktion mit allen daraus folgenden Konsequenzen für die gesellschaftliche Stabilität bedeuten.

Folglich muß es darum gehen, das Nutzungsniveau von ökologisch bedenklichen Umweltleistungen (beispielsweise als Aufnahmemedium für Schadstoffe oder als Lieferant von Ressourcen) zu reduzieren. Das schließt Verbote in Fällen, wo aus Gründen der Gefahrenabwehr eine Reduzierung auf Null geboten ist, nicht aus.

4.14.2.1 Wirtschaftliches Wachstum

Die Übernutzung von Umweltleistungen hat etwas mit der Struktur und dem Niveau von Produktion und Konsum zu tun, die ihrerseits das Ergebnis des Wirtschaftswachstums in der Vergangenheit sind. Hieraus wird die Forderung nach „Nullwachstum" abgeleitet, bei der das reale Bruttosozialprodukt auf einem bestimmten Niveau verharrt und sich lediglich in seiner Zusammensetzung verändern könnte. Diese durch die Club of Rome-Studie zu den Grenzen des Wachstums 1972 wesentlich mitinspirierte Forderung beruht auf bestimmten Beziehungen zwischen Wachstumsrate und Niveau des Bruttosozialprodukts, wobei zwischen Niveau des Bruttossozialprodukts und Ressourcenverbrauch bzw. Emissionsmenge konstante Beziehungen unterstellt werden. Bei in der Zeit gleichbleibender Wachstumsrate des realen Bruttosozialprodukts steigen die absoluten Zuwächse der Produktion progressiv an, während viele Ressourcen und die Kapazität der Umwelt als Aufnahmemedium für Schadstoffe durch ihren jeweiligen Bestand begrenzt sind, also bei jeder positiven Wachstumsrate des Bruttosozialprodukts knapper werden müssen. Unterstellt man zwischen Produktion und Ressourcenverbrauch bzw. Emissionen einen konstanten Zusammenhang, ist der Tag der Ressourcenerschöpfung bzw. der Erschöpfung der Schadstoffaufnahmekapazität abzusehen.

Autoren, die einer wachstumspessimistischen Position zuzurechnen sind, sehen die Industriegesellschaften in West und Ost an einem Punkt, der den ökologischen Grenzen des wirtschaftlichen Wachstums nahekommt und diese in Teilbereichen erreicht oder gar überschritten hat. Sie fordern deshalb eine absolute Priorität für die Belange des Umweltschutzes. Vertreter der wachstumsoptimistischen Position verweisen hingegen darauf, daß Wirtschaftswachstum angesichts der Bedeutung von Verteilungszielen umweltpolitische Fortschritte fördern könne, da es im Wirtschaftswachstum leichter falle, die für den Umweltschutz notwendigen zusätzlichen Mittel freizusetzen. Ohne Wachstum werden alle Umverteilungen zum Nullsummenspiel, bei dem jedes Mehr mit absoluten Einbußen an anderer Stelle erkauft werden muß.

Hinzu kommt, daß völlig ungeklärt ist, wie in einer Marktwirtschaft Nullwachstum realisiert werden soll, mit welchen Kosten in durchaus umfassendem Sinne notwendige Änderungen im institutionellen Rahmen erkauft werden müßten.

Nullwachstum ist zudem keine hinreichende Bedingung für eine Verbesserung der Umweltqualität, denn es bedeutet zunächst nur eine Verlangsamung von Umweltbeanspruchungen. Da ja weiterhin auf dem bisherigen Niveau Ressourcen beansprucht und Emissionen an die Umwelt abgegeben werden, nehmen (nicht regenerierbare) Ressourcenbestände ab und Verschmutzungsniveaus zu (vgl. Abb. 2, III). Entscheidend ist auch bei Nullwachstum, ob Produktion und Konsum mit schonenderer Ressourcennutzung, einer wirksameren Umwandlung von Nebenprodukten und Abfällen in wiederverwertbaren Input (Recycling) und mit sinkenden Emissionsniveaus ver-

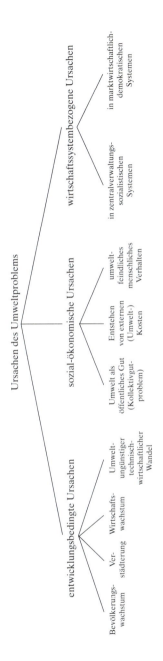

Abb. 1 Ursachen des Umweltproblems
Quelle: L. Wicke, Umweltökonomie, 4. Auflage, München 1993

bunden sind. Vertreter der wachstumsoptimistischen Positionen gehen davon aus, daß sich solche Substitutionsprozesse leichter und schneller bei wachsendem Sozial-

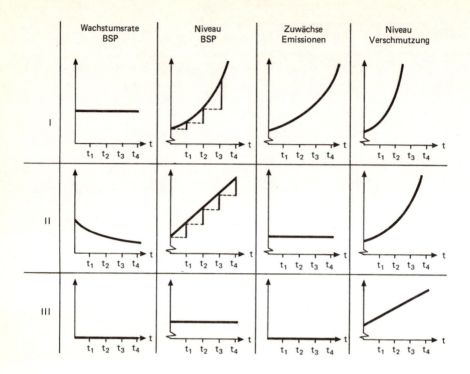

Abb. 2 Wachstumsrate, Niveau des Sozialprodukts und Verschmutzungsniveau bei unveränderter Technologie

produkt realisieren lassen. Zwischen beiden Positionen muß hier keine Entscheidung getroffen werden[2], denn für beide Positionen gilt, daß es weitergehender Überlegungen und Maßnahmen bedarf, die das Problem in den Mittelpunkt stellen, wie die Gesellschaft den **Suchprozeß** hin zu umweltverträglicheren Verhaltensmustern der verschiedenen gesellschaftlichen Akteure (Konsumenten, Produzenten, Politiker etc.) am besten fördern kann. Dieser Aspekt behält auch für das Leitbild „Sustainable Development" bzw. „dauerhaft umweltgerechte Entwicklung" zentrale Bedeutung. Wie immer dieses von der Weltkommission für Umwelt und Entwicklung im sogenannten Brundtland-Bericht popularisierte Leitbild operationalisiert wird: Es wird zu drastischen Reduzierungen von Umweltnutzungen in den Industrieländern führen und damit einen tiefgreifenden ökologischen Strukturwandel erfordern.[3]

---

[2] Einen leicht zugänglichen Überblick über die Kontroverse zwischen Wachstumsoptimisten und Wachstumspessimisten gibt H. Mäding, Brauchen wir Wachstum? In: Aus Politik und Zeitgeschichte, B 19/84, S. 3–17.

[3] Vgl. beispielsweise: Zukunftsfähiges Deutschland – Ein Beitrag zu einer global nachhaltigen Entwicklung, hrsg. von Bund u. Misereor, Basel, Boston, Berlin 1996.

4.14.2.2 Fehlverhalten – Umwelt als „öffentliches Gut"

Umweltprobleme sind das Ergebnis der Entscheidungen gesellschaftlicher Akteure (Konsumenten, Produzenten, Politiker etc.). Die Entscheidungen und Verhaltensweisen der jeweiligen Akteure werden maßgeblich durch die jeweiligen Ziele und die Handlungsbeschränkungen (Restriktionen) bestimmt, denen die Entscheidungsträger in den jeweiligen Entscheidungssituationen gegenüberstehen, und die das Spektrum der Handlungsmöglichkeiten zur Realisierung der Ziele bestimmen.

Für die überwiegende Mehrheit der Bürger, aber auch in den Programmen der politischen Parteien, hat das Ziel einer intakten Umwelt einen hohen Stellenwert. Dies schlägt sich jedoch keineswegs in allgemein umweltverträglicherem Verhalten nieder. Exemplarisch: Trotz gestiegenen Umweltbewußtseins, trotz vielfältiger Informationen in den Medien, trotz Zusagen der Verpackungsindustrie, den Anteil der Einwegbehältnisse nicht auszuweiten und trotz bestehender Wahlmöglichkeiten auf den Märkten haben Verbraucher den Anteil der umweltpolitisch bedenklichen Einwegbehältnisse, beispielsweise für Getränke, ansteigen lassen. Für die ökologische Problematik zählt diese Feststellung und nicht der Nachweis, daß einzelne Verbraucher Einwegbehältnisse ablehnen und systematisch in Mehrwegbehältnissen verpackte Ware nachfragen.

Die vom Aufklärungsethos der Pädagogik geprägte Umwelterziehung und Umweltbildung reagiert auf die sich verbreiternde Kluft zwischen Umweltbewußtsein und Verhalten mit dem Bemühen um den Aufbau ökologischen Wissens und Bewußtseins, deren Verhaltensrelevanz vor allem durch didaktisch methodische Arrangements intensiviert werden soll. Im Mittelpunkt steht die Anbahnung von (häufig auf unangemessenen Aktionismus abzielenden) Verhaltensdispositionen. Stellt sich das gewünschte Verhalten nicht ein, so ist nach diesem Ansatz mit einer Intensivierung bewußtseinsbildender Prozesse zu reagieren.

Andere Konsequenzen ergeben sich nach der ökonomischen Verhaltenstheorie,[4] die vom Eigennutzaxiom ausgeht und das Verhalten der gesellschaftlichen Akteure aus keineswegs nur pekuniär zu sehenden Kosten-Nutzen-Kalkülen erklärt. Dabei kann hier offen bleiben, ob dieses viel gescholtene, aber gerade von moralsensiblen Wissenschaften noch häufig mißverstandene Konstrukt des homo oeconomicus methodologischen Status oder den Status einer Hypothese hat.[5] Für die folgenden Ausführungen muß man sich lediglich darauf einlassen, daß Menschen aus individueller Perspektive vorteilhaft erscheinende Alternativen zu realisieren versuchen und nicht systematisch ignorieren.

Von diesem Eigennutzaxiom als analytischer Basis ausgehend, kann nun die breite Kluft zwischen der hohen Wertschätzung für eine intakte Umwelt und dem nach wie vor wenig verträglichen Umweltverhalten der gesellschaftlichen Akteure lösungsorientiert mit Hilfe des Theorems des „öffentlichen Gutes" erklärt werden.[6] Viele

---

[4] Vgl. den Beitrag „Die ökonomische Verhaltenstheorie" in diesem Bande.
[5] Vgl. hierzu: K. Homann, Philosophie und Ökonomie. In: Jahrbuch für Neue Politische Ökonomie, Band 7, Tübingen 1988, S. 115 ff., G. Kirchgässner, Ökonomie als imperial(istisch)e Wissenschaft, ebenda, S. 136.
[6] Eine ausführliche Darstellung der Theorie der öffentlichen Güter findet sich bei R.A. Musgrave, L. Kullmer, Die öffentlichen Finanzen in Theorie und Praxis, Band 1, 4. Auflage, S. 60 ff. Zur Anwendung dieses Theorems auf Umweltprobleme ausführlich H. C. Binswanger, H. Bonus, M. Zimmermann, Wirtschaft und Umwelt. Möglichkeiten einer ökologieverträglichen Wirtschaftspolitik, Stuttgart et al. 1981, S. 102 ff. Eine knappe Beschreibung der

Leistungen der natürlichen Umwelt haben ebenso wie die Wirkung von Maßnahmen zur Verbesserung der Umwelt den Charakter eines „öffentlichen Gutes". Öffentliche Güter unterscheiden sich von privaten Gütern dadurch, daß für sie das Ausschlußprinzip von Preisen nicht gilt. Sie können in Anspruch genommen werden, ohne daß der Nutzer sich zwingend über einen zu zahlenden Preis an den Kosten ihrer Erstellung oder Erhaltung beteiligen muß.

Bei privaten Gütern werden all diejenigen von der Nutzung ausgeschlossen, die nicht bereit oder nicht in der Lage sind, den Marktpreis des Gutes zu zahlen. Dieses Ausschlußprinzip von Marktpreisen ist eine zentrale Voraussetzung dafür, daß die Nachfrage von Mitgliedern einer Gesellschaft nach einem Gut ein entsprechendes Marktangebot findet. Denn nur dort, wo dieses Ausschlußprinzip zur Anwendung kommt, finden sich im Markt Produzenten, die gewünschte Güter auch produzieren und anbieten, weil sie über die Preise die Produktionskosten (einschließlich eines Gewinnanteils) zurückbekommen.

Öffentliche Güter, wie z. B. saubere Luft, lassen sich nicht stückeln und auf einzelne Nachfrager aufteilen. Sie können nur insgesamt oder überhaupt nicht angeboten werden. Werden sie angeboten, kann der einzelne sie nutzen, ohne daß er sich zwingend an den Kosten ihrer Bereitstellung oder Erhaltung beteiligt haben muß. Wenn der einzelne aber eine Leistung nutzen kann, ohne sich an den Kosten der Bereitstellung dieser Leistung beteiligen zu müssen, dann besteht ein **systematischer Anreiz**, die Kosten der Bereitstellung zu meiden. Angewendet auf Umweltprobleme kommt hinzu, daß aus der Sicht eines einzelnen umweltverträglicheres Verhalten in der Regel fühlbare und sichere Kosten in Form von Geld, Zeit, Aufgabe von Bequemlichkeit etc. mit sich bringt, die als **Einzelbeitrag** aber keine fühlbare Verbesserung der Umweltqualität bewirken können. Diese käme erst später und nur dann zustande, wenn umweltverträglicheres Verhalten einer hinreichenden Zahl von Produzenten und Konsumenten sichergestellt werden kann. Damit besteht in anonymen Marktsituationen bezüglich des Umweltproblems ein systematischer Anreiz zum Einnehmen einer Außenseiter- bzw. Trittbrettfahrerposition. Dies heißt für den einzelnen (Konsumenten, Produzenten, Politiker auf nationaler und internationaler Ebene), für Verbesserungen der Umwelt zu plädieren und diese auch in Anspruch nehmen zu wollen, aber gleichzeitig permanent der Versuchung ausgesetzt zu sein, die Kosten und Unbequemlichkeiten der Herbeiführung von Umweltverbesserungen selbst zu meiden. Das Ergebnis ist, daß unter diesen Konstellationen trotz eines vorhandenen und von den Individuen als dringlich eingestuften Bedürfnisses nach einem Gut ohne weiteres kein Marktangebot zustande kommt.

Wegen der zentralen Bedeutung sei dieses Problem fehlgelenkter Anreizstrukturen anhand eines Modells verdeutlicht, dessen logische Struktur den Annahmen der Umwelterziehung und Umweltbildung entspricht.

Modellmäßig vereinfachend unterstellen wir, daß umweltverträglicheres Verhalten für alle Mitglieder der Gesellschaft gleichermaßen Vorteile von 20 Einheiten bringt. Die nicht nur pekuniär zu sehenden Kosten umweltverträglicheren Verhaltens (neben Geld auch Zeit, Mühen, Aufgabe von Bequemlichkeit etc.) mögen für jeden einzelnen mit 10 EH zu Buche schlagen. Damit würde umweltverträglicheres Verhalten jedem Mitglied dieser Gesellschaft einen Nettovorteil von 10 EH ermöglichen.

Umwelt als öffentliches Gut und des daraus resultierenden Entstehens von externen Kosten findet sich bei L. Wicke, a.a.O., S. 41 ff.

An diese durch das Feld I repräsentierte Konstellation wird üblicherweise die Erwar-

Abb. 3 Umweltprobleme als Gefangenendilemma

		Verhalten der anderen Konsumenten/Produzenten	
		umweltverträglich	nicht umweltverträglich
Verhalten des einzelnen Konsumenten/ Produzenten	umweltverträglich	Nutzen 20 EH ./. Kosten 10 EH (I) Nettonutzen +10 EH	Nutzen 0 EH ./. Kosten 10 EH (III) Nettonutzen −10 EH
	nicht umweltverträglich	Nutzen 20 EH ./. Kosten 0 EH (II) Nettonutzen +20 EH	(IV)

Quelle: G.-J. Krol, Das Konzept rationalen Verhaltens als Bezugsrahmen für eine integrative Theorie des Konsumentenverhaltens. In: Ökonomische Bildung – Aufgabe für die Zukunft, Bergisch Gladbach 1988, S. 168.

tung geknüpft, daß eine freiwillige Verhaltensänderung zustande kommt, und diese Erwartung bestünde zu Recht, wenn der einzelne seine Situation nur dadurch verbessern könnte, daß die Vereinnahmung des Nutzens von 20 EH zwingend den individuellen Kostenbeitrag der Verhaltensänderung von 10 EH voraussetzt. Dies ist jedoch dann nicht der Fall, wenn es sich bei dem Gut, das den Nutzen von 20 EH ermöglicht, um ein „öffentliches Gut" handelt. Dann kann der **einzelne** seinen Vorteil dadurch um weitere 10 EH erhöhen, daß er seinen Kostenbeitrag in der Erwartung verweigert, daß die anderen die (mit umweltverträglicherem Verhalten verbundenen) Kosten von 10 EH tragen werden. Für den einzelnen besteht dann ein systematischer Anreiz, vom Feld I in das Feld II auszuweichen, d.h. hier, den freiwilligen Beitrag zur Verbesserung der Umwelt zu verweigern. Wenn man mit einem menschlichen Verhalten rechnen muß, welches individuell realisierbar erscheinende Vorteile auch einzulösen versucht, dann folgt angesichts vieler Eigenschaften der Umwelt als öffentliches Gut,

- daß für jeden einzelnen ein **Anreiz** besteht, nicht Feld I, sondern Feld II zu realisieren;
- daß umweltpolitisch Engagierte, die diesem Anreiz widerstehen, damit rechnen müssen, daß ihr aus Einsicht in die Notwendigkeit erbrachter Leistungsbeitrag nicht zu spürbaren Verbesserungen der Umweltqualität führt, weil ihnen nicht hinreichend viele folgen, sie also nur die Kosten umweltverträglicheren Verhaltens tragen, ohne daß insgesamt eine spürbar verbesserte Umweltqualität zustande käme (Feld III);
- daß die Wahrscheinlichkeit groß ist, daß das von allen gewünschte und für alle potentiell vorteilhafte Ergebnis verbesserte Umweltqualität nicht zustande kommt (Feld IV). Hieran vermögen Umweltinformationen und Umweltbewußtsein grundsätzlich nichts zu ändern, solange diese Anreizstrukturen gegeben sind.

Nach dem Ergebnis dieser theoretischen Ableitung unterbleibt umweltverträglicheres Verhalten, obwohl es mit der Aussicht auf individuelle Vorteile verbunden werden kann. Was die Entscheidungssituation in der Realität anbetrifft, ist umweltverträglicheres Verhalten allerdings allzu häufig eine mit individuellen Nachteilen verbundene Alternative. In Flaschen abgefüllte Milch ist deutlich teurer als Milch in Einwegkunststoffbehältnissen. Unternehmen, die mehr als durch staatliche Auflagen erzwungen für die Umwelt tun, haben zunächst im Vergleich zu den Konkurrenten nur höhere Kosten. Und wenn es von einem ordnungspolitischen Standpunkt aus gesehen die Aufgabe von Unternehmen ist, nach kostengünstigen Problemlösungen zu suchen, dann ist es unter den gegebenen Konstellationen vorhersehbar und zwingend, daß Unternehmen ihr innovatorisches Potential nicht an umwelttechnischen Fortschritten ausrichten.

Solange der einzelne Konsument (das Unternehmen, die Kommune, das Bundesland, die Nation) die Kosten umweltverträglicheren Verhaltens meiden kann, ohne als einzelner auf die Nutzung verbesserter oder erhaltener Umweltqualität verzichten zu müssen, solange die Umwelt ganz (oder aber auch nach Maßgabe staatlicher Genehmigungen eingeschränkt, s. u.) zum Nulltarif genutzt werden kann, ist nicht zu erwarten, daß das technisch Mögliche und ökonomisch Vertretbare auch tatsächlich realisiert wird. Wer Umweltbildung mit der Erwartung von Verhaltensänderung verbindet, wird – so wie die Dinge nun einmal liegen – die angestrebten Verhaltensänderungen auch als ein Problem der Anreizstrukturen und deren Gestaltung begreifen müssen.

4.14.2.3 Marktwirtschaft, Marktmechanismus und externe Effekte

Die Anreize auszuscheren hängen wesentlich von den institutionellen Bedingungen ab, unter denen wirtschaftliche Entscheidungen getroffen werden. Zwar haben sich Umweltprobleme unter dem Regime marktwirtschaftlicher Ordnungsbedingungen entwickelt,[7] die für ökologische Fortschritte entscheidende Frage ist jedoch, ob Umweltprobleme auf das Wirken von Marktmechanismen oder auf deren unzulängliche institutionelle Ausgestaltung zurückzuführen sind.

Gerade weil die moralsensiblen Wissenschaften den Vorschlägen der Ökonomen zur Erklärung und Entschärfung der Umweltprobleme mit großem Mißtrauen gegenüberstehen, erscheint es notwendig, das **Vorurteil** gegenüber der ökonomischen Perspektive mit Grundprinzipien der Marktallokation (auch im Lichte verfügbarer Alternativen) zu konfrontieren.

Ausgangspunkt ist dabei die faktische Knappheit von Umweltleistungen, die spürbare und sich verschärfende Verwendungskonkurrenz. Eben wegen der Knappheit muß mit Umweltleistungen wirtschaftlich umgegangen werden (was ökologisch gebotene Verbote bestimmter Verwendungsarten durch politische Entscheidungen keineswegs ausschließt). Zur Lösung von Knappheitsproblemen haben sich nun Märkte als effiziente Steuerungsinstrumente erwiesen, weil sie Knappheitsphänomenen, d. h. ungestillten Bedürfnissen, die durch die Betroffenen selbst artikuliert werden, normalerweise mit Entknappungstendenzen begegnen.

Das **Prinzip Markt** als Lenkungsinstrument läßt eine effiziente, d. h. möglichst kostengünstige Deckung der Bedarfe erwarten, allerdings nur unter der Voraussetzung eines wirksamen Wettbewerbs und eines die relativen Güterknappheiten widerspiegelnden Preissystems. Nicht jeder Preis am Markt ist ein Knappheitspreis. Knapp-

---

[7] Auf die eher größeren Umweltbeeinträchtigungen bei insgesamt geringerer Wirtschaftsleistung pro Kopf unter zentralplanwirtschaftlichen Ordnungsbedingungen wird hier nicht eingegangen.

heitspreise signalisieren den Entscheidungsträgern Knappheitsfolgen. Sie liegen in den ungestillten Bedürfnissen anderer, die auf das Gut (die Leistung bzw. die Produktionsfaktoren) verzichten müssen, wenn einer es (sie) erworben hat. Maß für diesen Verzicht sind Knappheitspreise, und das gesellschaftliche Problem besteht darin, die faktischen Preise diesen (gedachten) Knappheitspreisen anzunähern. Bei aller Unvollkommenheit gibt es bisher kein besseres Verfahren als das der Bewertung konkurrierender Angebote seitens der Nachfrager. Der sich auf Wettbewerbsmärkten ergebende Preis zeigt, wie die Nachfrager insgesamt ein Gut bewerten. Dieser Marktpreis ist deshalb auch ein Maß für den Verzicht, der Nachfrager trifft, wenn andere mehr für sich beanspruchen, und damit ein Knappheitspreis, der den Nutzer im volkswirtschaftlichen Rechnungszusammenhang mit den wirtschaftlichen Folgen konfrontiert, die er durch seine Nachfrage verursacht.[8] Während die Notwendigkeit des Wirtschaftens aus Knappheitsphänomenen resultiert, ist Ziel eines jeden Wirtschaftens, die Knappheit zu lindern. Hier entfaltet das Prinzip der Marktsteuerung seine besonderen Vorteile, insofern jede Verknappung, sofern sie sich nur in Knappheitspreisen ausdrücken kann, gleichzeitig Tendenzen zur Entknappung beinhaltet. Steigende Nachfrage nach begrenzt zur Verfügung stehenden Gütern (bzw. Ressourcen) läßt normalerweise deren Preis steigen. Diese werden dann für die Nachfrager zu (steigenden) Kosten. So gestiegene Preise signalisieren einen Anstieg der relativen Knappheit. Verwendungen dieses Gutes, die mit geringerer Zahlungsbereitschaft belegt sind und damit (bei ausgeglichener Einkommensverteilung) eine niedrigere Dringlichkeit signalisieren, werden von der Nutzung ausgeschlossen. Handelt es sich um vermehrbare Güter, ergeben sich gleichzeitig Anreize zur Angebotsausdehnung. Entknappungstendenzen finden also in einem doppelten Sinne statt, durch Mengenanpassungen und Substitutionsvorgänge auf der Nachfrageseite und durch Angebotsausdehnungen auf der Angebotsseite. In diesen von dem Willen und den Zielen der einzelnen Anbieter und Nachfrager völlig losgelösten gesamtwirtschaftlichen Wirkungen des Steuerungsinstrumentes Markt liegen seine die gesellschaftliche Wohlfahrt fördernden Funktionen.

Dies ist das Prinzip, und die Argumente für die Effizienz dieses Prinzips lassen sich nicht einfach mit dem Hinweis auf seine unvollkommene Realisierung in der Praxis entkräften. So ist unbestritten, daß eine sehr **ungleiche Einkommensverteilung** und **Positionen von Marktmacht** dazu führen, daß die Marktpreise die relativen Knappheiten nur verzerrt widerspiegeln. Würde – in einem fiktiven Beispiel – aufgrund extrem ungleicher Einkommensverteilung ein hoher Preis für Milch Nutzungsverzichte bei den Kindern der Armen implizieren, während die vielen Katzen der Reichen versorgt werden, so würde diese Marktbewertung (eben aufgrund extrem ungleicher Einkommensverteilung) grundlegenden Normen des Gemeinwesens widersprechen und nicht die „wahren" Knappheiten, d.h. die unvermeidlich notwendigen Nutzungsverzichte, widerspiegeln.

Bezogen auf Umweltprobleme ist eine dritte Quelle des Auseinanderfallens von Marktpreisen und Knappheitspreisen relevant, die sogenannten (negativen) **externen Effekte**. Sie bewirken, daß die für eine funktionsfähige Marktallokation entscheidenden Knappheitspreise höher als die Marktpreise sind, weil bestimmte Kostenbestandteile – wiederum aufgrund institutioneller Mängel – aus der Preiskalkulation ausgeschlossen bleiben. Damit werden die gesamtwirtschaftlichen Knappheiten verzerrt

---

[8] Vgl. hierzu im einzelnen die sozialphilosophische Beschreibung des Lenkungssystems Markt bei H.C. Binswanger, H. Bonus, M. Timmermann, a.a.O., S.84ff.

und fehlerhaft signalisiert. Die faktischen Knappheiten sind größer als die durch das Preissystem siganlisierten. Damit ist der Verbrauch knapper Güter/Ressourcen höher, als er bei „richtiger" Marktbewertung sein würde. Der Nutzer knapper Güter/ Ressourcen wird nur mit einem Teil der Knappheitsfolgen konfrontiert. Das Ergebnis ist ein vom gesellschaftlichen Standpunkt aus verschwenderischer Umgang. Wohlgemerkt: Nicht weil fehlerhaftes Verhalten individueller Entscheidungsträger vorliegt, sondern weil die Marktpreise als Grundlage wirtschaftlicher Entscheidungen falsche/verzerrte Knappheitsrelationen signalisieren.

Damit läßt sich nun die (gerade für viele ökologisch Engagierte vorentschiedene) Frage nach dem Beitrag der Marktwirtschaft zur Entstehung und Verschärfung der Umweltprobleme lösungsorientiert wie folgt differenziert beantworten. Die Leistungsfähigkeit des Marktmechanismus ist an zwei notwendige (wenn auch nicht hinreichende) Voraussetzungen gebunden: an wirksamen Wettbewerb und ein die relativen Knappheiten widerspiegelndes Preissystem. Umweltleistungen sind zwar faktisch knapp geworden, sie haben aber i.d.R. keine bzw. keine die tatsächlichen Knappheiten widerspiegelnden Preise. Umweltleistungen können (weitgehend) zum Nulltarif in Anspruch genommen werden. Art und Ausmaß des mit ihrer Nutzung verbundenen Nutzungsverzichts schlagen sich dann nicht in den einzelwirtschaftlichen Kosten- und Preiskalkulationen nieder. Entsprechend kann es unter diesen Bedingungen im Wettbewerb keine Anpassungsprozesse in Richtung eines schonenden Umganges mit der natürlichen Umwelt geben. Andererseits läßt die durch den Nulltarif für Umweltleistungen begünstigte extensive Nutzung steigende Kosten bei den von Umweltschädigungen Betroffenen entstehen, die eben wegen des Nulltarifs nicht beim Verursacher der Umweltbeeinträchtigung verrechnet werden, sondern von Dritten bzw. der Gesellschaft zu tragen sind. Je stärker nun das Ausmaß der Umweltbelastung ist, desto größer ist dann die Differenz zwischen den einzelwirtschaftlich kalkulierten Kosten und den Kosten, die Teilen der Gesellschaft oder der Gesellschaft als Ganzes entstehen. Umso stärker weichen die Marktpreise von den Knappheitspreisen ab, umso problematischer ist die Lenkungswirkung der auf Basis der einzelwirtschaftlichen Kosten ermittelten und um die Knappheitsfolgen der Inanspruchnahme von Umweltleistungen verzerrten Preissignale. Die Preise von in Produktion, Ge- und Verbrauch umweltbelastenden Gütern sind im Vergleich zu umweltverträglicheren zu gering. Die (ungewollte) Förderung umweltbelastender Produktions- und Konsummuster bei gleichzeitiger Diskriminierung umweltverträglicherer Wirtschaftsweise ist die zwingende und voraussehbare Folge. Zwingend und voraussehbar deshalb, weil die gesellschaftliche Rolle der Unternehmen darin liegt, kostengünstige Problemlösungen zu finden. Und wenn Umweltleistungen keinen Preis haben und damit für die Nutzer keine Kosten verursachen, gibt es keinen Anreiz, sich um eine Reduzierung der Inanspruchnahme von Umweltleistungen zu bemühen. Im Gegenteil, man wird sich gegen kostenverursachende Reduzierungen von Umweltbeanspruchungen – etwa aufgrund von Auflagen (s.u.) – wehren. Würde man hingegen die Inanspruchnahme von Umweltleistungen selbst mit Preisen belegen, so daß sie in die betriebswirtschftlichen Kosten- und Preiskalkulationen eingingen und damit den Nutzern von Umweltleistungen die Knappheitsfolgen signalisierten und anlasteten, würden umweltbelastende Produktions- und Konsummuster im Vergleich zu umweltverträglicheren relativ teurer. Ökonomen sprechen hier vom Prinzip der **Internalisierung externer Effekte**. Erst dann würde umweltverträglicheres Verhalten mit Kosten- und damit Wettbewerbsvorteilen belohnt werden können.

In dieser Sicht liegt die zentrale Ursache für die Entstehung und Verschärfung der Umweltprobleme in der falschen Bewertung von Umweltleistungen, im (weitgehenden) Nulltarif für die Inanspruchnahme der Umwelt, im zu hohen „Öffentlichkeitsgrad" der knappen Ressource natürliche Umwelt. Die Ursache ist nicht in der Wirkungsweise der Marktmechanismen als solchen zu sehen, sondern in den unzulänglichen – weil die Umweltknappheiten nicht berücksichtigenden und die Knappheitsfolgen nicht signalisierenden – Preisen. Das für die Beziehungen zwischen Ökonomie und Ökologie wichtigste Problem liegt in dieser Sicht darin, dafür zu sorgen, daß Umweltknappheiten sich in den für wirtschaftliche Entscheidungen maßgeblichen relativen Preisen niederschlagen. Nicht das Prinzip Marktsteuerung versagt, sondern ein Konstruktionsfehler hinsichtlich der institutionellen Ausgestaltung verhindert umweltverträglichere Ergebnisse. Dieser Konstruktionsfehler liegt darin, daß Produzenten und Konsumenten einen Teil der von ihnen bewußt oder unbewußt verursachten Handlungsfolgen auf Dritte (die Allgemeinheit, das Ausland, zukünftige Generationen) abwälzen können. Solange umweltverträglicheres Verhalten sich eben wegen der Abwälzungsmöglichkeit von Handlungsfolgen gegen die i. d. R. verhaltensbestimmenden Eigeninteressen durchsetzen muß, wird es systematisch erschwert statt gefördert. Diese Fehlleitung des Eigeninteresses (nicht das Eigeninteresse selbst) ist aus ökonomischer Sicht die eigentliche Ursache fortschreitender Umweltzerstörung in der Marktwirtschaft.

Folglich muß die Umweltpolitik, wenn sie ökologisch wirksam und ökonomisch effizient sein will, die Rahmenbedingungen, unter denen Marktmechanismen wirken, so verändern, daß die Anreize zum Einnehmen der Trittbrettfahrerposition, zu umweltbelastendem Verhalten, wirksam beschränkt werden. Es hängt dann von den durch das politische Entscheidungssystem zu setzenden Rahmenbedingungen ab, ob der Marktmechanismus zur Quelle weiterer Umweltgefährdungen wird oder als Instrument eines wirksamen und kostengünstigen Umweltschutzes genutzt wird.[9]

4.14.3 Umweltpolitik

Rationale Umweltpolitik verlangt, daß der Staat zunächst die für die einzelnen Belastungsbereiche anzustrebenden Umweltqualitätsziele festlegt und Vorschriften, Regeln und Verfahren ihrer ökologisch wirksamen und ökonomisch effizienten Durchsetzung entwickelt. Hierbei ist zwischen dem ökologisch Erforderlichen und ökonomisch Möglichen abzuwägen, und zwar in der Praxis unter den Bedingungen allgemein unzureichenden Wissens über ökologische Zusammenhänge und unterschiedlicher Betroffenheit der Wähler durch Umweltschäden und umweltpolitische Maßnahmen.

4.14.3.1 Prinzipien der Umweltpolitik

Seit dem Umweltprogramm des Jahres 1971 und seiner Fortschreibung beruht die Umweltpolitik auf drei Prinzipien:

- dem Verursacherprinzip
- dem Vorsorgeprinzip
- dem Kooperationsprinzip.[10]

---

[9] B. Zohlnhöfer, Umweltschutz in der Demokratie. In: Jahrbuch für Neue Politische Ökonomie, hrsg. von E. Boettcher et. al., Tübingen 1984, S. 106.
[10] Umweltbericht 76. Fortschreibung des Umweltprogramms der Bundesregierung vom 14. Juli 1976, Stuttgart et al. 1976, S. 26 ff.

Das **Verursacherprinzip** gilt als Kostenzurechnungsprinzip und ökonomisches Effizienzkriterium.[11] Nach dem Verursacherprinzip sollen die Kosten von Umweltschädigungen von denjenigen getragen werden, die für ihre Entstehung verantwortlich sind. Die Umsetzung dieses Prinzips in konkrete Maßnahmen sollte so erfolgen, daß der Markt als Steuerungsinstrument seine kostensenkende Wirkung auch auf den Bereich der Umweltnutzungen ausdehnen kann. Werden dem Verursacher von Umweltschäden[12] die Kosten der Vermeidung, der Sanierung oder der Kompensation zugerechnet, verteuern sich Produktion und Konsum nach Maßgabe der Umweltbeeinträchtigung. Erst dann können die Preisverhältnisse der Güter die in Produktion, Ge- und Verbrauch unterschiedlichen Umweltbeeinträchtigungen signalisieren. Prinzipiell stärkt also ein so operationalisiertes Verursacherprinzip die Lenkungsfunktion der Preise in die umweltpolitisch gewünschte Richtung. Unter statischen, nachfrageorientierten Aspekten wird die preiselastische Nachfrage auf relativ umweltverträglichere Produkte gelenkt, wenn die Preisverhältnisse durch den Verzehr an Umweltleistungen (mit-)bestimmt sind. Dies ist jedoch keineswegs sicher, da die Preise das Ergebnis einer Vielzahl von Kostendeterminanten sind. Selbst dann kann jedoch ein so operationalisiertes Verursacherprinzip in dynamischer Sicht auf der Angebotsseite Anreiz zur Entwicklung, zum Einsatz und zur Verbreitung umweltfreundlicherer Technologien freisetzen. Denn wenn die umweltpolitischen Maßnahmen bewirken, daß die Inanspruchnahme von Umweltleistungen selbst mit Kosten verbunden ist, werden diese Kosten ebenso wie andere Kostenbestandteile dem Rationalisierungskalkül der Unternehmen unterworfen. Ordnungspolitisch konsequent kann das Verursacherprinzip umweltverträglicheres Handeln mit der grundlegenden Motivation der Erlangung einzelwirtschaftlicher Vorteile kombinieren. Durch eine geeignete Operationalisierung des Verursacherprinzips kann also die marktwirtschaftliche Lenkung ökologisch wirksam und ökonomisch effizient auf den Bereich der faktisch knapp gewordenen Umweltleistungen ausgedehnt werden.

In der Praxis stößt eine solche Operationalisierung des Verursacherprinzips, die die Nutzung vom Umweltleistungen zum Gegenstand wirtschaftlicher Abwägungsentscheidungen machen will, allerdings auf Schwierigkeiten. Dazu gehören vor allem Akzeptanzprobleme, wenn sichtbare Kosten von Umweltnutzungen verteilungspolitisch (statt allokationspolitisch) gewertet werden.

Nicht selten scheitert diese Art der Umsetzung aber auch an Verursacherketten, die die Identifizierung der Emissionsquellen bzw. die Bewertung und Zurechnung der Umweltbelastung auf Emissionsquellen erschweren oder verhindern. Auch kann die konsequente Anwendung des Verursacherprinzips mit politisch unerwünschten Nebenwirkungen bei anderen Zielen verbunden sein, beispielsweise wenn Kostenerhöhungen die wirtschaftliche Existenz von Unternehmen oder gar Branchen im nationa-

---

[11] Umwelt – 90. Umweltpolitik. Ziele und Lösungen, hrsg. vom Bundesminister für Umwelt, Naturschutz und Reaktorsicherheit, o.O., o.J., S. 19.

[12] Wer ökonomisch gesehen der Verursacher einer Umweltbeeinträchtigung ist, ist nicht immer eindeutig zu beantworten. Verursacht beispielsweise die nächtliche Anlieferung von Frischgemüse per Lkw ruhestörenden Lärm, so ist der Lkw zweifellos der Urheber dieser Umweltbeeinträchtigung, aber ist er auch der Verursacher, wenn diejenigen, die sich in ihrem Bedürfnis nach Ruhe gestört fühlen, nach frischem Salat verlangen? Vgl. hierzu H. Bonus, Eine Lanze für den „Wasserpfennig". In: Wirtschaftsdienst, 66.Jg., Heft 9, 1986, S. 451 ff., und die Repliken in den folgenden Heften: H.11, 12 (1986); H.1,3,4 (1987). Ökologisch, d.h. unter dem Aspekt der Lenkungswirkung (Allokativer Aspekt), macht das Verursacherprinzip nur Sinn, wenn beim „Urheber" als Verursacher angesetzt wird.

len und internationalen Wettbewerb gefährden. Dann kann das **Gemeinlastprinzip** zum Tragen kommen, bei dem der Staat aus Steuermitteln selbst Umweltschutzinvestitionen finanziert oder diese subventioniert. Auch hier sind Verschiebungen der relativen Preise zu erwarten. Allerdings sind die Verschiebungen der relativen Preise nicht systematisch mit dem Ausmaß von Umweltbeanspruchungen verbunden, sondern ergeben sich nach den Zufälligkeiten des Steuerlastverteilungsprozesses. Damit kommen die umweltpolitisch gewünschten Lenkungswirkungen im Markt weder unter statischen noch unter dynamischen Aspekten zum Tragen.

Das **Vorsorgeprinzip** dient der Gefahrabwehr, der Risikovorsorge und der Zukunftsvorsorge.[13] Es hat seine besondere Bedeutung hinsichtlich der Langfristwirkungen vieler Umweltschädigungen und der sich schon heute abzeichnenden Grenzen einer Umweltpolitik, die sich vorwiegend nachgeschalteter Entsorgungstechniken bedient (end-of-the-pipe-Politik). Statt am Ende des Produktionsprozesses bzw. des ökonomischen Kreislaufes die anfallenden Mengen an Schadstoffen, Abfällen etc. zu sammeln und zu entsorgen, muß es im Sinne des Vorsorgeprinzips um eine umweltverträglichere Gestaltung der Produktionsprozesse und Produkte selbst gehen. Dieser sogenannte **integrierte Umweltschutz** stellt – ökonomisch gesehen – ein Innovationsproblem dar und steht damit in enger Beziehung zur konkreten Ausgestaltung des Verursacherprinzips und der von ihr ausgehenden Anreizwirkungen. Dieses forderte – aus Gründen der ökologischen Wirksamkeit –, den Nutzer von Umweltleistungen mit den vollen Handlungsfolgen zu belasten. Und weil dies mit sichtbaren Kosten verbunden ist, ist eine vorsorgende Umweltpolitik politisch schwer durchsetzbar. Da umweltpolitische Maßnahmen für die Betroffenen sichere Nachteile mit sich bringen, die Vorteile aus einzelwirtschaftlicher Perspektive aber ungewiß sind oder aber (beispielsweise wegen des Zeitbedarfs der Wirkungen) im Vergleich zu den Opfern faktisch geringgeschätzt werden, gerät eine vorsorgende Umweltpolitik in folgende Dilemmasituation. Liegen verläßliche Prognosen über bestimmte Umweltbeeinträchtigungen vor, die nach dem Vorsorgeprinzip unverzüglich eine Verringerung des Nutzungsniveaus dieser Umweltleistung(en) erfordern, muß der politische Entscheidungsträger mit Widerspruch bis hin zum Entzug von Wählerstimmen rechnen, wenn er die notwendigen Maßnahmen ergreift. Wartet er bis die prognostizierten Umweltschäden ein Ausmaß erreicht haben, welches die Politik von der Beweislast für die Notwendigkeit politischer Maßnahmen befreit und umweltpolitisches Handeln mit Zufuhr politischer Unterstützung belohnt, regiert das Feuerwehrprinzip die Umweltpolitik, und das Vorsorgeprinzip bleibt auf der Strecke.

Neben dem ökonomisch zu begründenden Verursacherprinzip, dem ökologisch begründeten Vorsorgeprinzip, ist das politisch begründete **Kooperationsprinzip** die dritte Säule der Umweltpolitik. Das Kooperationsprinzip strebt eine möglichst einvernehmliche Realisierung umweltpolitischer Ziele an und will die gesellschaftlichen Gruppen an der Konzeption und Durchsetzung umweltpolitischer Ziele und Maßnahmen beteiligen. Dieses Prinzip trägt der Tatsache Rechnung, daß die Entscheidungsträger in Politik und Verwaltung auf Informationen angewiesen sind, über die nur die Betroffenen verfügen. Umweltpolitik ist schon allein deshalb auf Kooperation angewiesen.

---

[13] Vgl. Umwelt – 90, a.a.O., S. 15 ff.

4.14.3.2 Umweltpolitische Ansatzpunkte

Aus dem Blickwinkel der Umweltbildung bietet es sich an, als Ansatzpunkte der Umweltpolitik zunächst zwischen einer Veränderung des Menschen und einer Veränderung der Institutionen zu unterscheiden.

Die vorherrschenden Konzepte der Umwelterziehung und Umweltbildung setzen darauf, daß über den Aufbau ökologischen Wissens und Bewußtseins die Menschen bereit und in der Lage sind, unter den gegebenen Institutionen umweltverträglicher zu handeln. Aus ökonomischer Perspektive wird dies mit Hinweis auf empirische Beobachtungen und verhaltenstheoretische Erkenntnisse im Grundsatz, nicht im Einzelfall, bestritten. Aus ökonomischer Perspektive sind vor allem die Institutionen, nicht aber primär die Menschen, zu verändern. Freilich setzt die Veränderung von Institutionen in Demokratien ein verändertes Bewußtsein voraus.

Die Veränderung der institutionellen Bedingungen zwecks Durchsetzung von mehr Umweltschutz läßt sich wiederum in zwei Gruppen unterteilen: ordnungsrechtliche Maßnahmen, die umweltverträglicheres Handeln durch spezifische Ge- bzw. Verbote gegen grundlegende Handlungsmotivationen erzwingen wollen einerseits und ökonomische Instrumente, die umweltverträglicheres Verhalten im Markt (ökonomisch) attraktiver machen wollen, andererseits. Die ökonomischen Instrumente lassen sich wiederum in drei Gruppen unterteilen: Abgaben, Zertifikate und Veränderungen des Haftungsrechts. Alle diese Ansatzpunkte haben ihre spezifische Bedeutung.[14]

In der Bundesrepublik wird die Umweltpolitik vom ordnungsrechtlichen Ansatz dominiert, bei dem die Politik – ausgehend von bestimmten Umweltqualitätszielen – mittels Umweltauflagen (Gebote und Verbote) im einzelnen die Nutzungsbedingungen von Umweltleistungen festlegt und ggf. kontrolliert und bei Verstößen bestraft. Dieser ordnungsrechtliche Ansatz, der den politisch administrativen Strukturen entgegenkommt, gelangt nun zunehmend an Grenzen der ökologischen Wirksamkeit und der ökonomischen Effizienz. Gleichzeitig stößt eine stärkere Ausrichtung der Umweltpolitik auf ökonomische, anreizkonformere Instrumente auf besondere Akzeptanzprobleme, weil dies letztlich auf eine sichtbare Verpreisung und Verteuerung von Umweltnutzungen hinausläuft, auch wenn diese nun sichtbaren Kosten ingesamt geringer sein mögen als die unsichtbaren Kosten durch ordnungsrechtliche Maßnahmen.[15] Unglücklicherweise verstärken die vorherrschenden Konzepte der Umwelterziehung und Umweltbildung dieses Vorurteil, wenn sie den Konflikt zwischen Ökonomie und Ökologie in einen Konflikt zwischen Ökologie und Marktwirtschaft umdeuten, anstatt darüber zu informieren, wie ein ökologischer Rahmen für die Marktwirtschaft den Konflikt zwischen Ökonomie und Ökologie entschärfen kann.

Im folgenden wird die Problematik des ordnungsrechtlichen Ansatzes am Beispiel der Umweltauflagen dargestellt und mit Umweltabgaben, Umweltlizenzen und Veränderungen des Haftungsrechts als ökonomischen Instrumenten kontrastiert.

---

[14] Zu einer differenzierten Bewertung der den einzelnen Ansatzpunkten zuzuordnenden Instrumente vgl. L. Wicke, a.a.O., S.193. Allerdings werden die einzelnen Maßnahmen dort anders systematisiert.

[15] K.-H. Hansmeyer u. H. K. Schneider, Umweltpolitik. Ihre Fortentwicklung unter marktsteuernden Aspekten, Göttingen 1990, S.22.

4.14.3.2.1 Umweltpolitik mittels Auflagen

Mittels Umweltauflagen spezifiziert der Staat auf administrativem, einzelfallbezogenem Wege die Nutzungsbedingungen von Umweltleistungen. Beispielsweise legt die Politik zur Bekämpfung von Luftverschmutzung bei Produktionsanlagen in der Bundesrepublik die Nutzungsbedingungen für die Umwelt als Aufnahmemedium für Schadstoffe fest. Sie geht in der Praxis nach einem Genehmigungsverfahren vor, in dem die Gewerbeaufsicht für Neuanlagen Genehmigungen nur dann erteilt, wenn diese dem „Stand der Technik" entsprechen, und wenn durch die Neuanlagen die im Belastungsgebiet geltenden, durch politische Entscheidungen festgelegten Umweltqualitätsziele nicht verletzt werden.[16] Für Altanlagen, das sind Anlagen im Besitz einer Genehmigung, können unter bestimmten Bedingungen nachträgliche Anordnungen erteilt werden.

Kurzfristig kann eine nach diesem Ansatz betriebene Umweltpolitik durchaus zu einer erheblichen Reduzierung der Umweltbelastung im Anwendungsbereich führen. Auch kann dieses Instrument aus Gründen der Gefahrenabwehr unverzichtbar sein. Auf längere Sicht ist das Instrument der Auflagen aber mit gravierenden Nachteilen verbunden. Es behindert umwelttechnische Innovationen im Sinne des für anhaltende Fortschritte maßgeblichen integrierten Umweltschutzes und macht den Umweltschutz teurer als nötig. Beides ist zu erläutern.

Behinderung des integrierten Umweltschutzes im Wettbewerb: Mit der Erfüllung der Auflagen und der Erteilung der Genehmigung durch die Gewerbeaufsicht erhält das Unternehmen faktisch das Recht, die Umwelt als Aufnahmemedium für Schadstoffe im durch die Genehmigung vorgegebenen Maß zu nutzen, und zwar zum Nulltarif. Zwar zwingt der Staat die Nutzer von Umweltleistungen zu Investitionen in Vermeidungstechnologie (z.B. Luftfilter), aber mit Erfüllung der Auflage können die Restemissionen zum Nulltarif an die Umwelt abgegeben werden. Nicht die Umweltnutzungen führen zu Kosten, sondern die Anstrengungen zur Erfüllung der Auflagen. Dies hat weitreichende Konsequenzen.

Wenn Unternehmen weiterhin Schadstoffe – im durch die Genehmigung vorgegebenen Maß – kostenlos an die Umwelt abgeben können, fehlt jeder Anreiz zu einer weiteren Verringerung der Emissionen, selbst wenn entsprechende umwelttechnische Fortschritte verfügbar und ökonomisch tragbar sind. Denn zusätzliche Investitionen in Vermeidungstechnologie führen unter dem Regime dieser Umweltpolitik für den Entscheidungsträger nur zu höheren Kosten und Wettbewerbsnachteilen. So müssen unter dem ausschließlichen Regime der Auflagenpolitik Umweltinnovationen von Behördenvertretern gegen die Interessen der Unternehmen durchgesetzt werden. Behördenvertreter müssen, ohne über die dafür erforderlichen Informationen zu verfügen, die technische und ökonomische Durchsetzbarkeit umweltschonenderer neuer Technologien im Einzelfall nachweisen, während die über das notwendige Spezialwissen verfügenden Unternehmen ihre Anstrengungen darauf richten, schärfere Umweltauflagen abzuwehren. Damit findet ein für den integrierten Umweltschutz verhängnisvoller Rollentausch statt. Die für die Lösung des Umweltproblems auf längere Sicht zentrale Frage der **Entwicklung**, des **Einsatzes** und der **Verbreitung** umwelttechnologischer Fortschritte wird dem nachweislich hierfür nicht geeigneten administrativen System anheimgegeben, während das gerade unter dem Innovationsaspekt kreative Wettbewerbssystem in die Rolle eines Bremsers gedrängt wird. Diese

---

[16] Zu Einzelheiten siehe: L. Wicke, a.a.O., S. 195 ff.

Rollenverteilung ist ausschließlich darauf zurückzuführen, daß jede Auflagenpolitik für die zulässigen Restnutzungen der Umwelt faktisch kostenlose Verschmutzungsrechte verteilt. Die Umweltverschmutzung bleibt damit – wenn auch nur im durch die Genehmigung vorgegebenen Maß – konkurrenzlos billig und behindert damit jede weitere Anstrengung zur Reduzierung der Umweltbelastung seitens der Akteure des Marktsystems.

Wirtschaftliche Ineffizienz: Diese Umweltpolitik läßt aber nicht nur weiterhin eine konkurrenzlos billige Umweltverschmutzung zu, sie macht auch den durchgesetzten Umweltschutz teurer als nötig. Das aber heißt nichts anderes, als daß mit gleichen Kosten ein Mehr an Umweltschutz realisiert werden könnte. Die Ursache hierfür liegt in unterschiedlichen Kosten der Verringerung von Umweltnutzungen zwischen Unternehmen und Produktionsanlagen. Eine Auflagenpolitik, die von **jedem** Unternehmen bzw. von **jeder** Anlage gleichermaßen die Einhaltung der Vorgaben verlangt, verursacht insgesamt Kosten in Höhe der Summe der auf die einzelnen Anlagen/Unternehmen bezogenen Vermeidungskosten. Sind diese Vermeidungskosten zwischen Unternehmen/Anlagen aber unterschiedlich, dann kann eine gleiche Reduzierung der Emissionsmenge – bezogen auf eine Belastungsregion – auch zu geringeren Kosten erzielt werden, indem solche Unternehmen/Anlagen mit hohen Vermeidungskosten ihr Emissionsniveau weniger senken, wenn gleichzeitig Unternehmen/Anlagen mit geringeren Vermeidungskosten eine entsprechend höhere Reduzierung ihres Emissionsniveaus realisieren.[17]

4.14.3.2.2 Umweltabgaben

Der ordnungsrechtliche Ansatz der Umweltpolitik mittels Auflagen trennt lediglich zwischen zulässigen und unzulässigen Umweltnutzungen.[18] Verbote reduzieren die zulässigen Umweltnutzungen auf Null, Gebote teilen die zulässigen Restnutzungen zum Nulltarif zu. Damit bleiben sie konkurrenzlos billig. Die ökonomischen Instrumente beziehen sich auf die effiziente Bewirtschaftung der zulässigen Restnutzungen und ihrer weiteren Reduzierung. Dies ist von einem sozialen, gesellschaftspolitischen Standpunkt aus immer bedeutsam, soweit die beschränkt zugelassenen Nutzungen noch mit Umweltschäden verbunden sind.

Statt wie bisher bei der Auflagenpolitik Verschmutzungsrechte weiterhin zum Nulltarif zur Verfügung zu stellen und so die Abwälzung von Kosten auf Dritte/die Allgemeinheit zu erlauben, könnte der Staat die Umweltnutzung selbst mit einer Abgabe pro Nutzungseinheit belegen. Wer viel für den Umweltschutz tut, spart Abgaben, wer die Umwelt weiterhin stark verschmutzt, wird mit zusätzlichen Kosten belastet. Eigennütziges Verhalten unterstellt, werden Umweltbelastungen dort reduziert, wo die Vermeidungskosten (Kosten der Vermeidung bzw. der Verringerung der Umweltbelastung durch Umweltschutzinvestitionen) geringer sind als die andernfalls zu zahlenden Emissionsabgaben. Sie unterbleiben dort, wo die Vermeidungskosten noch höher sind als die zu zahlenden Emissionsabgaben. Der Umweltschutz erfolgt dann an der kostengünstigsten Stelle. Werden die Umweltnutzungen selbst mit Abgaben belegt und damit zu einem Kostenbestandteil, kann das im wirtschaftlichen Bereich vorherr-

---

[17] Eine für den Unterricht geeignete, vergleichende modellmäßige Darstellung der Umweltpolitik mittels Auflagen, Abgaben und Märkten für Verschmutzungsrechte findet sich bei G.-J. Krol, Mehr Markt im Umweltschutz? Zum Verhältnis von Ökonomie und Ökologie in der Umwelterziehung, In: Gegenwartskunde, Heft 2, 1989, S. 207 ff.
[18] K.-H. Hansmeyer u. H. K. Schneider, a.a.O., S. 32.

schende Eigennutzkalkül für umweltverträglicheres Verhalten genutzt werden. Investitionen in Forschung, Entwicklung, Einsatz und Verbreitung umweltverträglicherer Technologien können nun prinzipiell die Wettbewerbsfähigkeit stärken, statt sie zu schwächen. Der Wettbewerb als wirksames „Entdeckungsverfahren" für neue, bisher unbekannte Problemlösungen kann dann prinzipiell auch für die Belange der Umwelt genutzt werden, statt mehr Umweltschutz gegen die Triebkräfte des Wettbewerbs durchsetzen zu müssen. Allerdings ist die Wirkung entscheidend von der „richtigen" Höhe der Abgabesätze sowie deren Anpassung an geänderte Knappheitsverhältnisse abhängig. Zu niedrige Abgabesätze – nach den „Gesetzen politischer Preisbildung" eher wahrscheinlich als zu hohe – beinhalten die Gefahr, daß die Verringerung der Umweltnutzungen nicht zustande kommt, weil Mengenanpassungen und Substitutionsprozesse unterbleiben, zu hohe Abgabesätze können Produktion und Beschäftigung gefährden. Auch dürfen solche Abgaben nicht die Funktion der Finanzierung öffentlicher Aufgaben übernehmen (wohl aber dafür verwendet werden), denn umweltpolitisch sind die Abgaben besonders wirksam, deren Aufkommen nahe Null liegt.

4.14.3.2.3 Märkte für Verschmutzungsrechte (Emissionslizenzen)

Die Einbeziehung der Umweltnutzungen selbst in die wirtschaftlichen Entscheidungskalküle von Produzenten und Konsumenten läßt sich auch dadurch erreichen, daß die Preisbildung für Umweltnutzungen Märkten übertragen wird. Der Staat kann – ausgehend von konkret anzustrebenden Umweltqualitätszielen in Form von maximal zulässigen Emissionsmengen bestimmter Schadstoffe – eine danach zu bestimmende Menge von gestückelten Emissionsrechten zur Verfügung stellen. Durch die fixierte Menge an gestückelten Verschmutzungsrechten stellt der Staat sicher, daß die angestrebte Umweltqualität erreicht wird, wenn das Kontrollsystem darüber hinausgehende Emissionen verhindern kann. Jeder, der die Umwelt als Aufnahmemedium des betreffenden Schadstoffes nutzen will, muß nun im erforderlichen Umfang Emissionsrechte erwerben, allerdings nicht durch einen Festpreis, wie bei Abgaben, sondern zu einem Marktpreis, der sich aus der Konkurrenz der Nachfrage aller an den Verschmutzungsrechten Interessierten um den politisch fixierten Bestand an Verschmutzungsrechten ergibt. Mit der Verknappung des Angebotes an Verschmutzungsrechten in der Zeit – beispielsweise durch nur zeitlich begrenzte Gültigkeit oder periodische Abwertung – steigen die Preise der Rechte auf den entsprechenden Märkten, und der Einsatz umweltschonender Technologien wird ökonomisch attraktiver. Es werden die Unternehmen als Nachfrager nach Emissionslizenzen ausscheiden, bei denen die zusätzlichen Kosten der Reduzierung von Umweltbelastung (durch Investitionen in Vermeidungstechnologien) geringer sind als die Kosten für den Erwerb benötigter Verschmutzungsrechte. Umgekehrt erwerben die Unternehmen Verschmutzungsrechte, bei denen die Vermeidungskosten immer noch höher sind als die Aufwendungen für die benötigte Zahl von Lizenzen. Dies sichert eine kostengünstige Realisierung des Umweltschutzes. Gleichzeitig ergibt sich jedoch ein Anreiz zum Einsatz von Vermeidungstechnologie auch bei denjenigen, die über einen für die eigene Produktion hinreichenden Bestand an Emissionsrechten verfügen, da sie diese nun zu einem höheren Preis verkaufen können, wenn sie in Vermeidungstechnologie investieren. Stärker noch als Emissionsabgaben könnten sie Anreize für die Entwicklung, den Einsatz und die Verbreitung umweltschonender Technologie schaffen[19] und damit integrierten Umweltschutz fördern.

---

[19] Zu amerikanischen Erfahrungen mit Abgaben und Lizenzen, vgl. H. Bonus, Marktwirt-

4.14.3.2.4 Veränderungen des Haftungsrechts

Ein weiterer Ansatzpunkt, die Umweltnutzungen in Kosten- und Preissignale zu integrieren und damit die Steuerungsfunktion des Marktes auch umweltpolitisch zu stärken, der in besonderem Maße auch dem Vorsorgeprinzip Rechnung trägt, liegt in der Veränderung des Haftungsrechts. Die Bedeutung der Institution Haftungsrecht für die Entstehung und Entschärfung der Umweltprobleme liegt darin, daß gegenwärtig Schädiger in einer starken, Geschädigte, auf die die sozialen Zusatzkosten der Umweltbelastung abgewälzt werden, in einer schwachen Position sind. Geschädigte können häufig weder Kompensationszahlungen erwirken noch die Verursacher von Umweltbelastungen veranlassen, die Schädigung einzustellen, weil die Kosten der Anspruchsdurchsetzung häufig prohibitiv hoch sind. Eine wichtige Ursache hierfür liegt im Prinzip der Verschuldenshaftung, die neben schuldhaftem Verhalten den strengen naturwissenschaftlichen Nachweis zwischen Ursache und Wirkung voraussetzt. Gerade im Umweltbereich ist dieser Nachweis nur schwer und häufig nur durch langfristige und teure Untersuchungen zu führen. Hier könnte die Einführung des beispielsweise aus der Straßenverkehrsordnung bekannten Prinzips der Gefährdungshaftung helfen, nach der unabhängig von der Verschuldung für Schäden gehaftet wird. Hierdurch wird nicht nur dem Verursacherprinzip, sondern auch dem Vorsorgeprinzip in hohem Maße Rechnung getragen, denn nun muß das Unternehmen das Risiko von Schadensersatzforderungen aufgrund von Umweltschäden schon vor Aufnahme der Produktion in das wirtschaftliche Kalkül einbeziehen und die Haftungsgründe entweder durch umweltfreundlichere Produktion oder Versicherung gegen Haftungsrisiken, soweit diese kalkulierbar sind, reduzieren.[20] Über die an die Schadensrisiken gekoppelte Höhe der Versicherungsprämien werden die sozialen Zusatzkosten, die sonst auf Dritte bzw. die Allgemeinheit abgewälzten Schäden, internalisiert.

4.14.4 Zusammenfassung

Umwelterziehung und Umweltbildung treten ausdrücklich mit dem Anspruch der Handlungsorientierung an, können aber auf die breite und sich verbreiternde Kluft zwischen Umweltbewußtsein und nach wie vor wenig umweltverträglichem Verhalten im Alltag keine überzeugende Antwort geben. Auch im wirtschafts- und sozialkundlichen Aufgabenfeld dominiert eine verhängnisvolle Individualisierung der Umweltprobleme, die Umweltschutzziele gegen die Eigeninteressen der wirtschaftlichen Akteure anstreben muß, weil die Ebene, auf der Umweltschutzziele mit den Eigeninteressen kompatibel werden können, gar nicht erst ins Blickfeld gelangt. Dies liegt in einer fehlenden (nicht unzureichenden) sozialökonomischen Fundierung der Umweltbildung. Umweltbildung überspielt die sozialökonomische Problematik der Umwelt-

---

schaftliche Konzepte im Umweltschutz. Auswertung amerikanischer Erfahrungen im Auftrage des Landes Baden-Württemberg, Stuttgart 1984. Ausführlicher zu Märkten für Verschmutzungsrechte: H.C. Binswanger, H. Bonus, H. Timmermann, a.a.O., S. 143ff. Eine knappe Darstellung mit einer Gegenüberstellung von Vor- und Nachteilen liefert L. Wicke, a.a.O., S. 383ff. H. Bonus, Emissionsrechte als Mittel der Privatisierung öffentlicher Ressourcen aus der Umwelt. In: Umweltökonomik, hrsg. von H. Möller et al. Königstein/Ts. 1982, S. 295ff.

[20] Über die in Japan mit diesem Ansatz gemachten (positiven) Erfahrungen berichten: S. Tsuru u. H. Weidner, Ein Modell für uns. Die Erfolge der japanischen Umweltpolitik, Köln 1985.

probleme. Aus (bestenfalls[21]) ökologisch zulänglichen Problemanalysen werden mittels ad-hoc-Theorien von hoher Beliebigkeit die Handlungsanforderungen an gesellschaftliche Akteure (Verbraucher, Unternehmen, Politiker etc.) abgeleitet und mit den realisierbaren Handlungsmöglichkeiten identifiziert. Zielgröße sind Verhaltensdispositionen. Probleme der Umsetzung von Verhaltensdispositionen in konkretes Verhalten, Beschränkungen des Handlungsspielraums also, werden nicht mehr als Gegenstand der Umweltbildung gesehen, obwohl hier unter dem Gestaltungsaspekt der systematische Ort der Problemerklärung und Problemlösung/-entschärfung liegt. Wenn also heute zunehmend die breite Kluft zwischen einem gestiegenen Umweltbewußtsein einerseits und nach wie vor umweltbelastendem Verhalten andererseits beklagt wird, so ist diese Kluft nicht primär durch weitere Intensivierung des ökologischen Bewußtseins zu verringern, sondern vor allem durch den Abbau derjenigen Faktoren, die eine Umsetzung der Verhaltensdispositionen in Alltagsverhalten behindern. Diese Faktoren wurden hier mittels der ökonomischen Theorie herausgearbeitet. Sie liegen in fehlleitenden Anreizstrukturen, die nicht dadurch überspielt werden können, daß auf Umweltbewußtsein gesetzt wird, wenn umweltverträglicheres Verhalten (von Produzenten und Konsumenten) sich permanent gegen individuell vorteilhaftere Alternativen durchsetzen muß. Solange umweltbelastendes Verhalten für den einzelnen (Verbraucher, Unternehmer etc.) vorteilhafter ist als umweltverträglicheres, ist in einer arbeitsteiligen, anonymen, von Märkten und ihrer Funktionslogik geprägten Gesellschaft die Verschärfung des Umweltproblems die voraussehbare Folge. Wenn die Marktbedingungen, unter denen Marktkräfte wirken, es Produzenten und Konsumenten erlauben, einen Teil der von ihnen verursachten Kosten auf Dritte bzw. die Allgemeinheit abzuwälzen, nämlich die Kosten der Umweltbelastung, dann wird die umweltbelastende Handlungsalternative immer einen Kostenvorteil vor der umweltverträglicheren behalten, dann sind die Preise der in Produktion und/oder Konsum umweltbelastenden Produkte zu gering. Sie erhalten einen künstlichen und durch nichts als durch die historische Entwicklung begründeten Wettbewerbsvorteil. Hieran vermag eine Umweltpolitik, die umweltverträglicheres Verhalten durch direkte einzelfallbezogene Vorgaben und Kontrollen erreichen will, grundsätzlich nichts zu ändern.

Ein entscheidender Schritt zur Lösung der Umweltprobleme muß also darin liegen, Konsumenten und Produzenten mit den Kosten von Umweltbeanspruchungen zu belasten. Hierzu bedarf es bestimmter staatlicher Entscheidungen auf unterschiedlichen Ebenen (EG, Bund, Länder, Kommunen) und in unterschiedlichen umweltpolitischen Problembereichen. Umwelterziehung und Umweltbildung können die dringend gebotene allokative Ausrichtung bei der einzelproblemabhängigen Operationalisierung des Verursacherprinzips fördern, aber auch erschweren. Umweltbildung und Umwelterziehung haben die sozialökonomischen Ursachen der Umweltprobleme bisher ausgespart. Deshalb besteht die Gefahr, daß die unterrichtlich thematisierten Handlungsempfehlungen den faktischen Spielraum der Konsumenten, Produzenten und staatlichen Entscheidungsträger überfordern. Insgesamt droht eine so konzipierte Umwelterziehung das Gegenteil von dem, was sie will, zu bewirken, nämlich statt abzuwägender, bewußter und konfliktfähiger Parteinahme blindes Engagement oder gar Resignation. Empfohlen wird deshalb, das bisherige, unverzichtbare, ökologische Standbein der Umweltbildung und Umwelterziehung um ein originäres sozialökonomisches Standbein zu ergänzen, welches die Probleme der Umsetzung von Verhal-

---

[21] Vgl. dazu J. Kahlert, Alltagstheorien in der Umweltpädagogik, Weinheim 1990, inbesondere S. 61 ff.

tensdispositionen in konkretes Verhalten ins Rampenlicht rückt und damit die Faktoren beleuchtet, die dem bisher dominierenden individualpolitischen Ansatz erst ein verhaltenstheoretisch fundiertes und empirisch tragfähiges Fundament geben. Um Mißverständnissen vorzubeugen: Es geht hier nicht darum, Umweltprobleme dem Markt zu überlassen, sondern darum, die Marktkräfte für ihre Lösung/Entschärfung zu nutzen. Dies setzt mutige und weitreichende politische Entscheidungen hinsichtlich umweltpolitischer Zielvorgaben und Maßnahmen voraus, zu denen Umweltbildung und Umwelterziehung durch die Vermittlung angemessener Problemperspektiven ihren Beitrag leisten müssen.

Literaturhinweise

H.C. Binswanger, H. Bonus, H. Timmermann, Wirtschaft und Umwelt, Möglichkeiten einer ökologieverträglichen Umweltpolitik, Stuttgart et al. 1981.
R.D. Brunowsky, L. Wicke, Der ÖKO-Plan – Durch Umweltschutz zum neuen Wirtschaftswunder, München 1985.
B.S. Frey, Umweltökonomie, 2. Auflage, Göttingen 1985.
F. Jäger, Natur und Wirtschaft. Auf dem Weg zu einer ökologischen Marktwirtschaft, 2. Auflage, Chur Zürich 1994.
Maier-Rigaud, Umweltpolitik in der offenen Gesellschaft, Opladen 1988.
L. Wegehenkel (Hrsg.), Marktwirtschaft und Umwelt, Tübingen 1981.
L. Wicke, Umweltökonomie, 4. Auflage, München 1993.
W. Zohlnhöfer: Umweltschutz in der Demokratie. In: Jahrbuch für Neue Politische Ökonomie, Band 3, 1984.
Zukunftsfähiges Deutschland. Ein Beitrag zu einer global nachhaltigen Entwicklung, hrsg. v. Bund u. Misereor, Basel, Boston, Berlin 1996.

4.15 Europäische Wirtschaftsintegration
Klaus-Peter Kruber

4.15.1	Dimensionen und Stand des Integrationsprozesses	537
4.15.2	Die Vollendung des Binnenmarktes	540
4.15.3	Strategien und Techniken der Integrationspolitik	542
4.15.4	Auf dem Weg zur Europäischen Wirtschafts- und Währungsunion . .	543
4.15.4.1	Zunehmende konjunkturelle Interdependenz in der Gemeinschaft .	543
4.15.4.2	Das EWS – Funktionsweise und Bilanz der Entwicklung	544
4.15.4.3	Perspektiven der europäischen Wirtschafts- und Währungspolitik . .	546
4.15.5	EU-Integration im Rahmen der europäischen Einigung	551
Literaturverzeichnis		552

In der Zeit nach dem 2. Weltkrieg bis in die 50er Jahre war die wichtigste Triebfeder der Bemühungen um die europäische Einigung das Bestreben der Gründerstaaten, „durch diesen Zusammenschluß ihrer Wirtschaftskräfte Frieden und Freiheit zu wahren und zu festigen" (Präambel des EWG-Vertrags von 1957). Mit den raschen Erfolgen der EWG geriet diese Motivation aus dem Blickfeld der öffentlichen Diskussion. Zwischen den westlichen europäischen Staaten entstand eine so enge wirtschaftliche, politische und militärische Verflechtung, daß eine andere als friedliche und freiheitliche Entwicklung der Beziehungen zwischen diesen Staaten nicht mehr denkbar ist. Dieser Erfolg wird – weil er so selbstverständlich geworden ist – der EU nicht mehr zugerechnet. Durch Ereignisse der letzten Jahre gewinnt die ursprüngliche Zielsetzung auf einer neuen Ebene wieder an Bedeutung. Entgegen vielen Erwartungen (vgl. die Schlagworte „Europamüdigkeit" und „Eurosklerose") ist eine Belebung der Integrationsdynamik und eine gesteigerte Attraktivität der Gemeinschaft festzustellen. Mit der Einheitlichen Europäischen Akte (EEA, 17.2.1986) und den Beschlüssen zum Binnenmarkt und zur Währungsunion betritt sie eine höhere qualitative Stufe der Integration, die zur politischen Union führen soll. Demokratisierung und Übergang zur Marktwirtschaft in den ehemals kommunistischen Staaten Mittel- und Osteuropas beenden die Spaltung Europas. Österreich, Finnland und Schweden sind der EU beigetreten. Die restlichen EFTA-Staaten und die ehemals kommunistischen Länder sind an vertiefter Zusammenarbeit und neuen Formen institutionalisierter Verbindungen bis hin zur Mitgliedschaft interessiert. Eine Belebung der Integrationsdynamik ergibt sich auch aus dem Bestreben, das wiedervereinigte Deutschland wirtschaftlich und politisch in der EU und militärisch in einem neu definierten Verteidigungsbündnis einzubinden, um verständlichen Befürchtungen der Nachbarn Rechnung zu tragen. Einen weiteren Anstoß erhält die europäische Einigungspolitik aus der Erkenntnis, daß Europa nur geeint auf die Dauer eine Rolle im weltwirtschaftlichen Kräftefeld zwischen Nordamerika und Ost- und Südostasien bewahren kann.

4.15.1 Dimensionen und Stand des Integrationsprozesses

Integration bedeutet Herstellung einer Einheit oder Eingliederung in ein größeres Ganzes. Integration kann sich auf einzelne Teilbereiche der Gesellschaft beziehen und von sehr unterschiedlicher Intensität sein: Integrierend wirken wachsende Verbindungen durch private Transaktionen (Handel, Reisen), durch Zollabbau oder Aufhebung von Devisenbeschränkungen. Integration geschieht auch durch vertragliche Zusammenarbeit von Staaten auf einzelnen Politikfeldern (Gewässerschutzabkommen, Militärbündnis). Weitergehende Integrationsformen übertragen Kompetenzen für bestimmte Politikbereiche von nationalen auf supranationale Institutionen (Bsp. EG-Agrarpolitik, EG-Außenhandelspolitik). Endstufe der Integration ist die Verschmelzung von Staaten (Bsp. deutsche Wiedervereinigung 1990). Dazwischen sind viele Abstufungen möglich.

Frei (1985, 113ff.) unterscheidet drei Dimensionen von Integration:
- zunehmend gemeinsame politische Entscheidungsfindung (institutionelle Dimension),
- wachsendes Gemeinschaftsbewußtsein (sozialpsychologische Dimension),
- Zunahme von gesellschaftlichen Verbindungen, insbes. wirtschaftlichen Verflechtungen (Dimension der Transaktionen).

Integration kann sich – zumindest auf den niederen Stufen – in den einzelnen Dimensionen weitgehend getrennt vollziehen. Beispiele sind die recht weitgehende wirtschaftliche Zusammenarbeit zwischen den EFTA-Staaten ohne vertiefte politische

Integration oder die auf die politisch-militärische Ebene beschränkte Integration in der NATO. Je weiter Integration voranschreitet, desto notwendiger erweisen sich jedoch gleichgewichtige Fortschritte auch in den anderen Dimensionen (Frei 1985, 119). Die Staaten der Europäischen Gemeinschaft (EG) haben sich im Vertrag von Maastricht (7.2.1992) über die Europäische Union (EU) eine sehr weitreichende Integration zum Ziel gesetzt. Sie streben eine Wirtschafts- und Währungsunion und eine politische Union an. Die Integration ist jedoch in den verschiedenen Dimensionen unterschiedlich weit fortgeschritten. Daraus haben sich schon in der Vergangenheit Probleme ergeben. Insbesondere haben Rückstände in der politischen Integration immer wieder Fortschritte in der wirtschaftlichen Integration gebremst oder verhindert.

Schon nach dem EWG-Vertrag waren eine Reihe von wichtigen Politikfeldern in unterschiedlichem Grade Gegenstand von supranationaler Politik: Am weitesten reichten die EG-Kompetenzen in der Zoll- und Außenhandelspolitik, Agrarpolitik und hinsichtlich der Freizügigkeit von Arbeitnehmern. Aber auch bei der Liberalisierung des Kapitalverkehrs, in der Wettbewerbs- und Regionalpolitik hat die EG eigene Kompetenzen über bzw. neben den Mitgliedstaaten. Ferner entwickelten sich im Laufe der Zeit am Rande des EWG-Vertrags weitere Aufgaben für die Gemeinschaft: erste umwelt- und technologiepolitische Ansätze entstanden zunächst auf der Grundlage des Art. 235 („Erlaß von Vorschriften für unvorhergesehene Fälle"), und außerhalb des Vertrags entstand eine Europäische Politische Zusammenarbeit (EPZ) in der Außenpolitik der Mitgliedstaaten. Der Vertrag über die Europäische Union hat für diese Aufgaben eine vertragliche Grundlage geschaffen und die Kompetenzen zwischen EU und den nationalen Regierungen abgesteckt. Auch ist das gesetzgebende Organ der EU, der Ministerrat, nach langen Jahren quälender Blockade durch das selbst verordnete Prinzip der Einstimmigkeit wieder zum vertragsgemäßen Mehrheitsprinzip (Art. 148) zurückgekehrt. Dennoch fehlt in wichtigen Politikfeldern den Regierungen der Mitgliedstaaten die Bereitschaft, sich echten Gemeinschaftsbeschlüssen nach dem Mehrheitsprinzip zu unterwerfen. So werden alle Entscheidungen zum Binnenmarkt mit Mehrheit getroffen – ausgenommen sind Umwelt-, Sozial- und Steuerpolitik. Der Vertrag über die Europäische Union sieht drei „Säulen" für die Union vor: Binnenmarkt und Währungsunion, Gemeinsame Außen- und Sicherheitspolitik und Zusammenarbeit in der Innen- und Justizpolitik (z.B. Aufbau von Europol und gemeinsame Asylpolitik als Ergänzung zum Abbau der inneren Grenzkontrollen und Freizügigkeit). Seit „Maastricht" konzentrierten sich die Anstrengungen auf die 1. Säule, auf den beiden anderen Politikfeldern konnten nur geringere Fortschritte erzielt werden. Die immer wieder durchschlagenden nationalen Interessen bei Entscheidungen in der EU sind verständlich, solange die in nationalen Wahlen für nationale Regierungen legitimierten Minister die Mehrzahl der Entscheidungen treffen. Zwar hat das Europäische Parlament durch die Direktwahlen seit 1979 und durch den EU-Vertrag wichtige zusätzliche Beratungs- und Entscheidungsrechte erhalten, und seine Stellung als Kontrollorgan gegenüber der Kommission wurde gestärkt (Teske 1993, 36ff.) Dennoch besteht ein „Demokratiedefizit" der Gemeinschaft (Renner, Czada 1992, 133).

Daß im Konfliktfall Politiker immer wieder nationalen Interessen den Vorrang geben, hat auch eine Ursache im noch unzureichend entwickelten Gemeinschaftsbewußtsein der europäischen Bürger. Zwar ist eine verbreitete generelle Zustimmung zu Europa festzustellen, und es wächst die Einsicht, daß viele Probleme in Europa in Zukunft nur noch gemeinsam zu lösen sind (vgl. bes. die Untersuchung zu den Einstellungen von Jugendlichen zur EU bei Weidenfeld/Piepenschneider 1987 und die in regelmäßigen Abständen von der EU-Kommission veröffentlichten Umfrageergebnisse des Eurobarometer). Aber es fehlt in den Bevölkerungen der europäischen Partnerländer noch ein „Wir-Gefühl" als Europäer und eine vergleichbare Solidarität, wie sie z. B. hinsichtlich des Finanzausgleichs zwischen Regionen eines Staates zu beobachten ist (Stichwort: Diskussion um „Nettozahler und -empfänger" in der EU). Vielfach wird nicht bewußt, wie weit die Integration in der Dimension der Transaktionen, d.h. im Alltag der Konsumenten, Arbeitnehmer, Unternehmer und in der Freizeit, bereits Realität ist.

Ziel des EWG-Vertrags von 1957 war die Verwirklichung eines gemeinsamen Marktes. Dieser ist gekennzeichnet durch die „4 Freiheiten": freier Warenverkehr, Freizügigkeit der Arbeitskräfte, Niederlassungs- und Dienstleistungsfreiheit und freier Kapitalverkehr. Diese Ziele sind bereits heute ganz oder teilweise erreicht. Einige Stichworte mögen dies verdeutlichen.

Der Abbau von Zöllen und anderen Einfuhrhindernissen in der EG hat zu einem enormen Anstieg der Handelsverflechtungen in der Gemeinschaft geführt, der die ebenfalls eindrucksvollen Steigerungsraten des Außenhandels mit der „übrigen Welt" noch deutlich übertrifft. Heute wickeln die EG-Staaten im Durchschnitt 60% ihres Außenhandels untereinander ab, wobei die EG-Verflechtung von 50% (Großbritannien, Dänemark) bis 75% (Benelux-Staaten) reicht.

Aber nicht nur der Austausch von Waren über die Grenzen der EU hat überproportional zugenommen, auch die Standorte der Produktion reichen über die Grenzen hinweg. Besonders deutlich ist das in der Autoindustrie. Alle großen Hersteller unterhalten Fabriken in mehreren EU-Ländern und planen Produktion und Vertrieb europaweit. Das tatsächliche Ausmaß der internationalen Produktionsverflechtung wird nicht deutlich, wenn man lediglich auf die Herkunft der Fertigwaren schaut. Noch intensiver ist der Austausch auf der Stufe der Vor- und Halbfabrikate und der Zulieferungen. Zahlreiche Unternehmen unterhalten Tochtergesellschaften in anderen EG-Staaten, Konzentrationsprozesse überschreiten die Grenzen. Viele, auch kleinere und mittlere Unternehmen können bereits als „Euro-Multis" gelten.

Für Arbeitnehmer aus EU-Ländern gilt Freizügigkeit bei der Wahl des Arbeitsplatzes. Sie gelten nicht als „Gastarbeiter" und benötigen keine Aufenthalts- und Arbeitserlaubnis. In vielen Fällen ist die Anerkennung von Berufsabschlüssen und Diplomen bereits geregelt. Der Kapitalverkehr ist in der EU weitgehend liberalisiert. Unabhängig von der EU hat sich zwischen den Banken ein „Eurogeldmarkt" entwickelt. Der wachsende Tourismus hat die Grenzen in Europa allgemein durchlässiger gemacht. Europäische Landschaften sind vielen vertrauter als manche nationale Region. Zwischen einigen EU-Staaten sind die Grenzkontrollen mit Beginn des Binnenmarktes ganz entfallen („Schengener Abkommen" 1990). Umweltschutzvorschriften der EU (z. B. Grenzwerte für Nitrate im Grundwasser) zwingen Mitgliedstaaten (in diesem Falle u.a. die Bundesrepublik), ihre Anstrengungen auf diesem Gebiet zu verstärken. Europäische Zusammenarbeit ermöglicht Technologieprojekte, die die Kräfte jedes Einzelstaates übersteigen würden (Airbus, Ariane). Wie diese und weitere Beispiele zeigen, nimmt Europa auch für den Bürger erkennbar Gestalt an.

4.15.2 Die Vollendung des Binnenmarktes

Bei allen Fortschritten – am Ende der achtziger Jahre blieb noch viel zu tun auf dem Weg zu einem echten Binnenmarkt. Der gemeinsame Markt unterschied sich noch in vielem von einem nationalen Markt. Noch immer verzögerten Grenzformalitäten den Waren- und Reiseverkehr. Nationale Normen und technische Regelungen und unterschiedliche Mehrwert- und Verbrauchsteuersätze erwiesen sich als wirksamere Handelshemmnisse, als es die längst abgeschafften Zölle und Mengenbeschränkungen waren. Ausländische Anbieter erhielten vielfach keine Chance, bei öffentlichen Aufträgen (Bauvorhaben, Beschaffung von Telekommunikationsgeräten usw.) zum Zuge zu kommen. Die Versicherungs-, Verkehrs- und Versorgungsmärkte der Mitgliedstaaten waren durch zahlreiche nationale Regulierungen vor ausländischer Konkurrenz geschützt. Insgesamt verursachten die noch bestehenden Wirtschaftsgrenzen in der EG Kosten des „Noch-nicht-Europa" in Milliardenhöhe. Ihr Abbau würde das Wirtschaftswachstum steigern, die Verbraucherpreise senken und Arbeitsplätze schaffen (Cecchini 1988). Die Beschlüsse zum Binnenmarkt sahen vor, diese Hemmnisse bis zum 31.12.1992 zu beseitigen.

Zur Vollendung des Gemeinsamen Marktes legte die EG-Kommission 1985 ein „Weißbuch" vor, das ein konkretes Programm und einen Terminplan enthielt. Zur Verwirklichung der „4 Freiheiten" waren nach Auffassung der Kommission (der sich der Rat anschloß) 282 Rechtsakte erforderlich mit dem Ziel

- Beseitigung der Grenzkontrollen,
- Harmonisierung von technischen und anderen Normen,
- Liberalisierung des öffentlichen Auftragswesens,
- Freizügigkeit der Arbeitnehmer und Selbständigen,
- freier Dienstleistungsverkehr,
- freier Kapitalverkehr,
- Schaffung geeigneter Rahmenbedingungen für die industrielle Zusammenarbeit in der Gemeinschaft,
- Beseitigung der Steuerschranken.

Die in den einzelnen Staaten abweichenden technischen Normen, gesundheitsrechtlichen Regelungen, Verpackungs- und Deklarationsvorschriften machen aufwendige Prüfungs- und Zulassungsverfahren notwendig und erfordern oft kostspielige technische Änderungen für den Export in bestimmte Länder. Vielfach entsprechen diese Vorschriften begründeten Sicherheits- oder Gesundheitsanforderungen. Nicht selten besteht aber auch der Verdacht, daß sie in erster Linie dem Schutz einheimischer Produzenten vor ausländischen Wettbewerbern dienen sollen. Sie verhindern die Ausnutzung der economies of scale im großen europäischen Markt der 370 Millionen Verbraucher. Die Durchsetzung komplizierter Einfuhrbestimmungen war ein Hauptgrund für die Beibehaltung der Grenzkontrollen nach Abschaffung der tarifären Hindernisse.

Zur Abschaffung der Grenzkontrollen müssen entweder die Normen vereinheitlicht werden, oder die Kontrollen müssen ins Ursprungsland verlagert und gegenseitig anerkannt werden. Konzentrierte sich die EG früher auf die Vereinheitlichung der Normen, so wurde mit dem Binnenmarktprogramm das zweite Verfahren favorisiert: Es wird nur dort eine Harmonisierung angestrebt, wo aus wichtigen Gründen ein einheitliches Schutzniveau für alle erforderlich erscheint. Die Regelung technischer Details soll durch europäische Normungsinstitute (CEN, CENELEC) erfolgen, die nach den Vorgaben durch die Kommission die Anforderungen für die einzelnen

Produkte festlegen. Diese Normen sind nicht zwingend, aber wer als Hersteller nach anderen Normen produziert, trägt die Beweislast und das Risiko, daß sein Produkt den europäischen Richtlinien entspricht. Beispiele sind die Vorschriften zur Sicherheit von Spielzeug oder die Anforderungen an Bildschirm-Arbeitsplätze.

Seit 1993 ist der Kapitalverkehr in der EU vollständig liberalisiert – eine wichtige Voraussetzung für die Währungsunion. Bis zum 1.1.1998 müssen die nationalen Netzmonopole in der Telekommunikation aufgehoben sein, so daß dann auch private Anbieter den bisherigen staatlichen (bzw. jüngst privatisierten) Monopolisten Konkurrenz machen werden. Zur Aufbrechung von nationalen Monopolen gehört auch die Liberalisierung des öffentlichen Auftragswesens in der Gemeinschaft. Öffentliche Aufträge für zivile und militärische Güter und Baumaßnahmen wurden bisher fast ausschließlich an nationale „Hoflieferanten" vergeben, auch wenn z.B. ausländische Unternehmen billiger gewesen wären. Öffentliche Aufträge ab 0,4 Mio. ECU (bei Bauvorhaben 5 Mio. ECU) müssen nun grundsätzlich EU-weit ausgeschrieben werden. Man erwartet davon eine Belebung des Wettbewerbs und Einsparung von Steuermitteln.

„Freizügigkeit" heißt nicht nur Abschaffung von Personenkontrollen an den Binnengrenzen (Schengener Abkommen), sondern auch freie Berufsausübung in allen Mitgliedstaaten der EU. Als wichtiges Mobilitätshindernis erwies sich die fehlende Anerkennung von Berufsabschlüssen und Befähigungsnachweisen. Nach mühsamen Fortschritten bei einzelnen Berufen (Architekten, Apotheker, Friseure) brachten die „Allgemeine Regelung zur Anerkennung der Hochschuldiplome" und die „Allgemeine Regelung zur Anerkennung beruflicher Befähigungsnachweise" 1988/89 einen wichtigen Durchbruch, wenngleich sich bei der Umsetzung in nationales Recht in vielen Details noch Probleme ergaben. Von höchster Bedeutung für die Freizügigkeit von Arbeitnehmern ist auch die Anerkennung von Beschäftigungs- und Versicherungszeiten in der Sozialversicherung unabhängig davon, wo sie erworben worden sind.

Alle EG-Staaten erheben eine Mehrwertsteuer und verschiedene Verbrauchsteuern. Die Steuersätze weichen stark voneinander ab: Die Mehrwertsteuersätze reichen von 12% (Luxemburg, Spanien) bis 22% (Dänemark) und 25% (Irland). Noch stärkere Unterschiede gibt es bei den Ausnahmeregelungen zur Mehrwertsteuer und bei den Verbrauchsteuern. Diese Steuern werden vom Anbieter auf den Nettopreis aufgeschlagen und an den Fiskus abgeführt. Wird das Produkt exportiert, erstattete der Staat die Mehrwertsteuer an den Exporteur. Die Zöllner des Einfuhrlandes belasten das Produkt mit dem dort geltenden Steuersatz. Dadurch entstanden erhebliche Preisdifferenzen für ein und dasselbe Produkt beiderseits einer Grenze (Beispiel: ein BMW 318i kostete umgerechnet zum jeweiligen Wechselkurs 1988 in Luxemburg 26 600 DM, in Deutschland 29 100 DM, in Dänemark 58 300 DM und in Griechenland gar 85 200 DM; Krol/Terzidis 1990, 19). Will ein Staat mit hoher Verbrauchsbesteuerung vermeiden, daß ihm die erwarteten Steuereinnahmen entgehen, weil die Bürger jenseits der Grenze einkaufen, muß die Ein- und Ausfuhr durch Zöllner kontrolliert werden. Eine Angleichung der Mehrwert- und Verbrauchsteuersätze würde die Staaten jedoch vor erhebliche Probleme stellen: Staaten mit hohen Steuersätzen müßten diese senken und auf bedeutende Steuereinnahmen verzichten bzw. zum Ausgleich ihre Einkommensteuern deutlich anheben (das Umgekehrte gilt für Staaten mit unterdurchschnittlichen Verbrauchsteuersätzen). Derartige Umstrukturierungen des Steuersystems sind aber politisch nur außerordentlich schwer durchzusetzen. Die Frage der Steuerharmonisierung greift tief in die sensibelsten Souveränitätsrechte eines Staates ein. Die EG hat deshalb auch darauf verzichtet, einen einheitlichen Steuersatz festzulegen. Sie strebt eine Annäherung der Mehrwertsteuersätze auf eine Bandbreite von 14–18% an, wobei die verbleibenden Differenzen dann so gering wären, daß auf eine Beibehaltung der Grenzkontrollen aus diesem Grund verzichtet werden könnte. Um auf die Entlastung von der Ursprungslandsteuer und Belastung mit der Bestimmungslandsteuer beim Grenzübergang von Waren verzichten zu können hat die EU eine Übergangsregelung beschlossen. Danach bleibt es beim Bestimmungslandprinzip (Besteuerung beim Importeur nach den im Verbrauchsland geltenden Mehrwertsteuersätzen, um Wettbewerbsgleichheit mit den inländischen Anbietern herzustellen). Kontrollen an den Grenzen entfallen, sie werden ins Ursprungsland verlagert (Entlastung der Exporteure durch Meldung der Ausfuhr an die Finanzämter im Rahmen der Umsatzsteuererklärung). Für grenzüberschreitende Einkäufe von Privatpersonen entfallen (bis zu einer Mengengrenze, ab der gewerbliche Aktivitäten vermutet werden) Grenzkontrollen völlig.

Zum Stichtag 31.12.92 hatte die Kommission alle 282 Maßnahmen des Weißbuchs in Entwürfe für entsprechende Rechtsakte umgesetzt, und die meisten waren auch vom Ministerrat verabschiedet. Ein gewisser Stau besteht bei der Umsetzung in nationales Recht. Einer der Nachzügler ist Deutschland, wo Ende 1994 noch 43 Rechtsanpassungen offen waren. Mit der Verwirklichung des Binnenmarktprogramms ist die wirtschaftliche Integration nicht beendet; es handelt sich um einen offenen Prozeß, der zu einer Wirtschafts- und Währungsunion führen soll.

4.15.3 Strategien und Techniken der Integrationspolitik

Integration kann man mit verschiedenen Strategien zu verwirklichen versuchen. Ein Ansatz zielt auf den Aufbau eines Bundesstaates durch Übertragung von Aufgaben und Zuständigkeiten auf supranationale Organe. Die Integration geschieht durch Verträge zwischen den Staaten, die bestimmte Politikfelder „vergemeinschaften". Man spricht von einem föderalistischen (Frei) oder konstitutionellen Ansatz (Kreile 1989, 26) bzw. von institutioneller Integration (Sannwald/Stohler). Nach einer anderen Strategie besteht „Integration umgekehrt darin... auf dem Wege gegenseitiger Vereinbarung durch Auflockerung und schließlich durch völlige Beseitigung administrativer Maßnahmen, die den freien Wirtschaftsaustausch über die staatlichen Grenzen hinaus reglementieren, zur Schaffung eines größeren Marktes zu gelangen" (Sannwald/Stohler 1961, 75). Dieser funktionelle Ansatz geht davon aus, daß durch den Abbau von Barrieren für den Handel und durch Freizügigkeit der Produktionsfaktoren zunehmend gemeinsame Interessen und Ordnungsformen entstehen, die schrittweise zu immer mehr Verflechtungen und zum Zusammenwachsen – auch im Bereich der Politik – führen werden (funktionelle bzw. Marktintegration). Eine (extreme) Variante des funktionellen Ansatzes geht davon aus, daß „vorpreschende" Integration einzelner Wirtschaftssektoren (Montanbereich, Agrarwirtschaft) Sachzwänge schafft, die dann zu weiteren Integrationsschritten auch in anderen Bereichen führen werden (Theorie der Spill-over-Effekte partieller Integration). Die Geschichte der EU zeigt allerdings, daß diese Hypothese die politischen Probleme der Integration unterschätzt und daß ein solches Vorgehen sogar zum Sprengsatz für die Gemeinschaft werden kann (Frei 1985, 122ff). Beispiele sind die Streitigkeiten um die gemeinsame Agrarpolitik oder die übereilten Pläne für eine Wirtschafts- und Währungsunion 1971, die zu schweren Belastungsproben für den Zusammenhalt der Gemeinschaft geführt haben.

Die EU verfolgt heute auf dem Weg zum Binnenmarkt eine gemäßigte Strategie der funktionellen Integration. Sie wird begleitet von einer komplementären Politikintegration: Der Abbau von Integrationshemmnissen wird ergänzt durch gleichzeitige institutionelle Vorkehrungen, „die die Marktintegration stützen und gegen Renationalisierung und Desintegration absichern sollen" (Kreile 1989, 26). Beispiele sind die Einführung einer EU-Fusionskontrolle zur Absicherung des Wettbewerbs im Binnenmarkt oder der Ausbau der EU-Regionalpolitik zur Vermeidung von politisch nicht tolerierbaren regionalen Disparitäten. Gemäß dem Prinzip der Subsidiarität erhält die Gemeinschaft neben bzw. an Stelle der nationalen Staaten bestimmte Kompetenzen für einzelne Aufgaben, die die Einzelstaaten nicht mehr selbst zu bewältigen vermögen.

Zur Herstellung eines Binnenmarktes müssen bestimmte Integrationshemmnisse völlig beseitigt werden (Zölle, Devisenbeschränkungen, Grenzkontrollen). Andere Vorschriften sind grundsätzlich notwendig. Aber ihre unterschiedliche Gestaltung in den einzelnen Staaten macht sie zum Integrationshemmnis (technische Normen, Verbrauchsteuern). In der Vergangenheit war die EU-Kommission bemüht, Integrationshemmnisse durch Vereinheitlichung der Normen abzubauen. Die Technik der Harmonisierung durch einheitliche EU-Normen erwies sich in vielen Fällen als langwierige Prozedur und als Auslöser für zahlreiche politische Konflikte. Die oft komplizierten Regelungen am Ende des Interessenausgleichs zwischen Regierungen und Verbänden trugen der EU den Vorwurf eines übermäßigen bürokratischen Regulierungseifers ein. In den letzten Jahren geht die EU-Kommission zunehmend zu einer anderen Technik beim Abbau von Integrationshemmnissen über: Ein Produkt, das in einem EU-Staat zugelassen ist, darf auch in jedem anderen Mitgliedstaat verkauft werden. Die EU-Staaten erkennen ihre Zulassungs- und Überwachungszertifikate gegenseitig an.

Diese veränderte Harmonisierungstechnik geht zurück auf ein Urteil des Europäischen Gerichtshofs aus dem Jahre 1979. Es hob ein Importverbot der Bundesrepublik für den französischen Likör „Cassis de Dijon" auf. Die Bundesregierung hatte argumentiert, dieser Likör entspreche nicht den deutschen Gesetzesvorschriften, nach denen für Likör ein Alkoholgehalt von mindestens 25% vorgeschrieben ist (Cassis hat aber nur 15–20%). Ähnliche Entscheidungen ergingen zu Importverboten einzelner Mitgliedstaaten für Bier, Nudeln, Wurstwaren, die den nationalen Vorschriften nicht entsprachen (Uterwedde 1990, 43f.). Die EU verzichtet – um es an einem Beispiel deutlich zu machen – auf die schwierige Vereinheitlichung von 15 nationalen Verordnungen über zulässige Zutaten und Konservierungsmittel von Wurstwaren, aber sie verlangt von der Bundesrepublik, ihr Einfuhrverbot für Wurst, die auch pflanzliches Fett enthält, aufzuheben. Das Einvernehmen in der EU, auf dem Weg zum Binnenmarkt grundsätzlich nach dem Prinzip der gegenseitigen Anerkennung von Normen vorzugehen, hat Integrationsfortschritte wesentlich erleichtert und beschleunigt. Ausnahmen gelten nur für Gefährdungen der Sicherheit, der Gesundheit oder der Umwelt. Dabei dürfen allerdings die nationalen Sonderregelungen keine willkürliche Diskriminierung oder Handelsbeschränkung bewirken (Art. 100a EWG-Vertrag).

4.15.4 Auf dem Weg zur Europäischen Wirtschafts- und Währungsunion
4.15.4.1 Zunehmende konjunkturelle Interdependenz in der Gemeinschaft

Fortschreitende wirtschaftliche Integration hat Folgen für die nationalen Konjunktur- und Währungspolitiken. Dies ergibt sich aus zwei Gründen: Die tatsächliche konjunkturelle Verbundenheit der EU-Staaten nimmt zu, und im gleichen Zuge verlieren nationale konjunkturpolitische Maßnahmen an Wirksamkeit. Zwischen 9% (Frankreich, Italien) und 40% (Belgien, Luxemburg) des Sozialprodukts werden in die EU-Staaten exportiert (EU-Durchschnitt 13%).

Entsprechend viele Arbeitsplätze hängen direkt (und noch mehr indirekt) vom gemeinsamen Markt ab. Die konjunkturelle Entwicklung in den Nachbarländern hat unmittelbare und fühlbare Rückwirkungen auf Arbeitsmarkt und Preisniveau im Inland. Eine Wirtschaftskrise in A führt zu Exporteinbrüchen und Entlassungen in B, eine überschäumende Inflation in A führt zu einem Exportboom und Devisenzustrom in B, die dort auch die Preise in die Höhe treiben. Im eigenen Interesse sind EU-Länder an einer stabilen Wirtschaftsentwicklung in den Partnerländern interessiert. Hinzu kommt, daß nationale Wirtschaftspolitik an Wirksamkeit verliert, je weiter die Integration voranschreitet. Ein Beispiel ist der Fehlschlag des wachstums- und beschäftigungspolitischen Alleingangs der französischen Regierung 1981/82 (Uterweddee 1990, 88). Der EWG-Vertrag verlangte von den Mitgliedstaaten eine Koordinierung ihrer Wirtschaftspolitiken (Art. 103ff.). Die Anfangsphasen der EWG wurden begünstigt durch das allgemeine rasche Wirtschaftswachstum. Doch die zunehmenden konjunkturellen Probleme und Währungskrisen seit Ende der 60er Jahre zeigten, daß einerseits die wirtschaftliche Interdependenz schon weit fortgeschritten war, andererseits die unverbindlichen Absichtserklärungen des Art. 103 nicht ausreichten, um eine wirksame Koordinierung sicherzustellen. Der ehrgeizige Versuch, in einer Zeit wirtschaftlicher Turbulenzen eine Wirtschafts- und Währungsunion zu errichten (1971), mußte scheitern, solange die tatsächliche wirtschaftliche Entwicklung in den einzelnen EG-Staaten noch stark voneinander abwich und die wirtschaftspolitischen Prioritäten der Regierungen noch stark divergierten. In dieser Situation waren Regierungen und Notenbanken letztlich nicht bereit, auf ihre wirtschaftspolitische Souveränität zu verzichten (Hasse 1989, 329ff.; Kruber 1972). Mit dem EWS wurde 1978 mit besserem Erfolg ein weniger ehrgeiziger neuer Anlauf zur Koordinierung der Wirtschafts- und Währungspolitiken unternommen.

Wirtschaftliche Integration bewirkt eine Beschleunigung des Wirtschaftswachstums und des Wohlstands – allerdings nicht für jedermann und überall gleichmäßig. Der Abbau von Handelshemmnissen verstärkt den Wettbewerbsdruck auf veraltete Industrien und infrastrukturell benachteiligte Regionen. Arbeitsplätze gehen verloren, Entwicklungsunterschiede drohen sich zu vergrößern. Soziale Absicherung, Umschulung, regionale Förderung wird erforderlich. Grenzüberschreitende Unternehmensstrategien erfordern die Zusammenarbeit der Arbeitgebervertreter und Gewerkschaften über Grenzen hinweg. Soziale Mindeststandards müssen gesichert sein, um zu verhindern, daß Unternehmen Standorte gegeneinander ausspielen. Im Binnenmarkt müssen daher auch die bereits vorhandenen Ansätze einer gemeinsamen Regional- und Sozialpolitik intensiviert und die Konjunkturpolitiken harmonisiert werden.

4.15.4.2 Das EWS – Funktionsweise und Bilanz der Entwicklung

Nach dem Scheitern des Werner-Plans für eine Wirtschafts- und Währungsunion (WWU) Anfang der 70er Jahre unternahmen die Regierungschefs der EG-Staaten 1978 einen neuen Anlauf zu verstärkter Währungszusammenarbeit. Ende 1978 wurde das Europäische Währungssystem (EWS) beschlossen. Es trat am 13.3.1979 in Kraft. Im Vergleich zum Werner-Plan sind die Ziele des EWS bescheidener: Es geht um mehr Wechselkursstabilität und harmonischere Wirtschaftsentwicklung. Ein Zeitpunkt für eine Währungsunion wurde nicht genannt:

Das EWS besteht aus drei Elementen (Issing 1989, 351 ff.):

1. Zwischen den Währungen der Mitgliedstaaten sind feste Wechselkurse vereinbart. Innerhalb einer Bandbreite von +/−2,25% können die Kurse am Markt frei schwanken. Werden diese Grenzen erreicht, so müssen die Zentralbanken intervenieren, d.h. durch Käufe bzw. Verkäufe den Wechselkurs der betr. Währung innerhalb der Bandbreite halten (seit 3.8.1993 gilt eine Bandbreite von +/−15%). Um den Zentralbanken Mittel für die Interventionen zur Verfügung zu stellen, gibt es ein System von kurz- und mittelfristigen gegenseitigen Währungskrediten.

2. Bei grundlegenden Wechselkursungleichgewichten aufgrund unterschiedlicher Wirtschaftsentwicklung zwischen den Mitgliedstaaten sind Wechselkursanpassungen vorgesehen. Sie erfolgen in gegenseitigem Einvernehmen.

3. Bezugsgröße für die Währungen im EWS ist der ECU (European Currency Unit). Der ECU ist als Währungskorb aus den EG-Währungen definiert, wobei sich die Anteile der Währungen nach der Wirtschaftskraft der Staaten richten. Die Leitkurse zum ECU wurden in den vergangenen Jahren wiederholt verändert (Tab. 1).

Der ECU dient als Recheneinheit in der EG und als Zahlungsmittel und Währungsreserve für die Zentralbanken. Er war ursprünglich eine Kunstwährung ausschließlich im Verkehr zwischen Staaten und Zentralbanken. Seit einigen Jahren werden am Kapitalmarkt Anleihen, die auf ECU lauten, gehandelt. Der ECU wird damit auch für Sparer zu einer alternativen Anleihewährung.

Tab. 1 ECU-Leitkurse der Gemeinschaftswährungen im EWS

1 ECU (European Currency Unit) entspricht (Stand 6.3.1995)	
= 1,910 DM	Griechenland, Finnland und Schweden
= 6.406 FF	nehmen am EWS-Wechselkurssystem nicht
= 2,152 hfl	teil. Italien und Großbritannien sind
= 39,40 bfr/lfr	am 17.9.1992 bis auf weiteres aus dem
= 7,286 dkr	EWS ausgeschieden. 1996 sind Finnland
= 0,792 IrL	und Italien dem EWS (wieder) beigetreten,
= 162,5 ptas	um eine Vorbedingung für die Währungs-
= 195,8 Esc	union zu erfüllen.
= 13,44 öS	

Gegenüber Währungen von Drittländern (insbes. gegenüber dem Dollar) bestehen flexible Wechselkurse.

Die bisherige Bilanz des EWS wird unterschiedlich beurteilt. Untersuchungen zur Entwicklung des nominalen und realen Außenwerts der DM gegenüber den übrigen EWS-Währungen stellen eine „verminderte Flatterhaftigkeit" fest. Die Schwankungen des nominalen Außenwerts der DM gegenüber dem frz. Franc bzw. der ital. Lira gingen z.B. auf ein Drittel bzw. ein Viertel des Wertes vor 1979 zurück. Seit Anfang der 80er Jahre wird eine stärkere Konvergenz der wirtschaftlichen Entwicklung (gemessen z.B. an der Entwicklung der Verbraucherpreise, der Zahlungsbilanz und der öffentlichen Verschuldung) in den EG-Ländern festgestellt. Mit Ausnahme von Griechenland und Portugal lagen die Inflationsraten in den letzten Jahren in einem relativ engen Band um den EU-Mittelwert. Die „Haushaltsdisziplin" der öffentlichen Haushalte hat sich verbessert, die Defizite konnten in einigen Staaten deutlich verringert werden, und die Leistungsbilanzsalden haben sich stabilisiert. Diese Entwicklung wird vielfach auf eine bessere Koordinierung der Wirtschaftspolitiken im EWS zurückgeführt (Steinel 1989, 6). Allerdings trifft es zu, daß auch Währungen von Nichtmitgliedstaaten in den letzten Jahren weniger stark schwankten und in den meisten Staaten die Inflation zurückgegangen ist. Die konvergentere Wirtschaftsentwicklung im EWS wurde begünstigt durch die allgemein günstigere weltwirtschaftliche Situation seit Anfang der 80er Jahre.

Alle Beobachter heben die Bedeutung der DM im EWS hervor. Tatsächlich hat sich die DM als „Ankerwährung" (so der ehemalige Präsident der EG-Kommission Delors) etabliert: Die DM ist die wichtigste Interventions- und Reservewährung im EWS, und von der Politik der Bundesbank geht ein „heilsamer Zwang" zu mehr Stabilität auf die Partnerländer aus (so der ehemalige Bundesbankpräsident Pöhl 1990, 10). Von anderen Autoren wird jedoch die These vom „Zwang zur Konvergenz" durch das EWS in Frage gestellt. Der Versuch, die im EWS fixierten Wechselkurse auch dann „um jeden Preis" zu verteidigen, wenn sich Inflationsraten und Zinsen in einzelnen EG-Ländern unterschiedlich entwickelten, habe immer wieder in Währungskrisen mit zeitweiligem Austritt einzelner Staaten aus dem EWS und Neufestsetzung von Leitkursen geendet. Die Erweiterung der Bandbreiten auf +/−15% ab 2.8.1993 bedeutet faktisch eine Freigabe der Wechselkurse.

Das EWS wird heute als Vorstufe zur Währungsunion verstanden. Es wird voraussichtlich neben der Währungsunion weiter bestehen, um eine flexible währungspolitische Anbindung derjenigen Staaten zu ermöglichen, die noch nicht an der Währungsunion teilnehmen.

4.15.4.3 Perspektiven der europäischen Wirtschafts- und Währungspolitik

Die Beschlüsse zum Binnenmarkt 1993 haben zu einer Diskussion um die Vertiefung und den Ausbau des EWS zu einer Währungsunion geführt. Der freie Waren-, Personen- und Kapitalverkehr im Binnenmarkt wird die konjunkturelle Interdependenz der Mitgliedstaaten weiter erhöhen. Nationale Wirtschaftspolitik wird weiter an Wirksamkeit verlieren. Ein Binnenmarkt erfordert letztlich auch den Abbau der Währungsschranken, die sich aus dem Wechselkursrisiko bzw. den Kosten der Wechselkursabsicherung ergeben.

Von einer Währungsunion spricht man, wenn die nationalen Währungen durch eine gemeinsame Währung ersetzt werden oder wenn die Wechselkurse zwischen den nationalen Währungen unabänderlich festgelegt werden (wie z.B. zwischen belgischem und luxemburgischem Franc). Das Ziel der Währungsunion kann auf drei Wegen erreicht werden:

1. Leitwährungsstrategie
2. Parallelwährungsstrategie
3. Strategie der einzelnen Schritte (vgl. Issing 1989, 353f.).

Im ersten Fall setzt sich die Währung der stärksten Wirtschaftsmacht als Leitwährung durch. Die übrigen Zentralbanken orientieren sich in ihrer Währungspolitik an der Geldpolitik der Zentralbank des Leitwährungslandes. Ansätze zu dieser Strategie gibt es im EWS: Von vielen Beobachtern wird die EU als „DM-Zone" bezeichnet. Zur Verwirklichung der Währungsunion müßte dieser faktische Zustand auch institutionell festgelegt werden. Es ist aber fraglich, ob v.a. die großen unter den übrigen Mitgliedstaaten bereit wären, sich auch offiziell der DM „unterzuordnen".

Im zweiten Fall wird neben den nationalen Währungen eine zusätzliche EU-Währung in Umlauf gebracht. Eine EU-Zentralbank müßte durch besonders erfolgreiche Stabilitätspolitik der neuen Währung in Konkurrenz mit den anderen zum Durchbruch verhelfen. Letztlich müßte sie die nationalen Währungen vom Markt verdrängen, weil immer mehr Unternehmen ihre Zahlungen in dieser Währung abwickeln und immer mehr Menschen sie für ihre Sparanlagen bevorzugen. Manche sehen im ECU einen Ansatz zu einer Parallelwährung. Er müßte als Zahlungsmittel im privaten Verkehr eingeführt werden. In seiner gegenwärtigen Form als Korbwährung ist er allerdings dazu wenig geeignet. Auch müßten zuvor die institutionellen Probleme einer europäischen Zentralbank geklärt sein (Issing 1989, 354, Pöhl 1990, 11).

Realistisch erscheint nur der dritte „Weg der einzelnen Schritte". Über eine zunehmende Koordinierung der Wirtschaftspolitiken und die allmähliche Übertragung von Zuständigkeiten auf gemeinsame Organe erfolgt ein schrittweiser Übergang zur Währungsunion. Dies ist auch der Weg, den die EU-Regierungen im Vertrag von Maastricht beschlossen haben. Der Plan für die Währungsunion beruht auf dem 1989 vom damaligen Präsidenten der Kommission vorgelegten „Delors-Bericht". Er sieht 3 Stufen vor.

Die erste Stufe dauerte vom 1.1.1990 bis zum 31.12.1993. Ziel war es, in dieser Zeit eine Angleichung der Wirtschaftspolitiken und der wirtschaftlichen Entwicklungen in der Gemeinschaft zu erreichen. In diese Zeit fielen einige bedeutsame Ereignisse. Die Wiedervereinigung Deutschlands erbrachte einen neuen Anstoß für die europäische Einigung: Um die Furcht vor dem vergrößerten Deutschland abzubauen, sollte Deutschland durch die Europäische Union eingebunden werden. Der Maastricht-Vertrag über die Europäische Union vom 7.2.1992 schuf den rechtlichen Rahmen für die Währungsunion, die Gemeinsame Außen- und Sicherheitspolitik und die Zusammenarbeit in der Innen- und Rechtspolitik (3 Säulen der EU). Die Vollendung des Binnenmarktes zum 31.12.1992 machte Fortschritte der Integration auch für die EU-Bürger deutlich erkennbar. Aber es ergaben sich auch schwierige Probleme und teilweise Rückschritte: Die Währungskrise im Mai 1993 erzwang eine Neufestsetzung der Leitkurse, und die Erweiterung der Bandbreiten am 2.8.1993 auf +/−15% bedeutet faktisch eine weitgehende Freigabe der Wechselkurse im EWS.

Die zweite Stufe hat am 1.1.1994 begonnen. In diese Phase fällt die Erweiterung der EU um Österreich, Schweden und Finnland am 1.1.1995. Ziel der zweiten Stufe sind weitere Anstrengungen zur Angleichung der Wirtschaft und institutionelle Vorbereitungen für das Europäische Zentralbanksystem. Zu diesem Zweck wurde das Europäische Währungsinstitut in Frankfurt/M. errichtet. Die bisher von den Regierungen kontrollierten Notenbanken von Frankreich, Belgien und Spanien und Italien erhielten eine weitreichende Autonomie, die Finanzierung von Haushaltsdefiziten durch die Zentralbanken wurde verboten. Die für diese Phase vorgesehene Einengung der Bandbreiten im EWS konnte nicht verwirklicht werden.

Die dritte Stufe der Währungsunion beginnt am 1.1.1997, wenn eine Mehrheit der Staaten die im EU-Vertrag festgelegten Konvergenzkriterien erfüllt. Die Wechselkurse werden dann unwiderruflich festgelegt, eine unabhängige Europäische Zentralbank ist dann für die Geldpolitik verantwortlich, die Zentralbanken der Mitgliedstaaten werden zu Filialen der Europäischen Zentralbank. Die nationalen Banknoten und Münzen gelten vorerst weiter, sie sollen 2002 durch europäisches Geld (den Euro) ersetzt werden. Sollten sich bis 1997 nicht genügend Staaten „qualifiziert" haben, tritt die Währungsunion am 1.1.1999 automatisch mit den Staaten in Kraft, die dann die Kriterien erfüllen. Großbritannien und Dänemark haben sich vorbehalten, eventuell nicht an der Währungsunion teilzunehmen. Um die Beitrittshürden war im Vorfeld der Maastricht-Konferenz heftig gerungen worden. Sie legen Grenzen für die Inflationsrate, das Zinsniveau, die laufende Staatsverschuldung und den Schuldenstand der öffentlichen Hand fest (vgl. Tab. 2). Die Kriterien zwingen die Regierungen zu Haushaltsdisziplin und stabilitätsorientierter Wirtschaftspolitik. Bis 1996 konnten viele Staaten beachtliche Erfolge bei der Annäherung an die Konvergenzkriterien erzielen. Die Inflationsraten in Europa konnten deutlich verringert werden und haben sich tendenziell angeglichen, einige Staaten haben ihre Haushaltsdefizite verringert. Aber mit hoher Wahrscheinlichkeit wird 1996, im Jahr vor dem geplanten Beginn der Währungsunion, nur Luxemburg alle Kriterien erfüllen (Tab. 2).

4.15 Europäische Wirtschaftsintegration

Stand der Konvergenz in der EU 1995 (Schätzung)

Februar 1996

BMF / IX B 2 Land	Preise [1]	Haushalts- defizit [2]	Schulden- stand [2]	Zinsen [3]
Belgien	1,5	-4,5	134	7,6
Dänemark	2,0	-2,0		8,4
Deutschland	1,8	-3,6 [4]	58,8	6,6
Frankreich	1,9	-5,0	51,5	7,5
Griechenland	9,2	-9,3	114,4	18,4
Großbritannien	2,9	-5,1	52,5	8,3
Irland	2,5	-2,7	85,0	8,3
Italien	5,8	-7,4	124,9	12,7
Luxemburg	1,9	0,4	6,3	6,2
Niederlande	1,6	-3,1	78,4	7,2
Portugal	4,2	-5,4	71,8	11,1
Spanien	4,9	-5,9	64,8	11,1
Finnland	1,2	-5,4	63,2	8,0
Österreich	2,4	-5,5	68,0	6,5
Schweden	2,8	-7,0	81,4	10,1
WWU-Schwellenwert	2,9	-3,0	60,0	9,6

Quelle: EU-Kommission (November 1995)

1. Veränderung des Deflators des privaten Verbrauchs gegenüber Vorjahr in %. WWU-Schwellenwert: Durchschnitt der 3 preisstabilsten Länder zzgl. 1,5 %-Punkte.
2. Finanzierungssaldo und Bruttoschuldenstand der öffentlichen Haushalte in % des BIP.
3. Rendite langfristiger öffentlicher Anleihen in %. Annahmen aus der Herbstprognose der KOM. WWU-Schwellenwert: Durchschnitt der 3 preisstabilsten Länder zzgl. 2 %-Punkte.
4. Vorläufige Schätzung der Bundesregierung. Die Schätzungen der EU-Kommission vom Nov. 95 (Basis für alle übrigen Daten in dieser Tabelle) weisen eine Defizitquote von 2,9 % aus.

Am EWS-Wechselkursmechanismus nehmen nicht teil: Großbritannien, Italien, Griechenland, Finnland und Schweden. Die frühere Bandbreite von +/- 2,25 % wurde Ende 1995 nicht überschritten zwischen der D-Mark, der dän. Krone, dem holl. Gulden, dem belg./lux. Franc, dem öst. Schilling, der span. Peseta, dem französischen Franc und dem portugiesischen Escudo.

Konvergenzkriterium erfüllt   Konvergenzkriterium nicht erfüllt

Die Währungsunion wird am 1.1.1997 nicht starten, und es erscheint derzeit fraglich, ob 1999 mehrere Länder die Kriterien erfüllen werden. Deutschland, Frankreich und die Beneluxländer müßten wohl in jedem Fall dabei sein. Eine Verschiebung über 1999 hinaus ist zwar vom EU-Vertrag nicht vorgesehen, wird jedoch von vielen als wahrscheinlich angesehen.

Ungeachtet der objektiven Schwierigkeiten und der Kritik aus verschiedenen Richtungen zeigen sich die regierenden Politiker in öffentlichen Bekundungen entschlossen, den „Fahrplan" streng einzuhalten. Das „Eurogeld" findet zunächst in der Bevölkerung wenig Akzeptanz – allerdings wurde auch bisher wenig getan, die Öffentlichkeit über das Projekt Währungsunion zu informieren. Eine Richtung von Kritikern hält den von Konvergenzkriterien ausgehenden Zwang zum Sparen im Staatshaushalt für überzogen; er behindere staatliche Programme zur Bekämpfung der Arbeitslosigkeit. Demgegenüber halten die meisten Ökonomen diesen Zwang zur finanzpolitischen Disziplin für richtig, kritisieren aber, daß die Konvergenzkriterien nur für den Eintritt festgelegt sind. Sie fürchten, daß nach Vollzug der Währungsunion die Regierungen zu weniger stabilitätsorientierten Wirtschafts- und Finanzpolitiken zurückkehren könnten. Auch wird befürchtet, daß die rechtlich unabhängige Europäische Zentralbank im politischen Alltag dem Druck von weniger stabilitätsbewußten Regierungen zu einer lockeren Geldpolitik nicht widerstehen könnte (Vaubel 1996).

Zu den Kritikern der Pläne für die rasche Verwirklichung einer Währungsunion gehört der Sachverständigenrat zur Begutachtung der gesamtwirtschaftlichen Entwicklung (SVR). Er überschrieb ein Kapitel seines Jahresgutachtens 1989/90 „Europäische Währungsintegration: Warnung vor übereilten Schritten" (SVR 1989/90 Tz. 395ff.). Gerade für die Zeit der Verwirklichung des Binnenmarktes, der viele Anpassungsprozesse für die Volkswirtschaften der Mitgliedstaaten mit sich bringt, sollte auf Wechselkursanpassungen nicht verzichtet werden, da sonst die nationalen Geld-, Finanz- und Lohnpolitiken die Anpassungslasten allein zu tragen haben. Auch ist der SVR skeptisch, ob schon alle Mitgliedstaaten bereit sind, sich der Stabilitätspolitik einer autonomen Europäischen Zentralbank zu unterwerfen. Am Vorhaben der Wirtschafts- und Währungsunion wird die enge Verflechtung von wirtschaftlicher und politischer Integration besonders deutlich: „Die Errichtung einer Währungsunion reicht weit über den Bereich der Wirtschaft hinaus, die Einführung eines gemeinsamen Geldes bezieht ihre Legitimation letztlich aus der politischen Vereinigung." (SVR 1989/90 Tz. 406).

Die Währungsunion in Deutschland am 1. Juli 1990 ging von anderen Voraussetzungen aus und ist kein Vorbild für eine europäische Währungsunion. Es bestand der feste Wille zur politischen Vereinigung der beiden deutschen Staaten. Die politische Situation (Übersiedlerstrom aus der DDR; Forderung „Entweder kommt die DM zu uns oder wir zu ihr"; Zeitdruck zur Nutzung der günstigen weltpolitischen Lage) ließ ein ökonomisch vorzuziehendes allmähliches Zusammenwachsen nicht zu. Mit der Einführung der DM übernahm die Bundesbank die Geld- und Kreditversorgung in der DDR (Staatsvertrag 1990, Art. 1). Die DDR verzichtete auf eine selbständige Wirtschafts- und Währungspolitik und gab damit bereits vor Vollzug der politischen Wiedervereinigung am 3.10.1990 einen Kernbereich ihrer Souveränität auf. Die schlagartige Einführung der DM zum Kurs 1:1 deckte aber auch die Schwachpunkte der DDR-Wirtschaft auf und setzte sie übergangslos einem Wettbewerb aus, dem die meisten Betriebe nicht gewachsen waren. Unternehmenszusammenbrüche und Arbeitslosigkeit in Ostdeutschland waren die Folge, und erhebliche finanzielle Leistungen seitens der Bundesrepublik zur Unterstützung und sozialen Absicherung des

Strukturwandels wurden erforderlich. Zu einem vergleichbaren Souveränitätsverzicht zugunsten einer autonomen Europäischen Zentralbank und zu einer vergleichbaren finanziellen Solidarität zur Bewältigung des sich abzeichnenden wirtschaftlichen Strukturwandels im entstehenden Binnenmarkt sind die EU-Mitgliedstaaten (noch) nicht bereit. Auf die Möglichkeit zur Anpassung von Wechselkursen als Instrument der Wirtschaftspolitik sollte nicht zu früh verzichtet werden.

4.15.5 EU-Integration im Rahmen der europäischen Einigung

Die Absicht der EU-Staaten, Binnenmarkt, Währungsunion und politische Union zu verwirklichen, fällt in eine Zeit radikaler Umwälzungen in Europa. Der Zerfall des „Ostblocks" durch die Demokratisierung und die Einführung der Marktwirtschaft in Mittel- und Osteuropa geben dem Begriff „Europa" wieder seine geographische Bedeutung. In dieser Situation sind neue Formen der Integration zu finden, die die Einbeziehung der europäischen Drittländer ermöglichen. Der Europäische Rat hat in Dublin 1989 seinen Willen zur Intensivierung der Integration in der EU und gleichzeitig zur vertieften Zusammenarbeit mit den EFTA-Staaten und den Staaten Mittel- und Osteuropas bekundet.

Für diese Zusammenarbeit sind verschiedene Intensitätsstufen möglich. Sie reichen vom traditionellen Handelsabkommen zwischen einzelnen Staaten und der EU über Assoziierungsverträge bis zur Bildung einer Freihandelszone oder eines Gemeinsamen Marktes und zum Beitritt zur EU mit allen Rechten und Pflichten.

Österreich, Schweden und Finnland sind 1995 der EU beigetreten. Zwischen der EU und den restlichen EFTA-Staaten (außer der Schweiz) besteht seit 1993 ein Gemeinsamer Markt (Europäischer Wirtschaftsraum). Mit der Türkei ist eine Zollunion vereinbart. Die mittel- und osteuropäischen Staaten sind mit der EU durch Assoziierungsabkommen (Freihandel; Ausnahmen bei gewissen „sensiblen" Industrieprodukten und landwirtschaftlichen Erzeugnissen) verbunden, und es bestehen Abkommen über politische und kulturelle Zusammenarbeit („Europaverträge"). Diese Staaten drängen auf Mitgliedschaft in der EU, und die Gemeinschaft hat ihnen einen Beitritt zugesagt („Osterweiterung") – allerdings ohne einen Termin festzulegen.

Europa wächst zusammen – aber die vollzogene und bevorstehende Erweiterung bei gleichzeitig angestrebter vertiefter Integration durch Währungs- und politische Union stellt die Gemeinschaft vor neue, grundsätzliche Probleme. Sie erfordern tiefgreifende Veränderungen der bisherigen Integrationspraxis und machen es erforderlich, die Ziele der europäischen Integration in einer für die Bürger nachvollziehbaren Weise zu vermitteln (sozialpsychologische Dimension der Integration). Eine Fixierung auf die Wirtschafts- und Währungsunion wäre verfehlt; ihre Verwirklichung kann nur in einem umfassenden Konzept gelingen.

Vorrangig bedürfen drei Problemfelder einer Lösung (Weidenfeld 1996):

- Die Institutionen und die Entscheidungsverfahren in der EU sind bereits heute überfordert und so kompliziert, daß nur noch Experten sie durchschauen können (Teske 1993). Sie werden es noch mehr sein, wenn die Zahl der EU-Mitglieder weiter steigt. Die Zusammensetzung der EU-Organe, ihre Kompetenzen und die Verfahren zur Entscheidungsfindung werden neu geregelt werden müssen. Dabei muß die Rolle des Europäischen Parlaments gestärkt werden, und die Aufgabenverteilung zwischen Union, Mitgliedstaaten und regionalen Einheiten nach dem im EU-Vertrag verankerten Prinzip der Subsidiarität (Titel I, Art. B: Ziele der Union) neu überdacht werden.

- Es gilt institutionelle Regelungen zu finden, die stärker als bisher differenzierte Formen der Integration und der Beteiligung an einzelnen Politikfeldern ermöglichen. Nicht alle Staaten können oder wollen sich an allen Integrationsprojekten (Beispiel Währungsunion) beteiligen, bzw. sie benötigen Anpassungs- und Übergangsfristen, um die Voraussetzungen zu schaffen. Die EU steht zur Zeit vor zwei Gefahren: Einerseits gilt es, eine neue Teilung Europas in wenige politisch und wirtschaftlich hoch integrierte Länder („Kerneuropa") und ein mehr oder minder eng daran gebundenes Resteuropa zu vermeiden. Andererseits muß der Zerfall zu einem lockeren „Europa à la carte", in dem jedes Land sich an den verschiedenen Politikfeldern unterschiedlich beteiligt, vermieden werden. Eine grundlegende Weichenstellung steht bevor, wenn über den Beginn der Währungsunion und die Anbindung der nicht teilnehmenden Länder entschieden wird.
- Die Gemeinschaft muß ferner eine Antwort auf die veränderten internationalen Rahmenbedingungen (Globalisierung der Wirtschaft, Europa als ein Eckpunkt der Triade, Europas Rolle im Nord-Süd-Dialog) und ihre gewachsene weltpolitische Verantwortung finden. Das erfordert auch eine Intensivierung der Gemeinsamen Außen- und Sicherheitspolitik. Wie notwendig dies ist, wurde angesichts der wenig überzeugenden Rolle der EU bei der Beendigung des Bosnien-Krieges für jedermann offenbar.

Literaturverzeichnis

Cecchini, Paolo (1988): Europa '92. Der Vorteil des Binnenmarktes, Baden-Baden 1988.
Frei, Daniel (1985): Integrationsprozesse. Theoretische Erkenntnisse und praktische Folgerungen, in: Weidenfeld, Werner (Hrsg.): Die Identität Europas, Bonn 1985, S. 113–131.
Hasse, Rolf (1989): Die Europäische Integration. Bilanz und Perspektiven, in: Wirtschaftswissenschaftliches Studium, H. 7/1989, S. 325–331.
Issing, Otmar (1989): Binnenmarkt und Währungsintegration, in: Wirtschaftswissenschaftliches Studium, H. 7/1989, S. 351–356.
Kreile, Michael (1989): Politische Dimensionen des europäischen Binnenmarktes, in: Aus Politik und Zeitgeschichte B 24/25 1989, S. 25–35.
Krol, Gerd-Jan, Terzidis, Ioannis (1990): Europäischer Binnenmarkt und Handelshemmnisse, in: arbeiten + lernen H. 69 1990, S. 18–24.
Kruber, Klaus-Peter (1972): Wechselkursfixierung – ein geeigneter Weg zur Europäischen Wirtschafts- und Währungsunion? in: Z. f. Wirtschafts- und Sozialwissenschaften, H. 5/1972, S. 545–559.
Pöhl, Karl Otto (1990): Alternativen zur DM als „Ankerwährung"? Anforderungen an ein europäisches Währungssystem, in: Integration, H. 1/1990, S. 9–12.
Renner, Günter; Peter Czada (1992): Vom Binnenmarkt zur Europäischen Union, Bühl 1992
Sannwald, Rolf; Stohler, Jacques (1961): Wirtschaftliche Integration, 2. A., Tübingen 1961.
Steinel, Helmut (1989): Das Europäische Währungssystem, Funktionsweise – Erfahrungen – Perspektiven, in: Aus Politik und Zeitgeschichte B 20/21 1989, S. 3–13.
SVR (1989/90): Sachverständigenrat zur Begutachtung der gesamtwirtschaftlichen Entwicklung, Jahresgutachten 1989/90, Bundestagsdrucksache 11/5786 (23.11.1989).
Teske, Horst (1993): Europäische Gemeinschaft. Aufgaben, Organisation, Arbeitsweise, 3. A., Bonn 1993.
Uterwedde, Henrik (1990): Die Europäische Gemeinschaft, Opladen 1990.
Vaubel, Roland (1996): Das Tauziehen um die Europäische Währungsunion, in: Aus Politik und Zeitgeschichte B 1/2 1996, S. 11–18.
Weidenfeld, Werner (1996): Europa '96 – Unterwegs wohin? in: Aus Politik und Zeitgeschichte, B 1/2 1996, S. 3–10.
Willgerodt, Hans u.a.: Wege und Irrwege zur europäischen Währungsunion, Freiburg 1972.

**4.16 Globalisierung der Wirtschaft –
Von der Volkswirtschaft zur Weltwirtschaft
Klaus-Peter Kruber**

4.16.1	Entwicklungstendenzen der Weltwirtschaft	555
4.16.2	Deutschland in der internationalen Arbeitsteilung	557
4.16.2.1	Außenhandelsverflechtung	557
4.15.2.2	Internationalisierung von Unternehmen	560
4.16.3	Freihandel oder Protektionismus?	563
4.16.4	Instrumente der Außenwirtschaftspolitik	565
4.16.5	Internationale Organisationen der Weltwirtschaft	567
4.16.5.1	Das Allgemeine Zoll- und Handelsabkommen (GATT) bzw. die Welthandelsorganisation (WTO)	567
4.16.5.2	Der Internationale Währungsfonds (IWF)	568
Literaturverzeichnis		570

Das ausgehende 20. Jahrhundert ist geprägt durch die Globalisierung der Wirtschaft. „Wir durchleben derzeit eine Transformation, aus der im kommenden Jahrhundert neue Formen von Politik und Wirtschaft hervorgehen werden. Es wird dann keine nationalen Produkte und Technologien, keine nationalen Wirtschaftsunternehmen, keine nationalen Industrien mehr geben. Es wird keine Volkswirtschaften mehr geben, jedenfalls nicht in dem Sinne, wie wir sie kennen". Gewiß ist die Vision von Reich (1993, 9) überzeichnet, und es wird weiterhin ausgeprägte Eigenheiten nationaler Volkswirtschaften und zahlreiche vorwiegend lokal und regional agierende Unternehmen geben, aber starke Tendenzen zur Internationalisierung sind unübersehbar.

Die Entwicklung der internationalen Wirtschaftsbeziehungen kann durch einige Tendenzen gekennzeichnet werden:
- Der internationale Güter- und Dienstleistungshandel und der Kapitalverkehr wachsen mit höheren Zuwachsraten als die nationalen Wirtschaften.
- Welthandel und Kapitalverkehr konzentrieren sich auf die industrialisierten Länder der Nordhalbkugel, insbesondere die „Triade" Nordamerika, Europa und Japan/Südostasien.
- Die Interdependenz der Volkswirtschaften nimmt zu. Zur traditionellen Rohstoffabhängigkeit der Industrieländer tritt als Folge der intensiven Handels- und Kapitalverflechtung vor allem die Übertragung von Konjunkturschwankungen und Inflation über die Grenzen hinweg.
- Der Wettbewerb ist gekennzeichnet durch eine Internationalisierung von Produktion und Vermarktung in weltweit tätigen, global „denkenden" Unternehmensnetzen.
- Die rasche Entwicklung der modernen Kommunikations- und Informationstechnologien bewirkt eine zunehmende Vernetzung des Wissens, die ubiquitäre Präsenz der Massenmedien hat zu einer Art „Weltöffentlichkeit" geführt. Politiker sprechen von der Tendenz zum „globalen Dorf".
- Die Ungleichgewichte zwischen armen und reichen Nationen führen vermehrt zu Arbeitskräftewanderungen (Armutsmigration). Hinzu tritt eine zunehmende Mobilität qualifizierter Arbeitskräfte und Führungspersonen in den multinational agierenden Unternehmen.
- Die Globalisierung der Wirtschaft ist begleitet von einer Globalisierung von Umweltbelastungen durch Produktion und Konsum.
- Die zunehmenden Interdependenzen führen zur Aushöhlung von nationalstaatlicher Souveränität – nicht zuletzt im Bereich der Wirtschafts- und Währungspolitik. Sie erfordern neue Institutionen und Instrumente für den wachsenden Kooperationsbedarf in allen Bereichen der Politik.

Die skizzierten Tendenzen treffen vielfach auf Denkstrukturen, Institutionen und Handlungsinstrumente, die auf diese Herausforderungen nicht eingestellt sind. Daraus ergeben sich schwerwiegende Probleme und Gestaltungsdefizite, die in der Zukunft vermehrten Koordinierungsbedarf im Rahmen einer „Weltwirtschaftspolitik" erfordern (vgl. Wagner 1995).

4.16.1 Entwicklungstendenzen der Weltwirtschaft

Internationale Wirtschaftsbeziehungen umfassen den Austausch von Waren und Dienstleistungen, Kapital und Arbeit. Den eigentlichen Kern und den quantitativen Schwerpunkt bildete bis in die Gegenwart der Handel mit Waren. Der **Welthandel** hat in der Nachkriegszeit explosionsartig zugenommen. Gegenüber 1950 (60 Mrd. $) hat sich der Wert aller Exporte auf 4.136 Mrd. $ (1994) nahezu versiebzigfacht. Auch wenn man die in diesem Wachstum steckenden Preissteigerungen abzieht, bleibt ein enormes reales Wachstum, das deutlich über dem des Welt-Sozialprodukts liegt.

An der Zunahme hatten nicht alle Waren und nicht alle Staaten gleichen Anteil. Die wichtigsten Waren des Welthandels sind heute Maschinen, Energie und bergbauliche Rohstoffe, Agrarprodukte und verarbeitete Nahrungsmittel, Straßenfahrzeuge, EDV und Büromaschinen, Telekommunikationseinrichtungen, Haushaltsgeräte, Unterhaltungselektronik, Chemie- und Arzneimittelprodukte, Textilien u. Bekleidung. Aus dieser Aufzählung wird deutlich, daß der weitaus größte Teil des Warenhandels auf industriell gefertigte oder bearbeitete Produkte entfällt: Investitions- und Konsumgüter, Halbfabrikate, Grundstoffe, verarbeitete Rohstoffe und Nahrungsmittel. Entsprechend konzentriert sich der Welthandel auf den Austausch der Industrieländer untereinander (2044 Mrd. $) und mit den Entwicklungsländern (688 Mrd. $). Der Handel der westlichen Industriestaaten mit den ehemaligen Staatshandelsländern Mittel- und Osteuropas betrug 74 Mrd. $, der Handel zwischen Entwicklungsländern und Mittel- und Osteuropa 27 Mrd. $ (1994). Etwa 40% des Handels zwischen Industrie- und Entwicklungsländern entfallen auf die vier „kleinen Drachen" (Südkorea, Taiwan, Hongkong, Singapur). Diese Länder können eigentlich kaum noch als Entwicklungsländer bezeichnet werden, da sie hauptsächlich Industrieprodukte und Dienstleistungen erzeugen und handeln. Faßt man sie mit Japan zur südostasiatischen Wirtschaftsregion zusammen, so wird deutlich, wie stark die eigentlichen Entwicklungsländer und zumindest vorerst auch die ehemaligen kommunistischen Staatshandelsländer an den Rand der Weltwirtschaft gedrängt sind.

Innerhalb der Industrieländer ist eine weitere Konzentration des Handelsaustauschs auf die „Triade" Westeuropa, USA und Japan/Südostasien festzustellen. Sie schlägt sich auch in einer entsprechenden handelspolitischen Blockbildung nieder: Europäische Union, Nordamerikanische Freihandelszone (NAFTA) und die Ansätze zu einer südostasiatisch-pazifischen Freihandelszone (APEC). Innerhalb dieser Blöcke ist ein gemeinsamer Markt für Waren, Dienstleistungen, Kapital und Arbeitskräfte weitgehend realisiert (Binnenmarkt der EU), im Entstehen (NAFTA) bzw. eine entsprechende Liberalisierung wird angestrebt (APEC). Aber auch zwischen den Blöcken wurden in den letzten Jahrzehnten Handelshemmnisse abgebaut oder deutlich verringert (Erfolge des GATT beim Zollabbau und anderen Handelserleichterungen).

Jahrhundertelang war internationale Arbeitsteilung ausschließlich Handel mit Waren. **Dienstleistungen** waren – abgesehen von den mit dem Warenhandel verbundenen Transport- und Versicherungsdienstleistungen – im wesentlichen Binnengüter. Das hat sich sehr geändert. Dienstleistungen sind in wachsendem Maße Gegenstand des internationalen Austauschs: 1992 wurden weltweit Dienstleistungen im Wert von 960 Mrd. $ gehandelt. Besonders spektakulär sind die Expansion des internationalen Tourismus und der Telekommunikation. 1994 wurden weltweit 370 Mrd. $ für Auslandsreisen ausgegeben. Deutsche gaben 1994 69 Mrd. DM für Auslandsreisen aus, Ausländer ließen 17 Mrd. DM in Deutschland (Wirtschaftswoche Nr. 11 1996, 50ff.).

Moderne Telekommunikation vernetzt die Welt zu einem Markt. „Multimedia" und Internet bewirken einen weiteren Entwicklungssprung auf den internationalen Telekommunikationsmärkten. International gehandelt werden Informationen (Nutzung von Datenbanken) und Dienstleistungen der Werbungs- und Unterhaltungsbranche (Vermarktung von Sport- und Popveranstaltungen, Film- und TV-Rechte), Lizenzen für die Nutzung von Patenten usw. Für die USA ist mittlerweile die Film- und TV-Branche der zweitgrößte Devisenbringer. Für die Nutzungsrechte für Filme wie Jurassic Parc oder die Bill Cosby Show werden Hunderte Millionen Dollar in die USA

4.16 Globalisierung der Wirtschaft

überwiesen. Auch anspruchsvolle Dienstleistungsaufgaben können heute z.T. bereits in Entwicklungsländer verlagert werden: qualifizierte Informatiker zur Entwicklung von EDV-Software stehen z.B. in Indien reichlich und zu wesentlich niedrigeren Löhnen zur Verfügung (die Lufthansa läßt ihr Buchungssystem dort entwickeln), Anlagenbaufirmen wie Lurgi und Uhde vergeben Konstruktionsaufträge an indische Ingenieure, mit denen sie über Internet kommunizieren. Es entwickeln sich weltumspannende, weitgehend standortunabhängige virtuelle Unternehmensnetze.

Der dritte, seit den 70er Jahren am raschesten wachsende Teilbereich der internationalen Wirtschaftsbeziehungen ist der **Kapitalverkehr**. Ein Grund für die Zunahme internationaler Geld- und Kapitalbewegungen liegt im Finanzierungsbedarf für den wachsenden Waren- und Dienstleistungshandel. Eine weitere Ursache ist die Internationalisierung der Geldmärkte und Anlagemöglichkeiten. Banken agieren in einem weltweiten, durch Telekommunikation verbundenen Finanzsystem und legen ihre liquiden Gelder dort an, wo sie (unter Berücksichtigung von Wechselkurs- und politischen Risiken) die günstigsten Renditen finden. Liquidität suchende Banken nehmen dort ihre Gelder auf, wo die Zinsen am niedrigsten sind. Zwischen 1976 und 1993 haben sich die grenzüberschreitenden Forderungen international tätiger Banken von 550 Mrd. $ auf 6455 Mrd. $ verzwölffacht. In der gleichen Zeit hat sich der internationale Handel „nur" verdreifacht (Wagner 1995, 10). Internationale Geld- und Kapitalbewegungen haben erheblichen Einfluß auf die Entwicklung der Wechselkurse; gleichzeitig ist die Ausnutzung von Wechselkursschwankungen ein wichtiges Motiv für spekulative Kapitalbewegungen. Politische Krisen oder der Versuch von Regierungen, unrealistische Wechselkurse zu verteidigen, können Spekulationswellen auslösen, die das Weltwährungssystem erschüttern (Bsp. EWS-Währungskrise 1992/93). Für die international vernetzten Geldmärkte und Devisenbörsen ist die Bezeichnung „Weltmarkt" sicher angebracht.

Die dritte Quelle für das rasche Wachstum des internationalen Kapitalverkehrs ist der längerfristige Kapitalexport in Form von Portfolioinvestitionen (= Käufe ausländischer Wertpapiere) und Direktinvestitionen. Als Direktinvestition wird die Gründung von Tochterfirmen im Ausland oder der Erwerb von bzw. die Beteiligung an ausländischen Unternehmen bezeichnet. Direktinvestitionen führen zur Internationalisierung von Unternehmen; sie sind daher ein besonders hervorzuhebendes Instrument zur Globalisierung der Wirtschaft.

Nicht nur Kapital, auch die **Arbeitskräfte** werden zunehmend mobiler. Politisch und ökonomisch besonders brisant ist die durch das Wohlstandsgefälle zwischen reichen Nationen und Entwicklungsländern ausgelöste Migration von Millionen Menschen. Weniger beachtet, aber nach der Verwirklichung des europäischen Binnenmarktes und mit der zunehmenden Verflechtung innerhalb der Triade von steigender Bedeutung ist die Mobilität von qualifizierten Fachkräften und insbesondere Führungsnachwuchs in Europa und weltweit. Zeitweilige Tätigkeit im Ausland ist z.B. in der Tourismusbranche, im Anlagenbau und in vielen international tätigen Industriefirmen und Banken selbstverständlich; „internationale Erfahrung" wird zunehmend eine Voraussetzung für erfolgreiche Karriere.

4.16.2 Deutschland in der internationalen Arbeitsteilung

4.16.2.1 Außenhandelsverflechtung

Zusammen mit den USA und vor Japan ist Deutschland wichtigste Außenhandelsnation. 1994 erreichte die Ausfuhr von Waren 685,1 Mrd. DM, der Dienstleistungsexport 101,5 Mrd. DM. Gleichzeitig wurden für 611,2 Mrd. DM Waren und für 152,3 Mrd. DM Dienstleistungen importiert (Jahresbericht der Dt. Bundesbank 1995; vgl. Tab. 1).

Tab. 1 Zahlungsbilanz[1]

	West		D				
	1971	1980	1990	1991	1992	1993	1994
			in Mrd. DM				
Leistungsbilanzsaldo	+ 3,6	− 24,0	+ 79,0	− 31,9	− 33,7	− 24,3	− 38,6
Außenhandel							
Ausfuhr	136,0	350,3	662,0	665,8	671,2	628,4	685,1
Einfuhr	120,1	341,4	556,7	643,9	637,5	566,5	611,2
Saldo	+ 15,9	+ 8,9	+ 105,4	+ 21,9	+ 33,7	+ 61,9	+ 73,9
Ergänzungen zum Warenverkehr (Saldo)	− 0,1	− 2,7	− 3,6	− 4,5	− 3,6	− 7,1	− 3,6
Dienstleistungen							
Einnahmen	27,1	61,4	104,2	109,1	107,2	105,1	101,5
Ausgaben	27,4	70,0	115,3	125,5	138,4	146,4	152,3
Saldo	− 0,3	− 8,6	− 11,1	− 16,4	− 31,3	− 41,3	− 50,8
Erwerbs- und Vermögenseinkommen							
Einnahmen	9,4	25,3	101,5	118,7	121,8	127,2	124,6
Ausgaben	10,6	23,5	74,3	89,0	99,2	107,5	121,6
Saldo	− 1,2	+ 1,7	+ 27,2	+ 29,7	+ 22,5	+ 19,7	+ 3,0
Laufende Übertragungen							
Fremde Leistungen	4,8	14,4	25,6	27,6	30,1	28,5	31,6
Eigene Leistungen	15,5	37,8	64,4	90,2	85,2	86,0	92,8
Saldo	− 10,7	+ 23,4	− 38,8	− 62,6	− 55,1	− 57,5	− 61,2
Vermögensübertragungen							
Fremde Leistungen	0,2	0,3	0,6	1,3	1,7	2,3	2,5
Eigene Leistungen	0,3	1,9	2,7	2,3	0,7	1,4	1,4
Saldo	− 0,0	− 1,6	− 2,1	− 1,0	+ 1,1	+ 0,9	+ 1,2
Kapitalbilanzsaldo[2]	+ 8,5	+ 0,0	− 90,5	+ 20,9	+ 90,3	+ 4,7	+ 51,7
Direktinvestitionen (Saldo)	− 0,4	− 7,9	− 34,7	− 32,5	− 26,8	− 25,2	− 23,7
Deutsche Anlagen	4,2	8,5	38,7	39,3	30,5	25,6	25,8
Ausländische Anlagen	3,8	0,6	4,0	6,8	3,7	0,4	2,1
Wertpapiere (Saldo)	+ 2,5	− 6,8	− 5,7	+ 41,3	+ 45,3	+ 177,3	− 55,0
Deutsche Anlagen	0,5	7,5	25,1	29,9	75,5	53,2	96,3
Ausländische Anlagen	2,0	0,8	19,4	71,2	120,8	230,4	41,4
Kreditverkehr (Saldo)	+ 6,8	+ 15,7	− 47,7	+ 15,3	+ 74,6	− 144,8	+ 133,2
Deutsche Anlagen i. Ausland	− 3,0	− 35,6	− 117,5	− 33,6	− 7,2	− 214,3	7,5
langfristig	− 2,1	− 11,1	− 43,0	− 26,2	− 14,0	− 33,4	− 26,0
kurzfristig	− 0,9	− 24,5	− 74,5	− 7,4	6,8	− 180,9	33,5
Ausländ. Anlagen i. Inland	9,8	51,3	69,8	49,0	81,9	69,5	125,7
langfristig	6,7	32,5	20,7	− 0,2	27,0	48,7	32,9
kurzfristig	3,1	18,8	49,2	49,1	54,9	20,8	92,8
Sonst. Kapitalanlagen (Saldo)	− 0,4	− 0,9	− 2,5	− 3,2	− 2,8	− 2,6	− 2,8
Restposten[3]	+ 4,3	− 2,3	+ 24,6	+ 12,3	+ 11,1	− 17,0	− 2,0
Devisenbilanzsaldo	+ 16,4	− 27,9	+ 11,0	+ 0,3	+ 68,7	− 35,8	+ 12,2

[1] + = Zugang, − = Abgang an Devisen. [2] Kapitalausfuhr: −; Kapitaleinfuhr: +. [3] Saldo der statistisch nicht aufgliederbaren Transaktionen.
Quelle: Deutsche Bundesbank, Jb. 1995

Unter Berücksichtigung der Erwerbs- und Vermögenseinkommen von Inländern im Ausland bzw. Ausländern im Inland erreichten die Exporte 1994 30,9% des Bruttosozialprodukts; die Importquote betrug 30,1%. Mit anderen Worten: Fast ein Drittel der im Inland verfügbaren Fertigwaren und Vorprodukte stammte aus dem Ausland, ein Drittel aller Arbeitsplätze im Inland produzieren für ausländische Kunden (indirekt ist die Auslandsabhängigkeit noch größer). Die Auslandsverflechtung ist nicht in allen Wirtschaftszweigen gleich. Tab. 2 gibt einen Überblick über die Im- und Exportquoten in der Industrie.

Tab. 2 Auslandsverflechtung der deutschen Industrie 1994

Industriezweig	Importquote in v. H.	Exportquote in v. H.
Textilien	78,3	73,3
Datenverarbeitungsgeräte	82,7	72,4
Feinmechanik und Optik	60,7	63,2
Musikinstr., Spielwaren	66,8	59,5
NE-Metalle	65,4	57,4
Chemische Erzeugnisse	42,5	54,7
Maschinenbau	29,0	54,4
Straßenfahrzeuge	36,4	53,4
Eisen und Stahl	45,2	51,9
Holzschliff, Papier, Pappe	59,2	49,7
Leder, Lederwaren, Schuhe	71,5	47,4
Elektrotechn. Erzeugnisse	41,1	46,0
Gummiwaren	44,9	45,8
Feinkeramische Erzeugnisse	48,5	37,3
Bekleidung	61,8	36,2
Glas, Glaswaren	30,3	33,7
Eisen-, Blech-, Metallwaren	23,1	30,1
Kunststofferzeugnisse	20,7	27,7
Erzeugnisse d. Stahlverformung	17,4	26,3
Papier- und Pappewaren	16,0	25,1
Erzeugnisse d. Ziehereien	19,0	23,3
Stahlbauerzeugnisse	12,0	21,4
Holzbearbeitung	32,9	17,4
Druckereierzeugnisse	7,5	16,2
Nahrungs- und Genußmittel	18,0	15,5
Eisen-, Stahl-, Temperguß	11,2	14,1
Holzwaren	20,9	13,0
Steine und Erden	12,8	11,8
Mineralölerzeugnisse	17,0	9,4
NE-Metallformguß	8,4	6,7

Exportquote: Ausfuhren in Prozent des Umsatzes; Einfuhren in Prozent des Inlandsmarktes (= Umsatz + Import − Export);
Quelle: Institut der Deutschen Wirtschaft, iwd Nr. 33, 17.8.1995

Auffallend ist, daß viele Industriezweige hohe Import- und Exportquoten zugleich aufweisen. Dies kann auf zwei Ursachen zurückgeführt werden: In der Papier- und Chemieindustrie zum Beispiel müssen fast alle Rohstoffe importiert werden, ein erheblicher Teil der Fertigerzeugnisse wird exportiert. Demgegenüber finden sich im Straßenfahrzeugbau auf der Import- und der Exportseite gleichartige Erzeugnisse (Autos in- und ausländischer Hersteller). Die Differenzierung der Nachfrage ist ursächlich für diese intra-industrielle Arbeitsteilung.

Eine regionale Betrachtung zeigt die starke Einbindung Deutschlands in den europäischen Binnenmarkt. 55% der Importe stammen von dort, 58% der Exporte gehen in die EU-Länder (1994). Mit dem Beitritt von Österreich, Schwedens und Finnlands ist die EU-Quote noch gestiegen. Mit der fortgeschrittenen Integration im Binnenmarkt entwickelt er sich für immer mehr Unternehmen zu einem Teil des „heimischen" Marktes, mit der angestrebten Währungsunion würde der EU-Handel zum Binnenhandel. Der deutsche Außenhandel ist sehr stark auf den intraindustriellen Austausch mit anderen Industriestaaten ausgerichtet: Auf den Handel mit den westlichen Industriestaaten (EWR, USA, Kanada, Japan) entfallen rd. 80% sowohl der Importe wie der Exporte. Noch unterentwickelt und expansionsfähig (gemessen an ihrer wachsenden weltwirtschaftlichen Bedeutung) ist der Handel mit den südostasiatischen Schwellenländern (Anteile am Import 3,7%, am Export 3,5%) – allerdings sind die Zuwachsraten hier am höchsten. Längerfristig ähnlich sind die Aussichten für den Handel mit den mittel- und osteuropäischen Staaten zu beurteilen (rd. 6,5% Anteil am Im- und Export). Stark zurückgegangen ist die Abhängigkeit von den OPEC-Ländern: Kamen 1980 noch 11% der deutschen Importe aus diesen Ländern, waren es 1994 nur noch 2,1%. Diese Entwicklung ist auf niedrigere Erdölpreise und die wachsende Bedeutung von Großbritannien, Norwegen und Rußland als Erdöllieferanten zurückzuführen. Mit rund 10% bei Im- und Exporten ist der Anteil der Entwicklungsländer am deutschen Außenhandel relativ konstant (Jahresbericht der Dt. Bundesbank 1995).

4.16.2.2 Internationalisierung von Unternehmen

Täglich wird in der Presse über Investitionen ausländischer Unternehmen in Deutschland bzw. (häufiger noch) deutscher Unternehmen im Ausland berichtet. Immer mehr Unternehmen errichten Produktionsstätten oder erwerben Tochtergesellschaften im Ausland; die Entwicklung von Multinationalen Unternehmen (MU) ist ein hervorstechendes Merkmal der Globalisierung der Wirtschaft.

Zu den ersten MU gehörten Mineralölkonzerne – z.B. Rockefellers Standard Oil Company (heute EXXON). Nach dem 1. Weltkrieg setzte sich die Internationalisierung fort. In Deutschland gründete z.B. Ford 1925 eine Fabrik in Köln, General Motors erwarb 1929 Opel. Die eigentliche Expansion der MU begann jedoch erst nach dem 2. Weltkrieg. Bis zum Ende der 60er Jahre kamen fast alle MU aus den USA. Technologischer Vorsprung, Finanzkraft und die Überbewertung des Dollar waren die Grundlagen für die weltweite Expansion von US-Konzernen. Das rasche Wirtschaftswachstum und die wirtschaftliche Integration in Europa lockten zahlreiche Unternehmen aus den USA an. Umfangreiche Firmenaufkäufe in Europa und die Aktivitäten von US-Konzernen in vielen Entwicklungsländern lösten in der Öffentlichkeit eine kritische Diskussion über die „Multis" aus.

Seit Mitte der 70er Jahre geht das Wachstum der MU nicht mehr nur von den USA aus, und es sind auch nicht mehr nur Großunternehmen, die international tätig werden. Besonders europäische und japanische Unternehmen entwickelten sich zu MU und dehnten ihre Aktivitäten auch auf den amerikanischen Markt aus. Deutschland, das in den 60er Jahren beim Aufbau seiner Wirtschaft stark vom Nettozufluß ausländischer Direktinvestitionen profitiert hatte, investiert heute sehr viel mehr Kapital im Ausland, als von dort hereinströmt. Neben die MU aus den Industrieländern treten seit den 80er Jahren – wenn auch noch mit geringerer Bedeutung – solche aus Schwellenländern (z.B. Südkorea). Auch finden sich MUs nicht mehr nur in Urproduktion und Industrie, sondern auch im tertiären Sektor: Handelsunternehmen, Banken, Medienkonzerne, Hotelketten, Werbeagenturen usw.

Die Bedeutung von MU und ihre regionale Verteilung kann an der Entwicklung der Direktinvestitionen verdeutlicht werden. Glichen sich 1971 deutsche Investitionen im Ausland (4,2 Mrd. DM) und ausländische in Deutschland (3,8 Mrd. DM) noch aus, so öffnet sich seit den 80er Jahren zunehmend eine Schere: 1994 investierten Ausländer nur für 2,1 Mrd. DM in Deutschland, ins Ausland flossen dagegen 25,8 Mrd. DM (vgl. den Überblick über die deutsche Zahlungsbilanz 1994, Tab. 1). Ausländische Standorte werden immer wichtiger für deutsche Firmen, während Deutschland nicht in gleichem Maße ausländische Unternehmen anzieht (Spiegel Nr. 37 1995). Wichtigste Zielländer für deutsche Direktinvestitionen sind die Industriestaaten, in erster Linie die EU-Mitgliedstaaten (51,5% der deutschen Auslandsinvestitionen im Zeitraum 1982 bis 1991 gingen in die EU). An zweiter Stelle der Zielländer stehen die USA (28,7%). Auf andere Industrieländer entfielen 13% (vorwiegend handelt es sich um die EFTA-Staaten; auf Japan entfielen nur 1,2%). In die Entwicklungsländer (einschließlich der südostasiatischen Schwellenländer) flossen von 1982 bis 1991 insgesamt nur 5,9% der deutschen Direktinvestitionen (iwd 21 1994). Von rasch wachsender Bedeutung ist der Standort Mittel- und Osteuropa: von 1990 bis 1994 wurden 6,1 Mrd. DM dort investiert, fast 100 deutsche Firmen haben sich dort engagiert (Sparkassenzeitg. Nr. 56 1995).

Auch für die Auslandsinvestitionen anderer wichtiger Kapitalexportländer gilt eine ähnliche Struktur: wichtigste Zielländer sind Industriestaaten mit vergleichbarem Entwicklungsniveau in Europa und Nordamerika. Vor allem in den Industriestaaten finden sich kaufkräftige Nachfrage, technologisches Know How, qualifizierte Arbeitskräfte, Rechtssicherheit und die infrastrukturellen Voraussetzungen für Auslandsengagements (Verkehrswege, Telekommunikation, leistungsfähige öffentliche Verwaltung). Allerdings gewinnen südostasiatische und südamerikanische Entwicklungsländer auch als Investitionsstandorte an Bedeutung. Insbesondere Amerikaner und Japaner lenken wachsende Anteile ihrer Auslandsinvestitionen in diese Regionen: 22,9% der amerikanischen Direktinvestitionen gehen nach Lateinamerika, 7,4% nach Südostasien. Für Japan lauten die entsprechenden Zahlen 11,9 und 13,1%. Europa, und speziell Deutschland, läuft Gefahr, mangels Präsenz vor Ort den Anschluß auf diesen Wachstumsmärkten der Zukunft zu verlieren (iwd 21 1994).

Multinationale Unternehmen bestreiten nach manchen Schätzungen bis zu 80% des Welthandels. Ein großer Teil davon dürfte interner Handel innerhalb des Zulieferer- und Vermarktungsnetzes multinationaler Konzerne sein. Ein Beispiel ist das komplizierte Netz von Produktionsstätten großer Automobilunternehmen in verschiedenen Ländern. Nahrungsmittelkonzerne wie Unilever, Nestlé, Philipp Morris, Coca Cola sind mit ihren im In- oder Ausland erzeugten Markenprodukten Teil unseres Alltags. Multinationale Banken wickeln den größten Teil des internationalen Kapitalverkehrs ab. Entscheidungen in den Führungsspitzen großer MU (z.B. über Produktionsstätten, Innovationen, Marktstrategien) spielen eine wichtige Rolle für die wirtschaftliche, soziale und politische Entwicklung des internationalen Systems (vgl. Reich 1993, 91ff.).

Die rasche Entwicklung der MU hat vielfältige Ursachen. Eine war die Liberalisierung des Welthandels und des internationalen Kapitalverkehrs zwischen den westlichen Industriestaaten. Eine weitere Voraussetzung für die Expansion und zentrale Koordinierung internationaler Unternehmensaktivitäten war die Entstehung leistungsfähiger globaler Informations- und Kommunikationsnetze durch Fernmeldesatelliten und Glasfasertechnologie.

Unter den betriebswirtschaftlichen Motiven für eine internationale Geschäftstätigkeit steht die Erschließung neuer Absatzmärkte an erster Stelle. Die Expansion des Auslandsgeschäfts macht dann häufig die Präsenz im Markt durch eigene Vertriebs-, Service- oder gar Produktionsstätten erforderlich. Produktion und Marketing vor Ort erleichtern das Eingehen auf spezielle Markterfordernisse und landesspezifische Konsumgewohnheiten. Rasche Belieferung und flexibler Kundendienst sind wichtige Argumente für die Ansiedelung von Zulieferern in der Nähe ihrer Kunden im Zeitalter von just in time-planning und lean production.

Ein weiteres Motiv für Auslandsinvestitionen ist die Ausnutzung von Standortvorteilen, insbesondere von unterschiedlichen Arbeitskosten. Deutschland ist seit vielen Jahren ein Hochlohnland. Umgerechnet zu den geltenden Wechselkursen liegt Deutschland mit Arbeitskosten (durchschnittl. Stundenlohn + Lohnzusatzkosten) von 44 DM je Arbeitsstunde (1994) in der verarbeitenden Industrie weltweit an der Spitze und z.T. weit vor den wichtigsten Konkurrenten (Japan 36 DM, Frankreich 29 DM, USA 28 DM; Spiegel Nr. 37 1995). Zwar erreicht in Deutschland auch die Arbeitsproduktivität dank der modernen Technologien, der effizienten Infrastruktur und der hoch qualifizierten Arbeitskräfte internationale Spitzenwerte. Hohe Arbeitsproduktivität und Vorteile aus der direkten Präsenz in kaufkräftigen Märkten können bei anspruchsvollen Produkten den Nachteil hoher Arbeitskosten kompensieren. Und die internationale Wettbewerbsfähigkeit hängt auch von den Wechselkursen ab. Aber auch wenn man dies berücksichtigt, sind die Lohnstückkosten in Deutschland höher als in anderen Industrieländern: z.B. gegenüber Frankreich um 12%, Japan um 20% (iwd 23 1995). Daraus folgt ein Kostennachteil für den Standort Deutschland, der massiven Rationalisierungsdruck in der Industrie auslöst und zum Abbau von Arbeitsplätzen in vielen Wirtschaftszweigen geführt hat: Immer mehr werden arbeitsintensive Produktionen oder Teilprozesse in Entwicklungsländer oder nach Osteuropa verlagert, und auch bei technisch komplexen Produkten erweisen sich Standorte in anderen EU-Ländern und in den USA als kostengünstiger. Diese Tendenz hat einen solchen Umfang angenommen, daß ernste Sorgen um die Zukunft unserer wirtschaftlichen und sozialstaatlichen Entwicklung angebracht sind.

Auch die Sicherung der Rohstoffversorgung kann (z.B. in der Mineralöl- oder Stahlindustrie) ein wichtiger Grund für Auslandsinvestitionen sein. Von wachsender Bedeutung ist das Bestreben, Zugang zu neuen Technologien oder zum innovativen Know How an Hightech-Standorten zu erhalten. Kapitalstarke MU übernehmen innovative kleine Unternehmen und sorgen für die breite Einführung der Erfindungen am Markt. Beispiele aus der EDV-Branche, der Pharma- oder Gentechnik sind bekannt.

Weitere Motive liefern von Staaten gesetzte Rahmenbedingungen. Hohe Gewinnbesteuerung, starre arbeits- und sozialrechtliche Standards (und damit verbunden hohe Personalzusatzkosten und geringe Flexibilität von Arbeitszeiten usw.), aber auch strenge Umweltschutz- oder Wettbewerbsgesetze sind Faktoren, die Standortentscheidungen beeinflussen. Eine bedeutende Rolle spielen auch das „soziale Klima" und die politische Stabilität des Gastlandes. Hohe Streikhäufigkeit, die Gefahr von Enteignung oder Beschränkung des Gewinntransfers in das Heimatland können kostenmäßig vorteilhafte Standorte unattraktiv machen.

Schließlich schafft auch die wirtschaftliche Integration von Staaten Anreize für Direktinvestitionen: Schließen sich Volkswirtschaften zu Wirtschaftsgemeinschaften zusammen, entsteht ein Anreiz für Firmen aus Drittländern, sich durch Gründung oder Erwerb von Betrieben den Marktzugang zu Binnenmarktbedingungen zu sichern. Dieses Motiv spielt besonders für die amerikanischen und japanischen Investitionen in der EU eine wichtige Rolle. Großbritannien ist ein bevorzugter Standort für japanische und amerikanische Firmen, die von dort aus den EU-Binnenmarkt beliefern können.

4.16.3 Freihandel oder Protektionismus?

Internationale Arbeitsteilung ermöglicht eine Ausweitung der Produktions- und Konsummöglichkeiten der beteiligten Länder. Unterschiede in den natürlichen Produktionsbedingungen (Klima, Bodenschätze) machen es vorteilhaft, daß Länder sich auf bestimmte Produktionen spezialisieren und andere Produkte im billigeren Ausland erwerben. Unterschiedliche Ausstattung mit Produktionsfaktoren führt zu Unterschieden bei den relativen Faktorpreisen. Für die beteiligten Länder ist es dann von Vorteil, sich auf die Produktionen zu spezialisieren, bei denen sie relative Kostenvorteile aufweisen (Theorie der komparativen Kostenvorteile, David Ricardo 1772–1823): Länder, in denen Arbeit im Vergleich zum Kapital reichlich vorhanden ist, werden sich auf arbeitsintensive Produktionen spezialisieren, Länder, in denen Arbeit vergleichsweise knapp in Relation zum vorhandenen Produktiv- und Infrastrukturkapital ist, werden kapitalintensive Produkte herstellen. Spezialisierung ermöglicht (selbst bei im Ausgangszustand gleich ausgestatteten Ländern) Kosteneinsparungen durch die Ausnutzung von Massenproduktionsvorteilen und macht internationalen Handel vorteilhaft. Internationaler Handel verschärft den Wettbewerb, bricht Monopolstellungen auf, erzwingt Kosten- und Preissenkungen und fördert die Innovationsdynamik. Die Außenwirtschaftstheorie zeigt, daß **freier internationaler Handel die Gesamtproduktion der Welt** bei gegebener Ausstattung mit Produktionsfaktoren **maximiert** (Bender 1992, 417ff.; Glismann 1992). Umstritten ist allerdings, ob Freihandel die Entwicklungschancen der einzelnen Länder gleichmäßig fördert, und ob die Verteilung der Wachstumsgewinne durch freien Welthandel den Gerechtigkeitsvorstellungen der Regierungen und Völker entspricht. Freihandel bewirkt Wettbewerbsdruck und erzwingt Anpassungen, die von denen, die sich anpassen müssen, oft als „unfair" empfunden werden und sie veranlassen, nach staatlichem Schutz vor ausländischer Konkurrenz zu rufen. Wenngleich seit Adam Smith (1723–1790) Freihandel von den meisten Regierungen als Leitbild des Welthandels (verbal) akzeptiert wird, ist die Geschichte der Außenwirtschaft gekennzeichnet durch protektionistische Eingriffe in den internationalen Handel und die Währungsbeziehungen (Berg 1992, 461ff.; Glismann 1992).

Führt die Spezialisierung durch internationale Arbeitsteilung dazu, daß ein Land sich auf nur ein Exportprodukt konzentriert, kann dies zu Problemen führen, wenn dieses Produkt starken Preisschwankungen an den Weltmärkten unterliegt (das gilt für viele landwirtschaftliche Rohstoffe und Bergbauprodukte) oder durch substitutive Produkte verdrängt wird (Beispiel: Naturkautschuk durch Synthesegummi, Baumwolle durch Kunstfasern). Beispiele für **Export-Monokulturen** finden sich in vielen Ländern: Saudi-Arabien, Kuwait und andere OPEC-Staaten sind vom Erdölexport abhängig, Kaffee erbringt 95 bzw. 80 % der Exporterlöse von Uganda bzw. Burundi, Sambias Export besteht zu 81 % aus Kupfer. Generell beinhaltet die Spezialisierung auf Produkte, die eine **niedrige Einkommenselastizität** aufweisen (das gilt für viele landwirtschaftliche Erzeugnisse und industrielle Grundstoffe) ein begrenzteres Wachstumspotential als dies bei einkommenselastischen Gütern (höherwertigen Konsumgütern, Dienstleistungen, Investitionsgütern) der Fall ist.

Schließlich weisen junge Industrien vielfach anfangs noch höhere Kosten, schlechtere Qualität usw. auf, auch wenn das innovative Produkt – wenn es die „Kinderkrankheiten" erst einmal überwunden hat – gegenüber „alten" Industrien die besseren Wachstumschancen hat. Für den Fall einer solchen **„infant industry"** werden zeitlich begrenzte Schutzzölle (vielfach in Anlehnung an Friedrich List, 1789–1846, Erziehungszölle genannt) gefordert, bis die junge Industrie wettbewerbsfähig ist. Vor allem Entwicklungsländer berufen sich auf diese Argumente zum Schutz ihrer Industrien vor überlegener Konkurrenz aus den entwickelten Staaten.

Neben diesen wirtschaftstheoretisch begründeten Argumenten für Eingriffe in den Freihandel werden auch politische und fiskalische angeführt. Dazu gehört das **Autarkie-Argument**: Bestimmte Produktionen müßten erhalten werden, weil sie im Falle eines Krieges lebens- oder verteidigungswichtig seien (Landwirtschaft, Kohlebergbau, Rüstungsindustrie). Für viele Entwicklungsländer stellen Zölle auf importierte (Luxus-)Güter eine wichtige Einnahmequelle für den Staatshaushalt dar (**Fiskal-Argument**). Das gilt besonders für Staaten, die über ein wenig effizientes Steuersystem im Innern verfügen.

In allen diesen Fällen gilt es, die vorgebrachten Argumente sorgfältig zu prüfen. Zum Beispiel haben die begrenzten Absatzchancen für Weizen aus Argentinien weniger mit weltweit gesättigter Nachfrage zu tun als mit der Tatsache, daß USA und EU ihre hoch subventionierten Überschüsse zu Dumpingpreisen in den Weltmarkt drücken. Auch kann man bezüglich der Zukunftschancen vieler industrieller Prestigeprojekte in Entwicklungsländern berechtigte Zweifel anmelden. Und es ist immer wieder – nicht zuletzt in den entwickelten Staaten – festzustellen, daß irgendwann einmal mit dem infant-industry-Argument eingeführte „zeitlich begrenzte" Schutzzölle weiterbestehen, auch wenn das Baby bereits ein stattliches Alter erreicht hat. Das Autarkie-Argument schließlich steht auf wackligen Füßen, wenn die angeblich von Nahrungsmittelimporten unabhängig machende Landwirtschaft auf einer Hightech-Basis beruht, die von Erdöl- und Futtermittelimporten abhängig ist. In allen solchen Fällen gilt es ferner zu prüfen, ob das Ziel, z.B. der Aufbau einer industriellen Basis in einem Entwicklungsland, nicht besser mit anderen wirtschaftspolitischen Instrumenten (z.B. befristeten Subventionen, Förderung von Investitionen in Infrastruktur- und Humankapital) erreicht werden kann.

Seltener noch als in Entwicklungsländern können protektionistische Maßnahmen in Industrieländern einer kritischen Analyse standhalten. Meistens sind die kurzfristigen Vorteile für einzelne Wirtschaftszweige in volkswirtschaftlicher und längerfristiger Perspektive betrachtet **teuer erkauft**.

• Der Schutz heimischer Produzenten vor ausländischer Konkurrenz muß von den Verbrauchern durch höhere Preise bezahlt werden. Werden heimische Vorprodukte (z.B. Stahl) durch Zölle verteuert, verschlechtert dies die Exportchancen anderer Wirtschaftszweige (z.B. Auto-, Werkzeugindustrie). Wird ausländische Konkurrenz ausgesperrt, fehlt ein wichtiger Antrieb für Innovationen. All dies führt zu hohen, aber nicht für jedermann offensichtlichen volkswirtschaftlichen Verlusten.

- Der Schutz strukturell unterlegener Wirtschaftszweige ist nur mit steigenden Kosten (volkswirtschaftlichen Effizienzeinbußen, zusätzlich meistens noch Subventionen aus Steuermitteln) aufrecht zu erhalten. Schließlich müssen – wie die Erfahrung (Landwirtschaft, Kohlebergbau, Stahl-, Werftindustrie) zeigt – doch Anpassungen vorgenommen werden, die mit zusätzlichem Aufwand von Steuermitteln und sozialen Verwerfungen verbunden sind. Protektionismus bindet Kapital und kreative Kräfte in „alten" Produktionen, die für die Entwicklung neuer Produkte dringend benötigt würden.
- Werden ausländische Anbieter „ausgesperrt", wie dies z.B. beim EU-Agrarmarkt der Fall ist, fehlen ihnen Exporterlöse, die es ihnen ermöglichen würden, Produkte aus der EU zu importieren. Über Nahrungsmittelhilfe und Entwicklungskredite werden Entwicklungsländern dann Mittel zur Verfügung gestellt, die sie sich wegen der Handelshemmnisse nicht selbst verdienen konnten.
- Die Einführung von Protektionsmaßnahmen provoziert in vielen Fällen „Vergeltungsmaßnahmen" der betroffenen Länder. Ein solcher „Handelskrieg" schädigt beide Parteien. In den 30er Jahren hat eine Spirale von Protektions- und Vergeltungsmaßnahmen, die ihrerseits Vergeltungsmaßnahmen (Retorsionen) provozierten, den Welthandel nahezu völlig erstickt.

4.16.4 Instrumente der Außenwirtschaftspolitik

Die zahlreichen Instrumente zur Beeinflussung der Außenwirtschaftsbeziehungen lassen sich verschieden gliedern. Einmal lassen sich währungspolitische und außenhandelspolitische Instrumente unterschieden werden, zum anderen können protektionistische Instrumente unterschieden werden und solche, die dem Abbau von Handelshemmnissen dienen (Berg 1992, 468ff.).

Zu den währungspolitischen Maßnahmen gehören gezielte **Manipulationen des Wechselkurses**, z.B. eine Abwertung der Währung, um den Export anzukurbeln und Importe zu drosseln. Zu den währungspolitischen Eingriffen gehört auch die Einführung von **Devisenbewirtschaftung**. Dabei handelt es sich um die teilweise oder völlige Aufhebung der freien Konvertibilität der Währung. Das heißt, die Regierung führt ein staatliches Devisenmonopol und eine zentrale Planung des Außenhandels ein. Devisen, die im Export erlöst werden, müssen zu einem staatlich festgelegten Kurs an die Zentralbank verkauft werden, und Importeure müssen die Zuteilung von Devisen beantragen. Ihre Anträge werden nach Maßgabe der staatlichen Einfuhrplanung entschieden. Der internationale Wettbewerb wird ausgeschaltet. In den 30er Jahren gingen immer mehr Staaten zur Devisenbewirtschaftung über. Nach dem 2. Weltkrieg wurde sie in den westlichen Industrieländern nach und nach abgebaut, blieb aber in den Staatshandelsländern des Ostblocks und bis heute in vielen Entwicklungsländern als Instrument zur Kontrolle der Außenwirtschaftsbeziehungen entsprechend den staatlichen Plänen erhalten.

Die wichtigsten außenhandelspolitischen Instrumente zur Beschränkung von Einfuhren sind Zölle, Kontingente und nichttarifäre Handelshemmnisse. Zur Förderung von Exporten werden Subventionen eingesetzt.

Kontingente sind mengenmäßige (gelegentlich auch wertmäßige) Beschränkungen der Einfuhr, um heimische Anbieter zu schützen: Es werden nur solche Einfuhrmengen zugelassen, die den nationalen Markt „nicht stören".

Zölle sind Abgaben, die vom Importeur einer Ware an den Staat zu entrichten sind. Sie verteuern die Ware im Inland und schützen damit die inländischen Hersteller vor billigeren ausländischen Anbietern (Schutzzoll). Gleichzeitig verschaffen sie dem Staat Einnahmen (Finanzzoll). Zwischen dem Schutz- und dem Einnahmeeffekt von Zöllen besteht allerdings eine Zielkonkurrenz: der „perfekte" Schutzzoll hebt den Preis der Importware so an, daß sie überhaupt nicht mehr eingeführt wird (die Einnahme ist dann Null), der „perfekte" Finanzzoll ist so dosiert, daß die belastete Ware kräftig importiert wird. In der EU sind die Zölle und die als nahezu perfekte Schutzzölle konstruierten Agrarabschöpfungen eine wichtige Finanzierungsquelle der Gemeinschaft.

Nach verschiedenen Freihandelsrunden im Rahmen des GATT und nach dem völligen Abbau im Innern des europäischen Marktes haben Kontingente und Zölle viel an Bedeutung verloren. Wichtiger sind heute die **nichttarifären Handelshemmnisse**. Dabei handelt es sich um Formalitäten im Abfertigungsverfahren an den Grenzen, um die Vorgabe bestimmter technischer Standards, Herkunftszertifikate, Gesundheitsprüfungen usw. Bei solchen Vorschriften ist schwer zu beurteilen, inwieweit sie tatsächlich den vorgegebenen Zielen (Sicherheit, Gesundheits-, Umweltschutz) dienen, ober ob sie die Einfuhr ausländischer Erzeugnisse behindern und verteuern sollen.

Zölle, Kontingente und nichttarifäre Handelshemmnisse sind protektionistische Instrumente der Außenhandelspolitik. Handelsverträge und die verschiedenen Formen wirtschaftlicher Integration dienen dem (regionalen) Abbau von Handelshemmnissen.

In einem **Handelsvertrag** vereinbaren zwei oder mehr Staaten den Abbau bestimmter Handelshemmnisse untereinander (z.B. eine Zollsenkung für ein bestimmtes Produkt), oder sie verbessern die Voraussetzungen für den Handel untereinander, indem sie z.B. Abkommen über die gegenseitige Durchsetzung von Rechtsansprüchen von Unternehmen oder über die Vermeidung der Doppelbesteuerung von Gewinnen bei multinational tätigen Unternehmen abschließen.

Eine Form regionaler Integration ist die **Freihandelszone**: Zölle und Kontingente zwischen den Partnerstaaten werden generell aufgehoben (evtl. mit Ausnahmen für bestimmte Warengruppen, z.B. landwirtschaftliche Erzeugnisse). Gegenüber Drittländern behält jedes Land seine Zollhoheit. Daher sind bei unterschiedlichen Außenzöllen auch an den Binnengrenzen der Freihandelszone weiterhin Zollkontrollen notwendig, um zu verhindern, daß die Waren aus Drittländern, die für das Hochzoll-Land bestimmt sind, über das Niedrigzoll-Land eingeführt werden.

In einer **Zollunion** einigen sich die Mitgliedstaaten nicht nur auf den Zollabbau untereinander, sondern sie vereinbaren einen gemeinsamen Außenzoll gegenüber Drittländern. In diesem Fall können sie auf Zollkontrollen untereinander verzichten.

Noch einen Schritt weiter geht ein **Gemeinsamer Markt**. Über den Freihandel hinaus werden Freizügigkeit der Arbeitnehmer, Niederlassungsfreiheit für Unternehmer und freier Kapitalverkehr vereinbart („4 Freiheiten"). Bei dem 1993 in Kraft getretenen Binnenmarkt der EU handelt es sich um die Vollendung des bereits im EWG-Vertrag von 1957 vereinbarten Ziels. Die 1967 verwirklichte Zollunion war nur eine Etappe auf diesem Weg, insbesondere zahlreiche nichttarifäre Handelshemmnisse und Beschränkungen der Freizügigkeit, der Niederlassungsfreiheit und des Kapitalverkehrs waren (und sind teilweise noch heute) zu beseitigen, bis ein einheitlicher Binnenmarkt in Europa entsteht.

4.16.5 Internationale Organisationen der Weltwirtschaft

4.16.5.1 Das Allgemeine Zoll- und Handelsabkommen (GATT) bzw. die Welthandelsorganisation (WTO)

Das General Agreement on Tariffs and Trade (GATT) ist am 1.1.1948 in Kraft getreten. Es geht zurück auf Bemühungen, im Rahmen der Vereinten Nationen die in den 30er Jahren und durch den 2. Weltkrieg zerrütteten Handels- und Währungsbeziehungen für die Nachkriegszeit neu zu ordnen. In der 1948 unterzeichneten „Havanna-Charta" wurde beschlossen, eine Internationale Handelsorganisation (ITO) zu gründen, die die handelspolitische Ergänzung zum Internationalen Währungsfonds (IWF) sein sollte. Eine Reihe von Unterzeichnerstaaten, darunter die USA, waren jedoch später nicht bereit, den Havanna-Vertrag zu ratifizieren. Statt dessen wurde ein bereits 1947 als vorbereitendes Teilabkommen beschlossener Vertrag, das Allgemeine Zoll- und Handelsabkommen, zur Dauereinrichtung. Das „Provisorium" GATT wurde erst am 1.1.1995 durch die Welthandelsorganisation (World Trade Organization, WTO) abgelöst (Wagner 1995, 53).

Ziele des GATT bzw. der WTO sind Erhöhung des Lebensstandards, Sicherung der Vollbeschäftigung und Förderung des Wachstums durch Intensivierung des internationalen Warenaustauschs. Zur Erreichung dieser Ziele sollen bestimmte Grundsätze durchgesetzt werden:

– Grundsatz der **Liberalisierung**,
– Grundsatz der Gegenseitigkeit (**Reziprozität**),
– Grundsatz der Nichtdiskriminierung oder der **Meistbegünstigung**.

Liberalisierung zielt auf Abbau von tarifären (Zölle, Kontingente) und nichttarifären Handelshemmnissen. Dies geschieht in „Zollrunden" (bisher gab es 8, die jeweils mehrere Jahre dauerten). Der Grundsatz der Reziprozität besagt, daß ein Land, dem Handelserleichterungen (Präferenzen) gewährt werden, seinerseits Präferenzen gewähren soll. Die Meistbegünstigungsklausel bestimmt, daß Präferenzen, die ein Land einem anderen einräumt, auch den übrigen Mitgliedsländern zugestanden werden müssen. Dieser Grundsatz hat wesentlich geholfen, tarifäre Handelshemmnisse in den Zollrunden auf breiter Front abzubauen.

Von diesen Grundsätzen gibt es vier Ausnahmen:

– die Meistbegünstigung wird nicht auf Präferenzen angewandt, die bei Vertragsabschluß bereits bestanden (das war z.B. für die Commonwealth-Länder wichtig),
– sie wird auch nicht auf Freihandelszonen oder Zollunionen angewandt (ihr Wesen besteht ja gerade darin, daß die Mitglieder sich Handelsvorteile einräumen, die Drittländern nicht gewährt werden),
– im Falle von Zahlungsbilanzproblemen können Einfuhren, auch selektiv, begrenzt werden,
– Entwicklungsländer sind vom Prinzip der Reziprozität befreit: Sie können Handelsvergünstigungen in Anspruch nehmen, ohne ihrerseits Präferenzen gewähren zu müssen.

Das GATT war rechtlich nur ein Vertrag, faktisch aber eine internationale Organisation. Oberstes Organ war die Vollversammlung der Vertreter der Vertragsparteien (= Mitgliedstaaten), die jährlich einmal tagte. Zwischen den Vollversammlungen entschied ein „ständiger Rat", ausführendes Organ war das GATT-Sekretariat mit Sitz in Genf. Das GATT hatte zuletzt 130 Vertragsparteien (Mitglieder), der WTO-Vertrag wurde im April 1994 von 117 Staaten unterzeichnet. Organe der WTO sind:

- die Ministerkonferenz (alle 2 Jahre) als oberstes Beschlußorgan,
- der Allgemeine Rat für laufende Angelegenheiten,
- Räte für die 3 Teilbereiche GATT/Waren, GATT/Dienstleistungen und TRIPS/ Geistiges Eigentum,
- eine Schlichtungsstelle und
- ein Generalsekretär (mit Sitz in Genf).

Das GATT hat mit seiner bisherigen Tätigkeit beachtliche Erfolge beim Abbau von Handelshemmnissen erzielt. Allerdings wird die Erfolgsbilanz getrübt durch die zahlreichen Ausnahmeregelungen, die immer wieder neue Protektionismen entstehen ließen. Beispiele sind die faktische Ausklammerung des Agrarbereichs aus den Liberalisierungsbemühungen und zahlreiche „Selbstbeschränkungsabkommen" wie z.B. das Textilabkommen, das die Ausfuhr von Textilien aus Entwicklungsländern in die Industrieländer „freiwillig" beschränkt. Auch hatte das GATT keine Weisungsbefugnis und Durchsetzungsmöglichkeiten gegenüber Mitgliedern, die sich nicht an die Regeln hielten. Sie konnten nur ermahnt weren, und eventuell konnten Vergeltungsmaßnahmen (Retorsionen, z.B. Aufhebung von Präferenzen, Einführung von Beschränkungen) beschlossen werden. Von der WTO wird eine strengere Verbindlichkeit erwartet, auch wurde ein Schlichtungsverfahren institutionalisiert. Auch wird sich die WTO nicht nur um den Warenhandel, sondern auch um die Liberalisierung von Dienstleistungen (Versicherungen, Telekommunikation), des Agrarbereichs und des „geistigen Eigentums" (Patente, Urheberrechte) kümmern (Wagner 1995, 55).

GATT bzw. WTO arbeiten mit der UNCTAD zusammen, einem ständigen Organ der UNO, das sich mit Fragen des Welthandels und der Entwicklungspolitik befaßt. Die Zusammenarbeit ist allerdings nicht frei von Spannungen, denn die von den Entwicklungsländern dominierte UNCTAD fordert eine stärker protektionistische „Neue Weltwirtschaftsordnung", die ein Instrument der Entwicklungshilfe sein soll.

4.16.5.2 Der Internationale Währungsfonds (IWF)

Der Internationale Währungsfonds (IWF, engl. International Monetary Fund, IMF) ist die bedeutendste Organisation zur Gestaltung der Weltwährungsordnung. Der IWF wurde 1944 auf der Konferenz von Bretton Woods (USA) beschlossen und trat am 27.12.1945 in Kraft. Wie das GATT war der IWF ursprünglich Teil eines umfassenderen Versuchs zur Neuordnung der internationalen Wirtschaftsbeziehungen, die aber nur bruchstückhaft verwirklicht wurde. Nach mehreren dramatischen Krisen Ende der 60er und in den 70er Jahren wurden das mit dem IWF begründete „Währungssystem von Bretton Woods" aufgegeben und die Statuten des IWF 1978 grundlegend geändert.

Die ursprünglichen Ziele des IWF waren
- die Wiederherstellung der Konvertibilität der Währungen und eines multilateralen Zahlungssystems,
- die Gewährleistung eines Systems anpassungsfähiger, aber grundsätzlich fixer Wechselkurse in Anbindung an den Dollar und das Gold,
- finanzieller Beistand für Länder mit Zahlungsbilanzdefiziten.

Das **Bretton-Woods-System** war durch folgende Regelungen gekennzeichnet:
- Jedes Mitglied des IWF vereinbarte mit dem Fonds eine Parität (einen fixen Wechselkurs) in Gold oder in Dollar (der Dollar war als einzige Nachkriegswährung in einer festen Relation an Gold gebunden).
- Alle Mitglieder (mit Ausnahme der USA) verpflichteten sich, durch Interventio-

nen ihrer Zentralbanken auf den Devisenmärkten den Wechselkurs ihrer Währung innerhalb einer Bandbreite von anfangs +/-1% um die Parität zu stabilisieren (Die Bandbreite wurde später mehrfach erweitert).
- Wechselkursänderungen sollten nur für den Fall eines „fundamentalen Zahlungsbilanzungleichgewichts" vorgenommen werden (woran ein fundamentales Ungleichgewicht zu erkennen ist, wurde nicht definiert).

Organe des IWF waren und sind der Gouverneursrat, in den jenes Mitgliedsland einen Vertreter und einen Stellvertreter (meist den Finanzminister und den Zentralbankchef) entsendet. Er tagt einmal im Jahr. Die Geschäfte führt das aus 24 Mitgliedern bestehende Exekutivdirektorium. Die Stimmrechte im IWF richten sich nach Quoten (einer Art Einlage, die auch als Basis für Kreditgewährung an die Mitgliedstaaten dient); die USA, Deutschland und Japan haben entsprechend ihrer Wirtschaftskraft die größten Quoten und demzufolge die meisten Stimmrechte. 1994 hatte der IWF 179 Mitglieder. Sitz des IWF ist Washington.

Das Bretton-Woods-System hat bis weit in die 60er Jahre relativ problemlos funktioniert. Die anfangs nahezu überall bestehenden Konvertibilitätsbeschränkungen konnten zumindest in den westlichen Industrieländern nach und nach gelockert und abgebaut werden. Ein stabiles Währungssystem mit dem Dollar als Leitwährung begünstigte die rasche Expansion des Welthandels. Ab Mitte der 60er Jahre wurden die Konstruktionsmängel des Systems offenbar, die Währungskrisen häuften sich. Praktisch war allein der Dollar internationales Zahlungsmittel. Der Umlauf von Dollars außerhalb der USA resultierte aus Zahlungsbilanzdefiziten der USA. Anfangs waren Dollars knapp, Zahlungsbilanzdefizite der USA waren erwünscht. In dem Maße, wie die USA (zum Beispiel im Zuge des Vietnamkriegs) ihre Zahlungsbilanzdefizite ausweiteten, wurde die Relation zwischen umlaufenden Dollars und den Goldreserven der USA immer ungünstiger und das Vertrauen in die Konvertibilität des Dollars schwand. Hinzu kam, daß auch andere Länder mit fundamentalen Zahlungsbilanzungleichgewichten immer weniger bereit waren, Paritätsänderungen vorzunehmen. Länder, die Devisenüberschüsse anhäuften (z.B. Deutschland) verzögerten notwendige Aufwertungen ihrer Währung, da die heimische Industrie nicht auf die exportfördernden und importhemmenden Effekte der unterbewerteten Währung verzichten wollten und die Gewerkschaften um Arbeitsplätze fürchteten. Länder mit Zahlungsbilanzdefiziten verzögerten die notwendige Abwertung, um Importe nicht zu verteuern und weil sie die notwendige restriktive Geld- und Finanzpolitik mit der Gefahr von Arbeitsplatzverlusten vermeiden wollten. Der IWF „unterstützte" dieses Verhalten, indem er großzügig Dollarkredite an Defizitländer vergab und notfalls neue Liquidität (z.B. 1969 die Sonderziehungsrechte) schuf. Die Währungskrisen von 1971 und 1973 brachten das faktische Ende des Bretton-Woods-Systems: die Bindung des Dollar an das Gold wurde auch formal beendet, die meisten Staaten gaben den Wechselkurs ihrer Währung frei. Die Statuten des IWF wurden allerdings erst 1978 geändert. Nun war jedes Mitgliedsland frei zu entscheiden, ob es den Kurs seiner Währung am Devisenmarkt frei schwanken läßt, oder ob es ihn an den Dollar oder eine andere Währung bindet (faktisch hatten sich die Länder diese Freiheit schon 1973 genommen). Seither hat sich ein **differenziertes System flexibler, teilweise verbundener Währungen** herausgebildet: der Wechselkurs von Dollar und Yen richtet sich nach Angebot und Nachfrage an den Devisenmärkten. Zahlreiche Länder in Südamerika und Südostasien haben ihre Währungen an den Dollar gebunden. In der EU haben eine Reihe von Ländern im Rahmen des EWS grundsätzlich feste Wechselkurse vereinbart (das EWS ist ein ganz ähnliches System wie das Bretton-Woods-System).

Gegenüber anderen Währungen, insbesondere Dollar und Yen, bilden sich die Wechselkurse frei.

Der IWF überwacht die Wechselkurspolitik seiner Mitglieder, greift aber nicht mehr selbst ein. Er konzentriert sich auf die Kreditvergabe an die Entwicklungsländer und an die ehemaligen kommunistischen Staaten im Übergang zur Marktwirtschaft und auf technische Hilfe beim Aufbau von Währungsinstitutionen und die Beratung bei der Verfolgung einer marktwirtschaftlichen Währungspolitik (Wagner 1995, 42 ff.; Berg 1992, 488 ff.). Die geplante Europäische Währungsunion würde die sich herausbildende weltwirtschaftliche Struktur von drei untereinander eng aber flexibel kooperierenden Handels- und Währungsblöcken, an die sich die Entwicklungsländer anlehnen müssen, noch unterstreichen.

Literaturverzeichnis

Bender, D.: Außenhandel, in: Vahlens Kompendium der Wirtschaftstheorie und Wirtschaftspolitik, Bd. 1, 5. A. München 1992, S. 417–477
Berg, H.: Außenwirtschaftspolitik, in: Vahlens Kompendium, Bd. 2, a. a. O., S. 460–503
Deutsche Bundesbank, Jahresbericht 1995, Frankfurt/M. 1996
Glismann, H. H.: Weltwirtschaftslehre, Bd. 1: Außenhandels- und Währungspolitik, 4. A., Göttingen 1992
Reich, R.: Die neue Weltwirtschaft, Berlin 1993
Wagner, H.: Weltwirtschaftspolitik, 3. A., München 1995

Sachverzeichnis

Abgabenquote 375
Abwanderung 89
Akkumulationstheorie 254
Aktien 395
Aktienanalyse 396 f.
Allgemeinbildung 231 ff.
Altenhilfe 469
alternative Betriebe 345
Alterssicherung 494
Altersversorgung 490
Antikonsum 119
Arbeit 127 ff.
–, Recht auf 324
Arbeitgeberverbände 157 ff.
Arbeitnehmerschutz im Betrieb 466
Arbeitsbeschaffungsmaßnahmen 225, 334
Arbeitsförderung 493
Arbeitsförderungsgesetz 221 f., 487
Arbeitsfreude 145
Arbeitskampf 159, 164 f., 167
Arbeitslehre 102, 121
Arbeitslosengeld 226, 323
Arbeitslosenhilfe 226, 323
Arbeitslosenquote 177 ff., 321
Arbeitslosenversicherung 495
Arbeitslosigkeit 129, 168 ff., 177 ff., 319 ff., 509
–, friktionelle 179
–, konjunkturelle 179
–, offene 179
–, strukturelle 179
–, verdeckte 321
Arbeitsmarkt 179, 213 ff., 485
Arbeitsmarktentwicklung 217
Arbeitsmarktordnung 215
Arbeitsmarktpolitik 130 f., 211 ff., 466 ff.
Arbeitsmarktrisiko 137
Arbeitsmarkttheorie, neoklassische 201
Arbeitsmarkt, zweiter 334
Arbeitsorganisation 132 f.
Arbeitsproduktivität 135, 255
Arbeitsverhältnisse, ungeschützte 340
Arbeitsvermittlung 222 f.
Arbeitsvertrag 214
Arbeitsvertragstheorien 202 ff.

Arbeitszufriedenheit 143 ff.
Aufwandskonkurrenz 88
Ausbildungsordnung 239
Ausbildungszufriedenheit 154
Ausgabenpolitik 443 ff.
Außenwirtschaftspolitik 565 ff.

Banken, Macht der 313
Basisinnovation 94
Bedarf 5
Bedarfsprinzip 359
Bedürfnislosigkeit 110
Bedürfnisproblematik 107 ff.
Bedürfnisse 3 ff.
–, „künstliche" 290 f.
–, „wahre" 290 f.
Beiträge 440
Berufliche Bildung 223
Berufsbildung 231 ff.
Berufskategorien 134 f.
Berufszufriedenheit 146
Beschäftigungsentwicklung 177 ff.
Beschäftigungspolitik
–, betriebliche 195 ff.
–, staatliche 175 ff.
Betriebsklima 146
Betriebsrente 495
Betriebsrat 165, 173
Betriebs- und Unternehmensverfassung 468 f., 487
Bilanzgerade 74
Bildungsbegriff 108, 231
Bildungspolitik 469, 488 f.
Bildungssystem, allgemeines 236 f.
–, berufliches 237 ff.
Binnenmarkt, europäischer 538, 540 ff.
Bruttoarbeitseinkommensquote 364
Bruttoeinkommen 68
Bruttolohnquote 363
Bürokratie 27
Bündnis für Arbeit 130
Bundesanstalt für Arbeit 587
Bundesausbildungsförderungsgesetz (BAföG) 488

Charta der sozialen Grundrechte 472

DDR, Einführung der Marktwirtschaft 316
–, Gewerkschaften in der 159 f., 170
–, Währungsunion 550
Deckungsbeitrag 37 ff.
deficit-spending 436
Demokratie 26
Demokratietheorie 26
Deregulierung 130
Deutscher Gewerkschaftsbund (DGB) 163 ff.
Devisenbewirtschaftung 565
direkte Preiselastizität 74
Direktinvestitionen 557, 561

ECU 545
Effektivlohn 168
Effizienzthese 506
Eigenarbeit 59, 342 ff.
Eigeninteresse 59, 342 ff.
Eigennutz 28
Eigennutzaxiom 19
Eigenproduktion 88
Eigenwirtschaft, staatliche 281
Einkommen 67
Einkommensarten 67 ff.
Einkommenselastizität 74
Einkommensumverteilung 374
Einkommensverteilung 353 ff., 523
–, funktionale 360 ff.
–, personelle 360 ff.
Einkommensverwendung der privaten Haushalte 65 ff.
Einnahmenpolitik 437 ff.
Einstellungspolitik, betriebliche 197 ff.
Emissionslizenzen 531
Engelsches Gesetz 77
Entscheidung 33 ff.
Entscheidung bei Risiko 44 f.
Entscheidung unter Ungewißheit 42 f.
Ergebnismatrix 34 f.
Ertragsgesetz 357
Erwachsenenbildung 234
Erwartungswertkriterium 4
Ethik der Marktwirtschaft 499 ff.
Ethos der Gegenseitigkeit 503
Euro 547
Europäisches Währungssystem (EWS) 425 f., 544 ff.
Europäische Union (EU) 535 ff., 547, 556, 566

–, Gewerkschaften in der 172 f.
–, Wettbewerbspolitik 314 f.
Europäische Wirtschaftsgemeinschaft (EWG) 535 ff.
Europäische Zentralbank 426
European Currency Unit (ECU) 545
Evolution 267 ff.

Faktoreinkommen 62 f.
Faktormärkte 58
Familienlastenausgleich 488
Familienpolitik 468, 488 f.
Finanzausgleich, horizontaler 447
–, vertikaler 447
Finanzpolitik 431 ff.
–, Begriff 433
–, Grenzen der 447 ff.
–, Instrumente der 437 f.
–, Träger der 446 ff.
–, Ziele der 435 f.
Fiskalpolitik 433
Frauenerwerbstätigkeit 482
Freihandel 563 ff.
Freihandelszone 566
Freisetzungseffekt 250, 333
Freizeiterziehung 102
Freizügigkeit der Arbeitnehmer 539, 541
Fusionskontrolle 308, 312, 315 f.

GATT 567 f.
Gebühren 440
Gefahrenabwehr 529
Gefährdungshaftung 532
Gefangenendilemma 521
Gegenmachtkonzept 100, 117
Geldanlagestrategie 390 ff.
Geldanlageverhalten 386 ff.
Geldpolitik 409 ff.
–, Institutionen der 412 ff.
–, Instrumente der 421 ff.
–, Ziele der 411 f.
Geldvermögensbildung 383 ff.
Geltungsnutzen 109
Gemeinlastprinzip 527
Gemeinsamer Markt 566
Gemeinwohl 28, 504
Generationenvertrag 480, 495
Gesetz gegen Wettbewerbsbeschränkungen (GWB) 312 ff., 506
Gesetz vom abnehmenden Grenznutzen 74

Gesetz vom Nutzenausgleich 74
Gesetz zur Förderung der Stabilität und des Wachstums der Wirtschaft 436, 444
Gesinnungsethik 501
Gesundheitswesen 510
Gewerkschaften 157 ff.
Gewinnquote 361
Gewinnmaximierung 502, 504
Gewohnheitsverhalten 22
Gini-Koeffizient 366
Gleichheitsprinzip 359 f.
Globalisierung 131, 553 ff.
Globalsteuerung 183, 326
Grenzproduktivitätstheorie 357

Handelshemmnisse, nichttarifäre 566
Handlungsalternativen 33 ff.
häusliche Dienste 61
Hausarbeit 341 ff.
Haushalt 51, 105
Haushaltstypen 54, 69
Haushaltswirtschaftslehre 51 ff.
Hauswirtschaftslehre 51 ff., 106
Heimarbeit 345
homo oeconomicus 268
Hypertrophie 88

Innovation 268 f.
Instabilität, gesamtwirtschaftliche 298
Integration, funktionelle 542
–, institutionelle 542
–, wirtschaftliche 535, 542 ff.
Interdependenz, wirtschaftlich-politische 273 ff.
Internationaler Währungsfonds (IWF) 568 ff.
Invention 268
Investition 444

Jugendarbeitsschutz 485

Kapitalverkehr, internationaler 557
Kartellverbot 312 ff.
Käufererziehung 101
Kaufverhalten 23
Keynessche Theorie 181
Knappheitspreis 522
Koalitionsfreiheit 159, 165
Kollektivgüter 25, 292
Kollektivismus 282

Kommunitarismus 140
Kompensationseffekte 251, 333
Konsum 107 f.
Konsumentenerziehung 97 ff.
Konsumentenpädagogik 104
Konsumentenpartizipation 93 ff.
Konsumentenschutz 90
Konsumentensouveränität 84 ff.
Konsumentensozialisation 106
Konsumentenverhalten 8
Konsumerismusbewegung 101
Konsumethik 114 f., 117
Konsumfreiheit 87 ff., 101, 110
Konsumgesellschaft 99
Konsumgütermarketing 101
Konsumhaltung 99, 108 f.
Konsumkritik 99
Konsumsklaven 100
Konsumstimulation 11
konsumtives Maßhalten 111
Konsumzwang 109 ff.
Konvergenzkriterien 548 ff.
Konzentration, wirtschaftliche 308 ff.
Konzertierte Aktion 130, 169 f.
Krankenversicherung 482 f., 493, 495
Kreislaufanalyse 61
Kreuzpreiselastizität 75
Kündigung 205 ff.
Kündigungspolitik, betriebliche 205 ff.
Kündigungsschutzgesetz 485
Kulturkritik 99
Kurzarbeit 224
Kurzarbeiter 321

Leiharbeit 344
Leistungsprinzip 357 ff.
Lohnfortzahlung 485
Lohnpolitik 168 ff., 370 ff.
Lohnquote 60, 69, 361 ff.
Lohnstückkosten 329 ff.
Lorenz-Kurve 366

Marketing 85
Marktkommunikation 90
Marktmacht 309
Marktmechanismus 522 ff.
Marktstruktur 308 f.
Markttransparenz 23
Marktversagen 287 ff.
Marktwirtschaft 303, 501
Marktzugang(shemmnisse) 311

Maximax-Regel 43
Maximin-Regel 42
meritorische Güter 435
methodologischer Individualismus 18
Mieterschutz 490
Mißbrauchsaufsicht 312 ff.
Mitbestimmung 486 f.
monetäre Integration 425
Monetarismus 185
Monopole 296 ff.
multinationale Unternehmen 173, 314
Mutterschutz 485

Nachbarschaftshilfe 59
Neoklassik 253, 289
Neoliberalismus 289
Nettoeinkommen 68
Nettolohnquote 363
Niedrigverdiener 129
Nominaleinkommen 69
Nullwachstum 516
Nutzenmaximierung 74, 502
Nutzentheorie 359
Nutzwertanalyse 35

Öffentliche Armut 290 f.
öffentliche Güter 25, 101 ff., 292 f., 433 f.
öffentliche Haushalte 53
öffentliche Verschwendung 283, 291
ökonomische Verhaltenstheorie 15 ff., 519
ökonomisch-technischer Wandel 241
offene Stellen 179
Oligopole 297, 307
Opportunitätskosten 20
Optimierung 37 f.
Ordnungspolitik 456
organisierte Selbsthilfe 342 f.

Pädagogik 102
Parteienstaat 284
Personalbeschaffung 198
Pioniergewinn 268, 504
Positionsgüter 8
Präferenzen 18, 33
Preisstabilität 507
Preisvergleiche 22
Primärverteilung 360
Prinzip des kleinsten Bedauerns 43
private Haushalte 51, 54
Privateigentum 502, 505 f.

privater Verbrauch 73
Produktinnovation 268
Produktmärkte 58
property rights 295
Protektionismus 564 f.
Prozeßinnovation 268

Qualifikation 260
Querverteilung 364

Rationalisierung 135
Rationalität 20, 46
Realeinkommen 69
Rentenversicherung 480 f., 493
Ressourcenverbrauch 516
Restriktionen 18, 38

Schattenwirtschaft 59, 337 ff.
Schlüsselqualifikationen 133, 243
Schwabesches Gesetz 77
Schwarzarbeit 59, 343 ff.
Sekundärverteilung 360
Selbstangestellter 139
Selbstverwirklichung 88
Selektionsumgebung 270
Sicherheitspräferenzen 41 ff.
Solidargemeinschaft 494
Solidaritätszuschlag 489
Sozialausgaben 495
Sozialbindung des Eigentums 506
Sozialbudget 493
soziale Gerechtigkeit 504
soziale Gruppen 11 ff.
Soziale Marktwirtschaft 131, 504 ff.
soziale Rollen 9 f.
soziale Sicherung 462 ff.
Sozialhilfe 489, 495
sozialer Ausgleich 505
Sozialleistungsquote 378
Sozialordnung 505
Sozialpolitik 453 ff., 496
–, Begriff 455 f.
–, Bereiche der 462 ff.
–, europäische 472
–, Geschichte der 457 ff.
–, Leitbilder und Ziele der 461 f.
–, mittelstandsorientierte 469
–, Organe der 470 f.
–, Träger der 470 f.
Sozialstaat 477 f.
–, Probleme des 473

Sozialstaatsprinzip 459, 479
Sozialsystem 479
Sozialversicherung 494
–, gesetzliche 71
Sparen 77
Sparquote 60
Spezialbildung 233
Spieltheorie 41
Staatsverbrauch 443
Staatsversagen 287 ff.
Stabilitätsgesetz 182, 436, 444
Standortvor- und -nachteile 562 f.
Steuereinnahmen 377
Steuern 71, 437
–, direkte 439
–, indirekte 439
Steuerpolitik 286 f.
stille Reserven 321
Strukturwandel 129, 299, 332
Subsidiaritätsprinzip 491
sustainable development 518

Tarifautonomie 159, 486
Tariflohn 168
Tarifparteien 485
Tarifverhandlungen 164 ff.
Tarifvertrag 215, 486
Technik 247
technischer Wandel 245 ff.
Technologien, neue 248
Teilzeitbeschäftigung 492
Telearbeit 136 f.
Theorie der Wahlakte 31 ff.
Transaktionskosten 23, 295
Transfereinkommen 365
Transferzahlungen 443
Transmissionsprozeß 417
Trittbrettfahrer 25, 525

Übertragungen 59, 69 f.
Umlageverfahren 481, 491, 494
Umverteilung 360 ff.
Umverteilungspolitik 379 f.
Umweltabgaben 528 ff.
Umweltauflagen 528 f.
Umweltbelastung 508
Umweltbewußtsein 519
Umweltbildung 519
Umwelterziehung 519
Umweltlizenzen 294, 528
Umweltpolitik 527 ff.

Umweltprobleme 513 ff.
Umweltschutz 527
Unfallversicherung 484 f.
Unsicherheit 41

Verantwortungsethik 503
Verbraucheraufklärung 91
Verbraucherberatung 106
Verbraucherbildung 89, 100, 105, 107
Verbrauchererziehung 22, 89, 101 ff., 116 ff.
Verbraucherinformation 106 f.
Verbraucherinformationspolitik 87
Verbraucherinteresse 83
Verbraucherkunde 119, 120 ff.
Verbrauchermitbestimmung 95
Verbraucherorganisierung 90
Verbraucherpolitik 81 ff., 100 ff.
–, ex-ante 93
Verbraucherrolle 93, 106 f.
Verbraucherschulung 107
Verbraucherschutz 90 ff.
Verbraucherverhalten 12
verfügbares Einkommen 68
Verhaltenstheorie 17
Vermögensplanung 390 ff.
Vermögenspolitik 469
Verschmutzungsrechte 531
Versorgungsprinzip 491
Verteilungskampf 373
Verteilungskonflikte 355
Verteilungsnormen 356
Verursacherprinzip 525 f.
Volkseinkommen 69
Vorsorgeprinzip 525 ff.

Wachstumsrate 516
Währungsunion, europäische 538, 546 ff.
Wahlakte 33
Weiterbildung 234, 488
Welthandel 553 ff.
Welthandelsorganisation (WTO) 567 f.
Wertewandel 140, 150, 348
Wettbewerb 303 ff., 504 ff.
–, Funktionen des 304 f.
Wettbewerbsfreiheit 305, 309 ff.
Wettbewerbspolitik 83, 301 ff.
Wirtschaftsaufsicht 281
Wirtschaftslenkung 281
Wirtschaftsordnung 505
Wirtschaftspädagogik 103 f.

Wirtschaftsplanung 280
Wirtschaftspolitik, alternative 190
–, angebotsorientierte 187, 327 ff.
Wirtschaftssektor 51
Wirtschaftssubjekt 51
Wirtschaftswachstum 516
Wohngeld 490
Wohnungspolitik 469, 490
workable competition 306 ff.

Zahlungsbilanz 558
Zentralverwaltungswirtschaft 501
Ziele 33 ff.
Zielkonflikte 34 f.
Zielpräferenz 33 ff.
Zielvariable 33 ff.
Zölle 440, 565 ff.
Zollunion 566
Zustandswahrscheinlichkeiten 44